中国版权年鉴 2015

CHINA COPYRIGHT YEARBOOK

中国版权年鉴编委会 编

中国人民大学出版社
·北京·

2014 年 4 月 21 日，国家新闻出版广电总局党组书记、副局长蒋建国（前排右）在北京会见美国电影协会主席、首席执行官克里斯托弗·多德（前排左）一行。（图片由美国电影协会中国办事处提供）

2014 年 4 月 22 日，2013 年中国知识产权发展状况新闻发布会在北京举行。国家新闻出版广电总局副局长、国家版权局副局长阎晓宏（右一）在发布会上介绍 2013 年中国版权发展状况，并回答记者提问。（摄影 / 郁致原）

2014年5月19日上午，国家新闻出版广电总局副局长、国家版权局副局长阎晓宏（前排右）会见商业软件联盟（BSA）全球总裁兼首席执行官艾斯比奈尔（前排左）一行。（摄影/韩东）

2014年6月12日，国家版权局、国家互联网信息办公室、工业和信息化部、公安部等四部门联合召开全国版权执法监管工作座谈会，正式启动“剑网2014”专项行动。（摄影/郁致原）

2014 年 6 月 18 日至 21 日，第三届海峡版权博览会在福州举办。图为国家新闻出版广电总局副局长、国家版权局副局长阎晓宏（前排左二）到博览会现场参观。（图片由福建省版权局版权管理处提供）

2014 年 7 月 10 日，世界知识产权组织中国办事处在北京成立。世界知识产权组织总干事弗朗西斯•高锐（右三）、北京市市长王安顺（右二）、国家知识产权局局长申长雨（右五）、国家工商行政管理总局局长张茅（右四）、国家版权局副局长阎晓宏（右六）出席揭幕仪式。（摄影 / 张子宏）

2014 年 7 月 11 日，国务院总理李克强在北京中南海紫光阁会见世界知识产权组织总干事弗朗西斯·高锐。（摄影 / 丁林）

2014 年 7 月 17 日，中国国家版权局和韩国文化体育观光部在韩国首尔共同签署了《中韩著作权保护公益宣传活动工作推进协议》，由中韩青春偶像明星朴有天（右二）、戚薇（左二）主演的中韩首部著作权保护公益广告片开拍。（摄影 / 赖名芳）

2014 年 7 月 21 日，推进使用正版软件工作部际联席会议办公室在北京举办 2014 年中央和国家机关软件正版化工作培训会。（图片由国家版权局版权管理司提供）

2014 年 9 月 2 日，中国文字著作权协会与英国复制权集体管理组织——英国著作权许可代理机构（CLA）签署合作协议。（图片由中国文字著作权协会提供）

2014 年 9 月 15 日，国际版权论坛在成都举办，以“版权、创新与发展”为主题，探讨版权保护新理念和新模式，寻求版权发展的超越和突破。图为世界知识产权组织副总干事王彬颖发言。（摄影 / 郁致原）

2014 年 9 月 15 日至 19 日，第五届中国国际版权博览会在成都世纪城新国际会展中心举办。图为国家新闻出版广电总局副局长、国家版权局副局长阎晓宏（左三）参观博览会展区。（摄影 / 郁致原）

2014 年 9 月 22 日，世界知识产权组织成员国大会第 54 届系列会议在瑞士日内瓦世界知识产权组织总部开幕。国家新闻出版广电总局副局长、国家版权局副局长阎晓宏（前排右二）率中国版权代表团赴日内瓦出席会议。（摄影 / 吴庆云）

2014 年 10 月 23 日，经国家版权局正式批准设立的国家级版权贸易机构——西部国家版权交易中心在陕西西安揭牌成立。国家新闻出版广电总局副局长童刚（左）、陕西省副省长白阿莹（右）出席揭牌仪式。（图片由西部国家版权交易中心提供）

2014 年 11 月 15 日，第七届中国版权年会年度评选获奖名单公布。图为阎晓宏（右，代沈仁干）与王立平（左）领取中国版权事业终生成就者奖。（摄影 / 郁致原）

2014 年 11 月 18 日，推进使用正版软件工作部际联席会议办公室主任、国家新闻出版广电总局（国家版权局）版权管理司司长于慈珂（左）接受中央电视台采访，介绍全国软件正版化工作情况。

2014 年 11 月 21 日上午，国务院新闻办公室就知识产权保护及打击侵权假冒的有关情况举行发布会。国家新闻出版广电总局（国家版权局）版权管理司司长于慈珂（正面坐者左二）在会上介绍版权相关情况并答记者问。（摄影 / 郁致原）

2014 年 11 月 26 日下午，中欧版权集体管理研讨会期间，国家新闻出版广电总局副局长、国家版权局副局长阎晓宏（前排右）会见英国知识产权局局长、首席行政官约翰·奥尔蒂（前排左）一行。（摄影 / 赖名芳）

2014 年 12 月 12 日，世界知识产权组织和中国国家版权局在北京共同举办《关于为盲人、视障者和其他印刷品阅读障碍者获得已出版作品提供便利的马拉喀什条约》研讨会。（摄影 / 郁致原）

2014 年 12 月 24 日，中国新闻出版研究院在北京发布 2012 年中国版权产业经济贡献的调研成果。调研结果显示，2012 年中国版权产业的行业增加值占全国 GDP 的 6.87%，成为国民支柱型产业。（摄影 / 郁致原）

中国版权年鉴

2015

（总第七卷）

中国版权年鉴编委会　编

中国人民大学出版社
·北京·

图书在版编目（CIP）数据

中国版权年鉴．2015/《中国版权年鉴》编委会编．—北京：中国人民大学出版社，2015.12
ISBN 978-7-300-22249-3

Ⅰ.①中… Ⅱ.①中… Ⅲ.①版权-中国-2015-年鉴 Ⅳ.①D923.41-54

中国版本图书馆 CIP 数据核字（2015）第 287830 号

中国版权年鉴 2015（总第七卷）
中国版权年鉴编委会 编
Zhongguo Banquan Nianjian 2015

出版发行 中国人民大学出版社
社　　址 北京中关村大街 31 号　　**邮政编码** 100080
电　　话 010－62511242（总编室）　010－62511770（质管部）
　　　　　010－82501766（邮购部）　010－62514148（门市部）
　　　　　010－62515195（发行公司）　010－62515275（盗版举报）
网　　址 http://www.crup.com.cn
　　　　　http://www.ttrnet.com（人大教研网）
经　　销 新华书店
印　　刷 涿州市星河印刷有限公司
规　　格 210 mm×297 mm　16 开本　　**版　　次** 2015 年 12 月第 1 版
印　　张 42 插页 50　　**印　　次** 2015 年 12 月第 1 次印刷
字　　数 1 317 000　　**定　　价** 300.00 元
广告经营许可证 京海工商广字第 0086 号

《中国版权年鉴 2015》编纂委员会

主　　任： 阎晓宏　国家新闻出版广电总局副局长、国家版权局副局长
靳　诺　中国人民大学党委书记

副 主 任： 于慈珂　国家新闻出版广电总局（国家版权局）版权管理司司长
查显友　中国人民大学副校长

委　　员（以姓氏笔画为序）：

王　炬　中国音像协会常务副会长兼秘书长
王化鹏　中国音像著作权集体管理协会总干事
王野霏　北京市版权局副局长
卢　卫　中国互联网协会秘书长
任仲伦　中国电影著作权协会理事长
杨宏峰　宁夏回族自治区版权局局长
邹　忭　中国软件联盟理事长
张洪波　中国文字著作权协会总干事
陈春怀　广东省版权局副局长
林　涛　中国摄影著作权协会总干事
金武卫　国务院法制办教科文卫司副巡视员
单　烈　浙江省版权局副局长
屈景明　中国音乐著作权协会总干事
钟　华　山东省版权局副局长
段玉萍　国家新闻出版广电总局（国家版权局）版权管理司副司长
段桂鉴　中国版权保护中心主任
贺耀敏　中国人民大学出版社总编辑
曹玉梅　江苏省版权局副局长
彭　翊　中国人民大学国家版权贸易基地执行主任
董　荣　安徽省版权局副局长
雷　平　重庆市版权局副局长
蔡纪万　上海市版权局副局长

《中国版权年鉴》特约编辑

（以姓氏笔画为序）

丁智勇　国家版权局版权管理司综合处副处长
于少海　山东省版权局版权管理处副主任科员
于晓白　最高人民法院知识产权庭审判长
万进萍　江苏省版权局版权管理处主任科员
马云虹　云南省版权局版权管理处处长
马永志　广西壮族自治区版权局版权管理处处长
马继超　中国音像著作权集体管理协会副总干事
王少朋　工业和信息化部软件服务业司软件应用处处长
王丹若　中国文字著作权协会办公室主任
王志坚　四川省版权局版权管理处主任科员
王晓燕　江西省版权局版权管理处处长
王培舒　吉林省版权局版权管理处处长
王新民　陕西省版权局版权管理处调研员
左图强　重庆市版权局版权管理处处长
卢文俊　湖北省版权局版权管理处处长
史文霞　中国电影著作权协会副秘书长
付成久　青海省文化和新闻出版厅政策法规（版权）处主任科员
朱严政　中国音乐著作权协会信息宣传部主任
闫　石　黑龙江省版权局版权管理处主任科员
孙　悦　中国版权协会秘书长
孙　雷　全国人大教科文卫委员会文化室副主任
严庆荣　浙江省版权局版权处处长
李冬群　河北省版权局版权管理处主任科员
李安庆　辽宁省版权局版权法规处处长
杨建新　新疆维吾尔自治区版权局版权管理处副处长
邱建宏　福建省版权局版权管理处处长
沈　欣　广东省版权局版权管理处助理调研员
宋　亮　湖南省版权局版权管理处副调研员
张百忍　西藏自治区版权局版权管理处处长
张秀年　宁夏回族自治区版权局版权管理处副处长
张露娜　天津市版权局版权管理处处长
季　梅　安徽省版权局版权管理处副处长
赵　杰　国家版权局版权管理司执法监管处处长
郝子谋　山西省版权局版权管理处副主任科员

侯健江　中国摄影著作权协会副总干事
夏　玲　甘肃省版权局版权管理处处长
徐　梅　贵州省版权局版权管理处副处长
郭锦云　内蒙古自治区版权局版权管理处科员
阎　平　文化部政策法规司法制处处长
韩　璐　中国版权保护中心办公室科员
焦艳娜　河南省版权局版权管理处科员
曾伯林　海南省版权局版权处副处长
薛　彬　上海市版权局版权管理执法处处长

《中国版权年鉴》编辑部

主　　编：阎晓宏
执行主编：牛维麟　于慈珂
执行副主编：段玉萍　彭　翊　孟　超
编辑部主任：李方丽
策划编辑：王宏霞
责任编辑：彭理文　霍殿林
执行编辑：俞彦超
装帧设计：池海玉
广告经营：肖　力　李玉彬

编纂说明

一、《中国版权年鉴》由国家版权局组织编纂，中国人民大学出版社和中国人民大学国家版权贸易基地编辑出版，是我国唯一全面系统反映全国版权创造、运用、保护和管理基本概貌的大型专业性工具书。本年鉴于2009年创刊，逐年编纂，连续出版，每年一卷，2015年卷为第七卷。

二、本卷年鉴主要汇辑2014年全国版权保护与版权相关产业发展的综合概况、动态信息、文献资料和统计数据，港澳台版权信息及国际版权动态。

三、本卷年鉴采用分类编辑法。根据2014年我国版权创造、运用、保护和管理的基本情况与主要特点，采用类目、分目和条目三个层次的结构，以文章、条目、条文和图表的形式表述。全书共设14个类目，分列42个分目或次分目。

四、本卷年鉴在延续前六卷编纂总体框架下，为实现年鉴的整体性和在有限篇幅里反映高度密集有效信息，对年鉴内容进行了必要的补充及调整，使之方便读者查阅。

1. 专栏：通过综述、文件汇编和典型案例全面回顾2005—2014年打击网络侵权盗版专项治理“剑网行动”的过程，展示互联网领域版权治理的重大成果，以纪念“剑网行动”十周年。

2. 专文：刊载国家新闻出版广电总局副局长、国家版权局副局长阎晓宏讲话稿《大数据时代的版权与文化》和重要文章《中国版权事业的里程碑——〈视听表演北京条约〉出台始末》，江苏省人民政府副省长曹卫星讲话稿《进一步加强版权工作　努力建设创新型省份——在江苏省版权工作座谈会上的讲话》，中南财经政法大学知识产权研究中心主任吴汉东《知识产权理论的体系化与中国化问题研究》。

3. 版权工作概览：全面记录2014年我国各级版权行政管理部门、版权司法审判机构及版权管理与社会服务组织开展的版权工作概况。

4. 版权扫描：翔实记载2014年全国版权相关立法、司法、行政管理、宣传教育、交流研讨、社会管理与服务、国际交流与合作、产业发展等方面的动态信息及港澳台版权信息。

5. 版权相关产业与版权贸易：反映2014年我国新闻出版、广播电视、电影、计算机软件、动漫、网络游戏等版权相关产业的基本状况与发展趋势。

6. 典型案件选编：刊登2014年著作权司法保护典型案件，2014年度打击侵权盗版十大案件，2014年度部分省（自治区、直辖市）著作权典型案件以及行政执法案件。

7. 法律法规及规章文件：汇辑《全国人民代表大会常务委员会关于在北京、上海、广州设立知识产权法院的决定》《最高人民法院关于北京、上海、广州知识产权法院案件管辖的规定》《最高人民法院关于审理利用信息网络侵害人身权益民事纠纷案件适用法律若干问题的规定》《使用文字作品支付报酬办法》及国家版权局印发的版权相关工作文件。

8. 表彰评奖：主要介绍2014年度查处侵权盗版案件有功单位及个人、2014CPCC十大中国著作权人、2014年中国版权年会年度评选获奖名单，以及2014年（第七届）全国大学生版权征文获奖名单。

9. 理论研究：集中反映2014年全国版权领域的理论研究成果。对2014年中国著作权法理论研究现状进行了梳理和回顾，并特别转载了反映版权界热点问题的10篇学术论文。同时对2014年出版的版权相关图书进行了简要介绍。

10. 统计资料：收集2014年与版权管理和版权贸易有关的统计数据，以及新闻出版产业、广播影视产业和软件产业的统计资料。

11. 名录：刊登版权行政管理部门、版权公共服务机构、版权协会、著作权集体管理组织、版权相关行业协会、版权代理公司、国家级版权交易机构及知识产权教学与研究机构最新的通信联络信息。

12. 国际版权动态：作为附录介绍2014年国外版权法律制度发展的最新动向，包括立法与行政、司法判例及业界动态。

13. 索引：采用内容分析和主题词检索的方式，按汉语拼音字母顺序编制本卷内容的主题索引。

14. 宣传广告：以彩色图文展现2014年版权管理相关的重要活动，并宣传展示版权示范城市及版权相关企事业单位。

五、本卷年鉴中所载内容无特别说明外，均按时间先后顺序排列；涉及各省（自治区、直辖市）的内容，均以全国行政区划为序。因组稿条件有限，本卷年鉴未包含香港、澳门特别行政区和台湾省的版权工作概况及相关统计数据。

六、本卷年鉴配备双重检索系统：书前刊有详细目录，书后备有内容索引。

七、本卷年鉴中全国版权统计数据由国家版权局版权管理司、国家新闻出版广电总局规划发展司、工业和信息化部软件服务业司、国家新闻出版广电总局发展研究中心提供；各省（自治区、直辖市）版权局的统计数据由相关版权局领导确认。

八、本卷年鉴同时出版纸质版和电子版（光盘），其中电子版采用多媒体和全文检索技术，并随纸质版附赠；同时发行纸质版和电子版，其中电子版通过国家版权交易网（www.copyrightmall.com）等数字化平台发行。

九、本卷年鉴在组稿和编辑过程中，得到了国家版权局版权管理司、国家新闻出版广电总局规划发展司、中国人民大学知识产权学院、工业和信息化部软件服务业司、国家新闻出版广电总局发展研究中心、地方版权局版权管理处以及其他版权相关单位的大力支持和帮助，在此一并谨致谢意。

十、因编辑部人员的水平和能力所限，本卷年鉴中定存有疏漏与错误之处，诚请版权界同仁和广大读者给予批评、指正。

目　录

专栏：剑网行动十周年

专　文

版权工作概览

版权扫描

典型案件选编

法律法规及规章文件

名 录

附录：国际版权动态

索　引

宣传广告

Contents

Features: The Tenth Anniversary of Sword Net Action

Copyright Industry and Trade

Selected Typical Cases

Honors and Awards

Theoretical Study

Statistics

Directory

Appendix: Trends of International Copyright

Index

Publicity and Advertisement

专栏：剑网行动十周年

ZHUAN LAN：JIAN WANG XING DONG SHI ZHOU NIAN

版

权

“剑网行动”十年综述

2005年至2014年，国家版权局连续十年会同公安部、工信部、网信办等部门开展打击网络侵权盗版专项治理“剑网行动”，取得了显著的工作成效。十年来，各级版权部门紧紧围绕党和国家工作大局，全面加强版权执法监管工作，执法机制不断完善，执法力度不断强化，执法领域不断拓展，执法效能不断提高，执法队伍不断壮大，有效维护了权利人的合法权益和社会公共利益，树立了版权执法监管的权威，得到了广大权利人和社会公众的高度评价，经受住了国际社会对我“入世”及其后过渡期的严峻考验。

一、坚持查办案件，不断加大打击侵权盗版工作力度

十年来，各级版权行政执法部门坚持日常监管与专项治理相结合，相继开展了盗版音像制品专项整治、软件预装专项整治、图书馆盗版专项治理、违规光盘复制企业专项整治、高校盗版盗印教材治理领域专项治理行动，版权执法监管成效显著。据不完全统计，2005年至2013年，全国版权行政执法部门共办理行政处罚案件6.47万件，移送司法机关案件2 656件，收缴各类侵权盗版制品4.39亿件。特别是连续十年开展的“剑网行动”，针对网络文学、音乐、视频、游戏、动漫、软件等重点领域，集中强化对网络侵权盗版行为的打击力度，共查办案件4 681起，依法关闭侵权盗版网站2 676个，没收服务器及相关设备1 178台，罚款人民币1 135万元，移送司法机关追究刑事责任案件388件，相继查处了百度文库侵权案、360侵权案、亚马逊销售盗版图书案、快播和百度播放器侵权案、一点资讯侵权案、射手网字幕组侵权案、天线视频网侵权案、一听音乐网侵权案、番茄花园网侵权案、思路网侵权案等一批侵权盗版大案要案，得到国内外权利人的充分肯定和社会公众的高度评价。

二、坚持服务大局，不断提升版权执法监管工作地位

各级版权行政执法部门紧紧围绕国家发展和改革大局，特别是中央关于大力实施知识产权战略和建设创新型国家的重大战略部署，不断加大版权保护力度，为建设创新型国家、树立国际形象提供了良好的法治化营商环境和有力保障。

一是抓好奥运会、世博会等重大节点的专项保护工作。2008年北京奥运会期间，建立了奥运反盗版工作组，实施全国范围的快速反应，工作成效显著，得到国际奥委会的高度赞誉；2010年世博会期间，积极应对世博会会歌、中国馆场馆设计等热点问题，开展世博会打击盗版音像制品专项行动，依法处理了“碟中碟”盗版案等有国际影响的大案。

二是积极贯彻落实全国保护知识产权专项行动。2010年，国务院部署开展打击侵权假冒专项行动，国家版权局在专项行动中承担着打击侵权盗版和推进软件正版化两项重要任务，取得了很好的工作成绩。专项行动期间，各地共立案查处3 381起案件，移送司法机关追究刑事责任案件179起，打击网络侵权盗版、清理出版物市场、加强印刷复制发行监管等专项工作成效明显，保持严打态势。

三、坚持制度保障，不断完善版权执法监管工作机制

一是积极推动网络版权执法监管法律体系的建立和完善。2001年修订的《著作权法》明确了信息网络传播权，2005年颁布的《互联网著作权行政保护办法》重点规范了网络服务运营商的版权行政责任，2006年颁布了文化领域第一个互联网的行政法规——《信息网络传播权保护条例》，2006年推动我国加入了世界知识产权组织两个互联网条约——《世界知识产权组织版权条约》(WCT)及《世界知识产权组织表演和录音制品条约》(WPPT)，2015年国家版权局发布《关于规范网络转载版权秩序的通知》。从规范网络秩序来看，网络版权法律法规建设是走在前面的，这为网络版权执法监管工作提供了有力的法律保障。

二是进一步健全版权执法监管工作体系。在文化市场综合执法改革的大背景下，各级版权管理部门加强对文化市场综合执法的业务指导，提升各级文化市场综合执法队伍的版权业务水平和执法能力，构建以版权管理部门为基础、文化市场综合执法部门为骨干的版权执法监管工作新机制。

三是多部门分工合作、互相配合、联合行动的执法机制日趋成熟。积极加强与新闻出版、广播影视、扫黄打非、通信管理、互联网信息管理、公安、工商、海关等部门的协作，推动版权行政执法与刑事司法有效衔接，逐步形成了以版权部门为平台，多部门共同参与、密切配合的打击侵权盗版工作格局。

四是推动全社会共同治理新机制。2007 年，经国务院批准，设立了全国举报和查处侵权盗版行为奖励基金，成立了反盗版举报中心，设立了全国统一的 12390 举报电话，奖励举报、查处侵权盗版工作全面展开。加强与国际唱片业协会、美国电影协会、美国商业软件联盟等国外权利人组织的合作，构建打击跨国侵权盗版行为的信息沟通机制。

五是推动建立区域联防协作机制。与香港海关签署《保护版权及打击盗版光碟合作互助安排》《打击网络盗版合作互助安排》；与台湾地区智慧财产部门就《海峡两岸知识产权保护合作协议》后续工作启动版权协助机制；推动苏、浙、沪等地区建立长三角版权执法协作机制；推动广东建立粤港澳知识产权案件协作处理机制，增强了区域版权执法的针对性和实效性。

四、坚持创新管理，不断推动网络版权保护取得新成效

国家版权局积极开展网站版权重点监管工作。2009 年，针对视频网站侵权盗版高发的态势，国家版权局创新工作理念，启动了网站版权重点监管工作。“剑网行动”期间，各地版权部门实施重点监管的网站达到 3 029 家，其中国家版权局直接监管了包括百度、优酷、土豆、爱奇艺、腾讯、搜狐、新浪、迅雷等 20 家具有全国影响的重点视频网站。各级版权部门一方面对重点网站的影视作品传播情况进行主动检查，并启动了对重点影视作品的版权预警保护；另一方面，切实帮助网站建立完善版权管理制度，推动加强网络行业企业诚信自律。版权部门重点监管的网站传播的影视作品占到全国网站传播影视作品总量的 95%左右，彻底改变了视频网站版权混乱的局面，大幅提高了视频网站的正版率，版权资源使用有序的局面已经形成。

五、坚持夯实基础，不断提高版权执法业务水平

一是高度重视对执法人员的专业培训。国家版权局连续 9 年开展基层执法人员轮训工作，共举办近 30 期实务培训班和专题研讨班，共计有近 3 000 人次的基层执法人员参加了培训。许多省的版权部门也坚持每年举办类似的培训，提升了各级执法人员的专业素质和业务水平。

二是加强案件信息公开工作。根据国务院工作部署，制定了《新闻出版（版权）行政执法部门依法公开制售假冒伪劣商品和侵犯知识产权行政处罚案件信息的实施细则（试行）》，对全国版权行政处罚案件的信息公开和数据报送工作提出明确要求，引导办案人员准确适用法律，规范制作文书，提升办案质量和水平。

三是加强奖励表彰工作。2006 年以来，国家版权局共对 1 234 家有功单位和 1 067 名有功个人进行了奖励，提高了各级版权执法单位的积极性。

四是注重版权执法宣传。各级版权部门通过新闻发布会、公益宣传片、演唱会、微信、微博等多种传播形式，宣传版权知识，剖析典型案例，提升社会公众的版权意识。

2005年国家版权局打击网络侵权盗版行为专项行动方案

根据中宣部、公安部、信息产业部、文化部、国家工商行政管理总局、新闻出版总署、国家版权局、全国扫黄办联合下发的《关于开展打击网络侵权盗版行为专项行动的通知》（中宣发［2005］30号）精神，现就专项行动的有关具体内容部署如下：

一、专项行动领导机构

为加强协调，确保此次专项行动取得成效，成立由中宣部、公安部、信息产业部、文化部、国家工商行政管理总局、新闻出版总署、国家版权局、全国扫黄办八部门共同组成的领导小组，领导小组由中宣部牵头，各部门派一名负责同志参加。领导小组下设办公室，由全国扫黄办承担具体日常事务，各部门指定一名负责同志参加。领导小组下设办公室，由全国扫黄办承担具体日常事务，各部门指定一名处级同志担任联络员。

二、工作任务及分工

（一）严厉打击未经权利人许可，通过互联网向公众传播他人作品及音像制品的违法行为，重点查处一批专门以营利为目的，通过网络提供电影、音乐和软件下载的大案、要案。版权、公安部门负责，信息产业管理部门配合。

（二）加大对经营性网站许可和非经营性网站备案的管理力度。对未经许可或者备案的网站、提供虚假信息骗取许可或备案的网站、不具备相应资质的网站和经版权部门认定专门或主要从事侵权盗版活动的网站，依法予以取缔或者关闭。信息产业管理部门负责，公安、文化、新闻出版、版权等部门配合。

（三）依法严厉查处互联网接入服务提供者的违规行为。对违反规定为未经许可或备案的网站提供接入服务者，不按照有关规定记录或者保存有关信息、拒绝相关管理部门查询有关记录的互联网信息服务提供者以及接入服务提供者，根据有关规定严肃处理。信息产业管理部门负责，新闻出版、文化、版权等部门配合。

（四）依法查处生产、销售专门用于故意避开或者破坏保护措施的工具和设备的行为。版权部门负责，公安、工商等部门配合。

（五）查处非法互联网出版活动和文化经营活动。文化、新闻出版部门负责，信息产业等部门配合。

（六）查处网吧使用盗版软件及非法经营活动。文化部负责，工商、版权部门配合。

（七）加强宣传力度，及时沟通信息。扫黄办负责，其他部门配合。

（八）制定举报奖励制度和案件受理、移送、查处的快速反应机制，对外公布举报热线及网络举报途径，并建立举报奖励制度。扫黄办、公安、版权部门负责，其他部门配合。

（九）鼓励、引导相关网络行业协会开展互联网行业自律，制定互联网行业自律公约。版权、信息产业管理部门负责。

三、工作步骤

专项行动分为三个阶段进行。

（一）动员部署（2005 年 9 月 10 日至 10 月 15 日）

1. 9 月 8 日至 31 日，调查研究，摸清情况，制订打击网络侵权盗版行为专项行动的实施方案。确定各部门参加专项治理领导小组及办公室人员名单，制定各部门实施方案细则，并按分工各自进行部署。

2. 10 月 10 日，发布答记者问，扫黄、版权、公安部门公布举报电话。动员权利人组织、行业协会等各方面社会力量积极配合治理行动，形成舆论氛围。

3. 10 月 10 日至 15 日，各地对执法人员进行培训，提高执法人员在新技术条件下的执法能力。

（二）组织实施（2005 年 10 月 15 日至 12 月 31 日）

1. 各地区和有关部门全面开展专项行动。

2. 根据举报线索确定重点地区和重点案件，加大查处力度。

3. 对各地查办的案件进行跟踪督办、指导。

4. 在实施阶段，每月 20 日上午专项行动小组开会，办公室及各部门通报有关案件受理及查处情况，研究部署相关工作。

5. 在实施阶段，宣传工作全程配合，并视查处的情况及时报道。

（三）总结验收（2006 年 1 月 9 日至 2 月 28 日）

1. 专项行动小组办公室对各地查处情况进行汇总。

2. 2006 年 1 月 9 日至 13 日，对重点地区工作开展情况、重点案件查处情况进行检查验收。

3. 2006 年 1 月 16 日至 17 日，视案件查处情况召集重点地区打击网络侵权盗版工作座谈会，并对在专项行动中表现突出的单位和个人进行表彰。

4. 2006 年 1 月 18 日至 20 日，总结这次打击网络侵权盗版专项行动的经验，并就网络侵权盗版问题的状况、发展态势及治理情况提出工作建议。

5. 2006 年 2 月 28 日，召开网络侵权专项行动新闻发布会。

关于开展打击网络侵权盗版专项行动的通知

［2006］新出明电22号

各省、自治区、直辖市、新疆建设兵团版权局：

为进一步深化网络侵权盗版专项治理，促进互联网产业健康发展，根据2006年全国整规工作要点和第17届中美商贸联委会后续工作安排的要求，在2005年打击网络侵权盗版专项行动取得较好成效的基础上，国家版权局决定自2006年9月底至2007年初在全国范围内开展为期3个月的打击网络侵权盗版专项行动。

一、行动目标

抓住贯彻实施《信息网络传播权保护条例》的有利时机，深化打击网络侵权盗版专项行动，通过国家版权局交办和地方版权局主动立案的方式提高办案数量和质量，加大重点案件查办力度，查处一批利用互联网从事侵权盗版活动的非法网站。扩大宣传声势，进一步净化网络版权保护环境。

二、工作重点

（一）加大对非法网站的取缔力度。对于主要从事侵权盗版活动的“三无”网站，通过通信管理部门一律将其关闭，对于情节重大的，深入调查，争取做成大案。

（二）重点查处通过互联网非法传播音乐、电影、软件、教科书等作品的侵权行为，加大对私服、外挂的打击力度。

（三）坚决查处故意避开或破坏技术保护措施的行为，以及故意删除或改变权利管理电子信息的行为。加大对生产、销售专门用于规避、破坏他人技术保护措施的工具、设备的查处力度。

三、重点地区

这次打击网络侵权盗版专项行动的重点地区是：北京、上海、重庆、吉林、浙江、江苏、安徽、湖北、湖南、四川、广州、深圳、青岛、厦门、西安等15个案件多发地区。

四、工作要求

（一）要加大对重大案件的查处力度，集中力量，深挖线索，将调查取证工作做实做足，确保重大案件的办理质量。

（二）要进一步完善与公安、通信管理部门的协作机制，充分发挥公安机关和行业管理部门在网络执法中的优势，建立有利于网络版权执法工作的长效机制。可以邀请公安机关、通信管理部门以联合执法的形式提前介入调查，及时锁定违法分子，做好取证工作。对于移送公安机关追究刑事责任的案件，密切跟踪刑事诉讼进程，协助司法机关办案。

（三）各地版权局之间要建立执法联动、信息共享、协作办案的联动机制，整合执法资源，提高办案效率。逐步形成步调一致，行动统一的集中执法群体，加大执法协作力度，对于相互间的执法协助请求，必须给予协助。必要时，国家版权局进行督办。

（四）妥善解决案件管辖权问题。由网站服务器等主要案件事实发生地或先立案的版权局为主办机关，涉及其他地区的工作由相关版权局积极配合，坚决避免因管辖问题导致案件在办理过程中频繁移转。对于涉及多个地区的案件，主办单位、协办单位都属于该案的办案部门。

（五）重大案件国家版权局将及时向全国各地版权局通报，增强执法活动的透明度，激励各地版权执法工作。各地在查办重大案件过程中要及时将办案进程、采取的主要执法措施、处理结果等事项向国家版权局报告。

（六）加大宣传力度，扩大影响。各地要充分利用新闻媒体，形成全方位的宣传网络，公布重大案件的查处过程和结果，以震慑违法犯罪分子，提高全民互联网知识产权保护意识。

五、工作步骤

“打击网络侵权盗版专项行动”分为准备、集中治理和总结三个阶段。

（一）准备阶段（9 月 30 日—10 月 30 日）

各地要通过新闻媒体、开设举报投诉网站、公布举报电话等形式，广泛收集案件线索，并对所有举报线索归类整理，对于证据比较充分可以立案查处的，正式列为案件进行处理。国家版权局也将陆续交办一批案件。

（二）集中治理阶段（10 月 31 日—12 月 30 日）

各地版权局要集中力量查处案件，并将案件分为重点案件和一般案件。各地要提高办案效率，确保查办案件的数量和质量。上级版权执法部门要加强对下级开展专项行动的检查和督导，对于重大情况及时上报。

（三）总结阶段（12 月 31 日—1 月 15 日）

各地请于 2007 年 1 月 10 日前，向国家版权局上报专项行动总结报告及专项行动统计表（统计表格式见附件）。专项行动结束后，国家版权局将对打击网络侵权盗版专项行动进行总结，并对工作突出的地方版权局进行表彰。

国家版权局

二〇〇六年九月三十日

附件：打击网络侵权盗版专项行动情况统计表（略）

关于开展2007年打击网络侵权盗版专项行动的通知

国权联［2007］1号

各省、自治区、直辖市、新疆生产建设兵团版权局，公安厅（局），通信管理局：

为进一步深化网络侵权盗版专项治理，保护著作权人的合法权益，促进互联网产业健康发展，根据《2007年中国保护知识产权行动计划》，国家版权局、公安部、信息产业部决定自2007年8月至10月底在全国范围内开展为期3个月的打击网络侵权盗版专项行动。为使本次专项行动顺利开展并取得积极成效，特作如下通知：

一、专项行动目标

2007年打击网络侵权盗版专项行动要以《中华人民共和国著作权法》、《信息网络传播保护条例》为法律依据，在总结2005、2006年专项行动的基础上，深化打击网络侵权盗版专项行动，查处一批利用互联网从事侵权盗版活动的非法网站，办理一批网络侵权案件，惩办一批违法犯罪分子。重点打击专门从事非法传输电影、音乐、软件（游戏）、图书等作品的侵权盗版网站，对重点知名大型网站和专门从事电影、音乐、软件（游戏）、图书等作品的网站实施主动监管，并指导帮助这些网站建立健全版权管理制度。

二、工作重点

（一）大力取缔非法网站。对于从事侵权盗版的未经电信及行业主管部门审批或备案的非法网站，经版权部门认定，由电信主管部门依法予以取缔。对有关侵权盗版分子，情节严重的，由版权部门从重从严处理。

（二）坚决查处通过互联网非法传播电影、音乐、软件（游戏）、图书等作品的侵权行为。

（三）加强对本省注册的具有影响力的知名大型网站或专门从事电影、音乐、软件（游戏）、图书等作品传输的专业网站的主动监管，探索建立依据著作权法对互联网进行监管的长效机制。

（四）加强对网吧侵权盗版行为的监管。重点查处网吧通过互联网进行非法下载电影、游戏，并向公众传播谋利的行为。

三、工作要求

（一）高度重视、狠抓落实。版权、公安、电信主管等部门要高度重视本次“专项行动”，将开展本次专项行动作为贯彻落实党中央、国务院关于“加强网络文化建设和管理”的一项政治任务，抓紧、抓实、抓出成效。

（二）进一步完善版权、公安、电信主管部门的协作，建立有利于网络版权执法工作的长效机制。版权管理部门要充分发挥公安部门和行业管理部门在网络执法中的优势，积极争取公安部门、电信主管部门的支持，及时锁定违法分子，做好调查取证工作。对于移送公安机关追究刑事责任的案件，密切跟踪刑事诉讼进程，协助司法机关办案。公安部门可采用联合办案的方式对版权部门办案给以必要的手段、技术支持。电信主管部门对版权部门合法的调查取证工作及关闭非法网站等处理措施依法予以配合。

（三）各地版权局之间要建立执法联动、信息共享、协作办案的有效机制，整合执法资源，提高办案效率。逐步形成步调一致，行动统一的集中执法群体，加大执法协作力度，对于相互间的执法协助请求，必须给予协助。

（四）妥善解决案件管辖权问题。由网站服务器所在地、侵犯人所在地、主要案件事实发生地或先立案的版权局为主办机关，涉及其他地区的工作由相关版权局进行配合，不能因服务器设置场所变更导致案件在办理过程中频繁移转。

（五）对主要从事侵权盗版行为的网络服务器要坚决予以没收。通过没收服务器，可以从经济上对侵权盗版分子进行打击，也可防止其利用该服务器继续从事侵权盗版行为。各地对此要高度重视，要将没收的服务器移至版权执法部门，不得原地封存。

（六）加大宣传力度，扩大影响。各地要充分利用新闻媒体，形成全方位的宣传网络，公布重大案件的查处过程和结果，以震慑违法犯罪分子，提高全民互联网知识产权保护意识。

四、工作步骤

“打击网络侵权盗版专项行动”分为准备、集中治理和总结三个阶段。

（一）准备阶段（8月1日—8月10日）

各地除办理国家版权局交办的网络案件外（国家版权局将向各地集中下发案件线索），还要通过新闻媒体、设立举报投诉网站、电话等途径，广泛收集案件线索，并对所有举报线索归类整理，对于证据比较充分可以立案的，正式立案进行处理。

（二）集中治理阶段（8月10日—10月10日）

各地版权局在本时期要将主要精力集中到查处案件上。要提高办案效率，确保查办案件的数量和质量。上级版权执法部门要加强对下级部门开展专项行动的检查和督导，对于重大情况要及时上报。同时国家版权局将会同全国保知办、公安部、信息产业部等组成联合案件督办指导组，赴各地进行案件督办指导。

（三）总结阶段（10月10日—10月20日）

各地要于2007年10月20日前，向国家版权局上报纸质和电子版专项行动总结报告及专项行动统计表（统计表格式见附件）。专项行动结束后。国家版权局将对本次专项行动进行总结，评选十大网络案件。同时，依据国家版权局即将出台的《举报、查处侵权盗版行为奖励暂行办法》，对举报人予以奖励，对版权、公安、电信等办案相关部门表现突出的先进单位及个人进行表彰。

国家版权局

公安部

信息产业部

二〇〇七年八月一日

附件：打击网络侵权盗版专项行动情况统计表（略）

关于印发《2008年打击网络侵权盗版专项行动实施方案》的通知

国权联［2008］2号

各省、自治区、直辖市版权局、公安厅（局）、通信管理局，新疆生产建设兵团版权局、公安厅（局）：

为认真贯彻落实党的十七大精神，“加强网络文化建设与管理、营造良好网络环境”，保护著作权人的合法权益，促进互联网产业的健康发展，国家版权局、公安部、工业和信息化部决定自2008年6月12日至10月15日联合开展为期四个月的打击网络侵权盗版专项行动。现将国家版权局、公安部、工业和信息化部制定的《2008年打击网络侵权盗版专项行动实施方案》印发给你们，请认真遵照执行，并依据实施方案规定的原则创造性地开展工作，确保2008年打击网络侵权盗版专项行动取得显著成效。

国家版权局
公安部
工业和信息化部
二〇〇八年六月五日

2008年打击网络侵权盗版专项行动实施方案

为认真贯彻落实党的十七大精神，切实做好版权执法和社会监管工作，维护良好的版权保护社会环境，促进互联网产业健康发展，根据《2008年中国保护知识产权行动计划》的部署和要求，国家版权局、公安部、工业和信息化部制定2008年打击网络侵权盗版专项行动实施方案。

一、2008年打击网络侵权盗版专项行动的总体思路

2008年打击网络侵权盗版专项行动的总体思路是：认真贯彻落实党的十七大关于“提高自主创新能力、建设创新型国家”“加强网络文化建设与管理、营造良好网络环境”的要求和国务院关于保护知识产权的总体部署，各部门各司其职，各负其责，进一步提高认识，加强领导、集中力量、突出重点、主动出击、严厉打击网络侵权盗版行为，加强对有关奥运版权的专门保护工作，破获一批大案要案，取缔一批非法网站，加强对网站的版权主动监管，努力使打击网络侵权盗版专项行动取得实效，为进一步净化网络环境提高版权保护水平做出贡献。

二、2008年打击网络侵权盗版专项行动的实施步骤

2008年打击网络侵权盗版专项行动自6月12日开始，至10月15日结束，为期4个月。专项行动分为准备阶段（6月12日—6月30日）、集中治理阶段（7月1日—9月30日）和总结阶段（10月1日—10月15日）。专项行动的主要工作如下：

（一）准备阶段（6 月 12 日—6 月 30 日）

1. 建立“打击网络侵权盗版专项行动办公室”。

为便于对各地开展专项行动进行统一指导协调，有效解决查处网络案件涉及的各部门相互配合及涉嫌犯罪案件移送等有关问题，提高网络执法效率，及时查处全国有重大影响的网络案件，国家版权局将牵头成立“打击网络侵权盗版专项行动办公室”（下称办公室），公安部及工业和信息化部相关部门确定联络员。办公室在专项行动期间专门从事网络执法和督查的有关工作。遇有重大复杂问题，集中商议解决。

2. 充分发动版权权利人和社会公众参与、配合专项行动。

各地版权执法部门要充分发挥权利人的作用，动员各权利人组织积极参与、配合专项行动。国家版权局组织中国文联、中国作协、中国音像协会、中国音乐著作权协会、中国电影版权保护协会、中国软件联盟、中国互联网协会、美国电影协会、国际唱片业协会、商业软件联盟等国内外权利人组织代表召开座谈会，鼓励、支持其向各级版权执法部门提供国内外权利人被侵权的重大网络案件线索，在网络专项行动期间集中进行查处。同时充分利用国家版权局网站举报平台、12390 反盗版举报电话等途径，发挥社会公众在打击盗版方面的监督作用。

3. 研究解决法律适用问题。

为便于各级执法、司法部门在查处网络案件过程中准确理解、适用相关法律，提高办案效率和水平，国家版权局、公安部、工业和信息化部、最高人民法院、最高人民检察院等相关部门利用现有的保护知识产权联席会议机制，讨论查处网络侵权盗版案件涉及的行政执法、涉嫌犯罪案件移送、证据获取、案件定性等方面的突出问题，形成统一指导意见，为办理网络侵权盗版案件提供明确具体的依据。

4. 开展执法培训。

国家版权局、公安部、工业和信息化部在北京联合举办“开展打击网络侵权盗版专项行动培训班”，集中对各地版权、公安及通信管理部门执法人员进行相关网络法律、取证及技术等方面专门培训，努力提高网络环境下的版权执法水平。

（二）集中治理阶段（7 月 1 日—9 月 30 日）

1. 各级版权执法部门要突出工作重点，有针对性地开展工作。

（1）努力办理大案要案。2008 年专项行动不仅要提高办案数量，更要提高办案质量，加大对大案要案的查处力度，争取刑事案件有重大突破，使专项行动获得更好的社会效应。各地执法部门要高度重视网络侵权盗版大要案的查处，查明侵权行为地或侵权人住所地的，以侵权行为地或侵权人住所地为管辖地，不能查明侵权人住所地以及未经许可或备案的网站，以网站服务器所在地为案件管辖地，认真及时查处网络侵权盗版大要案，每省都应努力办结一批网络侵权盗版刑事案件。

（2）对非法传播奥运赛事及相关活动行为进行重点打击。今年，第 29 届奥林匹克运动会在中国北京举行，针对奥运赛事及相关活动的非法传播行为届时也将大量出现。各地要根据《奥林匹克宪章》、中国政府与国际奥委会签署的有关协议、著作权法及《奥林匹克标志保护条例》的规定，对未经许可通过互联网非法转播奥运赛事及相关活动的行为进行重点打击，以切实维护正常的互联网传播秩序，保护权利人的合法权利。

（3）对视频类网站侵权盗版行为进行重点打击。目前视频类网站侵权盗版问题比较突出，国内外社会各界非常关注。奥运前后，这类网站将更加活跃。专项行动要将清理和整顿视频类网站作为工作重点，对未经授权传播他人各类作品的视频网站依法严肃查处。

（4）加强对网站的主动监管。各地版权执法部分在专项行动期间，要加大对属地大型网站及专门从事传播音乐、电影、软件、图书、游戏等内容的网站的主动监管力度，对其传播的内容是否取得授权进行主动检查，规范其网络使用作品的行为。在监管的同时加强服务，帮助其建立健全版权管理制度，从源头上防范减少侵权盗版行为的发生。

2. 版权、公安、通信管理部门各司其职，各负其责，互相配合，共同做好查处网络侵权盗版案件工作。

网络侵权盗版案件由于其特殊性、复杂性，单凭某一个执法部门，难以完成有效查处。因此各级版权、公安、通信管理部门一定要各司其职、各负其责、密切配合、形成合力。版权部门负责网络侵权盗版案件线索的收集、行政查处、涉嫌犯罪案件的移送等工作；公安机关负责网络侵权盗版刑事案件的查办工作，依法配合版权部门现场执法、通过技术手段获取证据、接受版权部门查处的涉嫌犯罪的网络侵权盗版案件的移送并侦查办理；通信管理部门应版权和公安执法部门的要求提供查处案件涉及的网站信息，根据执法部门认定的网站违法情况，依法配合实施停止接入、关闭网站等行政处理。各部门要互相支持、通力合作，共同做好网络案件查处工作。

3. 开展联合执法检查。

为了解各地开展专项行动的具体情况，及时发现、解决各地出现的突出问题，“打击网络侵权盗版专项行动办公室”对国内重点地区进行巡回案件督办，同时对各地执法过程中出现的法律、技术问题予以指导，以使各地加快办案进度，提高办案质量。

（三）总结阶段（10 月 1 日—10 月 15 日）

1. 各地版权局汇总当地开展专项行动情况，填报专项行动统计表，上报国家版权局专项行动总结报告（含电子版）。

2. 国家版权局对各地上报的情况进行汇总，与公安部、工业和信息化部共同形成专项行动总结报告。

三、2008 年打击网络侵权盗版专项行动的相关工作

（一）宣传工作

1. 专项行动期间，各地要结合案件查处情况利用当地媒体或借助中央级媒体进行动态宣传。

2. 专项行动结束后，国家版权局、公安部、工业和信息化部在国务院新闻办联合召开打击网络侵权盗版专项行动新闻发布会，对外宣传我国执法部门为打击网络侵权盗版所做的努力和取得的成绩，正面展示中国保护知识产权工作，引导国际社会对中国形成更为客观公正的认识与评价。

3. 专项行动结束后，国家版权局、公安部、工业和信息化部有关部门将 2005 年以来查处的典型案件进行汇编，编写《查处网络侵权盗版典型案例选编》。宣传执法部门为打击网络侵权盗版所做的工作，同时以案说法，指导地方管理部门更好地开展执法工作。

（二）奖励工作

依照现行举报、查处侵权盗版有功集体与个人奖励办法，将查处网络侵权盗版有功单位和个人纳入到国家版权局举报、查处侵权盗版案件奖励范围进行表彰。奖励以在网络专项行动期间查处的重大案件为基础，范围包括版权、扫黄打非、公安、通信等做出突出成绩的有关部门。

国家版权局办公厅

二〇〇八年六月五日

关于印发《2010 年打击网络侵权盗版专项治理“剑网行动”方案》的通知

［2010］新出明电 22 号

各省、自治区、直辖市版权局、公安厅（局）、通信管理局，新疆生产建设兵团版权局、公安局，北京市、天津市、上海市、重庆市、宁夏回族自治区文化市场行政执法总队：

为认真贯彻落实党的十七大精神，积极推进《国家知识产权战略纲要》的实施，加强网络环境下的版权行政执法和监管工作，保护权利人合法权益，打击网络环境下的各类侵权盗版行为，净化网络版权环境，促进互联网产业的健康发展，根据《2010 年中国保护知识产权行动计划》的部署，国家版权局、公安部、工业和信息化部定于 2010 年 7 月下旬至 10 月底开展打击网络侵权盗版专项治理“剑网行动”。现将《2010 年打击网络侵权盗版专项治理“剑网行动”方案》印发给你们，请结合本地实际，周密部署、认真落实，并及时上报有关工作进展情况。

国家版权局
公安部
工业和信息化部
二〇一〇年七月十九日

2010 年打击网络侵权盗版专项治理“剑网行动”方案

为加强网络环境下的版权行政执法和监管工作，保护权利人合法权益，打击网络环境下的各类侵权盗版行为，净化网络版权环境，促进互联网产业的健康发展，根据《2010 年中国保护知识产权行动计划》的部署，国家版权局、公安部、工业和信息化部制定《2010 年打击网络侵权盗版专项治理“剑网行动”方案》如下：

一、指导思想

以《中华人民共和国著作权法》、《著作权法实施条例》、《信息网络传播权保护条例》、《互联网著作权行政保护办法》等法律法规规章为依据，完善多部门联合执法机制，采取教育和打击相结合、自查自纠与抽查督查相结合、主动监管和集中执法相结合的综合治理方式，严厉打击各类网络侵权盗版行为，加强制度建设，建立长效监管机制，确保专项治理和产业发展相互促进、相互提高，不断净化网络版权保护社会环境，规范网络版权传播秩序，推动互联网产业健康发展。

二、工作目标

本次专项治理行动要围绕网络音频视频及文学网站，网络游戏、动漫、软件以及上海世博会、广州亚运会相关作品等重点领域，以国家版权监管平台为依托，加强对重点网站的主动监管力度，以查破办结一批大案要案为目标，查处一批网络侵权盗版案件、关闭一批侵权网站、处理一批违法犯罪人员，有力维护健康、规范的网络传播秩序，探索建立互联网版权保护长效工作机制，进一步促进互联网产业繁荣发展。

三、主要任务

（一）狠抓大案要案，完善督办协调机制。各地版权部门、公安机关要确定一批重点案件，重点突破。版权部门要注意收集、整理权利人举报、投诉信息，发现案件线索及时办案，对涉嫌犯罪的要及时移送公安机关。公安机关要发挥“主动侦查”的优势，及时发现和受理侵权盗版刑事案件；对于版权部门移送的案件线索，要依照《关于在打击侵犯著作权违法犯罪工作中加强衔接配合的暂行规定》的要求，积极受理。国家版权局将会同公安部联合挂牌督办一批重点案件，对列入督办范围的案件采取派员参加专案组、巡视督促、跨区域协调等方式，形成便捷高效的办理机制。

（二）突出重点领域，做到精确打击。“剑网行动”期间，各地版权部门要重点加强对音频视频和文学网站、网游动漫网站以及网络电子商务平台的监控力度，重点围绕热播影视剧、新近出版的图书、网游动漫、音乐作品、软件等，严厉打击未经许可非法上载、传播他人作品以及通过电子商务平台兜售盗版音像、软件制品等的违法犯罪活动；严厉打击为侵权盗版分子提供搜索链接、信息存储空间以及服务器托管、网络接入等服务的违法行为；严厉打击非法传播上海世博会、广州亚运会相关作品的网络侵权盗版活动；严厉打击利用手机等移动媒体侵权盗版的违法犯罪活动。

（三）加强主动监管、规范版权授权秩序。各级版权部门要对在本地有影响的互联网、手机移动互联网企业和网站进行主动监管，引导开展自查自纠工作，对其中的重点企业和网站进行现场检查，规范其网络使用作品的行为，并根据检查情况查处违法行为或对违规行为责令限期整改，从源头上防范侵权盗版行为的发生。要充分利用网络技术监控的手段，对重点作品、重点网站进行实时监控，加强网络取证工作。要依托版权协会、网络行业协会、著作权集体管理组织等社会组织，积极引导互联网企业开展自查自纠，加强抽查和督查工作，规范网络经营行为。鼓励相关网络企业和著作权人加强合作，逐步建立网站版权信息库、著作权人维权绿色通道，著作权集体管理组织及相关权利人加强对作品权利信息的收集、认证等基础工作，主动向社会公开作品权利信息等，方便使用者查询作品权利归属状况，避免侵权纠纷，形成“先授权、后传播”的版权传播秩序。

（四）加强宣传教育、提高企业和公众的版权法律意识。加大网络版权法律宣传教育力度，曝光典型案件，开展警示教育，对检查、督查中发现的违法企业进行法律教育，提高企业和社会公众“先授权、后使用”的法律意识，自觉遵守相关法律法规。

四、职责分工

为加强对专项治理行动的组织与领导，国家版权局、公安部、工业和信息化部联合成立“全国打击网络侵权盗版专项治理工作领导小组”，统一部署涉及全局的主要任务，协调解决专项治理行动中的重大问题，指导各地开展相关工作，对重大案件联合督办。领导小组成员单位有国家版权局版权管理司，公安部治安管理局、网络安全保卫局，工业和信息化部科技司、电信管理局，办公室设在国家版权局版权管理司。各地要相应成立工作领导小组，协调指导本地领导小组，协调指导本地区工作的开展，组成情况于7月30日前报国家版权局版权管理司。

版权管理部门负责专项治理行动的牵头工作，协调公安、通信管理部门开展工作，负责组织清理网上侵权信息，组织案件线索的收集、查处、涉嫌犯罪案件的移送工作，加强主动监管，开展专项治理行动的宣传和奖励工作。版权管理部门同时要做好对承担版权行政执法工作的文化市场综合执法机构的协调与指导。

公安机关要加大对网络环境下侵权盗版犯罪案件的线索收集、立案查处工作，强化打击侵权盗版犯罪的主体地位和阵地意识，加大主动侦查工作力度。依法参加侵权盗版案件联合执法，依法受理版权部门移送的涉嫌侵权盗版犯罪案件及相关线索并加大查处力度。

通信管理部门配合版权、公安部门开展打击网络侵权盗版工作，协助开展网络侵权盗版案件调查取证工作，协助提供查处网络侵权盗版案件涉及网站的备案信息，对经版权、公安部门查处且侵权盗版情节严重的网站依法吊销经营许可证或者注销备案，同时责令关闭网站，并通知相关网站接入服务商停止为其提供互联网接入服务。组织开展行业自律活动。

五、工作要求

（一）要充分发挥社会各界和有关权利人组织的积极性。要发布举报奖励公告，鼓励社会各界积极提供案件线索，尤其是大案要案的重要线索，做好充分的准备工作，集中查处一批有影响的大案要案。

（二）要加大对网络侵权盗版案件的处罚力度。要充分发挥网络专项治理的体制机制优势，积极主动办案。对于顶风作案、多次实施侵权盗版活动或者有其他严重情节的网站，要一律从严查处，特别要加大网络刑事案件的移送力度，确保在办理大案要案方面取得新的突破。

（三）要建立和完善打击网络侵权盗版行为的快速执法机制。对于未取得网络出版许可证、信息网络传播视听节目许可证等经营资质、未履行登记备案手续、专门从事侵权盗版活动或者有其他严重情节的非法网站，版权部门要在调查收集证据后先行制止侵权活动，及时提请通信管理部门予以暂停网络接入或者关闭网站。通信管理部门应当依照相关法律法规采取措施及时暂停网络接入或者关闭网站。

（四）要严厉打击侵权盗版网站背后的非法利益链。对于违反法律规定，明知是侵权盗版网站或者行为人利用网站从事侵权盗版违法活动，仍为其提供网络信息存储空间、搜索链接服务、网络接入、服务器托管、资金、账号、广告代理、代收费等服务的单位和个人要依法追究其共同侵权的法律责任，情节严重、构成犯罪的，依法追究刑事责任。

（五）要加大版权执法威慑，定期公布查处或移送的违法违规网站名单。版权部门在办理或协调办理侵犯著作权违法案件时，发现涉案网络服务提供者还存在未经登记、备案、擅自提供网络接入服务以及传播淫秽色情、低俗信息等违法违规活动的，要及时制作法律文书，连同相关证据移送相关主管部门处理并报上级版权机关备案。版权部门应定期公布查处或移送的违法违规网站名单，加大版权执法威慑。

（六）要加强制度建设，完善网络版权行政执法工作流程。为了进一步提高网络版权监管水平和执法工作效率，加强和改善网络版权保护工作，各省级版权部门要在总结历次专项行动的成功经验的基础上，对有效的监管举措和执法经验进一步归纳、整理，形成统一、规范的执法监管工作流程。国家版权局将适时总结各地情况，制定全国性的工作指导意见，供版权管理部门在日常执法、监管工作中采用。

（七）加强和完善执法信息基础建设工作和沟通机制，及时通报有关执法信息。各地版权管理部门要根据本地情况，协调公安、通信管理部门制定具体的工作安排，并于7月30日前上报国家版权局版权管理司。各级版权部门要高度重视执法信息基础建设，切实做好执法信息的备案、汇总和上报工作。各地版权部门应将案件的受理、立案、查处情况以及处罚决定书（纸质版和电子版）通过国家版权局版权监管平台及时报国家版权局备案。各省级版权管理部门、文化综合执法部门（统一填写附件1、附件2、附件3、附件4）要认真整理、汇总案件查处情况，对于正在查处的重点案件和查处结果，要根据具体情况，及时上报国家版权局。各地公安机关（填写附件5）要根据本地查处涉嫌侵权盗版案件的情况上报公安部。各地通信管理部门（填写附件6）要根据本省查处涉嫌侵权盗版网站及配合相关部门执法的情况上报工业和信息化部。各地、各部门上报的执法情况材料将同时作为对各地、各部门执法工作评价以及对查处侵权盗版有功单位和个人进行奖励的重要依据。

六、实施步骤

2010年打击网络侵权盗版专项治理行动分四个阶段进行。

（一）工作部署阶段（7月21日—7月30日）

1. 召开工作会议。三部门共同召开工作会议，全面动员部署专项治理工作。

2. 各地落实会议精神。上报专项治理工作领导小组办公室组成情况和具体工作安排，以及各地举报电话。各地确定主动监管的网站名单。

3. 宣传专项行动方案。制定整个专项行动期间宣传方案，按计划组织媒体宣传相关法律法规与政策，宣传打击网络侵权盗版典型案例。

（二）自查自纠与收集案源阶段（7月21日—8月10日）

1. 进行自查自纠。组织引导合法经营的互联网企业和重点网站开展“先授权、后传播”自查自纠活动，查找侵权盗版隐患。

2. 收集案件线索。组织动员国内外权利人组织和社会公众投诉举报网络侵权盗版行为，充分利用12390反盗版举报电话等途径以及各地的投诉举报平台，收集案件线索。

3. 开展执法培训。组织各有关部门行政执法人员的培训工作。编辑印发专项治理行动法律政策、业务指南和案例汇编。

（三）集中治理阶段（7月30日—10月20日）

1. 限期整改。各地有关部门要责令本地确定为主动监管的互联网企业和网站对自查出来的问题进行限期整改，对未按期完成整改的要依法查处。

2. 集中执法。三部门确定一批重点案件进行挂牌督办。各级版权、公安、通信管理部门要根据上级移交和自行收集到的案件线索开展打击行动，特别是对专门从事侵权盗版的非法网站，要充分发挥联合执法机制，加大行政处罚力度，加强刑事移送工作，集中办理一批大案要案，始终保持集中打击的高压态势。

（四）督查总结阶段（9月30日—10月30日）

1. 各地汇总专项治理工作情况，填写统计表（见附件）。

2. 开展督查。三部门组成督查组，对重点地区、重点企业进行督导检查，调研专项治理行动情况。

3. 新闻通报。三部门联合召开新闻发布会，对外宣传我国政府为打击网络侵权盗版所做的努力和取得的成绩；通报专项治理行动中的典型经验和典型案例。

4. 总结表彰。三部门召开工作会议，讨论专项治理行动总结报告；依据《举报、查处侵权盗版行为奖励暂行办法》对专项治理行动中工作突出的单位和个人予以表彰；研究2011年打击网络侵权盗版专项治理行动方案。

附件：

1. 2010年打击网络侵权盗版专项治理行动主动监管网站名单统计表（省级版权局、文化市场行政执法总队汇总填报）（略）

2. 2010年打击网络侵权盗版专项治理行动工作情况统计表（省级版权局、文化市场行政执法总队汇总填报）（略）

3. 2010年打击网络侵权盗版专项治理行动个案统计表（省级版权局、文化市场行政执法总队汇总填报）（略）

4. 2010年主动监管网站现场检查情况统计表（省级版权局、文化市场行政执法总队汇总填报）（略）

5. 2010年打击网络侵权盗版专项治理行动个案统计表（省级公安厅（局）汇总填报）（略）

6. 2010年打击网络侵权盗版专项治理行动个案统计表（省级通信管理部门填报）（略）

关于进一步做好打击侵犯知识产权和制售假冒伪劣商品专项行动的通知

新出明电［2011］4号

各省、自治区、直辖市新闻出版（版权）局、“扫黄打非”工作领导小组办公室，新疆生产建设兵团新闻出版（版权）局、“扫黄打非”工作领导小组办公室，北京、上海、天津、重庆、宁夏文化市场行政执法总队：

2010年10月国务院部署开展为期半年的打击侵犯知识产权和制售假冒伪劣商品专项行动以来，各地新闻出版、版权、“扫黄打非”部门认真贯彻落实国务院的决策部署，高度重视、加强领导、积极行动，加强源头治理和市场监管，督办并查处了一批大案要案，新闻出版（版权）领域专项行动取得阶段性成效。为进一步做好打击侵权盗版、推进政府机关软件正版化等专项行动各项工作，国务院办公厅发出通知，将专项行动结束时间由2011年3月底调整为6月底，《新闻出版总署、国家版权局、全国“扫黄打非”工作小组办公室关于开展打击侵犯知识产权和制售假冒伪劣商品专项行动及进一步做好使用正版软件工作的通知》（新出明电［2010］39号）中确定的专项行动各阶段的时间安排和工作内容相应顺延，其中网络专项行动工作已商工信部、公安部等部门同意。现将有关工作通知如下：

一、进一步加大对印刷复制企业的源头监管

各地新闻出版（版权）部门继续会同“扫黄打非”、文化综合执法、公安、工商等部门进一步加大对印刷复制企业的源头监管，对印刷复制工具书和教材教辅等各类出版物、印刷品、光盘、计算机软件及包装装潢、商标标识标签的企业进行专项检查，严厉查处非法印刷复制和非法加印、出售标识标签等印刷品的行为。

二、进一步加大对图书、软件、音像制品的市场监管

各地“扫黄打非”办公室继续组织协调新闻出版、版权、文化综合执法、公安、工商、城管、交通运输等部门，进一步加大对图书、软件、音像制品的市场监管，特别是做好对批销、运输工具书、教材教辅等出版物的批销场所、游商地摊和交通运输渠道的专项检查工作，严厉查处非法批销、贩运盗版工具书、教材教辅等出版物的行为。

三、进一步加大查办大案要案工作

各地“扫黄打非”办公室继续协调新闻出版、版权、文化综合执法、公安、检察、法院等部门，在总结前一阶段查办大案要案工作经验的基础上，进一步深挖案源，确立一批重点案件，加大查办工作力度，确保件件有着落。在查办侵权盗版案件过程中，对违法行为要依法及时作出行政处罚，对涉嫌犯罪的要及时移送公安机关立案侦查。

四、启动2011年打击网络侵权盗版专项治理“剑网”行动

从2011年4月至6月，国家版权局继续联合工信部、公安部开展为期3个月的2011年打击网络侵权盗版专项治理“剑网”行动。按照2010年“剑网”行动方案的各项要求，对各类侵

权盗版违法犯罪行为进行严厉打击。特别是加大对计算机软件、文字、音视频等重点作品和通过网络销售盗版工具书、教材教辅出版物等重点领域侵权盗版行为的打击力度。继续加大对影视、文字、音乐等重点作品的主动监管工作，对提供搜索链接、存储空间等服务的重点网站进行主动监管，对为侵权盗版分子提供互联网接入、服务器托管、通讯传输渠道、代收费、费用结算等服务的重点公司或机构进行主动监管。此次“剑网”行动继续纳入打击侵犯知识产权和制售假冒伪劣商品专项行动中。

五、启动2011年打击非法预装计算机软件专项行动

从2011年4月至6月，版权部门会同有关部门开展为期3个月的2011年打击非法预装计算机软件专项行动。对计算机厂商和软件市场预装盗版软件等各类非法预装计算机软件的侵权盗版行为进行严厉打击。对重点软件产品、重点计算机厂商、重点计算机及软件销售市场进行主动监管，通过版权部门与市场管理部门签订责任书、市场管理部门与经营店铺签订责任书等多种形式，从制度、源头上规范软件使用、销售等环节的市场经营行为，严厉查处各类非法预装计算机软件的侵权盗版行为。

六、工作要求

各省级新闻出版、版权行政和执法部门以及“扫黄打非”办公室要按照国务院办公厅文件和新出明电［2010］39号通知要求，进一步加强领导，省级版权行政部门作为牵头单位主动联系，新闻出版、版权执法部门和“扫黄打非”办公室积极配合，一要做好规划、部署和督导、检查，指导各地、各部门认真落实专项行动各项工作任务；二要进一步做好宣传报道工作，强化社会监督，曝光典型案件，保持打击侵权盗版违法行为的高压态势；三要进一步做好信息报送工作，按照《关于加大案件查处力度、做好宣传工作的紧急通知》（新出明电［2010］45号）、《关于报送打击侵犯知识产权和制售假冒伪劣商品专项行动有关工作情况的紧急通知》（新出明电［2010］49号）要求，做好信息、案件宣传等资料的月报、周报和阶段性报告的统一报送工作；四要认真做好专项行动总结工作，于6月25日前提交专项行动工作报告。

新闻出版总署
国家版权局
全国“扫黄打非”工作小组办公室
二〇一一年四月六日

关于印发《2012年打击网络侵权盗版专项治理“剑网行动”实施方案》的通知

新出明电［2012］10号

各省、自治区、直辖市版权局、公安厅（局）、通信管理局、网信办（网宣办、网管办），新疆生产建设兵团版权局、公安局，北京市、天津市、上海市、重庆市文化市场行政执法总队：

为认真贯彻落实党的十七届六中全会精神，进一步加强网络环境下版权执法和监管工作，打击网络环境下的各类侵权盗版行为，保护权利人合法权益，净化网络版权环境，促进互联网产业的健康发展，根据《国务院关于进一步做好打击侵犯知识产权和制售假冒伪劣商品工作的意见》（国发［2011］37号）的部署，国家版权局、公安部、工业和信息化部、国家互联网信息办公室定于2012年7月初至10月底联合开展第八次打击网络侵权盗版专项治理“剑网行动”。现将《2012年打击网络侵权盗版专项治理“剑网行动”实施方案》印发给你们，请结合本地实际，周密部署、认真落实，并及时上报有关工作进展情况。

国家版权局

公安部

工业和信息化部

国家互联网信息办公室

二〇一二年七月三日

2012年打击网络侵权盗版专项治理“剑网行动”实施方案

一、工作目标

本次专项治理行动针对提供作品、表演、录音录像制品等内容的网站、提供存储空间或搜索链接服务的网站以及提供网络交易平台的网站，围绕网络文学、音乐、影视、游戏、动漫、软件等重点领域以及图书、音像制品、电子出版物、网络出版物等重点产品，加强监管力度，以查破办结一批大案要案为目标，有力维护网络环境下健康、规范的版权秩序，有效遏制网络环境下侵权盗版违法行为的高发势头，建立网络环境下版权保护长效工作机制，进一步促进互联网产业繁荣发展。

二、主要任务

（一）查办一批大案要案。各地版权执法部门、公安机关要确定一批网络侵权盗版重点案件，集中突破、快速查办。处罚一批违法企业和个人、关闭一批违法网站，涉嫌犯罪的，依法追究刑事责任，加大行政及刑事惩处力度。

（二）继续开展视频网站主动监管工作。各地版权管理部门要继续开展视频网站主动监管工作，加大对本地有影响的各类提供视频内容、搜索链接、存储空间服务的视频网站的监管力度，规范视频网站经营者的经营行为，对发现的违法行为要严肃查处。

（三）加强对网络交易平台的版权监管。各地版权管理部门要加强对本地有影响力的各类电子商务交易平台的版权监管工作，要求此类交易平台经营企业建立完善的版权保护制度和交易规则，通过提供相关经营者身份地址和交易记录等信息、断开或删除侵权盗版商品信息链接、取消相关经营者会员资格等措施积极配合版权执法部门的执法工作。积极推动权利人及组织与网络交易平台企业建立版权保护协作机制，方便权利人维权。对发现的各种利用网络交易平台销售侵权盗版制品等违法行为，要严厉查处，涉嫌犯罪的，要及时移送司法机关追究刑事责任。

（四）完善督办协调机制。国家版权局将会同公安部、工业和信息化部、国家互联网信息办公室联合挂牌督办一批网络侵权盗版重点案件，对列入督办范围的案件采取派员参加专案组、巡视督促、跨区域协调等方式，形成便捷高效的办理机制。

（五）加强宣传教育，提高企业和公众在网络环境下的版权法律意识。加大网络版权法律宣传教育力度，曝光一批网络侵权盗版典型案件，开展警示教育，对检查、督查中发现的违法企业、个人进行法律教育，使其自觉遵守相关法律法规。

三、职责分工

（一）健全领导及工作机构。为加强对本次专项行动的组织与领导，四部门成立“全国打击网络侵权盗版专项治理工作领导小组”，新闻出版总署副署长、国家版权局副局长阎晓宏担任组长，领导小组成员由国家版权局版权管理司、公安部治安管理局、工业和信息化部电信管理局、国家互联网信息办公室网络新闻协调局相关司局级干部组成，统一部署涉及全局的主要任务，协调解决专项治理行动中的重大问题，指导各地开展相关工作；领导小组办公室设在国家版权局版权管理司。各地要成立相应的工作领导小组，协调指导本地区工作的开展，组成情况于7月20日前报国家版权局版权管理司。

（二）版权管理部门负责专项治理行动的牵头工作。版权管理部门要协调公安、通信管理部门、互联网信息内容主管部门开展工作；负责组织梳理网上侵权信息、收集案件线索，查处违法行为，移送涉嫌犯罪案件，提请通信管理部门予以暂停网站接入或者关闭网站；开展视频网站主动监管及网络交易平台版权监管工作；组织专项治理行动的宣传和奖励工作；协调、指导文化市场综合执法机构开展版权执法工作。

（三）公安机关要加大对网络环境下侵权盗版犯罪案件的线索收集、立案查处工作；严厉打击网络侵权盗版犯罪行为；参加网络侵权盗版案件联合执法工作；及时受理版权部门移送的涉嫌犯罪的网络侵权盗版案件。

（四）通信管理部门配合版权、公安部门开展打击网络侵权盗版工作，协助开展网络侵权盗版案件调查取证工作，协助提供查处网络侵权盗版案件涉及网站的备案信息，对经版权、公安部门查处且侵权盗版情节严重的网站依法吊销电信业务经营许可证或者注销备案，并通知相关接入服务商停止为其提供网站接入服务。组织开展行业自律活动。

（五）各级互联网信息内容主管部门负责指导、协调、督促有关部门加强网络内容管理、依法从严查处侵权盗版违法网站，利用版权手段加强网络监管。

四、工作要求

（一）继续充分发挥社会各界和有关权利人组织的积极性。要发布举报奖励公告，鼓励社会各界积极提供案件线索，尤其是大案要案的重要线索，集中查处一批有影响的大案要案。

（二）继续加大对网络侵权盗版案件的处罚力度。要充分发挥网络专项治理的体制机制优势，积极主动办案。对于顶风作案、多次实施侵权盗版活动或者有其他严重情节的网站，要一律从严查处，特别要加大涉嫌犯罪案件的移送力度，确保在办理大案要案方面取得新的突破。

（三）突出重点领域，精确打击。要重点围绕音乐、视频、文学、游戏、动漫网站以及网络电子商务平台，严厉打击未经许可非法上载、传播他人作品以及通过电子商务平台销售盗版图书、音像、软件制品等的违法行为；严厉打击为侵权盗版分子提供搜索链接、信息存储空间以及服务器托管、网络接入等服务的违法行为；严厉打击利用手机等移动媒体侵权盗版的违法犯罪活动。

（四）密切协作、加强联动。各地版权、公安、通信、互联网信息内容主管部门要进一步加强配合，联合办案，按照分工认真开展工作。各地版权局要做好工作部署和协调，版权执法部门特别是已单独设立并承担版权执法任务的文化综合执法机构要切实承担版权行政执法任务，公安部门要加大网络侵权盗版案件的侦查力度，通信管理部门要配合加大对违法网站的查处力度，互联网信息内容主管部门要利用版权手段加强网络监管并做好指导、协调、督促工作。

要加强制度建设，完善网络版权行政执法工作流程。为了进一步提高网络版权监管水平和执法工作效率，加强和改善网络版权保护工作，各省级版权部门要在总结历次专项行动成功经验的基础上，对有效的监管举措和执法经验进一步归纳、整理，形成统一、规范的执法监管工作流程。

做好计划，周密部署。各地版权管理部门要根据本地情况，协调版权执法、公安、通信管理、互联网信息内容主管部门周密部署、制定具体的详尽的工作计划，并于7月20日前上报国家版权局版权管理司。

加强和完善执法信息报送。各有关部门要高度重视执法信息汇总和上报工作。省级版权局、文化市场执法总队整理、汇总地方各级版权行政执法部门案件查处及视频网站主动监管情况，统一填写附件1、附件2、附件3、附件4，从8月份起每两周向国家版权局版权管理司报送一次；省级公安厅（局）、通信管理局、互联网信息内容主管部门分别整理、汇总地方各级公安、通信、互联网信息内容主管部门查处或配合查处案件情况，统一填写附件3，按月分别报送到公安部治安局、工信部电信管理局、国家互联网信息办公室网络新闻协调局。各地、各部门上报的执法情况材料将作为评价各地、各部门执法工作以及奖励查处侵权盗版有功单位和个人的重要依据。

五、实施步骤

2012年打击网络侵权盗版专项治理行动分四个阶段进行。

（一）工作部署阶段（7月3日—7月31日）。1. 召开工作会议，四部门共同召开工作会议，全面动员部署专项治理工作。2. 各地落实会议精神，上报专项治理工作领导小组办公室组成情况和具体工作安排。各地确定主动监管网站名单。3. 宣传专项行动方案，制定整个专项行动期间宣传方案，按计划组织媒体宣传相关法律法规与政策，宣传打击网络侵权盗版典型案例。

（二）自查自纠与收集案源阶段（8月1日—8月31日）。1. 进行自查自纠，组织引导合法经营的互联网企业和重点网站开展自查自纠活动，查找侵权盗版隐患。2. 收集案件线索，组织动员国内外权利人组织和社会公众投诉举报网络侵权盗版行为，充分利用12390反盗版举报电话等途径以及各地的投诉举报平台，收集案件线索。3. 开展执法培训，组织各有关部门行政执法人员的培训工作。编辑印发专项治理行动法律政策、业务指南和案例汇编。

（三）集中治理阶段（9月1日—9月30日）。1. 限期整改，各地有关部门要责令本地确定为主动监管的互联网企业和网站对自查出来的问题进行限期整改，对未按期完成整改的要依法查处。2. 集中执法，四部门确定一批重点案件进行挂牌督办。各级版权、公安、通信管理部门要根据上级移交和自行收集到的案件线索开展打击行动，特别是对专门从事侵权盗版的非法网站，要充分发挥联合执法机制，加大行政处罚力度，加强刑事移送工作，集中办理一批大案要案，始终保持集中打击的高压态势。

（四）督查总结阶段（10月1日—10月31日）。1. 各地汇总专项治理工作情况，填写统计表。2. 开展督查，四部门对重点地区、重点企业进行督导检查，调研专项治理行动情况。3. 新闻通报，四部门联合召开新闻通气会，对外宣传我国政府为打击网络侵权盗版所做的努力和取得的成绩；通报专项治理行动中的典型经验和典型案例。4. 总结奖励，四部门及时总结专项治理行动成果；依据《举报、查处侵权盗版行为奖励暂行办法》对专项治理行动中工作突出的单位和个人予以奖励，纳入2012年度版权执法有功单位和个人奖励范围，对重大典型案件进行专项奖励。

附件：

1. 2012年打击网络侵权盗版专项治理行动主动监管网站名单统计表（省级版权局、文化市场行政执法总队汇总填报）（略）

2. 2012年打击网络侵权盗版专项治理行动工作情况统计表（省级版权局、文化市场行政执法总队汇总填报）（略）

3. 2012年打击网络侵权盗版专项治理行动案件统计表（省级版权局、公安厅（局）、通信管理局、网信办（网宣办、网管办）、文化市场行政执法总队汇总填报）（略）

4. 2012年主动监管网站现场检查情况统计表（省级版权局、文化市场行政执法总队汇总填报）（略）

5. 2012年“剑网行动”侵权盗版案件举报奖励办法（略）

关于印发《2013年打击网络侵权盗版专项治理“剑网行动”实施方案》的通知

新出明电［2013］13号

各省、自治区、直辖市版权局、网信办（网宣办、网管办）、通信管理局、公安厅（局），新疆生产建设兵团版权局、公安局，北京市、天津市、上海市、重庆市文化市场行政执法总队：

为贯彻落实党的十八大精神，进一步加强网络环境下版权执法和监管工作，打击网络侵权盗版行为，保护权利人合法利益，净化网络版权环境，促进互联网产业的健康发展，根据国务院2013年打击侵犯知识产权和制售假冒伪劣商品工作的部署，国家版权局、国家互联网信息办公室、工业和信息化部、公安部定于2013年6月20日至10月20日联合开展第九次打击网络侵权盗版专项治理“剑网行动”。现将《2013年打击网络侵权盗版专项治理“剑网行动”实施方案》印发给你们，请认真贯彻落实文件要求，及时上报工作进展情况。

国家版权局

国家互联网信息办公室

工业和信息化部

公安部

2013年6月19日

2013年打击网络侵权盗版专项治理“剑网行动”实施方案

为加强网络环境下的版权行政执法和监管工作，打击网络侵权盗版行为，净化网络版权环境，促进互联网产业的健康发展，根据国务院2013年打击侵犯知识产权和制售假冒伪劣商品工作的部署，国家版权局、国家互联网信息办公室、工业和信息化部、公安部（以下简称“四部门”）制定《2013年打击网络侵权盗版专项治理“剑网行动”实施方案》，具体内容如下：

一、工作目标

从2013年6月20日开始，利用4个月的时间，围绕网络文学、音乐、影视、游戏、动漫、软件等重点领域以及图书、音像制品、电子出版物、网络出版物等重点产品，加强对重点音视频网站、网络销售平台的监管力度，严厉打击各种网络侵权盗版行为。通过查处一批案件、关闭一批违法网站、处理一批违法人员，有力维护网络环境下健康、规范的版权秩序，建立完善互联网版权保护长效工作机制，进一步促进互联网产业繁荣发展。

二、主要任务

（一）查办一批大案要案。各地版权执法部门、公安机关要确定一批网络侵权盗版重点案件，集中力量、快速查办。对查处的案件确定违法的，要在法定职权范围内加大行政处罚力度；涉嫌犯罪的，要根据“两法衔接”机制及时移送司法机关，强化刑事打击工作力度。

（二）深入开展对音视频网站的主动监管工作。今年国家版权局将主动监管工作扩大至重点音乐网站，各地版权管理部门要将本地有影响力的较大视频网站和音乐网站纳入到主动监管的范围，明确要求网站按时开展自查自纠活动，加强对监管网站报送材料的监督和审核，指派专门执法人员对网站上传的内容等进行不定期检查，对发现的违法行为要严肃查处。

（三）加强对移动互联网的版权监管工作。各地版权执法部门要加大对手机等移动设备侵权盗版的查处力度，主动监控通过移动网络传播文学、音乐、影视、游戏、动漫、软件等情况，重点强化对音视频播放软件、游戏软件等领域侵权盗版的打击力度。

（四）加强对网络交易平台的版权监管工作。各地版权管理部门要加强对本地有影响力的各类电子商务交易平台的版权监管工作，要求相关企业建立健全版权保护制度和交易规则，切实采取有效措施积极配合版权执法部门的工作。要积极推动权利人及组织与网络交易平台企业建立版权保护协作机制。版权执法部门要严厉查处各种利用网络交易平台销售侵权盗版制品等违法行为，涉嫌犯罪的，要及时移送司法机关追究刑事责任。

（五）健全完善督办协调机制。国家版权局将会同国家互联网信息办公室、工业和信息化部、公安部联合挂牌督办一批网络侵权盗版重点案件，对列入督办范围的案件采取派员参加专案组、巡视督促、跨区域协调等方式，积极构建迅速、顺畅、便捷、高效的办案工作机制。

（六）加强法制宣传教育工作。要通过曝光一批网络侵权盗版典型案件，深入开展警示教育工作，对检查、督查中发现的违法企业、个人进行法制教育，帮助企业树立保护版权、“先授权、后传播”的法律意识，使其自觉遵守相关法律法规。

三、重点工作

（一）提高查处案件的数量和质量。各地要发布举报奖励公告，充分发挥权利人组织的积极性，鼓励社会各界积极提供案件线索。要继续加大对网络侵权盗版案件的处罚力度，在进一步提高办案的数量和质量上下功夫。尤其是要重点打击一批人民群众反响强烈、社会影响力大的侵权盗版网站，确保在办理大案要案方面取得实质性突破。

（二）进一步加大刑事打击力度。各地要深入落实“两法衔接”机制的要求，版权执法部门在执法检查和接受举报投诉时，发现网站侵权盗版行为涉嫌犯罪的，要及时向公安机关移送，并积极配合公安机关深入打击网络侵权盗版犯罪行为。

（三）突出重点工作领域。要重点围绕网络文学、音乐、影视、游戏、动漫、软件以及网络销售平台等领域，严厉打击未经许可非法上载、传播他人作品以及通过电子商务平台销售盗版制品等违法行为；严厉打击故意为侵权盗版分子提供搜索链接、信息存储空间以及服务器托管、网络接入等服务的违法行为；严厉打击利用手机等移动设备、电视机顶盒、电视棒和音视频播放器等软硬件工具侵权盗版的违法犯罪活动。

四、职责分工

（一）健全领导及工作机构。为加强对本次专项行动的组织与领导，四部门成立“全国打击网络侵权盗版专项治理工作领导小组”，新闻出版广电总局副局长、国家版权局副局长阎晓宏担任组长，领导小组成员由国家版权局版权管理司、国家互联网信息办公室网络新闻协调局、工业和信息化部电信管理局、公安部治安管理局相关司局级干部组成，统一部署重大任务，协调解决相关问题，指导各地开展相关工作。领导小组办公室设在国家版权局版权管理司。各地要成立相应的工作领导小组，协调指导本地区工作的开展，组成情况请于7月10日前同工作计划一并上报领导小组办公室。

（二）版权管理部门负责专项治理行动的牵头工作。版权管理部门要协调互联网信息内容主管部门、通信管理部门、公安机关开展工作；负责组织梳理网上侵权信息，收集案件线索，查处违法行为，移送涉嫌犯罪案件，提请通信管理部门予以暂停网站接入或者关闭网站。开展音视频网站主动监管及网络交易平台版权监管工作；组织专项治理行动的宣传和奖励工作；协调、指导文化市场综合执法机构开展版权执法工作。

（三）互联网信息内容主管部门负责指导、协调、督促有关部门加强网络内容管理、依法从严查处侵权盗版违法网站，利用版权手段加强对网络内容的监管。

（四）通信管理部门配合版权、公安部门开展打击网络侵权盗版工作，协助开展网络侵权盗版案件调查取证工作，协助提供查处网络侵权盗版案件涉及网站的备案信息，对经版权、公安部门查处且侵权盗版情节严重的网站依法吊销电信业务经营许可证或者注销备案，并通知相关接入服务商停止为其提供网站接入服务。组织开展行业自律活动。

（五）公安机关要加大对网络环境下侵权盗版涉嫌犯罪案件的线索收集、立案查处工作，及时受理版权部门移送的涉嫌犯罪的案件，进一步加大对侵权盗版犯罪案件的刑事打击力度。

五、工作要求

（一）高度重视，列入考核。各地要高度重视今年的“剑网行动”，国家版权局等四部门已将该项工作列入 2013 年“双打”工作考核的重点，将适时向国务院打击侵权假冒工作领导小组报告考核情况并反馈各地党委政府。

（二）做好计划，周密部署。各地版权管理部门要根据本地情况，协调版权执法、互联网信息内容主管、通信管理、公安部门，周密部署、制定具体的详尽的工作计划，于 7 月 10 日前上报国家版权局版权管理司。

（三）创新工作方法，加强制度建设。各地要在执法技术手段和管理方式等方面进行创新，通过约谈网站负责人、督办重点案件等方式，督促问题网站进行认真整改。要不断总结工作经验，健全完善网络版权执法和监管工作的各项制度，逐步建立统一、规范的版权执法监管工作流程。

（四）构建多部门共同参与的联动工作机制。各地版权、互联网信息内容主管、通信、公安部门要进一步加强配合，联合办案，按照分工认真开展工作。各地版权管理部门要做好工作部署和协调，版权执法部门要切实承担版权行政执法任务，互联网信息内容主管部门要利用版权手段加强网络监管并做好指导、协调和督促工作，通信管理部门要配合加大对违法网站的查处力度，公安部门要加大网络侵权盗版案件的侦查力度。

（五）加强信息报送工作。各地要高度重视执法信息汇总和上报工作。省级版权局、文化市场执法总队整理、汇总地方各级版权行政执法部门案件查处及音视频网站主动监管情况，统一填写附件 1、附件 2、附件 3、附件 4，从 7 月份起每月 15 日前、30 日前向国家版权局版权管理司各报送 1 次；省级互联网信息内容主管部门、通信管理局、公安（厅）局分别整理、汇总地方各级互联网信息内容主管、通信管理、公安部门查处或配合查处案件情况，统一填写附件 3，按月分别报送到国家互联网信息办公室网络新闻协调局、工信部电信管理局、公安部治安管理局。各地、各部门上报的执法情况材料将作为评价各地、各部门执法工作以及奖励查处侵权盗版有功单位和个人的重要依据。

六、实施步骤

2013 年打击网络侵权盗版专项治理“剑网行动”分四个阶段进行。

（一）工作部署阶段（6 月 20 日—7 月 10 日）。1. 四部门召开新闻发布会，全面启动今年“剑网行动”。2. 各地积极落实文件要求，上报专项治理行动工作领导小组办公室组成情况和具体工作安排，各地确定主动监管网站名单。3. 制定专项行动宣传方案，组织媒体宣传相关法律法规与政策，宣传打击网络侵权盗版典型案例。

（二）自查自纠与收集案源阶段（7 月 11 日—7 月 31 日）。1. 进行自查自纠，组织引导合法经营的互联网企业和重点网站开展自查自纠活动，查找侵权盗版隐患。2. 收集案件线索，组织动员国内外权利人组织和社会公众投诉举报网络侵权盗版行为，充分利用国家版权局的举报电话等途径以及各地的投诉举报平台，收集案件线索。3. 开展执法培训，组织各有关部门行政执法人员的培训工作。编辑印发专项治理行动法律政策、业务指南和案例汇编。

（三）集中治理阶段（8月1日—9月30日）。1. 限期整改，各地有关部门要责令本地确定为主动监管的互联网企业和网站对自查出来的问题进行限期整改，对未按期完成整改的要依法查处。2. 集中执法，四部门确定一批重点案件进行挂牌督办。各级版权、互联网信息内容主管、通信管理、公安部门要根据上级移交和自行收集到的案件线索开展打击行动，要充分发挥联合执法机制，依法加大行政处罚力度，加强涉嫌犯罪案件的移送工作，集中办理一批大案要案，始终保持集中打击的高压态势。

（四）督查总结阶段（10月1日—10月20日）。1. 各地汇总专项治理工作情况，形成总结报告，于10月31日前上报国家版权局版权管理司。2. 开展督查，四部门对重点地区、重点企业进行督导检查，调研专项治理行动开展的情况。3. 新闻通报，四部门联合召开新闻通气会，对外宣传我国政府为打击网络侵权盗版所做的努力和取得的成绩；通报专项治理行动中的典型经验和典型案例。4. 总结奖励，四部门及时总结专项治理行动成果，依据《举报、查处侵权盗版行为奖励暂行办法》对专项治理行动中工作突出的单位和个人予以奖励，纳入2013年度版权执法有功单位和个人奖励范围，对重大典型案件进行专项奖励。

附件：

1. 2013年“剑网行动”主动监管网站名单（省级版权局、文化市场行政执法总队汇总填报）（略）

2. 2013年“剑网行动”工作情况统计表（省级版权局、文化市场行政执法总队汇总填报）（略）

3. 2013年“剑网行动”案件统计表（省级版权局、网信办〈网宣办、网管办〉、通信管理局、公安厅〈局〉、文化市场行政执法总队汇总填报）（略）

4. 2013年“剑网行动”主动监管网站检查情况统计表（省级版权局、文化市场行政执法总队汇总填报）（略）

5. 2013年“剑网行动”侵权盗版案件举报奖励办法（略）

关于开展打击网络侵权盗版“剑网 2014”专项行动的通知

新广出明电［2014］14 号

各省（自治区、直辖市）版权局、网信办（网宣办、网管办）、通信管理局、公安厅（局），北京市、天津市、上海市、重庆市文化市场行政执法总队：

为贯彻落实党的十八大和十八届二中、三中全会精神，进一步加强网络版权执法监管工作，打击网络侵权盗版，依法治理网络空间，净化网络版权环境，根据国务院 2014 年打击侵犯知识产权和制售假冒伪劣商品工作的部署要求，国家版权局、国家互联网信息办公室、工业和信息化部、公安部（以下简称“国家版权局等四部门”）定于 2014 年 6 月至 11 月联合开展第十次打击网络侵权盗版专项治理“剑网”行动（简称“剑网 2014”专项行动）。现将有关事项通知如下：

一、重点任务

（一）保护数字版权。重点围绕文字、影视、音乐、游戏、软件等作品的数字版权保护，加大对互联网网站、网络销售平台、移动智能终端应用软件商店的监管力度，严厉打击各种网络侵权盗版行为，加强网络版权保护，规范网络版权秩序，以版权管理促进网络治理，以版权保护维护网络安全。

（二）规范网络转载。通过查办案件和引导规范两个手段，组织网站开展自查自纠，加大主动监管工作力度，加强网站版权监督审核，完善网络版权许可付酬机制，引导报刊社与大型商业网站开展版权合作，完善网络转载许可付酬措施，形成网络转载等使用作品依法依规许可付费使用的合作双赢机制。

（三）支持依法维权。积极推广重庆日报报业集团发表版权声明的做法，支持传统媒体规范版权声明，推动网络版权保护自律。鼓励、调动权利人维权积极性，引导支持权利人采取行政投诉、民事诉讼和刑事报案等手段，开展正当维权，主张合法权益。支持权利人采取实施通知——删除程序、申请民事诉前禁令等法律手段及时制止侵权。

（四）严惩侵权盗版。加强对新闻网站、音视频网站、文学网站、游戏网站的监管力度，严厉打击未经许可转载、非法传播他人作品的侵权盗版活动；严厉打击故意为侵权盗版提供搜索链接、广告联盟合作、信息存储空间以及服务器托管、互联网接入等违法网络服务行为；重点规范网络销售平台、移动智能终端应用软件商店、网络电视棒、电视机顶盒等网络载体的版权经营行为。

二、主要措施

（一）开展版权法制宣传。各地各有关部门要充分利用报纸、广播、电视等传统媒体和新闻网站、手机报等新媒体，宣传“剑网 2014”专项行动的部署、进展和成效，剖析网络侵权盗版典型案件，深入开展警示教育，引导企业树立保护版权、“先授权、后传播”的法律意识，使其自觉遵守相关法律法规，为开展“剑网 2014”专项行动营造良好舆论环境。

（二）进行全面清理检查。各地各有关部门要对重点互联网网站、网络销售平台、移动智能终端应用软件商店、搜索引擎、网络广告联盟和网络电视棒、电视机顶盒等网络载体进行全面清理检查，并组织辖区互联网企业开展自查自纠，查找侵权盗版问题。对检查、自查发现的问题，要责令企业进行限期整改，对未按期完成整改的要依法严厉查处。

（三）发动群众投诉举报。国家版权局等四部门召开“剑网 2014”专项行动新闻通气会，向社会公布行动的具体措施和投诉举报受理方式，并将按照《举报、查处侵权盗版行为奖励暂行办法》对经核实线索查处案件的举报人予以奖励。各地各有关部门要参照国家版权局等四部门的做法，通过媒体公布电话、网络、信函、电子信箱等投诉举报方式，发布举报奖励公告，鼓励社会各界积极提供案件线索。

（四）建立快速处理机制。对于从事侵权盗版活动的非法网站，版权行政执法部门要依法制止其违法行为，及时提请电信主管部门予以暂停网络接入或者关闭网站。电信主管部门要依照相关法律法规采取措施及时暂停网络接入或者关闭网站。各地版权行政执法部门要在互联网信息内容主管部门和电信主管部门的指导下，积极探索与基础电信企业、互联网信息服务企业构建快速有效的“通知——移除侵权”工作机制。

（五）查处侵权盗版案件。国家版权局等四部门将根据主动监管发现的问题和收到的投诉举报线索，及时向各地移转案件。各级版权行政执法部门、公安机关要采取多种手段深挖案件线索，确定一批网络侵权盗版重点案件，集中力量、快速查办。各地各有关部门要依法加大行政处罚力度，进一步提高办案的数量和质量，对人民群众意见强烈、社会危害大的侵权盗版网站，要一律从严查处，依法吊销其备案资格或相关行政许可资质。加大刑事打击工作力度，对涉嫌构成犯罪的，要根据“两法衔接”机制及时移交公安部门立案。

（六）完善长效工作机制。国家版权局等四部门将会同全国“扫黄打非”办、最高人民法院、最高人民检察院等单位，联合挂牌督办一批网络侵权盗版重点案件，对列入督办范围的案件采取专题研商、巡视督促等方式，加强督办协调，积极构建多部门共同参与的联动工作机制。加强对重点新闻、视频、文学、音乐网站和网络销售平台的主动监管工作，积极推动权利人及组织与互联网企业建立版权合作机制，逐步建立网站版权信息库、权利人维权绿色通道。

三、行动步骤

（一）工作部署阶段（6 月 1 日—6 月 20 日）。1. 国家版权局等四部门召开专题工作会，全面启动专项行动。2. 各地上报工作计划，确定主动监管网站名单。3. 各地制定宣传方案，大力宣传专项行动。

（二）清理检查阶段（6 月 21 日—7 月 20 日）。1. 各地组织引导重点互联网企业开展自查自纠活动，查找侵权盗版问题。2. 组织动员国内外权利人组织和社会公众积极投诉举报，搜集案件线索。3. 开展执法培训，组织各有关部门执法人员的培训工作。

（三）集中整治阶段（7 月 21 日—10 月 31 日）。1. 各地要责令本地互联网企业对自查发现的问题限期整改，对未按期完成整改的要依法查处。2. 各地要根据上级移交和自行搜集到的案件线索开展打击行动，依法加大行政处罚力度，加强涉嫌犯罪案件的移送工作，集中查办一批大案要案。3. 各地要严格依法全面推进网络版权许可付酬机制，积极引导传统媒体与互联网企业开展合作，推动网络版权保护自律。

（四）督查总结阶段（11 月 1 日—11 月 30 日）。1. 国家版权局等四部门对重点地区、重点企业进行督导检查，确保专项行动落实到位。2. 各地汇总工作情况，总结工作经验，查找存在的不足。3. 国家版权局等四部门联合召开新闻通气会，通报本次专项行动取得的成效。4. 对专项行动中表现突出的单位和个人纳入 2014 年度版权执法有功单位和个人奖励范围予以奖励，对重大典型案件进行专项奖励。

四、工作要求

（一）高度重视，列入考核。各地要高度重视本次专项行动，国家版权局已将该项工作列入 2014 年全国“双打”工作考核的重点，将适时向全国“双打”工作领导小组报告行动开展情况并通报各地党委政府。

（二）做好计划，周密部署。各地版权行政管理部门要根据本地情况，协调文化综合执法、互联网信息内容、电信、公安等部门，部署工作任务、制定工作计划，于 6 月 20 日前将工作计划报国家版权局版权管理司。

（三）创新方法，健全制度。各地要在执法技术手段和管理方式等方面进行创新，通过约谈网站负责人、督办重点案件等方式，督促问题网站进行整改。不断总结工作经验，建立健全各项制度，积极规范工作流程，构建网络版权执法的长效工作机制。

（四）汇总信息，及时报送。各地要高度重视“剑网 2014”专项行动信息汇总和上报工作。省级版权局、文化市场执法总队及互联网信息内容主管部门、电信主管部门、公安部门要分别汇总本地相关信息，填写有关工作统计表（见附件 1、2、3），按月分别报送国家版权局等四部门。省级版权局、文化市场执法总队于 11 月 30 日前向国家版权局报送本次专项行动的工作总结。

（五）密切协作，加强联动。为加强对专项治理行动的组织与领导，国家版权局等四部门联合成立“剑网 2014”专项行动工作领导小组，统一部署专项行动主要任务，协调解决重大问题。各地版权、互联网信息内容、电信、公安等部门要进一步加强配合，协同作战，按照分工认真开展工作。

版权行政管理部门负责“剑网 2014”专项行动的牵头工作，具体负责组织梳理网上侵权信息，搜集案件线索，查处违法行为，移送涉嫌犯罪案件，提请电信主管部门予以暂停网站接入或者关闭网站；开展版权监管工作，组织专项行动的宣传和奖励工作；指导、协调文化市场综合执法机构开展版权执法工作。互联网信息内容主管部门负责指导、协调、督促有关部门加强网络内容管理，有效利用版权手段加强对网络内容的监管。电信主管部门协助开展网络侵权盗版案件调查取证工作，协助提供查处网络侵权盗版案件涉及网站的备案信息；对经版权、公安部门查处且侵权盗版情节严重的网站依法吊销电信业务经营许可证或者注销备案，并通知相关接入服务商停止为其提供网站接入服务；组织开展行业自律活动。公安机关要加大对网络侵权盗版涉嫌犯罪案件的线索搜集、立案查处工作，及时受理版权部门移送的涉嫌犯罪的案件，进一步加大对侵权盗版犯罪案件的刑事打击力度。

特此通知。

国家版权局
国家互联网信息办公室
工业和信息化部
公安部
2014 年 6 月 11 日

附件：

1.“剑网 2014”工作情况统计表（略）
2.“剑网 2014”查处案件信息表（略）
3.“剑网 2014”主动监管网站名单统计表（略）

关于“剑网 2014”专项行动延期有关工作的通知

国版办函［2014］70 号

各省（自治区、直辖市）版权局，北京市、天津市、上海市、重庆市文化市场行政执法总队：

根据全国打击侵权假冒工作领导小组关于延长互联网领域侵权假冒专项整治工作的统一部署，经商国家互联网信息办公室、工业和信息化部、公安部，决定将“剑网 2014”专项行动延长至 2014 年年底，现将有关工作通知如下：

一、继续推进重点案件的查处工作。要围绕查处侵权盗版案件这一核心任务，利用年底最后一个月的时间，集中力量快速推进案件的查处。要认真梳理国家版权局移转、挂牌督办以及通报的案件，已结案的要及时上报处理结果，未结案的要加快办理进度，未处理的要说明原因及下一步计划。对于应当办理而未办理并未说明原因的，国家版权局将在核实情况后纳入 2014 年全国打击侵权假冒工作考核，并将相关情况抄报各省（自治区、直辖市）人民政府。

二、按时高质量报送工作总结。各地要认真进行工作总结，重点围绕保护数字版权、规范网络转载、支持依法维权、严惩侵权盗版四项重点任务和开展版权法制宣传、进行全面清理检查、发动群众投诉举报、建立快速处理机制、查处侵权盗版案件、完善长效工作机制六项主要工作措施，突出查办重点网络案件及加强“两法衔接”的情况，加强对重点网站和网络销售平台主动监管的情况，完善网络版权许可付酬机制、完善网络转载许可付酬措施方面的情况。要注意总结创新工作体制和运行机制的情况，特别要吸收总结基层执法单位多部门联合执法和跨区域联合办案、建立健全制度和规范工作流程和推动权利人及组织与互联网企业建立版权合作机制、网络版权执法长效工作机制中的经验，查找工作中存在的不足。

请于 12 月 31 日前将专项行动工作总结及有关工作统计表（均以电子版形式）报送至版权管理司。

特此通知。

国家版权局办公厅

2014 年 12 月 2 日

关于“剑网 2014”专项行动第一批网络侵权盗版案件查办情况的通报

国版函［2014］8 号

各省、自治区、直辖市版权局，北京市、天津市、上海市、重庆市文化市场行政执法总队：

国家版权局、国家互联网信息办公室、工业和信息化部和公安部四部门联合印发《关于开展打击网络侵权盗版“剑网 2014”专项行动的通知》（新广出明电［2014］14 号）以来，各地各部门及时作出工作部署、积极加强协调配合、认真开展清理检查，对已立案的网络侵权盗版案件加快查办进度，对一批新发现的案件线索积极开展调查，形成了严厉打击网络侵权盗版的高压态势。现将近期国家版权局重点督办的 8 起网络侵权盗版典型案件查处情况通报如下：

一、侵犯网络影视作品著作权案件

1. 安徽“DY161 电影网”涉嫌侵犯著作权案。根据有关权利人投诉，安徽省版权部门与公安部门成立专案组，对“DY161 电影网”涉嫌侵犯著作权案立案调查。经查，涉案嫌疑人同时运营“DY161”和“f1dy”两个电影网站，共发布涉嫌侵权影视作品上万部。2014 年 6 月初，公安部门抓获了涉案嫌疑人陈某。目前，此案已移交检察院审查起诉。

2. 江苏“速酷电影网”等视频网站涉嫌侵犯著作权系列案。江苏省徐州市公安部门发现“速酷电影网”等 22 个电影网站涉嫌未经许可上传权利人拥有权利的影片供网民观看、下载，招揽广告牟利，遂对以上案件立案侦查。近日，已查清其中 11 个网站的主要犯罪事实，抓获涉案犯罪嫌疑人 20 余名，其中 18 人被依法刑事拘留；打掉侵犯著作权犯罪团伙 2 个，扣押涉案资金 150 余万元。目前，案件正在进一步调查中。

二、侵犯网络音乐作品著作权案件

3. 广西“威盘网”涉嫌侵犯著作权案。2014 年 1 月，广西壮族自治区版权局根据投诉线索，对“威盘网”涉嫌侵犯音乐作品著作权案立案调查。经查，该网站涉嫌侵权作品涉及音乐、影视、软件、游戏作品，点击下载量巨大，网站上有大量广告内容，涉嫌构成刑事犯罪。目前此案已移送自治区公安部门立案侦查。

三、侵犯网络游戏作品著作权案件

4. 北京何某某等涉嫌侵犯网络游戏软件著作权案。根据有关权利人投诉，北京市文化市场行政执法总队会同海淀公安分局网安大队成立专案组，对何某某等人涉嫌架设私服运营笑傲江湖 OL 网络游戏软件牟利案立案调查。近日，涉案犯罪嫌疑人何某某、厉某已被抓获，案件正在进一步调查中。

5. 山东淄博李某等涉嫌侵犯网络游戏著作权案。根据权利人投诉，山东省淄博市版权部门会同公安部门成立专案组，对李某等在网上销售“弹弹堂”游戏外挂案立案调查。公安部门先后抓获李某等 15 名涉案嫌疑人，打掉一个非法发卡平台，查缴非法所得 100 余万元。目前，案件正在进一步调查中。

四、通过互联网侵犯软件作品著作权案件

6. 安徽“999宝藏网”涉嫌侵犯著作权案。根据举报线索，安徽省版权部门联合公安部门对“999宝藏网”涉嫌未经许可提供盗版WINDOWS操作系统软件下载案立案调查。经查，“999宝藏网”注册于2007年，以提供盗版微软软件供注册会员下载使用、发布广告、捆绑插件、收取会员费等方式获利。网站注册会员总计3 634 222人，仅会员注册费用一项，已查实犯罪嫌疑人获益47万余元人民币；操作系统板块内抽样调查的20件涉嫌盗版的操作系统软件浏览数合计超过11万次。近日，案件已进入法院审理阶段。

五、通过网络平台销售盗版制品案件

7. “上海复旦网上书店”和“上海惠生图文”网店涉嫌销售盗版图书案。2014年，根据举报线索，上海市版权部门会同公安部门对设在淘宝网的“上海复旦网上书店”和“上海惠生图文”两家网上书店涉嫌销售侵权图书案立案调查。2014年4月，公安部门先后抓获犯罪嫌疑人15名，现场查获侵犯著作权书籍近百本以及涉案交易账册、制作盗版书的电脑主机等设备，截获了网络交易记录。经查，该团伙自2012年以来共销售各类侵权书刊5 000余册，包括《摆脱贫困》、《之江新语》等，累计涉案金额30余万元。目前，4名主要犯罪嫌疑人已被依法刑事拘留，其余11人被依法予以取保候审，案件正在进一步调查中。

8. 上海王某等利用互联网销售侵权盗版ISO标准案。2013年，上海市版权行政部门联合公安部门破获一起特大网络销售侵权盗版ISO标准案。经查，自2010年起，犯罪嫌疑人王某等人先后向境外租借4个虚拟空间服务器并架设4个网站，未经著作权人许可，擅自向网站上传10万余条各国标准的目录、标注销售价格，并通过第三方支付平台收取费用、通过电子邮件寄送标准内容，非法牟利，涉案数额较大。近日，两名犯罪嫌疑人已被依法刑事拘留，检察院已提起公诉。

以上互联网侵权盗版案件均为在相关领域具有较强典型性的案件，严重损害了权利人合法权益，危害了互联网版权秩序，阻碍了互联网版权产业的健康发展。各级版权行政执法部门要严格贯彻落实《关于开展打击网络侵权盗版“剑网2014”专项行动的通知》要求，积极协调互联网管理部门、电信主管部门和公安部门，充分调动社会各界投诉举报互联网侵权盗版行为的积极性，进一步提高办案的数量和质量，严厉打击各类互联网侵权盗版行为，规范网络版权秩序，以版权管理促进网络治理，以版权保护维护网络安全。

另据最高人民法院通报，近期，各级人民法院审理了一批涉及网络侵权盗版的民事诉讼案件，包括上海全土豆公司未经许可擅自提供央视国际享有权利的纪录片《舌尖上的中国》案、小米公司未经许可擅自提供乐视公司享有权利的影视作品案、上海聚力传媒技术有限公司未经许可擅自播放中影寰亚音像制品有限公司享有权利的电影作品案、上海隐志网络科技有限公司未经许可擅自提供软星科技（北京）有限公司享有权利的游戏作品案、爆米花（杭州）科技有限公司未经许可擅自播放上海激动网络股份有限公司享有权利的电影作品案、上海全土豆公司未经许可擅自播放北京紫禁城影业有限责任公司享有权利的电影作品案等。各级版权行政执法部门要充分鼓励、调动权利人维权积极性，引导支持权利人采取行政投诉、民事诉讼和刑事报案等方式，通过实施通知—删除程序、申请民事诉前禁令等法律手段及时制止侵权，开展正当维权，主张合法权益。

国家版权局

2014年7月8日

关于“剑网 2014”专项行动第二批网络侵权盗版案件查办情况的通报

国版函〔2014〕13 号

各省、自治区、直辖市版权局，北京市、天津市、上海市、重庆市文化市场行政执法总队：

根据国家版权局、国家互联网信息办公室、工业和信息化部和公安部四部门关于“剑网 2014”专项行动的有关部署，随着专项行动进入集中整治阶段，各地区版权行政执法部门、互联网管理部门、电信主管部门和公安部门根据上级移交、部门移送和自行搜集的案件线索，进一步加大办案力度、加快办案进度，对一批网络侵权盗版案件集中查办，取得了阶段性成果。现将“剑网 2014”专项行动第二批 10 起网络侵权盗版案件查办情况通报如下：

1. 江苏“金火影视网”涉嫌侵犯影视作品著作权案。2014 年 1 月，江苏省徐州市公安部门对“金火影视网”涉嫌侵犯著作权案立案调查。经查，张某某未经许可，擅自复制大量侵权影视作品至其开设的“金火影视网”上传播。至案发，该网站传播影视作品 36 000 余部，获取广告收入 89 万余元；仅抽样 212 部影视作品的点击总量已达 400 余万次。目前，涉案网站已被依法关闭，张某某已被批准逮捕，案件已移送检察机关。

2. 江苏“放放电影网”涉嫌侵犯影视作品著作权案。2014 年 1 月，江苏省徐州市公安部门对“放放电影网”涉嫌侵犯著作权案立案调查。经查，谢某设立“放放电影网”，非法复制土豆、优酷、乐视等公司拥有独家信息网络传播权的大量影视作品，供网民点击下载收看，并通过投送网络广告，非法获利 400 余万元。目前，涉案网站已被依法关闭，谢某已被批准逮捕，案件已移送检察机关。

3. 江苏“高清影视下载网”侵犯著作权案。2014 年，江苏省扬州市公安部门对“高清影视下载网”涉嫌侵犯著作权案立案调查。经查，胡某某创办“高清影视下载网”，未经许可，从其他网站下载大量电影作品置于“高清影视下载网”，并通过其妻丁某某的淘宝店铺销售拷贝了侵权影片的硬盘及高清播放器以及销售注册邀请码，2013 年度共计获取违法所得 90 余万元。近日，涉案网站已被依法关闭，胡某某、丁某某已被批准逮捕，案件已移送检察机关。

4. 山东康某等涉嫌侵犯“热血传奇”网络游戏著作权案。2013 年，山东省济南市版权行政执法部门和公安部门对康某等人侵犯“热血传奇”网络游戏著作权案立案调查。经查，康某等未经网络游戏“热血传奇”著作人上海盛大网络发展有限公司许可，非法复制、发行“热血传奇”服务器软件，涉案金额 4 000 多万。专案组抓获以康某为主犯的犯罪嫌疑人 7 人，关停服务器 110 台。2014 年 3 月，该案移交检察机关提起公诉。目前案件已进入法院审理阶段。

5. 江苏王某等涉嫌侵犯“奇迹”网络游戏著作权案。2014 年 4 月，根据上海壮游信息科技有限公司报案线索，江苏省常州市公安部门成功破获王某等侵犯网络游戏著作权案。经查，王某等租用服务器搭建“火神”、“怀旧”等 2 个“MU 奇迹”游戏私服，非法获利 100 余万元。目前，三名犯罪嫌疑人已被采取刑事强制措施，案件正在进一步侦办中。

6. 北京邱某某等涉嫌侵犯“魔兽世界”网络游戏著作权案。2014 年 4 月，北京市公安部门根据上海网之易网络科技发展有限公司报案线索，对邱某某等私设“魔兽世界”服务器案进行调查。经查，邱某某等非法架设并运营“3C 魔兽”私服，非法获利 120 余万元。2014 年 5 月，北京市公安部门抓获邱某某等三名犯罪嫌疑人。目前，案件已移送检察机关。

7. 安徽胡某某等通过网络制售盗版图书案。2013 年，安徽省池州市公安部门与池州市版权行政执法部门联合对胡某某等通过淘宝网店制售盗版图书案进行调查。经查，胡某某等伙同他人形成统一供货、统一进价、统一销售价格、统一分红的销售盗版 CFA 教材的协议联盟，至案发前，各被告人销售盗版 CFA 教材的违法所得共计人民币 130 万元。近日，安徽省池州市贵池区法院以销售侵权复制品罪依法判处三被告人有期徒刑一年两个月，缓刑两年，并各处罚金 5 万元。

8. 湖南曾某某等涉嫌通过网络制售盗版图书案。2014 年 6 月，湖南省长沙市版权行政执法部门和公安部门对曾某某等涉嫌通过淘宝网店制售盗版图书案进行调查。经查，曾某某在淘宝网开设了十余家网上书店，同时购买了复印机等工具，制作、销售中国电力出版社等十多家出版社的近千种盗版图书，仅近三个月内已发货近 3 000 宗。目前，犯罪嫌疑人曾某某已被采取刑事强制措施，案件正在进一步侦查中。

9. 山东刘某某等涉嫌通过网络制售盗版音像制品案。2013 年 9 月，山东省淄博市版权行政执法部门与公安部门成立专案组，对刘某某等利用淘宝网店批发销售涉嫌侵权盗版音像制品案展开调查。经查，刘某某等从互联网下载书法、教育等相关视频资料，雇用孙某某刻制侵权盗版光盘近万套、41 200 张，在淘宝网开设仁宇书法等三家网店对外销售，非法经营额 400 余万元。目前，此案已刑事拘留 2 人，取保候审 2 人，案件正在进一步侦查中。

10. 重庆“锐读书城”网涉嫌侵犯文字作品著作权案。2014 年 7 月初，重庆市版权行政管理部门协同重庆市公安部门对“锐读书城”网侵犯著作权案开展核查。经查，重庆狮游科技有限公司法定代表人谭某指使其公司员工复制他人文学作品，置于其公司开设的“锐读书城”网供网友免费阅读，截至 2014 年 7 月，非法复制他人文学作品达万余部，点击量达 400 余万次，累计广告收入近百万元。7 月 21 日，犯罪嫌疑人谭某被抓获归案。目前，涉案网站已被依法关闭，案件正在进一步侦查中。

国家版权局

2014 年 9 月 1 日

关于“剑网2014”专项行动第三批网络侵权盗版案件查办情况的通报

国版发［2014］9号

各省、自治区、直辖市版权局，北京市、天津市、上海市、重庆市文化市场行政执法总队：

国家版权局、国家互联网信息办公室、工业和信息化部和公安部四部门联合部署的“剑网2014”专项行动进入集中整治阶段以来，各地区版权行政执法部门、互联网管理部门、电信主管部门和公安部门积极配合、齐抓共管，网络侵权盗版案件查办工作不断取得新成果。现将近期11起网络侵权盗版典型案件查处情况通报如下：

1. 黑龙江“第一教育网”侵犯影视作品著作权案。2013年，黑龙江省哈尔滨市公安局网安支队与黑龙江省版权局、哈尔滨市版权局组成专案组，对第一教育网（www.1jyw.com）涉嫌侵犯著作权案立案调查。经查，唐某某于2012年6月开办“第一教育网”，未经许可，从其他网站上下载大量教育视频和影视视频存放在涉案网站，为付费会员提供下载服务，涉案作品涉及人民教育电子音像出版社、外语教学与研究出版社、美国电影协会等多个权利人。经查，该网站已发展会员1 600余名，下载次数650 000余次，非法获利10万余元。2014年，黑龙江省哈尔滨市南岗区人民法院以侵犯著作权罪判处唐某某有期徒刑三年，缓刑三年，并处罚金6万元，没收违法所得3.5万元。

2. 江西陈某某通过网络销售侵权盗版出版物案。2014年8月，江西省上饶市版权局根据举报线索，对陈某某涉嫌通过网络销售侵权盗版出版物案进行调查。经查，陈某某以某商务有限公司的名义开办网站，通过非法途径获取书号、制作侵权盗版出版物，并利用网络进行销售，自2013年8月至2014年4月，共制作和销售侵权盗版及其他非法出版物4种、300余册，非法经营额8 000余元。近日，江西省上饶市版权局依法对陈某某作出责令停止侵权、没收主要用于制作侵权复制品的设备、罚款2万元的行政处罚。

3. 辽宁大连一海通科技有限公司侵犯网络文学作品著作权案。2014年6月，辽宁省大连市文化市场综合执法总队网络大队发现大连一海通科技有限公司涉嫌未经著作权人许可，通过信息网络向公众传播其作品。经查，大连一海通科技有限公司自2012年7月起，未经著作权人许可，在其设计运营的4355手游论坛“安卓书屋”中，提供《藏地密码》、《茅山后裔》等多部文学作品下载。近日，辽宁省大连市文化市场综合执法总队依法对大连一海通科技有限公司作出罚款2万元的行政处罚。

4. 广东“宽松网”侵犯网络文学作品著作权案。2014年，广东省广州市文化市场综合行政执法总队根据权利人投诉，对“宽松网”（www.kuanzone.com）侵犯著作权案进行调查。经查，“宽松网”由广州骏远电子科技有限公司经营，为“珠江宽频”用户提供影视节目分享服务，网站上提供大量电影、电视节目在线播放及下载服务。该公司未经权利人授权，将《关云长》、《龙门飞甲》等73部电影作品通过该网站向公众传播。近日，广东省广州总队依法对其作出罚款4万元的行政处罚。

5. 黑龙江刘某等涉嫌侵犯“逐鹿中原”网络游戏著作权案。2014年，黑龙江省哈尔滨市公安局网安支队根据权利人投诉，联合版权部门对刘某等侵犯“逐鹿中原”网络游戏著作权案展开调查。经查，刘某、李某、桑某通过VPN代理服务等方式运营侵权网络游戏，通过不断变更第三方支付平台进行资金流转，玩家数量达数十万人，规模接近该正版游戏，涉案金额近

300 万元。2014 年 7 月和 8 月，专案组分别抓获犯罪嫌疑人刘某、李某和桑某。目前，刘某、李某已被检察机关批准逮捕，案件正在进一步查办中。

6. 湖北多家网站涉嫌侵犯《知音漫客》杂志著作权系列案。2014 年 8 月底，湖北省公安厅网安总队根据湖北知音传媒集团的报案线索，对多家网站未经许可通过信息网络传播该集团旗下杂志《知音漫客》案进行调查。湖北省公安部门确定了 12 个重点网站，并组织黄石、襄阳、荆门、鄂州等地公安机关开展会战，目前，鄂州、黄石已查处了 3 个涉嫌侵权网站，抓获 5 名犯罪嫌疑人。经查，涉案侵权网站为提高网站访问量并赚取广告费，未经权利人湖北知音传媒集团许可，通过信息网络传播其《知音漫客》杂志，涉案金额达 1 300 余万元。目前，案件正在进一步查办中。

7. 上海吕某某等涉嫌侵犯“街头篮球”网络游戏著作权案。2014 年 8 月，上海市公安局徐汇分局治安支队根据上海天游软件有限公司报案线索，会同康健新村派出所，对吕某某等销售“街头篮球”网络游戏外挂案进行调查。经查，犯罪嫌疑人吕某某于 2014 年 2 月制作了专门针对“街头篮球”的网络游戏外挂，犯罪嫌疑人陈某通过网络向吕某某收购大量外挂验证器，制作外挂“BIG 宠物”充值用的用户名和密码，将用户名和密码通过网络出售给下级代理，并给吕某某返还部分现金。截至案发，2 名犯罪嫌疑人分别获利 9 万余元和 11 万余元。目前，案件正在进一步侦办中。

8. 湖南谭某某等涉嫌通过网络销售盗版软件案。2014 年 5 月，根据权利人投诉，湖南省永州市零陵区公安局对谭某某等通过网络销售盗版软件案进行调查。经查，2013 年 7 月以来，谭某某等分别购买盗版微软公司的软件光盘、密钥空白标签和密码，制作盗版软件光盘，并通过“DELL HP IBM 服务器”、“电脑软件批发”、“金英团队”、“迷彩指望”、“鑫城软件”、“樱花肆虐的季节”等淘宝店进行销售。目前，公安机关已抓获 5 名犯罪嫌疑人，案件已侦查终结并移送检察机关审查起诉。

9. 广东“3·24”网络批销盗版图书案。2014 年 3 月，根据中国建筑工业出版社的投诉，广东省广州市文化市场综合行政执法总队联合广州市公安局便衣侦查支队对向某某等销售盗版图书案进行调查。经查，向某某租用房间储存 53 个品种 2. 8 万余册盗版图书，通过低价方式大量批销给网店经营者。根据销售清单、进货单据及相关线索，专案组抓获了多名销售商和供货商，共计打掉 8 家黑仓库、4 家物流公司、1 家网络销售点，收缴盗版图书 500 余种 15 万余册，码洋 700 余万元，立案 35 宗，抓获犯罪嫌疑人 9 人，其中 2 人被批准逮捕；向某某侵犯著作权案已进入移送审查起诉阶段。

10. 江苏“77 免费电影”网涉嫌侵犯影视作品著作权案。2014 年，江苏省徐州市公安局网安支队对“77 免费电影”网涉嫌侵犯著作权案进行调查。经查，张某自 2011 年以来开办“77 免费电影”网（www. 77i. cc）以来，未经著作权人许可，私自复制优酷、乐视等公司拥有信息网络传播权的大量影视作品置于网站，吸引网民观看下载，提高网站流量，并通过在网站上投放广告的方式非法牟利 50 余万元。目前，犯罪嫌疑人张某已被检察机关批准逮捕，案件处于法院审理阶段。

11. 广东“懒人听书”网涉嫌侵犯金庸作品著作权案。2014 年 11 月，根据权利人投诉，广东省深圳市版权行政执法部门对“懒人听书”网涉嫌未经授权向用户提供金庸小说集等作品下载案进行调查。经查，该网站由深圳市懒人在线科技有限公司经营，其未经权利人广州市朗声图书有限公司许可，擅自向用户提供金庸小说集等作品的在线收听下载服务。深圳市版权行政执法部门将于近期依法对其作出行政处罚。

12. 上海“射手网”涉嫌侵犯影视作品和字幕作品著作权案。2014 年 9 月，根据美国电影协会投诉，上海市文化市场行政执法总队对“射手网”（www. shooter. cn）涉嫌侵犯著作权案进行调查。经查，“射手网”由上海射手信息科技有限公司经营，该公司在“射手网”上开设商城，以营利为目的，销售其复制于硬盘存储设备的“2TB 高清综合影音合集资源”、“3TB 高清超级影音合集”等产品，自 2013 年 5 月起共销售约 100 台。2014 年 10 月 20 日，该公司主动向执法部门上缴“2TB 高清综合影音合集资源”产品 1 台，内有其自行复制并可播放的 200 部电影作品，该公司无法提供上述电影作品的相关著作权许可证明材料。另查，该公司未经权利人许可，自 2013 年开始在“射手网”登载《驯龙高手》等影视作品的字幕，用户无需注册即可浏览、下载和使用，网站每日 IP 访问量 20 万左右，每日 PV 访问量 40 万左右，该公司无法提供上述影视作品字幕文件的相关著作权许可证明材料。经美国电影协会北京代表处认证，上述电影作品中 79 部、影视作品字幕文件中 4 部未经著作权人授权。上海射手信息科技有限公司在上海市文化市场行政执法总队开展调查后停止了侵权行为，并于 2014 年 11 月 23 日关闭了网站。上海市文化市场行政执法总队将于近期对该公司依法作出行政处罚。

以上互联网侵权盗版案件均为“剑网 2014”专项行动开展以来取得重大进展的典型案件。此外，国家版权局此前通报的两批案件中，有部分案件已经结案，包括：安徽“DY161 电影网”涉嫌侵犯著作权案，近日法院以侵犯著作权罪判处陈某有期徒刑 7 个月，并处罚金 15 万元；安徽“999 宝藏网”涉嫌侵犯著作权案，近日法院以侵犯著作权罪分别判处 6 名被告人有期徒刑 1 年至 3 年不等，并处罚金 5 万元至 15 万元不等；“上海复旦网上书店”和“上海惠生图文”网店涉嫌销售盗版图书案，近日法院以侵犯著作权罪分别判处 3 名被告人有期徒刑 3 年 6 个月至拘役 6 个月不等，并处罚金，判处 1 家被告单位罚金；上海王某等利用互联网销售侵权盗版 ISO 标准案，近日法院以侵犯著作权罪判处王某有期徒刑 3 年，缓刑 4 年，并处罚金 18 万元；江苏“高清影视下载网”侵犯著作权案，近日法院以侵犯著作权罪分判处胡某某有期徒刑 1 年 6 个月缓刑 2 年、并处罚金 16 万元，丁某某有期徒刑 6 个月缓刑 1 年，并处罚金 6 万元。

近日，国家版权局、国家互联网信息办公室、工业和信息化部及公安部已决定将“剑网 2014”专项行动延长至 2014 年年底，各级版权行政执法部门要严格贯彻落实四部门工作部署，积极协调互联网管理部门、电信主管部门和公安部门，围绕查处侵权盗版案件这一核心任务，集中力量推进重大案件查办工作，确保专项行动取得成效。

国家版权局

2014 年 12 月 11 日

典型案件

2006年打击网络侵权盗版专项行动典型案件

一、“隆回电脑服装学校”网站侵犯软件著作权案

“隆回电脑服装学校”网站是一家提供盗版专业软件的网站。经湖南省版权局调查查明，“隆回电脑服装学校”网站（网址：www. fxzz. com）系湖南省邵阳市隆回县罗某于2000年开办。网站主页载有“低价提供布易ET2006软件”“低价提供智尊宝CAD”等各类CAD软件的信息，并公布了罗某的联系方式、购买流程和银行账号。该网站没有依法在通信部门备案。上网用户通过访问该网站选定需要的服装CAD软件，按照网站公布的QQ号码，与罗某取得联系，谈好价格与交易细节后，用户将现金汇入罗某指定的账号，由罗某邮寄软件和加密锁（软件需配备加密锁才能使用）给用户。

罗某通过网站展示、销售的软件均没有获得著作权人的授权，而是从网站下载或委托他人破解的。其中“布易ET2006”软件，就是罗某从厦门王某那里获得破解信息，然后又从北京赛孚耐公司长沙代理处购买了加密锁，将破解信息自行输入到加密锁中，以避开权利人为防止软件被盗版而采取的技术措施。同时，罗某还作为中介承揽软件破解业务，帮助他人破解各类CAD软件。

罗某的行为侵犯了著作权人的权利，极大地扰乱了CAD软件市场的正常秩序，严重损害了公众利益。湖南省版权局已责令罗某停止侵权行为，并对其进行了没收主要用于制作、销售侵权复制品的计算机设备和罚款等行政处罚。

二、“火影堂网吧”侵权案

2006年12月，长春市版权局根据吉林省版权局关于打击网络侵权盗版专项行动的部署，在协同各县（市）区文体局主动出击、联合检查中发现，该市所有的网吧均设有电影服务器，未经授权为上网用户提供电影观看服务。各网吧电影服务器中的盗版影片来源主要有从网上下载、用光盘向硬盘上拷贝、从专门提供盗版电影的公司购买等三种方式。其中专门向网吧提供电影片源服务的公司在长春市有三家，分别是“中国网吧院线”“火影堂”“乐吧影院”。其中“火影堂”向网吧提供一套软件平台，安装在网吧的后台，由网吧管理人每天登录“火影堂”网站，有选择地下载4～5部影片，“火影堂”每月向网吧收费50～80元。长春市版权局依法扣押了“火影堂”网站的服务器，关闭了软件平台，并罚款8 000元。

在调查中还发现，英图网络联盟天兴店网吧长期使用“火影堂”软件平台下载盗版电影，私自架设电影服务器，为上网者提供侵权电影收看服务。长春市版权局依法对英图网络联盟天兴店作出了罚款2 000元的行政处罚。

三、“涅盘中文”网侵权案

“涅盘中文”网站是一家向公众传播下载文字作品的网站。经四川省版权局调查核实，“涅盘中文”网站（网址 http://bbs. npzw. com/）系由唐雄军于2003年3月设立。自设立之日起，唐雄军未经上海玄霆娱乐信息科技有限公司许可，通过“涅盘中文”网上载、传播上海玄霆娱乐信息科技有限公司拥有著作权的《草侠》等1 000余部文学作品，并通过发布广告等方式进

行营利。根据《信息网络传播权保护条例》第十八条第一款第一项、《中华人民共和国著作权法实施条例》第三十六条的规定，四川省版权局依法作出了责令停止侵权行为，没收服务器 1 台的行政处罚。

四、“叶工坊”网站软件侵权案

“叶工坊”网站是一家大量提供侵权盗版软件下载服务的网站。厦门市版权局与厦门市公安局治安支队经过一个多月的联合调查，查明：该网站有两个域名，分别是 www. leafweb. cn 和 www. leafz. com，由上海科委下属某公司的一位员工自行架设运营。该网站上提供的大量软件均是美国商业软件联盟会员公司的软件，经商业软件联盟证实，其中大量软件均为盗版。该网站虽未通过提供软件下载服务直接收费营利，但却通过与谷歌网站链接广告进行营利，经初步分析其获利数额已达到犯罪标准。该案后被移交厦门市公安局处理。

五、“仁合书店”网非法销售图书案

“仁合书店”网是一个违法分子专门用于发布侵权盗版图书销售信息，并进行线下销售的网站。2006 年 11 月 24 日，济南市版权局和市公安局抽调精干执法人员成立了案件调查小组。调查组兵分两路，一路赶往网站服务器所在地济南市槐荫区“新林”网吧，对服务器进行检查取证，并依法扣押服务器；另一路迅速控制该网站管理和维护人员王润军，经询问，很快查明该网站的建立者刘淑英、刘淑华及其详细住址。经蹲点调查，刘淑英、刘淑华二人先后归案，民警依法对其住处进行检查，当场扣押作案用微机一台、销售账目一册。

据刘淑华、刘淑英交代，自 2005 年 9 月份以来，两人为谋取私利，投资 4 000 余元委托他人建立网上“仁合书店”，在网上设立图书目录和价格，并开设专门账号和专门通讯方式进行网上售书。截至案发时为止，共销售盗版图书总销售额为 43 366 元，盈利约 12 000 元。限于经济状况，刘淑华、刘淑英二人没有设立专门仓库，而是采用收到需求信息后到济南市英雄山文化市场等地拿货的方式进行销售，网站上的信息是从其他类似的网站上拷贝过来的。济南市版权局依法对其作出关闭网站、没收违法所得和罚款的行政处罚。

六、“网宽互动”侵权案

“网宽互动”是一家专门提供非法影视节目的网站。经山东省潍坊市版权局、市公安局组成专案工作组进行调查查明，“网宽互动”网站曾使用过“宽带山东”“佳视影城”等多个名字，变更过 10 个不同域名，服务器所在地也由泰安改为淄博。该网站发布盗版影视作品 3 800 余部，其中部分为淫秽作品，实行会员制观看，每名会员年收费 68 元，销售会员卡网点共计 50 余处。针对案情，专案组依据《刑法》《治安处罚法》《著作权法》等有关法律法规，初步确定该网站涉嫌犯罪。12 月 9 日，专案组采取措施对该网站的地址、涉嫌人员进行了侦查确认，初步锁定“网宽互动”网站主办人在寿光，服务器在齐鲁石化公司。12 月 13 日，专案组在寿光市公安局的协助下，赴齐鲁石化对涉案服务器进行调查；12 月 18 日赴寿光市对犯罪嫌疑人进行拘留审查，扣留上网设备。该案后被移交公安部门处理。

七、“吹雪音乐吧”侵权案

“吹雪音乐吧”是一家提供网上侵权音乐链接服务的网站。经浙江省温州市广电文化新闻出版局调查发现，该网站系浙江丽水人赵挺于 2006 年 3 月创办，服务器在温州，ICP 备案号：浙 06027793，有两个域名 www. inol. net 和 www. replays. cn。该网站上的音乐节目大部分从 www. very. com、www. needpop. com、www. mumusic. net 等网站上下载，当事人未与上述网站达成有关使用协议，也没有相关著作人的许可。由于该案属于链接性质，温州市版权局已责令当事人停止侵权，断开相关链接，关闭该网站。

八、“星期八影院”侵权案

“星期八影院”网站是一家专门提供在线播放和下载盗版电影的网站。经浙江省金华市广电文化新闻出版局调查发现，“星期八影院”网站系金华星期八信息技术有限公司创办，法人代表鲍文俊。该公司在电信IDC机房分配有IP地址一个（60.191.231.80），托管服务器3个机柜，独享千兆线路2条。据鲍文俊交代，该网站提供在线播放和下载各种电影作品300余部，都没有获得授权，其中包括美国电影协会会员公司的电影节目。金华市广电文化新闻出版局已责令电信部门断开链接，并对当事人作出罚款5万元的行政处罚。

九、“全方位下载”网侵权案

“全方位下载”网是一家大量提供盗版教材等作品的非法下载服务的网站，网上所提供的作品内容存在许多错误，给用户的学习带来了很多麻烦。经广东省版权局调查，该网站负责人为广东兴宁市的赖伟波，他将购买的服务器委托广东省电信有限公司湛江分公司托管。广东省版权局依法责令赖伟波停止侵权行为，并对其作出警告，删除服务器内的所有侵权内容的行政处罚。广东省版权局并要求电信公司断开对该侵权网站的接入服务。

十、“酒城影院”侵权案

“酒城影院”网站是一家大量非法传播侵权影视作品的网站。经四川省版权局调查查明，“酒城影院”网站（http://vod.luzhou.net/）系由四川电信泸州分公司设立，自2004年底至今，该网站未经权利人许可，非法上载、传播美国电影协会会员公司拥有著作权的《鬼雾》等400部电影作品，并利用在线观看等方式进行营利。根据《信息网络传播权保护条例》第十八条第一款第一项、《中华人民共和国著作权法实施条例》第三十六条的规定，四川省版权局依法给予四川电信泸州分公司下列行政处罚：（1）责令停止侵权行为；（2）处以罚款人民币10 000元。

2007 年打击网络侵权盗版专项行动典型案件

一、金互动公司网络侵权案

自 2000 年以来，杨建委等人先后使用“北京金互动网络技术有限公司”“北京金互动科技有限责任公司”等名义，长期以虚假授权的方式，非法复制发行他人享有著作权的电影作品。经调查核实，上述公司未经权利人许可，对外授权的电影作品已超过 1 000 部，非法经营额超过 1 000 万元人民币，违法所得数额巨大，在国内外造成恶劣影响，已涉嫌构成侵犯著作权犯罪。该案后被移交司法机关处理。

二、郄会来私服案

2007 年 1 月 17 日，吉林市版权局接到上海盛大公司举报，称其公司经营的网络游戏《传奇 2》，被他人仿制制作私服并在网上经营，侵犯了该公司著作权。吉林市版权局迅速成立专案组，按照上海盛大公司提供的部分线索开展调查。经查，私服服务器位置在吉林市网通公司 IDC 机房。经向吉林市网通公司了解，这些服务器是由梅河口市鹏博网络技术发展有限公司托管（服务器由梅河口市鹏博网络技术发展有限公司提供，安置在网通公司，委托网通公司进行管理）和租用（服务器是网通公司所有，租赁给梅河口市鹏博网络技术发展有限公司使用）的。经过进一步向梅河口市鹏博网络技术发展有限公司了解，这些服务器是一个名叫郄会来的河北省徐水县人租用的。通过初步调查，专案组经研究决定将案件移送公安机关处理。吉林市公安局网监处的侦察员赶往河北省徐水县，抓获犯罪嫌疑人郄会来，并当场缴获用于经营私服网络游戏的银行卡 10 张。经审讯，郄会来交代了全部犯罪事实：2006 年 1 月，郄在网上从他人手中购买到盛大公司《传奇 2》游戏版本。2006 年 6 月，郄从网上联系到梅河口市鹏博网络技术发展有限公司，通过该公司在吉林市托管和租用多台服务器，开始经营私服《传奇 2》网络游戏，靠卖游戏中的虚拟装备获利，装备价格每套 50～100 元不等。到 2007 年 1 月，郄共在吉林市网通公司托管服务器 8 台，租用服务器 32 台，先后 4 次从网上购买仿盛大公司《传奇 2》私服网络游戏版本，经营私服《传奇 2》网络游戏 40 个区，经营数额达 50 万元。该案由吉林市船营区法院审理，并于 2007 年 7 月 25 日，以侵犯著作权罪判处郄会来有期徒刑 2 年，缓刑 2 年执行，并处罚金 10 万元。

三、济宁信息港侵权案

山东济宁市市中区新闻出版局在打击网络侵权盗版专项行动中，对当地有影响的门户网站进行重点检查时，发现济宁信息港网站济宁信息港Ⅱ新视觉剧院宽带中国济宁站网页上有数百部中外电影供网民免费下载观看并在这些电影中擅自加播地方广告的情况，随即向济宁市版权局作了案情汇报。2007 年 9 月 7 日，济宁市版权局、济宁市市中区新闻出版局联合对该网站进行了检查。经查，发现该网站播放的《武林外传》《连环局》等 11 部影片是和一家网络公司合作，虽有著作权人网络传播授权，但是已超过授权期限。还有《相思成灾》等 45 部影片，该网站称是网友上传，没有著作权人的授权。济宁市市中区新闻出版局认为该网站播放的《武林外传》等 56 部影片未经著作权人许可或超过授权期限使用作品，侵犯了著作权人的权益，根据有关规定对济宁信息港网站非法传播电影案给予责令停止侵权行为，并处罚款 5 万元人民币的行政处罚。

四、吉亚特电影网侵权案

2007年8月上旬，山东潍坊市寿光市新闻出版管理办公室根据北京网尚文化传播有限公司的举报，对寿光市吉亚特电影网站未经授权擅自向公众提供电影作品进行了查处。在寿光市公证处的公证下，使用吉亚特电影网站出售的电影卡，登录吉亚特电影网站，对未经授权的《岁月风云》《缘来自有机》《寻秦记》《师奶兵团》等10部电影进行了证据保全。经过半个多月的前期调查取证，认为事实清楚、证据确凿，即与寿光市公安局网监大队联系，沟通案件情况，查找吉亚特电影网站。经查，吉亚特电影网站于2006年10月份开办，只在ICP网上备案。从开始经营到被查处，共售出电影卡15张，有14家网吧约1 200台电脑使用该网站的电影。该网站共有服务器5台（由当事人自行购买），分别托管在青州、潍坊两地，已被全部查扣。寿光市新闻出版管理办公室对吉亚特电影网站作出了没收服务器5台、罚款人民币3万元的行政处罚。

五、玖玖音乐网站侵权案

2007年8月，湖北省荆门市版权局接省版权局案件查办通知后，执法人员对“玖玖音乐网”进行了远程调查取证，初步掌握了案件相关情况和证据。8月21日下午，该局执法人员在市公安局网监支队、信息产业局的配合下，在涉案人白正甫哥哥家中，对3台侵权服务器予以证据先行登记保存，并扣押至市局，“玖玖音乐网”被关闭。经查，白正甫，男，34岁，高中文化程度，2000年至2005年在荆门电脑城从事过电脑技术职业，2006年3月创办玖玖音乐网站。网站有3台服务器，空间为1 200G，有音乐作品17万首，均为其私自从互联网上下载，这些音乐作品约有90%未取得著作权人的授权，约有10%是唱片公司出于宣传目的发送到该网站上的。据查，该网站的获利方式为：手机用户下载音乐作品时付费给移动、联通公司，移动、联通公司按实际点击量付费给网站方，每月实际获利500至800元人民币。根据《中华人民共和国著作权法》和《信息网络传播权保护条例》相关规定，荆门市版权局作出没收3台侵权服务器、罚款2万元的行政处罚。

六、“四海影院”网站

湖北省版权局接国家版权局关于“四海影院”网站（www.4hai.com）侵犯著作权的案件线索后，迅速组织执法人员前往鄂州市，与鄂州市版权局执法人员组成专案组，联合办案。专案组首先对该网站进行远程取证，然后根据线索来到湖北省电信公司鄂州分公司，通过技术手段确定该网站服务器的物理位置，随即对置放在鄂州电信机房的网站服务器进行证据先行登记保存，并调取了该服务器托管协议。经调查，该网站系黄冈市鼎峰网络技术有限公司于2007年初开办，主要提供电影、电视节目在线收看及下载业务，通过银行汇款的方式向会员收取会费牟利。该网站共发展会员百余人，所提供的711部影片不能说明合法来源。根据《中华人民共和国著作权法》和《信息网络传播权保护条例》相关规定，该网站未经权利人许可，擅自通过信息网络向公众传播影视作品，其行为已构成侵权，同时损害了公共利益，鄂州市版权局于2007年8月24日依法对该网站经营者黄冈市鼎峰网络技术有限公司作出罚款10 000元的行政处罚。

七、“江汉宽频”“辉煌网络”侵权案

2007年春节刚过，仙桃市版权局对本市涉嫌侵权盗版电影违法行为的“江汉宽频”“辉煌网络”“江汉热线”三个网站进行了立案调查，湖北省版权局派出执法人员现场指导办案，一举取缔了由电信代为托管、以销售点卡和充值方式牟取经济所得的“江汉宽频”和“辉煌网络”2个侵权盗版电影网站，没收服务器一台（“江汉宽频”“辉煌网络”名为两个网站，实为共用一个数据服务器），对“江汉宽频”“辉煌网络”网站负责人王浩（仙桃市人），移交公安

部门追究刑事责任。

八、“书香门第”网站侵权案

上海市版权局接到权利人投诉，称“书香门第”网站侵权。在上海公安和通信管理部门的配合下，查明了由上海人蔡某某开办的“书香门第”网站未经权利人许可擅自通过信息网络向公众提供文字作品的侵权事实，依法对蔡某某作出责令停止侵权和罚款 1.5 万元的处罚，该网站已由当事人主动关闭。

九、丽声影院网站侵犯影视作品著作权案

根据群众举报，丽声影院网站未经许可传播《大唐双龙传》《金枝欲孽》《千年狐》《幻影神针》等多部影视作品，常德市版权局执法人员立即对该网站进行调查取证，并对该网站负责人郭昆勇作了询问笔录，郭昆勇对其违法事实予以承认；同时下达了限期提供其影视作品的合法授权，该网站也不能提供其合法的来源。最后，常德市版权局给予该网站责令停止侵权，没收服务器一台，并处罚款 1 万元的行政处罚。

十、“中天在线影院”网站侵权案

山西省晋中市版权局查明，赵增才所开设的“中天在线影院”网站，提供影视剧的下载和在线观看，均无合法授权，违反了《中华人民共和国著作权法》及《信息网络传播权保护条例》的规定。依据《中华人民共和国著作权法》第四十七条和《信息网络传播权保护条例》第十八条的相关规定，晋中市版权局依法给予其下列行政处罚：(1) 责令关闭“中天在线影院”网站。(2) 没收“中天在线影院”网站服务器。(3) 处以赵增才罚款 10 000 元。

2008 年打击网络侵权盗版专项行动典型案件

一、“番茄花园”网站侵权案

自 2004 年底以来，犯罪嫌疑人洪某通过创办“番茄花园”网站提供未经著作权人授权的盗版软件，在番茄网站页面上有关于 Windows、Office、Adobe、Photoshop、Illustrator 系列的侵权内容，基本涵盖微软等知名软件公司的主要软件产品，包括操作系统 Win98-ISTA、办公软件 Office 2000 至 Office 2007、数据库软件 SQL2000 及 SQL2005 等，并集成在“番茄 DVD 工具盘”上。2005 年后，犯罪嫌疑人孙某找到洪某签订协议，由孙某负责推广“番茄花园”网站及“番茄花园”Windows XP 软件并从中收费，洪某负责更新“番茄花园”Windows XP 软件版本，共同牟取非法利益。2005 年以来，洪某等人先后制作 50 余款侵权计算机软件，利用互联网向公众大量提供下载。而孙某等人先后利用四川网联互动广告公司、成都共软网络科技有限公司、成都红果科技有限公司的名义，以在“番茄花园”软件中捆绑其他公司软件、修改浏览器主页、默认搜索页面、网站刊登付费广告等形式，直接或间接获取利益近千万元人民币。“番茄花园”网站不仅在国内网民中很有影响，而且国际影响极为恶劣。

二、威海爱昵奔的网络有限公司侵权案

自 2008 年 3 月以来，犯罪嫌疑人金辰泰、吴昇浩、成俊浩，以威海爱昵奔的网络有限公司名义，在未取得任何行政许可的情况下，为牟取暴利，非法开办 Any band TV 网站。该网站未经韩国 SBSI、KBS 及 MBC 公司授权许可，下载转播韩国电影、电视剧及韩国电视节目，发展付费会员近万人，会员主要是居住在中国的韩国人，后发展到越南、菲律宾、新加坡、美国、加拿大等东南亚及美洲国家，在不到一年的时间内，共收取会费人民币 767 042 元、美元 13 890 元，非法经营总额人民币 862 220 元。

8 月 12 日，公安部门抓获了该案主要犯罪嫌疑人金辰泰。8 月 13 日，相继抓获犯罪嫌疑人吴昇浩、成俊浩，依法扣押了公司机房内服务器 34 台、电脑 28 台、卫星电视接收器等作案工具，还扣押了该公司托管在潍坊及江西上饶的 3 台服务器。该案后被移交司法机关处理。

三、“中国影视素材网”侵犯著作权案

自 2007 年以来，犯罪嫌疑人陈某从“CG 素材网”“91 图库”“素材基地”等 20 余家专业销售素材光盘的网站低价购进大量素材光盘，在互联网上设立“中国影视素材网”（www. Tv-SuCai. com）等网站，在未经北京松巴文化发展公司等权利人授权的情况下，利用刻录机进行大量盗版翻录并在互联网上销售，累计刻录销售盗版光盘 6 000 余张，销售金额近 20 万元，非法获利 8 万余元，销售地区涉及北京、台湾等数十个地区，严重侵犯了北京松巴文化发展有限公司等数家权利人的著作权。

四、“263 影视地带网站”侵权案

“263 影视地带网站”自 2007 年 2 月正式运营以来，采取从互联网上非法下载或盗取别人的链接等手段，擅自将包括被投诉作品在内的 2 000 余部影视作品上传至该网站，并以杜撰的北京新网数字技术有限公司济南办事处的名义与上百家网吧客户签订协议，从中收取服务费。在一年多时间内，其非法所得为 24 万元。执法部门人员在涉案地历下区爱书人新月网吧查缴

服务器2台，在犯罪嫌疑人孙某的办公地历下区解放路83号5号楼6单元602室查缴电脑主机1台、账本及违法经营协议一宗。在另一涉案地天桥区小柳行街金沅网吧查缴服务器1台。此案后被移交济南市公安局作刑事案件处理。

五、“一起考”网站著作权侵权案

2007年7月起，犯罪嫌疑人王某在武汉大学附近租下一套两室一厅的私人住房，招聘了4名青年学生，注册了“一起考”网站，服务器由襄樊电信分公司托管。犯罪嫌疑人王某擅自将北京东大正保科技有限公司旗下的8家网站里的文字作品10部、录像制品530部，合计540部作品上传到自己的网站，进行非法经营，以营利为目的，通过互联网公布下载收费标准及交费方式，在全国发展注册会员6 000多人，下载量30 887次。主要犯罪嫌疑人王某于6月24日在武汉被襄樊警方刑事拘留，15台用于侵权犯罪的兼容机、1台服务器和8张银行卡被扣押。2008年10月13日，襄樊市樊城区人民法院以侵犯著作权罪判处“一起考”网站负责人王某拘役4个月，并处罚金15 000元的刑事处罚。

六、李加根等网上销售侵权光盘案

根据群众举报，2008年5月，江西省版权局、南昌市版权局、南昌市公安局联合对南昌市进贤县李加根、梁华萍和梁小岗等三人住所进行突击检查。现场发现三人正在复制北京某公司开发的《移动英语——伴你行》软件，同时在住所地存有大量侵权盗版光盘。据交待，三人未经授权复制各类光盘，并通过互联网大量销售获利。经当地公安部门进一步调查其银行账户及快递公司相关资料，发现李加根等人累计非法经营额及复制品数量均已达到刑事处罚标准。依照有关规定，此案后被移送南昌市东湖分局依法追究涉案人刑事责任。

七、“我爱魔兽”侵权案

“我爱魔兽”(Wow. chongqingsf. com)网站，未经授权提供游戏软件作品下载链接，侵犯了游戏软件作品著作权人的合法权益。

经查证，Wow. chongqingsf. com网站由许世木经营管理，其IP指向的服务器是许世木向重庆热点网络技术开发有限公司整机租用的，网站未经权利人许可，在其网站中提供上海第九城市信息技术有限公司拥有著作权的《魔兽世界》大型网络游戏下载链接，非法复制服务器客户端程序并架设营运《魔兽世界》私服，其行为已构成《中华人民共和国著作权法》第四十七条规定的侵权行为，侵害了游戏软件作品著作权人的合法权益。2008年6月16日，重庆市版权局做出以下行政处罚：责令立即停止在所属服务器上营运“我爱魔兽”网站及提供下载链接和架设《魔兽世界》私服的行为；断开所有涉案侵权链接；没收所属服务器。另外，由于当事人许世木违法架设服务器（该服务器由重庆热点网络技术开发有限公司托管）经营魔兽私服网站“我爱魔兽”，违法经营数额较大，涉嫌触犯刑法，该案已于7月9日移送重庆市公安局。

八、“知新书业网”销售盗版出版物案

2008年4月25日，广州市版权执法人员接到关于“知新书业网”(www. zxtushu. com)擅自销售非法出版物的投诉。调查发现，该网站涉嫌利用互联网销售非法出版物，从事销售行为时间较长，销售非法出版物数量较大。7月31日，执法总队稽查四科联合市公安局网警支队查处位于海珠区赤沙村村南约新街东二巷内的“知新书业网”盗版图书仓储窝点，现场查获盗版图书1.8万余册、盗版光盘600余张，抓获网站经营者徐某。因该案涉及的违法所得金额已达到刑事立案标准，依照法律法规的规定，该案后被移交广州市公安局网警支队审查。

九、山西省吕梁市“根据地网吧”侵权盗版案

根据群众举报，山西省吕梁市离石区一家规模很大的网吧开设“00123. com. cn 专业网吧影视供应站”，提供“数万部影片资源，支持边看边下载”，在当地影响很坏。2008 年 9 月 24 日，山西省版权局、山西省吕梁市版权局、山西省吕梁市公安局经侦支队对被举报的地点进行了突击查处，一举控制网吧，没收侵权服务器。10 月，经专业技术人员鉴定，吕梁市“根据地网吧”所开设的“00123. com. cn 专业网吧影视供应站”网站，未经权利人许可，在网站硬盘内储存侵权影视作品共 670 部电视剧、17 部电影，合计 17 523 部集（已做侵权影视作品证据固定）；网站硬盘内记录了 2008 年 4 月至 9 月网吧用户登录网站点击影视作品详情，在 5 个月的时间内，网吧用户共计点击网站侵权影视作品 610 191 次。

该网站向上网人员提供影视作品的行为，违反了《著作权法》及《信息网络传播权保护条例》的有关规定，侵犯了影视作品著作权人的合法权益。根据相关法律法规的规定，山西省版权行政管理部门对当事人作出了行政处罚：(1) 关闭网站；(2) 没收侵权网站服务器；(3) 处以罚款 10 万元。

十、hsshopping. com 网站向境外销售侵权盗版光盘案

根据美国电影协会 2007 年年初的投诉，自 2004 年以来，hsshopping. com 网站一直向海外批发和零售欧美日等原声电影、电视剧、动画音像制品等盗版光盘。经查，hsshopping. com 网站是一家专门向海外销售盗版光盘和盗版产品的专业网站，是中国向海外销售盗版影视光盘的主要供应渠道之一，在欧、美、加、澳、南非等地的消费者和非法零售商中有很高的知名度。其主要的销售方式是批发，主要供应国外的零售商，也接受国外一般消费者的订单。盗版光盘每 100 片为 300 美元，平均每片按 3 美元计价，264 种一个套装。根据初步掌握的线索，该案涉嫌侵犯著作权刑事犯罪。2007 年 3 月份，该案被移交北京市公安局经济犯罪侦查处。

十一、“8·9”精英网络侵权案件

2008 年 6 月，安徽省六安市版权局接到群众举报，称六安市有人开办 www. gm608. com 网站，经营的《传奇》私服游戏，严重侵犯上海盛大网络有限公司《传奇》网络游戏软件的版权。8 月 9 日由六安市公安部门牵头、六安市版权局参与，到违法经营地点突击查处，现场发现涉嫌违法人员 13 名，并刑事拘留杨某等 3 名主要犯罪嫌疑人，扣押提取电脑 13 台、固定电话 7 部、手机 8 部、银行卡 5 张。经查，自 2007 年 5 月以来，杨某等三名犯罪嫌疑人成立“精英数据”团队，以营利为目的，先是在安徽省霍山县雇用 4 人，非法开设 www. gm608. com 网站，以“精英数据”为名，在网上广泛宣传，向别人销售“《传奇》网络游戏”侵权复制软件，为别人非法建设《传奇》私服游戏网站及游戏服务器，从中牟利。2008 年 6 月又窜至六安市，雇用技术、客服、财务、网络人员 10 名，实行公司化经营，继续提供《传奇》私服游戏建设、宣传、维护一条龙经营服务。至 8 月 9 日案发时，已建设《传奇》私服游戏网站 60 余个，先后架设私服游戏服务器 300 余个，销售金额 200 余万元，非法牟利 20 余万元。犯罪嫌疑人杨某、陈某、胡某未经上海盛大网络有限公司许可，复制发行其计算机软件，行为触犯了《刑法》第二百一十七条，涉嫌侵犯著作权罪。

2009 年打击网络侵权盗版专项行动典型案件

一、“A199”网站影视作品侵权案

2009 年 4 月，版权执法人员在网上日常检查中发现“A199”网站内存有大量的侵权盗版影片和淫秽色情电影，并还在不断上传中。根据从网络上提取的侵权证据，版权、公安执法人员赶赴侵权行为发生地，将犯罪嫌疑人黄某抓获。经查，该网站自 2008 年 6 月开办以来，陆续上传各类侵权盗版、淫秽色情电影 2 000 余部，并在各个论坛上对该网站进行宣传，在业界享有一定的知名度。该案后被移交司法机关处理。

二、“中国宽带影视”网站影视作品侵权案

版权执法人员在网络日常检查中发现，某网吧内架设有“中国宽带影视”网站的服务器。经查，该网站域名为“www. zgvod. net”，网站内有《功夫之王》等大量影视作品供在线放映和下载，而且其中包含《金瓶梅》等大量淫秽色情电影，该网站上还有大量的色情图片，并提供其他色情网站的网络链接。该案后被移送公安机关予以查处。

三、“天线视频”网站影视作品侵权案

根据群众举报，“天线视频”网站上存在大量未经授权的中外影视作品，其中电影达 3 800 余部、电视剧达 370 余部，并且以每天 10 部以上的速度增加。经查，该网站未经授权播放的影视节目中半数以上的点击数量在 500 次以上，其中有部分影视节目点击数量达几十万次。该网站虽未通过传播影视作品直接向用户收取费用，但其在绝大部分影视节目中均嵌入贴头广告，获取巨额利益。该案后被移送公安机关进一步查处。

四、“一点智慧”软件作品网络盗版案

2009 年 4 月，版权部门在日常鉴定工作中发现，“一点智慧”工程造价软件涉嫌盗版江苏新点软件有限公司研发的《新点软件（一点智慧）》，并通过 www. ahsjms. net 和 www. anhuisoft. net 两个网站销售“一点智慧”盗版软件。版权、公安部门共同组成专案组，一举抓获销售侵权盗版软件的犯罪嫌疑人汪某和蒋某，当场查获盗版软件 100 余张、作案工具笔记本电脑 1 台、涉案赃款 6 万余元；并根据查获的案件线索，查获犯罪嫌疑人汪某私刻的新点软件有限公司公章和业务章各 1 枚、销售台账 20 本、新点盗版软件光盘 200 余张、加密锁 55 个、刻录机 1 台、电脑 1 台等涉案物品。根据销售台账提供的信息，已查实经济往来发生额累计达 200 余万元。该案后被移送检察机关处理。

五、“霓裳小轩”网站文学作品侵权案

2009 年 10 月，中国作家协会发现，“霓裳小轩”网站未经权利人许可，传播中国作家协会 130 余名知名作家的 1 000 余部作品，通过注册收费和广告收入牟利，严重侵犯了相关作家的著作权，造成恶劣影响。该案后被移送公安机关进一步查处。

六、“O2SKY”网站音乐作品侵权案

2009 年 7 月 28 日，中国音乐著作权协会和韩国音乐著作权协会联合投诉 www. o2sky. com

网站在互联网上大量提供韩国音乐作品供用户免费试听、下载，严重侵犯了韩国著作权人的合法权益。经查，该网站未经授权提供98 258首歌曲、200余部影视作品（其中韩国歌曲89 667首、韩国MTV3 020部）的在线收听、收看服务，通过收取会员费和广告费，获得非法收入70万元左右。办案人员共扣押3台服务器、8台电脑主机及账本等证据，并于10月28日将该案移送公安机关进一步查处。

七、淘宝网上销售《朱镕基答记者问》盗版图书案

2009年9月，陆某、曾某、葛某等7个卖家通过8个淘宝网店销售《朱镕基答记者问》盗版图书170本。版权部门责令淘宝网删除盗版图书销售的相关链接，处分相关责任人并加强版权管理；对陆某作出“责令停止侵权行为，并处罚款1 500元”的决定，对曾某作出“责令停止侵权行为，没收违法所得23.85元，并处罚款1 000元”的决定，对葛某作出“责令停止侵权行为，没收违法所得5.4元，并处罚款100元”的决定。对其他当事人分别作出停止侵权行为、警告等处罚或教育疏导处理。

八、名仕公司游戏私服侵权案

通过网络日常检查，公安、版权执法人员发现名仕公司未经许可经营游戏私服一条龙网站49个及大量网龙私服链接，严重侵犯网龙公司游戏著作权。公安、版权执法人员根据前期侦查，一举端掉私服窝点，当场抓获陈某等16名犯罪嫌疑人，扣押涉案电脑71台、涉案银行卡7张，关闭经营私服网站和私服链接，查明涉案金额近百万元；同时根据查获的案件线索，抓获盗窃网龙公司游戏源程序代码犯罪嫌疑人戴某，切断了侵权源头，瓦解了“游戏私服一条龙”产业链。2009年11月，案件经法院判决如下：主犯陈某判处有期徒刑1年，其他5名从犯判处有期徒刑11个月。

九、“天堂蚂蚁”游戏私服侵权案

2009年4月，根据群众举报，蚂蚁网站（http://ttsiji.com）涉嫌制作销售游戏外挂非法牟利，侵犯盛大公司网络游戏《永恒之塔》的著作权。经查，蚂蚁网站通过淘宝网、QQ群、网页宣传等方式兜售该外挂程序，非法经营额达300多万元。办案人员先后抓获主要涉案犯罪嫌疑人11名，暂扣非法所得260多万元。后经检察机关批准，逮捕6人，公安机关取保候审5人。该案后被移送法院进一步审理。

十、“5151PK”网站游戏私服侵权案

2009年8月，接群众举报，“5151PK”网站使用非法软件程序，侵犯腾讯公司相关游戏的著作权并造成腾讯公司巨大经济损失。经查，“5151PK”网站的主办单位为杭州某公司。该公司通过利用非法外挂软件程序进行非法打币，每天非法打币、销售《地下城和勇士》的游戏金币折合人民币达20余万元，严重侵害了腾讯公司和游戏消费者的合法权益。在江苏、浙江公安部门协作配合下，共抓获犯罪嫌疑人10名，捣毁2个非法生产游戏币窝点，缴获近1 000台用于非法生产游戏币的电脑及服务器，查明该团伙非法生产销售腾讯公司旗下的《地下城和勇士》和《寻仙》两款游戏的游戏币价值人民币2 000多万元。该案后被移送检察机关处理。

2010—2011 年“剑网行动”典型案件

一、安徽滁州“骑士音乐网”侵犯著作权案

该案系国家版权局移转办理的案件，经调查，犯罪嫌疑人凌劢、王中良和夏涌清通过“骑士音乐网”非法传播歌曲并获利。2011 年 3 月 17 日，安徽省滁州市中级人民法院二审裁定，以侵犯著作权罪分别判处 3 人 5 年至 3 年 3 个月的有期徒刑等刑罚。

二、上海盛大网络《冒险岛》游戏外挂案

自 2007 年起，犯罪嫌疑人张乐等未经许可，非法制作、销售《冒险岛》网络游戏的外挂程序并获利。2011 年 5 月 5 日，上海市浦东新区人民法院以侵犯著作权罪和销售侵权复制品罪分别判处张乐等 5 名被告人有期徒刑 5 年至拘役 6 个月的刑罚。

三、江苏 9CAX 网站侵权盗版案

自 2009 年以来，犯罪嫌疑人韦盛宝通过 www.9cax.com 网站，复制他人软件和图书供会员付费下载。2011 年 2 月 4 日，江苏省昆山市人民法院以侵犯著作权罪判处韦盛宝有期徒刑 3 年 6 个月，并处罚金 8 万元和扣押作案工具。

四、江苏徐州“万松中文网”文字作品侵权案

“万松中文网”未经许可，侵犯“起点中文网”文字作品版权 5 483 部。后经中国版权保护中心对涉案作品进行版权鉴定，确认其侵权事实。2011 年 5 月 23 日，徐州市中级人民法院对此案一审宣判，分别判处 3 名被告人 3 年至 3 年 6 个月的有期徒刑，并各处罚金 15 万元。

五、湖南常德孙斌等私服侵权盗版案

2009 年 7 月至 2010 年 7 月，犯罪嫌疑人孙斌等四人私自架设网络游戏平台，非法运营《传奇》游戏并获利数百万元。2011 年 4 月 22 日，湖南省澧县人民法院以侵犯著作权罪判处孙斌等 4 人有期徒刑 3 年（缓刑 5 年）和单处罚金的刑罚。

六、河南开封天晴数码网络游戏外挂案

2007 年以来，犯罪嫌疑人张大兴、马金龙未经许可，编写了“征服游戏外挂”软件并非法获利数万元。2011 年 2 月 21 日，河南省通许县人民法院以非法经营罪分别判处张大兴、马金龙有期徒刑 1 年和 10 个月，并处罚金 8 万元和 1 万元。

七、江苏淮安“中国宽频网”侵权盗版案

犯罪嫌疑人通过购买服务器，经电信运营商托管，在全国各地开设关联网站进行获利。该网站非法上传电影 1 万余部。该案涉及全国 40 多个地市，扣押服务器近 400 台，涉案金额 1 亿多元，数十人被采取强制措施。该案后被移交检察院审查起诉。

八、浙江杭州世纪联线公司侵权案

杭州世纪联线公司擅自向网吧提供未经授权的影片牟利涉嫌侵权。初步调查，该公司以每

年 2 000～5 000 元不等的价格和多家网吧签订合同，负责网吧的影片更新业务。该案后被移交检察院审查起诉。

九、河南杜新贵通过网络销售盗版图书案

经查，犯罪嫌疑人杜新贵通过淘宝网等电子商务平台销售大量盗版出版物，现场查缴近 2 万册。该案后被移交检察院审查起诉。

十、四川“天籁村音乐网”音乐作品侵权案

2007 年和 2009 年，犯罪嫌疑人龚节毅因侵犯著作权被四川省版权局两次行政处罚，其开办的网站传播了大量侵权的音乐作品，并获得了巨额非法收入。该案后被移交检察院审查起诉。

十一、湖北《中华英雄》外挂案

湖北襄阳市版权局和公安局查明，中华英雄 173 防沉迷软件官方网站非法制作、销售他人享有著作权的《中华英雄》和《鹿鼎记》两款网络游戏的外挂，涉案金额达 100 余万元，非法获利 20 余万元。该案后被移送司法机关处理，2011 年 7 月 25 日，湖北省襄阳市襄城区人民法院以非法经营罪判处涉案犯罪人员邹某、李某各自有期徒刑 8 个月，并处罚金 5 万元。

十二、江苏徐州“小说 520 网”文字作品侵权案

“小说 520 网”网站未经权利人许可，提供大量文字作品并谋取非法利益，涉案金额 500 余万元。该案后被移交检察院审查起诉。

十三、北京“悠视网”侵犯著作权案

2009 年 9 月 10 日至 2010 年 11 月 8 日，北京时越网络技术公司未经许可，通过 www.uusee.com 网站和 uusee 网络软件提供影视作品 190 部。2011 年 1 月 28 日，国家版权局对该公司给予行政处罚：责令停止侵权、警告并罚款 8 万元。

十四、“一听音乐网”侵犯影视作品著作权案

2010 年 1 月 18 日至 10 月 22 日，北京易听信息公司未经许可，通过 www.1ting.com 网站和 1ting 播放软件非法提供音乐 495 首。2011 年 1 月 28 日，国家版权局对该公司给予行政处罚：责令停止侵权、警告并罚款 8 万元。

十五、杭州麦达公司侵犯信息网络传播权案

自 2008 年以来，杭州麦达电子有限公司未经许可，利用“医文网”（www.metamed.cn）有偿提供涉外医学杂志的全文下载服务。2011 年 1 月 14 日，浙江省版权局对该公司给予行政处罚：责令立即停止侵权行为、罚款 10 万元。

2012 年“剑网行动”典型案件

一、江苏淮安“3·28”侵犯著作权案

2012 年 2 月 3 日，江苏省淮安市版权执法部门根据网络举报线索，对刘某等制作大量盗版光盘在淘宝网店销售案进行调查。3 月 28 日下午，办案部门对位于淮安市大庆路的某光盘制作场所进行突击检查，现场查获《乐智小天地》等涉嫌盗版 DVD 光盘 138 种、23 478 张，暂扣用于生产制作非法光盘的 DVD 刻录机 7 台、光盘表面彩色打印机 4 台、台式电脑 3 台、笔记本电脑 1 台。经查，该批光盘均为侵权盗版音像制品。犯罪嫌疑人于 2012 年 3 月 29 日被刑事拘留，5 月 4 日被逮捕。2012 年 10 月 19 日，淮安市中级人民法院作出判决，被告人刘某犯侵犯著作权罪，判处有期徒刑 2 年，缓刑 5 年，罚金 85 万元；被告人汤某某犯侵犯著作权罪，判处有期徒刑 2 年，缓刑 3 年，罚金 50 万元；被告人高某犯侵犯著作权罪，判处有期徒刑 1 年，缓刑 1 年，罚金 30 万元。

二、江苏泰州郑某某等涉嫌侵犯网络游戏著作权案

2012 年 2 月至 3 月，郑某某、刘某某在明知上海盛大网络发展有限公司是《传奇世界》游戏的运营公司且未取得著作权人合法授权的情况下，分别将非法取得的《传奇世界》网络游戏版本更名为《纵横江湖》《王者无敌》《乱世英雄》等，通过犯罪嫌疑人龙某某、毛某某等人为其私服提供技术服务并对其中部分非关键程序作修改，在互联网上发布《传奇世界》私服网络游戏、为玩家提供客户端下载等服务，又通过犯罪嫌疑人杨某某为其修改游戏程序控制其私服链接充值平台，绑定银行卡号收取玩家购买虚拟装备的汇款。该案于 2012 年 8 月 20 日移送泰州市海陵区人民检察院审查起诉。

三、江苏扬州七音音乐网涉嫌侵犯音乐作品著作权案

2012 年，根据国际唱片业协会举报，江苏省扬州市版权执法部门对七音音乐网未经授权通过信息网络传播他人音乐作品案进行调查。经查，该网站实际拥有人为朱某某，仪征市真州镇人，2008 年 2 月 28 日因创办非法网站“华人音乐网”非法传播、存储他人音乐作品受到扬州市版权局行政处罚。截至案发，七音音乐网涉嫌存储侵权作品逾 40 万首，网站日点击量达 6 600 次，涉案金额从 2007 年起约 150 000 元/年。扬州市版权执法部门将案件移送至扬州市公安局治安警察支队，嫌疑人朱某某于 2012 年 8 月 14 日被刑拘。

四、上海 CFA 盗版考试书籍侵犯著作权案

2012 年 5 月，上海市公安局杨浦分局治安支队对“3·19”侵犯著作权案进行扩案，发现另一个涉嫌非法复制、销售 CFA 盗版考试书籍的犯罪团伙。经缜密侦查，于 7 月 26 日开展集中收网行动，先后在沪、京、皖三地成功抓获涉嫌利用互联网销售盗版书籍注册金融分析师考试资料的犯罪嫌疑人罗某某、喻某、高某等 26 人，捣毁非法印刷、销售窝点 17 个，查获侵犯著作权的考试用书 2 万余册，缴获各类印刷机器 100 余台。经初步查证，该案涉案金额逾人民币 2 亿元。8 月 22 日，13 名犯罪嫌疑人被批准逮捕。

五、上海游某豹、游某明、刘某某侵犯著作权案

2012 年 2 月起，游某豹、游某明、刘某某为获取非法利益，共谋非法复制销售 ACCA 教

材。游某豹网购ACCA教材电子版，在上海市杨浦区国定路中心某居民楼利用复印器械复印教材；游某明、刘某某在本市杨浦区政立路某居民楼分别利用其开设的淘宝网店销售盗版ACCA教材。游某豹也通过网络销售其非法复制的ACCA教材。至案发，游某明共销售非法复制的ACCA教材1 760余本；刘某某共销售非法复制的ACCA教材420余本；游某豹共销售非法复制的ACCA教材80本。2012年12月21日，依照《中华人民共和国刑法》第二百一十七条等规定，上海市杨浦区人民法院判处被告人游某豹有期徒刑3年，缓刑3年，罚金人民币3万元；被告人游某明有期徒刑3年，缓刑2年，罚金人民币2万元；被告人刘某某有期徒刑9个月，缓刑1年，罚金人民币1万元；扣押在案的违法所得人民币4.4万元、查获的侵权教材及犯罪工具电脑、复印机、切割机、胶装机等均予以没收。

六、江苏江阴市张某、唐某侵犯著作权案

2011年5月，经查，张某、唐某通过开设网络游戏《热血传奇》私服，搭建充值平台，通过出售游戏币“元宝”从中非法牟利共计50余万元。2012年1月11日，依据《刑法》第二百一十七条的规定，江阴市人民法院判决被告张某犯侵犯著作权罪，判处有期徒刑3年，缓刑3年6个月，并处罚金20万元；被告人唐某犯侵犯著作权罪，判处有期徒刑3年，缓刑3年，并处罚金14万元。

七、江苏南通孙某超等人侵犯著作权案

2011年4月间，孙某超等人私自架设网络游戏《热血传奇》服务器，并为私服提供充值结算服务，非法获利金额高达7 000余万元。5月至10月间，公安机关共抓获涉案人员30余名。2012年6月20日，南通市通州区人民法院根据《刑法》第二百一十七条进行判决：孙某超犯侵犯著作权罪，判处有期徒刑2年，并处罚金23万元；孙某华侵犯著作权罪，判处有期徒刑1年6个月，并处罚金6万元；另有9名被告分别被判处侵犯著作权罪，判处有期徒刑9个月至1年2个月不等，缓刑1年至2年不等，罚金共计50余万元。

八、江苏南通淘宝网高清视界殿堂网店侵犯著作权案

2011年8月，江苏省南通市崇川区版权局发现徐彦自行刻录光盘并通过在淘宝网开设的高清视界殿堂网店进行销售，非法获利13万余元；在执法过程中，查获936张侵权盗版光碟。2012年11月30日，南通市通州区人民法院根据《刑法》第二百一十七条的规定予以判决：徐某犯侵犯著作权罪，判处有期徒刑2年3个月，缓刑3年，并处罚金10.5万元；没收电脑主机3台、笔记本电脑1台。

九、安徽滁州天长“10·19”游戏私服案

2012年10月15日，安徽省滁州天长市治安大队会同网监大队在联合检查时发现六个QQ号在聊天中频繁发布游戏私服信息，并自称私服游戏客服。天长市公安局治安部门于10月19日先后抓获犯罪嫌疑人滕某某等七人。经初查，滕某某、陈某二人出资开设《传奇》游戏私服，刘某某等四人分别负责游戏广告、客服、维护等事项，共盈利40余万元，支付广告费用200余万元。该案后被移交公安机关并提起公诉。

十、江苏徐州dg600网侵权案

2011年4月至8月间，王某某、闵某某、杨某某、程某某四人租用计算机服务器建立www.dg600.com等网站，私自经营《魔域》私服游戏，非法经营额达136万余元。2012年9月10日，徐州市中级人民法院依据《刑法》第二百一十七条的规定，以侵犯著作权罪判处王某某有期徒刑4年，并处罚金90万元；判处闵某某有期徒刑3年，并处罚金60万元；判处杨某某有期徒刑3年，并处罚金60万元；判处程某某有期徒刑2年6个月，并处罚金30万元。

2013 年“剑网行动”典型案件

一、百度公司、快播公司侵犯著作权案

2013 年下半年，国家版权局陆续接到优酷、腾讯、乐视、搜狐公司等权利人对北京百度网讯科技有限公司和深圳快播科技有限公司涉嫌通过播放器软件传播侵权视频作品的投诉。11 月 19 日，国家版权局就此正式立案。调查表明，百度公司和快播公司通过其运营的播放器软件，向公众提供定向搜索、定向链接服务，直接定向搜索、链接到大量盗版网站，具有一定主观过错，已构成侵犯信息网络传播权，且同时损害公共利益。12 月 27 日，国家版权局分别对百度公司和快播公司作出罚款人民币 25 万元的行政处罚。

二、北京“思路网”盗版数字高清作品案

2013 年初，北京市文化市场执法总队在巡检中发现“思路网”涉嫌传播盗版高清影视、游戏及音乐作品。2 月 27 日，在国家版权局的指导下，北京文化执法总队会同市公安局海淀分局成立专案组，对该案进行联合调查。经查，“思路网”号称国内最大数字高清门户网站，在业内享有很高知名度，有注册会员 140 余万人。用户通过每月缴纳会费，随意下载各种蓝光高清盗版影视和音乐、游戏作品。调查显示，该网站未经权利人许可，提供《泰囧》《十二生肖》等国内外最新知名高清影视剧作品 18 772 部、音乐作品 3 316 首、游戏软件 208 种，累计下载量达 2 000 多万次。盗版作品上传者涉及国内诸多省份以及美国、日本等多个国家和地区，每天同时在线用户上万人。4 月 24 日，专案组抓获周某、苏某、白某等 11 名犯罪嫌疑人。目前该案正在进一步侦查过程中。

三、上海王某等利用互联网销售侵权盗版 ISO 标准案

2013 年 5 月，国家版权局收到国家标准委办公室反映某网站涉嫌销售侵权盗版 ISO 标准的投诉函，随后部署上海市有关部门处理。上海市文化执法总队、市版权局、市公安局等单位迅速成立专案组，在国家标准委版权保护工作组办公室、上海市质量技术监督局的配合下进行立案侦查。经查，自 2010 年起，犯罪嫌疑人王某等人先后向境外租借 4 个服务器，架设某网等 5 个网站，上传 10 万余条各国标准的目录，涉及美、法等 100 余个国家，标注销售价格，并留下邮箱地址和购买链接，通过使用国外第三方支付平台销售国外的标准从中非法牟利。9 月 24 日，专案组将犯罪嫌疑人王某、易某抓获。同时，上海市文化执法总队进一步深挖线索，对为犯罪嫌疑人提供网络支付渠道的合作单位“易趣网”进行了深入调查，责令该单位停止相关违规活动及交易类别并依法立案查处上述严重违规行为。该案后被移交司法机关处理。2014 年 10 月 11 日，上海市杨浦区人民法院对该案作出一审判决。被告人王某因侵犯著作权罪被判处有期徒刑三年，缓刑四年，并处以罚金 18 万元。

四、江苏国泰新点软件被侵犯著作权案

2012 年 12 月，江苏省张家港市版权局接到江苏国泰新点软件有限公司报案：其自主研发的建筑业常用热门“一点智慧”软件，自 2010 年起被多地不法商家盗版并通过淘宝网大肆销售，给公司造成了巨大经济损失。2013 年 1 月 30 日，张家港市版权局将案件移交市公安局，双方成立联合专案组。经查，这是一个专门制售假冒软件的犯罪网络，人员众多、分工细致。

网店一旦接到客户订单，将订单以及发货信息传递给制假窝点，由其发货给客户。3 月 29 日，江苏、安徽、湖南、浙江 4 省公安机关联合行动、统一收网，抓获主要犯罪嫌疑人 12 名，打掉犯罪团伙 4 个，摧毁 13 家销售侵权软件网店，捣毁假冒软件“加密狗”产、储、销犯罪窝点 8 处，缴获成品假冒软件“加密狗”1 100 余只、作案用电脑 20 台、“加密狗”生产设备 1 套。6 月 5 日，张家港市公安局又根据线索，在四川省成都市将销售侵权复制品的犯罪嫌疑人郑勇抓获，现场查获大量“加密狗”和盗版软件。该案涉案金额达 6.5 亿元。该案后被移交司法机关处理。

五、北京“阳光教育”网店销售盗版少儿出版物案

2013 年 10 月，根据举报线索，北京市文化执法总队调查发现淘宝店铺“阳光教育”通过网络大量销售涉嫌盗版的少儿出版物、少儿动画片及少儿音乐光盘。经查，该网店未经权利人许可，销售盗版音乐儿童童话故事、红黄蓝早教教案、热门动画片精选等涉嫌盗版光盘，自 2006 年至今交易数为 3.3 万次，仅 2013 年 6 月至 10 月的销售金额就达 16 万元。同时，发现犯罪嫌疑人采取了以“阳光教育”为主站，以“爱婴乐园 99”“宝宝贝贝”“与梦飞翔”“天才管家”4 个网站为辅店的犯罪模式，违法行为恶劣，违法经营额较高。在国家版权局的直接指导下，北京市文化执法总队会同市公安局海淀分局抓捕王某、姜某等 4 名犯罪嫌疑人，扣押涉嫌盗版音像制品 6 000 多张。该案后被移交司法机关处理。

六、浙江“爆米花”网传播侵权影视作品案

2013 年 9 月，浙江省版权局收到国家版权局的移转函，对国际唱片协会投诉“爆米花”网站涉嫌传播侵权影视作品案立案调查。经查，杭州某科技公司运营的“爆米花”网设有生活热点、搞笑、娱乐、游戏、影视等频道，主要以收取广告费方式运营。该网站未经权利人许可，擅自上传、传播《岁月无声》等 52 部影视作品及《谢谢你给的温柔》等 10 部 MV 歌曲供会员在线观看和下载。10 月 14 日，浙江省版权局对该公司作出警告、罚款人民币 10 万元的行政处罚。

七、江苏扬州“动漫屋”传播盗版漫画案

2013 年 10 月，江苏省版权局收到国家版权局的移转函，对香港动漫联合会投诉“动漫屋”网站涉嫌传播盗版漫画作品案立案调查。经调查，“动漫屋”网站经营主体是瑞安某公司，其经营范围包括网页设计、网站推广、软件开发、网络技术服务。2009 年至案发时，该公司在没有获得权利人授权的情况下，在其网站“动漫屋”上发布《火影忍者》等 70 部侵权漫画作品，并通过飞天传媒、百度推广、微游戏等广告推广平台投放广告获得利益。2013 年 11 月 6 日，江苏省扬州市文化综合执法支队对该公司作出罚款人民币 10 万元的行政处罚。

八、安徽“音扑网”侵犯著作权案

2012 年 8 月，根据国际唱片业协会投诉线索，安徽省版权局经初步查证后，将“音扑网”涉嫌通过信息网络擅自向公众提供他人作品、表演、录音录像制品案移转至黄山市版权局办理。黄山市版权局在调查取证过程中与国际唱片业协会就侵权歌曲认证问题、会员数问题等进行反复沟通，最终确认该网站有侵权歌曲 264 首，点击数近 8 万次，已达到刑事追诉标准，将案件移交公安部门立案侦查。公安部门经过 4 个月的调查，在上海将犯罪嫌疑人江某抓获。该案后被移交司法机关处理。

九、山东康某等侵犯《热血传奇》网络游戏案

2012 年 11 月，在山东省版权局的督办下，济南市文化市场行政执法局联合济南市公安局组成专案组，成功破获“玫瑰小组私服案”。通过“玫瑰小组私服案”的办理，专案组深挖案

件线索，获知《热血传奇》游戏服务器软件的来源是某网，专案组立即对该网站进行立案侦查。经调查，康某等犯罪嫌疑人在未经网络游戏《热血传奇》权利人上海盛大网络发展有限公司许可的情况下，非法复制、发行《热血传奇》服务器软件，在伪造《热血传奇》游戏软件的开发及销售、私服的发行与维护、私服的经营等环节，通过支付宝、财付通等支付平台收取客户相关服务费用，牟取非法利益，涉案金额 4 000 多万元。2013 年 7 月 26 日，济南市公安局市中分局网警大队正式立案，分赴黑龙江大庆、广东深圳、湖南岳阳、四川蓬安、浙江杭州等地抓获康某为主犯的犯罪嫌疑人 7 人，关停服务器 110 台。该案后被移交检察机关提起公诉。

十、上海某音乐移动软件侵犯著作权案

2013 年 4 月 16 日，上海市文化执法总队根据国际唱片业协会的投诉，对上海某信息技术有限公司未经著作权人许可，擅自通过信息网络向公众提供他人音乐作品案进行立案调查。经查，该公司经营移动互联网音乐软件，供用户在当事人网站下载后，通过互联网和移动信息网络在电脑终端设备及 Android 操作系统的手机、平板电脑等移动终端设备上利用当事人软件产品搜索、浏览、点播、下载和收听索尼唱片公司享有著作权的《二人世界》（陈柏宇）、《命案》（陈柏宇）、《动物农庄》（陈柏宇）、《时机》（陈柏宇）和《Espresso 先生》（陈柏宇）5 首音乐作品以及正东唱片有限公司等享有著作权的《不成熟》（陈柏宇）、《闯》（陈柏宇）、《棉花》（陈柏宇）等其他 42 首音乐作品。该公司被查处后立即整改，删除了侵权作品文件，停止了通过信息网络向公众提供上述侵权音乐作品的违法行为，主动消除违法行为的危害后果。6 月 21 日，上海市文化执法总队对该公司依法从轻作出罚款人民币 28 000 元的行政处罚。

2014年“剑网行动”典型案件

一、上海“射手网”侵犯影视作品著作权案

【简要案情】 2014年9月，根据美国电影协会投诉，上海市文化市场行政执法总队对“射手网”（www. shooter. cn）涉嫌侵犯著作权案进行调查。经查，“射手网”由上海射手信息科技有限公司经营，该公司在“射手网”上开设商城，以营利为目的，销售其复制于硬盘存储设备的“2TB高清综合影音合集资源”“3TB高清超级影音合集”等产品，自2013年5月起共销售约100台存储设备。2014年10月20日，该公司主动向执法部门上缴“2TB高清综合影音合集资源”产品存储设备1台，内有其自行复制并可播放的200部电影作品，该公司无法提供上述电影作品的相关著作权许可证明材料。另查，该公司未经权利人许可，自2013年开始在“射手网”登载《驯龙高手》等影视作品的字幕，用户无须注册即可浏览、下载和使用，网站每日IP访问量20万左右，每日PV访问量40万左右，该公司无法提供上述影视作品字幕文件的相关著作权许可证明材料。经美国电影协会北京代表处认证，上述电影作品中的79部、影视作品字幕文件中的4部未经著作权人授权。上海射手信息科技有限公司在上海市文化市场行政执法总队开展调查后停止了侵权行为，并于2014年11月23日关闭了网站。上海市文化市场行政执法总队依法对该公司作出罚款10万元的行政处罚。

【典型意义】 本案中，涉案网站的侵权行为有两种：一是销售存有侵权电影作品的设备，属于未经许可复制发行他人作品；二是未经许可通过网络传播侵权字幕文件，属于通过信息网络向公众提供他人作品。上海市文化市场行政执法总队对上述两种侵权行为分别作出罚款7万元和3万元的行政处罚。本案的查处，给以“免费、分享”之名、行侵权盗版之实的字幕组敲响了警钟。

二、一点网聚公司非法转载文字作品案

【简要案情】 2014年12月，根据多名权利人投诉，国家版权局对北京一点网聚科技有限公司涉嫌非法转载文字作品案立案调查。经查，该公司未经中国周刊杂志社、北京财经天下文化传媒有限公司、北京人物天下文化传媒有限公司许可，通过其运营的“一点资讯”网站和手机客户端软件“一点资讯”，向公众传播《柴静：一根宁静的火柴》《喜剧选秀大爆炸》《瑞典广场舞登陆中国》等246部文字作品，侵犯了相关权利人的信息网络传播权。国家版权局依法对该公司作出罚款10万元的行政处罚。

【典型意义】 近年来，网络媒体非法转载他人作品的现象日益突出，严重损害了权利人的合法权益。为此，“剑网2014”专项行动将打击未经许可通过网络转载他人作品的侵权行为列为工作重点之一。国家版权局希望通过该案的查处，推动各类媒体加强行业自律、强化版权审核监督、建立诚信合作机制，形成网络转载作品依法依规许可付费使用的合作双赢机制。

三、“建工之家”网侵犯软件著作权案

【简要案情】 2014年，根据群众举报线索，江苏省扬州市版权行政执法部门会同山东省菏泽市版权行政执法部门组成联合专案组，对“建工之家”网涉嫌侵犯著作权案进行调查。经查，该网站为菏泽新天空电脑科技有限公司主办，服务器位于江苏扬州，主要销售建工类软件以及提供软件在线下载服务，网站提供大量其他公司的破解版软件下载服务并以加入会员形式

收取费用。截至 2014 年 9 月 15 日，该网站共计会员 1 430 332 人，当日登录网站会员为 6 268 人。10 月 10 日，两地版权行政执法人员同步对该网站服务器及涉案公司进行检查。江苏省扬州市版权行政执法部门对当事人作出罚款 10 万元的行政处罚。

【典型意义】 本案为国家版权局督办案件。网络侵权盗版案件往往涉及区域较广，网站备案地、服务器所在地和侵权人所在地通常不在同一地区，增加了案件查办的难度。本案中，江苏、山东两地版权行政执法部门密切配合、联合行动、高效协作，保障案件顺利查办，使本案成为区域间合作查办网络侵权盗版案件的优秀范例。

四、黑龙江刘某等侵犯《逐鹿中原》网络游戏著作权案

【简要案情】 2014 年，根据权利人投诉，黑龙江省哈尔滨市公安部门会同版权部门对刘某等涉嫌侵犯《逐鹿中原》网络游戏著作权案展开调查。经查，刘某、李某、桑某通过 VPN 代理服务等方式运营侵权网络游戏，先后在境内外多地租用服务器，通过不断变更第三方支付平台进行资金流转，玩家数量达数十万人，规模接近该正版游戏，涉案金额近 300 万元。2014 年 7 月和 8 月，专案组先后抓获犯罪嫌疑人刘某（北京某网络科技公司技术总监）、李某和桑某（佳木斯某机房法人）。最终法院以侵犯著作权罪判处 3 名涉案人有期徒刑 3 年 6 个月至缓刑不等，并处罚金 40 万元至 6 万元不等。

【典型意义】 本案为国家版权局督办案件。本案中，侵权人利用多种网络技术掩盖侵权行为，但办案人员通过对海量数据的分析、对比、排查，查明了案情，充分体现了网络侵权盗版案件查办工作的专业性和技术性。

五、江苏“高清影视下载网”侵犯影视作品著作权案

【简要案情】 2014 年，江苏省扬州市公安部门对“高清影视下载网”涉嫌侵犯影视作品著作权案立案调查。经查，胡某某于 2009 年底创办“高清影视下载网”（www. gaoqing. tv），并负责技术维护和经营，其妻丁某某负责财务及采购。二人利用“高清影视下载网”及关联网站和丁某某开设的淘宝网店，提供高清影视资源拷贝与硬盘或高清播放器捆绑销售服务，胡某某还利用自己开设的淘宝店铺销售“高清影视下载网”会员邀请码，2013 年度违法所得 90 余万元。最终法院以侵犯著作权罪分别判处胡某某有期徒刑 1 年 6 个月，缓刑 2 年，并处罚金 16 万元；丁某某有期徒刑 6 个月，缓刑 1 年，并处罚金 6 万元。

【典型意义】 本案为国家版权局督办案件。本案传播侵权作品数量大，侵权方式多样，非法获利金额高，涉及权利人多，是一起侵犯网络影视作品著作权的典型案件。

六、安徽“999 宝藏网”侵犯软件著作权案

【简要案情】 2013 年，根据群众举报线索，安徽省公安部门会同版权部门对“999 宝藏网”涉嫌未经许可提供盗版 WINDOWS 操作系统软件下载案立案调查。经查，该网站注册于 2007 年，以提供盗版微软软件供注册会员下载使用、发布广告、捆绑插件、收取会员费等方式获利。网站注册会员总计 3 634 222 人，侵权人利用会员注册费用和网站广告收益、上传自行封装的盗版软件等方式牟利 250 余万元。最终法院以侵犯著作权罪判处 6 名涉案人有期徒刑 3 年至 1 年不等，并处罚金 15 万元至 5 万元不等。

【典型意义】 本案为国家版权局、公安部挂牌督办案件。本案的成功查办既有效维护了权利人的合法权益，也积极回应了群众的举报，对于鼓励社会公众共同参与打击侵权盗版具有良好的引导意义。安徽省版权局根据《“剑网行动”侵权盗版案件举报奖励办法》对举报人给予了 1 万元奖励。

七、山东刘某某等涉嫌通过网络销售盗版音像制品案

【简要案情】 2013 年，根据群众举报线索，山东省淄博市公安部门会同版权部门对刘某

某等涉嫌通过淘宝网店批发销售侵权盗版音像制品案展开调查。经查，自2012年起，刘某某、宋某（刘某某之妻）、杨某以营利为目的，从互联网下载书法、教育等相关视频资料，雇用孙某某刻制侵权盗版光盘近万套、41 200张，在淘宝网开设“仁宇书法”“仁宇五宝”“水滴科技”三家网店对外销售，非法经营额400余万元。2014年8月，专案组抓获涉案人员11名，现场缴获涉嫌侵权盗版光盘3 400余张。该案已移送检察机关审查起诉。

【典型意义】 本案为国家版权局督办案件。本案是一起通过网店销售侵权盗版音像制品的典型案件，网络销售平台在其侵权盗版行为链中充当了重要工具。本案的查办，说明通过第三方销售平台从事侵权盗版同样是触犯法律的。

八、湖北多家网站涉嫌侵犯《知音漫客》杂志著作权系列案

【简要案情】 2014年8月，根据湖北知音传媒集团的报案线索，湖北省公安部门对多家网站未经许可通过网络传播该集团旗下杂志《知音漫客》案进行调查。湖北省公安部门确定了12个重点网站，并组织黄石、襄阳、荆门、鄂州等地公安机关开展会战。鄂州、黄石共查处了3个涉嫌侵权网站，抓获5名犯罪嫌疑人。经查，涉案侵权网站为提高网站访问量并赚取广告费，未经权利人湖北知音传媒集团许可，通过信息网络传播其《知音漫客》杂志，涉案金额达1 300余万元。该案正在进一步查办中。

【典型意义】 本案为国家版权局督办案件。本案中，多个网站未经许可通过信息网络传播他人作品，侵权盗版成本低，但给权利人造成了巨大损失。对此类严重网络侵权盗版行为，版权执法部门和司法部门一贯予以严厉打击。

九、湖南谭某某等涉嫌通过网络销售盗版软件案

【简要案情】 2014年5月，根据权利人投诉，湖南省永州市公安部门会同永州市版权部门对谭某某等涉嫌通过网络销售盗版软件案进行调查。经查，2013年7月以来，谭某某等分别购买盗版微软公司的软件光盘、密钥空白标签和密码，制作盗版软件光盘，并通过“DELL HP IBM服务器”“电脑软件批发”“金英团队”“迷彩指望”“鑫城软件”“樱花肆虐的季节”等淘宝店进行销售，涉案金额达1.03亿元。在版权部门的积极配合和协助下，公安机关已抓获5名犯罪嫌疑人，捣毁制作、发布盗版光盘窝点2处，案件已侦查终结并移送检察机关审查起诉。

【典型意义】 本案为国家版权局督办案件。本案的成功查办，彰显了中国政府对国内外权利人一视同仁的态度及打击网络侵权盗版的决心和力度，体现了在查处网络侵权案件中版权部门与公安部门协作配合、发挥合力的重要作用。

十、广东“3·24”网络批销盗版图书案

【简要案情】 2014年3月，根据中国建筑工业出版社投诉，广东省广州市公安部门会同广州市文化市场综合行政执法总队对“3·24”网络批销盗版图书案进行调查。经查，向某某租用房间储存53个品种2.8万余册盗版图书，通过低价方式大量批销给网店经营者。根据销售清单、进货单据及相关线索，专案组抓获了多名销售商和供货商，共计打掉8家黑仓库、4家物流公司、1家网络销售点，收缴盗版图书500余种15万余册，码洋700余万元，立案35宗，抓获犯罪嫌疑人9人，其中2人被批准逮捕；向某某侵犯著作权案已进入移送审查起诉阶段。

【典型意义】 本案为国家版权局督办案件。本案是网络侵权盗版与传统侵权盗版相结合的典型案件，多名供货商、销售商分别在线上或线下进行侵权盗版，形成了存储、批发、运输、销售盗版图书的链条，涉案盗版图书数量大，涉案嫌疑人多。本案的查办，是对线上、线下并行侵权盗版行为的严厉打击。

以“四有四注重”，推动杭州国家版权示范城市建设

——杭州市文化广电新闻出版局（杭州市版权局）

2014年杭州市版权局在工作中体现“四有四注重”，推动杭州国家版权示范城市建设。

一是注重载体的多样性，版权宣传有亮点。

在“4·26”世界知识产权日，组织版权宣传环西湖绿色骑行活动；举办版权宣传进校园、园区活动；向全市中小学生印发《版权达人》宣传读本16 000册。

二是注重工作的多层面，版权服务有提升。

举办企业版权知识培训班5期，累计培训企业近200家。开通热线电话87889048，受理版权咨询1.1万人次；开通8个工作QQ，在线受理近1.8万人次；年登记普通作品2 300余件，软件1 000余件。帮助著作权人打击盗版，一年案子合计130余件，成功挽回经济损失超过1 000万元；组织杭州版权代表企业赴成都参加第五届中国国际版权博览会，获最佳组织奖；组织开展第十届中国国际动漫节及2014年杭州市文博会版权执法、工作展示和服务工作。

三是注重监管的多维度，版权执法有加强。

开展了打击网络侵权盗版“剑网2014”专项行动。处理和删除各类侵权盗版信息或链接300余个；全市出动检查各类企业侵权行为1 976次、6 204人次，检查网络文化、互联网视听、版权等经营单位1 313家；对多家涉嫌侵权盗版行为的企业进行立案查处；对涉嫌犯罪案件，及时移交公安机关；召开软件正版化工作会议、软件正版成员单位会议，完成对区县（市）政府软件正版工作的检查指导工作，协助省正版软件工作领导小组做好对富阳、桐庐政府软件正版化检查整改工作。

四是注重产业服务的多方向，版权产业有实绩。

2014年，杭州市版权产业继续保持较快的增长态势，全市文化创意产业实现增加值1 607.27亿元，同比增长15.9%，占GDP比重达17.47%。全市文创产业规模以上企业单位资产总计达4 347.56亿元，增长29.2%，增幅较上年提高4.4个百分点；从业人员达33.68万人，增长4.2%。2014年，杭州专门从文创资金中申请了392万元用于数字出版专项扶持政策，扶持数字出版园区、数字出版企业的发展。

第五届版权博览会
参展人员在展厅前合影

向城区版权辅导员
赠送版权宣传读本

企业软件正版化培训

“4·26”世界知识产权日
版权骑行活动

版权 看·东莞

——东莞市版权局

东莞，位于广东省中南部、珠江口东岸，北接广州，南临深圳，是岭南文明的重要发源地，中国近代史的开篇地，华南抗日根据地的重要组成部分，改革开放的先行地。近年来，东莞市委、市政府从推动产业转型升级的战略高度着手，不断加快和促进版权工作的发展。

[看·政策]

先后出台了《东莞市知识产权战略纲要（2010—2015年）（版权篇）》《关于文化产业发展的若干意见》《东莞市文化产业发展专项资金管理暂行办法》《企业知识产权管理指引（版权篇）》和《展会知识产权保护指引（版权篇）》等系列政策文件，并结合《东莞市战略性新兴产业发展“十二五”规划》和《东莞市特色人才特殊政策暂行办法》等政策，在产业规划、资金扶持、人才引进、保护创新等方面给予版权产业充分的指引和支持。

[看·产业]

2014年，全市共有印刷企业3 320家，总产值超过342亿元；共有出版物发行单位1 058家，报刊行业主营业务收入1.37亿元；全市软件业务收入53.2亿元，其中软件研发收入占52%，达27.3亿元；共有加入城市院线的影院60家，电影票房收入达3.55亿元，较2013年增长44%；在总局备案的东莞原创电视动画片总时长15 000多分钟，位居全国前列；共有5家企业获得国家动漫企业认定。版权产业已成为东莞市经济的重要组成部分。

2015年4月7—12日，世界第三大印刷专业展——第三届广印展在东莞成功举办

2014年国家新闻出版广电总局副局长童刚到东莞广播电视台调研

国家新闻出版广电总局（国家版权局）版权管理司司长于慈珂视察第六届漫博会

国家版权局版权管理司汤兆志副司长验收松山湖高新区申报全国版权示范园区情况

[看·服务]

不断推进“版权兴业工程”：重点培育和建设了松山湖高新区等6个“广东省版权兴业示范基地”和“拽猫”系列形象等5个“广东省最具价值版权产品”，松山湖高新区还被评为全国版权示范园区；成立了广东省版权基层工作站（东莞站），2014年全市企业类作品和计算机软件著作权登记数量近1 800件；指导成立了东莞市版权协会；组织开展了东莞市版权产业的经济贡献调研；全市连续举办了六届中国国际影视动漫版权保护和贸易博览会，完成参展作品免费著作权登记1 220宗，实现了连续六届漫博会版权纠纷有效投诉“零投诉”。

2014年第五届中国国际版权博览会期间，国家新闻出版广电总局（国家版权局）阎晓宏副局长参观东莞展区

在2014年广东省版权社会服务工作交流会上，广东省版权局局长黄小玲授予东莞市和丰文化传播有限公司“广东省版权兴业示范基地”称号

广东省版权局张同英处长为东莞市版权基层行政管理和执法干部做企业使用正版软件工作培训

东莞市版权局组织开展2014年东莞市版权保护成果图片展

[看·宣传]

在报纸和网络媒体刊发“版权保护在东莞”专题报道，在《东莞日报》开辟连续性“版权关系你我”宣传专栏，在全市广电和网络媒体滚动播放版权保护宣传片，张贴版权保护宣传海报5 000多张，派发版权保护宣传品4万多份；组织东莞市版权保护成果图片展、“版权保护大家谈”活动和版权模拟法庭暨“版权保护进校园”等活动。通过加强宣传，全市上下的版权意识不断增强。

东莞本土原创企业天成动漫有限公司启动“东莞天成版权保护与教育”工程公益活动，市委常委、宣传部潘新潮部长和省版权局张同英处长参加了启动仪式

国家新闻出版广电总局（国家版权局）版权管理司于慈珂司长参观东莞松山湖高新区创意体验区

第六届中国国际影视动漫版权保护和贸易博览会于2014年8月21日至25日举行

东莞市版权局联合市第一人民法院、市经信局及市文化市场综合执法大队组织开展“版权保护大家谈”活动

[看·执法]

2009年至2014年，市文化市场综合执法大队共受理涉版案件320多宗；2013年、2014年组织开展“剑网行动”，查处网络涉版违法案件24宗。2013年市文化市场综合执法大队荣获国家版权局颁发的查处侵权盗版有功单位一等奖，2013年、2014年连续两年“扫黄打非”工作被评为全省先进。

版权执法工作剪影

東莞日報

徐建华主持召开市委全面深化改革领导小组第二次会议

强化“五种意识” 努力走在全省全国前列

打击盗版 维护版权

我市开展活动推广知识产权保护

打造群众满意警队 努力创建平安东莞

把督导重点放到“一把手”身上

本届展会2200展位已被预订

共筑中国梦 “奖”述劳动美

澳客机遭遇“劫机”乌龙

一名醉酒乘客企图硬闯驾驶舱，触发航班劫机警报

中方约见美日大使提出严正交涉

全面推行岗位管理制度

时间房产网 house.timedg.com 全新上线

《东莞日报》头版专题报道版权执法工作

张家港：奏响版权“五部曲” 建设全国“示范市”

2013年1月，经国家版权局批复，张家港市成为“全国版权示范城市”创建市，并以此为新起点，全面实施“三四五”版权兴业战略，全力打造全国版权强市。在全国县（市）率先完成市、镇两级政府机关软件正版化工作，实施区镇和动漫、传媒、纺织等重点版权行业基层版权工作站全覆盖工程建设，以全市规范性文件形式设立优秀版权工作站评比和奖励专项资金；开通全国首个县市政府版权网站“张家港版权”网；在市广播电视台设立版权工作站，在全国县级媒体率先全面开展版权登记。2015年4月7日，张家港市被国家版权局授予“全国版权示范城市”称号。

夯实制度基石

市委、市政府专门成立创建“全国版权示范城市”工作领导小组及其办公室，将版权工作纳入总体规划，每年写入市委全委会、市政府工作报告，并将创建“全国版权示范城市”列为年度考核任务。设立1200万元文化产业发展专项资金，出台20多项版权相关政策和规章以及产业发展政策，推动版权产业发展。

履行正版承诺

每年投入近3亿元，通过“政府资助、服务商优惠、企业自筹”，全市规模以上企业软件正版化率超70%。有“中国版权最具影响力企业”1家，“全国版权示范单位”2家，“江苏省版权示范单位”4家，“苏州市版权示范单位”15家，4家企业获评江苏省、苏州“正版正货”承诺示范单位和示范街（区）。

着力版权登记

建成15家基层版权工作站，每年设立200万元版权工作奖励资金，在全市实施版权免费、就近登记政策，并成功举办三届优秀版权作品评选活动。2014年，全市登记上报各类版权作品13 000余件，数量居全国（县、市、区）首位。

完善市场监管

深入开展打击侵权盗版专项行动，多起查处案件被列为公安部、国家版权局重点督办案件，入选全国“剑网行动”十大案件和江苏省版权执法重大案件、打击侵权盗版十大案件等。市“扫黄”办获评2014年全国“扫黄打非”先进集体，市文广新局、市文化行政综合执法大队多次荣获国家版权局授予的查处侵权盗版案件有功单位及“全国文化市场行政执法先进集体”“全国优秀青少年维权岗”等称号。

创新宣传手段

开通并不断完善“张家港版权”网社会服务功能。深入实施版权宣传进机关、进企业、进学校、进农村、进社区“五进”活动，开展版权宣传巡讲，并将版权纳入公务员培训与学校德育教育课程。设立一批“版权进校园”试点学校，建成两个学校版权人才培养基地。

图片注释

1. 2012年12月7日，时任国家新闻出版总署副署长、国家版权局副局长阎晓宏亲临张家港视察版权工作；2. 2014年7月4日下午，国家新闻出版广电总局（国家版权局）版权管理司司长于慈珂一行来张家港考察，并指导全国版权示范城市创建工作；3. 2014年4月23日，张家港市第二批版权工作站授牌仪式；4. 2014年4月25日上午，张家港市版权教育基地揭牌和正版软件捐赠仪式；5. 2013年8月2日，张家港市创建版权示范单位（园区）暨推进企业软件正版化工作会议；6. 2013年10月12日，张家港市创建全国版权示范城市工作推进会；7. 2014年12月13日，2014年度张家港市版权工作会议暨第三届优秀版权奖颁奖仪式；8. 2013年5月8日，张家港市创建版权工作示范单位、示范园区工作座谈会；9. 张家港市版权局工作人员进入基层第一线，为企业做版权服务；10. 版权保护进校园，大家共同反盗版。

中国人民大学创意产业技术研究院

专注于文化创意产业的行业高端智库

版权

国家版权贸易基地
中关村版权争议调解中心
版权评估中心

数据

中国省市文化产业发展指数
中国文化消费指数
中国文化企业品牌价值TOP50排行榜
中国（义乌）文化产品交易指数

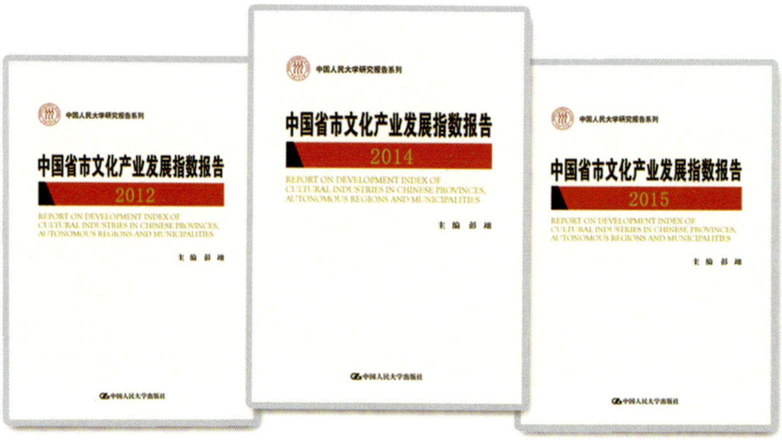

■ 平台

文化部国家文化产业项目服务平台（www.ccipp.org）

国家文化消费服务平台（www.whtianxia.com）

联系我们

地 址：北京市海淀区中关村大街甲59号文化大厦403（1）

电 话：010-62519147

网 址：http://icit.ruc.edu.cn

研究院公众号　　文汇天下

《漓江烟雨情重重》（138 cm×68 cm）

《天清远峰出》（70 cm×70 cm）

《云净祥山雨后青》（70 cm×70 cm）

《思随江岸远》（70 cm×70 cm）

何建国，中国当代著名山水画家，生于1932年，湖南邵阳人。曾师从吴作人、李可染等艺术大家，现为中国美术家协会会员，中国电影家协会会员，中国老教授协会会员，中国山水画研究会副秘书长兼常务理事，中央广播电影电视部美术家协会顾问，国家一级美术师，书画艺术版权网签约画家、特邀顾问。

曾在北京、长沙、苏州、南宁等十几个城市举办过个人画展，其作品被中南海、北京民族文化宫、银川美术馆、荆州博物馆、苏州博物馆收藏，并在法国、日本、美国、韩国、加拿大等国参加展出。

其传略被《中国美术家人名大辞典》《中国当代美术家人名录》《中国美术家年鉴》《中国当代国画家辞典》等书收录，出版有《何建国山水画集》。

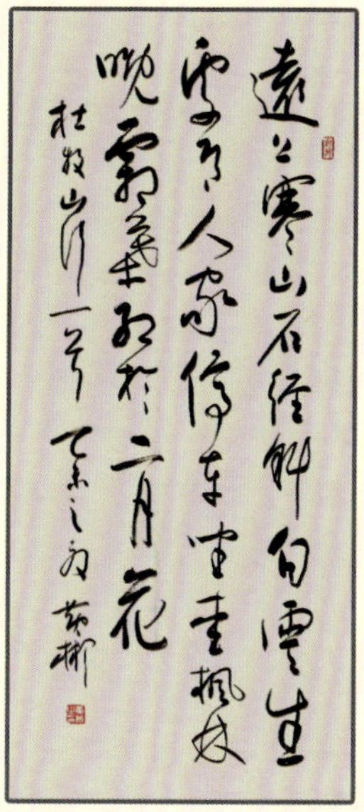

《山行》（69 cm×138 cm）

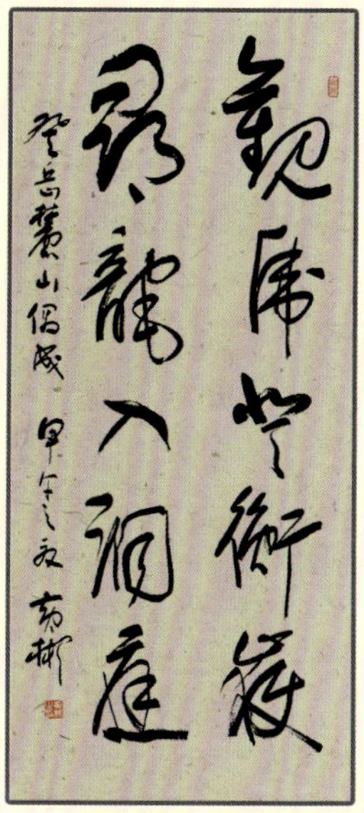

《观虎登衡岳 寻龙入洞庭》（69 cm×138 cm）

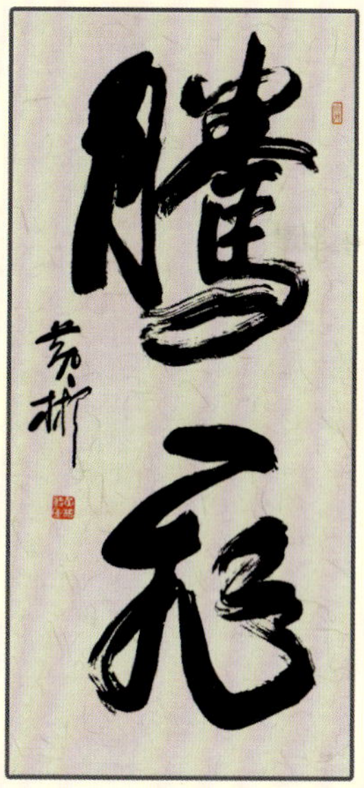

《腾飞》（69 cm×138 cm）

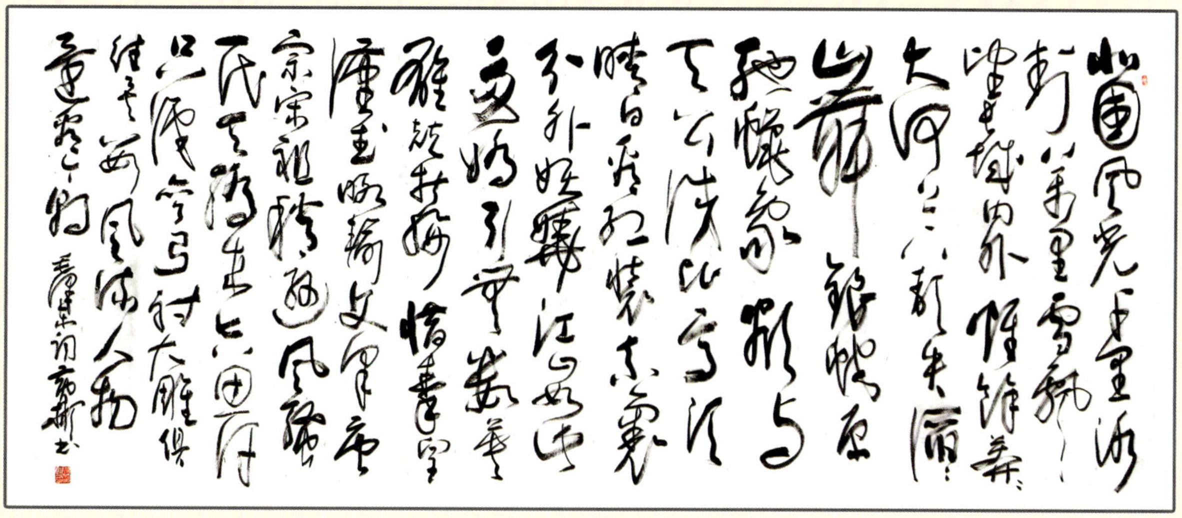

《沁园春·雪》（360 cm×144 cm）

黄彬，湖南岳阳平江人。中国书法家协会会员，湖南省书法家协会顾问，国防大学原教研室主任、教授、博士生导师，少将，资深军事理论专家，凤凰卫视网特聘军事顾问，著述十余部数百万字。

《岁月沧桑》（180 cm×98 cm）

《春染九寨沟》（68 cm×68 cm）

《云山深处》（136 cm×68 cm）

陈鹏同，1948年12月生于北京，祖籍山东菏泽，中国美术家协会会员，菏泽市艺术馆研究馆员。60年代，受曾外祖父曹蕴健（中央文史馆馆员、书法家）影响，开始研习书法。70年代，多次参加山东省美术创作组，深受于希宁、单应桂等先生教诲。80年代，入广西艺术学院中国画研究生班进修，导师为岭南派大师黄独峰先生。

《碧波仙子》（68 cm×68 cm）

《野鹤闲云乐悠悠》（68 cm×68 cm）

《果中仙品图》（68 cm×136 cm）

杜征麟，1949年出生于北京，当代著名书画家，中国美术家协会会员，中国书法家协会会员，现在北京外国语大学从事美术教育和美术宣传创作工作，现任中联国兴书画院副院长、中华艺龙国际书画研究院副院长、中国书画艺术委员会理事、世界华侨联合会艺委会理事、中国徐悲鸿画室研修中心教授、香港汉德国际文化艺术发展中心艺术总监、北京关心青少年教育协会顾问等职。

《和美酒香图》（136 cm×68 cm）

《故园醉情》（136 cm×68 cm）

《春归》（68 cm×68 cm）

孔昭平，1949年生。中国美术家协会会员，国家一级美术师，中国画画家。现任白山市长白山日报社美术部主任。作品《人参的故事》入选第六届全国美展。《迎春》入选第九届全国美展。《年的传说》获第十届全国美展优秀奖、吉林省美展一等奖，获中国美协、文化部主办的全国“群星奖”优秀奖并选登于《连环画报》杂志封面、封底、封二，后被中国美术馆收藏。《长白娃》在日本的福冈市展出。《雪原畅想》被香港东方画廊收藏。还有一批年画、插图、连环画册在各省出版，连环画作品经常出现在《连环画报》《中国连环画》《奥秘》画刊等国家级刊物上。有多幅国画作品在中国香港、日本、加拿大、法国等国家和地区展出或被收藏。

翟晖，中国传媒大学美术传播研究所研究员，中国美协会员，陕西宝鸡市美协副主席，专职画家。作品多次参加全国性展览并获奖。2003年应澳门基金会邀请在澳门教科文中心举办个人画展。2004年参加长安画坛当代书画名家五人特别邀请展。2005年参与西安大唐芙蓉园《大唐江山万里图》的绘制。2006年在大连现代博物馆参加四人国画邀请展 。2008年5月在南京荣宝斋举办个人画展。

2009年作品《云溪钓舟》《家住画屏中》《乔岫幽居》被钓鱼台国宾馆收藏。同年任120米巨幅长卷《中华和谐盛世图》创作稿总设计、绘制总主笔。CCTV《艺海》栏目做了个人专访报道。2010年参加在汕头举办的全国名家联展。2011年在广州渔歌晚场画廊举办个人画展。同年担任纪念建党九十周年90米长卷《辉煌历程》创作总设计。2013年在顺德文翰艺术馆举办“翟晖岭南行”个人展。

出版《翟晖写意山水画精品》《翟晖山水画集》《翟晖水墨》《翟晖山水——岭南篇》《美术市场——当代中国画名家翟晖专辑》。作品散见于《美术之友》《艺术在中国》《中华翰墨情》《百名画家·百名画廊》《鉴赏收藏》《延河文化》《水墨艺术》《大画廊》《海洋报》《竞报》《江苏法制报》《神州诗书画报》《中国艺术》《美术市场》《羊城晚报》等。

《山中无喧嚣》（68 cm×68 cm）

《山间细雨》（68 cm×68 cm）

《春山暮云》（68 cm×68 cm）

《秋壑流泉》（136 cm×68 cm）

《骏马娇仍稳 春风灞岸晴》（180 cm×100 cm）

《问道》（90 cm×90 cm）

《农家少闲月》（90 cm×90 cm）

《莫听穿林打叶声》（90 cm×90 cm）

郎军，笔名阿郎。中国美术家协会会员，辽宁省作家协会会员，辽宁省翻译家协会会员。毕业于中国艺术研究院研究生院，师从当代国画大师杜滋龄先生。作品基本功扎实，刻意求新，富有浓烈的生活气息。在长期的艺术创作实践中，逐渐形成自己的风格，作品以反映北方民族鞍马生活及历史题材为主要特色。

荆兆林，1958年生，山西运城人，毕业于中国人民解放军艺术学院美术系国画专业，现为中国美术家协会会员、刘大为工作室人物画家、中国文人画院常务副院长、大鲁艺书画院名誉院长、中国专家学者书画院副院长、一级美术师。

主攻人物，兼善山水，数十次参加中国美术家协会组织的全国美展，并有部分作品获奖。曾多次在国内外举办个人画展。多幅作品被国家和军队领导人作为国礼赠送国际政要和友人。应人民大会堂管委会邀请创作的巨幅山水画《黄山叠翠》被人民大会堂收藏；作品《春风》被中央军委“八一”大楼收藏陈列；应北京市人民政府天安门地区管委会邀请创作的巨幅人物画《金秋》被收藏并悬挂于天安门城楼大厅；应邀参加“炎黄名人”中国画全国名家精品展和中国美术家协会会员精品展。其作品《雏鹰展翅》入选2008年奥运美术大会，被永久收藏。

2008年入选当代最具学术价值和市场潜力的百名人物画家。出版有《荆兆林画选》《中国画名家艺术研究——荆兆林国画人物》《中国名家画谱——荆兆林人物画精品》《彩墨世界——荆兆林国画作品精选》等。

《乡野》（68 cm×138 cm）

《赶集》（136 cm×68 cm）

《雨后更觉山川新》（180 cm×80 cm）

《丰收图》（136 cm×68 cm）

《清音》（68 cm×136 cm）

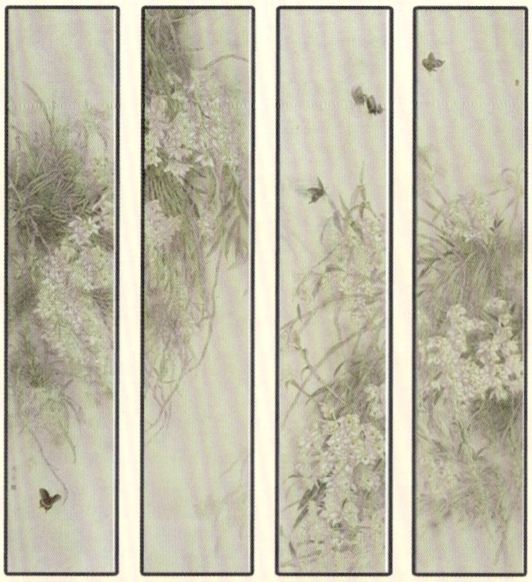

《幽香素影四条屏》（34 cm×136 cm×4）

《苗寨情韵四条屏》（34 cm×136 cm×4）

周冰，侗族，1979年出生，湖南绥宁人。毕业于湖南师范大学美术学院；2010年进修于中国国家画院贾广健工作室，研习工笔没骨花鸟画；2011年受教于刘新华老师，学习岩彩的基本技法；2013年10月始，进修于文化部现代工笔画院。现为现代工笔画院王天胜精英班画家，湖南省美术家协会会员，邵阳市美协副秘书长，邵阳市中国画艺委会副主任，邵阳市青年美协主席。作品七次入选中国美术家协会主办的全国性美展，并三次获优秀奖，已具备中国美协会员申报条件。

《秋韵》（33 cm×68 cm）

《蝶恋花》（33 cm×33 cm）

《报春图》（66 cm×33 cm）

《虫鸟偶相对》（66 cm×33 cm）

邹高昆，湖南衡阳人，号蘅香居士，斋号魏晋堂。本科、硕士均毕业于天津美术学院中国画学院，现为燕京学院讲师、中南林业科技大学艺术研究所研究员，居北京、天津两地。

青年艺术家，自幼习书作画。及长，入天津美院师从霍春阳、阎秉会、喻建十、陈福春、张彧等先生，先后受教于孙伯翔、曾翔、龙开胜等诸位先生。诗书画印兼修，尤擅花鸟画，崇尚文人画创作之道，以佛道修心，以篆刻养气，以古琴怡情，且行且乐。作品参以禅机佛理，追求清奇古雅、澄净高逸之气格。

出版有《境由心生——邹高昆花鸟作品集》《邹高昆书法篆刻集》《国画入门——禽鸟卷》(待版)。

现为书画艺术版权网签约画家，兼任书画艺术版权网艺术总监。

書畫藝術 www.cpcac.cn 版权网

书画艺术版权网（www.cpcac.cn）是面向书画艺术界解读版权、保护原创、推广艺术的权威专业网站。

网站率先推出并立志打造我国书画艺术界保真维权的立体跨界平台，以“去伪存真、去粗取精”为宗旨，紧跟书画艺术和版权业界发展形势，依托国家版权领域权威管理部门、协会团体、司法和研究机构等优势资源力量，紧密团结艺术家、藏家以及艺术经营和服务机构，为业界提供品牌资讯传播、名家名品推广、展览展示服务、确权维权授权以及打假保真交易等全方位、立体化的专业服务，力求书画艺术和版权保护的完美结合，从而达到保护推动创新，打击假冒侵权，弘扬名家精品，促进书画艺术版权事业发展的目标。

010－58604600 www.cpcac.cn 书画艺术版权

扫一扫，关注我

版权

专文

ZHUAN WEN

大数据时代的版权与文化

国家新闻出版广电总局副局长　国家版权局副局长　阎晓宏

现代信息技术飞速发展，移动互联网和大数据极大地改变了人们的交流方式和文化传播方式，为版权产品和版权使用形式的创新、版权保护和管理能力的提升以及版权产业的发展创造了良好的技术条件，也带来了诸多挑战。在这样一个背景下，大家以“大数据时代的文化与版权”为主题，探讨在移动互联网普遍使用的情况下，如何运用大数据技术来充分发挥版权在推动文化产业发展中的重要作用，视野更加开阔，时代特征鲜明，也很有现实意义。借此平台，我讲三点看法。

一、文化与版权的关系

文化和版权的关系密不可分，且相互促进。我们曾有一段时间认为文化如果对版权的关注过多，会制约文化的发展，实际上从世界发展的历史进程来看，无序、盗版和不经授权的随意使用才会扼杀文化，而版权恰恰是激发文化创造力的法律制度保障，是助推文化发展的动力。

版权的主体是作品的创造者，版权的客体是文学、科学和艺术领域内的一切成果，诸如各类出版物、影视戏剧、音乐舞蹈、美术摄影、建筑外观雕塑、实用工艺，甚至计算机软件，可以说涵盖了文化的各个方面。版权的主客体是文化的基础。因此，如果脱离了作品的创造者、脱离了丰富多彩的文化作品，文化就会成为无源之水、无本之木，失去产业生存发展的基础。

版权制度的产生，保障了作品创作者和传播者的利益，鼓励了优秀作品的涌现，使作品通过有序传播和转让实现市场价值。表面上看，它在平衡作者和传播者两者的利益，但版权制度的最终目的是促进文化的发展，从而使公众受益。

作品是作者的智力结晶。对创作者而言，创作作品既是一种高尚的精神活动，同时也是其赖以谋生的手段。智力成果的使用应当遵循一定的市场交换原则和规则，使创作者能够得到回报，才能进行新的创作活动。版权保护制度正是一种对这种创造活动从产权角度进行激励的制度，它以激励创新、保护创造性智力成果为基本出发点，通过保护权利人的利益，激励其创作更多的优秀作品，用不断涌现的优秀作品为人类文化发展作出贡献。

版权制度通过赋予作者权利，允许作者让渡权利，以及对权利进行必要的限制，来促进作品更有序更广泛地传播。而作品的广泛传播不仅使公众更多地享有知识和文化，也推进了文化的发展和社会进步。

二、网络时代的版权保护

在我国，版权制度起步虽然晚，与发达国家相比存在不小的差距，但经过多年努力，我国的版权保护环境有了很大的改善和提高，得到了国际社会的广泛认可和好评。特别表现在互联网版权保护方面。近年来，随着互联网的迅猛发展和快速普及，互联网领域的版权问题日益突出，不仅成为国际知识产权领域关注的焦点，也成为制约我国互联网产业发展和文化安全的突出问题。互联网的快速发展，既带来了挑战，也带来了很大机遇。在十几年前，突出的问题，一是立法欠缺，二是网络侵权盗版泛滥、网络执法十分薄弱。针对这些新情况、新问题，国家版权局一方面积极推动网络版权法律体系的构建和完善。如2001年修订的《著作权法》明确了作者对其作品享有信息网络传播权，2005年颁布的《互联网著作权行政保护办法》重点规范了网络服务运营商的版权行政责任，2006年颁布了文化领域第一个关于互联网的行政法规——《信息网络传播权保护条例》。由于网络新技术发展快，现在又有修法、修订条例的紧迫需求。但从全国来看，网络版权法律、法规建设仍然是走在前面的，这为网络版权执法监管工作提供了有力的法律依据。另一个薄弱环节是网络版权执法。国家版权局是中央国家各部门中最早在网络领域开展版权执法工作的，自2005年开始，联合工信部（原信息产业部）、公安部（近年来又加入网信办）在网络领域组织开展打击侵权盗版专项行动——“剑网行动”，至今已连续开展了 10 年，每年都能查办一批大案要案，仅今年一年查破的重点案件就开了两次新闻发布会，向社会公布了案件查处的情况，有效打击和震慑了网络侵权盗版活动，网络版权秩序明显好转。

总的来说，关于版权保护，无论在物理空间还是在网络空间都应遵守同样的原则，要遵循法律的精神，要尊重知识、尊重创造，要使作品能够按照法律的要求有序传播。正是基于这一点，国家版权局这些年坚持不懈地开展了在物理环境和网络环境中打击侵权盗版的活动。现在中央对网络管理提出了更高的要求，而且认为网络是关系到我们国家命运前途的一个重要领域。“剑网行动”中大批网络侵权盗版案件的查处，一方面说明我国的网络版权保护是卓有成效的，同时也说明网络侵权盗版仍然存在，网络版权保护形势依然严峻，因此，贯彻落实中央精神，依法规范网络版权秩序、净化网络空间，推进网络空间法治化，仍需不断加大对侵权盗版的打击力度。

三、移动互联网和大数据时代版权价值的实现

版权的本身包含了创新、使用、管理和保护等诸多方面，多年来，随着国家知识产权和创新驱动战略的实施，作为知识产权主体部分的版权，地位和作用越来越重要，我国的版权管理和保护水平也不断提升，版权工作逐步进入一个新的阶段，这个新阶段的标志是：从注重版权保护，到版权创新、版权使用与版权保护、版权管理并重。

今天我们这样一个主题论坛更重要的是需要来讨论在移动互联网和大数据时代，如何发挥版权的积极作用，如何通过充分发挥版权在文化发展中的基础性、资源性作用，来充分挖掘版权价值、推动产业的发展。在此，我有三点思考，供大家参考。

一是关于互联网思维问题。今年 8 月，中央全面深化改革领导小组审议通过了《关于推动传统媒体和新兴媒体融合发展的指导意见》，这是一个重要的决定，为我们文化、出版和版权工作者在新技术新形势下开展工作指明了方向。无论是传统出版企业还是新兴互联网企业，我们都时常提到互联网思维，提到要运用互联网思维，那么什么是互联网思维？除了大家总结的“在线”“互动”“免费＋增值”这些特征以外，我个人的理解是，当互联网产生以后，互联网发展有它特定的规律，我们要认识这个规律，按照这个规律开展我们的工作。用唯物主义的观点来讲，是存在决定意识的，当事物向前发展以后，我们的思维一定要跟得上，如果没有跟得上，就会出现滞后，落后于事物的发展。因此，互联网思维最基本的就是实事求是，就是按照事物规律办事。在互联网和大数据时代，我们要看到文化产品的生产和传播方式发生了根本的变化，甚至它的创作方式也发生了很大的变化。比如，盛大文学的一部文学作品，每天有上千万人在阅读，不仅阅读，同时还在评价，并且对小说作者提出下面章节该怎样去写、该怎样去修改等等很多建议。可以说，作品的创作过程、生产过程和传播过程几乎完全融为一体。而在传统出版企业里，工作流程都是分段、分环节的。做生产的就是出版社，做发行的就是新华书店或者是发行公司。互联网中文化产品的生产传播方式和传统文化生产传播方式很不一样，因此，在互联网中进行文化传播时，我们就要遵循其规律，否则可能会有很多投入，但是却看不到产出，做了很多事，但是却看不到相应的效果，大家在这方面会比较困惑。简单来说，对于互联网思维，我的理解就是需要按照互联网的规律办事，只有按照客观规律办事才有可能产生好的效果。

二是要充分认识到版权的价值。版权的价值在国际上是得到认同的，美国人最先认识到这一点，并开展调研。那么他调研什么呢？调研版权在经济和社会发展中的贡献究竟有多大。比如一部小说出来以后，在传播过程中能够产生多少价值、带动多少就业和财富增长等等。随后，世界知识产权组织在几十个国家开展了研究，这个研究表明版权在后工业时代，其价值是很高的。版权不是在大量地消耗能源、资料和资源，而是依靠、依托了一些创造出来的智力成果，在传播过程中来产生很大的价值。近年来我国也在开展这方面的调研，并且得到了中央领导和社会大众的关注和好评。总体来说，认识版权的价值，就是要认识到在文化发展中，版权是基础性的、战略性的，如果脱离了文学、音乐、舞蹈、艺术、影视等作品，我们去传播什么呢？

三是如何把分散的版权资源聚合起来。如何把优秀的版权资源从无数版权中遴选出来，这是一个很大的课题。中国是一个有 13 亿人口的大国，创造是非常踊跃的，数量也是非常大的，这就使得很多好的作品可能会被湮没掉，而很多没有价值的作品却被传播。所以，把优质的版权资源从无数的版权中遴选出来，这是一个非常重要的问题。另一方面，在互联网时代特别是移动互联网时代，如何把优质的版权资源整合、集约起来，而不是单打独斗，这也是我们需要思考的一个非常重要的问题。现在应

该说大家对这个问题都有一些认识，我也认为在未来的3～5年，不会很长的时间，一定会有很大的变化。现在大家能够看到，在网络视频领域，这种整合已经产生了很明显的效果，比如说优酷、爱奇艺和腾讯视频，已经有相当的资源积累，也有了相当的影响力和市场份额。与网络视频相比较，当前的网络音乐和文字领域是薄弱环节，当然也有像盛大文学这样做得很好的企业，但整体上还是处于小、散、乱的阶段。客观原因是音乐、文字领域的权利人更分散、更薄弱，但缺乏联名、集约和对等谈判则是更为重要的原因。从现状来看，现在文字和音乐同样也是最具潜力的领域，这一点我认为将很快被实践证明，机遇只给予具有远见卓识而又能迅速行动起来的人。

党的十八大提出唱响主旋律，三中全会、四中全会提出发挥市场的决定性作用和依法治国的总方针，我相信，在大家的共同努力下，在法制和理性的指引下，汇聚智慧、融合共赢，一定能够充分发挥版权的价值，推动文化的进步和发展。

（本文是作者在2014年11月15日第七届中国版权年会主题论坛上的演讲，发表时有删改。）

中国版权事业的里程碑

——《视听表演北京条约》出台始末

国家新闻出版广电总局副局长　国家版权局副局长　阎晓宏

2014 年 4 月 24 日 16 点 29 分，第十二届全国人民代表大会常务委员会第八次会议一致表决通过批准世界知识产权组织《视听表演北京条约》（以下简称《北京条约》）。《北京条约》是新中国成立以后第一个在中国签署的国际条约，是第一个以我国城市命名的国际条约，《北京条约》的重大意义还在于它摆脱了由美国、欧盟等发达国家和地区制定国际规则的惯例，是一个南北平衡的国际规则，中国和发展中国家在规则中发挥了重要的作用。时任中共中央政治局委员、国务院副总理刘延东指出："要从战略的高度深化对知识产权制度的认识，随着知识产权的兴起和经济全球化的深入，知识产权日益成为经济发展的战略性资源和国际竞争的核心要素，制定知识产权保护的国际规则和标准，应当充分考虑各国国情，特别是考虑发展中国家的发展阶段、历史文化和可承受能力，知识产权问题与国家发展密切相关。"时任中共中央政治局委员、国务院副总理王岐山高度评价了条约的缔结。在 2012 年 6 月 26 日条约缔结之后，王岐山会见了世界知识产权组织总干事弗朗西斯·高锐和有关国家的代表，高度评价了世界知识产权组织在协调各国、协调南北双方在缔结条约方面发挥的领导作用。在接见中国组委会各有关部门成员时，王岐山说："向这次会议表示祝贺，向为条约的缔结作出努力的各个部门表示祝贺和感谢，缔结《北京条约》是我们在外交上的一个重要成果。"

一、《北京条约》的主要内容和它所规制的范围

知识产权主要由专利、商标和版权三部分组成。《北京条约》是版权领域的一个国际条约。版权领域的国际条约现在主要有《保护文学和艺术作品伯尔尼公约》、《世界知识产权组织版权条约》（WCT）、《世界知识产权组织表演和录音制品条约》（WPPT）、《保护表演者、录音制品制作者和广播组织的国际公约》（简称《罗马公约》）、世界贸易组织协定中《与贸易有关的知识产权协议》（简称"TRIPS 协议"）等。《北京条约》主要规范的是在表演领域的版权问题。在表演领域，我国《著作权法》保护的范畴主要包括两种类型的著作权：一是表演权，即著作权人依法享有的"公开表演作品，以及用各种手段公开播送作品的表演的权利"；二是表演者权，即表演者（如歌手、演员等）依法享有的许可或禁止他人使用其在表演时的形象、动作、声音等一系列表演活动的权利，包括对其表演进行现场直播、录制、制作音像制品发行，以及通过信息网络进行传播的权利，比如作家老舍对其作品《骆驼祥子》享有许可该作品搬上话剧舞台的表演权，而演员张丰毅则因在《骆驼祥子》中扮演祥子这个角色，而享有许可他人从表演现场直播和公开传送其现场表演的表演者权。

《北京条约》是基于国际社会对表演者和表演者权利的重视，对表演者的声音和形象给予全面保护的新的国际规范，主要针对录制在"视听录制品"中的表演，为表演者规定了广泛的权利，包括表明身份权、禁止歪曲权、复制权、发行权和信息网络传播权，以及缔约方可视具体情况规定的出租权、广播和以其他方式进行传播的权利。

二、《北京条约》产生的由来与相关背景

1961 年，世界上第一部保护邻接权的国际公约——《罗马公约》首次对作品的表演者提供了保护，第七条赋予表演者禁止他人未经许可对其表演进行现场直播、录制其尚未被录制的表演和复制其表演的录制品等一系列权利。当时，对表演进行摄录主要是为了拍摄电影，由于担心保护电影演员的表演者权会妨碍对影视作品的后续利用并影响影视产业的发展，《罗马公约》将表演者权主要限定在对

表演者声音的保护范围。然而，从上世纪七八十年代以来，随着现代传播技术的快速发展，以及摄影录制设备的普及，对表演的摄录变得简单易行，在影视产业外也产生了大量的视听录制品，对视听录制品的利用方式也日益丰富。但是，遗憾的是在此之后出台的“TRIPS协议”（我国2001年加入）和WPPT（我国2006年加入）两个重要的与版权直接相关的国际公约中，都没有规制以视频形式录制表演的行为，也不保护视听录制品中的表演者。因此，许多国家迫切要求尽快通过一个新的国际条约，以便在世界范围内对利用“视听表演”的行为加以规制。为了给视听表演者提供充分的国际保护，1993年至2012年，世界知识产权组织为缔结条约整整用了20年的时间，曾于1996年和2000年两次召开外交会议，但是，由于一些重要国家在表演者权利的规制上存在着比较大的差距而未能成功缔结条约。就一般而言，国际条约主要是美国、欧盟等发达国家和地区来主导制定的，但是，视听表演的国际条约的分歧主要来自发达国家和地区，这个分歧主要来自两个方面：一个原因是美国和欧盟之间对表演者权利的规制存在重大的立场差距。美国因其电影产业和唱片业的发达，更为注重制片人和唱片制作者的权利，担心过分地保护表演者会影响电影产业的发展；而欧盟则认为应该予以表演者全面的保护，包括声音、动作和形象。另一个原因是关于表演者的界定。以往的表演者，一般根据《伯尔尼公约》界定为文学和艺术作品的表演者，对民间文艺表达的表演者没有予以考虑。一般而言，民间文艺的表演者主要是文化历史悠久但生产力相对不很发达的国家、民族和部落，比如澳大利亚的土著民族，中国的一些少数民族和传统舞蹈、民歌、宗教仪式表演者等。

虽然世界知识产权组织两次外交会议都没能够缔结条约，但是经过长达近20年的讨论、磋商，分歧和摩擦逐渐在减少，世界知识产权组织通过不懈的努力，终于使美国和欧盟在这个问题上的认识基本趋于一致，发达国家和发展中国家南北间的分歧也逐渐缩小，在这样的背景下，世界知识产权组织决定要召开第三次视听表演外交会议。

三、我国承办外交会议的分析与研判

2011年6月，世界知识产权组织版权与相关权委员会第22次会议中，各方经反复磋商，认为保护视听表演条约的法律草案已较为成熟，有望于2012年底前举行第三次世界知识产权组织视听表演外交会议正式缔结。对此，世界知识产权组织副总干事王彬颖女士向中国国家版权局表示，如果中国愿意考虑承办外交会议，她愿意推动总干事尽全力促成此事。王彬颖女士是上世纪80年代工商总局派驻世界知识产权组织的官员，也是目前世界知识产权组织中中国官员中职位最高的，她历任世界知识产权组织合作促进发展亚洲和太平洋局等部门的负责人、总干事办公室主任、助理总干事，是目前世界知识产权组织中除总干事外职位最高的。就王彬颖的提议，国家版权局组织各方面专家和外交部、商务部、工商总局、知识产权局、全国人大法工委、国务院法制办等多个部门进行了分析和研判，总体结论是我国承办视听表演第三次外交会议利大于弊。

国家版权局、外交部、北京市政府和驻日内瓦代表团分析研判认为有利的因素主要是：

第一，我国在推动创新型国家建设，知识产权作为国家的发展战略纳入到党和国家的重要议事日程，推动智力成果的使用是我们转变经济结构的一种重要方式，在这个重要背景下，在中国召开这次会议，有利于扩大我国知识产权的国际影响，有利于推动创新型国家建设。

第二，从视听表演国际条约规制的内容来看，表演者在视听录制品中的权利得到中国的承认和保障，有利于激发表演者的创造热情，有利于表演作品的创作和传播，从而推动文化产业的发展。

第三，视听表演国际条约把民间文学艺术表达的表演者纳入到了保护范畴，对于拥有五千年优秀文明历史的我国而言，有利于促进我国传统民间表演艺术的挖掘、推广我国传统的表演艺术，也有利于推动中国优秀传统文化“走出去”。

第四，从目前我国已经加入的国际条约和我国现行的著作权法律来看，和视听表演国际条约的门槛基本一致，也就是说我国的著作权法从原则上已经达到了视听表演国际条约所保护的水平。

第五，如果我国能够成功申办这次外交会议，我们可选择北京或上海等重要城市来承办，按照惯例，条约缔结时就可以以北京或上海的名称来命名，非常有利于提升申办城市的国际影响力以及国际化城市的水平。按照惯例，条约缔结后，可以与伯尔尼、马德里、新加坡等国际条约齐名，对提升我国版权话语权非常重要。

不利的因素主要是：

第一，我国视听产品出口量现在小于进口量，这样就有可能出现外国文化产品出口量大于中国文化产品出口量的实际情况。经过对这个问题的分析，我们认为我国可以利用拟缔结的该条约第 11 条第 3 款对我国现行法律法规中尚未规定的该条约第 11 条第 1 款和第 2 款中关于“广播和向公众传播的权利”予以保留。

第二，此次外交会议，预计将有 185 个国家和一批国际组织参加，是一个特大型的国际会议，接待、会务各方面要求很高，而且，最大的问题是担心花费了很大的财力、人力，也可能存在着不能缔结条约的风险。经过多方面的沟通和分析，我们认为从当时的基础情况来看缔结该条约的可能性是很大的，可以说是有一定把握的，但是也应做好两手准备。分析认为，即使不能缔结条约，在中国召开这次知识产权的国际会议也还是利大于弊。缔结条约的可能性很大，这是因为中国经过几十年的发展成就令世人瞩目，虽然我们在这些年有了很大的进步和成绩，但是，缺乏国际话语权，批评、指责的意见很多，这些批评、指责大多来自于美国、欧盟、日本等几个发达国家和地区，召开这次国际会议，可以使各个国家和地区的政府代表到中国来感受中国的发展变化，感受中国在知识产权方面的进步，同时，我们也毋庸回避我们在知识产权方面的差距和存在的问题。这次会议如果在中国举办，就是一个重要的国际平台，利用这个平台，加强国际交流和合作，发挥我国在知识产权领域的积极作用也是非常必要的。在城市选择上，北京和上海这两个城市是最具备举办这次外交会议条件的，而且，北京和上海都表达出这样的诉求，经多方考虑，最终选择北京作为承办城市。

四、成功缔结《北京条约》

关于外交会议的筹备情况，经过国家版权局、外交部、北京市人民政府、我国驻日内瓦代表团等部门多次研究论证，国家版权局和北京市人民政府联名向国务院递交了申请由中国北京承办世界知识产权组织视听表演第三次外交会议的请示并获批准。2011 年 9 月，世界知识产权组织成员国大会表决通过由中国北京承办这次外交会议。为了减少缔结条约的分歧和阻力，防止一些别有用心的国际组织利用这次外交会议做文章，以至于影响条约缔结，并在与世界知识产权组织具体承办相关事宜的协议谈判中争取主动权，我们提出了不过分强调条约缔结问题，只承诺承办外交会议的原则。

从世界知识产权组织成员国大会通过由中国承办此次外交会议到第三次外交会议正式召开的时间一共不到 9 个月，筹备工作任务繁多而又艰巨。为了保证这次外交会议的成功，国家版权局、外交部和北京市人民政府请示并经国务院批准成立了强有力的组委会，主任由时任国务院副总理王岐山亲自担任，组委会副主任由原新闻出版总署、国家版权局局长柳斌杰，国务院副秘书长毕井泉和时任北京市市长郭金龙担任，组委会成员由中宣部、外交部、公安部、安全部、财政部、商务部、文化部、海关总署、工商总局、原广电总局、知识产权局、旅游局和国务院新闻办组成。王岐山副总理两次主持召开组委会会议，听取外交会议筹备工作进展情况，明确了各部门的分工。国家版权局和北京市人民政府作为此次外交会议的主要承办方，拟定了总体方案，并确定了各部门的工作职责。国家版权局负责统筹协调外交会议的各项筹备工作，负责与组委会各个成员单位的沟通协调、制定和落实外交会议的重大活动方案、参与制定外交会议的总体工作方案和各个分方案，负责相关经费预算的编制和申请工作，负责与世界知识产权组织就这次外交会议的筹备和组织工作进行沟通、联系、协调和谈判（主要是确定主办方和承办方双方的职责以及双方经费的承担，签署合作协议），中国既是承办方，又是成员国一方，国家版权局还负责组织专家对条约内容进行研究，组织中国代表团参加会议，参与条约的磋商，负责相关的材料以及翻译和新闻稿件审核工作。北京市人民政府负责统筹协调外交会议的各项筹备工作，负责制定和落实外交会议总体工作方案和各个分方案，参与制定和落实外交会议重大活动方案，负责组委会办公室工作，申请和落实北京市财政经费，负责整个外交会议的会务工作，包括礼宾接待、酒店住宿、餐饮、医疗卫生保障、沟通、会场周边环境治理以及代表注册会议设施保障、记者接待和管理，负责落实配套活动，包括专门为这次外交会议所举办的“中国国际版权博览会”和一场大型的文艺演出活动。中宣部负责审定宣传报道方案，落实外交会议的宣传工作，协调组织境内外媒体的采访和新闻报道工作，以及舆论引导工作。外交部负责外交会议的重大外事工作，以及相关的外事政策、礼宾接待的指导、参与重大外事活动的协调与安排、参与条约的磋商、审核批准中国参会代表的资格和证书、指导驻外使馆做好来华参会人员的签证和审发工作。相关负责部门还有公安部、安全部、财政部、商务部、文化部等 15 个部门。

截至 2012 年 4 月，共有 142 个国家和地区及 38 个国际组织报名参加这次会议，会议代表总人数近千人，会议正式代表 700 多人。从一般大型国际会议来看，一般至少需要2年的筹备时间，这次从批准到召开仅有不到9个月的时间，筹备会议工作难度非常大，一是很多具体的事项和世界知识产权组织需要沟通协调，达成一致，除了时间紧以外，会议的要求很高，难度很大，有些情况是我们事先没有预料到的。比如会期问题，中方从简洁高效角度建议会议控制在3～5天内，但是世界知识产权组织提出10～15天，并举例说明在维也纳召开的工业产权外交会议开了一个月。一个国际会议为什么开这么久？这和世界知识产权组织的体制机制有关，不是一般的国际论坛表态式的宣誓，而是要缔结一个国际条约，从程序到内容都要充分地表达成员国的意见，出现任何瑕疵都会影响会议的进程。在签订国际条约的外交会议上，遇到问题休会磋商是经常性的，因此，世界知识产权组织认为3～5天是肯定不行的。为此，经过反复磋商，最后确定会期为7天。再如会议应具备的软硬件条件，确定开会以后我们才了解到无论是北京还是上海，没有一个宾馆、饭店具备召开这样大型国际会议的技术条件，主要是多种语言的同时翻译问题，世界知识产权组织召开本次外交会议，确定了英、俄、法、西、中五种语言同时翻译，700多名正式代表，无论坐在主席台上，还是台下，均能同时听到不同语言的翻译。当时，承办会议的主场地——中国大饭店预订在召开会议的前一天装台，北京市提出会场布置至少需要3天时间，就这个问题，在和中国大饭店的廖晓淇董事长磋商时，廖晓淇董事长讲："我们开的所有会议都没有你们这样的装台时间，即使是总书记和总理来，我们也是当天晚上装台第二天就行了，你要相信我们中国大饭店的效率。"为什么仅装台就要3天时间呢？北京市侯玉兰副秘书长、冯俊科局长和王野霏副局长带组委会的同志看了以后才了解到这样的翻译和会场要求在我们国家从来也没有出现过：第一，几十个译员坐在会场后端，要求和主席台是平行的，主席台上的每一位发言者都需要听得到声音、看得到口形；第二，会议要求坐在台下的700多名代表都能够同时听到不同语言的发言，为此，北京市专门从深圳一家公司购买了电缆设备及相关器材，大型货车装了60多辆，装台过程中，廖晓淇董事长到现场看后说："这样的会议中国大饭店还是第一次，在中国也是第一次。"

在国务院和组委会强有力的领导下，中国代表团为条约的缔结发挥了重大作用，中国代表团按照国务院的要求在会议期间积极参加了会议所有的活动，同世界知识产权组织和各国代表团广泛接触交流，充分发挥了东道主的优势。中国代表团团长柳斌杰在这次外交会议开幕的当天被大会推选为会议主席。作为会议主席，柳斌杰对会议讨论中出现的关于会员资格、法律条款等纠纷问题进行了引导和合理把握；在会下，通过和世界知识产权组织总干事、副总干事、助理总干事的讨论和磋商，妥善解决了出现的各类问题，保证了会议的顺利进行。会议代表称赞柳斌杰主席的热情、灵活以及出色的外交水准。中国代表团副团长刘振民利用其时任驻日内瓦代表团大使的身份，积极与参会的各个相关成员国驻日内瓦使团的官员沟通，发挥了积极的协调推动作用。由于条约签署涉及国内、国际诸多问题，各个代表团都非常重视。为了做好东道国，王岐山副总理在会议召开之前会见了世界知识产权组织的主要官员和各国代表团的主要成员；刘延东副总理出席开幕式并代表中国政府致辞；时任北京市市委书记刘淇会见世界知识产权组织的主要官员并两次出席外交会议的重要活动；时任北京市市长郭金龙高度重视这次外交会议，先后六次参加会议期间的重要活动。北京市以北京市版权局为主，和相关部门紧密协作，为会议提供了一流的服务和保障。6月24日19时32分，《视听表演北京条约》获得一致通过，会场响起长时间的热烈掌声，许多代表团表示《北京条约》是世界知识产权保护史上的一个重要的里程碑，中国代表团为《北京条约》的签署发挥了重要的作用。世界知识产权组织总干事弗朗西斯·高锐认为，《北京条约》的缔结充分体现了本次外交会议的开放性和建设性，而这就是开放中国的精神。

五、批准《北京条约》及下一步工作

截至2014年4月，包括我国在内的72个世界知识产权组织成员国签署了《北京条约》，其中，中国、叙利亚和博茨瓦纳三个国家批准了《北京条约》，全国人大科教文卫委员会、全国人大法制工作委员会和国务院法制办对这次《北京条约》提交全国人大审议再次做了周密的论证，在全国人大常委会审议《北京条约（草案）》时，许多代表提出：为什么缔结以后还要批准《北京条约》？为什么现在加上中国在内也只有三个国家批准条约？有关工作人员做了认真的解释。首先，按照国际公约的规则，缔结条约和批准条约是两个程序，获得政府授权就可以作为条约的缔结国，现在已有72个国家缔结了《北京条约》，这一点是代表们没有异议的。《北京条约》缔结以后，根据世界知识产权组织的规则，必须有 30 个国家以上批准或加入以后《北京条约》才能正式生效，《北京条约》是在我们国家的北京缔结的，我们对此应该有积极推进的态度，如果我们自己都不加入，世界知识产权组织在推动别的国家加入时会遇到很多困难。其次，从世界知识产权组织缔结的其他国际条约来看，条约缔结以后到条约批准生效一般需要有 6 到 10 年的时间，比如 1996 年世界知识产权组织签署的《世界知识产权组织表演和录音制品条约》（WPPT）是 2005 年生效的，我国是在 2007 年才加入的。全国人大批准《北京条约》后，我们将和世界知识产权组织一同推动《北京条约》的早日生效。

根据全国人大常委会已经批准的《北京条约》，我们将做好以下三方面工作：第一，《北京条约》规定的一些内容，涉及我国现行著作权法律的修改，对此，我们将利用《著作权法》第三次修订的时机做好相关工作；第二，积极做好履行《北京条约》的宣传解释工作，做好社会公众特别是表演者权利保护的知识普及工作，让权利人、从业者以及影视、演出等有关行业理解、掌握、运用好《北京条约》；第三，积极开展有关的专项活动，积极推动相关著作权集体管理组织和行业协会的建立和发展，为表演者提供全面的保护和服务。

进一步加强版权工作 努力建设创新型省份

——在江苏省版权工作座谈会上的讲话

江苏省人民政府副省长 曹卫星

为贯彻落实中央和我省委文化建设新部署，总结交流全省版权工作情况，进一步统一思想、提高认识、明确任务，在新的起点上大力推进版权工作，进一步发挥对经济社会发展和文化强省建设的促进作用，我们召开了此次全省版权工作座谈会。下面我谈四点想法，与大家交流。

一、近年来我省版权工作取得显著成绩

版权作为一种智力成果权，是文化和科技发展的产物，指文学、艺术、科学作品的作者对其作品享有的权利。我省委省政府认真贯彻国家的部署要求，将版权工作作为文化强省建设、创新型省份建设和知识产权强省建设的重要举措来抓，致力于做到"四个加强"：一是加强前瞻部署，多次就软件正版化等版权相关工作召开专题会议、出台专门文件，并列入文化建设工程实施计划，在文化产业振兴、文化园区基地建设、数字出版产业发展等工作中作出部署；二是加强组织领导，我省政府建有专门的使用正版软件工作领导小组，由分管副省长担任组长，这次会议前又更名为省版权工作领导小组，增加了省公安厅、通信管理局、互联网信息办等成员单位；三是加强省部合作，2011 年我省政府与新闻出版总署（国家版权局）建立战略合作机制，确定"共同实施版权兴业战略"；四是加强资金保障，将版权有关工作经费纳入财政预算，全省财政安排机关软件正版化资金近 1 亿元。

在我省委省政府的高度重视和有力推动下，全省版权系统认真贯彻国家和我省文化建设及知识产权工作部署，深入实施省版权"十二五"规划、知识产权"十二五"规划，大力推进版权兴业工程，版权各项工作取得重大进展和明显成效。概括起来有以下五个方面：一是版权保护成效显著。各级版权行政管理部门在加强日常监管的基础上，大力开展打击侵权盗版、互联网专项治理"剑网行动"等多项行动，查处了一批侵权盗版大案要案，版权市场环境明显改善。去年全省获国家版权局表彰的查处侵权盗版案件有功单位和个人数量位居全国第二。南通通过加强版权保护，促进家纺产业大发展，其成功经验得到世界知识产权组织（WIPO）的充分肯定，南通家纺市场被列为全球首个版权保护优秀案例示范点。二是版权产业迅猛发展。根据省版权局组织的版权产业贡献率调查，2012 年全省版权产业实现增加值 3 842 亿元，其中核心版权产业（包括出版发行、广播影视、文化艺术、信息服务、软件业、广告、设计、工艺品、版权服务）占到 51.2%，版权产业出口额 334 亿美元，全省新闻出版业营业收入、广播电视实际创收、城市影院票房均位居全国前列。版权产业已成为我省重要的国民经济和文化产业发展增长点。三是版权服务不断加强。成立江苏版权保护中心，成为较早实施作品著作权免费登记的少数省市之一；建立江苏紫金版权交易中心、中国（南京）软件国际博览会等版权展示交易平台，并在刺绣、工艺美术作品、正版软件等领域建立版权服务平台及设立基层版权管理办公室和版权工作站，提供作品登记、评估质押、经纪代理、展示交易等版权公共服务。全省作品登记连续 5 年实现 40%以上增长，去年登记量突破 3 万件，位居全国前列。四是软件正版化全国领先。软件虽然研发投入大，侵权复制却很容易。2010 年国务院部署新一轮软件正版化检查整改工作，省委办公厅、省政府办公厅分别下发通知作出专门安排，明确工作重点和序时进度，至 2012 年底省、市、县三级政府机关提前 1 年完成任务；同时重点推进国有和大型民营企业软件正版化，有力促进了民族软件产业健康发展。苏州浩辰软件公司被 WIPO 授予"版权金奖（推广运用奖）"。五是宣传教育有声有色。强化人员素质和工作基础建设，推进版权示范创建和宣传教育培训，苏州、昆山被国家版权局评为全国

版权示范城市，去年我省评选出13家省级版权示范城市、园区和单位，促进了地方和企业版权综合能力的提升，同时积极开展“4·26”全国知识产权宣传周系列宣传、版权校园行等活动，版权社会认知度不断提高。

版权工作成绩来之不易，但与经济社会发展需求相比，还存在一些薄弱环节和突出问题。一是版权创新能力有待提升。我省图书、影视、软件等版权作品虽然数量增长很快，但内容雷同甚至抄袭的现象仍然存在，有影响力和竞争力的原创作品还不多。二是版权产业规模有待壮大。缺乏高水准、专业化的版权服务平台、中介机构和版权经纪人，智力成果的运用及商品化、产业化和市场化程度不高。从与先进地区的比较看，2012年我省版权产业增加值占GDP的7.11%，同年美国这一比重为11.25%，2010年上海、深圳这一比重分别为10.83%、15.4%。从省内区域间的比较看，苏南地区版权产业发达，有2个城市1个园区被评为国家级示范，4个园区7家企业被评为省级示范，而苏中苏北示范创建较为滞后，仅淮安市和淮安软件园入选省级示范。三是版权执法监管有待加强。版权执法体系和执法机制尚不健全，版权行政执法力量不足，版权执法均由文化综合执法机构承担，一些领域侵权盗版现象仍比较普遍，公众版权保护意识还需进一步提高。我们既要充分肯定已经取得的成绩，坚定信心，又要重视和切实解决存在的突出问题，全面推动版权工作取得更大进步。

二、新的形势和任务迫切需要进一步加强版权工作

当前，江苏经济处于转型升级、爬坡过坎的重要关口，正加快由产业链低端向中高端攀升、由粗放增长向集约发展转变、由投资驱动向创新驱动转换，开启基本实现现代化的新征程。省委省政府部署的发展创新型经济、推动发展方式转变、稳定经济增长、深化文化改革发展等战略任务，都为版权工作提供了难得的历史机遇，也提出了新的更高要求。

第一，提高自主创新能力、建设创新型省份必须进一步加强版权工作。党的十八大、十八届三中全会对实施创新驱动发展战略作出重大部署。上个月习近平总书记在两院院士大会上强调，“我国科技发展的方向就是创新、创新、再创新。实施创新驱动发展战略，最根本的是要增强自主创新能力，最紧迫的是要破除体制机制障碍”。在实施创新驱动发展战略的过程中，我国将更重视知识的创造与增长，重视将知识转变为财富的方式。而版权制度以激励创新、保护智力创造成果为基本出发点，以维护作者权益为基本目标，其实质是通过保护权利人，激励作品的创作与传播。增强自主创新能力，最大限度解放和激发科技作为第一生产力所蕴藏的巨大潜能，必须依靠版权、专利、商标以及商业秘密、地理标志和植物新品种等多种知识产权的创造、使用、管理和保护。同时，妥善处理好版权问题，有利于改善我知识产权保护国际形象，有利于应对企业“走出去”面临的知识产权挑战。我们要充分发挥知识产权在实施创新驱动战略中的核心作用，一方面大力促进优秀版权产品等高价值知识产权产出，全面提升知识产权综合实力；一方面积极构建创新驱动发展的良好版权环境，增强民族版权产业竞争力和创新积极性，为创新型省份建设提供强大支撑。

第二，促进经济持续健康发展、实现提质增效升级必须进一步加强版权工作。把经济运行保持在合理区间，是当前宏观调控的基本要求，也是中长期的政策取向。针对当前经济运行稳中有忧、下行压力仍然较大的形势，省委省政府要求坚决落实党中央、国务院关于全面深化改革和经济工作的决策部署，坚持稳中求进、改革创新，坚定不移调结构、促转型，巩固和发展经济稳中向好态势。要看到，版权对经济增长的贡献日益受到各国的关注和重视，特别是新闻出版、广播影视、文学艺术、广告设计、工艺美术、计算机软件、信息网络等版权产业基于对受版权保护的智力成果的运用，具有绿色、低碳、减排的特征，已成为知识经济增长极和国民经济的重要组成部分，对于推动经济结构战略性调整和经济发展方式转变具有重要作用。如美国的版权产业与信息产业、飞机制造业并称为“朝阳产业”，其软件、影视、图书等在国际市场具有绝对优势；版权产业也是日本、韩国等国经济复苏和产业振兴的“发动机”。各地各有关部门要将版权工作放到推动科学发展、加快转变发展方式的工作大局中谋划和推进，加强版权创造运用和保护管理，推动版权相关产业发展、实现版权市场价值，努力打造经济发展的新引擎和转型发展的生力军。

第三，推动文化产业发展壮大、增强江苏文化软实力必须进一步加强版权工作。版权和文化是通过作品连接的，版权的主体是作品的创造者，版权的客体是涵盖文化领域各个方面的各类作品。对版权作品的创造、许可、复制、传播与使用是创意产

业和文化产业发展的基础。新闻出版、广播影视、文学艺术、文化创意、广告设计等相关产业的创新和发展如果没有版权保护的制度支撑，就会成为无源之水、无本之木。从国内外文化创意类产业的发展来看，大多离不开“创意创作是根，运作运用是神，无形资产是本，知识产权是魂”的基本格局，也可以说，“文化是田园，创意是种子，版权是肥料”。如美国迪士尼公司影视作品产业运作收益主要来自电影票房、录像制品、电视播放、衍生产品等，其中哪一个都离不开版权的保护和经营。任何一个文化企业，只有依法获得最好的版权作品、版权资源，才能获得最大的市场；任何一个国家，只有把文化资源通过创作转化为可支配控制的版权资源，只有在广泛拥有最具价值的版权作品、版权资源的基础上，才能占领文化发展的制高点。我们要认真贯彻国家和省里对发展文化产业特别是文化创意产业新的重大部署，在新一轮文化改革发展中更加重视版权工作，推动优秀文化成果不断涌现、广泛传播，为激励文化创新、助推文化产业发展、增强江苏文化软实力发挥更大作用。

总之，版权是推进科技创新、产业发展和文化繁荣的战略资源和核心要素，对于经济建设和社会发展具有不可替代的作用。各地各有关部门要积极顺应新形势新要求，突出问题导向，加强改革攻坚，推动我省版权工作继续走在全国前列，成为新时期江苏文化强省建设和知识产权工作的重要品牌。

三、进一步明确今后一个时期版权工作目标任务

前不久省政府对我省“十三五”规划编制工作作出部署。知识产权强省建设规划（2014—2020）也正在编制过程中。要根据“十三五”总体规划和知识产权规划，启动编制版权工作专项规划，提出今后一个时期发展的新思路、新举措。总的要求是：深入贯彻党的十八大，十八届二中、三中全会和习近平总书记系列重要讲话精神，认真落实省委省政府文化建设工程部署和知识产权工作要求，坚持激励创造、有效运用、依法保护、科学管理的方针，完善版权服务体系，加大版权保护力度，扩大软件正版化成果，推动版权产业发展，全面提高版权创造、运用、保护和管理水平，为又好又快推进“两个率先”、推动江苏文化大发展大繁荣服务。到“十三五”期末，实现版权社会认知度明显提高，版权保护与服务能力明显提高，版权作品和版权园区、企业数量明显提高，版权产业对经济社会发展的贡献明显提高。重点做好以下五个方面工作：

（一）不断优化版权服务。现在，版权已成为创作者最广泛、使用者（包括取得授权许可的制作、传播者和社会公众两个方面）也最广泛的一项知识产权，对加强社会化服务的要求很高。要强化版权服务功能，加快发展版权服务业，不断完善功能健全、结构合理、实用高效的版权公共服务体系。一是加强服务平台建设。整合版权服务资源，逐步优化江苏版权保护中心服务功能，建成集版权收集、共享、转化和保护为一体的综合性服务平台。深入开展版权进园创建活动，鼓励社会化版权基础服务机构加快发展，在文化创意园区、数字出版基地、动漫、广告、软件产业园等集聚区设立版权工作站和服务机构，推动版权服务向基层和一线延伸。二是加强服务内容建设。充分利用技术手段，提高信息化和标准化水平，大力推进作品登记、计算机软件登记、合同登记、质权登记等各项版权登记工作，进一步扩大内容范围和登记数量。不断开发、扩充新的版权公共服务项目，开展版权鉴定评估、授权代理、交易维权、融资、拍卖等综合服务。三是加强交易平台建设。推动建立文化产品产权版权交易中心、版权资源中心，打造专业化版权交易平台，探索构建综合性版权要素市场，促进实体和网上版权交易活动。提升南通家纺画稿交易博览会等版权贸易展会的规模和影响力，促进版权保护成果广泛运用。规范管理、发展壮大专业化版权中介机构，显著提升版权行业协会、中介机构等组织在版权市场化中的作用。

（二）大力发展版权产业。抓住我省实施转型升级工程和“三大产业计划”、构建现代文化产业体系和现代文化市场体系机遇，深入实施版权兴业工程，大力推进版权产业跨越式发展。一是实施版权核心竞争力提升计划。从对内来看，要推进文化与科技、文化创意和设计服务与实体经济深度融合，提升各类文化产业园区基地建设和发展水平，挖掘利用版权资源，发展壮大新闻出版、广播影视、计算机软件、游戏动漫、工艺美术、文化娱乐等优势版权产业，打造一批强势自主版权和自主文化品牌，促进文化价值与市场价值俱佳的优秀版权产品的创作、运用和传播。这次会后省里将首次开展最具价值版权产品奖评选活动，引导版权企业建立作品创新机制，增强自主版权作品开发能力。从对外来看，根据2012年版权产业贡献率报告，我省核心版权产业中商品出口额仅占全省总额的0.14%，其商品进口

额约为出口额的 2 倍，核心文化产品和服务贸易逆差仍然严重。要认真贯彻国务院今年 3 月出台的《关于加快发展对外文化贸易的意见》，大力培育具有国际竞争力的高质量高价值原创性作品（制品），不断扩大苏版图书、省产软件、优秀影视作品版权贸易输出规模。二是建设各具特色的版权产业带和集聚区。推广版权保护促进产业发展的南通模式，鼓励各地根据自身优势发展地方特色版权产业，推动家纺、紫砂、云锦、刺绣、水晶、漆器、书画等版权产业基地建设，做大做强一批有地域特色、知名度高的版权密集型产业。三是发挥版权示范创建的辐射引领作用。按照去年国家和省里关于版权示范城市、示范单位、示范园区（基地）创建和管理的文件要求，认真做好申报、考核、授牌和监督管理等工作，加强对有条件园区和企业的指导、培训及战略分析，争取“十三五”期间培育 5 家国家级、30 家省级示范园区和示范企业，有力引导和推动版权产业加快发展。

（三）切实加强版权执法。与其他知识产权比较，版权更加依赖于保护才能有效发挥其作用。必须坚持把加强执法作为工作重心，建立健全版权纠纷调解和维权援助、重大案件曝光、版权保护应急预警、查处案件和举报奖励等机制，充分发挥版权、文化市场综合执法、“扫黄打非”及其他相关部门的作用，始终保持打击侵权盗版的高压态势。做到“三个结合”：一是坚持司法保护与行政保护相结合。司法保护在版权保护中发挥着基础性、主导性作用，近日中央全面深化改革领导小组第三次会议已审议通过《关于设立知识产权法院的方案》，为版权等知识产权案件审判的职业化、统一化指明了方向。而行政执法具有及时、快捷、高效的特点，是我国知识产权保护制度的显著特点和优势。要认真贯彻国家版权局即将出台的《版权行政执法指导意见》，按照我省《深化文化体制改革实施方案》要求，在深化文化市场综合执法改革中加强版权执法能力建设，逐步完善版权行政执法体制，加大版权行政执法投入，每年向国家推荐评选执法先进集体和个人，并加强版权行政执法与司法保护的有效衔接。二是坚持日常监管与专项治理相结合。建立版权监管平台，加强与公安、通信管理、互联网信息管理等多部门协同和长三角区域联防协作，有效利用各种执法资源打击侵权盗版；同时，深入开展打击侵权假冒专项行动、打击网络侵权盗版“剑网行动”以及其他有针对性的版权保护专项执法工作，集中打击阶段性问题突出的侵权盗版行为，依法严处一批大案要案。三是坚持传统领域与新兴领域相结合。不断拓宽执法工作面，既惩治传统领域的侵权盗版行为，又加大对网络载体的监管力度，支持现代著作权保护技术开发应用，针对网络文学、音乐、影视、动漫、游戏、软件等重点领域，突出抓好保护数字版权、规范网络转载等工作，严厉打击网络和数字环境下的各种侵权盗版行为。

（四）进一步推进软件正版化。软件产业是国家战略性新兴产业。江苏是全国软件产业增长快、集聚度高、竞争力强的地区之一。去年全省软件业务收入突破 5 000 亿元，达到 5 177 亿元，继续位居全国第一；列入统计的软件企业达 4 540 家，数量跃居全国第一。为推动民族软件市场份额持续扩大、形成公平竞争的软件市场环境，必须进一步加大软件正版化工作力度，推动软件正版化与信息化建设、信息安全工作相结合，大力推进政府部门和企事业单位使用正版软件，不断提高我省软件版权保护水平。一方面，要完善政府机关软件正版化长效机制。市、县级政府机关软件正版化检查整改工作全面完成后，各级政府新购计算机设备不断增加，软件更新升级迅速。要严格落实去年 8 月国务院办公厅制定的《政府机关使用正版软件管理办法》，进一步规范政府机关使用计算机软件行为，建立健全政府机关软件正版化工作长效机制。重点做到“四纳入”，即将软件采购经费纳入财政预算，将所购软件纳入资产管理，将采购资金及软件资产管理纳入审计监督，将软件正版化工作纳入年度考核。版权管理部门作为软件正版化工作的牵头部门，要会同有关部门及时对各地软件正版化工作长效机制建设情况进行督查。另一方面，要继续扩大使用正版软件的企业范围。以国有企业、金融机构、大型外资和民营企业为重点，通过实施软件资产管理，深入推进企业使用正版软件。落实省政府《加快文化产业振兴若干政策》，对正版软件开发企业和使用正版化软件的企业同时实施一定的经济奖励，鼓励支持正版化软件的推广，引导企业主动实施软件正版化。

（五）广泛开展版权宣传。虽然近几年版权宣传教育方面取得了一定成绩，但这项工作仍是版权工作中亟待加强的重要环节。各级版权行政管理部门要把版权宣传普及作为基础性工作来抓，建立政府主导、新闻媒体支持、社会公众广泛参与的版权宣传普及教育常态机制，不断提高公众的版权意识和版权保护观念，使“尊重知识、尊重劳动、尊重创作、尊重版权”的理念日益深入人心。一是丰富宣传手段。充分利用“4·26”全国知识产权宣传周以及重大节庆活动等重点时段，借助版权博览会等大型活动平台，集中开展版权知识、版权工作主题宣传，形成强大声势。利用新闻媒体的传播优势，开设形式多样的版权知识专题、栏目与讲座，出版一批面向公众的优秀版权书刊，广泛宣传版权工作的重要意义和显著成果。二是突出宣传重点。围绕软件正版化、专项行动等加强重点工作宣传，围绕打击侵权盗版重点案件加强版权法制宣传，特别是围绕版权示范创建、版权优势产业和企业、办案有功单位及个人等加强先进典型宣传，总结经验后在面上推广。三是扩大宣传范围。将包括版权在内的知识产权纳入国民教育体系、作为各级党校（行政学院）干部培训的必修课程，通过购买服务方式继续开展版权校园行活动，使版权保护“进机关、进园区、进企业、进校园、进社区”。采取多种形式，深入不同社会群体开展版权公益宣传，加强对权利人、使用者集中的各种社会团体、组织等的版权知识宣传，切实增强广大机关干部、著作权人、企业经营者的版权保护意识。

四、努力为版权工作提供坚实保障

版权工作涉及范围广、领域多，必须加强组织领导，强化政策措施，努力提供坚实保障。

（一）健全工作机制。为加强对版权工作的统筹协调，近日省政府在省使用正版软件工作领导小组基础上，成立由新闻出版（版权）、文化、广电、公安、财政、商务、通信等部门组成的省版权工作领导小组。省版权局要履行好牵头职责，加强与国家版权局、部门、地方的协调沟通，切实承担起办公室日常工作；各成员单位要增强全局意识，各司其职，密切配合。各地要将版权作为重点文化工作，纳入经济社会发展规划和考评指标体系，建立健全版权工作协调合作机制，调动各方力量，发挥各自优势，形成联动效应和工作合力。要完善版权统计制度，做好版权相关产业对国民经济贡献的统计调查，定期发布研究报告；加强地方版权立法，结合实际制定相关版权地方性法规或政府规章；同时，跟踪了解国际版权保护发展新动向，特别是美欧发达国家版权保护的新情况、新趋势，积极推进版权国际交流与合作，不断提高版权工作的科学化水平。

（二）完善政策体系。省财政安排经费专项用于一般作品免费登记，省辖市和有条件的县（市）发生的一般作品免费登记费用由本级财政承担，各级财政对示范创建、版权执法、软件正版化和版权宣传等工作安排专项经费，并适时建立软件作品登记财政补贴制度；省文化产业引导资金把版权产业作为重点扶持对象，实施一批市场前景好、带动能力强、影响力大的重点项目；推进版权与金融的融合，鼓励和引导企业、社会组织、各类基金增加对版权工作的投入，允许投资人以版权等无形资产评估作价出资组建文化企业，支持版权类企业充分挖掘无形资产的金融价值，开展版权质押融资，逐步形成以政府为引导、社会资金广泛参与的多元化投入格局。认真执行国务院和国家有关部门出台的文化经济政策以及支持现代服务业、知识产权服务业、中小微企业发展的政策，对版权产业落实文化产业优先发展待遇、享受省扶持各类产业发展的最优政策；对文化演艺、新闻出版、广播电影电视、互联网信息服务等重点行业实行特殊扶持政策；对版权中介机构建设等给予补贴、税收、政府购买服务等多方面激励；对获得全国或江苏省版权示范称号的城市、单位和园区（基地）给予适当奖励以及作品登记、执法资源、公共服务建设等倾斜扶持，并优先推荐申报省文化产业引导资金。建立版权保护社会信用体系，把版权保护信用信息与公司上市、政府资金支持、评奖评优等相挂钩，增强全社会的版权诚信意识。

（三）强化队伍建设。版权有其特殊性，掌握它需要相应的专门知识和技能。同时，随着印刷复制、录音录像、无线电通讯、网络等复制传播技术迅速发展，新的保护客体和作品利用方式不断产生，版权诉求越来越多，对版权专业人才的要求越来越高。各地要健全版权管理和执法机构，充实版权管理和执法人员。成立江苏版权研究基地，推动有条件的高等院校创办知识产权学院，开展版权理论与实务研究，培养高素质现代化版权专门人才。探索建立版权从业人员职业资格准入和培训制度，成立江苏版权培训基地，对急需的版权管理、执法、专业服务人员进行专门培训，不断提高版权行政管理和执法队伍综合素质。各地版权行政管理部门要加强与版权行业组织和协会的合作，对文化从业人员进行培训，提高其版权市场化、产业化意识和版权运用、保护能力，并积极开展实务型的版权经纪人、代理人等培训。加强版权贸易、市场运用和涉外版权人才队伍建设，组建版权人才库、专家库和版权事务高级咨询团队，遴选优秀专业人才到国内外知名大学、研究机构和大型企业进行交流、培训和访问，努力造就一支熟悉国际国内版权保护制度、有国际视野和高端业务能力的高层次人才队伍，为全面提升版权工作整体水平提供智力支持。

做好版权工作，事关全局，事关长远。唯有切实增强责任感、使命感和紧迫感，不断开拓创新，锐意进取，扎实工作，众志成城，合力推动版权工作不断更上新台阶，才能为推进“两个率先”、建设创新江苏作出更大贡献。

（本文为江苏省人民政府副省长曹卫星于2014年7月5日在全省版权工作座谈会上的讲话稿，发表时略有删减，标题为编者所加。）

知识产权理论的体系化与中国化问题研究

中南财经政法大学知识产权研究中心主任 吴汉东

三十余年来，我国知识产权研究在与西方法学思潮的交流和碰撞中，已经从单纯的借鉴和移植走向自立和创新，初步形成具有中国特色的知识产权学说思想，为知识产权的制度建构、政策运行、战略实施提供了重要的思想基础。中国知识产权理论建设伴随知识产权事业成长，其标志即是知识产权界的理论成熟和理论自信。在这一发展态势下，我们需要立足中国国情，解答中国问题，形成中国话语，对知识产权重大理论问题进行全面、深入探索，形成一套成熟、系统的理论体系，这即是在知识产权问题上对"中国道路"的理论概括，学者们称之为"中国特色知识产权理论体系"。

一、知识产权理论体系中国化的学术定位与研究意义

"中国特色知识产权理论体系"研究，是对中国知识产权事业建设实践的内在思想主旨和理论内涵进行全面总结、深入提炼，是对知识产权理论研究中的个别学说和片段思想进行概括整理、逻辑归纳，以此形成一个属于"中国"的"独特"的理论"模型"。这一体系化的知识产权理论具有以下特点：

（一）现代法学理论体系中的"知识版"

在现代法学理论体系中，知识产权学说思想是最具科技含量、最多创新要素的"知识版"。知识产权制度基于科技革命而生，由于科技革命而变，其制度史本身就是一个法律制度创新与知识创新（包括科技创新与文化创新）相互作用、相互促进的过程。知识产权制度的现代化特征，表现出这一制度与时俱进的时代先进性。从制度创新的法律本质与知识创新的价值目标出发，对知识产权法的本体构成、内在特性、外部关系和运行规律等进行理论挖掘和思想总结，是中国知识产权学界要面临的重大学术任务。换言之，打造中国法学理论体系中的"知识版"，记录知识创新的法律现象的一切方面和所有过程，表征知识产权独立特性的知识体系，即是知识产权理论的体系构建。

（二）知识产权知识体系的"综合版"

知识产权理论体系的建构，其基本任务即是在教义学上形成一种区别于纯粹的政治话语和道德说教的、具有特定逻辑构成的范畴体系和知识体系。范畴是学科理论的基本要素，理论的科学性取决于范畴及其内容的科学性。建构范畴体系是一门科学走向成熟的必由之路。知识产权基本范畴的理论研究，主要涉及本体论范畴、价值论范畴、政策论范畴、运行论范畴、制度论范畴、文化论范畴。从法学理论出发研究知识产权，当是题中应有之义，而结合经济学、管理学、政治学、社会学、伦理学以及政策科学等理论，多视角、全方位来考察知识产权制度，也显得非常必要。因此，知识产权的理论范畴不应仅是"法律版"，而是一个"综合版"的知识体系。

（三）发展中国家知识产权主张的"示范版"

在知识产权制度一体化的今天，世界贸易组织及其《知识产权协定》为各国知识产权保护提供了一体遵行的共同规则，但不同发展程度的国家都有自己对知识产权理解和诠释的自主话语权。从某种意义上说，这也是一个国家和民族知识产权制度安排的"话语权力"。在当代中国，知识产权制度本土化的过程，也是知识产权法治现代化与知识产权发展战略化的过程。知识产权是中国建设创新型国家的制度保障和政策支持，其法律和战略的实施，是全社会所进行的一场伟大的制度创新实践。对中国知识产权事业建设进行经验总结和思想概括，构建有本国文化传统支持的知识产权系统诠释理论，对发展中国家在国际社会形成自主理论体系有着引领和示范的作用。

（四）国际知识产权话语体系中的"中国版"

在知识产权的国际话语体系中，我们需要进行"中国表达"、发出"中国声音"，修正西方中心主义的国际立法倾向，谋求构建更加公正、合理的知识产权国际秩序。国际知识产权保护制度所赖以存在的思想基础，不应是西方中心主义的，当然也不可

能是民族沙文主义的。知识产权的国际话语体系的形成，是以人类共信的法律价值理念和法律信仰为基础，同时实现多元法律文化和法律思想的互动发展。中国知识产权界在吸收全球共同的法律文明成果和借鉴外国先进法律理念的时候，更要注重本土理论创新和思想自立，努力探寻适合中国语境和文化背景的知识产权理论，其最终目的是建构一个发展中大国的知识产权话语体系。

中国特色知识产权理论体系的形成，其意义是理论上的，也是实践上的；其价值是归于中国的，也是属于世界的。现分述如下：

第一，为知识产权事业发展提供坚实的理论支撑。知识产权制度必须与一国的社会与经济发展阶段相适应，才能真正发挥其功能，而建构本国知识产权制度，又需要以符合国情的科学理论为指导。中国知识产权理论建设的基本路径，即是从中国知识产权事业的发展需要出发，探讨本土语境下的制度建设、产业发展、环境治理、文化养成等重大问题。在当代中国，知识产权已被置于国家创新体系之中。上述情形，使得中国的知识产权研究具有不同于西方国家的理论需求和问题导向。换言之，知识产权理论体系化的中国解读，其意义在于解决中国问题，彰显中国道路，为新世纪的中国创新发展提供理论支撑。

第二，为知识产权法治建设提供科学的智力支持。改革开放以来，中国知识产权事业取得长足的进步，现已成为一个有国际影响的知识产权大国。在此背景下，知识产权研究也从传统的学术概念和思想理论的引进、诠释，逐步转型为我国知识产权法治进程中新问题的系统思考，为我国立法、司法、执法和守法的社会实践提供理论解读，开始了针对中国现实问题、服务中国发展需要的知识产权理论创新。学术界理应为我国知识产权法治建设提供富有价值的智力支持和必要的理论论证。

第三，为构建知识产权国际软实力提供重要的思想成果。我国新世纪知识产权研究应更多地从国际视野出发，深入把握经济全球化时代知识产权制度的发展趋势，一方面合理吸收先进的法律理念和制度，探索符合中国自身需要的发展路径，应对西方国家利用其知识产权话语体系对我国政治、经济、文化、科技政策的挑战，为我国参与全球化合作提供必要的理论准备；另一方面在坚持中国特色法治理念的基础上，积极推出中国知识产权理论和制度的研究成果，努力展示中国知识产权研究的思想贡献，在国际社会提升中国知识产权的软实力。

二、知识产权理论体系建构的基本要求和主要内容

在中国特色社会主义法学理论体系中，知识产权理论体系是一个相对独立和比较成型的组成部分。作为专门理论的体系建构，中国特色知识产权理论体系在学术规范和实践需求方面应满足以下三点要求：

一是整体化。知识产权理论体系是与“知识产权”有关的各种学说、思想、观念、经验所构成的有机整体，它不能是“个别的、单独的、碎片化”的理论，而应是一个具有“宏观大模样”的全面性、成型化的整体。

二是本土化。属于“中国”的“独特”的知识产权理论模型，需以“本土资源”构成“中国特色”的基本内涵：（1）以社会主义法治观和发展观为思想支撑。（2）以中国文化的合理内核为构成元素。（3）以中国本土实践经验为特殊要素。

三是科学化。中国特色知识产权理论体系的内容安排，应从科学化的要求出发，体现思想认知和实践导向的双重功用、本土学说与世界文明的空间交汇、传统文化与现代知识的时间承接、宏观样式与微观细部的框架安排。

根据以上学术和实践要求，中国特色知识产权理论体系研究主要包括以下内容：

（1）知识产权本体论。本体论是对知识产权的存在及其本质的认识和概括，是知识产权理论体系研究的逻辑起点。知识产权本体论主要回答知识产权是什么的问题。它以权利为基本内核，将知识产权的概念、性质、特征、主体、客体、利用、限制、保护、体系等作为研究内容，述及知识产权的构成要素与本质属性、法律关系与运行方式、保护范围与体系框架。

（2）知识产权价值论。价值论是关于知识产权对主体的效用以及主体对运行效用评价的认识和概括，是知识产权理论体系研究的思想基础。知识产权价值论主要回答知识产权制度价值取向和目标选择问题。它以法的价值为主线，研究知识产权价值的评价主体、内容构成以及实现途径。知识产权价值的研究有两个任务：一是观察知识产权制度价值的实践表现，即“法律的价值化”；二是考量如何在知识产权制度中设定主体价值，使法律真正成为“价值体”，即“价值的法律化”。

（3）知识产权制度论。制度论是对知识产权法

律的制定与实施、构成与演变的认识和概括，是知识产权理论体系研究的核心内容。知识产权制度论主要回答知识产权立法、行政执法和司法问题。它以法律规范为对象，研究知识产权制度建构的科学性、正当性和合理性，以及制度实施的有效性、协调性和妥当性。

（4）知识产权政策论。政策论是对知识产权政策的规划、制定、实施、评价的认识和概括，是知识产权理论研究的重要构成。知识产权政策论主要回答作为公共政策工具的知识产权是如何选择、推进并服务社会发展目标的，它从政策科学理论出发，研究知识产权的政策主体、政策构成、政策效益以及政策目标等。对知识产权进行政策科学分析，可以揭示知识产权立法背后的政策立场，评价知识产权执法过程中的政策效果，提出知识产权法律变革的政策选择。

（5）知识产权运行论。运行论是对知识产权的运行操作环节的认识和概括，是知识产权理论体系研究的特殊要素。知识产权运行论主要从经济、社会发展的视角，分析知识产权事业的运行状况。它以知识产权本体论、制度论和政策论为基础，观察知识产权从产生到获得实效的全部环节、过程和方面。知识产权的形成和运作的过程，包括若干相对独立并又彼此联系的环节，其中“创造是基础，运用是目的，管理是保障，保护是关键，服务是支撑，人才是保证”。

（6）知识产权文化论。文化论是对人们关于知识产权现象的观念和行为模式的认识和概括，是知识产权理论体系研究的基本元素。知识产权文化论主要回答知识产权制度的文化基础以及法律文化的现代化改造和建设问题。它以“观念的文化”为对象，研究人们对待知识产权法律制度、法律机构、法律行为的“态度、信仰、评价、思想和期待”。

三、知识产权研究中的“中国问题”与“中国理论体系”

知识产权理论体系的研究，不能满足于基本内容构成的学术要求，而应围绕着知识产权事业建设需要，在系统思考“中国问题”“中国经验”“中国道路”的基础上，形成知识产权理论研究的“中国模式”。

知识产权理论研究中的中国问题，产生于中国特殊国情。知识产权“中国问题”的独特性，基于以下几点认识：一是“超大型崛起”。作为有世界影响的知识产权大国和发展中大国，“超大型崛起”本身不仅蕴藏着巨大的创新力量，更会产生其他国家不曾出现的巨大问题和困难。中国社会不同群体对知识产权的不同认知、西方世界对中国知识产权的特别关注，使得知识产权问题凸显出内部困惑与外部分歧的复杂交织。二是“差异性发展”。中国经济与社会发展的一个突出问题，就是不平衡胜于不发达。在这里，统筹城乡发展、区域发展、经济社会发展、人与自然和谐发展、对外开放和国内发展，是知识产权战略发展中面对的重大问题。三是“跨越式转型”。作为新兴工业化国家，中国只用了不到20年的时间，其知识产权制度就实现了从低水平向高水平的转变，完成了从本土化到国际化的过渡。因此政府对制度环境治理不够、企业对制度运用经验不足。基于上述国情的知识产权问题，集中表现为什么是知识产权制度？我们需要什么样的知识产权制度？如何建设这样的知识产权制度？质言之，问题导向是理论体系建构的前提。

知识产权理论研究中的中国成果，共生于中国理论体系。诸多知识产权理论研究成果，概以中国社会主义的法律观和发展观为指导，是上述指导思想在知识产权事业建设的各个方面、各个领域具体应用的产物；这些理论研究成果来源于中国特色知识产权事业建设的实践，是对“中国经验”的思想总结和“中国道路”的理论概括；这些理论研究成果，是冠名中国的知识产权主体所创造的，是中国人民思想智慧与文化精神的体现。

中国特色知识产权理论体系的形成，是以众多理论成果的内在统一性为基础，同时也应以严谨的逻辑结构为要求，为此必须奠基相应的理论基石。社会主义法治观与发展观，即是知识产权理论体系的两大基石范畴，其地位和作用表现在以下两个方面：（1）法治观是知识产权理论体系的核心范畴。承认知识产权法治观所具有的理论基石地位，在于维系知识产权法律结构的完整性和法律效力的权威性，防止知识产权成为行政权力意志和利益集团的工具。（2）发展观是知识产权理论体系的目标范畴。知识产权在制度功能与价值目标上体现了社会主义发展观的基本要求：第一，知识产权是“创新发展”的制度工具。知识产权法在功能上是为创新之法，是创造性成果的激励和调节机制，体现了尊重创新、保护智力成果、规制知识经济市场秩序的功能。第二，知识产权表现了“人的全面发展”的制度追求。人本主义的要义即是实现人的全面发展，这一思想理念在知识产权制度中概括为私权保护与知识传播的二元立法原则，表现为创造者、传播者、使用者的多元权利结构。第三，知识产权确立了“和谐发展”的制度发展目标。“和谐发展”是一种配合适当、协调有序的理想状态，包括人的和谐、社会的和谐、自然的和谐，以及人与社会、自然的和平共存与进步。“和谐发展”是知识产权制度建设的“中国梦”。中国特色知识产权理论体系的诸多研究问题及其理论成果，都是以法治范畴和发展范畴为基石而展开的，从而表现出该理论体系应有的逻辑结构。基于排序和分类的理论体系结构见下表：

序号	理论成果	理论类型
1	知识产权基础理论	本体论
2	知识产权制度创新理论	价值论
3	知识产权法律本土化理论	制度论
4	知识产权保护模式理论	制度论
5	知识产权司法改革理论	制度论
6	知识产权强国建设理论	政策论
7	知识产权产业发展理论	政策论
8	知识产权国际战略理论	政策论
9	知识产权利益平衡理论	运行论
10	知识产权文化建设理论	文化论

知识产权理论的体系化与中国化，是一个理论创新、知识创新、制度创新的创新活动过程。30余年来，中国知识产权学人在中国社会主义法治观和发展观的指导下，以科学扬弃的态度吸收西方先进的制度文明成果，发掘中国传统文化中的优秀因素，对知识产权是什么、知识产权在经济与社会发展中的作用是什么、中国特色的知识产权制度是什么、如何加强中国知识产权法治、如何发展中国知识产权事业等基本问题进行了系统、深入的探讨和研究，旨在构建一个标示独立知识结构，又具有鲜明中国特色的理论体系。就当下而言，中国特色知识产权理论体系还是一个目标体系，相对于其他部门法学来说，知识产权研究在中国起步较晚，且问题复杂多样，其理论、观念和思想的总结与归纳、提炼与升华是一个艰巨的工程。可以认为，理论体系的形成尚在路上，还有待于学术界同仁做出进一步努力；就未来而言，中国特色知识产权理论体系应是一个开放体系。宣示理论体系的形成，并不意味着理论创新活动的终结，以及这一理论体系本身的封闭，它应是不断发展、开放的动态体系。随着中国知识产权制度建设的不断进步，人民群众从事知识产权事业的智慧成果不断积累，可以预想，这一理论体系的学术内容将更加丰富、思想认识将更加深刻、中国特色将更加鲜明、对世界文明的贡献将更加突出。

版权工作概览

BAN QUAN GONG ZUO GAI LAN

2014年全国版权工作

2014年全国版权行政管理工作

国家版权局版权管理司

2014年，国家版权局按照中央统一部署，创新方法、提高效能，突出网络版权执法和大案要案查办，认真履行了工作职责，全面完成了工作任务。

一、版权执法监管开创新局面

（一）打击侵权盗版行为

一是认真落实“双打”专项治理工作任务。按照国务院关于打击侵犯知识产权和制售假冒伪劣商品专项行动的工作部署，国家版权局把日常监管与“双打”专项行动相结合，标本兼治，整体推进。全年各地版权行政执法部门共查办案件532件，其中行政处理510件，罚款3 391万元，移送司法机关追究刑事责任80件，捣毁盗版窝点188个。

二是继续开展互联网侵权盗版专项治理。自6月开始，国家版权局联合国家互联网信息办公室、工业和信息化部、公安部启动了第十次打击网络侵权盗版“剑网2014”专项行动。针对网络文学、音乐、影视、游戏、动漫、软件等重点领域以及图书、音像制品、电子出版物、网络出版物等重点产品，严厉打击各种侵权盗版行为。专项行动期间，全国各地版权行政执法部门共查处案件440起，移送司法机关66起，罚款人民币352万余元，关闭网站750家，网络侵权盗版高发势头得到遏制。

三是加大侵权盗版案件督办力度。为推动“剑网2014”专项行动深入开展，国家版权局会同国家互联网信息办公室、工业和信息化部及公安部，于8月对北京、天津、河北等12个地区进行了督查，并自行及与全国“扫黄打非”办、公安部、最高人民法院和最高人民检察院等联合挂牌督办了安徽“DY161电影网”侵犯著作权案等33起重大案件，有力促进了版权行政执法工作。

四是严查“射手网”等以“网络字幕组”名目存在的典型网站，一批类似网站慑于压力自行关闭。

五是加大案件查办情况宣传力度。先后通报三批“剑网2014”专项行动中典型案件的查处情况，在全社会引起强烈反响，营造了打击盗版、维护正版的良好舆论氛围，有效震慑了侵权盗版分子。

（二）强化版权重点监管

一是组建版权重点监管工作小组，利用国家版权监管平台，启动对重点影视作品的版权预警保护，公布了三批重点预警作品，逐步建立科学、规范的工作制度、程序和措施。

二是继续推进国家版权监管平台升级改造及二期工程建设工作。完成平台一期恢复运行及升级改造工作，平台二期经过研究制定需求、公开招投标、确定承建单位等程序，已经进入开发阶段。通过监管平台建设，以技术手段，加强版权执法监管及社会服务。

三是规范网络版权转载。相继组织召开报刊社、重点互联网站版权座谈会，组织191家各类网站签署“守正创新，拒绝盗版，净化网络环境”联合倡议。指导各地积极探索“规范网络转载”管理手段，通过组织网站开展自查自纠、引导报刊社与大型商业网站开展版权合作、加强对网络转载的版权监管等方式，推动完善网络转载许可付酬机制，形成“先授权、后传播”的合法网络版权传播秩序。

（三）健全执法工作体系

一是加强执法队伍建设。2014年，国家版权局对在2013年度查处侵权盗版案件的215家有功单位、179名有功个人给予奖励，奖励金额达600余万元，有效激励了版权相关执法部门及人员的办案积极性。共举办4期版权执法培训班，对31个省（区、市）各级版权执法部门350名同志进行培训，提高了基层版权执法人员的版权执法能力。

二是加强案件信息公开。根据国务院及全国“双打”办工作部署，下发了《新闻出版（版权）行政执法部门依法公开制售假冒伪劣商品和侵犯知识产权行政处罚案件信息的实施细则（试行）》及《关于进一步做好版权行政处罚案件信息公开与信息报送工作的通知》，对全国版权行政处罚案件的信息公开和数据报送工作提出详细、具体要求。全年各地版权执法部门共公开版权案件信息 332 件。

二、软件正版化工作取得新进展

（一）完善长效机制，全面巩固政府机关软件正版化工作成果

推进政府机关和中央企业三级以上企业全部实现软件正版化，展示了中国政府保护知识产权的良好形象。出台《关于贯彻落实〈政府机关使用正版软件管理办法〉的实施意见》，对《政府机关使用正版软件管理办法》的相关要求进行细化，指导各地区、各部门完善软件正版化工作相关制度，推进长效机制建设。建成中央和省级各单位软件正版化责任人数据库，将正版化工作成果巩固情况与具体责任人挂钩，推进各单位进一步落实责任到人。其中，中央级数据库含 129 个中央和国家机关单位软件正版化工作责任人信息，省级数据库含有全国 2 327 个省级单位软件正版化工作责任人信息。开展两轮政府机关软件正版化检查。2014 年 3 月组织 15 个检查组，对 31 个省（自治区、直辖市）的市县级政府机关软件正版化工作进行全面检查，并公布检查情况。11 月组织 12 个检查组，对 12 个省（自治区、直辖市）的省市县级三级机关与 24 家中央和国家机关软件正版化工作进行了检查。充分发挥推进使用正版软件工作部际联席会议协调职能，通过改进软件正版化审计、软件采购、资产管理和督促检查等措施，巩固软件正版化工作成果，推进长效机制建设。

（二）加强协调指导，扎实推进企业软件正版化工作

印发了《关于做好企业软件正版化信息报送工作的通知》，建立了企业软件正版化信息报送制度。会同国资委组建联合工作组，共同研究制定中央企业软件正版化工作指南，对 12 家中央企业进行督查。完善新闻出版行业企业软件正版化工作信息化平台，提高了新闻出版行业企业软件正版化信息报送工作效率。推进新闻出版行业企业集团所属二级企业基本实现软件正版化。

（三）广泛培训宣传，积极营造使用正版软件良好氛围

举办 2 期政府机关软件正版化工作培训班。128 家中央和国家机关共 189 人，31 个省（自治区、直辖市）政府办公厅、版权、工信、财政等部门共 204 人参加培训，提高了相关软件正版化工作人员的业务水平。举办 1 期新闻出版行业、1 期勘察设计行业、3 期金融行业及国资委管理国有企业软件正版化工作培训班。同时，向社会公布了国务院通报的软件正版化上半年检查情况，《人民日报》、新华社、中央电视台等进行了报道。制作“软件正版化在中国”专刊，编制《中国的软件正版化工作进程》白皮书，将在审核通过后发布。

三、版权产业发展迈上新台阶

（一）第五届中国国际版权博览会成功举办

2014 年 9 月，在成都举办的第五届中国国际版权博览会取得圆满成功。博览会共举行了国际版权论坛、中国版权产业与金融创新高峰论坛、中国数字版权高峰论坛暨交易会等 12 项重要主题活动及影视剧本、纪录片交易洽谈会等 100 余项配套活动，现场达成 17 个重大版权项目签约，涉及音乐、出版、科技（软件）、影视、艺术设计、金融及版权服务等多个领域，交易金额超过 20 亿元人民币，取得了良好的社会反响和国际影响力，有力地促进了版权产业发展。

（二）全国版权示范建设工作成效显著

召开“全国版权社会服务工作交流会”，交流版权示范建设工作经验。经考察、评选，国家版权局授予厦门“全国版权示范城市”称号，授予北京出版集团有限责任公司等 18 家单位“全国版权示范单位”称号，授予山东鸿儒文化集团有限公司等 4 家园区（基地）“全国版权示范园区（基地）”称号；同意设立广州越秀区、上海自贸区“国家版权贸易基地”；同意西安、成都设立“国家版权交易中心”，促成版权贸易平台常态化，带动区域版权产业发展。

（三）版权产业相关研究工作不断深入

2014 年，国家版权局继续开展版权产业对国民经济贡献调研并对外公布了 2011 年度和 2012 年度相关数据。调查显示，2011 年我国版权产业行业增加值为 31 528.98 亿元人民币，占全国 GDP 的 6.67%，比 2010 年增加 5 158.72 亿元人民币，增长率为 19.56%。2012 年我国版权产业行业增加值为

35 674.15 亿元人民币，占全国 GDP 的 6.87%，比 2008 年总量增加了 16 105.75 亿元人民币，平均年增速达 16.20%。调查不仅从纵向、横向分析了我国版权产业的发展情况，还首次从新闻出版行业角度进行了专项研究。

四、版权社会服务得到新提升

（一）著作权登记工作有序进行

2014 年 2 月，国家版权局上报《2013 年著作权登记量首破百万》的专报，引起中央领导高度重视和社会各界广泛关注。为落实中央领导同志批示精神，国家版权局组织 6 家中央媒体对著作权登记工作集中开展宣传报道。召开“全国版权社会服务工作交流会”，交流各地著作权登记成功经验。下发《关于规范著作权合同备案申请表及证书的通知》，对有关登记事项进一步规范，有力促进著作权登记工作开展。2014 年，我国著作权登记继续保持平稳增长态势，总量达 1 211 313 件，比 2013 年增加了 201 656 件，增长 19.97%。其中，作品登记 992 034 件，计算机软件著作权登记 218 783 件，分别较 2013 年同期增长 17.39%和 33.12%；著作权质权登记 496 件，涉及主债务金额 262 543.1 万元。

（二）行业监管更加规范

一是加强对 6 家在我国常驻涉外著作权认证机构的监管。通过建立通气会制度、规范审批备案事项等，对其加强日常管理。

二是加强对 5 家著作权集体管理组织的管理与服务，帮助其处理换届筹备及审核、年检、解决争议等方面的工作。

三是清理涉外著作权认证及合同登记工作，进一步规范监管指导意见。重点梳理了 1995 年以来有关法律依据，召开相关省级版权管理部门及图书、音像出版单位座谈会，并与国家外汇管理局等部门沟通，为制定对涉外著作权认证及合同登记工作的规范性意见做必要准备。

（三）版权公共宣传广泛开展

按照创新方式、务求实效的方针，对版权工作进行广泛宣传。“4·26”全国知识产权宣传周和“第五届中国国际版权博览会”期间，除协调中央主要新闻媒体和各地版权相关部门共同参与外，充分利用平面、广电、网络、户外媒介等多种形式进行全方位覆盖，以热点、亮点、新鲜点各有侧重的报道内容进行多维度宣传。在日常宣传中，以召开新闻发布会，组织媒体联合采访、人民网高端访谈、新浪微访谈，拍摄版权公益广告宣传片，设计版权宣传海报，制作官网宣传专区，开通国家版权局官方微信和官方微博（目前官方微博已发消息 100 多条，粉丝近 43 万），举办“版权相关热点问题媒体研修班”等新颖、直接的形式，全面展示我国版权保护及产业发展的重大进展和工作成就，极大提升了版权工作的社会影响力和感召力。其中，国家版权局官方网站的“剑网 2014 专项行动”及“版权宣传周”专栏被国家有关部门评为“2014 政府网站信息公开精品栏目奖”。

五、版权国际事务取得新进步

（一）积极参与国际版权事务

2014 年，积极参与世界贸易组织（WTO）、世界知识产权组织（WIPO）、亚太经合组织（APEC）等对华版权事务。完成 WTO 第五次对华贸易政策审议工作，完成并向 WIPO 递交批准《视听表演北京条约》的政府声明，参与《保护广播组织条约》《有关图书馆、档案馆和教育机构限制和例外国际文书》《保护民间文艺条约》等国际条约的磋商，不断加强版权对外话语体系建设。

（二）妥善处理版权涉外关系

在中美商贸联委会（JCCT）以及中美战略经济对话（SED）工作项下，积极做好中美版权应对工作，并着重做好中美商贸联委会项下知识产权工作组、第 24 届中美商贸联委会后续工作以及第 25 届中美商贸联委会的相关应对工作。参与中欧第 12 次知识产权对话和第 13 次知识产权工作组的相关工作。参与中澳、中韩、中日韩、东盟“10＋6”自贸协定谈判及中俄、中巴知识产权工作组会议。与阿尔及利亚国家版权局签署《中阿版权交流合作备忘录》，首次建立与阿拉伯国家及非洲国家版权双边关系。与韩国文化体育观光部联合制作版权广告宣传片，同时在双方电视台和网络上播放，取得良好效果。不断扩大两岸四地版权交流合作，落实《海峡两岸知识产权保护合作协议》，成功举办了第七届海峡两岸著作权保护研讨会暨两岸版权主管部门工作组会议。与香港海关就打击网络侵权盗版开展交流合作。与国际标准化组织（ISO）合作，推动成功查办“上海王某等利用互联网销售侵权盗版 ISO 标准案”，得到国际标准化组织高度赞赏。

（三）开展国际版权课题研究

依托国家版权局国际版权研究基地，有针对性地开展研究工作，取得较好效果。组织编写《国际版权动态》，介绍国际版权发展信息；针对美国 301

报告、美国《数字经济中著作权政策、创造力和创新绿皮书》等报告进行分析；完成对美国及欧盟与知识产权有关的贸易与外资准入壁垒调查报告；参与研究制定中韩和中澳自贸协定谈判对案。

2014 年，国家版权局版权执法监管效果明显，版权产业蓬勃发展，社会服务不断增强，民众版权意识日益提高，版权国际交流不断拓展，版权工作呈现良好发展态势。

2014 年中国著作权司法保护工作

最高人民法院知识产权庭

2014 年是贯彻落实党的十八届三中、四中全会精神，全面深化改革的元年，人民法院围绕“让人民群众在每一个司法案件中感受到公平正义”的目标，牢牢把握司法为民、公正司法工作主线，积极发挥司法保护知识产权主导作用，坚定不移推进知识产权审判体制改革，深化司法公开、扩大司法民主、提高司法公信、提升司法权威，著作权司法保护和整个知识产权司法保护工作取得了新进展。

一、全国法院审理著作权纠纷案件的基本情况

2014 年，全国地方人民法院共新收和审结知识产权民事一审案件 95 522 件和 94 501 件，比 2013 年分别上升 7.83%和 7.04%。其中，著作权案件 59 493 件，在 2013 年案件数出现短暂的下降后又呈迅速上升趋势，同比上升 15.86%。人民法院审理的著作权案件中影响较大的有：腾讯公司与网易公司等涉及网络音乐的诉前禁令纠纷、涉及预约挂号软件的杭州聚合网络科技有限公司与中国移动通信集团浙江有限公司等侵害计算机软件著作权纠纷案、涉及 App Store 经营者责任的麦家等作家与苹果公司侵害信息网络传播权纠纷案等。刑事方面，2014 年，全国地方人民法院共新收涉知识产权刑事一审案件 11 088 件，比 2013 年上升 18.83%。其中，侵犯知识产权罪案件 5 242 件（假冒注册商标罪等侵犯注册商标犯罪案件 4 447 件，侵犯著作权罪案件 735 件），同比上升 4.4%，同样在 2013 年较大幅度下降之后开始回升。涉及网络的著作权犯罪问题日益突出，人民法院审理的具有较大社会影响的张俊雄侵犯著作权罪案、周志全等 7 人侵犯著作权罪案等，均涉及通过信息网络传播影视、音乐作品等而构成犯罪的行为。

总体来说，2014 年，人民法院知识产权审判工作全面加强，呈现出新特点：案件数量快速增长；审判质效不断提高；审判公开深入推进；审判影响力显著提升。

二、深入贯彻实施知识产权战略，加快推进审判体制改革

（一）优化调整知识产权案件管辖布局

最高人民法院根据日益增长的知识产权司法保护需求，从有利于合理配置审判资源，有利于提高审判质量和效率出发，进一步明确知识产权案件管辖权授权标准，优化管辖布局。

（二）健全完善科学技术专家咨询机制

为准确查明技术事实，提高技术类案件的审判质效，提高司法公信力，最高人民法院继续加强与中国科学技术协会的合作，于 2014 年 2 月共同召开了“加强知识产权司法保护、推进科学技术创新发展座谈会暨特邀科学技术专家聘任仪式”，新聘了 10 名中国科学院和中国工程院院士作为最高人民法院的特邀科学技术咨询专家，进一步增强了技术咨询专家为专利等技术类案件提供智力支持的力度。地方各级人民法院也通过聘请技术专家，建立专家咨询委员会、专家顾问团，推进技术专家陪审制度，健全完善专家辅助人制度等方式，积极探索完善技术事实查明机制，为有效解决技术类案件事实认定的难题开辟了一条新的路径。

（三）继续扩大“三合一”改革试点范围

知识产权审判“三合一”改革试点是完善知识产权审判体系，落实国家知识产权战略的重要举措。为积极稳妥推进这项工作，加强顶层设计和总体规划，最高人民法院于 2014 年 4 月专门召开了知识产权审判“三合一”改革试点工作座谈会，在总结经验的基础上，提出坚定信心，共同推动“三合一”改革试点工作迈上新台阶的目标。截至 2014 年，共有 5 个高级人民法院、94 个中级人民法院开展了试点工作。

（四）继续加强知识产权多元化纠纷解决机制建设

加强知识产权保护是一项系统工程，需要集合各方力量形成保护合力，才能取得事半功倍的效果。

为此，人民法院始终重视加强与知识产权行政管理部门、科学技术行政管理部门以及行业协会等的沟通、交流，加强合作、优势互补，努力构建互联互通的知识产权多元化纠纷解决机制，推动知识产权整体保护水平不断提高。如江苏省高级人民法院加强与省文化厅等部门的沟通协作，利用诉调对接机制推动 MTV 音乐作品的付费使用，促进 KTV 纠纷案件的合理解决。

三、强化指导，维护法律适用统一

保障知识产权法律适用统一，增强法律适用的稳定性和可预见性，是知识产权法治建设的必然要求。最高人民法院一贯重视加强审判指导，采取多种措施进行调研指导，统一法律适用。

2014 年 7 月，最高人民法院在湖北省武汉市召开了全国法院知识产权审判工作座谈会，会议深入学习贯彻党的十八届三中全会和中央政法工作会议精神，总结了 2013 年全国法院知识产权审判工作情况，深入分析了人民法院知识产权审判工作面临的形势和任务，进一步明确了知识产权审判工作指导思想，从更新观念、提升能力、加强保护、强化指导、深化改革、引领潮流六个方面对当前和今后一个时期知识产权审判工作提出明确要求、作出具体部署。会议的召开为统一思想，推动知识产权审判工作不断向前发展指明了方向。

人民法院紧紧围绕新技术、新发展带来的知识产权新变革和应运而生的知识产权保护新需求开展调研工作，及时发现问题、总结经验，推动形成共识，促进司法实际问题的解决。最高人民法院依托江苏省苏州市中级人民法院等 10 个知识产权司法保护调研基地和北京大学、中国人民大学等 6 个知识产权司法保护理论研究基地，开展了信息网络传播权司法保护问题、“三网融合”、涉外定牌加工商标法律问题、互联网领域竞争问题、商业秘密、中医中药知识产权保护问题等专题调研活动，为依法裁判此类案件提供智力支持。

最高人民法院始终重视发挥典型案例对司法裁判的指引和示范作用，发布《最高人民法院知识产权案件年度报告（2013）》，对年度经典案件的裁判要点进行总结，促进法律的统一适用；编辑出版《最高人民法院知识产权审判案例指导》，及时编发《知识产权审判动态》，增强业务指导的灵活性和针对性；组织开展第三届全国知识产权优秀裁判文书评选活动，打造精品案件。地方各级人民法院也深度挖掘案例的价值，将案例指导作为助推审判工作的抓手。

四、坚持制度创新，知识产权法院引领司法改革

党的十八届三中全会明确要求探索建立知识产权法院。设立知识产权法院，是司法体制改革的基础性、制度性措施。人民法院高度重视，以改革创新和勇于担当的精神，深入研究、统筹规划，大力推进知识产权法院设立工作，在较短时间内完成了知识产权法院设立，取得了我国知识产权司法保护史上的重大突破。

最高人民法院专门成立知识产权法院设立工作小组，统筹规划知识产权法院设立工作。深入研究知识产权法院的域外经验，结合我国知识产权保护的现实需求，在多次听取有关部门意见的基础上，对设立知识产权法院相关原则、地点、级别、机构、管辖等问题提出框架性意见。2014 年 6 月 6 日，中央全面深化改革领导小组第三次会议审议通过了《关于设立知识产权法院的方案》，为进一步推进相关改革提出了明确的方向和要求。最高人民法院起草了《关于在北京、上海、广州设立知识产权法院的决定（草案）》的议案，并向十二届全国人大常委会第十次会议提请审议。2014 年 8 月 31 日，全国人民代表大会常务委员会通过了《关于在北京、上海、广州设立知识产权法院的决定》，对知识产权法院的机构设置、案件管辖、法官任命等做了规定，为知识产权法院的设立和运作提供了法律依据。之后，最高人民法院精心规划指导知识产权法院设立工作，北京、上海、广东三地高级人民法院积极行动，当地党委、政府等部门大力支持，协同推进知识产权法院设立进程。2014 年 10 月 28 日，最高人民法院出台《知识产权法院法官选任工作指导意见（试行）》，对法官选任工作提出具体指导意见。经过紧张的筹备，北京知识产权法院于 2014 年 11 月 6 日率先成立。12 月 16 日，广州知识产权法院成立。12 月 28 日，上海知识产权法院成立。最高人民法院又会同有关地方法院，及时研究出台各项制度，先后发布了《关于北京、上海、广州知识产权法院案件管辖的规定》《关于知识产权法院技术调查官参与诉讼活动若干问题的暂行规定》等，保障知识产权法院各项工作的规范运行。知识产权法院全面落实各项司法改革措施，率先实行主审法官负责制，探索建立法官员额制度，探索符合司法职业特点的人员分类管理制度，成为中国司法改革的探索者和先行者。

五、着力提升审判队伍司法能力

队伍建设是人民法院的永恒课题，也是持续推进知识产权审判工作的永恒课题。2014年，各级人民法院以建设一支信念坚定、执法为民、敢于担当、清正廉洁的知识产权审判队伍为目标，坚持不懈加强队伍建设，为圆满完成审判工作任务提供了重要保障。

（一）加强理想信念教育

加强思想政治建设，切实解决好世界观、人生观、价值观这个“总开关”问题，是打造高素质知识产权审判队伍，促进公正司法的基础。各级人民法院认真贯彻落实《关于进一步加强人民法院思想政治建设的意见》，把坚定理想信念教育作为提升队伍素质的根本任务，以扎扎实实开展党的群众路线教育实践活动为抓手，组织审判人员认真学习中国特色社会主义理论体系和习近平总书记关于法治建设、纪律作风建设的系列重要讲话精神，引导广大审判人员深刻认识社会主义法治的目标方向、价值取向和实现途径，进一步增强道路自信、理论自信、制度自信，增强建设社会主义法治国家的信心和决心。大力弘扬“忠诚、为民、公正、廉洁”的政法干警核心价值观，以“努力让人民群众在每一个司法案件中都感受到公平正义”为目标开展审判工作，确保法律效果和社会效果相统一。

（二）筑牢公正司法的能力基础

加强法官队伍的正规化、专业化、职业化建设，提高司法能力和水平，是推进知识产权审判事业的重要环节。最高人民法院充分发挥审判理论研究学会和基地的作用，针对知识产权审判中的难点和重点问题，积极开展审判理论研究，不断丰富和总结知识产权审判经验；继续以国家法官学院知识产权培训课程为载体，开展对全国法院知识产权法官的业务培训，培训法官近300人。各地法院纷纷加大对知识产权法官的培训力度。坚持不懈加强知识产权法官队伍建设，有力提升了队伍素质，截至2014年底，共有18名知识产权法官被最高人民法院评为全国审判业务专家。

（三）加强审判监督管理，筑牢公正司法的制度基础

建立健全科学合理、规范有序的审判权力监督运行机制，是促进公正司法的制度保障。各级人民法院牢固树立抓管理促审判的理念，积极探索符合知识产权审判实际需要的审判监督管理新机制和新方法，以权责明晰、高质高效的监督管理保障审判权的正确行使。加强和完善案件信息管理工作，运用信息化手段对案件审理的重要流程和节点进行跟踪监督。加强和完善审判绩效考核工作。最高人民法院继续开展案件质量评查和裁判文书评查工作，强化精品意识，杜绝和防范有差错案件的出现，不断提高审判质量和裁判文书制作质量。加强和完善监督制约机制建设，充分发挥司法巡查、审务督查和廉政监察员的作用，严格执行法官任职回避制度，防止权力失控、行为失范，促进队伍清廉、司法清明。

2014 年推进使用正版软件工作

推进使用正版软件工作部际联席会议办公室

2014 年，在国务院的高度重视和正确领导下，推进使用正版软件工作部际联席会议认真贯彻落实党的十八大和十八届三中、四中全会精神，充分发挥部际联席会议制度优势，加强统筹协调和督促检查，推进软件正版化工作取得新进展。

一、取得的成效

（一）政府机关软件正版化取得新成果

各地区、各部门按期报送了 2014 年软件正版化工作年度报告。各级政府机关认真开展软件正版化自查整改，健全工作机制，明确工作责任，规范软件采购、安装使用和资产管理，完善长效机制。83%的中央和国家机关推进所属事业单位完成软件正版化。2014 年，全国共举办 1 141 期政府机关软件正版化培训班，参训单位 4.51 万家（次），参训人员 11.19 万人次；共督查了 4.34 万家（次）政府机关软件正版化工作；共采购操作系统、办公和杀毒软件 82.67 万套，采购金额 4.61 亿元；采购的办公软件，国产软件套数占比 72.15%。

（二）企业软件正版化取得新突破

2014 年，全国共有 4 112 家企业列入年度完成软件正版化工作目标，其中 3 715 家企业通过检查验收完成软件正版化；共举办 667 期企业软件正版化培训班，参训企业 8 435 家（次），参训人员 7.78 万人次。截至 2014 年 12 月底，全国累计 24 563 家企业通过检查验收完成软件正版化，累计举办 2 479 期企业软件正版化培训班，参训企业 5.91 万家（次），参训人员 17.91 万人次。

在中央企业三级以上企业、大中型金融机构、新闻出版行业企业集团总部全部实现软件正版化的基础上，中央企业四级及以下企业、中小金融机构、新闻出版行业企业集团所属二级企业软件正版化工作取得很大进展。78.88%的中央企业四级及以下企业、71.56%的金融机构、75.2%的新闻出版行业企业集团所属二级企业实现软件正版化。2014 年，纳入统计的 5 188 家企业用于采购、升级和维护操作系统、办公和杀毒软件经费共计 27.4 亿元；采购的办公软件，国产软件套数占比 40.2%。

（三）软件版权保护环境得到新改善

软件著作权登记量逐年提高，2014 年达到 21.87 万件，同比增长 33.12%。软件产业持续快速发展，2014 年软件产业总值 3.7 万亿元，同比增长 20.1%。新出厂计算机预装正版操作系统软件的预装率连续 8 年持续提高，2013 年达到 98.42%。国产软件在协议供货采购中入围比例增大，2014 年中央国家机关通用软件协议供货的入围软件品牌中，90.1%为国内品牌；入围的 8 个操作系统软件品牌，7 个为国内品牌；国外品牌软件价格降幅明显，微软文字处理软件 Office 2010 标准版价格降幅超过 50%。

二、具体做法

（一）国务院高度重视，周密部署

李克强总理多次对加强知识产权保护作出指示，强调保护知识产权就是保护创新，用好知识产权就能激励创新，是给创新的火花加油，要努力建设知识产权强国。2014 年 11 月 5 日，李克强总理主持召开国务院常务会议，要求强化知识产权保护，鼓励创新创造，推进软件正版化。汪洋副总理每季度主持召开打击侵权假冒工作领导小组会议，研究部署软件正版化工作，多次对软件正版化工作作出批示，充分肯定部际联席会议开展了大量卓有成效的工作，软件正版化工作成绩来之不易，要求完善软件正版化长效工作机制，深入持久抓好软件正版化工作，巩固好政府机关软件正版化成果，切实推进企业软件正版化。毕井泉副秘书长主持召开专题会议，研究推进软件正版化有关工作。全国打击侵权假冒工作领导小组将推进软件正版化作为 2014 年打击侵权假冒重点工作。

（二）部际联席会议加强协调指导，积极推进

1. 完善制度建设，健全长效机制

部际联席会议出台了《关于贯彻落实〈政府机

关使用正版软件管理办法〉的实施意见》（国版发［2014］6 号）和《关于做好企业软件正版化信息报送工作的通知》（国版办函［2014］59 号），指导各地区、各部门完善政府机关软件正版化工作相关制度，初步建立了企业软件正版化信息报送制度。财政部、工业和信息化部会同有关部门研究解决微软 Windows XP 系统停止服务问题。国家版权局、国资委组成联合工作组，共同研究编制中央企业软件正版化工作指南，指导中央企业规范化开展软件正版化工作。部际联席会议办公室建成中央和省级各单位软件正版化工作责任人数据库，并指导各省（自治区、直辖市）进一步建立市县级各单位软件正版化工作责任人数据库，推动各单位责任落实到人。

2. 加强经费保障，强化服务指导

财政部加强经费保障和软件采购、软件配置管理，将中央部门软件采购经费纳入年度财政预算，安排开展软件正版化工作经费；在《2014 年政府采购工作要点》中明确指出，推动各地将通用办公软件列入集中采购目录，做好正版软件政府采购工作。国务院机关事务管理局完成 2014 年中央国家机关通用软件协议供货入围谈判工作，推进“正版软件采购网”使用范围不断扩展，北京、山东等省（直辖市）在与中央国家机关政府采购中心联合采购的基础上实现辖区内各区县采购成果共享。中共中央直属机关事务管理局进一步规范中共中央直属机关软件采购、资产管理工作，采取协议供货、专项采购等方式，为中共中央直属机关提供全方位软件采购服务；通过约谈等方式，督促软件供应商提高服务质量。

3. 积极研究部署，加大推进力度

国资委印发《关于做好 2014 年推进中央企业使用正版软件工作的通知》（国资厅发［2014］11 号），深入推进中央企业四级及以下企业软件正版化工作。国家版权局、国资委共同研究推进地方国有企业软件正版化工作具体措施。银监会联合有关部门印发《关于应用安全可控信息技术加强银行业网络安全和信息化建设的指导意见》（银监发［2014］39 号）、《银行业应用安全可控信息技术推进指南（2014—2015 年度）》（银监办发［2014］317 号），对操作系统软件、文字处理软件等进一步明确安全可控要求及可量化应用任务；探索建立银行业软件联合采购工作机制。证监会深入开展证券期货业经营机构软件正版化工作调查，利用技术手段优化软件正版化信息报送平台，进一步提高信息报送效率和数据填报准确性。保监会坚持“统一管理、集中建设”原则，将软件正版化工作作为信息化建设的一项重要内容，推进利用桌面运维管理软件等技术手段，加强软件使用和软件资产管理。全国工商联制定《2014 年推进民营企业使用正版软件工作实施方案》，重点推进 10 家示范企业软件正版化工作，将软件正版化工作完成情况作为省级工商联会员组织工作年度考评、会员企业诚信体系建设、优秀建设者评选表彰的重要指标。

4. 强化督促检查，推动责任落实

部际联席会议 2014 年开展了两次政府机关软件正版化检查，第一次组织了 15 个检查组，对 31 个省（自治区、直辖市）软件正版化工作进行了全面检查；第二次组织了 12 个检查组，对 12 个省（自治区、直辖市）及 24 家中央和国家机关的软件正版化工作进行了检查，并对第一次检查发现问题较多的单位采取了“回头看”。两次共抽查 494 家政府机关、3 044 台计算机的软件安装情况。审计署对 32 家中央部门软件正版化情况进行了重点检查，审计发现的问题纳入审计报告并向社会进行了公告，督促相关部门积极整改。国家版权局、国资委联合组织了 4 个督查组，对 12 家中央企业软件正版化工作进行了专项检查。国家版权局、银监会、证监会、保监会分别对各自监管企业软件正版化工作进行了检查。

5. 加强市场监管，维护市场秩序

国家版权局会同有关部门开展“剑网 2014”专项行动，严厉打击软件侵权盗版行为，查处了一批软件侵权盗版案件。工业和信息化部通过明察、暗访、召开专题会议等形式，检查计算机生产厂商、计算机销售门店以及政府机关落实计算机预装正版操作系统软件的情况；研究计算机预装正版操作系统软件工作中出现的新情况；督促软件厂商解决软件兼容等问题和做好售后服务工作。国家工商总局根据《反垄断法》等有关法律法规，加强反垄断执法，加大对微软公司涉嫌垄断行为等重大案件查处力度，维护软件市场公平竞争秩序，保护消费者合法权益。

6. 广泛宣传培训，营造良好氛围

国家版权局、工业和信息化部、财政部、商务部、审计署、国务院机关事务管理局、中共中央直属机关事务管理局等部门共同举办了两期大型政府机关软件正版化培训班，各中央和国家机关、31 个省（自治区、直辖市）推进软件正版化工作相关部门参加了培训。国家版权局、国资委、银监会、证监会、保监会、全国工商联分别针对各自监管企业开展了软件正版化培训，国家版权局指导中国勘察设计协会开展了勘察设计行业企业软件正版化培训。部际联席会议各成员单位通过会议、网站等方式积极宣传软件正版化相关政策法规和软件正版化取得的成效。部际联席会议办公室通过编发简报，出版《软件正版化在中国》专刊，利用中央电视台、《人民日报》、新华社、《中国新闻出版报》等权威媒体报道，以国家版权局官方微博、微信推送消息等形式加强宣传引导，指导各省（自治区、直辖市）通过新闻媒体发布本省（自治区、直辖市）软件正版化工作进展情况。

7. 加强国际交流，维护国家形象

财政部就美方高度关注的《政府机关办公通用软件资产配置标准（试行）》，通过多次与美方磋商和沟通，双方达成共识。商务部会同有关部门在中美商贸联委会、中欧知识产权对话、亚太经合组织等多双边交流机制，以及中国知识产权海外交流活动中积极宣传中国软件正版化工作取得的进展和成效，并积极应对外方有关议题，及时回应外方关切。

（三）各地区加强组织领导，扎实推进

1. 领导高度重视，健全工作机制

北京、内蒙古、辽宁、吉林、浙江、福建、江西、陕西、青海、新疆等省（自治区、直辖市）主要负责同志亲自部署软件正版化工作。山西、辽宁、江苏、浙江、福建、宁夏等省（自治区）调整充实推进使用正版软件工作机制，增加成员单位数量，进一步明确目标任务和职责分工。

2. 加强制度建设，完善长效机制

山东印发《山东省政府机关使用正版软件管理办法》（鲁政办字［2014］174号），天津、上海、江西、广西、重庆、贵州、云南、青海等省（自治区、直辖市）印发《贯彻落实〈政府机关使用正版软件管理办法〉的实施意见》，湖南印发《关于进一步加强政府机关软件正版化工作的通知》（湘政办函［2014］157号），西藏印发《关于进一步做好各级机关推进使用正版软件工作的通知》（藏政办发电［2014］498号），宁夏印发《关于进一步做好使用正版软件工作的通知》（宁政办发［2014］44号），进一步部署软件正版化工作。天津、辽宁、吉林、黑龙江、浙江、陕西、青海等省（直辖市）印发《关于加强政府机关使用正版软件审计监督工作的通知》，辽宁印发《关于进一步加强政府机关软件正版化工作长效机制建设的指导意见》（辽版权联字［2014］1号），吉林印发《关于进一步做好各级政府机关正版软件采购及资产管理等项工作的通知》（吉权联［2014］10号），陕西印发《关于进一步加强政府机关正版软件采购和资产管理工作的通知》（陕财办采资［2014］97号），加强软件采购、资产管理和审计工作。

3. 加强考核监管，推进责任落实

北京制定《北京市国家机关软件正版化检查评分表》，对各级机关软件正版化工作进行检查、评分。上海市级政府机关和区（县）主要负责人签署《上海市政府机关软件正版化工作责任书》。辽宁建立全省政府机关软件正版化工作责任体系，将政府机关软件正版化工作纳入2015年省政府对各市政府绩效考核内容。甘肃将打击侵权假冒绩效考核中“政府机关软件正版化工作”分值由原来的6分增加到12分。新疆制定《政府机关使用正版软件工作考核评价细则及考核标准》，对自治区各地（州、市）、各厅（局）软件正版化工作进行了考核，并将企业软件正版化工作与相应主管部门软件正版化工作考核挂钩；奖励补贴与版权执法并重，对80家企业下发了软件正版化整改通知，兑现奖补资金110万元。安徽采用建立企业软件正版化信息数据库、版权部门会同企业主管部门联合督查、将软件正版化纳入诚信示范企业评选指标等方式，推进150家企业完成软件正版化。广东通过加强服务、督促指导等方式推进列入2014年重点督办的165家企业完成软件正版化工作。山东查处软件侵权案件153起。江苏、山东联合查处的“建工之家”网侵犯软件著作权案，安徽查处的“999宝藏网”侵犯软件著作权案，湖南查处的谭某某等涉嫌通过网络销售盗版软件案，被选入国家版权局等四部门开展的“剑网2014”专项行动十大案件。各省（自治区、直辖市）共督查了4.29万家（次）政府机关软件正版化工作。

4. 加强宣传培训，提高正版意识

北京设计制作了软件正版化宣传海报和标贴，在各级机关显著位置张贴宣传海报，在机关所有计算机明显位置粘贴宣传标贴，时刻提醒使用正版软件。上海开展“2014诚信IT，正版领军城市”活动，倡导全社会“拒绝盗版、使用正版”，引导企业创建版权示范单位。黑龙江省版权局牵头举办了16期政府机关软件正版化培训，对省直属和各市（地）1 500多家机关共计5 000多人进行了“地毯式”培训，要求各单位建立“三个制度一本账”。各省（自治区、直辖市）通过新闻发布会、“4·26”全国知识产权宣传周集中宣传，利用电视、电台、报刊、互联网以及微博、微信等新媒体等方式开展了丰富多样的软件正版化成果宣传活动。各省（自治区、直辖市）共举办1 139期政府机关软件正版化培训班，参训单位4.48万家（次），参训人数11.15万人次。

三、存在的问题

（一）思想认识不到位

一些单位领导重视程度不够，有的单位领导甚至还不了解此项工作，没有切实落实第一责任人的责任。一些单位负责软件正版化工作部门工作不主动，不及时汇报存在的困难和问题，影响软件正版化工作整体推进。

（二）软件使用不规范

一些单位未建立软件安装和卸载审核机制，软件安装使用监管不严。有的单位预装正版操作系统后，擅自改装盗版操作系统。有的单位超授权使用办公软件。还有的单位为应付检查突击安装正版软件。

（三）长效机制不健全

一些单位制定的软件正版化相关制度，内容不全面，要求不具体，可操作性不强。一些单位基础工作不扎实，未建立软件资产台账，管理制度基本上是“稻草人”，“重购轻管”现象较为严重。

（四）专业知识不扎实

一些单位不了解软件正版化工作相关政策措施，不熟悉软件版权保护相关法律法规，不掌握开展软件正版化工作方法，存在“不知、不懂、不会”现象。

2014年地方版权工作

北 京 市

2014年，北京市版权局认真贯彻落实市委市政府关于2014年版权工作的指示要求，紧紧围绕服务首都经济建设大局，有效宣传普及《著作权法》，扎实推进软件正版化，切实加强版权保护力度，大力促进版权相关产业发展，积极推动版权输出“走出去”，圆满完成了各项工作任务。2014年，北京地区作品自愿登记数量为510 843项，比上年增长了19.16%，连续12年位列全国第一。版权引进8 792项，其中软件31项，电子出版物61项，图书8 700项（含期刊145项），位列全国第一。版权输出数据尚未统计完毕。软件著作权登记量为47 825项，比上年增长了14.66%，占全国总登记量的21.89%，位列全国第一。

一、版权宣传工作

提高社会公众的版权保护意识是版权工作的重点之一，多年来，北京市版权局始终以此作为重要的职责和使命，将日常宣传和集中宣传有效结合，多渠道宣传版权保护知识和法律法规。

2014年4月26日，北京市版权局和首都版权产业联盟共同主办了“2014年北京知识产权宣传周主题活动暨第四届北京音乐版权保护与产业发展论坛”。200多名知名音乐人和唱片公司、音乐网站代表共商版权保护，呼吁共同保护版权、鼓励创新，并就如何完善“中国正版音乐曲库交易平台”，共同推动正版曲库交易与合理分配进行了交流。另外，论坛还发布了中国音乐产业版权数据，揭晓了“2013首都十大版权事件”，聘请著名音乐制作人张亚东、吴梦奇和北京人民广播电台主持人小钊为“首都版权保护形象大使”发出版权保护倡议，启动了版权保护公益广告与公益歌曲征集和“寻找版权宣传微博达人”活动，组织了“知识产权保护进企业”活动等。通过一系列线上线下、互动结合的方式，不断加强版权保护的宣传力度，增强全社会的版权保护意识。

利用《视听表演北京条约》签订两周年的契机，北京市版权局组织召开了多期贯彻落实《视听表演北京条约》研讨会，邀请有关专家以及版权管理相关同志探讨《视听表演北京条约》批准后的版权保护问题；举办“《视听表演北京条约》签订两周年纪念活动暨视听表演版权保护高峰论坛”，文艺机构代表、行业专家及演艺人士代表，围绕条约的宣传贯彻落实和版权之都建设做了精彩的主题演讲；积极与主流媒体机构合作，在几大纸质媒体开辟外交大会宣传专版专栏，刊发专题文章；联合新浪网利用版权局官方微博，开展与外交大会、《视听表演北京条约》和版权保护有关的知识问答；开展地面推介活动，制作展板，印制主题宣传单页和主题购物袋发放给市民和活动参与者，宣传《视听表演北京条约》和版权相关知识等。这些活动形式新颖，内容全面，策划周密，参与广泛，成效显著。

二、软件正版化工作

2014年是北京市软件正版化工作的关键一年，按照国务院的统一要求，北京市在全面完成北京市各级国家机关软件正版化工作的基础上，为实现各级国家机关软件正版化的制度化、常态化，切实巩固工作成果，乘势而上，积极推进各级国家机关软件正版化工作长效机制建设，并按照既定的工作计划，继续深入推进市属国有三级以上企业和新闻出版行业所属二级企业使用正版软件工作，充分发挥联席会议牵头单位组织协调作用，创新工作举措，积极有效部署，切实采取措施，确保各项工作圆满完成。

（一）国家机关软件正版化工作

1. 开展严格自查，坚决完成整改

北京市使用正版软件工作联席会议办公室从8月起，组成了若干检查考核组，赴部分市级单位、区县对有关单位正版化工作情况进行了检查。检查组采取了听取汇报、查阅相关文件、核对采购合同、查阅软件授权许可协议等资料、现场随机抽查计算机软件安装情况的方式进行了严格细致的检查。检查结束后，联席会议办公室结合检查情况和各单位上报的相关正版化工作资料进行统一考核，并于年底前向全市通报软件正版化工作检查考核结果，对完成情况好的单位联席会议进行总结表彰，对未完成或完成情况差的单位予以通报。

2. 拟定管理制度，建立长效机制

针对国务院检查组提出的长效机制建设问题，北京市迅速行动，结合北京的实际情况，参照国务院办公厅《政府机关使用正版软件管理办法》，正在制定具有较强针对性、操作性的《北京市国家机关使用正版软件管理办法》。截止到9月，共走访市级和区县政府机关20余家，召开各种专题研讨会6次，发放问卷100余份。在此基础上，工作组成员多次召开讨论会，研究形成了《管理办法》的初稿。此外，北京市还专门制定了《北京市国家机关软件正版化考核工作方案》，确定对各级国家机关软件正版化工作第一责任人的履责、工作责任分解及实际履责、软件正版化经费保障情况以及对相关软件采购资金和资产管理的审计情况、建立软件资产管理制度、开展日常监督情况等内容进行重点检查考核，为实现正版化工作的常态化、制度化打下了坚实的基础。

3. 加强宣传培训，提高正版化意识

为提高各级国家机关工作人员使用正版软件的自觉性，北京市做出了积极努力。一是将国务院《政府机关使用正版软件管理办法》的主要内容印制成正版化宣传海报，要求全市各级政府机关要在所属信息化部门、办公室或财务处等相关部门的显著位置张贴，在所属各级公务人员所使用电脑的明显位置粘贴宣传标贴，并切实做好相应的宣传工作。共发放宣传海报2 000张，宣传标贴150 000份。二是多次组织正版化知识培训。2014年北京市共组织由市级机关和各区县政府软件正版化和信息化有关负责人参加的正版化相关培训四场，参加培训人员1 000余人次。三是委托首都版权联盟建立软件正版化微信公共账号，向各机关和企事业单位推送包括正版化工作知识、相关法律法规、软件使用技巧和常识等内容，提高宣传效果。

（二）企业正版化工作

5月，北京市召开了2014年推进市属国有企业使用正版软件工作动员部署会，做好工作安排，明确责任分工，通过动员部署、制定计划、自查清理、软件采购、检查验收和总结表彰等阶段，全面扎实推进市属国有企业软件正版化工作。在各企业集团总部完成对所属企业的检查验收工作后，市使用正版软件工作联席会议办公室组织10个检查组，分别由联席会议成员单位相关负责人及区县正版化主责单位相关负责人带队，采取抽查的方式，对列入2014年计划内的180家市属国有企业软件正版化工作按30%的比例进行实地检查验收。

三、版权保护工作

北京市版权局通过各种手段有效加强监督监测，切实抓好大案要案，不断增强版权保护的力度和实效。

（一）继续实施版权护航工程

1. 协助国家版权局实施网络主动监管任务，继续推动《信息网络传播权保护指导意见》的贯彻、实施。对大型、综合性网站的版权使用情况进行跟踪监测，主动监管。结合主动监管工作，进一步推行《版权声明试行办法》。促使大多数大型、综合性网站和北京市版权局版权资源信息中心网站建立定向链接，并对声明公示的作品采取有效的保护措施。版权声明公示制度在明晰版权归属、预防版权纠纷方面发挥了越来越明显的作用。

2. 促进北京版权调解中心的进一步完善，重点围绕计算机软件和音乐视频作品的著作权保护，提升版权服务能力，积极开展调解工作。2014年，北京版权调解中心共受理著作权纠纷调解案件26起，涉及金额1 338.63万元。经过沟通、走访及设立调解庭进行当面调解，其中13起案件已经结案，结案金额218.17万元。

3. 对被举报投诉的网站进行定向监测，整体评估。适时约谈违规企业，指导其制定整改方案并督促落实，社会影响较大的网站的版权状况明显改观，网络版权秩序持续好转。

4. 坚持与广电、通信部门的快速反应机制。对有侵权行为同时未经许可从事视听服务或未经登记的非法网站实施快速清理，进一步净化网络版权环境。积极支持、配合国家版权局和北京市司法机关办理侵犯著作权刑事案件，为公安司法机关顺利办理侵犯著作权刑事案件提供有力支持。

5. 积极推进版权工作站建设，在重点领域和企业建立11个版权工作站，完成著作权服务培训，指导版权工作站结合各单位特点，积极开展著作权宣传、咨询、登记和保护工作。

6. 为加强源头治理，有效打击侵权盗版，继续深入推动清源行动。该行动系版权行政主管部门发起，相关行业协会积极参与，有关企业积极响应并具体落实，对经版权行政机关认定属于“专门或主要从事侵权盗版活动的网站”采取停止广告投放业务、停止结算已经产生的广告收入等措施。对于违规继续为“盗版网站”提供广告投放业务的企业，由版权行政管理部门或相关行业协会采取约谈、公开谴责等方式予以警示，对经警示无效的企业，由版权行政管理部门依照相关法律规定提请有关执法部门追究其共同侵权的法律责任。

7. 成功办结百度、快播侵犯著作权行政处罚案。按照国家版权局的统一部署和局领导的要求，积极参与百度、快播侵犯著作权案的查处工作，并在规定期限内顺利办结案件。

（二）开展版权科技维权工程，建立网络版权技术联盟

1. 推动升级现有网络版权信息监控系统功能，开发视频、音频监控系统，形成文字、视频、音频三位一体的网络版权监控平台，实现对信息网络版权信息全天候的搜索、分类、统计和提取功能。

2. 推动、扶持建立网络版权技术联盟。开发指纹、水印、DNA 等自动识别技术、阻断反复上传重复链接技术、防伪技术和自动统计报警技术等。

（三）组织开展打击盗版专项行动，维护网络版权传播秩序

1. 重点对 21 家重点网站音乐、视频、文字作品的传播和版权使用情况进行实时监测，规范网络转载。对百度影音、头条等重点网站约谈整改，发现侵权问题及时监管，并按程序移交司法机关处理，维护著作权人合法权益。

2. 净化网络版权环境，按照国家版权局的统一部署和局领导的要求，组织开展 2014“剑网行动”，积极参与北京市打击假冒伪劣和侵权盗版专项行动。配合相关部门积极推动侵犯著作权案的查处工作。

（赵晓鹏）

天 津 市

2014 年，天津市版权局在市委、市政府的领导下，在国家版权局的指导下，全面积极推进天津市的版权工作，版权管理主要取得了以下几个方面的工作成果：

一、软件正版化工作

进一步巩固天津市政府机关软件正版化工作成果，落实完成了新闻出版行业企业和勘察设计企业软件正版化检查整改工作，建立完善了政府机关软件正版化长效管理机制，确保天津市推进使用正版软件工作长效、健康、有序开展。

（一）市、区县两级政府机关软件正版化工作

1. 健全机构，完善制度

建立健全市推进使用正版软件工作联席会议制度，进一步明确联席会议各成员单位职责，建立协调配合、齐抓共管的长效管理机制。为巩固天津市政府机关软件正版化工作成果，市推进使用正版软件工作联席会议办公室修订并完善了《天津市政府机关使用正版软件管理办法》，并印发市级 50 个政府部门和 16 个区县政府机关，实现了市、区县两级政府机关软件正版化工作常态化、长效化管理。

2. 查遗补缺，强化管理

按照国务院办公厅有关文件要求，天津市及时起草并印发了《天津市审计局关于加强政府机关使用正版软件审计监督工作的通知》（津审办［2014］17 号），进一步强化政府机关审计监督职能，要求全市审计机关在每年对本级政府机关开展预算执行审计等项目时，要重点做好对软件采购资金管理使用和软件资产管理情况的审计工作，相关审计结果要纳入审计报告。

3. 督导检查，巩固成果

按照年度工作计划，市政府机关使用正版软件工作检查组成员单位团结协作，密切配合，对市、区县两级政府机关使用正版软件情况开展了 3 次专项检查，在被检查的 10 个市级政府部门、10 个区县 20 个政府部门的 98 台计算机中，均安装使用了正版软件。

2014 年，市、区县两级政府机关采购操作系统软件 2 642 套、办公软件 2 831 套、杀毒软件 1 006 套，采购金额 522.55 万元。

截至 2014 年底，天津市市、区县两级政府机关共有正版操作系统软件 25 865 套、办公软件 21 556 套、杀毒软件 10 449 套。天津市政府机关已实现软件正版化。

（二）党委、人大、政协等机关软件正版化检查整改工作

1. 安排部署，有序推进

及时印发《天津市审计局关于加强政府机关使用正版软件审计监督工作的通知》，对在党委、人大、政协等机关开展软件正版化工作进行具体安排部署，提出明确要求，扎实有序推进，确保取得实效。

2. 自查摸底，底数清楚

党委、人大、政协等机关安排专人负责落实软件正版化工作，及时完成了正版软件自查摸底，确保底数清、情况明。

3. 投入资金，完成采购

截至 2014 年底，市委办公厅、市人大办公厅、市政协办公厅共采购操作系统软件 619 个、办公软件 512 个、杀毒软件 123 个，投入采购资金 174 万元，完成了软件正版化检查整改工作。

（三）企业软件正版化工作

1. 扎实推进新闻出版行业二级企业软件正版化工作

天津日报集团和天津出版传媒集团所属14家二级企业，在完成使用正版软件情况自查摸底后，共采购操作系统软件224套、办公软件63套，投入采购资金23.6万元。

2. 扎实推进勘察设计企业软件正版化工作

确定15家勘察设计单位为第一批软件正版化检查整改企业。截至2014年底，15家企业均上报了自查统计表，1家企业实现了软件正版化，8家企业上报了拟采购正版软件数量，6家企业采购资金正在申请中。

二、开展“剑网2014”专项行动

2014年6月，按照国家新闻出版广电总局要求，结合天津市实际，天津市版权局、市公安局、市通信局、市网信办、市文化市场行政执法总队人员联合成立“天津市打击网络侵权盗版‘剑网2014’专项行动协调小组”。2014年7月，五部门联合签发了《天津市开展打击网络侵权盗版“剑网2014”专项行动实施方案》，明确各自职责，强调协调配合，建立了执法联动、信息共享、协作办案的有效机制，提高了办案效率。针对“剑网2014”专项行动中保护数字版权、规范网络转载、严惩侵权盗版的重点任务，天津市版权局通过加强引导、制度规范、重点监控的方法，进一步加强天津市网络版权执法监管工作，打击网络侵权盗版，依法治理网络空间，净化网络版权环境，依据国家版权局文件要求，起草了《天津市加强互联网传播作品版权监管工作办法》。经过梳理，版权局筛选出具有一定规模及影响力的、涉及影音下载和论坛的43家网站为日常监管网站，并建立了通讯录，同时，对各网站负责人提出了具体要求。

1. 开展日常浏览网页内容的检查工作

不定期对43家网站的主页进行点击浏览，查看有无提供热播影视、歌曲在线视听和下载内容，对存在此类内容的网站，要求其提供作品授权证明。

2. 引导网站进行自主版权管理

及时将《天津市加强互联网传播作品版权监管工作办法》《天津市开展打击网络侵权盗版“剑网2014”专项行动实施方案》《国家版权局公布第二批重点预警作品名单》寄送43家网站，并要求各网站立即进行自查自纠和整改。

3. 开展联合执法检查，严防网络侵权盗版

为加强网站版权监管，规范天津市网络作品合法传播行为，2014年10月和12月，版权局分别两次联合市公安局、市通信局、市文化市场行政执法总队及市网信办，共同组成联合检查组，对天津市北方网、天津网、百丽吧、酷天津、今晚网、天津热线、北斗六星网和颐博游戏等8家网站开展版权执法检查。经检查，8家网站均不存在网络侵权疑点。

三、版权示范单位、示范园区（基地）的调研和评选工作

按照《关于印发〈全国版权示范城市、示范单位和示范园区（基地）管理办法〉的通知》（国版字［2013］4号）精神，为创建全国版权示范单位、示范园区（基地），天津市版权局开展了全市版权保护工作示范单位或示范园区评选活动。

2014年上半年，市版权局对16个区县版权保护情况进行了调查摸底，16个区县对本辖区内拥有版权资源的单位和园区进行了初步评选，推荐了滨海新区中新生态城出版基地、天津福丰达影视科技投资发展有限公司、天津画国人动漫创意有限公司，版权处对这3家单位进行了实地调研，对3家单位的版权资源拥有情况、自主版权保护情况及正版软件使用情况等方面进行了深入了解，并起草调研报告。

2014年下半年，市版权局版权处启动天津市版权示范区县、示范单位和示范园区（基地）评定工作。按照国家版权局要求，结合天津市实际情况，制定了《天津市版权示范区县、示范单位和示范园区（基地）管理办法》，下发至16个区县，遵循自愿申报、区县推荐、实地考察和组织评审的程序，于2014年底完成天津市版权示范区县、示范单位和示范园区（基地）的评定工作。

四、“2014年度‘经典中国国际出版工程’资助项目”的组织申报工作

按照国家版权局要求，起草并转发《关于申报2014年度“经典中国国际出版工程”资助项目的通知》，组织全市出版单位开展2014年度“经典中国国际出版工程”资助项目的申报工作，经对申报材料进行收集、整理、审核、汇总后，完成天津市4家出版社的14个品种的申报工作。

2014年6月，国家版权局公布了2014年“经典中国国际出版工程”资助项目名单，新蕾出版社的《动物小说名家系列·白象家族》《动物小说名家系列·血染的王冠》《动物小说名家系列·美丽世界的孤儿》《动物小说名家系列·琴姆且》四种图书入选。

五、开展多种形式的宣传活动，营造版权保护氛围

（一）开展“4·26”全国知识产权宣传周活动

1. 版权处积极组织开展版权宣传活动。为搞好“4·26”全国知识产权宣传周活动，4月26日，版权处在天津市版权局的网站、市版权协会网站、16个区县网站上同时发布国家版权局网站上的宣传短片；参与起草天津市《知识产权发展状况白皮书》，并参加市政府召开的新闻发布会。联合市知识产权局深入社区开展知识产权宣传咨询活动，活动期间，接受天津人民广播电台经济频道、《知识产权报》等新闻媒体记者的专题采访，发放了宣传材料，得到了社区居委会和居民的欢迎。

2. 协调、推动天津市16个区县搞好“4·26”全国知识产权宣传周活动。起草《关于做好2014年全国知识产权宣传周版权宣传活动的通知》，并下发16个区县。各区县版权局在4月21日至27日均开展了宣传咨询活动，悬挂宣传布标，讲解如何识别盗版，发放宣传资料7 000余份，接受群众咨询1 200余人次。在此期间，各区县还组织召开培训会、使用正版软件宣传会等形式多样的宣传活动，在全市范围内形成了宣传《著作权法》的高潮。

3. 按照国家版权局统一部署，及时对天津市完成16个区县政府机关软件正版化工作成果进行新闻发布，《天津日报》、《今晚报》、人民网、凤凰网等17家报刊、网站媒体进行了报道或转载。市、区县版权管理部门充分利用“4·26”世界知识产权日，分别组织开展了版权宣传活动，同时，将推进政府机关软件正版化工作作为重要内容，在社会上进行广泛宣传，提高社会公众的版权保护意识。

（二）开展打击网络侵权盗版“剑网2014”专项行动宣传

2014年6月，天津市版权局在开展打击网络侵权盗版“剑网2014”专项行动后，利用天津市版权局网站和天津市版权局“津门书香”微博对“剑网2014”专项行动及加强天津市网络版权监管工作进行了宣传。

为加强日常网站监管，天津市版权局与网站负责人建立有效联系，及时将文件寄送到网站，通过宣传引导，强化网站自我管理能力，防止侵权问题发生。

六、做好版权管理工作，促进版权产业发展

2014年，天津市版权局完成电子出版物和计算机软件著作权认证32件、著作权作品登记87件，审核涉外图书出版合同531件。审核、批复、发证，各环节都认真进行，保证了软件认证批复、涉外图书出版合同备案、作品登记证书的质量。每月按时完成作品登记统计上报工作，在详细解答版权业务咨询的同时做好版权宣传工作，共接待版权咨询200余人次。

（张　倩）

河　北　省

2014年，河北省各级版权行政部门在省委、省政府的领导下，在国家版权局的指导下，深入贯彻落实党的十八大和十八届三中、四中全会精神，进一步巩固政府机关软件正版化工作成果，严厉打击侵权盗版行为，积极打造河北版权产业名片，不断提高版权服务意识，取得了显著成效。

一、政府机关和企业软件正版化工作

2014年，河北省各级政府将软件正版化工作纳入制度化、常态化管理，采取多种措施，继续巩固政府机关软件正版化工作成果。

一是继续加强组织领导。在全国清理整顿各种议事协调机构背景下，各级政府站在讲政治的高度，继续保留了软件正版化工作组织机构。在推动全省软件正版化工作过程中，省长张庆伟、副省长杨汭和姜德果多次作出批示，指导开展工作。

二是强化部门协作。省版权局制定并印发了《河北省2014年推进使用正版软件工作实施方案》《河北省贯彻落实〈政府机关使用正版软件管理办法实施意见〉的任务分解方案》，明确了各地、各部门的职责和任务。石家庄、廊坊等市版权部门与财政、采购部门联合建立了软件采购制度和安全性标准等方面的协商机制。

三是开展督导检查。2月中旬，全国“双打”办考核组对河北省2013年度工作进行了考核，除查看软件正版化工作资料外，还对省工商局、石家庄市食药监局和保定市博野县政府机关软件正版化工作进行了实地检查，对河北省的工作给予了充分肯定。3月上旬，省版权局组织10个督导组对各设区市政府进行了全面检查。3月下旬，由国家版权局副司长王志成带队的国务院第十三检查组，对河北省市县政府机关软件正版化工作情况进行了检查。检查组实地检查了秦皇岛、廊坊市和海港区、文安县政府及部分机关，之后听取了全省软件正版化工作情况汇报。检查组的反馈意见从省委、省政府高度重视，市县政府坚决落实省政府部署等方面给予了高度评价；同时，就岗位责任、情况报告、台账等方面发现的问题提出了整改建议。针对此次检查中发现的问题，省版权局专门下发通知，要求各地区、各单位开展整改工作。从10月下旬开始，省版权局再次组成检查组，对全省35个市县政府的105个机关、525台计算机进行了督导检查。2014年，市县政府共计完成700余次督导，检查了6 800余家单位。

四是深入推进企业软件正版化工作。2014年，按照国家版权局提出的所有大型新闻出版行业企业所属二级企业务必完成软件正版化工作的要求，省版权局积极与省内3家新闻出版行业企业沟通，并多次以文件、电话、现场检查等方式进行督导。12月份，又专门组织人员对41家二级企业的完成情况进行了检查验收，所有企业全部达标。

二、打击侵犯知识产权和打击网络侵权盗版“剑网2014”专项行动

全省各级版权部门立足本职岗位，认真开展打击侵犯知识产权和制售假冒伪劣商品工作与打击网络侵权盗版“剑网2014”专项行动，采取有力措施，加大打击和整治力度。

一是及时制定工作计划。省版权局及时协调有关部门，联合转发了国家版权局等四部门《关于开展打击网络侵权盗版“剑网2014”专项行动的通知》，先后制发《2014年打击侵犯知识产权和制售假冒伪劣商品工作计划》《河北省开展打击网络侵权盗版“剑网2014”专项行动方案》，明确了工作目标、任务、步骤、职责分工和具体措施，并提出了具体要求。

二是成立了领导机构。为加强统一领导和协调联动，专门成立了以省版权局局长王景武为组长，省版权局、省互联网信息办公室、省通信管理局、省公安厅分管领导为副组长，有关单位业务处室负责人为成员的河北省打击网络侵权盗版专项治理“剑网行动”工作领导小组。

三是开展“两法衔接”平台和案件信息公开栏目接入工作。省版权局积极与省“双打”办、省政府进行联系，在建立案件信息公开栏目及数据库的基础上，按时完成了与省政府政务外网的连接，并接入省打击侵权假冒领域“两法衔接”信息共享平台。

四是主动监管网站和检查市场。各地版权部门主动监管本地经营性网站和出版物市场，召开专题会议，制定行动方案。石家庄市版权局通过媒体发布信息，公布举报电话和邮箱，鼓励全社会举报互联网及手机媒体等各类网络侵权盗版活动。保定市实行24小时轮流值班制度，全天候严密监控网上动态。沧州市对辖区内的较大网站建立责任人制度，签订《禁止网络侵权盗版行为责任书》。唐山、秦皇岛、邢台、张家口、邯郸等市版权局分别对辖区内的环渤海新闻网、星之传媒、杂文网、红山城、邯郸之窗等网站进行了重点监管。据统计，2014年，各级版权行政及执法部门共出动检查人员6.5万人次，检查出版物市场、印刷复制企业3.2万家（次），收缴侵权盗版出版物14万册，查办网上侵权盗版案件38起，处理涉嫌侵权盗版违规网站30个，关闭及注销备案网站16家，列入黑名单24家，有力地打击了侵权盗版的不法行为，震慑了不法分子。

三、组织省内优秀版权企事业单位和相关人员参加国际版权博览会

2014年9月中旬，第五届中国国际版权博览会在成都举办，经过3个月的紧张筹备，省版权局成功组织了省内版权企事业单位、版权从业人员和版权行政单位参加展会。展会期间，唐山银贝壳有限公司的手机游戏《宝石大爆炸》、平山果然传媒公司古装历史题材电影《周公》等5项版权项目完成签约，总金额达1.29亿元。河北影视集团选送的《周恩来的四个昼夜》（电影）、秦皇岛市姜艳华选送的《长城万里图》（剪纸）荣获展会“金慧奖”最佳创意作品奖，河北省版权局荣获展会“金慧奖”最佳组织奖。此次组团参展收获颇丰，主要得益于：

一是各级领导的高度重视。早在活动筹备阶段，省新闻出版广电（版权）局党组书记李晓明，副书记、局长王景武均分别作出重要批示，副局长董毅多次进行调度，提出要求。展会期间，局长王景武和副局长董毅、陈建英不仅亲临现场指导参展工作，还邀请了国家版权局版权管理司司长于慈珂参加版权项目签约仪式。秦皇岛、石家庄、唐山、保定、承德等市的有关领导积极带队参加展会，体现了地方党委、政府对版权工作的高度重视。

二是资金政策支持。为鼓励省内版权企业积极走向国际，开拓市场，做大做强，省版权局积极筹措资金，为各参展单位统一解决了参展费用，解除了参展企业的后顾之忧。

三是认真做好选送工作。经过认真征集和遴选，河北影视集团、河北出版传媒集团、河北电视台、河北日报报业集团等15家单位和个人选送的158件作品脱颖而出，内容涵盖图书、报纸、广播、电影、电视、游戏、书法、绘画、陶瓷等方面。

四、版权活动宣传报道工作

2014年，各级版权部门充分利用当地的新闻媒体，及时发布信息，介绍工作成果，扩大社会宣传的影响力。

一是重点宣传软件正版化工作成果。2月28日，河北电视台通过卫星频道，在《河北新闻联播》节目中播出了《2013年河北省顺利完成市县两级政府机关软件正版化工作》的新闻稿件，对外公布了全省市县两级政府机关提前完成软件正版化工作的成果。3月底，省版权局借国务院检查组检查之机，邀请省内主流媒体开展跟踪报道，《河北日报》《燕赵都市报》《河北青年报》等媒体纷纷发布消息，及时跟进宣传。

二是强化知识产权保护周宣传。为配合国家《软件正版化在中国（2014）》专刊出版，4月下旬，省版权局起草了《河北省推进使用正版软件工作成效及措施》，通过文字、数据、图片等内容全面反映了河北省近年来推进使用正版软件的工作成果。4月全国知识产权宣传周期间，邯郸、承德、张家口、保定等市版权部门组织人员走上广场，宣传《著作权法》，发放各种宣传材料2万余份，接受群众咨询400余次；河北电台、河北电视台以及《河北日报》、长城网等省内主要媒体连续播放、刊登版权知识公益广告，并对侵权盗版有关案件进行了报道。

三是推荐宣传了查办案件的先进单位和个人。6月9日，《国家版权局关于奖励2013年度查处侵权盗版案件有功单位及有功个人的决定》印发，河北省推荐的单位和个人全部获得奖励，其中：石家庄市桥西区文化体育局获得有功单位二等奖，省版权局版权处、石家庄市版权局、省通信管理局通信保障处等7家单位分别获得有功单位三等奖；解芳、李波、任晓英等9人分别获得有功个人三等奖。

五、版权知识和执法能力培训工作

2014年，全省各地继续加大培训力度，市县政府先后组织软件正版化、版权执法等方面培训180余次，参训人员达1.6万余人次。各地通过培训教育，在提高公众版权保护意识的同时，也提高了各级版权部门的服务意识和业务水平。3月上旬，省版权局就省工商联在省政协十一届二次会议上提出的《关于将正版软件纳入协议采购目录的建议》（第155号提案）提出了会办意见，从以下三方面进行了说明，并及时向主办单位进行了反馈：加强法律法规宣传工作，提高政府机关软件正版化工作的针对性；加强软件采购制度建设，统筹考虑正版软件购买与使用的统一性；加强部门之间沟通协调，保持软件正版化工作日常监管的持续性。6月3日至5日，按照国家版权局《关于举办国家版权监管平台应用专题培训的通知》要求，省版权局选派人员参加了版权监管平台应用专题业务培训。8月下旬，国家版权局在成都召开新闻出版行业企业软件正版化工作培训班，河北省版权局派出人员带领三家出版行业企业的软件正版化工作相关负责人参加了培训。9月4日至5日，省版权局组织基层版权执法人员赴长沙参加“剑网2014”版权执法专题培训班。10月中旬，由推进使用正版软件工作部际联席会议办公室举办的2014年政府机关软件正版化工作培训会在京举行。在河北省版权局协调下，省政府办公厅、省财政厅、省工业和信息化厅、省机关事务管理局均派人参加了会议。2014年，河北省版权局为出版社登记外国及港澳台图书出版合同117件，为社会公众登记美术、文字和音乐等作品237件。

（李冬群）

山　西　省

2014年，山西省版权局按照省委、省政府和国家版权局的总体部署，坚持创新思维、依法行政、加强管理、突出重点的原则，积极发挥版权在文化强省建设中的基础性、资源性和战略性作用，着力加强版权监管力度，不断拓展版权宣传范围，全面加强依法行政意识，扎实开展打击侵权盗版和软件正版化等重点工作，努力为版权产业的健康发展和著作权人的合法权益保驾护航，取得了阶段性的工作成果。

一、版权行政执法和市场监管工作

版权管理与执法工作是全省打击侵犯知识产权和制售假冒伪劣商品工作的重要内容。山西省版权局将打击侵权盗版作为全年工作的第一要务，全面提高工作标准，不断加大打击力度，密集开展集中行动，坚决保持对侵权盗版不法分子和违法行为的高压态势。

（一）注重对全省打击侵权盗版工作的统一指导

山西省版权局根据国家版权局和省“双打”领导组的安排，认真组织开展了全省新闻出版系统“双打”工作，召集各市版权局分管副局长、版权科科长召开会议，听取各市版权局关于版权行政监管、网络侵权盗版专项治理“剑网行动”、政府机关使用正版软件工作等方面的情况汇报，征求了各市关于版权管理工作的意见和建议，并提出了将版权执法工作的重点转移到查处互联网侵权盗版案件和做好政府机关使用正版软件长效管理机制建设工作上。

（二）注重传统出版物市场的整顿规范

突出重点时段集中清理整治工作，开展了全省

“两会”“两节”期间出版物市场和暑期出版物市场专项治理行动；关注未成年人成长环境，全省在不同时段开展了“少儿出版物市场整治行动”“打击非法及盗版教材教辅专项行动”“校园周边出版物市场专项整治”三大集中行动；加强图书报刊音像市场、交通枢纽、集市景区、数码电脑城等重点部位的监管。全年全省共出动检查人员 9.8 万余人次，取缔各类违规出版物经营单位 732 家，查缴侵权盗版出版物 297 109 件。

（三）注重网络侵权盗版的专项治理

为加强网络环境下的版权行政执法和监管工作，严厉打击各类网络侵权盗版违法行为，山西省版权局协调省公安厅、省通信管理局、省互联网信息办公室等部门共同开展了为期半年的打击网络侵权盗版专项治理“剑网行动”。山西省突出加强对重点网站的主动监管和排查工作，全省各市共主动监管网站 200 余个，其中包括省级重点监管网站 6 个。重点查办了“游视网”涉嫌侵犯音乐作品著作权案，该案件为国家版权局挂牌督办的网络侵权案件。该案件的成功查办成为山西省 2014 年“剑网行动”中的一大亮点，也为查办网络侵权盗版案件这一难题积累了大量有效的经验。

（四）注重涉刑案件的衔接配合工作

根据《关于在打击侵犯著作权违法犯罪工作中加强衔接配合的暂行规定》精神，山西省版权局组织专业技术人员对运城东方驾驶学院盗版教材案涉案图书进行了认真鉴定，指导长治县文化市场行政综合执法大队对查处的侵权盗版案件进行调查取证，为案件的依法处理提供了准确有力的证据。

（五）注重“双打”行政处罚案件信息公开工作

组织召开了“双打”行政处罚案件信息公开工作会议，印发了《关于制售假冒伪劣商品和侵犯知识产权行政处罚案件信息公开的实施办法》，于 2014 年 6 月 1 日起正式实施。凡适用《中华人民共和国著作权法》第 48 条，《印刷业管理条例》第 38 条第 3 项、第 39 条第 3 项、第 40 条第 4 项的规定并按照一般程序依法查办的制售假冒伪劣商品和侵犯知识产权行政处罚案件，其相关信息均要求予以公开。

（六）注重将查办案件与宣传教育有机结合

公众良好的版权意识是版权秩序不断改善的基础。山西省版权局在 2014 年“4·26”全国知识产权宣传周期间，紧紧围绕“保护·运用·发展”的宣传主题，组织全省各级新闻出版部门大范围、多角度、创新性地开展版权宣传活动。

1. 播放版权公益广告宣传片

宣传周期间，太原综合广播、老年广播滚动广播版权知识 77 次，太原法治频道、影视频道、百姓频道、文体频道每天滚动播放版权公益广告宣传片 140 次，尤其是太原市载有移动电视的公交车，滚动播放版权公益广告宣传片 910 次，受众数量初步估计达到了 300 万人。此外，还利用三晋热线、山西新闻网、太原新闻网、太原青年在线、龙城热线等点击率较高的网站，大力宣传版权法律法规和知识，播放版权公益广告宣传片。

2. 开展全省知识产权街头集中宣传活动和侵权盗版、非法出版物全省集中统一销毁活动

4 月 24 日，山西省版权局、山西省“扫黄打非”工作领导小组办公室组织全省 11 个市同时举行了侵权盗版及非法出版物集中销毁活动和知识产权街头集中宣传活动，共销毁各类侵权盗版及非法出版物 36 万余件，发放各类宣传资料 8 万余份。活动集中展示了山西省打击侵权盗版取得的重大成果，进一步表明了全省版权保护的坚定立场和坚强决心。

3. 组织版权宣传进校园活动

太原市版权局向全市 100 所中、小学校发放版权宣传资料和海报，在科普、学习栏中张贴“宣传专刊”，努力使中、小学生树立版权意识，做到版权宣传从娃娃抓起。大同市组织学生参观以保护知识产权、拒绝侵权盗版为内容的展板，发放了 2 000 余份知识产权宣传单。此外，其他市也开展了丰富多彩的版权知识进校园活动，发放《著作权知识问答》等通俗易懂的宣传资料。

4. 组织版权宣传进企业活动

山西省在太原市各大影院和赛格、青龙、阳光、颐高四大电脑城显著位置张贴了版权宣传海报，并要求悬挂打击侵权盗版的宣传标语，对卖场内的经营人员进行版权法律宣传教育，发动消费者对销售盗版制品和有侵权行为的商家进行监督和举报，不断提高广大公众、计算机经营者和计算机软件经营者的版权意识，为软件正版化工作的开展营造良好的社会环境。

5. 组织版权宣传进机关活动

为切实巩固政府机关使用正版软件工作成果，有效提高广大政府机关工作人员的版权意识，山西省部分市、县在机关单位墙面、电梯口张贴版权宣传海报，发放《政府机关使用正版软件管理办法》《计算机软件保护条例》，在各级政府机关中宣传版权法律法规知识，增强广大干部自觉保护正版、拒

绝盗版的主动性。

二、软件正版化工作

（一）加强政府机关使用正版软件工作长效机制建设

1. 加强组织领导

对山西省推进使用正版软件工作领导小组进行调整。通过山西省政府办公厅下发了《关于全面做好政府机关使用正版软件工作的通知》（晋政办发电［2014］78号），督促各市县、各相关部门按照《政府机关使用正版软件管理办法》的规定，健全组织领导机构，主动加强工作协调，认真履行工作职责，紧紧围绕工作协调、经费保障、软件采购、日常监督、资产管理、审计监督和年度报告等重要环节，进一步建立健全规章制度，全面加强使用正版软件工作长效机制建设。

2. 集中自查整改

组织各市和省直各部门全面开展软件使用情况自查整改工作，重点检查软件采购情况、软件采购经费纳入政府采购预算的情况、软件安装使用情况、软件资产管理情况、审计制度和年度报告制度的落实情况以及和信息化工作结合情况等方面的内容。针对自查中发现的问题，集中开展整改，明确责任人和完成时限。通过自查整改，全省政府机关使用正版软件工作质量得到明显提高。

3. 严格督促检查

为切实落实工作责任、全面保证工作质量，确保检查整改工作取得实效，山西省推进使用正版软件工作领导小组下发了《关于对全省各级政府机关使用正版软件工作进行检查的通知》（晋新广明电［2014］12号），由山西省版权局、商务厅、经信委、国资委、审计厅组成6个检查组，对全省35个省级政府机关、11个市的22个市级政府机关和11个县的22个县级政府机关进行了抽查检查，重点检查第一责任人和具体负责人责任落实情况、自查整改情况、长效机制建设情况等三个方面的内容。对于检查中发现的问题，检查组当面反馈并要求立即整改，同时要求举一反三，杜绝此类问题发生。

4. 重视培训教育

山西省版权局于2014年10月28日组织各市人民政府和省直各部门召开了山西省政府机关使用正版软件工作专题培训会议。会议对软件正版化工作的背景意义、政策法规、规范操作等内容进行讲解。会议下发了《政府机关使用正版软件工作文件汇编》，要求各市、各部门按照要求加紧建章立制，确保工作制度化、常态化、规范化运行。

5. 扩大社会影响

2014年3月，山西省新闻出版广电（版权）局邀请山西电视台、山西人民广播电台、黄河电视台、《山西日报》、《山西晚报》等20余家省内主流媒体，组织召开了“山西省市、县级政府机关使用正版软件工作新闻发布会”，介绍市、县级政府机关使用正版软件检查整改工作的完成情况、长效管理机制的建立情况，向社会全面展示了山西省市、县级政府机关使用正版软件检查整改工作成果。

2014年4月和11月，国务院“双打”工作领导组、国务院推进使用正版软件部际联席会议督查组对山西省政府机关软件正版化工作进行了3次检查，均对全省政府机关软件正版化工作给予了充分肯定。

（二）继续开展新闻出版行业企业软件正版化工作

新闻出版行业软件正版化工作对于全省软件正版化工作具有较强的示范带动作用。根据国家版权局和山西省副省长张复明的批示，山西省版权局将新闻出版行业二级企业作为全年企业软件正版化的工作重点，在山西出版传媒集团有限责任公司、山西日报报业集团的29家二级企业开展软件正版化工作。为加快工作进度、提高工作质量，山西省版权局于6月组织召开了全省新闻出版行业企业软件正版化工作推进会议并作出了针对性部署，加强督促指导，创新工作方式，通过实施软件资产管理，深入推进企业软件正版化工作。截至2014年底，目标推进企业已基本完成了软件正版化工作，工作整体进展情况良好。

三、版权公共服务工作

在版权公共服务体系建设中，山西省版权局特别注意加强作品版权登记工作，努力为广大著作权人提供可靠便捷的版权保护服务，为版权贸易的不断拓展保驾护航，完成作品版权登记541件，全年数量同比2013年翻一番，全年完成版权贸易合同备案46件。

（郝子谍）

内蒙古自治区

2014年，内蒙古自治区版权工作坚持以邓小平理论和“三个代表”重要思想为指导，坚持科学发展观，贯彻落实党的十八大精神和自治区“8337”发展思路，紧紧围绕大局，以营造良好版权环境、推动版权相关产业繁荣发展为目标，加强版权行政执法，大力推进政府机关软件正版化工作，坚持不懈地开展版权法律知识宣传教育，各项工作取得了成效。

一、打击侵权盗版工作

落实国家版权局、自治区打击侵犯知识产权和制售假冒伪劣商品工作领导小组有关重点工作安排，部署、开展全区新闻出版、版权领域的"双打"专项工作。部署开展 2014 年度打击网络侵权盗版"剑网 2014"专项行动，承办国家版权局移交有关案件，切实加大版权保护工作力度。2014 年，全区版权行政案件立案 33 件，办结 29 件，移送司法机关 2 件。

二、政府机关软件正版化工作

2014 年，国务院两次派检查组对内蒙古自治区政府机关软件正版化工作进行检查，全区软件正版化工作得到了检查组的充分肯定。2014 年，按照国务院、内蒙古的工作部署，由自治区版权局牵头，抽调自治区推进使用正版软件工作联席会议成员单位工作人员，两次组成 8 个检查组，赴全区各盟市、旗县区及自治区有关单位开展政府机关软件正版化工作督促检查。实地抽查自治区、盟市、旗县三级政府机关 192 个，检查计算机 779 台，查阅相关工作资料 2 000 余份。协调自治区主席巴特尔对自治区政府机关软件正版化工作做专题批示 1 次，副主席刘新乐、副秘书长许宏智批示多次。协调自治区政府组织召开软件正版化专题工作会议 1 次，以政府办公厅名义印发全区软件正版化工作情况通报 1 次。2014 年，全区企业软件正版化工作也取得明显成效，完成了新闻出版行业二级企业软件正版化整改任务。同时，为建立健全内蒙古自治区政府机关软件正版化工作的长效机制，自治区版权局负责起草了《关于贯彻落实〈政府机关使用正版软件管理办法〉的实施意见》，并以自治区人民政府名义下发全区各级政府机关。

三、版权公共服务工作

2014 年，组织全区新闻出版行业企业参加了北京第 21 届图书博览会、成都第五届版权贸易博览会，为版权产业发展提供渠道服务，促进全区版权贸易。积极开展作品登记和合同备案工作，2014 年全区办理作品登记 114 件。

四、版权执法培训工作

2014 年，借国家版权局在浙江绍兴举办全国版权执法培训班之机，自治区版权局积极与国家版权局沟通协调，增加全区 46 名盟市和旗县区版权行政执法一线工作人员参加此次培训，并同期举办了自治区 2014 年版权行政管理执法培训班。通过培训，拓宽了全区基层版权行政执法人员的工作视野，提升了基层版权执法队伍的执法能力和业务水平。

五、版权保护和打击侵权盗版宣传工作

2014 年，内蒙古从加大版权保护，打击侵权盗版，提高作品保护意识和推动版权公共服务平台建设等方面进行全面宣传，不断提高全社会知识产权保护意识。"4·26"世界知识产权日前夕，由自治区版权局牵头，在自治区版权保护协会及部分媒体配合下，实施完成了"4·26"全国知识产权宣传周活动，《内蒙古法制报》于 4 月 25 日头版刊发了《我区销毁侵权盗版及非法出版物 48.3 万件》《创新驱动发展软件正版化先行》及知识产权保护专题文章《从作品到经济效益 版权登记不可小视》；《北方新报》4 月 26 日刊登了《侵犯知识产权案件数量激增 我区加大打击力度》《我区要建立常态性版权贸易平台》的采访文章；《内蒙古晨报》于 4 月 26 日刊登了《加强版权保护 重点推进作品登记》的采访文章。通过集中宣传营造了良好的版权保护秩序和社会氛围。

六、参与评选表彰活动

组织全区有关单位参加国家版权局 2014 年度查处侵权盗版有功单位、个人评选表彰活动，赤峰市文化市场综合执法局获全国先进示范单位二等奖，自治区版权局版权管理处郭锦云、赤峰市文化市场综合执法局宋歌获全国先进个人二等奖。

七、版权行政管理及执法领域改革工作

按照《全区深化新闻出版广播影视体制改革实施方案》中的任务分工，制定了《加强知识产权运行和保护，健全技术创新激励机制》和《关于打击网络侵权盗版，规范网络版权使用秩序》的改革实施方案。通过改革，不断完善内蒙古自治区版权创造、保护、运用和管理体制，加大版权执法和版权保护工作力度，规范网络版权使用秩序，推动全区网络转载等使用作品依法依规付费。

（牛焕炜）

辽 宁 省

2014 年，辽宁省版权局在省委、省政府的领导下，在国家版权局指导下，积极推进辽宁省版权工作，取得了良好成效。2014 年版权登记数量达 10 348 件；图书版权贸易中，版权引进达 238 件，版权输出达 241 件。

一、版权执法与市场监管工作

（一）深入开展"双打"专项整治行动

按照国务院和省政府的统一部署，6 月初辽宁省版权局在全省新闻出版广播影视和版权领域部署开展打击侵犯知识产权和制售假冒商品专项行动。组织开展印刷复制监管专项行动、强化出版物市场监管、加大对侵权盗版刑事打击力度、巩固政府机关软件正版化工作成果等集中整治行动，针对突出问题，加大版权执法监管工作力度，以强化行政执法与刑事司法衔接、推进行政处罚案件信息公开为重点，夯实工作基础，进一步完善打击侵权假冒工作体系等工作，在全行业深入部署开展打击侵权假冒专项行动。

2014 年 5 月，辽宁省版权局不断加大案件查办督办力度，组织有关媒体、法律专家赴鞍山市，就市公安局 2013 年查办的“8·18”盗版“幼儿园探究式活动游戏操作包”系列教材案召开座谈会，10 月底成功宣判，涉案的三名犯罪嫌疑人分别判处有期徒刑三至四年不等，并处罚金 15 万元至 20 万元。

辽宁省版权局认真组织开展督促检查，组织协调有关处室，结合分管领域的业务工作，开展全面的督导检查。2014 年 4 月中旬，省局结合对各市县社区书屋检查验收工作，组成 6 个检查验收小组对各市县社区书屋建设及“双打”工作进行了全面督查，7 月份，印刷处结合印刷企业年检工作赴各市开展印刷企业检查，从源头对盗版、盗印予以整治。“扫黄打非”办公室结合净网行动，对各市县开展整治工作情况进行督导检查。认真履行省“双打”工作领导小组成员单位职责，积极参与省“双打”办组织的各项活动，在 2014 年 8 月省“双打”办举办的全省打击侵权假冒业务培训班上，省局围绕推进软件正版化、落实政府机关软件正版化长效机制建设作了专题发言。

据统计，专项行动期间，全省共组织各类检查 25 批次，检查书报刊音像电子出版物市场和集中经营场所、印刷复制企业合计 5 700 余家。

（二）认真开展“剑网 2014”专项行动

根据国家版权局的统一部署，辽宁省版权局会同省通信管理局、省公安厅、省互联网宣传管理局于 6 月至 10 月开展第十次打击网络侵权盗版“剑网 2014”专项治理行动，制定并印发了辽宁省实施方案。明确提出突出整治未经许可传播或销售影视、音乐、文学、游戏、软件等作品严重侵权盗版的网站，加强对省内重点视听网站的主动监管，重点整治通过网络销售平台、搜索引擎、移动智能终端、应用软件商店、网络电视棒、电视机顶盒等进行严重侵权盗版的网络载体。通过查处一批侵权案件、关闭一批盗版网站、处理一批违法人员，规范网络版权秩序，强化网络空间治理，完善网络许可付酬机制，维护广大权利人合法权利。

切实加大版权执法力度，积极查办网络侵权盗版案件。2014 年 3 月，根据福建省版权局转来的案件线索，辽宁省版权局会同省通信管理局展开调查，经过半个月的集中调查，查明了基本案情；4 月 22 日，依据国务院《信息网络传播权保护条例》的有关规定，对侵权人周某作出责令停止侵权行为，罚款 2.5 万元的行政处罚。专项行动期间，沈阳市查办了艾米数字影院盗播案、国美电器使用盗版软件案，大连市查办了大连创星模具侵犯著作权案、大连一海通科技侵犯著作权案、文本小说网侵权案等案值和社会影响较大的案件 6 起，全省关闭非法网站 15 个，主动监管门户网站 57 个，罚款 45.4 万元。

二、版权宣传培训工作

（一）开展“4·26”全国知识产权宣传周系列活动

“4·26”全国知识产权宣传周是集中宣传版权知识的重要平台。2014 年宣传周期间，辽宁省版权局与省知识产权局、省工商局联合举行了 2013 年度辽宁省知识产权保护状况新闻发布会，崔铁民副局长代表省版权局出席发布会并回答了记者就推进政府机关软件正版化工作的提问，国内 23 家媒体陆续对辽宁省开展软件正版化工作予以报道。

4 月 24 日，辽宁省版权局与省“扫黄打非”办在沈阳三好街百脑汇科技大厦前广场举行了“辽宁省 2014 年侵权盗版及非法出版物集中销毁活动”，共销毁各类盗版品 90 万件。同时，在销毁现场设立宣传咨询台，联合沈阳市版权、文化、工商、知识产权、法院等部门举行版权宣传、咨询活动。《辽宁日报》《中国知识产权报》等媒体对活动进行了集中报道。

在宣传周期间，辽宁卫视在每晚黄金时段《北方剧场》，以及《上午剧场》《下午剧场》滚动字幕持续播出版权保护公益宣传语。东北新闻网、辽报集团北国网、沈报集团沈阳网开设“4·26”世界知识产权日专栏，及时报道活动相关内容，同时，在网站首页视频窗口链接国家版权局统一制作的版权保护宣传片、宣传海报。

4 月 26 日当天，通过中国移动、联通、电信三大运营商，向手机用户集中发布 10 万条公益版权宣传短信，全面提升了版权宣传的社会影响力。

（二）加强与媒体合作，扩大版权社会影响

通过媒体及时报道辽宁省设立版权工作站、重点行业企业软件正版化检查、部署“剑网行动”等专项工作，有力地扩大了版权保护的社会影响力。

据统计，2014年，中央、省、市级报纸、期刊、电台、电视台等主要媒体，以及新闻网站等新媒体报道辽宁省版权保护与执法等工作近百次。

三、政府机关和企业软件正版化工作

（一）全面巩固政府机关软件正版化工作成果

2014年3月和11月，国务院推进使用正版软件工作部际联席会议检查组两次对辽宁省市县级政府机关软件正版化工作进行检查。通过实地检查、听取汇报、查阅材料等环节，检查组对辽宁省领导高度重视、加强组织领导、部门密切配合、单位认真落实、扎实有效推进政府机关软件正版化工作的成果予以充分肯定。主要工作有：

一是为扩大软件正版化工作影响，2014年3月11日，省政府新闻办主持召开了新闻发布会，全面介绍了全省市县级政府机关软件正版化检查整改工作情况。

二是组织协调省直7个单位成立4个检查组，于3月15—19日对全省14个市及部分县区政府机关软件正版化工作完成情况进行实地检查验收。

三是为不断拓展软件正版化工作的覆盖面，辽宁省版权局及时调整充实了省政府使用正版软件工作领导小组成员单位。在原有的基础上，增加了省教育厅、省住房和城乡建设厅、省服务业委员会、省工商局、省政府机关事务管理局等五个新成员单位。省政府使用正版软件工作领导小组由原来的12个部门增至17个部门。

四是由辽宁省版权局牵头，组织有关成员单位制定了《辽宁省2014年推进使用正版软件工作实施方案》，提出了2014年工作重点、任务目标和工作措施，经省政府同意后，印发各市全面实施。

五是建立省市县三级政府机关软件正版化责任制度。为进一步巩固正版化工作成果，建立健全政府机关软件正版化工作长效机制，根据国务院和省政府的要求，辽宁省版权局建立了包括党委、人大、政协、党派、群团、法院、检察院在内的103家省直机关以及826家市直机关、100个县（市、区）政府的辽宁省政府机关软件正版化工作责任体系。各单位均成立了使用正版软件工作领导机构，明确了各单位的主要负责人是本单位软件正版化的第一责任人，各单位的办公室或信息化工作部门及具体负责人为本单位的正版化责任部门和责任人，并将各单位具体责任部门和责任人名单统一上报省政府使用正版软件工作领导小组办公室备案。至此，省版权局已建立了省、市、县三级政府机关各单位软件正版化责任人联系手册，工作有人抓，责任有人扛，找人有下落。

六是组织开展培训。从2014年初开始，组织召开了三期省级政府机关（包括省级参照公务员管理单位）软件正版化培训会议，省直187家单位的206名负责软件正版化与信息化的负责人参加了培训。全面讲解了国务院印发的《政府机关使用正版软件管理办法》，从完善软件正版化工作长效机制等方面提出要求，作出部署。

七是印发指导性文件和工作手册。为指导各市加强政府机关软件正版化工作长效机制建设，2014年8月13日，省版权局、省财政厅、省经济和信息化委员会、省政府机关事务管理局四部门联合制定并印发了《关于进一步加强政府机关软件正版化工作长效机制建设的指导意见》，从责任分工，加强经费保障、严格采购管理，强化资产管理、规范软件使用，确保信息安全、完善责任追究，落实年度报告、强化监督检查等五个方面提出要求。为指导各市县开展政府机关软件正版化自查整改工作，认真落实国务院检查组提出的整改要求，省审计厅高度重视，迅速作出部署，制定下发了《关于加强软件正版化审计工作的通知》，对全省市县级政府机关软件正版化审计工作作出安排，并部署建立了长期审计要求。2014年8月，省版权局集中给各市正版化工作领导小组办公室发放了1 200余册国务院推进使用正版软件工作联席会议办公室编印的《软件正版化工作文件汇编》《政府机关软件正版化工作手册》。

八是重点开展有针对性的检查整改工作。这一工作是辽宁省下半年软件正版化工作的重点。2014年8月，国务院办公厅印发了《关于市县级政府机关软件正版化检查情况的通报》（国办发［2014］40号），通报了辽宁省存在的主要问题：一是软件安装使用不规范，违规使用Windows 8操作系统；二是长效机制不健全，未开展市县级政府机关软件正版化审计工作。对此，省政府领导高度重视，省长李希、副省长贺旻作出重要批示，在省使用正版软件工作领导小组的组织协调下，各部门迅速行动，密切配合，狠抓落实。9月2日，省政府办公厅及时将通报印发给各市人民政府和省政府各厅委、各直属机构。9月15日，辽宁省版权局以省政府使用正版软件工作领导小组名义，印发了《关于组织开展全省市县级政府机关软件正版化自查整改的紧急通知》，将各市市长列为此次自查整改工作的第一责任人，各市审计局局长为审计监督工作的责任人，各机关单位的一把手为自查整改工作的责任人。通知印发后，反响强烈。各市政府主要领导接文后均在第一时间作出明确的批示，全省各市直机关及所属县区迅速部署开展自查整改工作。

各市结合国家版权局《关于贯彻落实政府机关使用正版软件管理办法的实施意见》的精神，组织开展了市直各机关和各县区政府办、财政和版权部门参加的软件使用与管理业务培训。据统计，全省各市参训单位共有 1 178 家，参训人员 2 056 人。

根据自查整改工作总体部署，省版权局联合省财政厅、省审计厅、省政府机关事务管理局等部门，分 14 期在各市分别举办市直各机关和县政府各单位负责软件正版化项目的责任人参加的培训班，特别邀请中国版权保护中心专家等授课，重点讲解软件正版化的方针政策、经费保障、软件采购、资产管理、审计监督、年度报告、责任追究等内容。

为进一步落实考核与责任追究制度，经与省政府绩效管理工作领导小组办公室沟通，在全省严格控制各种考核项目的大背景下，同意将政府机关使用正版软件工作纳入 2015 年省政府对各市政府绩效考核内容。

（二）稳步推进企业软件正版化

2014 年初，辽宁省领导小组办公室印发《辽宁省 2014 年推进使用正版软件工作实施方案》，根据方案，省版权局举办了六期企业软件正版化培训班，省内勘察设计、机械制造、新闻出版、商业服务、金融保险等重点行业的 367 家企业、600 余名主管领导和信息化部门负责人参加了培训。培训班重点讲解了使用盗版软件面临的法律风险、国家和辽宁省关于推进软件正版化工作的政策要求，从而大大提升了企业管理者的版权保护意识，有力地推动了企业软件正版化的深入开展。

为全面做好新闻出版行业企业软件正版化工作，辽宁省版权局通过组织召开全省新闻出版行业企业软件正版化工作推进会，对省内建设设计、新闻出版等重点行业软件正版化工作进行督促检查，组织省内新闻传媒集团企业参加国家版权局举办的专门培训等工作，保证了全省新闻出版行业企业全部完成集中采购，提前全部完成软件正版化工作任务。

四、版权公共服务

（一）全面启动省内著作权法保护作品基础数据摸底普查工作

辽宁省版权局研究制定了辽宁省版权保护作品摸底普查实施方案，根据方案，沟通协调省民政厅、省住房和城乡建设厅、省文化厅、省文联、省作家协会等部门，根据作品类别及分布、归口部门展开调查，分别发函或上门就各部门分管领域作品的创作人员、作品数量、获奖情况等基础信息进行全面摸底普查，总计完成八大类别作品及作者等基础数据的统计汇总工作。

（二）版权工作站覆盖范围进一步拓展

版权工作站建设是辽宁省在全国率先提出的一项版权公共服务制度。2014 年，辽宁省版权局选择在沈阳莎梦文化发展有限公司、沈阳华强文化科技产业有限公司、沈阳市新华书店、沈阳庠序书刊有限公司、辽宁科恩传媒集团有限公司这几家单位设立版权工作站，进一步扩大了辽宁省版权局的社会影响力，有效推动了音像制作、文化旅游、民营书业等领域的版权创造、运用、保护和管理能力的提升。2014 年 2 月 27 日出刊的《经济日报》以《著作权登记——做创意产业“后盾”》为题对辽宁省莎梦文化发展有限公司通过版权登记开展维权诉讼的成功经验作了报道。6 月，辽宁省版权局组织专家赴新设立的版权工作站开展上门普法宣传，解答各企业经营发展中的版权问题，厘清合理使用与侵犯版权的法律关系，实实在在地帮助各企业健康有序发展。

（三）推动版权贸易稳步增长

根据国家新闻出版广电总局的部署，辽宁省版权局组织辽宁出版集团有限公司、北方联合出版传媒有限公司及所属出版社、大连理工大学出版社、东北财经大学出版社、大连出版社共 12 家出版单位，携 1 700 种“走出去”系列精品图书参加第 21 届北京国际图书博览会，积极协助各出版单位做好布展、协调保障等工作，在为期五天的展会上共达成版权合作意向近 200 项。

（李安庆）

吉　林　省

2014 年，在中共吉林省委、省政府和国家版权局的领导下，全省各级版权管理部门认真学习贯彻党的十八届三中、四中全会和中共吉林省委十届三次全会精神，紧紧围绕加强服务，推动版权产业发展这一主线，指导全省各级版权行政管理部门规范行政执法，维护市场秩序，扎实工作，完成预定工作目标，开创了崭新的工作局面。

一、政府机关软件正版化工作

（一）高度重视，迅速研究部署落实整改措施

根据推进使用正版软件工作部际联席会议《关

于印发〈2013年推进使用正版软件工作总结〉和〈2014年推进使用正版软件工作计划〉的通知》（国版发［2014］1号）要求，在征求省推进使用正版软件工作领导小组各成员单位意见的基础上，研究制定了《2014年吉林省推进使用正版软件工作实施方案》，并经省政府审定，报送至推进使用正版软件工作部际联席会议办公室，并予以下发，要求各相关单位遵照执行，对2014年开展软件正版化工作进行了全面部署。

（二）严格督导检查，确保整改到位

一是深入开展自查整改工作。根据省软件正版化工作领导小组的要求，全省各市（州）、县（市）政府，省直各有关机关单位都明确了工作任务和责任，采取有效措施，认真落实整改意见，深入开展自查整改工作。积极解决政府机关单位软件安装使用不规范的问题，删除未经授权或超授权范围安装的办公软件；对擅自改装预装操作系统软件的予以恢复还原；对自查中发现重复采购的操作系统，为杜绝软件资产浪费，重新进行了分配使用。

二是强化督导检查。省软件正版化领导小组组织各有关成员单位抽调人员深入各地开展督导检查，督促各项整改措施的落实。2014年6月至7月，省软件正版化领导小组在对长春、吉林两地进行重点督导检查的同时，组织相关人员随机对通化市、四平市、辽源市等地部分政府机关单位的软件正版化工作进行实地抽查，就检查中发现的问题向同级政府进行反馈并在全省进行通报，督促立即整改，同时对相关制度建设及长效工作机制的建立进行了具体的指导，并就下一步如何开展软件正版化工作提出明确要求。各市（州）、县（市）政府在深入开展自查整改的同时，也进一步加大了督导检查工作力度，对工作落实不到位的部门和单位的有关责任人进行诫勉谈话。

（三）完善相关制度，形成长效工作机制

一是督促建立软件资产管理制度。省软件正版化领导小组及时印发了“软件资产管理制度”及“软件正版化工作考核及责任追究制度”范本，指导和督促各地参照范本，结合实际制定本部门的软件资产管理制度，并建立规范、完善的台账，登记备案本单位采购的正版办公软件及操作系统的授权许可文件及软件数量、序列号、版本信息、安装情况等内容。同时要求各级版权管理部门对本地区统一采购的软件建立整体台账。

二是完善软件采购管理制度。2014年7月，省版权局与省财政厅联合下发通知，要求各级财政部门进一步完善软件采购管理制度，加强资金预算管理，在审核政府机关计算机办公设备采购经费时，要一并审核落实正版操作系统软件、办公软件所需经费，将政府机关软件采购经费纳入本级财政预算，确保新增或更新的电脑安装使用正版软件，并规范各级政府机关单位的软件采购行为。

三是严格落实软件正版化专项审计工作。将使用正版软件情况作为重要内容纳入年度审计项目之中，结合预算执行审计、经济责任审计等工作，重点监督本级政府及各部门正版软件采购预算安排情况、软件采购资金管理使用和软件资产管理情况。2014年9月，省审计厅下发《关于加强软件正版化审计工作的通知》，要求尚未完成软件正版化专项审计工作的地区尽快开展专项审计工作，并建立审计情况报告制度。

四是健全软件正版化督促检查和责任追究制度。明确了各级政府及各级版权行政部门对使用正版软件工作的日常监督、检查和指导的责任，全面落实各地区、各部门软件正版化第一责任人制度。指导各地、各有关部门建立软件正版化工作考核和责任追究制度，对整改工作落实不力的市县政府及相关部门在全省予以通报批评，对相关责任人进行诫勉谈话。

（四）加强培训工作，开展业务指导

为推进此项工作的开展，做好下一步政府机关软件正版化工作，2014年11月，省版权局举办软件正版化工作专门培训，对各市县开展政府机关软件正版化工作进行了业务培训和工作指导。通过培训，使各市、县政府负责软件正版化工作的业务人员全面认识此项工作的重大意义，了解国家有关政策和要求，掌握开展此项工作的方法和相关知识，增强其贯彻落实国务院决策部署、坚定不移地推进软件正版化工作的责任意识，全面提高开展软件正版化工作的业务能力。

二、企业软件正版化工作

2014年，按照国家新闻出版广电总局办公厅《关于进一步推进新闻出版行业企业使用正版软件工作的通知》（新出厅［2013］274号）要求，吉林省版权局下发了《关于贯彻落实国家新闻出版广电总局［2013］274号文件进一步推进新闻出版行业企业软件正版化工作的通知》（吉版权［2013］7号），吉林出版集团股份有限公司、东北亚出版传媒集团和吉林日报报业集团、长春日报报业集团等四家新闻出版行业企业按照国家新闻出版广电总局和吉林省版权局文件的要求，积极推动集团（总部）所属二级企业的软件正版化整改工作。吉林省推进使用正版软件工作领导小组督促指导各相关企业按要求制定了工作方案和软件采购计划，并对企业开展软件正版化进行培训和指导。吉林出版集团股份有限公司在先期投入资金 16 万元的基础上，又于 2014 年 5 月再次投入 81.3 万元为所属 32 家二级企业采购正版微软操作系统 265 套、微软 Office 2013 中文标准版 51 套，实现集团二级子公司 100%软件正版化。吉林日报报业集团、长春日报报业集团已在前期共投入资金 41.76 万元，完成了软件正版检查整改任务。

截止到 2014 年底，吉林省共有 39 家出版行业二级企业完成了软件正版化采购、安装任务，并相应地建立起软件资产管理制度，吉林省成为全国仅有的几个全面完成出版行业集团总部及其所属二级企业软件正版化工作的地区之一。与此同时，吉林省版权局平衡推进勘察设计、动漫行业企业使用正版软件工作，采取整体推进与个案查处督导相结合的方式，指导和督促相关企业单位落实国家有关软件正版化工作要求。全省有 20 多家勘察设计及动漫企业开展了专业软件的正版化整改。2014 年 9 月至 10 月，吉林省版权局与吉林省银监局联合对吉林省内各地方银企的软件正版化工作进行检查，通过检查督促各金融企业单位在自查基础上进行正版化整改，制定科学合理的软件采购计划，指导企业建立规范的软件使用、管理制度。

三、版权行政执法和社会监管工作

打击侵犯版权的违法行为，维护公平竞争的市场秩序，是版权管理部门一项重要的工作任务。2014 年，吉林省再次将打击侵权盗版活动列入省打击侵犯知识产权和制售假冒伪劣商品重点工作及绩效目标体系中，主要开展了如下几项工作：

（一）及时指导和督促各地开展行政执法工作

为深入贯彻落实国务院关于 2014 年打击侵权假冒工作的部署，及时转发了国家版权局《2014 年全国新闻出版（版权）打击侵权假冒工作安排》，同时按照省“双打”办的工作要求，以开展“双打”工作为抓手，对全省各级版权管理机关开展的版权行政执法工作进行统一的调度和领导。2014 年初对开展版权行政保护进行了统一部署和安排，要求各地版权管理部门制定本年度实施方案和工作计划，对执法工作进行适时指导，每月调度统计各地开展的行政案件，通过对案件统计数据及相关信息的分析，及时指导和督促各地开展行政执法工作。

（二）强化市场监管，组织全省各级版权机关开展版权执法工作

通过对各地版权管理部门的信息汇总和工作调度，及时掌握各地版权行政执法情况和案件调查情况，对于疑难案件进行工作指导，对某些重点案件进行督办。全省各级版权执法部门根据省版权局的工作部署，分别制定工作方案，开展了打击盗版音像制品、盗版教材教辅等专项集中行动。截至 2014 年 10 月底，全省各级版权执法部门共出动执法人员 600 余人次，检查各类生产经营场所 3 200 余家，清理整顿各类贩卖盗版图书、音像制品的游商摊点 230 起，没收盗版贺岁大片《私人定制》《无人区》《大闹天宫》等音像制品 5 000 余盘，盗版 CAD 等设计软件 500 余套，盗版教辅材料 3 200 余册，盗版图书 1 200 余本，共立案查处侵权盗版案件 73 起，行政处罚罚款金额超过 40 万元。

（三）开展打击网络侵权盗版“剑网 2014”专项行动

按照《打击互联网领域侵犯知识产权和制售假冒伪劣商品工作方案》（吉双打办法［2014］26 号）及国家版权局关于开展打击网络侵权盗版“剑网 2014”专项行动的部署，吉林省版权局起草制定了《吉林省 2014 年打击网络侵权盗版专项治理“剑网行动”工作方案》，对吉林全省各地开展“剑网行动”进行了全面的工作部署。根据工作方案的要求，各级版权管理部门积极与相关管理部门沟通，选择确定本地重点音视频网站作为主动监管对象，督促网站开展自查自纠，加强对重点监管网站报送材料的监督和审核，对网站上传的内容等进行不定期检查，对发现的违法行为及时纠正、依法查处。

“剑网行动”开展以来，全省各地对重点网站、连锁网吧等重点领域和场所及网络运营接入服务等重点环节进行日常监管和执法检查，对国家版权局转交办的网络侵权案件进行了调查处理。省内几个职能部门通过有效的工作协调机制，积极配合，定期通报工作信息，发挥了有效的网络监管作用。梅河口市版权局立案查处了“身临其境动感影院”未经许可网络播放电影作品行为，对其作出行政处罚。省版权局通过主动监管，发现就爱网（www.92txt.net）持续提供未经授权的网络小说等文学作品，且该网站备案信息与实际不符，并将服务器移转到境外，逃避监管，经研究，将此案移转给公安部门进行侦查；对中国铁通吉林分公司凤天影视网未经授权大量深度加框链接他人享有专有权的影视作品的侵权行为进行了立案查处，在国内首次对此

类链接侵权行为进行了行政查处，规范了电影链接网站的行为，具有典型示范意义和教育意义。

四、版权宣传工作

根据国家版权局《关于做好 2014 年全国知识产权宣传周版权宣传活动的通知》（国版办发［2014］2 号）精神，省版权局制定了宣传工作方案，在“4·26”全国知识产权宣传周期间组织全省各级版权机关开展了系列宣传活动。

一是集中开展了版权作品自愿登记的服务工作。为保护自主创新，激发作者创作热情，省版权局在版权宣传周期间，为广大著作权人集中免费办理作品自愿登记，扩大版权登记的社会影响，共登记作品 60 多件。

二是开展打击侵权盗版专项治理行动。通过统一部署和安排，宣传周期间组织各市（州）版权行政执法部门对本辖区内的图书、音像电子出版物市场及中小学校教材教辅复制、发行单位进行全面、集中的执法检查，发现问题及时处理，维护了市场秩序。

三是组织对省内部分未经授权使用他人作品的卡拉 OK 经营单位及经营性使用盗版软件较为严重的勘察设计企业进行集中执法检查，通过执法活动纠正违法行为，宣传普及《著作权法》，规范企业使用他人作品的行为。

四是利用媒体集中开展《著作权法》宣传。在宣传周期间，《吉林日报》《城市晚报》《新文化报》《东亚经贸新闻》等主流媒体集中报道了版权管理部门开展的各项活动，刊发吉林省版权局向省内相关企业发出的倡议书，倡议企业尊重知识、尊重版权，鼓励自主创新成果，加强对自主知识产权的保护；报道了各级版权管理部门开展的版权行政执法的典型案例；省内各网站也相应刊登并转载了平面媒体的有关文章，起到了较好的宣传效果。

五、版权示范园区建设工作

吉林省版权局继续对通化关东文化产品交易市场和白山江源区松花石文化产业创意园区版权示范园区的创建工作进行培育，加强对园区内的工作指导和服务，规范园区内的版权管理，鼓励创造，建立通过版权管理和版权保护提升产业竞争力和相对优势的机制，发挥版权保护对文化产业发展的引导、激励和促进作用。在创建过程中，两个园区分别开展了制度建设、版权系列宣传活动及版权作品自愿登记等项工作，有力地宣传了《著作权法》，提升了园区内企业的版权意识，建立了版权调解中心、版权作品自愿登记工作站等机构，制定了相应的版权管理制度，在版权保护和推动版权产业发展方面作出了积极的努力。两个园区的管理部门定期培训，提供相应咨询服务，宣传扩大版权作品登记制度的影响，每年的作品登记数量均超过 300 件。同时，园区在产业规模、园区面积、区内企业数量及产业聚集度方面均基本达到了标准。吉林省版权局多次派人实地考核指导，经审核，两个园区被批准为省级版权示范园区，成为吉林省首批获得此称号的单位。

（田庆权）

黑龙江省

2014 年，黑龙江省版权局在省委、省政府的领导和国家版权局的指导下，全面积极推进黑龙江省的版权工作，取得较为明显的成效。

一、软件正版化工作

按照国务院办公厅《研究推进软件正版化有关工作的会议纪要》和《关于市县级政府机关软件正版化工作检查情况的通报》（国办发［2014］40 号）、《关于我省 2014 年推进使用正版软件工作实施方案的函》（黑政函［2014］2 号）文件精神的工作要求，大力开展软件正版化专项检查整改和培训等工作。

（一）政府机关正版化工作

1. 组织培训

2014 年 6 月 25 日至 7 月 30 日，按照黑龙江省政府制定的推进使用正版软件工作实施方案要求，组织开展了 16 期软件正版化工作培训，对省直和各市（地）1 551 家列入财政部门采购的政府机关、党委、群众团体、检法机关，负责正版化工作、政府采购、资产管理及信息技术人员以及各县（市、区）政府办公室、财政局和负责软件正版化日常工作的同志共计 5 000 余人进行了系统工作培训。

2. 督促检查

2014 年 2 月份，由省推进使用正版软件工作联席会议各成员单位负责同志带队、技术专家和工作人员参加，组成了 5 个软件正版化工作专项督查组，对于全省 13 家市、县（区）级政府机关软件正版化工作进行了实地检查，并下发《关于对全省市县级政府机关软件正版化工作检查情况的通报》（黑正版联字［2014］3 号），将检查情况通报全省。

3. 长效机制

黑龙江省建立了软件资产管理制度、主要负责人和计算机信息安全技术人员责任制度；建立计算机资产编号、软件资产编号与使用人信息三统一的台账管理模式等长效机制，获得了国家督查组的高度肯定，并在全国进行推广。

（二）企业软件正版化工作

黑龙江省国资委将黑龙江铁路集团总部、黑龙江外贸集团总部、黑龙江联合产权交易所、黑龙江建设集团所属黑龙江省安装工程公司、辰能集团所属辰能风电投资公司、中盟集团所属哈尔滨兴盟房地产开发公司、省投资总公司所属黑龙江省油田开发股份有限公司、龙兴集团所属黑龙江龙兴地质勘查技术咨询有限公司、黑龙江航运集团所属佳木斯东方船务公司、黑龙江旅游集团所属华侨广场投资发展有限公司等10家企业纳入到软件正版化工作范围中。黑龙江省国资委领导高度重视企业软件正版化工作，加大了对试点企业的宣传和培训力度，以推进正版软件集中采购和使用环节为重点，做好调查摸底和排查工作，积极落实资金，保证正版化工作持续进行。2014年，10户试点企业的软件正版化工作在积极有效地推进中，财务、业务系统等专业软件已完成正版化，部分操作系统和办公软件也实现了正版化。

黑龙江银监局选定龙江银行为软件正版化试点企业，并及时下发文件，认真督促龙江银行开展软件正版化应用整改工作。龙江银行自年初开始，就对软件正版化工作进行了全面自查，通过对组织领导情况、制度建设情况、培训教育情况、技术管理情况、工作措施及完成情况、操作系统和文字处理软件正版化情况等方面的梳理和检查，制定了切实可行的整改计划。目前，龙江银行投入软件正版化预算资金为3 950万元，维护投入费用为291万元。

黑龙江省版权局按照国家新闻出版广电总局的要求，对黑龙江出版集团、黑龙江日报报业集团、哈尔滨日报报业集团及所属二级企业软件正版化工作任务进行全面推进。国家新闻出版广电总局于8月在成都举办了“新闻出版行业企业软件正版化工作培训班”，省版权局组织企业的相关负责同志参加了此次培训。

二、以打击侵权盗版为主题的专项行动

（一）打击网络侵权盗版“剑网行动”

按照国家版权局统一部署，黑龙江省版权局与省网信办、省通信管理局、省公安厅结合黑龙江省“打击侵犯知识产权和制售假冒伪劣商品专项行动”要求，采取各种措施，部署开展2014年黑龙江省打击网络侵权盗版专项治理“剑网行动”。

一是协调配合、各司其职。四家单位建立了密切的工作协调机制和重大信息互通共享机制，明确了各自职责。

二是主动监管和自查自纠相结合。要求各地、各部门摸清网站数量，从严规范网络接入服务设立标准，各网络服务行业开展自查自检，切实提高从业水平。并且，把大型网站及专门从事传播图书、电影、音乐、软件、游戏等内容的网站、大型网络公司、网吧作为监管重点，严厉打击非法传播文学、影视、音乐等作品的侵权行为。

三是专项治理检查。全省各级版权管理单位联合有关部门加大了对互联网网站、网络销售平台、移动智能终端应用软件商店等平台的监管，共清查频道数量8个，清查栏目数量1 080个，清查新闻数量87 415条，取得了阶段性成果。同时，侦办了“逐鹿中原网络游戏私服侵权案”“第一教育网侵犯著作权违法网站案”等多起网络侵权案件。这些案件，影响强烈，特别具有典型性，被国家版权局列为督办案件。

（二）打击侵犯知识产权和制售假冒伪劣商品专项行动

根据《黑龙江省关于进一步做好打击侵犯知识产权和制售假冒伪劣商品工作实施方案的通知》要求，组织开展打击侵犯知识产权和制售假冒伪劣商品专项行动。

一是加强领导，设立了由版权局主要领导担任组长、班子成员为副组长、有关处室负责人为成员的打击侵犯知识产权和制售假冒伪劣商品专项行动领导小组，由专项行动领导小组办公室（版权管理处）具体负责组织协调，部署专项行动，督促检查工作进展，督办重大案件。

二是加强市场监管，专项行动开展以来，黑龙江省版权局指导各市版权部门对所在地重点区域、重点市场每周一检，确保专项行动期间整治工作取得实效。查缴侵权盗版音像制品27 990件、侵权盗版图书16 090册（件）、盗版电子出版物3 675件（个）、盗版教材教辅读物28 353件（册），合计76 108件。

由黑龙江省版权局牵头组织查处的有关案件获得了国家版权局奖励，省版权局版权管理处被评为2014年度查处侵权盗版案件有功单位。

（三）主要成效

一是加大网站的主动监管力度。不定期对全省纳入主动监管的互联网企业和网站进行检查，主动浏览网站内容，查找问题。在版权局网站上刊登举报电话，广泛发动群众，征集办案线索，建立了周报、月报制度，确保了专项行动取得实效。

二是加强联动，提升行政执法力度。各市地行政执法部门联合各地工信、网信、公安部门及电信公司，掌握网站详细信息，对侵权行为进行严查。哈尔滨市对道外区沟沿街电子产品市场、禧龙装饰材料市场两处违规互联网电视机顶盒销售集中区域进行了重点查处；佳木斯市在开展主动监管中，发现个别供需类广告网站有刊登网络小说、散文情况，立即责令其自行删除；大庆市重点围绕文学、影视、音乐、游戏、软件等作品的数字版权保护，加大了对互联网网站、网络销售平台、移动智能终端应用软件商店等平台的监管，共清查频道数量 8 个，清查栏目数量 1 080 个，清查新闻数量 87 415 条，取得了阶段性成果。

同期，哈尔滨市公安局网安支队接到报案，称域名为 58yes. net 的网络游戏模仿网络游戏《逐鹿中原》，涉嫌侵犯权利人权益。经查，哈尔滨市刘某等涉嫌侵犯《逐鹿中原》网络游戏著作权。公安机关扣押涉案资金 80 余万元、涉案车辆 1 台、服务器 87 台、计算机 8 台、银行卡 17 张，三名犯罪嫌疑人对其犯罪事实供认不讳，该案涉案人员正在移送检察机关起诉阶段。

三是加强宣传，营造氛围。各地加大网络版权法律宣传教育力度，充分利用电视台、报纸、网站及政务微博等媒体开展宣传。哈尔滨市在《中国新闻出版报》、中国新闻出版网、哈尔滨政府网、哈尔滨政务微博等对查办的网络侵权盗版案件进行曝光，对违法分子起到了教育警示作用，在电视台生活频道、都市资讯频道对哈尔滨市打击网络侵权盗版“剑网 2014”专项进行宣传；大庆市在主要出版物经营管理单位悬挂“打击侵权盗版、严查假冒制售商品”“坚决打击侵权盗版行为、2014 剑网在行动、依法保护知识产权”等宣传条幅进行宣传；黑河市通过报纸、电视、展览、印发宣传资料等手段，积极开展普法教育、警示教育；双鸭山市公布了 24 小时举报电话 12318，由专人负责接听，积极收集案件线索，发现问题及时处理等。各地结合本市特点，多方位、多渠道、多层次、多角度地进行宣传教育，形成了有力的舆论效应，有效增强了市民的版权保护意识，确保了各项专项治理行动的顺利开展。

三、版权纠纷调解工作

为维护权利人权益，积极调解各类著作权侵权纠纷。黑龙江省版权局先后调解欧特克公司起诉黑龙江省牡丹江、绥化、鹤岗等市多家建筑设计部门涉嫌侵权行为；鉴定出版物 80 余种。

四、版权宣传工作

结合“4·26”全国知识产权宣传周活动，黑龙江省版权局下发了《关于开展黑龙江省 2014 年知识产权宣传周活动的通知》，并印制了《中华人民共和国著作权法》《计算机软件保护条例》《信息网络传播权保护条例》，向社会免费发放。同时，设立版权咨询电话，解答群众及各出版单位相关问题。通过参加“行风热线”、召开软件正版化新闻发布会、接受省内新闻媒体的采访等方式，开展宣传活动，阐明打击侵权盗版的重要意义，帮助群众提高保护知识产权意识。在省“扫黄打非”办公室组织销毁大会期间，向社会散发“拒绝盗版，从我做起”绿书签。

（闫　石）

上　海　市

2014 年，上海版权工作紧密围绕和服务全局中心工作，突出重点，强化实效，进一步加大版权保护力度，强化版权公共服务，营造良好的版权产业发展环境，各项工作任务取得新进展。

一、推进政府机关与企业使用正版软件工作

（一）根据中央部署，组织开展政府机关软件正版化自查和督查工作

继国家第一检查组 2014 年 3 月对闵行、静安两区检查之后，4 月 10 日至 30 日，上海市使用正版软件工作领导小组办公室牵头协调市使用正版软件工作领导小组相关成员单位，组建了 5 个检查组，分别对上海市 3 个市级政府机关（市交通委、市卫生局、市博物馆）、15 个区（县）（闵行、静安除外）及乡镇街道政府机关的 101 家单位使用正版软件工作进行了现场检查。重点检查各单位软件正版化工作第一责任人的责任落实情况、建立软件正版化工作机制、管理监督责任落实情况、考核与责任追究制度、年度报告报送情况，查阅了被检查单位提供的汇报文件、政府公文、合同文本、软件授权协议和软件使用情况等资料，并实地抽查了 518 台计算机安装软件的情况。

针对检查中发现的问题，上海市使用正版软件工作领导小组要求各区（县）政府认真及时进行整改，并将整改情况书面报送市使用正版软件工作领导小组办公室。

（二）认真落实，建立政府机关软件正版化工作责任人制度

根据《国务院办公厅关于印发政府机关使用正

版软件管理办法的通知》（国办发［2013］88号）精神，推进上海市17个区县全部主要领导签署了《上海市政府机关软件正版化工作责任书》，所有领导小组成员单位签署了《上海市政府机关软件正版化工作承诺书》，建立了主要领导负责、分管领导牵头具体落实、各相关业务部门参加的专项工作小组。

（三）统筹部署，针对问题加强培训

根据全市使用正版软件工作的实际情况，于2014年3月召开了各区县使用正版软件工作会议，印发了《2014年上海市软件正版化工作要求》（沪版权［2014］5号），明确布置了全市软件正版化工作的任务和目标，同时要求各级政府机关填写报送了《上海市、区机关负责信息化工作部门及其负责人信息表》，进一步明确工作任务和责任人。编写了《上海市政府机关软件正版化工作手册》，向全市各级政府机关印发。2014年7月22日，在上海图书馆举行了“上海市各区（县）政府机关软件正版化工作培训”，主要宣讲软件正版化工作有关精神及要求，着重对如何进行软件资产管理和台账建立进行了交流培训。同时印发了《关于贯彻落实〈政府机关使用正版软件管理办法〉的实施意见》。

二、版权主动监管与执法协调指导工作

（一）继续推进打击侵权盗版和制售假冒伪劣商品专项整治工作

根据工作方案，上海市版权局完成本年度市政府机关软件正版化以及网络侵权盗版专项治理工作。

（二）开展2014年度“剑网行动”

2014年7月11日，上海市版权局召开全市动员部署大会，将七项重点任务分解到各个成员手中，确保职责明确、守土有责。

1. 根据“两法衔接”机制，加强案件线索信息搜集，提高执法效率，进一步提高办案的数量与质量。上海市版权局牵头协调市相关司法部门，完成国家版权局2起重点督办案件的查处工作，分别为“复旦网上书店”和“上海惠生图文”网店涉嫌销售盗版图书案、上海王某等利用互联网销售侵权盗版ISO标准案，以上案件均已一审宣判并生效。另外，根据工作方案，及时移转市文化执法总队有关网络侵权盗版举报2起。

2. 成立互联网版权公共检测平台。上海市版权局充分借助互联网技术手段建立网络版权公共监测平台，定期发布网络版权侵权盗版态势分析报告，有效加强对上海市新闻、音视频、文学及游戏等网站的版权主动监管力度，取得了较好成效。

3. 推进完善网络版权许可付酬机制。2014年8月，上海市版权局专门调研《解放日报》、澎湃网等主要媒体，引导上海市主要报刊社与大型商业网站开展版权合作，针对网络转载行为，逐步建立使用作品依法依规许可付费使用的合作双赢机制。

（三）继续推进互联网企业版权自律工作

2014年，上海市版权局在推进网络版权自律工作中主要突出以下几点：一是体现服务。主要以成员单位为核心，通过市版权协会、版权服务中心等机构为会员优先提供作品登记、合同备案、版权纠纷调解等服务，切实帮助会员增强了抵御盗版的自觉性，强化了正版经营的意识与理念。二是立足长效。主要通过挖掘梳理网络版权管理先进方法，积极引导帮助会员实现版权全生命周期长效管理。三是突出机制建设。主要通过制定《上海互联网企业版权自律公约联盟工作条例》等，将联盟各项活动通过透明、公开、公平的机制来予以保障，确保自律工作日常化、常态化。截至2014年6月，又有5家上海知名互联网企业自愿加入互联网企业版权自律公约，上海互联网版权自律公约成员单位数量已由2013年的17家扩充至22家。

（四）组织推进版权重大课题调研

根据国家版权局部署，重点推进《版权纠纷调解机制研究》《个人视听网站侵权对策研究》两大课题调研工作。截至年底，两个课题均已完成初稿撰写工作。

（五）开展版权保护评优评先推荐工作

上海市版权局积极扩大版权保护社会影响力。2013年度全国查处侵权盗版案件有功单位及有功个人组织推荐与颁奖工作中，上海共有15家单位和13名个人获表彰，其中版权处荣获有功单位一等奖。

三、版权行政审批职能及其他工作

截至2014年，上海市版权局共完成各类行政审批工作1 101件，其中，境外图书出版合同登记1 074件，复制境外音像制品著作权授权合同登记127件，出版和复制境外电子出版物、计算机软件、电子媒体非卖品著作权授权合同登记95件，境外计算机软件著作权许可使用合同登记3件，进口图书在沪印制备案4件。完成《中国版权年鉴》《上海科技年鉴》2013年版有关上海版权管理内容的编写工作。

四、版权公共服务工作

（一）积极开拓工作思路，登记数量再次跨越式增长

上海作品版权登记自2012年实行“零收费”，

克服登记瓶颈以来，数量一直持续增长。2014 年，上海市版权局版权产业处和上海版权服务中心不断加大宣传力度、拓展工作思路、创新工作手段，在上年登记 8 万件的基础上，再次实现跨越式增长，截至 12 月 31 日，已达到 187 857 件。

（二）进一步加强诉仲调合作，不断提高调解服务质量

上海市版权局加强与法院、仲裁委的对接，继续夯实合作基础，不断探索合作机制，逐步完善版权调解、诉讼、仲裁三者的有效衔接，进一步保护著作权人的合法权益。2014 年，共收到调解申请 201 件，结案总数 164 件，结案率为 82%。

（三）以软件登记资助为抓手，积极推动上海市软件产业发展

继续加大宣传力度，完善工作机制，在《上海市计算机软件著作权登记资助实施细则（试行）》的基础上，正式发布《上海市计算机软件著作权登记资助实施细则》，从制度上对软件登记资助工作予以保障。加强与市经信委、市财政局的沟通，保障资助资金的及时到位。截至 12 月 31 日，共收到有效申请 12 151 件，涉及资助款项 800 余万元，惠及全市 1 000 余家企业及个人，有力促进了上海市软件行业的发展繁荣。

（四）充分发挥版权工作站积极性，不断提高服务水平

不断提高版权服务工作站覆盖面，在松江仓城影视文化产业园设立上海市第 12 家工作站，为整个松江版权产业提供服务。进一步完善工作站体制机制，指导各工作站积极参与专项资金申报、示范评比等工作。以工作站为依托，开展作品登记、软件登记资助等相关工作，不断扩大版权工作宣传力度。

（五）理顺体制机制，版权协会工作迈入正规

上海市版权协会组织编写《版权经典案例评析》，收录了 50 个上海法院审判的版权经典案例，探究判决背后的法律原理，并总结出案例本身对企业发展所带来的借鉴意义，以期为相关企业的发展点亮明灯、保驾护航。以“版权专家走进企业”为主题，每季度举办一场讲座，通过开展学术交流和主题研讨活动推进会员版权管理工作，促进全市版权产业健康有序发展。积极组织推荐会员参加相关评选活动，盛大文学、少年儿童出版社等单位获“中国版权最具影响力企业奖”，上海市版权协会被授予“2014 年中国版权年会优秀组织奖”荣誉。

五、版权产业服务工作

（一）组织开展示范评比工作

修订《上海版权示范单位和示范园区（基地）认定办法》，开展第三批“上海版权示范单位、示范园区（基地）”评选工作。指导上海版权示范单位、示范园区（基地）申报全国版权示范单位，盛大网络和上海广播电视台、上海东方传媒集团有限公司获评。

（二）继续加大版权“走出去”资金扶持力度

在 2013 年版权“走出去”扶持资金评选的基础上，进一步加大扶持力度，扩大申报主体和范围，优化申报流程，启动 2014 年版权“走出去”扶持资金评选工作，将对版权已“走出去”的优秀图书项目、已与境外出版单位签订出版合同但还未出版的优秀图书项目以及已有输出意向正在翻译中的优秀图书项目等三类“走出去”项目予以扶持，以鼓励上海市图书版权“走出去”，不断扩大国际竞争力和影响力。

（三）以资金申报为契机，积极引导产业发展

充分发挥版权服务工作站的作用，发动版权企业积极申报市新闻出版专项资金和文创资金。新闻出版专项资金已完成评选，共有 4 家单位的 9 个项目入选，得到 300 万元的专项资金支持，主要用于版权公共服务项目。

（四）组团参加版博会，集中展示上海版权新发展

以“版权创新，扬帆上海”为参展主题，组织 13 家有代表性的版权企业参加第五届版权博览会，集中展示上海版权特色产业园区及版权龙头企业，上海版权“走出去”成果，传统文化衍生品的版权开发，新兴版权产业的新技术、新产品、新成果等。以独特的创意和造型亮相的上海展区大获好评，最终以创意设计、展品组织等方面的优异表现，获得博览会组委会颁发的最佳组织“金慧奖”。

（五）结合自贸区建设，成立国家版权贸易基地（上海）

结合上海版权产业发展现状和自贸区现有版权工作基础，依托国家对外文化贸易基地（上海），积极争取国家版权局支持，在自贸区内设立国家版权贸易基地（上海）。支持国家版权贸易基地（上海）举办专业的文化授权交易会，促进上海版权贸易向集约化和规模化发展。

六、版权调查研究工作

在与上海市统计局、上海海关、中国外汇管理局上海市分局等单位的积极沟通下，完成《上海版

权产业报告（2011）》《上海版权产业报告（2012）》的撰写，并在“4·26”期间发布。适时启动《上海版权产业报告（2013）》的数据收集工作，并对自贸区成立一周年来的版权产业有关数据进行分析，从而更好地指导上海市版权工作的开展。

七、版权宣传培训工作

1. 开展2013年度上海版权保护十大典型案件评选活动。进一步加大版权保护宣传力度，通过以案说法，向市民普及版权基本知识，取得良好反响。

2. 继续开展软件正版化专题培训。2014年，已累计对上海市市县两级政府机关、近200家各类企业进行了软件正版化专题培训，大大提高了政府机关与企业的软件正版化意识。

3. 举办互联网版权执法专题培训。2014年“剑网行动”期间，聘请版权理论与实务界专家，举办互联网版权执法专题培训，切实提高版权执法人员的业务能力，进一步提升执法人员依法查办网络侵权盗版案件的主动性与积极性。

4. 借力名人的号召力和说服力，请《梁祝》小提琴协奏曲作者何占豪代言，制作版权公益宣传片《艺术无价，版权有价》，在上海广播电视台、东方网等网络媒体，部分主要商业街的LED大屏幕，地铁和公交等移动终端视频等中播放。

5. 配合国家版权局，做好2014年“版权相关热点问题媒体采访考察团”在沪考察采访工作，组织20余家媒体深入上海版权相关单位采风。多家媒体从不同侧面宣传报道了上海市版权保护和产业发展的最新成就。

6. 针对上海市出版行业，积极开展版权国际培训工作，召开“国际版权贸易管理高级研修班”。邀请三位美国资深知识产权领域律师、专家及两位国内知识产权领域知名教授授课，为行业版权骨干提供一个国际化的学习平台，分享国际版权贸易管理先进经验，帮助其加速理解国际版权贸易法律环境，加快上海市版权贸易管理人才的培养。共有来自全国出版社、期刊社、网络公司、文化传播公司等95家单位的180余名版权专业人员参加培训。

（王　骞）

江　苏　省

2014年，江苏省版权局在省委省政府的领导下，在国家版权局的指导下，深入贯彻落实党的十八大和十八届三中、四中全会精神，按照局党组对版权工作的总体要求，围绕中心，服务大局，认真落实年度工作安排，各项重要工作有序推进，取得了较好的工作实效。

一、版权工作领导机制建设与版权工作战略规划工作

（一）完善版权工作领导机制，召开全省版权工作座谈会

为加强对版权工作的组织领导，进一步推进江苏省的版权创造、运用、保护和管理各项工作，促进文化强省和知识产权强省建设，经省政府领导同意，将江苏省使用正版软件工作领导小组改名为江苏省版权工作领导小组，并首次以省政府名义召开了全省版权工作座谈会，省版权工作领导小组成员及各市分管副市长及版权局长参加了会议，副省长曹卫星从优化版权服务、发展版权产业、强化版权执法、推进软件正版化和加强版权宣传等五个方面部署了下一阶段的版权工作，并要求各地各部门要在健全工作机制、完善政策体系和强化队伍建设等三个方面提供坚实保障。

（二）出台版权工作战略规划

为抓住江苏省委省政府大力加强知识产权强省建设的机遇，力争在即将出台的省知识产权强省战略规划中强化版权部分内容，江苏省版权局着手组织制定版权战略，并委托南京师范大学法学院进行课题研究，撰写了《江苏版权战略实施纲要的研究报告》；并结合研究，对《知识产权强省建设规划方案初步征求意见稿》提出了修改意见。

二、软件正版化与打击网络侵权盗版工作

（一）进一步巩固政府机关软件正版化工作成果

江苏省版权局以省版权工作领导小组名义向各市和省级机关转发了推进使用正版软件工作部际联席会议《关于贯彻落实〈政府机关使用正版软件管理办法〉的实施意见》，下发《关于进一步做好市县级政府机关软件正版化工作的通知》，并按照国家版权局要求，落实了省市县三级政府机关软件正版化工作责任人制度。为推进政府机关软件正版化长效机制建设，还联合省财政厅、省机关事务管理局拟出台政府机关在新购置计算机硬件时同步购买办公软件的指导意见。

（二）市县级政府机关软件正版化工作顺利通过国家检查组考核

2014年3月，推进使用正版软件工作部际联席会议第四检查组对江苏的市县级政府机关软件正版化工作进行了检查后，检查组组长柳文福评价江苏省市县级政府机关软件正版化工作是“认识到位，目标明确；领导重视，上下一心；讲究协同，

各司其责；保障有力，成果显著”。检查组指出，从检查的情况来看，江苏的工作很到位，这也印证了国家版权局对江苏版权工作的一贯良好印象和评价。

（三）基本完成新闻出版行业企业软件正版化工作

江苏省版权局通过下发通知、组织培训、电话催办、现场督办等多种手段，顺利完成了对全省新闻出版印刷行业企业软件正版化的验收工作，全省包括各市市委机关报社在内的112家新闻出版和印刷企业完成正版化整改工作，共采购各类正版操作系统和办公软件5 000余套，采购金额达911万元，较好地完成了国家版权局部署的工作目标。

（四）加强对全省版权执法工作的指导和督办

按照国家版权局等四部门部署，江苏省版权局大力组织开展打击网络侵权盗版“剑网2014”专项行动。江苏省版权局与省公安厅、省网信办、省通管局等制定了打击网络侵权盗版“剑网2014”专项行动的工作方案，赴徐州、常州、扬州等地进行督查，全省各地对重点网站进行主动监管，大力搜集线索，查办大案要案，有效震慑了侵权盗版违法犯罪分子，深刻警示互联网版权产业从业人员，切实规范了互联网版权秩序。在国家版权局通报的“剑网行动”三批共30起大案要案中，江苏查处的就有6起，受到国家版权局领导的高度赞扬。

2014年全省共立案侵权盗版案件59起，办结38起，并调解了2起侵权案件，对国家版权局移交的18件案件转移函，件件有回复，其中山东菏泽“建工之家”网站侵犯软件著作权案，由扬州市版权执法部门和山东菏泽市跨省联合办案，在收到国家版权局案件转移函之后不到两个月就迅速侦破并办结案件，并为跨区域打击侵权盗版积累了经验。在国家版权局评选的2013年全国打击侵权盗版十大案件中，江苏查办的扬州“动漫屋”网站侵犯动漫作品著作权案和南京“6·4”销售侵权盗版光盘案两起案件入选；在国家版权局表彰的2013年度全国打击侵权盗版执法有功集体和有功个人名单中，江苏共有16家单位被评为有功集体，47名个人被表彰为有功个人，其中省局版权处被表彰为有功集体一等奖，省局版权处的宋晓春、袁学术、万进萍三人被表彰为有功个人一等奖；在2015年1月国家版权局等四部门通报的2014年“剑网行动”十大案件中，江苏查办的“建工之家”网侵犯软件著作权案和“高清影视下载网”侵犯影视著作权案两起案件入选。

（五）通过典型案件评选扩大版权保护宣传力度

为发挥典型案例的示范引导作用，提高社会对版权保护的认知度，充分发挥典型案例的示范引导作用，江苏省版权局评选并公布了江苏省2013年度打击侵权盗版十大案件，配合国家版权局2012年度有功单位和有功个人评选活动，审核上报江苏省申报材料，并在全年组织的各类版权宣传活动中对这些典型案件进行公示和宣传。

三、版权宣传与版权示范创建工作

（一）创新开展版权宣传，提高社会公众的版权认知度

为深入宣传江苏省版权管理工作成果，展示全省在版权创造、运用、保护和管理中的先进典型，提高公民版权保护的意识和能力，提高社会对版权保护的认知度，创造有利于版权保护的社会环境和有利于版权相关产业发展的市场环境，江苏省版权局开展了系列版权宣传活动。

一是正式发布《江苏省版权产业的经济贡献(2012)》报告，分析了江苏省版权产业在行业增加值、就业人数和对外贸易三个方面对国民经济的贡献。

二是在江苏书展期间举办了江苏版权产业成果展，共有来自影视、软件、工艺品、设计等行业的59家版权相关企业参展，成交额达到了27.7万元。

三是策划编撰了中小学知识产权教育系列丛书“知识产权零距离”，并在高邮市举行的“版权保护中小学校园行”的启动仪式和首站活动中开展了新书首发仪式、赠书、版权保护签名等活动，取得了良好的社会效果。

四是在全省各地电视台和公共区域滚动播放国家版权局制作的版权保护宣传片，提高了公众的版权认知度。

（二）以版权示范创建工作为抓手，积极推进各市著作权作品登记、软件正版化和版权保护工作

按照《江苏省版权示范城市、示范单位和示范园区（基地）管理办法》，2014年在南京、淮安、张家港等地验收了一批企业和园区，批准了淮安市为省版权示范城市，南京新城科技园、淮安科技园为省版权示范园区，江苏国泰新点软件有限公司等三家企业为省版权示范单位。8月，国家版权局正式批准苏州国际科技园为全国版权保护示范园区，江苏国泰新点软件有限公司、苏州浩辰软件股份有限公司、张家港金陵纺织有限公司等三家单位为全国版权示范单位。

四、版权公共服务工作

（一）顺利实施一般作品免费登记，作品登记量实现较大幅度增长

江苏省自2013年10月开始对全省一般作品实行免费登记。省政府明确全省2014年作品登记任务为4万件，为完成该任务，江苏省版权局经过深入调研后，为解决各地版权作品登记人员和经费不足的问题，与省财政厅共同发文，要求各地方财政做好经费保障。对登记量较大地区的一线作品登记人员进行轮训，从而大大提高了受理效率，江苏省版权局版权处和具体负责作品登记的版权保护中心工作人员深入全省各地，就如何提高作品登记效率听取意见和建议，并巡回进行作品登记工作培训辅导，2014年全年共完成一般作品登记53 010件，超额完成省政府下达任务的33%，比上年增长63.2%。2014年10月，因及时高效地完成了2014年首届江苏文化创意设计大赛参赛作品的著作权登记工作，江苏省版权局被省文化改革发展领导小组和江苏文化创意设计大赛组委会授予组织促进奖。

（二）积极助推版权相关企业“走出去”

江苏省版权局积极组织省内18家出版企业，携1 804种图书、期刊、数字产品参加了第21届北京国际图书博览会。在此次展会上，江苏的版权交易数量再创历史新高，其中共向非华语国家输出版权87种，华语国家10种，引进版权97种。并组织徐州、苏州、连云港等5个市20余家版权相关企业参加第五届中国国际版权博览会，江苏符号精彩亮相，得到了国家版权局领导的高度赞扬。

（万进萍）

浙　江　省

2014年，浙江省版权局认真履行版权保护工作职责，进一步推进政府机关和企业软件正版化工作，积极组织开展打击侵犯知识产权和制售假冒伪劣商品等专项行动，着力打击损害公共利益的侵权盗版行为，开展丰富多彩的版权宣传培训活动，努力促进版权产业发展，取得了良好成效。

一、版权宣传工作

在第14个“4·26”世界知识产权日来临之际，为进一步提升公众版权保护意识，牢固树立保护正版、拒绝盗版的观念，浙江省版权局起草下发了《关于组织开展2014年知识产权宣传周活动的通知》（浙权发［2014］2号），对活动时间、主题、宣传内容作了统一部署，活动结束后，又向国家版权局上报了《关于开展2014年全国知识产权宣传周版权宣传活动情况的报告》（浙权发［2014］3号），对全省宣传周开展活动情况进行了全面总结。

在部署好各地宣传活动的同时，浙江省版权局与浙江工商大学联合举办了浙江省第二届“知识产权杯”创意设计大赛，2014年4月26日上午在浙江工商大学举行了颁奖典礼及“4·26”全国知识产权宣传周宣传活动启动仪式，浙江省版权局副局长单烈、浙江工商大学副校长李金昌出席会议并讲话。相关单位领导、教师、学生代表及新闻媒体记者共150余人参加了现场活动。《浙江日报》《浙江在线》《都市快报》等多家媒体进行了报道。

此外，还集中推出了系列宣传活动：一是参加了2013年长三角地区知识产权发展与保护状况新闻发布会；二是用精练的文字、翔实的数据、生动的图片在推进使用正版软件工作部际联席会议办公室编写的《软件正版化在中国（2014）》专刊中集中展示浙江省软件正版化成果；三是播放版权保护公益宣传片，浙江电视台钱江都市频道、经济生活频道、教育科技频道从2014年4月23日至26日排播了公益宣传片《版权保护》，长度45秒，白天时段排播2次，晚间时段排播1次；四是在杭州市公交K290、K401车体上发布公益广告，宣传保护正版、打击盗版的理念。

二、打击侵权盗版和加强市场监管工作

（一）打击侵犯知识产权和制售假冒伪劣商品绩效考核工作

从2012年起，各省的打击侵犯知识产权和制售假冒伪劣商品工作（简称“双打”工作）纳入综合治理考核范围。2014年2月5日至6日，全国“双打”工作领导小组办公室对浙江省的“双打”工作进行考核，浙江省版权局牵头的打击侵犯著作权行为工作、政府机关软件正版化工作纳入考核范围，分值各为6分，总分为12分。经过考核，全国考核组给出满分12分。

（二）打击网络侵权盗版“剑网2014”专项行动

根据国家版权局等四部门颁发的《关于开展打击网络侵权盗版“剑网2014”专项行动的通知》（新广出明电［2014］14号）要求，浙江省版权局、省公安厅、省通信管理局、省互联网信息办公室联合下发了《浙江省打击网络侵权盗版“剑网2014”专项行动实施方案》。“剑网2014”专项行动从2014年6月开始，2014年11月结束，重点任务一是保护数字版权，二是规范网络转载，三是支持依法维权，

四是严惩侵权盗版。

（三）2013年度全国查处侵权盗版案件有功单位及个人推荐工作

根据国家版权局通知要求，浙江省版权局推荐了2013年度全国打击侵权盗版重大案件以及查处侵权盗版案件有功单位及个人名单。经评选，浙江省版权局经办的“爆米花”网传播侵权影视作品案被评为全国2013年度打击侵权盗版十大重大案件之一，浙江省版权局版权处被评为2013年度查处侵权盗版案件有功单位一等奖，浙江省义乌市文化市场行政执法大队等7家单位被评为二等奖，浙江省宁波市文化市场行政执法总队等4家单位被评为三等奖；肖斌被评为有功个人一等奖，侯化槐等6人被评为有功个人二等奖，郑忠良等18人被评为有功个人三等奖。

三、政府机关和企业软件正版化工作

（一）中央检查组检查政府机关软件正版化工作情况

2014年4月2日至4日，由商务部条法司副司长杨国华等5位同志组成的检查组，对浙江省金华市、绍兴市政府机关软件正版化工作进行了实地检查，听取了金华、绍兴两市的政府机关软件正版化工作情况汇报，重点检查了政府机关软件正版化工作机制建立、管理监督责任落实以及经费保障、软件采购与资产管理、软件使用与日常监督、考核与责任追究等长效机制建立情况；查阅了相关文件、工作记录、合同文本、软件授权协议、软件资产台账等资料；根据检查规则，随机抽查了金华市、绍兴市3个市级机关及义乌市、柯桥区的3个市（区）政府机关，每个机关检查3个职能处室共6台计算机；本次检查共实地检查了12个政府机关36个职能处室72台计算机，对被抽查到的每台计算机操作系统软件、办公软件、杀毒软件等进行详细登记和核查。2014年4月4日上午，检查组在杭州听取了浙江省政府机关软件正版化工作情况汇报，浙江省政府副秘书长李云林和浙江省使用正版软件工作领导小组办公室主任、浙江省版权局副局长单烈代表省政府向检查组汇报了浙江省政府机关及党群系统软件正版化工作情况。

检查工作结束后，检查组对检查情况进行了反馈：浙江省政府在推进软件正版化方面，领导高度重视，组建了专门领导机构，投入了大量人力和资金，具体工作人员认真投入，取得积极进展，消除了政府机关使用非正版办公软件和杀毒软件的情况，实现了办公软件和杀毒软件的正版化，软件正版化长效工作机制和各项基本制度初步建立，部分市县区形成了具有本地特色的一些工作方法，成绩值得肯定。

（二）软件正版化工作成为常态性工作

2013年国务院办公厅下发了《政府机关使用正版软件管理办法》，对政府机关使用正版软件提出了明确要求。根据上级要求，浙江省制定了《2014年浙江省软件正版化工作方案》，对全年软件正版化工作作出了总体部署。2014年9月9日收到《国务院办公厅关于市县级政府机关软件正版化工作检查情况的通报》（国办发［2014］40号）后，浙江省副省长郑继伟，浙江省政府副秘书长、办公厅主任王晓峰分别作出批示，要求各单位强化软件正版化整改责任，采取有效措施，切实纠正软件正版化工作中存在的问题，防止类似问题发生。

根据领导的指示，结合国务院通报要求，浙江省做了以下工作：一是及时调整充实浙江省使用正版软件工作领导小组成员，新增了浙江省审计厅、浙江省工商局、浙江省法制办为领导小组成员单位；二是召开了领导小组成员会议，明确了各成员单位工作职责，完善了工作机制，同时，针对国务院通报中指出的问题，共同研究，制定切实可行的整改计划；三是下发通知，要求各市按照中央检查组检查模式，认真开展自查；四是对个别市县开展现场检查，2014年9月22日至24日，由浙江省版权局、省财政厅、省审计厅、省经信委等单位组成联合检查组对杭州、宁波部分政府机关软件正版化工作进行了实地检查，对检查出的问题进行了现场反馈，并提出了明确的整改要求；五是对国务院通报指出的金华市、绍兴市政府机关及相关部门存在的软件正版化问题，专程到现场召开整改任务部署会，要求对检查出的问题，认真研究，逐条整改，对暂时无法整改到位的，要制定整改计划，明确整改措施，限期整改到位。

根据上级关于推进软件正版化工作的部署，2014年10月30日，浙江省版权局在杭州召开了全省软件正版化工作会议。会上，通报了国务院办公厅关于浙江省市县级政府机关软件正版化工作检查情况及存在的问题，部署了下一步的工作，要求各地进一步建立健全长效管理机制，巩固软件正版化工作成果，根据中央检查组的检查模式，开展自查，防止反弹。

在做好政府机关软件正版化工作的同时，还继续抓好企业软件正版化工作。2014年工作重点是抓好7家新闻出版企业集团130家二级单位的软件正版化工作。

四、版权对外交流和合作工作

浙江省版权局和省商务厅、省委宣传部、省文化厅等 4 家单位共同确定 2013—2014 年度浙江省文化出口重点企业和重点项目，有 7 家省级新闻出版单位被确定为文化出口重点企业，5 家省级新闻出版单位的 7 个项目被确定为文化出口重点项目。同时，还举办了新加坡、南非浙版精品图书版权贸易展，2014 年 6 月 11 日在新加坡友联书局展出，2014 年 6 月 15 日在南非华文图书馆展出；在新加坡国家图书馆、新加坡南洋理工大学孔子学院、南非华文图书馆新设了海外"百柜工程"——悦读浙江专柜。中国驻新加坡大使馆教育处官员、中国贸易促进会驻新加坡首席代表、新加坡国际企业发展局中国司副司长、人民日报新加坡频道编辑、中国驻约翰内斯堡总领事馆领事等出席了相关海外"百柜工程"——悦读浙江专柜启动仪式，人民日报海外网新加坡频道、《南非时报》、《华侨新闻报》等专门做了报道。

2014 年 9 月 17 日至 19 日，浙江省版权局组团参加了第五届中国国际版权博览会，浙江省绍兴中国轻纺城、杭州市版权局、杭州龙象广告公司等单位展示了自己的特色产品。

五、版权公共服务工作

2014 年，浙江省共登记各类一般作品 15 025 件，计算机软件 15 168 件，核准登记出版境外图书合同 344 件，办理涉外图书、音像制品、电子出版物制作合同登记 1 026 件，计算机软件著作权合同备案 182 件。

（严庆荣）

安 徽 省

2014 年，安徽省各级版权部门深入贯彻落实十八大、十八届三中全会和四中全会精神，紧密围绕版权中心工作和目标任务，摸索规律，改进方法，把握重点，采取措施，认真履行职能，推动各项工作，取得了积极成果。

一、版权执法监管工作

（一）案件查处工作

2014 年安徽省版权局查处了涉及微软软件产品的"999 宝藏网"侵权案、美国电影协会投诉的"DY161 侵权案"、香港海关移转的动漫作品网络侵权案等一批在全国有重大影响力的案件，共查处网络案件 6 起，侵权出版物及音像制品案件 7 起，其中 1 起案件获国家五部委挂牌督办，4 起案件获国家版权局挂牌，3 起案件入列国家版权局"剑网 2014"专项行动公布案件，"999 宝藏网"侵犯软件著作权案入列全国"剑网 2014"专项行动十大典型案件。《法制日报》《中国新闻出版报》《安徽日报》《新安晚报》《市场星报》等均从不同角度对安徽省版权案件查处工作进行了相关报道。

在案件查处中，安徽省版权局加强了与公安经侦部门、网安部门以及省市检察院的沟通，重大案件提请检察部门提前介入，存疑案件共同研析，确保"两法衔接"及时到位，杜绝出现"以罚代刑、有案不移"，进一步巩固完善了版权执法协作机制，切实增强了版权执法工作合力。同时，利用技术手段提升执法效能。安徽省版权局指导支持开发的安徽省数字版权保护平台 2014 年 7 月 9 日上线试运行。该平台利用大数据监测技术，对网络上各类作品进行全网版权监测，突破了过去人工监管和取证的局限性，是一个面向移动互联网的专业化版权保护平台，为全省各地版权执法部门提供专有数据服务，有效提升了执法效能。

（二）网络监管工作

安徽省版权局会同省通信管理局确定省内 64 家点击量较大的视频、音频和网络游戏网站名单，逐一核查，关闭和注销了近 20 家明显违规或已有变动的网站，其余的按备案登记地分配至各市版权部门进行主动监管，提高了网络版权监管的针对性和有效性。

同时，根据国家版权局要求，首次启动网络版权转载监管工作。安徽省版权局与安徽省网宣办进行沟通磋商，最终确定安徽省版权局直接监管中安在线、合肥在线两家主流新闻网站，指导其发布版权声明，以期在全省起到一个引领示范作用。并协商安徽省网宣办将规范网络转载写入部门文件下发，增强了此项工作的推进力度。

2014 年，安徽省共有 11 家单位和 18 名个人分别获得全国查处侵权盗版案件有功单位、有功个人荣誉称号，安徽省版权局版权管理处荣获有功单位一等奖。

二、软件正版化工作

2014 年安徽省软件正版化工作主要有两方面：一是着力巩固政府机关软件正版化工作成果，努力实现全面覆盖；二是分步骤、有重点地推进企业使用正版软件工作。

在政府机关软件正版化方面，国家联合检查组于 3 月 27 日至 29 日对安徽省市县政府机关软件正版化工作开展了检查验收工作。检查组查阅台账、听取汇报并随机抽查了合肥市和马鞍山市及当涂县、蜀山区所属 12 个政府机关单位 73 台电脑软件安装使用情况。检查组高度评价安徽省推进软件正版化工作，认为“成效突出，在政府机关软件正版化各个阶段都提前完成了任务。安徽作为财政不宽裕、发展不平衡的一个中部欠发达省份，集中财力积极稳妥推进软件正版化工作并富有成效，难能可贵”。在此基础上，针对尚存覆盖不全、留有死角和存在疏漏等问题，安徽省组织开展“回头看”工作。2014 年，合肥市所辖部分县级政府开展了补缺补差工作，增购了各类正版软件 1 万多套，采购资金 1 100 多万元。国税和地税部门分别筹措了 1 000 万元正版软件采购资金，有序进行整改；气象部门认真开展了自查工作，摸清了家底，正在积极筹措资金进行整改；海关系统完全实现了整改工作。

在企业使用正版软件工作方面，安徽省版权局依托省软件正版化联席会议制度，分行业分别会同商务厅、证监局、国资委、银监局等部门，开展软件正版化的部署、培训、督查等系列工作。逐步建立企业单位基本信息数据库，至 2014 年底，共有 150 多家企业进行了整改，通过了检查验收。

三、版权服务工作

（一）版权作品登记量大幅提升

创新登记模式，从过去的坐等上门到主动服务、重点服务。安徽省版权局会同省版权交易中心，与合肥市高新区管委会针对高新企业联合开展版权集中登记和版权保护宣传专题活动；在重点宣传时期发布版权免费登记公告；遴选版权产业企业——马鞍山洪滨丝画有限公司提供一对一服务；与安徽省文联召开文联系统作品版权登记座谈会，引导创作者们对其作品进行版权登记；指导合肥著作权登记保护中心开通网络登记渠道，开展作品登记网络直通车服务，方便广大权利人，取得了良好效果。2014 年，全省版权作品登记量达 1 300 件，较 2013 年增长 160%，继续保持了良好的增长态势。

（二）版权示范创建有序推进

2014 年安徽矽索信息科技有限公司获“全国版权保护示范单位”称号。依据《全国版权示范城市、示范单位和示范园区（基地）管理办法》，经申报、遴选、审核等程序，引导培育马鞍山洪滨丝画等 3 家单位创建安徽省版权保护示范单位，逐步扩大版权示范单位在安徽省的覆盖面，努力发挥其引导带动效应。

（三）版权贸易保持领先

参加第 21 届北京国际图书博览会，指导出版单位积极开展版权贸易洽谈，汇总版权输出数据。2014 年，安徽省出版单位共签订版权输出合同 399 项，同比增长 39.5%，占全国各省（自治区、直辖市）版权输出总量的 15.3%，实现“七连冠”。

四、版权宣传工作

2014 年，安徽省版权局采用网络媒体、平面媒体相结合的形式，多角度、多渠道地做好宣传工作，扩大宣传影响，注重宣传实效，引导正面舆论氛围，提高全社会的版权保护意识。

一是发布全省 2012—2013 年度侵权盗版十大典型案件，涉及出版物、影视作品、游戏、音乐、音像制品、网络等多个领域，引起广泛的媒体关注和社会反响。

二是通过《中国新闻出版报》、《法制日报》、《安徽日报》、新华网、光明网、合肥电视台等各类媒体宣传版权案件查处、数字平台建设、作品登记等各项工作，扩大工作影响力。

三是积极传播国家版权局制作的版权公益广告视频和版权宣传海报，在中安在线、省新闻出版局（省版权局）、省版权交易中心、省版权教育基地等网站同时播放视频，展出宣传图片；在省版权局大楼的 LED 屏幕上循环播放版权宣传视频；在《新安晚报》头版发布版权宣传海报，并组织各市局在本单位网站上播放宣传视频。与国家版权局形成上下联动的宣传声势。

四是 4 月 26 日当天，省版权局、省版权交易中心通过移动公司发送版权保护宣传短语，覆盖全省新闻出版系统管理部门、印刷、发行、报纸期刊、出版（含数字出版）、动漫、软件等行业企业共计超万人次。

五是协调指导安徽省版权教育基地开展系列宣传活动，举办了“知识产权走进校园”培训讲座、首届研究生知识产权演讲比赛、知识产权博士论坛、版权有奖问答、版权现场咨询等系列活动。

（季　梅）

福　建　省

2014 年，福建省版权工作认真贯彻实施版权发展战略，继续推进版权产业发展，努力提高版权监管水平，进一步完善版权机构队伍建设，为促进福建省科学发展、跨越发展作出应有贡献。

一、版权公共服务工作

2014 年，福建省共核准登记各类作品 24 917 件，同比增长 18.4%，作品登记数量提前一年完成“十二五”规划确定的目标任务，并继续保持在全国前列；建立网上作品登记平台，试行开展网上作品登记，实现作品登记从线下到线上的重大突破，进一步方便作品登记申请人。审核登记出版境外图书合同48件。制定《福建省版权示范单位、示范园区（基地）申报评定办法》并颁布实施。厦门创建全国版权示范城市工作通过国家考核验收，2014年8月，国家版权局发文授予厦门市“全国版权示范城市”称号；9月，在全国版权社会服务工作交流会上，国家版权局副局长阎晓宏向厦门市副市长国荣桂颁发“全国版权示范城市”牌匾，厦门成为全国第七个、福建省第一个获此荣誉的城市。

二、版权交易服务工作

2014年6月18日至21日，第三届海峡版权（创意）产业精品博览交易会在福州成功举办。本届版博会展馆面积9 000平方米，110多家企业参展，展出海峡两岸各类版权创意精品1 700多件。同时举行海峡两岸版权保护与产业发展座谈会、版权精品评奖、版权精品拍卖、原唱音乐表演、鉴宝、现场作品登记、动漫真人秀表演等配套活动。积极推进国家海峡版权交易中心筹备组建工作，明确了交易中心组建方式、投资主体、注资金额、经营场所、业务范围等。

三、软件正版化工作

2014年上半年，福建省版权局牵头会同省财政厅、审计厅、机关管理局、数字办完成对市县级政府机关基本实现软件正版化的检查验收，同时组织省级各机关单位和市县级政府针对存在的一些普遍性问题进行自查整改，并从经费保障、资产管理、审计监督、检查督促、责任追究等方面加强软件正版化长效机制建设，建立健全相关制度，推动机关使用正版软件制度化、常态化。省长苏树林对软件正版化工作作出重要批示，福建省政府批准成立了由15个部门组成的福建省推进使用正版软件工作厅际联席会议，联席会议召开了第一次全体成员会议，进一步推进软件正版化工作。国务院办公厅分别于上半年和下半年两次派出检查组莅临福建省检查，均对福建省着力推进政府机关软件正版化并取得显著成效给予充分肯定，认为福建省机关软件正版化工作达到了要求，通过了检查。同时，积极推进企业软件正版化工作，制定工作方案，确定年度目标，开展业务培训，组织省国资委、福建证监局等部门开展新闻出版系统、国资委系统集团企业和二级公司以及福州、泉州上市公司软件正版化工作，并基本完成年度工作任务。

四、版权监管工作

开展打击网络侵权盗版专项治理“剑网行动”，开展打击侵犯知识产权和制售假冒伪劣商品专项行动（即“双打”工作），硕果累累，成效显著。组织、指导各地查缴各类侵权盗版制品18万多件，对70多家省内重点网站进行主动监管，查办厦门“4·23”通过信息网络擅自向公众提供他人软件案、泉州“8·19”通过网络平台销售盗版制品案等十多起侵权盗版案件，支持并帮助厦门吉比特网络技术公司、海峡书局等企业遭遇网络盗版进行维权。同时，接受公安机关申请，对16起侵犯著作权犯罪案件涉及的盗版制品18 000种、34 000多件进行认定，成功调解一起版权侵权纠纷案件。著作权行政投诉受理案件查处率、结案率均达100%，大规模侵权行为得到有效遏制。2014年5月，福建省版权局版权处被国家版权局评为全国查处侵权盗版案件有功单位。

五、版权宣传教育工作

以“2·21”省知识产权日、“4·26”世界知识产权日等为时间节点，以海峡版博会、“剑网行动”、软件正版化等工作为重点内容，先后召开三次新闻发布会，在电视媒体、网络平台和有关展会滚动播放版权宣传片，向有关企业和社会各界发送1 000多条版权宣传短信，协助福建省委党校两次开展版权知识现场教学，多次在《福建日报》等报纸上集中报道版权重点工作，举办相关企业版权业务培训等，积极宣传版权法律知识和版权保护工作，营造良好的版权保护氛围。“版权保护促进中国德化陶瓷产业发展的研究”调研报告原则上通过国家版权局组织的专家审定会，并递交给世界知识产权组织。

2014年，福建版权工作取得一些成绩和经验，但还存在一些问题：一是版权执法体系还较薄弱。全省大部分县市具有版权管理职能，但是有职能没编制、有编制没人员、有人员没经费的“空档运行”现象仍然存在，进一步完善基层机构和队伍建设的任务依然很艰巨。二是各地版权行政管理部门主动贯彻实施知识产权战略、服务经济建设和文化繁荣的意识还需进一步提高，版权执法手段与执法方式有待创新，执法的主动性和有效性有待提高，侵权盗版在一定程度上还影响版权产业的发展。

（郑开辟）

江　西　省

2014年，江西省各级版权部门深入贯彻党的十八大和十八届三中、四中全会精神，紧紧围绕全国版权工作和江西省委、省政府中心工作和战略部署，积极服务江西经济社会发展，全面加强版权行政执法，大力推进机关软件正版化工作，广泛开展版权宣传教育活动，积极构建版权公共服务体系，取得了较好成效。

一、版权行政执法工作

（一）“剑网 2014”专项行动成果显著

全省各级版权部门紧紧围绕开展“打击侵犯知识产权和制售假冒伪劣商品专项行动”和“剑网 2014”专项行动，将依法治理重点领域、严厉打击侵权盗版、组织查处大案要案作为首要任务，主动出击，强化监管。全省各级版权部门共立案查处各类侵犯著作权案件 27 起，作出行政处罚 21 起，依法移送司法机关 2 起，司法机关已判处有期徒刑 1 人，另已采取刑事强制措施 4 人，提请地方人大撤销涉案嫌疑人人大代表资格 1 人。执法活动的开展，有力打击了侵权违法行为。

（二）依法打击社会危害性大的侵权盗版大案要案

全省各级版权部门以查办大案要案为突破口，依法严厉打击社会危害性大的侵权盗版案件。如：江西省版权局，南昌市版权局、公安局联合查处的“南昌张××网络侵权案”，会同公安部门破获利用淘宝网大量销售盗版中小学辅导系列用书案件，依法追究涉案人刑事责任；在国家版权局的直接指导和大力支持下，对国家五部门联合挂牌督办的“9·9”侵犯陶瓷著作权案成立专案领导小组和专案组，由省版权局主要领导兼任专案领导小组组长，集中省、市公安、版权部门精干力量，克服阻力，深入追查，推动案件依法进入司法程序；组织、指导上饶市版权局通过深挖举报线索，查处了“8·11”网络侵权案，对利用网络向多个省份销售侵权盗版物品的严重违法活动进行了有效打击。

（三）推动侵权盗版行政处罚案件信息公开常态化

全省各级版权部门依法依规，利用网络、广播、电视等多种平台，全面加大行政执法和刑事打击力度。面向社会公开版权行政执法案件的执法流程、执法依据、执法结果，曝光了一批典型案件，对侵权盗版违法犯罪形成高压态势和有力威慑，提高了版权执法工作的透明度，增加了版权执法部门的公信力和影响力。

二、软件正版化工作

（一）建立政府机关软件正版化工作长效管理机制

2014 年 10 月 29 日，江西省政府办公厅印发了《江西省贯彻落实〈政府机关使用正版软件管理办法〉的实施意见》（赣府厅字［2014］134 号），从软件正版化工作责任、软件采购、安装使用、资产管理、审计监督和督促检查等六个方面作出了明确规定。江西成为全国率先制定和出台实施意见的省份，得到了国家软件正版化检查组的充分肯定。

（二）提前完成新闻出版企业软件正版化检查整改

按照国家版权局的工作要求，积极组织开展江西省新闻出版企业软件正版化，通过召开工作会议，举办“全省新闻出版企业软件正版化专题培训”，开展专项督促检查等有效措施，加快推进全省新闻出版重点企业集团所属的 108 家企业完成检查整改和集中采购，并提前 2 个月完成检查整改任务。

（三）积极推动市县政府机关软件正版化工作

按照国家版权局办公厅《关于做好市县级政府机关软件正版化检查整改验收和宣传等工作的通知》（国版函［2014］6 号）文件要求和省政府领导批示精神，省版权局与省委宣传部（省政府新闻办）于 2 月 28 日上午共同举办新闻发布会，发布江西省完成市县级机关软件正版化检查整改工作信息，并答记者问。省内外 30 余家新闻媒体进行了集中报道，收到了较好的成效。

三、版权宣传教育工作

（一）积极参加“3·15”宣传活动

2014 年 3 月 15 日，江西省版权局积极参加省委宣传部、省打击侵权假冒工作领导小组办公室举办的“3·15”国际消费者权益日暨“江西省打击侵犯知识产权和制售假冒伪劣商品专项行动”宣传活动，制作了“打击盗版、人人有责”“版权保护就在我身边”等签名册，在现场接受群众咨询，并向广大市民发放版权保护宣传资料。

（二）组织开展“4·26”世界知识产权日主题宣传和“绿书签行动”

从 4 月 20 日开始，江西省全面启动“尊重知识、拒绝盗版、鼓励创新、拥抱梦想”的“4·26”主题宣传活动。江西省版权局联合江西广播电视台，精心策划、制作版权保护公益宣传片，在江西卫视黄金时段连续播出 11 天，并组织 11 个设区市版权局在当地的电视台集中播放。各地版权部门也开展了形式多样的系列宣传活动，产生了广泛的社会影响。景德镇市版权局组织开展版权宣传“进学校、进社区、进街道”，通过发放宣传资料、制作公益广告宣传画册和板块、公布咨询举报电话、现场解疑答惑等方式，对版权保护进行宣传，以提高市民的版权保护意识。九江市版权局充分利用“4·22”非法出版物集中销毁、“4·26”世界知识产权日等时机，以发放知识手册、组织法规讲解和扩大媒体宣传为平台，广泛宣传教育，发挥舆论优势，教育引导广大群众、学生和业主自觉强化政策法律观念，不断增强抵制非法出版、侵权盗版的思想观念。宣传期间，还组织各设区市在当地选择有代表性的一至两所中小学校，组织开展“加入绿书签行动”签名活动，发放绿书签及反盗版宣传资料。南昌、九江、宜春、抚州、上饶、吉安、赣州等市还积极组织书店、音像店、影剧院、网吧等文化场所，张贴“绿书签行动 2014”宣传海报，广泛开展“绿书签”宣传。

（三）开展版权法制宣传，积极公开版权执法典型案例

江西省版权局利用网络、广播、电视等多种媒体手段，开展打击侵权工作“立体化”社会宣传。2014 年 12 月 4 日国家首个“宪法宣传日”期间，除在江西省版权局政务网站制作“12·4”版权法制宣传专题外，还在江西卫视“新闻联播”栏目组织播出了版权保护宣传节日，在《江西日报》、江西广播电视台等重要媒体公布了一批打击侵权盗版典型案例，取得了积极的社会宣传效果。

四、版权公共服务工作

（一）江西省版权公共服务平台建设成功启动

江西省于 2014 年完成了版权公共服务平台方案设计和项目招标，计划于 2015 年 4 月正式上线。

（二）与景德镇陶瓷学院展开战略合作

2014 年 10 月 20 日，江西省版权局与景德镇陶瓷学院正式签署战略合作框架协议。同日，挂牌成立了景德镇陶瓷学院版权服务工作站，景德镇陶瓷学院陶瓷艺术设计版权交易平台上线。根据战略合作协议，双方将在推进陶瓷艺术设计版权保护等方面展开多层次的合作。

（三）版权示范工作取得新成就

2014 年，江西省新增“全国版权示范单位”1 个、“江西省版权示范单位”4 个。其中，二十一世纪出版社从省级版权示范单位晋升为“全国版权示范单位”，这是江西省继 2012 年景德镇国际陶瓷艺术创意中心荣获“全国版权示范基地”称号之后的一大突破。截至 2014 年底，全省国家级版权示范单位（基地）增至 2 个，省级版权示范单位增至 11 个。

（四）作品自愿登记数量大幅跃升

江西省版权局采取作品登记情况季度通报制度以及在各设区市设立版权服务站、主动上门零距离服务等举措，有力推动了版权作品登记工作的开展，作品登记数量呈现加速增长的态势，创历史新高。其中，一般作品登记数量 1 680 件，较上年增长 161.3%，抚州、赣州等原先没有开展作品登记的设区市实现了零的突破；计算机软件著作权登记数量 1 990 件，较上年增长 112.15%，增速位列全国第二。

五、特色版权产业发展情况

（一）江西特色版权产品参展和企业参评享有盛名

江西省组织景德镇陶瓷和上饶石雕、玉雕、金丝楠板画等具有浓郁地方特色的版权作品参展第五届中国国际版权博览会，实现“2014 中国‘CICE 金慧奖’”各奖项满堂红，其中，江西省版权局荣获最佳组织奖，二十一世纪出版社荣获“最佳名企奖”，景德镇和上饶选送的艺术作品《山乡春浓》《丝绸之路》等 8 件作品荣获“最佳作品奖”（此届版博会总共评选出 30 件最佳作品）。在第七届中国版权年会评选中，江西省版权局荣获“2014 年度中国版权年会优秀组织奖”，江西省景德镇法蓝瓷实业有限公司、江西含珠实业有限公司等两家企业被评为“2014 年中国版权最具影响力企业”（全国共 43 家）。

（二）版权输出实现突破

2014 年，江西省积极推进版权对外交流合作，输出图书版权 338 种，较上年的 210 种增长 60.95%。图书版权“走出去”格局正在发生变化，成为省内多家主流媒体聚焦点。10 月 19 日，《江西日报》头版以“打造江西‘好声音’”为题刊登了江西省版权局积极加快“走出去”步伐，推动江西省版权贸易发展相关工作情况；同日，江西卫视“新闻联播”和江西人民广播电台“全省新闻联播”也报道了江西省赣版图书“走出去”工作情况。特别是二十一世纪出版社推出的《熊猫的故事》一书，在第 21 届北京国际图书博览会上精彩亮相，得到多个国家的关注，中央电视台《新闻联播》节目对此作了专门报道。

（钟　娜）

山　东　省

2014 年，根据国家版权局的工作部署，山东省版权局结合工作实际，周密部署安排，在全省积极开展版权工作，收到显著成效。

一、打击侵权盗版专项行动

（一）领导高度重视，周密安排部署

山东省版权局党组对开展打击侵犯知识产权和制售假冒伪劣商品专项行动高度重视，多次召开专题会议进行安排部署。为加强对专项行动的组织领导，确保各项任务落到实处，省版权局成立了打击侵犯知识产权和制售假冒伪劣商品专项行动领导小组，专门负责专项行动的组织协调；从相关处室抽调人员组成专项行动领导小组办公室，办公室设在版权管理处，负责专项行动的情况沟通、督促检查、案件督办等具体工作。全省17市版权执法部门也成立了专项行动领导小组及其办公室，结合本市实际制定了具体实施方案，召开专门会议，对专项行动作出安排部署。

（二）开展专项行动，建立长效机制

山东省版权局将开展集中整治行动作为重点任务，坚持专项整治行动与日常管理相结合，既抓集中检查治理，又抓长效防范机制建设。

一是继续加强对印刷复制企业的源头治理。山东省和各市版权执法部门继续会同“扫黄打非”、公安、工商等部门，开展打击违规非法印刷集中行动，进一步加强对印刷复制企业的监管。对印刷工具书和教材教辅等各类出版物、包装装潢印刷品及商标标识标签的企业和复制光盘及计算机软件的企业进行专项检查，严厉查处非法印刷复制和出售标识标签等印刷品的行为。专项行动期间共检查印刷复制企业17 121次，查处案件266起，收缴非法印刷品2 290册，罚款42万余元。

二是开展图书、软件、音像制品市场集中检查整治行动。先后在全省组织开展“清源”“净网”“秋风”“固边”四大系列专项行动。以查缴违禁出版物和淫秽色情出版物为重点，坚持主动进攻，保持高压态势，不间断地对出版物市场进行彻底清查。全省共出动执法检查人员15万余人次，检查经营出版物店档摊点4.1万多个次，查处侵权盗版案件220起，收缴各类盗版出版物90余万件。

三是继续开展打击网络侵权盗版专项治理“剑网行动”。6月24日，省版权局、省互联网信息办公室、省通信管理局、省公安厅联合下发了《关于转发国家版权局、国家互联网信息办公室、工业和信息化部、公安部〈关于开展打击网络侵权盗版“剑网2014”专项行动的通知〉的通知》，确定从6月底到11月底分四个阶段在全省开展打击网络侵权盗版“剑网2014”专项行动。省版权局、互联网信息办公室、通信管理局、公安厅四部门成立山东省“剑网2014”工作领导小组，统一部署涉及全局的主要任务，负责协调解决专项治理行动中的重大问题，督办重大案件，指导各市开展工作。围绕音频视频、文学网站、网游动漫、软件等重点领域，对未经许可非法下载、传播他人作品，通过电子商务平台兜售盗版音像、软件制品，为侵权盗版分子提供搜索链接、服务器托管，以及利用手机侵权盗版等违法犯罪行为进行了严厉打击。全省共查处网络侵权盗版案件47起，其中已刑事移交的4起，关闭侵权网站30家，并列入黑名单管理，有效维护了全省网络版权环境。

四是在广播电影电视领域持续整治虚假医疗医药和购物广告，加大力度打击非法视听节目网站。2014年，省新闻出版广电局（版权局）先后对省级台和市级台播放的虚假医药医疗广告进行了清理，对违规严重的广告责令停播。山东广播电视台和青岛、济南等市级电台、电视台先后停播了“补肺丸”“清血八味片”“CC焕颜祛斑精油”“北京黎明医院”“麦迪格塑型组合”等广告。对存在夸大宣传等违规内容的广告按照相关文件及广告管理办法，责令进行修改或换版去掉原有的虚夸内容后再播出。在加大对虚假医药医疗广告治理的同时，也对虚假广播电视购物广告进行查处。先后对发现的省级电视台有关频道播放的118条违规购物广告责令限期整改到位，118条违规购物广告得到及时停播或经修改后再播放。切实加大对非法视听网站查处力度。严厉查处传播政治有害、境外电视、淫秽色情和擅自开展时政新闻访谈等类视听节目的网站，防范境外敌对势力在特殊时期利用网络视听节目进行的渗透攻击；对擅自提供互联网视听节目服务的本地网站采取限期整改、关闭网站等措施。截至2014年底，全省共查处传播政治有害等违规视听节目网站40家，封堵违规视听节目5万余条。

（三）加大宣传力度，营造舆论氛围

为推动专项行动的顺利开展，山东省及各市版权局采取多种形式，扩大宣传，广造舆论，努力营造有利于专项行动的良好氛围。

一是按照全国打击侵权假冒工作领导小组办公室《关于进一步做好打击侵权假冒信息报送和数据统计工作的通知》（打假办发［2014］1号）和国家新闻出版广电总局《关于下发〈新闻出版（版权）行政执法部门依法公开制售假冒伪劣商品和侵犯知识产权行政处罚案件信息的实施细则（试行）〉的通知》（新广出发［2014］56号）要求，制定了《山东省新闻出版广电（版权）行政执法部门依法公开

制售假冒伪劣商品和侵犯知识产权行政处罚案件信息的实施细则》，按照《细则》要求，全省共公开侵权盗版案件信息 244 件。

二是组织全省 17 市开展侵权盗版及非法出版物集中销毁活动，活动期间共销毁侵权盗版及非法出版物 164 万件；济南、青岛、淄博、泰安、德州等市选择多所中小学校、影剧院、出版物经营单位、大型图书销售市场、大型广场和社区，开展绿书签宣传推广及优惠购书活动，张贴版权宣传海报。活动期间共发放绿书签、反盗版宣传手册 2 万余张（份）；在山东卫视《新闻联播》、《大众日报》、省政府门户网站等媒体公开曝光了 10 起侵权盗版典型案件。

三是山东省及各市版权局充分利用“阳光政务”“行风在线”“民生在线”“网络在线问政”等相关访谈活动，宣传专项行动的重大意义，受理举报，解答咨询，揭露盗版制品的严重危害，曝光侵权盗版典型案件，积极引导广大群众自觉抵制盗版，使用正版。

四是山东省版权局编发各种信息简报 150 余条，及时通报各市开展专项行动的进展情况和重点案件查处情况。全省各级版权执法部门充分利用电视、电台、报纸、杂志、网络等各种媒体，开展形式多样的宣传活动，大力宣传专项行动。

二、软件正版化工作

山东省根据国家对软件正版化工作的统一部署要求，积极主动工作，在加强对软件正版化工作长效机制建设方面下功夫。2014 年，全省党政机关新购正版软件 18 785 套，投入资金 926.6 万元；全省 298 家企业完成软件正版化检查整改任务，采购正版软件 2 112 套，采购金额 340 多万元。

（一）加强法规建设

山东省政府办公厅于 2015 年 12 月 11 日印发《山东省政府机关使用正版软件管理办法》。该《办法》对全省软件正版化工作的工作责任、经费保障、使用管理、审计、督导检查、年度报告等方面提出了明确要求。《办法》规定，全省各级政府机关不得购买、安装、使用非正版软件，鼓励优先购买、安装、使用自主可控正版软件；各级政府机关购置计算机办公设备（包括台式计算机、便携式计算机、掌上电脑、平板式微型计算机、计算机工作站等）时，应当采购预装正版操作系统软件的计算机产品，并对办公软件、杀毒软件一并作出购置计划；软件选型应坚持勤俭节约、自主可控、信息安全的原则，逐步推广国产化；政府机关以外的其他国家机关、事业单位、人民团体和免予登记的社会团体使用正版软件工作，参照执行。

（二）加强督导检查

山东省版权局将软件正版化督导检查和打击使用盗版软件行为作为推进软件正版化工作的重要手段。在 2012 年完成全省党政机关软件正版化检查整改工作的基础上，对省、市、县（区）党政机关软件正版化工作进行核查，全面核实各部门采购数量、安装、培训、使用等情况，重点检查采购数量与实际不符、采购后不安装不使用正版软件、未建立正版软件管理制度等情况。对存在问题的，提出整改意见并限期整改，对问题突出、履职不力、行动迟缓的予以通报批评，切实保证全省党政机关软件正版化工作不反弹。同时加大对企业使用盗版软件的查处力度，坚决依法查处使用盗版软件情节严重且拒不整改的违法企业，增强企业依法经营、使用正版软件的自觉性和主动性。2014 年 5 月，山东省版权局下发了《关于对开展软件正版化工作情况进行检查的通知》，从 5 月到 11 月对全省党政机关及企业软件正版化工作情况进行检查。截至 2014 年底，山东省版权局共组织软件正版化检查 12 次，实地检查省、市、县三级党政机关部门 81 个、企业 46 家，检查电脑 600 多台。各市共组织软件正版化检查 660 多次，检查党政机关部门 1 251 个，检查企业 782 家，查处使用盗版软件案件 153 起。

（三）做好培训工作

为切实提高计算机使用者的版权意识，指导全省党政机关及企业建立健全软件正版化管理制度，山东省积极开展软件正版化培训工作。通过培训，讲解《著作权法》《计算机软件保护条例》《政府机关使用正版软件管理办法》等法律法规，提高政府机关各部门及企业人员对使用正版软件工作的认识，增强使用正版软件的积极性和主动性。2014 年，全省共组织党政机关软件正版化培训 32 次，参训单位 946 个，参训人数 2 600 多人；组织企业软件正版化培训 33 次，参训企业 1 116 家。

（四）加大宣传力度

为推动软件正版化工作顺利开展，山东省及各市版权局采取多种形式，扩大宣传，广造舆论，努力营造有利于推动软件正版化工作的良好氛围。2014 年，在国家和省内主要媒体上刊登版权保护及软件正版化工作稿件 30 多篇，编发软件正版信息 15 期，广泛宣传软件正版化工作的意义和重点任务，及时通报山东省开展软件正版化工作进展情况以及取得的重要成果。继续在全省开展“版权示范单位”和“版权保护示范单位”评选活动，以点带面，发挥典型示范引领作用，使党政机关和企业真正树立抵制盗版、使用正版的意识。

三、版权产业服务工作

一是在全国首次召开版权创意产业经验交流会，为推进版权产业发展打下基础。4月11日，山东省版权创意产业经验交流会召开，本次会议是全国版权创意产业发展首次经验交流会。国家新闻出版广电总局版权管理司副司长汤兆志到会并讲话，全省部分市文广新局、文化执法局，国家和省级版权示范单位、园区（基地）负责人共80余人参加了会议。会议指出要充分利用各种社会力量抓版权宣传、抓版权服务、抓版权创意，形成齐抓共管的良好环境；要善于动脑，勤于思考，多做调研工作，抓好典型示范，多措并举促进版权创意产业又好又快发展。会议内容形成《纪要》发有关版权管理单位和版权企业。

二是积极培育国家级版权示范单位、园区（基地）。国家版权局在全国共公布22家国家级版权保护示范单位、园区（基地），其中山东省6家单位、园区（基地）榜上有名；临沂市列入国家版权局申办版权示范城市名单。

三是开展版权创意产业调研。山东省版权局认真考察总结“红霖现象”，具体指导红霖公司成立企业版权办公室，专门负责版权作品申报，版权作品的存档、保护、监督检查以及搜集、取证和举报侵权盗版行为等工作，逐步建立起了一套完整的版权保护和打击侵权盗版体系。该公司登记的原创作品逐年增加，2014年达到5 000余件。红霖公司获国家级版权示范单位称号。

四是提升版权工作层次，建立版权科研教学示范基地。经考察论证，公布烟台大学为山东省首个版权科研教学示范基地，并与其共建“知识产权文化与山东半岛蓝色经济区发展”协同创新中心，从而提升知识经济协同创新和文化传承能力，推动山东省版权产业与区域经济社会共同繁荣发展。

四、版权公共服务体系建设

一是抓创新，召开全省版权社会服务工作会议。邀请国家新闻出版广电总局（国家版权局）版权管理司司长于慈珂作辅导报告。会议形成《纪要》印发各市和有关版权单位，在国家版权局门户网站上刊登《山东省以数字版权登记为抓手，促进版权社会服务工作》宣传文章。

二是抓载体，服务基层，服务群众，完善数字版权登记资料库，实现方便快捷的网络在线登记和审核流程。2014年，山东省作品登记数量达4万多份，版权贸易合同登记351份，软件登记数量2 700多件，再次领先其他兄弟省市。在国家版权局举办的全国版权社会服务工作会议上，山东省就版权作品登记工作进行典型发言，发言稿《作品登记——版权兴业结硕果》全文刊登在《中国新闻出版报》上。

三是抓活动，组织参加第五届中国国际版权博览会。积极筹备“第二届中国青岛·东北亚版权创意精品展示交易会”。

四是抓宣传，通过街头咨询、悬挂标语、发放彩页、报刊宣传、网站问答等多种形式，广泛宣传著作权法律知识；通过电视、网络、电台等多种媒体，播出版权公益广告宣传片；邀请中央媒体版权采访团再次来山东省采访报道。《人民日报》、新华社、《光明日报》、《中国新闻出版报》等中央主流媒体和部分网站刊发山东省版权管理和企业在版权的创造、保护、管理、运用方面的经验做法稿件50多篇。

（高　睿）

河　南　省

2014年，河南省版权局按照国家版权局的工作部署，紧紧围绕打击侵权盗版、规范市场秩序，强化普法宣传、优化法制环境，注重队伍建设、提高执法水平，提升公共服务水平、强化服务意识，加强组织协调、强力推进政府机关软件正版化等主要工作，突出工作重点，狠抓工作落实，各项任务基本完成。

一、软件正版化工作

一是完成了全国打击侵犯知识产权和制售假冒伪劣商品工作领导小组绩效考核组对河南开展的打击侵权假冒工作绩效考核。2014年2月25日，国家打击侵犯知识产权和制售假冒伪劣商品（简称“双打”）工作领导小组绩效考核组到河南，听取了河南“双打”工作情况汇报，并现场抽查了河南省机关软件使用情况。考核组对河南省版权局开展“双打”工作，尤其是牵头全省政府机关软件正版化工作所取得的成绩给予充分肯定，对河南省机关软件使用情况表示满意。

二是组织对市县级政府机关软件正版化工作情况进行检查验收。2013年11月底，全省市县级政府机关提前完成了软件正版化检查整改工作。自2014年12月至2015年3月，在河南省版权局领导带领下，河南省先后三次组成检查组对市县级政府机关软件正版化工作进行全面检查验收。同时，也为国家检查组检查验收做好准备工作。

三是协助省政府新闻办召开河南省市县级政府机关软件正版化检查整改工作新闻发布会。2014 年 2 月 28 日上午，省政府新闻办召开河南省市县级政府机关软件正版化检查整改工作新闻发布会，向社会发布河南省市县级政府机关软件正版化检查整改工作有关情况。这次新闻发布会为河南省政府机关软件正版化检查整改工作画上了圆满的句号。

四是认真做好迎接国家推进使用正版软件部际联席会议检查组对河南省市县级政府机关软件正版化工作的检查验收。2014 年 3 月 25 日至 28 日，国家检查组对河南省市县级政府机关软件正版化检查整改工作进行检查验收。自 2010 年以来，河南省根据国务院办公厅《关于进一步做好政府机关使用正版软件工作的通知》精神和国家推进使用正版软件工作部际联席会议的统一部署，积极推进省、市、县三级政府机关软件正版化工作。经过全力组织、协调，2013 年 11 月，河南省提前全面完成了 18 个省辖市和 158 个县级政府机关以及同级党委、人大、政协、法检两院、群团组织等机关的软件正版化检查整改工作。通过听取汇报和对市县级政府机关使用软件情况的现场抽查，检查组认为，河南省市县两级政府机关软件正版化工作机构完善，责任明确，建立了责任人制度，制定了工作年度计划、日常督查制度和审计监督制度，此次所有检查项目都达到了国家要求，检查组对检查结果表示满意。检查组还高度评价了河南省市县级政府办公软件采取场地授权的采购模式，既为各级政府节省了大量软件采购资金，又提高了工作效率，此举也受到国家版权局的肯定和推广。

五是认真落实《国务院办公厅关于市县级政府机关软件正版化工作检查情况的通报》（国办发［2014］40 号）精神。接到《通报》后，省政府高度重视，副省长张广智批示抓紧贯彻落实国办通报精神，认真做好自查整改工作。河南省版权局立即将国办《通报》精神转发各省辖市、省直管县（市），部署开展全省市县级政府机关软件正版化自查整改工作。10 月 9 日至 20 日，由省版权局组成政府机关软件正版化工作自查整改督导检查组，分赴安阳、濮阳、鹤壁、新乡、焦作、鹿邑等市、县进行督促检查，共抽查了 6 个市、24 个市县级机关单位。从检查情况看，市、县级政府对此项工作重视，正版软件覆盖到市、县以及乡镇机关，机关干部逐渐适应国产办公软件的使用习惯，安装使用情况普遍良好。

二、版权行政监管执法工作

一是举办了全省版权执法培训班。按照国家版权局、国家互联网信息办公室、工业和信息化部、公安部等 4 部门《关于开展打击网络侵权盗版“剑网 2014”专项行动的通知》要求，6 月 26 日至 27 日，河南省开展了版权行政执法培训，全省 18 个省辖市文广新局、文化市场综合执法支队，10 个省直管县文广新局和文化执法大队共 130 余名执法干部参加了培训。培训班邀请了国家版权局版权管理司副司长段玉萍、华东政法大学教授王迁、公安部经济犯罪侦查局吕伟、北京市版权局版权保护处处长赵红仕等专家学者进行授课。课程围绕版权的基本原理、版权行政执法的依据和执法程序、互联网环境下的版权行政执法、版权行政执法与刑事司法衔接等方面内容展开。专家们以案说法，贴合现实工作，对河南省基层版权行政执法工作有较强的指导作用，解决了执法工作中遇到的一些难题，受到学员们的好评，培训收到了预期的效果。

二是组织开展全省 2013 年度侵权盗版案件有功单位及个人推荐工作。按照国家版权局有关推荐范围和推荐标准，认真组织推荐河南省版权、新闻出版广电、文化综合执法、公安、电信、工商、海关、网信办（网宣办、网管办）、法院、检察院等部门系统 2013 年度在查处侵权盗版案件中表现突出的办案单位、办案个人或专案组。在此次评选中，全省共有 17 个单位和个人被评为 2013 年度全国查处侵权盗版案件有功单位、有功个人。

三是认真组织开展“剑网 2014”专项行动，加强网络版权执法监管工作。转发了国家版权局、国家互联网信息办公室、工业和信息化部、公安部等 4 部门《关于开展打击网络侵权盗版“剑网 2014”专项行动的通知》，要求各地加强对重点网站进行全面清理检查，发动群众投诉举报；加大对侵权盗版案件的查处力度，立足于侦破大案要案，建立快速处理机制，完善长效工作机制。根据国家版权局《关于移转“剑网 2014”专项行动案件的函》，对涉嫌侵权的“GO 电影”“求歌名网”“安卓思”3 家网站进行了查处。按照“剑网 2014”专项行动工作部署安排，河南省版权局确定了河南省具有代表性的河南映象网、中原网、商都网、大河网等大型网站为主动监管网站，并于 7 月 8 日召开了河南省“‘剑网 2014’专项行动”主动监管网站会议，要求各主动监管网站开展自查自纠活动，查找侵权盗版问题。“剑网行动”期间，全省共关闭违法违规网站 13 个，收缴一批涉案盗版计算机软件。

四是坚持开展“双打”工作和出版物日常监管。全省各级版权行政管理部门把打击侵权假冒工作作为一项重要工作常抓不懈，确保打击侵权假冒工作各项任务落到实处。同时，加强对出版物市场的监管执法，突出教材教辅、音像制品、计算机软件、网络侵权等重点领域的有效监管，坚持日常监管和专项治理相结合，进一步强化与公安、工商、通信、“扫黄打非”、文化市场综合执法等相关部门的联合执法，严厉打击各类侵权盗版行为。截至 2014 年 12 月，全省共收缴侵权盗版出版物 300 多万册，取缔关闭盗印出版物印刷企业 12 家，查处行政案件 460 余起，移送司法机关处理 4 起 11 人。

三、版权普法宣传工作

按照国家版权局《关于做好 2014 年全国知识产权宣传周版权宣传活动的通知》（国版办发［2014］2 号）文件要求，河南省积极筹划，就宣传内容、宣传形式、活动组织等问题多次认真研究，提早安排布置，精心设计宣传方案，力求宣传效果突出。同时，下发通知要求各省辖市版权局做好知识产权宣传周宣传活动。4 月 25 日，河南省版权局在郑州市文博广场举办“2014 年全国知识产权宣传周”活动。活动通过展板展示、现场讲解、发放宣传资料等多种形式，充分展示了河南省软件正版化工作取得的成就和打击侵犯知识产权和制售假冒伪劣商品专项行动的成果，并现场接受群众关于版权登记、侵权盗版投诉等方面的咨询，共发放《版权登记指南》《著作权行政投诉指南》《著作权法律法规选编》等书籍 300 余册，受到群众的好评。

四、作品著作权登记和版权贸易合同审核登记工作

继续开展作品著作权自愿登记工作，进一步规范郑州、洛阳两个登记服务站版权登记的工作程序，缩短受理周期，提高服务质量。认真做好版权贸易合同审核登记，为社会公众提供良好的公共服务。截至 11 月底，共受理各类作品著作权登记 823 件，审核登记出版单位从国、境外引进版权贸易合同 306 件。

（焦艳娜）

湖　北　省

2014 年，湖北省版权局在省委、省政府的领导和各级同行的支持下，认真贯彻落实全国、全省两级新闻出版广电工作会议精神，按照年初工作部署，有组织、有计划、有步骤地抓好版权行政执法、软件正版化、版权产业发展及版权公共服务管理等各项工作落实，较好地完成了全年工作任务。

一、版权行政执法管理工作

按照国家版权局和湖北省打击侵犯知识产权和制售假冒伪劣商品（简称“双打”）工作领导小组的统一部署，以全国性的“双打”“剑网”专项行动为抓手，严厉打击侵权盗版行为，取得明显成效。

（一）执法办案力度大

全年全省各级版权行政执法部门累计查处各类侵权盗版案件 26 起，检查出版物市场、店铺摊点、印刷复制企业 4 万多家次，收缴各类侵权盗版物 41 万多件。以“双打”“剑网”等专项行动为抓手，与公安、网信和通管局等部门建立联合办案工作机制，先后查处了《知音漫客》杂志被侵权系列案、卢言刁侵犯著作权案和房县《欢乐幻想神域》游戏私服案等重点侵权盗版案件；此外，武汉“2·13”案、仙桃“3·5”案等 5 起影响较大的侵权案件已移送公安机关立案侦办。

（二）教育培训全覆盖

建立健全了国家局、省局、市州局三级培训机制。2014 年，先后组织 3 批版权行政执法人员参加国家轮训。10 月下旬，省局组织举办全省版权行政执法干部培训，17 个市州版权局版权科长、文化综合执法队长及局属二级版权单位工作人员共计 120 多人参训。同时，积极指导市州版权行政执法培训工作，亲临现场辅导授课。全省版权执法人员 2014 年全部轮训一次，版权执法队伍素质普遍提高。

（三）立功受奖创新高

在国家版权局组织的 2013—2014 年度查处侵权盗版案件有功单位和有功个人评选活动中，湖北省有 9 个单位、18 名个人获奖（其中，单位一等奖 3 个、二等奖 2 个、三等奖 4 个，个人一等奖 1 个、二等奖 2 个、三等奖 7 个），奖金 28.6 万元，受奖数量和质量再创历史新高，名列全国第八位。

二、软件正版化整改工作

按照国务院推进使用正版软件工作部际联席会议要求，软件正版化工作已经从强制性、突击性工作逐步转变成为制度性、常态性工作，从上到下形成了抓软件正版化工作的普遍共识和自觉行动。

（一）各级领导重视

2014 年 3 月 19 日，在省政府办公厅的指导下，湖北省版权局组织召开了省使用正版软件工作领导小组成员单位联席会议，各市、州分管市（州）长、新闻出版局长、省领导小组成员单位负责人出席会议，专题研究部署2014年全省软件正版化工作任务，制定推进使用正版软件工作计划和督查实施方案，得到了各级领导和省直各部门的高度重视和大力支持，省政府副秘书长黄国雄亲自主持会议，并提出了具体要求。基层抓软件正版化工作的主动性、自觉性明显增强，湖北省版权局遇到的工作阻力和压力也明显减轻。

（二）整改督查到位

2014年，湖北省先后两次接受国务院和总局督查。4月初，迎接国务院督查组软件正版化检查验收，武汉市、孝感市及其下属12个市、区、县、局（办）代表全省市、县两级政府机关接受检查。11月中旬，又接受国家版权局组织的新闻出版行业企业软件正版化督查，总体情况良好，受到督查组的好评，在国务院督查情况通报中没有明显问题，在全国的综合排名从2013年的18位提升到了13位。湖北省版权局还按计划组织领导小组成员单位分片对市州进行了全面督查，及时发现问题，现场督促整改，不留死角漏洞。同时，重点抓了新闻出版行业企业二级单位软件正版化工作的督导。

（三）管理指导有力

建立了软件正版化信息平台，实施全时全程跟踪指导。2014年11月，专门举办省直机关软件正版化工作信息员培训班，省直机关、群团组织共计140人参训，并请省经信委、财政厅、审计厅等管理部门领导宣讲政策法规，通报工作情况，布置整改任务。并组织省内优秀软件厂商进行产品推介，为软件产品国产化做好准备。

三、版权产业发展情况

湖北省版权产业仍处于初创起步阶段，面临的现实困难和问题较多。对此，湖北省版权局注意充分发挥华中国家版权交易中心的品牌效应，主动作为，全力推进，推动版权交易中心工作取得实质性进展。

（一）基础平台搭建成型

一是建成管理平台。继省版权服务中心和省版权保护中心批转为全额拨款事业单位正式列入财政编制后，由省版权服务中心、中国南山集团和华中科技大学出版社合作投资成立的华中国家版权交易中心有限公司已经登记注册，公司董事会正式开始挂牌运营，全权负责版权交易中心市场运营管理。

二是建成物理平台。省版权服务中心于5月份从中南财大老校区搬出，版权保护中心工作人员7月份进入沙湖区办公，展厅及相关配套设施已经完成装修，股份公司正式进驻办公。版权交易中心产业园区落户武汉东湖开发区已经得到省领导的正式批示，已与东湖开发区管委会协商产业园区具体落点。

三是建成网络平台。版权交易中心网络交易平台一期工程于10月中旬正式上线运转，为交易中心开展版权宣传、展示、咨询、维护及经营服务活动提供了广阔的网络空间，上线一个月，点击量就过万次。网络交易平台经资产评估公司正式认定作价1 000万元，作为资本金参股交易中心股份公司。

（二）交易业务开始启动

截至2014年底，交易中心与省内知名作家、艺术家、专家教授及版权产业单位签订版权代理协议或达成版权合作意向近200起，涉及版权作品超过5 000件。为金山、微软、苏州浩辰、广州中望等软件公司权利人提供近百份版权交易合同备案及鉴证服务，金额超过1 000万元。同时，为省内出版社与境外出版单位和权利人达成的600余起图书音像版权贸易提供了合同登记服务，涉及码洋近8 000万元。还积极参与了省直机关及市、州、县政府正版软件招标采购工作，直接做成2笔正版软件交易业务，交易金额50余万元。

（三）对外交流合作紧密

2014年9月17日至19日，湖北省版权局组织省内24家版权单位首次参加第五届国际版权博览会，展示近几年来湖北省版权产业发展最新成果，加强行业交流互动，首次登场亮相便荣获中国国际版权博览会金慧奖“最佳组织奖”。11月上旬，交易中心有限公司刚刚登记注册，便备受业内企业关注和青睐，苏州千知艺术品公司、香港长江文化产业集团主动要求建立合作关系，签订了投资协议，分别在武汉和苏州成立了文化艺术品交易中心有限公司。11月18日，华中国家版权交易中心与西部国家版权交易中心在西安签订了战略合作框架协议，共同打造国家级版权交易服务平台，引领拉动中西部地区版权产业及整个文化产业跨越式和跨域式发展。

四、版权公共服务工作

充分利用专项行动、专题教育、重大展场、重点展会等重要时机和场所，组织开展版权公益服务活动，实施版权普法教育，增强全民版权保护意识。

（一）加强版权法规知识宣传

湖北省版权局通过世界知识产权保护日、知识产权宣传周、联系电视台播放专题宣传片、侵权盗版典型案件新闻发布会、版权博览会、影视博览会、“4·26”公开销毁日和“绿书签”等活动，在大学校园、城市社区、商业步行街等公共场所开展版权法律法规知识宣传，提高公众知晓度和参与度，让更多的人熟悉版权知识，参与版权保护。

（二）建立版权公共服务体系

湖北省版权局妥善处理了省版权保护协会的一系列历史遗留问题，完成了协会换届组织协调筹备工作，版权保护协会换届大会在2014年底前顺利召开。加大了版权登记服务工作力度。2014年，湖北省共办理作品自愿登记1 602件、外国图书合同登记351份、著作权合同备案登记46份，较2013年同期有了明显增加。武汉市版权局率先建立版权免费登记服务机制，争取政府财政补贴50万元。

（三）热情提供群众咨询服务

2014年，湖北省版权局先后协调处理群众侵权投诉案26起；接受司法机关委托鉴定，出具《出版物鉴定书》24份、鉴定回复函11份，涉及非法出版物113种；先后对外发委托鉴定函32份，涉及出版物106种。共受理侵权复制品认定申请35份，出具《侵权复制品认定书》28份，认定侵权复制品8 639种、累计177 849张。

（四）认真组织版权产业调研

湖北省版权局先后赴上海、杭州、南通、西安等版权产业发达地区考察调研，与兄弟单位、行业企业交流版权产业发展问题，吸取先进经验。邀请专家对湖北省版权产业发展现状进行调研论证，拟制了版权产业发展“十三五”规划草案。

（张　威）

湖　南　省

2014年，湖南省版权局进一步加强社会服务职能，积极巩固软件正版化工作成果，加大版权行政执法和监管力度，认真贯彻落实年初工作计划的各项任务，取得了积极的工作成果。

一、版权相关产业服务工作

（一）积极推进各项产业扶持政策的制定

湖南省版权局认真落实省委省政府关于加快文化产业发展、建设文化强省的决策，按照副省长李友志的批示，承担了运用版权手段促进文化产业发展的战略研究工作，通过对湖南省主要版权企业的调研，提出了设立版权扶持专项资金，探索构建综合性的版权要素市场，加强版权登记、评估、质押等版权市场机制建设等若干措施，服务文化产业发展。上述建议被《湖南省文化产业知识产权战略实施意见》《湖南省人民政府办公厅关于加快文化创意产业发展的意见》等系列政策文件完全采纳，版权保护对文化产业发展的重要意义和积极作用得到认同。

（二）大力推进版权登记工作

继续支持长沙市开展版权登记代办，进一步简化审核流程，缩短办理时限，优化登记程序，满足权利人对登记时效性的要求。省版权局筹划实施了版权网上登记建设项目，通过专家论证和评审，委托了一家专业公司开发作品网上登记软件，具备材料受理、审核、查询和统计等多种功能，架设服务器，开通了“湖南省版权登记服务网”，并进行了域名注册和网站备案。网上登记平台现已安装调试完毕，进入测试运行阶段，各方面反映良好。在省市版权登记机关的共同努力下，2014年共完成版权登记1 845项，同比增长58%。

（三）深入开展版权示范单位创建和评优活动

湖南省版权局把创建全国版权示范园区、企业作为提升湖南版权工作整体水平的有效手段，多次赴长沙天心区创意产业园以及中广天择、鼎瀚文化等6家企业进行实地指导，依照国家版权局公布的考评办法，帮助企业进一步完善版权管理体系、加快推进软件正版化、规范版权登记和流转程序，全面提升企业版权创造、运用、保护、管理的能力。加大湖南优秀版权企业的推介力度，推荐中广天择参评2014年中国版权最具影响力企业并入选，扩大了湖南版权企业的影响。

（四）全力指导企业开展版权资产清理和登记

省版权局指导帮助芒果TV网络平台对电视节目、视频素材和剧本等版权资产进行清理，开通绿色通道为其进行批量版权登记。帮助蓝猫动漫、天舟科教等企业办理版权变更登记，明晰版权流转程序，确认权利主体。指导天闻印务、益阳天格印务等印刷企业办理海外承印版权登记，开拓印度、韩国等海外市场。据统计，2014年前11个月，共为企业办理海外承印版权审核备案46项，同比增长25%；办理版权引进合同审核登记245项，为企业开展海外业务提供了有力支持。

二、软件正版化长效机制建设

2014年初，按照国务院的要求和湖南软件正版化工作实际，经省政府同意制定印发了《2014年推进使用正版软件工作实施方案》，明确工作重点是巩固政府正版化成果，加强长效工作机制建设，推动新闻出版行业企业实施正版软件采购。

（一）认真组织检查验收

2014年8月，省版权局协调省政府办公厅组织财政、商务、经济与信息化、机关事务等6个部门，对市州县区政府正版化情况进行了正版化检查验收，实地察看了84个市、县级政府机关的504台计算机，通过检查记录软件使用信息，对照各单位的软件安装使用台账，查阅工作记录、软件采购合同、授权书等方式进行了全面的检查，详细掌握各级政府机关安装使用正版软件的情况。检查结束后，报请省政府办公厅印发了《关于市县级政府机关软件正版化工作情况的通报》，对未达到正版化要求的计算机进行逐台通报，对工作存在问题的市县政府进行点名批评，同时要求各地、各单位对照通报的问题，全面组织一次软件清理，切实查找问题并整改落实。各地进行了整改并提交书面报告，有效推动了工作进展。

（二）加大力度推进长效机制建设

省版权局继续推进使用正版软件涉及众多职能部门的工作。为进一步理顺工作关系，明确责任，形成工作合力，10月份，省版权局组织财政、审计、商务和机关事务等职能部门赴北京参加全国软件正版化工作培训，促进了相关部门对正版化工作的认识和工作水平的提高。为全面贯彻落实国务院《政府机关使用正版软件管理办法》，结合湖南实际，报请省政府办公厅印发了《关于进一步加强政府机关软件正版化工作的通知》(湘政办函［2014］157号)，明确财政部门要进一步强化源头把关，在审核计算机硬件采购项目时，必须同时审查配套的正版软件解决方案。明确加强审计监督，将软件正版化列为政府机关的常规审计项目，对各单位软件采购资金管理使用和软件管理使用情况实施经常性监督。根据省里的要求和当地实际，各市州逐步建立完善了相关的配套制度。长沙出台了政府机关软件资产管理制度；岳阳制定了软件正版化审计方案；张家界将正版化工作列入当地党委综合治理考核指标；株洲、衡阳、益阳等地发文将正版化纳入当地信息化建设工作体系，巩固了软件正版化成果。

（三）加快推进新闻出版行业企业软件正版化

按照国家版权局的统一部署，2014年主要加快推进大型新闻出版集团所属二级企业的软件正版化。8月份，湖南省版权局组织湖南日报、长沙晚报报业集团等新闻出版企业相关负责人赴成都参加国家版权局举办的企业正版化培训班，集中学习软件版权法律政策和软件资产管理。9月17日，召集中南传媒所属的各出版社、潇湘晨报社、天闻印务等新闻出版企业召开了软件正版化工作座谈会，督促各单位制定时间表，落实采购资金，迅速实施采购。同时，指导各新闻出版企业通过新闻出版广电总局正版化工作平台实施集中采购，确保以最优惠的价格采购正版软件，降低企业的正版化成本。据统计，2014年25家列入正版化计划的企业共投入资金86.47万元，采购正版软件340套。

2014年以来，全国“双打”办、国务院软件正版化部际联席会议先后派出检查组，分别对部分省直单位和长沙、益阳、岳阳等地市县政府软件正版化的工作进行了抽查验收。省版权局积极协调省政府办公厅并指导相关市县政府扎实做好各项迎检工作。经过随机检查，两个检查组都对湖南软件正版化工作给予了充分肯定：全国“双打”办考核组对软件正版化项目考核评分为满分；部际联席会议通报的检查结果中，湖南正版化达标率仅次于上海市，居全国第二位。

三、版权执法监管工作

（一）加强市场巡查和日常监管

2014年，全省版权部门共出动检查人员6.3万余人次，检查版权市场、店档摊点2.7万多个次，查缴盗版图书23.1万多件、盗版音像制品11.4万多件，坚决遏制侵权盗版高发的势头。

（二）组织开展打击“双打”专项整治行动

湖南省版权局协调工商、新闻出版、“扫黄打非”等部门组织开展网络购物、印刷复制业和出版物市场等领域的专项检查治理，指导市州版权执法部门查处了长沙华众时代电脑有限公司非法预装软件、衡阳博旺科技书店销售盗版图书等侵权盗版案件。加大版权纠纷调处力度，对甲骨文公司与湖南某高校、永州零陵卷烟厂等5家企业、江苏盐城高校教师与湖南某教育网站的网络版权纠纷进行了调解，有效化解企业诉讼风险。

（三）部署开展打击网络侵权盗版“剑网2014”专项行动

省版权局联合网宣、公安和通信等部门成立工作领导小组，制定了行动方案，召开各市州版权执法部门相关负责人、省内主要网站负责人参加的专题工作会议。突出本次专项整治“加强数字版权保护”和“加大案件查处力度”的两个重点，组织红网、星辰在线、金鹰网等69家新闻网站、音频视频网站、网络销售平台开展版权自查自纠，卸载未经许可传播的作品。立案查处了千千小说网侵犯文字作品著作权案、游戏交流网《传奇》私服案等网络案件16起，关闭侵权盗版网站6个，没收了专门用于侵权盗版活动的服务器和设备2台，有力维护了著作权人的合法权益。

（四）加大对侵权盗版行为的刑事打击力度

湖南省版权局承办了国家版权局、公安部挂牌重点督办案件的前期调查取证工作，查实了侵权网站开办人的关键信息。组织查处长沙市邹某、李某通过淘宝网店制作出售盗版图书案、永州谭某销售盗版软件光盘案等案值较大、情节严重的案件，移送司法处理，7名涉案当事人被依法刑拘，有力震慑了侵权盗版不法分子。

2014年湖南省查处侵权盗版案件成效显著，组织查办的案件中有2起分别被国家版权局评为全国年度十大案件和“剑网2014”专项行动十大案件。有9家执法单位和15名执法人员分别被国家版权局评为全国有功单位和有功个人，其中获得一等奖的单位和个人数位居全国第四，省版权局版权处由于指导督办案成绩突出被国家版权局指定为有功单位。

四、版权宣传教育工作

（一）加强社会宣传

湖南省版权局以“4·26”世界知识产权日为重点开展宣传活动，制定印发了《2014年知识产权周湖南版权宣传活动方案》，组织各地版权局、版权保护协会及各著作权集体管理组织结合实际组织开展版权宣传活动。协调湖南电视台卫视频道、经视和24个市县电视台，播出了以版权保护为主题的宣传短片，呼吁公众尊重知识、尊重版权，营造了良好的社会氛围。会同“扫黄打非”工作部门开展了“拒绝盗版，共筑未来，绿书签行动2014”签名活动，发放“绿书签”1万份，张贴活动海报1 000余张，强化了社会公众对打击侵权盗版重要意义的认识。

（二）加强媒体宣传

2014年3月7日，湖南省版权局以湖南省政府新闻办的名义举办了软件正版化工作新闻发布会，通报了湖南省各级政府机关按时完成软件正版化任务、取得阶段性成果的情况。4月24日，省版权局会同省知识产权局组织召开了2013年湖南省知识产权保护状况新闻发布会，介绍了2013年湖南省推进版权保护、打击侵权盗版工作情况。新闻发布会还公布了“湖南省打击侵权盗版典型案件”，以案说法，普及版权法制知识。

（三）加强版权业务培训

针对网络执法技术性强的特点，2014年6月底举办了全省版权执法培训班，邀请了公安网络执法干警、版权法律专家对市州一线版权执法干部进行了业务培训。9月3日至4日，协助国家版权局在长沙举办了版权执法专题培训班，组织全省各市州20名执法人员参加了培训，并就网络版权案件查处进行了交流，提高了基层执法人员的业务水平和执法效能。

（宋　亮）

广　东　省

广东省版权局以“保护版权，发展经济”“兴版权产业，建文化强省”为抓手，在推动经济发展与社会进步中取得显著成效。

一、开展软件正版化工作

2014年，广东省推进使用正版软件工作联席会议办公室编制《2014年度全省推进企业使用正版软件工作重点督办名录》，确定165个企业为2014年重点督办单位，先后派出5个批次督查组、各地级以上市共派出36个督查组，分别检查全省86个县（县级市、区）、215个政府机关单位，共1 854台计算机；同时，派出两个检查小组分别对16家新闻出版行业的二级企业进行全面检查，共检查二级企业48家、计算机460台。截至年底，全省新闻出版广电版权行业企业所属二级企业全面完成软件正版化。在国家版权局检查组重点抽查中，广东省按时保质保量完成新闻出版行业软件正版化任务，受到上级好评。

二、推进“版权兴业”工程

2014年，广东省广州市越秀区获“国家版权贸易基地”称号；东莞松山湖高新技术产业开发区被国家版权局授予“全国版权示范园区（基地）”称号；雅昌文化（集团）有限公司、广东咏声文化传播有限公司、东莞市和丰文化传播有限公司、广东雅威生物科技有限公司和揭阳市百分珠宝玉器有限公司等5个单位被授予“广东省版权兴业示范基地”称号，广东省版权兴业示范基地达到76个。

三、参评最具价值版权产品

2014年，广东省新增广东咏声文化传播有限公司美术作品“《逗逗迪迪》动画片系列形象”、东莞市功夫龙影视传媒有限公司美术作品“《功夫龙》人物形象系列”、东莞市和丰文化传播有限公司“《马可波罗东游记》系列人物形象、道具、摄影和剧本版权作品”、深圳第七大道科技有限公司网游产品《神曲》、深圳市方块动漫画文化发展有限公司电视动画片《甜心格格》、广东飞轮科技实业有限公司《漂移少年》主角战车FC029“飞炫号”产品设计图、珠海金山办公软件有限公司“金山WPS Office 2013专业版办公软件”、珠海金山网络游戏科技有限公司“金山剑侠情缘网络版叁之安史之乱游戏软件”、广东南玉工艺总公司大型玉雕《一帆风顺》、佛山市锦麟文化传播有限公司美术作品“米娅系列动漫”等10个作品为广东省最具价值版权作品。截至2014年底，广东省共有34个“最具价值版权产品”。

四、开展作品著作权自愿登记

2014年，全省版权登记量为15 782件，同比增长约11.2%；版权合同备案为185件。全省作品登记代办机构增至26家，广东省版权登记系统平台已建好。

五、设立版权服务工作站

第六届中国国际影视动漫版权保护和贸易博览会于2014年8月21日至25日在东莞举行。广东省版权局和东莞市版权局继续在漫博会上设立版权服务工作站，期间共受理并完成登记程序的参展作品著作权免费登记320宗，并在漫博会现场核发《作品登记证书》198份；工作站共接受版权业务咨询160多人次；共派发版权保护笔记本、著作权保护宣传鼠标垫、版权保护宣传笔、版权知识宣传书签4万多本（件）。

六、促进版权交流

2014年3月24日至26日，广东省版权局率广州漫友文化科技股份有限公司等15家单位的代表一行20人赴港以影视动漫为主题进行版权管理与知识产权贸易交流活动，参观了香港电视广播有限公司、香港海关、香港电影资料馆并与香港版权业界进行交流。4月10日至12日，广东省版权局与香港海关、香港知识产权署携手举办2014粤港两地中学生版权知识和版权保护的交流活动。组织了海珠区版权局、海珠区教育局、广州市第五中学、广州市绿翠现代实验学校师生代表共22人的交流团赴港进行交流。7月25日，派员参加粤港保护知识产权合作专责小组第十三次会议暨新闻发布会。9月11日，派员参加2014年内地与香港、澳门特别行政区知识产权研讨会。

（张同英　沈　欣）

广西壮族自治区

2014年，广西壮族自治区版权局认真贯彻执行国家版权局和自治区人民政府有关工作部署，积极履行工作职责，持续深入组织开展打击侵犯知识产权和制售假冒伪劣商品工作，继续推进和巩固使用正版软件工作，建立健全软件正版化长效管理机制，持续做好版权培训、教育和宣传工作，及版权工作调研和版权公共服务等工作。

一、打击侵权盗版工作

（一）强化部署，积极行动，持续深入开展“双打”工作

国家和自治区2014年有关继续开展打击侵犯知识产权和制售假冒伪劣商品专项行动（简称“双打”专项行动）的通知要求下达后，自治区版权局积极研究部署开展专项行动。一是自治区版权局下发了《关于继续深入开展打击侵犯知识产权和制售假冒伪劣商品通知》，并将“双打”专项行动列入了2014年绩效考核范围，认真组织实施。二是组织召开全区专门会议，对全区“双打”工作进行部署。三是会同公安、通信管理等有关部门，发文部署，集中力量开展第十次打击网络侵权盗版的“剑网行动”。四是分别与公安厅、网信办、工信委等部门建立健全了联动工作机制。

（二）加强源头监管、市场监管

一是联合印刷处等部门加强对印刷复制企业的教育宣传，确保从源头上有效防止和堵塞漏洞。二是加大对图书、音像制品的市场监管。加强对全区各市所在城区、所辖市县的图书、软件、音像制品零售企业、出租门店、光盘复制企业等音像市场的日常监管和巡查工作，重点开展了对电脑城、音像城、图书批发集散地和主要区域市场的检查。

（三）继续深入开展“剑网行动”

在“剑网行动”期间，全区各级版权部门与公安、通信管理、网络运营商等部门紧密配合，充分发挥各自优势，强化主动监管和适时监控，采取主动深入重点网站现场查看等措施，加强了对全区网站的监管，加强重点视听网站的监管。对全区10家持证视听网站和12家备案网站进行摸底检查，截至2014年12月初，除广西电视网因网络转载未授权影视剧被起诉外，其他网站均未发现有违规侵犯知识产权行为。

（四）认真做好版权案件查办工作

认真抓好国家版权局所移转案件的查办工作，并督办全区各市侵权盗版案件查办工作。2014年全区共查处著作权案件39起，其中列入统计表的34起，刑事案件12起（已判决的11起），行政案件22起，有效维护了权利人的合法权益和社会公共利益。

二、软件正版化工作

2014年3月，根据国家版权局《关于做好市县级政府机关软件正版化检查整改验收和宣传等工作的通知》（国版办函［2014］6号）要求和自治区人

民政府的批示，广西认真贯彻自治区推进使用正版软件工作厅际联席会议领导小组的要求，规范管理，落实责任制度，在完成机关正版化（包括党委、政府、人大、政协、法院、检察院、民主党派和人民团体等机关）的检查整改工作基础上，全区各市、县（市、区）在机构改革的同时保留了各级人民政府使用正版软件工作领导小组及其办公室；各级政府正版化领导小组的组长都由当地政府分管主要领导担任。自治区还对应国家推进使用正版软件工作部际联席会议制度，建立了由全区13个相关政府部门组成的自治区推进使用正版软件工作厅际联席会议制度。真正做到在各级政府有机构办事、有领导主事、有人员做事，在政府主导下将推进正版化工作全面落到了实处。为明确“联络图”，自治区版权局汇总了《省级机关负责信息化工作部门及其负责人信息表》，报送至国家推进使用正版软件工作部际联席会议办公室。2014年3月24日至27日，受国家推进使用正版软件工作部际联席会议委派，国家软件正版化工作第11检查组到自治区检查市县政府机关使用正版软件检查整改工作完成情况。国家检查组先后深入到桂林市和南宁市，实地检查了桂林市政府办、财政局、商务局，南宁市政府办、统计局、法制办等6家市级机关和阳朔县政府办、组织部、商务局，青秀区文体局、统计局、审计局等6家县区级机关。查阅了大量的相关资料，现场随机抽查了72台计算机，并听取了自治区政府副秘书长吴建新对全区推进使用正版软件工作的情况汇报。经过全面深入、认真细致的工作检查之后，国家检查组在充分肯定自治区推进使用正版软件工作成绩的同时，提出了巩固长效管理机制的宝贵意见和建议。2014年4月、11月，自治区人民政府使用正版软件工作领导小组办公室组织全区开展督查行动，到全区机关以及各市、县（市、区）进行正版化督导检查工作，始终保持强力推进工作的积极态势，对软件正版化工作长效机制建设常抓不懈。

三、版权宣传教育与社会公共服务工作

2014年，在“4·26”全国知识产权宣传周期间，自治区版权局专门下发通知，要求各市组织主流媒体举办“新闻媒体通报会”，主要通报推进各级机关和企业全面完成使用正版软件检查整改情况。4月24日，自治区版权局在南宁举办了“媒体通报会”，组织中央和自治区20多家媒体，发布了2013年自治区打击侵权盗版总体情况，推进全区机关和企业使用正版软件工作总体情况以及版权培训、教育、宣传和公共服务的相关情况。全区14个市版权部门也先后在“4·26”全国知识产权宣传周期间举办了新闻媒体通报会。据不完全统计，中央、自治区和地方新闻媒体发稿100多篇（件）。全区广播电台、电视台和相关互联网播放了“版权知识宣传”系列动画片。此外，积极做好版权登记和涉外版权合同备案工作，全年登记版权作品173件，备案涉外版权登记合同318件。

四、“两法衔接”与著作权案件查处工作

在查处著作权案件中，自治区版权局严格按照国务院有关“两法衔接”的规定，够条件一起移送一起，做到规范化、常态化。同时，加强同公安机关的协调配合，强化联合执法，形成快速反应机制。在重点案件中注重向上级部门请示汇报，争取法律支持，上下形成合力。例如，在同公检机关协作中，注重加强法律方面的互动交流，从不同的专业角度共同分析研究案情，开展讨论，推动案件的查办工作。

（杨训国）

海南省

2014年，海南省版权工作坚持以党的十八大和十八届三中、四中全会精神为指导，遵循依法治国的治国理念，根据《著作权法》及著作权相关法律法规，积极打击侵权盗版，大力维护著作权人合法权益，努力促进版权产业的健康发展，为海南经济社会建设作出贡献。

一、软件正版化工作

2014年，根据国务院关于推进使用正版软件工作要求和国家推进使用正版软件工作部际联席会议工作计划，海南省进一步巩固政府机关使用正版软件工作成果，落实软件正版化相关制度，逐步形成软件正版化长效机制，继续推进企业软件正版化工作，完成新闻出版行业企业软件正版化工作任务。

（一）切实加强和巩固政府机关软件正版化工作成果

贯彻落实推进使用正版软件部际联席会议和国家版权局版权工作要求，制发《海南省2014年推进使用正版软件工作计划实施方案》，部署全年工作。组织开展软件正版化检查，进一步巩固海南省政府机关软件正版化成果。国家推进使用正版软件部际联席会议分别于3月和11月派检查组对海南省政府机关软件正版化工作情况进行了检查，省内自行组织检查2次。根据国家检查组和省检查组对省直机关和市县软件正版化工作的检查情况，制发政府机关使用正版软件工作情况通报，提出整改意见，巩固正版化工作成果。拟订《海南省政府机关使用正版软件工作考核细则》，在征求各市县政府和省直单位意见的基础上，经分管副省长批准，拟由省政府办公厅印发，省版权局负责组织考核，计划于2015年实施。

（二）按期完成省内大型出版行业企业软件正版化整改任务

按照国家推进使用正版软件工作部际联席会议的要求，完成海南报业集团、海南凤凰新华书店有限公司等省内两家大型新闻出版企业的28家二级企业软件正版化工作，采购操作系统、办公软件130套，采购金额达19.246万元。

二、版权保护工作

（一）开展“剑网2014”专项行动

2014年6月20日，按照《关于开展打击网络侵权盗版“剑网2014”专项行动的通知》（新出明电[2014] 14号）要求，省文化广电出版体育厅厅长、省版权局局长朱寒松批示，要求分管副厅长杨浩强负责主抓专项行动的落实。省版权局迅速联合省公安厅、省通信管理局、省互联网信息办公室等部门召开了打击网络侵权盗版专项行动工作会议，成立了海南省“剑网2014”专项治理行动领导小组，制定了《海南省2014年打击网络侵权盗版专项治理“剑网行动”工作计划》。省版权局版权处负责协调、联络开展专项行动，省公安厅治安总队、省通信管理局互联网管理处、省互联网信息监管处等分别明确了各自的职责分工，启动海南省2014年打击网络侵权盗版专项治理“剑网行动”，同时在《海南日报》、南海网等省内主要媒体上发布了海南省开展“剑网2014”行动的消息，并公布了网络侵权盗版的举报方式。

专项治理行动期间，省版权局开展了以南海网、天涯在线、凯迪网络等省内大型网络企业为主的网络侵权盗版自查自纠活动，加强了对主动监管网站和重点监测网站的网上监察，并组织“剑网2014”行动小组成员开展查处工作。查处了南海网举报琼海在线、儋州在线、屯昌123网、乐东视窗网、三亚网及搜房网等6家网站非法转载新闻报道一案。根据国家版权局移转的“霸图中文网”涉嫌网络侵权盗版线索开展了调查，并将结果及时反馈给国家版权局。

（二）进行计算机预装盗版软件市场整治

为加强计算机预装盗版软件源头治理，省版权局分别于上半年和下半年各组织开展了计算机预装盗版软件市场整治。整治期间，各市县文体（版权）部门联合工信、工商、税务等部门对辖区内计算机销售场所进行了检查，共出动检查人员500多人次，检查计算机销售商铺112家次，对存在预装盗版软件的13家商户提出了整改要求，并记录在册。

（三）开展盗版制品集中销毁和“绿书签活动”

按照全国“扫黄打非”工作领导小组的统一部署，4月24日上午10点，海南省“扫黄打非”领导小组办公室组织各成员单位在海口市蓝天路名门广场门前，举行全国统一时间的“2014年全国侵权盗版及非法出版物集中销毁海南分会场活动”，此次活动销毁侵权及非法出版物26万多件。海南省委常委、宣传部长、“扫黄打非”领导小组组长许俊出席了此次活动。活动中，省文体厅厅长、省版权局局长、省“扫黄打非”领导小组副组长朱寒松发表讲话，省“扫黄打非”领导小组成员单位有关负责同志，各市县“扫黄打非”办负责同志，海口市文化场所经营业主及学生代表近千人参加了此次销毁活动。活动现场还开展了现场签名和发放绿书签活动，表达对“打击侵权盗版、支持正版，保护知识产权”的坚定决心。

（四）打击侵权假冒专项治理行动

根据《国务院办公厅关于开展打击侵犯知识产权和制售假冒伪劣商品专项治理行动通知》和海南省“双打”办工作要求，结合全省文化市场监管工作实际，全省各级文化市场执法机构在互联网文化、出版、印刷、图书发行、音像制品发行等领域进行了专项或者不定期的执法检查工作。2014年，在打击制售假冒伪劣商品和侵犯知识产权行政执法检查及案件查处工作中，全省共出动检查人员11 991人次，检查经营单位8 019家（次），立案调查6件，移送案件4件，罚款115 000元。其中：对互联网文化出动检查人员94人次，检查经营单位89家（次）；对互联网视听节目服务单位出动检查人员69人次，检查经营单位182家（次），责令改正11家（次）；对音像（电子）出版物经营单位出动检查人员6 334人次，检查经营单位4 169家（次），责令改正53家（次），查处销售非法音像制品摊点33个，收缴非法音像制品125 036张；对书报刊经营单位出动检查人员5 494人次，检查经营单位3 567家（次），责令改正29家（次），查处销售非法图书摊点2个，收缴非法图书692册。

（五）查处侵权盗版案件有功单位及个人表彰

组织2013年度查处侵权盗版案件有功单位和个人表彰的初评和推荐工作，组织公安、检察、法院、文化稽查、海关、工商等系统推荐参评单位和个人。根据国家版权局通知要求的评选标准对各单位报来的材料进行了严格审查，最终确定推荐 4 个集体参评有功单位、5 名个人参评有功个人。

三、版权宣传培训工作

一是开展 2014 年知识产权宣传周活动，联合海南省知识产权局、海南省工商局、海南省公安厅等单位举办知识产权宣传周广场宣传活动，开展现场著作权咨询，发放了版权知识小手册。

二是组织政府机关使用正版软件培训班，70 多家省直机关和 19 个市县分别派信息主管人员参加了培训；三亚市、海口市分别组织开展了全市政府机关软件正版化培训，各市直机关代表参加培训。

三是为提升企业及相关工作人员保护版权的自觉意识，省版权局与行业主管部门联合对所属行业企业的分管领导及信息部门工作人员进行了企业软件正版化知识培训，举办培训班 3 期，参加培训企业 32 家，参培人员 78 人。

四、版权公共服务工作

组团参加 8 月在成都举行的第五届中国国际版权博览会，省版权局版权处和海口市、三亚市版权局相关负责人一行 7 人分别参加了国际版权论坛、观摩了版权博览会展览。2014 年，海南省继续做好作品自愿登记工作，全年受理作品自愿登记申请 98 件，发放作品自愿登记证 88 份；受理全省出版单位涉外图书出版合同登记申请 196 件，备案登记合同 186 件。

（曾伯林）

重　庆　市

2014 年，重庆市版权局认真贯彻落实国家版权局的工作部署，围绕全市中心工作，着力优化监管，强化服务，促进发展，较好地完成了各项目标任务，有力促进了全市文化与科技事业和产业的发展。

一、软件正版化工作

（一）加强区县政府机关软件正版化常态化管理

市版权局协调市政府出台《关于进一步加强政府机关软件正版化自查整改工作的通知》（渝府办发［2014］114 号）和《关于贯彻〈政府机关使用正版软件管理办法〉的实施意见》（渝府办发［2014］127 号），召开市推进软件正版化委办局联席会议成员单位会议，研究部署对区县政府机关软件正版化检查工作。从 15 个部门抽调人员组成 5 个检查组，分赴万州、涪陵、江津、大足、武隆、沙坪坝、南岸等 15 个区县进行抽查。深入渝中、江北、渝北、南岸、巴南、九龙坡、大渡口、江津、永川、大足、綦江、万盛、武隆、彭水、万州、梁平、开县、铜梁、璧山、潼南、荣昌、忠县、丰都、城口、巫溪、巫山、云阳、秀山、酉阳、黔江、南川等区县，指导和培训区县政府加强软件资产管理、建立健全软件正版化长效机制。同时，重点检查软件正版化工作第一责任人的责任落实情况和上半年检查发现问题的整改情况与长效机制建设情况，敦促各区县（自治县）政府、各部门按照国务院和市政府要求建立软件正版化工作机构，确定责任领导和责任处室（科室）、责任人。将软件纳入本单位资产管理体系，建立软件资产管理制度和台账。加强考核和责任追究，建立机关计算机软件责任追究制度，对责任不落实、工作进展缓慢的进行约谈和通报。完善计算机办公设备程序，采取切实有效措施，确保新购计算机产品预装正版操作系统软件。各单位申报计算机办公设备采购计划时，均须附有配套使用正版软件的解决方案。协调市经信委印发《关于公布 2014 年重庆市正版软件推荐目录的通知》，协调市审计局印发审计工作方案，确保不出现违规购买和使用未列入政府采购目录的操作系统，并要求各区县、各部门在推进使用正版软件工作中，注重与本单位信息安全及信息化工作相结合，审计部门必须对本级政府机关软件正版化情况进行审计监督。

国家“双打”办、国家推进使用正版软件工作部际联席会议检查组先后 3 次对重庆市梁平、渝北、璧山、荣昌、巴南等 5 个区县和 3 个市级部门推进使用正版软件工作进行检查，随机检查了 132 台计算机，听取了工作情况汇报，查阅了相关文件、工作记录、合同文本、软件授权协议、软件资产管理台账等相关材料，予以充分肯定，认为：落实工作有序，从动员部署、自查整改、采购配备到建章立制，分步推进了工作，较好地完成了各项部署，并初步建立了长效机制。整改措施有力，从动员部署、自查整改、采购安装、检查核实、督导推动到建章立制，分阶段、突出重点抓落实；工作有创新、有亮点，敦促相关单位与责任人签订整改目标责任书，明确落实责任，将软件正版化工作延伸到镇街，建立各机关软件正版化工作责任人数据库，建立软件资产管理机制；在推动软件正版化方面具有典型示范效应，探讨了很好的经验，如以场地授权的方式进行国产软件的采购，降低了正版化成本；同步推进序列外机关软件正版化工作，在全国力度较大。

针对检查中发现的资产管理、安装使用中存在的问题，明确责任人和完成时限。责成渝北区、璧山区等区县政府对存在的重复采购操作系统、突击安装办公软件、未建立软件正版化工作考核与责任追究制度等问题进行集中清理和整改，切实解决“重购轻管”的问题。

（二）积极推进企业软件正版化工作

积极推进企业信息化与软件正版化工作有机结合。会同重庆市企业联合会、重庆大学软件学院、重庆市促进国产软件产业化发展中心共同举办了2014年重庆企联第三次联络员工作会议。重庆对外建设（集团）有限公司、隆鑫控股有限公司、重庆大江工业有限责任公司、重庆市轨道交通（集团）有限公司、西南兵工局、重庆市电力公司、中铁十一局五公司、重庆商社（集团）有限公司、西南兵器工业公司、重庆医药（集团）股份有限公司、重庆望江工业有限公司、重庆市能源投资集团有限公司、华能重庆珞璜发电有限责任公司等近100家企业代表出席了会议。

（三）扎实推进政府以外机关软件正版化工作

召开全市政府序列外其他机关（单位）软件正版化工作电视电话会议，制定工作方案，加强组织协调，开展业务培训，大力推进市和区县（自治县）两级党委、人大、政协、法院、检察院、人民团体、民主党派等部门使用正版软件工作。

通过召开全市软件正版化培训会等形式，从政策法规、工作措施、技术保障、长效机制等方面进行宣讲，对市级各部门、各区县（自治县）机关干部职工进行软件正版化工作实务培训，让大家理解为什么要做、怎么做，着力提升各区县（自治县）、各部门的软件版权保护意识，加深对推进软件正版化是实施国家知识产权战略、建立创新型城市、推动经济社会发展的迫切要求的认识，敦促市级各部门、各区县（自治县）认真落实国务院、市政府的决策部署，坚定不移地推进政府机关软件正版化工作。深入渝中、江北、渝北、南岸、巴南、九龙坡、大渡口、江津、永川、大足、綦江、万盛、武隆、彭水、万州、梁平、开县、铜梁、璧山、潼南、荣昌、忠县、丰都、城口、巫溪、巫山、云阳、秀山、酉阳、黔江、南川等30多个区县进行指导培训，共举行30余场软件正版化工作实务培训，1 000余人参训。

（四）继续推进高校软件正版化工作

会同市教委对重庆邮电大学、重庆交通大学、重庆电子工程职业学院等7所高校进行实地调研，宣传和培训高校软件正版化工作的政策、步骤及要求，结合高校的实际情况进行指导。推动重庆大学、西南大学等6所高校完成2014年度的软件正版化工作。

二、打击侵权盗版日常监管工作

与重庆市高级法院和重庆市公安局打假总队建立会商和案件协调机制，加强沟通协作，建立会商机制，共同打击各类侵权盗版行为，有力维护健康、规范的版权秩序。重庆市何代映制售盗版图书案专案组等9个单位及个人被国家版权局评为2013年度查处侵权盗版有功集体和个人。积极配合相关部门加强对网站使用作品的监管，加大对侵权盗版的打击力度，进一步维护重庆市版权保护秩序。7月，协同重庆市公安局打假总队等部门对“锐读书城网”侵犯著作权案进行调查。该案涉案侵权作品万余部，点击量400余万次，累计广告收入近百万元，位列国家版权局印发《关于“剑网2014”专项行动第二批网络侵权盗版案件查办情况的通报》，同时被纳入公安部2014年扫黄扫赌等第二批部督案件，获得国家版权局专项办案经费6万元。重庆市打击网络侵权盗版工作取得阶段性成果。

三、版权公共服务工作

（一）优化作品登记

严格登记审查，努力优化登记流程，缩短办证周期，全市作品登记的质量和效率双双提升，全年共办理作品著作权登记36 288件，同比增长2.6%，创历史新高，为《川江颂》、《青春Rap之姐妹花》、“陶然大包”、“课堂内外logo”等众多设计类、文艺类优秀作品办理版权登记，其中有不少知名权利人前来登记，如知名组合TFBOYS为其歌曲《Heart》《梦想起航》办理了作品登记。同时，创新计算机软件著作权登记服务模式，办理计算机软件著作权登记368件。为西南大学、重钢集团、林同棪国际工程咨询（中国）有限公司等多家单位提供计算机软件著作权登记综合服务，为企业软件产品保护、软件销售、软件产品和软件企业认定、项目申报等创造条件，促进软件行业健康快速发展。为重庆大学出版社、重庆出版社有限责任公司和重庆远望科技信息有限公司等文化单位办理图书版权贸易合同备案登记308件。

（二）改进服务机制

结合版权服务职能，重庆市版权局前往九龙坡、荣昌、梁平、大足、中冶赛迪、中机中联工程有限公司、重庆博鼎建筑设计有限公司、重庆云环文化产业发展有限公司、猪八戒网、重庆黄桷坪艺术园区等版权相关企事业单位，根据它们对版权保护的实际需求，提供作品登记、打盗维权、版权交易和教育培训“四个上门”服务。全年共走访企事业单位79家，开展现场版权服务100余次，派出工作人员200余人次，为企业提供版权专业服务，深受企业和园区欢迎。

（三）提升平台功能

积极探索云计算下数字版权保护新途径。依托市政府“云端计划”，努力将版权云端服务平台打造成版权服务与版权保护相结合的“云”，向版权人“端”提供便捷、高效、低廉、合法的版权保护服务，借助云计算平台的强大处理能力和存储能力，以创新服务形式保护数字版权。通过协调市财政，获得政府对“数字版权保全系统”80万元的财政项目资金支持。项目建成后，将与现有的“版权登记”“版权交易”平台进行对接，打造集版权保全、版权登记、版权展示、版权交易、侵权举报于一体的版权保护云公共服务平台。权利人可通过对数字作品内容和时间进行固定，从而确认版权权属，并以生成特征值方式对侵权证据进行固定保全，对侵权证据与原作品进行校验。版权人创作完成作品后进行登记时，登记时间将以保全时间为准，这样就真正实现了“版权自作品创作完成时产生”。纠纷产生后，版权人可以在线自行保全侵权证据并可进行校验，以便日后举证使用，这将极大地增强和完善重庆市版权云端服务平台的服务功能。

四、版权产业发展工作

（一）狠抓版权兴业

重庆市版权局前往渝北区龙兴镇民国影视基地、重庆广告产业园、重庆云环文化产业发展有限公司，培训版权保护、版权登记的相关知识，现场开展版权保护的法律咨询、法律知识的宣传，对108老教授画廊的相关作品进行梳理、网上申报。将版权保护和服务触角前移，依托綦江版画、广电集团、黄桷坪艺术园区、华岩动漫产业园和市作协等11家版权服务工作站，超前性、个性化地开展作品登记、展示、交易、维权、培训等服务。协助重庆市热岛科技有限公司与重庆文化产业融资担保有限责任公司对“热岛大型横版即时格斗网页游戏软件”重新办理质权登记。参加猪八戒网络有限公司关于“大众定制化创意设计众包服务云系统研发与应用”研讨会，就网络作品的版权保护等问题提出优化建议。协助重庆市版权保护中心与猪八戒网络有限公司签署《产学研战略合作协议》，成立中国首个威客创意网络版权保护中心，创立中国威客创意版权保护合作机制。

（二）指导版权相关行业加强版权自律

在重庆市版权局、文化市场行政执法总队的倡导和支持下，中国音像著作权集体管理协会、天合文化集团、重庆天合公司联合各VOD商家在渝成立“重庆VOD版权自律联盟”，签署了行业版权保护自律公约，发出版权保护倡议书，联手版权自律，共同遵守国家相关的法律法规和行业发展规范。严格实行曲库经合法授权方可使用及双授权制度，要求VOD企业必须得到中国音像集体管理协会许可，一场所一授权，严格遵守KTV场所不付费不得发放曲库的自律公约，从源头上杜绝VOD厂商侵权。

（三）协助建设西部国际版权总部基地

促成市版权局与北京国际版权交易中心和协信地产（中国）有限公司在京签署“中国西部（重庆）国际版权总部基地”项目合作框架协议，这是重庆市版权行政管理部门与外省市版权企业及重庆本地企业的首次合作，开创了推动中国版权保护及产业发展的新模式，将带动中国西部地区版权事业和产业的大发展。

（四）开展版权保护产值统计

为助推产业纵深发展，在优化服务、强化监管的同时，积极创新工作思路和方法，指导和协助市版权保护中心开展对作品版权保护产值的统计，截至2014年11月底，重庆市版权保护产值达到40.2亿元，这标志着版权产业正在成为重庆市国民经济和文化产业发展的一大亮点。其中不乏一系列产业价值较高的代表作品，如剧本《冯玉祥在陪都》，重庆长安离合器制造有限公司的“JL3G10从动盘总成”和重庆气体压缩机厂有限责任公司的“天然气压缩机M055607”等工程和产品设计图，以及重庆视美动画艺术有限责任公司《东方少年之击斗战车》等动漫影视作品，冯启晏、刘高的《方呆呆动物园》三维卡通形象等美术作品，袁琦、何维嘉、李静涛合作的大型交响合唱《川江颂》等。此举在版权产业界系开先河之举，有利于准确掌握本市版权作品的经济价值，科学评估版权产业对全市经济的贡献，为全市版权产业纵深发展奠定大数据基础。

此外，按照《中共重庆市委办公厅关于印发〈2014年重庆市全面深化改革重点任务分解〉的通知》（渝委办〔2014〕19号）第89项规定“将知识产权纳入全市经济社会发展统计体系”，以及中共重庆市委全面深化改革领导小组、科教体制改革专项小组《关于印发2014年科技体制和教育领域综合改革重点任务分解的通知》（科教体改〔2014〕2号）第25项规定“将知识产权纳入全市经济社会发展统计体系”、第31项规定“研究确定《规模以上工业企业知识产权统计报表制度》，进一步完善规模以上工业企业知识产权统计指标体系，将专利、商标、著作权、集成电路布图设计等知识产权创造、运用、保护情况作为主要统计内容”的要求，会同市统计局、市经济信息委、市工商局、市知识产权局多次召开会议，征求部分区县知识产权局（科委）、规模以上工业企业的意见，制定了《规模以上工业企业知识产权统计指标体系》，首次将著作权纳入《规模以上工业企业知识产权统计报表制度》，并最终纳入《重庆统计年鉴》。统计调查内容包含规模以上工业企业的主要知识产权（专利、集成电路布图设计、商标、著作权）创造、运用情况，更加全面、科学、合理地反映知识产权对工业经济发展的贡献，并为相关部门、区县政府提供决策依据，受到社会各界和广大企业的广泛好评。

五、版权宣传工作

在“全国知识产权宣传周”期间，参加重庆市政府新闻办举行的新闻发布会，接受《重庆日报》、重庆电视台等媒体的采访。做客华龙会客厅，就“版权保护下的纸媒网媒之战”等话题与广大网友进行交流。会同重庆市“扫黄打非”办在观音桥步行街广场举行重庆市 2014 年非法出版物集中销毁暨版权保护宣传活动，公开销毁盗版图书、盗版音像制品、盗版电子出版物及非法报刊，共计 30 多万件，举办打击侵权盗版工作图片展，举办“生活中的版权”主题宣传讲座，接受市民关于作品登记、版权鉴定等方面的咨询，深受社会各界好评。深入重庆邮电大学、重庆文理学院、重庆科创职业学院、重庆勘察设计协会、荣昌县、梁平县等地以案说法，向广大师生和权利人宣讲版权专业知识，提高勘察设计、服装、陶器等行业的版权保护水平。全年共举办版权培训 10 余次，100 余家企事业单位 700 余人参训。

（许家伟）

四　川　省

2014 年，四川省版权局认真贯彻落实《四川省知识产权战略纲要》，紧紧围绕年度版权工作部署，认真组织著作权法律法规教育宣传，深入开展打击侵权假冒工作和“剑网 2014”专项行动，全面推进和巩固全省软件正版化工作，大力推进版权公共服务体系建设，版权工作取得新成效。

一、著作权法宣传普及工作

一是组织参加“4·26”全国知识产权宣传周活动。充分利用新闻媒体宣传、提供咨询服务、发放宣传资料、处理群众投诉等多种形式，开展著作权法律法规宣传普及工作。在《四川日报》等主流新闻媒体以及城市重点区域 LED 显示屏、城市中心电影院发布版权保护举报投诉电话，呼吁全社会积极参与打击侵权假冒工作和网络侵权盗版专项行动。

二是开展著作权行政处罚行政权力公开运行平台建设版权版块清理工作，落实国家版权局法律法规条例修订工作部署，组织相关单位开展修订《著作权法》等法律法规征求意见活动。牵头组织省、市两级版权执法相关部门，开展联合执法检查活动，重点检查省、市图书批发市场，加强计算机软件市场检查，打击非法预装计算机软件行为。

召开新闻发布会，向省内主要媒体公开发布《四川省 2013 年版权保护典型案例》，宣传全省版权行政部门打击侵权盗版工作成果。会同省政府新闻办公室、省知识产权局、省法院、省工商局等有关部门，联合举行新闻发布会，公开发布《2013 年四川省知识产权保护状况》。在第五届中国国际版权博览会期间，制作版权工作专题宣传片。在四川省新闻出版广电局门户网站官方微博宣传四川省版权工作成果和产业发展状况。

二、版权执法监管工作

召开全省版权执法监管工作会议，全面部署全省各级版权部门执法监管工作，积极组织实施全省新闻出版（版权）系统开展打击侵犯知识产权和制售假冒伪劣商品工作。

（一）深入推进著作权行政执法工作

全面落实国家版权局等四部门《关于开展打击网络侵权盗版“剑网 2014”专项行动的通知》要求，联合省公安厅、省通管局、省网信办，组织开展了为期 6 个月的第十次打击网络侵权盗版“剑网 2014”专项治理行动。对重点视听网站、网络销售平台等侵权盗版行为开展专项治理，及时上报案件信息。开展重点网站版权主动监管工作，获取了 170 余家门户网站的 IP 地址和相关信息资料，主动将其纳入监管范围。加大著作权行政处罚和行政调解工作的力度，有效查办一批网络侵权盗版大案要案，积极查办国家版权局移转网络侵权案件 5 起，并将查办结果上报国家版权局。

（二）依法查办督办案件

全省各级版权行政管理部门组织开展了一系列打击侵犯著作权行为的专项行动，加强行政执法，坚决打击侵权盗版行为，依法移送司法案件，查处了一批有影响力的案件，震慑了侵权盗版犯罪行为。国家版权局将四川冕宁“12·26”侵犯著作权案列为年度督办案件。凉山州文化市综合执法支队于

2013年12月27日将此案依法移送公安部门。凉山州冕宁县公安局落实快侦、快诉、快审、快结要求，及时查办结案，凉山州冕宁县人民法院于2014年11月12日根据《刑法》相关条款依法对该案作出刑事判决。

（三）按时报送执法案件信息

各级版权执法部门深入开展打击侵权假冒工作，畅通信息报送渠道，按时向国家版权局和省政府打击侵权假冒工作领导小组办公室报送打击侵权盗版工作信息统计表格。重点围绕版权执法基本程序、网络侵权案件联合查办机制等重点培训内容，组织开展著作权行政执法工作培训，规范版权行政执法行为，相继开展2期著作权行政执法人员业务培训，参训人员达310余人次。

（四）组织开展侵权盗版及非法出版物集中销毁活动与“绿书签活动”

2014年4月24日，省版权局会同省“扫黄打非”工作领导小组办公室，在成都设立主会场、市（州）设立分会场，集中销毁侵权盗版及非法图书、报刊、音像制品、电子出版物、计算机软件117万件，在成都主会场销毁61万件。四川省和成都市“扫黄打非”工作领导小组成员单位负责同志、社会各界群众代表共600余人参加活动。销毁活动现场还广泛发动社会各界参与打击侵权盗版保护知识产权行动，加入以“拒绝盗版，共筑未来”为主题的“绿书签活动”，并向群众代表派发了绿书签。

（五）加强出版物市场和印刷复制企业日常监管

健全日常监管机制，开展印刷复制企业大检查，完善台账管理，实行风险管理；加强对印刷复制企业的源头监管，认真落实属地管理原则，重点对辖区内印刷复制企业、复印门店进行专项检查、清查和排查。各级版权部门，联合文化、城管、工商等部门，在重点时段对重点区域进行高密度检查。全年共检查出版物批销市场、物流企业和印刷复制企业、复打印门店1.53万个（次），出动检查人员1.28万人次，行政执法立案96个，行政处罚、行政调解案件58个，移送司法机关案件38个；捣毁、取缔非法音像制品、图书、印刷、软件等非法批销窝点、地摊游商782个，收缴盗版、淫秽音像制品和盗版图书、软件198.79万余盘（册、张）。

（六）主动公开案件信息

制定《四川省新闻出版广电局新闻出版（版权）行政执法部门依法公开制售假冒伪劣商品和侵犯知识产权行政处罚案件信息的实施细则（试行）》，下发各市（州）版权局和局机关各相关处室贯彻执行。省版权局、各市（州）、县（市）区版权局明确案件信息公开网站，对适用《著作权法》第四十八条，《印刷业管理条例》第三十八条第三项、第三十九条第三项、第四十条第四项的规定并按照一般程序查办的制售假冒伪劣商品和侵犯著作权行政处罚案件信息，全部按程序主动公开。

三、版权公共服务体系建设工作

按照国家版权局和省政府要求，四川省版权局认真履行承办单位职责，积极组织筹备第五届中国国际版权博览会（简称版博会）。省版权局组织四川省16个市州、12家文化创意企业和版权产业机构积极参加本届版博会，省版权局等5家单位荣获“金慧奖”组织奖，四川省有线广播电视网络有限公司等6家单位荣获“金慧奖”名企奖。本届版博会展期共达成艺术品版权交易、版权金融合作等17个项目，总金额达23亿元。积极推动版权贸易工作，完成年度版权贸易合同登记217项，其中，引进165项，输出52项。2014年，四川省作品登记范围和登记数量、质量实现较大突破，实现各类作品登记2 003件，计算机软件版权登记达3 000余件。积极举办版权贸易工作培训，进一步提升全省出版单位版权贸易工作水平。积极支持成都市建立国际版权交易中心，向国家版权局提出申请，获得批准，正式建立了成都国际版权交易中心，进一步增强版权产业发展的聚集效应。

四、软件正版化工作长效机制建设工作

（一）积极开展工作“回头看”

全省各级政府机关，在巩固前期工作成果基础上，积极开展工作“回头看”，及时查漏补缺，确保全面覆盖、长期正版。2014年，全省各级政府机关补充采购正版软件16 548套，实施采购资金1 451.66万元。与此同时，完成新闻出版行业五大集团21家二级企业软件正版化工作。2014年3月底，国务院检查组对四川省内市、县两级政府机关软件正版化工作组织检查验收，11月下旬，国家版权局对四川新闻出版行业集团二级企业软件正版化工作组织检查验收，四川省各受检部门和单位软件正版化工作全部通过国家检查验收。

（二）建立软件正版化工作领导小组

四川省政府推进使用正版软件工作领导小组加强对全省软件正版化工作的组织领导，各市（州）、县（市）区推进使用正版软件工作领导小组负责推进所辖地区软件正版化工作；各级领导小组办公室设在版权行政管理部门，负责软件正版化工作的日常工作。

（三）建立经费保障制度

各级领导小组成员单位认真履行工作职责，保障工作运行必要的工作经费和办公条件。各级政府建立经费保障制度，各级政府部门认真开展软件使用情况自查，梳理汇总年度软件采购需求，编制软件采购计划，将软件采购经费编入政府采购预算。各级财政部门将软件采购经费纳入本级财政预算。

（四）建立软件采购制度

各地、各部门建立健全软件采购制度，规范软件采购合同文本，对拟采购软件的版本、兼容性和安全性等技术标准，软件的使用方式和使用年限等授权模式，软件的升级和技术支持等售后服务提出明确要求。建立完善采购计算机办公设备程序，确保采购的计算机产品预装正版操作系统软件。各部门申报计算机办公设备采购计划时，必须有配套的使用正版软件解决方案。

（五）建立软件资产管理制度

各级政府部门制定切实可行的软件资产管理具体办法，建立健全软件资产考核评议制度，加强非定制类商业软件配置计划管理，将软件纳入本单位资产管理体系，建立软件资产台账。

（六）建立考核与责任追究制度

各地、各部门明确软件正版化工作牵头部门和具体负责人，建立软件正版化工作责任制度，认真落实第一责任人制度，部署年度软件正版化工作。各地、各部门把软件正版化工作纳入年度目标任务考核体系，积极制定考核和责任追究具体办法，对本地、本部门年度软件正版化工作进行考核评议。

（七）建立审计制度并按规定开展审计工作

各级审计机关积极采取“单独立项与结合其他审计项目并行开展”等工作模式，对本级政府机关软件正版化情况进行重点检查，加强对软件采购资金管理使用和软件资产管理情况的审计监督，审计发现的问题纳入审计报告并向社会公告。建立健全审计整改跟踪机制，督促存在问题的部门限期进行整改。

（八）开展软件正版化督查

各级领导小组切实加强督促检查，把软件正版化工作纳为政府工作督查的重要内容，建立政府机关软件正版化年度检查机制，形成以各级政府督查为主导、相关职能部门紧密配合的督查工作格局，及时通报检查结果。

（九）将软件正版化工作与信息化工作有效结合

各地、各部门将软件正版化工作与信息安全和信息化建设紧密结合，部署信息安全和信息化建设工作时明确提出软件正版化工作要求，将软件正版化工作作为信息安全检查和信息化建设的一项重要内容。

（十）提交年度工作报告

各级政府认真开展年度工作总结，落实年度报告制度，按时向省政府推进使用正版软件工作领导小组办公室报送年度软件正版化工作报告，省政府推进使用正版软件工作领导小组办公室按时向推进使用正版软件部际联席会议办公室报送全省年度软件正版化工作报告。

（十一）公开发布市县级政府机关完成软件正版化检查整改任务情况

四川省政府推进使用正版软件工作领导小组办公室积极会同省政府新闻办公室召开新闻发布会，及时向社会公开发布市县级政府机关完成软件正版化检查整改任务情况。组织领导小组成员单位开展对全省县（市）区政府机关软件正版化工作督查，开展全省政府机关软件正版化工作培训，全省各级政府软件正版化工作部门 180 余人参加培训。

（王志坚）

贵　州　省

2014 年，贵州省版权局按照国家版权局的工作部署，围绕贵州省实施知识产权战略目标考核的要求，以服务贵州经济和文化建设发展为出发点，认真开展版权行政管理和执法工作。

一、软件正版化工作

贵州省版权局稳步推进省及市、县两级政府机关软件正版化检查整改工作，认真贯彻落实国务院办公厅《政府机关使用正版软件管理办法》，巩固政府机关软件正版化工作成果，对政府机关软件正版化工作进行常态化管理，指导、督促建立健全软件正版化工作长效管理机制，推动软件资产管理、经费预算、审计监督、年度检查报告、考核和责任追究等制度的落实。全省市（州）和区（县、市）政府机关制定了软件资产管理办法，部分市、县人民政府把软件正版化工作纳入政府目标绩效考核。2014 年 4 月 1 日至 3 日，国家推进使用正版软件工作部际联席会议督查组对贵州省市、县两级人民政府软件正版化工作进行督查，督查组到贵阳市、安顺市、修文县和平坝县进行了实地检查。

进一步推进企业软件正版化，倡导社会各类企业使用正版软件。贵州省国资委下属企业、上市公司和银监局管辖的金融企业全面实现了软件正版化。

在推进企业使用正版软件工作中，注重引导企业把软件正版化工作和提高企业信息化管理水平相结合，推动软件正版化和提升企业市场竞争软实力相结合，凸显企业软件正版化工作价值。推动新闻出版二级企业软件正版化工作。11月19日至21日，国家版权局对贵州省新闻出版行业企业软件正版化工作情况进行督查，督查组采用听取汇报、查阅相关资料和实地抽检的方式，检查了贵州日报报业集团和贵州出版集团下属六个二级企业软件正版化工作情况。

二、版权保护工作

2014年，《贵州省版权行政处罚案件信息公开实施细则》颁布，该细则旨在推进和规范贵州省版权行政处罚案件信息公开工作。

贵州省积极开展打击网络侵权盗版“剑网2014”专项行动。根据国家版权局、国家互联网信息办公室、工业和信息化部、公安部等四部门《关于开展打击网络侵权盗版“剑网2014”专项行动的通知》精神，省版权局联合省互联网信息办公室等四家单位，联合下发了《关于开展贵州省打击网络侵权盗版“剑网2014”专项行动的通知》，同时，成立了贵州省打击网络侵权盗版“剑网2014”专项行动领导小组。全省各地及各有关部门按照通知要求贯彻落实。省版权局、省互联网信息办公室、省通信管理局、省公安厅快速建立了联动机制，将“剑网2014”专项行动的具体工作落实到处（室）、落实到人，确保开展查处行动时能实现快速联动。全省各地对辖区涉及著作权的网站和论坛进行排查，组织网站开展自查自纠。全省未发现有网络侵权盗版行为存在。

三、版权公共服务管理和宣传工作

贵州省版权局努力提升版权公共服务水平，2014年共办理作品自愿登记120件，完成作品登记数据库录入上报工作；参加贵州省“非物质文化遗产”保护发展规划中“版权保护”内容的制定和修改；积极开展版权保护宣传，副局长胡德怀带队上线贵州广播电视台“阳光946”党风政风行风热线，就版权保护相关问题与听众进行交流，节目播出后得到省人大代表和听众的好评。

（徐　梅）

云　南　省

2014年，在省委、省政府的领导下，在国家版权局的指导下，云南省版权局认真贯彻落实《国家知识产权战略纲要》，大力推进软件正版化工作，积极开展版权保护培训和宣传，严厉打击侵权盗版行为，强化社会服务意识，采取多种形式加强版权保护，取得了显著成效。

一、软件正版化工作

（一）政府机关软件正版化完成情况通过国家检查组的验收检查

全国软件正版化工作第十四检查组于2014年4月2日至4日对云南省市县级政府机关软件正版化检查情况进行检查。检查组对云南省昆明市、玉溪市的市县级政府机关软件正版化工作进行了现场检查，听取了云南省、玉溪市、昆明市、呈贡区、通海县的工作汇报，查阅了省市县相关文件、工作记录、合同文本、软件授权协议、软件资产台账等相关材料，给予云南省州市县级政府机关软件正版化工作好评。

（二）建立云南省推进使用正版软件工作联席会议制度

为进一步健全完善云南省推进使用正版软件工作机制，根据《国务院办公厅关于印发政府机关使用正版软件管理办法的通知》（国办发［2013］88号）的精神，2014年11月云南省人民政府下发关于同意建立云南省推进使用正版软件工作联席会议制度的批复，云南省推进使用正版软件工作联席会议制度的建立进一步加强了对全省软件正版化工作的领导。

（三）出台《云南省人民政府办公厅关于政府机关使用正版软件的实施意见》

为认真贯彻落实国务院办公厅印发的《政府机关使用正版软件管理办法》，省政府办公厅于2014年11月7日出台了《云南省人民政府办公厅关于政府机关使用正版软件的实施意见》（云政办发［2014］67号），意见进一步明确政府机关计算机通用软件的使用和管理的职责、经费保障、工作机制，并把软件正版化工作纳入各级政府年度考核、审计，将软件正版化经费纳入各级财政预算等有效措施，持续抓好政府机关使用正版软件的工作。

（四）举办云南省州市县政府机关软件正版化工作培训会

为巩固政府机关软件正版化工作，2014年11月5日至7日，云南省州市县政府机关软件正版化工作培训会在玉溪举行。培训班以建立完善软件正版化长效机制，巩固政府机关软件正版化成果为主题，对来自全省16个州市及玉溪市所辖县区的新闻出版（版权）、工信、财政、商务、审计、机关事务管理等推进使用正版软件工作机制成员单位相关部门负责同志进行了专门培训。

（五）企业软件正版化

全面完成2014年51家目标企业软件正版化工作任务。同时，根据国家版权局要求，如期完成云南出版集团所属13家二级企业、云南日报集团所属15家二级企业的软件正版化工作，并于11月下旬通过国家检查组的督促检查。

二、版权宣传培训工作

全省版权系统上下联动，通过多形式多渠道积极开展“4·26”全国知识产权宣传周的版权保护宣传活动。全省共开展各类版权宣传35场次，发放宣传品15万余份，接受版权咨询15 000余人次。加大版权培训力度，共开展各类版权培训23场次，共对近5 000人次进行了培训。在全省各界基本形成了“尊重版权、崇尚创新、诚信守法”的良好氛围，宣传工作取得实效。

三、版权执法监管工作

认真开展打击网络侵权盗版“剑网2014”专项行动工作。云南省版权局拟定《云南省打击网络侵权盗版“剑网2014”专项行动的通知》，与省公安厅、省通信管理局、省广播电视局、省互联网信息办公室四家单位联合下发，并确定了云南网等23家网站作为此次专项行动重点监管网站，不间断实施监管。召开网络侵权盗版专项治理工作会议，与昆明地区的15家网站负责人及其工作人员进行了座谈，动员网站业主开展自律，用实际行动抵制侵权盗版行为的发生。专项行动开展以来，通过国家版权局和云南省公布的举报邮箱，云南省版权局共接受网络侵权举报2次，涉及侵权网站9个。2014年，全省共出动检查人员109 912人次，查处侵权盗版出版物案件55起，收缴侵权盗版物品189 608件，有效净化了版权市场环境。

四、版权公共服务工作

为切实转变工作作风，强化云南省版权服务功能，加大知识产权保护力度，促进版权产业发展，2014年，云南省版权工作人员多次到省内相关单位开展作品免费登记上门服务工作。全年共登记作品238件，完成图书引进合同的备案登记120件，完成企业软件正版化信息统计51份。依托云南省著作权保护协会，完成软件代办登记8件。依照《昆明市计算机软件著作权登记资助暂行办法》，2014年共有211件计算机软件登记获得资助，资助金额15万余元。

（马云虹）

西藏自治区

2014年以来，在西藏自治区党委政府的正确领导下，在国家新闻出版广电总局的有力指导下，西藏自治区新闻出版广电局（版权局）紧紧围绕自治区党委政府中心工作，以贯彻区党委八届五次全委会精神为主线，以软件正版化、作品登记、专项行动、版权交易为抓手，发挥版权在社会主义先进文化建设中的基础性、资源性和战略性作用，积极推动新闻出版大繁荣大发展。

一、积极主动开展“双打”行动

（1）加强市场监管，依法查处侵权盗版行为。认真贯彻落实国务院办公厅和商务部《关于印发2014年全国打击侵犯知识产权和制售假冒伪劣商品工作要点的通知》等文件精神，2014年2月起在西藏自治区内积极开展新闻出版系统打击侵犯知识产权和制售假冒伪劣商品专项行动，加强市场监管，依法查处侵权盗版行为。截至2014年11月，全区共收缴各类非法出版物5.9万余件，其中“藏独”反动出版物及宣传品5 214件、淫秽色情出版物3 579件、盗版出版物4万余件，删除网络有害信息4.6万余条，查处案件64起，从源头上打击了印制复制领域的侵权盗版活动，有效净化了出版物市场环境。

（2）周密安排部署，积极开展打击网络侵权盗版专项治理“剑网行动”。认真贯彻落实党的十八大精神，进一步加强网络环境下版权执法和监管工作，打击网络环境下的各类侵权盗版行为，保护权利人合法权益，净化网络版权环境，促进互联网产业的健康发展，2014年5月起，根据国务院2014年打击侵犯知识产权和制售假冒伪劣商品工作的部署，以及国家版权局、公安部、工业和信息化部、国家互联网信息办公室《关于开展打击网络侵权盗版“剑网2014”专项行动的通知》（新广出明电［2014］14号）精神，制定《西藏自治区关于开展打击网络侵权盗版“剑网2014”专项行动的工作方案》，召开协调会，成立版权、公安、工信等部门为主要成员的打击网络侵权盗版专项治理领导小组，在全区开展打击网络侵权盗版“剑网2014”专项行动。积极贯彻落实国家新闻出版广电总局《关于加强重点网站版权主动监管的实施意见》等文件精神，加强对区内音视频、文学网站、动漫游戏网站及电子商务网站的版权主动监管，严厉打击未经著作权人许可非法上传、传播他人作品及通过电子商务平台兜售盗版音像、软件产品等违法犯罪活动。同时，对西藏新闻网、中国西藏网等12家网站进行主动监管，动态监控。通过监管，有效净化了网络环境，为自治区经济发展、社会稳定、文化大发展大繁荣营造了良好网络环境。

二、全面推进软件正版化工作

(1) 制定工作方案。认真贯彻国家推进使用正版软件工作部际联席会议相关文件精神，结合自治区实际，2014年3月制定了《2014年全区推进使用正版软件工作计划》和《2014年全区推进使用正版软件工作督查方案》，进一步明确工作目标和任务，有力地推进了自治区机关软件正版化的各项工作。

(2) 下发督查通知。根据国家推进使用正版软件工作部际联席会议《关于开展对市县级政府机关软件正版化工作情况进行检查的通知》(新广出明电［2014］5号) 文件要求，为切实巩固自治区各级机关软件正版化工作成果，2014年4月自治区推进使用正版软件工作厅际联席会议下发了《关于开展对市县级政府机关软件正版化工作情况进行检查的通知》，要求各地市、县开展自查工作，迎接国家推进使用正版软件工作部际联席会议督查组的检查。

(3) 积极开展督查。在下发督查通知的基础上，2014年4月9日至15日，在国家版权局版权管理司副司长王志成带领下，由国家版权局、财政部、工信部等3个部门4人组成的国家推进使用正版软件工作部际联席会议第十三检查组在全区推进使用正版软件工作厅际联席会议负责同志的陪同下，对自治区林芝、昌都两地区的地县级政府机关软件正版化工作进行了检查，对两地区的政府机关软件正版化工作予以充分肯定。这有力地推动了自治区进一步做好机关软件正版化工作。

(4) 建立健全机制。认真贯彻执行《国务院办公厅关于印发政府机关使用正版软件管理办法的通知》(国办发［2013］88号) 文件精神，自2014年5月起从经费保障、软件采购、日常监督、资产管理、审计监督、与信息化工作相结合、年度报告等方面筹备建立健全软件正版化长效机制。

(5) 巩固工作成果。为切实巩固全区软件正版化工作成果，全面推动自治区正版化工作深入推进，从2014年7月份开始，针对自治区经济基础薄弱，各地市、县经费不足的实际，在办公经费紧张的情况下，先后向包括拉萨、林芝、山南等地区在内的7个地市拨付软件正版化工作专项经费30余万元，有力地巩固了全区软件正版化工作成果。

三、认真开展著作权法宣传工作

(1) 主动开展知识产权日主题宣传活动。紧扣“4·23”世界读书日、“4·26”世界知识产权日时间节点，开展“绿书签行动2014”系列宣传活动。为了迎接此次活动，扩大打击侵权盗版工作的影响力，倡导尊重知识、崇尚创新的社会风尚，形成全面参与保护知识产权的良好氛围，自治区采取了以下一些做法：一是刊登公益广告。分别于2014年4月19日、20日在《西藏日报》《拉萨晚报》《西藏商报》等主流媒体上刊登公益广告，积极主动宣传“绿书签行动2014”活动。二是设计制作藏汉双语宣传资料。结合西藏民族文化传统和整体文化水平等实际情况，在国家版权局、全国“扫黄打非”工作领导小组办公室统一配置500张海报、10 000个绿书签的基础上，重新加印了藏汉双语宣传海报1 000张和绿书签10 000个。三是开展绿书签行动进校园和文化场所活动。号召全社会签名加入“绿书签行动”，通过学校、书店、电影院、音像店等机构、场所，有条件的地区开展绿书签优惠购书和看电影活动，广大读者和电影观众可在2014年4月24日至30日凭绿书签在上述文化经营场所购书享受8.5折优惠和看电影享受8折优惠，凭书签右下角激活码可在中文在线旗下原创网站免费阅读文学作品6个月。

“绿书签行动2014”系列宣传活动，全区累计销毁各类侵权盗版出版物15万余件。发放宣传资料近2万余册(张)，其中，宣传海报2 500张，绿书签20 000张，保护知识产权法律法规宣传折页5 000余册。通过活动的开展，全社会进一步提高了保护知识产权的意识，为构建绿色健康的文化环境、保护民族创新力打下坚实的基础，充分传递了尊重知识、尊重创造、支持正版、拒绝盗版的美好愿望。

(2) 积极参与法治宣传教育活动。紧密结合法制宣传节点，积极参与和加强知识产权法律法规的宣传。同时，根据自治区综治委的安排，分别在3月15日、4月26日等重要时段，紧扣自治区维稳工作大局，先后组织30多人次集中开展4次大规模的街头法制宣传教育活动，发放宣传材料3 000余份(本)。

四、履职尽责做好日常工作

(1) 积极参与依法行政工作相关的活动。2014年4月份，积极参与《关于西藏自治区规范性文件制定和备案规定(修订草案) 征求意见的函》(藏府法函［2014］85号)、《西藏自治区企业国有资产监督管理条例(征求意见稿)》、《西藏自治区专利资助办法（征求意见稿）》等自治区相关法律法规的制定。

（2）主动参加总局组织的学习培训。为巩固和提高自身素质，主动参加总局组织的学习培训，先后派员参加10余个班次的著作权法等方面的知识培训，巩固和提高业务知识水平和能力，及时汇报培训情况，并结合自治区实际，提出自治区开展版权法制工作对策建议。

（3）牵头负责行政许可审批工作。2014年7月，根据国务院《关于取消和下放一批行政审批项目的决定》（国发［2014］5号）和自治区审改办《关于做好国务院取消和下放行政审批事项承接工作的函》等文件精神，积极清理和调整2项新闻出版系统行政审批项目。同时，积极参与国家新闻出版广电总局举办的2014年全国新闻出版行政审批改革工作培训，主动学习兄弟省市的先进经验和做法，为下一步更好地开展自治区新闻出版行政审批工作打下坚实基础。

（4）适时启动全区著作权作品登记工作。一是在2014年1月到4月积极组织人员赴北京进行著作权作品登记工作培训。为尽早启动全区著作权作品登记工作，选派两名工作人员赴北京市新闻出版局进行著作权作品登记工作培训。熟悉著作权作品登记工作的主要流程，学习北京市新闻出版局的主要工作经验和做法，积极梳理和完善自治区著作权作品登记系统，为启动全区作品登记工作做好前期准备工作。二是做好工作汇报。培训结束后，版权管理处结合西藏的工作实际，从人员配置、域名申请、专用签章申请、办公场所、网站管理等方面先后两次向局党组提交报告，就开展好全区的著作权作品登记工作提出意见和建议。三是制定规章制度。认真梳理北京市新闻出版局著作权作品登记规章制度，结合自治区实际，先后制定了《著作权作品登记人员岗位职责》《著作权作品登记档案保管制度》《著作权作品登记档案借阅制度》等相关制度和规定。目前，自治区版权局著作权作品登记工作各项前期准备工作已经就绪，将适时启动全区著作权作品登记工作。

（5）全面深入开展党的群众路线教育实践活动。紧紧围绕党的群众路线教育实践活动，以解决“四风”问题为主要宗旨，结合自身工作实际，通过创新工作方式，提高工作效率，全心全意为人民服务，全面深入地开展群众路线教育实践活动。

（周详祎）

陕西省

2014年，陕西省版权局认真履行版权保护工作职责，进一步推进企业软件正版化工作，开展丰富多彩的版权宣传培训行动，促进版权产业发展，版权工作又上一个台阶。

一、版权宣传培训工作

一是组织开展2014年知识产权宣传周活动。按照国家版权局的有关通知要求，结合陕西省实际，印发了《关于开展2014年知识产权宣传周活动的通知》，部署以版权为主要内容的知识产权宣传工作。组织开展了“绿书签行动2014”系列宣传活动；投入6万元经费补贴，组织西安图书大厦、嘉汇汉唐书城、万邦书城在“绿书签行动2014”活动期间，开展65折优惠售书活动，以优质优惠的正版出版物抵制侵权盗版。参与举办陕西省知识产权保护状况新闻发布会，宣传版权保护成果。联合举办“电影——全球挚爱”高峰论坛暨《9号女神》点映活动。以“电影版权保护及运营：陕西省的探索与实践”为主题，深入阐述了影视业发展面临的版权问题，以及陕西省在影视版权保护及运营方面的实践探索。有关学者针对“电影版权理论推进”“陕西影视人才培养”作了专题讲座；专家学者们围绕版权与电影产业的发展，进行了深度探讨和广泛交流，并为促进陕西省影视产业提出了许多新的思路和建议。《中国新闻出版报》等20余家媒体对此项论坛活动进行了专题报道。

二是开展出版、影视制作单位版权专题讲座。省版权局分别到陕西太白文艺出版社、西安交通大学出版社等开展编辑出版版权专题讲座，在全省影视制片人培训班上开展影视版权与侵权防范专题讲座。

三是联合省工商局、省知识产权局等部门首次共同举办了企业知识产权运用与保护专题培训班。陕西省版权局版权处派员就版权制度及版权保护实务进行了专题讲授，全省知识产权优势培育企业、驰（著）名商标企业、版权企业等140余家企业的知识产权管理人员参加了培训。受训人员普遍反映获益匪浅，不但深入了解了知识产权保护体系及其制度规定，而且学到了一些综合运用知识产权的实务经验和一些知识产权保护的技巧，进一步提高了知识产权对企业生存和发展重要性的认识。

四是组织电视媒体进行版权专题宣传。协调西安电视台针对图书侵权盗版问题，制作并播出了专题报道，揭示了图书盗版现状、危害，以及尊重知识、保护版权的重要性，加大了社会宣传的力度，增强了社会公众拒绝盗版的意识。

五是利用各种媒体进行版权宣传，扩大影响。利用《中国新闻出版报》《华商报》《文化艺术报》

等纸质媒体以及省政府网站、省版权局网站和新浪微博等新媒体报道版权相关工作，发布工作信息21件，在《人民日报》《中国新闻出版报》等媒体累计报道950余篇次，进一步扩大了陕西省版权工作的影响力。

二、版权公共服务工作

一是积极开展专题研究，撰写了《推进作品登记、保障陕西省文化产业健康发展》的调研报告。鼓励作品创作和研发，探索拓展作品版权登记和版权合同备案的范围和方式，推动作品自愿登记和版权合同备案工作。截至2014年12月底，共实现作品登记1 002件，比上年增长48%；版权合同审核备案达到349件，比上年增长20%，均创历史新高。省版权局组织全省出版单位参加第21届北京国际图书博览会，取得可喜的交易成果，据统计，共达成图书版权输出意向13种（5套25册），引进图书版权意向27种（5套30册），未来出版社还与韩国的出版公司现场签订了《意境最美的中国文化》版权输出、合作出版协议。

二是指导西安电视剧版权交易中心等版权贸易中介机构开展版权贸易活动，规范版权贸易行为，走出了一条促进版权资源汇聚、优化版权市场交易、推动版权产业发展的新路径。西部电视剧版权交易中心被国家版权局授予2013年度全国版权示范单位称号，成为陕西唯一获此殊荣的版权企业，受到了省委常委、宣传部部长景俊海的批示肯定。2014年7月18日，国家版权局正式批复同意陕西省设立“西部国家版权交易中心”，使陕西省成为全国第5个拥有国家级版权交易专业机构的省份，完善了我国版权交易体系布局，该中心的成立成为陕西2014年文化产业十大亮点之一，受到了国家版权局和省领导的肯定。10月23日，国家新闻出版广播电影电视总局副局长童刚、陕西省副省长白阿莹一同出席了西部国家版权交易中心揭牌仪式。该中心成立后，即与国家海峡版权交易中心、华中国家版权交易中心、陕西新华出版传媒集团、陕西动漫产业平台签订了战略合作协议，拟在内容资源全版权运营、版权法律服务、基础平台服务等方面开展深度交流与合作，促进影视、出版、动漫、游戏等版权产业相关产品和生产要素的聚集与流通，推动版权产业的健康、稳健发展。同时，西部国家版权交易中心分别与中国建设银行、招商银行、成都银行达成战略授信协议，累计授信总额达30亿元。省委宣传部部长景俊海和副省长白阿莹分别对中心的成立做出批示，表示祝贺。

三、打击侵权盗版工作

省版权局积极开展了“剑网2014”专项行动和“打击侵犯知识产权和制售假冒商品”专项行动。组织西部网、华商网等26个省内网站进行了版权侵权自查整改，促使其提高版权意识，强化责任，拒绝非法转载，抵制侵权传播。依法查处和指导督办了朱永旺销售侵权复制品案、李智APE无损音乐网侵权案等11起多种类型版权侵权案件，陕西省4个单位和7名个人荣获2013年度全国查处侵权盗版案件有功奖项。

四、软件正版化工作

在2013年如期全面完成政府机关软件正版化工作任务的基础上，2014年的工作重点主要是对全省政府机关软件正版化整改工作开展“回头望”，加强督导检查和整改提高，进一步巩固政府机关软件正版化工作成果，同时加快推进企业软件正版化工作。

（一）软件正版化工作取得良好效果

1. 政府机关软件正版化迈向新常态

各级政府机关认真开展软件正版化自查整改工作“回头望”，健全工作机制，明确工作责任，保障采购资金落实，规范软件采购、安装使用和资产管理，完善长效机制，做到有部署、有督查、有总结，力促软件正版化工作制度化、规范化、常态化。2014年，全省政府机关共采购操作系统和办公软件6 416套，采购金额415.26万元。

2. 企业软件正版化取得新进展

2014年，全省共有236家企业列入年度完成软件正版化工作目标，其中186家企业完成软件正版化整改；省国资委监管的28家省级国有企业2014年新采购操作系统、办公系统和杀毒软件1.2万套，采购金额1 587万元；软件升级维护支出382万元；截至2014年12月底，全省累计330家企业通过检查验收，完成软件正版化工作。全省新闻出版行业集团公司所属二级企业和其他图书出版单位53家企业，通过采取集中培训、现场督查指导、规范软件采购等多种措施，如期完成了软件正版化工作整改任务。

（二）软件正版化工作措施

1. 突出重点，做好安排部署

2014年初，省政府印发了《陕西省2014年推进使用正版软件工作实施方案》，并召开专题会议，对全省软件正版化年度工作目标、任务及职责分工、政府机关和国有企业软件正版化工作重点进行安排部署，做到目标任务明确、工作安排到位，便于督导检查。

2. 强化督查，巩固工作成果

2014 年 5 月下旬，省政府办公厅印发督导检查通知，抽调省版权局、省工业和信息化厅、省商务厅等部门组成 5 个检查组，由厅级领导带队，对全省市县级政府机关软件正版化整改工作进行督导检查。共抽查市、县级政府机关 78 个，涉及计算机 349 台，较为全面地掌握了全省软件正版化工作进展情况，并针对检查中发现的问题，及时向市县政府提出了整改意见和建议，进一步巩固软件正版化工作成果。

3. 针对问题，狠抓整改落实

《国务院办公厅关于市县政府机关软件正版化工作检查情况的通报》下发后，副省长白阿莹专门主持召开整改会议，要求正视问题，认真抓好整改，并将存在的问题通报全省，举一反三，限期整改。9 月初，省政府办公厅印发通报，将国务院办公厅通报中涉及陕西省的问题和省检查组掌握的情况一并列出详细清单进行通报，要求限期抓好整改落实。按照省政府要求，省版权局还下发紧急通知，责成西安、商洛两市拿出切实可行的整改措施，扎实开展整改工作。西安市和商洛市对国务院通报中指出的问题，立即进行整改。西安市按照《市级机关软件资产管理办法》，将政府机关软件正版化采购和资产管理情况列入年度审计项目，解决“重购轻管问题”，户县全部卸载了 Win8 操作系统；商洛市制定了《正版软件工作考核评议和责任追究制度》，将使用正版软件工作纳入年度考核。按照省政府“举一反三”的工作要求，在各地、各部门如期完成自查整改工作的基础上，11 月份，省版权局组织力量对部分省直机关，特别是软件正版化工作职能部门的软件正版化工作进行检查和指导，推进省级机关软件正版化工作向规范化、常态化转变。

4. 夯实责任，健全长效机制

进一步明确了由省政府分管副省长总牵头，省政府分管副秘书长负责，省版权局、省财政厅、省审计厅、省工业和信息化厅等 15 个部门共同参与推进软件正版化工作的机制，加强组织领导和统筹协调。省版权局邀请市县推进软件正版化工作部门的负责同志召开座谈会，听取意见和建议，为巩固软件化正版化工作建言献策。同时，各市、县、区也逐步建立和完善了相关制度，各市（区）和大部分县印发了软件资产管理规定。其中，咸阳市政府印发了《关于贯彻落实政府机关使用正版软件管理办法的实施意见》，对正版软件采购、使用管理、年度报告制度进行规范；汉中市政府将软件正版化工作纳入年度目标任务考核体系；商洛市建立了政府机关正版软件购置管理制度和资产管理制度。

5. 部门协作，共同加快推动

为确保政府机关软件正版化工作“责任到位、落实到位”，省版权局积极推动建立省级机关单位软件正版化责任人制度，督促各地、各部门落实软件正版化工作年度报告制度。省财政厅印发了《关于进一步加强政府机关正版软件政府采购和资产管理工作的通知》，对各级财政部门和省级机关落实软件采购经费、规范软件采购行为、加强软件资产管理的监督检查等提出具体要求。省财政厅还在政府采购培训会上专题讲解正版软件采购和资产管理，对规范软件采购和加强政府机关软件资产管理起到了很好的推动作用。省审计厅印发了《关于加强政府机关使用正版软件审计监督工作的通知》，明确了政府机关使用正版软件审计监督内容，具有很强的操作性，还特别要求各市（区）于每年 11 月 15 日前报送政府机关使用正版软件年度审计报告，以确保正版软件审计督查工作的常态化和制度化。

6. 加强培训，提高工作水平

省版权局于 10 月下旬举办了全省政府机关软件正版化工作专题培训班，邀请省级有关职能部门软件正版化工作专业人员，就软件经费预算、采购、资产管理以及软件正版化工作审计督查等问题进行讲授和解读。2014 年全省共举办政府机关软件正版化培训班 57 次，参训单位 2 336 家，参训总人数 5 648 人次；举办企业软件正版化培训班 166 次，参训企业 291 家（次），参训人员 5 420 人次。

（沙庆超　王新民）

甘　肃　省

2014 年，甘肃省版权局按照国家和省委、省政府的部署，深入实施《国家知识产权战略纲要》，强化版权行政管理，维护版权产品市场秩序，认真履行监督指导检查职责，有组织地开展各类版权的宣传活动和知识产权专项行动，均取得明显成效。

一、政府机关软件正版化工作

（一）机构设置完备，组织领导有力

近年来，在甘肃省政府软件正版化工作的推进过程中，甘肃省成立了使用正版软件工作领导小组，各级政府也相应成立了各自的工作机构。在软件正版化推进的过程中，各级领导小组发挥了非常重要的组织领导和协调督促作用。2014 年，省领导小组组织了两次全省范围的实地督查；省领导小组办公室先后5次到个别市州进行检查。2014年3月，省领导小组召集14个市州主管副市长及15个成员单位召开了全省市州软件正版化工作会议，主管副省长主持并讲话。会议通报了甘肃省市县政府机关软件正版化工作情况，印发了关于甘肃省政府机关软件正版化工作情况的通报，安排2014年甘肃省推进使用正版软件工作，省使用正版软件工作领导小组成员单位责任分工，进一步落实了成员单位工作责任。

（二）加强制度建设，建立长效机制

在政府软件正版化工作的推进过程中，甘肃省逐步建立了行之有效的管理制度，主要包括联络员制度、属地管理制度、信息通报制度、正版软件采购审核管理制度、软件正版化工作年度考核制度、正版软件审计制度等，为正版化工作的有效开展发挥了重要作用。

为了进一步巩固省、市、县三级政府软件正版化工作成果，甘肃省版权局把建立健全软件资产管理制度作为推进政府机关使用正版软件工作的重中之重，常抓不懈。甘肃省版权局积极协调省财政厅、省审计厅、省公共资源交易局、省电子政务办等有关部门进行研究，逐步探索建立了行之有效的软件资产管理制度。甘肃省财政厅依据《财政部关于进一步规范和加强政府机关软件资产管理的意见》，专门下发文件要求省级机关和各市州将软件资产纳入资产管理体系，探索建立了软件资产管理、经费保障、集中采购等制度，并将操作系统、办公软件等纳入政府集中采购目录，在具体采购中要求供应商对所投产品必须预装正版软件。省审计厅将政府机关使用正版软件审计列入审计内容，相关审计结果纳入审计报告。在日常审计中，各级审计机关对省市县三级部门单位使用正版软件情况进行了审计。省公共资源交易局制定了《正版软件政府集中采购管理办法》，对正版软件政府集中采购的采购范围、采购方式及对中标厂商的履约管理和实时监控等方面做出了具体规定。省电子政务办制定了《甘肃省政府机关软件正版化工作与信息化工作相结合实施方案》，要求甘肃省各级政府机关将软件正版化工作列入电子政务工作重要任务，将软件正版化工作与电子政务工作紧密结合，落实工作责任，加强监督管理。

（三）加强督导检查，确保工作成效

一是甘肃省督查效果明显。2014年1月，甘肃省使用正版软件工作领导小组15个成员单位组成7个督查组，以每组负责两个市州的方式，对甘肃省12个市州、24个县区的108个政府机关的648台计算机的软件正版化情况进行了抽查验收。随后以甘肃省使用正版软件工作领导小组办公室名义，向经检查组验收认为正版化工作不同程度存在问题的5市州发出了督办函，并多次电话督办落实。

2014年3月，甘肃省使用正版软件工作领导小组15个成员单位再次组成了9个检查组，其中由省机关事务管理局牵头的一个组负责检查省级政府机关，另8个组负责对全省14个市州26个县区的160个政府机关软件正版化工作进行实地检查验收。9个组中，省版权局局承担了3个检查组的任务。此次检查内容主要为：国家要求的软件长效管理制度的建设、正版软件的安装使用和覆盖率。

二是国家检查圆满合格。国家“双打”检查工作方面，根据国家统一部署，甘肃省将政府机关软件正版化工作纳入省“双打”工作体系，并作为其中一项重要工作。2014年2月，国家“双打”工作督查组对甘肃省政府机关软件正版化工作进行了检查验收。为了确保此项工作的各项任务落在实处，甘肃省版权局版权处组织人员，前后5次赴邻近市、州检查指导软件采购及软件长效机制的建设。国家“双打”督查组检查验收后对甘肃省市县政府软件正版化工作评价分值为满分6分。国家软件正版化检查工作方面，4月初，国家推进使用正版软件工作部际联席会议组成专项检查组，对甘肃省市县级政府机关软件正版化完成情况进行了实地抽查验收。主要检查《政府机关使用正版软件管理办法》的落实情况，重点是市县级政府机关软件正版化机制建立、管理监督责任落实、软件采购与资产管理、软件使用与日常监督、与信息化工作结合、考核与责任追究等长效机制建立等情况。经过查阅资料、实地检查，国家检查组对甘肃省软件正版化工作予以了充分肯定，检查验收合格。

（四）及时通报情况，狠抓整改落实

2014年3月20日，甘肃省召开政府机关软件正版化工作总结推进会议暨新闻发布会。会议由副省长张广智主持。省工信委、省财政厅、省商务厅、省审计厅、省机关事务管理局等15家甘肃省使用正版软件领导小组成员单位分管负责人以及14个市州政府分管负责人、新闻出版部门负责人参加会议。为了扩大正版软件的社会影响力，加强社会公众对软件正版化工作的理解支持，会议专门邀请了《中国新闻出版报》《甘肃日报》及甘肃省广电总台广播新闻中心、电视新闻中心等主流媒体参加会议，对会议内容进行全面报道。会议向社会公开发布了甘肃省完成市县级政府机关软件正版化工作的情况。

按照国家对软件正版化工作的部署，甘肃省版权局先后向全省起草下发了《关于进一步推进软件正版化工作的通知》《关于对市县级政府机关软件正版化工作检查情况的通报》，摘要转发了国务院通报的部分内容，并要求对本地区、本部门的软件正版化情况普遍进行一次全面自查。在巩固前期工作成果和总结工作经验的基础上，进一步加大信息交流和督导检查工作力度，对制度建立不完善、责任落实不彻底、软件安装不规范的，要采取切实有效的措施和办法，查缺补漏，力求做到情况明、底子清、工作实，不留死角、不留盲区，确保本地区、本部门的正版软件工作达到国家要求。特别是通报中点出问题的兰州市、定西市要重点整改存在的问题。

（五）认真总结上报，争取不断进步

省领导小组的督查结束后，甘肃省版权局将督查情况进行汇总并向省政府分管领导专题汇报；国家专项检查结束后，甘肃省版权局将检查情况及时向省政府进行了报告。2014 年底，甘肃省版权局向省“双打”办和国家版权局分别报送了 2014 年度软件正版化工作总结，就 2014 年甘肃省软件正版化工作情况进行汇报。

2014 年 1 月，国务院副总理汪洋在《甘肃省人民政府办公厅〈关于县级政府机关软件正版化工作推进情况的函〉》上批示：“甘肃的做法值得借鉴”。2014 年 8 月，在国务院《关于市县级政府机关软件正版化工作检查情况的通报》中，全国只有 4 个省没有被通报，甘肃省就是其中之一，这是对甘肃省软件正版化工作的充分肯定，也是对甘肃省版权局下一步工作的鞭策。

（六）加大资金补助，支持地方工作

2014 年初，按照局领导指示，甘肃省版权局提出了对市州软件正版化工作的以奖代补方案，并以软件正版化专项资金使用计划的方式上报省财政厅；经省财政厅审定，以软件正版化专项补助方式拨付给甘肃省 58 个贫困县和个别市州，拨付标准为：平均每个县 10 万元，部分县区 20 万元，拨付资金总额 770 万元。

二、党群系统软件正版化工作

2014 年，甘肃省版权局计划开展党群系统软件正版化工作。从 4 月起，甘肃省版权局先后向省政府办公厅、省委办公厅就开展甘肃省党群系统软件正版化工作进行请示，并征求收集到省人大、省政协、省高院、省高检等 16 家单位的成员名单，拟组成甘肃省省级党委等机关使用正版软件工作领导小组，以领导甘肃省党群系统软件正版化工作的开展。省委办公厅表示，此项工作仍由甘肃省使用正版软件领导小组组织进行，对于省委的建议甘肃省版权局已转达省政府办公厅，并同时上报了《关于在省级党委等机关开展软件正版化工作的请示》和《甘肃省党委等机关软件正版化工作实施方案》，就调整领导小组构成、党群系统软件正版化阶段性工作任务和计划进行请示，目前正在等待回复。

三、企业软件正版化工作

2014 年，甘肃省企业软件正版化工作以发挥成员单位职能作用为主、领导小组协助为辅，形成工作合力的方式展开。主要是加强正版化领导小组各成员单位的协作配合，由各成员单位指导、监督本行业企业开展使用正版软件工作，形成领导小组统一指导、各成员单位分工协作的工作机制。甘肃省版权局起草印发了《2014 年甘肃省推进使用正版软件工作安排》，首次明确组织推进有关企业软件正版化工作由有关成员单位分工负责，由主管部门负责帮助所属企业制定好正版化工作计划，负责督导落实所属企业软件正版化工作。为深入了解首批 60 家企业的软件正版化工作进展情况，8 月，甘肃省版权局对甘肃农垦、紫光科技、海默科技、同济药业等 12 家企业进行了软件正版化抽查，逐步形成“行业监管”和“领导小组辅助”的良性互动。

甘肃省版权局积极部署，督促甘肃省新闻出版行业读者集团、报业集团、发行集团等对所属二级企业的正版软件使用情况进行自查整改。大力督促协调甘肃省飞天出版传媒集团、读者出版集团等单位信息化工作相关负责人参加国家版权局专门举办的新闻出版行业企业软件正版化工作培训班。这次培训，为甘肃省新闻出版行业企业利用“新闻出版企业软件正版化工作平台”，建立真实可用、动态更新、时效性强的企业软件正版化数据库，做好正版软件资产管理工作奠定了基础，也为全面推进甘肃省企业软件正版化工作积累了经验。

四、打击网络侵权盗版“剑网行动”

甘肃省版权局采取日常监管与专项治理相结合、行政部门与司法部门密切合作的工作模式，长年保持打击侵权盗版的高压态势，始终把软件、网络等作为监管和执法的重点领域。针对网络环境下的侵权盗版现象日益突出的现象，2014 年，甘肃省版权局继续开展了为期半年的网络侵权盗版专项治理活动。专项行动中，全省各级版权行政部门以网络文学、音乐、影视、游戏、动漫、软件等为重点领域，以图书、音像制品、电子出版物、网络出版物等为重点产品，以查破办结一批大案要案为重点目标，积极协调公安、通信、网信部门，主动出击，充分发挥社会各界和有关权利人组织的积极性，发布举报奖励公告，鼓励社会各界积极提供案件线索，尤其是大案要案的重要线索。各地版权行政执法部门、“扫黄打非”办、文化市场执法队、公安机关采取多种手段深挖案件线索，确定一批网络侵权盗版重点案件，集中力量，快速查办；同时，对本地区所有网站、网络交易平台等进行全面仔细的调查摸底，确定主动监管对象，进行定期巡查，特别是加强了对在本地区有影响力的各类提供视频内容、搜索链接、存储空间服务的视频网站和各类电子商务交易平台的监管力度，对非法储存、链接、传播作品的网站依法进行清理。

“剑网2014”专项行动将打击部分网站未经授权大量转载传统媒体作品，严重侵害权利人合法权益的侵权行为纳入重点任务之中。甘肃省版权局将甘肃百通影视发展有限公司投诉“56.com”网站涉嫌盗播行为的案件，作为“剑网2014”专项行动网络侵权盗版的重点案件，上报国家版权局；根据属地管理原则，国家版权局将此案移转至侵权主体所在地广东省版权局严肃查处。经甘肃省版权局跟踪咨询，已达成赔偿协议，甘肃省著作权人获得150万元赔偿。

五、日常监管和案件查处工作

2014年以来，甘肃省版权局在不断加强日常监管的同时，以案件为抓手，以打击出版、印刷、发行行业侵权盗版行为为重点，不断推动“打假”工作向纵深发展。

（一）积极开展专项行动，维护印刷市场秩序

一是组织开展了“印刷复制发行监管”“查处非法印制邪教宣传品”“印刷环节专项整治”“发行环节专项整治”等四个专项行动，检查印刷发行企业485家，处理违规企业25家。

二是建立了甘肃省诚信“红黑榜”企业定期发布制度，向社会公布了印刷发行“红榜”企业11家、“黑榜”企业4家。

三是组成五个督导检查组对各市州出版物市场、印刷企业等重点内容，深入到区（县）一级进行督导检查。共检查了14个市州所在地及20多个区（县），对书报刊批发市场、报刊亭、书店、交通枢纽、集（夜）市、广告公司等100余处出版物市场进行了明察暗访，抽查了45家印刷企业和复印店。

（二）出版行业监管得到有效加强

一是开展2014年“出版物质量专项年”活动。围绕出版质量各个环节，依据《出版管理条例》《图书质量管理规定》《图书质量保障体系》等法规规章，着重从选题审核、成书质量检查和质量保障体系建设等方面开展工作。深化少儿出版物市场整治专项行动，查处少儿出版物存在的内容低俗、质量低劣、价格虚高问题。

二是修订出版物奖评选办法。为了加强对出版活动的管理，根据《出版管理条例》和《中国出版政府奖（音像制品、电子出版物和网络出版物奖）评奖办法》，参与省政府办公厅修订《甘肃省优秀图书、音像制品及电子出版物奖评奖办法》工作，《办法》共15条，为今后评奖工作提供了确切依据。

（三）创新方法办理案件

2014年，甘肃省版权局将著作权案件查处与“扫黄打非”工作相结合，相继开展了“剑网”“净网”“清源”“秋风”“固边”等8个专项整治行动，联合公安机关暗访、摸排，查办大案、要案。把治理游商、清门店、查市场与印刷复制企业的整顿工作有机地结合在一起，最大限度地净化出版物市场，确保全省出版物市场平稳有序，营造良好的文化氛围。全年共查获各类案件30余起，其中，进入司法程序19起，现已全部审理结案。

六、版权服务工作

1. 为鼓励甘肃省作品的创作和使用，甘肃省加大了作品登记工作宣传力度，提高登记工作效率，为权利人提供优质、快捷的服务，鼓励权利人积极进行作品登记，保护自己的版权。截至2014年底，共受理著作权作品登记180件。与此同时，甘肃省版权局注意强化诸如版权纠纷调解、作品登记、版权贸易合同的指导、版权咨询等工作。

2. 为增强全社会知识产权保护意识，打好版权保护的群众基础，甘肃省版权局注意抓好版权法律宣传，以“双打”、“剑网行动”和“4·26”全国知识产权宣传周为平台，创新形式，深入宣传知识产权、版权保护的措施和成效。在推进政府机关使用正版软件工作中，充分利用广播、报刊、会议、培训、督查等形式开展宣传活动，使全省各级政府机关工作人员认识到盗版软件的危害和推进正版软件工作的重要意义，增强了使用正版软件的自觉性和主动性。

3. 为迎接“4·26”世界知识产权日，结合在全国范围内启动以“拒绝盗版，共筑未来”为主题的“绿书签行动”系列宣传活动，按照全国“扫黄打非”工作小组决定，2014年4月24日在全国31个省（自治区、直辖市）统一开展侵权盗版及非法

出版物集中销毁活动，甘肃省版权局在兰州组织了甘肃分会场活动仪式，进行了集中销毁活动。省委宣传部部长、省政府主管副省长、兰州市主管副市长均出席活动仪式；省、市“扫黄打非”工作小组负责人及各成员单位负责人，省、市出版物市场从业者代表及部分媒体记者参加活动。共集中销毁非法出版物 80 万册（张），其中盗版图书 60 万册、侵权盗版光盘 20 万张，展示了“扫黄打非”打击侵权盗版的重要成果。

（夏　玲）

青 海 省

2014 年，青海省版权局在省委、省政府的领导下，按照国家版权局的工作部署和要求，围绕法制建设、版权管理和推进全省政府机关软件正版化等工作，把握重点，认真谋划，精心实施，圆满完成了各项工作任务，为推动全省文化新闻出版事业发展繁荣创造了良好的法治环境。

一、版权宣传教育工作

根据国家版权局《关于做好 2014 年全国知识产权宣传周版权宣传活动的通知》（国版办发［2014］2 号）的要求，大力开展宣传工作。

（一）开展版权宣传咨询活动

4 月 24 日上午，在西宁市新宁广场开展了版权宣传咨询活动，悬挂“保护版权，尊重创作，守望我们的精神家园”横幅标语 1 条，展出展板 10 块，散发宣传资料 500 余份，集中展示了青海省实施知识产权战略以来取得的显著成效，宣传了开展打击侵犯知识产权和制售假冒伪劣商品专项行动、推进政府机关和企业软件正版化、版权保护工作取得的成果，积极营造以“尊重知识、崇尚创新、诚信守法”为核心的知识产权文化建设氛围，增强公众的版权保护意识。

（二）充分利用电视媒体进行宣传

活动期间，省版权局积极协调省广播电视台，充分利用青海经济生活频道、青海都市生活频道对国家版权局制作的版权公益广告宣传片，进行了广泛宣传，对提升全社会的版权意识，有效保护著作权人的合法权益，起到了积极的宣传效果。

（三）加强执法人员培训

为切实提高行政执法人员法律素质和水平，3 月份举办了全省文化新闻出版行政执法人员培训班，来自全省市（州）县文化新闻出版执法岗位的 110 名执法人员参加了培训，取得良好效果。组织 5 人参加由国家版权局举办的 2014 版权执法第三期培训班。11 月份分别举办了全省文化市场综合执法人员培训班和“扫黄打非”业务骨干培训班。全年共计 460 余人次参加了执法培训，有效提升了行政执法人员的执法能力和水平。

二、软件正版化工作

为巩固省、市（州）、县级政府机关软件正版化工作成果，建立健全政府机关软件正版化管理的长效工作机制，建立软件资产管理办法及计算机采购、安装、使用、管理等制度，按照国家版权局印发的《2014 年推进使用正版软件工作计划》（国版发［2014］1 号）精神，结合实际部署开展了政府机关和企业软件正版化督查工作，启动了以国有大中型企业和金融机构为重点的企业软件正版化推进工作，并取得明显成效。

（一）加大软件正版化督查力度

2014 年，青海省版权局把督促检查作为落实职责、推进工作的重要手段，进一步加大了对软件正版化工作的督查力度，部署开展了政府和企业软件正版化督查，强力推进软件正版化工作。

一是制定工作方案。印发《青海省 2014 年推进使用正版软件工作实施方案》（青软件组［2014］3 号），对 2014 年实施政府机关和企业推进正版软件督促检查作出总体部署。

二是组织开展集中督查。对湟源县、化隆县、祁连县政府，果洛州政府及玛沁县、达日县、班玛县政府和部门推进正版软件工作进行了实地集中督查。

三是进行重点督查。针对湟源县、化隆县在责任制落实、经费保障、软件采购、更换安装方面工作滞后的实际，加大了督促检查的力度，通过实地督查、电话督促、召开督办会、约见相关市县负责人等措施，有效地推动了软件正版化工作的落实。

四是配合完成国务院软件正版化督查组对青海省的两次督查。2014 年 4 月和 12 月，国务院软件正版化督查组对青海省共进行两次工作督查，通过精心组织、沟通协调，圆满完成了各项督查任务。

（二）全面自查，认真落实整改

为落实《国务院办公厅关于市县政府机关软件正版化工作检查情况的通报》和省政府转办通知精神，及时向黄南州和海南州人民政府印发了《关于政府机关软件正版化工作检查情况的通报》，对两州政府机关使用正版软件督查中发现的重点问题给予了通报，并就开展集中自查和整改作出部署。黄南州和海南州政府，针对软件正版化工作中存在的不足和差距，加大工作力度，强化监管责任，明确整改时限，认真完成了自查和整改，确保了软件正版化自查整改不走过场、落实到位、取得实效。同时，根据部际联席会议办公室 2014 年地方政府机关软件正版化工作培训会议精神和要求，11 月份，部署开展了为期 1 个月的市（州）县政府机关软件正版化检查整改“回头看”工作，有力地推动了软件正版化工作的落实。

（三）稳步推进企业软件正版化工作

根据国务院“扎实推进企业软件正版化工作”要求，按照国有大中型企业在先、中小企业在后的推进原则，全面部署开展了省属国有大中型企业、省金融机构推进使用正版软件工作，明确时限，要求于 2014 年 12 月底完成整改摸查工作，2015 年 6 月底前全面完成各企业软件正版化检查整改工作。为确保任务落实，2014 年 7 月，对省属大中型企业牵头单位省国资委、省银监局、省保监局、省证监局推进企业软件正版化工作进行了实地督查。部署开展了企业软件正版化检查整改统计上报工作。截至 2014 年 12 月底，各牵头单位已全部完成整改摸查工作。同时，2014 年还积极督促指导了新闻出版行业软件正版化的检查整改推进工作；截至 2014 年 12 月底，已全面完成 15 家二级企业软件正版化的采购工作。

三、版权市场监管工作

（一）打击侵犯知识产权和制售假冒伪劣商品专项行动

2014 年，青海省版权局根据青海省打击侵犯知识产权和制售假冒伪劣商品工作领导小组办公室《关于印发 2014 年青海省打击侵犯知识产权和制售假冒伪劣商品工作要点的通知》（青打假［2014］8 号）精神，结合实际，制定了《青海省文化和新闻出版厅 2014 年开展打击侵犯知识产权和制售假冒伪劣商品工作实施方案》（青文新法［2014］5 号），并采取有效措施，加大了对文化市场的监管力度，有力打击了侵权盗版违法行为。根据西宁市文广局《关于申请鉴定陈晓春涉嫌非法销售盗版音像制品的报告》（宁文广［2014］52 号）和西宁市城东区科技文体旅游局《关于申请鉴定马菊花涉嫌非法销售盗版音像制品的报告》（东科文旅［2014］60 号）、《关于申请鉴定张斌涉嫌非法销售盗版音像制品的报告》（东扫办［2014］22 号），对涉嫌侵权盗版的 705 张音像制品（光盘）样品进行了鉴定，并出具了鉴定意见书。2014 年，全省共出动检查执法人员 2.8 万人次，检查出版物市场、文化娱乐经营单位 2.1 万家（次），印刷复制经营单位 2 800 家（次）；查缴各类非法出版物及宣传品 5.8 万件，其中涉藏、涉疆、“法轮功”组织非法宣传品和政治性非法出版物及宣传品等 2 198 件、侵权盗版出版物 5.3 万件、淫秽色情出版物 1 539 件、非法报纸期刊 1 244 件；删除网络有害信息 7 958 余条，取缔游商摊点 283 处。

（二）打击网络侵权盗版“剑网 2014”专项行动

根据国家版权局、国家互联网信息办公室、工业和信息化部、公安部联合印发的《关于开展打击网络侵权盗版“剑网 2014”专项行动的通知》（新广出明电［2014］14 号）要求，结合实际，制定下发《青海省开展打击网络侵权盗版“剑网 2014”专项行动工作计划》（青权［2014］2 号），就专项行动的主要任务、行动措施、行动步骤、工作要求作了安排部署。截至 2014 年 12 月底，全省未发生一起网络版权侵权案件，专项行动取得了明显的成效。

（三）销毁侵权盗版及非法出版物活动

2014 年 4 月 24 日上午，省“扫黄打非”领导小组、省版权局、西宁市“扫黄打非”领导小组在西宁举行了侵权盗版及非法出版物集中销毁活动，同时启动了青海省 2014 年“绿书签行动”系列宣传活动。省委常委、宣传部长，省“扫黄打非”领导小组组长吉狄马加出席了侵权盗版及非法出版物集中销毁和“绿书签行动”系列宣传活动启动仪式。参会领导和群众现场一起销毁非法出版物，并在“拒绝盗版，共筑未来”的宣传横幅上签名。此次活动，省、市“扫黄打非”部门集中销毁侵权盗版及非法出版物 4.3 万件。其间，全省各市州、县也开展了集中销毁活动。据不完全统计，全省集中销毁侵权盗版及其他各类非法出版物共计 11.8 万件。省“扫黄打非”领导小组各成员单位负责同志、省版权局机关处室和下属单位工作人员、西宁市“扫黄打非”领导小组及四区三县文化市场管理执法人员、出版物经营单位代表等 150 余人参加了现场宣传系列活动。

（付成久）

宁夏回族自治区

2014 年，宁夏版权局在自治区党委、政府和国家版权局的领导下，深入贯彻落实党的十八大、十八届三中全会和四中全会精神，着力提高版权公共服务水平，积极开展版权工作，着力规范出版物市场秩序，不断加强队伍建设，确保版权工作顺利开展。

一、软件正版化工作

2014 年，在做好企业软件正版化工作的基础上，宁夏狠抓全区政府机关软件正版化工作的检查整改，要求全区各市（县、区）政府机关全面开展使用正版软件自查工作，按照《政府机关使用正版软件管理办法》的要求，进一步落实工作责任，完善工作机制，保障所需资金，加强资产管理，强化考核和责任追究，确保政府机关软件正版化工作的成果。

根据全区各市（县、区）政府机关自查和整改完成情况，自治区推进使用正版软件工作联席会议办公室（宁夏版权局）组织开展了全区政府机关软件正版化检查整改工作，要求各单位要高度重视，统一思想，落实第一责任人的责任，建立健全软件使用管理制度，加强软件资产的管理，对本单位所有计算机进行一次排查，对盗版办公软件立即予以卸载，确保整改落实到位。2014 年 11 月 18 日至 12 月 8 日，由自治区版权局牵头，抽调自治区财政厅、审计厅、经信委、自治区政府机关事务管理局等相关单位人员分成两个检查组，对全区政府机关软件正版化工作进行了检查。此次检查先后抽查了自治区直属机关 25 个厅局的 150 台计算机，59 个市、县（区）级政府机关的 354 台计算机。

根据检查情况，宁夏拟在落实工作责任、严格软件资产管理、保障所需资金、加强监督检查、做好培训和宣传等方面加大力度，进一步做好使用正版软件工作。宁夏通过建立软件正版化信息管理系统，加强了对全区政府机关使用正版软件的管控，进一步加强和完善了政府机关软件正版化工作。

二、软件正版化培训工作

2014 年，宁夏版权局、宁夏新闻出版广电局及各市积极组织人员参加培训，共举办 12 场次培训班，参培单位达到 800 多个，参训人员近千人。通过培训，提高了参训人员的操作技能和责任意识。

三、版权保护工作

2014 年 4 月 24 日，自治区版权局在光明广场举行集中销毁侵权盗版及非法出版物活动。此次自治区集中销毁的侵权盗版制品及非法出版物 6 万余件，其中盗版及非法图书 2 万余册，盗版及非法音像制品 4 万余盘，不仅有效净化了文化市场，维护了广大人民群众的文化权益，也为推进文化市场健康有序发展、构建社会主义和谐社会营造了良好的思想文化环境。

自治区版权局开展以“拒绝盗版，共筑未来”为主题的“绿书签行动”。从 4 月 22 日开始，银川市、吴忠市、石嘴山市、中卫市、固原市新闻出版局、文化市场执法队在属地 5 所中小学、5 家影剧院、10 家书（音像）店、2 个大型广场和社区张贴“绿书签行动 2014”宣传海报，向学生和群众派发绿书签。组织“加入绿书签行动”签名活动。4 月 22—26 日，组织 5 家大型书店，开展为期一周的绿书签优惠购书活动，读者凭绿书签享受购书优惠。

四、打击侵权盗版专项行动

根据国务院 2014 年打击侵犯知识产权和制售假冒伪劣商品工作部署和国家版权局、国家互联网信息办公室、工业和信息化部、公安部《关于开展打击网络侵权盗版“剑网 2014”专项行动的通知》要求，宁夏版权局联合相关部门制定下发了《关于在全区开展打击网络侵权盗版“剑网 2014”专项行动的通知》，对专项行动进行了周密的部署，明确了各部门的相关责任，提出了具体的要求。此次专项行动重点是对提供作品、表演、录音制品等内容的网站，围绕网络文学、音乐、影视、游戏、动漫、软件等重点领域以及图书、音像制品、电子出版物、网络出版物等重点产品，对各自接入的网站进行全面清理，遏制网络环境下侵权盗版违法行为，进一步促进自治区互联网产业繁荣发展。

为保证打击网络侵权盗版“剑网 2014”专项行动的顺利进行，在要求各市组织本辖区的互联网企业自查自纠的同时，自治区版权局组织有关单位和部门对各部门、各单位专项治理工作开展情况进行了督导检查，同时，对自治区重点互联网站、网络销售平台等进行着重检查。

“剑网 2014”专项行动中，宁夏全区共出动检查人员 1 168 人次，检查全区备案网站主题 5 897 个，关闭未备案网站 255 家。对登载政治类有害信息的“中国历史网”“软侠软件网”“手拉手快讯网”三家网站注销了备案并予以关闭。将已关闭的上述三家网站及 5E 影视等网站列入黑名单。清理空壳网站和空壳主题 1 696 个，发现非法链接 935 条，拦截涉及政治、维稳等不良有害信息 150 万条。

（王高阳）

新疆维吾尔自治区

2014 年，新疆维吾尔自治区版权局深入学习贯彻落实党的十八大、十八届三中全会和四中全会精神，版权工作在服务大局中求繁荣，在学习实践中求创新，在深化改革中求发展，取得了显著的成就，为自治区的改革、发展、稳定作出了积极的贡献。

一、软件正版化工作

2014 年，在国家版权局的指导下，在自治区党委、人民政府的支持和领导下，自治区软件正版化领导小组成员单位密切配合，以推进建立政府机关软件正版化长效机制为重点，以开展政府机关软件正版化考核为抓手，印发《新疆维吾尔自治区政府机关使用正版软件工作考核评价细则及考核标准》，强化监督检查，加大教育培训的覆盖面，加强对国有企业和地方性金融行业、建筑设计行业软件正版化的督办，推出企业采购正版软件奖励补贴措施，软件正版化工作取得了较好成效。重点开展了以下工作：

一是召开了地县两级政府完成软件正版化新闻发布会，介绍软件正版化工作进展及下一步重点。

二是迎接国务院软件正版化检查组，对受检地州进行指导，配合检查组检查两个地市 12 家单位。检查组认为新疆软件正版化工作扎实有效，值得称赞。

三是积极贯彻落实国务院办公厅《政府机关使用正版软件管理办法》，强化考核和责任，落实自治区近 150 家单位的负责人信息，编制自治区软件正版化考核评价细则并印发全区，通过考核，树立了版权部门的权威，促进了事业单位及国有企业的软件正版化工作，在全国起到了良好的示范作用。2014 年 10 月，在全国政府机关软件正版化培训会议上，国家版权局将自治区开展的软件正版化考核评价工作作为推进长效机制建设的示范，在会议上进行了经验交流。

四是对 80 家企业下发了软件正版化整改函，督促其完成软件正版化，并对 20 余家企业进行电话督办，现场检查 11 家企业，全年共有 38 家企业完成了软件正版化，正版软件采购金额达 920 万元，兑现奖补资金 92 万元。

五是举办全区政府机关软件正版化培训班、国有企业软件正版化培训班、新疆地方性金融行业软件正版化培训班，共有 110 多个政府机关及所属事业单位、大专院校 180 人，48 家本地金融机构 70 多人，43 家国有企业 62 人参加培训。

二、版权执法和宣传服务工作

近年来，自治区版权行政部门按照国家和自治区党委、人民政府的部署，加强执法，严格监管，连续多年开展出版物市场集中检查整治行动，开展打击网络侵权盗版专项治理“剑网行动”。2014 年，重点开展了以下工作：

一是指导乌鲁木齐市新闻出版局对一起涉嫌侵权的工艺品案件进行了现场执法，扣押涉嫌侵权工艺品 288 件；移交 4 家 KTV 侵权投诉，作出行政处罚，同时侵权人向音集协缴纳版权费 40 万元。

二是协调新疆建设兵团新闻出版局对一起涉嫌侵犯医院管理系统软件的案件进行调查，赴农六师四个团场进行取证，并将证据提交鉴定机构鉴定。

三是组织各地州新闻出版单位开展 2013 年度有功集体和个人推荐工作，经国家版权局评审，自治区两个集体获得有功集体三等奖，一个专案组获得有功个人三等奖。

四是登记作品 1 200 多件，比上年同期增长 50%。

五是应电信企业的要求，分别赴中国电信新丝路网站和中国电信民文业务部开展《著作权法》与《信息网络传播权保护条例》的宣传，培训人数达 70 人。

六是做好迎接国务院考核组对自治区“双打”工作的考核工作，自治区版权局承担的两项任务分值为 12 分，得到了满分。

七是积极参加消费维权活动，现场宣传著作权法和新闻出版法律法规。

八是协调新疆相关出版社授权乌鲁木齐广播电台维语台播送各社出版的图书。

九是注重版权侵权案件的信息公开，按时向自治区“双打”办报送案件信息。

十是开展“4·26”全国知识产权宣传周活动，指导地州，报送典型案件 3 起，其中一起作为全区典型案例在媒体曝光；与乌鲁木齐市新闻出版局合作，对自治区出版物批发市场人员以及印刷从业者开展著作权法宣传，共 110 人参加培训。

十一是根据国家版权局通知精神，迅速成立了由自治区版权局、公安厅、通信管理局、互联网办公室共同组成的自治区“剑网行动”领导小组。制定了新疆维吾尔自治区实施“剑网行动”的工作方案并印发全疆。同时，通过《新疆日报》、《新疆经济报》、天山网、亚心网等媒体公布了举报电话及举报奖励办法。加强对网站的主动监管，将区内 3 家网站天山网、亚心网、56567 作为主动监管对象。主动收集案源，将办案重点放在自治区大量存在的民文网站的侵权盗版问题上，接新疆米拉司电子音像书籍有限公司投诉后，责令比尔切特网站删除了相关内容。

三、版权登记工作

自治区版权局将著作权登记作为版权社会化服

务的重点工作，全区著作权登记工作规范化、标准化、信息化的水平不断提升。2014 年，全区共登记各类作品 1 200 多件，同比增长 50%；登记备案出版外国图书授权合同 41 件。

同时，自治区版权管理部门做好服务工作，为出版社编写教辅图书是否涉及侵权问题，积极帮助寻找法律依据，解除困扰；针对翻译出版外国图书存在未经授权的问题，及时给予指导，发出《各出版社在翻译出版境外作品时应注意的版权问题》的函件，指导出版社使用作品的行为；积极在印刷、发行、出版社编辑人员、创作者群体中宣传普及著作权法，为不同行业举办版权培训班或讲座 7 个，培训 1 200 多人次。

（施晓娟）

2014年版权公共服务机构与社会服务组织工作

中国版权保护中心

2014年，是中国版权保护中心（以下简称中心）整合攻坚、创新克难、稳步推进、全面发展的一年。在国家新闻出版广电总局党组和国家版权局的领导下，中心认真贯彻总局党组战略部署和工作要求，学习落实蒋建国书记5月14日到中心调研时的讲话精神，围绕“三力”“三能”“三权”进一步明确中心工作定位和方向，以会议《纪要》谋划和指导中心业务体系建设，聚焦工作重点，合理分配资源，围绕“确权、授权、维权”服务环节，积极推动版权公共服务基础建设，加快推进DCI数字版权公共服务体系建设和应用。同时，进一步加强重大项目的整合建设和重要业务的整合推进，着力推动“十二五”时期各项工作目标的细化和落实；围绕打造数字化网络化环境下我国规模最大、功能最强、最值得信赖的国家版权公共服务机构的战略目标，满足文化大发展大繁荣对版权公共服务的要求，持续深化科学管理体系建设，促进中心在版权公共服务和市场服务专业化方面的水平全面提升，并建设了一支版权意识强、诚信守法、操作规范、具有活力的版权专业队伍。

一、版权登记工作

中心始终将版权登记作为公共服务职能的核心业务，为了有效应对版权登记数量连续多年的迅猛增长，在大力加强版权登记基础工作建设，不断优化著作权登记信息系统支撑和服务功能的基础上，进一步挖掘自身潜力，向管理要效益，持续改进和细化工作流程和操作规范，及时调整和完善相关岗位设置，通过月绩效考核等方式进一步提升各个岗位的工作效益和质量，在不增加人员的情况下，顺利完成了大大超过上年同期的版权登记工作量，同时确保了服务水平的持续提升。

（一）版权登记数量再创新高

2014年全年，中心共完成软件著作权登记218 783件，同比增长33.12%，登记软件数首次突破20万件大关，再创历史新高。另外，完成软件著作权转让合同登记224件，软件著作权专有许可合同登记59件，软件登记事项变更或补充登记12 879件，查询软件登记档案34 859件，司法机关查调档74件，法院查封软件54件，解封软件55件。

2014年全年共受理作品著作权登记47 610件（系列），比上年全年总量增加14 199件（系列），涉及作品79 390件。著作权合同备案852件（系列），涉及作品5 814件。邻接权登记57件（系列），涉及作品521件。变更补充登记289件（系列），涉及作品418件。2014年全年共办理涉外音像合同登记912件。

2014年共完成著作权质权登记496件（其中软件著作权质权登记191件、作品著作权质权登记305件），涉及作品1 045件（其中软件740件、其他作品305件），涉及主债务金额26.25亿元（其中软件18.61亿元、作品7.64亿元）。

按照国家版权局要求，继续扎实规范做好全国作品登记信息统计工作，进一步修改完善了《全国作品登记信息报送工作规范手册》和《全国作品登记信息数据库管理平台培训手册》，建立了每月两次的工作例会制度，每月按时完成了全国31个省区市登记机构报送信息的审核、统计、汇总等工作，截止到11月初共审核核对作品登记信息880 453条；据不完全统计，1—10月全国作品登记量是651 092件。

（二）版权登记大厅窗口服务优质高效

北京东城、西城两个版权登记大厅运营平稳，不断完善管理机制和工作规范，确保为各类登记申请者提供高效优质的“一站式”服务。特别是进入10月、11月后，大厅每天人流量由日均400多人次猛增到日均800多人次，仅11月6日单日就有1 031人次到大厅办理业务。截至11月中旬，版权登记大厅共接待海内外各类登记申请者11.7万人次，央视等新闻媒体多次对大厅的服务进行了采访报道，收到了良好的经济效益和社会效益。

二、软件登记数据分析服务

软件登记所采集的信息逐步成为全面反映我国软件产业发展的重要数据。为充分发挥中心国家版权公共服务机构的职能作用，更好地为软件产业和版权产业发展服务，中心对软件登记数据进行深入挖掘和分析研究，持续完善和深化软件著作权登记数据分析服务。

2014年，中心完成《2013年中国软件著作权登记情况分析报告》，在客观分析登记统计数据和软件产业发展环境的基础上，根据登记数据反映的软件产业发展和创新状况，针对性地提出相关发展建议，给相关产业发展决策部门提供重要参考。报告一经发布，便受到了国内主流媒体的高度关注和深入报道。深入开展定制性软件著作权登记数据分析服务。根据深圳市知识产权服务中心、苏州市知识产权局和北京计算机软件登记中心的需求，为其提供区域定制的软件著作权登记信息分析，均得到了高度认可。进一步提高分析服务的时效性，推出了针对月度区间的软件登记数据统计快报，从登记总量、区域分布以及主要类别软件登记情况等方面及时展现软件著作权登记现状，并在两个试点开展了推广应用。

三、以 DCI 体系为核心的数字版权公共服务体系基础建设与应用示范

认真贯彻落实蒋建国书记 2014 年 5 月 14 日在中心调研时关于“创新数字版权保护公共服务模式，加快推进 DCI 网络体系建设”讲话中的有关要求，进一步增强工作前瞻性，加大工作力度，围绕“确权、授权、维权”不断完善业务模式和服务方式，全面推进以 DCI 为核心的数字版权公共服务体系基础平台建设和应用推广，引入社会资本，组建了 DCI 体系专门技术支撑运营公司，建立 DCI 体系战略推广合作关系，初步搭建起 DCI 体系技术支撑和应用推进的战略构架，为进一步加快推动 DCI 体系在互联网版权保护和服务中发挥作用奠定了坚实的基础。

DCI 体系基础建设在标准制定、科研、技术平台等方面都取得了突破性进展，完成了 DCI 体系基础标准“数字版权唯一标识符”标准的制定，同时还完成了一系列 DCI 体系应用标准的制定。中心牵头的国家科技支撑计划项目——《基于版权的数字内容服务平台及示范应用》的关键技术和关键标准研发已经完成，目前已进入应用示范及项目结项阶段，为 DCI 体系的关键技术和创新模式提供了直接的科研技术成果和应用经验。完成了国家版权局的《移动互联网环境下的版权保护机制研究》课题，通过比较研究主要国家移动互联网版权保护基本模式，结合 DCI 体系建设实践经验，对建立与我国国情相适应的移动互联网版权保护机制进行了积极探索。数字作品版权登记平台二期的开发建设已经基本完成，2015 年可以正式投入使用，为 DCI 体系的应用提供信息化基础平台支撑。

DCI 体系的确权和授权功能示范应用领域进一步扩大。与中国电信、新华社金融信息交易所以及科技部 3 家应用示范单位的合作进展顺利；中华版权代理中心音乐版权费用结算中心运营顺利，与中广云（北京）科技有限公司等合作设立“视频版权费结算中心”，完成了 CACC 数字阅读版权分发与费用结算服务平台立项工作，在视频和数字阅读领域探索建立公开透明的第三方版权费用结算机制；与中国移动通信集团江苏有限公司等开展合作，深入移动游戏领域调研版权服务需求，有针对性地设计移动游戏版权服务具体操作模式；与百度糯米达成数字作品版权登记合作意向，为其版权管理工作提供支撑。

DCI 体系的维权功能应用示范水平进一步提升。网络音视频版权监测平台影响力和服务范围不断扩大，业务量迅速上升，2014 年新签监测项目 7 个，涉及视频作品 37 件、音频作品 30.5 万件。平台累计通知删除侵权链接 924 568 条，删除 806 291 条，综合删除率为 87.20%。监测模式实现了由单一的点播监测到点播、直播均可监测，承接了腾讯网委托的《中国好声音》（第三季）的直播及点播监测项目。对于直播监测需求，平台安排工作小组，与电视台节目首发直播同步，做到了在节目播出的短短 2 小时内，使盗播网站断开直播流，以监测平台为依托的网络快速维权机制运行效率大幅提高。

以数字作品版权登记确权、版权授权费用结算、监测取证快速维权为核心的 DCI 体系应用模式不断完善和成熟，应用领域和行业影响力进一步扩大。

四、作品保管服务

针对实用工艺品设计、广告创意、各类大赛等领域的作品更新频率快、可模仿性强、复制成本低，经常被盗用、滥用，而且创作者主张权益时往往举证困难等情况，中心开创了新型高效的全线上版权服务模式——作品保管业务。2014 年，在前期探索积累的基础上，进一步完善了作品保管业务规范和服务模式，制定了作品保管服务规则，开发了集申请、缴费、入库、出库、提取、续保、信息公告等功能于一体的作品保管平台，10 月 13 日正式开通了网上作品保管业务的申请服务，截至年底，共受理并保管作品 1 339 件，为广大著作权人提供更加及时、方便、快捷、安全的证据保存和证明服务。

五、版权鉴定工作

中心接受各地公检法司法机关、版权行政机关的委托，全年完成版权鉴定 48 件，其中软件类鉴定 36 件，文字作品鉴定 8 件，美术作品鉴定 3 件，视频类作品鉴定 1 件，共涉及作品 16 500 余部。特别是针对网络侵权案件涉及作品数量较多并且网站内容易更改的特点，不断优化工作流程，改进工作方式，提高工作效率，满足了该类鉴定工作非常高的时效性要求。

六、中国ISRC中心各项工作

中国标准录音制品编码（ISRC）中心2014年共完成申请35 419件，累计完成ISRC申请141 482件，完成编码发放131 080件，其中录音制品123 023件，音乐录像制品18 459件，单日最高受理量约2 000件，平均日发码量158件。同时，与国际唱片业协会（IFPI）总部等国际ISRC组织保持常态沟通，形成紧密的关系和良好的互动，为我国民族音乐产业走向世界奠定基础。

七、版权市场服务

与中国电视艺术家协会、中国电影家协会、互联网协会等共建“影视版权产业联盟”，深入影视版权产业提供服务。衍生品版权服务模式不断完善，结合奥运等成功授权模式，推出了华代衍生品授权服务标准和品牌，开发了华代衍生品授权服务信息化平台，全年联系国际国内重要版权授权方与被授权方近百家，奠定了广泛的业务基础。组建了设计事业部，专门针对设计领域提供全方位的版权服务。成功举办了“整合·攻坚”2014CPCC中国版权服务年会、以“尊重原创”为主题的CPCC十大中国著作权人年度评选活动，不断完善中心与著作权人同业界交流和互动的综合平台。版权对外培训工作模式大力创新，与地方政府及企业合作，在昆明、青岛、石家庄和北京成功举办了三期全国版权经纪人专业实务培训班和两期数字出版与版权管理及ISRC标准与相关业务培训班，共约600人参加了培训。

八、以版权资产管理工作为重点的版权咨询服务

完成了包括基本规则、版权资产管理标准与软件资产管理标准3项标准的版权资产管理通用规范系列标准的2014年度新闻出版行业标准化的立项工作，已组建专家团队着手编写工作；进一步深入出版和影视等行业机构，准确了解市场需求，持续研究改进版权资产管理咨询工作模式、流程和表单；完成了版权资产管理软件基础开发工作，实现了企业版权资产实务及价值管理功能开发目标，进一步提升了版权资产管理咨询工作的规范化和专业化程度；参与了新闻出版重大科技工程项目“国家数字复合出版系统工程——版权及版权资产管理系统”的投标，不断推动版权资产管理工作实践。同时，发挥专业优势，接受国家版权局的委托，参与了国资委、国家版权局拟联合发布的《中央企业软件正版化工作指南》编写工作，积累了大量面向国有企业进行软件资产管理等咨询服务的理论经验。组织撰写了《版权价值论》书稿，在版权产品、版权企业和版权产业三个层次上全面深入分析和研究版权价值的表现形式和开发运用方式，进一步夯实版权咨询业务的理论研究基础。

九、区域版权战略合作

与东城区共同建设的国际版权交易中心已发展成较为成熟的版权交易公开市场和版权金融服务创新基地，在建立规范综合性版权要素市场过程中发挥着日益重要的作用；不断深化与北京市西城区人民政府的合作，积极推进国家数字版权产业基地建设，针对办公所在地天桥演艺区的特点，成立专项工作小组进行曲艺版权运作模式的研究与合作，成功举办了演艺版权研讨会，积极参与天桥演艺联盟的筹备工作，为园区发展提供专业化服务。与河北大厂县政府合作推进圆梦园设计谷建设项目，探讨在外省设立版权登记大厅，大力支持地方文化创意园区建设。

十、版权贸易服务

依托英国、德国、日本等国家窗口单位不断加强国际版权交流与合作，建立国际版权交流的畅通渠道，英国窗口单位组织举办的第六届欧洲万像国际华语电影节对进一步增强中国文化海外影响力发挥了积极作用。前往台湾举办“第二届海峡两岸著作权登记及数字版权保护研讨会”，并与台湾设计界进行充分交流，探索在两岸设计版权保护、版权贸易等合作领域，为产业界提供确权、授权、维权服务以及专业化的咨询。发挥中心版权服务综合优势，积极服务文化“走出去”战略，在各大国际书展上围绕独家代理客户组织的China Day活动成为亮点，对外版权贸易和交流成绩显著，以出版版权贸易为例，截止到11月中旬，引进与输出图书1 000余本。

（张文娟）

中国版权协会

2014年，中国版权协会（以下简称协会）严格按照2014年重点工作计划开展工作，认真贯彻落实中央精神，紧紧围绕服务大局、服务会员的宗旨，圆满完成了各项工作任务，使协会工作局面及财务状况都得到了极大的改善。

一、召开“网络媒体作品使用版权问题”座谈会

为贯彻国务院 2014 年打击侵犯知识产权和制售假冒伪劣商品专项行动的工作部署与国家版权局等联合开展的打击侵权盗版网络治理“剑网行动”工作方案，协会以“规范网络转载”为主题，召开“网络媒体作品使用版权问题”座谈会，来自新闻网站、报刊社、司法部门、行政管理部门及科研机构等版权相关各界的代表 60 多人参与会议。话题从个案开始，延伸至对整个行业现状的探讨，与会同仁达成依法维权、严格律己、创新内容、合作共赢的共识。会议倡导规范使用媒体作品，以净化网络环境，引起良好的社会反响。会上，协会联合中国报业协会发起《积极维护报业版权 营造健康传播环境》的倡议，全国 600 多家媒体积极签字响应。传统报业新媒体版权联盟也在积极筹建中。这些活动贯彻落实了中央精神，极大地提高了业界依法维护版权的自觉性和主动性。

二、举办中国版权年会论坛及会员大会

“第七届中国版权年会”2014 年 11 月 15 日在北京成功举办，来自全国各地版权管理部门、版权企业和相关单位的代表 500 余人参加了会议。该届年会包括以“跨界、融合、创新、共赢——大数据时代的文化与版权”为主题的年会论坛和 2014 年中国版权协会会员大会暨年度评选颁奖大会。相关专家学者、权利人、企业代表等各界人士通过主题发言、交流互动等形式，共同探讨我国版权事业在互联网背景下的发展机遇。

国家新闻出版广电总局副局长、国家版权局副局长阎晓宏指出，当互联网产生以后，我们需要改进观念，按照互联网规律开展版权工作，提升互联网思维，思考在互联网背景下，如何运用大数据等技术，来充分发挥版权在推动文化产业发展中的重要作用。同时，要认识到版权的价值，把分散的版权资源聚合起来，把优秀的版权资源遴选出来。

年会举办了颁奖仪式，中国音乐著作权协会终身名誉主席王立平、国家版权局原副局长沈仁干获得“中国版权事业终生成就者”称号，北京大学出版社有限公司社长王明舟、中国社会科学院知识产权中心主任李明德等 11 人获“中国版权事业卓越成就者”奖，海尔、盛大文学等 43 家企业获“中国版权最具影响力企业”奖。

国家互联网信息办公室副主任彭波、小米科技与金山软件公司董事长雷军、优酷土豆集团董事长兼首席执行官古永锵、雅昌文化集团董事长万捷、盛大集团公司董事长邱文友、爱奇艺创始人兼 CEO 龚宇、中国科技出版传媒集团董事长兼总裁柳建尧、阿里巴巴集团总裁金建杭等在年会论坛上作了精彩演讲。

三、举办 2014 年海峡两岸版权保护研讨会暨两岸版权管理部门工作交流会

中国版权协会与海峡两岸商务协调会于 2008 年 8 月签订合作协议后，在北京、西安、银川等地连续举办了六届海峡两岸版权保护研讨会暨两岸版权主管部门工作组交流会议。两岸版权交流的这一形式，已经形成务实合作的有效机制，成为推动两岸版权交流的一个很好的平台。

2014 年海峡两岸版权保护研讨会暨两岸版权管理部门工作交流会于 2014 年 8 月 16 日在宁夏举行。根据 2010 年 6 月两岸签署的《两岸知识产权保护协议》，两岸成立著作权工作组，并不定期举行工作组会议。2014 年的研讨交流活动期间，双方也举行了两岸著作权工作组会谈，大陆和台湾的著作权管理部门就著作权立法修改、著作权认证、网络著作权执法协处及相关具体案例等事宜进行了深入沟通和交流，并初步确定了下一步的合作方向和工作计划。

阎晓宏在会上指出，版权已全面深入经济社会的各个领域，成为社会生活不可或缺的重要组成部分。近年来，两岸版权贸易交流与合作日益密切，并正在向更广泛、更深入、更良性的阶段发展。加强两岸版权交流，推动两岸版权发展，是我们共同的责任与使命。国家新闻出版广电总局（国家版权局）版权管理司司长于慈珂、副司长汤兆志，人事司副巡视员王彤，进口管理司副巡视员王华，宁夏回族自治区政府副秘书长崔晓华，中国版权协会常务副理事长王国庆等参加会议。来自两岸版权相关管理部门和产业界代表、版权界专家学者 100 余人参加了研讨会。

四、举办第三届中国·福州海峡版权（创意）产业精品博览交易会

2014 年 6 月 18 日至 21 日，由中国版权协会、福州市人民政府和福建省新闻出版广电（版权）局共同主办的第三届中国·福州海峡版权（创意）产业精品博览交易会召开。本届“海峡版博会”，有 110 多家企业参展，共展出 1 700 余件作品，其中包含众多国家级和省级大师精品力作。“海峡版博会”全面展示了海峡两岸版权交易及保护成果，深化了创意及版权产业多元化交流，促进了版权（创意）产品服务交易，为海峡两岸版权产业多元化发展打造良好的产业服务平台，有助于促进海峡两岸版权

及相关产业的共同发展。

五、开展版权人才教育培训服务

版权教育培训工作是协会为会员单位提供的一项重要服务。2014年，协会实行普及版权业务培训和高级研修相结合，围绕版权业遇到的热点、难点问题和版权业务实际需要，为会员开展专题培训和讲座，同时邀请著名专家就国际版权咨询和国内版权实用案例，以及在新媒体环境下的版权保护和应用等，举办高级研修班。

2014年地方政府机关软件正版化工作培训班及中央和国家机关软件正版化工作培训班分别于2014年10月15—17日、2014年10月20—21日在北京举办。这两期培训班对100多个中央和国家机关及全国31个省（市）的政府办公厅、工信厅、财政厅、发改委、版权局等的400多名代表进行了培训。通过这两次培训，中央和国家机关及全国各省（市）各部门的版权负责人了解了全国政府机关推进软件正版化工作情况。

协会于2014年6月29日至7月1日在国家新闻出版广电总局研修学院举办了一期中国版权高级研修班。来自全国各地出版、报刊、互联网、软件、电影电视等行业的大型企业高层管理人员近120人参加了本次研修班。本次研修班由中国版权协会常务副理事长王国庆主持，国家新闻出版广电总局副局长、国家版权局副局长阎晓宏致开班辞，全国人大常委、全国人大教科文卫委员会主任委员柳斌杰，国家新闻出版广电总局副局长、国家版权局副局长阎晓宏，中央文资办主任王家新，中国出版集团公司总裁谭跃，奇虎360公司总裁齐向东，恒大音乐公司董事总经理、著名音乐人、导演、制作人、词曲创作者宋柯等围绕主旨进行了精彩而深刻的授课，并与研修人员进行了互动答疑，现场气氛活泼热烈。

六、创新会员服务模式

2014年，协会努力加强与会员单位的联系，积极进行沟通，研究行业发展变化的情况，深入了解会员企业版权运营及保护中的难点和需求。协会秘书处坚持开展会员企业走访活动，先后走访了青岛橡胶谷、枣庄国家版权贸易基地、奇虎360等会员企业，听取对协会工作的意见和建议，增强了协会与会员企业的交流。为提高中国版权协会的服务能力，获得高校学术资源的支持，2014年5月，协会与北京印刷学院达成了多项合作协议。为帮助版权企业解决版权纠纷中的疑难问题，搭建了会员之间学习、交流和合作的“版权沙龙”平台。2014年5月，协会与腾讯公司在北京大学法学院举办了首期“版权沙龙”，法官与企业法务部门同仁的交流取得了较好的效果。

2014年6月，中国版权协会主办谢云、苏士澍、杨再春书法联展。本次联展的三位作者均为出版界前辈和书法界名家。这次《臻·妙》联展，不仅呈现了三位书法前辈的作品，更拓展了中国版权协会的服务领域，进一步提升了协会的文化影响力。

七、加强协会内部建设与管理

2014年，中国版权协会第五届理事会认真贯彻党和国家知识产权方针、政策，紧紧围绕总局工作重心，竭力服务会员，积极履行协会章程，热心开展各项工作。中国版权协会秘书处作为日常办事机构做了大量工作。一是规范协会管理，加强内部制度建设。2014年，进一步建立和完善协会工作的各项制度；完善协会会费的收缴和使用管理制度；建立协会内部工作流程，健全会员交流、沟通的有效机制，提高为会员服务的质量。如建立健全了《财务管理制度》《人事制度》《行政管理制度》《文件管理制度》等，并严格按照制度开展工作。同时，协会积极吸纳相关协会好的工作方法加以借鉴，并广泛征求、听取会员单位的意见，改进工作方法，真正落实为会员服务的宗旨。二是做好会员信息交流，加强中国版权协会网站建设。协会上线了中国版权协会官方网站以及中国版权协会官方微信公众平台；努力丰富协会信息，及时将协会工作及行业信息刊发在网上，方便会员单位及时了解协会的工作情况和行业相关的政策信息。三是积极努力发展新会员。协会会员结构、范围不断扩大。2014年，又有13家企业申请入会。截至2014年底，协会会员已达到458个。

（刘双阳）

中国音乐著作权协会

2014年，中国音乐著作权协会（以下简称音著协）继续在平稳中寻求发展。面对日新月异的市场变化和挑战，特别是数字化音乐对传统音乐市场冲击的新形势，音著协坚持发挥著作权集体管理的制度优势，坚持围绕以会员为中心的宗旨，提升服务质量；不断探索新形势下的许可合作模式，保持许可收入的持续增长态势；优化分配操作，特别是响应中共中央自十八大以来历次会议的精神，加强制度建设，依法开展工作；做到信息更加公开化，以追求著作权使用费分配更加高效、合理、透明；着重进行具有开拓意义的法律诉讼，为维护会员权益、推进许可业务保驾护航。

一、会员发展

2014 年，音著协新发展会员 399 人，其中词作者 150 人、曲作者 231 人、继承人 16 人、出版公司 1 家，其他 1 人。截至 2014 年底，音著协会员总数达到 7 700 家（人），其中出版公司会员共 63 家。2014 年新发展的会员中较有影响力的有：董冬冬、陈曦、谭旋、汪苏泷、徐良、左小祖咒、刘瀚聪、陈琳、权赫、贾国平、张丽达、罗新民、龚晓婷、田联韬、张怀季等。

二、音乐作品资料管理

截至 2014 年底，DIVA 数据库作品数目达到 610 万余首，其中音著协会员登记作品为 34.6 万余首，申请 ISWC 作品为 11.4 万余首。主要完成工作如下：

（一）完成广播权涉及使用歌曲的版权信息录入

2014 年，音著协共完成 1 285 部影视作品版权信息录入，涉及音乐作品 3 000 余首。此外还完成了中央电视台音乐使用费分配涉及海外协会（英、美、法等国协会）的 180 部影视作品、500 余首歌曲的版权信息资料录入工作。

（二）版权信息核查

音著协对许可过程中涉及的大量海外音乐作品进行了音乐版权信息核查工作，确保被使用音乐作品属于音著协所管理的音乐作品，并可顺利实现使用费的分配。

1. 关于 2014 南京青年奥林匹克运动会

2014 年，音著协对南京青年奥林匹克运动会（简称青奥会）使用音乐的版权信息进行了集中核查，核查曲目总数达 1 100 首，且均为外文歌曲。此次青奥会的曲目使用主要以背景音乐为主，包括体育场馆背景音乐、文化教育活动及青奥村使用背景音乐等。

2. 关于海外协会

针对 MACP（马来西亚音乐著作权协会）、COMPASS（新加坡音乐著作权协会）、OSA（捷克音乐著作权协会）等海外音乐作品著作权集体管理组织提供的影视音乐作品使用清单，音著协进行了相应的版权信息核查，共涉及歌曲约 1 400 首。此外，音著协还向相关海外协会提供了部分我国影视音乐作品的详细版权资料，为实现会员的海外著作权使用费收益起到了保驾护航的作用。

（三）网上电子作品登记系统运行

自启动电子登记模式试点一年以来，音著协会员登记新作品的积极性明显上扬，新作品的登记效率大幅度提升，同时也有效地增进了会员作品信息的更新与收集。2014 年，共有 154 位会员进行网上电子作品登记，登记音乐作品总数达 3 231 首。

（四）署名核查

由于电视真人秀歌唱栏目的社会关注度不断提升，为避免发生节目中所表演歌曲的署名错误给会员权益带来侵害，音著协同中央电视台及各相关地方电视台等广播组织一起，开展核查音乐作品词曲作者的署名信息工作。2014 年间，音著协共整理、更新 700 余首流行音乐作品的准确署名信息。

三、音乐作品许可使用工作

2014 年，音著协许可总收益约为人民币 1.37 亿元（含海外收益人民币 550 余万元），创历年收入新高，较 2013 年增长 22%。

（一）表演权许可工作

2014 年，音著协表演权许可收益约人民币 4 872 万元。

1. 现场表演

2014 年，音著协继续认真落实收费标准的调整政策，确保各地许可工作的有序开展，以便更好地保障权利人的基本利益。同时，为实现许可工作制度化、规范化，音著协不断加强自身内部管理工作，建立健全各项规章制度和内部审核机制，加强许可业务的监督和审核，有效防范了授权风险。

在巡回演出、长期演出等演出项目的许可工作上，音著协不断完善整体合作许可模式，提高工作效率，降低工作成本，为演出项目的运营提供更专业、便捷的版权服务及有力的法律保障。针对现场表演维权存在演出信息缺失的问题，音著协向多个地方的演出主管部门书面建议通过其官方网络平台公示经其审批备案的演出信息，有效地解决了演出信息缺失问题，为权利人维权降低了难度。

2. 机械表演

随着社会版权意识的普遍提升，越来越多的使用者认识到背景音乐版权问题的重要性，版权环境逐渐好转。但是，部分服务公司（提供音乐编排、选曲服务的公司）向音乐使用者不负责任地宣传错误的版权概念，并以压低价格、承诺包揽一切版权责任等手段，诱使使用者不再向音著协支付版权使用费，转而与其签订包含版权内容的音乐服务或产品协议，这在一定程度上影响了正常的音乐版权许可的市场秩序。为改变这一乱象，音著协投入大量人力物力开展相关工作，争取早日排除影响，恢复正常的许可市场秩序，维护会员的合法权益。

（二）广播权许可工作

2014年是音著协广播权许可工作承上启下的一年，共实现广播权许可收益约人民币4 841万元，主要完成以下重点工作：

1. 完成对已签约电视台的续签

截止到2014年，与音著协完成许可付酬协议签署工作的电视台共计30余家，其中大多数电视台都已完成了新一期许可合同的续签工作，其余各电视台的续约工作也在进行中。

2. 新增签约的广播电台

2014年，音著协共完成新增签约广播电台20家，其中包括中国国际广播电台、中国教育电视台等。

3. 启动对侵权广播组织的诉讼工作

《广播电台电视台播放录音制品支付报酬暂行办法》出台近五年，仍有大量广播组织游离于合法使用音乐作品的授权体系之外，严重损害了国内外音乐著作权人的合法权益。因此，音著协首次启用诉讼方式打击严重侵权行为，促进协商谈判进程。2014年间，音著协分三批面向10余家省级、省会级及特殊市级广播组织发出律师函，敦促其尽快解决广播权问题。

（三）复制权及新媒体许可工作

2014年音著协复制权许可收益约人民币422万元，新媒体业务许可收益约人民币3 046万元，较2013年增长显著。

1. 复制权业务

传统音像、图书许可市场较2013年略有增长。自《教科书法定许可使用作品支付报酬办法》颁布实施以来，音著协做了大量的市场调研工作，在日常的工作中不断搜集整理国家规划教材出版单位信息，建立国家规划教材出版单位清单，为全面落实教科书付酬办法做足准备。

2. 新媒体许可业务

2014年，在数字音乐方面，国内大的、有影响力的音乐使用企业继续通过联合并购，整合音乐产业的上下游生产要素，增强话语权和自身的竞争力。针对这样的市场局面，音著协延续以往开拓创新的发展思路，认真总结经验，努力收集产业信息，结合自身的资源优势，根据市场变化，相继与在音乐产业有话语权的大公司展开艰苦的谈判并最终达成了战略合作关系，同时也兼顾了与中小知名音乐企业的合作，代表众多分散的音乐著作权人一举扭转了在市场中处于被动、弱势地位的局面。

2014年，音著协陆续完成了与百度公司战略合作延续、中国联通音乐平台整体词曲清算合作、中国移动音乐基地关于境外词曲版权的整体清算合作；同时与其他知名音乐企业如“酷狗”“天籁K歌”等也达成了战略合作。其中，最具代表性的事件是完成了与深圳市腾讯计算机系统有限公司就解决网络平台上使用音乐作品所涉及词曲版权问题的合作。

腾讯公司作为国内互联网行业中最具影响力的公司之一，是继百度、“酷狗”等公司之后，又一家在集体管理的框架下通过协会主渠道统一解决网络音乐词曲版权问题的公司。音著协同腾讯公司的艰苦交涉历经了将近三年时间，前后进行过数次诉讼与谈判的往来。签约完成后，在腾讯公司的协助下，音著协将逐步确认相关音乐使用的数据资料，以切实保障权利人权益的最终实现。

四、音乐作品许可使用费分配

2014年，音著协面向海内外音乐著作权人分配音乐许可使用费金额约1.178亿元人民币（其中主要为2013年到账的使用费）。其中，来自图书、音像制品、点歌机等的复制权使用费分配金额约为人民币281.8万元，来自互联网的使用费分配金额约为人民币1 362.4万元，来自卡拉OK的使用费分配金额约为人民币2 238.96万元，来自演唱会表演歌曲的使用费分配金额约为人民币335.31万元，来自经营性场所播放背景音乐的使用费分配金额约为人民币2 385.29万元，来自广播电台、电视台的使用费分配金额约为人民币4 870.19万元，来自海外许可的使用费分配金额约为人民币308.44万元。

五、音乐作品诉讼维权工作

2014年，音著协共办理民事诉讼案件172件。通过诉讼等方式共索赔和追回著作权使用费（已到账）达人民币1 335万元，待执行款为人民币4万余元，诉讼花费总支出为人民币14万余元。

六、信息宣传工作

2014年音著协共制作完成《会讯》两期——第26期、第27期。

《会讯》作为音著协对外展示自身工作的窗口，已逐渐形成其自身风格。同时，也有越来越多的产业界相关人士开始习惯通过《会讯》了解音著协的工作。自第26期《会讯》起，音著协将《副刊》由纸质版变为电子版制作，同时在官方网站上增设电子版《副刊》的下载功能。2014年度音著协共收到会员投稿共计100余次，各类词曲作品近200件。

2014年9月17日至19日，为期三天的第五届中国国际版权博览会在成都举行，音著协受邀参展。

借此机会，音著协向业界人士介绍近年来在音乐版权保护、国际交流与合作等方面的重要成果并展示优秀的会员作品。在博览会举办期间，成都地区的许多会员前来参观、互动。音著协工作人员在展位专门开辟了会员接待区，组织安排了多场会员座谈会，耐心细致地解答了会员提出的有关法律咨询、作品登记、版税分配等问题，并在现场为部分音乐创作者办理了入会签约手续。在展会的闭幕颁奖仪式上，音著协被第五届中国国际版权博览会组委会授予“优秀组织奖”。

七、国际事务

（一）海外签约

2014 年，音著协与罗马尼亚 UCMR-ADA 音乐著作权协会以及保加利亚 MUSICAUTOR 音乐著作权协会就表演权及复制权签订了相互代表协议；与马来西亚 MACP 音乐著作权协会继 1995 年就表演权签订了相互代表协议后，于 2014 年再次就复制权签订相互代表协议；与巴西 SOCINPRO 音乐著作权协会就表演权签订了单方代表协议，即音著协代表对方在中国大陆范围内行使相关音乐作品的表演权许可授权业务。截至 2014 年底，音著协已与 62 个国家及地区的 60 余家音乐著作权集体管理组织建立了权利相互代表关系。

（二）处理海外签约协会咨询、投诉及联系海外授权许可业务

2014 年，音著协共接到海外签约协会的各项代表权利投诉 100 余起，为此音著协积极联系相关部门协调处理，尽最大努力保障海外权利人作品在我国的著作权权益。应部分影视广告制作方要求，就相关音乐作品的影音合成、改编等权利积极联系海外相关权利人，为我国影视、广告行业使用海外音乐作品建立顺畅的授权联系渠道，降低其违法使用海外音乐的概率。

（三）协助 CISAC 亚太区总部开幕仪式的组织协调工作

2014 年 1 月 15 日，国际作者和作曲者协会联合会（CISAC）宣布其亚太区总部迁至北京并随即开始运转，音著协协助 CISAC 亚太区总部共同承担了其开幕仪式活动的组织协调工作。

（张　群　朱严正）

中国音像著作权集体管理协会

2014 年，中国音像著作权集体管理协会（以下简称音集协）在国家新闻出版广电总局的指导下，在权利人和使用者的支持下，在发展会员、许可收费额、使用费分配、诉讼维权等方面做了大量工作。

一、会员发展工作

截至 2014 年 12 月 31 日，音集协已发展会员 123 家，涉及权利人 261 家（部分会员代理多家权利人作品），授权作品达 95 888 首。

为妥善管理会员资料，音集协建立了会员基本信息库、曲目信息库、实物信息库等多个电子化数据库，并根据工作的需要不断调整、修改、完善，以保证为音集协工作提供完整准确的授权信息。音集协根据《著作权集体管理条例》的相关规定，开通授权音乐电视作品信息网上查询系统，将取得的作品授权信息通过网络进行公示，向社会各界公告协会取得授权的广泛性和代表性。

为给依法交费的卡拉 OK 经营者提供更好的服务，推动收费工作，同时帮助会员将歌曲投放到使用终端，音集协从成立之初就着手开展制作正版曲库。随着技术的发展和市场需要的变化，正版曲库经过大量投入、多次的制作修改，初步完成第一批歌曲两万余首。

二、著作权费收取工作

截止到 2014 年底，音集协共收取卡拉 OK 著作权使用费 1.3 亿多元，在全国范围内共有 110 家签约律师事务所，在全国 25 个省、自治区、直辖市开展了维权诉讼活动，总计对近千家侵权卡拉 OK 歌厅提起法律诉讼，其中绝大部分案件以和解结案。被诉经营者与当地天合签订著作权许可使用合同，并支付著作权使用费，和解合同总金额达 2 000 余万元，有效促进了音集协在当地的收费工作，强化了付费使用观念。

除卡拉 OK 著作权许可业务以外，音集协还在会展、交互式网络电视（IPTV）、无线网络等多个领域作出著作权许可尝试，为扩大权利人收益作出诸多有益的探索。音集协积极与海外著作权组织或公司合作，通过台湾金响公司收取预付著作权使用费 85 万元人民币；在香港地区就广播电台、电视台领域使用，通过国际唱片业协会香港会（PPSEAL）为会员收取使用费约 27 万元人民币。

三、著作权费分配与财务审计工作

音集协根据以前年度分配工作的开展情况，在 2014 年考虑会员实际情况和授权歌曲等信息的变化，结合《中国音像著作权集体管理协会 KTV 歌曲点唱调查报告（2013—2014）》，及时修订了《2013 年度卡拉 OK 著作权使用费分配细则》，审议了《中国音像著作权集体管理协会海外业务著作权

使用费分配办法》，并将该细则及办法提交第一届理事会第七次会议审议并通过；对2013年度卡拉OK著作权使用费进行了分配，以及对台湾金响著作权使用费、香港PPSEAL著作权使用费和维权诉讼赔偿款进行了分配，建立了音集协著作权使用费分配模式，得到了权利人对分配工作的信任与认可。

音集协的财务工作严格遵守国家法律法规及会员章程的有关规定，接受各主管部门的检查和监督。2014年，音集协接受民政部指定的会计师事务所对协会2013年财务状况进行审计；经审计，会计师事务所出具了标准无保留意见的审计报告。完成协会2013年度企业所得税的鉴证和汇算清缴工作；经鉴证，税务师事务所出具了无保留意见的税务鉴证报告。同时，完成财政部预算账户年检工作和2008年度至2013年度的协会换届审计工作。

四、著作权法律事务

为推进收费工作，音集协为依法交纳著作权使用费的卡拉OK经营者提供全面的法律服务，负责处理应对诉讼、赔偿等。个别非会员权利人（也称小权利人）是指一些拥有少数权利的音像权利人，他们不加入著作权集体管理组织，以诉讼为谋利手段，向已交费的卡拉OK经营者进行营利性诉讼。这些小权利人的权利在市场使用份额极小，但其以营利为目的的诉讼行为却给正常的著作权集体管理秩序造成极大困扰。音集协帮助依法交费卡拉OK经营者处理小权利人诉讼案件。在处理这些案件的过程中，通过沟通，部分小权利人最终加入协会。

针对音像权利人广播权和表演权缺失的不合理状况，音集协积极开展各项活动，推动《著作权法》修订。2012年，由国家版权局起草并提交国务院法制办的《著作权法》修订草案中，增加了音像权利人享有广播权和表演权的内容；2014年，通过政协委员以提案的形式提出加快立法的建议，并进行了广泛宣传。2014年11月，中国音像著作权集体管理协会与中国音像与数字出版协会和国际唱片业协会联合举办的“录音制作者广播权研讨会”，呼吁赋予音像权利人广播权。

（马继超）

中国文字著作权协会

2014年，中国文字著作权协会（以下简称文著协）在国家新闻出版广电总局（国家版权局）的领导下，按照总局工作的整体部署，在维护会员权利，推广会员作品，推动《著作权法》的第三次修改完善，深入贯彻实施《教科书法定许可使用作品支付报酬办法》，推动国家版权局和国家发改委出台《使用文字作品支付报酬办法》，认真履行报刊转载和教科书法定许可稿酬收转的法定职能，开展数字版权授权业务，积极开展中俄两国政府间确立的“中俄文学作品互译出版项目”，贯彻实施总局“经典中国翻译出版工程”，推动中国作家作品“走出去”，加强国际交流和国际版权贸易等方面做了大量工作，取得了一些成绩。尤其是在开展中文作品海外复制许可收费和教科书稿酬收转方面取得重大进展：文著协与英国复制权集体管理组织签署合作协议，开启了中文书报刊作品海外复制权和数字化复制权许可收费的先河；与此同时，在国家版权局和国家发改委正式实施《教科书法定许可使用作品支付报酬办法》后，人民教育出版社在全国出版社中率先向文著协交纳教科书法定许可使用费。

一、发展会员情况

截至2014年底，文著协共有会员8 000多人，非会员作者库中更新和新增作者信息3 886条。

2014年初，文著协取消了之前开展的短信平台业务，取而代之的是微信公众号公共平台，利用新的信息技术，加大了与会员沟通的力度。

二、稿酬收转分配和转付情况

文著协作为国家法律规定的向著作权人转付报刊转载和教材“法定许可”使用费的法定机构，始终将收转分配工作放在协会工作的首位。2014年的收转分配工作有条不紊，稳步推进。

2014年，文著协各项业务稿酬收入为340多万元，向作者转付稿酬270多万元，分配转付率达79%。

在稿酬转付分配工作中，文著协通过短信及信函的形式与作者联系确认汇款地址，对信息库中的信息及时更正，确保了分配的准确性。

国家版权局和国家发改委联合发布的《使用文字作品支付报酬办法》自2014年11月1日生效后，报刊转载稿酬由原来的每千字50元提高到每千字100元。文著协积极与出版社、报刊社联系，将该办法下发至所有报刊社，做好督促和提醒工作，严格按照新稿酬标准执行。

2014年，文著协进一步加大对稿费及样书的分配力度，同时对转付业务中暂时没有联系方式的作者多方面查找，积极取得联系，最终与很多作者建立了联系。

三、版权代理工作

（一）汇编作品授权代理

文著协依靠会员资源和庞大的作者译者数据库，每年为逾百家出版社解决100余种汇编作品的作家、翻译家授权问题，并向其转付稿酬，受到出版社和广大作家、翻译家好评。

2014年，文著协利用长期积累的会员和作者信息，与高等教育出版社、华文天下公司、中国青年出版总社、长江少儿出版社、译林出版社、安徽少儿出版社、人民文学出版社、武汉大学出版社、上海大学出版社、希望出版社等30余家出版社和民营出版策划机构签订了《汇编作品委托代理协议》72个，代理解决了100余种汇编作品的作者译者授权问题。

（二）版权贸易代理

文著协充分发挥海外资源和海外渠道优势，开展国际版权贸易，加强国际版权交流与合作，积极推动中国文化“走出去”。文著协与多家中央出版单位和地方出版集团结成战略合作伙伴关系，开展国际版权贸易代理。林语堂的《中国人》、姜戎的《狼图腾》、中国国际广播电台的《中国百科》等作品已由文著协代理输出到俄罗斯、白俄罗斯、乌克兰、阿尔巴尼亚等多个国家翻译出版。

2014年，文著协与香港知识共享协会有限公司、香港教育局、香港启思出版社及日本株式会社公文教育研究会、新加坡名创教育出版社、韩国爱力阳版权代理公司等相关机构签订了9份版权贸易合同，输出叶兆言、高洪波、艾青、孙海浪、雷抒雁、白冰、金波、冰心、叶永烈、戴巴棣等多位知名作家的作品。韩国、日本、新加坡和我国香港、台湾等地区教材选用中文著名作家作品均由文著协代理授权。文著协已经成为中国出版、中国文化“走出去”的一支重要力量、一个重要窗口。

（三）“中俄经典与现当代文学作品互译出版项目”执行情况

2013年，经国家新闻出版广电总局批准，文著协成为“中俄经典与现当代文学作品互译出版项目”的中方承办执行单位，承担项目的具体执行协调工作。

截至2014年底，经过文著协协调，在“中俄经典与现当代文学作品互译出版项目”框架下，中国翻译出版俄罗斯文库作品9部，俄罗斯翻译出版中国文库作品10部。文著协与俄罗斯有关方面在北京举办了推介活动。文著协协调我国驻俄罗斯大使馆和莫斯科中国文化中心在莫斯科国际书展期间专门举办了五次“中俄经典与现当代文学作品互译出版项目”首批成果发布会，国家新闻出版广电总局（国家版权局）代表团领导参加并致辞。随后，莫斯科中国文化中心还举办了互译项目首批成果系列发布活动，受到俄罗斯出版与大众传媒署和莫斯科当地民众的欢迎。老舍、王蒙、铁凝、张贤亮、何建明、莫言、阿来、麦家、王安忆、毕飞宇、余华和盛可以等作家的作品陆续在俄罗斯翻译出版。

（四）其他领域的版权代理

1. 影视剧改编权代理：2010年文著协成功代理了会员曲波的小说《林海雪原》的电影改编权。2014年12月底，根据该小说原著改编拍摄的电影《智取威虎山》（著名导演徐克执导）上映后，获得8.9亿元票房，电影制片方和原著作者家属都非常满意。2014年底，文著协还成功代理了儿童文学作家余丽琼的儿童绘本《团圆》，其被改编成微电影《毛毛的团圆》。该影片成为国家新闻出版广电总局电影频道2015年中国影响力青年导演剧情短片创作季“十强青年导演”的十大获奖作品之一（该影片由青年导演韩可一执导）。

2. 戏剧改编权代理：2014年底，文著协代理了国家话剧院改编上演俄罗斯经典文学作品、著名作家瓦西里耶夫的《这里的黎明静悄悄》的戏剧改编权。

3. 邮票、邮品版权代理：文著协继2013年为中国集邮总公司设计出品的《小蝌蚪找妈妈》个性化邮票小本票、《水墨童真》水墨画邮册、《喵天使——名家笔下的猫咪》珍藏邮票书等邮品成功解决所涉作家作品的授权后，2014年又为中国集邮总公司解决《水果甜美》这一邮票书的作家作品授权问题。

除此之外，文著协还利用自身渠道和作者资源优势，策划、代理一些作家书稿出版，帮助会员向有关出版社报刊社追讨稿酬。文著协的专业版权代理服务受到权利人和使用者的普遍认可。

四、数字版权集体管理业务

针对2013年中央提出的媒体融合发展伟大战略和网络新媒体发展带来的新问题，文著协深入传统媒体和新兴媒体，开展调研，积极追踪研究媒体融合发展的版权集体管理问题，与有关机构合作，探索打造“新闻作品网络即时备案、网络转载稿酬转付和网络监测维权平台”“微信公众号版权服务平台”。

2014年，文著协继续与中国移动杭州阅读基地、亚马逊中国、中文在线、国家数字图书馆推广工程、中央党校数字图书馆、超星数字图书馆、人民出版社“中国共产党思想理论资源数据库”等机构合作，开展会员作品信息网络传播权授权，通过数字新媒体平台主动推广会员作品，为会员创造数字版权收益数百万元，并向会员分配。

（一）亚马逊中国

2014 年，文著协授权亚马逊中国共销售协会会员中文电子书 437 种，为会员创造收入数万元，其中销售电子书收入较多的有：《人间草木》4 830 本、《汪曾祺小说经典》1 771 本、《岁朝清供》（中学图书馆文库）1 694 本、《罗马帝国衰亡史》（D. M. 洛节编本）918 本、《闲情偶寄·窥词管见》886 本。

（二）国家数字图书馆推广工程

2014 年，文著协根据与国家图书馆签订的数字图书版权合作协议，整理了授权图书的源文件，传送给国家图书馆，并对后续出现的源文件问题进行了维护。

文著协还与掌阅科技、超星集团开展洽谈合作。

五、法制建设的推动工作

（一）再次向“两会”提交提高作家稿酬个税起征点提案

文著协连续多年通过全国政协常委、会长陈建功，国务院参事、副会长张抗抗，海淀区法院副院长宋鱼水等代表委员向全国“两会”提出修订《著作权法》，加强网络版权保护，完善著作权集体管理，提高作家稿酬个税起征点，加强对教科书、教辅图书市场版权保护整顿治理等提案议案，受到社会关注和政府有关部门的重视。2014 年，文著协又通过国务院参事、全国政协委员、副会长张抗抗向全国政协提交《关于提高作家稿酬个人所得税起征点的提案》，受到媒体和社会的广泛关注。张抗抗副会长还利用国务院参事身份，将此事正式致函国务院领导，也得到国务院领导的批示。

（二）推动国家出台《使用文字作品支付报酬办法》

自 2001 年《著作权法》规定教科书选用各类作品属于先使用后付酬的“法定许可”以来，教科书“法定许可”使用作品稿酬标准迟迟没有出台，报刊转载稿酬标准也自 1999 年以来没有提高，广大作者对此呼声很高。为此，文著协积极呼吁，并主动承担国家版权局的调研任务。在文著协的积极参与和直接推动下，国家版权局和国家发改委于 2013 年颁布实施了《教科书法定许可使用作品支付报酬办法》，于 2014 年 9 月 23 日颁布了《使用文字作品支付报酬办法》。教科书选用文字作品每年应该向作者或文著协支付稿酬 300 元/千字；报刊转载稿酬标准提高至 100 元/千字，结束了教科书选文没有稿酬标准和报刊转载稿酬标准长期不变的时代，受到广大文字作品作者的欢迎。

2014 年，文著协分别走访了高等教育出版社、现代出版社、北京师范大学出版社、人民教育出版社等多家教科书出版单位和一些文摘类报刊，在进行调研的同时，积极宣传《教科书法定许可使用作品支付报酬办法》和《使用文字作品支付报酬办法》，同时通过协会网站、媒体积极对外宣传，严格按照新的办法和报刊社、杂志社合作。目前，意林杂志社、金盾出版社等报刊社已经按新的稿酬标准和协会签约并交纳报刊转载稿酬。

六、著作权法宣传培训及相关研究工作

2014 年，文著协主持完成了国家版权局《海外复制权集体管理现状及发展趋势》、中国记协《新舆论格局背景下新闻界的版权保护》等调研课题项目，还参与完成了国家版权局、西南政法大学等有关部门的《我国著作权集体管理现状及对策》《中英著作权集体管理现状》等课题任务。

经国家新闻出版广电总局（国家版权局）批准，2014 年，文著协邀请政府主管部门领导、业界精英人士和权威专家，为新闻出版界、数字出版界、实务界、学术理论界举办了“媒体融合背景下版权资产管理与版权运营”“数字版权运营管理与版权贸易”“数字网络环境下著作权司法保护”等实务培训班，在业内逐渐树立了品牌，受到业内欢迎。

七、会员维权及版权法律咨询服务

2014 年，针对会员的投诉，文著协采取调解、舆论监督、向版权行政管理机关或文化市场执法部门投诉要求进行著作权行政处罚等手段，处理会员维权事件数十起，有力地维护了会员的合法权益。

与此同时，文著协还免费为会员或其他著作权人审核、起草图书出版合同、委托翻译合同、影视剧改编权授权合同、数字版权授权合同、版权贸易合同等各类版权法律文件数十件，针对疑难案件出具版权意见书，免费提供版权咨询。

八、版权行业交流活动

2014 年，文著协多次参加了与自身业务发展紧密相关的版权宣传推广活动，如北京国际图书博览会、第五届中国国际版权博览会（成都）、中欧版权集体管理研讨会等，利用大量的文字、图片，通过发放宣传资料、现场咨询，以及参加演讲等方式，宣传协会的职能、宗旨、服务理念、重要活动和取得的成绩，向广大公众普及著作权和集体管理的相关知识。

九、版权国际交往

文著协是国际复制权组织联合会（IFRRO）会员，并与世界知识产权组织（WIPO）和国际作者作曲者协会联合会（CISAC）保持良好的关系，与英国、澳大利亚、挪威、意大利、瑞士、瑞典、德国、法国、美国、加拿大、新加坡、日本、韩国、越南、巴西、阿根廷、俄罗斯、罗马尼亚等国家以及我国香港地区的版权集体管理组织、版权机构建立了业务联系。

2014 年，文著协在开展中文作品海外复制许可收费方面取得重大进展。在国家版权局和国际复制权组织联合会（IFRRO）的大力支持下，文著协一直致力于加强与海外复制权集体管理组织的交流，积极开展中文书报刊海外复制权和数字化复制权的许可收费业务。2014 年 9 月 2 日，在国家版权局和英国驻华使馆的支持下，文著协与英国复制权集体管理组织——英国著作权许可代理机构（CLA）在北京签署合作协议，授权该机构收取英国政府机关、大中小学和企业影印复制与数字化复制中文报刊文章和图书片段的版权费。这开启了中文书报刊文章在海外受版权保护并收取版权使用费的先河，也将推动我国在《著作权法》修订过程中关于复制权、延伸集体管理制度的完善，更拓宽了中国文化“走出去”的路径和范围。此举有利于提高中国文字作品和中国出版企业在海外的传播力、影响力和国际竞争力，将对中国出版产业的未来产生积极影响。

2014 年，文著协接待了国际复制权组织联合会（IFRRO）秘书长奥拉夫和澳大利亚等国复制权集体管理组织代表来访，并安排上述专家分别到清华大学和中国政法大学举行海外复制权集体管理现状及发展趋势和版权对文化创意产业的贡献与作用的专题讲座，受到校内外师生的一致好评。

2014 年 10 月，文著协派员参加了在韩国举办的 IFRRO 年度大会；11 月，又派员随国家版权局代表团赴英国调研考察著作权集体管理现状。

（张洪波）

中国摄影著作权协会

2014 年中国摄影著作权协会（以下简称摄著协）在国家新闻出版广电总局的领导下，在中国文联和中国摄影家协会的支持下，开拓进取，勇于创新，多项工作取得了进步和发展。

一、积极参与《著作权法》第三次修订工作

2014 年，《著作权法》第三次修订工作进入了国务院公开征求社会意见阶段，摄著协邀请各全国性摄影组织负责人和著名摄影家 40 多人召开座谈会，认真学习和研究了《中华人民共和国著作权法（修订草案送审稿）》，并就之前摄著协提出的延长摄影作品保护期、增加视觉艺术追续权、完善广播权法定许可规定等一一进行解读。与会者认为此次送审稿中关于摄影作品保护期的延长，是我国摄影著作权保护的一次历史性突破，摄影家的法律地位将在我们这个时代得以大幅度提升，这必将大大激发广大摄影人的创作热情，推动摄影事业繁荣发展。

二、摄影作品限量鉴证服务

版数失控是摄影艺术品市场最致命的问题。中国摄影收藏发展不平衡有多种原因，但诚信缺失、版数失控是一个亟须解决的现实问题。版数失控不仅侵害了创作者的权利，也损害了消费者的利益，更不利于摄影艺术品市场的健康发展。为此画廊、收藏家、摄影家等不断呼吁，希望有第三方机构来规范和鉴证照片的版数。摄著协根据国家新闻出版广电总局的要求和各界人士的期望，经过半年的调研、开发和设计，在第五届中国国际版权博览会上首次推出了摄影作品“限量鉴证”服务和交易项目。

第五届版博会上，摄著协组织了 12 位摄影家的 60 幅摄影作品进行限量鉴证，给每一幅作品制作了唯一编号和具有多重防伪功能的“限量鉴证”证书，同时把这些作品纳入协会优秀摄影作品数据库给予版权保护。三天的展期共成交 42 幅作品，总成交额达到 102.95 万元，创下了本届版博会单个展位成交额最高纪录，因此摄著协获得本届版博会的最佳组织奖——“金慧奖”。此事同时入选了“2014 年中国摄影界十大新闻”。

国家版权局副局长阎晓宏在《中国摄影著作权协会版博会“限量鉴证”项目的情况报告》上批示：“这是一项开创性且很有意义的工作，鉴证是进行交易的前提，应不断总结、提高，坚持诚信原则，去伪存真，使摄影作品体现其文化和市场价值”。

三、设立摄著协首席代表处

为更好地服务会员，落实全面依法治国的总要求，发挥协会在社会管理和服务中应有的职责，摄著协于 2014 年底策划设立首席代表工程，在全国 31 个省、自治区、直辖市摄影协会和全国性行业摄影协会设立中国摄影著作权协会首席代表处，在全国各地市级城市设立首席代表。此外，摄著协还延长服务手臂，积极发展会员，拓展摄影作品限量鉴证服务，举办摄影展览、讲座，开展各种摄影活动。

四、推动教科书法定许可使用费收转工作

摄著协自成立以来始终把著作权集体管理作为协会核心工作，在推进对教科书使用摄影作品收费方面，摄著协继续与出版社就教科书使用摄影作品付酬事项进行联络、沟通，对沟通无效，不执行国家法律规定，拒绝向摄影家支付教科书使用费的出版社，摄著协考虑采用法律手段，深入推进此项工作。

在转付使用费工作中，摄著协积极查找权利人，邀请摄影家、摄影工作者查阅档案资料，寻找教科书使用摄影作品的作者，2014年查找到的权利人数量占已知权利人总量的64%。第五届成都版博会上，摄著协收取了百万元的摄影作品使用费，这部分使用费已经100%分配给了相关权利人。

五、会员发展工作

2014年，摄著协通过修改入会规则等措施，推进会员发展工作。2014年新入会人数占会员总数的近50%，一大批有影响力的著名摄影家加入了协会，其中包括中国摄影家协会12位现任副主席，这体现了摄影家对摄著协工作的支持和信任，彰显了摄著协在维护摄影家权益方面的责任和价值。

六、国内外版权交流

2014年，摄著协多次参加国家版权局、中国文联等单位的学术交流活动，在全国文联维权工作会议中作为著作权保护的典型单位介绍情况。在无锡召开的全国文联维权交流会上，摄著协传播“作者是有权利的，照片是有价值的”的理念，通过打造摄影艺术作品的“原作”，帮助摄影家把他们的优秀摄影作品推向艺术品市场。

2014年11月，摄著协应邀参加了由国家版权局和欧盟联合举办的“中欧版权集体管理研讨会”。会上，摄著协与欧方专家就摄影作品的版权保护问题进行了深入交流和探讨。欧方专家热情评价了摄著协在保护摄影家权益方面所作出的努力，并对其在推动“追续权”立法方面的贡献给予肯定。

（马　骏）

中国电影著作权协会

2014年，中国电影著作权协会（以下简称影著协）召开了第二次会员大会，选举了新一届理事会，顺利完成了换届工作；成立影视作品维权委员会，形成了跨行业、跨媒体、跨部门的工作模式，维权力度进一步加大；深入调研，探索适合集体管理的新领域。

一、召开会员大会，完成换届工作

2014年6月27日，中国电影著作权协会第二次会员大会暨换届大会在京举行。国家新闻出版广电总局副局长、国家版权局副局长阎晓宏，国家新闻出版广电总局副局长童刚，版权管理司司长于慈珂、副司长汤兆志，电影局局长张宏森、副局长栾国志，人事司副巡视员王彤及73家会员单位负责人近90人参加了大会。

大会选举产生了由27位理事组成的第二届理事会。上影集团总裁任仲伦当选新任理事长，电影频道节目制作中心党委书记贾琪任常务副理事长，中影集团董事长焦宏奋等10人当选新一届副理事长。

二、修改协会章程，允许个人入会

截至2014年11月，影著协拥有82家单位会员。其中，国有企业33家，民营企业49家。会员单位出品的电影作品年产量占整个行业的80%以上，大多内部设有专职部门或者人员负责影视作品各项权利的营销，委托协会从事著作权集体管理的需求不迫切。同时，随着电影产业的繁荣发展，越来越多的民营企业投身电影市场，形成了众多的中小型电影企业或者电影工作室，使得独立制片人、微电影创作人及其他拥有影视作品权利的个人队伍不断壮大。为了满足更为广大的电影权利人的需求，影著协在换届时，通过修改《章程》允许符合条件的自然人成为会员。自此，影著协会员从团体会员扩大到团体和个人会员。

三、实现优势互补，做好会员服务

影著协是影视行业唯一一家著作权集体管理组织。自成立以来，协会充分发挥其专业优势、协调优势、集约优势，在著作权保护方面做了大量的工作，也积累了一些资源和经验。

1. 凝聚专家力量，建立咨询团队

多年来，影著协与一批国内外司法界、电影界、版权界知名专家学者建立了密切的联系，组成专家咨询委员会。2014年10月，受国务院法制办委托，影著协组织部分专家学者和会员单位召开了著作权法修订研讨会。

2. 利用技术合作，实施网络监控

影著协与技术团队合作建立起网络监控系统。该系统覆盖了全部重点视频网站、多数具有视频播放功能的网站、数种APP软件及网络机顶盒，能够迅速检索到目标影片，辅以专业维权团队，全面保护权利人的合法权益。

3. 依托专业机构，开展电视监测

影著协与专业机构合作对电视台使用电影作品

情况实施监测。通过监测，全国上星电视台盗播国产电影作品的现象基本杜绝，省、计划单列市、省会城市电影频道盗播现象下降了 50%以上，地市级电视台盗播现象也呈下降趋势。目前，监测工作已由全面监测转为受托监测，监测结果定期向委托权利人报告。2014 年以来，影著协为一知名电影制片企业提供监测报告及视频证据资料 9 份。

4. 联合各方力量，成立维权组织

2014 年 6 月，影著协成立了影视作品维权委员会。委员会的成立，标志着维权工作从会员单位领导层面向专业部门及人员层面的延伸，标志着维权重点从传统领域向互联网及移动通信领域的转移，标志着维权力量从依靠行业自身向跨行业、跨媒体的融合。影视作品维权委员会成立以后，影著协每月向会员单位发布一份《国内电影侵权情况分析报告》，内容包括当月上线影片类型、盗版现象分布情况、维权经验做法及其成果等。

5. 搭建沟通桥梁，联络相关部门

影著协积极搭建会员单位与行政部门、司法机关之间的沟通桥梁。2014 年，影著协曾先后 3 次组织会员单位参加著作权法修法研讨会，为会员单位提供充分发表意见、合法争取权益的机会。同时，通过举办法律问题研讨会，让司法机关工作人员听取会员单位意见、提供法律问题咨询。

四、深入调查研究，探索集体管理

在调查研究的基础上，影著协从 2013 年开始策划、搭建中小学生观影学习平台。该平台将影视观赏与课堂教育结合起来，聘请电影界、教育界的专家进行内容把关，收集了国内优秀少儿影片 800 余部，并利用纪录片、科教片片段编辑各种影视教材 1 000 余部。2014 年，影著协就该平台的应用陆续与几家不同领域的企业达成合作意向，有的已经开始试运营。

随着全社会版权意识的增强，版权价值得到越来越充分的体现，许多使用者与影著协联系，咨询有关影视作品版权授权和使用费支付等事宜。影著协在分析供需关系的基础上，视不同情况提出了切合实际的解决方案。例如，以机顶盒的方式，获得权利人的授权，然后向使用者发放许可。

社会上对影视作品的需求多种多样，这些需求往往是小众的、分散的、附属于其他主营业务的。由于这一需求特点，无法实现影视作品权利人与使用者之间一对一的授权，只有依靠影著协为其提供居间服务。以“影吧”为例，这些“影吧”分散于全国各地，分布不均、规模不同，其主要经营方式是以点播方式放映影片，所使用影片的品类、数量、频次、新旧程度、权属关系各异。在国家版权局的大力支持下，影著协立项启动了对“影吧”经营情况的调研，以期形成协会开展著作权集体管理业务的良好开端。

五、服务政府部门，密切对外合作

根据国家版权局、国家新闻出版广电总局的安排，影著协组织会员单位参加第五届中国国际版权博览会，并先后 3 次参加有关部门组织召开的著作权法修改座谈会。受版权局、公安局等部门的委托，影著协对 1 万余部涉案影视作品的权利归属进行了核查，出具了核查结果及著作权证明材料。

2014 年 4 月，影著协与美国电影协会（MPA）在多年合作的基础上，对已签署的《谅解备忘录》进行了补充完善。双方表示，加强两协会合作，有效打击网络侵权盗版、影院偷拍行为，对侵权信息实现两协会之间共享，共同或者分头采取可行措施解决侵权问题。

（史文霞）

中国互联网协会网络版权联盟

2014 年，中国互联网协会网络版权联盟（以下简称联盟）本着服务会员、推动行业发展的基本原则，举办了互联网前沿热点问题研讨会，促进行业交流；加强网络版权宣传，保障网络文化建设，推动网络行业创新发展；加强司法合作，调处网络版权纠纷。

一、举办三网融合知识产权法律问题研讨会

自 2010 年公布首批三网融合试点城市以来，各方“纠纷”不断，不同地方法院对该类案件的审判思路也不尽相同。2014 年 3 月，法院首次将以网络“回看”或“回放”形式观看电视节目的行为纳入信息网络传播权调整范畴。

为加强三网融合下的版权保护，探索相关著作权侵权案件的审判规律，正确认定被诉侵权行为，平衡著作权人、网络服务提供商和社会公众之间的利益关系，在联盟的努力推动下，4 月 24 日，由最高人民法院知识产权庭、深圳市中级人民法院主办，联盟协办的三网融合知识产权法律问题研讨会在深圳召开。会议邀请了工业和信息化部、国家新闻出版广电总局的相关领导，来自最高人民法院和北京、上海、广东、浙江、江苏、福建、海南等全国 7 个省市共 24 家人民法院的代表，来自华东政法大学、深圳大学等高等院校的专家代表，以及来自腾讯、乐视、PPTV、凤凰、迅雷、百度、爱上电视、百事通、新浪等互联网企业代表，共 60 余人参加了此次会议。

会上，法官代表分别就依法规范和促进互联网事业健康发展与三网融合背景下的著作权司法审判问题进行主题发言，各级法院代表围绕三网融合现实判例中的法律问题进行了激烈讨论。互联网企业代表分别围绕三网融合环境下技术发展、综艺节目和体育节目的著作权保护，以及三网融合环境下网络服务商面临的困惑等方面发言，并围绕互联网新技术、合作方式、运营模式等问题与参会法官进行深度交流。

二、举办互联网不正当竞争规制机制研究座谈会

互联网领域不正当竞争案件中，重复侵权等恶意侵权现象突出，许多不正当竞争行为屡禁不止；企业在短时间内无法采取措施进行救济，侵权企业经司法确认侵权并被判承担民事责任之后，同样或类似的侵权行为仍然继续发生。针对上述问题，联盟于 2014 年 4 月 28 日，与检察院系统、法院系统共同组织召开了互联网不正当竞争规制机制研究座谈会。来自全国人大常委会法律工作委员会、工业和信息化部、国家工商总局、北京市人民检察院、北京市高级人民法院、北京市第一中级人民法院、北京市海淀区人民法院、北京大学、中国政法大学、中国社会科学院等机构的领导和专家，以及来自百度、腾讯、搜狐等企业的代表参加了会议。

会上，与会代表围绕互联网不正当竞争民事案件中的禁令制度、加大案件赔偿救济的力度、强化行政机关依法行政等问题达成共识，对如何发挥行业组织在行业竞争中的作用、反不正当竞争立法和修法方面如何为行政执法和司法提供支持、不正当竞争侵权的刑法规制等问题进行了卓有成效的研讨。

三、举办开放平台法律问题座谈会

2014 年 3 月 5 日，联盟与北京市第一中级人民法院姜颖知识产权法律服务团队本着“服务企业、深入基层”的原则，共同举办开放平台法律问题座谈会。北京市一中院姜颖知识产权法律服务团队及海淀法院、石景山法院法官代表出席本次会议。百度、腾讯、新浪、搜狐、金山、乐视、凤凰、中国移动、58 同城、央视国际、京东商城、风行在线等具有代表性的互联网企业参加本次会议。

会上，姜颖知识产权法律服务团队与参会的互联网企业代表展开了自由讨论，就互联网开放平台法律问题进行了深入的交流。首先，百度公司代表向法官们介绍了开放平台的技术和运营模式。随后，腾讯、新浪、搜狐等企业代表分别介绍了各自企业有关开放平台所面临的法律问题，主要有平台服务商与开发者之间的责任分配以及平台服务商避风港原则的适用等问题。一中院以姜颖法官为代表，针对各大互联网企业所面临的问题给予了指导性的建议。法官们介绍了法院在审理涉及开放平台案件中对平台服务商的责任认定的标准、开放平台避风港原则适用的情形，给企业开放平台的风险防范提供了有力的支持。

四、举办第五届首都互联网知识产权保护论坛

在 2014 年全国知识产权宣传周期间，联盟与北京市高级人民法院知识产权庭于 2014 年 4 月 25 日，联合主办了以“调判结合保发展 交流互动创活力”为主题的第五届首都互联网知识产权保护论坛。

会上，来自北京市三级法院的法官代表针对“电子商务平台的审查义务”“避风港原则下的网站审查义务完善”“网络商标侵权”“互联网环境下的不正当竞争”以及“聚合平台相关问题”等广受关注的互联网法律话题作了主题发言，并提出“有关法律的适用将向完善知识产审查机制、减轻和减少对权利人的利益分流、促进各方利益分享模式的创新方向发展”“从不正当竞争角度规制‘聚合平台’问题”等设想。

同时，多家互联网企业出席会议，百度、腾讯、迅雷等企业就互联网技术发展、云服务等话题发表了演讲，引发了与会人员的热议。

此次论坛的召开旨在加强司法机关与互联网企业的交流互动，充分发挥人民法院的司法主导作用及调解中心的协调职能，立足网络环境、企业实际，共同探讨互联网领域的知识产权保护的有效措施。

五、加强网络版权保护司法合作

（一）与北京市人民检察院第三分院建立知识产权保护协作机制

5 月 20 日，北京市人民检察院第三分院与中国互联网协会及中国互联网协会调解中心联合出台了《加强知识产权保护协作会议纪要》，并签署了《加强知识产权保护协作机制》框架协议。双方约定，立足于各自职能，发挥各自优势，通过有效的合作提升知识产权保护水平，促进建立公平有序的市场竞争环境。

（二）与广东省高级人民法院签署委托调解协议

9 月 17 日，广东省高级人民法院与中国互联网协会调解中心签订《委托调解涉及互联网纠纷案件协议书》。双方建立合作调解机制，加强沟通合作，为企业及当事人提供更多可供选择的纠纷解决方式。根据委托调解协议约定，广东全省三级法院受理的一审涉互联网知识产权民事案件，在当事人自愿的情况下，均可委托中国互联网协会调解中心进行调解。

六、推动中国互联网协会人民调解委员会企业人民调解委员会的建立

中国互联网协会人民调解委员会于2012年3月成立，由中华全国调解员协会和中国互联网协会共同指导支持工作。委员会的职能是：团结、组织网络企业，逐步在互联网产业内建立起人民调解制度，指导、开展涉网的各种民事、商事纠纷调解工作，为全面建设和谐网络社会服务。

2014年3月17日，司法部基层工作指导司、北京市司法局、中华全国人民调解员协会、中国互联网协会人民调解委员会、新浪公司在北京联合发起“新浪人民调解委员会”。成立“新浪人民调解委员会”旨在净化网络社交应用平台的商业生态圈，构建健全、有保障的社交环境，让网民可以通过正规、系统化的维权流程迅速获得权益保障，减少损失，有利于互联网行业整体良性发展。

（张燕桦）

版权扫描

BAN QUAN SAO MIAO

版权界动态

◆ 立 法

【全国人大常委会批准《视听表演北京条约》】
2014 年 4 月 24 日，十二届全国人大常委会第八次会议表决通过，批准《视听表演北京条约》（以下简称《北京条约》）。

《北京条约》于 2012 年 6 月 26 日在北京召开的由中国政府承办的世界知识产权组织保护音像表演外交会议上成功缔结。该次外交会议是世界知识产权组织在中国举办的第一个外交会议，《北京条约》则是第一个在中国缔结，并以中国城市命名的国际知识产权保护条约。2014 年 4 月，包括中国在内的 72 个世界知识产权组织成员国签署了《北京条约》。其中，阿拉伯叙利亚共和国和博茨瓦纳共和国已经正式批准条约，中国则是第三个批准该条约的国家。《北京条约》需要至少 30 个世界知识产权组织成员国批准或加入后方能生效，中国批准该条约，对该条约早日生效起到很大推动作用。

《北京条约》关注的保护领域是表演者权，旨在建立对表演者声音和形象给予全面保护的新的国际规范。批准《北京条约》，有利于完善中国的著作权法律制度，保障表演者的权益，激发表演者的创作热情，推动影视产业、演出产业的发展，更好地挖掘、推广中国传统民间表演艺术，推动中华文化更好地走向世界。

《北京条约》的谈判从开始到 2012 年成功缔结，经历了近 20 年的时间，中国政府为条约的缔结作出了巨大努力，发挥了积极作用。《北京条约》是中国参与国际组织有关议程和规则制定、维护国家利益的成功范例，反映了中国对知识产权保护的重视，提升了中国在保护知识产权方面的国际形象和影响力。

（资料来源：《中国新闻出版报》 作者：赖名芳）

【国务院法制办征求《著作权法》修订意见】
2014 年 6 月 6 日，国务院法制办就《中华人民共和国著作权法（修订草案送审稿）》向社会公开征求意见。送审稿规定，增加著作权行政管理部门的查封扣押权，并提高罚款数额，以强化著作权的保护力度。

中国现行《著作权法》实施 22 年来，在鼓励智力创作、保护作者权利、促进文化产业发展等方面发挥了积极作用，但仍存在以下问题：对著作权的保护力度不够，难以有效遏制侵权行为；著作权授权机制和交易规则不畅，难以保障使用者合法、便捷、有效地取得授权和传播使用作品等。

为解决实践中著作权的确定性问题，送审稿对著作权保护的权利客体、权利内容、权利归属和权利保护期等方面进行了修改。将现行《著作权法》规定的 17 项权利重新整合为 13 项，取消修改权、放映权、摄制权、汇编权等 4 项权利，并将广播权修改为播放权。

为有效防范侵权行为，送审稿在《著作权法实施条例》规定的基础上提高了罚款的数额，将罚款的倍数由非法经营额的 3 倍提高为 5 倍，将 10 万元提高为 25 万元；还增加了著作权行政管理部门的执法手段，特别是查封扣押权。

此外，送审稿还在促进运用、调整授权机制和市场交易规则，科学规范、完善体例结构等方面对现行《著作权法》作出了修改。

（资料来源：新华社 作者：王思北）

【中国电影文学学会主办著作权法征求意见研讨会】 2014 年 7 月 2 日，由中国电影文学学会主办，中国作家杂志社和编剧帮承办的“国务院法制办公布著作权法修改稿”征求意见研讨会成功举行，王兴东、汪海林、宋方金、余飞等众多编剧出席。众多编剧认为，法制办公布的草案非但没有保护剧本原创者的权益，反而在削弱原创。

研讨会上，针对争议条款，编剧们毫不客气。让他们不满的是，该次的《著作权法》修改稿第三稿第三条指出“文学作品”是指“小说、诗词、散文、论文等以文字形式表现的作品”，剧本并未明确列入其中。而且，“剧本授权许可”被砍掉，只能授予“改编权”，也就是说，制片和导演、演员有权随意修改剧本的结构、主题和人物关系。此外，在第三稿中还突出了导演是影片第一作者，颠倒了现行法和一、二稿中编剧和导演的地位排序。

在研讨会上，编剧希望以剧本著作权人的名义索回应有的权利：(1)“剧本”明确列入“文学作品”；（2）明确剧本的许可权和支付报酬权；（3）不许颠倒视听作品作者的列举顺序和署名权；（4）全权保障剧本单独使用的权利；（5）不能取消摄制权；（6）不能取消修改权。

（资料来源：《北京青年报》 作者：肖 扬）

【国家版权局就《著作权法》修改稿中剧本版权的相关问题作出解答】 2014年7月15日，针对剧本没有被列入文字作品当中，以及摄制权、修改权等条款被取消等问题，国家版权局政策法制司司长王自强作出了回应，其表示，部分编剧对法律文本产生了一定的误读、误解和误判，与立法本意有一定距离。

王自强表示：如果按照“没列举就不受保护”的说法，美术作品中的国画、油画、版画、铅笔画就无法享受著作权法保护了。因此，剧本虽然没有列入文字作品概念的表述中，其受著作权法保护无可争议。

针对取消摄制权和修改权一条，王自强表示，著作权是一种复合权利，其权项是随着技术发展而不断变化的。送审稿取消的仅仅是修改权和摄制权的名称，但权利内容或者说权能并未有任何改变。也就是说，修改权被合并到保护作品完整权中，摄制权被合并到改编权中。这些权利的调整，并没有减少权利内容，只是按照事物发展规律对权利的重新整合以及对权利名称的调整。因此，不存在对编剧权利的减损和剥夺，也不会对保护编剧著作权产生实质影响。

此外，电影、电视剧是集体创作的艺术作品，凝聚了编剧、导演、词曲等多方面的共同智慧创造，他们都是电影、电视剧的作者，并无高低先后之分。编剧对其创作的剧本可以独立行使版权，但并不意味着对电影、电视剧可以独立行使版权。

（资料来源：《西安晚报》 作者：职 茵）

【国家版权局就《民间文学艺术作品著作权保护条例》征求意见】 2014年9月2日，为保护民间文学艺术作品的著作权，鼓励民间文学艺术传承和发展，国家版权局公布了《民间文学艺术作品著作权保护条例（征求意见稿）》，向公众公开征求意见。

此前，我国民间文学艺术作品保护处于尴尬的境地。20世纪90年代，我国《著作权法》颁布之初就明确规定：民间文学艺术表达的保护办法由国务院另行规定。但许多年过去了，民间文学艺术作品专门的法律保护体系迟迟未出台。出现这一情况，是由于业界对于民间文学艺术作品保护概念的内涵和外延不确定，保护的主体、客体，权利内容和保护时间，权利的行使原则和方法等存在较大争议。

此次发布的征求意见稿旨在专门保护民间文学艺术作品著作权，鼓励民间文学艺术传承和发展。全文共有21条，对民间文学艺术作品的概念、内涵、权利归属、权利内容、授权机制、利益分配等进行了详细规定。意见稿的发布引起了广大民间文学艺术工作者、学者和法律界人士的广泛关注，就此部法规成立的背景、意义，以及著作权人身份确定和支付报酬管理等焦点问题展开了热烈讨论。

（资料来源：中国知识产权研究会网站 作者：佚 名）

【《使用文字作品支付报酬办法》发布】 2014年9月23日，国家版权局与国家发展和改革委员会联合发布了《使用文字作品支付报酬办法》（以下简称《办法》）。引人注意的是，《办法》中将原创作品的基本稿酬标准，由1999年《出版文字作品报酬规定》（以下简称《规定》）的每千字30～100元提高到80～300元，而原创作品的版税率并未提高，依然为3%～10%。《办法》于11月1日起施行。

随着中国经济的快速发展，作者强烈呼吁国家版权局应根据居民收入水平提高、物价上涨幅度和居民消费价格指数上涨等情况，对稿酬标准作相应调整。2013年9月，国家版权局发布了《办法（征求意见稿）》，并向社会各界公开征求意见和建议。经过反复论证、测算、修改，在履行了一系列立法程序后最终出台了该《办法》。

国家版权局政策法制司负责人强调，《办法》坚持了《规定》以指导性为主、指令性为辅的原则，既有强制性的也有非强制性的内容。其中，《办法》对于报刊转载、摘编使用他人已发表作品的，当事人没有约定或者约定不明的，要求必须适用《办法》规定的付酬标准。《办法》同样适用于数字等领域。

（资料来源：《中国新闻出版报》 作者：赖名芳）

◆司　法

【华盖创意起诉东莞企业侵权被判败诉】 2014年1月2日，国际图片巨头美国盖帝图像有限公司（Getty Images）旗下的合资企业——华盖创意（北京）图像技术有限公司（以下简称“华盖公司”）诉东莞市耐斯机械制造有限公司（以下简称“耐斯公司”）等三家公司（协会）共5宗案件在东莞市中级人民法院开庭审理。经过1个多小时的审理，法院认定华盖公司提出的证据不能证明其系涉案著作权人，当庭驳回其上诉请求。

美国盖帝图像有限公司是全球最大图片分销商之一。华盖公司是美国盖帝公司与一国内企业联合在北京设立的中外合资企业。按照华盖公司的声明，其获得美国盖帝公司在中国内地对其所有图片著作权侵权的追索权。

2011年3月10日，华盖公司人员在天津梅江国际会展中心举行的“2011第15届环渤海电子周”场馆门口取得一本名为《耐斯机械》的宣传册，里面第28页使用了著作权属盖帝公司的图片，华盖公司因此认为耐斯公司的行为属于侵权。

同样因宣传图册的图片使用被指侵权的还有东莞市玩具和婴童用品协会及东莞市力顺源机械有限公司，华盖公司先就该3家公司（协会）（共计5宗案件）索赔5万元。一审判决驳回华盖公司的诉讼请求。华盖公司不服，提起上诉。2015年1月1日，该案二审在东莞市中级人民法院开庭。庭审期间，主审法官询问华盖公司代理律师，能否向法院提供与盖帝公司签订的许可使用合同，该代理律师以涉及商业秘密为由，称无法提供合同，且现有一份内容为《确认授权书》的公证书证据，确认华盖公司是盖帝公司在中国的授权代表，享有盖帝公司所有图片在国内著作权侵权的追索权。

主审法官称，以商业秘密为由而不提交许可使用合同的理由并不成立。如果这样，所有涉及商业（含技术）秘密的案件，都无法开庭审理。案件审理结束5分钟后，审判长再次宣布开庭，表示合议庭对5宗案件意见达成一致，立即当庭宣判。

二审判决认为，华盖公司主张对涉案图片享有著作权，则有责任提供证据予以证明，而且对权属问题的证明标准应该要求较高，显然本案华盖公司未能完成举证责任，故原审判决认定事实并无不妥。

（资料来源：《南方日报》 作者：黄少宏）

【《仙剑奇侠传》著作财产权纠纷案在沪判决】 2014年1月15日，关于上海益通文化传播有限公司、唐人电影及北京永遇乐影视文化艺术有限公司的《仙剑奇侠传》合作创作合同纠纷上诉案，上海市第一中级人民法院作出终审判决，由唐人电影“拿”回该剧著作财产权。

2003年7月，唐人电影国际有限公司、上海益通文化传播有限公司、北京永遇乐影视文化艺术有限公司签署《合约书》，约定三方联合投资并合作拍摄电视连续剧《仙剑奇侠传》（以下简称《仙》剧）北京永遇乐已获得原著作拥有者授权将同名电脑游戏改编成电视连续剧的权利；剧本由唐人电影撰写并拥有著作权，上海益通、北京永遇乐及其他共同投资方拥有署名权；唐人电影全权负责该剧的一切创作、拍摄和制作工作；上海益通全权负责该剧在中国大陆的一切报批手续。

由于唐人电影注册于境外，于是三家公司特别约定《仙》剧届时采用国产剧形式向广电总局报批，唐人电影永久拥有该剧于中国大陆以外地区的一切版权及所有版权收益，永久拥有该剧于中国大陆地区的一切音像版权；上海益通和北京永遇乐则拥有该剧于中国大陆地区除音像版权以外的一切版权及所有版权收益，合约签订七年后唐人电影可以每集2 000元的价格向另两家公司购回中国大陆地区版权。

2005年1月，拿到国产电视剧发行许可证的34集电视剧《仙剑奇侠传》正式在全国各地播放，获得极佳收视率。

合同约定的七年期限届满后，唐人电影按约提出购回《仙》剧版权。2012年3月，唐人电影委托案外人苏某通过银行向益通公司汇款6.8万元，注明系为《仙》剧版权费。随后唐人电影委托律师向上海益通和北京永遇乐发出律师函，声明《仙》剧在大陆地区的播映权自2012年1月19日起归唐人电影享有。

2012年4月，上海益通将6.8万元返还苏某，称与后者不存在任何业务往来。无奈，唐人电影只得向法院起诉，要求“拿”回《仙》剧的著作财产权。

审理中，法院查明，唐人电影曾于2004年9月出具一份《版权证明》，载明唐人电影授权益通公司拥有《仙》剧在上海地区的电视播映权之版权年限自该剧取得发行许可证之日起共15年。

2013年6月，一审法院判决自2012年3月1日起，《仙》剧在中国大陆地区的著作财产权归唐人电影所有（上海地区电视播映权除外）；上海益通、北京永遇乐共同赔偿唐人电影公证费、档案查询费、翻译费等经济损失共计5 340元；唐人电影支付上海益通、北京永遇乐版权转让费68 000元。上海益通不服，提起上诉。

2014年1月15日，这起备受关注的热播剧之争终于尘埃落定。法院判决认为，该案争议在于《仙》剧著作财产权利的归属问题，当事人之间签订的合同对版权及版权收益曾作出相应分配，根据合约书约定，唐人电影有权在七年后以约定的金额回购相关著作财产权。法院最终判决驳回上海益通的上诉，维持原判。

（资料来源：中国新闻网　作者：陈　静　敖颖婕）

【翻译家马爱农诉出版社获赔 11.5 万】　2014 年 1 月 21 日，“知名翻译家马爱农诉新世界出版社侵权案”在北京市朝阳区人民法院宣判，法院判原告马爱农胜诉，新世界出版社赔偿其经济损失及合理费用共计 11.5 万元。然而马爱农表示，打官司是希望威慑翻译界乱象，但法院判罚力度较轻，尚不足以对侵权者构成有力的打击和惩治。她同时呼吁相关部门健全知识产权相关法律，使译者维权时有法可依。

马爱农自 1986 年开始从事文学翻译，20 多年来翻译了很多外国儿童文学佳作，如《小王子》等。在和妹妹马爱新合作翻译的哈利·波特系列作品出版后，马爱农在翻译出版界的知名度进一步提高。

此前，新世界出版社出版发行了署名“马爱侬”编译的外国文学名著，涉及 5 种语言、13 种图书。马爱农获知此事后，认为新世界出版社侵权，随后诉至法院。

2014 年 1 月 21 日，朝阳区人民法院经审理认定，该 13 种图书属于仿冒马爱农姓名的图书，判决新世界出版社赔偿马爱农经济损失及合理费用共计 11.5 万元。

马爱农对胜诉的结果表示满意。在她看来，确定侵权成立代表法官看到问题的本质，但判赔结果较轻，平均到单本书，每本书侵权数额仅有 7 000 多元。考虑到此类侵权伪作对图书市场造成的危害，这样的判罚力度尚不足以对侵权者构成有力的打击和惩治。

（资料来源：中国新闻网　作者：上官云）

【上海第一中院受理《魔兽世界》游戏侵权纠纷案】　2014 年 1 月 21 日，上海市第一中级人民法院表示，该院已立案受理了原告《魔兽世界》系列游戏产品的开发商 Blizzard Entertainment，Inc.（暴雪娱乐有限公司）、上海网之易网络科技发展有限公司诉上海游易网络科技有限公司侵犯著作权、不正当竞争两起案件，涉案索赔金额共计 1 000 万元。

两原告递交的起诉状显示，暴雪公司于 2013 年 3 月完成《炉石传说：魔兽英雄传》的游戏开发设计，并授权网之易公司在中国大陆地区运营该网络游戏。

两原告认为，游易公司于 2013 年 10 月向公众展示的一款名为《卧龙传说：三国名将传》的网络游戏，大量使用、复制并抄袭了《炉石传说：魔兽英雄传》中游戏元素方面的设计，以及体现出游戏规则及算法的各游戏卡牌及套牌整体组合，侵犯其著作权；擅自使用与《炉石传说：魔兽英雄传》特有游戏界面极其近似的装潢设计。游易公司还在网站发表文章声称《卧龙传说：三国名将传》是中国版的《炉石传说：魔兽英雄传》，造成消费者误认，构成不正当竞争。

原告遂提起著作权纠纷诉讼和不正当竞争纠纷诉讼，要求判令游易公司立即停止侵犯著作权行为和不正当竞争行为，赔偿经济损失共计 1 000 万元。

（资料来源：中国新闻网　作者：陈　静　潘静波）

【快播式盗版遭司法叫停】　2014 年 1 月，就乐视网诉快播盗播《失恋 33 天》一案，深圳市南山区人民法院作出一审判决。深圳市快播科技有限公司被判停止涉案作品的在线播放这一侵权行为，赔偿原告 6 万元的经济损失，并承担全部诉讼费用。该案是中国司法机关首次对快播这种“专跳链接”“提供流媒体帮助”盗版模式亮起红灯。虽然赔偿绝对金额不高，但该判决颇具标本意义，为存在类似盗版行为的同类网站敲响了警钟。

2012 年 4 月，乐视网发现快播在其在线经营的网站中，未经授权向公众提供《失恋 33 天》的在线播放服务。乐视网审查确认后，认为快播的行为构成侵权行为，并将其起诉至法院。在该案审查中，法院确认了乐视网通过授权，对《失恋 33 天》享有独占专有的信息网络传播权。法院判决认为，快播所主办的网站虽未直接对该片实施侵权行为，但其针对性跳转至涉案搜索网站的行为，为涉案网站实施侵权行为提供了便利及帮助。

一般而言，如果单纯提供上述技术，且上述技术具有一定的非侵权使用用途，并不构成侵权。长期以来，不少网站一直在滥用这一“避风港原则”，试图逃避在视频盗播中自身应该承担的责任，从而使得非法侵权行为屡禁不绝。但判决书明确指出，这种原则并不适用于快播式盗版。这是因为，在中国，众所周知，从事互联网视频节目服务需要专门的行政许可，合法取得网络传播行政许可的网站数量本来就相当有限。快播作为专业的视频经营网站，理应知道绝大多数网络用户都没有这种合法资质。在这种情况下，快播却对接受服务并建站的点播网站站长不作任何审查，甚至提供广告便利，使影视作品未经许可被传播，其行为是诱导、鼓励网络用户实施侵权行为，显然“主观上存在过错”。

（资料来源：赛迪网　作者：JY）

【钱锺书信件著作权一案审结】 2014年2月17日上午，北京市第二中级人民法院在官网上公布了杨季康（笔名杨绛）诉中贸圣佳国际拍卖有限公司、李国强侵害著作权及隐私权纠纷一案一审判决结果。法院判决中贸圣佳公司停止涉案侵害书信手稿著作权行为，赔偿杨季康10万元经济损失；中贸圣佳公司、李国强停止涉案侵害隐私权的行为，共同向杨季康支付10万元精神损害抚慰金；中贸圣佳公司、李国强就其涉案侵权行为向杨季康公开赔礼道歉。

北京市第二中级人民法院审理认为，中贸圣佳公司的行为对相关书信著作权造成发表权、复制权、发行权、信息网络传播权及获得报酬的权利的侵害，对相关权利人造成隐私权的侵害，李国强的行为构成对杨季康涉案隐私权的侵害。据此，法院作出上述判决。

（资料来源：《中国新闻出版报》　作者：钟　辛）

【全国首例打击视频侵权网站刑事案件宣判】 2014年2月，北京市海淀区检察院通报称，由该院提起公诉的张某侵犯著作权案宣判。张某因构成侵犯著作权罪且属情节严重，被一审判处有期徒刑6个月，罚金人民币2万元。该案系公安部开展“剑网行动”以来北京市检察机关办理的第一起网络视频侵权案件，也是全国首例打击视频侵权网站中被判决的刑事案件。

2013年7月30日，北京警方接到多家网站报案称，两家网站通过线上播放的方式播放了乐视网、优酷网、土豆网、搜狐网等网站具有独占性专有信息网络传播权的影视剧作品。接报后，警方当日立案，并于次日将犯罪嫌疑人张某抓获。

张某到案后交代，2013年3月起，他通过购物网站购买了网站的域名，并学习了相关的建站技术后租用服务器，先后建立两个视频网站“2345热播”和“星级S电影”，以提供深度链接的方式免费供给互联网用户观看。视频网站在运行过程中，通过采集软件自动在互联网上搜索“种子资源”存储在服务器上。互联网用户在观看视频影片时必须使用特定的服务器，且用户在观看时网页不需要跳转，直接点击网站内相应的链接即可观看。

张某说，他在广告联盟注册成为会员后，广告联盟会发给其相应广告编程码，其再将广告编程码输入自己建立的网站上，预留相应广告位后，网页便会自动生成相应的广告。广告联盟会按月将广告费汇入其银行账户内。张某就是通过这种方式，与注册的多家广告联盟合作，按照网站内广告点击量或展示量收取费用，进行营利，短短四五个月的时间，营利达人民币4万元。

（资料来源：《中国新闻出版报》　作者：孙思娅）

【北京海淀法院作出诉讼禁令保障网络传播权】 2014年2月，针对乐视网起诉风行擅播《我是歌手》第二季一案，北京市海淀区人民法院作出诉讼禁令，要求风行公司立即停止在风行网及手机客户端播出湖南卫视2014年度已经及即将播出的《我是歌手》综艺节目，直至该案终审或2015年12月31日。

乐视网的诉讼理由是，其获得了湖南卫视制作播出的2014年度《我是歌手》独占性信息网络传播权及其维权权利。而风行公司未经许可，在其经营的风行网和手机客户端擅自转播了2014年度《我是歌手》的完整内容。2014年1月26日，乐视网向风行公司发出律师函要求其停止侵权、赔偿损失，但没有得到风行公司的回应，故诉至法院，请求判令风行公司停止侵权并赔偿损失100万元。在诉讼过程中，乐视网向法院提出禁令申请，表示因2014年度《我是歌手》系其花费巨额版权费引进的热播节目，若不及时制止风行公司的侵权行为，将给自己带来巨大的损失，故请求法院作出禁令，责令风行公司立即停止在网络和手机客户端的侵权行为。

法官约谈了双方当事人，并追加湖南快乐阳光公司作为案件第三人进行初步核实。最终，海淀法院认为，风行公司提交的协议明确载明其取得授权的仅为湖南卫视2013年度《我是歌手》信息网络传播权，湖南快乐阳光公司也表示其仅授权风行公司非独家使用2013年度制作播出的《我是歌手》，不包括2014年度制作播出的《我是歌手》，因其已将2014年度《我是歌手》的独家信息网络传播权授予了乐视公司。鉴于风行公司未对其播放行为的合法性提交充足证据，且2014年度《我是歌手》节目系时效性较强的热播综艺节目，如果风行公司继续传播，可能对乐视网的合法权益造成难以弥补的损害，不可避免地增加社会成本，故法院向风行公司发出上述禁令。

（资料来源：《中国新闻出版报》　作者：邹　韧）

【百度文库帮助侵权被判赔 40 万元】 2014 年 3 月 7 日，北京市第一中级人民法院作出一审判决，就北京中青文文化传媒有限公司诉百度文库侵犯著作权一案，判定百度构成帮助侵权，判决其赔偿原告 40 万元。

原告诉称，该公司享有《考拉小巫的英语学习日记——写给为梦想而奋斗的人》《高效能人士的七个习惯》《现在，发现你的优势》这三本书的专有出版权和信息网络传播权，百度文库未经许可擅自发布这三本书的电子版，供公众查阅下载，该行为侵犯了著作权。

百度公司辩称，原告不享有涉案三本书的网络信息传播权，并且，书籍是网友自行上传的，百度并没有主动提供涉案作品，也不存在帮助侵权的行为。

北京市一中院审理后认为，现有证据只能证明原告取得《考拉小巫的英语学习日记——写给为梦想而奋斗的人》一书的信息网络传播权的专有使用权，所以在该案中，原告只能就这一本书主张权利。

法院认为，百度文库属于信息存储空间，涉案书籍由网络用户上传，所以百度没有直接侵权的行为。但是，百度对于涉案书籍在百度文库中的使用和传播情况没有尽到合理的注意义务，也没有建立起足够有效的著作权保护机制，因此，构成帮助侵权。最终，法院作出上述判决。

（资料来源：《北京日报》 作者：骆倩雯 常 鸣）

【风行公司遭法院禁播《最强大脑》】 2014 年 3 月 28 日，针对上海聚力传媒技术有限公司（以下简称“聚力传媒”）起诉北京风行在线技术有限公司（以下简称“风行公司”）擅播《最强大脑》一案，北京市海淀法院向风行公司发出禁播令。

聚力传媒诉称，经授权，其公司享有《最强大脑》2014 年独家网络传播权，并可追究第三方播放者的侵权责任。风行公司未经许可便在线播放《最强大脑》，故诉请海淀法院判令风行网停播，并赔偿损失 100 万元。

该诉讼中，聚力传媒向海淀法院递交了禁令申请。

经约谈双方当事人，并追加第三人长江龙新媒体公司，中关村法庭认为，聚力传媒证据表明，该公司经长江龙新公司授权，取得了包括《最强大脑》节目在内的多个节目的独家授权。风行公司在其经营的风行网（www. funshion. com）、风行播放器相关版本中，在线播放 2014 年《最强大脑》，且未就《最强大脑》播放行为的合法性提交充足证据。

为避免聚力传媒受到的损害扩大，海淀法院向风行公司发出了《最强大脑》综艺节目播放禁令，要求风行公司立即停止在风行网（www. funshion. com）及风行播放器 PC 版、iPhone 版、iPad 版、android 手机版、android 平板版中传播《最强大脑》节目，直至该案终审判决生效，或在 2015 年 12 月 31 日止（以两者之中较早者为截止期限）。

（资料来源：《京华时报》 作者：张淑玲）

【国产软件企业中望首战打赢跨国版权官司】 2014 年 4 月 7 日，荷兰海牙法庭对美国欧特克（AUTODESK）公司起诉中国国产软件中望 CAD+抄袭其公司产品 AUTO CAD2008 一案作出一审判决：中望 CAD+对 AUTO CAD2008 不构成侵权。

判决书显示：荷兰海牙法庭基于美国欧特克公司与广州中望数字化设计软件有限责任公司提交的证据材料，作出“中望 CAD+2012、2014 版版权不构成侵犯 AUTO CAD2008 版版权”的判决，驳回欧特克公司提出的“禁售中望 CAD+、道歉、产品召回、赔偿”等系列诉求。

（资料来源：《中国新闻出版报》 作者：方 圆）

【广东高院公布 2013 年度十大知识产权案例】 2014 年 4 月 19 日，广东省高级人民法院公布“2013 年度广东知识产权审判十大案例”：佛山“毒酱油”案，美强生申请撤销穗“采乐”企业名称案，德国西门子起诉东莞西门子案，中国“华为”与美国“IDC”之争，腾讯奇虎 3Q 大战，珠海塞纳被侵犯商业秘密罪案，广州“莲香楼”商标权纠纷案，上海松川新型专利权权属纠纷案，“网络代购”侵权案，快播软件侵权案。

（资料来源：《新快报》
作者：黄 琼 何 娟 石静涵）

【《2013 年海南法院知识产权司法保护状况》发布】 2014 年 4 月 21 日，海南省高级人民法院召开新闻发布会，公布《2013 年海南法院知识产权司法保护状况》白皮书和“2013 年海南法院知识产权司法保护十大典型案例”。

2013 年，海南法院受理知识产权案件 356 件，其中，知识产权民事案件 327 件。通过积极探索知识产权审判“三合一”试点，海南法院加强与公安、检察及行政管理部门的协调合作，加大知识产权司法保护力度，知识产权行政案件由 2012 年的 1 件增加到 4 件，刑事案件由 2012 年的 19 件增加到 25 件。

2009 年以来，海南法院受理知识产权民事案件数量持续大幅增长，2012 年受理 502 件，达到顶峰。2013 年首次出现小幅回落，反映出海南知识产权司法保护工作已取得一定成效，社会矛盾得到有效化解，侵权行为得到一定遏制，司法保护成效凸显。

针对网络域名纠纷、计算机软件著作权侵权纠纷、侵害企业名称权及名誉权纠纷、技术秘密转让合同纠纷等新类型案件的大量涌现，海南高院及时出台《关于审理网吧侵权影视作品信息网络传播权纠纷案件若干问题的意见（试行）》等文件，明晰法律标准，划定侵权界限，网吧侵权案件等大幅减少，推动相关市场进一步规范有序。

（资料来源：新华网海南频道　作者：胡　娜）

【最高法院发布 2013 年知识产权司法保护白皮书】　2014 年 4 月 21 日，最高人民法院在广州举行知识产权宣传周新闻发布会，发布了《中国法院知识产权司法保护状况（2013 年）》白皮书。白皮书披露，2013 年，全国各级人民法院共审结各类知识产权一审案件 100 399 件，涉外及前沿科技问题的新类型、疑难复杂案件增多。

据最高人民法院统计，2013 年，全国各级人民法院共审结各类知识产权一审案件 100 399 件，其中民事一审案件 88 286 件、行政一审案件 2 901 件、刑事一审案件 9 212 件，分别比 2012 年增加 5.29％、0.07％和下降 28％。

最高人民法院知识产权审判庭副庭长金克胜介绍，尽管案件增幅总体趋缓，但涉外知识产权民事一审案件增幅较大，同比增长 18.75％，涉及前沿科技问题的新类型、疑难复杂案件和知名企业品牌保护等案件逐渐增多，审理难度不断加大。

在知识产权案件审理过程中，司法透明度进一步增强。最高人民法院副院长陶凯元介绍，最高人民法院成立了知识产权裁判文书上网协调工作小组，并发布了《人民法院知识产权裁判文书上网公布暂行办法》。截至 2013 年底，全国各级法院通过网络公开生效知识产权裁判文书已达 61 368 份。

为积极推进重大案件的深度公开，法院对于社会关注度高的案件，以“全媒体”形式对案件审理进行全景展示。如最高人民法院组成由副院长任审判长的“五人合议庭”审理奇虎公司与腾讯公司不正当竞争纠纷案，通过电视、报纸以及网络充分公开庭审的全过程，赢得社会肯定。

此外，新闻发布会还通报了 2013 年中国法院十大知识产权案件、十大创新性知识产权案件和 50 件典型知识产权案例。

（资料来源：新华网　作者：毛一竹）

【四川省版权局通报 2013 年版权保护典型案例】　2014 年 4 月 22 日，四川省版权局对“2013 年度四川省版权保护典型案例”进行了通报，案例涉及图书、教材教辅、音像制品、计算机软件、互联网等领域。

通报会上，四川省版权局负责人对十大典型案例进行了介绍，并通报了处罚结果。这 10 个案例，既有依据《著作权法》等相关条款作出的行政处罚，又有依据《刑法》相关条款作出的刑事判决；既有一定的区域代表性，又有一定的案件典型性。其中，广元“雷神工作室”侵犯著作权案，是 2011 年以来四川省涉案金额和处罚金额最高的侵犯著作权案。

作为 2014 年全国知识产权宣传周活动之一，通报的目的在于提高全社会的知识产权意识。据悉，宣传周期间，省版权局将举行相关宣传、执法和集中销毁侵权盗版制品等一系列活动。

（资料来源：四川新闻网　作者：蒋　娜）

【2013 苏州十大知识产权典型案例发布】　2014 年 4 月 23 日，苏州市中级人民法院发布 2013 年度知识产权审判十大典型案例，包括使用盗版软件、冒用同行企业信息、销售商售假免赔等多个方面。2013 年，苏州法院共审理知识产权案件 1 726 件，数量为全省第一。其中，审理知识产权民事案件 1 688 件、刑事案件 36 件、行政案件 2 件。

（资料来源：《城市商报》　作者：邹　强　忠　言）

【上海高院发布 2013 年知识产权司法保护十大案件】　2014 年 4 月 23 日，上海市高级人民法院对外发布了 2013 年上海法院知识产权审判白皮书和司法保护十大案件。2013 年，上海法院受理各类知识产权案件 6 682 件、审结 6 331 起，同比分别增长 25.41％、19.88％。

上海高院副院长吴偕林表示，上海法院 2013 年受理的多起案件具有较大社会影响，如上海盛大网络发展有限公司诉苹果公司 App Store 提供游戏下载涉嫌侵权等的著作权侵权纠纷及不正当竞争纠纷案；微云软件（上海）有限公司诉深圳市腾讯计算机系统有限公司涉嫌侵害原告“微云”注册商标权的商标侵权纠纷案等。

上海市高院民三庭相关负责人介绍，2013年上海全市法院受理一审侵害作品信息网络传播权纠纷案件1 832件，同比增加22.0%。这表明作品信息网络传播权纠纷仍然高发、著作权管理和运用仍不够规范。

（资料来源：法制网　作者：孟伟阳　高　远）

【湖南高院发布2013年知识产权司法保护状况白皮书】　2014年4月24日，湖南省高级人民法院召开新闻发布会，发布2013年知识产权司法保护状况白皮书。白皮书涵盖了湖南法院2013年知识产权司法保护状况和知识产权十大典型案例。

2013年，湖南全省法院共审理知识产权民事一审案件1 374件、民事二审案件85件；刑事案件85件，生效判决中，有145人被判处刑罚；行政案件47件。2011年以来，全省法院按照裁判文书公开工作相关规范，生效知识产权裁判文书上网率达100%。

（资料来源：红网　作者：刘怡斌）

【2013年北京十大知识产权案例发布】　2014年4月24日上午，北京市高级人民法院发布2013年度全市法院知识产权司法保护十大典型案例。

在2013年的案例中，“钱锺书书信手稿拍卖”诉前禁令案位居榜首。在钱锺书案中，最终北京高院判赔要公开拍卖书信手稿的拍卖公司、收信人公开赔礼道歉，并赔偿钱锺书遗孀杨绛20万元。这是北京法院作出的首例涉及著作人格权的临时禁令，也是《民事诉讼法》（2012年修订）实施后北京市法院针对侵害著作权行为作出的一起极具社会影响的临时禁令。

其他上榜的典型案例包括：“金骏眉”商标异议复审案、“不锈钢选择发明”专利权无效案、“北大附中”商标侵权及不正当竞争案、“窦骁演艺合同”纠纷案、“小悦城”商标权及不正当竞争案、“谷歌数字图书馆”著作权案、温控器元件侵犯专利权案、北冰洋商标权案和胡某等销售假冒注册商标的商品刑事案。

（资料来源：《新京报》　作者：张　媛）

【2013年度新疆保护知识产权十大典型案例公布】　2014年4月24日，新疆维吾尔自治区知识产权局会同自治区高级人民法院等部门联合公布了2013年度自治区保护知识产权十大典型案例。

该十大典型案例包含专利、商标、著作权等类别，或影响面广，或涉案金额多，或查办力度大，与人民群众的生活和企业发展密切相关，反映了新疆知识产权保护取得的新成果，对提升公众维权意识、打击和制止侵权行为，具有很好的引导作用。十大典型案例包括：自治区知识产权局处理“农田灌溉用液力调压阀”发明专利侵权案，自治区公安机关查处销售假冒“三星”“苹果”品牌手机案，自治区工商部门查处侵犯“晨光”注册商标专用权案，等等。

（资料来源：亚心网　作者：杨　靖）

【安徽省发布知识产权司法保护状况白皮书】　2014年4月24日，在世界知识产权日到来之际，安徽省高院召开新闻发布会，发布《安徽法院知识产权司法保护状况（2013年）》白皮书。2013年，安徽省法院共新收知识产权民事一审案件1 487件，审结1 493件（含旧存），比2012年分别增长15.9%和17.83%。

安徽省高院民三庭庭长许徽介绍，安徽省知识产权案件呈现出案件数量增长、司法保护需求日益旺盛的态势，2013年新收知识产权民事一审案件同比上升15.9%，其中，商标权案件同比上升显著，增幅达59%，技术类案件同比上升41.2%。

在知识产权案件的审理中，安徽省加大了调解工作力度，在调判结合中实现案结事了。2013年，安徽省知识产权民事一审案件调撤率达76%，与2012年基本持平，一批较为敏感或社会影响较大的案件得到妥善解决。

（资料来源：《安徽日报》　作者：李晓群）

【天津公布知识产权十大案例】　2014年4月25日下午，天津市高院召开新闻发布会，公布2013年度天津市十大知识产权保护案例。2013年，天津市各类知识产权案件数量总体下降。民事案件729件，同比下降约三成；刑事一审案件34件，下降19%；行政案件1件。

分析显示，著作权案件数量仍居知识产权案件首位。其中，网络著作权占主要部分，主要集中在网络图片使用方面发生的著作权案件。2013年，天津市商标权案件增幅较大，涉及的国外知名品牌包括路易威登马蒂利、普利司通、西门子、阿迪达斯、耐克、李维斯、彪马，国内知名品牌包括国美、苏酒、苏泊尔、红双喜等。一方面，侵权人的侵权方式多样，形式更隐蔽；另一方面，商标权人加大了维权力度，比如路易威登马蒂利等商标所有权人起诉较为大型的批发零售市场管理者，并且主张较高的赔偿数额。

此外，随着网购的日益普及，不正当竞争案件也在向电子商务领域发展，关键词广告搜索、竞价排名和深层链接等网络服务行为的不正当竞争陆续进入司法层面。

（资料来源：《城市快报》 作者：高立红）

【上海版权局发布 2013 年十大版权案例】 2014 年 4 月 25 日，上海市版权局对外发布了 2013 年度上海十大版权典型案件。涉案内容包括网络侵权、软件侵权、著作权合同纠纷、美术作品侵权、图书侵权、游戏侵权、文学作品侵权等，案件较之往年，类型更为新颖、侵权行为更复杂。

案例表明，2013 年对新类型版权侵权行为的查处取得突破。如“快手看片”软件未经许可在其客户端提供了 19 部录音录像制品并通过播放网页广告服务等获取经营收入。在面临网络播放器演变迅速、隐蔽性大、查处难度大等问题的同时，查处“快手”成为国家版权局查处百度影音侵犯信息网络传播权案件之后上海方面查处的首个典型案件。

同时，网络侵权刑事打击力度继续加大，涉及不少知名企业和节目。如凯立德软件技术有限公司的凯立德导航软件遭到人为破解，复制上传至个人网盘空间，以提供个人网盘链接的方式对外销售侵权、从中牟利。另外还有包括央视国际网络有限公司《舌尖上的中国》节目未经许可在视频网站“土豆网”进行点播服务等案件。

此外，十大版权案例也呈现出版权侵权查出程序更加规范科学、侵权定性体现版权利益平衡、对进出口侵权盗版货物实施主动查处取得突破等特点。

（资料来源：东方网 作者：周晏理）

【思路网侵权案一审落槌】 2014 年 5 月 15 日，北京市海淀区人民法院公开审理了自称“中国数字高清第一门户网站”的思路网侵权案，一审判决该网站经营者、被告人周志全犯侵犯著作权罪，判处有期徒刑 5 年，处罚金 100 万元，其余 6 名被告人均以侵犯著作权罪被判处有期徒刑 1 年至 3 年，罚金 2 万元至 25 万元。

2008 年 8 月，被告人周志全注册成立北京心田一品科技有限公司，经营思路网站。2009 年 1 月至 2013 年 4 月间，周志全雇用被告人苏立源、曹军、贾晶洋、李赋然等人，未经著作权人许可，以会员制方式，将他人享有著作权的大量影视、音乐等作品以种子形式上传至思路网下设的 HDstar 论坛，供 2.6 万余注册会员下载，吸引商家在思路网站投放广告，并通过销售网站注册邀请码和 VIP 会员资格营利。2012 年 5 月至 2013 年 4 月间，被告人寇宇杰又雇用被告人崔兵等人，未经著作权人许可，复制他人享有著作权的电影至 4 000 余份硬盘中，并通过淘宝网店销售。

2013 年 4 月，根据举报线索，北京市“扫黄打非”办公室成立专案组，协调文化、公安等部门破获该案，思路网被查封。

（资料来源：《中国新闻出版报》 作者：邹 韧）

【《青年文摘》侵犯著作权二审开庭】 2014 年 6 月 9 日，《青年文摘》被诉侵犯著作权一案二审在湖北省高级法院开庭。

2013 年 4 月 24 日，原告陈先生在《华西都市报》上发表了一篇题为《〈最炫民族风〉作者张超：从高空作业员到著名音乐人》的报告文学。文章 4 000 余字，描述了张超成为音乐人的成长历程，文末还标注了“未经许可不得转载、摘编”的作者声明。《青年文摘》（2013 年 7 月上，总第 531 期）转载了该文章，署名为陈先生，标注摘自《华西都市报》，字数被改为约 3 000 字。7 月，陈先生向《青年文摘》的主办单位中国青年出版社及当期杂志印制人中闻集团武汉印务有限公司分别发出律师函。经协商无果后，他诉至法院，状告对方侵犯自己的作品著作权，请求判令出版社立即停止含有侵权内容的《青年文摘》、期刊合订本、电子版本等在国内外继续出版发行及传播，同时赔偿因侵权行为给自己带来的损失 63 126.4 元，并公开赔礼道歉，印务公司承担连带责任。

2013 年 10 月 28 日，武汉市中级法院开庭审理了这起知识产权案。被告出版社辩称，涉案文章是一篇读者荐稿，而其提供的电子版中并未显示作者声明，故杂志并无恶意侵犯作品的著作权。在陈先生提出异议后，该出版社已按双倍稿酬向对方和《华西都市报》分别支付了 300 元和 200 元，不应承担赔偿经济损失的民事责任。而《青年文摘》并未对原文主要内容和思想表达进行改动，并未侵犯修改权及著作人身权，请求法院驳回原告的诉求。被告印务公司辩称，该公司严格按照审查委托书事项办理了期刊印刷的许可和备案手续，不应承担侵权的连带责任。

武汉市中级法院审理认为，《著作权法》规定作品刊登后，除著作权人声明不得转载、摘编之外，其他报刊可转载或作为文摘、资料刊登，但应向著作权人支付报酬。该案中，被告出版社的行为构成对原告享有的复制权、发行权的侵犯，应承担相应的民事责任。而其之后支付稿费的行为只是一种弥补行为，无法改变其侵权性质。《著作权法》还规定，复制品的出版者、制作者和发行者不能证明其出版、制作、发行有合法授权及合法来源的，应当承担法律责任。该案中，印务公司的印刷行为对本案侵权行为的发生不存在过错，因而不应承担连带责任。

2014 年 2 月 14 日，法院一审判决被告出版社赔偿陈先生经济损失 1 000 元，以及为维权活动所支出的 3 076 元，驳回原告其他诉求。

陈先生不服判决提出上诉，2014 年 6 月 9 日上午，该案在湖北省高院开庭二审。

被告出版社提交的答辩意见中指出，并未侵犯原告的著作人身权，且对方主张的 6 万元经济损失缺乏事实和法律依据，故不应承担赔礼道歉和支付赔偿的责任。

庭审结束，印务公司表示不接受调解，而被告出版社有意在原有的判决结果上提高赔偿。但代表陈先生到庭的其妻子马女士和张律师表示，如果仅如此他们便不接受调解。

陈先生的代理人、湖北今天律所律师张子阳认为，《著作权法》仅允许报刊对有权使用的作品进行文字修改，故被告出版社将原文字数删减的行为已侵犯了原作的修改权，应承担赔礼道歉、消除影响的民事责任。张律师称，当期《青年文摘》的毛利润约为 340 万元，经过计算在文章数目或字数上所占比例，对方利用涉案文章所获违法所得应为 6.8 万元或 10.54 万元，因此陈先生索赔 6 万余元的经济损失合情合理。而印务公司未尽《著作权法》上的审查义务，应承担侵权连带责任。

（资料来源：《长江商报》 作者：李　璟）

【“土豆”侵权“舌尖”央视获赔 24.8 万元】 2014 年 6 月 23 日，最高人民法院就央视国际状告土豆网侵权案等一批热点案件召开典型案例通报会。上海全土豆公司因旗下土豆网擅自提供热门纪录片《舌尖上的中国》点播服务，被判赔偿央视国际经济损失 24.8 万元。

美食类纪录片《舌尖上的中国》由央视摄制，2012 年 5 月开播后引发强烈社会反响。央视国际随后发现土豆网在节目播出期间未经许可提供在线点播服务，并于 2012 年 8 月诉至法院，请求判令被告赔偿经济损失 80 万元及为调查取证所支付的合理费用 5 万元。

该案于 2013 年 10 月 15 日在上海市闵行区人民法院开庭。法院一审判决全土豆公司赔偿央视网络公司经济损失 24 万元及合理费用 8 000 元。全土豆公司不服，提出上诉。同年 12 月 23 日，上海市第一中级人民法院作出维持原判的终审判决。

一、二审法院审理认为，涉案作品受《著作权法》保护，全土豆公司未经授权于作品热播期内在其经营的网站上提供涉案作品的在线点播服务，是典型的侵犯作品信息网络传播权的行为。此外，视频实际上传者的信息属于网站自行掌控和管理范围之内，其自行删除原始数据导致该节事实无法查明，应对此承担不利后果。最高人民法院民三庭法官夏君丽表示，该案例利于促进各互联网视频提供者的自律和行业管理，并对日益多发的互联网视频侵权案件起到警示作用。

（资料来源：《中国新闻出版报》
作者：白　阳　陈　菲）

【搜狐起诉“今日头条”】 2014 年 6 月 24 日，搜狐公司宣布对 APP“今日头条”所属公司——北京字节跳动科技有限公司的侵犯著作权和不正当竞争行为提起诉讼，要求赔偿经济损失 1 100 万元，北京市海淀法院正式受理了诉讼。而“今日头条”则抛出搜狐曾对其收购未遂及主动要求合作的证据予以回应。

搜狐方面称，“今日头条”的侵权模式主要有两种。第一种是直接抓取复制使用搜狐网、搜狐网手机版以及搜狐新闻客户端里的文章、图片。在经过媒体的大规模报道之后，“今日头条”迫于压力停止了对搜狐内容的转码侵权。而后“今日头条”对搜狐的版权内容侵权采取了第二种，也是更为隐蔽的“深度链接”形式，即采用 APP 内置的浏览器框架嵌套显示第三方的新闻页面，还在其移动端软件的网页上端设置原文链接地址。但同时，“今日头条”在页面上增加自己的推广内容、评论内容等。

对于搜狐的指责，“今日头条”发声明称，其此前与搜狐公司的诸多部门都保持着友好的合作往来，搜狐不仅主动要求导流量，还主动为“今日头条”适配接口。在搜狐起诉之前，“今日头条”表示没有收到来自搜狐公司合作部门任何书面的停止合作的要求，更未收到其声称“今日头条”侵权的函件。

（资料来源：《京华时报》 作者：廖　丰）

【“起点中文网”状告“纵横中文网”获赔 300 万元】 2014 年 6 月，上海市第二中级人民法院就上海玄霆娱乐信息科技有限公司诉北京幻想纵横网络技术有限公司侵害作品信息网络传播权纠纷案作出一审宣判，判决被告北京幻想纵横网络技术有限公司赔偿原告经济损失人民币300万元以及合理费用3万元。

原告上海玄霆娱乐信息科技有限公司是“起点中文网”的运营商。2010年1月18日，原告与文字作品《永生》的作者王钟（笔名：“梦入神机”）签署了《白金作者作品协议》。根据协议内容，在协议生效之日起4年内，王钟所创作的所有作品在全球范围内的信息网络传播权及电子形式的其他权利永久转让给原告。同日，双方签署了附属合同，约定在协议期间王钟创作的作品著作权以及相关的一切衍生权利完全排他地归属于原告。同年7月，原告发现王钟在被告经营的“纵横中文网”上发表了《永生》作品，后经诉讼法院作出生效判决确认原告享有《永生》作品的著作权。之后，被告在明知原告是《永生》作品著作权人的情况下，未经原告许可继续在其经营的“纵横中文网”上非法传播上述作品，更擅自授权案外人在手机阅读基地和“畅听网”上使用该小说。

原告认为，被告严重侵犯了原告对《永生》作品享有的信息网络传播权等合法权益，非法获利数额巨大，遂诉至法院，请求判令被告立即停止侵权，赔偿原告经济损失人民币1 200万元和原告支出的合理费用51 500元。

被告辩称，被告是“纵横中文网”的运营商，被告有权在其网站上传播《永生》作品，在生效判决作出之前，被告的一切对外授权经营行为均属合法，原告的赔偿诉请过高。请求法院驳回原告诉请。

法院审理认为，被告未经许可在“纵横中文网”上传播《永生》作品以及授权案外人使用《永生》作品的行为侵害了原告作品的信息网络传播权，应当承担停止侵权、赔偿损失的民事责任。关于该案的赔偿问题，法院认为，已经有证据证明被告的获利超过了《著作权法》规定的法定赔偿数额的上限50万元，法院综合全案的证据情况，结合涉案作品商业价值、被告侵权的主观恶意等事实因素，最终在法定赔偿最高限额之上酌情合理确定赔偿数额为300万元。

该案的主审法官表示，该案的原、被告均是国内知名的网络小说门户网站，鉴于涉案的网络小说字数为500多万字，在搜索排行榜上排列第一，点击次数逾2亿次，被告从移动手机阅读基地的收入分成已高达170余万元，因此，虽然该案仅涉及一部作品，法院仍然作出了300万元的高额赔偿判决。

（资料来源：《法制日报》 作者：孟伟阳　王　伟）

【乐视网起诉小米盒子盗播胜诉】 2014年6月，海淀法院对乐视网起诉小米盒子盗播系列案件进行宣判，判决乐视网获赔十余万元。视频网站起诉电视盒子盗播首度胜诉。

乐视网起诉小米盒子侵犯其信息转播权的10部作品，包括《金陵十三钗》《我是特种兵》《医者仁心》《当婆婆遇上妈》《男人帮》《山楂树之恋》《宫锁心玉》这7部热播影视作品。

此前曾有包括优酷在内的多家公司起诉该品牌电视盒子盗播，但因该公司称，自身只是硬件制造商和销售商，并非内容提供方，因此不存在侵权行为，使得相关案件败诉或庭下和解。

对于乐视网的该次诉讼，海淀法院相关判决书显示，盒子公司虽然只提供硬件和技术服务，但其以提供海量正版作品作为主要宣传内容，利用互联网电视平台宣传推广自己的产品和服务，并通过其密闭系统为该平台提供收费服务，故该公司应对侵权损害扩大的部分承担连带责任。

对该判决，有律师表示，该案件突破原判，裁定电视盒子具有连带责任，意味着法院已经认定不管是终端生产商，还是内容提供方，只要有侵权行为，都将承担责任。也就是说，未来所有的公司都不能以自身为终端生产商为借口，对内容提供方盗播的行为视而不见。

智能电视行业的相关专家也认为，该判决对于日后电视盒子和互联网电视的发展具有风向标意义，让一些打着聚合或者平台合作的盒子、电视的生产厂家明确了侵权的红线，有利于正在爆发的互联网电视产业的健康发展。

（资料来源：《法制晚报》 作者：王　巍）

【风行网擅播《我是歌手》第二季被判赔50万元】 2014年7月10日，乐视网（天津）信息技术有限公司诉北京风行在线技术有限公司侵犯其信息网络传播权一案在北京市海淀区审结，海淀区法院一审判令风行公司停止侵权、赔偿损失50万元。宣判后，双方当事人均未明确表示上诉。

乐视公司诉称，其享有湖南卫视制作播出的2014年度《我是歌手》独占性信息网络传播权及其维权权利，风行公司未经许可，在其网站和手机客户端非法转播了该节目完整内容，故请求法院判令风行公司停止侵权并赔偿损失100万元。在诉讼过程中，乐视公司申请法院作出诉讼禁令，责令风行公司立即停止侵权行为。初步核实后，法院向风行公司发出禁令。

法院经审理查明，乐视公司取得自2014年1月1日至2015年12月31日期间《我是歌手》第二季的独家信息网络传播权；风行公司享有2013年5月1日至2014年4月30日期间《我是歌手》第一季的非独家信息网络传播权。但风行公司提供了《我是歌手》第二季的在线播放服务，法院认为，风行公司构成侵权。由于节目具有较高商业价值，且风行公司在多次收到原告发出的律师函警示后，仍然不停止侵权行为，主观过错严重，加之涉案视频点击量巨大，风行公司在传播节目过程中大量播放广告，从中获取了较大商业利益，故法院从重确定赔偿数额。

（资料来源：《中国新闻出版报》 作者：邹 韧）

【南怀瑾之子起诉复旦大学出版社】 2014年7月15日，浙江省高级人民法院受理了国学大师南怀瑾之子南小舜起诉复旦大学出版社和瑞安新华书店侵害著作权一案的再审申请。

2012年9月，国学大师南怀瑾辞世。几乎同一时间，复旦大学出版社汇编出版了《南怀瑾选集》。由此引发了南怀瑾著作权之争。南怀瑾次子南小舜以侵害著作权为由，将复旦大学出版社和瑞安新华书店告上法庭。该案一波三折，2014年7月15日浙江省高院受理了南小舜的再审申请。

2013年4月，南小舜的律师在瑞安新华书店花了38.5元钱，买了本《南怀瑾选集》第二卷作为证据。翌日，南小舜就状告瑞安新华书店和复旦大学出版社，要求两被告停止复制、发行《南怀瑾选集》。庭审中，虽然复旦大学出版社提出自己是授权出版，但未能出示充分证据。法院认为，根据法律规定，南小舜作为第一顺序继承人，在南怀瑾死亡后，和其他第一顺序继承人共同继承相关作品的复制权和发行权。因此，复旦大学出版社和瑞安新华书店已侵害了南小舜等继承人的合法权益。法院据此判决两被告立即停止复制、发行《南怀瑾选集》的行为。

一审判决后，复旦大学出版社不服提起上诉。温州市中院两次开庭审理该案。法庭上，复旦大学出版社提交了18组新证据。其中，包括2001年南怀瑾授权郭姮妟全权代理其所有作品在中国大陆境内的著作权事宜的《委托书》。公开资料显示，南怀瑾生前有入室弟子李素美、李传洪姐弟，而郭姮妟是李素美的女儿。另一份证据是，2012年7月，郭姮妟担任法人的老古文化公司签了份合同，将南怀瑾著作的再版权授予复旦大学出版社。在有了新证据的情况下，温州中院认为，既然南怀瑾生前已有授权，因此南小舜要求两被告停止侵权的主张缺乏依据，不予支持。

诉讼请求被驳回后，南小舜于2014年6月30日向浙江省高院提请了申诉。

（资料来源：杭州网 作者：张银燕 甘凌峰）

【《百年孤独》版权引纷争】 2014年7月，因认为中国财政经济出版社和京东商城出版、销售其享有专有出版权的图书《百年孤独》，南海出版公司将两公司诉至法院，要求停止侵权、销毁图书并赔偿经济损失等共计51.2万元。海淀法院受理了此案。

南海出版公司诉称，《百年孤独》是诺贝尔文学奖获得者、哥伦比亚著名作家加西亚·马尔克斯的代表作。2010年5月，该公司获得了《百年孤独》在中国大陆地区为期5年的专有出版权，并于2011年5月正式出版该书。而在2012年5月，中国财政经济出版社未经任何合法许可擅自出版、发行了中文简体版《百年孤独》，且侵权行为持续至起诉当日。2014年4月，因作者马尔克斯去世，全世界范围内再次引发阅读《百年孤独》的又一高潮。中国财政经济出版社为了牟取巨额利益，于作者去世后大肆发行其侵权图书，进而在业界和读者中间造成极其恶劣的影响。南海出版公司认为，中国财政经济出版社的行为已经严重侵犯了其合法权益，并造成其严重经济损失，京东商城销售该书的行为构成共同侵权，故索赔各项损失共计51.2万元。

（资料来源：《北京晨报》 作者：彭小菲）

【网易侵权案一审落败】 2014年7月，广州市天河区人民法院就经济参考报社诉广州网易计算机系统有限公司（以下简称“网易”）著作权侵权案作出一审宣判，认为网易侵权事实成立，判令其就《两本账成创业板高企申请潜规则》等九篇涉案作品赔偿经济参考报社经济损失共计16 230元。

经济参考报社诉称，网易未经授权擅自转载使用原告作品，经由多次律师函告要求网易停止侵权付费使用，但被告不予理会。对于这种严重侵犯著作权拥有者合法权益的行为，经济参考报社向法院提起诉讼，要求网易停止侵权，赔偿原告经济损失。网易辩称，原告提供的证据不足以证明其对涉案文章享有著作权，认为原告主张的赔偿数额没有任何依据。

法院审理查明，原告经济参考报社对《两本账成创业板高企申请潜规则》等九篇涉案作品享有除署名权之外的著作权其他权利，判令被告网易自判决发生法律效力之日起十日内赔偿经济参考报社经济损失及合理支出人民币共计16 230元。如果被告未按本判决指定的期间履行给付金钱义务的，应依照相关法规，加倍支付迟延履行期间的债务利息。

（资料来源：经济参考报社　作者：木　子）

【青岛市中院审理全省首例3D魔幻艺术画侵权案】　2014年8月8日下午，青岛中院公开审理一起侵犯著作权纠纷案件，并通过互联网进行全程直播。该案是山东省首例3D魔幻艺术画侵权案件。

2001年开始，原告杭州某广告有限公司倾心打造了一系列3D魔幻艺术画。2013年8月，该公司在浙江省版权局办理著作权登记。2014年1月，青岛某购物广场有限公司和杭州某文化艺术策划有限公司未经许可擅自在青岛某广场展出原告享有著作权的3D魔幻艺术作品的复制品17幅，严重侵害了原告依法享有的著作权，并给公司造成巨大损失。为维护自身的合法权益，杭州某广告公司向青岛中院提起诉讼，请求法院判令：两被告停止侵犯原告著作权的行为，并销毁侵犯著作权的作品的复制品；第一被告向原告赔偿经济损失171.7万元，第二被告承担连带赔偿责任。

庭审过程中，青岛某购物广场有限公司认为，原告起诉的主体错误，原告提到的3D作品的复制品其所有者及使用者均不是第一被告，对于原告所谓的其对17幅作品享有著作权事宜也毫不知情。被告并未侵犯原告著作财产权。且3D作品早在2013年之前就已经在网络上广为流传，大批量的画面包括原告所提供的涉案17幅画在网络上均可以进行复制，该17幅作品并非原告独创作品。因此，也不存在停止侵权行为。

而第二被告杭州某文化艺术策划有限公司则认为，其是否侵权存在重大的异议，在权利属性上原告是否拥有完整的著作权尚不明确。原告提供的证据不能形成完整的证据链。公司在活动中当中所收取的12.8万元展览费均用在活动的筹备、组织、材料以及相关的人工费用上，并没有获利。且在展出活动前，公司已经收到原告的律师函，为避免纷争，公司已经主动撤下原告提出异议的所有3D画，活动结束后所有画作已经全部销毁。

庭审结束时，法官询问双方当事人是否同意调解，双方均表示同意。

（资料来源：半岛网　作者：宫昌乐）

【作家路遥之女诉新浪侵权】　因“新浪爱问”提供《平凡的世界》下载，路遥之女以侵犯著作权为由，把新浪诉至海淀法院，索赔损失22.1万元。2014年8月11日，法院受理了该案。

路女士诉称，《平凡的世界》一书是著名作家路遥先生于1988年完成的长篇巨著，系第三届茅盾文学奖获奖作品。该书出版后引起了巨大的社会反响，享有广泛的知名度。1992年路遥先生去世后，其著作权及财产权由女儿路女士继承。2005年，路女士就《平凡的世界》进行了著作权登记。2013年12月，路女士发现“新浪爱问共享资料”有用户在未经任何许可的情况下，擅自将《平凡的世界》电子版文本放到“新浪爱问”上供用户下载或者在线阅读，截至发现之时，该书在“新浪爱问”累计下载已达265 763次。

路女士认为，《平凡的世界》作为知名作家的知名作品，新浪明知他人无授权而上传该作品，也未采取任何措施予以限制，导致大量网络用户下载阅读该作品，该行为严重侵害其合法权益，造成巨大经济损失，故诉至法院。

（资料来源：《北京日报》　作者：高　健　文海宣）

【作家刘心武起诉方正阿帕比】　2014年8月，著名作家刘心武以侵犯其著作权为由，将北京方正阿帕比技术有限公司诉至法院，要求阿帕比公司停止侵权、从其网站上删除相关作品并赔偿经济损失13.5万余元、支付合理费用3 200元。北京市海淀区人民法院正式受理了该案。

原告刘心武称，《刘心武说草根情怀》《刘心武作文示范》《如意》《风过耳》《我是刘心武——60年生活历程之回忆》等17部作品是其享有合法著作权的作品，并未授权将上述作品进行电子化制作。但2013年，他发现在国家图书馆及广州图书馆网站内方正电子图书数据库内有他的上述作品，经查明，系阿帕比公司未经他许可，擅自处理后上传至国家图书馆网站出售，以供读者在线阅读、下载，牟取高额利润。

刘心武认为，阿帕比公司的上述行为严重侵犯了他的著作权，应立即停止侵权，承担赔偿经济损失的法律责任。由于为追究阿帕比公司的侵权责任，刘心武支付了一定数额的律师费、公证费，他认为该费用也应由阿帕比公司负担，因此，他向阿帕比公司索赔经济损失 13.5 万余元、合理费用 3 200 元。

（资料来源：《民主与法制时报》 作者：张 鹏）

【阿里巴巴侵犯知识产权案一审败诉】 2014 年 8 月，北京市朝阳区人民法院就经济参考报社诉中国雅虎网的经营者北京阿里巴巴信息技术有限公司（以下简称“阿里巴巴公司”）侵害作品信息网络传播权案作出一审宣判，认为阿里巴巴公司侵权事实成立，判决其赔偿经济参考报社相应经济损失 5 000 元。

法院审理查明，经济参考报社对《畸形消费产业之颓》等 4 篇涉案作品，享有著作权包括信息网络传播权。被告阿里巴巴未经著作权人许可，在其主办的中国雅虎网上转载涉案作品，侵犯了经济参考报社所享权利，应承担赔偿经济损失的侵权责任。阿里巴巴公司称其对涉案作品使用系合理使用的抗辩，无事实及法律依据，法院不予支持。

（资料来源：《经济参考报》 作者：木 子）

【爱奇艺诉优酷网侵犯第二季《爸爸去哪儿》信息网络传播权】 2014 年 8 月，北京市海淀区人民法院正式受理爱奇艺诉优酷侵犯著作权案。因认为优酷网未经许可就在其网站及 PC 客户端提供《爸爸去哪儿》第二季第一期节目，侵犯了自己的作品信息网络传播权，爱奇艺将优酷网诉至法院，要求优酷网立即停止播放《爸爸去哪儿》第二季第一期并赔偿经济损失 100 万元。

爱奇艺诉称，《爸爸去哪儿》是湖南广播电视台精心制作的一档亲子户外真人秀节目，原告经授权取得了 2014 年 1 月 1 日至 2014 年 12 月 31 日期间播出的《爸爸去哪儿》在中国大陆地区的独家信息网络传播权。优酷网未经原告许可，在其网站及 PC 客户端上提供《爸爸去哪儿》第二季第一期供所有用户点播，且在视频播出过程中插播大量广告。

爱奇艺认为，《爸爸去哪儿》第二季节目是其 2014 独播综艺的重点节目，其为此投入数千万巨资，且该节目是原告网站及 PPS 平台的独播内容，未授权给任何一家网络平台。优酷网作为拥有大量用户的知名网站，故意在网站上提供上述节目，吸引广大用户点播，严重分流原告流量，其行为严重扰乱了正版版权授权的市场秩序，导致原告流量减少、广告价值降低，给原告造成巨大的经济损失。

（资料来源：《法制日报》 作者：黄 洁）

【《泰囧》侵权案光线传媒被判赔 500 万元】 2014 年 9 月 24 日，光线传媒对外公布，称收到北京市高级人民法院民事判决书，要求其及全资子公司北京光线影业有限公司停止不正当竞争行为，并赔偿《人在囧途》投资方武汉华旗影视制作有限公司经济损失 500 万元。光线传媒表示会继续上诉。

2012 年 12 月，由光线影业出品、徐峥执导的《人再囧途之泰囧》公映，最终在内地收获 12.66 亿票房，成为该年最赚钱的华语电影。2013 年 3 月 2 日，《人在囧途》制片方武汉华旗影视制作有限公司则以“侵权”之名将参与《泰囧》制作的北京光线传媒股份有限公司、北京光线影业有限公司、北京影艺通影视文化传媒有限公司、北京真乐道文化传播有限公司这 4 家公司及导演徐峥告上法院。

在武汉华旗看来，上述涉案方将电影名称从“泰囧”“人再囧途”变更为“人再囧途之泰囧”，属于使用与《人在囧途》特有名称相同或相似名称的行为，容易导致相关公众的混淆和误认，违反了《反不正当竞争法》。

此前庭审现场，光线传媒及其他被告均表示，“人在囧途”名称初始来自 1985 年的新加坡电视剧《人在旅途》，而“囧”字也是 2008 年的十大热词，所以并非独创或唯一。而“人在囧途”不是《反不正当竞争法》中所说的知名商品，也不构成法律中所说的特有名称。但经北京市高级人民法院判决，光线传媒被要求立即停止涉案不正当竞争行为，并在判决生效之日起 30 日内在《法制日报》刊登声明，消除影响；此外，还要求 5 位被告共同赔偿武汉华旗影视制作有限公司经济损失 500 万元。

（资料来源：《京华时报》 作者：顾梦琳）

【《推拿》侵权案终审判决】 2014 年 9 月 25 日，北京市第二中级人民法院就作家毕飞宇、人民文学出版社诉编剧陈枰、西苑出版社侵权案作出终审判决，陈枰、西苑出版社被判连带赔偿毕飞宇经济损失 14 万元，赔偿人民文学出版社 8 万元及合理费用 5 000 元。

毕飞宇的长篇小说《推拿》于 2008 年 9 月由人民文学出版社出版发行，2011 年获得第八届茅盾文学奖，已销售 30 多万册。小说推出之后，被翻译成英语、法语、西班牙语、阿拉伯语等多种语言，被改编为同名电视剧、话剧和电影。

法院查明，陈枰未经毕飞宇许可，擅自授权西苑出版社出版长篇小说《推拿》，直接在版权页标注为“长篇小说”，并在封底注明“建议上架：当代小说”，侵犯了毕飞宇《推拿》著作权，同时也混淆市场、误导读者，侵犯了人民文学出版社的权利。

2013年9月3日，人民文学出版社与毕飞宇联合向北京市东城区法院提起诉讼，要求陈枰和西苑出版社承担侵权的民事责任。2014年3月19日，北京市东城区法院对该案作出一审判决，认定被告陈枰、西苑出版社侵犯毕飞宇《推拿》著作权，赔偿毕飞宇经济损失5万元；同时认定两被告未对人民文学出版社构成侵权。

一审判决后，双方均提起上诉。经过预开庭、开庭，北京市二中院于9月25日作出终审判决，认定陈枰、西苑出版社侵害了毕飞宇《推拿》一书的改编权，应承担停止侵权、赔偿损失的民事责任；西苑出版社出版陈枰版《推拿》对人民文学出版社构成不正当竞争，应当承担停止侵权、赔偿经济损失及合理支出的民事责任。陈枰也应承担共同侵权责任。

（资料来源：《中国新闻出版报》 作者：王坤宁）

【最高法针对网络侵权诉讼难等问题再出司法解释】 2014年10月9日，最高人民法院公布《最高人民法院关于审理利用信息网络侵害人身权益民事纠纷案件适用法律若干问题的规定》，针对网络侵权诉讼难、网络个人信息保护、随意转帖等问题都作出了新的规定。该司法解释于公布当日起施行。

针对网络侵权者难以确定的情况，该司法解释在两个方面作出规定：一是在诉讼程序上，允许原告仅起诉网络用户或网络服务提供者。被告请求追加涉嫌侵权的网络服务提供者、可以确定的网络用户作为共同被告或者第三人的，人民法院应予准许。二是明确原告起诉后，人民法院可以根据案件情况和原告的请求责令网络服务提供者提供涉嫌侵权的网络用户的个人信息，以方便原告起诉。这些信息包括能够确定涉嫌侵权的网络用户的姓名（名称）、联系方式、网络地址等。同时，司法解释规定，网络服务提供者无正当理由拒不提供的，人民法院可以依据民事诉讼法相关规定对网络服务提供者采取处罚等措施。

针对微博、微信等社交网络以及由此产生的自媒体迅猛发展之势，司法解释规定，人民法院认定网络用户或者网络服务提供者转载网络信息行为的过错及其程度，应当综合以下因素：转载主体所承担的与其性质、影响范围相适应的注意义务；所转载信息侵害他人人身权益的明显程度；对所转载信息是否作出实质性修改，是否添加或者修改文章标题，导致其与内容严重不符以及误导公众的可能性。认定转载者承担责任的一个要件是“过错”，这需要法官结合证据、结合客观事实作出裁量和判断。

针对以非法删帖服务为代表的互联网灰色产业，司法解释规定，被侵权人与构成侵权的网络用户或者网络服务提供者达成一方支付报酬，另一方提供删除、屏蔽、断开链接等服务的协议，人民法院应认定为无效。擅自篡改、删除、屏蔽特定网络信息或者以断开链接的方式阻止他人获取网络信息，发布该信息的网络用户或者网络服务提供者请求侵权人承担侵权责任的，人民法院应予支持。接受他人委托实施该行为的，委托人与受托人承担连带责任。司法解释同时明确，雇用、组织、教唆或者帮助他人发布、转发网络信息侵害他人人身权益，被侵权人请求行为人承担连带责任的，人民法院应予支持。

该次出台的司法解释规定，网络用户或者网络服务提供者利用网络公开自然人基因信息、病历资料、健康检查资料、犯罪记录、家庭住址、私人活动等个人隐私和其他个人信息，造成他人损害，被侵权人请求其承担侵权责任的，人民法院应予支持。

此外，司法解释针对司法实践中出现的维权成本高、利用网络侵害他人人身权益的违法成本过低的现实，规定被侵权人为制止侵权行为所支付的合理开支，可以认定为《侵权责任法》第20条规定的财产损失。被侵权人因人身权益受侵害造成的财产损失或者侵权人因此获得的利益无法确定的，人民法院可以根据具体案情在50万元以下的范围内确定赔偿数额。

（资料来源：《中国新闻出版报》
作者：罗 沙 徐 砼）

【北京知识产权法院正式挂牌成立】 2014年11月6日，全国首家知识产权审判专业机构——北京知识产权法院正式挂牌成立，开始受理案件。与此同时，北京市各中级人民法院则不再受理知识产权民事和行政案件。

新成立的北京知识产权法院内设4个审判庭，集中管辖原由北京市各中级人民法院管辖的知识产权民事和行政案件。按照最高人民法院发布的司法解释，北京知识产权法院管辖的第一审案件的范围包括：专利、植物新品种、集成电路布图设计、技术秘密、计算机软件等技术类民事和行政案件；对国务院部门或者县级以上地方人民政府所从事的涉及著作权、商标、不正当竞争等行政行为提起诉讼的行政案件；涉及驰名商标认定的民事案件。

此外，北京知识产权法院还专属管辖第一审授权确权类行政案件，主要包括：不服国务院部门授权确权类裁定或者决定的知识产权授权确权类行政案件；与知识产权强制许可有关的行政案件；与知识产权授权确权有关的其他行政行为引发的行政案件。同时，北京知识产权法院还审理当事人对北京市基层人民法院作出的第一审著作权、商标、技术合同、不正当竞争等知识产权民事和行政判决、裁定提起的上诉案件。

北京知识产权法院实行主审法官员额制，首批选任法官 22 名，其中 4 人被任命为庭长。此外，北京知识产权法院还设置司法辅助人员 51 名，其中包括法官助理和技术调查官。

（资料来源：《知识产权报》 作者：祝文明）

【《炉石传说》版权案暴雪网易再次胜诉】 2014 年 11 月 18 日，上海市第一中级人民法院（以下简称“一中院”）就暴雪娱乐有限公司及网易公司诉上海游易网络科技有限公司（以下简称“上海游易”）著作权侵权纠纷一案作出判决。

一中院认定：

（1）*Hearthstone*：*Heroes of Warcraft*（中文译名：《炉石传说：魔兽英雄传》）游戏中的“炉石标识”“游戏界面”“卡牌牌面设计”“游戏文字说明”“视频和动画特效”属于著作权法所称作品，应当受到法律的保护。未经原告许可，复制、发行或者通过信息网络向公众传播其作品的，均属于侵权行为。

（2）上海游易在《卧龙传说：三国名将传》中使用的标识和个别动画构成对原告作品的复制，侵害了原告对相关作品享有的复制权和信息网络传播权。

基于上述认定，一中院判令上海游易在判决生效之日立即停止对原告著作权的侵害，并移除或修改侵权作品。同时，上海游易应当在判决生效之日起 10 日内赔偿原告的经济损失 5 万元。

上述判决是一中院自 2014 年 11 月 6 日以来作出的连续第二个支持暴雪娱乐、网易公司打击知识产权侵权行为的判决。此前，一中院有关不正当竞争的判决已要求上海游易立即停止通过信息网络或以任何其他形式运营、发行侵权游戏。至此，针对暴雪娱乐、网易公司与上海游易之间的知识产权纠纷，一中院已全部作出判决。暴雪娱乐、网易公司尊重一中院的判决。

（资料来源：DoNews 作者：孙永立）

【腾讯诉网易侵犯《时间都去哪儿了》等 623 首歌曲著作权】 2014 年 11 月，湖北省武汉市中级人民法院针对网易云音乐发出网络禁令，认定“网易云音乐”平台及其下游分销商通过互联网络、移动网络公开向公众传播的《时间都去哪儿了》等 623 首网络音乐歌曲涉嫌侵权行为，裁定要求“网易云音乐”平台及其运营各方应该立即停止该传播行为。该网络禁令是湖北省第一例因网络著作权争议提起的诉前禁令。

禁令申请人深圳市腾讯计算机系统有限公司（下称“腾讯公司”）是《时间都去哪儿了》等 623 首网络音乐歌曲著作权人。腾讯公司发现，广州网易计算机系统有限公司（下称“广州网易”）、网易（杭州）网络有限公司（下称“杭州网易”）、杭州网易雷火科技有限公司（下称“网易雷火”）等三方运营的“网易云音乐”平台未经许可向公众传播涉案音乐作品，而且“网易云音乐”平台还通过中国联合网络通信有限公司湖北省分公司（下称“湖北联通”）运营的“网易云音乐畅听流量包”及广东欧珀移动通信有限公司（下称“广东欧珀”）生产厂商在其欧珀（OPPO）手机中定向内置“网易云音乐移动客户端”等方式分销上述网络音乐作品，涉嫌侵犯腾讯公司对这些音乐作品享有的专有的信息网络传播权。

11 月 10 日，腾讯公司申请武汉中院发布禁止令，禁止被申请人以下行为：（1）责令被申请人广州网易、杭州网易、网易雷火停止通过“网易云音乐”平台（music.163.com 及其 PC 端、移动客户端）向公众传播申请人享有专有著作权的歌曲，这些歌曲包括《时间都去哪儿了》《爱的供养》《画心》等 623 首歌曲；（2）责令被申请人湖北联通停止提供网易云音乐畅听流量包服务；（3）责令被申请人广东欧珀停止在其 OPPO 品牌手机作品公证书、侵权公证书中内置网易云音乐行为。

腾讯公司申请禁令时向武汉中院提交了相关权利音乐专辑、相关网页打印件及工信部 IP/ICP 备案信息查询结果等证据。同时，还提供了担保人腾讯科技（深圳）有限公司广州分公司为申请人腾讯公司此次诉前禁令申请提供的 300 万元银行存款资金作为担保。

武汉中院本案合议庭初步审查认为，腾讯公司是涉案 623 首音乐作品的专有的信息网络传播权人，“网易云音乐”平台通过互联网络向公众传播涉案音乐作品，并以“联通网易云音乐畅通流量包”模式和以欧珀手机定向内置 APP 客户端模式分别向联通移动手机客户、欧珀移动手机客户分销涉案623首音乐作品。这些行为都涉嫌侵犯腾讯公司依法享有的涉案音乐作品的专有信息网络传播权。

合议庭认为，上述网络传播行为涉及的网络传播媒介、传播方式、网络音乐运营模式远远超出了传统网络运营的单一模式，具有较强的专业性、技术性，稍不注意，容易形成分销主体之间的连锁反应，可能影响互联网网络音乐这一新型产业的竞争环境。

依此，该案合议庭充分评估禁令发布的必要性、技术操作上的可行性和救济途径的多样性，在48小时内发布前述禁令，要求被申请人各方立即停止“网易云音乐”平台、畅听流量包及欧珀手机定向内置方式传播前述623首音乐作品的行为。

武汉中院该案合议庭在冻结申请人300万元担保资金后，前往广州、东莞、杭州和武汉等地将长达30余页的禁令裁定发送给各被申请人，要求“网易云音乐”平台运营各方认真核查禁令附件所列623首网络音乐作品，并区分服务器上传、作品链接等不同情形，或者删除、或者断链、或者屏蔽涉案623首云音乐作品。禁令执行小组的缜密考虑获得了被申请人的积极配合，后者明确表示在禁令执行期内积极执行法院禁止令。

（资料来源：法制网
作者：刘志月　唐　宁　王田甜）

【台湾作家白先勇起诉上海电影集团等著作权侵权案一审宣判】 2014年12月24日，上海市第二中级人民法院对台湾作家白先勇诉上海电影（集团）有限公司、上海艺响文化传播有限公司、上海君正文化艺术发展有限公司、第三人上海电影制片厂有限公司著作权权属、侵权纠纷案作出一审判决，判令艺响文化传播有限公司、上海君正文化艺术发展有限公司停止侵权行为并赔偿白先勇25万元。

白先勇是小说《谪仙记》的作者。1989年，上海电影制片厂将《谪仙记》改编为电影《最后的贵族》。

2013年10月起，上海电影集团为主办单位，艺响公司、君正公司作为承办单位陆续在各大报纸、网站上进行宣传，称其将电影《最后的贵族》改编为同名话剧进行演出。

为此，白先勇委托律师发函给上海电影集团等，要求立即停止侵权行为，但改编后的话剧仍连续六天在上海人民大舞台公开演出。白先勇起诉至法院，要求上影集团、艺响公司、君正公司立即停止侵权；在报刊和网站上刊登声明公开赔礼道歉、消除影响；赔偿经济损失人民币50万元，并赔偿合理开支5万余元，总计554 934元。

上海二中院认为，将《最后的贵族》改编为话剧演出，需要取得电影作品《最后的贵族》制片者上影厂的许可，还需要同时取得原文学作品小说《谪仙记》作者白先勇先生许可。而艺响公司、君正公司只取得了上影公司的授权，没有得到原作品作者白先勇许可，就将电影作品《最后的贵族》改编为同名话剧并进行演出，侵害了白先勇享有的对其小说作品《谪仙记》的著作权，包括署名权、改编权及获得报酬的权利。但鉴于演出六场后未再继续，而且大部分出票为赠票，获利应为有限，法院判决由艺响公司、君正公司赔偿白先勇经济损失和合理费用共计25万元。

白先勇虽然主张上影集团参与了改编和演出活动，但没有提供相应的证据，所以法院对白先勇要求上影集团予以共同赔偿的诉讼请求未予以支持。

（资料来源：新华网　作者：黄安琪）

【琼瑶诉于正案胜诉　五被告赔偿500万元】
2014年12月25日，关于琼瑶诉于正侵犯著作权案，北京三中院一审落槌，认定于正构成侵权，判令其侵权剧立即停止复制发行传播，于正需在媒体上刊登致歉声明，五被告连带赔偿原告500万元。

2014年5月28日，三中院受理了原告陈喆（笔名：琼瑶）诉被告余征（笔名：于正）、湖南经视文化传播有限公司、东阳欢娱影视文化有限公司、万达影视传媒有限公司、东阳星瑞影视文化传媒有限公司侵害著作权纠纷一案。

12月5日，三中院一审开庭，琼瑶一方提出的诉讼请求是判令被告立即停止侵权、消除影响、向原告赔礼道歉并赔偿2 000万元。

法院一审认为，虚构题材不同于真实历史题材的作品，作者可以有较大创作空间，即便对于同类情节，不同作者创作的差异也会比较大。具体到该案中，不可否认文学作品中难免有借鉴情形，但于正所使用的人物设置、人物关系等，超越了对琼瑶作品合理借鉴的边界，因此构成侵权。

根据该案中侵权造成的后果等，法院一审判决立即停止该剧的复制发行传播，于正需在媒体上刊登致歉声明，五被告连带赔偿原告500万元。

（资料来源：新京报网　作者：张　媛　王贵彬）

◆ 行政管理

【《关于进一步完善网络剧、微电影等网络视听节目管理的补充通知》发布】 2014 年 1 月 2 日，针对部分网络剧、微电影等网络视听节目在题材选择、节目内容、制作资质等方面存在的问题，国家新闻出版广电总局印发了《关于进一步完善网络剧、微电影等网络视听节目管理的补充通知》。

《补充通知》强调，互联网视听节目服务单位要履行好开办主体的职责，严把播出关，制作播出适合网络传播、体现时代精神、弘扬真善美、人民群众喜闻乐见的网络剧、微电影等网络视听节目。从事生产制作网络剧、微电影等网络视听节目的机构，应依法取得广播影视行政部门颁发的《广播电视节目制作经营许可证》。互联网视听节目服务单位不得播出未取得《广播电视节目制作经营许可证》机构制作的网络剧、微电影等网络视听节目。个人制作并上传的网络剧、微电影等网络视听节目，由转发该节目的互联网视听节目服务单位履行生产制作机构的责任。互联网视听节目服务单位只能转发已核实真实身份信息并符合内容管理规定的个人上传的网络剧、微电影等网络视听节目，不得转发非实名用户上传的此类节目。

《补充通知》要求，各地新闻出版广电行政部门要加强广播电视节目制作经营机构的管理，对生产制作网络剧、微电影等网络视听节目的主创人员开展有针对性的培训，加强网络剧、微电影选题管理，确保所选题材积极健康向上。同时，采取举办创作座谈会、开展优秀节目评比、行业自律和文艺批评等方式，引导主创人员自觉坚持正确导向。

《补充通知》规定，网络剧、微电影等网络视听节目上网播出前应完成节目信息备案；上网播出后，群众举报或新闻出版广电行政部门发现节目内容不符合国家有关规定的，要立即下线。广播电视节目制作经营机构生产制作网络剧、微电影等网络视听节目，节目内容违反广播影视有关管理规定的，主管部门要按照《广播电视管理条例》《广播电视节目制作经营管理规定》等相关规定予以处罚。

（资料来源：人民网　作者：赵光霞）

【山西省新闻出版广电局成立】 2014 年 1 月 15 日，山西省新闻出版广电局（山西省版权局）成立暨挂牌仪式在太原举行，副省长张复明出席仪式并讲话。

山西省新闻出版广电局是在原省新闻出版局和省广电局基础上，重新整合组建成立的山西省政府直属机构，加挂山西省版权局牌子。齐峰任省新闻出版广电局党组书记、局长（省版权局局长）。

山西省新闻出版局、山西省广电局合并成立新的山西省新闻出版广电局，是省委、省政府贯彻落实中央关于全面深化改革要求，深化行政体制改革，转变政府职能的重要举措，是推动山西省文化大发展大繁荣、建设文化强省的重要举措。

新组建的山西省新闻出版广电局将强化市场准入、内容监管、行政执法等核心职能，进一步推动新闻出版广电领域改革，发挥市场在资源配置中的作用，着力打造服务型部门，为山西省新闻出版广电事业和产业繁荣发展营造良好环境。

（资料来源：《三晋都市报》　作者：李　娟）

【国家版权局发布 2013 年中国著作权登记统计数据】 2014 年 1 月 22 日，国家版权局对外发布 2013 年中国著作权登记的有关统计数据：全国共完成作品登记 845 064 件，较 2012 年的 687 651 件增长 22.89%；计算机软件著作权登记共 164 349 件，较 2012 年度增长 18.04%；著作权质权登记 244 件，涉及主债务金额 31.726 亿元。数据表明，2013 年中国著作权登记数量呈现突破性增长态势。

国家版权局还同时发布了 2013 年中国作品登记数量排名：第一名北京市 428 701 件，占总量的 50.73%；第二名中国版权保护中心 140 558 件，占总量的 16.63%；第三名上海市 82 563 件，占总量的 9.77%；第四名重庆市 33 180 件，占总量的 3.93%；第五名江苏省 32 488 件，占总量的 3.84%；第六名山东省 30 292 件，占总量的 3.58%。前六位作品登记量总和为 747 782 件，占全国总量的 88.49%。

从 2013 年登记的作品类型来看，数量最多的是摄影作品，达 434 143 件，占总量的 51.37%，其后依次是美术作品、文字作品、音乐作品、影视作品、图形作品。与 2012 年相比，涨幅较快的 5 个省是：黑龙江 1 267 件，增长 259.94%；河南 550 件，增长 191.00%；湖北 1 122 件，增长 159.72%；陕西 685 件，增长 158.49%；湖南 1 228 件，增长 92.17%。

2013 年是中国实施软件产业“十二五”规划的重要一年，在软件产业快速发展的背景下，软件著作权登记量持续升高。从软件著作权登记量排名上看，2013 年位列前五位的地区依次为北京、广东、上海、江苏和浙江。五地共登记软件 110 026 件，约占总量的 66.95%。如果按软件著作权登记增速排名，位列前三位的地区依次为：西藏、内蒙古和新疆。其中，西藏软件登记量同比增长 94.74%，内蒙古软件登记量同比增长 82.73%，新疆软件登记量同比增长 72.10%。此外，2013 年全国软件著作权转让合同登记 76 件，同比增长 153.33%；软件著作权专业许可合同登记 37 件，同比减少 30.19%；软件登记事项变更或补充登记 9 633 件，同比增长 1.07%；查询软件登记档案 27 009 件，同比增长 9.57%；司法机关调档 52 件，同比增长 100%；法院查封软件 119 件，同比增长 230.56%。

（资料来源：《中国新闻出版报》 作者：赖名芳）

【23 部影视作品进入国家版权局年度首批预警名单】 2014 年 1 月 29 日，国家版权局官方网站公布了 2014 年度第一批热播、热映的重点影视作品预警名单。该名单共有 23 个综艺节目和影视剧在列，包括《中国达人秀第 5 季》《中国好歌曲》《周六夜现场》《说出你的故事》《湖南卫视 2014 年春节联欢晚会》《湖南卫视 2014 元宵喜乐会》《人生第一次》《荷体育》等 8 台综艺节目和《男媒婆》《我的儿子是奇葩》《兵临村下》《爱情公寓 4》《恋爱的那点事儿》《四大名捕 2》《漂亮男人》《打狗棍》《新抱喜相逢》《单恋双城》《乡村爱情 7》《神探夏洛克 3》《天龙八部》《屌丝日记》等 14 部影视剧，以及动漫作品《境界的彼方》。

为防止可能发生的网络视频侵权行为，国家版权局根据相关网站上报的获得作品授权的情况，要求相关网站应对名单内的作品采取保护措施。即：直接提供内容网站未经许可不得上传预警名单内的作品；用户上传内容网站应禁止用户上传预警名单内的作品；提供搜索链接网站应仅提供正版授权网站的搜索结果及跳转链接服务；电商网站及应用平台应加快处理预警名单内作品权利人关于删除侵权内容或断开侵权链接的通知。

（资料来源：《中国艺术报》 作者：怡 梦）

【中国知识产权海关保护系统正式启用】 为方便知识产权权利人向海关总署办理知识产权海关保护备案，提高备案信息的可靠性和准确性，海关总署在原“知识产权海关保护备案系统”的基础上，开发了“知识产权海关保护系统”。该新系统于 2014 年 3 月 1 日正式启用。

新系统实现办理备案相关事项的全程无纸化，知识产权权利人可网上提交备案申请、备案续展申请、备案变更申请和备案注销申请等事宜，无须再向海关总署寄送纸面申请文件；知识产权权利人使用新系统应当事先进行用户注册；为保证海关对专利权保护的准确性，新系统增加专利权人就其在海关总署备案的专利权逐年提交已缴纳年费证明文件的功能。

（资料来源：国家知识产权局网站）

【青岛世园会成立版权工作站】 2014 年 3 月 13 日，2014 青岛世园会版权工作站在世园会挂牌成立。青岛市文化市场行政执法局派驻专人进站，为世园会相关作品做好版权登记，现场解答版权咨询，解决版权纠纷，对侵犯世园会版权的行为及时协调查处，解除世园会在知识产权方面的后顾之忧，加大了对世园会的会旗、会标、吉祥物等重点作品的版权保护力度。

青岛市文化执法局与潍坊、东营、烟台、日照、威海、滨州等市文化执法部门建立了世园会反盗版快速反应机制，与公安、工商、城管、海关等部门以及各区市文化执法部门建立了日常执法联动机制，及时收集世园会版权案件线索，从严、从快打击各类世园会版权违法活动。

（资料来源：《青岛日报》 作者：王 娉）

【江西省局建设版权公共服务平台】 2014 年 3 月 14 日，江西省新闻出版广电局召开版权公共服务平台筹建小组工作会议，正式启动全省版权公共服务平台建设工作。

该项目筹建小组由江西省局版权管理处牵头，成员单位有省版权保护中心，信息中心以及相关财务、监察等处室。会上，小组成员就江西省版权公共服务平台建设进行了讨论，梳理了人员责任分工，明确了下一步工作打算。会议要求开展多渠道调研，充分了解省版权保护相关需求，结合实际设计工作方案。

江西省局拟以有效履行政府监管和公共服务职能、努力提高版权登记数字化水平为目标，以版权登记数字化和版权信息查询数字化为主要模式，建设集版权作品登记、版权信息查询二合一的版权公共服务平台。江西省局希望通过这一平台，提供全面完善的版权公共服务和市场服务，实现权利人、使用者和社会公众三者利益的平衡，与国家版权登记进行数据对接，实现全国乃至全世界版权信息共享。该项目计划于 2015 年初开始上线试运行。

（资料来源：《中国新闻出版报》 作者：阙米秋）

【北京“倍增计划”探索音乐版权保护新途径】 2014 年 4 月 10 日上午，北京市新闻办举行新闻发布会，会议表示，北京实施《视听版权倍增计划》有效保护了数字音乐版权，不仅令三方满意，还计划向保护的深度、广度拓展，营造良好的版权保护的氛围。

2013 年初，北京市版权局正式推出《音乐版权收入倍增计划》，通过搭建合作平台、加强行政监管、制定政策扶持等一系列措施，力争经过 3 年的努力逐步建立音乐版权商业运营的新模式，实现作品的作者、作品制造商、作品运营商共赢，收入翻番的目标。该计划的推出，理顺了行业各方的关系，责、权、利更加明确，对规范行业秩序、凝聚行业力量、促进行业的健康发展都有非常积极和重要的意义。

2013 年，该局选择了卡拉 OK 作为落实“倍增计划”的突破口和试验田，北京产业联盟依托版权登记、合作备案、版权声明、版权监测、版权交易等业务，初步建立了首个产业级的音乐版权基础数据库，并建成了中国首个正版音乐曲库的交易平台，首创了以行业应用来设立正版音乐起付为交易品种的音乐版权交易模式。该平台建立以后，北京近千家歌厅通过它完成了版权交易。

该新模式的探索达到了三方满意——一是消费者满意，因为他们得到了优质的服务；二是经营者通过使用正版曲库，其服务品质得到保证，他们的经营也比较满意；三是作者和作品制造商的利益得到了保证，他们也满意。这为使音乐版权得到有效保护，促使音乐产业健康发展摸索出一条新路子。

（资料来源：千龙网　作者：于振华）

【河南省新闻出版广电局（河南省版权局）成立】 2014 年 4 月 15 日，河南省人民政府办公厅下发《河南省新闻出版广电局（河南省版权局）主要职责内设机构和人员编制规定》。

根据规定，河南省新闻出版广电局（河南省版权局）正式设立，为省政府直属机构。设立的河南省新闻出版广电局（河南省版权局）取消了 25 项职责，下放 5 项职责。取消的职责中包括音像制品经营许可、组建出版物交易市场审批等。下放的 5 项职责中包括将外商投资电影放映经营许可证审批和年检职责下放到省辖市、省直管县（市）新闻出版广电行政部门。

省新闻出版广电局（省版权局）设公共服务处、新闻报刊处、电影管理处、出版管理处（数字出版处）、电视剧管理处等 20 个内设机构。

（《中国版权年鉴》编辑部综合）

【国家版权局公布 2013 年度打击侵权盗版十大案件】 2014 年 4 月 18 日，国家版权局公布了“2013 年度打击侵权盗版十大案件”，即快播公司、百度公司侵犯影视作品著作权案，江苏扬州“动漫屋”网站侵犯动漫作品著作权案，浙江杭州“爆米花”网站侵犯影视作品著作权案，湖南长沙好乐迪音乐娱乐广场侵犯音乐作品著作权案，山东青岛正大有限公司侵犯软件著作权案，安徽滕某某等侵犯网络游戏著作权案，上海朱某某等销售盗版教材案，江苏南京“6·4”销售侵权盗版光盘案，山东济南李某某等印刷发行盗版图书系列案，天津冯某某等印刷发行盗版图书案。

2013 年，各级版权执法相关部门侦查破获了一批侵权盗版重大案件，案件数量、案件类型、大案要案继续增多，行政处罚和刑事判决力度也进一步加大，各地依法开展版权执法工作的效能进一步提高。为集中展示版权执法相关部门查处侵权盗版案件的工作成绩，充分发挥典型案例的示范引导作用，国家版权局选取江苏、浙江、湖南、山东、安徽、上海、天津等 7 个省市的版权行政处罚案件和刑事案件各 5 件。其中，行政处罚案件分别为网络影视、网络动漫、网络音乐、KTV 歌曲和软件领域侵权盗版案件；刑事案件分别为网络游戏、教材、音像制品、图书领域侵权盗版案件，涵盖了侵犯著作权案件的不同类型。

（资料来源：《中国新闻出版报》　作者：邹　韧）

【张家港市建成全国首个县市政府版权网站】 2014 年 4 月 23 日，“张家港版权”网正式开通，这是全国首个县市级政府版权网站。该网站通过搭建版权信息发布、动漫版权服务、版权专业服务“三大平台”，全面构筑版权工作信息化网络。网站开设的 13 个栏目基本涵盖了张家港市版权局各项工作职能范围，公众通过浏览网站可获知张家港市有关版权创造、运用、保护、管理最新动态及相关规定政策。

（资料来源：张家港市版权局）

【国家版权局奖励查处侵权盗版案有功单位和个人】 2014 年 6 月 9 日，国家版权局公布了关于奖励 2013 年度查处侵权盗版案件有功单位及有功个人的决定，对在 2013 年度查处侵权盗版案件工作中作出突出贡献的北京“6·7”侵犯著作权案专案组等215家有功单位及杨勇等179名有功个人给予奖励。

国家版权局要求各级版权相关执法部门及广大执法人员向查处侵权盗版案件有功单位和有功个人学习，以维护权利人合法权益、促进版权相关产业健康发展、提升中国版权保护水平为己任，为建设创新型国家和法治中国作出更大贡献。

（资料来源：《中国新闻出版报》 作者：任晓宁）

【四部门启动“剑网2014”行动】 2014年6月12日，国家版权局、国家互联网信息办公室、工业和信息化部、公安部在京联合召开全国版权执法监管工作座谈会，正式启动第十次打击网络侵权盗版专项治理“剑网行动”。

“剑网2014”专项行动以打击网站未经授权大量转载传统媒体作品的侵权行为作为重点任务，并通过规范网络转载行为，推动传统媒体与网络媒体建立合作机制，以净化网络传播环境，保护权利人合法权益，促进互联网产业的健康发展。

国家新闻出版广电总局党组书记、副局长蒋建国指出，版权保护是发展文化产业和创意产业的核心和基石，关系到民族的创新能力和长远发展，我们应保护好创作者的权益，形成“一创成名，一创致富、一创终身享有、一创利及子孙”的创造创新环境。

国家互联网信息办公室副主任彭波认为，要充分认识加强网络版权保护的必要性、重要性，加强互联网信息内容的管理，增进部门间协同配合，以网站为落脚点，多方面共同努力，加强宣传教育，提高公众认识水平。

商务部副部长、全国“双打”办负责人房爱卿表示，全国“双打”行动领导小组办公室在2014年的“双打”工作中，将积极推进行政执法与刑事司法衔接，建立健全联席会议、案件咨询、线索通报受理反馈等制度，推动侵权假冒行政处罚的信息公开，促进相关执法与司法信息共享。

在座谈会上，国家新闻出版广电总局副局长、国家版权局副局长阎晓宏通报了版权执法监管有关情况及“剑网2014”专项行动面临的形势和任务。同时，会上为2013年查处侵权盗版案件有功单位及有功个人进行了授牌。

（资料来源：《中国青年报》 作者：徐 硙）

【国家版权局对“今日头条”立案调查】 2014年6月23日，《人民日报》刊出采访国家版权局版权管理司司长于慈珂的报道称，国家版权局对“今日头条”进行了立案调查。

于慈珂接受《人民日报》采访时说，2014年6月12日开启的“剑网2014”专项行动目前处于发动投诉举报、开始部署清理检查阶段。早在“剑网2014”专项行动启动之前，国家版权局就收到了有关传统媒体的投诉，称“今日头条”网未经许可转载了它们的新闻作品。国家版权局对此高度重视，已经受理相关投诉，正在对“今日头条”网进行立案调查，将根据调查情况，依法作出处理。

对于“有的网络媒体认为自己使用传统媒体的作品是扩大了其传播面，并为传统媒体的网站带来了流量，或者在转载后付费了，它们把这些视为可以转载的理由”，于慈珂说，“先许可，后使用”是《著作权法》的一项基本原则。除了《著作权法》明确规定之外，不论是出于什么目的使用了作品，使用作品必须先取得权利人的授权许可。于慈珂指出，“先许可，后使用”这项原则对传统媒体和网络媒体都是适用的，没有例外。在法律规定框架下，任何未经权利人允许就使用其作品的行为都是侵权行为，都要承担相应的法律责任。

【深圳市场监督管理局正式向快播开出2.6亿元罚单】 2014年6月26日下午，深圳市市场监督管理局正式向快播公司送达了《行政处罚决定书》，开出了2.6亿元的罚单。快播侵犯他人信息网络传播权案件的听证会已于6月17日举行了非公开听证，听证处罚结果维持了原《行政处罚听证告知书》中拟处罚的内容。快播享有提出复议甚至行政诉讼的权利。

深圳市市场监督管理局表示，听证会上，快播公司与办案单位、本案第三人等就告知书内容进行了激烈的辩论，最终听证组维持了办案部门的处罚建议，主要理由有：

（1）快播公司提交的证据并不能证明其没有侵权的主观故意，而该局经查实的证据表明其存在侵犯他人信息网络传播权的侵权行为和主观故意。

（2）快播公司未经著作权人许可向公众传播侵权作品的行为，实质上是降低经营成本经营的不正当竞争行为，侵犯了市场公平竞争的管理秩序，从而损害了公共利益。

（3）快播公司在国家版权局作出行政处罚，责令整改期限结束后，仍在实施侵权行为，故该次处罚并不属于“一事再罚”。

（4）该案非法经营额的认定符合相关规定，处以非法经营额三倍罚款处罚裁量恰当。

深圳市市场监督管理局根据《中华人民共和国

著作权法》第四十八条、《中华人民共和国著作权法实施条例》第三十六条及《中华人民共和国行政处罚法》有关规定，依法对当事人作出如下行政处罚：（1）责令立即停止侵权行为；（2）处以非法经营额三倍的罚款 26 014.8 万元人民币。

（资料来源：TechWeb　作者：安　东）

【国家版权局通报“剑网 2014”专项行动第一批网络侵权盗版案件】　2014 年 7 月 9 日，国家版权局通报了“剑网 2014”专项行动第一批网络侵权盗版案件查办情况。

国家版权局通报的 8 起案件具体情况为：

安徽“DY161 电影网”涉嫌侵犯著作权案。根据投诉，安徽省版权部门与公安部门成立专案组，对“DY161 电影网”涉嫌侵犯著作权案立案调查。经查，涉案嫌疑人同时运营“DY161”“f1dy”两个电影网站，共发布涉嫌侵权影视作品上万部。2014 年 6 月初，公安部门抓获涉案嫌疑人陈某。该案已移交检察院审查起诉。

江苏“速酷电影网”等视频网站涉嫌侵犯著作权系列案。江苏省徐州市公安部门发现“速酷电影网”等 22 个电影网站涉嫌未经许可上传权利人拥有权利的影片供网民观看、下载，招揽广告牟利，遂对以上案件立案侦查。查清其中 11 个网站的主要犯罪事实后，抓获涉案犯罪嫌疑人 20 余名，其中 18 人被依法刑事拘留；打掉侵犯著作权犯罪团伙 2 个，扣押涉案资金 150 余万元。

广西“威盘网”涉嫌侵犯著作权案。2014 年 1 月，广西壮族自治区版权局对“威盘网”涉嫌侵犯音乐作品著作权案立案调查。经查，该网站涉嫌侵权作品涉及音乐、影视、软件、游戏作品，点击下载量巨大，网站上有大量广告内容，涉嫌构成刑事犯罪。该案已移送自治区公安部门立案侦查。

北京何某某等涉嫌侵犯网络游戏软件著作权案。根据投诉，北京市文化市场行政执法总队会同海淀公安分局网安大队成立专案组，对何某某等人涉嫌架设私服运营《笑傲江湖 OL》网络游戏软件牟利案立案调查。涉案犯罪嫌疑人何某某、厉某已被抓获。

山东淄博李某等涉嫌侵犯网络游戏著作权案。根据投诉，山东省淄博市版权部门会同公安部门成立专案组，对李某等在网上销售《弹弹堂》游戏外挂案立案调查。公安部门先后抓获李某等 15 名涉案嫌疑人，打掉一个非法发卡平台，查缴非法所得 100 余万元。

安徽“999 宝藏网”涉嫌侵犯著作权案。根据举报线索，安徽省版权部门联合公安部门对“999 宝藏网”涉嫌未经许可提供盗版 WINDOWS 操作系统软件下载案立案调查。经查，“999 宝藏网”以提供盗版微软软件供注册会员下载使用、发布广告、捆绑插件、收取会员费等方式获利。网站注册会员总计 363 万多人，仅会员注册费用一项，已查实犯罪嫌疑人获益 47 万余元；操作系统板块内抽样调查的 20 件涉嫌盗版的操作系统软件浏览数合计超过 11 万次。案件已进入法院审理阶段。

“上海复旦网上书店”和“上海惠生图文”网店涉嫌销售盗版图书案。上海市版权部门根据举报线索，会同公安部门对“上海复旦网上书店”和“上海惠生图文”两家网上书店涉嫌销售侵权图书案立案调查。2014 年 4 月，公安部门先后抓获犯罪嫌疑人 15 名，现场查获侵犯著作权书籍近百本以及涉案交易账册、制作盗版书的电脑主机等设备，截获了网络交易记录。经查，该团伙自 2012 年以来共销售各类侵权书刊 5 000 余册，累计涉案金额 30 余万元。目前，4 名主要犯罪嫌疑人已被依法刑事拘留，其余 11 人被依法予以取保候审。

上海王某等利用互联网销售侵权盗版 ISO 标准案。2013 年，上海市版权行政部门联合公安部门破获一起特大网络销售侵权盗版 ISO 标准案。经查，自 2010 年起，犯罪嫌疑人王某等人先后向境外租借 4 个虚拟空间服务器并架设 4 个网站，未经著作权人许可，擅自向网站上传 10 万余条各国标准的目录，标注销售价格，并通过第三方支付平台收取费用、通过电子邮件寄送标准内容，非法牟利，涉案数额较大。2 名犯罪嫌疑人已被依法刑事拘留，检察院已提起公诉。

（资料来源：新华网　作者：隋笑飞）

【上海强化“大版权”管理】　2014 年 7 月 11 日，上海市版权局、上海市公安局、上海市通信管理局、上海市文化市场行政执法总队、上海市互联网信息办公室等五部门联合召开 2014 年“剑网行动”工作会议暨 2013 年度查处侵权盗版案件先进表彰会议。会议强调，要积极构建版权执法、主动监管、公共服务“三位一体”的“大版权”管理模式。

2014 年 6 月至 11 月期间，上海重点围绕网络文学、音乐、影视、游戏、软件等作品的数字版权保护，加大对互联网网站、网络销售平台、移动智能终端应用软件商店的监管力度，严厉打击各种网络侵权盗版行为。

（资料来源：《中国新闻出版报》 作者：金 鑫）

【国家版权局公布36部重点影视作品预警名单】 2014年7月25日，国家版权局在其官网公布了2014年度第二批重点影视作品预警名单，名单中的36部作品均为热播、热映的重点影视作品。

名单中的作品包括《中国好声音》（第三季）、《最美和声》等15部综艺节目，《离婚律师》《神犬奇兵》等11部电视剧，《美少女战士R》《精灵使的剑舞》等9部动漫作品，以及电影《归来》。

名单中公布了该36部作品的权利主体、作品类型、授权形式、授权期限，以及分销、置换情况。国家版权局要求相关网站应对名单内的作品采取以下保护措施：直接提供内容网站未经许可不得上传预警名单内的作品；用户上传内容网站应禁止用户上传预警名单内的作品；提供搜索链接网站应仅提供正版授权网站的搜索结果及跳转链接服务；电商网站及应用平台应加快处理预警名单内作品权利人关于删除侵权内容或断开侵权链接的通知。

（资料来源：《中国新闻出版报》 作者：方 圆）

【北京网络版权监管工作会议召开】 2014年7月29日，北京市版权局“北京网络版权监管工作会议”在京召开。

会上，国家版权局版权管理司司长于慈珂指出，网络企业要遵守国家法律法规，自觉树立保护知识产权、“先授权，后传播”的法律意识，认真开展自查自纠工作。“剑网2014”专项行动，目标是“网”，手段是“剑”，版权管理部门要对互联网企业加大监管力度，依法整治网络空间，规范网络传播秩序，严厉打击互联网领域侵犯知识产权的违法犯罪活动，为互联网健康发展营造良好的环境和公平的秩序。

北京市版权局针对网络监测中发现的问题，重点部署北京市开展打击网络侵权盗版“剑网2014”专项行动。确定2014年网络版权监测监管工作的重点是对重点音视频网站、大型综合型网站在版权使用方面进行主动监测，跟踪监管；按照“剑网2014”专项行动的要求，积极协调公安、通信和行政执法部门，严厉打击网络侵权盗版。北京市版权局2014年的工作重点是从重从快打击网络新型侵权犯罪行为，努力建立主动监管长效机制，支持探索建立合作共赢的商业模式。会议要求网络企业要落实企业版权管理职责，严格执行版权管理制度，完善制止侵权盗版的工作措施和快速反应机制。

首都版权产业联盟也对互联网企业落实《信息网络传播权保护指导意见》的情况进行了总结，对清源行动中处理链接、涉嫌盗版网站等数据进行了通报，并鼓励更多的大型、综合型网站和广告联盟体系的互联网企业加入清源行动，共同维护网络版权环境。

首都版权产业联盟在对各音乐网站、重点音乐选秀节目作品、KTV音乐作品使用等方面进行主动监管中，发现一些网站的音乐客户端涉嫌侵权盗版，个别网站不配合监测部门和权利人的下线通知，不及时处理网上侵权作品，屡次出现侵权现象或延迟处理，严重损害权利人的合法权益。版权管理部门对这类监管对象进行约谈，盗版侵权严重的移送到执法部门处理。

首都版权产业联盟在“2013—2014年网络传播监管情况”工作汇报中，对酷狗、酷我音乐网站进行了通报。北京版权资源信息中心（www. ccibs. cn）的网络监管平台，一直对各音乐网站、重点音乐选秀节目作品、KTV音乐作品使用等各方面进行主动监管，其中，酷狗音乐、酷我音乐客户端涉嫌侵权盗版《中国好声音》第三季音乐作品，而且不予配合版权监管部门的下线通知和处理工作，责成一周内立即整改。

该次网络版权监管工作会议，听取了互联网企业关于版权培训、版权监测、版权维权服务等方面的建议，要求互联网企业严格按“剑网2014”专项行动的要求开展自查自纠活动，查找侵权盗版问题，切实落实《信息网络传播权保护指导意见》，积极反馈修改意见和建议。

（资料来源：新浪传媒）

【新疆维吾尔自治区新闻出版广电局揭牌】 2014年8月9日，新组建的新疆维吾尔自治区新闻出版广电局揭牌。新疆维吾尔自治区党委常委、宣传部长李学军出席揭牌仪式并讲话。

安思国任新疆维吾尔自治区新闻出版广电局党组书记，古力先·吐拉洪任新疆维吾尔自治区新闻出版广电局局长。

新疆维吾尔自治区新闻出版广电局领导班子成员及机关干部、直属单位负责人参加了揭牌仪式。

（资料来源：《中国新闻出版报》 作者：诸葛瑞金）

【《武汉市著作权登记资助资金使用管理办法》发布】 2014年8月14日，武汉市文化新闻出版广电局（版权局）发布由该局和武汉市财政局联合制发的《武汉市著作权登记资助资金使用管理办法》。

《办法》规定，拥有武汉市户籍的公民或者在武汉市注册的法人和其他组织，每创作一件计算机软件、动漫网络游戏作品或具有一定社会影响力和经济效益的文学、艺术作品，可向著作权行政管理部门申请办理著作权登记，成功获得登记证书后，可向武汉市文化新闻出版广电局（版权局）申请最高达 600 元的资金补助。

（资料来源：《楚天都市报》
作者：汪 彤 付成荣）

【湖南省新闻出版广电局挂牌成立】 2014 年 8 月 18 日上午，湖南省新闻出版广电局在省广电大楼举行挂牌仪式。湖南省委常委、省委宣传部部长许又声，副省长李友志到会讲话并为省新闻出版广电局揭牌。省军区副政委刘建新、省人大常委会党组成员肖雅瑜、省政协原副主席魏文彬出席。

根据中央和省委的部署，对原省新闻出版局和省广播电影电视局机构和职能进行整合，组建省新闻出版广电局，这是湖南贯彻落实党的十八届三中全会精神进一步深化改革的具体行动，是转变政府职能、建设服务型政府的重大举措，标志着湖南新闻出版广电事业的发展步入了一个新的发展阶段。

省委办公厅、省政府办公厅、省委组织部、省委宣传部及省直主要新闻出版广电单位，各市州文广新局、文化市场综合执法局负责人参加了挂牌仪式。

（资料来源：红网 作者：刘玉先 杨 帆）

【广东省版权局联合东莞市版权局在第六届漫博会上设立版权服务站】 2014 年 8 月 21 日至 25 日，第六届中国国际影视动漫版权保护和贸易博览会（以下简称漫博会）在东莞成功举办。

在本届漫博会上，广东省版权局联合东莞市版权局继续设立一站式版权服务工作站，负责漫博会期间的版权行政执法、版权保护宣传、版权服务管理、版权运用交易等工作，对参展作品实行“作品著作权免费登记”。展会期间，共受理参展作品著作权登记申请 216 项，现场核发《作品著作权登记证书》198 个；版权服务工作站共核发《著作权来源信息登记卡》880 张，接待版权咨询 160 多人次；连续六届实现著作权纠纷“零投诉”，成为国内同类展会版权保护工作的表率。

（资料来源：东莞市版权局）

【东莞松山湖高新区获“全国版权示范园区（基地）”称号】 2014 年 8 月 21 日，松山湖高新区“全国版权示范园区（基地）”揭牌仪式在东莞会展中心举行，国家版权局版权管理司司长于慈珂、广东省版权局副局长陈春怀、东莞市副市长喻丽君、东莞市文化广电新闻出版局局长陆世强、松山湖高新区管委会常务副主任蔡康参加了揭牌仪式。

松山湖高新区是东莞唯一的国家级高新技术产业开发区，是全市版权产业发展的先行者和推动器。2012 年，园区版权产业总产值 290 亿元，纳税 7 290 万元，其中核心版权产业企业 86 家；2013 年，园区版权产业总产值 468 亿元，同比增长 61%，纳税 1.1 亿元，同比增长 52%，其中核心版权产业企业 134 家，同比增长 56%。园区拥有东莞创造者文化传播有限公司等多家经认定的国家级动漫企业，82%以上的企业在产品、服务、技术、人才等方面大力推动版权产业及涉版产业的发展，版权产业日益成为园区重要的支柱产业。

（资料来源：东莞市版权局）

【国家版权局通报“剑网 2014”专项行动第二批网络侵权盗版案件】 2014 年 9 月 2 日，国家版权局通报了“剑网 2014”专项行动第二批 10 起网络侵权盗版案件查办情况，并号召权利人及权利人组织、社会公众继续积极参与投诉举报。

国家版权局通报的 10 起案件分别为：

江苏“金火影视网”涉嫌侵犯影视作品著作权案。2014 年 1 月，江苏省徐州市公安部门对“金火影视网”涉嫌侵犯著作权案立案调查。经查，张某某未经许可，擅自复制大量侵权影视作品至其开设的“金火影视网”上传播。至案发，该网站传播影视作品 36 000 余部，获取广告收入 89 万余元；仅抽样的 212 部影视作品的点击总量已达 400 余万次。张某某已被批准逮捕，案件已移送检察机关。

江苏“放放电影网”涉嫌侵犯影视作品著作权案。2014 年 1 月，江苏省徐州市公安部门对“放放电影网”涉嫌侵犯著作权案立案调查。经查，谢某设立“放放电影网”，非法复制土豆、优酷、乐视等公司拥有独家信息网络传播权的大量影视作品，供网民点击下载收看，并通过投送网络广告，非法获利 400 余万元。谢某已被批准逮捕，案件已移送检察机关。

江苏“高清影视下载网”侵犯著作权案。2014 年，江苏省扬州市公安部门对“高清影视下载网”涉嫌侵犯著作权案立案调查。经查，胡某某创办

“高清影视下载网”，未经许可，从其他网站下载大量电影作品置于“高清影视下载网”，并通过其妻丁某某的淘宝店铺销售拷贝了侵权影片的硬盘及高清播放器以及销售注册邀请码，2013 年度共计获取违法所得 90 余万元。胡某某、丁某某已被批准逮捕，案件已移送检察机关。

山东康某等涉嫌侵犯《热血传奇》网络游戏著作权案。2013 年，山东省济南市版权行政执法部门和公安部门对康某等人侵犯《热血传奇》网络游戏著作权案立案调查。经查，康某等未经网络游戏《热血传奇》著作权人上海盛大网络发展有限公司许可，非法复制、发行《热血传奇》服务器软件，涉案金额达 4 000 多万元。专案组抓获以康某为主犯的犯罪嫌疑人 7 人，关停服务器 110 台。2014 年 3 月，该案移交检察机关提起公诉。该案已进入法院审理阶段。

江苏王某等涉嫌侵犯《奇迹》网络游戏著作权案。2014 年 4 月，根据上海壮游信息科技有限公司报案线索，江苏省常州市公安部门成功破获王某等侵犯网络游戏著作权案。经查，王某等租用服务器搭建“火神”“怀旧”等 2 个“MU 奇迹”游戏私服，非法获利 100 余万元。三名犯罪嫌疑人已被采取刑事强制措施。

北京邱某某等涉嫌侵犯《魔兽世界》网络游戏著作权案。2014 年 4 月，北京市公安部门根据上海网之易网络科技发展有限公司报案线索，对邱某某等私设《魔兽世界》服务器案进行调查。经查，邱某某等非法架设并运营“3C 魔兽”私服，非法获利 120 余万元。2014 年 5 月，北京市公安部门抓获邱某某等三名犯罪嫌疑人。案件已移送检察机关。

安徽胡某某等制售盗版图书案。2013 年，安徽省池州市公安部门与池州市版权行政执法部门联合对胡某某等通过淘宝网店制售盗版图书案进行调查。经查，胡某某等伙同他人形成统一供货、统一进价、统一销售价格、统一分红的销售盗版 CFA 教材的协议联盟，至案发前，各被告人销售盗版 CFA 教材的违法所得共计人民币 130 万元。安徽省池州市贵池区法院以销售侵权复制品罪依法判处三被告人有期徒刑一年两个月，缓刑两年，并各处罚金 5 万元。

湖南曾某某等涉嫌制售盗版图书案。2014 年 6 月，湖南省长沙市版权行政执法部门和公安部门对曾某某等涉嫌通过淘宝网店制售盗版图书案进行调查。经查，曾某某在淘宝网开设了十余家网上书店，同时购买了复印机等工具，制作、销售中国电力出版社等十多家出版社的近千种盗版图书，仅三个月内已发货近 3 000 宗。犯罪嫌疑人曾某某已被采取刑事强制措施。

山东刘某某等涉嫌制售盗版音像制品案。2013 年 9 月，山东省淄博市版权行政执法部门与公安部门成立专案组，对刘某某等利用淘宝网店批发销售涉嫌侵权盗版音像制品案展开调查。经查，刘某某等从互联网下载书法、教育等相关视频资料，雇用孙某某刻制侵权盗版光盘近万套、41 200 张，在淘宝网开设“仁宇书法”等三家网店对外销售，非法经营额达 400 余万元。该案已刑事拘留 2 人，取保候审 2 人。

重庆“锐读书城”网涉嫌侵犯文字作品著作权案。2014 年 7 月初，重庆市版权行政管理部门协同重庆市公安部门对“锐读书城”网侵犯著作权案开展核查。经查，重庆狮游科技有限公司法定代表人谭某指使其公司员工复制他人文学作品，置于其公司开设的“锐读书城”网供网友免费阅读，截至 2014 年 7 月，非法复制他人文学作品达万余部，点击量达 400 余万次，累计广告收入近百万元。7 月 21 日，犯罪嫌疑人谭某被抓获归案。

（资料来源：新华网　作者：隋笑飞）

【阎晓宏在安徽调研网络版权执法监管】 2014 年 10 月 22 日至 23 日，国家新闻出版广电总局副局长、国家版权局副局长阎晓宏，率新闻出版广电总局网络版权执法监管调研组赴安徽调研。

阎晓宏一行实地走访了万家热线、新安人才网、合肥市公安局网安支队，并召开工作座谈会，听取安徽省有关情况介绍。阎晓宏指出，安徽省对网络版权工作高度重视，各有关部门认识到位、配合到位、工作到位，查办了一批重大案件，营造了良好的网络环境。从总体上来说，安徽在网络版权执法监管上走在了全国前列。

阎晓宏指出，网络版权执法监管工作，关系互联网信息产业健康快速发展，关系国家网络信息安全，各有关部门要以高度的责任感使命感，更加有力、有效地做好执法和监管工作。要严厉打击商业性非法牟利等网络侵权盗版行为，依法依规予以查处。要适应互联网信息技术迅猛发展的新趋势，加强业务培训和指导，不断提高执法能力。要加大宣传力度，在全社会会形成关注版权、保护版权的良好氛围。

（资料来源：《安徽日报》　作者：李跃波）

【青岛确定首批 22 所版权教育示范学校】 2014 年 10 月，山东省青岛市文化市场行政执法局与青岛市教育局联合确定青岛第四十一中学等22所学校为青岛市首批版权教育示范学校。

2014年以来，青岛市文化市场行政执法局与青岛市教育局在全市联合组织开展了青岛市版权教育示范学校的创建工作。已确定的22所示范学校是从众多报名学校中经各级推荐择优筛选出来的，有着学校领导重视、教学机制健全、版权教育氛围浓厚、教育宣传扎实有效等共同特点，能够有效地将版权教育与科技创新、课外实践、德育工作有机结合，鼓励和引导学生增强版权保护意识。

（资料来源：《中国新闻出版报》 作者：赖名芳）

【江苏一般作品著作权登记量超4万件】 2014年10月，江苏省新闻出版局表示，截至10月10日，江苏省完成一般作品著作权登记达41 774件，提前完成2014年全年4万件的任务。

“完成一般作品著作权登记4万件”是江苏省政府确定的2014年度“十大重点工作、百项考核指标”之一。能提前50多天完成全年目标，江苏省版权局主要采取了以下4项措施：组织广大文艺工作者和文化企业开展版权知识培训，提高其作品登记的积极性；定期通报各地一般作品登记数量，鼓励先进，鞭策后进；先后组织4批地方版权登记人员在岗培训，熟悉著作权法知识和登记流程，提高工作人员作品登记效率和服务水平；在申请登记数量突然增加造成积压的情况下，开展作品登记“高潮月”活动，确保按期完成审查任务。

（资料来源：《中国新闻出版报》 作者：叶明生）

【黑龙江省新闻出版广电局成立】 2014年11月10日，黑龙江省新闻出版广电局全体干部大会在哈尔滨召开。会议宣布黑龙江省新闻出版广电局正式成立，新成立机构整合原省新闻出版局、省广电局的机构和职能。黑龙江省委常委、宣传部长张效廉出席会议并讲话。

张效廉指出，省新闻出版广电局的成立，标志着黑龙江省新闻出版广电事业进入新的发展阶段。省新闻出版广电局领导班子要认真贯彻执行民主集中制原则，切实加强自身建设，不断增强凝聚力和战斗力。要继续加强思想政治工作，确保干部职工队伍稳定和各项工作有序开展，从而加快改革发展，并以此为契机，开创黑龙江省新闻出版广电事业新局面。

会上宣布了新组建的省新闻出版广电局主要领导及班子成员任职决定，赵洪生任省新闻出版广电局党组书记、局长。

（资料来源：《中国新闻出版报》 作者：高智博）

【西藏自治区新闻出版广电局挂牌】 2014年11月12日，新组建的西藏自治区新闻出版广电局正式挂牌，同时加挂西藏自治区版权局牌子。德吉卓嘎任西藏自治区新闻出版广电局党组书记，韩辉任西藏自治区新闻出版广电局局长。

西藏自治区新闻出版广电局在职能转变、主要职责、内设机构等方面进行了调整，其中主要职责共13项，较改革前取消8项、承接7项、下放9项、加强8项。西藏自治区新闻出版广电局的主要职责在于认真贯彻落实中央、自治区党委政府关于全面深化改革的部署要求，牢牢把握正确舆论导向，坚持围绕中心、服务大局，继续推进体制机制改革，扎实推动事业产业发展。

（资料来源：《中国新闻出版报》 作者：宋建波）

【浦东设独立知识产权局】 2014年11月16日，集专利、商标、版权行政管理和综合执法职能于一身的中国首家单独设立的知识产权局在上海浦东新区成立，并于2015年1月1日正式开始运行。

新设立的浦东新区知识产权局，作为独立的区政府职能部门，一方面归并整合了新区层面的专利、商标相关职能，另一方面承接了上海市相关部门下放的部分专利、版权管理和执法事权，实现专利、商标和版权的集中管理和综合执法。

该次改革不仅职能上“三合一”，还实现了“诉求处置一体化”，改变原先专利、商标、版权分别由不同部门处理申诉和举报的情况。

（资料来源：《中国新闻出版报》 作者：孙小静）

【最具版权创意形象设计评选助推青岛打造“创意之都”】 2014年11月，青岛市文化市场行政执法局会同青岛市版权保护协会组织开展2014年度青岛市最具版权创意形象设计评选工作，旨在为青岛打造“创意之都”，促进企业品牌建设，推动版权创意产业发展助力。

该次参评作品范围包括：具有独创性质的已经公开发表或向社会公布的企业形象设计（含商标设计）、品牌形象设计、产品形象设计等作品。各申报单位（个人）须保证参评作品不存在任何知识产权纠纷或争议，确保参赛作品的独创性。若产生知识产权纠纷或争议，由申报单位（个人）自行承担责任。该次活动报名截止日期为12月

6 日。

该次评选由青岛市文化市场行政执法局会同青岛市版权保护协会组成专家评审组，对所有推荐参评作品进行公正公平评审，对获奖作品颁发“青岛市最具版权创意形象设计”奖牌，并通过媒体向社会公告和宣传推广，并择优推荐参加山东省级“最具版权创意形象设计”评选活动。

（资料来源：《中国新闻出版报》 作者：孙 章）

【“剑网 2014”专项行动延长至年底】 2014 年 12 月 2 日，国家版权局下发了《关于“剑网 2014”专项行动延期有关工作的通知》，《通知》表示，根据全国打击侵权假冒工作领导小组的统一部署，国家版权局与国家互联网信息办公室、工业和信息化部、公安部决定将“剑网 2014”专项行动延长至 2014 年底。

《通知》要求各省（自治区、直辖市）版权局及北京、天津、上海、重庆文化市场行政执法总队应继续推进重点案件的查处工作；要围绕查处侵权盗版案件这一核心任务，集中力量快速推进案件的查处；要认真梳理国家版权局移转、挂牌督办以及通报的案件，已结案的要及时上报处理结果，未结案的要加快办理进度，未处理的要说明原因及下一步计划；对于应当办理而未办理并未说明原因的，国家版权局在核实情况后纳入 2014 年全国打击侵权假冒工作考核范围，并将相关情况抄报各省（自治区、直辖市）人民政府。

（资料来源：《中国新闻出版报》 作者：赖名芳）

【国家版权局通报“剑网 2014”专项行动第三批网络侵权盗版案件】 2014 年 12 月 16 日，国家版权局向社会通报了第三批共 12 起网络侵权盗版案件查办情况。

该次通报的 12 起案件均为“剑网 2014”专项行动开展以来取得重大进展的典型案件。其中，黑龙江“第一教育网”侵犯影视作品著作权案已经由法院作出刑事判决。上海“射手网”侵犯影视作品和字幕作品著作权案、江西陈某某通过网络销售侵权盗版出版物案、辽宁大连一海通科技有限公司侵犯网络文学作品著作权案、广东“宽松网”侵犯网络文学作品著作权案，已经由版权行政执法部门作出行政处罚。黑龙江刘某等涉嫌侵犯《逐鹿中原》网络游戏著作权案、湖北多家网站涉嫌侵犯《知音漫客》杂志著作权系列案和上海吕某某等涉嫌侵犯《街头篮球》网络游戏著作权案已分别抓获 3 名、5 名和 2 名犯罪嫌疑人，案件正在进一步侦办中。湖南谭某某等涉嫌通过网络销售盗版软件案、广东“3·24”网络批销盗版图书案已分别抓获 5 名和 9 名犯罪嫌疑人，案件已进入审查起诉阶段。江苏“77 免费电影”网涉嫌侵犯影视作品著作权案已进入法院审理阶段。广东“懒人听书”网涉嫌侵犯金庸作品著作权案已调查完毕，由相关版权行政执法部门依法对其作出相应行政处罚。

（资料来源：《中国新闻出版报》 作者：赖名芳）

◆ 宣传教育

【中国手机媒体发布版权自律公约】 2014 年 2 月，全国手机媒体委员会联合人民网、新华网、央视网，以及中国移动、中国联通、中国电信 3 大运营商发布《中国手机媒体移动互联网信息安全和版权自律行业公约》。公约倡议业内企业在自身平台上传第三方内容时，主动履行版权审核责任。

公约明确提出，移动网络应用商店服务平台应积极纳入国家版权行政管理部门版权主动监管范畴，接受主动监管。业内企业在自身平台上传合作第三方信息内容和软件时，应主动履行审核版权和信息安全责任，事先做好审核工作；对存在问题者，列入黑名单并不允许其上线。业内企业配合手机媒体与移动互联网行业组织，通过对应用开发者、应用商店和安全软件建立预先核定公共平台等技术手段，以及第三方监测、客户举报、技术过滤等措施，防范侵权盗版及危害网络安全的行为。对版权信息不清及不能保证网络信息安全的内容和应用，3 家基础运营商不予受理接入运营和合作。

移动互联网技术彻底改变了信息、作品的复制和传播方式，不可避免地导致权利细分趋势更加明显，利益关系更加复杂，给版权保护和管理带来了严峻的挑战。手机媒体组织行业自律公约发布，对营造移动互联网正版环境意义重大。

（资料来源：《中国知识产权报》 作者：刘 仁）

【广电总局举办国际版权贸易培训班】 2014 年 4 月 15 日，由国家新闻出版广电总局主办、中国人民大学出版社承办的国际版权贸易培训班在京开班。

培训班为期 4 天，授课教师有国家新闻出版广电总局进口管理司司长张福海、安徽出版集团董事长王亚非、中国出版集团副总裁李岩、中国教育出版传媒集团总经理李朋义等。为了更好地为学员解决版权输出中遇到的问题，主办方还专门邀请圣智学习集团亚太区总裁陈达枢、美国纽约州立大学资深教授罗伯特、企鹅集团中国区负责人周海伦、韩国 Enterskorea 公司首席执行官 James Yang 等在国内外业界颇具影响力的专业人士传授经验。

来自全国 37 家重点出版社的 55 位主管版权的社领导和版权业务负责人代表参加了培训。

（资料来源：《中国新闻出版报》 作者：邹 韧）

【国家版权局开展“4·26”版权宣传活动】 为庆祝第 14 个“4·26”世界知识产权日，做好 2014 年全国知识产权宣传周的相关工作，国家版权局自 2014 年 4 月中旬起，以 4 月 21 日至 27 日为重点时段，集中开展了系列版权宣传活动。

一是发布“2013 年度打击侵权盗版十大案件”，《法制日报》、《中国文化报》、《中国知识产权报》、新华网、中国网、人民网等主流媒体都刊发了消息和十大案件的具体情况及典型意义，《中国新闻出版报》制作了专版进行宣传。

二是召开了“2013 年中国知识产权保护状况”新闻发布会。国家新闻出版广电总局副局长、国家版权局副局长阎晓宏在发布会上就记者提出的有关微软停用 Win XP、版权产业发展状况、软件正版化工作进展等问题进行了回应。

三是录制了版权相关热点问题高端访谈节目。国家版权局版权管理司司长于慈珂做客人民网知识产权频道，以“保护版权、尊重创作、发展产业”为题，通过视频和图文直播的形式，全面回应了版权相关热点问题。

四是制作了版权公益广告宣传片和版权宣传海报。宣传片在中央电视台 6 个频道、湖南电视台 4 个频道、浙江电视台 3 个频道、山西电视台 2 个频道以及山东卫视、广东卫视、广东广播电视台等进行了滚动播放。中英文双字幕版本的宣传片还通过世界知识产权组织在 Youtube、Twitter 和 Facebook 等国际网络平台上播放。

五是发布了“中国版权产业的经济贡献（2011）”调研报告。调研结果显示，2011 年中国版权产业行业增加值为 5 158.72 亿元人民币，占全国 GDP 的 6.67%。

六是开通了“国家版权”官方微信公众订阅号，搭建了版权公共服务和信息宣传的新平台。

（资料来源：国家版权局）

【“中国版权产业的经济贡献（2011 年）”调研成果发布】 2014 年 4 月 18 日，中国新闻出版研究院发布“中国版权产业的经济贡献（2011 年）”，其数据显示，2011 年中国版权产业行业增加值为 31 528.98 亿元人民币，占全国 GDP 的 6.67%，比 2010 年增加 5 158.72 亿元人民币，增长率为 19.56%；同时中国版权产业的出口仍存在严重不平衡状态。

数据还显示，2011 年，中国版权产业的就业人数为 1 178.62 万人，占全国城镇单位就业人数的 8.18%，比 2010 年增加 137.08 万人。

2011 年中国版权产业海关统计商品出口额为 2 859.62 亿美元，占全国海关统计商品出口总额的 15.06%，比 2010 年增加 196.66 亿美元。

总体看，2011 年中国版权产业的行业增加值、就业人数、出口额较 2010 年度都平稳增长，在促进经济增长、创造就业机会、扩大对外贸易中发挥着日益明显的作用。

（资料来源：《法制日报》 作者：胡建辉）

【中国暨东北亚地区青少年版权创意作品大赛启动】 2014 年 4 月 21 日上午，由中国版权协会主办、青岛市人民政府和山东省版权协会承办的“中国暨东北亚地区青少年版权创意作品大赛”在青岛科技大学崂山校区启动。

作为 2015 年第二届“中国青岛·东北亚版权创意精品展示交易会”的重要板块，大赛以“梦想·未来”为主题，开设漫画、动画两个组别。参赛者可以通过漫画（包括单幅、多幅漫画及绘本、插画等）、动画（包括动画长片、短片等）形式创作内容健康、形象生动、创意新颖、有较强艺术感染力和审美情趣的原创动漫创意作品。

大赛按照组别分设金、银、铜奖及最佳指导教师奖，并邀请国际国内具有较高知名度的权威专家组成“评审委员会”对参赛作品进行评选。大赛期间还举办“参赛选手训练营”，邀请知名学者为参赛选手授课并与选手交流互动。

（资料来源：《青岛日报》 作者：李 魏）

【《2013 年中国软件著作权登记情况分析报告》发布】 2014 年 4 月 22 日，中国版权保护中心发布《2013 年中国软件著作权登记情况分析报告》。《报告》显示，2013 年中国软件著作权登记 164 349 件，同比增长 18.04%，登记量再创历史新高。其中，东部地区登记软件 126 354 件，登记量增加 16 537 件，约占全国增长总量的 65.83%，登记数量全国增长最多；西部地区登记软件 16 415 件，同比增长

33.06%，高出全国整体增速约16个百分点，增速全国最快。

从2013年各省市登记软件情况来看，北京市、广东省、上海市、江苏省和浙江省，继续分列全国登记量的前五位，占全国登记总量的66.95%，占比近七成。其中，北京市约占全国登记总量的25.39%，继续高居全国榜首。

从热点领域软件登记情况来看，以物联网、云计算等为代表的热点类别软件均呈现出了不同程度的增长态势。2013年，全国登记物联网软件4 388件，同比增长70.54%，在各类软件中增长最快；云计算软件登记3 017件，同比增长55.04%，明显高于全国软件登记整体增速。全国软件技术在物联网、云计算等新兴领域的应用，正处在一个高速增长期。

从已经登记的软件著作权人情况上看，2013年全国共有55 410个著作权人进行了软件登记，著作权人数量同比增长24.49%，增速较上年略有提高。其中，有企业著作权人41 009个，约占著作权人总量的74.01%，登记软件合计134 815件，约占全国登记总量的82.03%，企业在全国软件产品研发中占有绝对主导地位。

此外，有大专院校、科研院所等事业单位著作权人1 679个，共登记软件19 029件，平均每个著作权人登记软件11.33件，较2012年增加了1.86件，超出全国整体平均登记量近4倍。

（资料来源：《法制日报》 作者：胡建辉）

【"国家版权"微信正式上线】 2014年4月24日，国家版权局在全国知识产权宣传周期间，开通了官方微信公共订阅号"国家版权"，搭建了版权公共服务、信息宣传的新平台。"国家版权"微信的正式上线，标志着版权工作进入了微发布时代。国家版权局借助微信公共订阅号平台，及时推送有关版权方面的最新要闻、政务信息、政策法规、执法动态、案件情况、软件正版化等权威内容。

（资料来源：《光明日报》 作者：李 苑）

【北京知识产权宣传周关注音乐版权】 2014年4月26日，北京市版权局和首都版权产业联盟共同主办了2014年北京知识产权宣传周主题活动暨第四届北京音乐版权保护与产业发展论坛。

活动期间，有关人员呼吁保护版权、鼓励创新，并就如何完善"中国正版音乐曲库交易平台"，共同推动正版曲库交易与合理分配进行了交流。音乐人和产业界代表就完善音乐透明交易体系和公平分配机制，广泛推广正版曲库交易平台等提出建议。

活动期间发布了中国音乐产业版权数据，并介绍了KTV单曲点播量排行；著名音乐制作人张亚东、吴梦奇和北京人民广播电台主持人小钊被聘为"首都版权保护形象大使"；揭晓了"首都版权产业联盟成立"等2013年首都十大版权事件；举行了版权保护公益广告与公益歌曲征集仪式和"寻找版权宣传微博达人"活动启动仪式，通过一系列线上线下互动结合的方式来加强版权保护的宣传力度。

（资料来源：《中国新闻出版报》
作者：王坤宁 方 圆）

【江苏昆山政企代表学习版权运营】 2014年5月6日至11日，中国人民大学国家版权贸易基地第二期文化产业版权运营与管理高级研修班在京举行。该次研修班结合昆山市文化产业发展的实际情况及文化企业的具体需求，邀请了文化产业和版权领域的学者、律师以及资深企业家进行授课。昆山市党政干部和企业代表50余人参加了研修班。

研修班上，中国人民大学文学院教授许鹏从区位、资源、目标、政策等角度剖析了不同国家文化产业的规划思路，并立足中国实际，对昆山市文化产业发展提出了建议；浩天信和律师事务所高级合伙人马晓刚则从文化产业、文化企业、文化产品、文化消费及版权的基本概念出发，阐释了文化企业经营中的版权保护策略、版权合同中的法律风险防范措施及版权纠纷中的诉讼技巧；连城资产评估公司总经理刘伍堂则围绕企业关注点，阐释了版权资产的内涵与特征、文化资产的价值实现方式，以理论与案例相结合的方式分析了版权资产的价值影响因素与评估方法。

除课堂授课外，研修班还举办了以"文化产业项目的版权运营策略"为主题的课外沙龙活动，并安排学员与知名企业进行交流对接。

（资料来源：《中国新闻出版报》 作者：方 圆）

【国家版权监管平台应用培训班举办】 2014年6月4日，国家版权局在京举办国家版权监管平台应用专题培训班，来自全国31个省（自治区、直辖市）版权局以及北京、天津、上海、重庆文化市场行政执法总队的相关工作人员共60余人参加了培训。

国家版权监管平台是国家版权局运用技术手段进行版权执法监管与公共服务的综合性工作平台，平台一期工程于2010年竣工，实现了国家版权局与各省级版权局的互联互通。根据运行情况和形势发展，2013年6月，国家版权局开始对一期工程进行升级改造，增加了北京、上海、天津、重庆四个省级文化市场行政执法总队作为平台用户，并对一期工程部分功能进行了调整和优化。

国家版权监管平台升级改造工作完成后，在国家版权局，北京市、天津市版权局及文化市场行政执法总队等5家单位进行了小范围的试运行，并根据试点用户的意见进一步完善了系统功能。

平台的建立为改进中国版权工作提供了很大便利。网络的互联互通，使得国家版权局与各省级版权局及直辖市执法总队形成整体，便于信息共享和协作办公；通过平台对互联网等新媒体新形式的侵权盗版行为进行动态监控、在线取证；此外，通过平台还可实现版权各类信息的动态汇集和实时发布，并能为加强版权行政管理、落实政府信息公开发挥积极作用。

（资料来源：《中国新闻出版报》 作者：方 圆）

【2013年第六届全国大学生版权征文评选活动揭晓】 2014年6月13日，国家版权局在其官方网站正式公布了2013年第六届全国大学生版权征文评选活动获奖名单。

第六届全国大学生版权征文评选活动由国家版权局主办、《中国版权》杂志社承办，该次评选共收到征文1 521篇，本科生组1 122篇，研究生组399篇。评委会最终评选出本科生组一等奖10名、二等奖18名、三等奖30名、鼓励奖60名，研究生组一等奖10名、二等奖19名、三等奖30名、鼓励奖60名，组织奖20名。

（《中国版权年鉴》编辑部综合）

【北京市版权局举办趣味活动宣传版权保护】 2014年6月21日，为进一步扩大条约在首都各界的影响力，号召公众关注表演者权利，提升版权保护意识，“宣传北京条约共建版权之都”主题宣传活动在奥林匹克森林公园举办，内容丰富的活动吸引了热心市民的参与。

该次宣传活动由北京市新闻出版广电（版权）局主办，活动印制了500余份主题宣传单和主题购物袋，发放给市民和活动参与者，以便民形式有效地宣传外交会议及《视听表演北京条约》。活动制作了色彩清新、内容丰富的宣传展板，设置了抽奖和健步走环节。

（资料来源：《北京日报》 作者：路艳霞）

【厦门成为中国第七个版权示范城市】 2014年9月17日，在成都市举行的全国版权社会服务工作交流会上，福建省厦门市被授予“全国版权示范城市”称号，成为全国第七个、福建省首个获此荣誉的城市。

在会上，有18家单位获得“全国版权示范单位”称号，分别为：北京出版集团有限责任公司、央视国际网络有限公司、北京爱奇艺科技有限公司、北京金山办公软件有限公司、北京掌中浩阅科技有限公司、上海广播电视台/上海东方传媒集团有限公司、上海盛大网络发展有限公司、青岛出版集团有限公司、济南红霖联合实业有限公司、山东新华书店集团有限公司、海信集团有限公司、安徽矽索信息科技有限公司、苏州浩辰软件股份有限公司、江苏国泰新点软件有限公司、张家港市金陵纺织有限公司、西安电视剧版权交易中心有限公司、商务印书馆有限公司、二十一世纪出版社有限责任公司。

此外，山东鸿儒文化集团有限公司、潍坊高新技术产业开发区、东莞松山湖高新技术产业开发区、苏州国际科技园等4家园区（基地）获得“全国版权示范园区（基地）”称号。

（资料来源：《中国新闻出版报》 作者：方 圆）

【2014年政府机关软件正版化工作培训会举行】 2014年10月，由推进使用正版软件工作部际联席会议办公室举办的2014年政府机关软件正版化工作培训会在京举行。国家新闻出版广电总局副局长、国家版权局副局长阎晓宏在出席会议时强调，政府机关软件正版化检查整改工作已经基本完成，下一步工作重点主要是推动长效机制建设。

会议以巩固政府机关软件正版化成果、推进建设正版化长效机制为主题，对来自128个中央和国家机关、全国31个省（自治区、直辖市）政府机关有关部门负责人进行专门培训。

培训会由国家版权局版权管理司司长于慈珂主持。全国打击侵权假冒工作领导小组办公室副主任李振中、国家版权局版权管理司副司长段玉萍、工业和信息化部软件服务业司副司长陈英，以及审计署、财政部、中央直属机关事务管理局、国家机关事务管理局相关部门负责同志介绍了软件正版化工作涉及的预算、采购、资产管理、软件预装、监督检查及审计工作的有关情况。中国工程院院士倪光南就软件正版化与信息安全作了专题讲座。

（资料来源：《中国新闻出版报》 作者：章红雨）

【全国新闻出版（版权）普法和法制征文评选揭晓】 2014年12月3日，由国家新闻出版广电总局政策法制司主办、中国新闻出版报社承办的全国新闻出版（版权）普法和法制征文活动评选结果揭晓。该次征文活动得到社会各界的大力支持，共收到稿件百余篇，经过评审委员会认真慎重地评选，选出一等奖5篇、二等奖10篇、三等奖15篇。

（资料来源：《中国新闻出版报》 作者：魏 芳）

【“中国版权产业的经济贡献（2012年）”调研成果发布】 2014年12月24日，中国新闻出版研究院发布2012年中国版权产业经济贡献的调研成果。数据显示，中国版权产业已成国民经济的支柱型产业。

2012年，中国版权产业的行业增加值为35 674.15亿元，占全国GDP的6.87%；就业人数1 246.48万人，占全国城镇单位就业总人数的8.18%；商品出口额为2 960.03亿美元，占全国海关统计商品出口总额的14.45%。核心版权产业对国民经济贡献最大，2012年核心版权产业的行业增加值首次超过2万亿元，占全国GDP的3.97%、全部版权产业的54.43%。但中国版权产业的商品出口仍以制造业为主，核心版权产业的商品出口额不到全部版权产业的2%。

数据显示，中国仍属于版权产业劳动生产率中等国家，劳动生产率不高、劳动密集型的产业特征仍较明显。

（资料来源：人民网 作者：张 贺）

◆ 交流研讨

【首届中国数字娱乐版权峰会亮相第三届全球移动游戏大会】 2014年3月27日，由首都版权产业联盟、全球移动游戏联盟主办的首届中国数字娱乐版权峰会亮相第三届全球移动游戏大会。峰会围绕数字娱乐版权作品创作、保护、交易、监管和维权等多个角度探索版权服务以及数字娱乐版权的未来。

北京市版权局副局长王野霏在致辞中表示，2013年中国移动游戏产值约112亿元，预计2014年中国移动游戏产值能突破230亿元，中国移动游戏产业规模初现，潜力巨大。王野霏认为，游戏将进入一云多屏、泛娱乐化和版权运营的时代。游戏将同音乐、影视一样，版权价值不断提升，游戏运营将紧密围绕游戏版权展开。

为此，北京市版权行政管理部门力图联合行业协会，建立游戏版权保护公共服务平台，为企业保驾护航；积极推动出版、音乐、动漫、影视产业和游戏产业融合，打造更多精品；努力打造游戏产业合理的价值分配体系，实现合作共赢。同时期待游戏企业在快速成长的同时，担当起社会责任，正确引导青少年成长，在推动文化创意产业发展方面作出更大贡献。

会上，首都版权产业联盟与全球移动游戏联盟还签约成立了首都版权产业联盟动漫游戏工作委员会。

（资料来源：《中国新闻出版报》 作者：王坤宁）

【全国版权创意产业首次经验交流会在青岛召开】 2014年4月11日，山东省版权局在青岛召开版权创意产业经验交流会。这是全国版权创意产业发展方面的首次经验交流会。

参会人员围绕加强版权保护、实施创新驱动发展战略、推进版权创意产业又好又快发展等问题进行了深入交流。青岛市文化市场行政执法局、台儿庄国家级版权贸易基地等单位作了经验介绍；瑞易吉成数字出版公司、潍坊北大青鸟华光照排有限公司介绍了数字版权保护平台开发运营情况。山东省部分市文广新局、文化执法局、国家和省级版权示范单位、园区（基地）负责人等与会交流。

（资料来源：《中国新闻出版报》 作者：方 圆）

【多方研讨共推《著作权法》修法进程】 2014年4月14日，《著作权法》第三次修改问题座谈会在中国人民大学法学院举行。来自全国人大教科文卫委、国务院法制办公室、最高人民法院、工业和信息化部、文化部、国家新闻出版广电总局等相关部门以及权利人组织、社会团体和科研院所共80余人参加座谈，就修法中的实际问题进行了深入交流。

国家版权局政策法制司司长王自强在会上表示，已经形成的《著作权法》第三次修订送审稿，由现行法的61条增加到90条，由8 900字修改为1.4万余字。同时，国家版权局还请专家就各界争议较大的10个问题形成专家论证稿，一并提交国务院法制办。修改的内容主要体现在4个方面：对体例结构进行梳理、对权利体系进行整合、对授权机制和交易规则进行重大调整、对救济措施进行强化。

国务院法制办相关负责人表示，《著作权法》第三次修改案正处在对各方意见的研究之中，国务院法制办对约200份意见进行汇总、整理、梳理后形成书面意见。从内容来看，这些意见涉及送审稿中的每一个修改点，从反馈意见的主体来看，比较集中在权利人组织、司法系统、行政机关及专家学者。该次修法也受到国际社会的关注。

（资料来源：《中国新闻出版报》 作者：魏 芳）

【2014 知识产权南湖论坛召开】 2014 年 4 月 19 日，2014 知识产权南湖论坛——“知识产权与创新型国家建设国际研讨会”于武汉召开。该次会议由中南财经政法大学、国家知识产权局保护协调司和国家新闻出版广电总局（国家版权局）版权管理司主办，中南财经政法大学知识产权研究中心、中国知识产权协同创新中心和腾讯公司等承办。

来自美国、德国、韩国等国的外国专家学者和知识产权实务工作者，北京大学、清华大学、中国社会科学院、华中科技大学等 50 多所国内著名高校和研究机构以及台湾地区的知名专家学者等约 300 人进行了主题探讨，涉及中国著作权法修订与制度完善，商标制度与品牌创新，专利制度与新兴战略性产业发展，知识产权、竞争政策与互联网行业创新体系建设，建立知识产权法院问题。

（资料来源：TechWeb 作者：赵 洋）

【人大国家版权贸易基地第 31 期版权人沙龙举行】 2014 年 4 月 20 日，中国人民大学国家版权贸易基地第 31 期版权人沙龙在中国人民大学常熟文化产业研究院举行，主题为“创意设计作品的版权保护”。国家版权局版权管理司副巡视员段玉萍、上海大学知识产权学院院长陶鑫良、南京艺术学院工业设计学院副院长张明等为代表的 10 余位各地方政府领导、知识产权专家、创意领域专家等出席了沙龙活动。

沙龙主要围绕“国务院《关于推进文化创意和设计服务与相关产业融合发展的若干意见》解读”“创意设计作品的版权归属问题”“创意设计作品版权交易过程中的法律风险防控”“创意企业/机构/个人的版权运营和管理经验”四大议题展开。该期沙龙旨在通过系列活动的方式进一步营造发掘创意、鼓励创新的氛围，呼吁对版权的保护、对创意的尊重，响应国务院关于推进文化创意和设计服务与相关产业融合发展的意见，贯彻落实“增强创新动力，深入实施知识产权战略，加强知识产权运用和保护，健全创新、创意和设计激励机制”的要求，为文化产业的发展建言献策。

（资料来源：《中国知识产权杂志》 作者：陈 静）

【上海召开互联网版权投融资专题研讨会】 2014 年 4 月 29 日，上海互联网行业版权自律联盟举办了 2014 年度第一期专题研讨会。该期研讨会主题为互联网版权投融资，邀请了上海市版权局、上海市政府金融办等部门负责人对相关政策进行解读，交通银行总行、光合创投、齐鲁证券的高管进行了主题演讲。

会上，两家沪上互联网知名企业游族网络和冠勇科技自愿加入联盟，并与上海市版权协会举行了签约仪式。至此，联盟会员已扩增至 22 家，会员类型涵盖网络文学、网络视频、网络游戏、网络购物、网络体育以及网络服务等所有互联网版权重点领域。上海市版权协会、上海市版权服务中心以及联盟 22 家成员单位的近 40 名代表参加了会议。

（资料来源：中国上海网）

【中国动漫游戏版权竞标大会圆满落幕】 2014 年 4 月 29 日，在杭州举办的 2014 年 AC2G 中国动漫游戏版权竞标大会最终以 3 970 万元成交总额圆满落幕。

该次 AC2G 竞标大会作为第十届中国国际动漫节（CICAF）的重要组成部分，由国家新闻出版广电总局、浙江省人民政府、中国文化产业协会主办，杭州市人民政府、浙江广播电影电视局、浙江广播电视集团承办，乐同科技（杭州）有限公司、北京东方雍和国际版权交易中心、5G. com 共同协办。竞标会以市场上炙手可热的、适合游戏改编的乐视网、知音漫客、百度文学、若森科技旗下的动画、漫画、网络小说等十项版权作品为标的，面向包括蓝港在线、完美世界、九维网在内的数十家至上百家游戏厂商展开竞标。其中，百度文学推出旗下两部超人气作品《劫修传》和《鬼神无双》，《劫修传》最终以落锤价 170 万元成交，《鬼神无双》也取得落锤价 165 万元的佳绩。

（资料来源：赛迪网）

【蒋建国调研中国版权保护中心】 2014 年 5 月 14 日，国家新闻出版广电总局党组书记、副局长蒋建国到中国版权保护中心调研。蒋建国强调，做好版权保护工作意义重大，要充分发挥中国版权保护中心的独特作用，进一步强化版权公共服务，提高版权保护水平。

蒋建国首先考察了版权登记大厅、数字作品版权登记部、软件登记部、登记代理事业部、法律部等业务部门，现场观摩作品登记运行情况，详细询问工作流程，与中心工作人员进行交流。随后，蒋建国与中心干部职工代表进行了座谈，对中心改革发展取得的成绩给予充分肯定。

蒋建国强调，版权保护工作关系发展先进文化生产力，关系保护民族文化创造力，关系提升国家文化软实力。做好版权保护工作，需要政府、社会、市场多方合作。在版权保护方面，中心延伸了政府职能，承担了社会职能，弥补了市场功能，具有特殊的重要地位，要切实履职尽责、发挥优势，不断提高自身工作水平和服务大局能力。

蒋建国对做好中心当前工作提出了四点要求：一是围绕优化服务拓展工作领域。二是围绕市场要求支持行政监管。三是围绕促进"三权"建设服务体系。四是围绕中心业务强化自身建设。

座谈会上，中国版权保护中心还汇报了中心各项工作情况和下一步工作打算。

总局有关部门负责人王自强、周慧琳、于慈珂、桂本东、谢俊旗、王泉等陪同调研。

（资料来源：《中国新闻出版报》
作者：章红雨　魏　芳）

【中国人民大学国家版权贸易基地第33期版权人沙龙关注数字阅读版权管理】 2014年5月28日，中国人民大学国家版权贸易基地联合百度公司举办第33期版权人沙龙，将话题聚焦"正版数字阅读平台与学术文档的版权管理"。邀请专家学者共同探讨如何在保护版权的前提下让知识得以在互联网领域共享。

来自中国文字著作权协会、北京社科院和部分高校、企业的相关负责人认为，保护版权是为了更好地让学术成果广泛传播，创作者维护的不仅仅是获酬权，更多的是精神权利。

国家数字版权研究基地主任、北京大学法学院教授张平认为，网络版权纠纷不能只通过诉讼来解决，可通过集体管理组织、版权代理机构以及版权自助协议等方式实现"事先授权"。

中国人民大学国家版权贸易基地在2014年初启动了学者学术文档版权管理项目。学者将自己作品的信息网络传播权委托基地代为管理，基地对受托的学术文档进行整理、归类，并在合作的网络平台（如百度文库）进行传播，以供网络用户通过合法的路径和方式进行使用。百度文库建立了专业用户实名认证体系，在教育、互联网等8个领域已经积累了18.5万篇学术文档。

（资料来源：《中国新闻出版报》　作者：方　圆）

【中小企业研讨会加强粤港企业保护知识产权意识】 2014年6月5日，"2014粤港知识产权与中小企业发展（汕尾）研讨会"在广东省汕尾市举行。

研讨会以广东省内的香港中小企业和内地企业为对象，主题为"应用知识产权以提升竞争力"，旨在加强企业保护知识产权的意识，亦借此向企业介绍如何运用知识产权和获取企业竞争优势。

署理知识产权署副署长黄文泰在开幕礼上表示，研讨会为两地中小企业提供了解区内知识产权制度最新发展的平台。

黄文泰说："粤港两地企业应把握机遇，共同推动区内知识产权发展，共创双赢的营商环境，创造财富。我们将透过研讨会简介香港和内地知识产权制度、保护及管理的知识以及最新发展，令企业有效地运用知识产权以取得竞争优势，开拓更多商机。"

研讨会吸引百多名粤港中小企业代表和政府官员参与，是2014年度粤港知识产权合作的重要项目之一。研讨会由香港特别行政区政府知识产权署、香港贸易发展局、广东省知识产权局及汕尾市人民政府合办，汕尾市知识产权局承办，香港特别行政区政府驻粤经济贸易办事处协办，并得到"粤港保护知识产权合作专责小组"其他成员单位及香港工业总会的支持。

自2004年起，粤港两地合办研讨会，向中小企业推广保护知识产权，分别于东莞、韶关、顺德、惠州、江门、湛江、珠海、汕头、中山、广州、肇庆、佛山及清远等城市举行同类型研讨会。

（资料来源：香港知识产权署网站）

【上海举办网络视听产业版权保护研讨会】 2014年6月12日下午，网络视听产业版权保护研讨会在上海闵行区紫竹国家高新区举行。该次研讨会由紫竹国家高新区、上海冠勇信息科技有限公司共同主办，来自上海市版权局、闵行区知识产权局、闵行区法院、闵行区公证处、上海大学知识产权学院、瀛东律师事务所的专家学者出席了该次活动。此外，还邀请了来自PPTV、优酷土豆、SMG、腾讯、百视通、爱奇艺/PPS、搜狐视频、TVBC等知名网络视听企业的法务代表参加该次研讨会。

研讨会上，紫竹国家高新区副总经理骆山鹰向与会人员介绍了高新区建设发展的情况以及在知识产权方面开展的一系列工作；上海市版权局版权服务中心主任王艳介绍了上海市版权服务中心的版权保护工作的情况。

研讨会主要围绕网络视听产业版权保护政策的需求与影响、网络视听行业的侵权认定与维权成本以及信息网络传播权领域的“避风港”原则三个议题展开。上海冠勇信息科技有限公司总经理吴冠勇向与会人员介绍了网络视听产业的现状、监测作品数量等情况的分析，与会嘉宾就网络视听企业在版权保护过程中遇到的难题、疑问进行了热烈探讨。

该次研讨会发布了由紫竹国家高新技术产业开发区与上海大学知识产权学院共同编写的《2013 网络视听产业（上海）版权保护指南》。该指南通过介绍网络视听产业的发展、版权保护、政策规范、争议救济和技术措施等方面内容，深入剖析了该产业当下的发展情况以及未来的发展方向，为激发网络视听产业发展潜能、推进产业更加健康发展，提供了建设性的意见和建议。

（资料来源：东方网　作者：闵行区委宣传部）

【网络媒体作品使用版权问题座谈会在京举行】 2014 年 6 月 13 日，中国版权协会和中国版权杂志社在京举办网络媒体作品使用版权问题座谈会，版权管理部门相关负责人、学者、法官，以及传统媒体与新媒体业界代表与会研讨。话题从个案开始，延伸至对整个行业现状的探讨，“规范网络转载”成为与会者的共识。

传统媒体指出，其在经营过程中面临生产成本高、版权收益少，维权难度大、获得赔偿少的困境，在互联网时代，传统媒体允许新媒体在获得授权的前提下对相关作品进行转载链接，但对于个别移动客户终端未经授权便转载信息的做法，在多次沟通无效的情况下，只能采取司法手段。

中国人民大学教授郭禾认为，网络媒体在创新能力上的确超越了传统媒体，但所有创新必须建立在遵守现有规则的基础上。转载作品先要获得授权，下一步是解决好支付机制问题，如此才可获得共赢。朝阳区人民法院知识产权庭庭长林子英也表示，许多网络媒体大量定向链接传统媒体网站内容，这种链接必须以合作为前提，否则可以认定为侵权。

国家新闻出版广电总局政策法制司司长王自强表示，现行《著作权法》中“使用他人已发表作品可以不经权利人许可”这一规定只适用于期刊，不适用于网络。所以，网络转载未授权作品构成侵权，这一点非常明确。但是侵犯著作权给权利人带来的损失是不确定的，因此判赔标准无法统一，赔偿金额的高低需要权利人自己进行举证。正在修订的《著作权法》中已经加入了惩罚性赔偿，法律的整体力度、标准都在提高，这些变化更加有助于打击侵权盗版。总局版权管理司司长于慈珂表示，国家版权局一直致力于包括网络版权在内的版权保护工作，希望做到版权保护、使用、产业发展之间的平衡。

（资料来源：《中国新闻出版报》　作者：方　圆）

【福建将设两岸版权交易中心】 2014 年 6 月 18 日，中国版权协会和福建省新闻出版广电（版权）局在福州共同举办海峡两岸版权保护与产业发展座谈会，主题为“版权保护促进海峡两岸创意产业合作与发展”。

福建省新闻出版广电局副局长蒋达德在会上表示，在国家版权局的支持下，福建省版权局计划在厦门成立“两岸版权交易中心”，吸引台湾版权作品到大陆展示、交易，共同促进版权产业的健康发展。

来自中国文字著作权协会及福建、台湾、江苏、广东、成都、景德镇等各地版权协会的代表就版权保护促进两岸创意产业发展与合作的经验、建议、合作框架、成功案例等方面进行了交流。

（资料来源：《中国新闻出版报》
作者：张福财　张建情）

【2014 国际软件版权保护论坛举行】 2014 年 6 月 21 日，由中国国际软件和信息服务交易会组委会主办，大连市版权保护协会、北京德恒（大连）律师事务所承办的“企业软件版权的取得与保护策略”研讨会暨 2014 国际软件版权保护论坛成功举行。该次论坛以“激励创新、维护权益、依法竞争、促进发展”为主题，针对企业的实际需求，对企业在软件版权的取得及保护方面进行了重点研讨。

大连版权保护协会会长李东平强调了计算机软件在现实生活中的无可替代性，呼吁全社会尊重知识产权，合法使用计算机软件作品。大连市中级人民法院民四庭庭长张永庆认为，与其他作品如文字、摄影作品相比，计算机软件著作权具有显著特点，如计算机软件不直观、不易识别，需要通过计算机硬件、显示器等其他介质表现出来，并且软件代码易被修改和复制，因此在保护上有很大难度，中国通过单行条例方式对计算机软件著作权进行了单独的保护，提醒企业在软件版权保护中需要重点注意的问题。北京德恒（大连）律师事务所主任郑军综合分析并总结了企业软件版权的保护策略，从法律角度提升了企业维护自身合法权益的能力。

（资料来源：大连天健网　作者：金东淑）

【厦门市召开创建全国版权示范城市考核验收工作汇报会】 2014年6月25日上午，厦门市召开创建全国版权示范城市考核验收工作汇报会。国家版权局版权管理司副司长汤兆志、厦门市副市长国桂荣出席并讲话。

汤兆志说，厦门在创建版权示范城市工作中取得了突出成效，总体处在全国领先地位，希望厦门能继续发扬成绩，进一步提高知识产权和版权的保护水平。

国桂荣表示，下一步，厦门计划以该次创建为契机，完善版权保护的激励创新机制，使得版权保护科学化、常态化；加大整改，提高水平，对厦门市版权工作开展情况进行查缺补漏，推动厦门市版权保护和版权服务再上新台阶；突出重点，形成特色，努力把厦门打造成全国版权产业发展的重要平台和示范基地。

（《中国版权年鉴》编辑部综合）

【中国新闻出版研究院召开两岸版权贸易研讨会】 2014年6月27日下午，两岸版权贸易研讨会在中国新闻出版研究院召开，来自9家版权贸易重点单位的有关专家与中国新闻出版研究院“新闻出版对台工作研究”课题组成员共同探讨了2011年以来两岸版权贸易呈现的新特点。

专家们普遍认为，两岸版权合作方面呈现的新特点有：台湾地区出版企业对大陆科技内容资源的需求显著增长，对大陆的作者资源和内容资源日益重视，采取多种途径引进大陆版权；尽管台湾地区市场对于大陆重点出版企业来说规模相对较小，但各方面开发成本较低，企业越来越重视对台湾地区市场的内容资源开发和营销模式创新；在引进欧美图书版权方面，出于降低成本的考虑，两岸出版界已经形成一定的协同效应。

（资料来源：中国出版网　作者：国际出版研究室）

【中国新兴媒体产业融合发展大会召开】 2014年7月22日，国家版权局版权管理司司长于慈珂出席了中国新兴媒体产业融合发展大会，其表示，无论是新媒体还是传统媒体，都根基于相同的土壤，离不开同样的条件，这就是技术、平台和商业模式，就是作品、内容和版权资源。版权具有创作、文化和财产属性，是新媒体赖以生存和发展的基础资源。

于慈珂认为，新媒体拥有强大的技术、平台和商业模式，传统媒体拥有雄厚的作品、内容和版权资源。双方都有比较优势，也有比较劣势，新媒体和传统媒体不是决然对立、互不搭界的两个阵营，版权成为新媒体和传统媒体联姻发展的红娘，成为新媒体和传统媒体合作双赢的桥梁。

人们应当认识和重视版权，从本质规律上对版权端正观念、提高认识，看重版权价值和作用。版权具有创作、文化和财产属性，是新媒体赖以生存和发展的基础资源。在知识经济时代，无视或轻视版权，新媒体就会是无源之水、无本之木。

国家版权局一直通过强化日常监管和“剑网”等集中行动，一方面规范网络版权行为，加强数字版权保护和作品网络转载；另一方面坚决打击网络侵权盗版活动，查处大案要案，依法整治网络空间，建立良好网络版权环境。

于慈珂表示，新媒体优势强、发展快，但屡屡被诟病是因为版权，常常被查处也是因为版权。无论运用多么先进的科学技术，采用多么优良的商业模式，使用和传播作品都必须遵循“先许可后使用”的法定原则。版权不仅是新媒体赖以生存的基础，同时也是其发展的重要资源。在重视版权和保护版权的基础上，把版权当作资源，充分运用好，全链条、全环节、全方位，可尽量挖掘其价值、发挥其作用。

（资料来源：新华网　作者：高　洁　席　敏）

【2014年第二期版权相关热点问题媒体研讨班举办】 2014年7月28日至8月2日，来自《人民日报》《经济日报》《科技日报》《中国日报》《法制日报》《中国新闻出版报》及人民网、新华网、中新网等30余家媒体的近50名记者、编辑，先后走进青岛和上海市的版权示范园区、单位、企业，进行深入采访。该次活动是由国家版权局主办、中国新闻出版报社承办的2014年版权相关热点问题媒体研讨班第二期，主题为“走进版权示范城市”。除采访外，记者、编辑们还与知识产权专家、学者、法官就近期版权热点问题进行了座谈研讨。

在青岛，记者、编辑们先后参观走访了青岛市文化执法局设立的版权技术监控平台、在国内率先建设工业版权服务体系的青岛国际版权交易中心（东区）橡胶谷、首批“国家版权保护示范企业”之一的海尔集团、世界园艺博览会版权保护工作站等。在上海，记者、编辑们参观了上海文化广播影视集团有限公司、上海自贸区、张江国家数字出版基地、ChinaJoy游戏版权交易馆等。

在座谈与授课环节，国家版权局版权管理司副巡视员段玉萍介绍了“剑网行动”等国家版权局

2014 年的重点工作。围绕网络环境下如何规范转载行为、新闻维权该注意哪些法律问题、如何通过行政执法查办网络侵权案件等问题，媒体记者、编辑们与知识产权专家、学者、法官进行了交流。

（资料来源：《中国新闻出版报》 作者：方 圆）

【中国国际数码互动娱乐产业高峰论坛举办】

2014 年 7 月 30 日，ChinaJoy 高峰论坛（中国国际数码互动娱乐产业高峰论坛）在上海举办。国家新闻出版广电总局党组书记、副局长，国家版权局副局长蒋建国发表了演讲。蒋建国强调，国家新闻出版广电总局作为行业相关主管部门，将加大版权保护力度，坚决纠正妨碍公平竞争的行为。

在蒋建国看来，中国网络游戏产业的健康发展，已经成为文化产业的主要组成部分。游戏产业不但满足人民群众日益增长的文化娱乐需求，更在推动社会文化繁荣发展，促进中外文化交流合作方面发挥了重要的作用。

蒋建国指出，2013 年中国游戏市场达到了 8.31 亿元人民币，比 2012 年增长了 38%，达到 4.9 亿人，比 2012 年增长 20.7%。他还表示，习近平总书记指出实现中华民族伟大复兴需要文化发展作为衔接，文化是发展的灵魂。网络工作和游戏工作也是文化工作，时刻肩负着文化的使命，传播着正能量，寓教于乐的网络游戏产品通过网络引导人们求真求实。

蒋建国强调，国家新闻出版广电总局作为网络游戏主管部门，将同大家一起继续深化改革，推动发展，加大版权保护，认真履行监管职责，严厉打击盗版等，坚决纠正妨碍公平公正的市场环境的不法事件。

（资料来源：中国经济网 作者：于小薇）

【首届全球数字娱乐 IP 合作大会在沪举办】

2014 年 8 月 1 日，第十二届中国国际数码互动娱乐展览会（ChinaJoy）同期举办全球数字娱乐 IP（知识产权）合作大会。大会聚焦数字娱乐行业的跨界合作和知识产权保护与交流，成为全球首个汇集诸多数字娱乐 IP 合作和授权相关领域商业合作话题探讨的国际性 IP 大会。

大会主要面向 IP 内容合作方，为全球范围内的 IP 使用方与授权方之间跨行业合作提供交流与互动，从而促进国际数字娱乐行业相关的 IP 交易和 IP 合作，推动规范使用 IP，保护 IP 持有者的合法权益，建设国际数字娱乐行业的健康生态。

大会邀请国内外游戏、影视、动漫、文学出版以及法律等领域的专家、学者及企业高层，通过演讲、座谈等形式，广泛探讨相关话题，为数字娱乐行业的国际 IP 合作搭建平台。

（资料来源：《中国新闻出版报》 作者：任晓宁）

【第七次海峡两岸版权保护研讨会在银川举行】

2014 年 8 月 16 日，第七次海峡两岸版权保护研讨会暨两岸版权主管部门工作组交流会议在宁夏银川举行。国家新闻出版广电总局副局长、国家版权局副局长、中国版权协会理事长阎晓宏，宁夏回族自治区副主席姚爱兴出席会议并致辞。

阎晓宏指出，版权已全面深入经济社会的各个领域，成为社会生活不可或缺的重要组成部分。两岸版权贸易交流与合作日益密切，并正在向更广泛、更深入、更良性的阶段发展。加强两岸版权交流，推动两岸版权发展是我们共同的责任与使命。他希望该次研讨会能够进一步增进两岸版权界及文化创意产业界的相互沟通，通过优势互补、资源整合，创造更多商机，努力实现共赢，推动两岸版权及文化产业共同繁荣发展。

姚爱兴表示，宁夏回族自治区党委和政府高度重视版权相关工作，在软件正版化、打击侵权盗版、促进版权及相关产业发展等方面都取得了一定成绩，但与北京、上海等经济发达地区相比仍有不小差距。此次海峡两岸版权领域的专家学者和业界代表齐聚银川，这充分体现了国家版权局对宁夏版权工作的肯定与重视，也有利于进一步促进宁夏版权保护工作和版权相关产业的发展。

海峡两岸商务协调会副会长、台湾著作权保护协会创会理事长廖治德也表示，两岸在版权立法、执法及版权贸易上有很多相似点，加强两岸版权交流，可以一起研究对策，相互借鉴，共同促进两岸版权产业的不断发展。

根据 2010 年 6 月两岸签署的《两岸知识产权保护协议》，两岸成立著作权工作组，并不定期举行工作组会议。2014 年的研讨交流活动期间，双方也举行了两岸著作权工作组会谈，大陆和台湾的著作权管理部门就著作权立法修改、著作权认证、网络著作权执法协处及相关具体案例等事宜进行了深入沟通和交流，并初步确定了下一步的合作方向和工作计划。

总局版权管理司司长于慈珂、副司长汤兆志，人事司副巡视员王彤，进口管理司副巡视员王华，宁夏回族自治区政府副秘书长崔晓华，中国版权协会常务副理事长王国庆等参加会议。来自两岸版权相关管理部门和产业界代表、版权界专家学者100余人参加了研讨会。

（资料来源：《中国新闻出版报》 作者：魏 芳）

【“全媒体时代版权战略发展论坛”在京举行】 2014年8月28日下午，“全媒体时代版权战略发展论坛”在北京举行，国家新闻出版广电总局副局长、国家版权局副局长阎晓宏在论坛上发表演讲。他指出，8月，中央全面深化改革领导小组第四次会议审议通过了《关于推动传统媒体和新兴媒体融合发展的指导意见》，在该背景下，讨论全媒体的版权战略是非常重要的。

阎晓宏指出，新媒体来势汹汹，传统媒体试图转型，这时把版权问题提升到战略高度具有十分重要的意义。从国内目前的情况来看，虽然各方认识到版权的重要性，但是并没有解决好这个问题。主要表现在，传统媒体在融合发展的过程中，版权经营的效益增长并不明显。

从大的层面上讲，解决版权问题需要营造良好的版权环境。中国的版权环境已经有了很大改观，但并不尽如人意。此外，还需要建立符合时代发展的法律，在这方面，国家正在加紧推进相关工作。从个体层面上讲，大多数版权问题可以通过协议和契约解决，所以无论是传统媒体还是新媒体，企业都要与作者建立友好的关系，这就需要把作品的价值最大程度上发挥出来，实现效益的最大化。

（资料来源：中国经济网 作者：张晶雪）

【2014BIBF国际版权贸易高级研修班在京举行】 2014年8月28日，由国家版权局指导支持、中国图书进出口（集团）总公司组织执行的“2014BIBF国际版权贸易高级研修班”在北京图博会展场会议室举办。

该届研修班主题为“转型、集约与跨界——版权贸易的新模式与新命题”。在已成功举办13届BIBF国际版权贸易培训班的基础上，本届研修班立足权威、专业，帮助版权从业人员了解中国的版权政策和动态、学习国际版权贸易经验，从而进一步提升版权事业相关单位的版权贸易质量与水平。

围绕文化产业“跨界经营”与版权贸易新趋势、版权跨界经营案例分析等话题，该届研修班聘请国内外资深版权专家授课，组织国内版权从业人员进行研修培训。

（资料来源：光明网 作者：张 薇）

【广州举行2014文化艺术与版权保护研讨会】 2014年8月29日，2014文化艺术与版权保护研讨会在广州市越秀区举行。与会代表就个人关心的版权热点问题与主讲嘉宾进行了精彩的互动交流。

研讨会以“文化艺术品的交易、版权保护与维权”为主题，特邀中国版权协会常务理事白京兆、广东省高级人民法院知识产权庭副庭长欧修平、北京大学文化产业研究院副院长陈少峰、暨南大学法学院（知识产权学院）副院长徐瑄等对文化艺术品的版权和版权贸易在中国的发展现状及未来发展趋势，以及典型维权案例等进行了全方位阐述与分析。

广东省版权局、广州市版权局、越秀区委区政府主要负责人，电影、音乐、戏剧创作者，文学艺术工作者，版权从业者，版权相关协会代表和版权产业企业代表共100多人参加了研讨会。

（资料来源：《中国新闻出版报》 作者：粤 菊）

【2014年国际版权论坛聚焦创新与发展】 2014年9月15日，由世界知识产权组织（WIPO）与中国国家版权局共同主办，成都市人民政府、四川省版权局协办的2014年国际版权论坛在成都拉开帷幕。该届论坛以“版权、创新与发展”为主题，旨在汇集海内外版权界杰出代表，共同探讨版权保护新理念和新模式，寻求版权发展新超越和新突破。中国国家版权局副局长阎晓宏、世界知识产权组织副总干事王彬颖出席开幕式并致辞。

阎晓宏在致辞中表示，世界知识产权组织一直大力倡导并积极推动各成员国树立努力确保知识产权制度，为国家创新与社会经济发展作出充分贡献的理念。这一理念在中国得到了充分的体现。中国经过了30余年的改革开放，在发展市场经济的过程中，以文学艺术、广播影视、工艺美术、计算机软件、信息网络等产业为重点的版权产业得到迅速发展，有的已经具有了相当的规模与实力，特别是在经济发展过程中，展现了后发优势，已经成了国民经济新的增长点和经济发展中的支柱产业。中国版权资源在经济领域还没有得到充分利用，市场机制还不够完善，发展速度和效益都需要有一个较大提高，中国版权产业仍存在很大的发展潜力和发展空间。中国的版权事业仍然面临诸多任务，要进一步加强与世界知识产权组织以及各国版权界的交流与合作，积极探讨版权保护与经济发展的关系，共同促进版权产业的繁荣发展，为寻求新的财富增长方式作出积极贡献。

王彬颖首先转达了WIPO总干事高锐对于第五

届国际版权论坛的良好祝愿。其在致辞中表示，知识产权尤其是版权，已经成了很多国家特别是发展中国家经济增长的引擎，促进了社会文化的繁荣以及全球各国经济的繁荣。WIPO 在世界 40 多个国家的研究显示，包括版权产业在内的创意产业对于各国的 GDP 贡献率平均占 5.2%，对于就业贡献率占 5.4%，在多个发展中国家其对就业的贡献率高达 10%。王彬颖希望借助本次国际版权论坛平台，国与国之间能够互相交流信息、想法和体验，进一步梳理版权创意产业和发展之间的关系。

在 15 日至 16 日的论坛上，国家版权局版权管理司司长于慈珂、WIPO 创意产业部版权发展司司长高航分别发表了题为《版权与相关权在中国的发展：立法与政策考虑》和《版权与相关权在国际层面的发展：新的趋势与挑战》的专题演讲。印度商务和产业部、美国电影协会、澳大利亚表演权协会、韩国著作权委员会和中国香港海关等有关部门和组织负责人就“版权、创造和发展之间的关系”、“增加文化产品的经济价值：对版权和相关权的有效管理和执法的战略、政策和最佳实践”和《视听表演北京条约》保障与促进电影、电视及其他相关文化产业的发展等话题交流经验。论坛还举办了以“关于促进和保护参会各国创意和实体发展的未来方向的建议”为主题的圆桌讨论。

17 日，论坛嘉宾参加了在成都举办的第五届中国国际版权博览会。

（资料来源：《中国新闻出版报》 作者：赖名芳）

【中国人民大学国家版权贸易基地举办第 34 期版权人沙龙】 2014 年 9 月 18 日，中国人民大学国家版权贸易基地在京举办第 34 期版权人沙龙，主题为“文档分享平台的版权侵权责任界定”。来自国家版权局版权管理司、北京大学、中国人民大学、华东政法大学、北京市第三中级人民法院、海淀区人民法院、浩天信和律师事务所的专家学者，以及百度文库、道客巴巴及豆丁网的企业代表围绕沙龙主题进行了探讨。

北京大学法学院教授张平表示，文档分享平台作为一种不可阻挡的商业模式，需要合理的空间进行良性发展。要解决平台方和权利人之间的矛盾，在立法上进行改变往往费时费力，司法实践的作用显得更加重要，法官使用自由裁量权应该慎重，不应对平台方施加过重的审查义务。权利人也应该积极维权，行使通知删除的权利，尽量减少诉讼的发生。

中国人民大学法学院副教授金海军认为，判断平台方是否应知侵权行为的存在，现有的法律规定还存在着很多不明确和模糊之处，除了需要从立法上进行适当调整，法院判决应该既解决个案，也要具备一定的前瞻性。

华东政法大学法学院教授王迁认为，有充分的证据表明平台上的内容均为用户上传，是判断文档分享平台作为信息存储空间服务提供者的重要条件。平台应知侵权行为的存在，要求平台方承担一般的注意义务而非审查义务。

国家版权局原巡视员许超强调，不同的文档分享平台的运营模式有相同也有不同，而平台方规避法律风险的一个重要条件是未因为用户上传侵权文档而直接获取经济利益，这应该成为平台方设计运营模式的重要考量因素之一。

国家版权局版权管理司副司长段玉萍在最后总结时表示，当司法判决或行政处理对某一种运营模式造成较大影响时，一定要特别慎重。同时，互联网企业也应该强化版权意识，主动尊重版权和维护公共利益。

（资料来源：《中国新闻出版报》 作者：方 圆）

【书画界聚焦版权保护与技术创新】 2014 年 10 月 8 日，艺术品保真专题研讨会暨东南大学通信技术研究院艺术品数据中心揭牌仪式在江苏南京举行。东南大学多媒体数据分析实验室主任王桥向与会的近百名专家介绍了与版权登记相结合、适用于中国书画的柔性数据保真技术。

柔性数据保真技术通过对艺术品数据采集、识别技术的创新，再加上与版权登记相结合，可以清晰地辨别原创作品与盗版作品的不同，并且不受时间和其他自然因素的影响。该技术相比传统的设置防伪标识或高保真扫描对比识别方法，不仅解决了一直以来困扰艺术界、拍卖界和司法界的艺术作品版权鉴别难题，还可以为艺术家维权提供有效的权利证明，更好地平衡艺术品拍卖活动中各方当事人的合法权益，并能够在司法机构审理相关案件时，成为讼争艺术品权属鉴别的科学依据。

会议由江苏省版权协会、东南大学通信技术研究院、江苏省拍卖协会主办。会上，部分艺术家代表与江苏国典艺术品保真科技有限公司签订艺术品保真合约。

（资料来源：《中国新闻出版报》 作者：邹 韧）

【推进国际标准版权保护工作座谈会举办】 2014 年 10 月 21 日上午，在由国家质检总局、国家版权局、国家标准委联合主办的推进国际标准版权保护工作座谈会上，国家标准委有关负责人表示，中国是国际标准化组织（ISO）的常任理事国，保护国际标准版权是中国的义务和责任，中国必须加大ISO正版标准在中国的销售推广力度。

针对中国应当怎样加强国际标准版权保护工作，国家标准委党组成员郭辉提出，首先要在全国“双打”的机制框架下，继续加大与政府执法部门和地方的联动与合作。其次是要加强国内外联动与合作。由于国际标准网络侵权盗版行为异常复杂，很多侵权盗版网站的服务对象在中国，但服务器、支付平台却在国外，因此希望由ISO中央秘书处牵头，建立各国标准化机构打击标准侵权盗版联动机制，共同打击跨境标准侵权盗版违法犯罪行为。再次是加强舆论宣传。要积极争取宣传部门和新闻媒体的支持，同时重点曝光典型标准侵权盗版案件，震慑盗版侵权违法分子。最后是要疏堵结合。希望在ISO正版标准的销售推广方面与ISO加强合作，共同探讨在中国有效推广ISO标准的方式和措施，扩大ISO正版标准销售渠道，加大ISO正版标准在中国的销售推广力度。

会上，国家标准版权保护工作组办公室、上海市公安局、豆丁网等单位的代表分别介绍了中国保护国际标准版权、打击侵权盗版案件的具体情况以及相关的经验和做法。全国“双打”办、公安部、国家版权局的相关负责人分别介绍了中国政府在保护知识产权、特别是在打击网络侵权盗版等方面的工作部署和安排。ISO市场宣传和信息部主任尼古拉斯·弗莱瑞，介绍了国际标准版权保护的相关政策和全球打击侵权盗版国际标准的经验，并宣读了ISO对中国政府的感谢信。

来自ISO、全国“双打”办、公安部、最高人民法院、最高人民检察院、上海市版权局、上海市公安局等有关单位的负责人和代表参加会议。

（资料来源：《中国新闻出版报》 作者：邹　韧）

【第二届中国互联网新型版权问题研讨会在京举行】 2014年10月24日，中国版权杂志社联合腾讯互联网与社会研究院在京举办第二届中国互联网新型版权问题研讨会。国家新闻出版广电总局副局长、国家版权局副局长阎晓宏作书面讲话。

阎晓宏在书面讲话中指出，2014年8月，中央全面深化改革领导小组审议通过了《关于推动传统媒体和新兴媒体融合发展的指导意见》，总局在这个意见的指导下，坚持先进技术为支撑、内容建设为根本，推动传统媒体和新兴媒体融合发展，其中建立合理的网络版权使用机制是推动传统媒体和新兴媒体在内容、渠道、平台等方面深度融合的重要一环。刚刚结束的党的十八届四中全会审议通过了《中共中央关于全面推进依法治国若干重大问题的决定》，贯彻落实四中全会精神，积极推进网络空间法治化是版权执法工作的重点。在这一背景下，就互联网新型版权问题进行研讨很有意义。

阎晓宏表示，经过多年努力，中国互联网版权保护环境有了很大的改善和提高，得到了国际社会的一致认可和好评。自2005年起，国家版权局会同工信部、公安部、国家网信办等部门，连续10年开展“剑网行动”，查办了一大批大案要案，有效打击和震慑了网络侵权盗版活动。但也要看到，中国的网络版权保护形势依然严峻。一方面，全社会的版权法律意识还不高，侵权盗版行为还有其生存的土壤，而部分网络企业长期无偿使用他人的内容资源，在被追究责任方面存在侥幸心理，部分权利人也缺乏自我维权意识；另一方面，网络新技术、新应用层出不穷，给互联网版权保护不断提出新课题、新挑战。因此，依法规范网络版权秩序、净化网络空间，推动互联网产业健康发展，必须在全社会达成共识，并进一步加大工作力度。

针对深度链接涉及的一系列法律问题，北京市朝阳区法院知识产权庭庭长林子英、北京市高级人民法院知识产权庭法官石必胜、北京市海淀区法院中关村法庭负责人李颖、美国亚太法学研究院执行院长孙远钊、清华大学法学院副教授崔国斌等分别在会上作了主题发言。

国家版权局版权管理司副司长汤兆志出席会议并作总结，来自版权相关单位的100余人参加了会议。

（资料来源：《中国新闻出版报》 作者：方　圆）

【首届音乐产业高端论坛热议音乐版权保护问题】 2014年11月6日，“2014（北京）首届音乐产业高端论坛”在中国传媒大学国际交流中心隆重开幕。在论坛专题讨论中，音乐版权保护问题成为争议热点。讨论认为，中国音乐产业的版权保护还有很大发展空间，主要问题集中在法律法规有待完善和人民大众音乐付费意识不强等方面，尤其在音乐广播权、机械表演权的版税收缴上，还有很多有待深度磋商的问题，需要政府、业界及社会各界广泛配合，深化了解，共同促进中国音乐产业生态及版权的平衡和保护。

在讨论中，多位行业协会和业界代表就中国音乐产业生态及版权保护等问题进行了深入探讨，发表了各自的观点。FBA 精彩集团董事长张鸿成认为，健全法律法规和市场化运作是改善版权环境、提高音乐产业总产值的两个重要途径；索尼音乐中国版权及法务总监修大普与原酷我音乐数字音乐高级总监、现金峰顺泰知识产权有限公司副总裁吕坤先生皆认为用户数字音乐付费意识淡薄是限制数字音乐产业发展最重要的因素，修大普同时提出，唱片公司收入分配不均的问题是导致中国音乐产业“失血于创作源头”的重要原因，优秀的音乐作品是音乐产业良性发展的必然需求。

中国音像著作权集体管理协会副总干事马继超、中国音乐著作权协会信息宣传部主任朱严政分别解释了两家著作权管理机构的职能和工作，他们指出，利益平衡和价值实现是激励音乐创作者创作优秀音乐作品的必要条件，而版权是音乐产业从业者利益诉求与实现的最基本的工具。因此，加大音乐版权的保护力度是促进音乐产业发展的必经之路。

国际唱片协会中国区首席代表郭彪总结认为，健全法律法规，保护著作权人权益，是音乐产业未来发展的重中之重，同时，盗版问题已不是限制中国数字音乐产业营收的主要因素，商业模式的探索与改善才是下一步发展的重点。

在中国音乐产业高端论坛开幕式上，国家新闻出版广电总局出版管理司副司长许正明提出：加强数字版权保护，创造良好发展环境，是促进中国音乐产业发展的重要方面；国家新闻出版广电总局将通过推动立法工作加强对音乐作品特别是数字音乐作品的版权保护，支持并规范相关行业协会积极探寻网络环境下对音乐作品实行有偿使用的途径和方法。

（资料来源：人民网）

【自贸区首届文化授权交易会成功举办】 2014 年 11 月 13 日至 15 日，国家对外文化贸易基地（上海）在自贸区主办了中国（上海）自由贸易试验区首届文化授权交易会。

该届交易会的定位是高端、专业且控制适度规模，以 B2B 洽谈结合专题论坛和配套专业服务的创新形式，探索实践文化与授权相融合、相交互的发展业态，支持文化企业与国际市场互动与对接。在开幕当天的金融日论坛上，中国人民大学发布了《2014 中国艺术品金融年度报告》；第二天的授权日论坛上，《中国文化产业智库》编辑部首发《中国艺术衍生品产业发展年度研究报告（2014）》；第三天的动漫日论坛以“未来动漫游戏的主导因素”为题展开讨论。该届交易会共吸引了 100 多家中外参展商，逾千件授权作品及项目参展，其中有近 20%的参展商来自海外。为期三天的交易会为授权产业中的中外授权商、授权经营商、授权代理机构等搭建有效的交流平台，提供合作拓展的空间，促进文化企业实现专业化、市场化、多元化、国际化的发展。交易会吸引了上千人次的专业观众和机构前来观展，达成了数十项授权合作协议和意向，形成交易规模近百万元。

（资料来源：东方网）

【第七届中国版权年会聚焦大数据时代的文化与版权】 2014 年 11 月 15 日，由中国版权协会主办的第七届中国版权年会在京举行，该届年会主题为“大数据时代的文化与版权”。相关专家学者、权利人、企业等各界人士通过主题发言、交流探讨等形式，共同分享中国版权在互联网背景下的发展机遇。

国家新闻出版广电总局副局长、国家版权局副局长阎晓宏指出，当互联网产生以后，人们需要改进观念，按照互联网规律开展版权工作，提升互联网思维，需要思考在互联网背景下，如何运用大数据等技术，来充分发挥版权在推动文化产业发展中的重要作用。同时，要认识到版权的价值，把分散的版权资源聚合起来，把优秀的版权资源遴选出来。

盛大文学公司董事长邱文友表示，盛大文学 2014 年的版权收入超过 2013 年全年收入的四倍以上，这表明管理好海量版权成为类似盛大文学一样的公司工作的重中之重。对于文化产业，版权品牌的影响力跟可塑性是决定市场价值走向的重要因素。如果把文化内容的版权作为一种资产进行有效的管理、维护和运营，将释放出非常巨大的经济效益。

该届年会还举行了年度评选颁奖大会。中国音乐著作权协会终身名誉主席王立平、国家版权局原副局长沈仁干获得“中国版权事业终生成就者”称号。北京大学出版社有限公司社长王明舟、中国社会科学院知识产权中心主任李明德等 11 人获“中国版权事业卓越成就者”奖。海尔、盛大文学等 43 家企业获“中国版权最具影响力企业”奖。

（资料来源：新华网　作者：隋笑飞）

【版权律师热议古籍点校本保护】 2014 年 11 月 22 日至 23 日，中华全国律师协会知识产权专业委员会 2014 年年会暨中国知识产权法律实务研讨会在上海举办。版权分论坛上，知识产权律师和学者积极呼吁应加强古籍点校本的著作权保护。

上海朱妙春律师事务所主任朱妙春作了题为“古籍点校本呼吁著作权法保护”的演讲。其认为，古籍校点是一项长期而艰巨的工作，如果其工作成果不能得到法律的有效保护，将对古籍校点者的积极性造成严重影响，不利于古籍校点工作的开展。长此以往，中华民族的伟大文化遗产将难以传承子孙后代，其损失是难以预计的，因此必须对古籍点校本进行法律保护。尽管对于古籍点校本版权侵权案件，业界、专家、司法审判机关的观点还未形成统一的看法，但是总体上还是以“应该保护古籍点校本”为多。华东政法大学教授王迁同样认为，古籍点校本应该受法律保护。其建议借鉴国外的规定，在中国《著作权法》中新设第五种邻接权，以此来解决中国古籍点校本法律保护不足的尴尬。

（资料来源：《中国知识产权报》 作者：永 杰）

【动漫授权高研班在宁波举办】 2014年11月24日至12月3日，受文化部文化产业司委托，中国玩具和婴童用品协会在宁波举办国家动漫产业高级研修班（授权方向），帮助玩具、婴童用品、文具、服装配饰、礼品、家居用品、食品饮料、洗护用品、图书音像、消费电子等传统企业拓展内销渠道、提升品牌价值，快速做大做强，促进动漫行业企业健康发展。

（资料来源：人民网）

【民间文化艺术传承与保护专题研讨会举行】 2014年11月25日，由广东省版权局指导、广州市版权局主办、广州市越秀区国家版权贸易基地承办的民间文化艺术传承与保护专题研讨会在广州举行。

研讨会以“民间艺术的历史、现状及生存空间，如何更好地传承和保护以及创新发展”为主题，以文化艺术品的“基业长青”为主线，邀请了省、市版权行政管理部门的领导，高校专家学者，民间文化艺术家及传承人，相关行业协会代表，知识产权律师，企业家代表等参加。

会议提出，要充分利用广州深厚岭南历史文化积淀的优势，坚持创作与保护并行、挖掘和开发并重，借助广州市越秀区国家版权贸易基地平台，做好岭南民间文化艺术作品的创造、运用保护和管理工作，促进版权与科技、版权与金融、版权与贸易的融合，最大限度地实现岭南民间文化艺术作品的经济价值和社会价值。

广东省版权局副局长陈春怀表示，要努力探索建立保障机制，服务广大民间文化艺人，服务各行各业，让民间文化艺术作品的创新活水长流，促进版权产业繁荣发展。

（资料来源：《中国新闻出版报》 作者：粤 菊）

【2014长三角新闻出版（版权）联席会议召开】 2014年11月26日至27日，2014年长三角新闻出版（版权）联席会议在江苏苏州召开。上海、浙江、江苏三地新闻出版行政部门的负责人座谈交流了2014年新闻出版（版权）工作，讨论了2015年重点合作的工作思路，着重围绕促进全民阅读工作介绍经验做法，深入探讨促进全民阅读的体系、机制建设问题。

上海市新闻出版局局长徐炯、浙江省新闻出版广电局局长寿剑刚、江苏省新闻出版局局长周琪到会并作重要讲话。与会人员表示，面对新闻出版（版权）改革发展管理工作出现的新形势、新要求，要在把好正确出版导向、多出精品、构建现代公共阅读服务体系、推动新闻出版业持续健康发展、进一步深化改革及严格依法治理上着力。

会议期间，与会代表还参观考察了苏州市全民阅读基础设施建设情况。

（资料来源：《中国新闻出版报》 作者：张意德）

【音乐产业呼吁确立录音制作者广播权】 2014年11月28日，有关录音制作者广播权国际研讨会召开。

与会演讲嘉宾均指出，相关国际公约很早就确认了录音制作者的公开表演权和广播权，包括1961年通过的《罗马公约》、1996年通过的《世界知识产权组织表演和录音制品条约》等。到2014年，世界上已经有147个国家都赋予录音制作者广播权和公开表演权，在中国也应如此。他们表示，很多国家都将广播权和公开表演权赋予了国外的录音制作者，但前提是这些权利在此录音制作者本国必须存在。由于此前的中国《著作权法》没有规定这两项权利，中国音乐的表演者和制作者无法从其音乐在国外的使用中获得收入；如果这两项权利得到《著作权法》修订时确定，中国的音乐制作者将有权从许多国家获取表演权收益。印度尼西亚唱片业协会首席执行官朱萨克·萨帝诺表示，印尼2014年9月颁布相关法律，录音制作者终于获得了广播权，而广播组织愿意付费。

该次国际研讨会由中国音像与数字出版协会、中国音像著作权集体管理协会、国际唱片业协会主办，国务院法制办、人大教科文卫委员会、国家新闻出版广电总局的官员，高校的法学教授，国内产业协会及权利人代表，以及来自英国、马来西亚、印度尼西亚、韩国等的相关专业人士参加。

（资料来源：《法制日报》 作者：胡建辉）

【知识产权与文化遗产国际学术研讨会在西安举行】 2014 年 12 月 20 日，由西安交通大学知识产权研究中心主办的知识产权与文化遗产国际学术研讨会在西安举行。陕西省高级人民法院有关负责人表示，中国对文化遗产的保护面临着巨大难题，对知识产权与文化遗产领域重大问题予以关注具有特殊意义，在文化遗产领域亟须知识产权对文化遗产加以保护。

在会议的分组讨论阶段，来自政府部门、企事业单位、高等院校等单位的知识产权实务和理论工作者就“非物质文化遗产国际保护的新发展”“知识产权和文化遗产的其他重要理论与实务问题”等议题展开讨论，充分分析了对文化遗产予以保护的重要性，并深入探索了知识产权与文化遗产保护的关系。

（资料来源：《中国知识产权报》
作者：胡姝阳 刘 桢）

【国家知识产权智库建设研讨会在武汉举办】
2014 年 12 月 21 日，由中南财经政法大学知识产权研究中心主办的国家知识产权智库建设研讨会在武汉举行。有关专家认为，要高度重视知识产权研究工作，积极探索建设具有中国特色的知识产权国家智库，努力为知识产权事业发展和知识产权强国建设提供新理论、新观点、新思想、新举措。

中南财经政法大学教授吴汉东认为，知识产权国家智库建设必须要为国家的经济社会发展、为知识产权事业进步、为知识产权强国建设提出观点、表达思想；要培养不同层次的适用的人才，为事业发展提供人才和智力支撑；要凝聚共识，为努力在全社会形成尊重知识、崇尚创新、保护知识产权的良好共识作出贡献。中国社会科学院知识产权中心教授李明德表示，中国知识产权事业的发展，迫切需要国家智库建设和人才的支撑，国家知识产权局逐步开展的知识产权专家库、领军人才、高层次人才队伍的建设等相关工作，对于促进中国知识产权事业发展、努力建设知识产权强国具有非常重要的意义。

会上，文化部还决定在中南财经政法大学建立文化知识产权研究中心，以承担文化改革发展重要课题研究。

在研讨中，来自中国的知识产权管理部门、法院、协会、企业、高校、法律及知识产权服务机构，以及韩国、美国、欧盟的有关专家从各自的领域和角度出发，对知识产权国家智库建设的重要性和紧迫性、如何加强知识产权国家智库建设等方面进行了分析和探讨，提出了意见和建议。

（资料来源：《中国知识产权报》 作者：钟凌云）

◆ 社会管理与服务

【古工委施行古籍整理图书稿酬支付试行办法】
2014 年 1 月 8 日，古工委召开 2014 年度第一次工作会议。与会的古工委理事单位负责人根据古籍整理出版行业专业图书出版的具体情况，对 2013 年 9 月 23 日国家版权局发布的《使用文字作品支付报酬办法（修订征求意见稿）》进行了讨论，通过了《古籍整理图书稿酬支付试行办法》（以下简称《办法》）。与会者认为，《办法》可保护作者的著作权相关权益，促进古籍整理作品的创作与传播，营造古籍出版行业公平竞争的良好氛围。

《办法》对版税、基本稿酬、印数稿酬、一次性付酬的概念作了明确区分。要求版税率总体控制在 3%～8%，最高不超过 10%。此外，对于标点、校勘、今译、汇校、笺证、注释、集释、辑佚、古籍资料辑录、汇编，以及标点、断句、校正错讹、索引、影印等诸项稿酬支付，也作了明确限定。《办法》要求索引类作品按实际排版的版面折合的字数计算。影印作品只在一版一次支付底本使用费，重印再版不再付酬。

对于印数稿酬标准和计算方法，《办法》强调每印一千册，按基本稿酬的 1% 支付；不足一千册的，按一千册计算。在合同有效期内，作品重印时只支付印数稿酬，不再支付基本稿酬。而对于国家出版基金重大项目和采用一次性付酬办法的，《办法》提出其稿酬标准不宜超过每千字 150 元。《办法》还指出，作品出版后，经著作权人授权许可他人在境外出版的，除合同另有约定外，出版者应当将所得著作权使用费在扣除相关费用后的 40%～60% 支付给著作权人。

（资料来源：《中国新闻出版报》 作者：章红雨）

【泉州德化成立全省首个县级版权协会】 2014年1月10日，德化县版权协会揭牌成立，标志着福建省首个县级版权协会诞生。

德化县被国家版权局授予“全国版权保护工作示范单位”，被联合国知识产权组织列入推动版权工作优秀案例示范点。2013年，最高人民法院授予德化部分知识产权民事纠纷案件管辖权，实现版权就地办理、就地维权。

德化县版权协会作为德化众多陶瓷企业、各类作品的创作者、使用者和政府部门、相关组织沟通协调、信息交流、共赢发展的平台。它的成立，对于德化陶瓷产业不断创新、健康发展、服务经济建设、繁荣文化事业、开创有序竞争创造了更加有利的条件。

（资料来源：《泉州晚报》 作者：陈志明）

【音乐著作权许可收入2013年达1.12亿元】 2014年1月21日，中国音乐著作权协会表示，2013年音乐著作权许可收入达1.12亿元，其中已有82.23%为著作权人进行了分配。

2014年音著协音乐著作权许可收入主要来自网络、出版、广播、航空、酒店、零售、餐饮、娱乐等各行各业。在1.12亿元许可收入中，表演权许可收入约5 282万元，约占总收入的47.16%；广播权许可收入约3 474万元，约占总收入的31.02%；新媒体许可收入约1 412万元，约占总收入的12.61%；复制权许可收入只有约510万元；海外协会许可收入约500万元。

随着《著作权法》的实施，著作权法律制度和著作权集体管理制度的逐步完善与国民版权保护意识的增强，音乐著作权许可收入也在逐年增长，特别是从2009年来呈现出“井喷式”增长：从2009年的4 253.7万元、2010年的6 801.86万元、2011年的8 889.31万元，到2012年突破亿元大关（1.099亿元）。

（资料来源：《中国新闻出版报》 作者：赖名芳）

【西安电视剧版权交易中心开展版权免费登记活动】 2014年1月，西安电视剧版权交易中心开展的为期三个月的著作权免费登记活动圆满结束。该次活动共办理著作权登记462宗，涉及影视、文学、音乐等类型的登记作品1 027件。该次免费登记活动是受陕西省版权局委托，为了建立健全陕西版权要素市场，促进文化创意成果转化而开展的，不仅做到了版权保护，还帮助权利人实现了作品的市场价值。

另外，针对剧本作品的特殊性，中心还通过为电视剧分集大纲办理登记的方式，开创了从创意阶段进行影视版权登记保护的先例。这种通过对影视剧故事梗概、分集大纲、剧本等均进行著作权登记，以作为作品遭受侵权时的有效证据的做法，为影视行业版权保护提供了全新的路径。

（资料来源：《中国新闻出版报》 作者：魏 芳）

【中国文联权益保护部发布《著作权许可使用合同》】 2014年2月17日，中国文联权益保护部向文艺界发布《著作权许可使用合同》[以下简称《合同》（参考文本）]，为各全国文艺家协会根据本艺术门类特点制定各自的合同文本提供指导和借鉴，并为广大文艺家和文艺工作者进行签约提供参考。

《合同》（参考文本）共分为许可使用的作品、许可使用的权利种类、许可使用的方式、许可使用的地域范围等13条。在实际使用过程中，签约双方可以根据具体情况，在不违反法律法规的前提下，对参考文本的内容进行增删修改，依据签约需要进行详尽、明确的约定。

《合同》（参考文本）及其使用说明和签约指南可在中国文艺网“维权”频道下载。

（资料来源：《中国艺术报》）

【京版十五社反盗版联盟2013年度总结大会在京举行】 2014年2月25日，京版十五社反盗版联盟2013年度总结大会在外研社北京大兴国际会议中心举行，会议主题为：合作·创新·共赢。出席该次会议的有全国“扫黄打非”办、总局反非法和违禁出版物司副司长杨梦东，国家版权局版权管理司版权执法处处长赵杰，北京市公安局治安总队行动支队、北京市文化市场行政执法总队五队队长邢玉金，中国版权协会反盗版委员会副主任、北京版权保护协会副秘书长、北京反盗版联盟主任刘志伟，中国新闻出版报版权部记者邹韧及联盟各成员单位领导。会议由联盟秘书长、外研社法律事务部主任李晶主持。

会议主要对联盟2013年工作进行总结，对2014年发展进行展望。2013年，联盟顺利完成了联盟2012年末指定的目标与任务，并取得了一定的成绩。第一，各成员单位领导高度重视，打盗工作人员不畏险阻，成员单位间通力合作，联盟打盗维权工作取得了显著成果，各成员单位配合各地执法部门屡破图书盗版大案。第二，联盟成员单位密切关注、积极应对网络侵权活动，通过同网络交易平台的合作，加强对网络版权保护环境的净化。第三，联盟加大知识产权保护的宣传力度，向全国分发数千张反盗版维权海报。第四，联盟成功组织了与南京市、湖南省 14 个地市州文化市场综合执法局的座谈，为各成员单位在各地有效地开展打盗维权工作铺平了道路。

（资料来源：凤凰网读书）

【2014 中国互联网版权保护行动计划启动】 2014 年 3 月 11 日，由北京市版权局指导，北京版权保护中心和首都版权产业联盟联合主办，深圳市迅雷网络技术有限公司承办，凤凰网、爱奇艺、北京世纪优优、小马奔腾、华谊兄弟新媒体等多家企业共同参与的“CC2014 中国互联网版权保护行动计划”在京正式启动。

该活动旨在更好地推动中国网络视频正版化进程，携手共建互联网行业科技维权平台、集体维权平台、侵权公示平台，最终形成版权保护长效机制。

北京市版权局版权管理处处长、首都版权产业联盟副主席卢志鹏表示，“CC2014 中国互联网版权保护行动计划”通过形成官方、企业和版权方的联动机制，通过监控、过滤和监督等各种手段持续对盗版行为进行有力打击，从而建立一个绿色健康的行业环境。

该次“CC2014 中国互联网版权保护行动计划”提出了“一个机制、三个平台”的版权保护方案。“一个机制”即版权保护长效机制，“三个平台”即科技维权平台、集体维权平台和侵权公示平台。该计划以技术联盟协作体或其他的方式与北京市版权保护中心合作，高效快速地确定盗版网站或链接等侵权行为，依托北京市版权保护中心平台，通过定期的公示机制，更好地巩固维权成果，并可预防后续侵权行为的发生。

（资料来源：《科技日报》 作者：王月菊）

【深圳市中外版权交易中心开业】 2014 年 3 月 30 日，作为深圳市政府批准成立的全市唯一一家专业版权交易机构、中国版权共同市场的发起单位之一，深圳市中外版权交易中心经过近 6 个月试运行，在南山数字文化产业基地正式开业。

深圳市中外版权交易中心作为版权市场新型的交易平台，以互联网为基础、以文化为根本、以金融为杠杆、以版权交易为核心，力图整合国际创意资源，打造文化资产运营和文化资本运作的独立第四方平台。同时，深圳市中外版权交易中心也是世界版权联合会唯一指定的中国合作单位。

深圳市中外版权交易中心的版权交易聚焦五大重点领域：影视音响版权、出版（含数字出版）版权、软件（含游戏动漫）版权、非物质文化遗产版权和艺术品等其他产业门类设计版权及版权衍生品的交易。开业典礼期间，交易中心与中国银行、台湾宏广集团、南国书画院、广州博艺文化产业研究院进行了战略合作签约。其中，中国银行为支持交易中心在文化金融领域业务的开展，提供了 10 亿元人民币的授信额度。

近 6 个月的试运行期间，深圳市中外版权交易中心共办理国际、国家和省级版权证书 21 件，接受版权作品线上交易申请 1 200 余件。中心主网站已经建设完成，线上版权登记、交易、展示平台完备。

（资料来源：《深圳特区报》 作者：林洲璐）

【首都版权联盟创新影视剧版权保护机制】 2014 年 4 月 16 日，由首都版权产业联盟、北京版权保护中心联合举办的“CC2014 影视版权保护创新机制暨电影《国宝疑云》版权保护仪式”在京举行。联盟依托北京版权保护中心和北京版权资源信息中心资源，对影视作品剧本创作、影视拍摄、影视发行等全产业链，建立从版权登记、版权授权合同备案、版权监测到版权维权的全程版权综合保护体系，电影《国宝疑云》是首部加入该保护体系的影片。

首都版权产业联盟和北京版权保护中心尝试性建立影视版权保护创新机制，从建立影视版权公共服务平台和建立影视版权综合服务体系入手。在打造影视版权公共服务平台方面，联盟建立影视版权科技维权、集体维权和侵权公示三大平台。在建立影视版权综合服务体系方面，从全过程版权保护、全业务版权保护和全版权运营服务等方面着手。全过程版权保护是指从影视作品剧本创作、影视拍摄、影视发行、版权交易到衍生品开发的全过程版权保护服务。全业务版权保护是指从版权登记、版权授权合同备案、版权声明、版权预警、版权监测到版权维权的全业务版权保护。全版权运营服务则指的是版权交易、图书和影像制品的开发、游戏产品开发和运营、新媒体发行、玩具等各类衍生品开发的全版权运营服务。

（资料来源：《中国知识产权报》 作者：姜 旭）

【宁波版权协会评出 2013 年十大版权事件】 2014 年 4 月 22 日，宁波版权协会召开年会，公布

2013年宁波十大版权事件，该十大事件由宁波市知识产权局、宁波市中级人民法院、律师事务所及相关院校的专家评出。该十大版权事件分别是：宁波7件作品获全国群星奖；《少年阿凡提》被授予2013年国家动漫品牌；网络游戏《侠义传》入选“中国民族网络工程”；宁波市成功破获公安部和国家版权局重点督办案件；浙江首例微博著作权侵权案在宁波落槌；宁波市查获浙江省首例侵犯网络文学作品案；宁波市查处非法复制计算机软件案；“西部歌王”王洛宾之子维权告发38家KTV侵权；宁波市发放首笔著作权质押贷款；宁波市大学科技园（镇海区）版权保护工作成效显著。

（资料来源：中国宁波网　作者：陈朝霞）

【国内听书行业首个反盗版联盟成立】　2014年4月22日，由氧气听书、盛大文学、浙江电子音像出版社等单位联合全国听书作品版权各方权利人以及广大听书作品作者和播音者，在浙江杭州万松书院发起建立国内首个“中国听书作品反盗版联盟”。该联盟旨在向盗版侵权行为宣战，从而推进听书行业的正版化进程。

成立伊始，联盟宣布已陆续在深圳、北京、上海等地法院发起诉讼，向涉嫌盗版听书内容的深圳市懒人在线科技有限公司、北京百度网讯科技有限公司、上海二三四五网络科技股份有限公司合计索赔120万元。杭州平治诉讼懒人听书最早在深圳市南山法院正式立案，成为国内听书行业集体维权第一案。

（资料来源：中国新闻网　作者：童静宜）

【南京版权纠纷调解中心成立】　2014年4月25日下午，为了进一步加强版权保护，南京市版权局举行了南京版权纠纷调解中心授牌仪式暨青奥知识产权保护宣传活动。

2012年以来，南京市版权保护协会共调解版权纠纷案30起，以音像制品版权纠纷案为主。南京版权纠纷调解中心的职能在于充分发挥中心的作用，不断扩大调解案件范围，从传统版权纠纷向互联网版权纠纷和软件版权纠纷发展。

（资料来源：《现代快报》　作者：陆一夫）

【《互联网电视数字版权管理技术规范》广电行业标准发布】　2014年5月6日，国家新闻出版广电总局批准GY/T277—2014《互联网电视数字版权管理技术规范》为中华人民共和国广播电影电视推荐性行业标准，并予以发布，该标准自发布之日起实施。

该标准包括内容加密、权利描述与授权、权利获取协议、信任与安全体系等部分，支持直播、点播、下载等应用场景；支持多种主流媒体文件格式和协议；实现从内容提供、内容发布到内容消费端到端、全生命周期的安全保护，支持灵活的商业模式配置，支撑多元化互联网视频服务的开展，实现互联网视频服务的内容合法、渠道合法、终端合法。

上述行业标准由国家新闻出版广电总局广播电视规划院负责发行。

（资料来源：凤凰科技）

【中国文著协、影著协南方办事处在深圳揭牌】
2014年5月16日，作为文博会的重要活动，中国文字著作权协会和中国电影著作权协会南方办事处正式举行揭牌仪式。来自深圳的媒体工作者和作家从协会获得44部被侵权作品的稿费。

（资料来源：《深圳特区报》
作者：尹春芳　何　泳）

【中国版权协会艺术品鉴证备案中心成立】
2014年5月30日，中国版权协会艺术品鉴证备案中心在京成立。该中心推出以艺术品特征信息备案为基础的艺术品“身份证”服务体系和结合艺术家亲自认证或权威机构鉴定意见的艺术品保真数据库体系，并面向全社会公开提供艺术品身份数据和保真数据查询服务。国家新闻出版广电总局副局长、国家版权局副局长、中国版权协会理事长阎晓宏出席中心成立发布会。

中国版权协会艺术品鉴证备案中心首批成员机构包括北京东方雍和国际版权交易中心、广东南方文化产权交易所、浙江文化艺术品交易所、山东文化产权交易所等8家机构。艺术品鉴证备案中心是一个创新型开放组织，任何有志于艺术品市场发展的符合条件的机构都可加盟。

国家质量监督检验检疫总局总检验师项玉章，中国书法家协会副主席、中国版权协会顾问苏士澍，著名书画家、鉴赏家、收藏家崔如琢等出席发布会并致辞。

（资料来源：《中国新闻出版报》　作者：方　圆）

【摄著协首颁摄影作品限量发行鉴证书】　2014年6月7日，在广东省东莞市岭南美术馆，与诗人温雄、书法家叶树平共办摄影诗词书法联展的东莞市文联副主席、市摄影家协会副主席李志良，获得了中国摄影著作权协会颁发的第一份摄影作品限量发行鉴证书。经中国摄影著作权协会审核编号备案，李志良的《安徽黄山》等 10 幅作品鉴证每幅限量 20 张，这些作品被收入中国摄影著作权协会“中国摄影优秀作品数据库”，给予 50 年版权保护。

摄著协开展摄影作品限量发行鉴证业务，是根据摄影作品收藏市场日益发展的实际，结合国际艺术品市场鉴证方式而拓展的服务于影像艺术品市场的新业务。除此之外，摄著协还为每幅经过鉴证的限量作品提供防伪标志等服务，在保证摄影家权益、规范影像艺术品市场的同时，更好地保障摄影艺术品收藏者的权益。此举意在更好地服务于摄影家、收藏者、投资者乃至整个影像艺术品市场，为中国摄影艺术品市场的去伪存真、传承有序起到推动作用。

（资料来源：《中国新闻出版报》 作者：柴 选）

【中国电影著作权协会影视作品维权委员会在京成立】 2014 年 6 月 12 日，中国电影著作权协会影视作品维权委员会在北京宣告成立。成立仪式由中国电影著作权协会理事长朱永德主持。

成立仪式上，委员会主任毛小茂介绍了委员会筹备情况；宣读了委员会管理办法，首批执行委员名单，顾问名单和主任、副主任名单。委员会由中国影视作品著作权人，与电影著作权相关的权利人，影视传播机构或其专职法律、营销人员自愿组成。委员会依据《著作权法》《著作权集体管理条例》《社会团体登记管理条例》等法律法规和《中国电影著作权协会章程》，在中国电影著作权协会授权范围内开展相关工作。

副主任陈先锋介绍了委员会 2014 年活动计划。委员会 2014 年的工作重点在于强化互联网影视维权。委员会准备建立覆盖各个网络（有线网和无线网）的监控体系，加强与海外的沟通和交流，对新兴内容和传播领域加强了解和调研，并吸纳更多的互联网影视企业加入维权队伍，对会员之间的纠纷、矛盾建立协调机制。

国家新闻出版广电总局电影局副局长梁戈、版权管理司社会服务处处长宋萍萍、北京高院知识产权庭庭长陈锦川、海淀法院知识产权庭庭长闫肃、北京大学教授张平、美国电影协会中国区总裁冯伟等出席了成立仪式。

（资料来源：中国网 作者：肖 虹）

【中国电影著作权协会换届】 2014 年 6 月 27 日，中国电影著作权协会第二次会员大会暨换届大会在京召开。国家新闻出版广电总局副局长、国家版权局副局长阎晓宏，总局副局长童刚出席会议并讲话。大会选举产生了新一届理事会，上海电影（集团）有限公司总裁任仲伦当选理事长。会议还对协会章程进行了修改。

阎晓宏在开幕式上表示，影著协是由中国电影作品的著作权人以及与著作权相关的权利人自愿组成的全国性社会组织，对于权利人自己难以有效行使的著作权，经权利人授权后以集体管理的方式行使权利。协会成立 4 年来做了大量卓有成效的工作，其中很多工作具有开创性，对电影著作权保护具有示范意义。阎晓宏表示，文化创新是建设创新型国家的重要方面，是推动文化发展的有效途径，而创新成果需要依靠版权保护才能持续。中国电影产业发展态势良好，版权保护在电影产业发展中发挥着重要作用。

会上，影著协第一届理事长朱永德作工作报告，第一届副理事长王中军作财务报告。报告显示，4 年来影著协财务收支情况总体良好，收支相抵略有结余。会议还对《中国电影著作权协会章程》进行了修改。大会选举产生的第二届理事会由 26 名理事组成。

总局电影局局长张宏森，版权管理司司长于慈珂、副司长汤兆志和民政部民间组织管理局等相关主管部门负责人出席，73 家会员单位的负责人参加了大会。会议由中国电影著作权协会副理事长、中央电视台副台长、中央新影集团董事长高峰主持。

（资料来源：《中国新闻出版报》 作者：方 圆）

【南京青奥登记 11 类著作权　查处 13 起知识产权侵权案】 2014 年 7 月 8 日上午，南京青奥会知识产权保护发布会在南京青奥组委会举行。南京版权保护机构对青奥会著作权进行了登记，截至当日共登记 11 类，包括会徽、吉祥物、两个倒计时牌的设计、口号、5 个文化教育图标、30 个体育图标、火炬、火炬传递图标、10 首青奥歌曲。

发布会上，南京版权保护协会现场进行了青奥会获奖海报著作权的申请登记，颁发了青奥会火炬著作权证书。南京市文化综合执法总队梁彦宣读了《保护南京青奥会知识产权倡议书》，呼吁社会各界共同营造保护知识产权的良好氛围，为把南京青奥会办成体育盛会、文化盛宴、青春盛事作出自己的贡献。

（资料来源：中国江苏网 作者：刘北洋）

【安徽省数字版权保护平台正式上线运行】 2014年7月9日，安徽省数字版权保护平台正式上线运行。该平台具备实时监测、智能分析、证据锁定、侵权在线处理等功能，是一个面向移动互联网的版权保护平台。

该平台涉及文字、影视、音乐、游戏、软件等领域的版权保护，采用了国际领先的数字水印、数字指纹、数据源挖掘等技术，不仅能对文化作品的版权使用进行跟踪监测，还可以及时发布版权归属、侵权信息、维权代理、案件进程等信息。版权人只需提供作品信息及版权归属证明，即可通过该平台实时监测盗版数据并进行侵权处理，从而大大降低了版权人的维权成本。

安徽省版权保护协会已与安徽矽索信息科技有限公司、中国科大公共事务管理学院、合肥工业大学网络安全研究所等构建了全面战略合作关系，共同成立了安徽省数字版权保护产业技术创新战略联盟，努力打造国内一流的数字版权保护平台。该平台已为中安在线、中国财政经济出版社、经济科学出版社等单位和机构提供版权保护服务。

（资料来源：《安徽日报》 作者：李跃波）

【中国报协牵头筹建维护版权联盟】 2014年7月15日，中国报业协会给全国各相关单位发出了《“积极维护报业版权、营造健康传播环境”倡议书》征求意见稿，并拟成立中国传统媒体维护版权联盟、中国传媒网络安全联盟，同时欢迎新媒体加入，共同维护版权生态。

9月19日，在由中国报业协会和中国互联网协会共同主办的首届“中国网络安全与媒体责任”公益活动汇报大会上，正式发布该倡议书，成立中国传统媒体维护版权联盟与中国传媒网络安全联盟。

中国报业协会副秘书长胡线勤表示，中国报业协会有责任和义务维护报业版权、营造良好版权环境，同时推动报纸出版单位与网站、手机等传播载体开展版权合作，形成网络转载等使用报纸作品依法依规许可付费使用的合作双赢机制。

（资料来源：《中国新闻出版报》 作者：宗　和）

【百余家移动游戏企业联合发起保护版权倡议书】 2014年7月25日，“2014移动游戏版权保护倡议暨培训活动”在京举行。UC九游、腾讯、畅游等近百家移动游戏企业在现场联合签署了《保护移动游戏版权自律倡议书》。

该次会议由中国互联网协会移动互联网工作委员会和首都版权产业联盟联合主办，国家新闻出版广电总局版权管理司司长于慈珂、北京市版权局副局长王野霏、中国互联网协会秘书长卢卫等政府主管部门和协会领导出席会议并致辞。

来自UC九游、腾讯、畅游的企业专家，分别从游戏运营商和游戏开发商的角度，结合各自业务介绍了企业在移动游戏版权保护方面的实践与思考。UC九游特别提出将帮助中小游戏企业代理申请知识产权，维护企业的合法权益，夯实从业者的版权意识，引起了中小企业的极大反响。

中国互联网协会移动互联网工作委员会联合首都版权产业联盟以及相关移动游戏企业向全国移动游戏业界和广大网民发出了“保护移动游戏版权自律倡议”，号召广大移动游戏企业积极响应“剑网”行动，维护和完善移动游戏产业版权创新及版权交流新秩序，营造良好的移动游戏版权环境，促进移动游戏行业健康可持续发展。

（资料来源：新浪游戏）

【首都版权产业联盟推产业链合作机制】 2014年8月5日，互联网视频技术标准推介会暨首都版权产业联盟与深圳融创天下战略合作新闻发布会在京举行。会上发布了深圳市融创天下科技股份有限公司研发的TIVC7视频编码技术标准，该技术标准具备完全自主知识产权。

TIVC7率先使用了矢量　标量量化混合的新编码框架，引入了视觉感知编码等新算法，这在视频压缩编码领域是一次创新。同时，从技术指标呈现的特征看，TIVC7可以更多地保留图像运动和纹理细节，使得图像更清晰、逼真，对互联网视频行业和3G、4G移动通信具有重要的经济价值。

为此，首都版权产业联盟与融创天下达成战略合作，把这项技术推荐给互联网企业。合作的主要目的是使互联网视听企业、互联网移动通信企业及版权信息库形成一条完整的产业链，为互联网企业节约带宽和存储成本。

北京市版权局副局长、首都版权产业联盟主席王野霏表示，首都版权产业联盟计划积极推动版权方、使用者、传播者建立产业链层面的合作关系，制定共同遵守的商业规范，形成一个可以广泛使用的技术保障体系。该次合作就是要尽快建立产业链合作机制。

推介会由国家版权局、中国互联网协会、中国移动通信联合会、中国移动动漫基地和北京市版权局共同指导，首都版权产业联盟和深圳市融创天下科技股份有限公司联合主办。

（资料来源：《中国新闻出版报》 作者：王坤宁）

【镇江科技新城版权示范园区启动创建工作】 2014年8月14日，江苏省镇江市版权局在镇江新区科技新城组织50多家企业开展版权保护知识讲座，正式启动镇江新区科技新城版权示范园区的创建工作。

建成后的镇江市科技新城版权示范园区的主要服务包括大力推进版权创造、登记、运用、保护和管理，力图有效保护企业的科技创新成果，激发科技工作者加大企业科技创新的热情，有力推动园区科技创新。

为更好地做好版权工作，镇江市版权局充分发挥行业协会和社会版权服务机构的专业作用，优化版权管理服务体系，健全版权政策和保护制度，提高版权公共服务能力，促进园区内企业成为善于运用版权制度、掌握有关规则的创新主体，提升其版权运用能力和水平；同时，不断深化全民版权宣传体系，切实提高全社会的版权创造、运用、保护和管理意识、水平。

（资料来源：《中国新闻出版报》 作者：苏 合）

【新媒体版权联盟在京成立】 2014年8月28日，百余家媒体齐聚北京发起并召开了“新媒体版权联盟成立仪式暨首届成员大会”。新媒体版权联盟是由中国版权协会指导，人民网、中国网、国际在线、央视网、中国青年网、中国经济网、中国台湾网、中国广播网、中国新闻网等9家中央级媒体联合发起的非营利性协调机构。

联盟成立仪式上，中国版权协会秘书长孙悦对新媒体版权联盟的成立给予了充分认可，并表示，新媒体版权联盟的成立，对保护原创内容的互联网传播、净化网络环境、促进版权产业健康可持续发展具有积极的意义。它不仅是一个沟通交流的平台，也是一把打击侵权盗版、维护版权权益的利剑。

在联盟成立仪式上，承办方人民网还邀请了知识产权及移动互联网领域多位专家进行圆桌对话，讨论中国媒体版权保护的状况、新媒体时代的版权保护的困境、媒介技术发展对媒体版权保护的促进，以及探讨移动互联网时代版权内容的合作与共赢等内容。

（资料来源：经济参考网 作者：李晓辉）

【深圳成立版权纠纷人民调解委员会】 2014年9月18日，深圳市版权纠纷人民调解委员会成立。这是深圳市行业协会设立的第一家知识产权相关的纠纷调解机构，其主要职能在于在人民调解法的框架下解决版权相关的纠纷，并致力于减轻司法机关和行政机关处理日益增多的版权纠纷的压力。

根据《中华人民共和国人民调解法》的相关规定，经版权协会会员代表、相关行业协会、业务主管部门推荐，委员会设委员9名、主任1名、副主任2名、特邀调解员若干名。

版权纠纷人民调解委员会的成立，对一些作家、文艺影视创作者和权利人、创意企业来讲，多了一种版权纠纷解决的方式和法律保障。调解委员会的调解结果，双方当事人向人民法院申请司法确认后，具有强制执行的效力。同时，用调解的方式解决版权纠纷，更加有利于社会的和谐稳定。

（资料来源：《深圳商报》 作者：苏 兵）

【中国版权保护中心作品保管平台启动】 2014年10月13日，为方便著作权人及时、便捷地取得作品创作完成的证明，中国版权保护中心正式推出一项新型的版权服务业务——作品保管。同时，向著作权人公开的作品保管服务规则、办理流程及作品保管平台也正式上线。

在实用工艺品设计、广告创意、各类大赛等领域的作品，都具有更新频率快、可模仿性强、复制成本低等特点，作品从创作完成到著作权人合法使用、传播的过程中，经常被盗用、滥用；创作者在主张合法权益时往往举证困难，不能提供有效的作品创作完成证明，其创意设计不能得到有效保护。针对以上问题，该作品保管平台，集申请、缴费、入库、出库、提取、续保、信息公告等功能于一体，2个工作日内完成作品保管，同时向申请人发放保管凭证并发出公告，为广大著作权人提供更加及时、方便、快捷、安全的证明服务。

中国版权保护中心作为国家级版权公共服务机构，作品保管的证明材料在作品的创作、使用和传播过程中可即时发挥证明的作用，支持著作权人的合法权益主张。

（资料来源：《法制日报》 作者：胡建辉）

【中国首个陶瓷版权交易平台在江西景德镇启动】 2014年10月20日，陶瓷艺术设计版权交易平台在江西景德镇陶瓷学院启动，这是中国首个陶瓷版权网络交易平台。

作为享誉世界的瓷都景德镇，陶瓷艺术工作者及陶瓷企业每年创作与开发的陶瓷艺术作品与新产品数以万计。随着陶瓷业的发展，受利益驱使，假冒仿造名人名作以及陶瓷侵权盗权行为时有发生。仿制是包括陶瓷业界在内的很多行业的一个通病。由于知识产权保护制度尚不健全等原因，维权困难较大，导致大量优秀陶瓷艺术设计作品产权得不到有效保护，阻碍了景德镇陶瓷产品走向世界、走向高端的步伐。

首个陶瓷艺术设计版权交易平台是一个新的尝试，通过该平台可以对陶瓷艺术作品的版权进行保护，还可以进行市场化推广。平台为用户提供日用、建筑与卫生、艺术三大门类，截至2014年10月，已有200多件作品申请完成注册。每件作品都配有图片、搜索热度、价格供用户参考。虽是开通首日，已有一些陶艺品被多次下载。

版权是陶瓷艺术设计领域的源头。在互联网时代，很多陶瓷作品都在网上进行交易，陶瓷版权交易平台打通版权、创作、交易的链条，有利于景德镇的陶瓷艺术走向全国、走向世界。

（资料来源：中国新闻网　作者：范文娟　姜　涛）

【西部国家版权交易中心在陕西设立】 2014年10月23日，经国家版权局正式批准设立的西部地区唯一一家国家级版权贸易机构——西部国家版权交易中心在陕西西安揭牌成立。

西部国家版权交易中心由陕西省版权局依托陕文投集团西安电视剧版权交易中心建设并运营。该中心成立后，职能在于充分整合陕西及西部地区版权资源优势、区位优势和人才资源优势，充分发挥陕西作为西部大开发桥头堡的战略地位和作用，依托丰富的文化版权资源，积极探索，努力实践，完善机制，规范运作，为权利人和使用者提供合法、高效、便捷的版权交易综合服务，推动文化创意产业的繁荣发展，推进西部地区及全国文化产品的版权贸易和广泛传播。

根据规划，西部国家版权交易中心计划采用市场化运营模式，聚集全版权产业资源，构建涵盖文学艺术、广播影视、新闻出版、动漫游戏等领域的版权交易体系。通过打造版权信息交流平台、版权交易服务平台、版权投融资平台、版权专业服务平台，提供文字、图片、音乐、影视、设计、广告、动漫、游戏、软件等多个门类的版权交易服务，同时开展行业咨询、市场调查、信息发布、项目推荐、投融资、版权评估、作品登记、版权合同备案、版权质押登记、法律维权、仲裁、培训、展览、产业园运营等业务。

（资料来源：人民网　作者：姜　峰）

【国家版权贸易基地（上海）落户自贸区】 2014年11月13日，国家版权贸易基地（上海）揭牌仪式在上海自贸区举行。该基地是长三角区域第一家国家级版权贸易基地。当天，2014中国（上海）自由贸易试验区文化授权交易会开幕。交易会持续举办了3天，来自法国、德国、俄罗斯、美国等多国的艺术家和授权企业携千余件授权作品进行了广泛交流。

国家版权贸易基地（上海）主要立足自贸区内的国际版权交易服务平台，利用自贸区多重改革举措和制度创新，在版权贸易的海关、外汇、工商、税收以及投融资、质押、评估、登记等方面进行积极探索，使自贸区成为引领国内国际两个市场，促进中国版权及交易跨境进入国际市场的强劲跳板。

上海版权产业发展势头良好。2012年，上海版权产业的增加值首次突破2 000亿元大关，其中，核心版权产业增加值占增加总值的61.5%。2014年9月28日，国家版权局正式批复上海市人民政府，同意在中国（上海）自由贸易试验区内设立国家版权贸易基地（上海）。

国家版权局版权管理司司长于慈珂、上海市委宣传部副部长朱芝松、上海市版权局局长徐炯，以及政府相关部门负责人、专家学者、众多版权企业代表参加揭幕仪式。

（资料来源：《中国新闻出版报》　作者：金　鑫）

【首都版权产业联盟推出互联网音乐公播平台】 2014年11月27日，由国家版权局、北京市版权局指导，首都版权产业联盟与战略合作伙伴LavaRadio共同举办的互联网音乐公播平台推介会在京举行。该平台是中国正版音乐曲库进行线上音乐交易的平台之一。

2013年以来，在北京市版权局指导下，由首都版权产业联盟音乐工作委员会联合广大音乐权利人共同打造了中国正版音乐曲库。该库是经过版权行政管理部门登记、备案，可供音乐产业广泛使用的产业级的音乐视听作品库。

推介会上，北京市版权局副局长、首都版权产业联盟主席王野霏表示，中国公播音乐市场现状是原创音乐越来越少，整个音乐产业的发展动力后劲不足，使得整个产业的收入难以支撑产业的发展，需要建设一种合理的赢利模式或者发展机会的新秩序。其表示，北京市版权局已提出“音乐产业倍增计划”，试图通过一种新的机制与合作来推动音乐产业的发展。同时，首都版权产业联盟一直致力于推动版权市场的正版化经营和创新版权运营模式，集合所有音乐创作者、技术平台、应用公司，推动正版音乐的传播。

会上指出，商家用户对音乐的个性化和定制化的需求更多，其中，个性化的音乐内容运营能力和更好的用户体验是重中之重。但面对这个巨大的公播音乐市场，必须通过互联网流媒体电台的形式才能更好地扩张。国际音乐产业联合会的数据显示，2013 年欧洲音乐产业销售营业额达到 53.89 亿美元，公播音乐收益占比为 15%左右，部分国家达 25%。与欧洲相比，中国的公播音乐市场体量更加庞大。《2014 中国音乐产业发展报告》显示，2013 年中国音乐产业市场总规模达到 2 716.56 亿元，远高于欧洲市场，但公播音乐所占比重则远远低于欧洲 15%的平均水平。

LavaRadio 创始人陈曦对于中国公播音乐的市场环境与发展相当乐观，其认为，中国的公播音乐市场整体还处于起步阶段。在新的版权环境推动下，中国公播音乐市场也许能迎来井喷。智能家居硬件品牌 Zivoo 创始人、首席执行官邹超也认为，版权环境的加速改善，有利于极大激发中国公播音乐市场的潜力。

中国音乐的正版化建设不仅需要政策的推动，还需要消费市场的倾力支持。作为正版公播音乐的应用企业 KAMA 服装服饰首席执行官王建业对此表示，对于音乐正版化的使用，KAMA 作为原创设计品牌更加会身体力行地支持音乐知识产权。

100 多位来自唱片公司、企业、新闻媒体以及投资机构的代表出席了会议。

（资料来源：《中国新闻出版报》
作者：王坤宁　李婧璇）

【《意林》等与文著协率先签订转载稿酬协议】 2014 年 11 月，中国文字著作权协会表示，协会已与《意林》《疯狂英语》和金盾出版社等多家出版单位依法签订了报刊转载稿酬协议，执行新的报刊转载稿酬标准。

由国家版权局与国家发展和改革委员会联合发布的《使用文字作品支付报酬办法》自 2014 年 11 月 1 日起正式施行。按照《办法》，报刊转载、摘编其他报刊已发表的作品标准由 1999 年《出版文字作品报酬规定》的每千字 50 元提高至每千字 100 元。根据《著作权集体管理条例》的规定，文著协是负责全国报刊转载和教科书等“法定许可”著作权使用费收转的唯一法定机构。《办法》规定，报刊出版者如未按规定向著作权人支付报酬的，应当将报酬连同邮资以及转载、摘编作品的有关情况送交文著协代为收转；将相关报酬转交给文著协后，对著作权人不再承担支付报酬的义务。

（资料来源：《中国新闻出版报》　作者：方　圆）

【首都版权产业联盟与浦发银行开展战略合作】 2014 年 12 月 11 日，首都版权产业联盟与浦发银行北京分行在第九届中国北京国际文化创意产业博览会现场举行了“版权产业金融创新服务平台战略合作协议”签约仪式。

根据协议，双方计划为版权联盟会员单位提供股、贷、债等版权金融创新服务，为版权联盟的版权交易平台提供金融支撑服务，并在筹建北京版权产业基金等三大领域展开紧密合作。

北京市新闻出版广电局副局长、市版权局副局长、首都版权产业联盟主席王野霏，浦发银行北京分行行长崔炳文代表双方签署协议。

（资料来源：《中国新闻出版报》　作者：王坤宁）

【首都版权产业联盟签约中国移动】 2014 年 12 月 13 日，首都版权产业联盟与中国移动动漫基地联合举办发布会，宣布在动漫领域建立战略合作伙伴关系，共同打造全版权全产业链运营体系。会上发布了第一个合作项目——BBC《布鲁精灵》。

根据协议，双方共建动漫版权保护服务未来体系，为进入中国移动动漫基地的企业提供全媒体、全产业链版权保护服务；积极配合版权行业管理部门，加大主动监管力度，打击各类动漫侵权盗版行为；共建精品动漫出版发行平台，充分整合传统出版、影视资源，合力打造移动终端动漫出版发行精品工程，力争每年实现 100 个千万级项目、10 个 5 000 万级项目、5 个过亿级重点项目；共建正版衍生产品电商平台，充分发挥首都版权产业联盟在动漫衍生产业授权领域已经形成的产业链资源优势和产品优势，合力支持中国移动动漫基地打造正版动漫衍生产品电子商务平台；共建原创动漫无线首发平台，提升中国动漫企业的核心原创能力。

（资料来源：《中国新闻出版报》　作者：王坤宁）

【首都版权产业联盟软件工作委员会成立】 2014 年 12 月 30 日，首都版权产业联盟软件工作委员会宣告成立并召开了第一次会员大会。

大会表决通过了《首都版权产业联盟软件工作

委员会章程》，选举了理事和常务理事。北京市主要软件企业及版权服务中介机构、法律维权机构、行业专家、大学院系、版权保护宣传媒体等共计100余家单位和个人成为软件工作委员会首批会员。

北京市软件产业发展迅速，2014年上半年实现营业收入2 355亿元，同比增长约12%。同时，相关软件企业及软件产业链的各个环节都存在着对版权相关服务的需求。此外，软件产业中的版权领域侵权盗版行为依然大量存在、企业（行业）内部知识产权管理不规范等问题有待解决，在该背景下，首都版权产业联盟软件工作委员会应运而生。

（资料来源：《中国新闻出版报》　作者：王坤宁）

◆ 国际交流与合作

【中南传媒在京举办国际版权代理机构新年联谊会】 2014年1月9日，在2014北京图书订货会期间，中南出版传媒集团在北京举办国际版权代理机构新年联谊会，包括剑桥大学出版社朱起飞在内的近20家国际知名版权机构负责人，与中南传媒国际部以及集团旗下11家出版机构骨干编辑、版权经理，就国际版权贸易等问题展开交流。中南传媒总经理丁双平出席联谊会。联谊会由中南传媒监事张晓主持。

（资料来源：《潇湘晨报》　作者：徐海瑞）

【国际作者和作曲者协会联合会在京设立亚太区总部】 2014年1月15日，国际作者和作曲者协会联合会（CISAC）宣布，其亚太区总部迁至北京，并随即开始运转。CISAC亚太区总部致力于协调亚洲市场著作者权益的保护和提升，并对区域内的集体管理组织给予支持。

CISAC在北京设立亚太区总部的想法和过程得到了中国政府有关方面的大力支持。该组织总干事奥利尔·汉尼维克认为，中国是一个充满活力的艺术市场。对于CISAC来说，各领域的创作者权益在中国及亚太区得到认可及保护是极其重要的。中国国家版权局是CISAC实现该目标的重要合作伙伴。

来自中国国家版权局、中国文联等部门的官员以及来自CISAC总部及数十个国家的会员协会代表等参加了启动仪式。著名创作者、京胡表演艺术家费玉平，菲律宾作曲家、作家和音乐出版商协会主席、著名音乐家Noel Cabangon等在典礼现场进行了精彩表演。

（资料来源：人民网　作者：贺艳花）

【《纸牌屋》独家电视播放版权“花落”乐视】 2014年2月，乐视宣布，乐视超级电视获得顶级美剧《纸牌屋》独家电视播放版权，并在2月14日与美国同步播出全新第二季。乐视由此成为中国首家拥有美剧电视版权的互联网公司。

《纸牌屋》依靠“大数据”收视节节升高。而乐视超级电视获得该剧独家电视播放版权也得益于“大数据”。相关数据显示，《纸牌屋》主要观看人群以男性为主，分布于北京、上海、杭州、广州等一线城市，多为美剧爱好者、综艺达人等人群，其对互联网、电子产品有较高敏锐度，而这与使用乐视超级电视的用户人群相吻合。

（资料来源：《中国新闻出版报》　作者：任晓宁）

【第64届柏林国际电影节上中国电影海外版权受追捧】 2014年2月6日至16日，第64届柏林国际电影节顺利举行。除了参与该届柏林电影节竞赛或者展映的12部影片外，包括《归来》《黄金时代》《太平轮》等计划在2014年上映的华语大片都在柏林开始了预售。多部华语片卖出了海外版权，中国电影海外版权受到热烈追捧。其中，许鞍华的《黄金时代》尽管连上映时间都未最终确定，仍然卖出20多个国家（地区）的版权。

（《中国版权年鉴》编辑部综合）

【上海日报社与美国出版商签署合作协议】 2014年2月12日，上海报业集团表示，上海日报社已与美国出版社East View Information Services签署了合作协议，授权East View旗下的出版物*The Current Digest of the Chinese Press*（CDCP，译名《中国新闻文摘》）使用《上海日报》的原创新闻内容。该项目成为《上海日报》“走出去”外宣战略的最新成果，为向世界传播上海及中国声音拓展了又一个海外传播渠道。

East View数据库是总部位于美国明尼苏达州的一家出版社，主要向北美地区的公共图书馆、大学、政府、军事图书馆等提供数字资料。除了美国的总部外，在俄罗斯及乌克兰各设有分部，业务涉及欧洲、中亚等多个地区。此次合作的CDCP每周摘编出版来自中国的英文内容的新闻，面向北美和欧洲的学术机构订阅发行。

截至2014年2月，上海日报社已通过固定订阅、收入分成等多种方式与全球10多家海外出版商、通讯社和数据库等建立了内容合作关系，合作伙伴包括Amazon（亚马逊）、DowJonesFactiva（道琼斯)、NewspaperDirect(新闻直达)、NewsBank(新闻库)以及 Wisers(香港慧科)等。

(资料来源:中国新闻网　作者:邹瑞玥)

【国家新闻出版广电总局通报 2013 年度全国引进境外影视剧情况】 2014 年 2 月 19 日,国家新闻出版广电总局通报了 2013 年度全国引进境外影视剧情况:2013 年引进境外影视剧共 132 部,其中,电影 78 部,电视剧 54 部 1 073 集。

在引进的 78 部电影当中,中国电影股份有限公司是引进大户,共引进 24 部。相对于电影而言,近 40 家地方电视台或广播电视集团引进了 54 部境外电视剧,其中只有广东电视台、云南电视台和中国国际电视总公司一年各引进 3 部电视剧,大部分地方电视台一年引进 1 部电视剧。

(资料来源:《中国新闻出版报》　作者:李　彦)

【2014 巴黎图书沙龙上海达成版权交易(含意向)173 项】 2014 年 3 月 21 日至 24 日,2014 巴黎图书沙龙在法国巴黎举办。上海作为主宾城市在该届图书沙龙期间共达成版权交易(含意向)173 项。其中,上海参展单位输出项目 39 项、引进 47 项、合作出版 1 项。

华东师范大学出版社与法国 HonoréChampion 出版社就《谢阁兰与中国百年》达成版权输出协议。上海交通大学出版社出版的《东京审判文集》《莫言研究指南》和《沈从文研究指南》分别与法国及英国出版商签订版权输出协议。少年儿童出版社与法国 Fei 出版社就"三毛漫画系列"、《三毛新生记》《三毛解放记》等签订版权输出合同。上海人民美术出版社与法国 Fei 出版社就《红楼梦》连环画(20 册)签订版权输出合同。上海九久读书人文化实业有限公司与法国独立出版社菲立普・毕基耶出版社就《桃之夭夭》《晚安玫瑰》《苏北少年"堂吉诃德"》《炸裂志》签订版权输出协议。上海音乐学院出版社、上海故事会传媒有限公司、东方出版中心等均与法方达成版权输出项目。

上海以外的参展单位输出项目 25 项、引进项目 61 项。在巴黎图书沙龙 4 天展期内,上海主宾城市展团销售图书 33 000 欧元。

(资料来源:中国上海网)

【五洲社在博洛尼亚童书展上达成 50 多项版权输出意向】 当地时间 2014 年 3 月 24 日,五洲传播出版社首次在博洛尼亚童书展设独立展位,展出 100 余种外文版儿童图书,书展开幕两天达成 50 多项版权输出意向。

五洲社的参展图书包括"葛翠琳童话选绘本"系列、"水墨中国经典幼儿故事"系列、"中国著名神话故事绘本"系列、"中国经典故事"系列(卡通版和图文版)等重点童书系列。这些外文版儿童图书的主题大多是中国传统文化和经典故事,绘图带有浓郁传统水墨画风格,中国元素鲜明。不少图书后面还附有汉字及拼音,方便国外儿童读者学习中文,因此受到广大参展商的好评和国外读者喜爱。

(资料来源:《中国新闻出版报》　作者:孙海悦)

【英媒购买《中国好歌曲》版权】 2014 年 4 月 7 日至 10 日,法国戛纳举办戛纳春季电视片交易会。交易会上,英国国际传媒集团 ITV 旗下发行部门 ITVSGE 宣布:从灿星制作订购模式节目《中国好歌曲》,并负责其国际发行权和英国播出权。

ITV 在国际传媒界享有极高声誉,其曾经成功制作播出的著名模式节目包括:《英国达人秀》、"Take Me Out"、"X factor"、"The Cube"。这些节目模式都已经引进到中国,而《中国好歌曲》则是 ITV 引进自中国并国际发行的第一例。

《中国好歌曲》于 2014 年初在央视综合频道首播,总共覆盖 4.8 亿观众,占收视份额的 37%。ITV 国际模式总监 Mike Beale 认为,该次交易是中英创造性合作有益的绝佳例子。ITVSGE 有在世界各地推广全球最热电视模式的丰富经验。灿星制作创造了黄金时段娱乐节目《中国好歌曲》,在最热的电视市场上吸引了百万计的观众。

(资料来源:《北京晨报》　作者:解辰巽)

【外文社伦敦书展输出图书版权 13 项】 2014 年 4 月 8 日至 10 日,2014 年伦敦书展在英国伦敦伯爵宫展览中心举行,外文出版社携 350 余种多语种图书参加书展,该社输出图书版权 13 项,分别向阿尔巴尼亚共和国 FAN NOLI 出版输出"21 世纪当代文学书库"版权 8 项,向俄罗斯一出版社输出健身气功系列之《大舞》《十二段锦》《导引养生功十二法》《太极养生杖》《马王堆导引术》等图书版权 5 项;同时,与 10 余家海外出版机构达成多语种版权贸易意向 30 余项。

(资料来源:外文社网站)

【蒋建国会见美国电影协会主席一行】 2014 年 4 月 21 日,中国国家新闻出版广电总局党组书记、副局长蒋建国在京会见美国电影协会主席、首席执行官克里斯托弗·多德一行，双方就共同关心的问题进行了坦诚交流。

蒋建国指出，中美两国在版权保护问题上没有根本分歧。双方都认识到，侵权盗版行为已成为一个全球性问题，不仅损害中美两国的利益，也损害世界各国利益，希望中美双方进一步加强沟通合作，共同打击侵权盗版行为。

蒋建国强调，中国政府一直高度重视版权保护工作，在版权立法、执法方面做了大量工作。《著作权法》第三次修订草案已正式呈报国务院，列入2014年国务院立法工作计划预备项目。在努力构建现代版权保护框架体系的同时，中国政府严厉惩处各种侵权盗版行为。从2005年开始，中国国家版权局牵头开展的打击网络侵权盗版专项治理“剑网行动”，查办了一批网络侵权盗版案件，关闭了一批侵权盗版网站，有力打击了网络侵权盗版的嚣张气焰，净化了网络版权传播秩序。

蒋建国指出，版权保护问题关系到一个民族的创造创新能力，关系到一个国家的发展和未来。中国政府希望通过加大版权保护力度，在全社会形成一创成名、一创致富、一创终身享有、一创利及子孙的文化创造创新环境。

多德对中国国家新闻出版广电总局、中国国家版权局在打击盗版方面取得的成果以及对全球版权保护领域所作的贡献表示感谢。他认为，盗版问题不仅影响电影产业发展，还影响公共秩序和版权保护的未来，特别是在互联网时代，各种新技术给版权保护带来了全新挑战。他希望双方进一步加大合作力度，共同打击侵权盗版行为。

双方还就如何加强版权保护领域合作、加强青少年版权知识宣传教育、严厉打击电影偷拍行为等具体问题交换了意见。

总局政策法制司司长王自强、版权管理司司长于慈珂、进口管理司副司长赵秀玲等参加会见。

（资料来源：《中国新闻出版报》 作者：涂桂林）

【韩国卡通形象“倒霉熊”全球版权由深圳企业收购】 2014年5月18日，源自韩国卡通形象“倒霉熊”的全球版权，由深圳汉唐韵文化投资发展有限公司在文博会上全资收购。该公司与韩国RG工作室就这一卡通形象在制作电视节目内容、规划并执行后续开发推广运营、商标形象授权以及衍生产品体系建设方面开展全面合作。双方在合作初期以“倒霉熊”形象制作大量公益短片，同时，以互联网思维做动漫，开放“倒霉熊”动画片和衍生产品设计，使人人都可以参与到“倒霉熊”设计中，真正做到与观众全方位互动。同时，还以10万美金在全球范围内征集“倒霉熊”电影剧本。

“倒霉熊”卡通形象源自韩国，又名“贝肯熊”(Backkom)，2002年诞生，获全球各个地区、各类人群的喜欢。以“倒霉熊”为主角制作的三维动画短篇喜剧，已经播出了8季和一个剧场版。“倒霉熊”也是在相继推出了流氓兔、Dinga猫之后，韩国动画界一直致力于打造的下一个有代表性的韩国卡通形象。

汉唐韵文化公司艺术总监萧峰认为，“倒霉熊”在搜狐视频上有3.8亿多的点击率，排名第二，所以，在境外资本大规模介入中国原创动画领域的同时，中国资本完全可以借力外国的卡通形象，重新制作中国的内容，以让其在中国获得更大的生命力。

（资料来源：中国新闻网 作者：郑小红）

【阎晓宏会见商业软件联盟全球总裁艾斯比奈尔一行】 2014年5月19日上午，国家新闻出版广电总局（国家版权局）副局长阎晓宏会见商业软件联盟（BSA）全球总裁兼首席执行官艾斯比奈尔一行，双方就《著作权法》第三次修订、软件正版化等共同关心的话题交换了意见。

阎晓宏介绍了自2013年底会面之后中国在《著作权》修法和软件正版化方面出现的新情况。阎晓宏表示，中国政府高度重视知识产权保护问题。2012年1月，国务院批复同意建立由国家版权局牵头、15个部委组成的推进使用正版软件工作部际联席会议。2013年底前，中国已经完成了全部政府机关正版软件的采购工作，此后，国家版权局正在着力建立软件正版化长效机制。2014年春节之后，中央派出15个工作组深入各省对软件正版化工作的完成情况进行检查，并将检查结果报告国务院。另外，在企业软件正版化方面，中国国家版权局、国资委正在起草国企软件正版化指南，希望与相关部门一起推进企业的软件正版化工作。

阎晓宏还向来访嘉宾介绍了《著作权法》第三次修订的进展情况。他表示，按照中国的立法程序，国家版权局承担了该次修法的第一阶段工作，已于2012年12月28日提交国务院法制办。接下来，国家版权局继续协助国务院法制办对草案进行修改并报送全国人大审议。阎晓宏表示，中国立法的公开性、透明性逐步得到进一步提升，各方都可以表达自己的观点和意见。

阎晓宏十分关注微软公司对 Windows XP 停止服务的问题。他说，在政府机关软件正版化工作中，很多机关单位采购了 Windows XP 的正版软件，停止服务对这些用户产生了较大影响，希望 BSA 关注并尽快协商解决此问题。

艾斯比奈尔感谢中方提供的最新信息，并对中国国家版权局为推进软件正版化、《著作权法》修订所作的努力表示赞赏。艾斯比奈尔还就《著作权法》修订中关于追究终端用户刑事责任、诉前禁令、侵权赔偿等方面提出一些疑问。对此，国家新闻出版广电总局（国家版权局）政策法制司司长王自强进行了一一回应。

总局版权管理司司长于慈珂、BSA 亚太区总经理格兰特等一同参加会见。

（资料来源：《中国新闻出版报》 作者：魏 芳）

【中国国家版权局与英国知识产权局召开 2014 年视频工作会议】 2014 年 5 月 20 日下午，中国国家版权局与英国知识产权局联合召开 2014 年视频工作会议。双方就两国网络版权执法、各自法律法规的最新修订情况进行交流，并对中方 2014 年访英计划、双方联合开展研究项目等相关活动交换意见。该次视频会议是 2013 年 12 月 4 日中国国家新闻出版广电总局党组书记、副局长蒋建国会见英国知识产权局局长、首席行政官约翰・奥尔蒂时，双方就 2014 年中英版权合作商定的内容之一。

根据中英版权合作工作计划，2011 年至 2014 年，中英双方通过每年召开一至两次视频会议，就共同关注的议题交换意见并深入讨论。该次视频会议由中国国家版权局版权管理司副司长汤兆志和英国知识产权局国际政策司副司长亚当・威廉斯共同主持。英国驻华大使馆知识产权专员汤姆・杜克出席。

中方向英方介绍了中国版权行政执法情况，包括针对网络侵权以及 P2P 所采取的措施，同时还介绍了中国《著作权法》修订的最新进展情况。

英方向中方介绍了英国网络版权执法情况和英国知识产权局出资建立伦敦警察特别知识产权执法队伍的情况，就英国知识产权业界对中国版权行政执法的体验和未来建议发表了意见，并就集体管理组织、限制与例外等问题与中方进行了交流。

双方还就中国国家版权局 2014 年 9 月访英及英国商业、创新和技能部部长 2014 年 9 月访华等活动交换了意见。双方商定，将在工作层面就上述合作项目及活动继续保持密切沟通。

在视频会议前，中方与会人员还与英国研究会主席瑞克・瑞尔赖斯一同商讨了英方计划在诺丁汉大学宁波分校举办的创意与版权保护研究项目的有关事宜。

（资料来源：《中国新闻出版报》 作者：赖名芳）

【爱奇艺获得汽车真人秀“Top Gear”版权】

2014 年 5 月 24 日，拥有 5 亿观众的汽车真人秀“Top Gear”落地中国。作为节目的战略投资方、海外版网络独播平台的爱奇艺，总编辑高瑾与东方卫视、BBC 环球和鸿翼传媒进行签约。

早在 2014 年初，爱奇艺就获得“Top Gear”美国、英国、韩国、澳大利亚 4 国网络独播权。节目在汽车频道上线以来，一直受到铁杆儿车迷的热情追捧。“Top Gear”被中国电视圈誉为“最难制作”同时又最值得期待的真人秀节目。

除资金投入外，爱奇艺马东工作室还深度参与节目策划，并依托大数据分析挖掘为“Top Gear”成功本土化提供数据支持。2014 年，爱奇艺发力独播战略，聚合了包括“Top Gear”、“Running Man”、《爸爸，我们去哪儿》、《康熙来了》等数十档海外优质综艺节目。

（资料来源：新浪科技）

【人文社拓展非本版书海外版权代理范围】

2014 年 6 月 6 日和 8 日，由人民文学出版社和美国亚洲文化传媒集团共同主办的“亚文讲坛——冯唐：当代汉语文学与写作”分别在美国芝加哥和纽约举办。该活动也标志着人文社代理非本版作家作品海外版权模式的延续。冯唐已授权人文社其作品的海外全语种版权，其“北京北京”三部曲交由欧洲和美国的出版社出版。

人文社对外合作部主任刘乔表示，人文社获得冯唐的海外版权，复制了《山楂树之恋》海外版权代理模式的成功案例，即以独特海外资源代理非本版书的海外版权，这一现象在国内业界并非多见。早在 2009 年，人文社就签下了非本版书《山楂树之恋》的海外版权，该书无论从授权数量、地域还是授权金额来看，都创造了近年来文学版权输出的佳绩。刘乔认为，人文社编辑多年积累的对阅读市场的判断，及与海外出版机构的密切联系，都成为文学作品海外版权代理的优势所在。

人文社对外合作部鲁南曾代理了格非《隐身衣》等作品的海外版权，鲁南表示，当时格非的作品在欧美国家受到一些关注，但主要集中在大学出版社；而与美国纽约书评出版社、法国阿歇特出版社签订出版合同，对于进一步推广格非作品非常有益。凭借《隐身衣》版权的成功输出，人文社开始代理格非其他作品的海外版权。

（资料来源：《中国新闻出版报》 作者：范燕莹）

【中韩版权授权及游戏产业开启深度合作】 2014年6月12日，“中韩版权授权及游戏产业合作签约仪式”在中国版权保护中心启动。通过北京畅元国讯公司的版权交易平台，韩国优质游戏、动漫资源将被大量引入中国，并开展相应版权产品的开发和服务，由中国版权保护中心为该平台引入的优质版权提供服务和保护。

中韩版权授权及游戏产业合作是中韩两国在新兴产业及版权保护方面的深度合作。北京畅元国讯公司、北京畅想元数字科技有限公司（畅想网）与韩国财团法人文化博览会、韩国形象文化产业协会、韩国动漫艺术人协会等携手在游戏、动漫、影视、表演、艺术品、创意商品等文化领域进行密切合作。通过北京畅元国讯公司的版权交易平台引入韩国优质游戏、动漫资源，开展符合中国市场需求的版权产品开发与服务，尤其是在游戏版权授权和游戏版权代理领域，能够为中国市场和游戏行业提供大量国外优质内容。

（资料来源：《中国知识产权报》 作者：刘 仁）

【东京国际书展期间中国展团输出75项版权】 2014年7月5日，以版权贸易、图书订货为主的第21届东京国际书展落下帷幕。中国展团20余家出版机构携200册图书参展，内容涉及文学、科普、教育、建筑、传统文化、美术等领域，共输出版权75项，创参展以来的最好成绩。中日版权贸易日益活跃，中国对日本输出版权已从2007年的73项增长到2012年的401项。2012年，日本在中国引进版权来源地区中排名第三，在输出版权对象地区中排名第五。

为促进中日出版界的交流交往，书展期间还举办了以“开拓中日图书交流的渠道”为主题的交流活动。国家新闻出版广电总局印刷发行管理司副司长谭汶发表了题为“中国传统出版物市场及公共服务现状”的主题演讲，并代表中国展团向日本全国出版协会理事长上泷正博先生赠送中国书法作品。中国书籍出版社、文物出版社等参展单位负责人，还分别介绍了中国数字出版产业现状、日文版图书成功引进案例等。

（资料来源：新华网）

【韩国综艺节目“Running Man”落户浙江卫视】 2014年7月8日，韩国综艺节目“Running Man”总导演曹孝镇来到中国，代表SBS电视台与浙江卫视签订了联合制作中国版“Running Man”的合约，该档韩国王牌综艺节目，最终花落浙江卫视。中国版“Running Man”更名为《奔跑吧兄弟》，节目在8月开机拍摄，四季度播出。

（资料来源：《中国新闻出版报》 作者：杨 雯）

【世界知识产权组织中国办事处落户北京】 2014年7月10日，世界知识产权组织中国办事处在北京成立。世界知识产权组织总干事高锐、北京市市长王安顺、国家知识产权局局长申长雨、国家工商行政管理总局局长张茅、国家版权局副局长阎晓宏出席揭幕仪式。

王安顺在致辞中表示，世界知识产权组织中国办事处落户北京是首都改革开放进程中的一件大事，北京市为此已经成立了专项工作组。王安顺认为，世界知识产权组织决定在中国成立办事处，充分说明世界知识产权组织对中国在推动知识产权事业发展方面所作出的不懈努力给予了高度肯定。中国与世界知识产权组织的合作，有助于进一步提升北京市企事业单位的创新能力和管理水平，促进企事业单位知识产权的转化运用，提高北京市知识产权保护水平。

高锐表示，自1980年中国加入世界知识产权组织以来，中国的知识产权事业一直在飞速发展，中国已是世界上最大的商标注册申请国。中国办事处的成立能够作为一个“跳板”，更好地服务中国以及亚洲地区的知识产权工作。

申长雨在致辞中提到，自国家知识产权战略实施以来，中国的知识产权事业取得了巨大成就，中国已经成为知识产权大国，这得益于党和国家的重视以及世界知识产权组织的支持。中国知识产权相关部门与世界知识产权组织始终保持着密切合作，参加了其管辖的19个国际条约，双方在知识产权保护和战略性运用、国际规则制定与实施、人员培训与交流、知识产权研究等方面取得了丰硕成果。

世界知识产权组织成立于1967年，自1974年起成为自筹资金的联合国专门机构，总部设在瑞士日内瓦，截至2014年有成员国187个。世界知识产权组织已在纽约、东京、新加坡、里约热内卢、北京分别设有驻外办事处，并在美国设立了协调办公室。

（资料来源：人民网　作者：赵竹青）

【中国递交《视听表演北京条约》批准书】

2014 年 7 月 10 日，中国国家新闻出版广电总局（国家版权局）局长蔡赴朝在北京向世界知识产权组织总干事弗朗西斯·高锐递交了中国政府《视听表演北京条约》批准书，中国由此成为继阿拉伯叙利亚共和国、博茨瓦纳共和国、斯洛伐克、日本之后，第 5 个正式批准加入《视听表演北京条约》的国家。高锐对此表示高度赞赏。

蔡赴朝表示，《视听表演北京条约》不仅是世界知识产权组织近 10 多年来缔结的首个实体性条约，也是新中国成立以来第一个在中国通过并以城市命名的国际知识产权保护条约，中国愿意做维护这一条约权威的典范，也期待条约早日生效。

2012 年 6 月 26 日，世界知识产权组织在北京召开了第三次世界知识产权组织保护音像表演外交会议，并成功缔结了《视听表演北京条约》。根据《视听表演北京条约》的规定，条约应在 30 个缔约方交存批准书或加入书 3 个月之后生效。《视听表演北京条约》生效后，中国表演者将在同是《视听表演北京条约》批准或加入国的国家获得全面保护。

（资料来源：《知识产权报》　作者：刘　仁）

【李克强会见世界知识产权组织总干事高锐】

2014 年 7 月 11 日，国务院总理李克强在中南海紫光阁会见世界知识产权组织总干事弗朗西斯·高锐。

李克强表示，中国经济正处于在中高速增长中向中高端水平迈进的关键阶段，创新起着支撑作用。13 亿中国人民蕴藏着无穷的智慧和创造力。中国政府把创新驱动放在更突出的位置，不断加大科技创新和体制创新力度，通过简政放权为企业和市场主体松绑，激发全社会创新创造活力；通过科研成果处置权收益权改革、股权激励等机制，调动科研机构和科技人员的积极性，使改革与创新相互支撑、齐头并进。

李克强指出，知识产权是人类对发明创造从自发到自觉的认识升华。保护知识产权就是保护创新，用好知识产权就能激励创新，是给创新的火花加油。中国政府对中外企业和各类主体的创新成果一视同仁、同等保护，正不断加大行政和司法保护力度，严厉打击假冒伪劣等侵权行为，努力营造公平公正、规范透明的法制和市场环境。同时，通过健全知识产权评价标准、完善技术交易市场和服务等，更好地运用知识产权，促进科技成果向现实生产力转化，努力建设知识产权强国。中方愿同世界知识产权组织加强合作，推动国际知识产权规则朝着普惠、包容方向发展，让创新创造更多惠及各国人民。

高锐感谢中国对世界知识产权组织的支持，表示中国政府高度重视创新和知识产权保护并取得显著成就，这不仅有利于中国经济转型升级，也有利于世界经济增长。世界知识产权组织愿与中方加强交流合作，共同维护多边主义，推进全球范围的创新和知识产权保护，欢迎中国在相关国际规则制定方面发挥更大建设性作用。

（资料来源：新华网　作者：郝亚琳）

【蒋建国会见约翰威立全球副总裁米龙一行】

2014 年 7 月 14 日下午，国家新闻出版广电总局党组书记、副局长蒋建国在京会见约翰威立国际出版公司全球副总裁米龙一行，双方就加强新闻出版合作进行了交流和探讨。

蒋建国首先向来宾介绍了中国新闻出版业状况。蒋建国指出，中国新闻出版业的快速健康发展，得益于新闻出版行业的改革开放。正如习近平总书记所指出的，中国要永远做一个学习大国。新闻出版行业愿意以更加开放的姿态，加强同国际出版同行的交流合作，不断学习先进的生产方式、技术和经营理念、模式，把新闻出版行业对外开放提高到新的水平。蒋建国希望，约翰威立作为国际性科技出版公司，能够充分发挥专业优势，进一步加强与中国出版同行的版权合作，共同推动科技出版发展。

米龙对中国新闻出版部门一直以来对约翰威立的支持和帮助表示感谢。米龙赞赏中国出版“走出去”政策，希望在科技学术期刊领域进一步加强合作。

双方还就科技期刊运营模式、传统出版转型等问题交换了意见。

约翰威立国际出版公司创建于 1807 年，全球总部位于美国新泽西州霍博肯市，是一家世界级的科技学术出版集团。自 1901 年以来，约翰威立已出版了 400 多名诺贝尔奖得主的著作。中国有超过 200 所高校和科研机构是约翰威立用户，有 110 位中国作者已与约翰威立签约出版 70 种图书。

总局综合业务司司长孙明、进口管理司司长张福海、新闻报刊司副司长门立军等参加会见。

（资料来源：《中国新闻出版报》
作者：章红雨　涂桂林）

【国新办与巴西电视台签署供片协议】 2014年7月14日，国务院新闻办公室影像中国数据库与巴西苏普伦电视台签署海外媒体供片协议，该次协议签署是国务院新闻办牵头主办的“感知中国”活动的一部分。

作为中巴建交40周年两国文化交流活动的重要部分，通过该次签约，影像中国数据库定期向苏普伦电视台提供全面、客观介绍中国的电视节目，推动巴西人民更深入地了解中国。首批《万里共婵娟——中巴友好交往40年侧记》《中国太空之旅》《畅行中国》等12部反映中巴友好交往及当代中国经济、社会、文化、科技等领域发展的电视节目，得以在苏普伦电视台播出。

（资料来源：《中国新闻出版报》 作者：刘 彤）

【第十届中韩著作权研讨会召开】 2014年7月15日，由中国国家版权局和韩国文化体育观光部主办、中国环球新闻出版发展有限公司与韩国著作权委员会共同承办的第十届中韩著作权研讨会在韩国釜山召开。该次研讨会的主题是：探索中韩两国提高国民著作权意识及保护影视作品版权合作方案，创造经济时代版权生态系统。

中国国家版权局新闻发言人、版权管理司司长于慈珂介绍了中国的《著作权法》修订情况及出台的一系列法规、在推进软件正版化工作中所作出的努力及中国正式加入《视听表演北京条约》情况、“剑网2014”专项行动所取得的初步成果。于慈珂表示，该次研讨会为中韩版权制度的完善、推动两国文化产品尤其是影视作品版权保护与合作等提供有力的桥梁支撑作用。中韩代表的交流与沟通以及对共性问题的深入研讨，有利于促进中韩在著作权法律、技术等方面的合作及版权产业发展。

韩国著作权政策官朴荣国局长表示，中韩间的文化交流超越了单纯的“文化消费”，已进入了“文化创造”时代。两国的影视剧、游戏等文化内容交流比任何时候都活跃，数码技术和网络技术的发展使内容生产和使用实现了无国界。该次会议利于探讨促进韩中两国文化内容创造，形成良性循环的有益平台。同时，朴荣国局长还介绍了自2014年4月起韩国政府开展的“善良著作权”活动。

韩国著作权委员会委员长庾炳汉表示，相信韩中双方在共同举办10次著作权研讨会的基础上，合作范围能够逐渐扩大到两国政府、民间以及学术界。他还特别关注到中国四个部门联合开展的“剑网行动”，认为韩国权利人的合法权益在专项行动中能够受到中国政府的大力保护。

中韩两国版权部门和权利人组织代表，韩国KBS电视台、HB公司和中国乐视网、爱奇艺网、百度视频网的代表，还就两国影视作品的保护政策、保护体系、影视节目流通管理现状、线上线下侵权盗版监测系统等话题分享了最新的信息，同时还探讨了在影视视频领域中韩两国内容制作及投资的实质性合作方案。

7月16日至18日，中国代表团一行还先后参观访问了韩国文化体育观光部、韩国著作权委员会、韩国著作权保护中心及KBS电视台等单位，详细了解韩国现行的三级版权行政管理体制及监管模式。

中韩著作权研讨会已成为中韩两国版权界每年开展的常态化、深度化交流合作的主要平台，受到两国版权业界普遍认可与好评。

（资料来源：《中国新闻出版报》 作者：赖名芳）

【百度移动游戏获《灌篮高手》正版手游发行权】 2014年7月28日，百度移动游戏正式宣布与东映动画、DeNA中国联合研发《灌篮高手》同名正版手游，并由百度移动游戏独家发行代理。《灌篮高手》于1990年由日本知名漫画家井上雄彦创作完成后，迅速凭借跌宕的故事情节、励志的人物形象和积极的体育精神风靡日本。1993年，东映动画获作者授权制作了同名动画，使其一举传播至中国，并影响了整整一代中国青少年。

东映动画是日本历史最久、规模最大的动画制作公司，在动画作品以及动画周边的制作、发行和销售领域创造了辉煌的业绩。公司旗下拥有《灌篮高手》《七龙珠》《圣斗士星矢》《阿拉蕾》《美少女战士》《北斗神拳》《海贼王》等众多享誉全球的日本国民级动画作品。

（资料来源：百度游戏）

【中国手游与全球顶级版权方战略合作】 2014年8月2日，在中国国际数码互动娱乐展览会（简称ChinaJoy）期间，纳斯达克上市公司、领先的移动游戏开发商与发行商中国手游集团正式公布了其精品与品牌战略成果，与全球顶级IP版权方达成了战略合作，联手全球顶尖的游戏创作团队创作自有IP，布局引入了世界级知名游戏，深化全球产品、全球创意和全球技术的合作与融合。

中国手游正式公布了与《航海王》（海贼王）、《火影忍者》、《聪明的一休》、《拳皇97》、《真侍魂2》和《核金弹头2》、《三国战纪之风云再起》、《西游释厄传》等全球顶尖 IP 和知名产品的合作。与日本光荣公司合作的《大航海时代 5》于 9 月开始测试。

（资料来源：中证网　作者：万　晶）

【搜狐 150 亿韩元注资韩国娱乐公司】 2014 年 8 月 7 日，搜狐集团宣布向韩国娱乐传媒公司 Keyeast 注资 150 亿韩元（约合 1 500 万美元），持有 6.4%的股份。通过该次战略投资，搜狐成为 Keyeast 在中国的唯一网络合作伙伴，Keyeast 也通过合作加快进军中国市场的步伐。

虽然成为了 Keyeast 的第二大股东，但搜狐集团并不会参与到公司的运营中。搜狐平台还拥有 Keyeast 公司制作产品的优先购买权。与此同时，Keyeast 在中国市场的宣传和商业机会，搜狐集团也可以承载。而搜狐视频的多档娱乐节目也有机会走出国门，在韩国本土进行前沿的报道。

Keyeast 投资涉足领域包括经纪公司、新人发掘培训、影视制作、有线电视频道 DATV 和 KNTV、餐饮、音乐、游戏，旗下代表艺人包括裴勇俊、金秀贤、林秀晶、金贤重、李炫雨等。

（资料来源：《北京晨报》　作者：韩元佳）

【乐视体育获得新赛季英超新媒体版权】 2014 年 8 月 14 日，乐视体育与新英体育举行签约新闻发布会，宣布新赛季英格兰足球超级联赛的新媒体版权正式落户乐视体育，该次签约意味着中国的英超迷们可以在新赛季使用电脑或手机通过该公司收看英超直播。

（资料来源：新华网　作者：郑道锦）

【"图说中国古代四大发明"系列三种语言版权输出海外】 2014 年 8 月 27 日，中国科学院科学传播局与浙江出版联合集团在图博会上签署战略合作协议。双方首期合作项目"图说中国古代四大发明"系列版权输出、合作出版签约仪式也同步举行。

该系列图书采用手绘插图，辅以少量必备文字和实物图片，以科普绘本的形式，消除单纯文字阅读带来的隔膜感与疏离感，系统解读中国古代四大发明的历史、制作方法、工艺演进的系列图书尚属首次出版，填补了中国有关四大发明科普读物的空白。

截至当日，该丛书中文版、英文版版权已经输出至马来西亚联营出版有限公司。该次会议上，该丛书僧伽罗语版版权又输出至斯里兰卡普瑞玛出版有限公司。

（资料来源：《中国新闻出版报》　作者：刘蓓蓓）

【《中华民族伟大复兴的中国梦》英文电子版版权输出】 2014 年 8 月 27 日，《中华民族伟大复兴的中国梦》英文电子版版权输出签约仪式在第 21 届北京国际图书博览会上举行。外文出版社与美国圣智学习集团达成版权输出协议，圣智学习集团拥有《中华民族伟大复兴的中国梦》英文电子版的海外版权。

《中华民族伟大复兴的中国梦》外文版由外文出版社出版发行，包括英文、法文、西班牙文、日文、俄文、阿拉伯文共 6 种文字。该书内容摘自习近平 2012 年 11 月 15 日至 2013 年 11 月 2 日期间的讲话、演讲、谈话、书信、批示等 50 多篇重要文献，共计 146 段论述，其中部分论述是第一次公开发表，有助于国际社会更全面地了解中国梦提出的背景、内涵和意义。

（资料来源：光明网　作者：刘　彬）

【韩国图书中国推广中心成立】 2014 年 8 月 27 日，在第 21 届北京国际图书博览会上，五洲传播出版社和韩国出版文化产业振兴院联合举办了 Go China 韩国图书中国推广中心成立新闻发布会。双方合作创刊的《韩国书林》杂志同时举办了首发仪式。

（资料来源：《中国新闻出版报》
作者：孙海悦　刘蓓蓓）

【《中国汉字听写大会·我的趣味汉字世界》版权输出新加坡】 2014 年 8 月 28 日，在第 21 届北京图博会举行期间，《中国汉字听写大会·我的趣味汉字世界》新加坡中文版授权签约仪式在京举行。

《中国汉字听写大会·我的趣味汉字世界》图书由接力出版社出版。该书收录了汉字听写教育类电视节目《中国汉字听写大会》官方题库中的 600 个词语，每个词语按释义、辨析、起源与演变、例句、字里字外等五个板块编排，以趣味解说的方式，带领读者认知汉字演变的过程，了解汉字背后的历史风云人物、历史文化名人的趣味故事，探寻汉字折射出的历史变迁、风土人情、传统文化知识等。

此外，书中还收录了《中国汉字听写大会》大赛备考词和官方赛事指南，帮助读者提升读写基本功和母语使用能力。

（资料来源：新华网　作者：隋笑飞）

【FOX成《虎妈猫爸》海外独家版权合作伙伴】

2014年8月，新丽传媒表示，新丽传媒已正式与21世纪福克斯公司旗下的福克斯国际电视网（FOX International Channels）签署了电视剧《虎妈猫爸》全球合作协议，FOX成为该剧海外独家合作伙伴，与国内同步宣传并先在其自有频道播出，然后面向海外各市场全面发行。这是FOX和中国大陆的影视公司首次、最全面及最大范围的电视剧版权合作。

（资料来源：腾讯娱乐）

【文著协与英国著作权许可代理机构（CLA）签署合作协议】 2014年9月2日，中国文字著作权协会与英国复制权集体管理组织——英国著作权许可代理机构（CLA）签署合作协议，开启了中文书报刊文章在海外受版权保护并收取版权使用费的先河。

协议签署后，英国高校等机构影印复制或数字化复制中文书报刊需要获得中国权利人或集体管理组织的授权并支付版权费。协议的内容还包括，中国文著协成员可以让其作品通过CLA授权给英国的组织、机构使用。这意味着，文著协成员的作品或出版物被英国组织、机构复制时，将获得版权使用费。这是中国文著协首次同外国机构签署该类协议。

在英国、美国、澳大利亚等一些国家和地区，按照当地法律，政府部门、企业、大中小学影印复制和数字化复制受版权保护的报刊文章和图书章节，或制作电子教材，都应该向本地的复制权集体管理组织获得许可并交纳复制权使用费才算合法，涉及海外著作权人作品的，还应该根据与海外同类机构签订的单边或相互代表协议，获得海外同类机构的授权，并向其转付使用费。该次英国著作权代理许可机构同文著协签署单边合作协议，就属于让英国学校、企业以及机构“获得海外同类机构的授权”的情形。

中国文字著作权协会总干事张洪波认为，中国报刊文章和图书片段的复制在海外也有很大市场。比如，一些国家的政府部门、学校、企业对中国报刊文章和图书片段的需求很大，编写电子教材也离不开中文书报刊的内容。这就涉及中文书报刊的影印复制和数字化复制权。文著协与英国CLA签署单边协议，能够满足英国对中文报刊文章和图书片段的需求，将文著协会员作品授权英国相关机构使用、复制，并从英国收取复制权使用费，旨在畅通中英两国著作权尤其是复制权的交流渠道，推动两国文化交流。

（资料来源：国际在线　作者：朱宛玲）

【世界知识产权组织第54届成员国大会召开】

2014年9月22日，世界知识产权组织成员国大会第54届系列会议在瑞士日内瓦世界知识产权组织总部开幕，中国国家新闻出版广电总局副局长、国家版权局副局长阎晓宏率领的中国版权代表团一行作为中国政府代表团成员出席了会议。

开幕式前，中国政府代表团举行了会前协调会。在协调会上，阎晓宏表示，中国政府在世界知识产权组织这个国际舞台上发挥的重要作用逐年凸显，中国政府成功缔结了《视听表演北京条约》，推动世界知识产权组织北京办事处的设立。作为中国政府代表团的成员单位之一，中国国家版权局在该届成员国大会中继续与中国驻日内瓦使团等各单位沟通合作，一方面发出声音，展示成就；另一方面加强学习，促进合作。

9月23日下午，世界知识产权组织总干事弗朗西斯·高锐专门在其办公室会见了中国版权代表团一行。高锐表示，世界知识产权组织非常重视与中国版权部门的合作。在双方共同努力下，世界知识产权组织与中国版权部门合作开展了多项活动并取得了很大的成绩。高锐特别祝贺中国政府批准了《视听表演北京条约》。高锐强调，《视听表演北京条约》从谈判到成功缔结历时20年，是一个非常重要的条约，对世界知识产权组织具有特别重要的意义。中国的版权制度和版权保护取得了举世瞩目的成就，包括中国国家版权局在内的知识产权部门积极参与国际知识产权事务，发挥了大国的重要作用。在数字环境下，知识产权制度面临巨大挑战，更加需要加强国际合作。世界知识产权组织希望与中国国家版权局在应对新技术挑战等领域继续紧密合作，携手共进。

阎晓宏表示，成员国大会是世界知识产权组织最重要、最盛大的会议，187个成员国都派代表团出席会议，高锐单独会见中国版权代表团一行，是对中国政府和中国版权工作的高度重视和肯定。高锐在开幕式上的致辞强调了创新活动和创意产业的重要性，并特别指出知识产权相关平台建设与制定条约的重要关系，很有前瞻性，令人振奋。中国版权工作多年来取得的一系列成就，与世界知识产权组织和高锐总干事、王彬颖副总干事等高级管理团队的指导是分不开的。2012年，世界知识产权组织在北京成功举办了保护音像表演外交会议，并缔结了《视听表演北京条约》，这是中国政府和世界知识产权组织合作的一个里程碑。正如高锐总干事所说，《视听表演北京条约》随着时间的发展将日益显示其重要性，中国政府已经批准了《视听表演北京条约》，愿意与世界知识产权组织共同推进条约的早日生效。

成员国大会历时9天，于9月30日闭幕，常驻日内瓦使团、外交部、国家工商行政管理总局、国家新闻出版广电总局（国家版权局）、国家知识产权局、香港知识产权署等6个部门组成的中国政府代表团参与成员国大会全部27项议程的讨论。

大会期间，中国驻日内瓦使团大使吴海龙、驻瑞士大使许镜湖分别会见了代表团一行。中国国家新闻出版广电总局（国家版权局）规划发展司司长余昌祥、印刷发行司司长王岩镔、反非法和违禁出版物司副司长王志成等参加相关活动。

（资料来源：《中国新闻出版报》 作者：宗边诗）

【中国新闻出版（版权）代表团出访英国】 2014年9月24日至25日，中国国家新闻出版广电总局副局长、国家版权局副局长阎晓宏率中国新闻出版（版权）代表团出访英国。其间，代表团访问了英国知识产权局、励德爱思唯尔出版集团总部、牛津大学出版社、牛津大学书店等版权和出版机构，就进一步巩固和发展中英在版权和新闻出版领域的交流与合作进行了深入交流，达成了广泛共识。

在与英国知识产权局约翰·奥尔蒂局长及版权和知识产权执法司、国际政策司等相关部门负责人会谈时，阎晓宏首先就版权立法、执法特别是网络执法及著作权集体管理问题与英方进行了深入交流。阎晓宏指出，随着信息技术的发展，各类信息和作品的载体及传播方式已从传统物理介质转向互联网，中国国家版权局集中加强了网络版权的执法力度，到2014年已连续10年开展打击网络侵权盗版专项治理行动，重点查处了一批大案要案，有效净化了网络版权环境。阎晓宏强调，中国的著作权集体管理制度起步较晚，尽管发展迅速，但仍存在很多问题，希望通过交流与合作，学习借鉴英国著作权集体管理方面的做法和经验。

奥尔蒂局长对中国在版权产业发展和版权保护等方面所取得的成就，以及参与国际版权规则制定中所起的积极作用表示赞赏，希望双方继续加强在版权法律建设、执法协作、著作权集体管理、人员互访和培训等方面的交流与合作。此外，中英双方还就进一步落实2010年中国国家版权局和英国知识产权局签署的中英版权合作备忘录，拓展备忘录框架下的合作领域及推动落实中英两国政府发表的联合声明中的相关条款等议题进行了商谈。

在与国际出版商协会主席、励德爱思唯尔出版集团主席池永硕会谈时，双方就世界知识产权组织第54届成员国大会情况及推动《视听表演北京条约》和《马拉喀什条约》尽快生效等问题进行了交流。阎晓宏表示，励德爱思唯尔出版集团是一家具有前瞻性和战略性的大型出版集团。中国新闻出版业正处于数字化转型和融合发展时期，励德爱思唯尔对建设现代中国出版业很有借鉴意义。

访问期间，代表团还与牛津大学出版社相关部门负责人进行了座谈，实地调研了牛津大学书店。

（资料来源：《中国新闻出版报》 作者：宗边诗）

【中阿签署版权合作谅解备忘录】 当地时间2014年9月27日至29日，中国国家新闻出版广电总局副局长、国家版权局副局长阎晓宏率中国新闻出版（版权）代表团应邀出访阿尔及利亚。访问期间，阎晓宏会见了阿尔及利亚文化部部长纳迪娅和阿尔及利亚国家版权局局长侯赛因。阎晓宏与侯赛因分别代表两国政府签署了《中阿版权交流合作谅解备忘录》。

在签字仪式上，阎晓宏表示，该次代表团访问阿尔及利亚是中国版权管理部门第一次派团访问阿拉伯国家，《中阿版权交流合作谅解备忘录》是在《中阿关于建立全面战略伙伴关系的联合声明》的框架下签署的主要针对文化领域的一个合作协议，对推动中国与阿尔及利亚及阿拉伯国家开展版权和文化双边交流、促进文化传播与合作具有重要的意义。

在与纳迪娅和侯赛因会谈时，阎晓宏介绍了中国国家新闻出版广电总局和国家版权局的机构设置、职能及中国新闻出版业和版权业在立法、执法、保护等方面的基本情况，并就备忘录签署后双方如何具体落实相关内容等进行了初步探讨。阿方对中国在经济建设和文化发展方面所取得的成就表示赞赏，认为中国在新闻出版和版权等领域的很多经验和做法值得学习和借鉴。双方一致认为，中阿版权备忘录的签署意义重大，能够进一步增强两国在版权领域的交流与合作，促进两国新闻出版及相关文化领域的相互了解，增进互信，从而带动更多领域的合作。

访问期间，中国代表团一行还访问了阿尔及利亚国家版权局、国家图书馆及部分出版、发行机构。中国驻阿尔及利亚大使杨广玉会见了代表团一行。

（资料来源：《中国新闻出版报》 作者：宗边诗）

【腾讯网与全球知名科技媒体TNW达成独家合作】 2014年9月，腾讯网与全球知名科技媒体The Next Web（以下简称"TNW"）签署合作协议，成为TNW大中华区独家内容合作伙伴，独家享有其内容的翻译版权、中文版权。

双方达成合作后，TNW的优质资讯内容，能够通过腾讯网立体化媒体平台，推荐给更多关注全球科技新闻的中国用户。

TNW专注国际科技、财经和文化方面的资讯报道，已经成为越来越重要的科技新闻来源。第三方统计网站Techmeme数据显示，TNW内容分享率已超过纽约时报、路透社、彭博社等知名媒体网站。同时，TNW创立的"TNW Conference"线下活动品牌，也是美国硅谷最重要的创业活动之一，并在欧洲、拉美等全球科技圈拥有强大的影响力。此外，TNW旗下的实验室还推出了Twitter数据统计TwitterCounter.com等广受欢迎的产品。凭借媒体、活动和产品的"三驾马车"战略，TNW开辟了一条新的科技媒体发展之路，为诸多后来者所借鉴。

（资料来源：腾讯科技）

【爱奇艺釜山电影节斩获百部韩国电影独家版权】 2014年10月7日，釜山国际电影节亚洲电影市场开幕第三天，中国视频公司爱奇艺与韩国电影片方达成独家版权合作。爱奇艺与韩国乐天公司、FineCut公司签订了近百部影片的独家版权合作。玄彬退伍后的首部大银幕回归作《逆鳞》、车胜元主演的《高跟鞋》、李敏豪主演的《青春学堂》等众多在韩国叫好叫座的人气新片，以及著名导演金基德和洪尚秀的多部经典作品都在该次合作之列。

乐天和FineCut这些韩国最具影响力的一线影视公司，与爱奇艺的合作，无疑能够进一步扩大这两家公司在中国电影市场的影响力。

（资料来源：DoNews）

【QQ音乐与华纳音乐达成版权战略合作】 2014年11月13日，腾讯QQ音乐与华纳音乐集团（WMG）共同宣布了一项具有里程碑意义的战略合作协议，该协议标志着业内首个国际音乐公司与中国大陆地区领先的数字音乐服务商达成战略合作伙伴关系。

腾讯QQ音乐成为华纳在中国大陆地区互联网音乐平台的版权总代理合作方，双方携手就艺人推广和音乐传播等相关业务开展深度合作，QQ音乐以华纳音乐的优质资源为内容核心，通过对腾讯全平台娱乐生态链及社交关系链的整合与联动，为用户提供更加丰富的正版音乐内容服务，为华纳数字音乐商业模式及艺人与粉丝经济带来更大的发展空间和收益。

与国际音乐版权市场相比，中国大陆的音乐版权市场尚处于完善和发展的初期阶段。腾讯QQ音乐与华纳音乐的版权战略合作，也利于携手在中国大陆区域开展打击盗版、保护正版音乐的维权行动，有助于推动网络音乐版权市场秩序化。

（资料来源：腾讯科技）

【国际著作权巨头BMG切入中国市场】 2014年11月19日，贝塔斯曼集团旗下国际音乐版权管理公司BMG正式宣布与巨匠娱乐签署了全球独家录音及词曲版权管理协议，该次协议是BMG进入中国以来的第一笔重要交易。

协议签署后，由BMG全球独家管理巨匠娱乐及其签约艺人的录音及词曲版权。

（资料来源：思博网　作者：kim-possible）

【李克强承诺与各方一起打击侵犯知识产权等违法行为】 2014年11月20日，李克强总理在杭州会见出席首届世界互联网大会的中外代表并同中外代表座谈。

李克强表示，每次与互联网从业者交流、询问其对政府有什么要求时，大家的回答都是同样的两条：一是希望加强信息基础设施建设，二是希望制定更多保障公平竞争的规则。

李克强承诺，中国政府愿与各方一起，维护网络安全，保障互联网企业用户的合法权益，打击侵犯知识产权、网络诈骗、侵犯个人隐私等违法行为。

（资料来源：国家知识产权局网站）

【中欧版权集体管理研讨会探讨著作权集体管理】 2014年11月26日至27日，欧盟和中国国家版权局在京联合举办中欧版权集体管理研讨会，共同分享中欧著作权集体管理的经验，探讨新技术条件下著作权集体管理的实现途径、制度建设、权利管理、国际合作等问题。

中国国家版权局版权管理司司长于慈珂表示，著作权集体管理制度是著作权体系的重要组成部分，是衡量一个国家著作权集体管理和保护水平的重要标志。它有效解决了法律赋予权利人权利，但权利人个人难以实现权利的难题，在保护著作权人的权利、促进作品的广泛传播、增进国际间文化交流等方面发挥了积极作用。

欧盟驻中国和蒙古国代表团贸易处和知识产权政策公使衔参赞岁本诺在演讲中就新的《欧盟关于版权及相关权利的集体管理与在内部市场多国领土在线使用音乐作品授权的指令》的影响与实施作了主题报告。

欧盟与中国国家版权局从 1996 年起开展中欧知识产权合作项目，该项目对中国建立健全版权保护制度和集体管理制度发挥了重要作用。中国已成立了中国音乐著作权协会、中国音像著作权集体管理协会、中国文字著作权协会、中国摄影著作权协会、中国电影著作权协会等 5 家集体管理组织，基本覆盖了作品使用的各领域。中国在《著作权法》第三次修订工作中，吸收了世界各国的先进经验，对涉及著作权集体管理的规定作出了重大修订，显著提高了著作权保护水平。

（资料来源：《中国新闻出版报》 作者：方 圆）

【中英 2015 年版权合作计划初步达成】 2014 年 11 月 26 日下午，国家新闻出版广电总局副局长、国家版权局副局长阎晓宏在京会见英国知识产权局局长、首席行政官约翰·奥尔蒂一行。中英双方就 2014 年合作情况以及版权立法、执法及政策改革情况进行了回顾与沟通，并初步达成了中英 2015 年版权合作计划。

阎晓宏在会谈中首先向奥尔蒂介绍了中国《著作权法》修订的最新进展情况。阎晓宏表示，中国著作权法律制度正在不断完善。随着中国政府严厉打击侵权盗版行为力度的不断加大，版权保护工作取得了丰硕成果，越来越多的版权使用者现在已经愿意为权利人支付报酬。这说明社会公众对于版权在经济、文化中所起的重要作用已经有了自觉的认识。希望在中英双方版权交流与合作过程中，更多地借鉴英国版权管理和保护方面的成功经验。同时加强中英双方高层互访与会谈，举办高层版权论坛，集中研讨互联网环境下如何充分发挥版权在文化发展中的基础性、资源性作用等问题。

奥尔蒂介绍了英国版权法改革的情况。奥尔蒂对中国国家版权局在版权保护方面所作出的努力表示赞许和感谢。奥尔蒂表示，英国政府非常重视知识产权保护，也非常关注中国的知识产权政策和保护以及与中国的知识产权合作。英方对于 2010 年以来的合作计划实施情况表示满意，同时希望中英双方在互联网环境下进一步加强版权领域的交流合作，形成良好的合作机制。

双方还回顾了 2010 年《中国国家版权局与英国知识产权局版权战略合作谅解备忘录》签署以来的良好合作，并对未来中英版权进一步开展合作进行了探讨。

中国国家版权局版权管理司副司长汤兆志，英国知识产权局国际政策司副司长亚当·威廉姆斯、资深政策顾问李波特·泰姆威尔及英国驻华使馆经济与贸易政策处高级知识产权联络官汤姆·杜克等陪同会见。

（资料来源：《中国新闻出版报》 作者：赖名芳）

【腾讯签约韩国最大娱乐公司之一】 2014 年 12 月 2 日，腾讯在香港与韩国 YG Entertainment 公司达成了中国网络音乐独家版权战略合作，并成为其中国区版权分销总代理。

双方宣布，腾讯与 YG 合力打造“中韩娱乐航母”计划，以音乐及明星娱乐资源为核心，搭载全腾讯产品链联动运营。

YG Entertainment 是韩国最大的娱乐公司之一，该公司拥有 bigbang、权志龙、PSY（鸟叔）等知名歌手及庞大歌曲库。

（资料来源：中国新闻网 作者：刘育英）

【上海知识产权国际论坛开幕】 2014 年 12 月 8 日，由上海市人民政府与世界知识产权组织共同主办的上海知识产权国际论坛在沪开幕。论坛开幕前，上海市政府和世界知识产权组织签署谅解备忘录。

该届论坛为期两天，来自世界多个国家和地区的政府官员、专家学者分别围绕“国际知识产权发展最新趋势与特点”“知识产权运用与价值实现”“自由贸易区知识产权保护实践”等主题，深入分享和探讨知识产权管理、运用、保护方面的国际经验和实践智慧，为上海促进知识产权价值实现、完善自贸区知识产权保护等提供了思路。

（资料来源：《中国新闻出版报》 作者：孟群舒）

【腾讯与索尼音乐达成版权合作】 2014 年 12 月 16 日，索尼音乐与腾讯公司宣布达成了战略合作伙伴关系。腾讯成为索尼音乐在中国大陆的数字音乐音频内容战略合作及版权分销合作伙伴。

依据该项战略合作协议的签署，腾讯旗下数字音乐平台 QQ 音乐，负责索尼音乐在中国大陆地区的数字音乐版权推广、管理及分销业务，双方共同促进中国大陆地区数字音乐正版化进程。

两者达成合作后，腾讯联合旗下全平台推广索尼音乐旗下艺人，以及向其他中国大陆在线音乐服务商提供经销授权，同时凭借索尼音乐的实力来扩大自家应用QQ音乐的品牌影响力。索尼则通过腾讯平台组织更多的线上、线下活动，与更多的媒体平台互动，借此提升用户体验，打响索尼音乐在中国的品牌。索尼音乐除了与腾讯建立新战略关系外，还会跟中国大陆的无线运营商以及其他国际商业伙伴，依序发展维持直接的商业关系。

随着该战略合作协议的达成，双方也携手解决在线音乐服务的侵权问题。

（资料来源：IT之家　作者：阿　呆）

【西安电视剧版权交易中心签约韩国镐世亚洲公司】　2014年12月18日，韩国镐世亚洲有限公司和西安电视剧版权交易中心，就影视项目和影视版权合作事宜达成合作协议。

根据协议，双方着力在影视版权领域开展合作。一方面，通过多种形式的资源互换，扩充传播渠道；另一方面，开展多元化、多形式的媒体合作，推动双方品牌价值逐步提升。西安电视剧版权交易中心还为镐世亚洲的优秀影视剧版权项目提供版权运营服务，并为其提供版权信息发布服务；镐世亚洲则不定期为版权交易中心提供韩国影视剧版权项目，以及韩国版权资源信息。

成立于2006年的韩国镐世亚洲有限公司，主要经营媒体策划、网络营销、影视演艺、广告设计等业务，在中国北京、上海、西安分别设立分公司。该次合作是西安电视剧版权交易中心继举办2014中韩制片研修班后，与韩国企业的又一次重要合作。

（资料来源：《中国新闻出版报》　作者：赖名芳）

◆ 产业发展

【曹文轩儿童文学艺术中心揭幕】　2014年1月10日上午，“曹文轩儿童文学艺术中心揭幕发布会”在京举行，知名儿童文学作家曹文轩、相关领导及业内人士出席活动。在会上，曹文轩介绍了中心成立的起源，并向曾经为他出版图书的九位编辑颁发感谢奖。

在会上，“曹文轩儿童文学艺术中心”LOGO发布。此LOGO为2014年起全国各出版社出版的曹文轩作品上的统一标识。此外，会上签署了包括数字出版、电影等多方面的合作协议书。首批合作方案的顺利签订成功为“曹文轩儿童文学艺术中心”的全版权运营开启了大门。

该“中心”的成立标志着中国第一个以作家为核心的全版权运营模式的全面开启，“中心”对曹文轩各类版权的分销进行全面和专业的管理，充分显示版权整合的拓展和服务优势，如较好地促进更高品质图书形式的出现，使曹文轩品牌更加精品化、优质化；拓宽图书产品与其他文化表现形式的对接路径，不仅将作家创作的故事、形象以纸质图书的形式出版，还以电影等丰富多样的形态表现。

该次发布会上还同时启动了“青铜葵花儿童小说奖”征评活动。该征评活动每年举办一次，最高单项奖金20万元，旨在鼓励具有高文学品质的优秀儿童小说创作。

（资料来源：中国新闻网　作者：上官云）

【2014北京图书订货会34.5亿元码洋收官】　2014年1月11日，2014北京图书订货会在中国国际展览中心（老馆）正式落幕。该届订货会吸引8.5万人次前来参观；订货码洋达34.5亿元人民币；馆配订货码洋2.08亿元人民币，根据与出版单位签署的协议，延续到2月后采购码洋预计达6亿元人民币。

订货会期间，全国人大教科文卫委员会主任委员、中国出版协会理事长柳斌杰，国家新闻出版广电总局副局长邬书林、阎晓宏等到订货会现场参观考察。柳斌杰还以开场嘉宾身份做客“红沙发”系列访谈。

该届订货会的订货码洋显示，传统书业仍然保持较好的发展势头。而图采会现场的火热场面，更显示出国家对公共文化服务的投入加大，对书业有着明显的拉动作用。此外，新闻报道30.3万条、参观人数比2013年增加1 000人次，表明订货会对爱书人的吸引力不减。

（资料来源：《中国新闻出版报》　作者：王玉梅）

【盛大文学携手吴奇隆成立工作室】　2014年1月15日，盛大文学携手著名演员吴奇隆共同成立工作室，双方共同整合优势资源，在所有渠道上挖掘最合适的内容，进行贯穿全娱乐行业的产品开发和整合运营。

盛大文学董事长兼CEO邱文友表示，该工作室主要致力于发掘适合全产业链运作的内容，这些内容可能是盛大文学平台上产生的，也有可能是其他渠道上发掘的；原始内容的形式可能是小说、剧本、故事大纲、短片小说、歌曲等。

吴奇隆工作室采用项目制，有计划、有组织、分步骤，有序协调推进原始版权在各衍生领域的再创作，互相支持形成协同效应。依项目不同需求，工作室可扮演统筹者、生产者、投资方或者渠道等多重角色，在生产、推广、营销内容的领域发挥整合优势，协同作战，将单点突破结合全盘规划，形成多点呼应的市场合力，目标在于将单一原创内容打造成具有高度品牌价值的多元化产品群。

（资料来源：新华网　作者：南　婷）

【《2013 年 10—12 月中国移动游戏产业报告》发布】　2014 年 1 月 20 日，游戏工委发布《2013 年 10—12 月中国移动游戏产业报告》。报告显示，2013 年 10—12 月，中国移动网络游戏市场实际销售收入约 31.5 亿元，环比增长 58.6%。手游市场规模进一步扩大，收入提速加快，其中多款休闲类精品手游上线成为市场规模扩大的重要原因之一。报告指出，第四季度期间，多款轻松休闲型移动游戏新品上线，在出色的游戏性、直观易用的交互界面、循序渐进的游戏流程等三条主线刺激下，移动游戏市场用户转化率得到进一步提升。此外，在安卓平台上，部分游戏企业甚至为安卓用户单独推出休闲游戏产品，由此获得较好市场效果。

2013 年移动休闲游戏在手游市场占据了主要地位，不少休闲类明星产品创下收入奇迹。报告分析，游戏 IP 是产品的第一印象，也是吸引用户下载的关键。

面对全新的发展趋势，各大手游研发商、发行商、渠道重新开始整理思路。优质版权成为厂商竞争的主要焦点，争夺优质的版权游戏产品的首发权也成为各大渠道的主要竞争策略。

渠道作为手游产品抢夺市场的关键点，仍在产品运营中发挥着不可替代的作用。报告显示，2013 年 Q4 各大渠道用户量出现增长，其中 360 手机助手以 32.6%的份额保持用户份额居首的地位；百度整合旗下多个渠道资源，以 21.5%的份额紧随其后；应用宝也凭借腾讯内部大量资源，占据 9.3%的份额，位居第三。

安卓平台游戏用户来源的集中度进一步提升，渠道对优质版权产品的争夺大战愈加激烈。各大渠道也对此表现出了极高的重视度，在产品运营上开辟全新思路吸引优质版权厂商合作。例如，360 手机助手便于 2014 年与迪士尼开启全平台合作。迪士尼提供旗下的游戏版权授权，而 360 也协调各类平台资源，推动迪士尼版权游戏的运营。

2014 年，引入优质版权的精品休闲游戏成为市场发展的重要力量，渠道与版权的结合为手游市场的发展增添全新动力。

（资料来源：中国新闻网）

【北京 2013 年文化创意产业实现增加值约 2 400 亿元】　2014 年 2 月，北京市国有文化资产监督管理办公室对外表示，2013 年北京市文化创意产业实现增加值 2 406.7 亿元，增速为 9.1%，高于 GDP 增速将近 1.5 个百分点；全市规模以上文化创意企业实现收入 10 022 亿元，同比增长 7.6%，文化创意产业作为北京市支柱产业已经排到了第二位。

北京市国有文化资产监督管理办公室主任周茂非表示，“十一五”期间，北京市文化创意产业创造的增加值由 2005 年的 674.1 亿元增至 2010 年的 1 697.7 亿元，年均增速 20.3%，超过全市地区生产总值年均增速 5.1 个百分点；增加值占全市 GDP 比重由 2005 年的 9.7%提高到 2010 年的 12%，提高了 2.3 个百分点。“十二五”期间，文化创意产业进一步发展。2012 年，全市文化创意产业收入首次突破 1 万亿元，实现增加值 2 189.2 亿元，占 GDP 比重达 12.3%。

按照国家统计局的统计标准，2012 年北京市文化产业法人单位实现增加值 1 474.9 亿元，比 2011 年增长 14.8%，占全市地区生产总值的比重达到 8.2%，高于第二名的上海 2 个百分点。

（资料来源：《中国新闻出版报》　作者：王坤宁）

【《我们都爱笑》回应抄袭质疑：节目有版权】
2014 年 3 月 2 日，湖南卫视综艺节目《我们都爱笑》针对之前网上出现的认为该节目抄袭黑龙江卫视《爱笑会议室》的言论，正式作出了声明回应。声明表示，湖南卫视《我们都爱笑》与北京瑜杨伟业爱笑会议室团队已达成全方位合作模式，包括所有版权，在《我们都爱笑》中所演的旧段子属于翻拍。之前北京瑜杨伟业爱笑会议室团队的确和黑龙江卫视合作了《爱笑会议室》，但之后合同到期，北京瑜杨伟业与黑龙江卫视停止合同，后来才选择了与湖南卫视进行合作。

湖南卫视喜剧真人秀节目《我们都爱笑》自 2 月中旬播出以来收视率节节攀升，很多明星在参加该节目时都被整蛊，观众对于这种全新的喜剧模式感觉非常新颖，都称赞《我们都爱笑》刷新喜剧模式。

（《中国版权年鉴》编辑部综合）

【方正字库推单本书字库授权业务】 2014年3月3日，北京北大方正电子有限公司表示，为方便广大作家、作者免除字体使用的版权问题，该公司已在方正飞翔官方网站（http://dp.founder.com.cn）正式上线“单本书字库授权”业务，在同一书号的情况下，一次购买，终身授权。

方正字库是方正电子自主研发设计的、经过“计算机软件产品著作权”及“美术作品著作权”认定的计算机字体产品，享受国家知识产权相关法规的保护，已上市217款独立版权字体和68款合作分成字体。国内有近90%的报社、出版社、印刷厂使用方正字库排印大量的报纸、书籍、杂志、教材、文件、包装等。“单本书字库授权”的上线，省去了线下购买的合同审计流程，用户如果想购买使用方正电子开发的某一款字库产品，只需登录方正飞翔官方网站，在线完成支付购买，方正电子的工作人员会在一个工作日内响应消费者，将字体软件及授权书发送至消费者手中，从而使交易流程大为简化。

（资料来源：《中国新闻出版报》 作者：涂桂林）

【陕西首例游戏版权质押融资合作正式签约】 2014年3月14日下午，西安电视剧版权交易中心与西安蓝岸电子科技有限公司（简称“蓝岸科技”）正式签署《世界征服者3D》（简称“《征服者3D》”）游戏版权质押融资协议。该项目是陕西省首起游戏版权质押融资服务项目。

2013年，西安电视剧版权交易中心在做好影视版权交易服务主业的基础上，开始向图文、动漫、游戏等产业布局，尝试建立全版权产业交易服务体系，旨在扩大版权服务领域，提高跨界融合能力，增强核心竞争力，在影视与图书、游戏版权与金融对接等方面，探索开展新型业务。《征服者3D》游戏版权质押融资业务是西安电视剧版权交易中心向全版权运营领域迈出的第一步，在全国游戏版权交易服务领域具有开创性。

《征服者3D》游戏版权质押融资协议签署后，双方在整合优势资源的基础上，通过影视作品向游戏产品转换、游戏创意策划、游戏发行渠道扩展等方面的深度交流与合作，共同推动陕西游戏产业相关产品和生产要素的聚集与流通。另外，双方还就蓝岸科技正在开发的《魔王的盒子》《十二宫》等游戏项目版权交易服务合作进行了商谈。

（资料来源：华商网 作者：李明轩）

【江苏版权产业经济贡献调查报告出炉】 2014年4月22日，在江苏省省委新闻发布会上，该省首次发布了《江苏省版权产业的经济贡献（2012）》调查报告。报告显示，江苏省版权产业发展迅猛，特别是新兴行业发展势头强劲。2012年版权产业增加值已达3 842.31亿元人民币，占当年全省GDP的7.11%，超过全国总体水平。其中，核心版权产业的增加值为1 968.56亿元人民币，占全部版权产业增加值的51.23%。

江苏省新闻出版局副局长曹玉梅介绍，版权产业分为核心版权产业、相互依存的版权产业和部分版权产业三大类。其中，核心版权产业包括出版发行、广播影视、文化艺术、计算机服务、软件与互联网信息服务、广告、设计、工艺品、版权服务9个种类。版权产业已经成为江苏省的支柱产业、国民经济增长的新亮点，在推动全省经济增长方式转变中发挥着日益重要的作用。

以软件、设计和文化创意为代表的核心版权产业的快速发展，一定程度上带动了全省经济发展，创造了更多就业机会。2012年，江苏省版权产业从业人数为208.22万，占全省当年社会各行业从业人数（4 759.53万）的4.37%，其中，核心版权产业从业人数占全省当年社会各行业从业人数的2.07%。

核心版权产业中新兴行业部门具有明显优势，其中设计业和软件业居主导地位，引领作用凸显。报告显示，在2012年江苏省核心版权产业各部分中，设计业和软件业表现最为突出，分别占核心版权产业增加值的33.88%和21.22%，远高于其他各部分的增加值。另有数据显示，2012年，江苏省新闻出版、广播影视、软件和信息服务业营业收入同比2011年增长均在20%以上，是10年前的8倍以上，总量位居全国前三。

然而从国际竞争力角度来看，江苏版权产业外贸结构亟待调整。2012年，江苏省版权产业的商品出口额为334.08亿美元，占全年江苏省商品出口总额（3 285.26亿美元）的10.17%，但是呈现出制造业较强而原创性不足的弱点：当年全省相互依存的版权产业商品出口额占全部版权产业商品出口额的92.2%，反映出产业国际竞争优势过度集中于制造业；而核心版权产业中商品出口额仅占全省商品出口总额的0.14%，核心版权产业中服务贸易出口额仅占全省服务贸易出口总额的1.93%，这说明江苏省版权产业中直接的“版权输出”少，缺乏具有国际竞争力的高质量原创性作品，创新能力待提升，产业结构也待调整。

（资料来源：《江苏经济报》 作者：侯力明）

【百度成最大中文版权平台】 2014 年 4 月 26 日世界知识产权日前夕，百度政策研究部主任、版权管理中心负责人苏静在“百度版权开放日”上披露，百度在正版内容购买方面的投入已超 40 亿元。2014 年第一季度，百度版权内容的相关点击次数已超千亿次。这意味着，百度已发展为全球最大的中文正版发行与传播平台。

百度强大的影响力和渠道优势，主要充分体现在版权平台的搭建和分发上。截至 4 月，百度已经搭建完成包括百度音乐、百度图片、爱奇艺、PPS、百度视频、百度文库、百度阅读等在内的数十个正版发行通路，覆盖视频、文字、音乐、图片、游戏等多个领域。

为了有效平衡版权机构、权益人与数字发行平台的关系，百度开发了八大较为成熟的版权商业模式，包括“点击广告分成”“浏览广告分成”“稿费支付”“付费下载分成”“会员服务分成”“粉丝经营”“流量输出”“买断经营”，一系列合作机制的建立与版权维护已初见成效。

音乐版权方面，在 MP3 时代，百度曾因音乐搜索和下载问题扩散到音乐圈，引发了一系列的矛盾冲突。后来，百度公司与国际三大唱片公司在华合资企业万仕达签署授权数字音乐发行及反盗版协议。王菲、陈奕迅、韩国的 SM 和 JYP 等都和百度签署了独家合作协议。百度的音乐版权保护已经走上正轨。

视频版权保护方面，百度视频 App 累计激活用户突破 2 亿；百度视频 web 端占全网视频流量分发 75%以上。

阅读内容版权保护方面，百度反盗版 DNA 比对识别技术以及绿色投诉通道的搭建，全方位保护着权利人的利益；而与出版社及版权方的合作，则打造出灵活多变的互联网版权合作模式。

（资料来源：《新京报》 作者：李　辉）

【西南（重庆）国际版权总部基地项目签约】 2014 年 4 月 26 日，重庆市版权局、北京国际版权交易中心和协信地产（中国）有限公司三方，在京签署“中国西南（重庆）国际版权总部基地”项目合作协议。

根据协议内容，三方在重庆市建立一个数字版权保护基地，开展版权公共服务、会展、演艺等文化交流活动。该基地的搭建，能够推动重庆市乃至西部地区文化创意产业的发展，集聚文化创意企业及人才，形成文化产业新高地，提升全社会版权保护意识，树立重庆市在知识产权保护方面的国际形象，打造西部国际文化贸易平台。

（资料来源：《中国新闻出版报》 作者：魏　芳）

【上海版权产业增加值首次突破 2 000 亿元】 2014 年 4 月，上海市版权局公布，已完成的 2012 年《上海版权产业报告》显示，上海版权产业的增加值 2012 年首次突破 2 000 亿元大关，达到 2 184.70 亿元人民币。其中，核心版权产业增加值达 1 344.07 亿元人民币。

从版权产业的商品进出口贸易状况来看，2012 年，上海版权产业的商品进口额为 140.07 亿美元，出口额为 535.10 亿美元，出口额约为进口额的 3.8 倍。上海市版权局副局长蔡纪万表示，上海版权产业的进出口贸易保持顺差的有利地位，其中出口一直保持良好的增长态势。

同时，版权产业对就业的促进作用明显。2012 年，上海版权产业的从业人数为 105.41 万。其中，核心版权产业的从业人数为 69.41 万，相互依存的版权产业从业人数为 28.45 万，部分版权产业的从业人数为 7.55 万。而上海版权产业的从业人数 2010—2012 年的数据分别为 93.08 万、100.58 万、105.41 万。总体上看，上海版权产业的从业人数处于高速发展水平。

（资料来源：《人民日报》 作者：曹玲娟）

【迅雷联合版权产业联盟推动网络视听内容正版化】 2014 年 5 月 12 日，迅雷与首都版权产业联盟在京举行了“CC2014 中国互联网版权保护行动计划暨迅雷—首都版权产业联盟技术合作签约仪式”，双方宣布在互联网版权保护领域展开技术合作，共同推动中国网络视听内容正版化。

由于北京市版权局使用的“版权监测系统”只具备互联网播放视听作品的版权监测功能，缺乏对视听作品传播过程的版权监测功能，因此，为了提升互联网版权保护的科技水平，积极推进版权“科技维权工程”，建立互联网版权保护长效机制，2014 年 3 月 11 日，首都版权产业联盟、北京版权保护中心、深圳迅雷公司共同发起了“CC2014 中国互联网版权保护行动计划”，并且将解决互联网视听作品传播中的版权保护问题列为第一项重点工作。

在北京市版权局的指导下，迅雷公司配合首都版权产业联盟和北京版权保护中心，依托北京版权资源信息中心平台，经过 2 个月时间的研究、分析与原型系统开发，已经初步完成了互联网视听作品的版权监测流程和技术解决方案的制定工作。

根据协议，“互联网视听作品版权监测系统”于6月下旬投入试运行，这标志着中国网络视听内容逐步进入全面正版化阶段。

（资料来源：环球网科技　作者：芮益芳）

【接力社获“中国汉字听写大会”图书出版权】 2014年5月12日，中央电视台“中国汉字听写大会”节目组在京举行签约仪式，将相关图书作品首次授权接力出版社出版。

“中国汉字听写大会”系列图书主要从汉字书写和汉字学习两方面入手，再现节目的文化意蕴，并将节目中涉及的汉字文化、汉字知识、汉字规律逐一分类展示，以期让更多读者重拾传统文化精髓。此外，该系列图书还以板块化的形式，将节目中未及展现的专家精彩点评、选手学习秘籍以及著名学者、汉字研究者对汉字文化的独到见解一并汇入书中。

由中央电视台和国家语言文字工作委员会联合主办的“中国汉字听写大会”节目自2013年播出后，好评如潮。

（资料来源：《中国新闻出版报》　作者：孙海悦）

【全球首家“中文视频版权银行”在京上线】 2014年5月28日，在第三届京交会上，由东方雍和国际版权交易中心和东方嘉禾文化发展有限公司联合打造的“中文视频版权银行”（国际版）在京上线，视频版权权利人可将视频版权交由版权银行进行存管和运营，视频版权权利人可获取运营收益。

版权银行已与YouTube等海外网络媒体、广告商签订协议，可帮助中文视频客户进行版权估值、推销至国际市场。新作品、已播出或库存的影视作品均可进入版权银行，由第三方审计保障交易安全和透明。

当天，北京电视台、光线传媒、搜狐、良友文化、北京若森数字科技、新片厂现场与中文视频版权银行签订了合作协议，委托版权银行开发海外新媒体市场。

（资料来源：中国新闻网　作者：曾　鼐）

【“华纳世纪”抢购电影《金融部队》香港版权】 2014年5月29日，香港华纳世纪公司首席执行官何泽铭在西柏坡国际文化产业园区管委会会议室，与电影《金融部队》制片人、著名作家唐朝正式签署了购买《金融部队》香港版权合同书。

《金融部队》由西柏坡文化产业投资集团、果然传媒、财政部财经影视中心、河北爱卿传媒有限公司、光荣绽放影业等机构联合出品。

电影《金融部队》是果然版权产业园成立之后，首部向境外销售版权的影视作品。

（资料来源：21CN）

【搜狐视频买断播出《爸爸回来了》】 2014年5月，搜狐视频宣布，5月8日起获得浙江卫视真人秀节目《爸爸回来了》独家新媒体版权，该节目在搜狐视频全网独家播出。

《爸爸回来了》自4月24日起开播，属于异军突起的黑马季播综艺节目。除全网独家播出《爸爸回来了》之外，搜狐视频也开启自制综艺节目的热播，打造“精准版权＋重量自制”模式。

（资料来源：《中国新闻出版报》　作者：尹　琨）

【宜搜小说与盛大文学达成版权合作】 2014年6月3日，宜搜小说表示已与盛大文学达成版权合作，获得其内容版权授权，成为拥有盛大小说使用权的第三方手机小说阅读产品。

据合作协议内容显示，由盛大文学长期向宜搜小说提供正版小说内容，宜搜小说则在其网页版本和客户端版本中均设立盛大文学专区，并在显著位置设置用户入口。同时，宜搜小说也在酝酿推出付费阅读模式。

宜搜小说是宜搜科技推出的移动小说资源搜索服务，拥有移动网页和客户端产品。宜搜小说分有言情、玄幻、都市、武侠、网游、历史、校园、灵异、军事、科幻等20多类资源，存书约800万本，每天入库新书5 000本以上、300万新章节。

（资料来源：TechWeb　作者：安　东）

【出版业首个文化贸易保单：福建开展两岸版权贸易保险】 2014年6月4日，出口信用险福建分公司签发大陆对台首张文化贸易保单，为福建一家出版公司出口给台湾买方的书籍和纪录电视剧播放发行版权提供收汇风险保障。

针对文化贸易在货权转移、海关申报等方面的特殊性，出口信用险福建分公司积极开展产品创新，为该笔业务专门定制了风险管理和承保方案，获得了企业的认可。这既实现了福建文化贸易承保“零”的突破，也使文化贸易保单首次在全国出版行业推行，为推进海峡两岸版权的交流合作、支持文化企业“走出去”作出了应有的贡献。

（资料来源：《中国保险报》　作者：林　彦）

【巨人、盛大、网易成立“足球游戏反盗版联盟”】 2014年6月8日，巨人移动、盛大游戏、网易游戏等多家主流游戏厂商联合宣布，正式成立“足球游戏反盗版联盟”，联盟旨在集合 FIFAPro 等世界足球版权各权利方的力量，向国内游戏业盗版足球游戏泛滥的现象宣战，以捍卫正版权益。

国内手游市场自2012年以来进入爆发式增长阶段，手游产业的高速增长也滋生了盗版横生、侵权泛滥等现象，这些已成为影响手游业进一步健康成长的“毒瘤”。另一方面，由于“世界杯”市场周期短、热度高，也造成很多公司为迅速赚流水而恶意忽略版权、蜂拥上线同质化足球游戏的现象。

该次国内首个“足球游戏反盗版联盟”的成立，以足球游戏为切入点，有利于创造手游行业的正版环境。

（资料来源：新华网　作者：高少华）

【中视丰德版权大剧登陆亚太卫视】 2014年6月16日，中视丰德影视版权有限公司与亚太第一卫视传媒集团在香港亚太卫视总部签署了《版权合作协议》，《滚滚红尘》《头牌》《楚汉争雄》等12部国产优质大剧登陆亚太第一卫视。

这是继2012年11月6日双方在香港“第十六届京港经济合作研讨洽谈会”上签署《版权合作协议》后，中视丰德再次获得亚太第一卫视传媒集团国产电视剧采购大单。双方前后两次签署的合作协议，共涉及24部1 000集国产优质电视剧播映权，合同总额超亿元港币。

中视丰德是国内首家影视版权运营商，自2010年成立以来，不仅成功运营了包括电视剧《张小五的春天》《野鸭子》《国门英雄》等13部版权作品登陆央视黄金时段，还获取了《中国远征军》《我的父亲是板凳》《川军团血战到底》《山楂树之恋》等17部优质电视剧的版权。其拥有的30部版权作品中10部获中国电视剧飞天奖，4部获中宣部“五个一工程奖”。

亚太第一卫视传媒集团总部位于香港。亚太第一卫视主频道于2013年5月6日开播，通过亚太五号卫星以及 NOW TV 552 频道24小时直播，覆盖亚太区包括中国香港、中国大陆、中国台湾、韩国、日本等多个国家及地区。亚太第一卫视传媒集团主要业务为卫星电视、新媒体网络电视、移动资讯网络、期刊出版等传媒产业，同时涉足影视投资、影视文化地产、影视数码科技等文化产业，是一家立足亚洲、覆盖亚太、面向全球的新型文化传媒集团。

（资料来源：网易娱乐）

【“今日头条”表态：愿意向媒体购买版权】 2014年6月18日，“今日头条”与《广州日报》签署合作协议。此前因涉嫌擅自发布《广州日报》作品，“今日头条”运营者北京字节跳动科技有限公司被拥有《广州日报》信息网络传播权的广州市交互式信息网络有限公司提起著作权诉讼，并已在北京市海淀区人民法院开庭。原告已正式就该案申请撤诉。

“今日头条”表示，公司愿意尊重媒体的选择，在与传统媒体的合作中，除了提供导流以及收益分成模式外，会向优质内容生产者购买版权。

对于与“今日头条”的合作，《广州日报》旗下大洋网副总裁张恒斌表示，通过沟通，双方对彼此有了更准确和深入的了解，并最终达成了双赢的合作模式，希望未来的合作能够更长久，产生更好的效益。

针对“今日头条”受到的来自媒体版权方的质疑，北京字节跳动科技有限公司首席执行官张一鸣表示，正考虑以传统版权购买形式与媒体合作，并且已展开接触。同时，“今日头条”也会断开无合作意向的媒体链接。

（资料来源：《中国新闻出版报》　作者：方　圆）

【北京推出设计版权电子认证体系“设计盾”】 2014年6月18日，北京国际版权交易中心与北京国际设计周组委会共同推出中国首个设计版权电子认证体系“设计盾”，旨在将国际成熟的版权认证体系应用至中国设计市场，用法律手段保护设计市场、带动“中国设计”发展。

该“设计盾”是以全数字保护模式，第一时间为设计作品进行网上公证的设计版权服务网站系统，服务核心为设计版权认证，与现有的版权登记和专利申请相互补充，未来会延伸至版权评估、设计版权授权和设计版权商品化。“设计盾”的认证由国家认证的第三方公证机构完成，可作为最高法院司法解释及法律取信凭证。与其他认证方式不同，“设计盾”24小时之内即可完成线上登记认证，并附有强大的网络数据库支持。设计版权的电子认证是中国公证协会电子公证的范例。

北京国际设计周组委会办公室副主任曾辉表示，“设计盾”网站正式上线，与“设计猫”（设计电商消费渠道服务）、“设计宝”（设计众筹金融服务）相呼应，形成较完整的设计服务产业体系，旨在为设计师、设计机构提供版权保护、版权评估、版权交易和版权投融资等服务。

（资料来源：新华网　作者：倪元锦）

【第三届海峡版权（创意）产业精品博览交易会举行】 2014年6月18日至21日，由中国版权协会、福州市人民政府和福建省新闻出版广电（版权）局共同主办的第三届中国·福州海峡版权（创意）产业精品博览交易会在福州举办。国家新闻出版广电总局副局长、国家版权局副局长、中国版权协会理事长阎晓宏，福建省副省长李红参观了博览交易会场馆，并对该届版博会的会场设计和展示成果给予肯定。

该届版博会展厅位于海峡国际会展中心一号馆（文化创意馆），面积约9 000平方米，主要设置版权精品展示区、版权精品交易区和版权互动洽谈区等三大板块，展示区分为动漫、原创音乐、家居创意设计等十大展区。现场举办参展作品版权创意精品评选、现场版权登记、版权知识动漫展示宣传、网络媒体平台现场互动咨询等八大系列主题活动。

在前两届的基础上，该届版博会进一步突出了五大特点：一是凸显海峡特色，加大对台招商招展力度，新增版权精品中心展区，展示海峡两岸版权行业整体形象和成就；二是主动对接高校资源，引进上海视觉艺术学院大师精品；三是注重版权宣传保护，现场八大主题系列活动营造版权保护的良好氛围；四是提升展品质量，参展企业110多家，参展作品达1 700余件，其中包含众多国家级和省级大师的精品力作；五是实现智慧版博，运用新一代互联网大数据分析系统，打造综合高效、永不落幕的智能版博会。

（资料来源：《中国新闻出版报》 作者：张福财）

【畅游向《秦时明月》品牌投资1.5亿元】 2014年6月25日，畅游宣布拿下《秦时明月》从2014年起五年的全球手游独家改编权，投入的版权金创下中国手游行业新高。

除了支付数千万元的版权金之外，畅游还承诺陆续向《秦时明月》品牌投资1.5亿元，用于《秦时明月》系列游戏产品的研发和推广；考虑到数千万《秦时明月》动漫粉丝对游戏多方面的需求，畅游未来计划围绕《秦时明月》IP进行手游、页游、端游的全方位布局。仅在手游方面，畅游就计划推出3D动作、回合制、卡牌等多种类型的产品。

（资料来源：搜狐手游）

【优酷自制剧探索全版权运营】 2014年6月26日，优酷宣布其自制剧《万万没想到》第二季7月1日上线，每周二在优酷独家播出。该剧衍生品、小说、游戏授权等也已全面推出，相关图书计划于7月底8月初面世。《万万没想到》由优酷和万合天宜联袂推出，每集五分钟，充分利用移动互联网。2013年的第一季共15集，播放量近8亿次。2014年春节前后，《万万没想到》贺岁番外《小兵过年》登陆湖南卫视，成为首部视频网站与传统电视台联合打造的自制剧集。

（资料来源：《经济日报》 作者：沙永萍）

【阿里数娱获“好声音”音乐版权】 2014年6月30日，《中国好声音》第三季在浙江嘉兴正式开机录像，同时公布了第三季《中国好声音》音乐版权的归属：由阿里数娱旗下虾米音乐和天天动听独家享有第三季《中国好声音》的音乐版权。

根据协议，“好声音”歌手演唱完之后，音乐立即在虾米同步上架，虾米音乐会推出“好声音特别版”手机客户端（App），之后天猫魔盒中也通过虾米音乐同步获得“好声音”学员演唱的歌曲。用户不仅可以下载音乐，还可以进行实时互动。

同时，《中国好声音》携手虾米音乐的官方旗舰店也在天猫开张，出售正版“好声音”音乐作品及各类衍生品。

另外，天天动听也首次采用电视荧屏与手机互联网联动的方式。《中国好声音》播出期间，天天动听在PC端、手机客户端及天天动听官网同步推出“好声音”专题，并与节目同步更新音频内容，为用户提供实时了解“好声音”学员动态的渠道。除了节目内容合作，天天动听还联合全国百余家电台推出“好声音”人气榜；和万达大歌星合作采用O2O模式，为用户开辟一条线上线下互动沟通的渠道。

（资料来源：新浪科技 作者：扬 子）

【南京青奥组委已与中国音乐著作权协会签订“一揽子使用许可”协议】 2014年7月5日，新华网报道，南京青奥组委已与中国音乐著作权协会签订了《南京青奥会音乐作品使用合作备忘录》，双方采取“一揽子使用许可”的合作模式，由音著协授权青奥组委使用音乐作品。南京青奥会在不同场合使用中外第三方音乐作品超过2 100首。

南京青奥组委与中国音著协借鉴北京奥运会、上海世博会等大型活动的成功做法，采取“一揽子使用许可”的合作模式，既充分尊重音乐作品权利人的知识产权，为南京青奥会合法使用他人的音乐作品提供保障，体现了南京青奥组委一贯秉持的“依法办会”理念，又代为管理南京青奥组委享有知识产权的青奥歌曲，为这批歌曲的使用和推广提供了便利。

除使用自行征集的音乐作品之外，南京青奥会在运动员比赛、体育展示、实体和网络火炬传递、文化教育活动和开闭幕式等不同场合使用超过 2 100 首第三方音乐作品。使用“一揽子使用许可”合作方式，意味着除开闭幕式等现场表演外，青奥组委无须提供精确到每首乐曲的详细使用信息，这大大减轻了青奥组委统计歌曲使用信息的压力，还能杜绝因漏报乐曲信息而未经许可的风险。

青奥会由前任国际奥委会主席罗格倡议创办，旨在扩大奥林匹克精神在青年人中的影响，参赛运动员年龄为 15～18 岁，2010 年南京获得了第二届夏季青年奥林匹克运动会的举办权，南京青奥会于 2014 年 8 月 16—28 日举办。

（资料来源：新华网　作者：王恒志　黄千谦）

【中国新闻出版研究院发布《2013 年新闻出版产业分析报告》】　2014 年 7 月 9 日，中国新闻出版研究院发布《2013 年新闻出版产业分析报告》。报告显示，2013 年全国出版、印刷和发行服务实现营业收入 18 246.4 亿元，较 2012 年增加 1 611.1 亿元，增长 9.7%；利润总额 1 440.2 亿元，较 2012 年增加 122.8 亿元，增长 9.3%。新闻出版产业主要经济指标平稳增长，产业规模继续扩大，反映出新闻出版产业仍继续保持较强的可持续发展能力。

报告公布，2013 年全国共出版图书 44.4 万种，较 2012 年增长 7.4%；图书出版实现营业收入 770.8 亿元，增长 6.5%；利润总额 118.6 亿元，增长 2.9%。受文化、科学、教育、体育类图书品种增速显著回落的影响，图书品种增速回落 4.7 个百分点，重印、重版图书品种增长 9.6%，增幅提高 3.4 个百分点。

全国共出版报纸 482.4 亿份，与 2012 年基本持平；报纸出版实现营业收入 776.7 亿元，降低 8.9%；利润总额 87.7 亿元，降低 11.7%。

印刷复制实现营业收入 11 094.9 亿元，增长 7.1%，较 2012 年增速回落 4.2 个百分点，但仍是新闻出版业的支柱产业。

全国共出版电子出版物 3.5 亿张，较 2012 年增长 33.7%；实现营业收入 10.2 亿元，增长 10.8%；利润总额 2.8 亿元，增长 21.7%。27 种电子出版物当年累计出版数量超过 100 万盒（张）。

数字出版实现营业收入 2 540.4 亿元，较 2012 年增长 31.3%，占全行业营业收入的 13.9%，提高了 2.3 个百分点。与此相比，电子书、互联网期刊与数字报纸营业收入增长幅度仅为 7.0%，远远低于数字出版整体增幅。传统出版物的数字化转型尚需进一步加强。

18 家报送数据的国家新闻出版产业基地（园区）共实现营业收入 1 026.4 亿元，利润总额 142.2 亿元。其中，10 家国家数字出版基地（园区）共实现营业收入 902.4 亿元，占数字出版全部营业收入的 35.5%。

全国图书出版、报刊出版和发行集团主营业务收入增长 13.3%，在全国书报刊出版与出版物发行主营业务收入中占比提高 3.7 个百分点；资产总额增长 14.1%，提高 3.4 个百分点；利润总额增长 16.2%，提高 4.9 个百分点。“双百亿”集团由 4 家增到 6 家。资产总额超过 100 亿元的集团由 8 家增到 9 家。与此相对，报业出版集团主营业务收入与利润总额分别降低 14.6%与 6.9%，43 家报业集团中有 15 家营业利润出现亏损，较 2012 年增加 3 家。

2013 年，在国家全面深化改革、大力发展文化产业的政策利好背景下，出版传媒上市公司取得不俗业绩。报告显示，26 家在上海和深圳上市的出版发行和印刷公司共实现营业收入 804.5 亿元，较 2012 年增长 13.2%；实现利润总额 82.9 亿元，增长 11.0%。这反映出出版发行上市公司投资价值已逐渐被投资者真正认识，开始受到青睐与追捧。

（资料来源：《中国新闻出版报》　作者：涂桂林）

【北大文化产业研究院发布《中国文化企业报告》】　2014 年 7 月 12 日，第五届中国文化产业前沿论坛在北京大学举行。北大文化产业研究院发布的《中国文化企业报告》称，文化产业领域的业态、商业模式和竞争格局都在发生变化，呈现八大趋势。

这八大趋势是：市场化趋势快速增强；数字化技术主导的大平台发展趋势显现；传统媒体和传统文化产业继续遭遇较大幅度的冲击；企业并购增多，2014 年起 5 年内都是文化企业并购的高峰期；企业两极分化加速，由于 4G 大平台带来的巨大收入，若干网络巨头企业将成为巨无霸文化传媒企业；企业创业和企业上市将互相激励；传统企业进入转型发展的关键时期；资本市场（上市企业）出现两极分化。

报告还发布了 2013—2014 年“中国文化企业排行榜与推荐榜”，既有文化艺术、广播影视、出版发行等传统文化企业，也有动漫游戏、网络文化、主题公园等新兴业态的文化企业，基本覆盖中国文化产业的所有行业及领域。其中，以2013年营业收入为依据评出腾讯、百度、央视、万达、凤凰出版集团、湖南广电集团、上海广电集团、中南传媒集团、浙江出版联合集团、江西出版集团为“中国文化企业10强”。

《中国文化企业报告》主编、北京大学文化产业研究院副院长陈少峰认为，行政改革与市场化改革一体化持续推进，对文化产业的某些领域带来了冲击，也在未来为具有竞争力的企业提供全方位的市场竞争机遇。在以数字文化产业为核心的文化与科技融合的主流趋势下，2014年4G网络将带动文化科技进一步创新。预计未来的数字文化产业领域还会突出视频化、语音技术和娱乐产业之间的互动与产业链的关联性。

陈少峰表示，已有的依赖政府资源和变相财政补助的文化企业都在不同程度上受到了冲击，并因持续面临政府开支减少而需要转变经营模式和探索新的商业模式的格局。各级政府应当转变扶持政策，以奖励代替事前补贴，按照文化企业的作为来确定扶持和奖励的办法与自主额度，而不是在事前就补贴企业或者将政策性优惠给予企业。

（资料来源：中国新闻网　作者：马海燕）

【2013年中国数字出版总收入达2 540.35亿元】

2014年7月15日，2014中国数字出版年会在北京开幕，中国新闻出版研究院发布了《2013—2014中国数字出版产业年度报告》。报告指出，2013年中国数字出版全年收入规模达2 540.35亿元，比2012年增长31.25%，保持了快速增长势头。

报告显示，在2013年中国数字出版产业中，互联网广告、网络游戏、手机出版分别以1 100亿元、718.4亿元、579.6亿元占据收入前三名。在各类业务板块中，电子书增长最快，从2006年到2013年，中国电子书收入年均增长率为78.16%；互联网期刊收入增长比较平稳，从2006年到2013年，年均增长率为12.69%；数字报纸的收入从2006年到2013年处于下滑趋势；手机出版增长比较快，并且基数较大；网络广告的增长也非常迅速，与平面媒体广告下滑形成了鲜明对比。

报告认为，2013年是中国传统出版数字化转型升级的启动之年，无论是政府主管部门的产业引导力度，还是产业链的建设深度和广度，都取得了突破。其中，首批数字出版转型示范单位已经取得初步成效，起到了引领示范作用；移动互联网带来了新的发展机遇，推动了智能终端的升级换代和网页数量的大规模扩展；产业整合与跨界经营不断涌现，数字出版产业协作意识不断增强，协作力度不断加大，传统出版单位正在谋划基于整个产业的发展；新兴媒体形态带来了新机遇，媒介技术的发展改变了内容传播渠道和产品营销的方式，微信营销进一步升级，从传播分享向沟通服务发展。

报告还指出，尽管中国数字出版产业在2013年发展势头强劲，产值再创新高，但是传统出版产业数字化转型升级、产业融合发展等方面还存在着一些问题，如传统出版单位数字化的观念和意识仍有待提高，创新性、可持续商业模式仍然缺乏，资本力量的应用还不够等。为进一步解决这些问题，报告提出了四点建议：摆脱传统出版的思维定式，加快产业融合力度；摒弃单一产品的模式，探求多元化的发展之路；避免技术与内容的生硬结合，合理引进和使用现代化的技术；避免闭门造车，加深产业链耦合的程度。

报告最后分析了未来数字出版产业的五大发展趋势：一是媒体融合发展进程进一步加快；二是大数据应用影响内容生产方式；三是移动互联网数字产品实现全面突破；四是移动支付带动内容付费机制形成；五是内容呈现趋于多屏融合与互动。

（资料来源：《中国新闻出版报》　作者：李明远）

【中国国际微电影大典首次引入版权保护机制】

2014年7月16日，“2014中国国际微电影大典·西部典礼”在成都启动，面向全球征集微电影作品。该次大典在国内首次引入了版权保护机制。由成都文化产权交易所影视版权交易中心独家为所有参选者提供版权登记、备案、托管和交易服务。

中国国际微电影大典在北京成功举办两届之后首次落户成都。大典设置“金时光”奖，分设“主竞赛单元”“单项表彰单元”“人气表彰单元”“组织表彰单元”。总奖励高达100万元人民币，其中“金时光”最佳微电影奖奖金35万元。组委会与成都文化产权交易所的合作，除了体现在建立微电影版权保护机制，还包括搭建金融创新平台，为投资人与创作者搭建桥梁，量身定做微电影。

（资料来源：《成都日报》　作者：卫　昕）

【爱奇艺成立影业公司】　2014年7月17日，视频网站爱奇艺在京举行战略发布会，正式宣布成立爱奇艺影业公司，并推出“爱7.1电影大计划”，拉开互联网视频公司与电影行业融合共赢的大幕。

爱奇艺影业依托爱奇艺及百度的强大资源和数

据优势，是以宣发和投资为核心业务的电影公司。爱奇艺影业携手百度打通线上线下互动及阵地硬广资源，并打通电影票在线购买、网络游戏、衍生品开发及线上销售、电影网络版权货币化等电影全O2O产业链。同时，爱奇艺影业还与百度钱包、百度金融中心共同推出百度爱奇艺众筹计划，打通互联网—金融—电影的共赢生态圈。

发布会上，爱奇艺影业公司推出的“爱7.1电影大计划”是指，在未来一年内爱奇艺影业与国内外电影公司联手，联合出品7部国产电影和1部好莱坞电影。

（资料来源：《中国新闻出版报》 作者：李 淼）

【中文在线、凤凰传媒、新华网注资天翼阅读】 2014年7月21日，中国电信集团公司与北京中文在线数字出版股份有限公司、江苏凤凰出版传媒股份有限公司、新华网股份有限公司、天翼阅读文化传播有限公司在京举行天翼阅读引入战略投资合作伙伴签约仪式。

根据协议，中国电信引入中文在线、凤凰传媒、新华网作为天翼阅读的战略投资者，通过资本运作打造新兴业务单元。中文在线、凤凰传媒、新华网3家共投资约1.39亿元人民币，占天翼阅读增资后20.7%的股权，其中中文在线是该最大投资者。

协议签署后，各方投入各自优势资源，在渠道推广、市场营销、版权运营和企业管理等方面为天翼阅读提供支持，并推动各方所属企业和已投资企业与天翼阅读协同发展。

（资料来源：《中国新闻出版报》 作者：任晓宁）

【《动漫蓝皮书：中国动漫产业发展报告（2014）》正式发布】 2014年7月25日，北京电影学院和社会科学文献出版社共同在京举办《动漫蓝皮书：中国动漫产业发展报告（2014）》发布会。蓝皮书显示，中国动漫产业逐年发展迅速，产值从“十五”期末不足100亿元增长到“十一五”期末的470.84亿元，2011年中国动漫产业总产值为621.72亿元，2012年为759.94亿元，2013年达870.85亿元。虽然中国动漫产业经历几年的高速发展已经具有较大规模，但整体来看仍然处于发展的初级阶段，未来会更多地受益于转型升级所带来的质量和效益提升。

蓝皮书认为，国产动画电影无论是票房收入还是市场份额都在大幅提升。2013年，共有33部国产动画电影与进口动画电影在国内上映，合计票房收入为15.9亿元，同比增长11.1%。2013年，国产动画电影制作备案84部，实际制作完成29部，其中公开上映25部（含合拍片2部），实现票房收入5.91亿元，同比增长45.4%，国产动画电影票房收入再创历史新高。

蓝皮书显示，作为动漫市场主体的动漫企业在中国动漫产业化潮流中快速成长，规模实力持续增强。2013年，全国通过认定的动漫企业累计已达587家，重点企业43家。2014年，中国动漫产业共有企业4 600余家，年产值在3 000万元以上的规模动漫企业有24家，年产值超过1亿元的大型动漫企业有13家。

蓝皮书指出，中国新媒体动漫产业开始进入高速发展阶段。2013年，中国移动手机动漫基地业务收入超过10亿元，带动产业收入约200亿元。

新浪、腾讯、盛大等大型互联网企业大举进军在线漫画阅读业务。同时，动画也已经成为国内各大视频网站继电视剧、电影和综艺节目之后的第四大内容板块。新一代动画传播媒体的数字化、网络化、移动化、社交化和融合化特征日趋凸显。

（资料来源：《中国新闻出版报》 作者：孙海悦）

【第十二届中国国际数码互动娱乐展览会在沪举行】 2014年7月30日上午，第十二届中国国际数码互动娱乐展览会（ChinaJoy）高峰论坛在上海举行。

国家新闻出版广电总局副局长孙寿山介绍，在过去一年，我国游戏出版产业继续保持较快增长，客户端游戏稳中有增，网页游戏增速明显，移动游戏增速迅猛，各细分市场呈现蓬勃发展之势。中国音数协游戏工委联合市场专业机构开展的产业调查显示，2013年，中国游戏市场销售收入831.7亿元，同比增长38%。进入2014年，增长态势继续扩大，1—6月，中国游戏市场销售收入496.2亿元，同比增长46.4%，增速高于2013年同期水平。其中，增速较快的客户端网游营收255.7亿元，同比增长9.8%；网页游戏营收91.8亿元，同比增长71.9%；移动游戏营收125.2亿元，同比增长394.9%。2014年1—6月，中国民族原创网络游戏境内市场销售收入343.9亿元，同比增长41.3%，占市场销售总额的69.3%；海外市场销售收入8亿美元，同比增长66.7%。同时，伴随着移动游戏的迅猛发展，中国移动游戏乃至整个游戏出版产业业已成为资本市场的热点，投融资活动相当活跃，从业和创业积极性空前高涨。

孙寿山特别强调了关于上海自贸区游戏相关管

理办法，明确指出按照总局工作职责，对于游戏机内置的游戏和通过磁卡、光盘等介质导入的游戏，其著作权若属外资企业或者外国公民，将按照出版境外著作权人授权的电子出版物管理办法进行管理；其著作权若属内资企业或者中国公民，则由电子出版社出版。对于通过网上下载的游戏机游戏，则按照网络游戏出版审批管理办法进行内容管理。

（资料来源：《中国新闻出版报》 作者：邹瑞玥 徐先超）

【移动游戏用户增速首超网游】 2014 年 7 月 30 日，在第十二届中国国际数码互动娱乐展览会（ChinaJoy）上，中国音像与数字出版协会游戏工委联合相关研究机构发布《2014 年 1—6 月中国游戏产业报告》。数据显示，2014 年 1—6 月，中国游戏市场实际销售收入达到 496.2 亿元，同比增长 46.4%。

从数据可以看出，2014 年上半年，中国游戏市场规模增幅创下 2009 年以来新高，其中网页游戏、移动游戏市场增幅明显。移动游戏营收 125.2 亿元，同比增长 394.9%；网页游戏营收 91.8 亿元，同比增长 71.9%。在用户数上，移动游戏用户增长速度首次超过网络游戏用户。

中国自主研发网络游戏境内市场销售收入 343.9 亿元，同比增长 41.3%，占市场销售总额的 69.3%；海外市场销售收入 8 亿美元，同比增长 66.7%。

报告认为，2014 年中国游戏产业发展环境驱动因素主要有四点。一是网民规模增长驱动网络游戏用户数量增长。二是简政放权促进游戏出版产业繁荣发展。2014 年，游戏出版产业管理部门正式启动国产网络游戏属地管理试点工作，并颁布具体的工作试行规则与流程，提高了国产网络游戏审批工作时效。三是高额回报激发游戏投资热情。投资者看到了游戏出版产业的发展前景，大部分参与游戏行业的公司获得不同程度的利润增长。四是知名 IP（知识产权）成为游戏获利重要因素。知名 IP 可以直接将小说、影视等作品的粉丝用户转化为游戏用户，保证产品上线初期用户规模，增加了盈利机会。

（资料来源：《中国新闻出版报》 作者：任晓宁）

【第十二届中国国际数码互动娱乐展落幕】 2014 年 8 月 1 日至 3 日，第十二届中国国际数码互动娱乐展览会（ChinaJoy）在沪圆满落幕。展会共吸引 25 万名观众入场参观，B2B 商务洽谈吸引了来自全球 20 多个国家和地区的近 400 家中外企业，展会现场 3 天商贸交易额突破 2.5 亿美元。

展会期间，中国音数协游戏工委发布《2014 年 1—6 月中国游戏产业报告》称，2014 年上半年中国移动游戏用户数量达到 3.3 亿人，同比增长 89.5%；移动游戏市场实际销售收入 125.2 亿元，同比增长 394.9%。移动游戏已成为游戏产业名副其实的新高地。

该届 ChinaJoy 上，移动游戏大幅度增加，参展的游戏厂商几乎都带有手游产品。与往届相比，手游厂商的展台面积更大，展台前的玩家队伍更长。而随着手游的兴起和普及，还衍生出不少以手游为基础的新兴硬件。该届 ChinaJoy 同时还展出各种电视机盒子加手柄，另外，还专门增设了主机游戏展馆。

（资料来源：《中国新闻出版报》 作者：金 鑫）

【盛大文学举办首个网络文学游戏版权拍卖会】 2014 年 8 月 1 日，由盛大文学与 ChinaJoy 组委会联合举办、东方拍卖行执拍的国内首个网络文学作品游戏版权拍卖会在上海开拍。

该次拍卖会的“拍品”来自盛大文学与纵横中文网，作品包括《雄霸蛮荒》《大圣传》《不败王座》等。这些作品网络点击和付费订阅总次数均过千万，最终，6 部作品累计拍卖价格达到 2 800 万元。

在网络文学版权拍卖的背后，大数据的价值得到凸显。拍卖会现场，每个“拍品”在被拍卖之前，都会有专门负责研究数据的人介绍该作品在网络上的人气指数、付费点击、读者打赏等数据。从最终拍卖结果来看，数据指数越高，拍出的价格也随之水涨船高。

该次拍卖会上，被拍出的仅仅是网络文学作品的手游改编权，在之后的网页游戏、客户端游戏以及动漫、影视等表现形式上，网络文学作品还可再次发挥版权价值。

该次拍卖会的举办，一方面借助游戏行业的运营，赋予了网络文学新的价值；另一方面，通过网络文学为故事原创性欠佳的游戏行业注入了新活力。

（资料来源：《中国新闻出版报》 作者：任晓宁）

【国家新闻出版广电总局发布 2013 年全国新闻出版业基本情况】 2013 年 8 月 12 日，国家新闻出版广电总局发布 2013 年全国新闻出版业基本情况。数据显示，2013 年全国出版图书、期刊、报纸总印张为 3 005.12 亿印张，与 2012 年的 3 074.01 亿印张相比略有下降。

在图书出版方面，2013 年，全国共有出版社 582 家（包括副牌社 33 家），出版图书 444 427 种（初版 255 981 种，重版、重印 188 446 种），总印数 83.10 亿册（张），总印张 712.58 亿印张，定价总金额 1 289.28 亿元；与 2012 年相比，都有所增长，尤其是重版、重印增长了 9.55%。

在期刊出版方面，2013 年，全国共出版期刊 9 877 种，平均期印数 16 453 万册，总印数 32.72 亿册，总印张 194.70 亿印张，定价总金额 253.35 亿元；与 2012 年相比，种数和定价总金额略有增长，其他都有所下降。

在报纸出版方面，2013 年，全国共出版报纸 1 915 种，平均期印数 23 695.77 万份，总印数 482.41 亿份，总印张 2 097.84 亿印张，定价总金额 440.36 亿元，折合用纸量 482.50 万吨；与 2012 年相比，总印张减少了 5.12%。

在音像制品与电子出版物出版方面，截至 2013 年底，全国共有音像制品出版单位 370 家、电子出版物出版单位 273 家。2013 年，全国共出版录音制品 9 576 种，发行数量 2.39 亿盒（张），发行总金额 10.19 亿元；与 2012 年相比，种数略有下降。2013 年，全国共出版录像制品 7 396 种，出版数量 1.67 亿盒（张），发行数量 1.05 亿盒（张），发行总金额 6.91 亿元；与 2012 年相比，种数下降较多，达 16.84%。

在出版物发行方面，2013 年，全国共有出版物发行网点 172 447 处，与 2012 年相比减少 0.11%。其中，新华书店及其发行网点 9 255 处，与 2012 年相比减少 1.57%；出版社自办发行网点 447 处，与 2012 年相比增长 0.22%。

在印刷复制方面，2013 年，印刷复制实现营业收入 11 094.92 亿元，增长 7.09%；增加值 2 885.64 亿元，增加 7.69%；利润总额 775.78 亿元，增长 7.48%。

在出版物进出口方面，从图书、报纸、期刊三类别看，2013 年，三类出口共 2 375.31 万册（份）、8 115.46 万美元，与 2012 年相比，数量增长 15.21%，金额增长 11.44%；三类进口共 2 361.54 万册（份）、28 048.63 万美元，与 2012 年相比，数量下降 24.75%，金额下降 6.88%。从音像制品、电子出版物与数字出版物三类别看，2013 年三类出口共 12.12 万盒（张）、2 346.96 万美元，与 2012 年相比，虽然数量下降 53.64%，但金额增长 7.09%；三类进口共 28.51 万盒（张）、20 022.34 万美元，与 2012 年相比，数量增长 53.59%，金额增长 20.00%。

在版权管理与版权贸易方面，2013 年，全国版权合同登记 19 521 份，作品自愿登记 834 569 份；全国共引进版权 18 167 种，输出版权 10 401 种。

（资料来源：《中国新闻出版报》 作者：涂桂林）

【云游获起点文学《将夜》等五部小说授权 手游下半年推出】 2014 年 8 月 14 日，移动游戏研发运营公司 Forgame 集团（云游控股有限公司）宣布，与起点文学达成深度合作，其中文旗下网络小说《将夜》《唐砖》《无敌唤灵》《武炼巅峰》《帝尊》授权 Forgame 集团进行游戏产品开发，相关手机游戏产品在 2014 年下半年陆续问世。

Forgame 集团该次获得版权的 5 部网络文学作品，是起点文学平台上最受用户追捧的作品，其中当红网络文学作家猫腻的《将夜》最为热门，在 2013 年起点中文网上获得年度总票数第一，实体书销量过百万。其余 4 部作品中，架空历史类作品《唐砖》累计点击数千万，影视版权和实体书版权均已售出。另外，《无敌唤灵》《武炼巅峰》《帝尊》也在各自作品分类领域拥有极高的人气，相关百度贴吧的排名在同类贴吧中占据前 30 名，在起点文学平台上追捧的用户上千万。

Forgame 集团已经与原著作者进行了初步交流，确定了三部作品的改编方向类型，《将夜》《唐砖》被改编成卡牌动作类游戏，《帝尊》则被改编成动作冒险类游戏，均为动漫风格。同时，这几部热门作品的游戏运营还会设立专门的作者专属服务器，为铁杆粉丝提供多种回馈和优惠。追捧自己喜爱作者的用户，可以在作者专属服务器中与作者本人以及各路同好一同作战。

（资料来源：DoNews）

【第六届中国国际影视动漫版权保护和贸易博览会在东莞举行】 2014 年 8 月 21 日至 25 日，第六届中国国际影视动漫版权保护和贸易博览会（以下简称“漫博会”）在东莞举行。该届漫博会采取“一会四展多分会场”的办展模式，主会场设在东莞市国际会展中心，面积近 5 万平方米，约 2 000 个国际标准展位。主要举办影视动漫原创展、动漫衍生产品展、品牌授权展和动漫游戏展等 4 个展会；此外，还设松山湖创意公园、东莞图书馆、东莞动漫城、功夫龙亲子城、东莞科技馆、华南 MALL、东城儿童剧场等 7 个分会场。

该届漫博会共有参展企业 443 家，同比增长

6%，吸引了上海美术电影厂、深圳华强、咏声文化、中南卡通、水木动画等国内极具实力的动漫企业，以及功夫龙影视传媒、智高文具、星月玩具、金添动漫等动漫衍生品设计开发和生产企业参展。

该届展会专业化、品牌化、国际化的特色更加鲜明，动漫原创类和品牌授权类参展企业大幅增加，动漫原创类企业110家，品牌授权企业74家，分别同比增加25%和45%。日本、德国、中国香港和台湾等国家和地区的67家海外企业参展，比第五届的61家增加约10%。

漫博会期间举办26场专业活动，同比增长53%，包括中国影视动漫产业高峰论坛——版权兴业论坛、"东莞制造"系列产业对接活动——品牌授权对接会、中国影线与影视衍生产品渠道合作专业论坛——影院渠道新商机等，突出专业性、互动性及产业导向性，重点为动漫企业及传统制造企业搭建对接平台，引导动漫元素与传统制造业结合，为企业创造更大的效益，促进以文化产业推动传统制造业加快转型升级。

同时，版权服务和版权交易也是2014年漫博会的重点工作。为了提升版权服务的质量，该届展会采取一站式版权服务模式。漫博会设立版权服务工作站，负责漫博会期间的版权行政执法、版权保护宣传、版权服务管理、版权运用交易等工作，对该届漫博会的参展作品实行"作品著作权免费登记"，并在现场明确著作权权属，为该届漫博会营造良好的版权保护和版权贸易氛围。

此外，该届漫博会公众活动精彩纷呈。8个会场的公众活动多达60余个，各有亮点，精彩纷呈。在国际会展中心主会场，举办第四届全国转转笔大赛总决赛、东莞原创动漫形象见面会、动漫团舞比赛、"声之星"声优比赛、COSPLAY舞台大激斗、动漫好声音、TNT街舞团表演等活动。同时，主会场一楼还设置COSER自由摄影活动区、动漫亲子创意乐园、玩具模型游戏区、香港专利授权及特许经营互动体验乐园等共2 580平方米的主题活动区，针对不同年龄段的青少年设置角色扮演、动漫游园、手工DIY、亲子乐等互动体验活动。

（资料来源：《国际商报》 作者：黄 丹 莞 宣）

【第21届北京图博会达成版贸协议4 346项】 2014年8月31日，为期5天的第21届北京国际图书博览会在京闭幕。9月1日下午，第21届北京国际图书博览会成果新闻发布会在京举行，发布会宣布，该届图博会共达成版权贸易协议4 346项，比2013年增长18.5%。其中引进1 752项，同比增长11.1%，输出2 594项，同比增长24%，引进版权与输出版权比为1∶1.48，中文图书版权输出实现进一步增长。该届图博会吸引了逾20万人次参展参观。

该届图博会上，文学、少儿类图书，中国梦和承载社会主义核心价值观主题出版物及一批反映中国道路、中国模式、中国制度的优秀主题出版物成为版权输出新热点。其中，中国出版集团的"中国道路丛书"、中国国际出版集团的《中国为什么能》、安徽出版集团的《中国的走向：中共十八届三中全会解读》等分别输出到德国、美国、土耳其、韩国、日本及阿拉伯国家和地区；《图说中国古代四大发明》（系列）等一批体现中华优秀传统文化内涵的优秀出版物，实现了对斯里兰卡、越南、韩国等周边国家的版权输出；《解密》《张炜中短篇小说选》等当代著名作家的作品实现了对美国、法国等西方发达国家的版权输出；《跟马小跳学汉语》等对外汉语教材走进土耳其。

（资料来源：《中国新闻出版报》
作者：章红雨 李明远）

【盲文出版社获赠央视音像版权】 2014年8月，中国国际电视总公司总裁助理、中国广播电影电视节目交易中心总裁马润生与中国盲文出版社社长张伟分别代表双方签约，中国盲文出版社获得了央视授权提供的无障碍节目版权60种，供残障人士专业网站浏览和深度加工的各类优秀节目100种，影视节目音像制品成品100种，累计作品6 000部（集）、20万分钟。

该次签约意味着央视首次将多年来优秀的影视资源规模化、系统化地向特殊产业进行授权。中国盲文出版社对取得授权的节目进行无障碍化深度加工，并通过网络、各地残联等特殊有效的渠道将制作完成的节目和获赠的音像制品进行分发，使广大残障人士尽快欣赏到央视脍炙人口的视听资源。

（资料来源：《人民日报》 作者：黄 盛）

【第五届中国国际版权博览会在成都举办】 2014年9月19日，第五届中国国际版权博览会在成都闭幕。在为期3天的博览会期间，共签订了17个版权项目，交易金额超过20亿元人民币。

由国家新闻出版广电总局、国家版权局和四川省人民政府联合主办，成都市人民政府、四川省新闻出版广电局、四川省版权局承办的第五届版博会，以版权、创新、交流、合作为主题，注重版权交易、金融创新、科技创新，覆盖众多领域与行业。博览会期间，举办了中国数字版权高峰论坛、意大利主宾国活动等多项活动，版权相关产业界还围绕版权与金融创新、版权与科技创新等版权热点前沿问题，进行了深层次的交流对话和研究探讨。该届版博会注重版权交易，专设数字版权交易、艺术品版权交易、设计与作品推荐等版权推广交易活动，为版权交流与合作搭建了广阔的平台。

世界知识产权组织、国际唱片业协会等10余个国际组织参与了该届版博会，法国、加拿大等20余个国家参会参展，170余家国内外知名机构、600余位国内外专家学者参会。该届版博会在馆内外、线上线下的展示交易都取得了丰硕的成果，项目签约和交易的数额比第四届大幅提高。

在版博会闭幕式上，“金慧奖”颁奖，四川省版权局、成都市版权局等28家单位获得“最佳组织奖”，腾讯、阿里巴巴、盛大文学、四川广播电视台、四川日报报业集团等17家单位获得“最佳名企奖”，蜀锦《南方丝路图》、图书《厚德箴言》、国画《风从东方来》等30件作品获得“最佳作品奖”。

（资料来源：《中国新闻出版报》 作者：方 圆）

【乐视获《中国梦之声》第二季网络版权】

2014年9月21日21:00，东方卫视大型音乐真人秀《中国梦之声》第二季重磅回归，网络独播平台则为乐视网。在《中国梦之声》的网络版权战中，乐视砸下过亿巨资，最终拿下《中国梦之声》第二季网络独家版权。

《中国梦之声》第二季以“我的偶像”为口号，面向全球征选具备足够歌唱实力并执着追求梦想的选手。该次获得授权，乐视的独家权益不仅仅局限于该节目的完整视频，还有更多未播出的独家花絮、片段、幕后故事等精彩内容曝光，同时乐视还着手打造多档衍生节目。在进入复赛阶段后，网友可以通过在乐视网投票来表达自己的支持意愿，使之前在比赛中被淘汰的选手重新复活，获得再次站在舞台的机会。

（资料来源：新华娱乐）

【乐视2亿美元在美成立子公司】 2014年10月8日，乐视网CEO贾跃亭宣布，乐视影业以2亿美元的战略基金在洛杉矶成立子公司，开辟好莱坞市场。

在美国接受媒体采访时，贾跃亭曾提出“北洛硅”线理论——“北京、洛杉矶、硅谷是分别代表着互联网、艺术、科技的三个城市，是驱动全球经济的三大引擎”。在贾跃亭看来，北京、洛杉矶、硅谷三个城市所包含的理念结合在一起，正好体现了乐视提倡的科技、艺术与互联网相互融合的理念。

（资料来源：网易科技 作者：张钧泓）

【三家银行授信西部国家版权交易中心30亿元】

2014年10月24日上午，在首届丝绸之路国际电影节期间，西部国家版权交易中心分别与国家海峡版权交易中心、陕西新华出版传媒集团、陕西动漫产业平台签订战略合作协议。与此同时，中国建设银行、招商银行、成都银行共向西部国家版权交易中心授信累计达30亿元。

根据合作协议，西部国家版权交易中心与国家海峡版权交易中心在整合内容资源、渠道资源、品牌资源的基础上，促进中国西部与海峡两岸版权产业相关产品和生产要素的聚集与流通，引领拉动中国西部地区及南部地区版权产业和整个文化产业跨越式和跨域式发展；与陕西新华出版传媒集团、陕西动漫产业平台签订战略合作协议，在内容资源全版权运营、版权法律服务、基础平台服务等方面开展深度交流与合作，促进陕西乃至西部地区影视、出版、动漫、游戏等版权产业相关产品和生产要素的聚集与流通，推动版权产业的健康、稳健发展。

国家新闻出版广电总局（国家版权局）版权管理司司长于慈珂在致辞中表示，西部国家版权交易中心作为中国西部地区唯一一家国家级版权贸易机构，未来将打造成为中国西部地区规模最大、区域辐射力最强的综合性版权交易机构。

根据协议，在2024年以前，中国建设银行、招商银行、成都银行分别向西部国家版权交易中心进行战略授信10亿元，累计授信总额达30亿元。这些战略融资授信主要用于支持西部国家版权交易中心平台建设，开展版权金融支持业务，有效解决文化企业、版权企业融资难的问题。

（资料来源：人民网陕西频道 作者：刘 冰）

【人人影视声明称于11月底彻底清除所有无版权资源】 2014年10月28日，人人影视字幕站通过官方微博发布声明称，由于受到版权压力，人人影视网站于11月底会彻底清除所有无版权资源下载链接。

此前，美国电影协会公布了一份全球范围内的音像盗版调查报告，其中一批提供盗版下载链接的网站“黑名单”以及全球10个最大盗版音像制品市场被曝光。其中，人人影视和迅雷被点名。

人人影视字幕站微博公告表示，由于受到版权压力，人人影视网站在11月底会彻底清除所有无版权资源下载链接，但是其美剧和电影字幕翻译还会继续，同时会继续提供字幕文本文件和公开课的下载，片源需用户自行到海外网站下载。

人人影视是一个以分享、交流、学习为宗旨的外国影视节目非专业字幕组。前身是YYeTs字幕组，于2006年6月1日正式建立独立论坛。

（资料来源：凤凰科技）

【博纳买断天下霸唱新书版权】 2014年10月30日，博纳影业总裁于冬、《鬼吹灯》系列小说作者天下霸唱，与话剧导演关皓月齐聚北京，公布了最新的战略合作计划。博纳影业正式宣布买断天下霸唱新书《鬼不语》的全部版权，同时宣布话剧版的《鬼吹灯》于万圣节（10月31日）晚正式开演。

话剧版《鬼吹灯》是博纳影业对舞台剧领域的初次试水，该次经历也为其与天下霸唱的合作提供了新的契机。博纳影业总裁于冬表示，博纳买断了《鬼不语》的所有版权，计划从电影、电视剧、话剧、网络剧等全产业链出发，打造一个新的盗墓题材系列IP。

面对《鬼不语》这个全新的IP，于冬坦言，电影永远是文化产业中的龙头产品，首先要做的就是电影改编。博纳会启用实力最坚强的导演团队，找到极具知名度的大导演来执导《鬼不语》的电影版。

（资料来源：1905电影网）

【《2014中国音乐产业发展报告》发布】 2014年11月6日，《2014中国音乐产业发展报告》在首届中国音乐产业高端论坛上发布。报告显示，2013年中国音乐产业市场总规模达2 716.56亿元，音乐产业已成为拉动文化产业发展的重要引擎。这也是中国首次发布的权威音乐产业年度报告。

2013年是中国音乐产业快速发展、转型升级的一年，在实体唱片行业方面，2013年中国内地实体唱片市场规模约6.5亿元，较2012年增长9.5%；在音乐版权经纪和管理方面，截至2013年底，中国音乐著作权协会的登记作品为31万首，年许可收入1.12亿元；在数字音乐行业方面，2013年中国数字音乐市场规模达440.7亿元，其中，无线音乐市场规模达397.1亿元，在线音乐市场规模达43.6亿元；在音乐图书出版方面，2013年图书市场总码洋约500亿元，其中音乐图书占有率约为7亿元，涉及音乐图书出版的出版社共365家；在国家音乐产业基地方面，2013年国家音乐产业基地总资产达82.43亿元，与2011年相比增长184.2%，主营收入11亿元，比2011年增长75.3%，截至2013年底，入驻企业达2 318家。

从核心层音乐产业市场结构来看，数字音乐产业所占比重最大，为73.9%，音乐演出产业占23.5%。数据表明，数字音乐的传播、消费、体验模式日新月异，具有巨大的市场潜力。同时，尽管实体唱片和音乐图书产值较低，但两者作为音乐产业的基石，对拉动音乐关联产业发展发挥着基础性作用。

从消费终端看，2013年在实体唱片、音乐图书出版等实体产品行业中，网络销售已经成为主要渠道之一；发展最为迅速的是数字音乐行业，不仅智能手机用户达到3.13亿，相关音乐类终端产品也层出不穷。如截至2013年底，仅苹果移动应用商店供中国大陆地区的音乐类产品就达3.1万个。这些数据再次表明了音乐产业数字化、移动化、大众化的发展趋势。

该报告是在国家新闻出版广电总局指导下，由国家音乐产业促进工作委员会和中国传媒大学联合完成的。

（资料来源：《中国新闻出版报》 作者：孙海悦）

【中国国际纪录片节推出移动运营平台　可实现在线版权交易】 2014年11月12日，由国家新闻出版广电总局和广东省政府主办的2014中国（广州）国际纪录片节在广州图书馆揭幕。该届纪录片节共有85个国家和地区、3 054部作品参展。经过12年的沉淀，广州纪录片节已由地方性学术研讨会升级为集评优、展播、论坛和市场交易于一体，唯一的国家级、国际性纪录片专业节展，被誉为行业风向标。该届纪录片节征片数量为2013年的1.5倍，刷新亚洲范围内纪录片节的征片纪录，一跃成为亚洲规模最大的纪录片平台。其中，37部作品进入终评阶段，角逐最终的桂冠——金红棉奖。

揭幕日当天，广州纪录片节与中国纪录片网、中国广播电视协会纪录片工作委员会共同推出移动互联网纪录片产业运营平台“纪录·中国”。该平台拥有在线版权交易、在线提案预售、在线课程等模块，力争在网络上实现永不落幕的纪录片节。组委会希望“纪录·中国”不仅是优秀纪录片的播映平台，还能成为业内同行进行交流、交易的平台。

（资料来源：《人民日报》 作者：贺林平　炜　娜）

【西部、华中两家国家版权交易中心开启战略合作】 2014年11月18日，西部国家版权交易中心与华中国家版权交易中心在陕西西安签订战略合作协议，双方跨地域整合版权资源，共同打造国家级版权产业交易服务平台。陕西省新闻出版广电局党组书记、局长刘斌，湖北省新闻出版广电局党组书记、局长张良成出席签约仪式。陕文投集团党委副书记马湘云与华中国家版权交易中心董事长赵建潮分别代表双方签署合作协议。

根据协议，西部国家版权交易中心与华中国家版权交易中心，共同推动建立国家级版权交易平台联席会议制度，围绕版权产业发展全局，推进国家版权产业发展规划实施和版权产业相关政策法规制定落实，研究解决深化改革、版权金融、版权科技、版权贸易、版权保护等关系版权产业发展的重要问题。双方通过共同搭建版权信息交流平台、版权交易服务平台、版权投融资平台、版权社会化服务平台等多方面的深度交流与融合，促进中国西部与华中各省版权产业相关产品和生产要素的聚集与流通，共同构建线上版权交易系统，挖掘优质版权资源，建立完善的运营模式、交易模式、服务模式及盈利模式，打造永不落幕的版权产品电子商务平台。

（资料来源：《中国文化报》 作者：秦 毅）

【百度文学正式成立 发表正版版权倡议宣言】 2014年11月27日，百度文学成立发布会于北京召开。该次成立大会以“跨界破局”为主题，发布百度文学未来发展新战略。

该次发布会是“百度文学”这一品牌在业内的第一次高调亮相，发布了包括“纵横中文网”“91熊猫看书”“百度书城”等子品牌在内的完整架构，整合了百度贴吧、百度游戏、百度音乐、百度视频、91无线等百度系资源支持，并现场签约游戏、影视等多家合作伙伴。

该次百度文学成立大会，邀来众多百度业务线负责人站台支持，包括百度贴吧、百度音乐、百度游戏、百度视频、hao123、百度新闻、百度搜索等相关业务负责人。同时，百度商业分析部代表百度数据研究中心发布了《网络文学行业白皮书》。而该白皮书的分析结果，表明了IP价值的重要性，以及粉丝对于IP后续开发的重要意义。从用户的搜索行为轨迹中，很容易看出读者群对与作品高度相关信息的兴趣，尤其是影视、游戏等最容易对作品实现高度还原的领域，潜在价值极为可观。

在百度文学成立大会的现场，百度文学还发表了正版版权倡议宣言，包括中文在线、掌阅、塔读、逐浪网、京东、龙源网、VIVA电子杂志等业界知名企业在内共同庄严承诺：保护正版，打击盗版，维护网络文学创作环境的健康与持久。

“粉丝经济”“泛娱乐化”是百度文学成立大会的重要关键词。刘心武、严歌苓等文化名家出席了大会，畅谈文学与影视。另外，百度文学原创漫画与鲜果影业合作的《瘦死的骆驼比马大》电影发布分论坛也同期举行。

（资料来源：人民网 作者：沈光倩）

【中视丰德组建版权交易公司 打造“剧宝”交易平台】 2014年12月1日，中视丰德向媒体宣布，深圳梧桐山影视版权交易有限公司已于2014年11月28日注册成立，这是继11月10日完成深圳梧桐山影视版权产业基金管理有限公司注册后，中视丰德联手深圳罗湖区政府，打造“梧桐山”品牌影视版权产业全产业链战略的又一重大布局。

梧桐山影视版权交易有限公司及其“剧宝”交易平台，依托中视丰德与中视传媒于2013年6月宣布推进的“超级卫视联盟”渠道资源，依靠梧桐山投资、梧桐山基金和梧桐山担保等金融服务体系，为交易双方提供“影视剧订单”“整合营销”“资本融资”等专业增值服务，以推广其主导的线上、线下影视剧版权交易活动，增强交易平台的核心竞争力和黏贴度。

中视丰德董事长王建锋表示，“剧宝”交易平台计划与专业机构合作，陆续开展影视版权评估、影视版权担保和影视版权融资等相关配套业务，以“市场”和“金融”双通路，撬动、繁荣、激活交易，推进采购平台化、交易市场化、行业产业化进程。

梧桐山影视版权交易有限公司计划于2015年10月建成影视版权交易中心，邀请包括新媒体在内的渠道采购商，以及影视剧生产商、供应商进驻梧桐山基地，开启传统集约型交易；同时计划与阿里合作，借助“云储存”和“移动互联”技术，于2015年6月建成“剧宝”网上交易平台“剧宝APP”，开展网上交易，并建立中国电视剧数据库。

（资料来源：搜狐娱乐）

【第九届北京文博会举办】 2014年12月11日至14日，第九届中国北京国际文化创意产业博览会（以下简称“文博会”）在京举办。该届文博会期间共签署文化创意产业产品交易、产业园区建设和入驻、项目投资、银企合作等协议总金额约 1 054.56 亿元。主展场 4 天接待观众 22 万人次，先后举办了 40 多场专场推介交易活动，吸引了海内外 1.2 万名客商到会洽谈交易。

该届文博会以“推动文化创新，促进产业融合”为主题，通过举办综合活动、展览展示、推介交易、论坛会议、创意活动、分会场六大系列百余场活动，搭建官方互联网展示平台，集中呈现中国文化产业发展的新面貌、新趋势。联合国教科文组织、国际授权业协会、国际复制权组织亚太委员会等国际组织，英国、美国、意大利、比利时、加拿大、俄罗斯、尼泊尔等 32 个国家和地区的近 50 个境外代表团组，天津、河北、安徽、广西、西藏、青海、新疆等 25 个省（自治区、直辖市）组团参展参会。围绕 17 个主题的数十场推介交易活动、6 场论坛会议、14 场创意活动以及 15 个分会场同期举办。该届文博会首次设立江苏扬州分会场。

（资料来源：《中国新闻出版报》 作者：王坤宁）

【“中国文化产业指数”发布】 2014 年 12 月 13 日，中国人民大学和文化部文化产业司联合主办的“文化中国：中国文化产业指数发布会”在中国人民大学文化大厦举行。发布会表示，2014 年中国区域文化产业综合发展格局基本未变、文化消费整体情况优于 2013 年。

中国人民大学文化科技园管理委员会办公室主任彭翊发布了“中国省市文化产业发展指数”和“中国文化消费指数”编制结果。

文化产业发展指数方面，在综合指数领域，北京、江苏、浙江排在前三位；广东、江苏、山东排在生产力指数前三名；上海、江苏、北京则占据影响力指数三甲；北京、辽宁、青海占据了驱动力指数前三名。

彭翊表示，2014 年中国省市文化产业发展指数结果表明，中国区域文化产业综合发展格局基本未变。各省市综合指数排序与 2013 年相比有小幅度变动，河北、湖南、江西挤进全国前十名。生产力指数方面，全国排名变化较小，东部地区在前十中占据八个席位。影响力指数方面，前十名的省市中，除了湖南、江西、安徽外，其他均来自东部沿海地区。驱动力指数方面，前十中有将近一半出自中西部地区，可见在产业发展环境方面，中西部地区由于政府重视与支持，在迅速优化。

中国文化消费指数方面，中国文化消费整体情况优于 2013 年。其中，文化消费环境、文化消费意愿和文化消费水平提升较大，但文化消费满意度不升反降，说明居民对文化产品的质量要求更高。

彭翊介绍，东部地区文化消费整体优于中西部地区。其中，文化消费水平、文化消费能力、文化消费意愿优势明显，但文化消费满意度和文化消费环境方面不存在优势。

城镇居民文化消费远高于农村居民。但农村居民文化消费意愿比较强烈，文化消费市场成长空间相对较大。

此外，最受欢迎的五大文化消费行业是：电影，电视广播，图书、期刊、杂志，网络文化活动，文化旅游。消费支出最大的五大行业是：旅游，图书、期刊、杂志，电影，文化娱乐活动，网络文化活动。市场成长空间最大的五大行业是：艺术收藏品，文化旅游，图书、期刊、杂志，电影，文化娱乐活动。

（资料来源：新华网北京频道 作者：闫祥岭）

【北京“网上剧本超市”搭建文化产业新平台】 2014 年 12 月 17 日，北京文联网“网上剧本超市”在北京第二届剧本推介会期间开通，打通各类剧作品进入市场的新渠道，为推动文化产业化发展搭建了全新平台。

在北京文联网“网上剧本超市”页面，有“剧本”“小说”“剧本征集”“网上推介会”“3D 展厅”“维权”等栏目，剧本分类有“电影”“电视”“戏剧”“曲艺”“舞蹈”“游戏”“动漫”等类别，并有“最新剧本推荐”“优秀剧本展播”“一周阅读排行”等分类。在“成交剧本”一栏，已经有《绣玉》《范仲淹》等三部作品在列。

在北京第二届剧本推介会举办的同时，北京文联网“网上剧本超市”开通运行，实现了北京市文联线上、线下服务的“双轮驱动”运行模式，是其转变服务手段、创新服务方式的一次探索和尝试，搭建了文联为新人提供服务、为名人提供素材、为机构提供产品交易的新平台。

北京市文联党组书记、常务副主席陈启刚介绍，网络剧本超市平台的搭建为剧本的市场转化创造了一个良好的交流、交易环境，尤其是为影视公司、文艺院团和剧作者洽谈与合作提供了良好的对接服务渠道，剧作者可在平台上直接报名上传剧本，影视文化公司等相关剧本需求方可直接查阅剧本，实施网上洽谈。这是北京文联的一项公益性活动。

“网上剧本超市”会尽快实现常态化运作。北京市文联计划组建一支专家评审委员会，对入围的剧本作品进行价值评估、市场分析，进一步丰富“网上剧本超市”平台，使其在运作中更加完善。

（资料来源：新华网北京频道　作者：闫祥岭）

【中国影视文学版权拍卖大会总成交额 1.824 1 亿元】　2014 年 12 月 28 日，首届中国影视文学版权拍卖大会在中国现代文学馆举行。该次拍卖总成交额 1.824 1 亿元，私洽部分签约额度 4 681 万元，现场签约部分 5 200 万元，拍卖成交部分 8 360 万元。该次拍卖活动由中国作家出版社、北京东方雍和国际版权交易中心主办。

大会拍卖环节，共有《幸福炮兵》《音乐会》《我要我们在一起》《乱世残梦》《湘西秘史》《不认命的女人》《燕窝》《蚂蚁进城》《爱情武不住》《衡阳保卫战》《剑王之王》《追浪》等 12 部拍品参与拍卖，作品全部拍卖成功，总成交额 8 360 万元。其中，《爱情武不住》成交额为 5 000 万元，为该场最高。

另外，私洽作品为《我只在乎你》《无尽藏》《相士无非子》《我的遥远的清平湾》《高买》等作品，现场签约《杜立特行动》《村戏》两部作品。

（资料来源：中国经济网　作者：于小薇）

【华中首家版权交易中心有限公司成立】　2014 年 12 月 29 日，华中国家版权交易中心有限公司在武汉正式挂牌成立，该中心是华中地区第一家以版权交易为主业的运营实体。

华中国家版权交易中心是经国家版权局批准建立的全国第二家、华中地区唯一一家国家级版权交易中心。华中国家版权交易中心有限公司是以华中国家版权交易中心为依托，联合中国南山开发集团、华中科技大学出版社共同组建而成。

公司成立后，旨在通过线上、线下等多种交易方式与途径，把版权交易活动向网络空间拓展延伸，搭建集版权展示、交易、投融资及各种商务活动为一体的高端平台。

该公司落户武汉是基于诸多因素考虑：武汉的地理位置优越；湖北既是文化大省，也是出版大省，文化产业实力不俗。公司的成立有助于湖北乃至华中地区版权以及相关产业做大做强，同时还能提供版权维护方面的相关帮助。

（资料来源：《武汉晚报》　作者：钟磬如）

港澳台版权信息

◆ 台　湾

【台湾推出线上“广播电台利用集体管理组织管理著作信息系统”】 2014年1月1日，台湾“广播电台利用集体管理组织管理著作信息系统”正式上线，并试行半年到2014年6月。

台湾广播电台从业者屡向台湾“智慧财产局”反映，其支付给著作权集体管理组织的授权金额与实际利用情形不符。大多数电台认为其利用到的集体管理组织所管理的著作数量极少，与其所支付的高额授权金额严重不成比例，而且有重复付费的问题，显失公平。而该系统的推出，主要是为了解决前述问题。

台湾“智慧财产局”曾于2013年7月邀集广播电台从业者与集体管理组织召开意见交流会广泛讨论，决定由该部门搜集各集体管理组织所管理的著作信息，并依此建置管理著作的信息系统，供广播电台上传其所播放的音乐清单，从而可以便易地利用系统功能进行清单的查询、比对，清楚了解各广播电台实际利用各组织的音乐数量，以此作为未来支付集体管理组织公平合理著作权权利金的客观参考依据。自该系统上线以来，台湾“智慧财产局”已分别在台北、台中、高雄举办倡导说明会，详细介绍系统使用方式与功能。

该系统分别针对广播电台等著作利用者以及著作权集体管理组织设置了两套登录使用模式。对广播电台等著作利用者而言，主要包括所使用作品的清单的输入及其与著作权集体管理组织所管理作品的清单的比对及管理功能，其中作品清单的输入方式有两种，既可以依照模版格式进行导入也可以手动输入，而清单的比对功能还可以产出使用清单所属集体管理组织的分布分析统计。对著作权集体管理组织而言，主要包括清单检视与著作信息管理的功能，其中清单检视可在线浏览作品及利用人上传的使用清单并查看比对结果，著作信息管理方面则又分为音乐与录音两类。

此外，该系统还有作品查询功能，集结了台湾经“智慧财产局”设立的3家音乐著作集体管理组织（MüST、MCAT、TMCS）及2家录音著作集体管理组织（ARCO、RPAT）所提供的音乐著作及录音著作内容资料，并参考“ISRC国际标准录音录像资料代码查询系统”的数据库，以供民众一次性同时查询多家集体管理组织所管理的著作信息。

（资料来源：http://www.tipo.gov.tw/ct.asp?xItem=514046&ctNode=7127&mp=1；http://tipo.ltc.tw/Music/User；http://tipo.ltc.tw/Music/User/SongSearchAdvance；http://tipo.ltc.tw/Music/Owner　信息搜集、编译：梁　尧）

【齐秦讨回《大约在冬季》等27首歌著作权】 2014年1月3日，台湾“最高法院”驳回环球唱片的上诉，判决齐秦胜诉定谳。齐秦争回《大约在冬季》等27首歌音乐著作权。

根据判决书，齐秦主张，他创作的《大约在冬季》《冬雨》《外面的世界》等27首歌曲，授权给综一公司发行，但音乐著作权并未一同让与；综一公司经宝丽金唱片收购、环球音乐合并后，如今环球音乐却宣称拥有这27首歌的音乐著作权。

环球音乐提出综一公司与齐秦所签的转让证明书指出，综一公司当初聘请齐秦发行唱片，因而取得词曲音乐著作权及录音著作权等权利，综一公司历经收购、合并后，音乐著作权当然归环球音乐所有。此外，齐秦20多年间都未主张权利，证明他早已知道综一公司拥有著作权。

“智慧财产法院”审理认为，环球音乐虽已办理转让注册，取得著作权执照，但不能据此认定齐秦已移转著作权。此外，若仅因时效逾20年就取得著作权，无疑是鼓励他人无待创作就可以逸待劳，如此将重挫著作人的创作诱因，故判决歌曲著作权属齐秦所有。

（资料来源：中国新闻网）

【台湾修正“著作权法”以扩大视障者合理使用作品之范围】 世界知识产权组织于2013年6月缔结通过了《马拉喀什条约》。在此背景下，2014年1月22日，台湾地区完成了对“著作权法”相应条款的修正并正式公布。台湾“立法院”曾于2013年12月18日初审通过陈节如、许忠信等20

人关于“著作权法部分条文修正草案”的提案，并于 2014 年 1 月 7 日通过“著作权法”第 53 条、第 65 条、第 80 条之 2、第 87 条之 1 条文的修正草案。此次修正，主要针对“著作权法”第 53 条的相关规定，增加及扩大视、听觉障碍者接触著作的机会，以及“著作权法”第 65 条及第 87 条条文的相关规定，通过的条文内容使“著作权法”的适用更加明确。

台湾“经济部智慧财产局”表示，现行“著作权法”第 53 条虽然已有制作无障碍格式版本供视、听觉障碍者使用的规定，但这些无障碍格式版本流通及进口受到限制。2013 年 6 月，世界知识产权组织缔结通过《关于为盲人、视力障碍者或其他印刷品阅读障碍者获得已出版作品提供便利的马拉喀什条约》，促进无障碍格式版本资源共享已成为国际共识，此次“立法院”审查通过的修正草案符合国际趋势，对台湾保护及增进视、听觉障碍人士接触、享受作品的形象可大为提升，更能落实身心障碍者权益的保护。

该修正案经公布施行后，除“著作权法”相关规定更臻明确外，台湾身心障碍者接触信息的合理使用规定会展开新貌，无障碍格式版本著作制作及取得不易的困境可望获得纾解，进而落实身心障碍者接触信息的权益保障。该次修正的重点包括如下部分：

（1）修正“著作权法”第 53 条、第 80 条之 2 及第 87 条之 1 等规定：扩大机关、非营利机构或团体、依法立案之各级学校，均得为视、听觉障碍者制作无障碍格式版本，另视、听觉障碍者本身或其代理人也可以制作无障碍格式版本供个人非营利使用，且为制作上述无障碍格式版本，可规避或破解著作权人所采取之技术保护措施，而为促进无障碍格式版本的资源共享，避免重复制作造成资源浪费，合法制作之无障碍格式版本除可以在上述机关、团体或学校及视听觉障碍者间流通外，并可由上述机关、团体或学校自岛外输入专供视听觉障碍者使用。

（2）明确“著作权法”第 65 条及第 87 条规定：修正“著作权法”第 65 条第 2 项规定，厘清“著作权法”第 44 条至第 63 条等合理使用条文中，如有“合理范围”文字者，始须再依第 65 条第 2 项所定 4 项判断基准予以审视是否符合合理使用，其他条文只要符合各该条规定之要件即可主张合理使用；另将“著作权法”第 87 条第 1 项第 4 款条文之“重制物”修正为“岛外合法重制物”，明确该款系规范禁止“真品”平行输入之意旨。

（资料来源：http://www.tipo.gov.tw/ct.asp?xItem=501336&ctNode=7452&mp=1；http://www.tipo.gov.tw/ct.asp?xItem=504228&ctNode=7123&mp=1；http://www.tipo.gov.tw/dl.asp?fileName=4179534175.doc；http://www.tipo.gov.tw/ct.asp?xItem=507049&ctNode=7452&mp=1；http://www.un.org/chinese/News/story.asp?NewsID=20062；http://www.spc.ntnu.edu.tw/site/c_news_content/index/data/eyJ3a19zb3VyY2UiOiJjX2luZGV-4Iiwid2tfbm93X3BhZ2UiOiIiLCJkYXRhX3Rfa2V5Ijo-iMTA0MiJ9　信息搜集、编译：梁　尧）

【台湾一法院首度认定盗版成人电影侵犯著作权】 2014 年 2 月 20 日，台湾“智慧财产法院”判决一件盗版成人电影案，认定部分岛外合法成人电影因剧情设定具原创性，改以刑度较重的“著作权法”判处 2 名贩卖盗版成人电影业者各 6 个月徒刑，并处一定罚金。该判决是台湾首个认定成人电影有著作权的判决。在台湾，过去成人电影被认定无益社会秩序及公共利益，没有著作权。

被告律师薛钦峰表示，该判决与历来判决有所不同，会在收到判决书后再与当事人讨论是否要提非常上诉或再审。

判决指出，张善震 2010 年间在台北市中正区经营“东京热便利屋”，聘请周佳民以 25～50 元（新台币）不等价格贩卖日本色情光盘。

日本桃太郎映像等多家公司跨海赴台控告张善震等人侵犯著作权。台北“地检署”认为部分非法光盘盗拷自日本合法成人影片，依侵犯著作权将 2 人起诉。但台北“地方法院”援引“最高法院”见解，认为盗版成人电影不受“著作权法”保障，仅依妨害风化罪各判张、周 6 个月徒刑；违反“著作权法”部分，获判无罪。

台北“地检署”不服，上诉“智慧财产法院”。法官找来台大法律系教授黄铭杰共同鉴定警方查扣的成人电影中的 16 部，认为部分片子剧情设定具原创性，应受“著作权法”保护。

合议庭指出，台湾对著作与出版自由的保护密度是进步的衡量指标；色情著作若违法，可适当管制，但不能全面否定具原创性的色情著作。

“智慧财产法院”发言人李得灶表示，过去各级法院审理有关成人电影是否受“著作权法”保护，大多引述“最高法院”认为色情片因无益社会秩序及公共利益，不受“著作权法”保障。

李得灶认为，当年见解与现在时空环境落差太大，“智慧财产法院”成立后应与时俱进。合议庭讨论后认为，在岛外已取得合法地位的原创色情著作与片子本身是否妨害风化不同，应予区别看待。

（资料来源：中国新闻网）

【台湾民意代表呼吁社区公益卡拉OK免付著作权费】 2014年8月19日，台湾“立委”蔡煌瑯表示，当局应尽快修正“著作权法”，将公益用途纳入免付费范围。针对地方政府在社区活动中心购置卡拉OK伴唱机，让老人、妇女免费欢唱的服务，虽然依著作权规范，地方政府每年每台伴唱机需要缴5 000元（新台币，下同）以上权利金，但从公益角度出发，该权利金是否必须缴纳有待探讨。

蔡煌瑯与南投县名间乡乡长陈聪监开记者会指出，名间乡在19个活动中心设卡拉OK伴唱机，不料收到县政府公文，指侵犯智慧财产权，要求乡公所须跟三个著作权团体签约、付权利金，才可继续欢唱。

名间乡公所估算，每台伴唱机须缴7 000多元，名间乡公所一年共须缴134 000元。陈聪监表示，名间乡财政吃紧，支付权利金十分困难。但权利金不可能要老人家支付，或把伴唱机收起来。

“经济部智慧财产局”副局长李镁表示，在里民中心欢唱属常态性、经常性使用，已涉及著作权人权益，虽是公益，仍须付费。李镁表示，台北市政府、新北市政府、台中市政府、台南市政府都有向著作权团体付费，取得授权。

蔡煌瑯认为，里民活动属公益性质，却被要求缴交权利金，显见法律对公益用途的界定模糊，有修正必要。

（资料来源：东南网）

【第十届海峡两岸图书交易会在台北启幕】

2014年10月16日下午，第十届海峡两岸图书交易会新闻发布会在台北举行。该届图交会于10月17日至23日在台湾举办，在台北市设立主会场，并分别在高雄市、台中市、台南市和屏东县设立分会场。

参加该届图交会的大陆出版社共有202家、图书馆22家，遍及17个省（自治区、直辖市）。参展及销售的大陆图书近10万种31万册，约1 700万元人民币，台湾出版发行参展机构共100余家。

该届图交会呈现出多个特点：一是分会场数量多，展场总面积达1.4万平方米，较2012年在台湾举办的第八届图交会展场总面积扩大近20%，首次增设屏东县分会场；二是参展图书书目新、品种全、品质高，如厦门大学出版社2014年9月出版的《台海文献汇刊》、福建人民出版社的《闽南涉台族谱汇编》、国家图书馆出版社的《中华再造善本》最新品种图书；三是活动项目数量多，共设置相关活动40项，是10年来在台北举办的5届图交会中活动项目最多的一届；四是产业对接内容广，两岸出版业界都准备了一些合作项目，在图交会期间展开洽谈对接，寻找合作机会；五是浙江主宾省参展阵容强大，活动内容丰富。

海峡两岸图书交易会于2005年在厦门创办，是唯一由海峡两岸出版业界共同主办、在厦门和台北之间每年轮换举办的两岸出版交流专业展会。前9届图交会参展图书累计100万种730万册，现场图书零售订购额为2.85亿元人民币，达成版权贸易及合作项目1 103项。

该届图交会由中国出版协会、厦门市人民政府、福建省新闻出版广电局、台湾图书出版事业协会、台湾图书发行协进会、台北市出版商业同业公会共同主办。

（资料来源：《中国新闻出版报》 作者：孙京平）

【台湾首办“国际版权专业人士参访团”】

2014年11月，为强化版权输出，为台湾出版交易搭桥，台湾“文化部”结合“出版经纪及版权人才研习营”“国际版权专业人士参访团”及“台湾图书国际版权信息平台”，打造全方位的海外授权网络；通过参访活动和研习营的结合，配合试译本推广网站的架设，积极向国际发声。

台湾“文化部”表示，2013年首办的“出版经纪及版权人才研习营”获得学员和国际出版人一致赞赏，2014年为扩大其效应，首度结合“国际版权专业人士参访团”，邀请了来自美国、英国、德国、意大利、荷兰、新西兰等国重要出版及版权人来台深入参访，包括参访中正纪念堂及景美人权文化园区，借此让外宾感受台湾民主的历程与发展；走访齐东诗舍、出版社、特色书店及大稻埕的艺文景点，实地接触台湾创作出版的丰富与多样性，深入了解台湾丰沛的创作力与出版产业之旺盛，体会台湾人文之美。

参访成员同时于2014年11月13日至15日的“出版经纪及版权人才研习营”担任讲师，与台湾出版业的版权人员深入交流。研习营课程包含为期两天的讲座课程与半天的“版权实务工作坊”，2014

年的课程更深入聚焦欧美书市概况。半天的“版权实务工作坊”更将会场化作国际书展版权中心，让学员亲身上阵与讲师面对面，进行版权交易演练。

台湾“文化部”还进一步建设英文版“台湾图书国际版权信息平台”，该网站平台系以国际版权专业人士使用为导向，挑选台湾具有国际市场潜力之图书，制作试译本，并结合作者及译者介绍、版权联络人及版权专文等周边资料，向国际出版人士推荐台湾优质创作，已进行试译本的翻译工作，预计 2015 年春天开站，力图成为国际版权人了解台湾图书版权信息的重要媒介。

（资料来源：http://www.moc.gov.tw/artnews.do?method=findById&id=1222852537037；http://www.cna.com.tw/postwrite/Detail/160033.aspx#.VGmYtaNwkwY；http://news.ner.gov.tw/index.php?act=culnews&code=view&ids=170322；http://tpi.org.tw/newsinfo_news.php?record_id=10255；http://www.abcs.com.tw/baodao_Detail.asp?id=15438　信息搜集、编译：梁　尧）

◆香　港

【香港海关打假战绩获国际殊荣】　2014 年 6 月 4 日，香港海关公布，其版权及商标调查科的战绩受到国际肯定，荣获全球反假冒组织颁发的 2014 年度全球反假冒物品大奖，以表彰香港海关保护知识产权的功绩。

全球反假冒组织是国际性的非官方组织，成立目的是希望能提高公众对假冒行为的认识和减少盗版活动对世界各地造成的损失。组织汇集不同国家和地区的反假冒组织，互相交换及分享有关的咨询，也联合举办活动，以解决在世界各地都存在的知识产权问题。世界反假冒日是由全球反假冒组织于 1998 年设立。全球反假冒物品大奖是颁发给在打击冒牌及盗版方面有卓越成就的个人或机构。全球反假冒物品大奖一共有七个类别，分别是：个人成就、国家公共机构、国际公共机构、私营联盟、商业机构、媒体及认证使用者。

香港海关 2014 年获得国家公共机构类别的奖项，与不同机构合作的表现备受赞扬，包括与个人和私营机构、国际和内地的机构的合作。有关奖项已于 2014 年 6 月 5 日在巴黎举行的世界反假冒日活动中颁发。

香港海关版权及商标调查科专责调查有关版权及假冒商标的案件，与本土和海外的知识产权执法机构都有紧密的合作关系，共同打击侵权行为。2013 年，香港海关共侦破 720 宗知识产权的案件，其中 88%个案涉及冒牌物品。

（资料来源：http://www.hkcna.hk/content/2014/0604/268548.shtml；http://www.hkipnews.com/ip-news/daily-ip-news/item/571　信息搜集、编译：赵　聪）

【香港特别行政区政府提交《2014 年版权（修订）条例草案》】　2014 年 6 月 18 日，香港特别行政区政府向立法会提交《2014 年版权（修订）条例草案》，更新香港的版权制度，确保制度与时俱进，紧贴科技和海外的发展。

条例草案新增多项版权豁免，以方便使用者合理使用版权作品。

香港特别行政区政府发言人于 2014 年 6 月 11 日表示，健全的版权制度对香港创意产业的发展至为重要。他说：“为配合知识型经济的迅速发展，政府一直定期检视版权制度，确保其健全有效。条例草案的主要建议，是经过 2006 年以来的广泛咨询，平衡版权拥有人、使用者和广大市民的合法权益后提出。”

条例草案的主要建议包括：

（1）订定科技中立的专有权利，让版权拥有人可通过任何电子传送模式传播其作品。这项权利有助于版权拥有人在数码环境中利用其作品和促进开发数码内容。

（2）就未获授权向公众传播版权作品的行为订明相关的刑事制裁。为解除对建议会影响网络资讯自由的担忧和提高法律的明确性，法例会澄清对版权拥有人造成损害的刑事责任，订明法庭会考虑个案的整体情况，特别在经济损害方面，顾及侵权物品有否取代原作品。

（3）平衡版权保护和合理使用版权作品，保障使用者的表达自由，扩大现行法例下的版权豁免范围，在适当情况下为下列目的提供刑事和民事豁免。

1）戏仿、讽刺、营造滑稽或模仿；

2）评论时事；

3）引用；

4）联线服务提供者暂时复制版权作品，以配合技术上的需要，使数码传送过程顺畅；

5）声音记录的媒体转换；

6）教学（特别是远程学习）以及方便图书馆、

档案室和博物馆的日常运作。

(4) 订立法定“安全港”制度，订明联线服务提供者如符合若干条件，包括在得悉其服务平台上出现侵权活动后采取合理措施遏制或停止有关活动，便只须对其服务平台上的侵权行为承担有限的法律责任。此举旨在帮助联线服务提供者处理侵权指控，平衡版权拥有人和使用者的权益。

(5) 就确立侵权的民事个案，加订法庭审裁赔偿额时要考虑的因素。

发言人说：“香港的版权制度需要尽快更新。自1990年代后期起，不少海外国家如美国、澳大利亚、英国、加拿大和新加坡，已先后修订其版权法律，以回应科技的迅速发展。

“在草拟立法建议时，我们一直与主要持份者包括版权拥有人、使用者和联线服务提供者保持紧密沟通，听取他们的意见，以确保条例草案在各持份者的权益之间取得合理平衡。

“条例草案一方面可在数码环境中加强保护版权，打击大规模的盗版活动。另一方面，建议新增的多项版权豁免，会照顾到现时许多在互联网上常见的活动如戏仿作品，充分保障使用者的表达自由。在未来的立法过程中，政府会继续与立法会和各方持份者紧密沟通。”

2011年，政府提交《2011年版权（修订）条例草案》，建议更新版权法例。在立法会审议条例草案期间，社会人士对戏仿作品表达了广泛的意见。立法会法案委员会经详细审议后，支持通过作出适当修订后的条例草案。但由于立法会必须处理其他较迫切的事务，条例草案没有恢复二读辩论，并随上届立法会会期结束而失效。

政府在2013年7月至11月咨询公众，探讨在香港的版权制度下，如何照顾到现实的情况，适当看待戏仿作品。政府在参考收集到的意见、海外经验和为咨询定下的指导原则后，为戏仿作品等拟定多项版权豁免，并将这些新建议和《2011年版权（修订）条例草案》的立法建议整合，成为《2014年版权（修订）条例草案》。

《2014年版权（修订）条例草案》于6月13日刊登宪报，于6月18日提交立法会首读及二读。

（资料来源：http://sc.isd.gov.hk/gb/www.info.gov.hk/gia/general/201406/11/P201406110602.htm）

【金庸天价版权尘埃落定　作品全集有声读物上市】　2014年8月30日，金庸香港助理表示，金庸先生授权朗声图书全球独家发行的《金庸作品集》汉语有声读物正式上线。与此前各种有声书盗版乱象不同，该次朗声图书斥天价抢到独家版权，继而成立专门的分公司专注有声书经营，还邀请大师级汉语播音员演绎。

金庸先生授权朗声图书的《金庸作品集》汉语有声版权，是全球独家版权，包含信息网络传播、广播和出版发行等多方面的专有授权。

金庸作品有声读物每一集的录音和制作，都经过3次以上严格的专业校听，整个项目参与人数超过30人，录音时间跨度超过6个月，出版工程浩大，预计全套作品超过650小时、1 500多集。

（资料来源：《西安日报》）

【香港致力发展成为亚洲区内知识产权贸易中心】　2014年12月4日，香港特别行政区商务及经济发展局局长苏锦梁在香港举办的亚洲知识产权营商论坛午餐会上表示，特区政府致力发展香港成为区内的知识产权贸易中心，协调区内知识产权商业活动。

苏锦梁表示，中国内地的经济发展促使使用和创造知识产权的趋势移向亚洲，知识产权的商机在香港尤其明显。对世界而言，中国内地对知识产权和知识产权中介服务的需求与日俱增，也催生了各地庞大的市场潜力。

香港作为版权贸易、授权和特许经营、设计服务和科技转移等活动的区域市场和服务中心，自2007年以来，与使用知识产权相关服务的出口总值平均每年增长8%，在2012年达到近40亿港元。另外，与使用知识产权相关服务的入口总值，自2007年起平均每年的增长率为6%，2012年的总值超过150亿港元。

苏锦梁表示，香港拥有优良的司法和金融基建、高度开放的市场、大量精通双语且经验丰富的知识产权人才、全面符合国际知识产权条约要求的健全知识产权制度、低税率以及世界级的商业专才，使香港能在知识产权领域不断开拓创新。

香港凭借独一无二的优势，可以充当知识产权的中介人，将买家和卖家与内地和亚洲的合作伙伴联系起来，又可作为知识产权业务配对和交易的采购平台，以及提供知识产权贸易一站式服务的中介服务提供者。同时，香港擅长改良知识产权，为顾客提供度身订造的服务，以迎合内地买家的特别需要。

苏锦梁表示，为了锐意推进知识产权贸易在香港的发展，其本人自2013年3月开始担任知识产权贸易工作小组的主席。工作小组各个范畴的工作已经展开，包括加强香港的知识产权制度、支援知识产权的创造和使用、促进知识产权中介服务发展和提升人力资源，以及开展推广、教育和对外合作等工作。

（资料来源：中国新闻网）

【“我承诺·青网大使年度颁奖典礼 2014”举行】 2014 年 12 月 20 日，由香港海关及知识产权署合办的“我承诺·青网大使年度颁奖典礼 2014”在海关总部大楼举行。

颁奖典礼由香港海关关长张云正、署理知识产权署署长李秀江及立法会议员莫乃光主礼。共有 250 多名青网大使、保护知识产权大联盟会员及“我承诺”行动会员参加这项活动。

在典礼上，张云正表示任何社会工程均建基于市民支持，杜绝侵权行为不能单靠执法，必须依赖共同努力。“青网大使”自 2006 年推出，至 2014 年已踏入第九年，共有逾 25 万名年轻人参与。张云正非常感谢知识产权业界和 13 个青少年制服团体的热烈支持，使计划屡创佳绩。面对互联网侵权的严峻挑战，香港海关准备在 2015 年推出崭新的网线系统，进一步打击社交平台上进行的侵权活动。

李秀江表示，知识产权署致力提高公众保护知识产权的意识，并与香港海关、知识产权业界及青少年团体合作举办各种创意活动，为青少年提供多元化的创作机会，让他们通过认识、学习及实践的过程，提高对原创作品和知识产权的兴趣和尊重。

主礼嘉宾在典礼上颁发 3 个青网大使计划团体奖及 13 个个人奖，以表扬制服团体及其会员在过去一年积极参与青网大使计划活动。他们亦向摄影比赛及“我承诺·青网大使短片拍摄比赛”的得奖者颁发奖项，以鼓励青少年继续创作。此外，典礼还通过歌唱及魔术表演，与参加者分享保护知识产权的信息。

知识产权署于 1999 年推出“我承诺”行动，宣扬尊重知识产权的观念，至今吸引了超过一万名市民加入成为会员。会员承诺拒绝购买或使用盗版货和冒牌货，并尊重网上的知识产权。“我承诺”行动过去数年为会员举办不同的活动，包括原创乐队现场表演、电影活动、漫画及设计创作比赛等。

青网大使计划于 2006 年由香港海关创立，并且获得知识产权业界的鼎力支持。计划的目的在于提升年轻一代尊重知识产权的意识及宣扬保护知识产权的重要性。2014 年，青网大使计划举办了一连串的培训和教育活动，包括摄影工作坊、摄影比赛及参观海关训练学校等。另外，青网大使计划与“我承诺”行动合办了短片观赏会、短片创作工作坊、“佛山短片拍摄之旅”及“盗版软件及恶意程式通识独立专题探究比赛”等。

（资料来源：http://sc.isd.gov.hk/gb/www.info.gov.hk/gia/general/201412/20/P201412200263.htm）

◆澳　门

【第一届澳门文化产业交流会在澳门举行】 2014 年 6 月 28 日，由澳门特别行政区政府澳门基金会与澳门新濠江国际文化产业交易中心联合主办，主题为“把握澳门历史新机遇，重建海上文化丝绸之路”的首届澳门文化产业交流会于澳门银河酒店召开。

为了配合澳门特区政府以文化产业建设推动澳门经济适度多元化的施政方针，该次会议倡导以文化力为驱动，以市场运营体系为保障措施，以俱乐部会员体系为执行主体，共同打造以澳门（澳门文交中心）、横琴新区（新濠江子公司）、浙江（浙江文交所）与温州金改区（温州文交中心）、上海自贸区（上海文交所）等为综合体的“海上文化丝绸之路”，发挥澳门国际文化旅游集散地的区域优势。

与会嘉宾对“海上文化丝绸之路”对于澳门全新定位及澳门发展旅游文化产业的影响作了深刻分析。嘉宾认为，发展“海上文化丝绸之路”，文化力能启动澳门文化创意基因，集聚全球各地优秀的文化项目，使澳门成为前沿的文化创意孵化基地；另一方面，通过“海上文化丝绸之路”的文化产业通道，将文化创意孵化基地的优秀成果输入与输出到国内外市场，共同推动澳门从区域核心城市迈向国际化城市，弥补澳门经济实力硬指标要素的不足，以此提升澳门的物质文化、市民文化及精神文化，利于将澳门建设为宜居、宜业、宜学、宜商、宜游的城市。

与一般的操作模式不同，澳门文交中心以市场运营体系作为保障“海上文化丝绸之路”运作的重要措施。文交中心引入国有资本、民间资本及文化资本，充分发挥各自优势，形成了一条统一战线，通过在线文化项目（艺术品）产权交易市场与线下文化项目（艺术品）实体店相结合的双轮驱动模式，促使金融与文化实体产业形成良性循环。

（资料来源：《南方都市报》 作者：肖　阳）

版权相关产业与版权贸易

BAN QUAN XIANG GUAN CHAN YE YU BAN QUAN MAO YI

2011年中国版权产业的经济贡献

一、2011年中国版权产业的经济贡献

2011年我国版权产业的经济贡献仍采用世界知识产权组织的方法，通过行业增加值、就业人数、出口额三个经济指标来衡量。

（一）行业增加值

2011年我国版权产业行业增加值为31 528.98亿元人民币，占全国GDP的6.67%，比2010年增加5 158.72亿元人民币，增长率为19.56%。其中，核心版权产业行业增加值为17 161.81亿元人民币，占全国GDP的3.63%，比2010年增加3 020.77亿元人民币，增长率为21.36%。2011年与2010年我国版权产业行业增加值的数据如表1所示。

表1　2011年与2010年我国版权产业的行业增加值比较

	行业增加值（亿元人民币）				GDP占比（%）	
	2011	2010	同比增长	增长率	2011	2010
总额	31 528.98	26 370.26	5 158.72	19.56%	6.67	6.57
其中：核心	17 161.81	14 141.04	3 020.77	21.36%	3.63	3.52

其他产业组的行业增加值分别是：相互依存的版权产业6 642.33亿元人民币，占全国GDP的1.40%；部分版权产业3 107.34亿元人民币，占全国GDP的0.66%；非专用支持版权产业4 617.50亿元人民币，占全国GDP的0.98%。图1是2011年我国版权产业行业增加值的构成图。

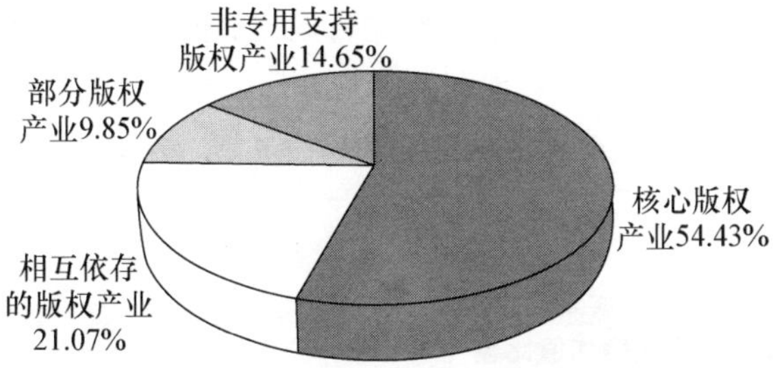

图1　2011年我国版权产业行业增加值的构成

（二）就业人数

2011年，我国版权产业的就业人数为1 178.63万人，占全国城镇单位就业人数的8.18%，比2010年增加137.08万人。其中，核心版权产业587.03万人，占全国城镇单位就业人数的4.07%，比2010年增加52.24万人。表2是2011年与2010年我国版权产业就业人数的数据比较情况。

表2　2011年与2010年我国版权产业的就业人数比较

	就业人数（万人）		比重（%）	
	2011	2010	2011	2010
总人数	1 178.63	1 041.54	8.18	7.98
其中：核心	587.03	534.79	4.07	4.10

其他产业组的就业人数分别是：相互依存的版权产业324.37万人，占全国城镇单位总就业人数的2.25%；部分版权产业154.05万人，占全国城镇单位总就业人数的1.07%；非专用支持版权产业113.18万人，占全国城镇单位总就业人数的0.79%。图2是2011年我国版权产业就业人数的构成图。

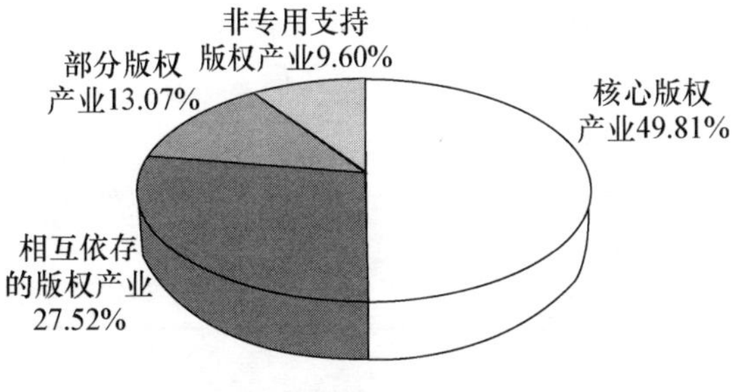

图2　2011年我国版权产业就业人数的构成

（三）出口额

2011年我国版权产业海关统计商品出口额为2 859.61亿美元，占全国海关统计商品出口总额的15.06%，比2010年增加196.66亿美元。其中，核心版权产业海关统计商品出口额为53.27亿美元，占全国海关统计商品出口总额的0.28%，比2010年增加11.37亿美元。相互依存的版权产业海关统计商品出口额为2 586.41亿美元，占全国海关统计商品出口总额的13.62%；部分版权产业海关统计商品出口额为219.93亿美元，占全国海关统计商品出口总额的1.16%。表3是2011

年与 2010 年我国版权产业商品出口额的数据比较。

表 3　2011 年与 2010 年我国版权产业的商品出口额比较

	商品出口额（亿美元）		占全国比重（%）	
	2011	2010	2011	2010
总额	2 859.61	2 662.96	15.06	16.88
其中：核心	53.27	41.90	0.28	0.27

（四）总体情况

总体看，2011 年我国版权产业的行业增加值、就业人数、商品出口额较上一年度都平稳增长，在促进经济增长、创造就业机会、扩大对外贸易中发挥着日益明显的作用。

表 4 是 2011 年我国版权产业经济贡献的整体情况。

表 4　2011 年我国版权产业的经济贡献

分类＼指标	行业增加值		就业人数		商品出口额	
	数值（亿元人民币）	比重（%）	数值（万人）	比重（%）	数值（亿美元）	比重（%）
核心版权产业	17 161.81	3.63	587.03	4.07	53.27	0.28
相互依存的版权产业	6 642.33	1.40	324.37	2.25	2 586.41	13.62
部分版权产业	3 107.34	0.66	154.05	1.07	219.93	1.16
非专用支持版权产业	4 617.50	0.98	113.18	0.79	—	—
合计	31 528.98	6.67	1 178.63	8.18	2 859.61	15.06

二、2011 年中国核心版权产业的经济贡献

核心版权产业是完全从事创作、制作和制造、表演、广播、传播、展览、销售和发行作品及其他受保护客体的产业，具体包括九组：文字作品；音乐、戏剧制作、曲艺、舞蹈和杂技；电影与录像；广播电视；摄影；软件和数据库；美术与建筑设计、图形和模型作品；广告服务；版权集体管理与服务。这些产业是版权产业最重要、最核心的组成部分，因而被称为核心版权产业。

在我国，核心版权产业和文化产业在外延、内涵上大致相同。版权在文化产业中的重要作用不容忽视。

2011 年，我国核心版权产业行业增加值为 17 161.81 亿元人民币，占 GDP 的 3.63%，比 2010 年增加 3 020.77 亿元人民币，增长率为 21.36%，增长明显快于其他产业组。

核心版权产业各子组的行业增加值如表 5 和图 3 所示。其中，软件和数据库、广播影视、新闻出版、文化艺术等产业的行业增加值均保持了较快增长。

表 5　2011 年与 2010 年我国核心版权产业行业增加值比较

	行业增加值（亿元人民币）				GDP 占比（%）	
	2011	2010	同比增长	增长率	2011	2010
文字作品（含数字出版）	4 214.86	3 669.24	545.62	15%	0.89	0.91
音乐、戏剧制作、曲艺、舞蹈和杂技	280.57	243.77	36.80	15%	0.06	0.06
电影与录像	120.32	104.49	15.83	15%	0.03	0.03
广播电视	951.78	785.49	166.29	21%	0.20	0.20
摄影	38.02	33.46	4.56	14%	0.01	0.01
软件和数据库	7 220.76	5 250.08	1 970.68	38%	1.53	1.31
美术与建筑设计、图形和模型作品	3 047.89	2 861.43	186.46	7%	0.64	0.71
广告服务	1 106.69	1 025.46	81.23	8%	0.23	0.26
版权集体管理与服务	180.92	167.64	13.28	8%	0.04	0.04

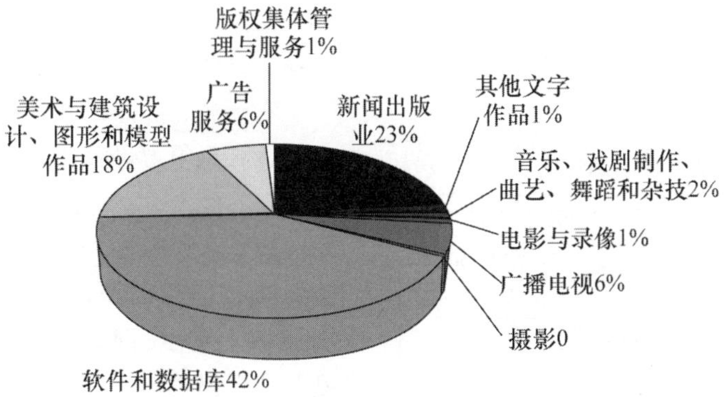

图3　2011年我国核心版权产业行业增加值构成图

说明：图中各数值均为四舍五入后的结果，“摄影”项的“0”也同此理，并非无数值。

三、2011年中国版权产业综合分析

2011年，我国版权产业经济贡献保持平稳较快增长，实现了“十二五”的良好开局，在促进经济增长、创造就业机会、扩大对外贸易中发挥着日益明显的作用。当然，在发展中也面临着一些深层次的问题。综合分析调研数据，可以得出以下结论：

（一）版权产业的经济贡献保持平稳增长态势

版权产业的行业增加值、就业人数、出口额较上一年度都平稳增长。与版权关系最为密切的核心版权产业增长较快，增幅明显高于其他产业组，说明我国版权产业的核心竞争力有所提高。

核心版权产业中的软件和数据库、广播影视、新闻出版、文化艺术等行业的行业增加值均保持快速稳步增长。这一方面表明数字网络技术等新兴产业发展迅速，在推动国民经济增长方面发挥着重要作用。另一方面表明在我国文化大发展大繁荣的总体格局下，文化体制改革的成效不断显现，文化产业加速发展。

（二）版权产业发展的内外部环境逐步改善

版权产业的稳步发展离不开良好的内外部环境。2011年，我国以加快转变经济发展方式为主线，全面贯彻落实加强和改善宏观调控的各项政策措施，版权工作也取得了明显成绩。我国版权制度在经历了法律建立、推行阶段后，进入了以促进经济、文化发展为重点的全面发展的新阶段。

2011年，国家版权局颁布实施了《版权工作“十二五”规划》，启动了《著作权法》第三次修订；版权执法监管成效显著，打击侵犯知识产权和制售假冒伪劣商品专项行动取得明显成效，政府机关软件正版化检查整改工作取得阶段性成果；版权公共服务和社会服务体系取得新突破，进一步统一规范了作品登记工作，全面开展版权示范建设工作，大力推进版权产业基地建设，加强对著作权集体管理组织的指导、规范和管理，为版权产业的发展营造良好环境。

（三）版权产业的出口仍存在严重不平衡状态

一是商品出口的行业结构不平衡。2011年我国版权产业海关统计商品出口总额为2 859.62亿美元，其中核心版权产业海关统计商品出口额为53.27亿美元，仅占版权产业商品出口总额的1.86％，而相互依存的版权产业海关统计商品出口额为2 586.41亿美元，占版权产业商品出口总额的90.45％，部分版权产业的海关统计商品出口额为219.93亿美元，占版权产业商品出口总额的7.69％。这说明我国版权产业商品出口的行业结构很不平衡，仍以制造业为主。

二是服务贸易出口额与商品出口额不平衡。尽管近年来我国版权产业的服务贸易稳步发展，但由于起点低、底子薄，仍处于发展的初级阶段。版权产业服务贸易出口额与商品出口额仍很不平衡。2011年，我国核心版权产业的服务贸易出口额为82.83亿美元，占全国服务贸易出口总额的4.53％，仅占全国对外贸易出口总额（商品出口额和服务贸易出口额之和）的0.65％。

三是核心版权产业的出口与进口不平衡，长期处于逆差状态。但随着“走出去”战略的实施，近年逆差有所减少。以新闻出版业为例，2011年，全国引进版权16 639种，输出版权7 783种，但版权输出品种与引进品种比例由2010年的1∶2.9提高到1∶2.1。

（四）版权产业与发达国家特别是美国相比还有较大差距

从行业增加值来看，2011年，美国版权产业的行业增加值为16 819亿美元，折合人民币约为104 479.63亿元，我国为31 528.98亿元人民币，不到美国的1/3。美国版权产业的行业增加值占全美

GDP 的比重为 11.16%，我国为 6.67%。

表 6 为 2011 年中美版权产业行业增加值的比较情况。

表 6　2011 年中美版权产业行业增加值比较

国别	核心版权产业		全部版权产业	
	数值	在 GDP 中所占比重	数值	在 GDP 中所占比重
美国	9 651（亿美元）	6.40%	16 819（亿美元）	11.16%
中国	17 161.81（亿元人民币）	3.63%	31 528.98（亿元人民币）	6.67%

从核心版权产业的出口额来看，2011 年我国核心版权产业的出口总额约为 136.11 亿美元，只占当年全国对外贸易出口总额的 0.65%。而 2011 年美国几个重要的核心版权产业——录音产业、电影产业、计算机软件产业和非软件出版产业（包括书报刊）的海外销售额达 1 409 亿美元，它们的海外销售额一直明显高于美国其他主要行业，如飞机、汽车、农产品、食品以及药品等。这说明我国版权产业的核心竞争力仍有待提高。

四、结语

“十二五”时期，版权工作仍处于大有可为的重要战略机遇期。国家版权局等有关部门通过激励创新与加强保护，不断增强版权的创造、运用、保护和管理能力，大力支持具有鲜明民族特色和时代特点的优秀作品的创作，培育一批有重大影响的版权产业和版权企业。未来，随着我国加快转变经济发展方式，推进经济结构战略性调整，以及版权保护的社会环境和版权产业发展的市场环境的改善，作为资源节约型、环境友好型、知识密集型产业的版权产业，一定会在我国经济发展中发挥更重要的作用。

2012 年中国版权产业的经济贡献

一、2012 年中国版权产业的经济贡献

经过调查与统计，2012 年中国版权产业的行业增加值为 35 674.15 亿元人民币，占全国 GDP 的 6.87%；就业人数为 1 246.48 万人，占全国城镇单位就业总人数的 8.18%；商品出口额为 2 960.03 亿美元，占全国海关统计商品出口总额的 14.45%。中国版权产业在促进经济增长、创造就业机会、扩大对外贸易中发挥着日益重要的作用。

（一）行业增加值

在行业增加值方面，2012 年中国版权产业的行业增加值为 35 674.15 亿元人民币，占全国 GDP 的 6.87%，比 2011 年增加 4 145.17 亿元人民币，增长率为 13.15%。其中，核心版权产业的行业增加值为 20 598.19 亿元人民币，占全国 GDP 的 3.97%，比 2011 年增加 3 436.38 亿元人民币，增长率为 20.02%。

其他产业组的行业增加值分别是：相互依存的版权产业 6 919.89 亿元人民币，占全国 GDP 的 1.33%；部分版权产业 3 421.78 亿元人民币，占全国 GDP 的 0.66%；非专用支持版权产业 4 734.29 亿元人民币，占全国 GDP 的 0.91%。图 1 是 2012 年中国版权产业行业增加值的构成图。

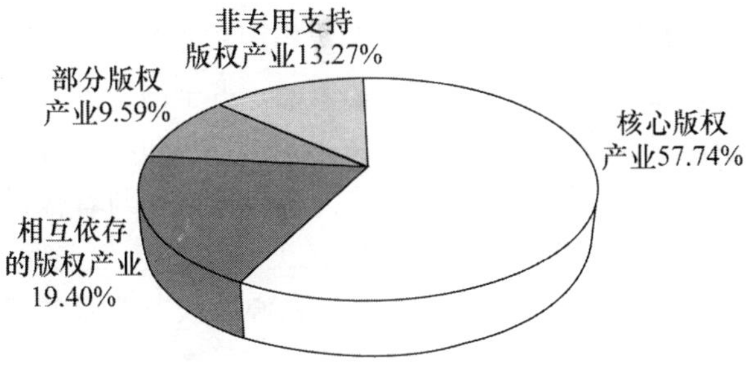

图 1　2012 年中国版权产业行业增加值构成

（二）就业人数

在就业方面，2012 年，中国版权产业的就业人数为 1 246.48 万人，占全国城镇单位就业总人数的 8.18%，比 2011 年增长了 67.85 万人，增长率为 5.76%。其中，核心版权产业 616.06 万人，占全国城镇单位就业总人数的 4.04%，比 2011 年增长了 29.03 万人，增长率为 4.95%。

其他产业组的就业人数分别是：相互依存的版权产业 339.61 万人，占全国城镇单位就业总人数的 2.23%；部分版权产业 174.24 万人，占全国城镇单位就业总人数的 1.14%；非专用支持版权产业 116.57 万人，占全国城镇单位就业总人数的 0.77%。图 2 是 2012 年中国版权产业就业人数的构成图。

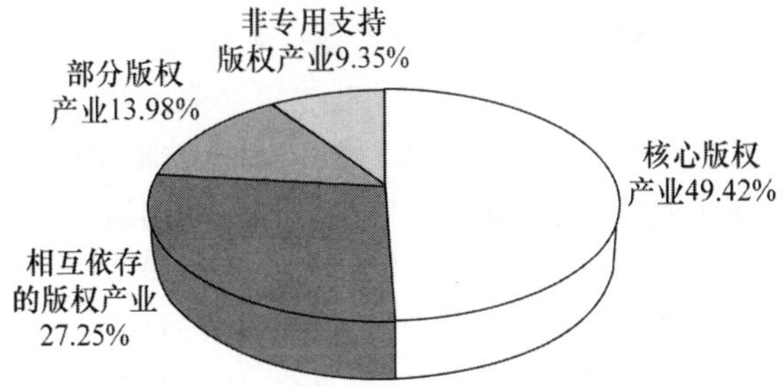

图 2　2012 年中国版权产业就业人数构成

（三）出口额

在出口方面，2012 年，中国版权产业的海关统计商品出口额为 2 960.03 亿美元，占全国海关统计商品出口总额的 14.45%，比 2011 年增长 100.41 亿美元，增长率为 3.51%。

其中，核心版权产业 41.10 亿美元，占全国商品出口总额的 0.20%；相互依存的版权产业 2 676.66 亿美元，占全国商品出口总额的 13.07%；部分版权产业 242.27 亿美元，占全国商品出口总额的 1.18%。图 3 是 2012 年中国版权产业商品出口额的构成图。

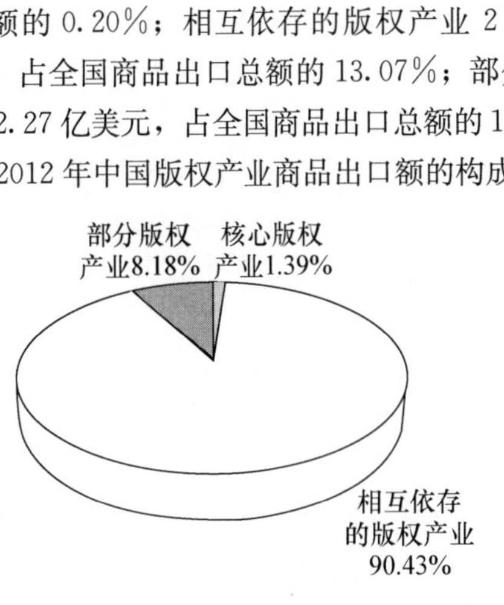

图 3　2012 年中国版权产业商品出口额构成

可以看出，2012 年中国版权产业的行业增加值、就业人数、出口额较上一年度均保持平稳增长的态势，在促进经济增长、创造就业机会、扩大对外贸易中发挥着日益明显的作用。

二、2012 年中国核心版权产业的经济贡献

核心版权产业是完全从事创作、制作和制造、表演、广播、传播和展览或销售和发行作品及其他受保护客体的产业，是版权产业最重要、最核心的组成部分。在中国，核心版权产业和文化产业在外延、内涵上大致相同。对核心版权产业的经济贡献进行研究，可以凸显版权在文化产业中的重要作用。

（一）行业增加值

2012 年，中国核心版权产业的行业增加值为 20 598.19 亿元人民币，占全国 GDP 的 3.97%，占全部版权产业的 57.74%，是中国版权产业中最重要的产业组。在核心版权产业中，软件和数据库、新闻出版、广播影视、文化艺术等产业保持了较快增长的态势，对版权产业行业增加值的贡献较高。以新闻出版产业为例，2012 年全国新闻出版产业的增加值为 4 617.0 亿元，较 2011 年增加 595.3 亿元，增长 14.8%，在核心版权产业中的经济贡献率仅次于软件和数据库，位居第二。核心版权产业各主要产业组详见表 1。

表 1　2012 年中国核心版权产业行业增加值

	数值（亿元人民币）	比重（%）
文字作品	4 832.65	0.93
音乐、戏剧制作、曲艺、舞蹈和杂技	316.78	0.06
电影与录像	134.82	0.03
广播电视	1 073.74	0.21
摄影	42.89	0.01
软件和数据库	9 312.26	1.79
美术与建筑设计、图形和模型作品	3 432.44	0.66
广告服务	1 248.51	0.24
版权集体管理与服务	204.10	0.04

（二）就业人数

2012 年，中国核心版权产业的就业人数为 616.06 万人，占全国城镇单位就业总人数的 4.04%，占全部版权产业的 49.42%。在核心版权产业中，软件和数据库、新闻出版、广播影视、文化艺术等产业保持了较快增长的态势，对版权产业就业人数的贡献较高。核心版权产业各主要产业组详见表 2。

表 2　2012 年中国核心版权产业就业人数

	数值（万人）	比重（%）
文字作品	103.97	0.68
音乐、戏剧制作、曲艺、舞蹈和杂技	20.85	0.14
电影与录像	9.78	0.06
广播电视	38.29	0.25
摄影	1.24	0.01
软件和数据库	332.84	2.18
美术与建筑设计、图形和模型作品	80.88	0.53
广告服务	23.52	0.15
版权集体管理与服务	4.68	0.03

（三）出口额

在货物贸易方面，2012 年中国核心版权产业的海关统计商品出口额为 41.10 亿美元，占全国出口总额的 0.20%，占全部版权产业的 1.39%。核心版权产业各主要产业组详细数据见表 3。

表 3　2012 年中国核心版权产业商品出口额

	数值（万美元）	比重（%）
文字作品	324 107.03	0.16
音乐、戏剧制作、曲艺、舞蹈和杂技	29.83	0.00
电影与录像	31 623.48	0.02
广播电视	—	—
摄影	206.24	0.00
软件和数据库	871.27	0.00
美术与建筑设计、图形和模型作品	54 137.41	0.03
广告服务	—	—
版权集体管理与服务	—	—

在服务贸易方面，2012 年中国核心版权产业的服务贸易出口额为 99.00 亿美元，占全国服务贸易出口总额的 5.17%。限于数据来源，仅包括软件和数据库、版权使用费、广告与宣传、电影与音像四项，其出口额分别为 48.33 亿美元、1.67 亿美元、48.00 亿美元、1.00 亿美元。核心版权产业服务贸易出口额各产业组详细数据见表 4。

表 4　2012 年中国核心版权产业服务贸易出口额

分类	服务贸易出口额（亿美元）
软件和数据库	48.33
版权使用费	1.67
广告与宣传	48.00
电影与音像	1.00
合计	99.00
占全国服务贸易出口总额比重	5.17%

通过以上数据可以看出，2012年中国核心版权产业的海关商品出口额、服务贸易出口额及其占当年海关商品出口总额、服务贸易出口总额的比重都较低。2012年中国核心版权产业对外出口总额为140.10亿美元，占全国对外贸易出口总额的0.63%。其中，货物出口额占核心版权产业对外出口总额的29%，服务贸易出口额占71%。

接下来，就中国版权产业五年间的发展情况作一纵向比较。

三、2008年至2012年中国版权产业的纵向比较

2008年至2012年五年间，中国版权产业对国民经济的贡献一直保持平稳增长态势，行业增加值、就业人数、出口额三项指标均有大幅增长。

（一）行业增加值的比较

2008年中国版权产业的行业增加值为19 568.40亿元人民币，占GDP的6.51%，到2012年增长到35 674.15亿元人民币，占GDP的6.87%，总量增加了16 105.75亿元人民币，平均年增速为16.20%。2008年至2012年各年度行业增加值详见表5。

表5　2008—2012年中国版权产业行业增加值变化

年度	2008年		2009年		2010年		2011年		2012年	
	数值（亿元人民币）	比重（%）	数值（亿元人民币）	比重（%）	数值（亿元人民币）	比重（%）	数值（亿元人民币）	比重（%）	数值（亿元人民币）	比重（%）
核心版权产业	10 240.42	3.41	11 928.04	3.50	14 141.04	3.52	17 161.81	3.63	20 598.19	3.97
相互依存的版权产业	4 705.23	1.56	4 921.46	1.45	5 764.68	1.44	6 642.33	1.40	6 919.89	1.33
部分版权产业	1 889.74	0.63	2 187.06	0.64	2 620.25	0.65	3 107.34	0.66	3 421.78	0.66
非专用支持版权产业	2 733.00	0.91	3 261.42	0.96	3 844.28	0.96	4 617.50	0.98	4 734.29	0.91
合计	19 568.40	6.51	22 297.98	6.55	26 370.26	6.57	31 528.98	6.67	35 674.15	6.87

其中，与版权关系最为密切的核心版权产业发展较快，明显高于其他产业组。2008年至2012年五年间，中国核心版权产业的行业增加值从10 240.42亿元人民币、占GDP的3.41%，增长至20 598.19亿元人民币、占GDP的3.97%，总量增加了10 357.77亿元人民币，翻了一番多，平均年增速19.09%，超过了全部版权产业的发展速度。可以看出，中国核心版权产业对全部版权产业的经济贡献最大。

（二）就业人数的比较

2008年中国版权产业的就业人数为946.57万人，占全国城镇单位总就业人数的7.75%，到2012年增长至1 246.48万人，占全国城镇单位总就业人数的8.18%，总量增加了299.91万人，平均年增速7.12%。2008年至2012年各年度就业人数详见表6。

表6　2008—2012年中国版权产业就业人数变化

年度	2008年		2009年		2010年		2011年		2012年	
	人数（万人）	比重（%）	人数（万人）	比重（%）	人数（万人）	比重（%）	人数（万人）	比重（%）	人数（万人）	比重（%）
核心版权产业	476.00	3.90	506.23	4.03	534.79	4.10	587.03	4.07	616.06	4.04
相互依存的版权产业	269.89	2.21	275.35	2.19	286.91	2.20	324.37	2.25	339.61	2.23
部分版权产业	105.30	0.86	112.61	0.90	119.90	0.92	154.05	1.07	174.24	1.14
非专用支持版权产业	95.38	0.78	97.21	0.77	99.94	0.77	113.18	0.79	116.57	0.77
合计	946.57	7.75	991.40	7.89	1 041.54	7.99	1 178.63	8.18	1 246.48	8.18

其中，中国核心版权产业的就业人数从2008年的476.00万人、占全国城镇单位总就业人数的3.90%，增长至2012年的616.06万人、占全国城镇单位总就业人数的4.04%，总人数增加了140.06万人，平均年增速为6.66%。可以看出，中国核心版权产业对全部版权产业的就业贡献最大。

（三）出口额的比较

2008 年中国版权产业的海关统计商品出口额为 2 283.76 亿美元，占全国商品出口总额的 15.96%，到 2012 年增长至 2 960.03 亿美元，占全国商品出口总额的 14.45%，五年间增加了 676.27 亿美元，平均年增长率为 6.70%。2008 年至 2012 年各年度商品出口额详见表 7。

表 7　　2008—2012 年中国版权产业海关商品出口额

年度	2008 年		2009 年		2010 年		2011 年		2012 年	
	数值（亿美元）	比重（%）	数值（亿美元）	比重（%）	数值（亿美元）	比重（%）	数值（亿美元）	比重（%）	数值（亿美元）	比重（%）
核心版权产业	42.35	0.30	41.16	0.34	41.90	0.27	53.27	0.28	41.10	0.20
相互依存的版权产业	2 064.54	14.43	1 917.90	15.96	2 450.77	15.53	2 586.41	13.62	2 676.66	13.07
部分版权产业	176.87	1.24	144.11	1.20	170.28	1.08	219.93	1.16	242.27	1.18
合计	2 283.76	15.97	2 103.17	17.50	2 662.95	16.88	2 859.61	15.06	2 960.03	14.45

其中，相互依存的版权产业商品出口额贡献最大，占全部版权产业商品出口额的比重在 90%以上，从 2008 年的 2 064.54 亿美元增长至 2012 年的 2 676.66 亿美元，五年间增加了 612.12 亿美元，平均年增长率 6.71%。说明中国版权产业的商品出口仍以制造业为主。

四、中国与世界其他国家版权产业的横向比较

自 2003 年世界知识产权组织出版《版权产业的经济贡献调研指南》以来，截至 2013 年 12 月，世界上已至少有 42 个国家采用 WIPO 提供的方法对本国版权产业的经济贡献进行了测算，这一部分本报告将就中国与世界其他国家的版权产业进行横向比较分析，并与美国的版权产业进行重点比较。

（一）中国与世界其他国家版权产业经济贡献的比较

根据世界知识产权组织于 2014 年出版的《版权产业经济贡献 WIPO 研究报告》，在已开展调研的国家中，各国版权产业行业增加值对 GDP 的贡献率差异明显，从超过 11%到低于 2%不等，平均贡献率为 5.18%，其中有四分之三的国家版权产业对 GDP 的贡献率在 4%到 6.5%之间。2012 年中国版权产业的行业增加值对 GDP 的贡献率为 6.87%，在世界平均线以上，在已经开展调研的国家中处于较高水平。超过中国的只有美国、韩国、匈牙利等国。

以核心版权产业的比重来看，中国核心版权产业行业增加值占 GDP 的比重为 3.97%，仍超过各国的平均值 2.77%，却远低于美国的 6.48%，其他高于中国的国家还包括澳大利亚（4.80%）、匈牙利（4.21%）、荷兰（4.00%）和加拿大（3.99%）等。

在就业人数方面，已开展调研的国家中版权产业就业人数占全国就业人数的比重平均值为 5.32%，近四分之三的国家比重在 4%到 7%之间。其中，墨西哥和菲律宾版权产业的就业人数比重最高，均超过了 11%。2012 年中国版权产业就业人数占全国的比重为 8.18%，在世界平均线之上。

世界知识产权组织根据各国行业增加值与就业人数比重之间的比例关系，计算出了各国版权产业的劳动生产率指数。以 100 为基准，一国的劳动生产率指数越高，表明该国版权产业通过投入较少的劳动力创造了更多的产出。世界知识产权组织根据该指数将各国划分为版权产业劳动生产率较高的国家、中等国家和较低的国家三类。其中，巴拿马、韩国、泰国、美国等国属于指数较高的国家，新加坡、中国、加拿大、澳大利亚等国属于中等国家，菲律宾、墨西哥等国则属于指数较低的国家。

通过以上各国数据对比可以看出，中国版权产业对 GDP 和就业人数的贡献在各调研国中处于较高水平，为国民经济提供了较高的贡献率，也提供了较多的就业机会。但中国与美国等发达国家相比还有较大的差距，仍属于版权产业劳动生产率中等国家，中国版权产业的经济贡献仍有进一步提升的空间。

（二）中国与美国版权产业经济贡献的比较

美国是世界上开展版权产业经济贡献研究最早、也是次数最多的国家之一，已发布了 14 份版权产业调研报告。

根据美国最新的调研报告，2012 年美国版权产业的行业增加值为 17 652 亿美元，占 GDP 的 11.25%，其中核心版权产业的行业增加值首次超过 1 万亿美元，为 10 156 亿美元，占 GDP 的 6.48%。

在就业方面，2012 年美国版权产业的就业人数为 1 117.09 万人，占全国就业人数的 8.35%；其中

核心版权产业的就业人数为539.91万人，占全国就业人数的4.04%。

在对外出口方面，2012年美国核心版权产业的四个主要行业部门图书报纸期刊产业、录音产业、电影电视录像产业、计算机软件产业对外销售和出口额为1 420亿美元，高于其他主要行业的出口额，包括航空航天产品及配件、农产品、食品及类似产品、药品等。

与美国相比，2012年中国版权产业的行业增加值为35 674.15亿元人民币（约合5 815亿美元），占全国GDP的6.87%；其中，核心版权产业20 598.19亿元人民币（约合3 358亿美元），占全国GDP的3.97%。全部版权产业及核心版权产业行业增加值分别仅为美国的三分之一。无论是行业增加值的绝对值还是其占GDP的比重，中国版权产业与美国相比都存在较大差距。

在就业方面，中美两国全部版权产业就业人数差距较小，但结合行业增加值指标来看，中美两国版权产业的就业人数大体相当，美国版权产业的行业增加值却是中国的三倍，说明美国版权产业劳动生产率指数高于中国，也说明中国版权产业的集约程度和生产率较低，劳动密集型的产业特征仍较明显。

在核心版权产业的出口额方面，2012年美国核心版权产业的对外销售和出口额为1 420亿美元，而同年中国核心版权产业货物和服务出口总额为140.10亿美元，仅为美国的十分之一。可以看出，中国核心版权产业的出口额与美国相比差距巨大，中国版权产品走出去仍然任重道远。

五、2012年中国版权产业的综合分析

2012年，中国版权产业继续保持平稳较快增长，发展环境不断得到改善，但在发展过程中也面临着一些深层次的问题。结合本次调研数据可以得出以下分析结论：

（一）中国版权产业保持平稳较快增长

2012年，中国版权产业继续保持平稳健康发展，中国版权产业在促进经济发展、创造就业机会、扩大对外贸易方面发挥着越来越重要的作用。

2012年，中国版权产业对国民经济的贡献率已达6.87%，创造了35 674.15亿元人民币的行业增加值，提供了超过1 200万个就业岗位，并向海外出口了2 960亿美元的商品。其中，核心版权产业在中国版权产业中发挥着至关重要的作用。核心版权产业的行业增加值在2012年突破2万亿元人民币，达20 598.19亿元人民币，占全部版权产业的一半以上，比2008年增加了10 357.77亿元人民币，五年间翻了一番还要多，五年间平均年增速达19.09%。软件和数据库、新闻出版、广播影视等作为对版权依赖程度最高的行业，发展势头迅猛，是版权产业中比重较大、增长最快的几个产业组。

（二）中国版权产业仍面临着深层次的问题

在看到巨大成就的同时，我们也应该意识到中国版权产业仍然面临着一些问题，仍有可待提升的空间。

一是版权产业的经济贡献与发达国家特别是美国相比仍有较大差距。中国版权产业的行业增加值仅为同期美国版权产业的三分之一，中国核心版权产业货物和服务出口总额仅为美国核心版权产业对外销售和出口额的十分之一。中国版权产业与美国相比仍存在较大差距。

二是版权产业的劳动生产率水平不高。虽然中国版权产业的行业增加值占GDP的比重在各国中较高，但结合就业人数指标来看，中国版权产业劳动生产率在世界中处于中等水平，仍带有明显的劳动密集型产业特征，说明中国版权产业的劳动生产力水平仍较低。

三是版权产业的出口结构不平衡。2012年中国版权产业的商品出口额为2 960.03亿美元，其中相互依存的版权产业占到全部版权产业的90%以上，核心版权产业不到全部版权产业的2%，说明中国版权产业的商品出口仍以制造业为主。

（三）中国版权产业的发展环境不断改善提升

版权产业的稳步发展离不开良好的内外部环境。中国版权产业取得的巨大成就，得益于我国通过不断完善版权创造、运用、保护、管理体制，为版权产业创造的良好发展环境。

2012年，国家版权局推动建立了全国统一的作品著作权登记体系，并联合公安部、工信部、国信办等部门开展了第八次打击网络侵权盗版专项治理“剑网行动”，进一步维护了网络版权秩序，为正处于快速发展期的网络产业提供了良好的发展环境。

在立法方面，《著作权法》第三次修订通过多种形式征求社会各界的意见，被认为是“开门立法、阳光立法”的创举，引起了社会各界对版权立法工作的高度关注。

在司法方面，最高人民法院通过了《关于审理侵害信息网络传播权民事纠纷案件适用法律若干问题的规定》，该司法解释将为正确审理侵害信息网络传播权民事纠纷案件，依法保护信息网络传播权，

促进信息网络产业健康发展提供支持。

在版权国际交往方面，保护音像表演外交会议在北京成功举办，并正式签署了《视听表演北京条约》，填补了视听表演领域国际版权条约的空白，同时也是世界对中国版权保护工作的肯定。

六、结语

通过“中国版权产业的经济贡献调研”项目的研究成果可以看出，中国版权产业在近年来一直保持着快速发展，进入“十二五”时期，版权工作仍处于大有可为的重要战略机遇期，版权产业也正处在产业结构调整的重要转型期，本项目作为中国版权产业的经济“晴雨表”，更加彰显了它的重要作用。未来，随着我国加快转变经济发展方式，推进经济结构战略性调整，以及版权保护的社会环境和版权产业发展的市场环境的改善，版权产业一定会在我国经济发展中发挥更加重要的作用。

2014 年中国新闻出版产业分析报告

国家新闻出版广电总局

一、产业总体情况

（一）经济总量规模

2014 年，全国出版、印刷和发行服务实现营业收入 19 967.11 亿元，较 2013 年增长 9.43%；利润总额为 1 563.73 亿元，增长 8.58%；不包括数字出版的资产总额为 18 726.72 亿元，增长 8.83%；所有者权益（净资产）为 9 543.61 亿元，增长 5.77%（见表 1、图 1）。

表 1　　2014 年主要经济指标

经济指标	金额（亿元）	较 2013 年增长（%）
营业收入	19 967.11	9.43
资产总额	18 726.72	8.83
所有者权益（净资产）	9 543.61	5.77
利润总额	1 563.73	8.58
纳税总额	857.60	－1.24

说明：表内经济指标均未包括版权贸易与代理、行业服务与其他新闻出版业务，资产总额、所有者权益（净资产）、纳税总额均未包括数字出版。

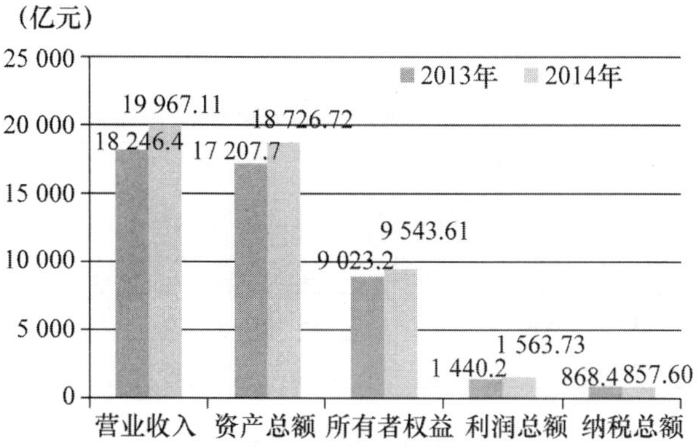

图 1　主要经济指标情况

（二）图书出版总量规模

2014 年，全国共出版图书 44.84 万种，较 2013 年增长 0.90%。其中，新版图书约 25.6 万种，降低 0.04%；重版、重印图书约 19.3 万种，增长 2.2%。总印数 81.85 亿册（张），降低 1.50%；总印张为 704.25 亿印张，降低 1.17%；定价总金额为 1 363.47 亿元，增长 5.75%。图书出版实现营业收入 791.18 亿元，增长 2.65%；利润总额为 117.07 亿元，降低 1.27%（见表 2）。

表 2　　2014 年图书出版总量规模

总量指标	数量	较 2013 年增长（%）
品种（万种）	44.84	0.90
总印数（亿册/张）	81.85	－1.50
总印张（亿印张）	704.25	－1.17
定价总金额（亿元）	1 363.47	5.75
营业收入（亿元）	791.18	2.65
利润总额（亿元）	117.07	－1.27

《习近平总书记系列重要讲话读本》《习近平关于党的群众路线教育实践活动论述摘编》《习近平谈治国理政》等 66 种图书 2014 年单品种累计印数超过 100 万册，较 2013 年增加 18 种，其中《习近平总书记系列重要讲话读本》2014 年累计印数超过 1 500 万册。

（三）期刊出版总量规模

2014 年全国共出版期刊 9 966 种，较 2013 年增长 0.90%；总印数 30.95 亿册，降低 5.41%；总印张 183.58 亿印张，降低 5.71%；定价总金额为 249.38 亿元，降低 1.57%。期刊出版实现营业收入 212.03 亿元，降低 4.49%；利润总额为 27.06 亿元，降低 5.35%（见表 3）。

表 3　　2014 年期刊出版总量规模

总量指标	数量	较 2013 年增长（%）
品种（种）	9 966	0.90
总印数（亿册）	30.95	－5.41
总印张（亿印张）	183.58	－5.71
定价总金额（亿元）	249.38	－1.57
营业收入（亿元）	212.03	－4.49
利润总额（亿元）	27.06	－5.35

《读者》《求是》等 14 种期刊平均期印数超过 100 万册，较 2013 年减少 1 种。

（四）报纸出版总量规模

2014 年，全国共出版报纸 1 912 种，较 2013 年降低 0.16%；总印数 463.90 亿份，降低 3.84%；总

印张 1 922.30 亿印张，降低 8.37%；定价总金额为 443.66 亿元，增长 0.75%。报纸出版实现营业收入 697.81 亿元，降低 10.15%；利润总额为 76.44 亿元，降低 12.81%（见表 4）。

表 4　　2014 年报纸出版总量规模

总量指标	数量	较 2013 年增长（%）
品种（种）	1 912	−0.16
总印数（亿份）	463.90	−3.84
总印张（亿印张）	1 922.30	−8.37
定价总金额（亿元）	443.66	0.75
营业收入（亿元）	697.81	−10.15
利润总额（亿元）	76.44	−12.81

《人民日报》《参考消息》等 26 种报纸平均期印数超过 100 万份，较 2013 年减少 3 种。

（五）音像制品出版总量规模

2014 年，全国共出版音像制品 15 355 种，较 2013 年降低 9.53%；出版数量 3.28 亿盒（张），降低 19.21%；发行数量 3.62 亿盒（张），增长 5.54%；发行总金额为 20.14 亿元，增加 17.78%。音像制品出版实现营业收入 29.21 亿元，增长 18.16%；利润总额为 4.11 亿元，增长 22.69%（见表 5）。

表 5　　2014 年音像制品出版总量规模

总量指标	数量	较 2013 年增长（%）
品种（种）	15 355	−9.53
出版数量（亿盒/张）	3.28	−19.21
发行数量（亿盒/张）	3.62	5.54
定价总金额（亿元）	20.14	17.78
营业收入（亿元）	29.21	18.16
利润总额（亿元）	4.11	22.69

（六）电子出版物出版总量规模

2014 年，全国共出版电子出版物 11 823 种，较 2013 年增长 0.98%；出版数量 3.5 亿张，降低 0.57%。电子出版物出版实现营业收入 10.89 亿元，增长 6.45%；利润总额为 1.84 亿元，降低 33.57%（见表 6）。

表 6　　2014 年电子出版物出版总量规模

总量指标	数量	较 2013 年增长（%）
品种（种）	11 823	0.98
出版数量（亿张）	3.50	−0.57
营业收入（亿元）	10.89	6.45
利润总额（亿元）	1.84	−33.57

《显示器驱动光盘》《Lenovo 驱动程序》《牛津高阶英汉双解词典（第 8 版）配套写作软件 iWriter》等 6 种一般电子出版物当年累计出版数量超过 100 万张。

（七）数字出版总量规模

2014 年，数字出版实现营业收入 3 387.70 亿元，较 2013 年增长 33.36%；利润总额为 265.72 亿元，增长 33.25%（见表 7）。

表 7　　2014 年数字出版总量规模

总量指标	金额（亿元）	较 2013 年增长（%）
营业收入	3 387.70	33.36
利润总额	265.72	33.25

（八）印刷复制总量规模

2014 年，全国黑白印刷产量 3.2 亿令，较 2013 年降低 3.0%；彩色印刷产量 25.3 亿对开色令，降低 1.2%；装订产量 3.2 亿令，降低 11.1%。印刷复制（包括出版物印刷、包装装潢印刷、其他印刷品印刷、专项印刷、打字复印、复制和印刷物资供销）实现营业收入 11 740.16 亿元，增长 5.82%；利润总额为 814.66 亿元，增长 5.01%（见表 8）。

表 8　　2014 年印刷复制总量规模

总量指标	金额（亿元）	较 2013 年增长（%）
营业收入	11 740.16	5.82
利润总额	814.66	5.01

（九）出版物发行总量规模

2014 年，全国新华书店系统和出版社自办发行单位实现出版物总销售额 2 415.52 亿元，较 2013 年增长 2.96%；全国共有出版物发行网点 169 619 处，降低 1.64%。出版物发行实现营业收入 3 023.76 亿元，增长 11.55%；利润总额为 254.91 亿元，增长 15.29%（见表 9）。

表 9　　2014 年出版物发行总量规模

总量指标	数量	较 2013 年增长（%）
出版物发行网点（处）	169 619	−1.64
出版物总销售额（亿元）	2 415.52	2.96
营业收入（亿元）	3 023.76	11.55
利润总额（亿元）	254.91	15.29

（十）出版物进出口总量规模

2014 年，全国累计出口图书、报纸、期刊、音像制品、电子出版物、数字出版物数量为 2 147.45 万册（份、盒、张），较 2013 年降低 10.1%；金额为 10 044.85 万美元，降低 4.0%。全国累计进口图书、报纸、期刊、音像制品、电子出版物、数字出版物数量为 2 552.29 万册（份、盒、张），较 2013 年增长 6.8%；金额为 49 381.70 万美元，较 2013 年增长 2.7%。进出口总额为 59 426.55 万美元（见表 10）。

表 10　　2014 年全国出版物对外贸易情况

类型	指标	累计出口	累计进口	总额	差额
图书、期刊、报纸	数量（万册/份/张）	2 137.87	2 538.85	4 676.72	−400.98
	金额（万美元）	7 830.44	28 381.57	36 212.01	−20 551.13
音像制品、电子出版物、数字出版物	数量（万盒/张）	9.58	13.44	23.02	−3.86
	金额（万美元）	2 214.41	21 000.13	23 214.54	−18 785.72
合计	数量（万册/份/盒/张）	2 147.45	2 552.29	4 699.74	−404.84
	金额（万美元）	10 044.85	49 381.70	59 426.55	−39 336.85

说明：差额为累计出口减去累计进口之差。正号表示出口大于进口，存在贸易顺差；负号表示出口小于进口，存在贸易逆差。

（十一）版权贸易总量规模

2014 年，全国共输出版权 10 293 种（其中输出出版物版权 8 733 种），较 2013 年降低 1.04%（其中输出出版物版权增长 3.4%）；引进版权 16 695 种（其中引进出版物版权 16 321 种），降低 8.10%（其中引进出版物版权降低 7.3%）；版权输出品种与引进品种比例由 2013 年的 1∶1.7 提高至 1∶1.6（见表 11、表 12）。

表 11　　2014 年对外版权贸易总量规模

总量指标	数量（种）	较 2013 年增长（%）
引进	16 695	−8.10
输出	10 293	−1.04

表 12　　2014 年出版物对外版权贸易构成　　单位：种

类型	引进	输出	总额	差额
图书	15 542	8 088	23 630	−7 454
录音制品	208	139	347	−69
录像制品	451	73	524	−378
电子出版物	120	433	553	313
合计	16 321	8 733	25 054	−7 588

说明：差额为输出减去引进之差。正号表示输出大于引进，存在顺差；负号表示输出小于引进，存在逆差。

（十二）单位数量与就业人数

2014 年，全国共有新闻出版单位约 32.5 万家，较 2013 年降低 6.11%。其中，法人单位约 15.2 万家，降低 5.49%，约占单位总数的 46.70%，同比提高 0.3 个百分点；非法人单位近 0.9 万家，与 2013 年基本持平，约占单位总数的 2.64%，同比提高 0.2 个百分点；个体经营户近 16.5 万家，降低 6.96%，约占单位总数的 50.66%，同比减少 0.5 个百分点（见表 13、图 2）。

表 13　　2014 年新闻出版单位数量与构成

类型	数量（家）	较 2013 年增长（%）	比重（%）
法人单位	151 810	−5.49	46.70
其中：企业法人单位	148 829	−5.64	—
非法人单位	8 578	−0.03	2.64
个体经营户	164 705	−6.96	50.66
合计	325 093	−6.11	100.00

说明：未包括数字出版单位、版权贸易与代理单位以及行业服务与从事其他新闻出版业务的单位。

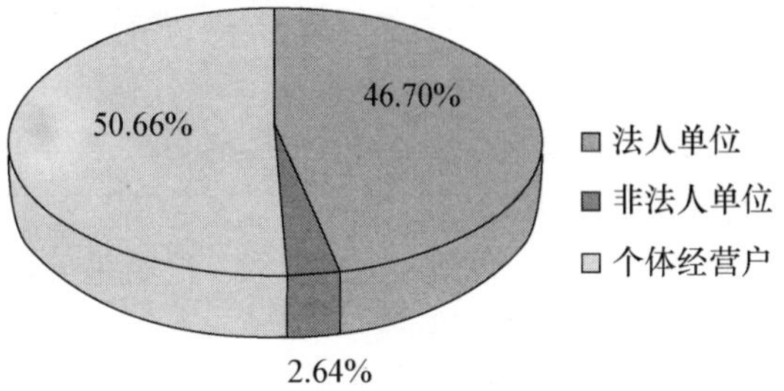

图 2　新闻出版单位类型构成

2014 年，全国新闻出版业直接就业人数约为 461.60 万人（不包含数字出版、版权贸易与服务、行业服务与其他新闻出版业务单位就业人员），较 2013 年降低 3.68%；其中，男性 248.2 万人，女性 213.4 万人，分别占全行业直接就业人数的 53.76% 和 46.24%，男女比例基本平衡（见表 14、图 3）。

表 14　　2014 年就业人数的产业类别构成

产业类别	人数（万人）	较 2013 年增长（%）	比重（%）
图书出版	6.61	1.97	1.43
期刊出版	11.13	2.04	2.41
报纸出版	24.59	−6.54	5.33
音像制品出版	0.49	17.29	0.11
电子出版物出版	0.20	−11.52	0.04
印刷复制	343.42	−5.15	74.40
出版物发行	74.88	3.26	16.22
出版物进出口	0.27	−13.52	0.06
合计	461.60	−3.68	100.00

说明：未包括数字出版、版权贸易与代理、行业服务与其他新闻出版业务单位就业人员。

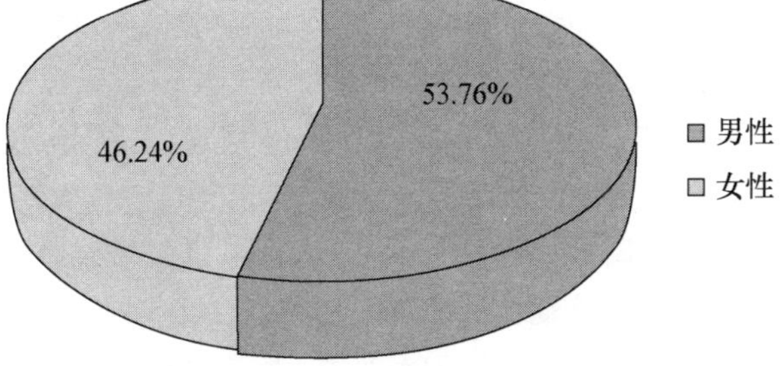

图 3　就业人员的性别构成

二、结构分析

(一) 产品结构

1. 总印数(出版数量)

2014 年全国共出版图书、期刊、报纸、音像制品和电子出版物 583.5 亿册(份、盒、张)。

图书:占总量 14.03%,位居第二;降低 1.5%,增速位居第二。

期刊:占总量 5.3%,位居第三;降低 5.41%,增速位居第四。

报纸:占总量 79.5%,位居第一;降低 3.84%,增速位居第三。

录音制品:占总量不足 0.4%,位居第五;降低 6.28%,增速位居第五。

录像制品:占总量不足 0.2%,位居第六;降低 37.13%,增速位居第六。

电子出版物:占总量 0.6%,位居第四;降低 0.57%,增速位居第一。

2. 总印张

2014 年全国共出版图书、期刊和报纸 2 810.1 亿印张。

图书:占总量 25.06%,位居第二;降低 1.17%,增速位居第一。

期刊:占总量 6.53%,位居第三;降低 5.71%,增速位居第二。

报纸:占总量 68.41%,位居第一;降低 8.37%,增速位居第三(见表 15、表 16)。

表 15　2014 年各类出版物在全部出版物总量中所占比重(%)

出版物类型	总印数(出版数量)	总印张	定价(出版总金额)
图书	14.03	25.06	65.66
期刊	5.30	6.53	12.01
报纸	79.50	68.41	21.36
录音制品	0.38	—	0.48
录像制品	0.18	—	0.49
电子出版物	0.60	—	—
合计	100.00	100.00	100.00

说明:音像制品和电子出版物采用出版数量和出版总金额。

表 16　2014 年各类出版物在全部出版物总量中所占比重

类型	总印数		总印张		定价总金额	
	增速(%)	变动(百分点)	增速(%)	变动(百分点)	增速(%)	变动(百分点)
图书	−1.50	0.31	−1.17	1.35	5.75	1.33
期刊	−5.41	−0.10	−5.71	0.05	−1.57	−0.63
报纸	−3.84	−0.13	−8.37	−1.40	0.75	−0.61
录音制品	−6.28	−0.01	—	—	−3.23	−0.03
录像制品	−37.13	−0.10	—	—	−7.10	−0.06
电子出版物	−0.57	0.02	—	—	—	—

说明:增速系指表内各项指标 2014 年较 2013 年的增长速度;变动系指表内各项指标的结构变动,以百分点表示,由 2014 年各项指标在总量中所占百分比与 2013 年该项指标在总量中所占百分比相减而得。

3. 定价(出版)总金额

2014 年全国出版图书、期刊、报纸和音像制品的定价(出版)总金额为 2 076.6 亿元。

图书:占总量 65.7%,位居第一;增长 5.75%,增速位居第一。

期刊:占总量 12.0%,位居第三;降低 1.57%,增速位居第三。

报纸:占总量 21.4%,位居第二;增长 0.75%,增速位居第二。

录音制品:占总量不足 0.5%,位居第五;降低 3.23%,增速位居第四。

录像制品:占总量不足 0.5%,位居第四;降低 7.1%,增速位居第五。

(二) 各产业类别总体经济规模综合评价

选取营业收入、增加值、总产出和利润总额 4 个经济规模指标,采用主成分分析法对图书出版、期刊出版、报纸出版、音像制品出版、电子出版物出版、数字出版、印刷复制、出版物发行和出版物进出口共 9 个新闻出版产业类别的总体经济规模进行综合评价。印刷复制、数字出版和出版物发行分居前三位,三者合计占全行业营业收入的 90.9% 和利润总额的 85.4%,印刷复制和数字出版两个类别合计占全行业营业收入的 75.8% 和利润总额的 69.1%。

与 2013 年相比,数字出版与出版物发行互换位置,数字出版排名上升,出版物发行排名下降。详见表17。

表17　2014年各产业类别总体经济规模综合评价

综合排名	产业类别	综合评价得分	2013年排名	排名变化
1	印刷复制	2.498 8	1	0
2	数字出版	0.318 6	3	1
3	出版物发行	0.212 2	2	−1
4	图书出版	−0.328 3	4	0
5	报纸出版	−0.369 4	5	0
6	期刊出版	−0.517 0	6	0
7	出版物进出口	−0.601 2	7	0
8	音像制品出版	−0.603 9	8	0
9	电子出版物出版	−0.609 9	9	0

说明：综合评价得分系选取营业收入、增加值、总产出和利润总额四个指标，采用主成分分析方法，通过SPSS直接计算所得，仅用来显示各产业类别的相对位置。负数并不代表负面评价。

（三）各地区总体经济规模综合评价

选取营业收入、增加值、总产出、资产总额、所有者权益（净资产）、利润总额和纳税总额7项经济规模指标，采用主成分分析方法对全国31个省（自治区、直辖市）与新疆生产建设兵团新闻出版业（未包括数字出版）的总体经济规模进行综合评价。

广东、北京、浙江、江苏、山东、上海、河北、安徽、四川和福建依次位居全国前10位，10个地区合计分别占到全行业营业收入的73.1%、资产总额的70.7%、所有者权益（净资产）的70.2%和利润总额的66.6%。其中，广东占全行业营业收入的13.0%、资产总额的11.1%、所有者权益（净资产）的11.6%和利润总额的6.0%（见表18）。

表18　2014年各地区总体经济规模综合评价（前10位）

综合排名	地区	综合评价得分	2013年排名	排名变化
1	广东	2.508 5	1	0
2	北京	2.134 2	2	0
3	浙江	1.916 0	4	1
4	江苏	1.839 5	3	−1
5	山东	1.499 9	5	0
6	上海	1.155 4	6	0
7	河北	0.356 9	7	0
8	安徽	0.252 7	8	0
9	四川	0.245 5	10	1
10	福建	0.239 5	9	−1

说明：(1) 选取营业收入、增加值、总产出、资产总额、所有者权益（净资产）、利润总额和纳税总额7项经济规模指标，采用主成分分析法，通过SPSS直接计算所得，仅用来显示各地区的相对位置。负数并不代表负面评价。

(2) 未包括数字出版、版权贸易与代理、行业服务与其他新闻出版业务。

三、出版传媒集团经济规模与效益评价

列入统计的出版传媒集团117家，其中图书出版集团32家、报刊出版集团46家、发行集团27家、印刷集团12家。

（一）图书出版集团

1. 总体经济规模排名

选取集团合并报表中的主营业务收入、资产总额、所有者权益和利润总额4项经济规模指标，采用主成分分析法，对图书出版集团的总体经济规模进行综合评价。前10位降序依次为江苏凤凰出版传媒集团有限公司、湖南出版投资控股集团有限公司、中国教育出版传媒集团有限公司、江西省出版集团公司、浙江出版联合集团有限公司、河北出版传媒集团有限责任公司、安徽出版集团有限责任公司、中国出版集团公司、山东出版集团有限公司和中原出版传媒投资控股集团有限公司。

与2013年相比，前10位出版单位保持不变但名次发生变化，中国教育出版传媒集团有限公司、江西省出版集团公司、浙江出版联合集团有限公司和河北出版传媒集团有限责任公司排名上升，安徽出版集团有限责任公司、中国出版集团公司和山东出版集团有限公司排名下降。详见表19。

表19　2014年图书出版集团总体经济规模综合排名（前10位）

综合排名	集团	综合评价得分	2013年排名	排名变化
1	江苏凤凰出版传媒集团有限公司	3.384 8	1	0
2	湖南出版投资控股集团有限公司	2.049 8	2	0
3	中国教育出版传媒集团有限公司	1.398 0	4	1
4	江西省出版集团公司	1.152 4	5	1
5	浙江出版联合集团有限公司	0.883 7	8	3
6	河北出版传媒集团有限责任公司	0.844 1	9	3
7	安徽出版集团有限责任公司	0.830 1	6	−1
8	中国出版集团公司	0.792 9	7	−1
9	山东出版集团有限公司	0.678 1	3	−6
10	中原出版传媒投资控股集团有限公司	0.384 0	10	0

说明：综合评价得分系选取主营业务收入、资产总额、所有者权益和利润总额4项指标，采用主成分分析方法，通过SPSS直接计算所得，仅用来显示各单位的相对位置。负数并不代表负面评价。

2. 经济效益排名

使用2014年期初资产总额、期末资产总额和利润总额，计算各图书出版集团平均资产总利润率。整体为5.89%；32家集团中，有16家集团平均资产总利润率高于整体水平；前10位降序依次为英大传媒投资集团有限公司、贵州出版集团公司、云南出版集团有限责任公司、湖南出版投资控股集团有限公司、中国科技出版传媒集团有限公司、河北出版传媒集团有限责任公司、青岛出版集团有限公司、中国教育出版传媒集团有限公司、中国出版集团公司和江西省出版集团公司。详见表20。

表20　　2014年图书出版集团平均资产总利润率排名（前10位）

排名	集团	平均资产总利润率（%）
1	英大传媒投资集团有限公司	14.02
2	贵州出版集团公司	9.60
3	云南出版集团有限责任公司	9.34
4	湖南出版投资控股集团有限公司	8.99
5	中国科技出版传媒集团有限公司	8.61
6	河北出版传媒集团有限责任公司	7.88
7	青岛出版集团有限公司	7.21
8	中国教育出版传媒集团有限公司	6.95
9	中国出版集团公司	6.95
10	江西省出版集团公司	6.93
—	整体	5.89

说明：平均资产总利润率＝利润总额÷[(期初资产总额＋期末资产总额)÷2]。

（二）报刊出版集团

1. 总体经济规模排名

采取同样评价方法，报刊出版集团总体经济规模的前10位降序依次为上海报业集团、成都传媒集团、浙江日报报业集团、山东大众报业（集团）有限公司、广州日报报业集团、河南日报报业集团有限公司、湖北日报传媒集团、南方报业传媒集团、重庆日报报业集团和江苏新华日报报业集团有限公司。

与2013年相比，重庆日报报业集团和江苏新华日报报业集团有限公司跻身前十，四川日报报业集团跌出前十；前10位中，河南日报报业集团有限公司和湖北日报传媒集团排名上升，成都传媒集团、浙江日报报业集团、山东大众报业（集团）有限公司、广州日报报业集团排名下降。详见表21。

表21　　2014年报刊出版集团总体经济规模综合排名（前10位）

综合排名	集团	综合评价得分	2013年排名	排名变化
1	上海报业集团	3.618 8	—	—
2	成都传媒集团	2.713 8	1	−1
3	浙江日报报业集团	2.494 6	2	−1
4	山东大众报业（集团）有限公司	1.661 6	3	−1
5	广州日报报业集团	1.648 6	4	−1
6	河南日报报业集团有限公司	0.948 7	7	1
7	湖北日报传媒集团	0.682 3	9	2
8	南方报业传媒集团	0.542 0	8	0
9	重庆日报报业集团	0.455 6	15	6
10	江苏新华日报报业集团有限公司	0.454 9	11	1

说明：同表19。

2. 经济效益排名

使用2014年期初资产总额、期末资产总额和利润总额，计算各报刊集团平均资产总利润率。整体为2.85%；46家集团中，有25家集团平均资产总利润率高于整体水平；前10位降序依次为湖南日报报业集团、甘肃日报报业集团、四川党建期刊集团、河南日报报业集团有限公司、广西日报传媒集团有限公司、江苏新华日报报业集团有限公司、长江日报报业集团、贵州日报报业集团、湖北知音传媒集团有限公司和浙江日报报业集团。详见表22。

表22　　2014年报刊出版集团平均资产总利润率排名（前10位）

排名	集团	平均资产总利润率（%）
1	湖南日报报业集团	11.59
2	甘肃日报报业集团	9.97
3	四川党建期刊集团	8.47
4	河南日报报业集团有限公司	8.10
5	广西日报传媒集团有限公司	7.67
6	江苏新华日报报业集团有限公司	7.15
7	长江日报报业集团	6.99
8	贵州日报报业集团	6.74
9	湖北知音传媒集团有限公司	6.70
10	浙江日报报业集团	6.54
—	整体	2.85

说明：同表20。

（三）发行集团

1. 总体经济规模排名

采用同样评价方法，发行集团总体经济规模的前10位降序依次为安徽新华发行（集团）控股有限公司、四川新华发行集团有限公司、湖南新华书店有限责任公司、浙江省新华书店集团有限公司、江西新华发行集团有限公司、山东新华书店集团有限公司、上海新华发行集团有限公司、河南省新华书店发行集团有限公司、河北省新华书店有限责任公司和重庆新华书店集团公司。

与2013年相比，前10位出版单位保持不变但名次发生变化，山东新华书店集团有限公司和上海新华发行集团有限公司名次互换，河南省新华书店发行集团有限公司和河北省新华书店有限责任公司名次互换。详见表23。

表23　2014年发行集团总体经济规模综合排名（前10位）

综合排名	集团	综合评价得分	2013年排名	排名变化
1	安徽新华发行（集团）控股有限公司	2.973 3	1	0
2	四川新华发行集团有限公司	2.230 8	2	0
3	湖南新华书店有限责任公司	1.211 1	3	0
4	浙江省新华书店集团有限公司	0.914 6	4	0
5	江西新华发行集团有限公司	0.878 8	5	0
6	山东新华书店集团有限公司	0.610 3	7	1
7	上海新华发行集团有限公司	0.581 8	6	−1
8	河南省新华书店发行集团有限公司	0.429 9	9	1
9	河北省新华书店有限责任公司	0.354 4	8	−1
10	重庆新华书店集团公司	0.125 0	10	0

说明：同表19。

2. 经济效益排名

使用2014年期初资产总额、期末资产总额和利润总额，计算各发行集团平均资产总利润率。整体为5.59%；27家集团中，有9家集团平均资产总利润率高于整体水平；前10位降序依次为湖南省新华书店有限责任公司、云南新华书店集团有限公司、江西新华发行集团有限公司、山东新华书店集团有限公司、广西新华书店集团股份有限公司、河北省新华书店有限责任公司、河南省新华书店发行集团有限公司、湖北省新华书店（集团）有限公司、吉林省新华书店集团有限责任公司和安徽新华发行（集团）控股有限公司。详见表24。

表24　2014年发行集团平均资产总利润率排名（前10位）

排名	集团	平均资产总利润率（%）
1	湖南省新华书店有限责任公司	17.74
2	云南新华书店集团有限公司	11.87
3	江西新华发行集团有限公司	9.36
4	山东新华书店集团有限公司	7.66
5	广西新华书店集团股份有限公司	7.52
6	河北省新华书店有限责任公司	7.08
7	河南省新华书店发行集团有限公司	6.30
8	湖北省新华书店（集团）有限公司	6.20
9	吉林省新华书店集团有限责任公司	5.83
10	安徽新华发行（集团）控股有限公司	5.54
—	整体	5.59

说明：同表20。

四、出版发行和印刷上市公司规模与效益分析

（一）在境内外上市的出版发行和印刷公司流通市值排名

以2014年12月31日收盘价计算，31家出版发行和印刷上市公司股市流通市值合计2 601.8亿元人民币，较2013年同期增加860.9亿元，增长49.5%；前10位降序依次为中南出版传媒集团股份有限公司、北京康得新复合材料股份有限公司、江苏凤凰出版传媒股份有限公司、浙报传媒集团股份有限公司、中文天地出版传媒股份有限公司、华闻传媒投资集团股份有限公司、安徽新华传媒股份有限公司、上海新华传媒股份有限公司、深圳劲嘉彩印集团股份有限公司和时代出版传媒股份有限公司。其中，书报刊出版公司6家，发行公司2家，印刷公司2家，全部在中国内地上市。详见表25。

表25　2014年出版发行和印刷上市公司流通市值排名（前10位）　单位：亿元

排名	上市公司	股票简称	业务类型	上市地点	流通市值
1	中南出版传媒集团股份有限公司	中南传媒	出版发行	上证A股	298.14
2	北京康得新复合材料股份有限公司	康得新	印刷	深证A股	274.65
3	江苏凤凰出版传媒股份有限公司	凤凰传媒	出版发行	上证A股	273.83

续前表

排名	上市公司	股票简称	业务类型	上市地点	流通市值
4	浙报传媒集团股份有限公司	浙报传媒	报业	上证 A 股	206.29
5	中文天地出版传媒股份有限公司	中文传媒	出版发行	上证 A 股	157.93
6	华闻传媒投资集团股份有限公司	华闻传媒	报业	深证 A 股	153.61
7	安徽新华传媒股份有限公司	皖新传媒	发行	上证 A 股	151.24
8	上海新华传媒股份有限公司	新华传媒	发行	上证 A 股	111.80
9	深圳劲嘉彩印集团股份有限公司	劲嘉股份	印刷	深证 A 股	88.02
10	时代出版传媒股份有限公司	时代出版	出版	上证 A 股	81.99

说明：(1) 书报刊出版上市公司包括业务类型描述为出版、出版发行、期刊和报业的上市公司。
(2) 在中国香港和美国上市的出版发行和印刷公司以人民币计价的流通市值系根据人民币对港元或美元当日平均汇率折算。

1. 书报刊出版上市公司

15 家书报刊出版上市公司股市流通市值合计 1 444.11 亿元人民币，较 2013 年增加 589.7 亿元人民币，增长 69.0%，占全体出版发行和印刷上市公司的 55.5%，提高 6.4 个百分点。

15 家书报刊出版上市公司的流通市值大小，降序依次为中南出版传媒集团股份有限公司、江苏凤凰出版传媒股份有限公司、浙报传媒集团股份有限公司、中文天地出版传媒股份有限公司、华闻传媒投资集团股份有限公司、时代出版传媒股份有限公司、成都博瑞传播股份有限公司、北方联合出版传媒（集团）股份有限公司、长江出版传媒股份有限公司、广东九州阳光传媒股份有限公司、北京赛迪传媒投资股份有限公司、中原大地传媒股份有限公司、北青传媒股份有限公司、现代传播控股有限公司和财讯传媒集团有限公司。详见表 26。

表 26　　2014 年书报刊出版上市公司流通市值排名　　单位：亿元

排名	上市公司	股票简称	上市地点	流通市值
1	中南出版传媒集团股份有限公司	中南传媒	上证 A 股	298.14
2	江苏凤凰出版传媒股份有限公司	凤凰传媒	上证 A 股	273.83
3	浙报传媒集团股份有限公司	浙报传媒	上证 A 股	206.29
4	中文天地出版传媒股份有限公司	中文传媒	上证 A 股	157.93
5	华闻传媒投资集团股份有限公司	华闻传媒	深证 A 股	153.61
6	时代出版传媒股份有限公司	时代出版	上证 A 股	81.99
7	成都博瑞传播股份有限公司	博瑞传播	上证 A 股	78.84
8	北方联合出版传媒（集团）股份有限公司	出版传媒	上证 A 股	57.79
9	长江出版传媒股份有限公司	长江传媒	上证 A 股	44.60
10	广东九州阳光传媒股份有限公司	粤传媒	深证 A 股	33.49
11	北京赛迪传媒投资股份有限公司	ST 传媒	深证 A 股	22.10
12	中原大地传媒股份有限公司	大地传媒	深证 A 股	17.63
13	北青传媒股份有限公司	北青传媒	香港联交所	7.39
14	现代传播控股有限公司	现代传播	香港联交所	5.88
15	财讯传媒集团有限公司	财讯传媒	香港联交所	4.60
—	合计	—	—	1 444.11

说明：同表 25 说明 (2)。

2. 发行上市公司

6 家发行上市公司股市流通市值合计 455.78 亿元人民币，较 2013 年增加 128.4 亿元人民币，增长 39.2%，占全体出版发行和印刷上市公司的 17.5%，降低 1.3 个百分点。

6 家发行上市公司的流通市值大小，降序依次为安徽新华传媒股份有限公司、上海新华传媒股份有限公司、四川新华文轩出版传媒股份有限公司、广东广弘控股股份有限公司、中国当当网公司和湖南天舟科教文化股份有限公司。详见表 27。

表 27　　2014 年发行上市公司流通市值排名　　单位：亿元

排名	上市公司	股票简称	上市地点	流通市值
1	安徽新华传媒股份有限公司	皖新传媒	上证 A 股	151.24
2	上海新华传媒股份有限公司	新华传媒	上证 A 股	111.80
3	四川新华文轩出版传媒股份有限公司	新华文轩	香港联交所	55.16
4	广东广弘控股股份有限公司	广弘控股	深证 A 股	51.22

续前表

排名	上市公司	股票简称	上市地点	流通市值
5	中国当当网公司	当当	美国纳斯达克	45.93
6	湖南天舟科教文化股份有限公司	天舟文化	深证创业板	40.43
—	合计	—	—	455.78

说明：同表25说明（2）。

3. 印刷上市公司

10家印刷上市公司股市流通市值合计701.91亿元人民币，较2013年增加142.8亿元人民币，增长25.5%，占全体出版发行和印刷上市公司的27.0%，降低5.1个百分点。

10家印刷上市公司的流通市值大小，降序依次为北京康得新复合材料股份有限公司、深圳劲嘉彩印集团股份有限公司、东港安全印刷股份有限公司、上海紫江企业集团股份有限公司、上海界龙实业集团股份有限公司、珠海中富实业股份有限公司、陕西金叶科教集团股份有限公司、福建鸿博印刷股份有限公司、黄山永新股份有限公司和北京盛通印刷股份有限公司。详见表28。

表28　　2014年印刷上市公司流通市值排名　　单位：亿元

排名	上市公司	股票简称	上市地点	流通市值
1	北京康得新复合材料股份有限公司	康得新	深证A股	274.65
2	深圳劲嘉彩印集团股份有限公司	劲嘉股份	深证A股	88.02
3	东港安全印刷股份有限公司	东港股份	深证A股	73.70
4	上海紫江企业集团股份有限公司	紫江企业	上证A股	72.56
5	上海界龙实业集团股份有限公司	界龙实业	上证A股	50.39
6	珠海中富实业股份有限公司	ST中富	深证A股	44.10
7	陕西金叶科教集团股份有限公司	陕西金叶	深证A股	30.17
8	福建鸿博印刷股份有限公司	鸿博股份	深证A股	28.54
9	黄山永新股份有限公司	永新股份	深证A股	27.21
10	北京盛通印刷股份有限公司	盛通股份	深证A股	12.57
—	合计	—	—	701.91

说明：同表25说明（2）。

（二）在上海和深圳上市的出版发行和印刷公司总市值排名

以2014年12月31日收盘价计算，在上海和深圳上市的26家出版发行和印刷公司股市总市值合计2 901.9亿元人民币，较2013年同期增加669.8亿元，增长30.0%；前10位降序依次为中南出版传媒集团股份有限公司、北京康得新复合材料股份有限公司、江苏凤凰出版传媒股份有限公司、华闻传媒投资集团股份有限公司、浙报传媒集团股份有限公司、中文天地出版传媒股份有限公司、安徽新华传媒股份有限公司、中原大地传媒股份有限公司、成都博瑞传播股份有限公司和上海新华传媒股份有限公司。其中，书报刊出版公司7家，发行公司2家，印刷公司1家。详见表29。

表29　　2014年在上海和深圳上市的出版发行和印刷公司总市值排名（前10位）　　单位：亿元

排名	上市公司	股票简称	业务类型	上市地点	总市值
1	中南出版传媒集团股份有限公司	中南传媒	出版发行	上证A股	298.14
2	北京康得新复合材料股份有限公司	康得新	印刷	深证A股	275.91
3	江苏凤凰出版传媒股份有限公司	凤凰传媒	出版发行	上证A股	273.83
4	华闻传媒投资集团股份有限公司	华闻传媒	报业	深证A股	223.34
5	浙报传媒集团股份有限公司	浙报传媒	报业	上证A股	216.15
6	中文天地出版传媒股份有限公司	中文传媒	出版发行	上证A股	157.93
7	安徽新华传媒股份有限公司	皖新传媒	发行	上证A股	151.24
8	中原大地传媒股份有限公司	大地传媒	出版发行	深证A股	130.26
9	成都博瑞传媒股份有限公司	博瑞传媒	报业	上证A股	117.53
10	上海新华传媒股份有限公司	新华传媒	发行	上证A股	111.80

说明：同表25说明（1）。

1. 书报刊出版上市公司

12家书报刊出版上市公司股市总市值合计1 793.92亿元人民币，增加423.7亿元，增长30.9%；占全体出版发行和印刷上市公司的61.8%，提高0.4个百分点。

12家书报刊上市公司的总市值大小，降序依次为中南出版传媒集团股份有限公司、江苏凤凰出版传媒股份有限公司、华闻传媒投资集团股份有限公司、浙报传媒集团股份有限公司、中文天地出版传媒股份有限公司、中原大地传媒股份有限公司、成都博瑞传播股份有限公司、广东九州阳光传媒股份有限公司、长江出版传媒股份有限公司、时代出版传媒股份有限公司、北方联合出版传媒（集团）股份有限公司和北京赛迪传媒投资股份有限公司。详见表30。

表30 2014年在上海和深圳上市的书报刊出版公司总市值排名 单位：亿元

排名	上市公司	股票简称	上市地点	总市值
1	中南出版传媒集团股份有限公司	中南传媒	上证A股	298.14
2	江苏凤凰出版传媒股份有限公司	凤凰传媒	上证A股	273.83
3	华闻传媒投资集团股份有限公司	华闻传媒	深证A股	223.34
4	浙报传媒集团股份有限公司	浙报传媒	上证A股	216.15
5	中文天地出版传媒股份有限公司	中文传媒	上证A股	157.93
6	中原大地传媒股份有限公司	大地传媒	深证A股	130.26
7	成都博瑞传播股份有限公司	博瑞传播	上证A股	117.53
8	广东九州阳光传媒股份有限公司	粤传媒	深证A股	111.46
9	长江出版传媒股份有限公司	长江传媒	上证A股	103.28
10	时代出版传媒股份有限公司	时代出版	上证A股	81.99
11	北方联合出版传媒（集团）股份有限公司	出版传媒	上证A股	57.79
12	北京赛迪传媒投资股份有限公司	ST传媒	深证A股	22.22
—	合计	—	—	1 793.92

2. 发行上市公司

4家发行上市公司股市总市值合计378.44亿元人民币，增加94.9亿元，增长33.5%；占全体出版发行和印刷上市公司的13.0%，提高0.3个百分点。

4家发行上市公司的总市值大小，降序依次为安徽新华传媒股份有限公司、上海新华传媒股份有限公司、湖南天舟科教文化股份有限公司和广东广弘控股股份有限公司。详见表31。

表31 2014年在上海和深圳上市的发行公司总市值排名 单位：亿元

排名	上市公司	股票简称	上市地点	总市值
1	安徽新华传媒股份有限公司	皖新传媒	上证A股	151.24
2	上海新华传媒股份有限公司	新华传媒	上证A股	111.80
3	湖南天舟科教文化股份有限公司	天舟文化	深圳创业板	62.68
4	广东广弘控股股份有限公司	广弘控股	深证A股	52.72
—	合计	—	—	378.44

3. 印刷上市公司

10家印刷上市公司股市总市值合计729.48亿元人民币，增加151.2亿元，增长26.1%；占全体出版发行和印刷上市公司的25.1%，降低0.8个百分点。

10家印刷上市公司的总市值大小，降序依次为北京康得新复合材料股份有限公司、深圳劲嘉彩印集团股份有限公司、东港安全印刷股份有限公司、上海紫江企业集团股份有限公司、上海界龙实业集团股份有限公司、福建鸿博印刷股份有限公司、珠海中富实业股份有限公司、陕西金叶科教集团股份有限公司、黄山永新股份有限公司和北京盛通印刷股份有限公司。详见表32。

表32 2014年在上海和深圳上市的印刷公司总市值排名 单位：亿元

排名	上市公司	股票简称	上市地点	总市值
1	北京康得新复合材料股份有限公司	康得新	深证A股	275.91
2	深圳劲嘉彩印集团股份有限公司	劲嘉股份	深证A股	90.03

续前表

排名	上市公司	股票简称	上市地点	总市值
3	东港安全印刷股份有限公司	东港股份	深证 A 股	74.03
4	上海紫江企业集团股份有限公司	紫江企业	上证 A 股	72.56
5	上海界龙实业集团股份有限公司	界龙实业	上证 A 股	50.39
6	福建鸿博印刷股份有限公司	鸿博股份	深证 A 股	45.80
7	珠海中富实业股份有限公司	ST 中富	深证 A 股	44.10
8	陕西金叶科教集团股份有限公司	陕西金叶	深证 A 股	30.24
9	黄山永新股份有限公司	永新股份	深证 A 股	27.46
10	北京盛通印刷股份有限公司	盛通股份	深证 A 股	18.96
—	合计	—	—	729.48

（三）在上海和深圳上市的出版发行和印刷公司营业收入排名

2014 年，在上海和深圳上市的 26 家出版发行和印刷公司营业收入合计 932.6 亿元，较 2013 年同期增加 128.1 亿元，增长 15.9%；前 10 位降序依次为中文天地出版传媒股份有限公司、江苏凤凰出版传媒股份有限公司、中南出版传媒集团股份有限公司、上海紫江企业集团股份有限公司、中原大地传媒股份有限公司、安徽新华传媒股份有限公司、时代出版传媒股份有限公司、北京康得新复合材料股份有限公司、长江出版传媒股份有限公司和华闻传媒投资集团股份有限公司。其中，书报刊出版公司 7 家，发行公司 1 家，印刷公司 2 家。详见表 33。

表 33　　2014 年在上海和深圳上市的出版发行和印刷公司营业收入排名（前 10 位）　　单位：亿元

排名	上市公司	股票简称	业务类型	上市地点	营业收入
1	中文天地出版传媒股份有限公司	中文传媒	出版发行	上证 A 股	105.03
2	江苏凤凰出版传媒股份有限公司	凤凰传媒	出版发行	上证 A 股	96.18
3	中南出版传媒集团股份有限公司	中南传媒	出版发行	上证 A 股	90.39
4	上海紫江企业集团股份有限公司	紫江企业	印刷	上证 A 股	85.01
5	中原大地传媒股份有限公司	大地传媒	出版发行	深证 A 股	71.03
6	安徽新华传媒股份有限公司	皖新传媒	发行	上证 A 股	57.45
7	时代出版传媒股份有限公司	时代出版	出版	上证 A 股	53.64
8	北京康得新复合材料股份有限公司	康得新	印刷	深证 A 股	52.08
9	长江出版传媒股份有限公司	长江传媒	出版发行	上证 A 股	46.87
10	华闻传媒投资集团股份有限公司	华闻传媒	报业	深证 A 股	39.53

说明：同表 25 说明（1）。

（四）在上海和深圳上市的出版发行和印刷公司利润总额排名

2014 年，在上海和深圳上市的 26 家出版发行和印刷公司利润总额合计 115.6 亿元人民币，较 2013 年同期增加 32.7 亿元，增长 39.4%；前 10 位降序依次为中南出版传媒集团股份有限公司、华闻传媒投资集团股份有限公司、江苏凤凰出版传媒股份有限公司、北京康得新复合材料股份有限公司、中文天地出版传媒股份有限公司、安徽新华传媒股份有限公司、深圳劲嘉彩印集团股份有限公司、浙报传媒集团股份有限公司、中原大地传媒股份有限公司和成都博瑞传播股份有限公司。其中，书报刊出版公司 7 家，发行公司 1 家，印刷公司 2 家。详见表 34。

表 34　　2014 年在上海和深圳上市的出版发行和印刷公司利润总额排名（前 10 位）　　单位：亿元

排名	上市公司	股票简称	业务类型	上市地点	利润总额
1	中南出版传媒集团股份有限公司	中南传媒	出版发行	上证 A 股	15.49
2	华闻传媒投资集团股份有限公司	华闻传媒	报业	深证 A 股	12.63
3	江苏凤凰出版传媒股份有限公司	凤凰传媒	出版发行	上证 A 股	12.49
4	北京康得新复合材料股份有限公司	康得新	印刷	深证 A 股	11.87

续前表

排名	上市公司	股票简称	业务类型	上市地点	利润总额
5	中文天地出版传媒股份有限公司	中文传媒	出版发行	上证 A 股	9.52
6	安徽新华传媒股份有限公司	皖新传媒	发行	上证 A 股	7.03
7	深圳劲嘉彩印集团股份有限公司	劲嘉股份	印刷	深证 A 股	6.86
8	浙报传媒集团股份有限公司	浙报传媒	报业	上证 A 股	6.74
9	中原大地传媒股份有限公司	大地传媒	出版发行	深证 A 股	6.52
10	成都博瑞传播股份有限公司	博瑞传播	报业	上证 A 股	4.17

说明：同表 25 说明（1）。

（五）在上海和深圳上市的出版发行和印刷公司综合利润率排名

使用 2014 年期初资产总额、期末资产总额与利润总额，计算在上海和深圳上市的 26 家出版发行和印刷上市公司平均资产总利润率，前 10 位降序依次为深圳劲嘉彩印集团股份有限公司、广东广弘控股股份有限公司、华闻传媒投资集团股份有限公司、东港安全印刷股份有限公司、北京康得新复合材料股份有限公司、中原大地传媒股份有限公司、中南出版传媒集团股份有限公司、湖南天舟科教文化股份有限公司、安徽新华传媒股份有限公司和浙报传媒集团股份有限公司。其中，书报刊出版公司 4 家，发行公司 3 家，印刷公司 3 家。详见表 35。

表 35　2014 年在上海和深圳上市的出版发行和印刷公司平均资产综合利润率排名（前 10 位）

排名	上市公司	股票简称	业务类型	上市地点	利润率（%）
1	深圳劲嘉彩印集团股份有限公司	劲嘉股份	印刷	深证 A 股	14.83
2	广东广弘控股股份有限公司	广弘控股	发行	深证 A 股	14.43
3	华闻传媒投资集团股份有限公司	华闻传媒	报业	深证 A 股	14.02
4	东港安全印刷股份有限公司	东港股份	印刷	深证 A 股	12.76
5	北京康得新复合材料股份有限公司	康得新	印刷	深证 A 股	12.61
6	中原大地传媒股份有限公司	大地传媒	出版发行	深证 A 股	11.33
7	中南出版传媒集团股份有限公司	中南传媒	出版发行	上证 A 股	11.01
8	湖南天舟科教文化股份有限公司	天舟文化	发行	深圳创业板	10.76
9	安徽新华传媒股份有限公司	皖新传媒	发行	上证 A 股	10.45
10	浙报传媒集团股份有限公司	浙报传媒	报业	上证 A 股	9.88

说明：同表 25 说明（1）。

五、图书出版单位经济规模综合评价

（一）全部图书出版单位排名

选取图书出版单位财务报表中的主营业务收入、资产总额、所有者权益和利润总额 4 项经济规模指标，采用主成分分析法，对全国 555 家图书出版单位的总体经济规模进行综合评价，前 10 位降序依次为人民教育出版社、高等教育出版社、重庆出版社、外语教学与研究出版社、科学出版社、人民卫生出版社、知识产权出版社、商务印书馆、北京师范大学出版社和浙江教育出版社。

与 2013 年相比，浙江教育出版社跻身前十，机械工业出版社跌出前十；前 10 位中，科学出版社、知识产权出版社和北京师范大学出版社排名上升，商务印书馆排名下降。详见表 36。

表 36　2014 年图书出版单位总体经济规模综合评价（前 10 位）

综合排名	图书出版单位	综合评价得分	2013 年排名	排名变化
1	人民教育出版社	13.718 4	1	0
2	高等教育出版社	9.396 2	2	0
3	重庆出版社	6.885 3	3	0
4	外语教学与研究出版社	5.558 7	4	0
5	科学出版社	4.840 3	7	2
6	人民卫生出版社	4.197 8	6	0
7	知识产权出版社	3.539 3	8	1
8	商务印书馆	3.377 4	5	−3
9	北京师范大学出版社	2.604 8	10	1
10	浙江教育出版社	2.571 3	11	1

说明：同表 18。

（二）中央各部门各单位图书出版单位排名

171家中央各部门各单位图书出版单位的前10位降序依次为人民教育出版社、高等教育出版社、科学出版社、人民卫生出版社、知识产权出版社、商务印书馆、中国劳动社会保障出版社、教育科学出版社、人民邮电出版社和中国建筑工业出版社。

与2013年相比，人民邮电出版社和中国建筑工业出版社跻身前十，机械工业出版社和中国轻工业出版社跌出前十；前10位中，科学出版社、知识产权出版社、中国劳动社会保障出版社和教育科学出版社排名上升，商务印书馆排名下降。详见表37。

表37　2014年中央各部门各单位图书出版单位总体经济规模综合排名（前10位）

综合排名	图书出版单位	综合评价得分	2013年排名	排名变化
1	人民教育出版社	13.718 4	1	0
2	高等教育出版社	9.396 2	2	0
3	科学出版社	4.840 3	5	2
4	人民卫生出版社	4.197 8	4	0
5	知识产权出版社	3.539 3	6	1
6	商务印书馆	3.377 4	3	−3
7	中国劳动社会保障出版社	2.252 8	8	1
8	教育科学出版社	1.825 9	9	1
9	人民邮电出版社	1.736 1	11	2
10	中国建筑工业出版社	1.538 3	13	3

说明：同表18。

（三）大学图书出版单位排名

106家大学图书出版单位的前10位降序依次为外语教学与研究出版社、北京师范大学出版社、清华大学出版社、上海外语教育出版社、中国人民大学出版社、北京大学出版社、中央广播电视大学出版社、广西师范大学出版社、华东师范大学出版社和复旦大学出版社。

与2013年相比，前10位出版单位保持不变但名次发生变化，中国人民大学出版社和广西师范大学出版社排名上升，北京大学出版社和复旦大学出版社排名下降。详见表38。

表38　2014年大学图书出版单位总体经济规模综合排名（前10位）

综合排名	图书出版单位	综合评价得分	2013年排名	排名变化
1	外语教学与研究出版社	5.558 7	1	0
2	北京师范大学出版社	2.604 8	2	0
3	清华大学出版社	2.203 7	3	0
4	上海外语教育出版社	1.726 7	4	0
5	中国人民大学出版社	1.247 0	6	1
6	北京大学出版社	1.167 9	5	−1
7	中央广播电视大学出版社	0.938 8	7	0
8	广西师范大学出版社	0.830 7	10	2
9	华东师范大学出版社	0.712 5	9	0
10	复旦大学出版社	0.652 5	8	−2

说明：同表18。

（四）地方图书出版单位排名

256家地方图书出版单位的前10位降序依次为重庆出版社、浙江教育出版社、青岛出版社、四川教育出版社、江苏教育出版社、上海书画出版社、内蒙古教育出版社、北京出版社、安徽教育出版社和湖南教育出版社。

与2013年相比，湖南教育出版社跻身前十，山西教育出版社跌出前十；前10位中，青岛出版社、内蒙古教育出版社和安徽教育出版社排名上升，江苏教育出版社排名下降。详见表39。

表39　2014年地方图书出版单位总体经济规模综合排名（前10位）

综合排名	图书出版单位	综合评价得分	2013年排名	排名变化
1	重庆出版社	6.885 3	1	0
2	浙江教育出版社	2.571 3	2	0
3	青岛出版社	2.467 5	5	2
4	四川教育出版社	2.425 7	4	0
5	江苏教育出版社	2.214 7	3	−2
6	上海书画出版社	1.657 0	6	0
7	内蒙古教育出版社	1.443 7	9	2
8	北京出版社	1.360 5	8	0
9	安徽教育出版社	1.182 9	10	1
10	湖南教育出版社	1.137 2	11	1

说明：同表18。

（五）社科类图书出版单位排名

179家社科类图书出版单位的前10位降序依次为重庆出版社、知识产权出版社、商务印书馆、青岛出版社、中国劳动社会保障出版社、北京出版社、人民出版社、党建读物出版社、中信出版社和中国财政经济出版社。

与2013年相比，中信出版社跻身前十，中国社会科学出版社跌出前十；前10位中，知识产权出版社和党建读物出版社排名上升，商务印书馆和中国财政经济出版社排名下降。详见表40。

表40　社科类图书出版单位总体经济规模综合排名（前10位）

综合排名	图书出版单位	综合评价得分	2013年排名	排名变化
1	重庆出版社	6.885 3	1	0
2	知识产权出版社	3.539 3	3	1
3	商务印书馆	3.377 4	2	−1
4	青岛出版社、	2.467 5	4	0
5	中国劳动社会保障出版社	2.252 8	5	0
6	北京出版社	1.360 5	6	0
7	人民出版社	0.942 4	7	0
8	党建读物出版社	0.797 5	10	2
9	中信出版社	0.772 5	11	2
10	中国财政经济出版社	0.726 2	8	−2

说明：同表18。

（六）文艺类图书出版单位排名

37家文艺类图书出版单位的前10位降序依次为译林出版社、人民音乐出版社、上海译文出版社、人民文学出版社、湖南文艺出版社、作家出版社、长江文艺出版社、上海音乐出版社、山东文艺出版社和百花洲文艺出版社。

与2013年相比，百花洲文艺出版社跻身前十，上海文艺出版社跌出前十；前10位中，湖南文艺出版社和山东文艺出版社排名上升，作家出版社排名下降。详见表41。

表41　文艺类图书出版单位总体经济规模综合排名（前10位）

综合排名	图书出版单位	综合评价得分	2013年排名	排名变化
1	译林出版社	0.883 7	1	0
2	人民音乐出版社	0.596 2	2	0
3	上海译文出版社	0.257 7	3	0
4	人民文学出版社	0.223 9	4	0
5	湖南文艺出版社	0.196 8	6	1
6	作家出版社	0.035 0	5	−1
7	长江文艺出版社	0.022 3	7	0
8	上海音乐出版社	−0.081 4	8	0
9	山东文艺出版社	−0.106 6	10	1
10	百花洲文艺出版社	−0.125 3	11	1

说明：同表18。

（七）美术类图书出版单位排名

32家美术类图书出版单位的前10位降序依次为上海书画出版社、湖南美术出版社、江西美术出版社、安徽美术出版社、人民美术出版社、吉林美术出版社、浙江人民美术出版社、湖北美术出版社、河南美术出版社和陕西人民美术出版社。

与2013年相比，河南美术出版社跻身前十，天津人民美术出版社跌出前十；前10位中，安徽美术出版社和浙江人民美术出版社排名上升，人民美术出版社排名下降。详见表42。

表42　美术类图书出版单位总体经济规模综合排名（前10位）

综合排名	图书出版单位	综合评价得分	2013年排名	排名变化
1	上海书画出版社	1.657 0	1	0
2	湖南美术出版社	0.115 6	2	0
3	江西美术出版社	0.013 8	3	0
4	安徽美术出版社	−0.027 9	5	1
5	人民美术出版社	−0.034 8	4	−1
6	吉林美术出版社	−0.158 5	6	0
7	浙江人民美术出版社	−0.161 7	9	2
8	湖北美术出版社	−0.188 7	8	0
9	河南美术出版社	−0.189 1	18	9
10	陕西人民美术出版社	−0.191 5	10	0

说明：同表18。

（八）科技类图书出版单位排名

83家科技类图书出版单位的前10位降序依次为科学出版社、人民卫生出版社、人民邮电出版社、中国建筑工业出版社、中国地图出版社、中国轻工业出版社、机械工业出版社、电子工业出版社、化学工业出版社和中国电力出版社。

与2013年相比，中国电力出版社跻身前十，人民交通出版社跌出前十；前10位中，科学出版社、人民邮电出版社、中国建筑工业出版社、中国地图出版社和化学工业出版社排名上升，人民卫生出版社、中国轻工业出版社和机械工业出版社排名下降。详见表43。

表43　科技类图书出版单位总体经济规模综合排名（前10位）

综合排名	图书出版单位	综合评价得分	2013年排名	排名变化
1	科学出版社	4.840 3	2	1
2	人民卫生出版社	4.197 8	1	−1
3	人民邮电出版社	1.736 1	5	2

续前表

综合排名	图书出版单位	综合评价得分	2013年排名	排名变化
4	中国建筑工业出版社	1.538 3	7	3
5	中国地图出版社	1.489 4	6	1
6	中国轻工业出版社	1.486 8	4	−2
7	机械工业出版社	1.417 0	3	−4
8	电子工业出版社	1.249 5	8	0
9	化学工业出版社	1.041 0	10	1
10	中国电力出版社	0.752 3	11	1

说明：同表18。

（九）教育类图书出版单位排名

35家教育类图书出版单位的前10位降序依次为人民教育出版社、高等教育出版社、浙江教育出版社、四川教育出版社、江苏教育出版社、教育科学出版社、内蒙古教育出版社、安徽教育出版社、湖南教育出版社和广东教育出版社。

与2013年相比，广东教育出版社跻身前十，山西教育出版社跌出前十；前10位中，四川教育出版社、内蒙古教育出版社、安徽教育出版社和湖南教育出版社排名上升，江苏教育出版社排名下降。详见表44。

表44　教育类图书出版单位总体经济规模综合排名（前10位）

综合排名	图书出版单位	综合评价得分	2013年排名	排名变化
1	人民教育出版社	13.718 4	1	0
2	高等教育出版社	9.396 2	2	0
3	浙江教育出版社	2.571 3	3	0
4	四川教育出版社	2.425 7	5	1
5	江苏教育出版社	2.214 7	4	−1
6	教育科学出版社	1.825 9	6	0
7	内蒙古教育出版社	1.443 7	8	1
8	安徽教育出版社	1.182 9	9	1
9	湖南教育出版社	1.137 2	10	1
10	广东教育出版社	0.958 2	11	1

说明：同表18。

（十）少儿类图书出版单位排名

29家少儿类图书出版单位的前10位降序依次为中国少年儿童出版社、二十一世纪出版社、明天出版社、安徽少年儿童出版社、浙江少年儿童出版社、接力出版社、海燕出版社、长江少年儿童出版社、湖南少年儿童出版社和新疆青少年出版社。

与2013年相比，新疆青少年出版社跻身前十，江苏少年儿童出版社跌出前十；前10位中，安徽少年儿童出版社、海燕出版社和湖南少年儿童出版社排名上升，浙江少年儿童出版社和长江少年儿童出版社排名下降。详见表45。

表45　少儿类图书出版单位总体经济规模综合排名（前10位）

综合排名	图书出版单位	综合评价得分	2013年排名	排名变化
1	中国少年儿童出版社	0.787 9	1	0
2	二十一世纪出版社	0.721 0	2	0
3	明天出版社	0.704 8	3	0
4	安徽少年儿童出版社	0.521 1	5	1
5	浙江少年儿童出版社	0.501 8	4	−1
6	接力出版社	0.496 0	6	0
7	海燕出版社	0.288 3	8	1
8	长江少年儿童出版社	0.256 6	7	−1
9	湖南少年儿童出版社	0.223 3	10	1
10	新疆青少年出版社	0.130 4	11	1

说明：同表18。

（十一）古籍类图书出版单位排名

19家古籍类图书出版单位的前10位降序依次为中华书局、黄山书社、国家图书馆出版社、岳麓书社、文物出版社、上海古籍出版社、齐鲁书社、三秦出版社、中州古籍出版社和凤凰出版社。

与2013年相比，前10位出版单位保持不变但名次发生变化，岳麓书社和中州古籍出版社排名上升，文物出版社和凤凰出版社排名下降。详见表46。

表46　古籍类图书出版单位总体经济规模综合排名（前10位）

综合排名	图书出版单位	综合评价得分	2013年排名	排名变化
1	中华书局	0.320 0	1	0
2	黄山书社	0.102 1	2	0
3	国家图书馆出版社	0.034 7	3	0
4	岳麓书社	−0.030 1	5	1
5	文物出版社	−0.048 7	4	−1
6	上海古籍出版社	−0.148 8	6	0
7	齐鲁书社	−0.158 9	7	0
8	三秦出版社	−0.321 5	8	0
9	中州古籍出版社	−0.326 4	10	1
10	凤凰出版社	−0.329 9	9	−1

六、产业基地（园区）情况分析

（一）经济总量规模

依据 21 家国家新闻出版产业基地（园区）报送的数据汇总，上述基地（园区）2014 年共实现营业收入 1 424.1 亿元，资产总额 1 368.1 亿元，利润总额 217.7 亿元。

在 21 家产业基地（园区）中，营业收入超过 200 亿元的有 2 家，降序依次为上海张江国家数字出版基地和江苏国家数字出版基地。在 100 亿～200 亿元区间的有 2 家，降序依次为辽宁国家印刷产业基地和广东国家数字出版基地。在 50 亿～100 亿元区间的有 5 家，降序依次为安徽国家数字出版产业基地、杭州国家数字出版产业基地、西安国家数字出版基地、中南国家数字出版基地和重庆北部新区国家数字出版基地。前 9 家基地（园区）营业收入合计占到全部基地（园区）的 85.7%。不足 50 亿元的有 12 家，降序依次为中国北京出版创意产业园区、西安国家印刷包装产业基地、天津国家数字出版基地、海峡国家数字出版产业基地、青岛国家数字出版产业基地、江西国家印刷包装产业基地、上海金山国家绿色创意印刷示范园区、上海国家音乐产业基地、广东国家音乐创意产业基地、黑龙江平房国家动漫出版产业基地、华中国家数字出版基地和四川国家音乐产业基地。

（二）数字出版基地（园区）经济规模

2014 年，12 家国家数字出版基地（园区）共实现营业收入 1 118.7 亿元，较 2013 年增长 24.0%；拥有资产总额 938.5 亿元，增长 23.6%；实现利润总额 197.1 亿元，增长 43.1%。

在 12 家国家数字出版基地（园区）中，营业收入降序依次为上海张江国家数字出版基地、江苏国家数字出版基地、广东国家数字出版基地、安徽国家数字出版基地、杭州国家数字出版产业基地、西安国家数字出版基地、中南国家数字出版基地、重庆北部新区国家数字出版基地、天津国家数字出版基地、海峡国家数字出版产业基地、青岛国家数字出版产业基地和华中国家数字出版基地。其中，营业收入超过 200 亿元的有 2 家，降序依次为上海张江国家数字出版基地和江苏国家数字出版产业基地；在 100 亿～200 亿元区间的有 1 家，即广东国家数字出版基地；在 50 亿～100 亿元区间的有 5 家。详见表 47。

表 47　国家数字出版基地（园区）的营业收入

排名	基地（园区）	营业收入（亿元人民币）	在全体中所占比重	
			比重（%）	累计比重（%）
1	上海张江国家数字出版基地	280.00	25.03	25.03
2	江苏国家数字出版基地	227.10	20.30	45.33
3	广东国家数字出版基地	168.25	15.04	60.37
4	安徽国家数字出版基地	95.85	8.57	68.94
5	杭州国家数字出版产业基地	84.25	7.53	76.47
6	西安国家数字出版基地	65.22	5.83	82.3
7	中南国家数字出版基地	58.77	5.25	87.55
8	重庆北部新区国家数字出版基地	50.45	4.51	92.06
9	天津国家数字出版基地	33.08	2.96	95.02
10	海峡国家数字出版产业基地	28.38	2.54	97.55
11	青岛国家数字出版产业基地	26.41	2.36	99.91
12	华中国家数字出版基地	0.97	0.09	100.00
—	合计	1 118.73	100.00	—
—	平均	93.23	—	—

2014—2015 年中国数字出版产业年度报告

中国新闻出版研究院

一、新环境

（一）顶层设计助推产业转型升级、融合发展

2014 年 8 月 18 日，中央全面深化改革领导小组第四次会议审议通过了《关于推动传统媒体和新兴媒体融合发展的指导意见》，习近平总书记也作了重要讲话。2015 年，李克强总理在政府工作报告中提出政府的工作重点："互联网 ＋"行动计划、"大众创业，万众创新"。

2014 年，中央财政下拨文化产业发展专项资金 50 亿元，比 2013 年增加 4.2％，共支持项目 800 个。2014 年，新闻出版项目获中央文化产业发展专项资金支持 21 亿元，其中获得中央文资办支持的数字出版转型升级项目达 77 个，获拨文化产业发展专项资金 6.27 亿元。2015 年 2 月，财政部发布的《关于申报 2015 年度文化产业发展专项资金的通知》中，将"推动传统媒体和新兴媒体融合发展"纳入重点支持内容之一。

（二）文化产业对经济发展驱动力加强，与金融融合渐趋深入

据《文化及相关产业统计概览 2015》，2014 年文化产业增加值为 24 017 亿元，占 GDP 的比重为 3.77％，可以看到在经济下行压力加大的情况下，文化产业的增长速度仍为 12.5％，高于 GDP 7.4％ 的增长速度。

一是我国文化产业投资基金发展迅速。据统计，2014 年一年内新增加了 51 只文化产业投资基金，所披露的 40 只基金总募资金额高达 1 196.85 亿元，主要投向移动互联网。

二是出版产业迎来上市风潮。2014 年，中国科技出版传媒股份有限公司、南方出版传媒股份有限公司、读者出版传媒股份有限公司等先后预披露公开发行股票招股说明书，中国出版集团、中国教育出版传媒集团、山东出版集团等出版企业正积极筹备上市。2014 年 12 月 5 日，中文在线在创业板上市的申请获得中国证券监督管理委员会创业板发行审核委员会审核通过。

三是文化企业借助金融工具拓展文化金融新业态，借力金融谋求新发展。如：中文传媒等企业成立担保公司与投资公司；凤凰出版传媒集团依托上海金融事业部拓展文化贸易金融、艺术金融领域；中南传媒成立全国首家文化行业企业集团财务公司；时代出版等企业通过发行债券实现融资等。

四是文化传媒行业并购整合加剧。据不完全统计，2014 年共发生 169 起文化传媒行业的并购，涉及资本约 1 605 亿元。特别是文化企业跨地区、跨行业、跨所有制并购重组在 2014 年持续升温。

（三）数字阅读率快速上升，移动端电子书阅读量增长显著

中国新闻出版研究院第十二次全国国民阅读调查数据显示：2014 年数字化阅读方式（网络在线阅读、手机阅读、电子阅读器阅读、光盘阅读、Pad 阅读等）的接触率为 58.1％，较 2013 年的 50.1％上升了 8.0 个百分点，首次超过了图书阅读率。

2014 年我国成年国民电子书阅读率为 22.3％，较 2013 年的 19.2％上升了 3.1 个百分点；电子报的阅读率为 10.0％，较 2013 年的 8.5％上升了 1.5 个百分点；电子期刊的阅读率为 8.0％，较 2013 年的 5.0％上升了 3.0 个百分点。

二、新规模

2014 年我国数字出版产业收入为 3 387.7 亿元，比 2013 年增长 33.36％，数字出版产业收入在新闻出版产业收入的占比由 2013 年的 13.9％ 提升至 17.1％。

其中，互联网期刊收入 14.3 亿元，电子书 45 亿元，数字报纸 10.5 亿元，博客 33.2 亿元，在线音乐 52.4 亿元，网络动漫 38 亿元。

移动出版和网络游戏的收入分别为 784.9 亿元和 869.4 亿元，在数字出版总收入中所占比例分别为 32.17％和 25.66％，两者合计占比 57.83％，说

明移动出版和网络游戏依然是拉动数字出版产业收入的主力军，意味着休闲、娱乐类产品在数字出版产业中占据了相当比重。

尤其值得重视的是，互联网期刊收入从2006年的5亿元增长至2014年的14.3亿元，9年增加近两倍。电子图书收入2006年为1.5亿元，2014年为45亿元，9年间增加了29倍；虽然与纸版图书销售收入相比依然很少，但从2012年开始，呈现快速增长态势，年平均增长幅度为20.5%。网络游戏和互联网广告在2006年至2014年，都实现了大幅度增长，表现出强劲的发展势头。

用户规模保持平稳增长，截至2014年底，我国数字出版产业的累计用户规模达到12.47亿，在线音乐、网络游戏的用户规模在2008年至2014年呈现跨越式的大幅度增长。

原创网络文学注册用户数也保持着高速增长的态势，博客用户规模则出现了下降，与微信等社交媒体的迅猛发展有着很大关系。

产品规模显著增加，电子图书产品规模从2011年的90万种增加至2014年的160万种，增长率为77.78%。

互联网原创作品的规模从2013年的175.78万种增至2014年的201万种，产品规模变化明显，这与网络原创作品平台自律机制的不断形成，以及政府引导与内容规范管理密切相关。

三、新发展

（一）转型升级，融合发展进入新阶段

2014年4月，国家新闻出版广电总局与财政部联合发布《关于推动新闻出版业数字化转型升级的指导意见》，提出用三年时间支持一批新闻出版企业、实施一批转型升级项目，带动和加快新闻出版业整体转型升级步伐。

2014年4月，国家新闻出版广电总局与财政部联合出台《关于推动传统媒体和新型出版融合发展的指导意见》，提出力争用三至五年的时间，研发和应用一批新技术、新产品、新业态，确立一批示范单位、示范项目、示范基地，打造一批形态多样、手段先进、市场竞争力强的新型出版机构，建设若干家具有强大实力、传播力、公信力、影响力的新型出版传媒集团的工作目标。

2014年，国家新闻出版广电总局下发了《关于开展2014年传统媒体单位转型示范工作的通知》，第二批转型示范单位名单于7月7日进行公示，通过两批示范单位，已经确定了170家。新闻出版单位加快设立数字出版分公司、子公司，推进组织机构和出版流程再造，推行融合发展运营机制。

财政部、科技部等支持项目向新闻出版业倾斜，企业申报项目更加积极。

互联网公司人才和出版业人才双向流动更加频繁。互联网企业通过并购等方式积极向新闻出版等文化产业靠拢。2014年11月百度文学成立，腾讯的阅文集团和阿里巴巴的阿里文学也相继于2015年3月和4月成立，通过吸引知名作家及并购影视公司、游戏公司等方式，形成了从出版的上游内容提供到下游影视改编、游戏创作等多种传播渠道的文化传播产业链，力求开拓多元的融合发展路径。

（二）产品及服务形态更加丰富

一是特色资源数据库建设，通过专业出版资源的数据化、结构化、多维化实现海量出版资源在数据库的聚集，来打造专业领域优质内容服务平台。如人民军医出版社打造的医学资源数据库。

二是移动端产品的可视化、多维化创新取得新的进展。很多新闻客户端，通过图文、短视频、动画、动漫、游戏等形式呈现新闻报道，实现了一维到多维、可读到可视的服务转换。如新华社的新闻客户端。

三是以慕课为代表的数字教育产品与服务形态迅速崛起。比如人民卫生出版社开发了中国首套国家级医学数字教材。

服务平台建设迈向云端。随着“互联网+”行动计划的落实，越来越多的实体经济走向在线化、数据化。出版行业也不例外。出版资源的在线化、数据化带来的直接结果就是新闻出版行业数据每年的几何级的增长态势。初步计划建设全国新闻出版基础数据服务平台，建立编辑大数据中心、营销大数据中心、用户行为大数据中心等。

技术应用加速产业创新。当前，大数据、云计算、移动互联网等技术已成为主流技术，而语义技术、人工智能等智能化信息服务技术也在数字出版领域逐渐兴起。

各种可穿戴产品和智能设备让提供实时化的智能服务成为可能，实时性、相关性的数据成为数字内容的创新来源。

技术应用水平不断提升。以二维码技术为例，新闻出版业对二维码技术的应用不再只是产品信息获取的渠道，而是与产品本身有了更充分的结合。

（三）跨界合作延伸产业边界

2014年3月，国务院发布了《关于推进文化创意和设计服务与相关产业融合发展的若干意见》，鼓

励包括新闻出版业在内的文化产业与建筑业、信息业等重点领域融合发展，文化产业对此积极响应，并有一批企业在融合发展方面取得新的成效。

保障体系提供有利支撑。一方面，数字出版标准体系建设进入新阶段，由中国提出的首个新闻出版领域的国际标准得到ISO组织的正式批准，同时这个标准的注册中心也已经正式落户到中国。这是中国提出的首个新闻出版领域的国际标准。这个标准的注册中心也是中国承接的首个国际标准注册中心。

数字出版保护标准建设正在有序推进，工程的25项标准已经通过相关的审批程序。

数字版权立法保护工作取得新进展，包括：《著作权法》的修订正在征求意见；《使用文字作品支付报酬办法》对数字网络领域的稿酬支付有指导作用；同时，《最高人民法院关于审理利用信息网络侵害人身权益民事纠纷案件适用法律若干问题的规定》明确了利用自媒体等转载网络信息行为的过错及程度认定问题。

系列数字出版工程全面推进，国家数字版权保护技术研发工程2015年即将完成，并投入试点。国家数字复合出版系统工程全面启动，国家知识资源服务中心建设积极筹备，专业知识资源数据库建设已经启动。

四、新趋势

（一）产业政策引导更加精准到位

政府相关部门推动数字出版产业发展的政策举措将更加细致、精准、到位。前面谈到近两年来从中央到国家新闻出版广电总局已经出台了一系列政策，下一步还将有一系列新的政策出台，助推数字出版产业的发展。

（二）现代数字出版产业格局渐趋形成

出版传媒集团将进一步加大战略并购、资产充足的力度，上市或准备上市的出版企业将不断扩大规模，积极拓展市场。

专业出版单位依托内容资源优势，开始迈向知识服务新领域。传统期刊出版单位依托采编优势和品牌力量，开始构建新的社区服务与客户端服务模式。

以百度、腾讯为代表的互联网巨头在数字内容产业的战略布局效果开始显现，传统和互联网企业都在数字出版产业新兴领域进军，构建新的产业形态。

（三）需求多元将促进市场不断细分

消费层次与消费需求日趋多样，这将极大地激发数字出版产业的创新活力。年龄、地域、职业、文化水平、消费能力等方面的差别，都能构成消费需求上的差异，进而形成多元化的市场需求结构。

按照细分市场，注重细分市场的培育，不断创新产品概念和形态，将成为数字出版企业未来发展的重点。

（四）移动阅读将成为数字阅读的主要方向

截至2015年1月，我国4G用户规模已经突破1亿；2月份，工信部向中国电信和中国联通发放FDD经营许可，4G用户有望实现新的飞跃发展。

我国国民数字阅读的主要方式是通过移动终端。移动阅读的个性化需求，持续影响移动产品多样化市场，市场竞争日益激烈，未来的移动阅读产品需要在消除同质化上下工夫，提高内容质量，提升用户体验，注重产品创新，注重加强用户参与感，形成多元化、差异化的格局。

（五）新型媒介定制化、生态化趋势明显

数字产品的社区化带动了定制化和生态化的趋势发展。当前多数客户端产品都具有一定的社交功能，未来媒介将着力构造“信息＋服务＋社区”的产品生态链，打造以内容为入口，通过社区聚拢用户、通过服务实现产品价值的趋势。

我国出版业的国际传播力、影响力、竞争力不断增强，数字出版逐渐成为“走出去”一大热点，出现了一批通过数字出版版权海外输出的、专业性强的出版物。

我国出版企业积极探索面向全球的数字出版产品及信息服务模式，与国际出版商开展合作，目前已经取得一些新的进展，一些数字出版企业完成建设许多新的工程。

2014 年中国广播电视产业发展报告

国家新闻出版广电总局发展研究中心

2014 年广播电视产业着力深化体制机制改革，完善宏观调控，激发市场活力，培育创新动力，呈现出增长平稳、结构优化、质量提升、产业升级的良好态势，进入了全面转型的攻坚阶段。

一、2014 年中国广播电视产业总体情况

2014 年全国广播电视行业总收入达到 4 226.27 亿元，比 2013 年的 3 734.88 亿元增加 491.39 亿元，同比增长 13.16%，较 2013 年 14.26%的增幅下降 1.1 个百分点。广播电视行业总收入增幅持续放缓，主要原因：一是受中国经济发展整体放缓的影响；二是由于各种新媒体、新业务对传统广播电视业务的挑战和冲击，作为广播电视主要收入的广告收入和有线电视收视费收入增幅明显收窄，二者的增幅分别为 5.59%、4.46%，比 2013 年分别降低了 3.60 和 2.77 个百分点（见图 1）。

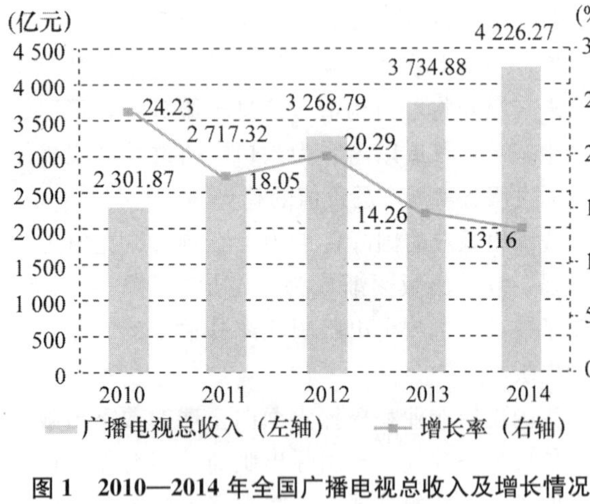

图 1　2010—2014 年全国广播电视总收入及增长情况

资料来源：国家新闻出版广电总局财务司。

从全国广播电视总收入分级构成情况来看，中央级广电机构总收入 679.51 亿元，占 16.08%的份额；省级广电机构总收入 2 618.36 亿元，占 61.95%的份额；地市级广电机构总收入 556.24 亿元，占 13.16% 的份额；县级广电机构总收入 372.16 亿元，占 8.81%的份额。

2014 年全国广播电视行业创收收入 3 635.51 亿元，比 2013 年的 3 242.77 亿元增加 392.74 亿元，增幅 12.11%。广播电视行业创收梯次结构比较稳定，北京市稳居全国第一，创收达到 404.22 亿元，浙江、上海、江苏、广东、湖南、山东、四川、湖北、陕西等省市也位居创收收入前 10 位，收入分别达到 380.20 亿、359.81 亿、267.69 亿、235.32 亿、198.46 亿、150.41 亿、94.57 亿、89.02 亿、72.72 亿元。

广播电视产业创收结构不断优化，对广告与有线网络收入的依赖程度有所下降。广告仍为收入大头，2014 年广播电视广告收入达 1 464.49 亿元，占创收收入的 40.28%，其中，广播广告由于服务和广告创新，实现大幅度增长；有线网络收入达 827.21 亿元，占比 22.76%；以版权收入等构成的其他收入份额增长明显，达到 1 343.81 亿元，占比 36.96%。

二、2014 年中国广播电视产业发展特点

（一）体制机制改革持续推进，主体活力显著增强

2014 年，文化体制改革全面深化，广电产业体制机制改革进程提速，市场主体活力显著增强，在政策与市场引导下，广电产业资源配置效率得到提升。

一方面，传统广电媒体、国有传媒企业深化改革，稳步提升自身的竞争力、控制力与影响力。上海、湖南、湖北、河南等省级台都积极进行了体制机制改革，打造新型主流媒体，开启传统媒体与新兴媒体一体化发展崭新布局。上海、湖南、浙江、福建、辽宁等省级卫视纷纷以独立制作人为核心，打造制作机制扁平化管理架构。体制内分离的国有制作公司面向全国市场，依靠广电媒体的内容资源进行多终端运营，实现跨地域、跨媒体、跨层级运营，成长为富有活力的市场主体。另一方面，民营文化传媒企业注重内部机制建设，企业活力不断增强。唯众传媒坚持原创和精品战略，从“提供优质节目的内容供应商”向“基于优质视频的全媒体整

合运营商”转型。世熙传媒从模式引进起步，逐渐建立起了“模式引进＋模式研发＋模式节目制作＋广告营销＋演艺经纪＋新媒体运营＋品牌授权”的全链条运营机制。民营企业在节目市场十分活跃，成为栏目创新创优的重要力量。2014年，节目产业资源市场配置趋势显现，各级电视台与民营节目制作公司的合作意愿明显增强，民营企业大规模进入内容制作与运营领域，节目创新创优活力强劲。

（二）广告经营进一步创新，营利模式多元化发展

广播电视广告产业经营模式有所创新，拓展广告收入增长新生空间。广播电视媒体广泛运用新技术全面拓展广告触达受众的渠道和机会，丰富广告营收方式。多媒体整合营销在2014年崭露头角，谋求更多电视、网络、社交及线下联合推广的精准营销。

广电产业的商业模式逐步演进与丰富，拓宽了营收途径。内容制作与播出所带动的消费需求，通过与电商平台合作分成形成新的商业模式，如东方卫视的《女神的新衣》将电视节目、电商、时尚的资源结合，创新了综艺节目商业模式。旅游卫视2014年新成立旅游产业中心，与淘宝合作共同探索旅游电视节目电商化。《舌尖上的中国2》、东方卫视《何以笙箫默》均与天猫达成合作，同步销售节目及电视剧中的商品。此类探索初步形成了广播电视产业“T2O”（TV to Online）的商业模式。

区域广播电视媒体把握相关产业融合的趋势，培育新的产业增长点。湖北经视婚恋交友节目《桃花朵朵开》推出同名杂志，月均销量过万本；河北经济生活频道《我为购物狂》每期平均创造100万元的销售额，实体店也在规划之中。许多城市广电媒体加大线下活动的力度，不断拓展业务范围，改变创收渠道单一的局面。长沙广播电视台2014年举办了节展、比赛、博览会等20多个活动，取得了较好的经济效益和社会效益；江西广播电视台依托广电媒体资源举办中国中部南昌国际汽车文化节，经营收入达1 512.57万元。

（三）资本运作频繁，广播电视产业集约化水平进一步提升

2014年，广播电视产业通过主体内部改革以及外部收购兼并，产业资源进一步整合和优化，集约化水平提高，效率和效益进一步提升。SMG旗下百视通与东方明珠合并重组，整合IPTV、数字付费电视、互联网电视及网络视频等业务单元，成为统一的产业平台和资本平台。2015年1月，湖南卫视旗下电视购物品牌快乐购在深交所创业板上市，成为中国A股电商第一股，市值超过52亿元。

影视节目制作公司兼并收购势头进一步呈现，重点在上下游产业的并购，通过产业链整合提升竞争优势。华录百纳收购蓝色火焰100％股份；华策影视继2013年入股高格影视后，又收购了合润传媒20％的股权以及天映传媒40％的股权，并以3.23亿元人民币收购了韩国NEW公司15％的股权；长城影视通过四川圣达以10亿元购买宏梦卡通等6家公司100％股权；光线传媒以2.08亿元收购广州蓝弧文化50.8％的股权；浙江美盛文化以4 200万元获得天津酷米40.10％的股权；华闻传媒收购漫友文化85.61％的股权。此类并购重组行动正深刻影响中国影视产业格局。

随着互联网与影视的融合不断加深，互联网企业成为对影视文化企业并购的重要力量，最有代表性的是阿里巴巴集团完成对文化中国传播集团60％的股权认证，将其更名为阿里影业。互联网企业以其强大的资本优势和融合能力进入影视行业，加速市场格局的重新洗牌。

在资本市场的带领下，广播电视企业优胜劣汰，行业集中度大幅度提升，行业整体实力明显加强，电视剧制作公司表现尤其突出。艺恩咨询数据显示，在2014年上半年上星频道播出的电视剧中，排名前10位的电视剧制作公司剧目共播出4 487集，占总播出量的38％，华策影视以1 176集位居卫视频道播出量榜首。前景广告数据显示，2014年上星频道电视剧收视排名前50位的剧目中，华策影视、完美影视、新丽传媒、唐德影视分别占据3部，花儿影视与SMG尚世影业分别占据2部，电视剧市场集中度正在稳步提升。

（四）政策引导实效全面辐射，广电产业生态进一步优化

广电系统推出和实施一系列具体政策措施，不断优化广电产业生态。一方面，以鼓励节目自主原创与弘扬优秀传统文化为着力点，进行调控与规范，释放清晰信号。国家新闻出版广电总局《关于做好2014年电视上星综合频道节目编排和备案工作的通知》（广发［2013］68号）对卫视歌唱类选拔节目同质化、境外版权模式节目“引进潮”作出进一步规范；2014年初，总局发布《关于积极开办原创文化节目弘扬和传承优秀传统文化的通知》（广发［2013］97号），从资金、人才、评优评奖等方面给予原创文化节目重点支持和倾斜，鼓励广电机构积极开办弘扬和传承优秀传统文化为主旨的原创文化节目。数据显示，2014 年电视原创节目大幅增加，全年 200 多档全新电视节目中，原创占据八成，原来的节目引进热开始降温，自主创新更受重视。

另一方面，通过调控卫视节目播出结构，优化电视频道资源，平衡电视节目产业生态。总局对娱乐类节目进行宏观调控，进一步扩大电视上星综合频道新闻、经济、文化、科教、生活服务、动画和少儿、纪录片、对农等类型节目的播出比例，要求总播出时长按周计算不少于 30%，每个上星频道每天至少播出 30 分钟国产纪录片和 30 分钟国产动画或少儿节目。该政策增加了全年 6 000 小时的国产纪录片播出量，对国产纪录片的生产、价格、交易产生了一定的拉动作用。总局将电视动画季度推优机制与播出平台采购挂钩，将播出机构的诉求作为评价标准，更加凸显推优机制的实效。在电视剧方面，2014 年 4 月总局出台“一剧两星、每晚两集”政策，影响到电视剧的投资、创作、生产、播出、销售等各个环节。“一剧两星、每晚两集”政策总体上优化了频道资源的利用率，电视剧需求量增加，有效缓解了电视剧供需矛盾，盲目过热投资受到抑制，市场趋于理性，以质取胜成为行业共识，促进电视剧产业健康良性发展。

三、2014 年中国广播电视部分子行业发展情况

（一）电视剧产业

2014 年全国电视剧的制作量与播出量持续理性回落，电视剧产业进入了提质升级期。电视剧产量总体平稳，全年全国共计生产完成并获准发行剧目 429 部 15 983 集，剧部数比 2013 年略有下降（见图 2）。现实题材剧目共计 243 部 8 335 集，分别占比 56.65%、52.15%，其中，当代题材 234 部 8 024 集，现代题材 9 部 311 集；历史题材剧目共计 178 部 7 383 集，分别占比 41.49%、46.19%，其中，近代题材 132 部 5 304 集，古代题材 46 部 2 079 集；重大题材共计 8 部 265 集，分别占比 1.86%、1.66%（见图 3）。电视剧类型较为丰富，题材类型偏轻偏重的现象明显改善。2014 年，共有 21 部电视剧获得总局电视剧剧本扶持引导专项资金扶持。

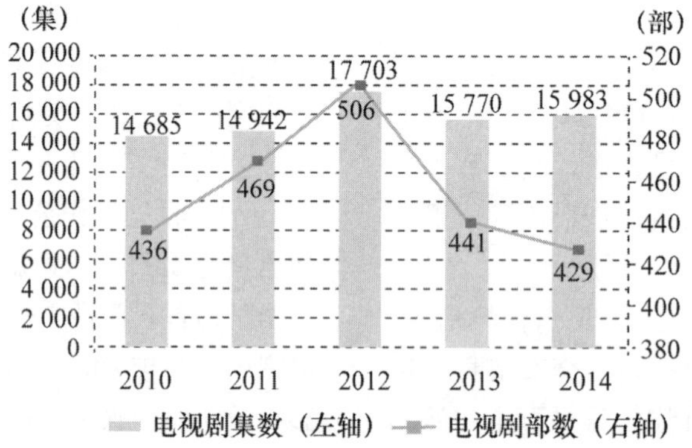

图 2　2010—2014 年全国生产完成并获得发行许可证的电视剧数量

资料来源：国家新闻出版广电总局电视剧司。

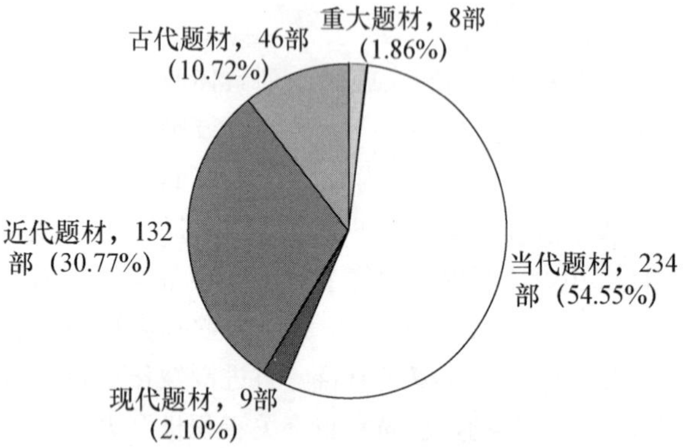

图 3　2014 年中国电视剧生产题材构成情况

资料来源：国家新闻出版广电总局电视剧司。

革命历史题材资源进一步开掘，不仅出现了如《聂荣臻》《陈云》《开国元勋朱德》等重大革命历史题材作品，也出现了表现普通革命战士奋斗与牺牲的《铁血红安》《十送红军》等优秀作品。历史题材剧出现了《北平无战事》等精品力作，此类电视剧不仅立意深远，在艺术表达上也树立了标杆。现实题材电视剧《历史转折中的邓小平》《马向阳下乡记》《老农民》《父母爱情》等剧目表现出思想与艺术方面的较高水准，突破了过去主旋律电视剧叫好不叫座的困境，实现较好的收视效果。电视剧总体播出比重与收视相对平稳。电视剧作为引领观众收视的龙头，依旧保持相对较高的资源使用效率，占各类电视节目的收视比重为 30.9%。省级卫视剧场收视“马太效应”减弱，高收视电视剧不再集中于一线卫视。

定制、自制成大势，新政推动卫视与制作机构联盟。2014年，电视台定制剧、自制剧大量出现，电视台纷纷从制作前端把握市场竞争主动权。定制自制的生产方式一方面扭转了电视台在选剧上的被动局面，另一方面通过独有版权实现价值最大化，抬高了竞争门槛。“一剧两星、每晚两集”新政使二、三线卫视与一线卫视的拼播空间减少，购买优质剧成本上升，二、三线卫视纷纷谋求与制作机构联盟突围，抢占先发优势。厦门卫视与华策影视开展“华剧场”项目合作，开播“华策700剧场”；甘肃卫视与长城影视2015年将联手打造700集黄金档首播剧。

多台联播仍为主流，多元化播出模式探索效益最大化。2014“一剧四星、三集连播”的播出模式仍是卫视频道的播出常态。在“一剧两星、每晚两集”的调控正式实施后，无力购买一轮大剧的卫视采取“一轮半跟播”的全新方式。非黄金档跟播，二轮、三轮或精编版、完整版也成为性价比较高的编播方式。这些新的播出模式加快了重播节奏，以低于首轮播出的购剧成本获得最大化的宣传效益和收视效益。部分省级卫视在2014年开始尝试边播边拍的周播剧，根据热点新闻和潮流趋向设计每周的主题，具有很强的互动性、话题性、时效性。

电视剧制作主体新旧交替、兼并趋势明显。截至2014年底，全国共有持《电视剧制作许可证（甲种)》机构133家，比上一年减少4家。首都广播电视节目制作业协会成员的电视剧产量占全国总量的70%以上，以该协会的会员数量变化为例，2011年至2013年三年退会会员总数为60家，而仅2014年一年会员退会数量就达到28家，新入会103家，会员总数从2013年的276家增加到2014年的319家。并购重组促使电视剧产业专业化程度提升。2013年至2014年，影视行业资本运作频繁，其中涉及电视剧制作发行公司收购、增资和借壳上市的交易金额近400亿元。2014年影视剧制作企业的兼并趋势加剧，业内一线电视剧企业或出于市场份额考虑，或出于短板补长考虑，纷纷收购中小规模影视公司，提升影视剧出品量、交易量和市场占有率，完善产业链布局，巩固其在影视剧领域的竞争优势和综合实力。

（二）电视动画产业

2014年，电视动画产业从促产量向提质量转型，国产电视动画海外市场进一步拓展，精品的创作生产与全产业链运营成为行业关注重点和努力方向。

电视动画产量收缩，题材丰富，“低龄化”作品仍为主流。全年生产电视动画完成片277部138 496分钟，产量整体回落（见图4)。这一方面是由于中国动画扶持政策由注重产量逐渐转向注重质量的宏观调控初见成效；另一方面，由于市场竞争的作用，产能低下的中小型动漫企业逐渐被淘汰。电视动画片题材更加丰富，现实、历史及其他题材的电视动画片的比重有所增长。2014年出现了《戚继光》《英雄冯子材》《翻开这一页》等爱国主义动画片，取得了优异的收视成绩，并得到社会广泛赞誉。爱奇艺2014年第三季度《中国动漫指数报告》显示：7～13岁儿童仍然是国产动漫的主流观众，比例达到46%；18岁以上动漫观众占比上升至16%，与第一季度3.7%的占比相比增速明显。

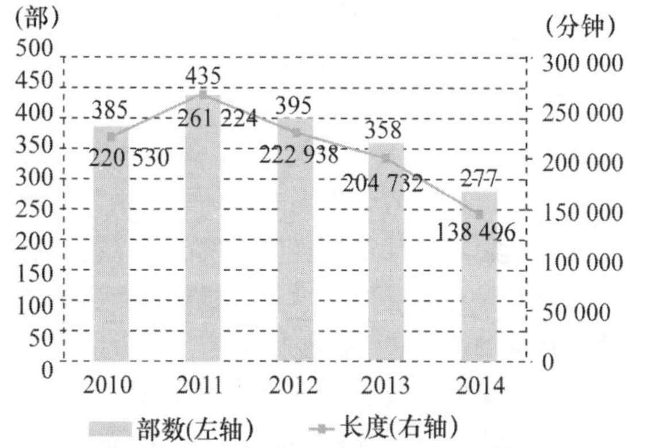

图4 2010—2014年全国制作完成电视动画片数量及时长

资料来源：国家新闻出版广电总局宣传司。

电视动画精品不断涌现，创作水准整体提升。电视动画进入产业升级期，提升质量、制作精品正在成为电视动画行业的重要着力点。2014年，总局共推荐了52部国产优秀动画片，这些作品坚持正确导向，制作精良，具有较高艺术水平。一批优秀的原创电视动画作品深受国内观众的好评，其中，《新大头儿子和小头爸爸》获第27届金鹰奖最佳电视动画片奖与第10届中国国际动漫文化节金猴奖金奖，《老子道德三百问》《郑成功》《淮南子传奇2》等获得第27届金鹰奖优秀电视动画片奖，《西游记的故事》与《熊出没之丛林总动员》分别获得金猴奖银奖与铜奖。这些优秀的国产电视动画片在国际市场崭露头角，受到世界的瞩目。

华东、华南产量保持领先，中西部逐步崛起。2014年，广东、江苏、浙江3省的电视动画产量位列全国前3名，占全国电视动画片产量的49.19%，将近一半。作为中国动画产业链最完整、动画名企名作最多、产值最大的省份，广东省于2014年成立了首个动漫协会。广东动漫协会的成立将进一步确立和稳固广东在全国动漫产业中的领先地位。国家和地方政府加大对中西部地区文化创意产业的扶持力度。中西部省份纷纷出台关于加快文化创意产业发展的若干扶持政策，收效显著，这些地区动漫产业发展提速。尤其是西部地区，2013—2014 年依靠独特的地域和民族文化特色，初步形成一条颇具特色的文化产业带，推动电视动画产业迅速发展。

国产动画片海外市场进一步拓展。国产电视动画“走出去”步伐加快，一批优秀国产动画品牌走向国际市场。2014 年，央视动画和捷克小鼹鼠公司联合打造的两国文化合作项目《熊猫和小鼹鼠》成功签约。广东省多家动画企业群起拓展海外市场，安徽、上海等其他地区的国产动画片在国际市场拓展上也卓有成效。一批优秀动画片译制成非洲当地语言，进入非洲 20 多个国家的主流媒体播出，覆盖约 6 亿非洲观众。

（三）纪录片产业

2014 年，纪录片产业在优质播出平台的带动下，生产播出数量大幅度提升。优秀纪录片持续成为公众话题，纪录片产业价值愈发凸显。视听新媒体发展对纪录片产业的影响日益显现，产生了适应新媒体环境的产品和传播形态。

新增上星频道及卫视时段拉动市场需求，纪录片播出大幅度增长。自 2010 年以来，总局实施了一系列推动纪录片发展的重大政策举措，有效缓解了播出市场需求不足的矛盾。2014 年，继中央电视台纪录频道全国覆盖播出之后，总局批准北京广播电视台纪实频道、上海广播电视台纪实频道上星播出，至此中国纪录片已拥有 3 个专业上星频道全国覆盖播出。2014 年实施的电视上星综合频道调控政策规定，每个上星频道平均每天至少播出 30 分钟国产纪录片。此项政策打破了以往纪录片一般只在纪录频道播出的局面，使其进入上星综合频道，拓展了新的播出渠道。纪录片播出优质平台需求大幅增长，有力拉动国产纪录片的产量与播出，纪录片队伍在恢复壮大，市场价格提升，纪录片的产业价值得到认可。《中国纪录片发展研究报告（2015）》数据显示，2014 年中国纪录片行业总投入为 19 亿元，总收入约 30 亿元。全国电视台纪录片总投入为 13.04 亿元，民营公司总投入为 4.11 亿元，分别占行业年度总投入的 68％和 22％。中国播出的主要纪录片栏目总计 110 档，其中直播 98 档，在不同频道重复播出的节目有 12 档。全年纪录片节目播出总量大幅增长近一倍，比 2013 年增长 97.4％。根据美兰德的统计数据，2014 年电视纪录片网媒关注度达 31 万条，微博提及量接近 5 500 万条，视频点击量超过 14 亿次，播出量与网络影响力都比往年有大幅度提升。

纪录片生产形态创新，微纪录片兴起。视听新媒体对观众收视行为的影响日益深入，碎片化观看逐渐成为视频收看模式之一，纪录片生产适应这一形势，生产微纪录片，取得了较好的传播效果。2014 年，总局在纪录片季度推优中增加了中国梦纪录片短片类别，设立了中国梦纪录短片库，并要求各上星综合频道平均每周至少播出一集推荐的中国梦纪录短片。展播从 2014 年 3 月 1 日启动以来，已推荐了《追梦在路上》《守望土地》《天地神州》《江豚兄弟连》等 29 部中国梦主题纪录短片，全国上星频道已经播出 500 余部次，很多片子不仅赢得良好社会反响，而且进入了收视前列。南京广播电视台创作的 30 集微纪录片《城殇》，每集 3 分半钟，回顾南京大屠杀的历史，通过电视与网络同步推出，被多家电视台转播，推出半个月内腾讯视频点击量突破千万次。

纪录片全媒体传播格局初显。中国纪录片网扩大总局季度推优、年度评优成果及优秀国产纪录片的推介展播规模。顺应移动互联网发展趋势，中广协会、中国纪录片网与国内主要纪录片制作播出机构推出“纪录·中国”移动客户端，打造展示优秀国产纪录片和促进纪录片产业交流发展的双功能移动多媒体平台。爱奇艺专门为喜爱纪录片的人群推出“爱奇艺纪录片”App。社交媒体对纪录片的“微传播”效应显现，微博、微信等社交媒体对《舌尖上的中国 2》的碎片化传播拓宽了传播渠道，再次使“舌尖”成为一个影响广泛的社会性话题。随着大数据、云计算应用到纪录片传播环节，中国纪录片融合传播体系正在形成。

纪录片广告价值受重视，全产业链模式开始探索。2014 年纪录片广告逆市上扬，反映了纪录片的影响力与价值正在提高。尼尔森网联的数据显示，电视纪录片在 2014 年前 11 个月的广告花费比 2013 年同期增长 8.5％，高于电视广告花费 4.6％的增长率；电视纪录片 2014 年广告花费较 2013 年同期增长 42.2％，远远高于电视花费 10％的增长率。纪录片产业链条纵向延伸、横向拓展，探索全产业链经营模式。中央电视台《舌尖上的中国 2》同名图书已出版并开始筹备电影版，节目带动的食品工业等相关产业规模不低于 10 亿元，相关上市公司的市值因此升值。“舌尖”系列已成功地打造成为一个可供持续开发、可消费的纪录片“品牌形象”。

（四）节目制播产业

2014 年，全国广播电视节目制播全面焕发活力，原创节目叫好又叫座，声频荧屏节目类型更加多元，围绕节目版权资源的开发更加充分、日趋专业，广电节目制播产业持续健康发展。全国广播电视节目制作机构进一步呈现出数量平稳增长、结构持续优化的良好态势。截至2014年底，全国共有持《广播电视节目制作经营许可证》机构8 563家，比上一年度增加1 315家，增长率为18.14%。其中，事业单位和国有企业超过1 000家，民营企业超过7 000家，民营企业占广播电视节目制作机构总量的比重达到了85%左右，多种所有制形式协调发展，市场活力和竞争力整体显著增强。

全国广播节目总产量达到764.73万小时，同比增长3.46%。产量居前3位的节目类型连续多年保持不变，依次仍然是专题服务类、综艺类和新闻资讯类节目。全国公共广播节目播出时间总量为1 405.83万小时，同比增长1.91%。其中，播出量居前3位的节目类型依次为综艺益智类、专题服务类、新闻资讯类。全国电视节目总产量为327.74万小时，同比减少3.54%。产量居前3位的节目类型依次为新闻资讯类、专题服务类和广告类。全国公共电视播出时间总量为1 747.61万小时，同比增长2.46%。其中，影视剧类、新闻资讯类和专题服务类为播出总量排名前3位的节目类型。

2014年，广播电视节目制作播出的亮点和特点主要有：一是广播电视制播环节两加强，原创节目类型百花齐放。广播方面，涌现中央人民广播电台“中国梦 我的梦”百集文艺主题节目、四川广播电视台《人文四川——寻访传承》等多档精心策划的大制作文化专题类节目，备受关注。电视方面，《中国汉字听写大会2》等具有文化品位的电视节目成为主流类型；《出彩中国人》《等着我》等公益道德励志属性的原创节目集中出现；喜剧类节目纷纷亮相，据不完全统计，仅2014年上半年卫视开播的喜剧类综艺节目就达20余档；原创真人秀节目形式极大丰富，总体表现出色，收视效果良好。

二是电视节目迈入大投入、大制作时代，优秀节目引领市场。强势省级卫视节目投资过亿成为标配，“大投入、大制作”成为电视综艺节目最鲜明的标签。天津卫视《百万粉丝》由200人耗时2个月修建占地约8 000平方米的“能量城”。浙江卫视与英皇合作的《十二道锋味》，每集制作费不低于100万元，后期耗片比达到400∶1。优秀节目集中爆发，成为电视制播市场新标杆。不同题材和形式的优秀节目引发多种类型节目制播热潮，引领电视节目走向差异化制作。《中国汉字听写大会》《成语英雄》的成功为文化类节目提供新思路，《爸爸去哪儿》催热亲子真人秀节目。

三是节目IP化开发成为共识，产业链渗透力、延展力不断增强。《爸爸去哪儿2》在图书、电影、手游、智能可穿戴设备、同款造型服饰和商品等方面进行了开发，同名电影收获了超过7亿元的票房。T2O模式快速兴起。旅游卫视率先与淘宝合作将T2O商业模式用到了电视节目《鲁豫的礼物》中，明星在节目中体验各种产品。东方卫视《女神的新衣》、旅游卫视《超级代言人》推动T2O模式更进一步发展，实现“节目即商品、观众即买家”。

四是电视台对优质内容资源控制力增强，版权节目网络独播成为趋势。有的与品牌认知度较高的视频网站强强联合，将优质内容资源网络独播，实现节目品牌传播最优化。江苏卫视将包括《非诚勿扰》《最强大脑》等多档拳头节目在内的2014年全部综艺节目网络独家版权销售给聚力网，仅《最强大脑》一档节目就创下超过6亿次的点播量，播出总时长达121亿分钟。湖南广播电视台等将优质内容在电视台的自有网络平台上独播，完整开发IP资源的全媒体品牌效应，有效提升了自有网络平台的影响力，加快实现融合发展战略转型和布局。

（五）广告产业

2014年，全国广播电视广告收入为1 464.49亿元，同比增长5.59%（见图5），增幅比2013年下降3.6个百分点。从广播电视广告收入分布情况来看，中央直属广播电台、电视台占比21.78%，省级广播电台、电视台占比58.51%，地市级和县级广播电台、电视台占比分别为16.01%和3.70%。与2013年相比，省级优势进一步扩大，比重增加3.67个百分点。按地区分布来看，经济发达的东部地区仍然是广告收入贡献最高的地区，占比达48.13%，同比增加1.57个百分点，其次依次是中央直属、中部和西部地区，占比分别为21.78%、20.76%和9.33%。

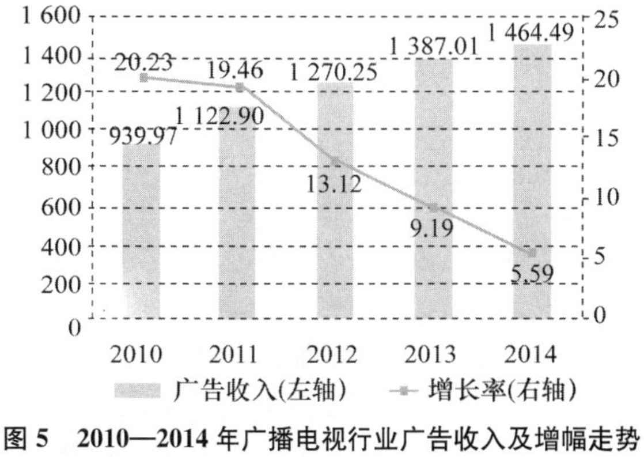

图5　2010—2014年广播电视行业广告收入及增幅走势

资料来源：国家新闻出版广电总局财务司。

从广播电视广告收入构成来看，2014 年广播广告、电视广告收入在广电行业广告总体收入中的比重分别为 10.92%和 76.22%。其他广告业务快速发展，在广告总量中的比重同比增加了 39.48%，收入构成更加多元（见表 1）。

表 1　2010—2014 年广播电视行业广告收入构成及比重

年份	广播广告收入（亿元）	占比（%）	电视广告收入（亿元）	占比（%）	其他广告收入（亿元）	占比（%）
2010	99.58	10.59	796.59	84.75	43.80	4.66
2011	123.32	10.98	934.54	83.23	65.04	5.79
2012	136.20	10.72	1 046.29	82.37	87.76	6.91
2013	139.92	10.09	1 119.26	80.69	127.83	9.22
2014	159.94	10.92	1 116.19	76.22	188.37	12.86

资料来源：国家新闻出版广电总局财务司。

广播广告保持稳健增长良好势头。2014 年，广播广告实现了快速的发展势头，全国广播广告总收入达 159.94 亿元，同比增长 14.30%，增幅同比增加了 11.57 个百分点（见图 6）。广播广告收入排名前 3 位的省份依次为浙江、江苏和广东。

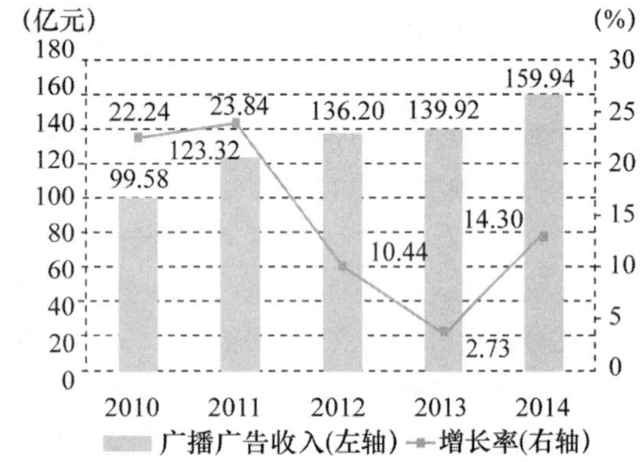

图 6　2010—2014 年全国广播广告收入及增长情况

资料来源：国家新闻出版广电总局财务司。

广播媒体深挖广告经营方面的创新潜能，广告创收实现多个新的增长点。第一，广播与互联网等新兴媒体间有较好的兼容性，互联网思维越来越多地体现在了广播广告经营环节，基于用户关系管理的创新营销方式得到广泛运用。第二，积极探索整合营销，广告样态和传播渠道进一步丰富，活动营销在广告创收贡献上的表现突出。第三，广播媒体的手机电台、App、PC 客户端等快速发展，全面拓展广告触达受众的渠道和机会，丰富广告创收方式。

电视广告收入在高基数上小幅降低。2014 年，全国电视广告收入为 1 116.19 亿元，同比下降 0.27%，受网络视听业务快速增长、新兴媒体广告业务分流等因素的影响，近 5 年电视广告收入的增幅逐渐收窄，并于 2014 年首次出现负增长（见图 7）。电视广告收入排名前 3 位的省份分别为湖南、江苏和北京。

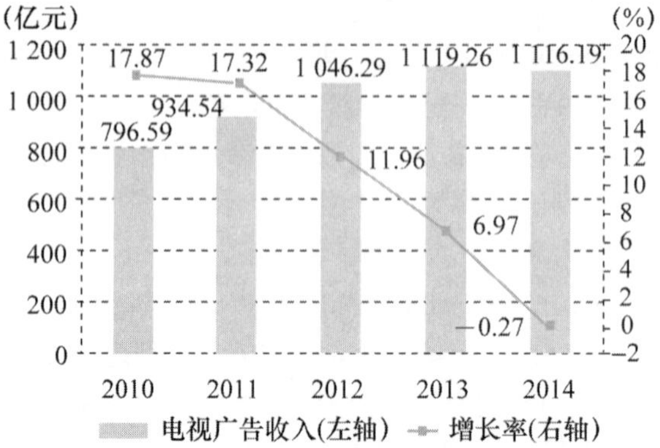

图 7　2010—2014 年全国电视广告收入及增长情况

资料来源：国家新闻出版广电总局财务司。

电视广告收入体量上继续占有绝对优势，是广告市场的主导力量。从收入构成综合可知，优质综艺娱乐节目的广告价值得到充分挖掘和释放，逐渐成为除影视剧、新闻时事类节目之外拉动增长的生力军，以往过度依靠电视剧拉动营收的局面有所改变，综艺节目广告收入占电视广告收入的比重逐步提升，电视广告增长点进一步拓展。

优质平台黄金资源对广告的吸附力进一步增强。在大型季播节目的引领下，一线省级卫视成为广告增长最快的平台。不少节目已经跨入了“亿元俱乐部”，取代电视剧成为广告收入的“顶梁柱”。《爸爸去哪儿 2》仅冠名费一项收入就达 3.12 亿元，广告总收入 13 亿元。从已公开的 2015 年综艺节目独家冠名情况来看，前 10 位集中在湖南卫视、江苏卫视、浙江卫视、中央电视台等 4 家强势平台，其中湖南卫视独占 5 席。电视剧具有相对稳定的收视保证，剧场冠名一直是广告吸附力较强的黄金资源。2015 年，湖南卫视、江苏卫视和东方卫视等的剧场冠名价格都有一定程度上涨。受“一剧两星、每晚两集”政策的调控，部分省级卫视剧场冠名价格总体出现一定幅度回落，但扣除播出总量减少的影响，单集价格呈明降暗升的态势。

广告产品和营销加大创新力度，成为广告创收增长的重要动因。产品创新主要体现在：非时段广告资源形式多样，黏合度高的植入广告备受欢迎；原生广告（Native Ad）从互联网走向电视，广告价值大幅提高；新媒体新技术广告得到普遍使用。电视广告营销更强调从观众角度打通媒体资源，呈现全媒体整合营销态势。上海百视通收购艾德思齐，快速打通五大屏营销数据系统，引入程序化购买，研发了跨平台电视广告实时竞价系统（RTB）。中央电视台的2015年黄金资源广告招标大会首次纳入了电视强势内容与新媒体融合的广告产品，展现了强势内容向多维渠道延伸的整合能力。全媒体整合营销有助于电视台借助传统强势节目，发挥以台为主，向周边多维拓展、强力辐射的整合效应，开启新的创收空间。

（六）有线网络产业

2014年，在国家一系列促进有线广播电视网络产业发展的利好政策推动下，在三网融合和NGB（中国下一代广播电视网）建设带动下，有线网络产业发展全面提速。截至2014年底，全国有线广播电视用户数达2.35亿户，同比增长了2.47%，增幅减少3.97个百分点。数字电视用户延续了较快的增长速度，全国数字电视用户达到1.91亿户，增幅达11.56%，数字电视用户占有线电视用户比重已达到81.61%。付费数字电视用户4 505.41万户，占数字电视用户的23.59%，占比同比增加了3.12个百分点。全国有线双向网络覆盖用户超过1.08亿户，比2013年增长13.69%。其中，开通双向业务的用户超过3 694.77万户，同比增长50.38%。高品质的数字电视、双向交互高清电视成为电视服务的必然趋势。

2014年，全国有线广播电视网络总收入达到827.21亿元，比2013年的754.91亿元增加72.30亿元，同比增长9.58%（见图8）。其中，有线电视基本收视费收入457.39亿元，比2013年增加19.52亿元，基本收视费在总收入中的比重进一步降低，减少到55.29%。付费数字电视收入66.51亿元，比2013年的58.60亿元增加7.91亿元，增长了13.50%；三网融合业务增长较快，收入57.97亿元，比2013年的50.14亿元增加7.83亿元，增幅达15.62%。图9是2014年全国有线广播电视网络收入构成图的一部分。

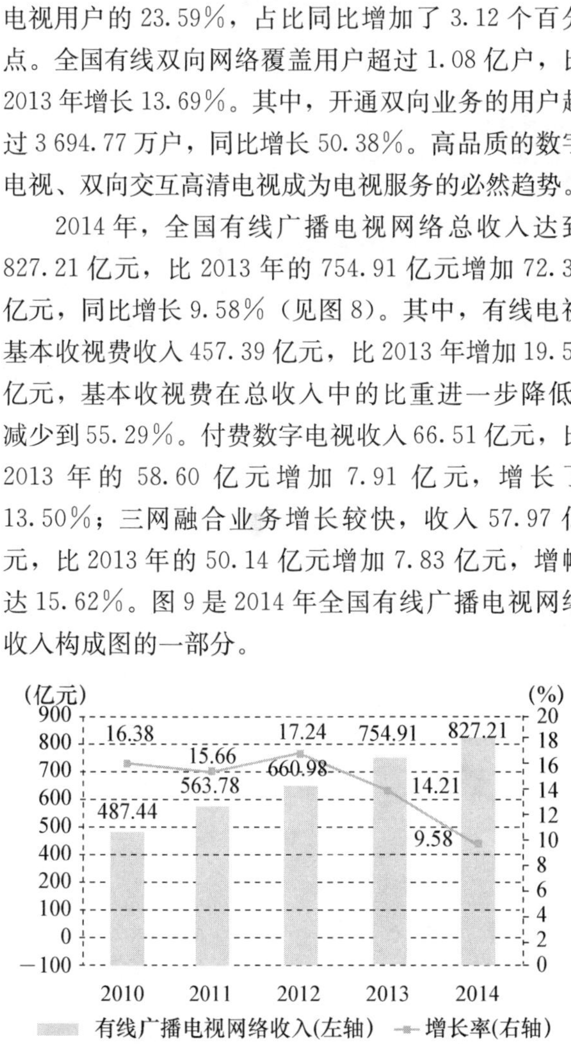

图8 2010—2014年全国有线广播电视网络收入及增长情况

资料来源：国家新闻出版广电总局财务司。

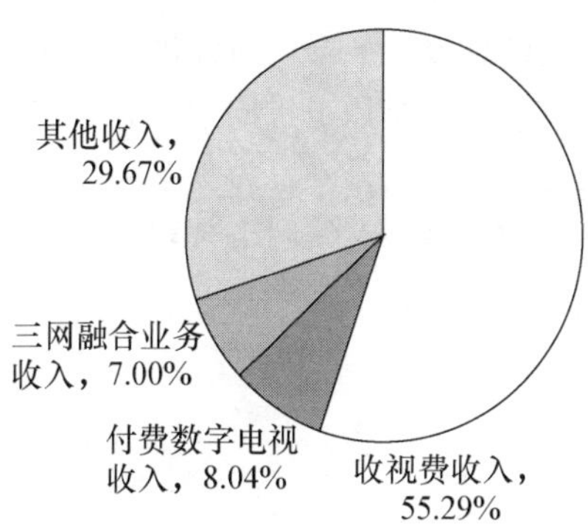

图9 2014年全国有线广播电视网络收入构成

资料来源：国家新闻出版广电总局财务司。

三网融合取得实质性突破，有线网络在竞合中快速发展。中国广播电视网络有限公司于2014年5月正式成立运营，承担三网融合市场主体责任，公司成立至今已作出一系列部署，有力推动和带动了行业发展。此外，2014年11月《国家新闻出版广电总局办公厅关于组织做好三网融合第二阶段试点双向进入业务许可申报有关工作的通知》（新广电办发［2014］115号）下发，启动对第二阶段42个试点地区（城市）双向进入许可的发放工作。有线网络公司之间跨地域合作加强，谋求共赢发展。“一省一网”整合目标基本完成后，有线网络公司开始跨地域合纵连横，创造规模红利，寻找新的增长点与突破点。与此同时，有线网络公司与电信运营商、互联网企业由简单的竞争转向竞合，在融合发展中实现互补互利。

NGB建设进程加快，围绕关键技术的产业链初步成形。总局科技司2014年10月发布了《NGB宽带接入系统C-DOCSIS技术应用实施指南》（中华人民共和国广播电影电视行业暂行技术文件GD/J055—2014），为进一步推动C-DOCSIS的广泛应用创造了条件。目前，C-DOCSIS已形成了从芯片、产品到应用的完整成熟产业链。继歌华有线获批建立下一代广播电视网（NGB）融合业务平台实验室后，江苏有线牵头又成立了全国第8个NGB实验室“下一代广播电视网物联网工程技术研究中心”，这些实验室有效推动了NGB建设进程，为突破关键技术、创新融合业务等提供了重要支撑。截至2014年底，上海、北京、江苏、浙江、重庆、安徽、湖北、海南、深圳和大连等10个NGB示范省市完成了省域骨干网和市骨干网建设，基本实现点播、宽带和视频通信等三网融合业务，NGB示范网络覆盖用户超过5 500万，双向业务用户超过1 500万。

融合业务全面铺开，有线网络运营商向综合信息服务商加速转型。2014年，有线网络运营商以核心视频业务为跳板，向能够承载“语音＋数据＋视频”的综合信息服务平台全面发展，加速向综合信息服务商转型。一是服务走向移动化、多屏化。二是服务更加多元，以云平台为基本架构整合各个行业各种类型的应用。有线网络公司全面铺开融合业务、综合业务（见图 10），逐步实现从“看电视”向“用电视”“玩电视”的转换，从单一有线网络运营商向综合信息服务商的转型。

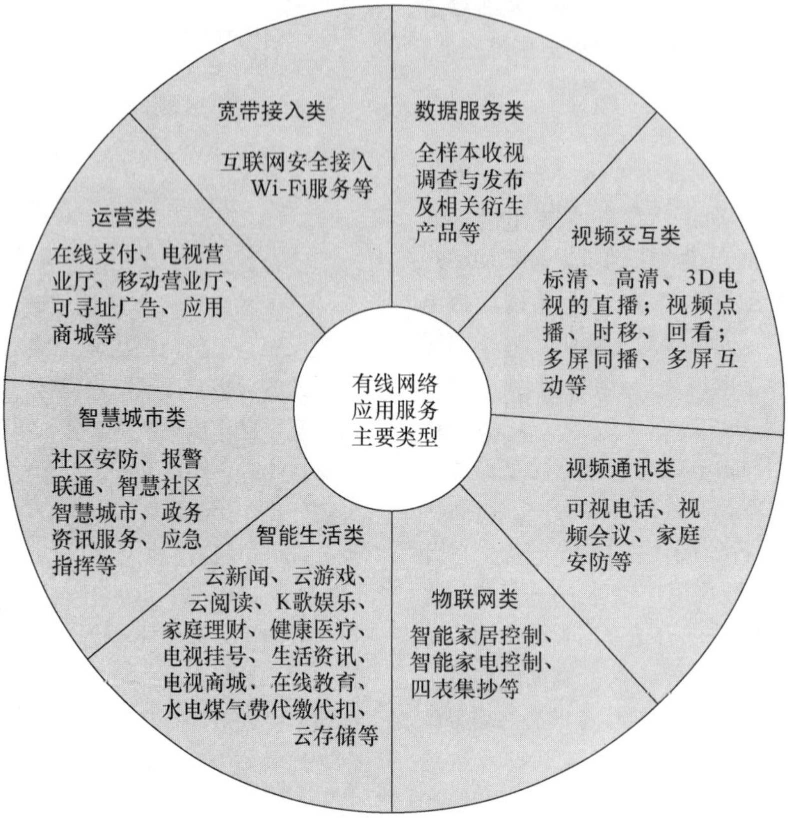

图 10　有线网络公司开展的综合业务情况

2014 年中国电影产业发展报告

国家新闻出版广电总局发展研究中心

2014 年，国民经济在新常态下平稳运行，新“四化”加快推进。在此背景下，电影业进入繁荣发展的关键时期，多层次、多渠道和信息化、网络化的现代综合电影市场体系逐步形成。中国电影产业已成为中国文化产业最活跃的组成部分，并成为全球电影产业发展最强劲的引擎。

一、电影生产

2014 年，国产电影压产量、提质量，不断提高创作水平，不断丰富类型种类，受到市场认可和观众广泛欢迎。

（一）故事片产量稳中有降，其他片种生产依然活跃

2014 年，电影创作生产力保持活跃状态。全国电影产量小幅下降，生产各类电影 758 部。其中，故事影片 618 部，同比减少 20 部（见图 1）。此外，全年还生产纪录影片 25 部、科教影片 52 部、特种影片 23 部、动画影片 40 部。除科教影片产量较 2013 年下降 57%外，故事片以外的其他影片产量都有小幅增长。

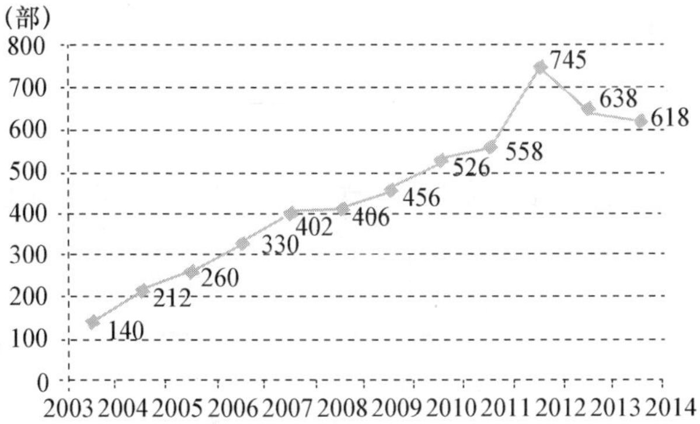

图 1　2003—2014 年国产故事片生产情况

资料来源：国家新闻出版广电总局电影管理局。

（二）新老导演百舸争流，人才辈出生机勃勃

2014 年，成熟导演佳作不断。这些影片除了制作精良、场面宏大、明星汇聚，还保持很高的艺术观赏性。新生导演正逐渐成为电影市场主力军。这些“70 后”“80 后”导演的作品票房合计额约占 2014 年国产片票房的 2/3，其中包括大多数票房过亿元的影片，有 6 位年轻导演执导的影片票房排在前 20 名。

（三）影片合拍方式多样，高质作品不断涌现

合拍方涉及面广，合拍影片数量多。2014 年，在中国电影合作制片公司立项的影片共 77 部，较 2013 年的 55 部增长 40%。大制作影片较多，送审并通过审查的 43 部，涉及美国、加拿大、萨摩亚独立国等 9 个国家，以及中国香港、中国澳门、中国台湾 3 个地区。[①] 内地香港合拍片数量稳定，合拍模式转变。内地香港合拍片数量约占立项总数的 60%，同比下降 2%；审查通过 32 部，占审查通过部数的 74.42%，同比增长 6.42%。大陆与台湾合拍片也有一定的发展，完成并审查通过的合拍片有 5 部。

二、电影放映与票房

按 2014 年情况来看，银幕总数、观影人次和电影票房三项指标，在 2012 年和 2013 年均提前超额完成《中国电影 2011—2020 年发展规划纲要》关于电影市场建设中期目标的基础上，正向 2020 年长期目标稳步推进。

（一）电影票房增速再创新高，观影人次快速增加

2014 年，全国电影票房达到 296.39 亿元，同比增长 36.15%。自 2002 年中国电影产业改革以来，票房连续 12 年年均增长率保持在 30%左右（见图 2）。其中，城市院线电影票房 293.98 亿元，同比增长 36.6%。[②]

① 参见李霆钧：《有融合，才有市场》，载《中国电影报》，2015-01-14。

② 数据来源：国家新闻出版广电总局电影管理局。

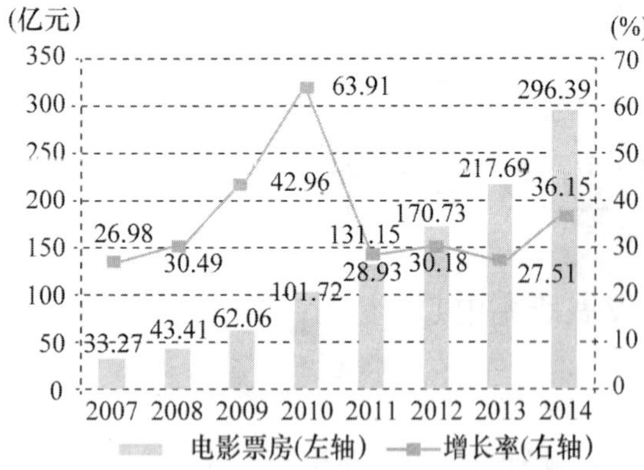

图 2　2007—2014 年全国电影票房及增长率

资料来源：国家新闻出版广电总局电影管理局。

2014 年，全国观影人次继续快速增长，达 8.3 亿人次，同比增长 34.52%（见图 3）。观影人群扩大、人均观影频次提高。

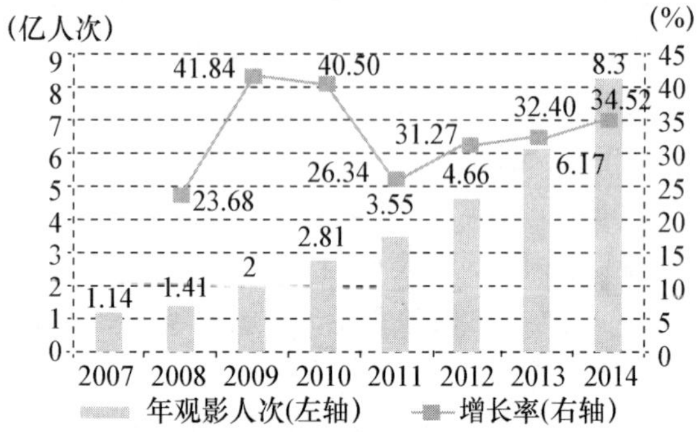

图 3　2007—2014 年观影人次及增长率

资料来源：国家新闻出版广电总局电影管理局。

2014 年电影平均票价为 35.71 元，同比有小幅上扬（见表 1），主要原因是 3D、IMAX、中国巨幕等高新格式影片增多，票价较高，促使平均票价上涨。

表 1　2010—2014 年全国城市院线平均票价及增幅变化

年份	2010	2011	2012	2013	2014
平均票价(元)	36.20	35.63	36.25	35.28	35.71
同比增幅(%)	19.01	−1.57	1.74	−2.68	1.22

说明：根据公开数据计算。计算方法为当年度全国电影票房除以当年度总观影人次。

就观影人次的地区分布情况而言，广东为 1.116 亿人次，是首个过亿人次省份，比上一年度增长 3 116 万人次，同比增幅为 38.71%。中西部省（自治区、直辖市）观影人次增幅较大，排名前五的依次为西藏（69.39%）、青海（60.82%）、安徽（54.55%）、河北（51.99%）、河南（47.10%）。①

（二）国产影片票房保持过半份额，中小成本电影成绩斐然

2014 年，电影放映市场总体呈平稳上升态势。国产电影票房收入 161.55 亿元，同比增长 26.21%，占总票房的 54.51%，继续保持过半份额；进口电影票房收入 134.84 亿元，占总票房的 45.49%（见表 2）。

表 2　2007—2014 年国产电影和进口电影市场份额情况

年份	2007	2008	2009	2010	2011	2012	2013	2014
国产片票房（亿元）	18.01	25.63	35.15	57.34	70.31	82.73	127.67	161.55
进口片票房（亿元）	15.26	17.78	26.91	44.38	60.84	88.00	90.02	134.84
国产片票房比例（%）	54.13	59.04	56.64	56.37	53.61	48.46	58.65	54.51

资料来源：国家新闻出版广电总局电影管理局。

2014 年有 66 部票房过亿元的影片，其中有 36 部国产影片、30 部进口影片（见表 3）。其中，票房排名前 10 名的影片中，国产影片占 5 部，票房均超过 6 亿元。

表 3　2007—2014 年中国内地票房过亿元影片数量

年份	2007	2008	2009	2010	2011	2012	2013	2014
票房过亿元影片总数（部）	7	12	21	27	38	43	62	66
票房过亿元国产片数量（部）	3	7	11	17	21	21	35	36

资料来源：国家新闻出版广电总局电影管理局、中国电影发行放映协会。

国产中小成本电影成绩斐然。与《变形金刚 4》同天上映的《分手大师》投资仅 5 000 万元，最终获得 6.66 亿元票房。投资 7 500 万元的《心花路放》获得 11.67 亿元票房，居 2014 年度国产电影票房榜

① 参见中国电影发行放映协会编：《2014 中国电影市场报告》，北京，中国电影出版社，2015。

首。投资4 000万元的《爸爸去哪儿》和《匆匆那年》也分别获得6.96亿元、5.79亿元票房。[①]

动画片票房成绩大幅提升。受2013年国家新闻出版广电总局电影局出台的《推动国产动画电影发展的九条措施》引导，2014年共上映35部优秀国产动画片，如《熊出没》《秦时明月之龙腾万里》，产出票房11.2亿元。[②]

国产影片在重要档期表现突出。春节档国产影片票房14.34亿元，市场份额95.6%，《大闹天宫》《爸爸去哪儿》等电影贡献突出；五一档票房3.78亿元，市场份额75.2%；暑期档票房40.76亿元，市场份额57.5%；国庆档票房12.4亿元，市场份额99.3%。

三、院线和影院

2014年，全国银幕总数创新高，城市放映终端建设成效突出（见表4）。

表4 院线制改革以来中国电影市场影院和银幕增长情况

年份	院线数（条）	银幕数（块）	新增影院（家）	新增银幕（块）
2003	32	1 923	28	110
2004	33	2 396	143	443
2005	36	2 668	55	272
2006	33	3 034	182	366
2007	34	3 527	102	493
2008	34	4 097	118	570
2009	37	4 723	142	626
2010	38	6 256	313	1 533
2011	39	9 286	803	3 030
2012	45	13 118	646	3 832
2013	45	18 195	1 048	5 077
2014	47	23 592	1 015	5 397

资料来源：国家新闻出版广电总局电影管理局。

（一）城市院线一超多强，市场集中度进一步提升

2014年，全国有城市院线47条，新增北京华夏星火和新疆华夏天山2条院线，这是时隔两年来市场第一次增加新院线。

城市院线在继续保持“一超多强”局面的同时，集中度进一步提升，竞争激烈。票房排名前10名的院线，票房总和达到197.22亿元，占全国票房总额的66.54%（见表5），余下的37条院线仅占33.46%的市场份额。

表5 2014年票房收入前十名的电影院线

院线名称	票房		放映场次		观影人次		影院	
	收入（亿元）	增长率	场次（万）	增长率	人次（万）	增长率	影院数量（座）	增长率
万达院线	42.08	33.11%	263.19	23.91%	10 174	30.77%	182	28.17%
星美院线	24.47	33.12%	257.70	42.01%	6 892	24.47%	286	24.89%
大地电影院线	23.51	47.83%	394.16	42.22%	7 622	23.51%	491	28.87%
上海联和院线	22.74	20.80%	185.32	14.68%	6 151	22.74%	223	7.21%
广州金逸珠江院线	20.83	35.13%	204.48	28.26%	5 468	32.85%	227	37.58%
中影南方电影新干线	19.84	28.55%	246.05	30.03%	5 581	29.97%	276	34.63%
浙江时代院线	11.95	31.82%	155.70	33.81%	3 392	31.78%	166	16.90%
中影数字院线	11.04	47.10%	170.37	37.87%	3 311	46.44%	279	40.20%
横店电影院线	10.60	36.23%	176.82	37.61%	3 334	36.98%	180	36.36%
北京新影联院线	10.16	16.03%	88.10	2.44%	2 598	13.75%	100	3.09%
合计	197.22	—	2 141.89	—	54 523	—	2 410	

资料来源：中国电影发行放映协会编：《2013中国电影市场报告》，北京，中国电影出版社，2014；中国电影发行放映协会编：《2014年中国电影市场报告》，北京，中国电影出版社，2015。

（二）影院建设速度加快，规模化影院发展迅猛

2014年，银幕数继续快速增长。全国共有影院5 158家，其中新增城市影院1 015家[③]，平均日增约3家影院。银幕总数达到23 592块（见图4），中

① 数据来源：中国电影家协会。

② 参见《东方电影市场景观强力呈现》，载《中国电影报》，2015-01-14。

③ 数据来源：国家新闻出版广电总局电影管理局规划处。

国继续保持银幕总数全球第二大国的优势，银幕数是美国的约 60%、日本的约 7 倍。[①] 银幕建设速度加快，新增银幕 5 397 块，同比增长 29.66%，平均每天新增 14.79 块。

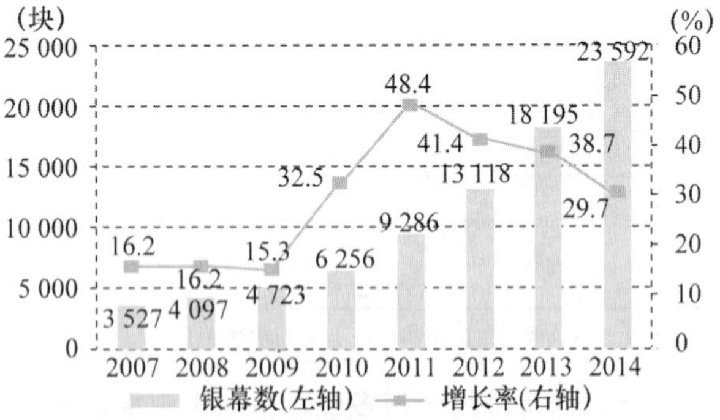

图 4　2007—2014 年全国银幕增长情况

资料来源：国家新闻出版广电总局电影管理局。

新增银幕以中西部地区、县级城市为主。各地县级城市数字影院建设继续加快。全国县级城市拥有数字银幕 7 204 块，占银幕总数的 30.53%。重庆、河北、浙江等 10 省（自治区、直辖市）实现了县城数字影院全覆盖。在经济条件相对较好的中西部省区，影院建设逐步在乡镇展开。四川省乐山市在犍为镇和苏稽镇建起了镇级影院。

影院的票房规模不断扩大。2014 年，票房在 5 000 万元以上的影院有 37 家，票房在 3 000 万～5 000 万元区间的影院有 128 家，票房在 2 000 万～3 000 万元区间的影院有 200 家（见表 6），分别比 2013 年增长 13 家、26 家、70 家。

表 6　　2014 年全国城市院线影院票房结构

票房范围	影院数（家）	票房合计（万元）
5 000 万元以上	37	229 199
3 000 万～5 000 万元	128	484 180
2 000 万～3 000 万元	200	479 803
1 000 万～2 000 万元	605	844 070
500 万～1 000 万元	696	503 664

资料来源：中国电影发行放映协会编：《2014 中国电影市场报告》，北京，中国电影出版社，2015。

（三）影院信息化、网络化建设取得新成就

一是影院相关技术自主研发步伐加快，成果斐然。中国电影科学技术研究所、中影股份有限公司等单位和机构自主研发的可折叠金属幕、中国多维声、ALPD 激光光源等设备与技术，突破了技术壁垒和技术瓶颈，并加快市场推广应用，有的技术还走出了国门。

二是影院数字化管理水平进一步提升。影片密钥管理系统（KDM）应用范围不断扩大，电影母版制作放开，重新形成发行多主体的格局。影院管理系统（TMS）应用广泛，通过中心服务器以及片库进行统一的排映。影院数字拷贝卫星分发接收系统基本形成，大大提高影片传输发行效率，降低了相关硬盘、物流成本。覆盖全国的影院票务综合信息系统建设完成，成为收缴专项资金、统计影院票房、规范电影市场的技术平台。

四、电影投融资

2014 年，在相关利好政策鼓励下，电影企业竞相上市，跨界并购频繁，资本平台呈现多样化态势，电影投融资日趋活跃。

（一）多层次融资体系逐渐形成

电影投资热持续高涨，大量金融资本和其他行业资金涌入电影业，影视产业资本市场规模扩大。2014 年，电影产业共发生并购事件 39 起。国内 VC/PE 设立的私募股权基金中，在设立初期就定位于影视投资方面的基金有 30 余只，目标规模为 400 多亿元。[②] 如北京文资华夏影视文化产业投资基金、中广影视产业创新投资基金等。传统产业资本也积极跨界进入电影业。泰亚股份、中南重工等来自不同业种的企业，纷纷发布公告，意图涌入影视业。俞敏洪旗下的洪泰基金也对自在影业公司投资 5 000 万元，参与电影制作。[③]

（二）电影企业积极上市

受宏观经济政策鼓励，多家电影企业筹备在国内上市。2014 年 11 月，中国证券监督管理委员会发行审核委员会宣布万达院线和唐德影视上市 IPO 首发获得通过。2015 年 1 月下旬，这两家影视公司先后上市。一些电影企业也积极运作海外资本市场。12 月 23 日，华策影视全资公司华策影视（香港）投资有限公司投资韩国 Next Entertainment World Co. Ltd，并在韩国 KOSDAQ 挂牌上市。另外，借壳上市和并购重组现象频繁。部分电影企业借助借壳重组的方式，克服资金资源短缺瓶颈。2014 年 6 月，海润影视借壳申科股份（002633）后，收获了 11 个涨停板；长城影视借壳江苏宏宝（002701）

① 数据来源：http://www.eiren.org/。

② 参见中国电影家协会编：《中国电影产业研究报告》，北京，中国电影出版社，2015。

③ 参见《俞敏洪进军电影业》，载《新京报》，2012-12-04。

后，借助资本市场平台实现内生与外延的持续发展。

(三) 投资模式更趋多元

一是产业链各个环节的企业积极投资其他环节。剧角映画于2014年6月将超过6 000万元的B轮融资用于下属影院业务开发建设。2014年6月，华谊兄弟以2.66亿元控股在线票务网站"卖座网"①，北京新影联院线参与投资《京城81号》《黄克功案件》等影片，并承担了《京城81号》华北地区的发行工作。

二是以构建产业链为目的的行业整合类并购兴起。华谊兄弟2013年收购的银汉科技于2014年获批，华谊兄弟由此向游戏业务延伸。该公司还采取"品牌授权＋参股"轻资产运营模式，启动实景娱乐。

五、电影产业链拓展延伸

借鉴高新技术、互联网的发展，电影产业链日益延伸，衍生产业展现出良好前景。

(一) 盈利渠道日益拓展

2014年，电影院从单一的票房盈利模式向多渠道盈利模式探索。影院作为社交场所的作用日益凸显，体验式消费也成为影院经营重点。这些经营方式收益很好。2014年上半年，万达院线票房收入191 330万元，毛利率为19.60%；而卖品销售额为30 078.71万元，毛利率高达68.93%；其他业务销售额为26 166.80万元，毛利率98%。② 中影星美院线2014年中期业绩报告中的非票房收入比同期增长500%以上。③

(二) 电影广告市场日益扩大

2014年，国内电影映前广告市场仍以超过30%的幅度增长，广告市场规模扩大，形式内容创新。影院因客流集中、广告投放成本低廉等优势，日益受到广告主重视。2014年上半年，各大品牌在影院视频广告的投放费用增幅达57%，其中交通、饮料、娱乐及休闲行业增幅分别高达140%、123%、183%。④

(三) IP业务促进相关产业融合发展

2014年，电影业内IP项目运作频繁。多家公司通过引入经典IP或培育原创IP进行影视业务布局，内容涵盖小说、游戏、动漫等多个领域。典型的IP商业模式有文学作品改编电影、网络音视频资源改编电影、游戏动漫改编电影、电视资源改编电影四种形式。

(四) 电影节展内容丰富

大型国际电影节和重要电影节展对会展经济的贡献显著。有24个国家和地区的248家展商参加第四届北京国际电影节，同比增加20%，其中国际展商增长至125家，首次超越本地展商。实现签约数目32个，签约总额达105.207亿元。⑤ 参加的中外电影机构有800余家。电影嘉年华活动平均每天的客流量在4 000人次左右，怀柔分会场更是在首个活动主题日就迎来5 000余名游客参观游览，会展经济效益明显。

六、"互联网＋电影"成效明显

2014年，互联网加快融入电影业。"众筹"、移动APP、"线上选座购票"等互联网手段，促进电影产业链从线下迅速向线上延伸，拓展产业发展空间。"互联网＋"对行业信息的发布、放映终端的售票、选座、排片等多个环节发展进行了改观。

(一) 互联网资本跨界投入电影业

2014年，以百度、阿里、腾讯（以下简称BAT）为代表的互联网巨头从资本运作到业务战略合作等多方面深度涉足电影业。

互联网公司通过投资、并购和战略合作，直接投资电影公司。3月，阿里巴巴集团以62.44亿港元投资获得文化中国传播公司59.32%的股份，并将其更名为"阿里影业"。11月，阿里、腾讯两家互联网企业联合平安资管公司和中信建投公司，向华谊兄弟投资36亿元用于影视剧制作。互联网企业也直接参与电影制作。7月，百度成立爱奇艺影业，推出"爱7.1电影大计划"，陆续推出以《一步之遥》为代表的7部国产电影。在融资方面，互联网企业充分发挥自身用户资源优势，进行众筹。9月，百度联手中影股份、中信信托、北京德恒一起成立

① 参见《华谊兄弟拟2.66亿元收购卖座网51%股权》，见http://www.cs.com.cn/ssgs/gsxw/201406/t20140616_4418820_1.html。

② 参见中国证券监督管理委员会：《万达电影院线股份有限公司首次公开发行股票招股说明书》（申报稿2014年10月14日报送），338～339页，见http://www.csrc.gov.cn/pub/zjhpublic/G00306202/201410/t20141016_261877.html。

③ 参见高庆秀：《电影在线购票市场：挑战中"隐藏"机遇》，载《中国文化报》，2014-08-18。

④ 参见CTR媒介智讯：《2014年6月全媒体广告分析》，见http://www.199it.com/archives/265177.html。

⑤ 参见北京国际电影节官网，http://bfm.bjiff.com/2015/content.html?title=%E7%94%B5%E5%BD%B1%E5%B8%82%E5%9C%BA&subt=2014%E6%88%90%E6%9E%9C%E6%8A%A5%E5%91%8A&sid=d3d5936f584a45ad9a89b592b87537bc。

"百发有戏"平台，1 天内为电影《黄金时代》募集资金 1 800 余万元。阿里联合国华人寿推出影视及理财增值平台"娱乐宝"，前三期共募集资金 2.65 亿元。①

（二）互联网拓展电影营销空间

一是网络营销注重与热门话题相结合。网站的话题效应直接影响影片营销效果。《后会无期》利用导演韩寒在微博上的影响力，制造了多个热门话题。从电影立项至整个宣发期间，韩寒共发布 105 条相关微博，转发数超过 700 万次，评论超过 240 万次，点赞超过 660 万次。

二是网络营销的重心由 PC 终端向移动终端转移。《微爱》海报不但在百度、淘宝、腾讯、乐视网等多个平台投放，还在多个热门 APP 上投放。

（三）移动互联促进售票方式升级

2014 年，在移动互联和高速互联促动下，以智能手机为终端的网络票务蔚然成风。网络票务平台包括院线和影院官网、专业售票网站、电商平台、视频及社交网站四类。主要网络票务平台有微信电影票、猫眼电影、淘宝电影等。网络票务平台在资本支持下，采用低价策略吸引观众，举办如淘宝电影的"三八节 3.8 元看电影"，猫眼电影的"1 元钱看电影"等活动。网络购票比影院挂牌价格低廉，差价由片方、影院、赞助商等其中一方或多方承担。网络票务发展具有方便快捷、覆盖广泛、节省人工等特点。

七、电影发展政策与管理

中央十分重视电影发展。2014 年 10 月，中共中央总书记、国家主席习近平同志主持召开文艺工作座谈会，专门针对电影业作出了重要指示。2014 年 7 月，中共中央政治局委员、中共中央宣传部部长刘奇葆同志主持召开全国电影工作座谈会，提出"内容为王、技术为基、人才为本"的战略部署。为贯彻落实中央部署，广电、财政、税收、住建等多个部委协同出台政策措施，全方位、多角度地促进电影业发展，加强对电影业的管理，收效明显。

（一）创新电影发展促进政策

2014 年，2 月 18 日，国家新闻出版广电总局出台《关于试行国产电影属地审查的通知》（新广电发［2014］27 号），明确从 4 月 1 日起，除重大革命题材、重大历史题材、重大文献纪录片以及各类中外合拍片外，在全国范围内试行国产电影属地审查，即由各省级广电部门对本行政区域内所属电影制片单位摄制的各类影片进行审查，国家新闻出版广电总局负责宏观指导和监督。

与此同时，一系列新的财政金融税收政策出台。为配合落实新出台的《国务院关于推进文化创意和设计服务与相关产业融合发展的若干意见》等重要政策，财政部下拨 2014 年度文化产业发展专项资金 50 亿元，发挥引导示范和带动作用，创新管理模式，优化资金投向。11 月 27 日，财政部、海关总署、国家税务总局等三部委联合下发《关于继续实施支持文化企业发展若干税收政策的通知》（财税［2014］85 号），提出对电影集团公司、电影制片厂及其他电影企业取得的销售电影拷贝收入、转让电影版权收入、电影发行收入以及在农村取得的电影放映收入免征增值税等，从减免税赋角度支持电影产业发展。

另外，国家投入 3 亿元支持 6 家国有重点制片基地发展。② 12 月，全国总工会发出《关于〈关于加强基层工会经费收支管理的通知〉的补充通知》（工财发［2014］69 号），明确支持基层工会组织利用会费组织看电影。这一通知将有力促进电影院团购大客户业务发展。

（二）加强市场监管

2014 年，国家新闻出版广电总局陆续出台一系列政策措施，解决院线、影院领域的政策执行、市场监管、平台建设等方面出现的问题，建立和完善公平、公正、公开的电影市场体系。

一是进一步加强行业规范管理。按照 2013 年底国家新闻出版广电总局电影管理局下发的《电影院票务管理系统技术要求和测量方法》（GY/T276—2013），售票原始数据上报要求影院每售出一张电影票，其相关数据将在 10 分钟内上传至新平台。1 月 17 日，国家新闻出版广电总局出台《关于加强电影市场管理规范电影票务系统使用的通知》（新广电发［2014］12 号），从严格完善票务软件产品市场准入制度等五个方面提出了明确要求。9 月 30 日，由电影资金办负责组织实施的全国电影票务综合信息管理系统升级改造工作基本完成，有 7 家影院票务软件商的软件产品通过标准符合性检测并予以备案准入，全国 4 000 余家影院完成票务系统升级。该系统通过二维码实现电影票实时真伪查询，实现电影

① 参见汪景然、李霆钧：《互联网公司全面布局电影业是"添翼"而非"颠覆"》，载《中国电影报》，2015-01-21。

② 参见金晶：《票房背后的力量角逐——专访电影管理局局长张宏森》，载《经济日报》，2015-01-12。

票房的透明化，为有效打击偷票房提供技术保证。

二是放映质量规范管理。12 月，国家新闻出版广电总局电影管理局发布《关于进一步提高放映质量的通知》（影字［2014］722 号），严格要求影院放映的银幕亮度和声压级达到标准，并责成中国电影技术科学技术研究所、国家新闻出版广电总局电影技术质量检测所等单位定期发布放映质量检测报告。

2014 年中国软件产业发展报告

工业和信息化部电子知识产权中心

软件是 ICT 产业的核心与灵魂，是提升国家信息化水平、支撑经济提质增效升级和促进大众创业、万众创新的重要力量，特别是软件新技术、新产品、新服务已日益融入到经济社会各领域，发挥着越来越突出的基础性、先导性和战略性作用。

一、2014 年中国软件产业发展的宏观环境

2014 年，中国经济发展碰到了很多挑战，遇到了不少困难。从国际上看，世界经济复苏曲折、缓慢、复杂，国内经济发展面临着巨大的下行压力。即便如此，我国全年国内生产总值仍达到 636 463 亿元，比上年增长 7.4%，其中，第三产业增加值 306 739 亿元，增长 8.1%。当前，世界正进入以信息产业为主导的新经济发展时期，软件技术日新月异，“软件定义世界”正成为各方共识。基于“互联网+”的网络化、平台化、智能化现代服务业蓬勃兴起，工业互联网方兴未艾，引领更广范围、更深层次、更高水平的产业变革。

我国政府高度重视信息技术产业发展，部署实施《中国制造 2025》、“宽带中国”战略和“互联网+”行动计划，紧紧围绕制造强国和网络强国的目标，以深化改革、优化环境、创新驱动、整合发展为动力，大力推动两化深度融合，促进软件产业做大做强，让信息技术更好地支撑和引领经济社会创新发展。一方面，软件产业发展环境不断优化，政府坚持简政放权，强化战略规划、政策标准的引导作用，加大对核心竞争力强的龙头企业集团的扶持力度；另一方面，大力推进自主创新，鼓励支持软件企业与工业企业跨界融合、协同创新，推动工业软件、工业控制系统、工业互联网以及智能汽车、工业机器人操作系统等关键技术的研发和产业化，建设工业云平台和大数据中心，加快研制数据共享标准，促进制造过程智能化，不断改善软件和信息技术服务供给，推动软件公共服务平台与创客空间、创新工厂互补，创建一批专业化、网络化“众创空间”，激发中小微企业创业创新活力。

二、2014 年中国软件行业发展的基本状况

近年来，我国政府通过大力促进信息消费、加快宽带网络基础设施建设、推进两化深度融合、营造良好的政策环境，国内软件产业规模快速壮大。2014 年，实现软件业务收入 3.7 万亿元，同比增长 20.2%；软件和信息技术服务业实现利润总额 4 826 亿元，同比增长 26%；上缴税金 1 786 亿元，同比增长 14.8%。全国规模以上软件和信息技术服务企业达 37 102 家；软件从业人员 546 万人，同比增加 16.1%。

（一）软件技术服务发展迅速

信息技术服务收入 18 711 亿元，占软件业务收入比重超过 50%。信息技术咨询服务、数据处理和存储类服务分别实现收入 3 841 亿元和 6 834 亿元，同比增长 22.5%和 22.1%，增速高出全行业平均水平 2.3 和 1.9 个百分点；占全行业比重分别达 10.3%和 18.4%，同比提高 0.2 和 0.3 个百分点。传统的软件产品和信息系统集成服务分别实现收入 11 324 亿元和 7 679 亿元，同比增长 17.6%和 18.2%，占全行业比重同比下降 0.7 和 0.3 个百分点。嵌入式系统软件实现收入 6 457 亿元，同比增长 24.3%，增速高出全行业平均水平 4.1 个百分点。集成电路设计业实现收入 1 099 亿元，同比增长 18.6%。

（二）中西部软件产业发展加速

2014 年，中西部地区分别完成软件业务收入 1 713 亿元和 3 927 亿元，同比增长 26.7%和 23.5%，增速高出全国平均水平 6.5 和 3.3 个百分点，在全国所占比重为 4.6%和 10.6%，分别比 2013 年提高 0.2 和 0.3 个百分点。东北三省回落明显，完成软件业务收入 3 583 亿元，同比增长 11.6%，占全国比重为 9.6%，比 2013 年下降 0.9 个百分点。东部地区平稳增长，实现软件业务收入 28 012 亿元，同比增长 20.5%。其中，江苏、广东和北京的软件业规模仍居全国前三位，山东、湖北、陕西、安徽等省增速超过 30%。

(三) 软件业延续在中心城市集聚发展的特点

2014 年，全国 4 个直辖市和 15 个中心城市合计软件业务收入超过 3 万亿元，占全国比重达 81%，其中超过 1 000 亿元的城市已达到 11 个，比上年增加 1 个。15 个中心城市软件业务收入增速达 21.1%，高于全国平均水平 0.9 个百分点。中心城市的软件业务收入中，数据处理和存储服务增长 25.7%，增速高于全国平均水平 3.6 个百分点。

(四) 软件出口增速回落

2014 年，软件和信息技术服务业实现出口 545 亿美元，同比增长 15.5%，比上年下降 3.5 个百分点。其中，嵌入式系统软件出口和外包服务出口增长平稳，同比增长 11.1%和 14.9%，分别比上年提高 8.9 和 1 个百分点。

(五) 企业创新意识和能力不断增强

2014 年，第 28 届中国电子信息百强企业和第 13 届软件业务收入前百家企业研发投入强度分别达 4.8%和 6.5%，高出行业平均水平 2 和 1.5 个百分点，全年研发经费增长均超过收入增速。企业专利成果丰硕，华为首次进入全球创新机构百强，京东方 2014 年新增专利申请量超过 5 000 件。参与国际标准制定的话语权不断增强，2014 年我国积极主导制定了在云计算、物联网、射频连接器、同轴通信电缆等领域的多项国际标准，对自主技术和产品“走出去”起到了重要的推动作用。自主可控国产软件系统已基本具备国产化替代能力，上下游企业“抱团”竞争，应用推广取得新进展。

三、2014 年中国软件产业发展的特点

2014 年，国民经济迎来“新常态”发展的历史性新起点，经济增长从高速转向中高速发展阶段，国内外环境错综复杂，经济发展面临不少困难和挑战，我国软件产业发展呈现出如下特点：

(一) 软件服务化

从软件产业内部看，信息技术服务取代软件产品成为产业主体，“服务前台化、软件后台化”特征日益凸显，也使服务成为主要定价对象，成为决定软件产业价值的重要因素。2014 年，信息技术服务收入占软件业务收入比重超过一半。信息技术咨询服务、数据处理和存储类服务的收入增长速度也超过了软件全行业的增长。软件构造技术和应用模式正在从产品中心向用户中心转变。云计算是软件服务化的一种主流模式，它可以按照用户需要动态地提供计算资源、存储资源、软件应用等资源，具有可动态伸缩、使用成本低、可管理性好、节约能耗、安全便捷等优点。在软件服务化趋势下，向用户提供软件服务所带来的体验成为竞争的决定因素。

(二) 软硬一体化

从信息技术产业整体看，软件从硬件设备的附属品转变成为硬件设备价值的倍增器，成为影响硬件发展乃至决定信息技术产业发展的主导力量。在嵌入式系统、无线通信设备、家用电器中，软件与硬件的结合将更加紧密，手机、汽车、冰箱、电视、手表等将越来越智能化，嵌入式软件将帮助消费者在任何时间任何地方通过任何设备来获取这些电器的状态以及操作这些电器。硬件依靠软件变得更加智能、更易操作使用，软件依靠硬件获得了更大的发挥空间和载体，可以充分体现自身价值。

(三) 软件网络化

网络化成为软件技术发展的基本方向。互联网成为软件开发、部署与运行的主要平台，推动整个产业全面转型。软件即服务（SaaS)、平台即服务(PaaS)、基础设施即服务（IaaS）等新的云服务模式不断涌现，泛在网、物联网、移动计算、云计算等都是软件网络化趋势的具体表现。随着 GPRS、CDMA、Wi-Fi、蓝牙等技术的不断发展，移动终端承载的功能越来越多，办公、娱乐、社交、金融支付、健康、交通等新应用需要越来越多的应用软件提供支持，颠覆了人们通常所理解的信息设备就是桌面电脑的概念，将来人们更多的是利用手机或其他信息系统，移动互联网正在成为软件产业发展的重要平台。

(四) 软件产业融合化

融合化是软件技术和产业发展的新空间。一方面，软件的技术体系、业务领域越来越专业化；另一方面，软件与硬件、软件与网络、产品与业务、软件产业与其他产业之间相互融合不断深化。软件越来越多以服务的形式进入传统行业，与金融、零售、交通、医疗、教育等传统领域结合日益紧密，云计算、大数据、物联网将在政务领域、公共服务行业和企业级市场实现产业化、规模化、智能化发展，软件赋予传统产业新的商业价值，成为企业和产业转型升级的增值型工具。

四、2014 年中国软件正版化工作的开展情况

自 2001 年我国开展软件正版化工作以来，国务院在全国范围内坚持不懈地推进软件正版化工作并取得了卓越成效，中央和省市县四级政府机关全部完成了软件正版化工作检查整改任务，初步建立了软件正版化工作长效机制，同时企业软件正版化工

作也取得了很大成果。2014 年，国家版权局、工业和信息化部、财政部、商务部、审计署、国务院国有资产监督管理委员会、国家工商行政管理总局、国家知识产权局、国家机关事务管理局、国务院法制办公室、中国银行业监督管理委员会、中国证券监督管理委员会、中国保险监督管理委员会、中共中央直属机关事务管理局、中华全国工商业联合会等 15 家推进使用正版软件工作部际联席会议成员单位共同制定了《关于贯彻落实〈政府机关使用正版软件管理办法〉的实施意见》，指导各地区、各单位建立健全软件正版化长效机制，巩固政府机关软件正版化工作成果。截至 2014 年底，全国累计 24 563 家企业通过检查验收完成软件正版化，中央企业三级以上企业、大中型金融机构、新闻出版行业企业集团总部全部实现软件正版化，78.88%的中央企业四级及以下企业、71.56%的金融机构、75.2%的新闻出版行业企业集团所属二级企业实现软件正版化。

工业和信息化部自 2007 年起开展计算机预装正版操作系统软件工作。七年来，在计算机生产企业和软件企业的共同努力下，2007 年至 2013 年我国新出厂计算机正版操作系统软件的预装率逐年提高。2007 年预装率仅为 87.75%，2008 年达到 93.52%，2009 年为 98.02%，2010 年预装率稳定增长，达到 98.08%，2011 年为 98.12%，2012 年为 98.22%，到 2013 年达到 98.42%，预装正版操作系统软件工作自实施以来预装率提高了 10.67 个百分点。部分较大品牌计算机生产厂商正版操作系统软件预装率已经达到了 100%，操作系统软件预装工作成效明显。

软件正版化工作直接推动了中国软件产业的快速发展，从 2000 年不足 600 亿元飞跃至 2014 年 3.7 万亿元的产业规模，为我国制造业、服务业等各个领域的现代化发展提供了非常重要的支撑作用。在软件正版化进程中，金山、中望、浩辰、永中等大批国产软件企业快速成长，金山 WPS、永中 Office、瑞星杀毒、金山毒霸、CAXA、中望 CAD 和浩辰 CAD 等一批国产软件品牌也迅速崛起。

软件正版化工作直接推动了我国知识产权整体水平的提升和进步。2014 年计算机软件著作权登记 218 783 件，较 2013 年的 164 349 件增长了 33.12%；著作权质权登记 496 件，涉及主债务金额 262 543.1 万元。2014 年，我国计算机软件著作权登记量突破了 20 万件，同比增长幅度较大，反映出我国版权产业的智力成果和创新能力。软件著作权质权登记 191 件，涉及合同 191 个，涉及软件数量 740 件，涉及主债务金额 186 117.05 万元，涉及担保金额 178 075.05 万元。

同时，我国网络版权保护力度也进一步增强。2005 年至 2014 年连续十年开展的“剑网行动”，针对网络文学、音乐、视频、游戏、动漫、软件等重点领域，集中强化对网络侵权盗版行为的打击力度，共查办案件 4 681 起，依法关闭侵权盗版网站 2 676 个，没收服务器及相关设备 1 178 台，罚款人民币 1 135 万元，移送司法机关追究刑事责任案件 388 件，查处了百度文库侵权案、360 侵权案、亚马逊销售盗版图书案、快播和百度播放器侵权案、一点资讯侵权案、射手网字幕组侵权案、天线视频网侵权案、一听音乐网侵权案、番茄花园网侵权案、思路网侵权案等一批侵权盗版大案要案，网络版权保护水平明显提升。

2014 年中国动漫产业发展报告

牛兴侦

2014 年是中国实施全面深化改革，实现创新驱动、转型发展的一年。随着中国经济规模不断扩大、经济增速逐年递减，中国经济进入到结构趋于优化、物价涨幅趋于适度、新增就业趋于稳定、经济增速趋向潜在水平的“新常态”阶段。动漫产业作为基于产业融合形成的战略性新兴产业，具有先导性、成长性和辐射性等典型特征，在经济社会发展和文化建设中发挥着越来越重要的引领作用。在深化改革、技术创新和媒介融合的大背景下，2014 年中国动漫产业创新步伐明显加快，国有民营、新老媒体多元主体竞合局面初步形成，业务形态更加丰富多元，产品类型更多，品质有所提升，市场活力、产业潜能进一步释放，整体进入结构调整、产业融合和转型升级的关键阶段。中国动漫产业以其强大的创意设计力量和品牌版权价值日渐融入国民经济大循环，在推动文化创意产业和相关产业融合发展、支撑文化产业趋于成为国民经济支柱性产业等方面发挥着重要作用。

一、2014 年中国动漫产业发展的新形势

（一）政策环境

近年来，国家和地方政府出台了多项深化文化体制改革和扶持文化产业、电影产业发展的宏观政策与动漫产业内部政策文件。十八届三中全会对全面深化改革作出战略部署，提出了推进文化体制机制创新的四大任务，即完善文化管理体制、建立健全现代文化市场体系、构建现代公共文化服务体系和提高文化开放水平。四中全会审议通过了《中共中央关于全面推进依法治国若干重大问题的决定》，提出：建立健全坚持社会主义先进文化前进方向、遵循文化发展规律、有利于激发文化创造活力、保障人民基本文化权益的文化法律制度。制定文化产业促进法，把行之有效的文化经济政策法定化，健全促进社会效益和经济效益有机统一的制度规范。2014 年，国务院先后出台了《关于推进文化创意和设计服务与相关产业融合发展的若干意见》（国发［2014］10 号）、《关于加快发展对外文化贸易的意见》（国发［2014］13 号）、《关于印发文化体制改革中经营性文化事业单位转制为企业和进一步支持文化企业发展两个规定的通知》（国办发［2014］15 号）；文化部、中国人民银行、财政部出台了《关于深入推进文化金融合作的意见》（文产发［2014］14 号）；财政部、国家发展和改革委员会、国土资源部、住房和城乡建设部、中国人民银行、国家税务总局、国家新闻出版广电总局出台了《关于支持电影发展若干经济政策的通知》（财教［2014］56 号）；文化部、工业和信息化部、财政部出台了《关于大力支持小微文化企业发展的实施意见》（文产发［2014］27 号）；文化部、财政部出台了《关于推动特色文化产业发展的指导意见》（文产发［2014］28 号）；财政部、海关总署、国家税务总局印发了《关于继续实施支持文化企业发展若干税收政策的通知》（财税［2014］85 号）；文化部还出台了《关于贯彻落实〈国务院关于推进文化创意和设计服务与相关产业融合发展的若干意见〉的实施意见》。这些宏观层面的上位政策既重视发挥市场机制的作用，又重视发挥政府的作用，从体制改革、税收优惠、金融支撑、通关服务等方面为动漫产业的发展构建了良好的政策环境。

（二）经济环境

当前我国经济社会发展仍处在经济增长速度换挡期、结构调整阵痛期、前期刺激政策消化期的叠加阶段，国民经济在新常态下呈现出总体向好、稳中有进、增长平稳、结构优化、质量提升、民生改善的态势。经初步核算，2014 年全年国内生产总值 636 463 亿元，比上年增长 7.4%。固定资产投资增速放缓，全年全社会固定资产投资 512 761 亿元，比上年增长 15.3%，扣除价格因素，实际增长 14.7%。其中，信息传输、软件和信息技术服务业投资额 4 187 亿元，比上年增长 38.6%；文化、体育和娱乐业投资额 6 192 亿元，比上年增长 18.9%。城乡居民收入继续增加，全年全国居民人均可支配收入 2 0167 元，比上年增长 10.1%，其中，城镇居

民人均可支配收入 28 844 元，比上年增长 9.0%；农村居民人均可支配收入 10 489 元，比上年增长 11.2%。全国居民人均消费支出 14 491 元，比上年增长 9.6%，其中，城镇居民人均消费支出 19 968 元，增长 8.0%；农村居民人均消费支出 8 383 元，增长 12.0%。全年社会消费品零售总额 262 394 亿元，比上年增长 12.0%。按消费类型统计，商品零售额 234 534 亿元，增长 12.2%。在限额以上企业商品零售额中，文化办公用品类零售额比上年增长 11.6%。价格水平涨幅较低，全年居民消费价格比上年上涨 2.0%，其中娱乐教育文化用品及服务价格上涨 1.9%。国民经济的持续增长，为动漫产业投融资提供了经济支撑；城乡居民收入的稳步增长，为居民文化消费奠定了物质基础。

（三）社会环境

人是消费的主体，向消费主导型经济转变不仅同人口数量变动直接相联，而且同人口年龄结构变动息息相关。人口学粗略地将总体人口划分为 0～14 岁少年、15～59 或 64 岁成年、60 或 65 岁以上老年三个部分。当前，我国人口结构正在发生着巨大的变化，受近 20 年来低生育率的影响，少年儿童人口数量持续下降。2014 年末全国总人口（不含港澳台地区）为 136 782 万人，其中 0～14 岁人口为 22 558 万人，占总人口比重为 16.5%。全年出生人口 1 687 万人，出生率为 12.37‰；死亡人口 977 万人，死亡率为 7.16‰；自然增长率为 5.21‰。年龄结构变动对消费的影响不可忽视，少年儿童人口数量的持续下降严重制约着儿童动漫消费市场的规模。改革开放以来，我国出现了三次消费升级，推动了经济的高速增长，消费结构的演变带动了我国产业结构的升级。目前正在进行的第三次消费结构升级转型正驱动着相关产业的增长，尤其是与 IT 产业、汽车产业、房地产业以及文化教育娱乐业相联系的消费增长最为迅速。城镇化推动了商业地产的快速发展，同时带动了影院投资的增长。2014 年底，全国银幕总数已达 2.36 万块，这为电影行业发展提供了基础设施，同时，影院观影消费成为了城镇青年和少年儿童喜爱的一种社交、生活方式。人口结构的持续变化和动漫消费群体的成长发展，为国产动漫适应低幼儿童、青少年和年轻人等不同年龄群体的需要转向全龄化发展奠定了坚实的受众基础。

（四）技术环境

信息技术的发展催生了各种各样的新媒体，三网融合极大地促进了信息产业和文化产业的融合发展。2014 年末，中国网民规模达到 6.49 亿人，互联网普及率为 47.9%，手机网民规模达到 5.57 亿人，网民中使用手机上网人群占比由 2013 年的 81.0%提升至 85.8%。从网络接入设备来看，通过台式电脑和笔记本电脑接入互联网的比例分别为 70.8%、43.2%，通过手机接入互联网的比例为 85.8%，平板电脑和网络电视接入使用率分别达到 34.8%和 15.6%。平板电脑的娱乐性和便捷性特点使其成为网民的重要娱乐设备，特别是在高学历人群（本科及以上学历网民使用率 51.0%）、高收入人群（月收入 5 000 元以上网民使用率 43.0%）中拥有更高使用率。随着网络技术和宽带技术的发展，网络电视融传统电视和网络为一身，其共享性、智能性和可控性迎合现代家庭娱乐需求，逐渐成为一种新兴的家庭娱乐模式。随着网民对互联网应用使用广度和深度的提升，我国网民人均周上网时长持续增长，2014 年达到 26.1 小时。即时通信作为第一大上网应用，在网民中的使用率达到 90.6%。手机即时通信由于其随身、随时、拥有社交属性和可以提供用户位置的特点，自身定位逐渐从以前单一的通信工具演变成支付、游戏、O2O 等高附加值业务的用户入口，以其庞大的用户基数为其他服务提供了巨大的潜在商业价值。网络视频用户整体规模仍在增长，使用率为 66.7%，比上年略有下降，网络视频行业步入平稳发展期（见表 1、图 1）。随着新媒体技术的持续变革，人们的生活方式、文化意识、消费习惯以及传播媒体的形式和内容都在发生着翻天覆地的变化。在互联网应用持续普及，社交网站、电子商务、在线视频观看成为人们生活方式的同时，以“粉丝经济”“O2O”等为代表的互联网思维不断跨界，“互联网＋”的跨行业融合发展应运而生，对传统行业产生了颠覆性的影响。

表 1　2010—2014 年中国网民各类互联网应用的使用率

序号	应用	2010 年	2011 年	2012 年	2013 年	2014 年
1	博客	64.4%	62.1%	66.1%	70.7%	16.8%
2	微博	13.8%	48.7%	54.7%	45.5%	38.4%
3	电子邮件	54.6%	47.9%	44.5%	42.0%	38.8%
4	即时通信	77.1%	80.9%	82.9%	86.2%	90.6%
5	论坛/BBS	32.4%	28.2%	26.5%	19.5%	19.9%
6	社交网站	51.4%	47.6%	48.8%	45.0%	—
7	搜索引擎	81.9%	79.4%	80.0%	79.3%	80.5%
8	网络视频	62.1%	63.4%	65.9%	69.3%	66.7%
9	网络文学	42.6%	39.5%	41.4%	44.4%	45.3%
10	网络新闻	77.2%	71.5%	78.0%	79.6%	80.0%
11	网络音乐	79.2%	75.2%	77.3%	73.4%	73.7%
12	网络游戏	66.5%	63.2%	59.5%	54.7%	56.4%

资料来源：根据中国互联网络信息中心（CNNIC）历年《中国互联网络发展状况统计报告》整理。

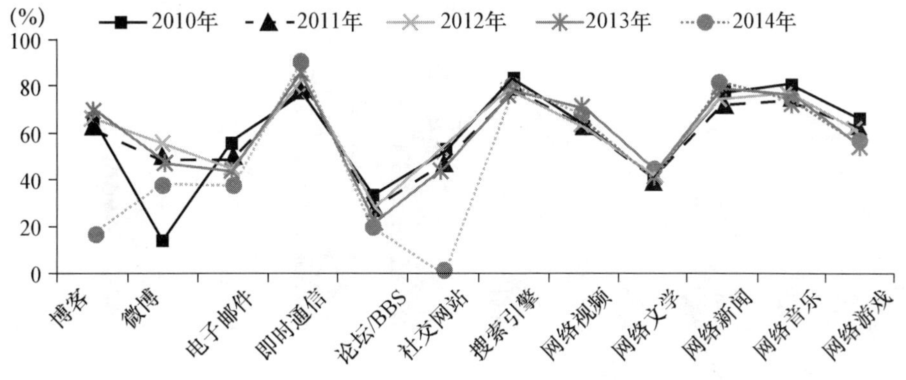

图 1　2010—2014 年中国网民各类互联网应用的使用率

资料来源：根据中国互联网络信息中心（CNNIC）历年《中国互联网络发展状况统计报告》整理。

二、2014 年中国动漫产业总体情况

（一）产业规模稳步扩大，进入转型提质的关键阶段

2014 年，我国动漫产业保持稳步发展的势头，全国动漫产业总产值突破 1 000 亿元，发展速度有所减缓。增速减缓是我国动漫产业在结构调整和发展换档过程中的必然现象，随着产业结构的优化和发展质量的不断提高，未来有望实现更加持续的良性发展。结合 2011—2013 年动漫产业细分行业产值规模来看，动漫衍生品、动漫主题公园和动漫授权收入所占比例较大，占总体的 65%～70%。2013 年我国动漫产业细分行业产值规模和所占比例依次为：动漫衍生品（220.8 亿元，25.35%）、动漫主题公园（191.6 亿元，22.00%）、动漫授权收入（160.3 亿元，18.41%）、影视动画（120.23 亿元，13.81%）、其他（55.7 亿元，6.40%）、手机动漫（36.5 亿元，4.19%）、漫画出版（36.45 亿元，4.19%）、互联网动漫（35.35 亿元，4.06%）、动漫舞台剧（13.92 亿元，1.60%）（见表 2、图 2）。伴随影院建设的快速增长和银幕数量的快速扩张，动画电影票房收入也在随着整体电影市场的快速崛起而持续攀升，2014 年动画电影票房收入达到 30.69 亿元，较上年大幅增长 92.86%，在全国电影总票房 296.39 亿元中占到了 10.35%，动画电影已成为推动中国电影市场快速发展的重要力量（见图 3）。2013 年，我国电视动画节目国内销售交易额达到 170 048 万元，较上年增长 62.37%，长期以来制作投资额和销售交易额倒挂的局面开始得到扭转（见图 4）。

表 2　　2011—2013 年我国动漫产业细分行业产值规模

类别	2011 年		2012 年		2013 年	
	产业规模（亿元）	所占比例（%）	产业规模（亿元）	所占比例（%）	产业规模（亿元）	所占比例（%）
漫画出版	24.50	3.94	34.05	4.48	36.45	4.19
影视动画	64.97	10.45	86.41	11.37	120.23	13.81
互联网动漫	22.00	3.54	30.00	3.95	35.35	4.06
手机动漫	17.78	2.86	28.36	3.73	36.50	4.19
动漫衍生品	162.58	26.15	213.53	28.10	220.80	25.35
动漫主题公园	180.00	28.95	185.00	24.34	191.60	22.00
动漫舞台剧	8.50	1.37	12.00	1.58	13.92	1.60
动漫授权收入	96.01	15.44	120.45	15.85	160.30	18.41
其他（动漫软件研发、培训等）	45.39	7.30	50.15	6.60	55.70	6.40
合计	621.73	100.00	759.95	100.00	870.85	100.00

资料来源：文化部。

（二）动漫企业实力持续增强

中国动漫产业逐步形成了多种经济成分共同发展的产业格局，民营企业凭借更为成熟的市场机制迅速发展壮大，特别是在节目制作领域成为了主力军，有效地促进了中国动漫产业的市场化进程。作为动漫市场主体的动漫企业在产业化潮流中快速成

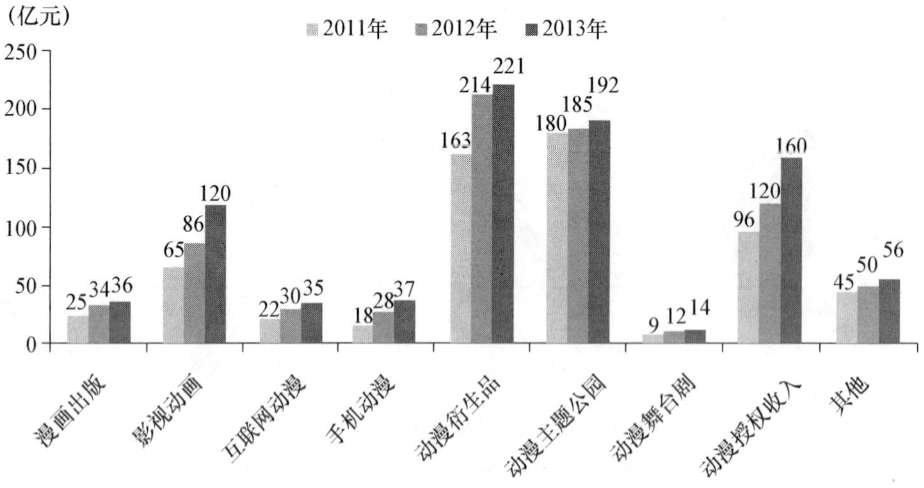

图 2　2011—2013 年我国动漫产业细分行业产值规模

说明：图中数字都经过四舍五入，省略了小数部分。

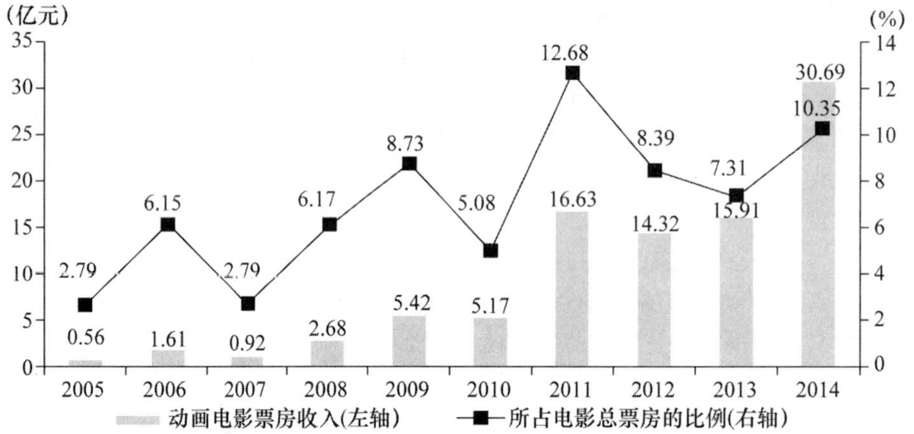

图 3　2005—2014 年我国动画电影票房收入及其所占比例

资料来源：根据中国电影票房数据中心（http://www.cbooo.cn/）单个影片票房收入汇总。

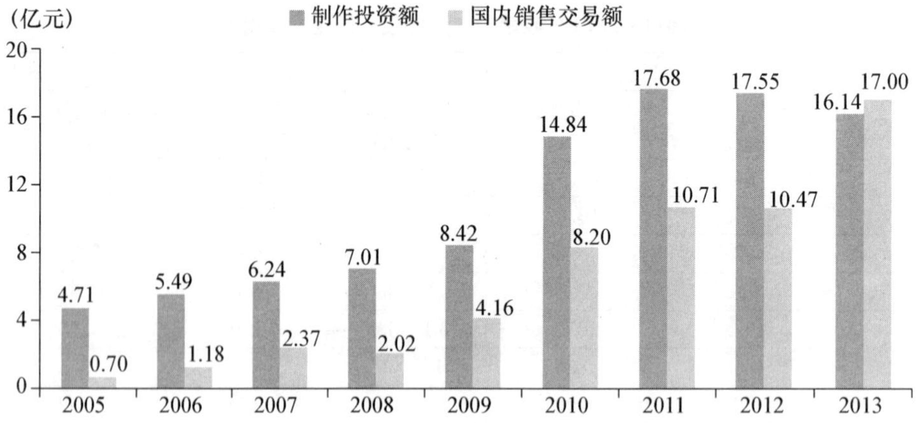

图 4　2005—2013 年我国动画电视节目制作投资额和国内销售交易额

说明：图中数字都经过四舍五入。
资料来源：根据历年《中国统计年鉴》《中国社会统计年鉴》整理。

长，规模实力持续增强，一批有实力、有特色的动漫企业脱颖而出。我国动漫企业数量不断增加，2014 年又有 82 家动漫企业通过文化部、财政部、税务总局的认定，全国通过认定的动漫企业累计数量达到 669 家，重点企业 43 家（见表 3、图 5）。经过多年的积累发展，中国动漫逐步涌现出奥飞动漫、华强动漫、中南卡通、腾讯互动娱乐、美盛文化、长城动漫、炫动传播、优扬传媒、华夏动漫等综合运营商，央视动画、原创动力、玄机科技、蓝弧文化、咏声文化、宏梦卡通、江通动画、青青树、追光动画等专业内容供应商，以及知音传媒、华闻传媒、中南传媒、时代出版、光线传媒、慈文传媒、拓维信息、恒大文化、海尔文化等战略投资者。奥飞动漫（002292）2014 年实现营业收入约 24.30 亿元，同比增长 56.45%；实现净利润近 4.13 亿元，同比增长 85.42%。美盛文化（002699）2014 年实现营业收入约 4.56 亿元，同比增长 97.29%；实现净利润约 0.98 亿元，同比增长 137%（见表 4）。

表 3　2009—2014 年国家认定动漫企业数量

省份	2009 年	2010 年	2011 年	2012 年	2013 年	2014 年	合计
江苏省	15	29	20	12	7	3	86
广东省	8	21	21	14	9	10	83
北京市	26	5	8	14	6	9	68
福建省	2	13	1	7	8	6	37
上海市	2	16	4	5	7	2	36
浙江省	3	11	7	4	3	6	34
安徽省	0	8	8	8	4	5	33
湖南省	10	6	4	5	1	5	31
天津市	7	4	6	4	5	3	29
辽宁省	1	17	1	0	5	1	25
河南省	2	4	5	4	6	3	24
湖北省	1	5	8	5	2	2	23
江西省	4	2	3	3	2	3	17
山东省	0	2	3	1	4	5	15
河北省	3	2	3	1	3	2	14
黑龙江省	3	2	4	1	4	0	14
山西省	2	2	3	1	1	2	11
广西壮族自治区	0	0	2	3	4	2	11
四川省	3	5	0	1	1	0	10
云南省	0	0	3	5	1	0	9
新疆维吾尔自治区	0	0	2	4	1	2	9
贵州省	1	5	2	1	0	0	9
陕西省	5	0	1	2	0	0	8
吉林省	1	1	1	0	0	4	7
重庆市	0	4	0	1	1	1	7
内蒙古自治区	1	3	0	2	0	0	6
甘肃省	0	0	1	1	1	3	6
宁夏回族自治区	0	2	0	1	0	2	5
青海省	0	0	0	0	0	1	1
海南省	0	0	0	0	1	0	1
合计	100	169	121	110	87	82	669

资料来源：根据文化部官方网站（http://www.mcprc.gov.cn/）信息整理。

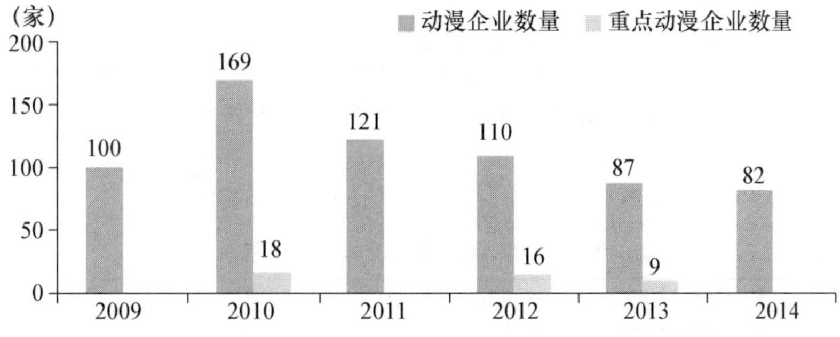

图 5　2009—2014 年国家认定的动漫企业和重点动漫企业数量

资料来源：根据文化部官方网站（http://www.mcprc.gov.cn/）信息整理。

表 4　　2014 年主要动漫概念上市公司财务报表

单位：万元（基本每股收益单位为元除外）

类别	奥飞动漫	光线传媒	骅威股份	美盛文化	长城动漫
营业收入	242 967.00	121 807.00	47 677.80	45 599.70	44 886.40
营业利润	42 286.50	41 191.00	3 718.05	11 468.10	814.76
营业外收入	2 252.52	1 979.08	96.66	2 066.19	60.44
营业外支出	318.13	561.62	119.39	113.32	117.72
利润总额	44 220.90	42 608.40	3 695.32	1 3420.90	757.49
所得税费用	2 964.19	7 421.51	324.59	3 609.88	160.39
净利润	41 256.70	35 186.90	3 370.73	9 811.07	597.10
归属于母公司所有者的净利润	42 801.30	32 932.50	3 435.48	9 712.54	593.99
少数股东损益	−1 544.61	2 254.43	−64.75	98.53	3.11
基本每股收益	0.68	0.33	0.12	0.47	0.02

资料来源：根据各上市公司披露信息（http://stock.qq.com/）整理。

（三）动漫产品生产数量理性回落，质量稳步提升

在政策调控和市场杠杆的双重引导下，2014 年中国动漫产业总体上调控数量，提高质量，由数量增长转向质量提升的趋势更加明显。2014 年，全年备案公示的国产电视动画片剧目数量为 425 部 271 133 分钟，同比分别下降 8.6％和 17.3％；全国制作完成的国产电视动画片共 138 579 分钟，同比下降 32.31％，为 2009 年以来最低产量，仅相当于 2011 年最高产量（261 224 分钟）的一半左右（见图 6）。2013 年，全国各级电视频道动画片播出时间为 293 140 小时，其中国产片 279 125 小时，进口片 14 015 小时，与 2012 年相比，增长率分别为 −3.85％、−4.67％和 16.18％（见表 5）。由于长期以来国产电视动画片持续保持高速增长，导致节目片源累计数量十分庞大，加之电视频道播出资源相对较少且拓展空间有限，使得电视动画生产较多和播出紧张的矛盾长期难以得到缓解，这势必要求国产动画在降低产量的同时更加强化质量提升。2014 年，动画电影生产和发行数量持续攀升，全年国产动画电影制作备案 134 部，制作完成并取得公映许可证的影片有 43 部（见图 7），其中公开上映 32 部（含合拍片 2 部），实现票房收入 11.48 亿元，同比增长 94.16％，在动画电影总票房中占 37.4％，国产动画电影票房收入再创历史新高。需要注意的是，动画电影的技术门槛和要素资源要远高于电视动画片，制作完成影片数量较少和制作生产完成率不高都在提醒新进入者防范投资风险，防止再度陷入无效生产和产量泡沫当中。

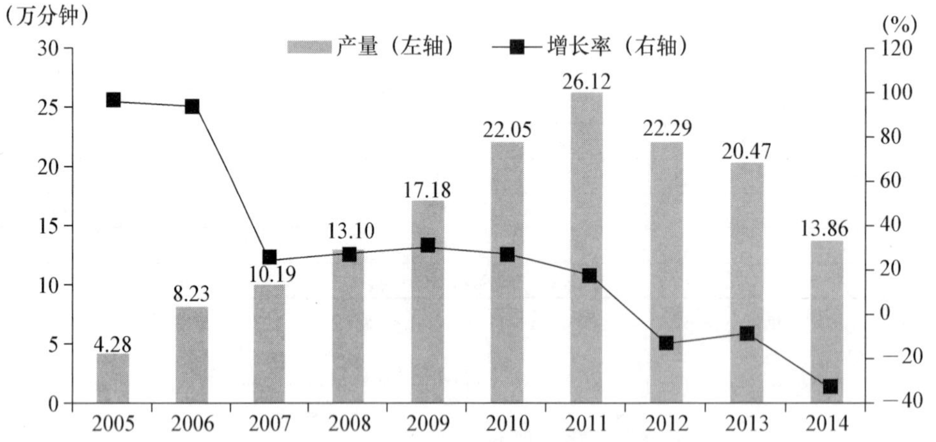

图 6　2005—2014 年国产电视动画片生产数量

说明：图中数字都经过四舍五入。
资料来源：根据国家新闻出版广电总局官方网站（http://www.sarft.gov.cn/）信息整理。

表 5　　2008—2013 年全国电视动画播出数量

统计指标		2008 年	2009 年	2010 年	2011 年	2012 年	2013 年
动画电视播出数量	部数	15 447	17 544	19 033	—	—	—
	集数	518 481	601 776	683 356	—	—	—
	时长	—	—	—	280 254	304 877	293 140

续前表

统计指标		2008年	2009年	2010年	2011年	2012年	2013年
国产动画电视播出数量	部数	14 028	16 458	18 002	—	—	—
	集数	472 840	560 637	648 790	—	—	—
	时长	—	—	—	265 432	292 814	279 125
进口动画电视播出数量	部数	1 419	1 086	1 031	—	—	—
	集数	45 641	41 139	34 566	—	—	—
	时长	—	—	—	14 822	12 063	14 015

资料来源：根据历年《中国社会统计年鉴》整理。

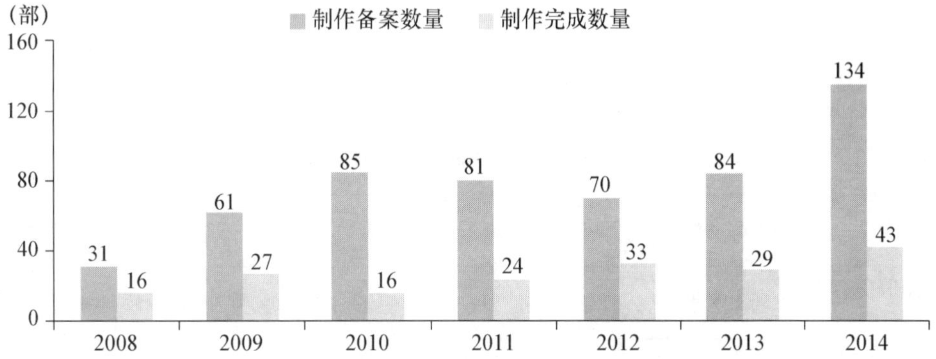

图7　2008—2014年国产动画电影制作备案和制作完成数量

资料来源：根据国家新闻出版广电总局官方网站（http://www.sarft.gov.cn/）信息整理。

（四）优秀动漫品牌日益彰显价值

随着国家动漫精品工程的实施和动漫企业品牌意识的树立，我国动漫企业推出了一批优秀的动漫精品和动漫品牌。2014年，《老小阿凡提》《小花仙》《我的朋友猪迪克》《熊出没之年货》《噢咿噢—唱歌岛（第三、四季）》等52部优秀国产动画片获得国家新闻出版广电总局推荐播出（见表6）。根据央视索福瑞公司2014年电视收视调查，《熊出没之年货》《熊出没之丛林总动员》《开心宝贝之奇幻之旅》《熊出没之过年》《猪猪侠》《快乐星猫第六季》《戚继光》《新大头儿子和小头爸爸》《不射之射》《丁丁战猴王》等动画片在全国36个主要城市中收视率较高，由中央电视台少儿频道播出的《熊出没之年货》在南昌创下了3.63%的收视率和10.43%的收视份额，在拉萨和海口的收视率分别为2.39%和2.11%，在银川、南宁、深圳、乌鲁木齐等15个城市也创下了1%以上的收视率。根据百度搜索风云榜动漫榜单显示，《尸兄》《熊出没》《我叫MT》《喜羊羊与灰太狼》《十万个冷笑话》《中国惊奇先生》《铠甲勇士》《熊出没之过年》《贝瓦儿歌》《熊出没之环球大冒险》等国产动漫品牌在网络平台上具有较高关注度、知名度和影响力（见表7）。根据原生媒体平台来看，既有根植于漫画报刊的《偷星九月天》等，又有承自经典电影的《黑猫警长》《葫芦小金刚》《葫芦兄弟》等，也有生发于电视平台的《侠岚》《猪猪侠》《秦时明月之万里长城》《大耳朵图图》《新大头儿子小头爸爸》《电击小子》等，还有走红于网络视频平台的《啦啦啦德玛西亚》《王牌御史》《超神游戏》等，以及脱胎于游戏社区的《摩尔庄园》等。

表6　　2010—2014年国家新闻出版广电总局推荐的部分优秀国产电视动画片

出品企业	优秀动画片名称
央视动画有限公司	《球泡森林》《巨虫公园大冒险》《小虫探》《神奇土豆园》《豆芽先生帮帮忙》《百吉学堂》《好梦大冒险》《星海奇航》《秦汉英雄传》《蚂蚁公主》《大角牛梦工场》《云朵宝贝》《蓝加》《猫眼小子包达达》《大耳朵爷爷历险记》《甜甜圈宝贝之飞行乐园》《小弯儿成长日记》《建木传奇》《萌萌的晴天》《三毛旅行记》《三毛历险记》《新大头儿子和小头爸爸》《新年钟声》
浙江中南卡通股份有限公司	《乐比悠悠（教育系列）》《天眼神兔》《极速之星》《中国熊猫》《锋速战警（3D版）》《梦幻镇（3D版）》《乐比悠悠教育系列之快乐成长》《郑成功》
广东原创动力文化传播有限公司	《喜羊羊与灰太狼之羊羊快乐的一年》《喜羊羊与灰太狼之给快乐加油》《宝贝女儿好妈妈之快乐的家庭》《喜羊羊与灰太狼之开心日记》《喜羊羊与灰太狼之开心方程式》《喜羊羊与灰太狼之羊羊小心愿》

续前表

出品企业	优秀动画片名称
上海炫动传播股份有限公司	《噢咿噢—唱歌岛》《安源小子》《非常小子马鸣加》《噢咿噢—唱歌岛（第三、四季）》《非常小子马鸣加 2》《兔子帮之勇闯螃蟹岛》
福建神画时代数码动画有限公司	《逗逗虎》《红军长征的故事》《逗逗宇宙大冒险》《抗战奇兵》《风云奇队》
杭州玄机科技信息技术有限公司	《秦时明月之诸子百家》《秦时明月之笑闯江湖》《梦幻猫咪屋》《秦时明月第四部万里长城》《英雄冯子材》
北京卡酷传媒有限公司	《我们小孩有力量》《卡酷漫游记》《嘻哈乐翻天》《星游记》《飞越五千年》
深圳华强数字动漫有限公司	《小鸡不好惹》《生肖传奇之十二生肖快乐街》《熊出没》《熊出没之春日对对碰》《熊出没之丛林总动员》
南通妙吧影视动漫有限公司	《青蛙王子之蛙蛙探险队》《小龙丘丘》《彩色豆园》《熊仔》
深圳市欢乐动漫有限公司	《欢乐宝宝》《欢乐之城》《欢乐之城 2》《蛋计划》
绍兴特立宙电脑动画有限公司	《少年师爷》《少年师爷之智慧快乐侠》《少年师爷之侠义欢乐行》《少年师爷之仁善行天下》
厦门大拇哥动漫股份有限公司	《小瑞与大魔王（一）》《小瑞与大魔王之快乐擂台》《家族使命》《快乐家族》
杭州宏梦卡通发展有限公司	《童话王国历险记》《虹猫蓝兔勇者归来》《虹猫蓝兔海底历险记》《虹猫蓝兔梦之国历险记》
杭州悦喜动画有限公司	《超级优优》《金螺号》《无敌优优》《可乐狗》
浙江缔顺科技有限公司	《爵士兔之奇幻之旅》《坦坦小动员》《莫麟传奇二之远古神兽》《爵士兔之永恒之曲》
北京电视台	《快乐家年华》《我的朋友猪迪克》《美食大冒险》《戚继光》
安徽同人文化传播有限公司	《十二生肖之五福外传》《十二生肖之天下属兔》《十二生肖之龙行天下》《神鸡包美丽》

资料来源：根据国家新闻出版广电总局官方网站（http://www.sarft.gov.cn/）信息整理。

表 7　2014 年百度搜索风云榜动漫榜单国产动漫 Top30

关键词	搜索指数	关键词	搜索指数	关键词	搜索指数
尸兄	19 564 547	侠岚	2 119 896	葫芦小金刚	1 126 067
熊出没	15 225 278	啦啦啦德玛西亚	2 045 882	巴啦啦小魔仙	773 489
我叫 MT	6 744 896	偷星九月天	1 844 867	电击小子	735 808
喜羊羊与灰太狼	6 619 897	巴拉拉小魔仙	1 819 796	王牌御史	620 928
十万个冷笑话	6 364 648	猪猪侠	1 755 015	摩尔庄园	598 236
中国惊奇先生	6 359 221	黑猫警长	1 661 147	神兽金刚	589 623
铠甲勇士	4 887 764	新大头儿子小头爸爸	1 623 176	星游记	558 894
熊出没之过年	3 431 429	秦时明月之万里长城	1 449 299	超神游戏	502 604
贝瓦儿歌	2 824 648	大耳朵图图	1 445 050	葫芦兄弟	496 910
熊出没之环球大冒险	2 484 222	大头儿子小头爸爸	1 376 234	秦时明月之诸子百家	496 149

说明：用户检索使用的“巴拉拉小魔仙”为“巴啦啦小魔仙”的错误用法，《巴啦啦小魔仙》为真人与动画结合的少儿科幻电视剧。

资料来源：根据百度搜索风云榜动漫榜单（http://top.baidu.com/category?c=5）每日提供的基础数据进行全年汇总，因个别日期采集遗漏，可能与官方实际数据略有出入。

（五）产业链实现突破性延展

版权内容的国内国际多渠道售卖是动漫产业的主要收入来源。实力较强的动漫企业发挥自有内容优势，不断挖掘优质内容的版权价值。在国内市场，动画节目销售额大幅提高，2013 年电视动画片国内销售额达到 17 亿元，首次超过当年制作投资额。其中，广东省电视动画节目交易额达 61 023 万元，约占全国的 35.89%，江苏省达 29 701 万元，安徽、福建、湖北、浙江四省交易额也达到了 1 亿元以上，分别为 14 123 万元、13 882 万元、12 358 万元和 11 111 万元（见表 8）。例如，奥飞动漫 2013 年动漫影视类营业收入 21 700.95 万元，2014 年达到 36 875.51 万元，比上年增长 69.93%。华强文化科技集团数字动漫业务 2013 年营业收入 3 418.64 万元，由深圳华强数字动漫有限公司等制作的动画电影《熊出没之夺宝熊兵》于 2014 年 1 月 17 日上映，最终票房收入达到 24 786 万元，创造了国产动画电影的票房冠军。

表 8　　2005—2013 年国内各地电视动画节目交易额　　单位：万元

地区	2005 年	2006 年	2007 年	2008 年	2009 年	2010 年	2011 年	2012 年	2013 年	合计
广东	1 712	2 446	3 271	2 819	13 595	23 273	25 707	24 320	61 023	158 166
江苏	0	184	1 070	3 014	2 052	11 687	15 445	12 992	29 701	76 145
北京	431	867	1 839	2 106	2 738	23 810	27 611	9 082	7 429	75 913
总局直属	519	0	7 452	8 259	12 243	7 606	9 361	3 068	7 889	56 397
浙江	288	988	2 068	89	4 877	9 065	2 045	16 957	11 111	47 488
湖北	2 720	3 721	2 918	318	503	1 005	16 293	4 970	12 358	44 806
福建	0	236	97	210	335	881	4 670	10 848	13 882	31 159
安徽	70	98	90	85	10	735	1 322	8 126	14 123	24 659
重庆	30	1 719	2 363	1 552	1 740	1 914	2 133	2 444	3 466	17 361
上海	1 236	1 169	1 207	1 462	1 563	1 271	768	1 043	843	10 562
湖南	0	382	1 336	273	1 797	182	402	3 699	1 552	9 623
江西	0	0	0	0	0	0	442	6 019	0	6 461
陕西	0	0	0	0	0	0	450	125	5 394	5 969
山东	0	0	0	27	0	525	0	524	334	1 410
辽宁	0	1	0	0	0	0	0	196	403	600
甘肃	0	0	0	0	0	0	12	0	412	424
广西	0	0	0	0	0	0	82	210	90	382
河北	2	2	0	0	127	0	142	46	0	319
宁夏	0	0	0	0	0	0	218	42	0	260
内蒙古	0	0	0	0	0	0	21	19	0	40
山西	0	0	0	0	0	0	0	0	38	38
吉林	0	0	28	0	0	0	0	0	0	28
云南	0	22	0	0	0	0	0	0	0	22
合计	7 008	11 835	23 739	20 214	41 580	81 954	107 124	104 730	170 048	568 232

资料来源：根据历年《中国统计年鉴》《中国社会统计年鉴》整理。

在国际市场，动画节目海外版权贸易额也在不断扩大，动画节目正成为影视版权贸易的新亮点和新的增长点。2013 年，我国电视动画节目共对外出口 2 507 小时，出口贸易金额 4 894 万元；同期进口 2 879 小时，进口贸易金额 4 432 万元；实现贸易顺差 462 万元（见图 8）。从出口洲域和国别来看，我国电视动画节目主要出口到欧洲、亚洲、美洲和非洲，以及日本、美国、中国台湾、中国香港等国家和地区（见表 9）。例如，华强动漫的动画产品持续出口累计片长超过 15 万分钟，覆盖美国、意大利、克罗地亚、新加坡等 100 多个国家和地区，部分作品进入了迪士尼、尼克（Nickelodeon）等国际主流媒体频道。根据对华强动漫 2011—2013 年直接出口情况的统计，共发生了 70 笔交易，涉及《熊出没》等 17 个动画项目，由 37 个购买方出口到 24 个国家和地区，出口额共计 147.08 万美元。

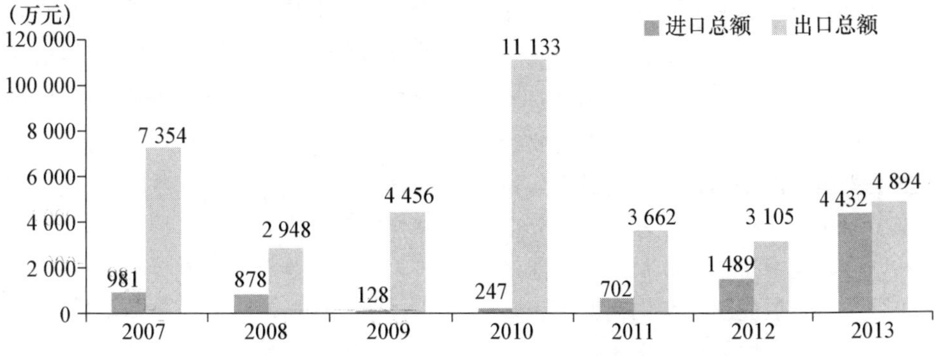

图 8　2007—2013 年我国电视动画节目进出口贸易金额

资料来源：根据历年《中国统计年鉴》《中国社会统计年鉴》整理。

表 9　　2013 年我国电视动画节目进出口贸易金额和数量

类别	欧洲	非洲	美洲		亚洲						合计
			美国	总计	日本	韩国	东南亚	中国香港	中国台湾	总计	
进口总额（亿元）	420	0	1 147	1 159	1 970	60	0	712	111	2 854	4 432
进口量（小时）	878	0	639	805	1 004	30	0	144	18	1 196	2 879
出口总额（亿元）	2 127	313	518	518	1 018	53	290	235	342	1 937	4 894
出口量（小时）	223	850	417	417	121	45	422	240	190	1 018	2 507

说明：合计数值与各单项加总不符，均由四舍五入所致。
资料来源：《中国社会统计年鉴（2014）》。

2014 年，中国动漫产业整体产业链实现突破性延伸，龙头实力动漫企业通过核心业务多层次开发布局全产业链。例如，奥飞动漫通过自我拓展和外部收购，从原来的玩具公司发展壮大成为拥有制作能力、播出渠道、玩具生产和游戏开发等业务的全产业链运营公司。奥飞动漫目前已经积累并打造了“铠甲勇士”“巴啦啦小魔仙”“凯能机战”“火力少年王”“开心宝贝”“超级飞侠”等众多知名 IP①，通过“嘉佳卡通”“爱看动漫”“手机魔屏”等内容平台构建内容、媒体和广告三位一体的立体营销网络，结合国内领先的玩具和消费品的市场营销能力和渠道通路，积极布局全产业链，已经基本形成以 IP 为核心，集玩具、消费品、媒体、游戏、电影、教育和主题乐园于一体的泛娱乐生态系统。华强文化科技集团从 2012 年开始开拓文化衍生品授权市场，已经授权了包括玩具、图书、电子产品、食品、文具、家居用品等几十项商品品类，一方面增加了动漫的收入，另一方面通过授权商品在消费品市场上的销售，进一步扩大了动漫品牌影响力。华强文化科技集团通过整合特种电影、动漫产品、主题演艺、文化科技主题公园等领域所拥有的故事、形象等知识产权，广泛开展文化衍生品的创意、设计与规模化生产，目前开发的文化衍生品主要涉及旅游商品、影视动画衍生产品等板块，以华强文化的动漫形象和主题公园项目中的形象为主要开发和经营对象，通过产品设计与形象授权获取收益，已推出“嘟噜嘟比”系列产品、“海螺湾”系列、“熊出没”系列产品，授权出版的动画音像制品和图书通过音像公司或出版社向社会公开发行，自行开发的文化衍生品则通过主题公园和网络销售（如通过淘宝网等，业务规模较小）。这些具有先发优势的动漫企业通过产业协同和联合，完善了产业布局，将产业链不断延伸，在获得后续发展竞争优势的同时，正逐步向规模化、集约化、综合性的动漫文化娱乐集团迈进。

三、2014 年中国动漫产业发展的新趋势

（一）产业融合推动动漫产业走向混业经营

产业融合已经成为全球文化娱乐信息传媒产业的发展趋势。产业融合指的是不同产业或者同一产业内的不同行业互相渗透、互相交叉，最后融为一体，逐步形成新产业的动态发展过程。技术革新是产业融合的前提，融合一般发生在产业之间的交叉处，发生融合的产业之间具有一定的产业关联性或者替代性。产业融合一般会经历技术融合、产品和业务融合、市场融合三个阶段。在经济全球化、文化产业化、传媒信息娱乐一体化、高新技术迅速发展应用和文化娱乐企业集团化的时代背景下，“三 C 革命”的技术变革和三网（广电网、电信网、计算机网）融合的产业变革对于动漫产业的形成和发展起着重要影响作用。随着现代传媒技术的发展，同为造型艺术的漫画和动画之间的联系日趋紧密，并在此基础上形成了动漫的组合概念。动漫是一种符号化、图像化的、极具表现力的视觉语言表达形式，不仅能够基于报刊、影视、网络和其他媒体进行内容叙事，还能以其创意和技术广泛应用于社会各方面的再现表达，并以符号形象和品牌内涵与其他产业互相融合，形成相互合作、相互促进的生态系统。我国动漫产业正全面步入“大动漫时代”，在产业内部创造了丰富多样的产品形态和服务类型，特别是通过高新技术催生出众多新兴业态，在文化、艺术、信息、传媒、广告等领域得到了广泛应用；同时，在产业外部与其他文化艺术门类、与其他行业不断嫁接、融合，实现了产业间的互补和延伸。在当前服务业与制造业融合发展、金融投资与实业投资融合、以互联网为纽带的产业跨界融合、技术革命引领行业融合、新的市场需求推动产业跨界的共同作用下，中国动漫产业也已从过去的分业经营转向混业经营，在文学、漫画、动画、游戏、影视、实业

① IP 是英文 Intellectual Property 的缩写，全称为 Intellectual Property Right，一般称之为知识产权，在我国也称为版权或著作权。

等领域开展多元化经营，进行多业务、多品种、多方式的交叉经营和服务。奥飞动漫在发展原有动漫影视业务和动漫玩具业务的同时，大力拓展手机游戏、品牌授权、影业等业务，主营业务已经覆盖内容创作、手机游戏、媒体经营、电影运营、玩具营销和婴童业务等领域。

（二）大型企业通过收购兼并整合动漫产业优质资源，实现产业链延伸

在产业融合的推动下，动漫产业相关企业正在经历着深刻的产业变革，大动漫产业链的整合成为多数大型企业的选择，并改变着传统动漫产业的市场边界和组织形态。动漫产业存在两种产业价值链。狭义上的动漫产业价值链包括动漫制作、发行、传播（播映）三个环节组成的小产业链。广义上的动漫产业价值链是大动漫产业价值链，除了以上三个环节之外，还包括大量后期产业环节：付费点播、付费电视频道、有线和无线电视网络、卫星直播电视、DVD、录像带、移动通信终端、网络播放、主题公园、电影音乐、演艺、电影广告、游戏、书籍、玩具、文具、其他授权产品等。整个大动漫产业环节可以分为扩窗发行环节和衍生产品与服务环节，扩窗发行环节进行动漫内容本身的发行售卖，衍生产品与服务环节进行动漫创意元素的传播和售卖。在大动漫产业链中，动漫本身的制作发行传播是价值链上游，它们是整个大动漫产业链的战略环节，价值创造的核心是创意和营销，它们为处于这个产业链下游的后续产业环节提供原创内容资源和价值驱动。

随着战略投资者涉足动漫产业，开始频频采取收购、兼并等手段整合行业优质资源，从而实现拓展产业领域、整合产业链、增强企业竞争优势的目的。产业链指的是各个产业部门之间基于一定的产业关联，并依据特定的逻辑关系和时空布局关系，依据特定的上下游供需关系形成的链条式关联关系和协作形态。产业链有三种表现形式：有形的产品链、价值链和知识链。产业链整合包括水平整合、垂直整合和混合整合等形式，其主要目的在于：充分共享资源，发挥规模经济和范围经济优势；谋求市场势力，尽可能获得垄断利润。近年来，由产业融合引导的产业链整合愈演愈烈，奥飞动漫、光线传媒、美盛文化、华闻传媒、长城动漫、万好万家等一批影视文化传媒上市公司，发挥资本优势，掀起并购风潮。2014 年，奥飞动漫继续进行战略转型，通过控股手机漫画平台“魔屏”强化网络媒体平台，通过控股“壹沙”布局媒体广告运营，通过入股美国 451 娱乐集团和整合韩国知名动漫品牌“贝肯熊”加速 IP 国际化布局，通过并购叶游信息、三乐信息进一步强化在手游、端游等游戏领域的战略部署及业务拓展，使得公司的 IP 阵容进一步加强，内容创作能力不断提高，产业布局得到优化，整体竞争力全面提升。光线传媒 2014 年以 15 840 万元收购广州蓝弧文化传播有限公司（代表作有《果宝特攻》系列）44%的股权，并增资 5 000 万元，增资完成后持有蓝弧文化 50.8%的股权；2015 年初又投资了广州易动文化传播有限公司（代表作有《包强》系列），占比 20%；投资了杭州玄机科技信息技术有限公司（代表作有《秦时明月》），占比 5%。长城动漫（更名前为四川圣达）在动漫形象的原创设计方面，以 5 000 万元收购湖南宏梦卡通传播有限公司（代表作有《虹猫蓝兔》《神厨小福贵》《奇奇颗颗》等系列动画）100%股权，以 2 000 万元收购杭州东方国龙影视动画有限公司（代表作有《杰米熊》系列动画）100%股权；在动漫形象的运营推广方面，以 5 亿元收购北京新娱兄弟网络科技有限公司（代表项目有游戏娱乐平台 51wan）100%股权，以 4 000 万元收购杭州宣诚科技有限公司（代表产品有《王国印记》《三国物语》《小小王国》等游戏）100%股权；在动漫衍生品的开发运营方面，以 14 000 万元收购杭州长城动漫游戏有限公司（持有诸暨美人鱼动漫有限公司 100%股权和滁州长城国际动漫旅游创意园有限公司 54.26%股权）100%股权，以 18 500 万元收购滁州创意园 45.74%股权，以 8 100 万元收购上海天芮经贸有限公司 100%股权（见表 10）。

表 10　　2014 年中国动漫企业主要并购事件

序	买方企业	标的企业	交易日期	交易金额（万元人民币）	企业估值（百万美元）	交易类型	交易标的
1	广东奥飞动漫文化股份有限公司（002292.SZ）	广州叶游信息技术有限公司	1月9日	3 000	8.14	收购＋增资	60%股权
2	美盛文化创意股份有限公司（002699.SZ）	浙江缔顺科技有限公司	3月17日	5 400	25.26	收购	34.82%股权

续前表

序	买方企业	标的企业	交易日期	交易金额（万元人民币）	企业估值（百万美元）	交易类型	交易标的
3	广东奥飞动漫文化股份有限公司（002292.SZ）	壹沙（北京）文化传媒有限公司	4月11日	486	1.13	收购	70%股权
4	广东奥飞动漫文化股份有限公司（002292.SZ）	北京魔屏科技有限公司	4月11日	2 500	6.79	收购+增资	60%股权
5	美盛文化创意股份有限公司（002699.SZ）	杭州星梦工坊文化创意有限公司	4月11日	1 530	4.88	增资	51.06%股权
6	广东奥飞动漫文化股份有限公司（002292.SZ）	广州三乐信息科技有限公司	4月14日	2 000	8.14	增资	40%股权
7	广东奥飞动漫文化股份有限公司（002292.SZ）/奥飞动漫文化（香港）有限公司	Waystar Success Holding Limited/飞火石软件（北京）有限公司	4月14日	9 800	39.9	收购	40%股权
8	华闻传媒投资集团股份有限公司（000793.SZ）	广州漫友文化科技发展有限公司	5月30日	34 244	65.15	收购	85.61%股权
9	北京光线传媒股份有限公司（300251.SZ）	广州蓝弧文化传播有限公司	6月13日	20 840	67.08	收购+增资	50.8%股权
10	浙江万好万家实业股份有限公司（600576.SH）	厦门翔通动漫有限公司	7月23日	125 000	203.58	收购	100%股份
11	四川长城国际动漫游戏股份有限公司（000835.SZ）	杭州长城动漫游戏有限公司	11月9日	14 000	22.8	收购	100%股权
12	四川长城国际动漫游戏股份有限公司（000835.SZ）	湖南宏梦卡通传播有限公司	11月9日	5 000	8.14	收购	100%股权
13	四川长城国际动漫游戏股份有限公司（000835.SZ）	杭州东方国龙影视动画有限公司	11月9日	2 000	3.26	收购	100%股权
14	四川长城国际动漫游戏股份有限公司（000835.SZ）	滁州长城国际动漫旅游创意园有限公司（滁州创意园）	11月9日	18 500	65.87	收购	45.74%股权
15	四川长城国际动漫游戏股份有限公司（000835.SZ）	上海天芮经贸有限公司	11月9日	8 100	13.19	收购	100%股权
16	美盛文化创意股份有限公司（002699.SZ）	杰克仕太平洋贸易有限公司	11月12日	—	—	收购	49%股权
17	美盛文化创意股份有限公司（002699.SZ）	天津酷米网络科技有限责任公司	12月10日	4 200	—	收购+增资	40.10%股权
18	广东奥飞动漫文化股份有限公司（002292.SZ）/奥飞动漫文化（香港）有限公司	451 Media Group, LLC（美国）	12月26日	1 000万美元	50	收购	19.999 6%股权

说明：奥飞动漫以1 500万元收购魔屏科技37.5%的股权，并增资1 000万元，增资完成后持有魔屏科技60%的股权。光线传媒以15 840万元收购蓝弧文化44%的股权，并增资5 000万元，增资完成后持有蓝弧文化50.8%的股权。美盛文化收购完成后，持有缔顺科技的股权增至85.82%。

资料来源：投资中国网（http://www.chinaventure.com.cn/）。

（三）互联网全面颠覆和重塑动漫产业

在信息化进程中，电信、广播电视和出版部门从传统产业分立走向以数字融合为基础的产业融合，从而使传统工业时代生产方式塑造的固定化产业边界趋于模糊化甚至消失。全球传媒业步入了基于数字常态时代的全面战略转型期，数字理念已经深入到传媒业生产和传播全流程的各个环节，内容生产方式和消费行为发生了深刻的转变，由过去的数字化转型转向基于数字社会的全面转型。随着“宽带中国”战略的实施和4G正式商用，互联网在我国的普及应用发展迅猛，互联网在国民中的普及率达到了47.9%，我国企业在办公中使用计算机的比例基本保持在90%左右的水平上，互联网的普及率也保持在80%左右。随着互联网深入应用，特别是以移动技术为代表的普适计算、泛在网络的发展与向生产生活、经济社会发展各方面的渗透，信息技术推动的面向知识社会的创新形态逐渐形成，涌现出Web2.0、开源软件等创新2.0的典型案例以及创客、维基、威客、众包众筹等创新2.0的典型模式。

互联网在颠覆传媒产业的同时，也在重塑和改变着动漫产业。随着云计算和互联网的发展，企业在业务的拓展和发展中，正逐步将内部的业务流程和外部的商务活动与互联网结合起来，从而有效提升企业整体的核心竞争力。在企业互联网化的演进路径中，企业不断地将产品、渠道、营销、运营等商务活动依托于互联网进行开展。具体来说，包括：产品互联网化（产品数字化、无纸交付），渠道互联网化（电子商务、在线交互、客户服务、网络支付），营销互联网化（网络广告、新媒体传播），运营互联网化（信息、资金和物流的互联网承载和支持）。动漫产业自2004年启动市场化和产业化进程以来，在传统的出版和广电媒体与网络媒体环境中同步演进成长。十年来，互联网对动漫产业产生了颠覆性的影响，电子商务、视频网站、众筹等互联网商业模式与动漫产业嫁接，重塑了动漫产业链。

互联网对于动漫产业的影响和改变主要体现在以下几个方面：

（1）动漫内容的制作方式发生了变化。动漫内容制作已经全面实行了CG数字化，大数据成为动漫项目策划的重要技术手段，众筹为动漫融资提供了有效补充。观众不再是被动的接受者，可以通过各种互联网形式参与和影响动漫内容的制作。例如，《十万个冷笑话》是一部根植于网络的动漫作品，2010年开始在“有妖气”上连载漫画，由一系列吐槽短篇组成，语言十分符合网民需求，走红后分别于2012年、2013年在视频网站上开播第一季、第二季动画短片。2013年3月发起的《十万个冷笑话》电影众筹项目，吸引了5 000位投资人，筹集资金超过137万元。《十万个冷笑话》电影于2014年底上映后，票房收入达到11 961万元，成为继《喜羊羊与灰太狼》和《熊出没》之后的第三个票房过亿的动画电影项目，这自然与其火爆的网络人气密不可分。

（2）动漫内容的传播渠道日趋互联网化。我国动漫产业正从传统媒体向新媒体加速迁移，数字动漫产品的互联网化已成为不可逆转的潮流趋势。在高新技术的支撑下，动漫产品的传播介质和呈现方式发生了变化，传统的“报刊、图书、磁带、胶片、光盘介质＋物理运输”被现今的“数字格式＋网络传输＋多种终端呈现”所取代。从物理形态到数字产品形态，这就使得动漫内容产品的边际生产成本大大降低，原本的生产复制（印刷）、仓储、物流运输等业务流程实现了数字化，影视节目可通过卫星、光纤网络进行流量传输，其边际复制和传播成本渐趋于零。数字动漫内容产品和新媒体传播技术的有机融合，将会大大激活潜在的市场需求，推动新媒体动漫的加速发展。动漫已成为国内视频网站和阅读网站的重要板块，腾讯、新浪微博、网易云阅读、小米多看阅读、当当读书等网络巨头相继开启了在线漫画阅读，中国网络电视台、腾讯视频、搜狐视频、爱奇艺、土豆、优酷、乐视、酷6、56、风行网、激动网、迅雷看看等主流网络视频网站纷纷开设了动漫（动画）频道，中国移动、中国联通、中国电信等运营商纷纷成立了手机动漫基地，此外还产生了有妖气、漫客栈、i尚漫、n次元漫画等在线漫画网站，酷米网、淘米视频、百田卡通、AcFun、哔哩哔哩（bilibili）等垂直动画视频网站，以及布卡漫画、有妖气漫画、Vista锋绘、漫画魔屏、开卷漫画、新浪微漫画、魔漫相机、脸萌、微漫（WeComics）、哔哩哔哩动画等APP应用。“有妖气”（17.com）是目前国内最大的独立原创漫画网络平台，汇聚了近万名漫画家、数万部漫画作品与近百万读者，从事于原创漫画的互联网创作、营销、推广及商业化工作。

（3）网络是开展动漫电子商务的得力工具。随着各类互联网商业模式的发展，互联网与经济活动的全面结合更加深入、对传统商业模式的影响和改革程度得到进一步扩大与提高，传统企业与互联网企业的分界也更加模糊，互联网已经成为企业日常经营中不可分割的部分。根据《第35次中国互联网络发展状况统计报告》，截至2014年12月，全国开展在线销售的企业比例为24.7%。网站是漫画报刊图书、动画音像光盘、动漫衍生产品在线销售的重要渠道。动漫企业综合利用官方网站、淘宝天猫、手机APP应用和微店等工具开展实物商品的电子商务。2014年，张小盒天猫旗舰店改施聚焦一个品类的针尖式突破战略，专注于拉杆箱一个品类，其他产品全部下架。其箱品包括经典、星际、人形、波点四大系列，20余款商品，价位包括539元、639元、659元、759元、779元、879元多档，爆款产品年销量突破1万件。2014年，互联网O2O商业模式实现高速发展，这一商业模式将实体企业尤其是本地生活服务业和商业服务业企业与互联网紧密结合，线下企业已经成为互联网消费经济中重要的一环。继前些年影院借助盛极一时的团购网站销售电影票之后，电影在线售票模式在2014年开始升温，猫眼电影、格瓦拉电影、时光网以及万达电影等售票网站不仅推出低价售票模式，还经常举办按时抢购、专场定制、提前预售电影票等一系列活动。在线售票正以互联网用户思维、电商低价培养市场手法，将电影带入线上线下联动的互联网发行时代。

(4) 动漫营销从平面、电视媒体硬性广告和影院、户外地面推广活动等形式向互联网迁移，社交网站成为动漫信息推广和口碑争夺的重要阵地。即时通信（微信、QQ等）、微博现已成为中国网民使用的主流应用，手机即时通信更是由于其随身、随时、拥有社交属性和可以提供用户位置的特点，逐渐演变成为高附加值业务的用户入口，以其庞大的用户基数为其他服务提供了巨大的潜在商业价值。如今，微信公众账号、新浪微博企业版已经成为动漫企业、动漫品牌和动漫人物开展互动营销的得力工具，视频网站成为动漫项目发布预告片、影片花絮、首映式等影片宣传物料的集结地。

(四) 以IP为核心的泛娱乐产业成为主流文化业态

2014年，互联网经济全面渗透人们日常生活，文化消费时代随之正式来临。包括文学、动漫、游戏、电影、电视剧等在内的文化形态加速跨界融通，形成了“泛娱乐”的生态体系。以IP（知识产权）为核心的泛娱乐产业成为主流文化业态，为用户提供了多层次、跨媒体、跨平台的深度娱乐体验，具有更好的市场基础和更高的产业价值。网络文化娱乐产业对于IP重视程度的提高，直接推动了围绕IP为核心的文学、动漫、游戏、音乐、影视等内容形态的融合发展（见图9）。IP已成为泛娱乐产业中联结和聚合粉丝情感的核心，依托于IP在网络文化娱乐产业中的贯通，形成了包括动漫企业在内的网络文化娱乐企业跨界互动、多元布局的融合发展策略。

泛娱乐是基于互联网的多个内容领域打造明星IP的粉丝经济，IP作为核心创意元素，可以由一个

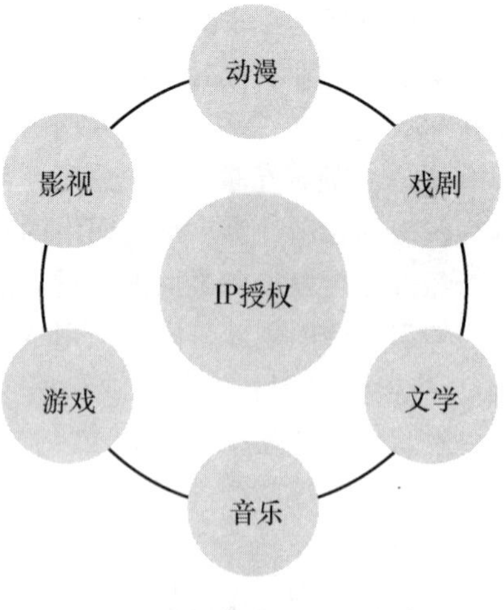

图9　泛娱乐战略下的生态体系

故事、角色或者其他任何用户喜爱的事物生成，并通过OSMU① 模式形成相互支撑、互动发展的内容版权体系。泛娱乐这一概念最早由腾讯公司在2011年提出，随着小米、华谊、阿里数娱、百度文学、艺动、通耀、360等企业纷纷将泛娱乐作为公司战略大力推进，泛娱乐已经成为2014年最具影响的发展趋势。近年来，腾讯互动娱乐在腾讯游戏的基础上，相继推出腾讯动漫、腾讯文学、“腾讯电影＋”等实体业务平台，现已构建了一个融通游戏、文学、动漫、影视、戏剧等多个业务领域的互动娱乐新生态，初步打造了“同一明星IP、多种文化创意产品体验”的创新业态。在游戏领域，腾讯已成为全球游戏用户和收入规模第一的公司，一方面引入《火影忍者》《复仇者联盟》《中国好声音》《仙剑奇侠传》等来自动漫、影视、综艺等各领域的明星IP改编为游戏，另一方面也开始重视培育和塑造IP，聘请香港四大电影大师参与《天涯明月刀》的游戏研发，用电影的手段去打造精品游戏；在动漫领域，基于热门漫画作品改编制作网络动画剧《尸兄》《中国惊奇先生》《超神游戏》《王牌御史》《妖怪名单》等，部分漫画还改编成为网络小说、游戏等，《尸兄》手游版权授权费用达到了5 000万元；在文学领域，腾讯文学拥有驻站网络作者30余万人，作品储备超过35万部，日访问用户超过3 000万人，以电子竞技为背景的人气小说《英雄联盟之谁与争锋》点击量超过2亿人次，大神猫腻的《择天记》已实现游戏、音乐、周边、图书出版等泛娱乐形态开发；在影视领域，2014年9月成立的“腾讯电影＋”计

① OSMU是One Source Multi Use的缩写，意为“一个来源，多个用途”，即以一个概念为基点，衍生到电影、游戏、音像、动漫、玩具、出版等领域，这些领域各自独立又紧密联系，在策划、投入、销售、宣传推广上互相配合，互相推进。在这种运作模式下，一个创意可以形成一条产品链，从而最大化地实现其商业价值。

划把《斗战神》《QQ飞车》《天天酷跑》《洛克王国》《尸兄》《QQ炫舞》《藏宝图》等7个知名IP陆续改编成电影。腾讯互娱以IP为核心，不断拓展泛娱乐业务，在儿童社区游戏《洛克王国》的基础上，先后推出了三部电影《洛克王国1：圣龙骑士》《洛克王国2：圣龙的心愿》《洛克王国3：圣龙的守护》，总票房约1.2亿元，还衍生出了舞台剧、图书、动画片、周边产品等多种泛娱乐形态，成为腾讯互娱打造的第一个泛娱乐明星IP。

作为国内领先的动漫企业，经过20多年的发展，奥飞动漫目前已经积累并打造了众多知名IP，同时积极布局产业链，已经基本形成以IP为核心，集玩具、消费品、媒体、游戏、电影、教育和主题乐园一体的泛娱乐生态系统。奥飞动漫在发展原有影视动漫业务和动漫玩具主营业务的同时，大力拓展手机游戏、形象授权等业务，以手游为代表的泛娱乐业务成为奥飞动漫发展的新引擎，2014年游戏业务收入达3.08亿元，上升为奥飞第二大营收板块。手游《雷霆战机》2014年上线后稳居苹果商店（App Store）畅销榜前五名，累计注册用户量超过1亿人；热门游戏《怪物X联盟》《喵将传》《崩坏学院》等作品，在海内外市场都取得良好的口碑和流水表现；根据网络小说改编的《魔天记》在2014年由网易竞得独家代理权，并且成为网易2015年度战略级手游项目。2014年，奥飞动漫深化以IP为核心的泛娱乐发展战略，加强IP矩阵和泛娱乐产业化能力的布局，持续打造“喜羊羊与灰太狼”“铠甲勇士”“巴啦啦小魔仙”“火力少年王”“凯能机战”“开心宝贝”等品牌，整合引入了韩国知名动漫品牌“贝肯熊”（又名倒霉熊），新增了“超级飞侠”“太极鼠”“功夫料理娘”“雷霆战机”等品牌，通过“外延+内生”的“双轮驱动”方式，构建起国内领先的IP矩阵。除此之外，奥飞动漫还着力泛娱乐全产业链布局，拥有跨业务板块的IP纵深运营平台，包括国内领先的玩具和消费品的市场营销能力和渠道通路（奥迪玩具等），实力强大的原创动漫工作室（奥飞文化、原创动力、明星动画等），具备多屏传播能力的媒体平台（嘉佳卡通、爱看动漫、手机魔屏等），兼具IP孵化和IP变现双向功能的游戏工作室（爱乐游、方寸信息、叶游信息等），以及目前跟好莱坞进行战略合作、被称为IP放大器的奥飞影业等。

在腾讯、奥飞动漫等龙头企业的带动下，IP为核心的泛娱乐发展战略成为引领我国动漫产业发展的新引擎，漫画、动画、影视、游戏、小说等领域IP的跨题材改编和一体化协同愈加火爆。据不完全统计，2014年有《秦时明月》《喜羊羊》《熊出没》《侠岚》《果宝特攻》《血族》《爸爸去哪儿（动画版）》《铠甲勇士》《开心超人》《大头儿子大冒险》《魁拔》《猪猪侠》《我叫MT》《尸兄》《十万个冷笑话》《啦啦啦德玛西亚》等动画改编成游戏（见表11），《赛尔号》《洛克王国》《摩尔庄园》《龙之谷》等游戏改编成为动画电影登陆影院银幕，《滚蛋吧！肿瘤君》《端脑》《雏蜂》《镇魂街》等漫画作品将改编成为真人电影。杭州玄机科技信息技术有限公司根据温世仁原著小说倾力打造“秦时明月”品牌，自2007年以来，改编制作了《百步飞剑》《夜尽天明》《诸子百家》《万里长城》《君临天下》等5部3D武侠动画连续剧，以及2部2D Q版番外动画片《秦时明月之笑闯江湖》，2014年推出了首部动画电影《秦时明月3D电影龙腾万里》，票房收入达5 998万元，拍摄制作了65集古装武侠电视剧，还推出了5部漫画（其中，京鼎动漫编创3部、漫铠动漫编创2部）和多款网络游戏，形成了小说、动画电视剧、动画电影、真人电视剧、漫画、游戏、舞台剧等多种产品形态有机结合的IP体系（见图10）。“秦时明月”通过电视动画、动画电影，创建、培养和提升品牌，通过网络播映和网游运营兑现了巨大的版权价值。第四部电视动画片《万里长城》以1 200万元授予土豆网独家网络播映权，30万元/集的价格刷新了国产动画网络版权的纪录，第五部《君临天下》尚未制作完成，即以“未播先售”的模式预售网络版权。网络游戏是以“秦时明月”为代表的青少年品牌的主

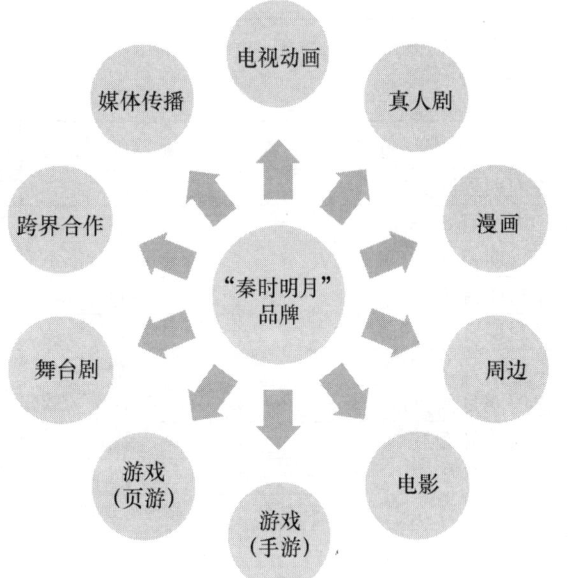

图10　青少年动漫品牌“秦时明月”的品牌发展体系

要商业模式，玄机科技先后自行或授权开发了 6 款网络游戏产品，目前运营中的有 5 款，包括《秦时明月 SNS》《秦时明月 WEB》《秦时明月 Mobile》《秦时明月 Q 传》《秦时明月 2》，此外还有 2 款产品《新秦时明月》《秦时明月无双》计划于 2015 年开发运营（见表 12）。

表 11　　2014 年根据动漫改编的主要游戏项目　　单位：万次

序号	游戏名称	游戏开发运营商	游戏类型	下载量
1	熊出没	合肥乐堂动漫信息技术有限公司	跑酷竞速	271
2	我叫 MT Online	北京触控科技有限公司	卡牌	249
3	疯狂的麦咭	拓维信息系统股份有限公司	儿童益智	191
4	秦时明月 3.0	北京触控科技有限公司	角色扮演	167
5	喜羊羊小顽皮	北京触控科技有限公司	解谜、益智、休闲益智	51
6	喜羊羊快跑	汇友数码（深圳）有限公司	跑酷竞速	38
7	熊出没 2	合肥乐堂动漫信息技术有限公司	跑酷竞速	35
8	铠甲勇士（贺岁版）	合肥乐堂动漫信息技术有限公司	跑酷竞速	35
9	熊出没之保卫家园	北京联创无限科技有限公司	塔防守卫	23
10	熊出没之森林保卫战	深圳函谷青牛信息技术有限公司	动作射击	23
11	啦啦啦德玛西亚	上海仁游信息科技有限公司	卡牌	20
12	熊出没之雪岭熊风	广州维动网络科技有限公司	跑酷竞速	14
13	大头儿子大冒险	合肥乐堂动漫信息技术有限公司	跑酷竞速	12
14	开心宝贝向前冲	北京仁兴兆通科技有限公司	动作射击	12
15	血族	天津游吉科技有限公司	角色扮演	8.6
16	摩尔庄园豪华版	上海淘米网络科技有限公司	经营策略	4.2
17	猪猪侠爱消除	深圳市全支付科技开发有限公司	儿童益智	2.9
18	阿狸农场	南京奇幻通信科技有限公司	模拟经营	2.1
19	奔跑吧张小盒	苏州笨鸟网络科技有限公司	跑酷竞速	2.1
20	开心宝贝之机甲大战	深圳市海富荣贸易有限公司	益智消除类	1.3
21	开心宝贝酷跑	深圳市海富荣贸易有限公司	跑酷竞速	0.7
22	我叫 MT 外传	北京乐动卓越科技有限公司	角色扮演	0.3
23	秦时明月 Q 传	搜狐畅游	卡牌	0.2
24	开心超人打灰机	北京仁兴兆通科技有限公司	动作射击	0.1
25	魁拔死亡之光	北京空中信使信息技术有限公司	动作射击	0.1
26	巴啦啦魔法变身	91 游戏中心	经营策略、角色扮演	0
27	十万个冷笑话	蓝港在线（北京）科技有限公司	角色扮演	0

资料来源：根据豌豆荚网站（http://www.wandoujia.com/）和 APP 平台进行整理。统计时间：2015 年 3 月。

表 12　　根据“秦时明月”品牌衍生的游戏产品

游戏名称	游戏类型	主要开发和运营公司	运营情况
秦时明月网页游戏	页游	玄机（开发、运营）	已停运
秦时明月 SNS	页游	骏梦（开发）、新浪（运营）	已停运
秦时明月 SNS	页游	骏梦（开发）、腾讯（运营）	运营中
秦时明月 SNS	手游	骏梦（开发）	已上市
秦时明月 WEB	页游	骏梦（开发）、畅游（运营）	已停运
秦时明月 WEB	页游	骏梦（开发）	运营中
秦时明月 Mobile	2D 手游	骏梦（开发）、触控（运营）	运营中
秦时明月 Q 传	2D 手游	畅游（运营）	运营中
秦时明月 2	3D 手游	畅游（运营）	运营中
秦时明月官方桌游	卡牌类桌游	玄机（发行）	已上市
新秦时明月	3D 手游	鹿游（开发）、玄机（发行）	已上市
秦时明月无双	3D 手游	骏梦（开发）	已上市

资料来源：百度百科“秦时明月”词条。

（五）动漫产业正在加速和相关产业融合

动漫产品属于形象符号产品、文本内容产品、图像内容产品和视听内容产品四位一体的集成者，与创意、设计、文学、美术、影视等文化门类息息相关。随着我国新型工业化、信息化、城镇化和农业现代化进程的加快，文化创意和设计服务已贯穿在经济社会各领域、各行业，并呈现出多向交互融合态势。信息业、传媒业和 IT 业融合成信息服务业，传媒业和旅游业融合成文化旅游业，动漫产业在其中扮演了重要角色，同时以动漫形象符号为承载的品牌经济越来越多地渗透到玩具、服装、家居、食品、饮料等行业中。2014 年 2 月 26 日，国务院出台了《关于推进文化创意和设计服务与相关产业融合发展的若干意见》（国发［2014］10 号），提出：到 2020 年，文化创意和设计服务的先导产业作用更加强化，与相关产业全方位、深层次、宽领域的融合发展格局基本建立，相关产业文化含量显著提升，文化创意和设计服务增加值占文化产业增加值的比重明显提高，相关产业产品和服务的附加值明显提高，为推动文化产业成为国民经济支柱性产业和促进经济持续健康发展发挥重要作用。多种产业之间的大融合为动漫产业带来更多的发展机会和更大的发展空间。

动漫和社会各行各业的融合发展谓之“动漫＋”，这是在创新 2.0[①] 背景下动漫与其他行业融合发展的新形态、新业态，是知识社会创新 2.0 推动下的文化信息形态演进及其催生的经济社会发展新形态。“动漫＋”作为一种新的经济形态，充分发挥动漫在生产要素配置中的优化和集成作用，将动漫的创新成果深度融合于经济社会各领域之中，提升实体经济的创新力和生产力，形成更广泛的以动漫为品牌载体和实现工具的经济发展新形态。“动漫＋”通过促进动漫创意与现代制造业、生产性服务业等的融合创新，发展壮大新兴业态，打造新的产业增长点，并为传统产业转型升级提供支撑，增强新的经济发展动力，促进国民经济增效升级。“动漫＋”打破了文化产业[②]原本的条块分割模式，形成了新的横向经济，动漫产业并非漫画（新闻出版业）和动画（广播影视业）的简单叠加，而是较为广泛地生发于演出业、影视业、音像业、文化娱乐业、文化旅游业、网络文化业、图书报刊业、文物和艺术品以及艺术培训等各个文化产业门类中，并渗透到玩具、服装、家居、餐饮等制造业和服务业当中。动漫产业正在成为文化产业中一个跨行业、跨门类的集合体，是以创作、创造和创新为根本手段，以品牌形象、文化内容和创意成果为核心价值，以知识产权实现消费为交易特征，为社会公众提供文化体验的具有内在联系的行业集群（见表 13）。

表 13　“动漫＋”产业融合发展模式

领域	互动融合模式	上游创意代表性企业	下游运营代表性企业
内容传播	动漫＋报刊图书出版	神界漫画、夏天岛、颜开文化、壹周动漫、漫唐堂、圣家文化	漫友文化、知音动漫、现代出版社、人民邮电出版社
	动漫＋电视媒体传播	央视动画、原创动力、华强动漫、中南卡通、三辰卡通、宏梦卡通、咏声文化	央视少儿、金鹰卡通、炫动卡通、卡酷少儿、嘉佳卡通、优漫卡通
	动漫＋电影制作发行	原创动力、华强动漫、淘米动画、环球数码、上海美影	光线传媒、卡通先生、中影、上影、华谊兄弟、万达影视
	动漫＋音像出版发行	—	三辰影库、艺洲人、天艺音像
	动漫＋数字网络传播	腾讯动漫、有妖气、卢恒宇和李姝洁工作室、七彩映画工作室、互象动画	有妖气、腾讯动漫、爱奇艺、咪咕动漫（和动漫）、爱动漫、沃动漫
	动漫＋广告发布代理	水晶石	优扬传媒、壹沙文化

① 创新 2.0 即 Innovation 2.0，是面向知识社会的下一代创新。信息通讯技术的融合和发展催生了信息社会、知识社会形态，推动了科技创新模式的嬗变。传统的以技术发展为导向、以科研人员为主体、以实验室为载体的科技创新活动正转向以用户为中心、以社会实践为舞台、以共同创新和开放创新为特点的用户参与的创新。创新 2.0 是知识社会条件下以人为本的创新模式，面向知识社会的科学 2.0、技术 2.0 和管理 2.0 三者的相互作用共同塑造了创新 2.0。

② 文化及相关产业是指为社会公众提供文化产品和文化相关产品的生产活动的集合。我国文化及相关产业的范围包括：（1）以文化为核心内容，为直接满足人们的精神需要而进行的创作、制造、传播、展示等文化产品（包括货物和服务）的生产活动；（2）为实现文化产品生产所必需的辅助生产活动；（3）作为文化产品实物载体或制作（使用、传播、展示）工具的文化用品的生产活动（包括制造和销售）；（4）为实现文化产品生产所需专用设备的生产活动（包括制造和销售）。国家统计局 2012 年修订的《文化及相关产业分类》，在《国民经济行业分类》（GB/T 4754—2011）的基础上，将我国文化及相关产业共划分为新闻出版发行服务、广播电视电影服务、文化艺术服务、文化信息传输服务、文化创意和设计服务、文化休闲娱乐服务、工艺美术品的生产、文化产品生产的辅助生产、文化用品的生产、文化专用设备的生产等十大类别。

续前表

领域	互动融合模式	上游创意代表性企业	下游运营代表性企业
版权增值	动漫＋影视改编	玄机科技、有妖气	唐人电影、剧角映画
	动漫＋小说改编	腾讯动漫、快乐工场（JoyWorks）	腾讯文学
	动漫＋游戏改编	玄机科技、奥飞动漫、华强动漫	腾讯游戏、骏梦游戏、畅游时代、触控科技、乐动卓越
品牌运营	动漫＋社交网络	梦之城、盒成动漫	腾讯微信、QQ、新浪微博
	动漫＋玩具	蓝弧文化、中南卡通、百逸动漫、达力影视	奥飞动漫、骅威股份、小白龙、灵动卡通、星杰玩具
	动漫＋服装	功夫动漫、大拇哥、东方国龙	美盛文化、卡西龙、盛克鞋服（杰米熊）、小猪班纳、缤果动漫
	动漫＋家居	梦之城、盒成动漫	酷漫居、哈喜创意、盒成动漫、青蛙王子
	动漫＋品牌授权	原创动力、华强动漫、央视动画、治图传媒	艺洲人、天络行、AI 国际影业、山成（PPW）、羚邦

（六）动漫产业开始受到资本追捧

动漫是资金密集型、知识密集型和劳动密集型的体验性服务产品，其经济成本远大于文字、视频等，对于资金需求强烈。动漫产业的主要融资方式包括：私募股权投资基金（PE/VC）融资、上市融资、银行贷款、政府资金、社会资助资金等。2014年，我国动漫产业投融资呈现出投融资方式进一步创新、投融资服务体系进一步完善、资本的并购重组活跃等特点。

2014 年，资本对于国产动漫特别是网络动漫的关注度较高，私募股权投资基金投资动漫产业的活跃度也较高。投中集团旗下金融数据产品 CVSource 统计显示，2014 年文化传媒 VC/PE 融资规模为 17.15 亿美元，环比下降 54%，融资案例数量 42 起，环比下降 29%，融资规模较 2013 年相比有较大回落。在 42 起案例中，动漫领域发生了 7 起相关融资案例，融资规模为 4 347 万美元。追光动画继 2013 年 A 轮融资 500 万美元之后，2014 年 B 轮融资规模达到 2 000 万美元（见表 14）。此外，国内开始出现专注于投资动漫产业的投资基金，上海早鸟投资管理中心 2014 年陆续投资了北京华映星球国际文化发展有限公司、中山市星龙动漫科技有限公司、杭州天雷动漫有限公司、上海百逸动漫文化传播公司、杭州路行动画设计有限公司、上海左袋文化传播有限公司等多家动漫企业。

表 14　　2014 年中国动漫企业主要融资事件

序号	宣布日期	融资方	投资方	融资性质	融资金额
1	5 月 1 日	上海微漫网络科技有限公司	真格基金及其他 VC	A 轮风投	150 万美元
2	5 月 1 日	北京漫动科技有限公司（追追漫画）	创新工场	A 轮风投	数百万元人民币
3	6 月 1 日	泉州市功夫动漫设计有限公司	山东康大恒远投资管理有限公司	A 轮风投	1 000 万元人民币
4	6 月 19 日	追光人动画设计（北京）有限公司	纪源资本/成为基金/高瓴资本/IDG 资本	B 轮风投	2 000 万美元
5	8 月 8 日	泉州市功夫动漫设计有限公司	文创产业基金	B 轮风投	数千万元人民币
6	9 月 1 日	西安摩摩信息技术有限公司（暴走漫画）	永宣创投/创新工场	C 轮风投	数千万美元
7	11 月 1 日	深圳市皮哲科技有限公司（淘漫画）	极客帮	A 轮风投	数百万元人民币

资料来源：根据投资中国网（http://www.chinaventure.com.cn/）整理。

上市融资也是动漫企业融资的一种方式，但由于动漫企业规模较小、商业模式尚不成熟，导致上市企业数量较小。目前已经在国内上市的动漫类公司主要有奥飞动漫、拓维信息、光线传媒、骅威股份、美盛文化、长城动漫等，基本上全部为民营企业。2014 年，湖北知音传媒股份有限公司、深圳华强文化科技集团股份有限公司等涉及动漫概念的公司已经向证监会申报上市材料。由于全国中小企业股份转让系统（新三板）上市门槛较低，不少动漫企业选择了在新三板挂牌，2014 年就有约克股份、小白龙、光影侠、博润通、东联动漫等 5 家动漫企业挂牌上市（见表 15）。

表 15　2014 年新三板挂牌的动漫企业

股份代码	股份名称	公司全称	注册资本（万元）	挂牌日期
830936	约克股份	河南约克信息技术股份有限公司	1 000	8 月 12 日
831015	小白龙	广东小白龙动漫文化股份有限公司	4 310	8 月 14 日
831138	光影侠	北京光影侠数码科技股份有限公司	543.7	9 月 12 日
831252	博润通	武汉博润通文化科技股份有限公司	850	10 月 31 日
831398	东联动漫	内蒙古东联影视动漫科技股份有限公司	3 336.981 5	12 月 5 日

资料来源：根据全国中小企业股份转让系统（http://www.neeq.cc/）整理。

此外，随着用户思维和粉丝经济在互联网平台的深化，众筹成为了动漫项目运营方向大众筹措资金的一种手段。百度与中信信托和中影集团达成影视文化产业金融众筹平台的合作，阿里巴巴联合金融机构于 2014 年 3 月 26 日在支付宝平台推出了“娱乐宝”，网民出资 100 元即可投资热门影视剧作品，预期年化收益 7%，并有机会享受剧组探班、明星见面会等娱乐权益。“娱乐宝”第一期上线投资项目包括电影《小时代》《狼图腾》《非法操作》《魁拔Ⅲ》和社交游戏《魔范学院》，共募集资金 9 700 万元，其中为动画电影《魁拔Ⅲ》募集到资金 900 万元。“娱乐宝”产品对于影视制作公司有两大好处：一是粉丝们为了明星自掏腰包投电影，既分担了成本，也保证了票房，“粉丝投资了一定会来看”；二是通过粉丝购买“娱乐宝”的热情程度，也可以对影视项目和制作内容进行前期预判。

四、中国动漫产业未来发展趋势展望

现今，动漫产业的发展已经超出原有的产业框架，其内部融合之深、与关联产业联系之紧密、变化速度之快、深远影响之大，势必要求业界和政府部门、教育科研机构等社会各界给予足够的重视。特别是互联网在中国的发展已经基本与世界同步，推动着数字信息内容产品不断深化发展，“动漫＋互联网＋相关产业”的融合发展必将使动漫产业的未来格局发生根本性变化。随着国家推动文化产业成为国民经济支柱产业战略的逐步落地，以及互联网对动漫产业发展的驱动力日渐增强，中国动漫产业正在进入以互联网为核心，跨形态、跨媒介、跨行业融合发展的新时代。我国动漫产业结构未来将会得到不断优化，2020 年中国动漫产业有望在现有规模的基础上翻一番，产值规模突破 2 000 亿元，使我国真正跻身世界动漫强国行列。因此，对于动漫产业的分析研究需要更开阔、更高远的视角，将其置于全球化发展格局中，置于跨行业、跨领域的产业融合中，探寻和把握中国动漫的形态、业态、生态以及动态发展。

2015 年是“十二五”时期的收官之年，着眼未来，我们需要依靠实施创新驱动发展战略，着力提高产业发展的质量和效益，实现中国动漫产业提质增效升级和有质量、有效益、可持续的发展。在当前的产业转型和升级的战略机遇期，动漫企业要找准产业定位，通过采取细分市场和微创新等策略，谋求未来长远发展。对此，一是要持续深化“动漫＋”战略，强化动漫与文学、影视、游戏等“泛娱乐”板块的互动融合，推进动漫产业与制造业、服务业等相关产业的跨界融合，形成跨行业融合发展的大动漫产业体系；二是要大力推进互联网化，深入理解和运用互联网思维，以移动互联和人机交互为切入点，建立“内容＋平台＋应用＋终端”的生态体系；三是加强资源整合，通过对产业链资源的整合提高产业协同效应，形成环环相扣的独特商业模式；四是要以人为本，通过大数据深入挖掘用户需求，以网络社区打造用户聚合互动平台，利用粉丝经济提高品牌溢价和商业价值；五是要以内容为王，加大创新投入和知识产权积累，不断提升创意内容和品牌形象的创新力与生命力，打造明星 IP 和品牌矩阵；六是强化动漫品牌的营销宣传推广力度，推进基于互联网思维产品的开发，大力拓展动漫衍生商品的电商业务；七是立足全球，在立足国内市场的基础上拓展国际市场，以国际标准参与“后 WTO 时代”的国际竞争，加大动漫品牌和衍生品的国际合作，打造面向全球的明星 IP 和重点产品。

（作者单位：北京电影学院现代创意媒体学院）

2014 年中国游戏产业发展报告

易观智库

一、中国网络游戏产业宏观环境分析

（一）中国网络游戏产业政策环境

游戏行业属国家鼓励发展的行业之一，近年来国家出台一系列游戏产业的鼓励政策，主要包括：

文化部于 2009 年 9 月 10 日发布了《文化部关于加快文化产业发展的指导意见》，明确了游戏业的发展方向与发展重点为：增强游戏产业的核心竞争力，推动民族原创网络游戏的发展，提高游戏产品的文化内涵。鼓励研发具有自主知识产权的网络游戏技术、电子游戏软硬件设备，优化游戏产业结构，提升游戏产业素质，促进网络游戏、电子游戏、家用视频游戏的协调发展。鼓励游戏企业打造中国游戏品牌，积极开拓海外市场。

文化部于 2012 年 5 月 10 日发布了《文化部“十二五”时期文化改革发展规划》，提出要逐步完善文化产业各门类政策，加快发展动漫、游戏、网络文化、数字文化服务等新兴文化产业。

国务院于 2014 年 2 月 26 日发布了《关于推进文化创意和设计服务与相关产业融合发展的若干意见》（国发［2014］10 号）。《意见》要求加快数字内容产业发展，深入挖掘优秀文化资源，推动动漫游戏等产业优化升级，打造民族品牌；推动动漫游戏与虚拟仿真技术在设计、制造等产业领域中的集成应用。

国家对网络游戏的政策监管和支持正在逐步完善，社会大众对于网络游戏的看法也趋向包容，再加上整体移动互联网行业的快速发展，游戏研发技术的不断提升，中国网络游戏市场，特别是移动游戏市场的发展处在较为有利的政策、社会和技术大环境之中。

（二）中国移动互联网市场发展情况

2014 年中国移动互联网市场规模迎来增速高峰值，达到 13 437.7 亿元，增长 183.8%。在移动娱乐领域，移动游戏、移动阅读、移动音乐等各细分市场均呈现出良好的增长态势以及发展潜力，其中移动游戏市场是移动娱乐整体市场增长的主要动力（见图 1、图 2）。

Analysys 易观智库监测数据显示，2014 年中国移动互联网用户数达到 7.3 亿人，继续保持着超越 PC 端用户量的态势。移动互联网用户规模与 2013 年相比增长 11.8%，增速走低，进入平稳增长阶段（见图 3）。

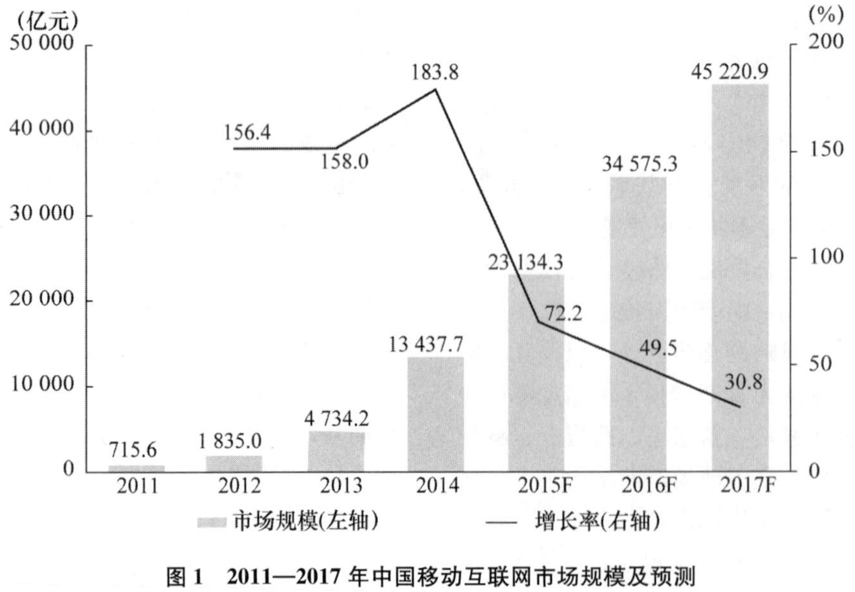

图 1　2011—2017 年中国移动互联网市场规模及预测

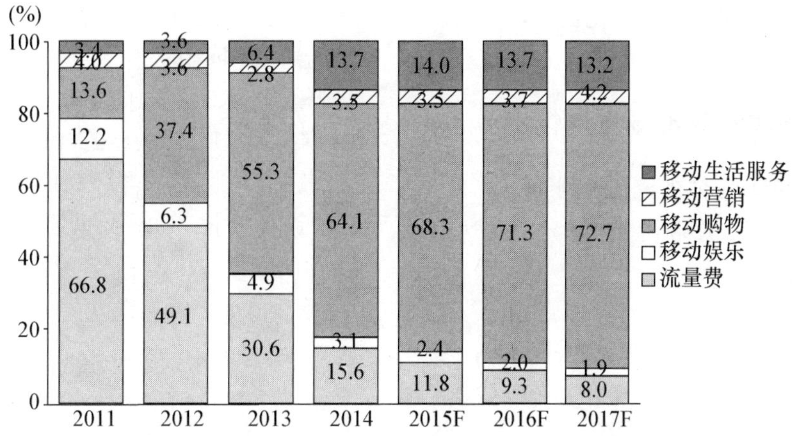

图 2　2011—2017 年中国移动互联网市场结构及预测

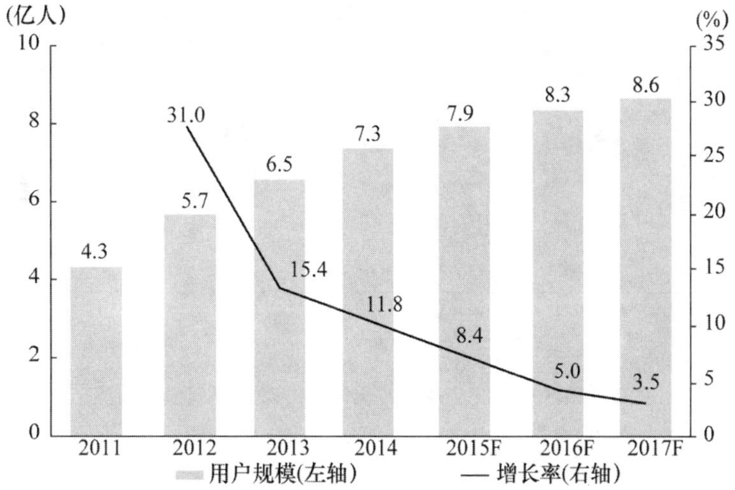

图 3　2011—2017 年中国移动互联网用户规模及预测

移动互联网用户规模依然保持增长的主要动力在于网络技术、物联网技术以及宽带技术的发展将推动智能可穿戴设备、智能家居、车联网等泛终端的规模上市，引导新一批移动网民触网。

（三）中国移动智能终端发展情况

Analysys 易观智库监测数据显示，2014 年中国智能手机销量达 4.21 亿台，增速为 22.7%，虽然销量仍保持增长，但是较 2013 年增速明显放缓（见图 4）。阻碍智能手机市场发展的主要因素，一是市场饱和度提高，二是产品本身已缺乏新意，目前为了应对市场竞争，各家厂商的产品更新周期都在缩短，快速迭代虽然在同一品牌内能带来技术提升，但

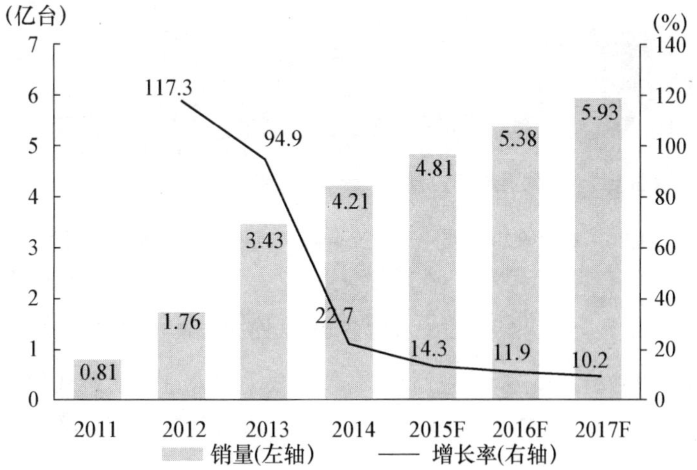

图 4　2011—2017 年中国智能手机销量及预测（不含水货和山寨机）

是品牌之间横向比较很难见到差异化创新，导致硬件产品之间竞争趋同。

二、中国整体游戏市场发展情况

（一）中国游戏市场整体规模及预测

2014 年，中国广义网络游戏市场规模达到 1 097 亿元人民币，同比增长 27.8%。Analysys 易观智库预计接下来的 2015 年，中国网络游戏市场的整体规模将继续保持稳健增长，达到 1 264.9 亿元，较 2014 年增长 15.3%；2016 年将达到 1 409.7 亿元，较 2015 年增长 11.5%；2017 年达到 1 567.1 亿元，较 2016 年增长 11.2%（见图 5、图 6）。

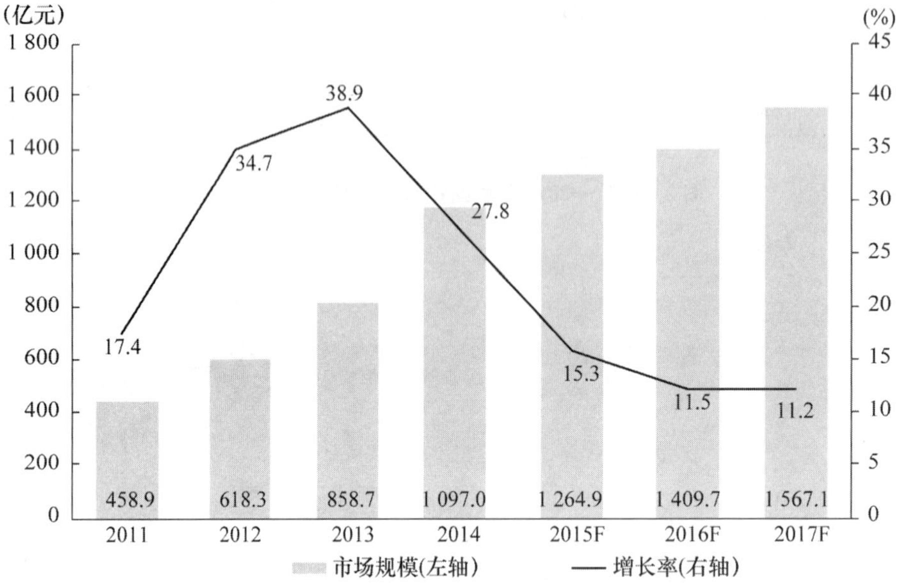

图 5　2011—2017 年中国广义网络游戏市场规模及预测

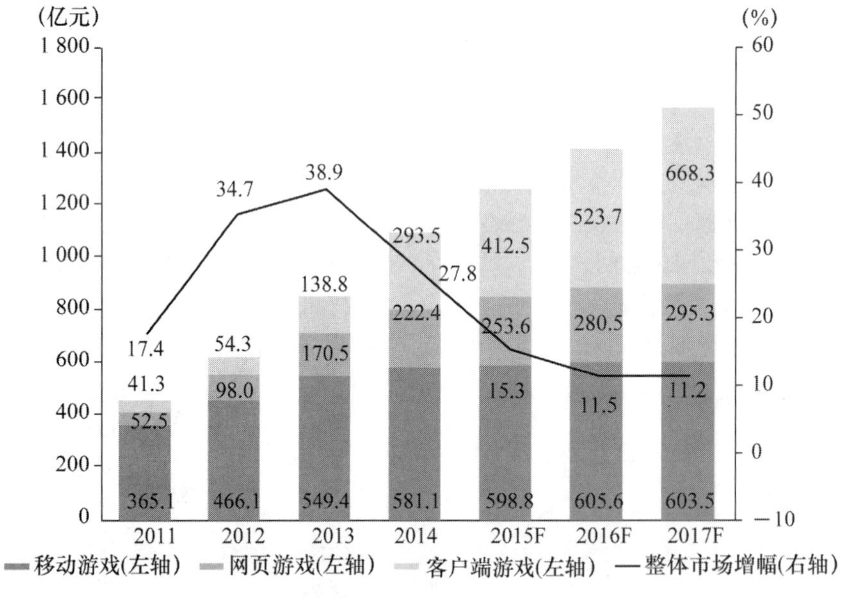

图 6　2011—2017 年中国广义网络游戏细分市场规模及预测

说明：中国广义网络游戏市场包含：(1) 中国客户端网络游戏市场；(2) 中国网页游戏市场（含社交网页游戏）；(3) 中国移动游戏市场（包含移动网络游戏和移动单机游戏）。

资料来源：根据上市公司财务报告、专家访谈、厂商深访以及易观智库推算模型得出。

（二）中国游戏市场用户规模及预测

据 Analysys 易观智库的数据，2014 年中国整体游戏用户规模达到 6.0 亿人，同比增长了 10.5%。预计 2015 年，中国整体游戏用户规模将达到 6.4 亿人，2016 年将达到 6.7 亿人（见图 7）。用户增长的主要动力来自移动游戏的普及，随着用户基数的增加，市场整体用户规模增长率将逐年放缓。

（三）中国游戏市场产品数量及预测

根据 Analysys 易观智库的数据，2014 年中国游戏产品数量超过 18 000 款，同比增长 66.4%。2012

年以来移动游戏行业爆发，因研发成本低廉，大量移动游戏产品推向市场，游戏产品总量快速增长。易观智库预计，2015 年中国游戏产品数量将达到 23 000 余款，同比增长 26.8%。但随着移动游戏行业竞争加剧，产品加速精品化，手游产品数量将在 2016 年出现明显下降，预计 2016 年中国游戏产品总量为 20 125 款，同比下降 13.4%（见图 8）。

三、中国客户端游戏市场分析

（一）中国客户端游戏市场发展现状

1. 中国客户端游戏市场规模及预测

根据 Analysys 易观智库的监测，中国客户端游戏市场 2014 年市场规模达到 581.06 亿元人民币，同比增长 5.8%（见图 9）。预计 2015—2017 年，中国客户端游戏市场增速将继续放缓，并将于 2017 年出现萎缩（见图 10）。客户端游戏市场的萎缩态势，一方面是由于互联网用户的娱乐场景发生变化，从 PC 端加速向移动端转移，另一方面是由于端游市场在经历了十年的发展之后，原有产品加速老化，新品推出缓慢，已进入成熟后的衰落期。

2. 中国客户端游戏产业链分析

中国客户端游戏市场产业链主要包括上游的游戏研发商、中游的游戏运营商、下游的游戏分销和网吧媒体平台，以及提供支撑服务的设备提供商和电信运营商等。目前国内端游厂商的主要业务模式是研运一体，所以上游的研发商和中游的运营商经常是一体的。由于自研项目的风险较高，部分端游厂商目前已停止自研立项，而是通过代理海外精品进行运营变现和产品储备。

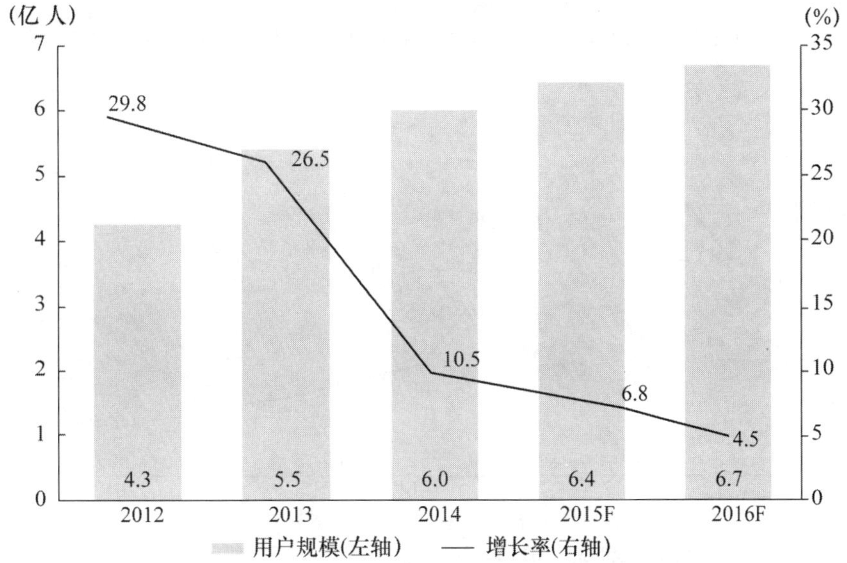

图 7 2012—2016 年中国游戏市场用户规模及预测

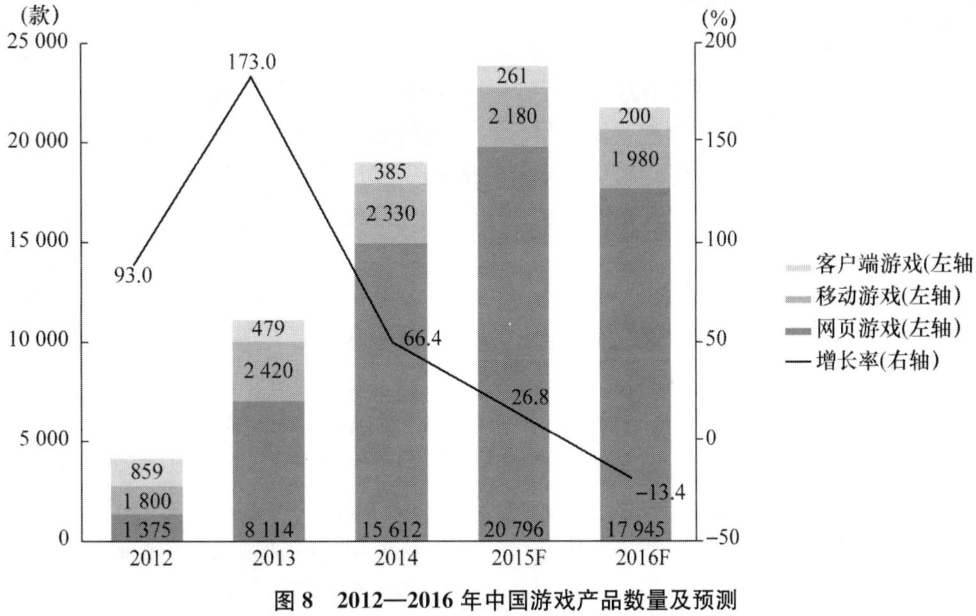

图 8 2012—2016 年中国游戏产品数量及预测

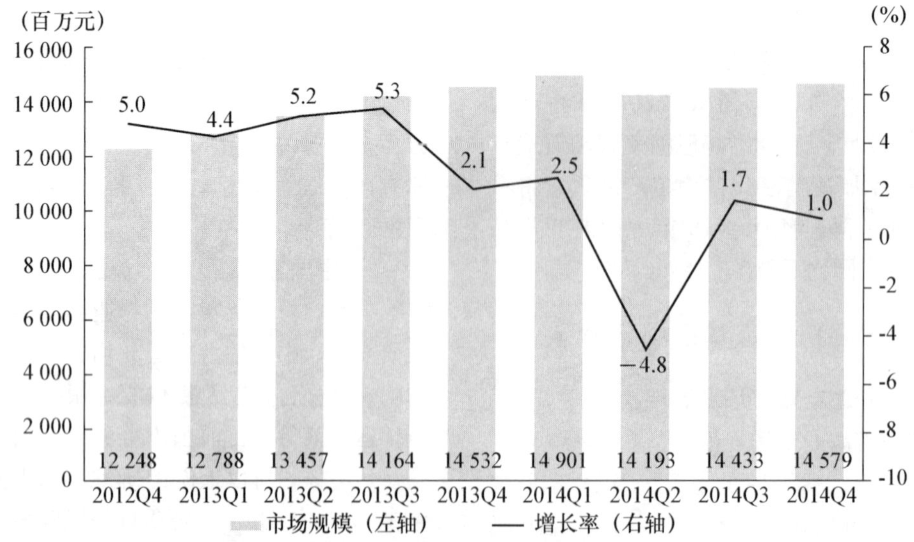

图 9　2012Q4—2014Q4 中国客户端游戏市场规模

说明：中国客户端游戏市场规模，即中国网络游戏企业在客户端游戏业务方面的营收总和，包括大型客户端游戏及平台游戏，具体包括其运营及代理运营的客户端游戏产品所创造的用户付费收入以及企业间的游戏研发与代理费用，游戏周边产品授权、内容外包与海外代理授权费用的总和。

资料来源：根据上市公司财务报告、专家访谈、厂商深访以及易观智库推算模型得出，部分数据已在 2014 年终盘点作了相应调整。

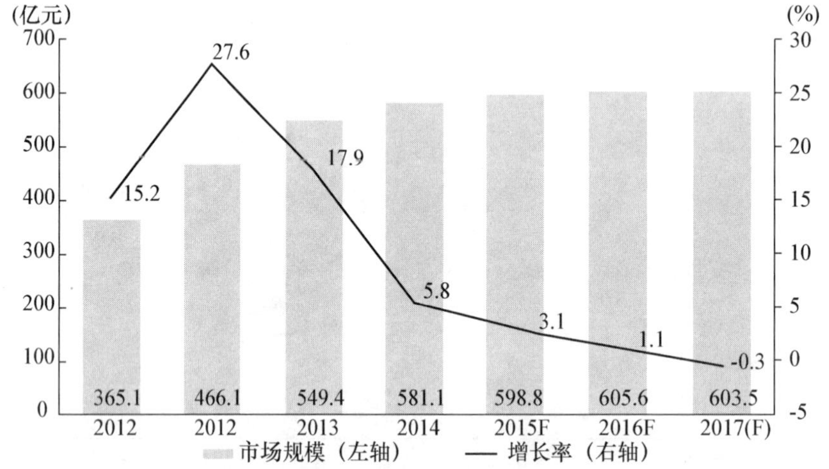

图 10　2012—2017 年中国客户端游戏市场规模及预测

说明：中国客户端游戏市场规模，即中国网络游戏企业在客户端游戏业务方面的营收总和，包括大型客户端游戏及平台游戏，具体包括其运营及代理运营的客户端游戏产品所创造的用户付费收入以及企业间的游戏研发与代理费用，游戏周边产品授权、内容外包与海外代理授权费用的总和。

资料来源：根据上市公司财务报告、专家访谈、厂商深访以及易观智库推算模型得出，部分数据已在 2014 年终盘点作了相应调整。

在分销渠道环节，客户端游戏主要通过游戏运营商自有的官网平台进行分销。客户端游戏发展早期，网吧也是重要的推广分发平台，但随着个人电脑的普及，线下网吧衰落，网吧在客户端游戏分销中扮演的角色越来越弱。

此外，伴随着《英雄联盟》《DOTA》等电子竞技端游产品在中国的流行，电子竞技也已逐渐形成较为完整的产业链，成为客户端游戏吸引核心玩家、增加变现渠道的重要方式。

（二）中国客户端游戏厂商分析

1．中国客户端游戏市场竞争格局

中国客户端游戏市场竞争格局长期处于稳定状态，市场参与者份额基本定型。从 2014 年各家的市场份额来看，腾讯游戏依然一家独大，与网易游戏一起处于领头羊的地位，在游戏研发及运营上实力最强；2014 年以来，巨人网络私有化、盛大游戏退市、畅游裁员等事件，使得三家公司在存量市场的竞争中处于劣势，市场份额有所下滑（见图 11）。各大端游厂商在 2014 年纷纷发力移动游戏市场，推出了多款高品质、高流水产品，未来端游厂商在移动游戏领域的优势将逐渐展现出来。

2．中国客户端游戏厂商实力矩阵

实力矩阵是 Analysys 易观智库用来描述产业发展驱动力及厂商当前竞争格局及未来演变路径的模型。该模型的纵轴表示厂商的现有资源，横轴表示厂商的运营能力，从定量和定性相结合的角度，将厂商的市场竞争地位划分成4个象限，分别为：领先者、务实者、补缺者和创新者（见图12）。

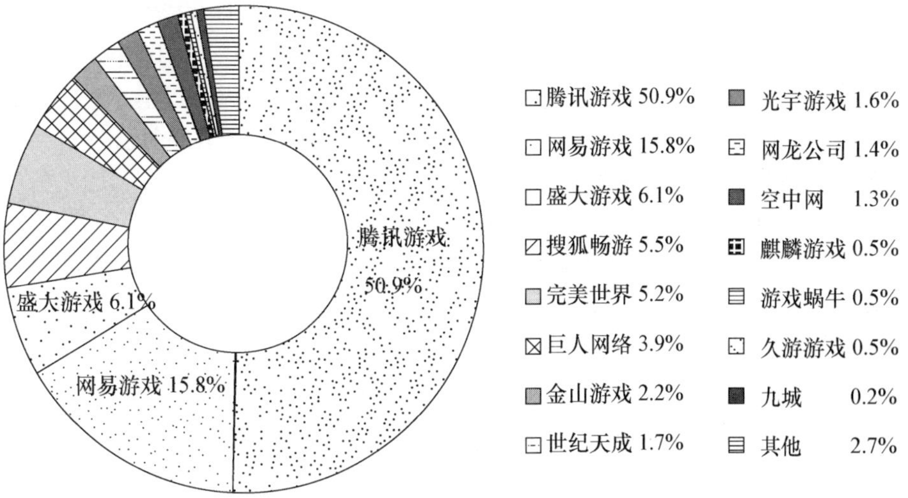

图11　2014年中国客户端游戏市场竞争格局

说明：(1) 中国客户端游戏市场竞争格局，以其营收规模计，即中国网络游戏企业在客户端游戏业务方面的营收总和，包括大型客户端游戏及平台游戏。具体包括其运营及代理运营的客户端游戏产品所创造的用户付费收入以及企业间的游戏研发与代理费用，游戏周边产品授权、内容外包与海外代理授权费用的总和。(2) 客户端游戏厂商营收规模，不包括厂商在网页游戏、移动游戏等业务方面的收入，仅与其客户端游戏业务强相关。

资料来源：根据上市公司财务报告、专家访谈、厂商深访以及易观智库推算模型得出，部分数据已在2014年终盘点作了相应调整。

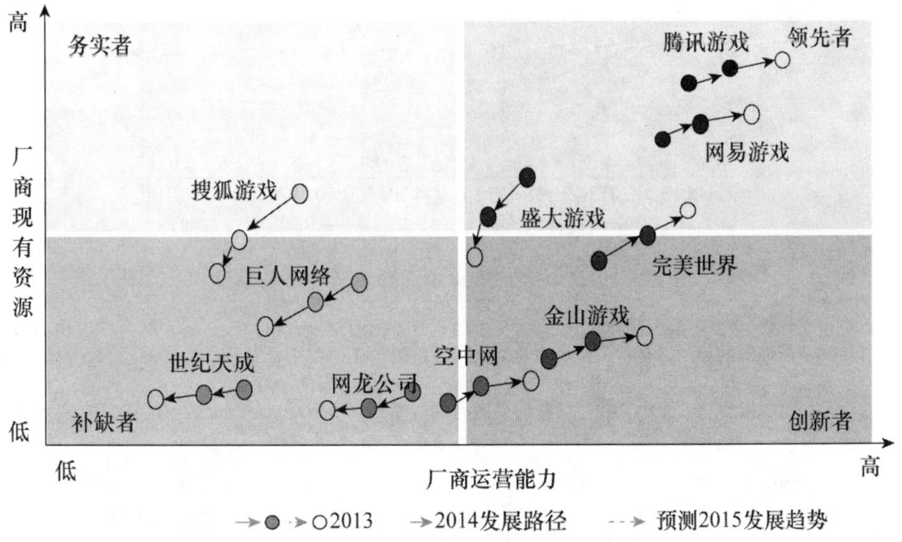

图12　2014年中国客户端游戏厂商实力矩阵

在客户端游戏厂商实力矩阵中，Analysys易观智库评价厂商现有资源（纵轴）的维度包括：

- 市场规模（40%权重）
- 用户规模（40%权重）
- 品牌影响力（20%权重）

厂商运营能力（横轴）则通过以下三个维度进行评价：

- 研发能力（40%权重）
- 运营能力（30%权重）
- 持续成功能力（30%权重）

3. 中国客户端游戏典型厂商分析

领先者：

腾讯：在客户端游戏各细分领域都有较成熟的产品，旗下《地下城与勇士》《穿越火线》《英雄联盟》等已成为知名品牌。腾讯依靠在游戏运营方面积累的经验，以及庞大的QQ用户群，长期占据端游市场半壁江山，未来也将继续保持霸主地位。

网易：在游戏自研方面具有强大的实力，凭借旗下《梦幻西游》等系列游戏拥有大批忠实的玩家粉丝。2014年，网易在重点布局手游领域的同时，也陆续推出了《危机2015》《天谕》等端游新品，继续在端游领域保持领先位置。

务实者：

搜狐游戏：2014年经历了较大的营收下滑和人事变动，市场份额有所下降。在端游方面，畅游虽然加强了对海外产品的代理力度，但对《天龙八部》

单款产品的依赖依然十分严重。随着现有产品的继续老化，畅游的优势渐被削弱，将从务实者象限降至补缺者象限。

创新者：

完美世界：具有较强的游戏研发实力，2014 年将业务重心转向移动游戏领域，并在电视游戏方面继续投入。端游方面，2014 年完美世界推出《射雕ZERO》，并配合游戏发布了专属可穿戴互动设备，在游戏体验的创新上有所突破。较强的创新能力将助力其向领先者象限进发。

补缺者：

巨人网络：在 2014 年完成了公司私有化，并开始在移动领域的二次创业，推出了多款手游产品，此外还成立了页游发行中心，在端游、页游、手游三个领域均有布局。2014 年，巨人网络虽然也推出了端游新品，但因公司重心转向手游，其在端游领域将继续扮演补缺者的角色。

四、中国网页游戏市场分析

（一）中国网页游戏市场发展现状

1. 中国网页游戏市场规模及预测

2014 年中国网页游戏市场规模达到 222.43 亿元，同比增长 30.5%。预计未来三年中国网页游戏市场的增速将继续放缓（见图 13、图 14）。

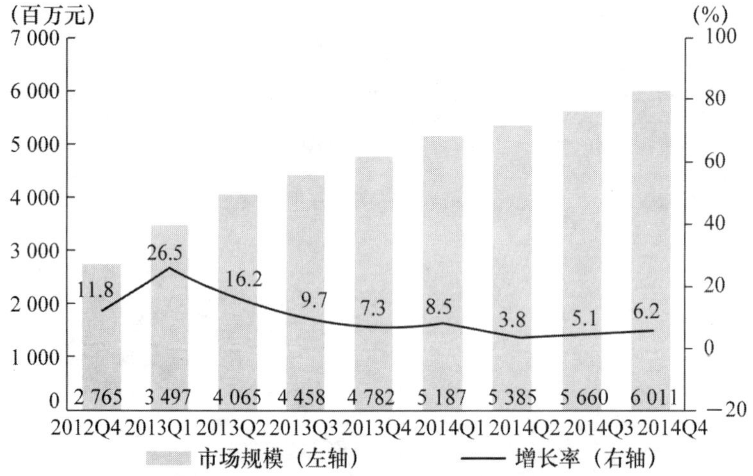

图 13　2012Q4—2014Q4 中国网页游戏市场规模

说明：中国网页游戏市场规模，即中国网络游戏企业在网页游戏业务方面的营收总和，包括基于网页端呈现的社交游戏，具体包括其运营及研发的网页游戏产品所创造的用户付费收入以及企业间的游戏研发与代理费用，游戏周边产品授权、内容外包与海外代理授权费用的总和。

资料来源：根据上市公司财务报告、专家访谈、厂商深访以及易观智库推算模型得出，部分数据已在 2014 年终盘点作了相应调整。

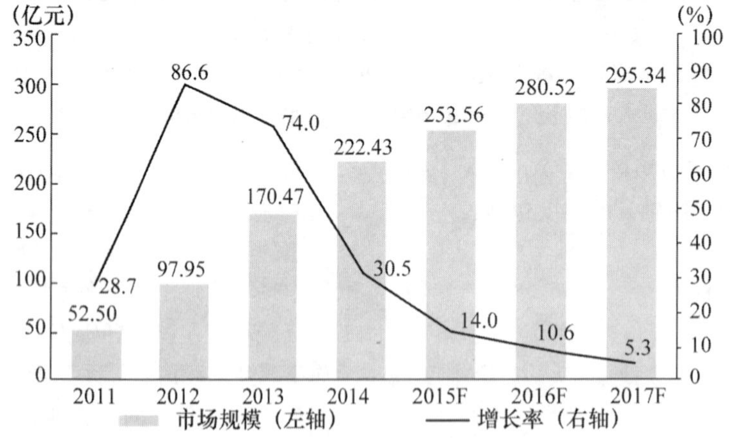

图 14　2011—2017 年中国网页游戏市场规模及预测

说明：中国网页游戏市场规模，即中国网络游戏企业在网页游戏业务方面的营收总和，包括基于网页端呈现的社交游戏，具体包括其运营及研发的网页游戏产品所创造的用户付费收入以及企业间的游戏研发与代理费用，游戏周边产品授权、内容外包与海外代理授权费用的总和。

资料来源：根据上市公司财务报告、专家访谈、厂商深访以及易观智库推算模型得出，部分数据已在 2014 年终盘点作了相应调整。

中国网页游戏市场目前已步入成熟期，用户规模基本触及天花板，市场增量较为有限。但随着页游精品化进程的深入，用户 ARPU 值仍将提高，网页游戏整体规模仍有增长空间。未来拉动网页游戏市场增长的主要因素将包括：研发技术的提升、产品题材及玩法的创新、IP 粉丝经济价值的货币化，以及精准营销带来的转化率提升。

2. 中国网页游戏产业链分析

2014 年中国网页游戏产业链情况如图 15 所示。

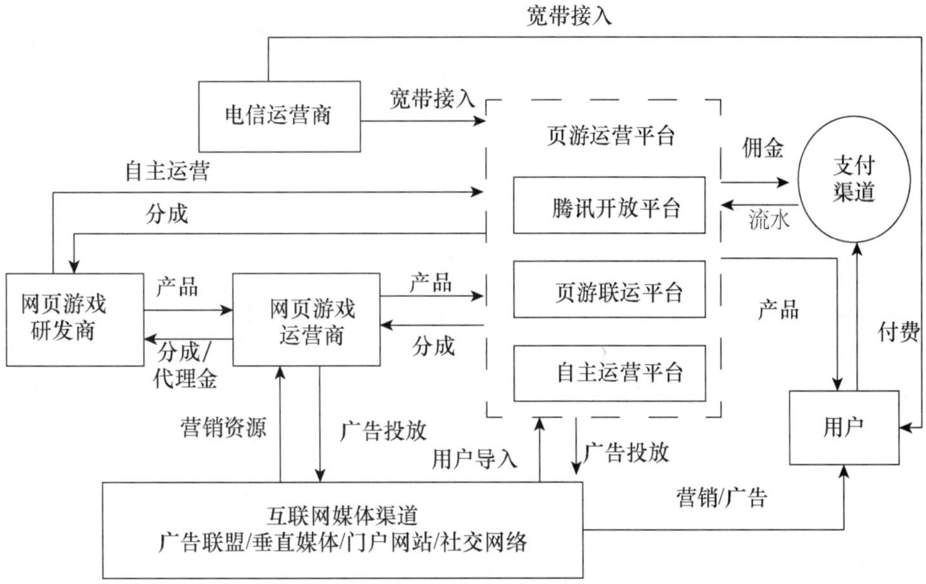

图 15　2014 年中国网页游戏市场产业链地图

网页游戏研发商：主营业务为网页游戏产品的开发，将游戏产品输出给网页游戏运营商，同时根据用户及市场的反馈，为游戏产品提供版本更新和技术支持。

网页游戏运营商：主要从事网页游戏的销售，包括研究用户需求、反馈指导开发、规范游戏内容并按照规定向政府主管部门报备报批游戏、选择合适的运营平台、制定开服计划、提供客服等。

页游运营平台：是导入用户的关键环节。页游运营平台目前可大致分为三类：（1）腾讯页游开放平台。主要通过 QQ 空间、朋友网、腾讯微博等腾讯系的社交网络平台导入用户，在运营规则、分成比例和营销方式上均与普通联运平台不同。（2）页游联运平台。页游联运平台数量较多，又可分为两类，一类是非自有流量联运平台，通过联盟广告投放的方式导入用户；另一类是自有流量联运平台，包括视频媒体、音乐播放器、社交网络及流量巨大的综合性互联网企业。（3）自主运营平台。网页游戏运营商自主运营的平台，对于用户导入和后期运营有更精细化的运作。

互联网媒体渠道：即网页游戏的线上推广渠道。页游运营平台，特别是非自有流量的联运平台对于外部线上流量入口的依赖程度较高。广告联盟、垂直媒体、门户网站以及社交网络是主要的流量来源，一般以弹窗广告的形式向用户呈现。

其他支撑环节：其他支撑环节包括支付渠道、电信运营商和服务器供应商等。支付渠道目前以网上银行、支付宝、话费充值卡等方式为主。随着移动支付的普及，使用支付宝扫码支付以及微信支付等移动支付方式的用户比例大幅提升。

3. 中国网页游戏市场游戏产品分析

据不完全统计，截至 2014 年底，上线运营的各类网页游戏产品共计有 2 330 款，较 2013 年的 2 400 余款有所减少。未来网页游戏数量将进一步下降，运营平台对高质量、定制产品的需求将加大，或将出现产品供不应求的局面（见图 16）。

Analysys 易观智库研究发现，目前市场上运营的网页游戏产品类型集中在角色扮演类（RPG），在数量上占据超过 80%的市场份额，其余则是战争策略（SLG）、休闲竞技及其他类型的产品。

在网页游戏题材分布方面，2014 年，魔幻和历史题材的页游数量占比较高，仙侠、玄幻题材次之，其他主要题材还包括武侠、神话等。

此外，2014 年，具有 IP 的网页游戏产品数量明显增多，在整体游戏产品中的比例有所提升。整体来看，有 IP 的页游产品在用户获取和转化方面优于无 IP 产品，一般在营收上也表现较好。

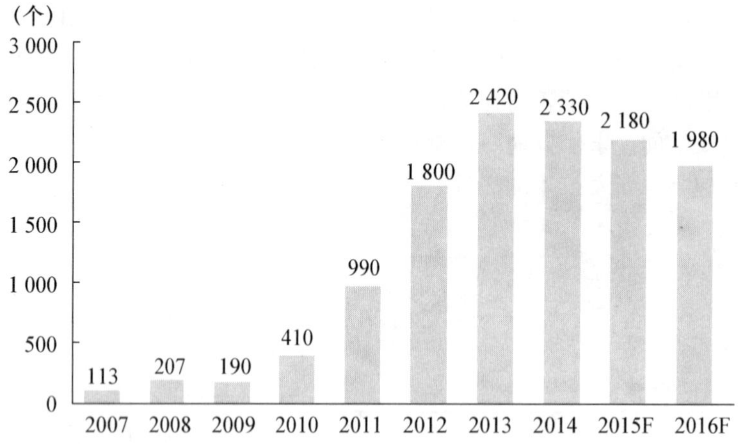

图 16　2007—2016 年中国网页游戏市场产品数量及预测

（二）中国网页游戏研发商市场分析

1. 中国网页游戏研发商市场竞争格局

2014 年，中国网页游戏研发商市场依然较为分散，目前尚未有一家厂商的市场份额超过 10%。其中，墨麟集团、游族网络、第七大道分别以 8.6%、8.4%和 8.2%的市场份额排名前三，组成页游研发商第一梯队（见图 17）。

2. 中国网页游戏研发商市场实力矩阵（见图 18）

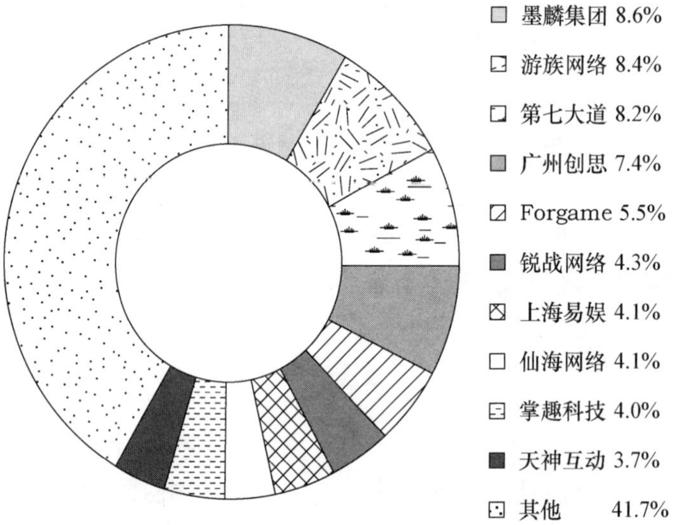

图 17　2014 年中国网页游戏研发商市场竞争格局

说明：(1) 中国网页游戏研发商市场竞争格局，以其分成后营收规模计，即中国网络游戏企业在网页游戏平台运营方面业务的营收总和。具体包括其独家代理以及联合运营的网页游戏与社交游戏产品的收入。(2) 部分有研发与平台双业务厂商，分开统计其业务情况。

资料来源：根据上市公司财务报告、专家访谈、厂商深访以及易观智库推算模型得出，部分数据已在 2014 年终盘点作了相应调整。

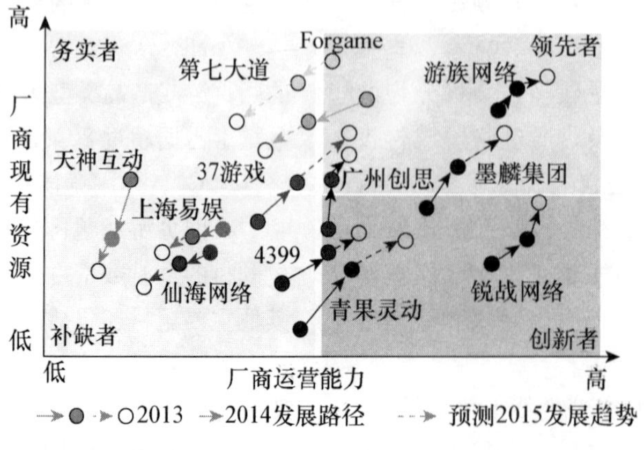

图 18　2014 年中国网页游戏研发商市场实力矩阵

在中国网页游戏研发商实力矩阵中，Analysys易观智库从以下四个细分维度评价厂商的现有资源：

- 市场规模（40%权重）
- 用户规模（40%权重）
- 品牌影响力（10%权重）
- 平台资源（10%权重）

从以下三个细分维度评价厂商的运营能力：

- 研发能力（40%权重）
- 创新能力（30%权重）
- 持续成功能力（30%权重）

（三）中国网页游戏运营平台市场分析

1. 中国网页游戏运营平台竞争格局

2014年，中国网页游戏运营平台竞争格局较为稳定，流量逐渐向互联网巨头的页游平台聚集，市场集中度进一步提高。其中，腾讯凭借长年累积的用户群占据三分之一的市场份额；37游戏依靠强大的产品运营能力，市场份额稳中有增；360游戏和百度游戏则凭借庞大的自有流量和用户基础，竞争优势日益明显（见图19）。

2. 中国网页游戏运营平台市场实力矩阵（见图20）

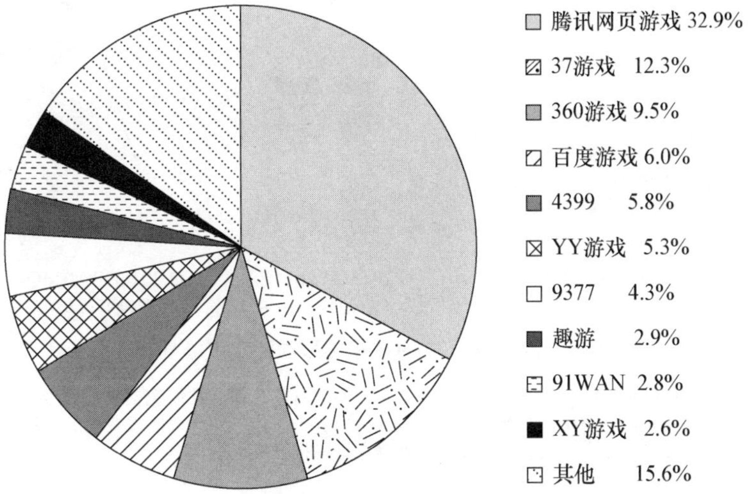

图19 2014年中国网页游戏运营平台竞争格局

说明：(1) 中国网页游戏运营平台竞争格局，以其分成后营收规模计，即中国网络游戏企业在网页游戏平台运营方面业务的营收总和。具体包括其独家代理以及联合运营的网页游戏与社交游戏产品的收入。(2) 部分有研发与平台双业务厂商，分开统计其业务情况。

资料来源：根据上市公司财务报告、专家访谈、厂商深访以及易观智库推算模型得出，部分数据已在2014年终盘点作了相应调整。

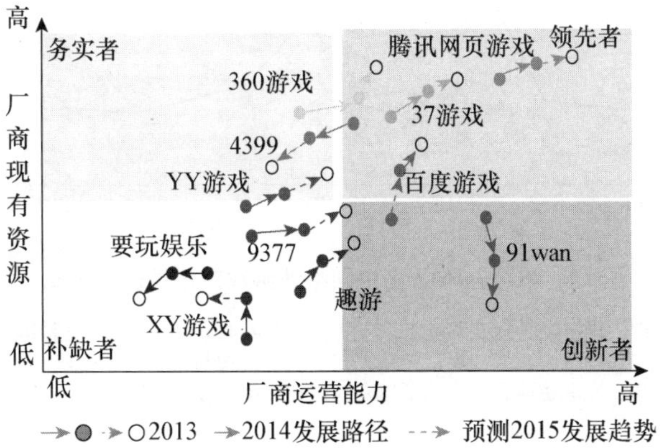

图20 2014年中国网页游戏运营平台市场实力矩阵

在中国网页游戏运营平台市场实力矩阵中，Analysys易观智库从以下四个细分维度评价厂商的现有资源：

- 市场规模（30%权重）
- 用户规模（30%权重）
- 平台流量（20%权重）
- 自有流量（20%权重）

从以下四个细分维度评价厂商的运营能力：

- 增强用户黏性（20%权重）
- 扩大平台流量（30%权重）
- 数据挖掘（30%权重）
- 独家代理（20%权重）

五、中国移动游戏市场分析

(一）中国移动游戏市场发展现状

1. 中国移动游戏市场规模及预测

2014 年，中国移动游戏市场继续呈现高速增长态势，四个季度的环比增长率平均保持在 20%左右，全年市场规模达到约 293.5 亿元，实现同比 111.4%的爆发式增长。Analysys 易观智库预计，2015 年中国移动游戏市场规模将达到 412.5 亿元，同比增长 40.5%（见图 21、图 22)。

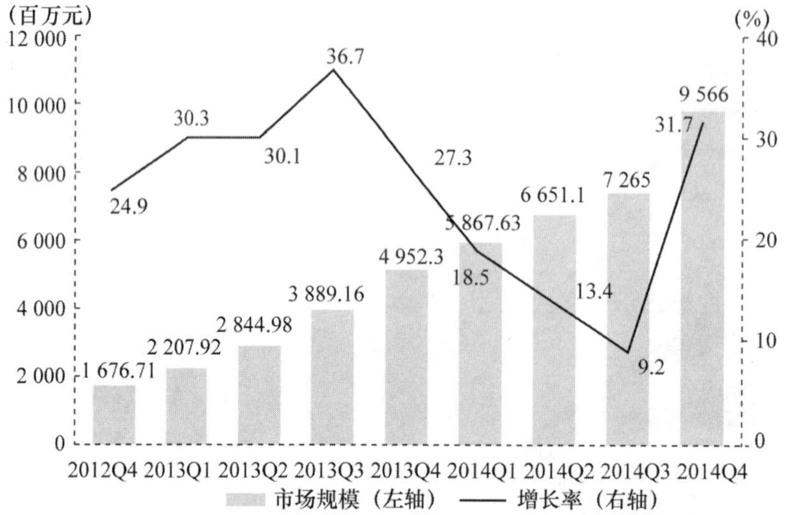

图 21　2012Q4—2014Q4 中国移动游戏市场规模

说明：中国移动游戏市场规模，即中国游戏企业在移动游戏业务方面的营收总和。具体包括其运营及研发的移动游戏产品所创造的用户付费收入以及企业间的游戏研发与代理费用，游戏周边产品授权、内容外包与海外代理授权费用的总和。

资料来源：根据上市公司财务报告、专家访谈、厂商深访以及易观智库推算模型得出。

图 22　2011—2017 年中国移动游戏市场规模及预测

说明：中国移动游戏市场规模，即中国游戏企业在移动游戏业务方面的营收总和。具体包括其运营及研发的移动游戏产品所创造的用户付费收入以及企业间的游戏研发与代理费用，游戏周边产品授权、内容外包与海外代理授权费用的总和。

资料来源：根据上市公司财务报告、专家访谈、厂商深访以及易观智库推算模型得出。

移动游戏市场为中国移动互联网产业、中国游戏产业开始贡献规模化收入，成为推动中国移动互联网繁荣、资本市场活跃的主要力量。移动游戏也成为发展初期的中国移动互联网产业中为企业贡献最多收益的领域。

2014 年是中国移动游戏市场快速发展的一年，移动终端的快速普及培养了巨大的基础用户规模；移动游戏产品的丰富、类型的多样化，也促进了由移动终端用户向移动游戏玩家的转化。随着中重度游戏开始大规模推向市场，移动游戏从传统 PC 端游戏领域争夺用户的趋势愈加明显，这将进一步支撑移动游戏玩家规模的增长。预计 2015 年中国移动游戏市场玩家数量将接近 6 亿（见图 23)。

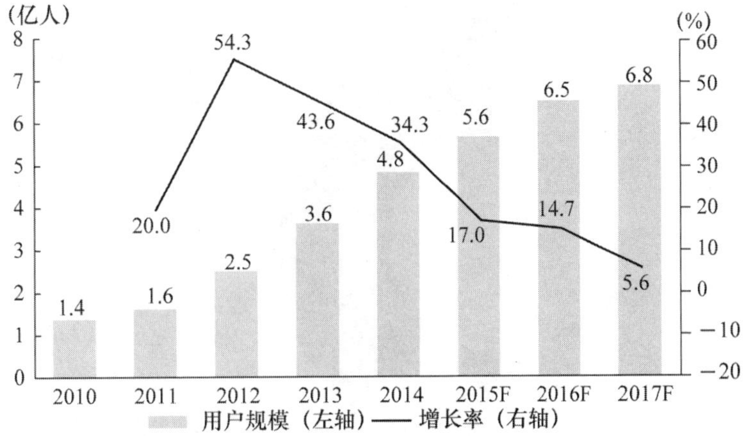

图 23　2010—2017 年中国移动游戏市场用户规模及预测

说明：用户规模指在统计周期内进行过至少一次游戏行为的用户的总和。

2. 中国移动游戏产业链研究

目前，支撑中国移动游戏市场发展的主要力量分为如下四个部分（见图 24）：

图 24　中国移动游戏产业链地图

（1）移动游戏研发商（CP）。

移动游戏的研发企业，主要以聚集产品 IP，打造产品研发的核心团队，依靠自身的智力和创意进行游戏内容的创生。在此之外，或将自主研发的产品独家代理给发行企业，或将产品投放到移动游戏的分发渠道，进行自主的运营，进而将自己的产品向产业链的下游输出。

（2）移动游戏发行商。

主要经营的业务为独家代理上游研发厂商的移动游戏产品，通过全渠道的发行能力、强大的市场推广能力，将代理的产品投放到多个渠道，进行产品的推广及运营。

（3）移动游戏渠道商。

又称作移动游戏运营平台，直接对接用户，是用户接触移动游戏的第一个环节，也是移动游戏内容流向用户的最后一公里。目前，中国移动游戏运营平台以应用商店为主，包括官方（App Store，Google Play）与第三方应用商店（360 手机助手、91 助手、应用宝等）；此外，还包括运营商渠道（爱游戏、咪咕游戏、沃游戏）以及硬件厂商的应用商店（小米、华为等）。

（4）移动游戏支撑环节。

包括电信网络、服务器、营销媒体、支付等环节。

手游行业的竞争造成了红海的现状，也催生了周边产业的兴起。仅在 2014 年，除了开发商、发行商和渠道商，手游产业链上的美术外包、云技术服务、社交工具、测试平台、游戏交易、游戏直播等业务如雨后春笋般兴起。移动游戏产业链更加的细分与优化。

（二）中国移动游戏研发市场分析

2014 年中国移动游戏研发企业市场竞争格局中，腾讯游戏占据市场接近 4 成的份额，稳居研发商头把交椅。莉莉丝游戏凭借热度持续的《刀塔传奇》成为 2014 年最大黑马，收获 6.25%的市场份额，位居第二。银汉、卓越游戏凭借连续多个季度产品表现稳定，奠定了其在移动游戏研发市场的领先地位，分列三、四位。完美、网易作为端游厂商代表已经发力手游市场，凭借数款中重度产品，向移动游戏研发企业第一梯队发起猛攻（见图 25）。

（三）中国移动游戏渠道市场分析

2012—2013 年中国移动游戏市场开始爆发时，移动游戏用户的规模快速扩大，触达用户的主要渠道也开始多样化，移动游戏企业开始通过各种类型的渠道进行游戏的分发以及品牌的推广。但到了 2014 年，中国移动游戏渠道市场开始呈现互联网巨头化的态势（见图 26）。

1. 中国移动游戏运营平台实力矩阵

包括应用商店（官方、第三方以及终端厂商的

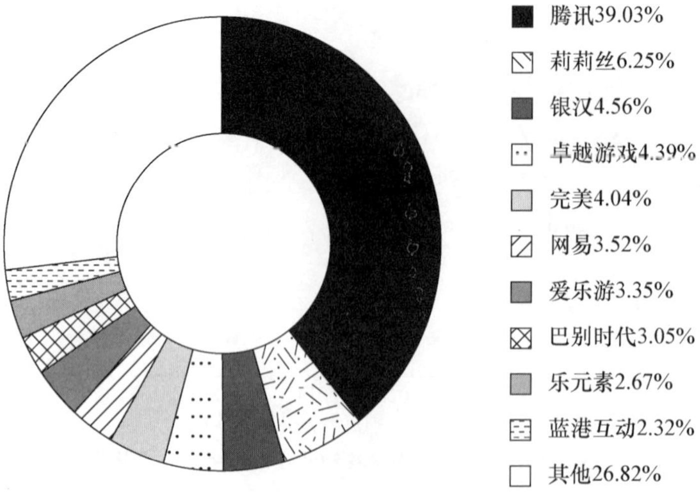

图 25 2014 年中国移动游戏研发企业市场竞争格局

说明：中国移动游戏市场规模，即中国游戏企业在移动游戏业务方面的营收总和。具体包括其运营及研发的移动游戏产品所创造的用户付费收入以及企业间的游戏研发与代理费用，游戏周边产品授权、内容外包与海外代理授权费用的总和。

资料来源：根据上市公司财务报告、专家访谈、厂商深访以及易观智库推算模型得出。

图 26 中国移动游戏市场主要渠道

应用商店）、超级 App 以及电信运营商在内的移动游戏分发渠道，大多提供移动游戏联运的服务，这些渠道统称移动游戏运营平台。

Analysys 易观智库分析认为，2014 年移动游戏平台作为产业链中游戏分发环节的重要参与者，较 2013 年出现了巨大变化。百度、腾讯、360 在移动游戏分发渠道领域持续发力，寡头化趋势凸显，众多中小渠道商的生存空间受到较大挤压，但安卓渠道依然较为分散，未来集中度将进一步提高。具体情况如图 27 所示。

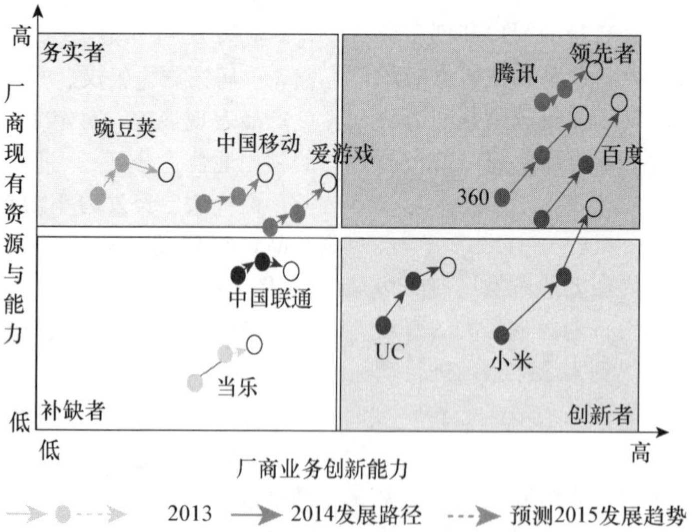

图 27 2014 年中国移动游戏运营平台实力矩阵

上述实力矩阵中，推动厂商发展的主要资源（纵轴）指标包括：

- 市场份额（40%权重）
- 用户规模（30%权重）

● 平台流量（30%权重）

推动厂商发展的主要能力（横轴）指标包括：

● 运营能力（50%权重）

● 商业模式（25%权重）

● 创新能力（25%权重）

（四）中国移动游戏发行市场分析

1. 中国移动游戏发行市场发行商竞争格局

在 2014 年全年中国移动游戏发行市场发行商竞争格局中，中国手游、龙图游戏、乐逗游戏位列市场规模前三。其中，中国手游市场份额为 21.3%，龙图游戏市场份额为 17.0%，乐逗游戏市场份额为 16.8%。从全年情况来看，发行领域后进者多在下半年发力，格局尚未稳定，部分厂商名次变化较大，市场仍存在较大不确定性（见图 28）。

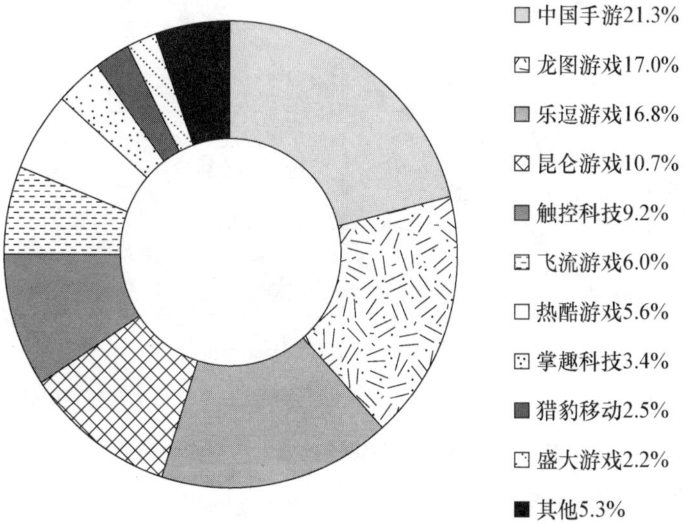

图 28　2014 年中国移动游戏全平台发行商竞争格局

说明：(1) 中国移动游戏发行商：以游戏代理发行为主要经营业务的中国游戏企业。通过对游戏产品的独家代理，多渠道发行，来完成其业务经营。(2) 份额以厂商在大陆市场代理发行的产品流水统计。

资料来源：根据上市公司财务报告、专家访谈、厂商深访以及易观智库推算模型得出。

2. 中国移动游戏发行市场用户竞争格局

在 2014 年中国移动游戏发行市场用户规模竞争格局中，乐逗游戏、中国手游、游道易位居前三。其中，乐逗游戏用户份额为 26.5%，中国手游用户份额为 15.8%，游道易用户份额为 13.7%。以单机休闲的轻游戏发行业务为主的厂商，在用户获取和推广成本方面具有一定优势。从全年变化情况来看，用户规模竞争格局变化情况较小，厂商集中度较高，用户主要集中在少数注重单机游戏产品发行的厂商手中（见图 29）。

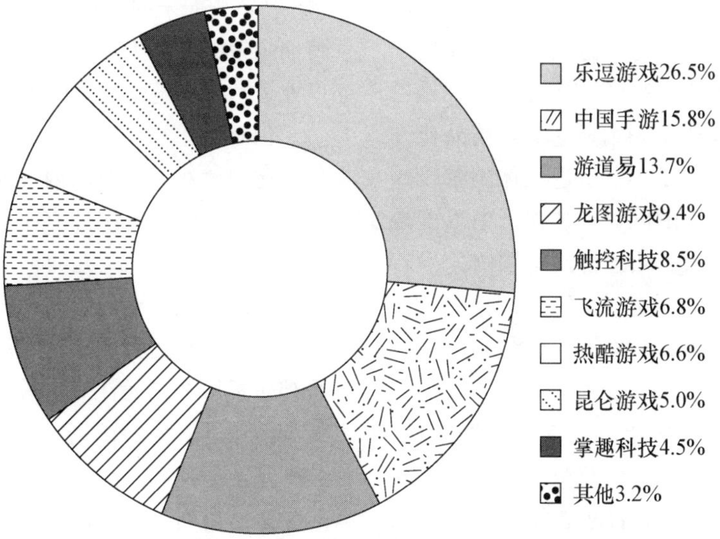

图 29　2014 年中国移动游戏发行市场用户规模竞争格局

说明：(1) 中国移动游戏发行商：以游戏代理发行为主要经营业务的中国游戏企业。通过对游戏产品的独家代理，多渠道发行，来完成其业务经营。(2) 用户份额按厂商大陆市场代理发行产品的年度用户数统计。

资料来源：根据上市公司财务报告、专家访谈、厂商深访以及易观智库推算模型得出。

3. 中国移动游戏发行商实力矩阵（见图 30）

推动厂商发展的主要资源（纵轴）包括：

- 市场份额（40%权重）
- 用户规模（30%权重）
- 品牌资源（30%权重）

推动厂商发展的主要能力（横轴）包括：

- 发行能力（40%权重）
- 创新能力（25%权重）
- 持续成功能力（35%权重）

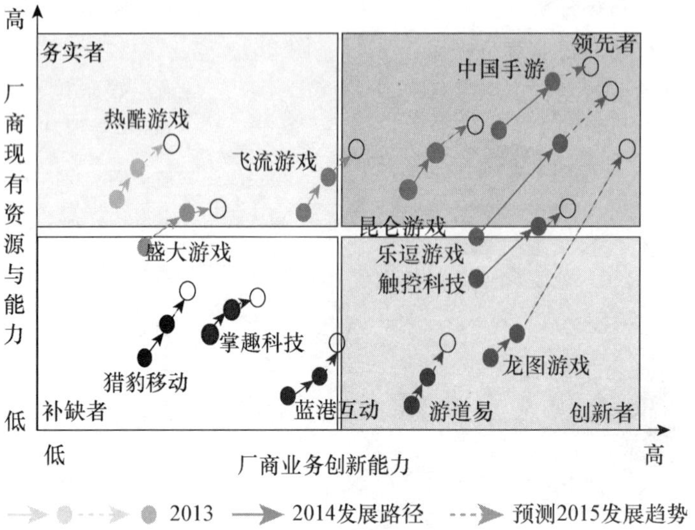

图 30　2014 年中国移动游戏发行商实力矩阵

4. 中国移动游戏典型发行商分析

领先者：

中国手游：是国内首屈一指的移动游戏开发商和发行商，在移动游戏全平台发行商中处于龙头地位，已成功发行了《武侠 Q 传》《三国威力加强版》《怪兽岛》《快乐斗地主》《决战沙城》《英雄本色》等产品。2015 年，中国手游在游戏的市场营销和用户平台建设等方面将投入更大的力量，并围绕 IP 进行更深入的商业化，在自主研发以及电子竞技游戏上也将有更多举动。

乐逗游戏：是国内领先的手游发行商，在用户量和用户活跃上具有优势。2014 年 8 月 7 日，乐逗游戏母公司创梦天地成功登录纳斯达克，精品化和平台化战略得到升级。2014 年，乐逗在休闲游戏这一传统优势市场继续发力的同时，加强了中重度游戏的布局，以及自研投入。乐逗游戏与国内的发行伙伴开展广泛合作，已覆盖绝大部分的发行渠道，同时还与三大运营商建立了深度合作关系。

务实者：

热酷游戏：成立于 2008 年，总部位于北京，在日本、韩国、欧洲、中国港澳台及东南亚等多个市场均设有分支机构，致力于精品手机游戏的发行和投资。2013 年，热酷游戏伦敦分公司成立，成为入驻伦敦科技城的首批中国企业之一。截至 2014 年第 4 季度，热酷海外市场的整体收入已经超过其在国内市场的收入。2015 年，热酷游戏将继续发力海外市场。

补缺者：

蓝港互动：即原蓝港在线，凭借其尖端的开发技术、敏锐的专业嗅觉，在成立的 7 年时间内，向手机、电脑游戏市场输送了大量高质量游戏。2012 年底，蓝港互动转向手机游戏的研发；2014 年 3 月开始发行第三方手机游戏；2014 年 12 月 30 日，蓝港成功在港交所上市。在移动游戏领域，蓝港属于从 CP 转型而来的发行商，对于产品以及 IP 拥有独特而敏锐的判断力。2015 年以来，蓝港互动在影视产业进行了多笔投资，向大文化、大娱乐方向发展。

创新者：

龙图游戏：作为国内优质网络游戏开发商和代理发行商，中清龙图拥有坚实的页游基础与合作推广平台，其开发的《九仙》《天龙诀》等页游产品在登录腾讯游戏平台后取得了不错的成绩，也积累了不少的技术和运营经验。2013 年 9 月，中清龙图获得神州泰岳 2 亿元注资，并于 10 月开始组建团队，低调转型进入手游市场。作为中清龙图代理的第三款产品，《刀塔传奇》自登陆应用商店以来，一直稳居畅销榜前列，甚至在 2014 年第 2 季度登顶 iOS 畅销榜榜首位置，在收入方面也位列前十。凭借《刀塔传奇》这一突破性的成功，中清龙图成功跻身移动游戏发行商行列第一梯队。

六、中国游戏产业发展变革趋势分析

（一）中国 PC 端游戏发展趋势

PC端网络游戏作为中国目前最大的游戏细分市场，经过十几年的时间，塑造了中国游戏行业独特的生态面貌，游戏文化也从十年前媒体唾弃的“电子海洛因”逐步发展成为大众主流文化，并成为中国文化出海的主要载体。

客户端游戏因其丰富的玩法、绚丽的画面、较强的沉浸感和互动性，虽然近两年市场规模增长甚微，但依然保持了巨大的体量，且市场竞争格局十分稳定，为数不多的端游厂商在运营为数不多的精品游戏。未来端游市场寡头竞争、精品为王的特点将长期保持，而受新兴的移动游戏对玩家分流的影响，端游市场未来再次实现高速增长的可能性较小。

网页游戏方面，中国网页游戏市场的发展目前处于成熟稳定期，市场规模增速放缓，整体行业呈现出精品化和集中化的发展趋势。2015 年，随着行业进入门槛的提高，参与厂商数量的下降，现有主要页游厂商将积极推出高品质的页游产品，巩固现有市场份额；中小型页游厂商的生存空间将进一步受到挤压。各页游厂商也纷纷通过并购、投资或转型等方式，在页游之外的新兴行业寻求发展和掘金的机会。

（二）中国移动游戏市场发展趋势分析

Analysys 易观智库分析认为，2014 年，中国移动游戏市场呈现以下几个主要特点：（1）移动游戏产业链更加细分。（2）全行业成本走高。（3）大量创业型研发团队被淘汰。（4）渠道高度集中，话语权增强。

2015 年，中国移动游戏市场将呈现以下几个方面的发展变革趋势：

（1）产品精品化及细分化。精品化和细分化是游戏产品发展到一定阶段的必然趋势，这主要是由研发技术的不断演进和玩家需求的差异化所决定的。研发实力较强的端游、页游厂商纷纷进入手游领域，推出精心打磨的产品，加速了手游质量的提升。此外，国内手游厂商正在加强对垂直细分领域的重视程度，推出了多款针对二次元、女性、“95 后”等细分用户群，以及融合、细分类型的产品。未来，随着厂商对玩家需求挖掘的深入，将有更多具有潜力的垂直细分产品推向市场。

（2）渠道互联网巨头化。以百度移动游戏、360 手游、腾讯应用宝和阿里 UC 为代表的大渠道，已基本完成内部资源的整合，各自建立起手游分发和联运平台，占据大部分市场份额。而其他中小渠道则面临困境，或专注于细分领域，或通过异业合并的方式继续生存。小米、华为等终端厂商内置应用商店的价值在 2014 年得到释放，未来依然有较大挖掘空间。终端厂商通过硬件出货和操作系统触及用户，具有方式直接、转化率高的特点。随着移动互联网流量获取成本的激增，终端厂商渠道的优势将逐渐凸显。

（3）营销泛娱乐化、精准化。游戏作为互动娱乐产业的重要组成部分，其营销方式与传统娱乐业及流行文化的融合日渐深入。同时，随着泛娱乐概念的引入和实践，游戏基于 IP 与文学、动漫、影视等领域的跨界联动也更加频繁。手游营销方式不断推陈出新，也使得营销成本水涨船高。面对成本的抬升，手游发行商对精准营销的需求愈加迫切，这也使得针对手游玩家的大数据分析机构受到市场青睐。大数据技术在游戏领域的应用，不仅有助于营销的精准化，节省营销成本，也可对游戏的前期研发提供指导建议，未来发展空间较大。

附：相关定义和专业名词解释

智能手机

像个人电脑一样，具有独立的操作系统，可以由用户自行安装软件、游戏等第三方服务商提供的程序，通过此类程序来不断对手机的功能进行扩充，并可以通过移动通讯网络实现无线网络接入的这样一类手机的总称。

智能手机游戏

指安装运行在智能手机上的手机游戏，其运营系统包括主流的 Symbian、Windows Mobile、Windows phone、iOS、Linux（含 Android、Maemo、MeeGo 和 WebOS）、Palm OS 和 BlackBerry OS 等，包含单机游戏以及联网游戏（智能手机网络游戏）。

安卓游戏

指运行在安卓系统（Android）平台的游戏，不但可以运行于智能手机上，也可以运行在平板电脑上。本报告中的中国的安卓游戏主要指运行在安卓手机上的游戏产品。

单机游戏

以手机为载体，不需要连接网络，只需一部支持游戏软件应用的手机就能玩的游戏软件。它以方便于随时随地使用的特点而闻名，体现短时休闲的现代生活方式，更可贵的是能达到益智、锻炼反应能力和手指灵活性的效果。

智能手机游戏运营商

以发布智能手机游戏为主要业务的手机游戏运

营平台，包括手机游戏的分发、游戏开发者的服务、手机游戏产品的运营等。

ARPU

ARPU（Average Revenue Per User），即每用户平均收入。ARPU值是一项重要的运营收入指标。

游戏活跃用户

在一定周期内至少登录过一次的用户，通常有日活跃、月活跃。

在线角色扮演游戏（MMORPG）

MMORPG，是英文Massive（或Massively）Multiplayer Online Role-Playing Game的缩写，即大型多人在线角色扮演游戏，是网络游戏的一种。在所有角色扮演游戏中，玩家都要扮演一个虚构角色，并控制该角色的许多活动。在移动游戏领域中，特指在手机上运营的在线角色扮演游戏。

棋牌游戏

在移动设备上运行的棋盘游戏和牌类游戏，统称棋牌游戏。主要有扑克、斗地主、麻将、中国象棋等。

策略游戏（SLG）

模拟策略游戏的简称，特指在模拟现实的场景和事件中，游戏玩家通过控制和决策使得游戏中模拟事物获得类似现实世界的成长和成就。模拟策略游戏可以分为模拟养成游戏和战争策略游戏。

卡牌游戏（CCG）

CCG，即Collectible Card Game的缩写。此类游戏以收集卡牌为基础，在游戏时遵循自己的规则，依靠玩家的策略与智慧来赢得胜利。一般来说，这些卡牌都有一定的价值，卡牌游戏有明显的角色扮演游戏的特征。

休闲游戏

通常指玩法简单、上手较快、无须长时间进行、随时可以停止的小型游戏。此类游戏通常具有较强的娱乐性。

游戏虚拟货币

指由运营商发行的纯数字化物品。游戏虚拟货币只能在网络游戏中使用，形态包括游戏币、点券等。

游戏虚拟道具

特指存在于游戏程序内的虚拟物品，包括游戏币、游戏装备、游戏道具等。

中国版权产业网（www.cncri.com）是中国版权产业领域具有权威性和实用性的专业网站。

网站秉承**“立足版权、服务产业”**的宗旨，依托版权领域权威管理部门、协会团体、司法和研究机构等优势资源力量，深入解析版权产业单位的实际需求，为版权产业相关单位和权利人提供资讯传播、宣传推广、会展培训、公关企划、法律支持、金融和中介代理等诸多专业服务，合作伙伴遍及新闻出版、影视制作、网络视频、动漫卡通、软件游戏、书画艺术、音乐音像以及版权运营、版权服务等诸多版权产业相关单位。

咨询电话：**010-58604520**　　中国版权产业QQ群：**211815826**

第十二届韬奋出版奖获得者——刘伯根

刘伯根，中共党员，编审，中国出版集团公司党组成员、副总裁。1962年5月生于安徽桐城，1983年毕业于合肥工业大学，2000年对外经济贸易大学企业管理专业研究生班结业。

1983年8月起在中国大百科全书出版社从事出版工作，历任编辑部副主任、主任，总编室主任，副总编辑；1999年被评为编审。2001年12月，作为中国出版集团筹备组领导成员参加筹备工作，后任集团秘书长，2014年任集团公司党组成员、副总裁。2012年3月—2014年7月，兼任中图（集团）总公司总经理。全国优秀中青年编辑、全国先进工作者、国家特殊津贴获得者、全国宣传文化系统“四个一批”人才、全国新闻出版行业领军人才，中共十六大代表。2014年10月，荣获第十二届韬奋出版奖。

在中国大百科全书出版社，长期担任《中国大百科全书》（第一版）、《中国大百科全书》（简明版）等国家重点工程图书的责任编辑，并策划和主持编辑了一系列优秀出版物。所责编出版物先后有7部、共10次获得“国家图书奖荣誉奖”“国家辞书奖一等奖”“中国图书奖”“国家电子出版物奖”等国家奖励。

参与组建中国出版集团公司，并先后分管信息化与数字化建设、出版业务、国际合作业务，具体组织实施了集团产品线建设、常销书—畅销书“双推计划”，以及创建“读者大会”“香山论坛”等行业交流平台，为保持全集团在导向、质量、市场占有率、国际影响力等方面的领先地位作出了贡献。

兼任中图（集团）总公司总经理期间，大力推进进出口业务数字化转型和国际化拓展，打造了全行业领先的国际数字资源交易服务平台“易阅通”，数字产品销售收入由1.9亿元增长到4.09亿元，版权输出由50种增长到210种，出版物出口由1 002万美元增长到1 403万美元，大文化贸易出口由1 220万美元增长到3 487万美元，中图总销售收入由24.02亿元增加到39.21亿元，利润由6 400万元增加到8 472万元，大力强化了中图公司在进出口行业的龙头地位。

从事编辑出版工作30余年。著作有《编辑出版论谭》《出版集团战略投资论》，译作有《质量铄金》，发表的论文有《百科全书的编纂与标准化》《出版规范与图书质量泛论》《数字出版产业发展现状及思考》《资本和数字时代出版“走出去”的创新战略》《国际数字内容传播渠道的合作与共生》等80余篇。

中国出版集团

中国出版集团是适应出版业改革发展的需要，于2002年4月9日成立的。2004年3月25日，中国出版集团公司成立，在国家相应计划中单列，对原中国出版集团所属成员单位行使出资人权利，承担国有资产保值增值责任。2011年12月28日，中国出版传媒股份有限公司成立。中国出版集团公司以出版物生产和销售为主业，是集纸质出版、数字出版、版权贸易、出版物进出口贸易、印刷复制、信息服务、艺术品经营、科技开发、金融投资于一体的专业化、大型出版集团，是中国极具影响力的大众出版和专业出版集团。

集团公司的主要使命是：以人为本，文以载道，商以传道，创新弘道；实施“三六构想”，成为具有一流的综合竞争力、文化影响力和国际传播力的国际著名出版集团；以多元出版的形式，为实现国家富强、民族振兴、人民幸福的中国梦提供精神食粮，为中华文化“走出去”凝聚独特的出版力量。

集团公司的十年发展目标是：通过实施内容创新、品牌经营、集团化、数字化、国际化、人才强企“六大战略”，努力建成“国际著名出版集团”。

第十二届韬奋出版奖获得者——龚莉

龚莉，现任中国大百科全书出版社社长、常务副总编辑。兼任中国编辑学会副会长，中国辞书学会副会长。1993年获评国家特殊津贴专家，2003年获评全国三八红旗手，2004年入选全国“四个一批”人才，2009年获评新中国60年新闻出版系统百名有突出贡献的专业技术人员，2010年获评第二届中国出版政府奖优秀出版人物，2014年荣获第十二届韬奋出版奖。

龚莉1982年入职后，即参加《中国大百科全书》（第一版）工作；2006年主持全社工作以来，组织全社职工努力拼搏，确保了《中国大百科全书》（第二版）顺利出版；继而在第三版立项、创新设计及整体推进上发挥了重要作用。龚莉带领班子深入调研，统筹规划，实施品牌战略，坚持内容创新与营销创新相结合，打造以中国大百科全书为核心的品牌集群，图书主业成为支撑出版社发展的主要力量。出版社销售收入、利润连年上升，生产经营进入良性发展轨道，并获得多项社会荣誉和奖励。

龚莉大力倡导、主持推动百科全书数字化进程，主持编辑的《中国大百科全书（图文数据光盘）》获国家电子出版物奖，主导研发的“百科在线”获中国出版政府奖。推动组建数字出版中心，加快了数字产品的开发和推广。

龚莉长期主管对外合作，出版社版权贸易取得了可喜的成绩，共输出图书400多种。策划并推进了《中国大百科全书》繁体字光盘版和网络版在台湾地区出版发行；策划并主编《中华文明史话》中英文双语系列丛书，版权输往多个国家和地区；主持《中印文化交流百科全书》，在国家公共外交中发挥了积极作用。

龚莉注重培养新人，在百科社推行“导师制”，每年坚持为全国辞书培训班授课；勤于研究、探索百科全书的编纂规律和新发展，尤其对网络环境下新媒体百科全书的出版做了许多有益探索。

中国大百科全书出版社

中国大百科全书出版社是1978年成立的国家大型出版社。30多年来，出版社顺应时代要求，解放思想、创新观念、转变发展，出版了一系列既服务于社会主义核心价值体系建设又满足人民精神文化需求的综合性、专业性百科全书及各类其他图书。包括《中国大百科全书》（第一版）、《中国大百科全书》（第二版）、《不列颠百科全书》（国际中文版）等大型综合性百科全书，《中国京剧百科全书》《中国军事百科全书》《音乐百科全书》等专业性百科全书及《广西大百科全书》《遵义百科全书》等地区性百科全书。在儿童百科全书领域，原创的《中国儿童百科全书》系列已经发展出了多条产品线，数十个品牌。同时在学生工具书、学术著作、大众读物等领域出版了许多优秀出版物。

自1993年以来，出版物获得包括中国出版政府奖12项、国家图书奖6项、国家辞书奖9项、国家电子出版物奖2项、中华优秀出版物奖12项、国家科技进步奖2项在内的200多项重要奖项。2009年，被国家新闻出版主管部门授予“全国百佳图书出版单位”的称号。2013年，获第三届中国出版政府奖先进出版单位奖和全国“数字出版转型示范单位”的称号。2012年和2014年连续两次被评为“国家文化出口重点企业”。2014年，获评中国出版集团公司十大品牌单位。2012—2014年连续三年经中国出版集团公司考核评为A级。2011年11月，国家批准《中国大百科全书》（第三版）立项，第三版是适应信息化时代数字化出版的新型百科全书，是致力于提供国民智力支持、助力经济社会发展的国家大型知识服务平台和知识服务体系，目前各项工作已经全面展开。

1

3

2

4

图片注释：

1. 1985年9月，邓小平接受总编辑姜椿芳代表中国大百科全书出版社赠送的《简明不列颠百科全书》
2. 2009年8月26日，《中国大百科全书》（第二版）出版总结表彰大会召开
3. 《中国大百科全书》（第二版）总卷数为32卷，共收条目60 000个；约6 000万字，彩图30 000幅，2009年4月出版
4. 2014年6月30日，《中印文化交流百科全书》中英文版出版发布会在人民大会堂举行

第十二届韬奋出版奖获得者——苏雨恒

苏雨恒，高等教育出版社社长，中国教育出版传媒集团有限公司党组成员，中国教育出版传媒股份有限公司股东代表、董事，中国职教学会副会长，中国编辑学会副会长，中国高教学会常务理事，中国出版协会常务理事，中国出版协会科技出版工作委员会副主任，中国版权协会常务理事，大学出版协会常务理事。

苏雨恒同志1986年7月入高教社工作至今，从事教育出版工作近30年。他始终具有强烈的事业心、责任感和创新精神，坚持正确的出版导向，大力推动改革发展，深入研究教育出版规律，在不同的工作岗位上都取得了显著成绩。

自2011年苏雨恒担任社长以来，高教社全面实施精品战略、数字化战略、人才强社战略，打造核心竞争力。面对激烈的市场竞争和信息技术给传统出版带来的挑战，苏雨恒带领高教人科学把握时代脉搏，大力推进教育出版主业的数字化转型升级，向"互联网+"要效益。他提出了"顶层设计、整体推进与多元创新、重点突破并举"的工作方针，制定了《加强数字化业务，推动出版转型升级工作要点（2013—2015）》，致力于全面提升高教社在数字技术、信息网络技术条件下开展教育教学资源研发、生产、营销、服务的能力和水平，推进传统出版与互联网技术的深度融合。经过几年努力，高教社已经建成覆盖高等教育、职业教育、学术出版等多领域的跨平台、各具特色的数字化教学资源和服务体系，同时积极探索不同途径，进一步丰满数字化整体布局，立体化的教育教学数字化服务集群已初步建成。

INNOVATE · LEAD · EXCEED
高等教育出版社
创新·引领·超越
坚守社会责任与历史使命
持续释放中国教育出版引领者的独特价值
先进教育理念的倡导者
先进教学模式的探索者
先进教学内容的传播者
优质教育服务的提供者

第十二届韬奋出版奖获得者——殷忠民

殷忠民，现任人民教育出版社社长，兼任中国教育出版传媒集团有限公司党组成员、中国教育学会常务副会长、中国版权协会副理事长、全国初等教育学专业委员会名誉理事长等。2014年度，殷忠民先后荣获“第十二届韬奋出版奖”“中国版权事业卓越成就者奖”“中国十大出版人物奖”。

殷忠民在人教社工作逾30年，历任编辑、多个部门的领导、社长助理、副社长、社长，期间兼任电子音像出版社社长和人教教材中心董事长、总经理等。自2011年任人教社社长以来，锐意创新、迎难而上，带领人教社从2010年至2014年实现销售收入增长59.6%，连续四年蝉联全国出版社总体经济规模综合评价榜首。秉持老社长叶圣陶先生“做一流教材，为共和国培养合格接班人”的信念，为巩固和提升人教社的核心竞争力，殷忠民组织策划和出版了一大批高质量、有影响力的精品图书，先后有23个品种的图书、音像制品或个人获得国家行业大奖，近70个品种获省部级奖励。

面临新技术革命带来的挑战，殷忠民同志果断提出大力发展数字出版，积极探索产业转型升级。在他的领导下，人教社投入数亿资金、引进大量人才，成立了数字出版部和人教数字出版有限公司，在数字出版平台、资源库建设和数字产品研发方面扎实推进，取得了可喜进展，显现出较好的社会效益和经济前景。

殷忠民在获韬奋出版奖优秀出版人奖时说：“不管是人教社获奖，还是个人获奖，都是人教社一个新阶段的开始。”

人民教育出版社

PEOPLE'S EDUCATION PRESS

人民教育出版社成立于1950年12月1日，是国家教育主管部门所属的一家大型专业出版社，主要从事基础教育教材和其他各级各类教材及教育图书的研究、编写、编辑、出版和发行。1983年，课程教材研究所成立，与人教社合署办公，旨在加强基础教育课程和教材的研究。2010年12月，中国教育出版传媒集团有限公司成立，人民教育出版社成为其核心成员单位。

60多年来，人民教育出版社在国家教育主管部门的领导下，主持或参与拟定了2000年以前历次中小学各科教学大纲；根据我国教育改革和发展的需要，先后研究、编写和出版了11套全国通用的中小学教材；累计出版各类出版物4万余种，发行量逾600亿册。

目前，人民教育出版社作为我国中小学教材和教育图书的建设基地，已经初步形成了多方位、系列化、立体化的出版格局，具备了独特的品牌优势、科研优势、人才优势、资源优势和市场优势，并形成了以研究、编写、编辑、出版和发行中小学教材和其他各级各类教材、教育图书为核心业务，以纸介质图书、电子音像和多媒体产品的出版和印制，版权贸易，图书及相关产品的物流服务，数字出版与服务等为辅助业务的经营格局，为进一步做强做大奠定了坚实的基础。

近年来，人民教育出版社经营业绩稳步增长，连续多年位居全国图书出版单位综合实力评价前列。各项事业持续发展，荣获中国出版政府奖、国家音像制品奖、国家电子出版物奖、国家期刊奖、中华优秀出版物奖等数十项荣誉；还先后荣获“全国百佳图书出版单位”“读者最喜爱的出版社”“首都精神文明单位”“中央国家机关文明标兵单位”“北京市纳税百强企业”等数百项荣誉称号。

未来，伴随着我国基础教育和出版体制改革的步伐，人民教育出版社将继续秉持“敬业、严谨、团结、创新”的社训，朝着“精品化、数字化、国际化”的目标前进，为促进我国教育出版事业的繁荣，为中华民族伟大复兴事业做出更大的贡献。

2005年9月，人教社迁入中关村南大街17号新业务楼

2013年人教社新教材

第十二届韬奋出版奖获得者——陈海燕

陈海燕，现任江苏凤凰出版传媒集团有限公司董事长。2009年被国家新闻出版主管部门评为“中国百名优秀出版企业家”。在中国书业年度评选中荣获“2011年度出版人奖”。2012年被评为全国文化体制改革先进个人。在“2013中国最佳商业领袖奖评选”中荣获“年度企业公民奖”。2014年荣获第十二届韬奋出版奖。

陈海燕同志坚持以科学发展观引领集团发展，全力推进六大发展战略，提出打造创新型文化领军企业奋斗目标，制定以书业为主、置业为辅、多业为补的经营方略，采取制度创新、技术创新和业态创新拉动的运作策略。持续推进内部机制改革，加快企业化、公司化和集团化改造；坚守主业，加强出版内容创新，促进主业发展，扩大文化影响力；以新技术发展为依托，开展数字化建设，推进传统出版转型升级；实施多元经营，促进业态创新，提出并探索构建文化产业生态圈；重视资本运营，运用金融工具实现价值增值，倾力打造业内领先上市公司，为凤凰集团持续发展做出突出贡献。

集团总资产从2006年的近90亿元提高到2014年的484亿元，销售收入每年增长近10个亿。2008年在全国出版业率先成为资产总额、销售收入双超百亿出版集团。销售收入、利润总额、资产总额等主要经济指标，综合出版能力和出版能力成长性位居行业前列。荣获中国出版政府奖“先进出版单位奖”，连续七届入列中国文化企业三十强，2012年被评为全国文化体制改革先进单位。2014年销售收入216亿元，总资产超430亿元，提前一年完成集团“十二五”销售收入目标，总体经济规模在全国新闻出版业继续位居前列。

苏州凤凰广场内景

中国文化企业三十强

与美国PIL签约

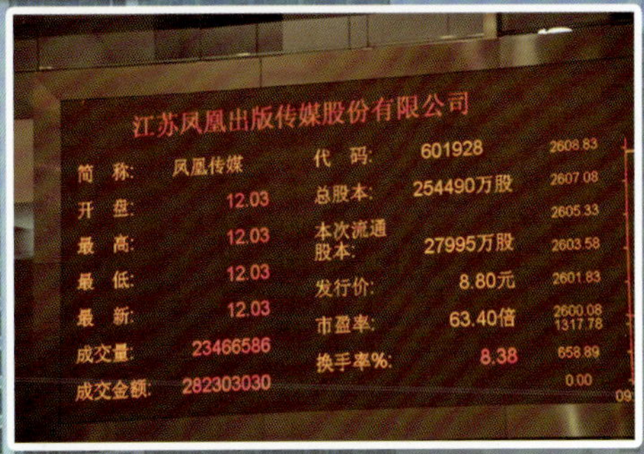

江苏凤凰出版传媒股份公司成功上市

江苏凤凰出版传媒集团

凤凰出版传媒集团是中国规模和实力都领先的出版产业集团，连续五年在新闻出版业总体经济规模和实力评估中名列前茅，连续七届入列中国文化企业三十强，在2013全球出版业五十强中名列第23位，2012年被评为全国文化体制改革先进单位。

集团的产业领域主要是出版、发行、印务、影视、文化酒店、文化地产、金融投资、艺术品经营等板块，2014年销售收入216亿元。集团控有凤凰传媒、凤凰股份、上海法普罗三家上市公司，其中，凤凰传媒是同时入选上证180指数和沪深300指数样本股的公司。集团是南京证券第二大股东，是江苏银行重要的股东之一。

集团综合出版能力以及出版能力的成长性名列前茅。大众出版跻身国内出版业第一阵营，是全国中小学教材第二大出版商。数字出版形成规模并盈利。国家出版大奖获奖总数位居全国前列。集团与海外30多个国家和地区的著名出版机构保持合作，在英国、美国、加拿大、智利、澳大利亚和新加坡设立分支机构。2014年并购美国出版国际有限公司。

凤凰集团的核心目标是打造创新型文化领军企业，努力成为全国文化产业重要的战略投资者，力争“十二五”末企业总价值超500亿元，努力成为世界出版传媒强企。

第十二届韬奋出版奖获得者——田海明

田海明，现任安徽出版集团党委副书记、时代出版传媒股份有限公司总经理、北京时代华文书局有限公司董事长，时代出版博士后工作站主任、导师。历任合肥市第二人民医院内科主治医师，安徽科技出版社编辑室主任，安徽省新闻出版局人教处、报刊处处长，安徽出版集团有限责任公司党委副书记、纪委书记，兼安徽省医药（集团）公司董事长。安徽大学、武汉理工大学兼职教授、硕士生导师，是安徽省宣传文化系统“六个一批”拔尖人才。2014年荣获第十二届韬奋出版奖。

田海明同志从事出版业务及经营管理工作逾25年，在编辑出版、产业管理、经营开拓等方面均创造了优秀的业绩。他担任安徽出版集团暨时代出版高管以来，主持、策划、承担国家级重大出版工程300余种，推动公司76种出版物获国家三大奖，牵头嫁接故宫博物院等高端出版资源，策划推出《昆曲艺术大典》等精品力作；主导时代出版在全国跨地区布局，率先在上海自贸区成立时代国际出版传媒（上海）有限公司，在北京组建北京时代华文书局并获得出版资质，成为出版行业跨地区发展的标杆；公司7年共输出版权3 000多项，连续7年全国领先，成为国家重点支持的“走出去”文化企业。

田海明同志学术理论素养和实践工作经验丰富，长期从事编辑出版、文化产业、企业经营发展等专业领域的研究工作，撰写的《文化产业的资本运作及发展之思考》荣获第四届中华优秀出版物奖论文奖；另有《立足文化，依托科技，努力实现出版目标》等13篇论文发表于《出版发行研究》等一流学术期刊。作为时代出版企业技术中心主任和博士后工作站主任，全面指导企业科研工作，与武汉理工大学等著名高校合作开展研发活动，主持近十项省或国家级科研项目，公司科研团队被授予安徽省“115”产业创新团队。

时代出版传媒股份有限公司

2005年底，安徽出版集团组建，2008年底，组建时代出版传媒股份有限公司，在全国率先实现出版主业整体上市。2012年，集团跻身销售收入和资产总额双百亿文化传媒企业。集团所属单位30家，经营领域涉及出版传媒、报刊媒体、文化旅游、文化置业、文化商贸流通、酒店经营、PE投资、典当行、金融证券参股等业务板块。2014年，所属安泰科技股份公司在新三板挂牌。

2014年集团实现销售收入234.85亿元、利润总额7.43亿元。集团总市值213.69亿元，净市值127.95亿元，综合实力位列全国同行业第6位，连续6年入列中国文化企业三十强。

集团先后获得“全国文化体制改革先进企业”“国家文化出口重点企业”“中国服务业500强”等称号。时代出版先后荣获中国出版政府奖“先进出版单位奖”“世界媒体500强”“中国上市公司综合实力100强”“现代服务业创新发展示范企业”“国家认定企业技术中心”“国家数字出版转型示范单位”等荣誉。

图片注释 **1. 时代出版在北京跨地区设立北京时代华文书局并获批出版资质；2. 时代出版连续举办九届春茗恳谈会，已成业界品牌；3. 2008年11月18日，时代出版传媒股份有限公司成立并上市；4. 时代出版文化“走出去”快速发展，位居全国前列；5. 时代出版在上海自贸区打造中华文化“走出去”基地。**

第十二届韬奋出版奖获得者——周百义

周百义，河南商城人。1987年毕业于武汉大学，编审，历任长江文艺出版社社长、总编辑，湖北长江出版集团总编辑。1998年加入中国作家协会。现任北京长江新世纪文化传媒有限公司董事长、长江出版传媒股份有限公司副董事长、《荆楚文库》编纂出版委员会编辑部主任。

周百义先后被评为湖北省“有突出贡献的中青年专家”“湖北出版名人”，2009年获湖北省政府出版人物奖，2010年被授予“新中国60年百名优秀出版人物”称号，2014年获第十二届韬奋出版奖、湖北省“文化名家”称号。

周百义从事编辑工作以来，编辑策划的《雍正皇帝》（上、中、下卷）获河南省政府优秀文学艺术成果奖、“八五”期间全国优秀长篇小说奖、首届姚雪垠长篇历史小说奖，入围第四届茅盾文学奖；长篇历史小说《张居正》（4卷本，责任编辑）获第六届茅盾文学奖、中宣部“五个一工程奖”、国家图书奖。本人著有长篇小说《她从魔窟来》，短篇小说集《竹溪上的笋叶船》《黑月亮》《山野的呼唤》，长篇报告文学《步履艰难的中国》《中国扫黑行动》，论著《中国“忍”哲学》《书旅留痕》，中篇报告文学《民谣声里的中国》《变调的田园牧歌》等。出版有《周百义文存》（三卷本）。《竹溪上的笋叶船》获河南省优秀儿童文学作品奖，《武经七书新译新注》获北方15省优秀社科读物奖。发表的论文《论出版社可持续发展》《民营书业发展要迈的三道坎》分别获第二、三届中华优秀出版物（论文）奖。

图片注释：

1. 中央宣传主管部门领导郭义强到公司调研指导工作
2. 长江出版传媒集团（股份）公司隆重举行揭牌仪式
3. 国家新闻出版广电主管部门领导吴尚之一行莅临教育社视察指导
4. 董事长潘启胜在北京洽谈项目

长江出版传媒股份有限公司

2011年，长江出版传媒股份有限公司（简称：长江传媒；股票代码：600757）在上海证券交易所完成上市。

目前，长江传媒拥有8家出版社、3家数字出版公司和8家专业性文化单位。业务包括图书、报纸、期刊、音像、电子、网络等多种媒介；涵盖出版、发行、印刷、物资贸易等主业的全产业链；开发了数字阅读、在线教育、健康产业、文化开发、投资金融等新兴产业，形成了跨领域、多介质、全产业链的发展格局。

长江传媒累计获国家出版三大奖84项，图书零售市场占有率全国排名保持在第5至7位。旗下新华集团是“全国服务业百强企业”，综合效益全国同行业中排名第7；长江报刊集团出版的报刊品种居全国前列，拥有《小学生天地》《初中生天地》《大家文摘报》3个发行量过百万的报刊；新华印务是湖北省实力雄厚的综合性书刊印刷服务企业；科技社在同类出版社中成长性良好，数字转型走在全国前列。

杜传贵，现任广东省出版集团党委副书记，南方出版传媒股份有限公司党委副书记、总经理，广东省出版专业高级职称评审委员会评委，广东省文化产业发展专项资金专家评审组评委。获2005—2007年度“广东省直属机关精神文明创建先进工作者”称号，2007年入选广东省宣传文化系统经营管理人才，2008年入选广东省宣传思想战线“十百千工程”，2012年入选全国新闻出版行业领军人才，2013年获南粤出版奖优秀出版人物奖，2014年获第十二届韬奋出版奖。

杜传贵同志自2010年就任南方出版传媒股份有限公司总经理以来，公司资产规模、盈利能力和综合实力快速成长，各项主要经营指标在广东省大型文化企业中名列前茅，实现了整体股份制改造，成为文化产业中的龙头企业。

公司力推经营管理上的改革创新，一是突破传统，主打岭南文化、粤版教材教辅、“走出去”三张牌，打造企业核心竞争力；二是全力推进股改上市，推动全省新华书店重组整合，建立了覆盖全省的营销发行连锁网络；三是着力推进体制机制创新，建立现代企业制度，创新选人用人机制、经营业绩考核机制、全面预算管理机制和分配激励机制。

公司坚持做强主业，构建新型一体化主业产业链。一是积极实施“精品双效”战略。2010—2013年共409种图书获国家行业大奖。二是擦亮粤版教材教辅品牌工程。公司自主研发19科新课标教材，在全国影响较大，成为广东文化强省和教育强省建设的标志性成果。三是加快“走出去”步伐。公司于2010年和2012年两次获国家年度版权输出突出进步奖；自2007年起，连年被评为“国家文化出口重点企业”。

杜传贵同志编辑出版成果丰硕。他策划了众多国家重点出版项目图书并担任部分图书的责任编辑，组织推进了40余项国家、省部级重大文化建设工程，同时发表了《出版社：如何构建学习型组织》《标志书：建构出版社品牌特色的核心》《中小出版社：做优重于做大》《出版集团如何走数字化之路》等一系列专业文章。

南方出版传媒
SOUTHERN PUBLISHING AND MEDIA

南方出版传媒股份有限公司于2009年成立，是广东省出版集团以主要经营性资产和业务发起设立的股份制公司，是实现整体股份制改造的大型国有文化企业。南方出版传媒以图书、报刊、音像制品、电子出版物、网络读物、框架媒体和其他媒介产品的编辑、出版、代理、批发及零售，书报刊印刷，包装装潢印刷，印刷物资销售，出版物进出口，版权贸易为主要业务。

南方出版传媒以登陆国内资本市场为契机，转变经济发展方式，谋求科学发展，逐步突破现有业务格局，做强主业、做大产业、做优企业，优化班子、专业、员工三支队伍，建设数字、物流、印务三大产业基地，构建图书、报刊、数字、发行、印务、投资六大业务平台，打造中国具有活力和成长性的出版传媒企业；以资本运作为支撑，开创全媒体、多业态商业模式，积极拓展与南方地区出版集团的战略合作，倾力打造立足广东、面向全国、辐射海外的强势出版传媒企业，逐步发展成为中国出版业的南方重要基地。

南方出版传媒拥有26家子公司和1家分公司、21份杂志和2家报纸，旗下有广东人民出版社、广东教育出版社、广东科技出版社、花城出版社、新世纪出版社、广东经济出版社、广东海燕电子音像出版社和广东语言音像电子出版社等8家出版社，每年出版图书6 000多种，电子出版物和音像制品各200多种，一大批有分量的图书获得国内外大奖。

第十二届韬奋出版奖获得者——白冰

白冰（白玉琢），回族，1956年生于河北平泉。曾任作家出版社副社长，现为接力出版社总编辑。享受国家特殊津贴专家，全国出版系统先进个人。先后被评为“全国宣传文化系统首批经营管理人才”“全国新闻出版行业领军人才”“中国出版政府奖优秀出版人物奖”“建国60年百名优秀出版企业家”等。

早在20世纪80年代，白冰在作家出版社工作期间就编辑出版了米兰·昆德拉的《生命中不能承受之轻》，作品对当时中国文化界有一定影响。20世纪90年代，在作家出版社，他组稿、编辑的《英国病人》《马语者》等成为当时在业界颇有影响的图书。2001年，调入接力出版社以后，他组稿并参与出版营销策划的“淘气包马小跳”系列、“鸡皮疙瘩”系列、“第一次发现”系列等图书，每个系列都创造了过亿的销售码洋，引起了业界对少儿图书出版的两个效益的关注，引领了少儿畅销图书市场运作模式的探索。“淘气包马小跳”系列、《黑焰》、《猫眼小子包达达》多种图书译介到美国、法国、加拿大等多个国家。

韬奋出版奖证书

经第十二届韬奋出版奖评奖委员会评定，授予白冰（白玉琢）同志韬奋出版奖。

二〇一四年十一月

2001年，白冰同志作为广西出版界重点引进人才，任接力出版社总编辑后，与班子一起，提出接力出版社发展的两个战略转移：“由在西南边陲发展，转为向腹地北京、向全国发展；由向教材教辅要利润、要码洋，转为向一般图书要利润、要码洋的两个战略转移”。大胆创新，成立接力社北京出版中心，创造性地推出了选题三级两次论证制、项目主管制等五个核心管理机制，使接力出版社市场图书获得了长足发展，北京出版中心已创造了20多个亿的销售码洋。接力出版社在异地发展的成功范例，为其他异地发展的出版社提供了借鉴。

在白冰的组织策划下，接力出版社一批图书获得了各类奖项。其中，《巨人的城堡》《黑焰》《当着落叶纷飞》《小英雄与芭蕾公主》《大王书》等多部图书获“五个一工程奖”、中国出版政府奖等奖项。

接力出版社 Publishing House | 全国百佳图书出版单位 Top 100 Publishing Houses in China

接力出版社成立于1990年，是广西出版传媒集团的全资子公司，是全国百佳图书出版单位，是中国版协少读工委主任委员单位，在全国少儿出版界有着较强的号召力，在全国青少年文化图书出版市场中形成了自身独特的竞争优势和品牌效应，并与东南亚各国少儿出版机构常年有着良好的业务合作。接力出版社2014年发货码洋约6亿元。

该社先后有《神脑聪仔》《阿笨猫全传》《巨人的城堡》《小英雄和芭蕾公主》《万物简史》《狼獾河》《黄琉璃》《当着落叶纷飞》《世界儿童文学阅读与经典》《黑狗哈拉诺亥》等40种图书获得“五个一工程奖”、国家图书奖、中国出版政府奖、中华优秀出版物奖等行业大奖。

近年，该社推出了包括“淘气包马小跳”系列、“鸡皮疙瘩”系列、“大王书”系列、“第一次发现”系列、“巴巴爸爸”系列、“蓝精灵”系列、“鼹鼠的故事”系列、“暮光之城”系列、“怪物大师”系列、“荒野求生”系列等多种在市场上产生较大影响的品牌图书和畅销图书。其中，“淘气包马小跳”系列自2003年出版，销售2 718.9万册，销售码洋3.7亿元；“鸡皮疙瘩”系列自2002年出版，销售951.2万册，销售码洋1.68亿元；刘墉励志系列自1998年出版，销售800万册，销售码洋1.69亿元；“暮光之城”系列自2008年出版，销售405.3万册，销售码洋1.45亿元；“第一次发现”系列自2009年出版，销售670万册，销售码洋1.1亿元；“怪物大师”系列自2012年出版，销售850万册，销售码洋1.28亿元；“荒野求生”系列自2014年出版，销售167万册，销售码洋3 669万元。

接力出版社始终坚持“让世界读者感受中国精彩，让中国读者和世界同步阅读”的出版理念，为“走出去工程”建立长效机制，不断加强中外出版交流，向美国、英国、法国、德国、加拿大、韩国、泰国、越南等15个国家和地区的29家出版社输出图书版权297种。

第十二届韬奋出版奖获得者——惠西平

惠西平，1958年10月出生，陕西甘泉县人，1982年毕业于西北大学中文系，文学学士，中共党员，编审职称。先后任陕西人民出版社、华岳文艺出版社、太白文艺出版社、陕西科学技术出版社编辑、编辑室主任、副社长、副总编、社长等职，现任陕西新华出版传媒集团股份有限公司党委委员、董事，陕西人民出版社社长、编委会主任。

从事出版工作30余年来，惠西平同志在编辑和领导岗位上成绩斐然，先后被评为“新中国百名有突出贡献的新闻出版专业技术人员”、享受国家特殊津贴专家、全国百佳出版工作者、全国新闻出版行业领军人才、陕西省“人文社会科学领域顶尖人才”、第二届“陕西最具文化影响力十大产业领军人物”、陕西出版集团优秀经营管理者，2014年荣获第十二届韬奋出版奖。现为中国出版协会常务理事、国家出版基金评审委员会评委、中国武侠文学会副会长、陕西省出版工作者协会常务理事、陕西省文化交流协会常务理事、陕西省教育学会副会长、陕西省出版专业高级职务任职资格评审委员会学科组组长、陕西省古籍整理委员会专家组成员。

参与策划及担任编委、主编、出品人的《鼎立南极：昆仑站建站纪实》获第十二届全国“五个一工程奖”；《法门寺》《梦跟颜色一样轻》《这个冬天懒懒的事》获中国出版政府奖；《大秦腔》《法门寺》获中华优秀读物奖；《陕北民歌集萃》获中华优秀出版物奖；《红色档案——延安时期文献档案资料汇编》等9种书籍入选国家出版基金资助项目；《秦史新编》等10种书籍入选“十二五”国家重点图书、音像、电子出版物出版规划。主持策划的《四部文明》出版后，江泽民同志亲自调阅，并分赠澳大利亚总理陆克文、美国国会图书馆、奥地利国家图书馆、中国国家图书馆，在海内外产生了广泛影响。

陕西人民出版社

SHAANXI PEOPLE'S PUBLISHING HOUSE

陕西人民出版社成立于1951年1月。建社60多年来，出版各类图书4万多种，行销图书40多亿册，数千种图书获得省部级以上奖励，“五个一工程奖”、中国出版政府奖、中华优秀出版物奖等大奖均榜上有名。近年来，陕西人民出版社坚持正确的出版导向，坚持“两个效益”同步增长的办社方针，抢抓机遇，开拓进取，坚持发展，努力在优选题、出精品、树品牌上动脑筋、下功夫，不断探索出版产业长远发展的新思路、新办法、新经验，形成了特色鲜明的通俗政治理论读物、独具特色的党史党建读物、丰富厚重的学术精品读物、读者喜爱的大众文化读物等图书品牌。目前，陕西人民出版社已由单一的图书出版，发展成为具有图书、报纸、杂志、数字出版、电子音像等多种出版能力以及经营中小学教材等功能齐全、具有一定规模和影响力的综合性出版单位。综合出版能力在全国排名第36位，社科类图书出版实力排名第12位；在第五次全国国民阅读调查中，位居“最受读者欢迎的出版社”第六名。先后被国家新闻出版主管部门授予“全国良好出版社”荣誉称号，被评为省级“精神文明建设最佳单位”。

金娟萍，现任北京大学出版社党委书记兼副社长，历任政经法编辑部副主任、主任，社长助理兼版权管理部主任。2012年11月，荣获“2010—2012年度北京市新闻出版（版权）工作先进个人”称号。2013年10月，荣获“第三届中国大学出版社高校出版人物奖”。

金娟萍2003年担任版权贸易和海外合作业务的主管领导以来，始终坚持北大社“立足北大，面向全国，走向世界”的开放型办社模式，把发展版权贸易作为走向世界、融入国际社会、参与国际竞争的重要途径，在版权贸易工作中一直坚持“输出引进并举”的工作思路，并着力建立让版权贸易健康发展的长效机制。根据全社版权贸易发展的要求，制定了一系列版权贸易管理规章制度，积极推动版权信息系统的建设，实现了版权项目的信息化管理，提高了版权贸易的工作效率。

在版权输出工作中，根据北大社的出版特点和优势，将对外汉语教材和人文社科类图书作为版权输出的重点领域，致力于推进学术精品“走出去”。在引进版权工作中，坚持版权引进“为我所需”“双效并重”，将高水平的教材、科技类图书、学术著作、外语读物作为版权引进的重点，致力于引进高质量的优秀外版图书。

目前，北大出版社已同几十个国家、地区的上百家出版社建立了业务往来，共向海外输出版权1 000多种，引进各种版权3 000 余种。北大社2011年荣获“新闻出版走出去先进单位”称号，2012年荣获“2010—2012年度北京市新闻出版（版权）工作先进集体”称号，2013年被评为“中国版权最具影响力企业”，2007年起连续被评为“国家文化出口重点企业”。

北京大学出版社 PEKING UNIVERSITY PRESS

北京大学出版社始终贯彻落实党的出版方针，把握正确导向，坚持“传播知识，积累文化，繁荣学术，服务社会”的办社宗旨，坚持“立足北大，面向全国，走向世界”的开放型办社模式，坚持“教材优先，学术为本，建设一流”的经营方针，取得了较好的社会效益和经济效益，是国内有重要影响和良好声誉的大学出版社。

北京大学出版社把发展版权贸易作为走向世界、融入国际社会、参与国际竞争的重要途径，在版权贸易工作中一直坚持“输出引进并举”的工作思路，并建立了让版权贸易健康发展的长效机制。目前，北京大学出版社已同几十个国家、地区的上百家出版社建立了业务往来，共向海外输出版权1 000多种，引进各种版权3 000余种。版权贸易图书内容涉及人文社科、自然科学、语言文字、工程技术等多个领域。

北大出版社在版权贸易和对外交往中，一贯自觉维护出版社形象和国家形象，坚持诚信为本的基本商业伦理道德。开展版权贸易近二十年来，北大出版社在版权贸易与对外交往中，赢得了外商的信任，也赢得了效益，许多与北大出版社合作过的海外出版社都与其建立了长期合作关系。正是基于对图书、对作者、对出版社和对国家的高度责任意识，北大出版社在版权贸易工作中取得了令人满意的成绩，建立了良好的国际形象，逐步形成了“北大出版”的品牌，为进一步“走出去”打开了有利的局面。

北京大学出版社是“中国图书对外推广计划”工作小组首批成员单位之一，并被商务主管部门、文化主管部门、国家广电主管部门、新闻出版主管部门联合认定为2007—2008年度、2009—2010年度、2011—2012年度、2013—2014年度“国家重点文化出口企业”，2011年因版权输出成绩突出被评为全国“新闻出版走出去先进单位”，2012年获评北京市新闻出版和版权工作先进集体，2013年荣获“中国版权最具影响力企业”称号。

1

3

2

4

图片注释：

1. 北京大学出版社参加2015年北京国际图书博览会
2. 《中华文明史》俄文版签约
3. 《中华文明史》英文版
4. 《中国当代文学史》英文版

张延扬，现任解放军总后勤部金盾出版社社长。2002年被评为“全国百佳出版工作者”，2006年荣获“韬奋出版奖”，2007年荣立个人二等功，同年被总后勤部评为“总后学习贯彻科学发展观先进个人”、被中宣部评为“全国宣传文化系统‘四个一批’人才”、被新闻出版主管部门评为“全国新闻出版行业领军人才”，2008年享受国家特殊津贴，2009年被新闻出版主管部门和中国版协评为“新中国60年百名优秀出版人物”“中国百名优秀出版企业家”，2013年获“首届解放军出版奖优秀出版人物奖”和“第三届中国政府出版奖优秀出版人物奖”，2014年被中国版权协会评为“2014年中国版权事业卓越成就者”。

张延扬同志坚持邓小平理论、“三个代表”重要思想、科学发展观以及党的路线、方针、政策，引领全社广大员工，艰苦奋斗，努力拼博，出书品种连年增加，发行码洋连年提高。他提出的“让通俗实用的科学知识，从金盾传向四面八方”的出版理念，使金盾出版社图书出版在质量和数量上都有较大提升，取得了较好的社会效益和经济效益。他先后策划创办了《百姓生活》和《科学种养》两种杂志。2012年，经他多方努力，金盾出版社取得了“广播电视节目制作经营许可证”“信息网络传播视听节目许可证”和“互联网新闻信息服务许可证”，创办了“金盾网络电视台”，为金盾持续发展开辟了新的更大空间，使金盾真正走上了图书、杂志、数字影像、互联网新闻信息服务四位一体的发展之路。

张延扬同志积极跟踪我国新闻出版发展前沿，不断探索出版发行改革新思路，为图书、数字出版发行创新和金盾出版社的发展做出了突出贡献。

金盾出版社

金盾出版社隶属于解放军总后勤部，是一个以出版科技图书为主的综合性出版社，于1983年11月成立。现有6个图书出版中心、1个期刊出版中心、1个网络传媒中心等15个部门，员工262人。

金盾出版社自成立以来，共出版图书1万多种、音像制品700多种。由开始靠5 000元借款和几间旧房子起家，年出新书几种、十几种，到现在年出新书1000种左右，包括种植养殖、食品烹饪、服装裁剪、美化生活、医疗保健、工业交通、文化教育、少儿读物、古典文学、字典词典、军事后勤等十几大类的图书，并主办《百姓生活》《科学种养》两种杂志。1994年被评为“全国优秀出版社”，同年12月，中宣部、新闻出版署联合召开金盾出版社经验研讨会，并印发会议纪要，总结和推广金盾出版社的做法和经验。2004年2月，时任中宣部部长刘云山同志在报道金盾出版社的一份材料上批示：“金盾出版社的经验要很好总结、宣传”。为此，中央各大媒体集中进行了连续深入的宣传报道，总政宣传部下发了《关于学习金盾出版社先进经验的通知》。金盾出版社在军内外受到了广泛关注和好评，被誉为“全国出版界的一面旗帜”。

金盾出版社在前进的道路上取得了较好的经济效益和社会效益，建社30多年来，能自觉坚持出版工作服务于军队和国家建设大局、服务于广大官兵和基层读者的方针，牢牢把握出版工作的正确方向，解放思想，开拓创新，在军队和地方都有较大的影响力。金盾出版社的方针在当前出版产业转型升级中正谋求更大发展，更好地为军队建设和社会主义文化大发展大繁荣做出新贡献！

中国外文局

——我国图书版权输出的排头兵

2014年10月8日第66届法兰克福图书博览会期间，中国外文局局长周明伟主持《习近平谈治国理政》多语种图书首发式并致辞。

中国外文局，又称中国国际出版集团（China International Publishing Group，CIPG），前身为1949年10月成立的中央人民政府新闻总署国际新闻局，是承担党和国家图书、期刊、网络对外宣传任务的新闻出版机构，在美国、加拿大、英国、德国、法国、比利时、俄罗斯、埃及、南非、墨西哥、秘鲁、土耳其、日本、中国香港等14个国家和地区设有22个海外分支机构，形成了涵盖翻译、出版、印刷、发行、互联网和多媒体业务、理论研究等领域的事业格局。现有在职员工3 000余名，其中包括外籍雇员百余名。每年以40余种文字出版5 000余种图书、编辑近30种多语种期刊、运营30余家多语种网站，书刊发行到世界180多个国家和地区，网络受众遍及世界各地。中国外文局对外传播的信息，全面反映了中国悠久的历史文化，真实展现了中国改革开放取得的新进展、新成就，为增进中外理解和友谊发挥了积极作用。

近年来，该局（所属7家出版社）图书版权输出数量连创新高，一直领先全国同业，每年输出数量均占全国500多家出版单位输出总量的10%以上。2014年输出图书版权573种，同比增长12.13%，其中输往欧美发达国家的数量占该局输出总数量的71.4%。2015年有望继续稳定输出数量，进一步提高输出质量。

2014年，该局版权输出呈现如下特点：

1. 重点外宣产品社会反响强烈，当代中国类图书深受海外市场欢迎。

2014年，在中宣部、国务院新闻办公室、国家新闻出版广电总局的指导下，外文局举全局之力，编译出版

外文出版社

新世界出版社

新星出版社

发行了《习近平谈治国理政》多语种图书（中、英、法、俄、阿、西、葡、德、日9个语种及中文繁体版共10个文版）。目前该局已与法国拉加代尔公司协调代理海外发行事宜，在全球的机场及地面店设点发行，进入到美国巴诺书店等图书销售主渠道；与美国发行代理公司TUTTLE和亚太发行代理公司BERKELEY合作，继续覆盖美国及亚太地区。截至2014年底，该项目海内外累计发行量已达330万册，在国内外引起强烈反响。新世界出版社出版的《中国梦：谁的梦》《对话：中国模式》《历史的轨迹——中国共产党为什么能》等反映当代中国和中国文化类图书依旧成为输出热点。该社已输出13个文版的《中国梦：谁的梦》被剑桥大学出版社非洲分社择定，双方已就该书出版当地11种通用语言的文版达成版权输出意向。华语教学出版社与美国耶鲁大学历时5年制作的《环球汉语》项目与埃及智慧宫文化传媒有限公司签订了阿拉伯文版合作出版协议，这为该局在非洲版权输出工作打开突破口，为中国文化在阿语地区的传播推广奠定了良好基础。

华语教学出版社

中国画报出版社

2.强化国际合作关系，拓展多种营销推广渠道。

2014年，外文出版社就《习近平谈治国理政》一书，与韩国、阿尔巴尼亚、印尼、土耳其、泰国、巴基斯坦等国家的出版社进行洽谈，计划合作翻译、出版该书韩文、阿尔巴尼亚文、印尼文、土耳其文、泰文和乌尔都文等版本。华语教学出版社与美国著名的数字内容服务商——OverDrive公司完成版权合作谈判，在完成数字格式转化后已将该社50本适合国际市场的优秀图书在该平台上架。中国画报出版社《马云的哲学》一经出版，便签订了韩文版权的输出协议，韩国三大电视台之一SBS电视台来到中国专程采访了该书作者，并于2015年1月播出系列访谈录。在此带动下，该书韩文电子版权成功输出韩国，日文电子版权也与日方签订了输出协议。

海豚出版社

朝华出版社

3. 拓展新语种国家和地区，促进彼此了解与合作。

2014年，外文出版社与阿尔巴尼亚共和国FANNOLI出版商达成版权输出协议，输出包括《中国道路与中国梦》、《中共十八大：中国梦与世界》、“解读中国”系列和“21世纪当代文学书库”系列丛书等15种图书。这不仅开创了该社在阿尔巴尼亚语种版权贸易方面的先例，在我国版权输出历史上也具有里程碑意义。该社还与俄罗斯Neoglory出版社先后就《五禽戏》《易筋经》等9种图书签署俄文版权输出协议，扩大了中国传统文化在俄语地区的影响力。海豚出版社积极响应国家关于加强对日出版工作的号召，着重加大了对日的版权贸易推广力度，与日本侨报出版社就《丰子恺儿童文学全集》（7册）、漫画《格萨尔王》（5册）等图书签订了日文版权输出合同，实现了该社对日版权输出零的突破。这些作品的版权输出，有利于中国文化进入日本大众阅读市场，扩大影响力。

中国人民大学出版社 CHINA RENMIN UNIVERSITY PRESS 1955-2015 60华诞 TH ANNIVERSARY

出学术精品

人大出版社成立60年来，始终以传承经典文明、传播优秀文化为己任，一直致力于向海内外介绍经典著作。新世纪以来，人大出版社在将众多国际知名作品“引进来”的同时积极“走出去”，构建了多层次的合作伙伴网络与国际出版平台合作关系。

多年来，人大出版社在国外优秀著作的引进出版中始终引领潮流。近年来，人大出版社又将一批批具有中国特色的优秀图书输出到海外，探索出了一条中国高端学术著作的国际出版之路。截至目前人大出版社累计输出图书版权1300余种，涉及16个语种，与全球20多个国家和地区的百余家出版机构建立了合作关系。2008年至今，在“中国图书对外推广计划”成员单位的版权输出业绩排名中，人大出版社连续七年综合排名居单体出版社前两名。

出版社荣誉

首届中国出版政府奖“先进出版单位”

● 2007年，人大出版社荣获中国新闻出版领域最高奖项——首届中国出版政府奖“先进出版单位”荣誉称号。

全国百佳图书出版单位

● 2009年，人大出版社在新闻出版总署组织的首次全国经营性图书出版单位等级评估中被评为国家一级出版单位，被授予“全国百佳图书出版单位”荣誉称号。

国家文化出口重点企业

● 2007年至2014年，人大出版社连续入选由商务部、中宣部、文化部等联合评选的国家文化出口重点企业。

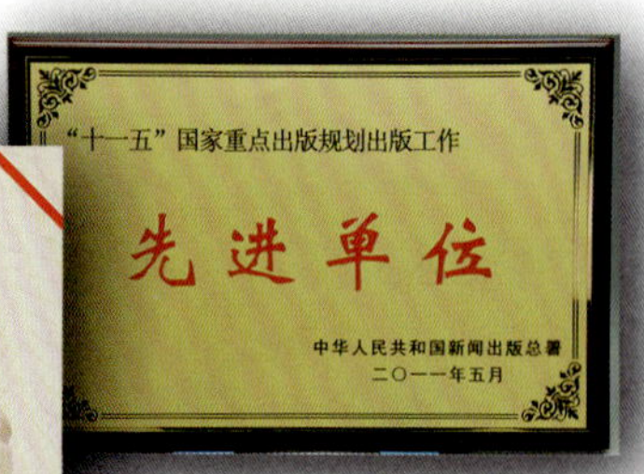

“十一五”国家重点出版规划出版工作先进单位

● 2011年，人大出版社被新闻出版总署授予“‘十一五’国家重点出版规划出版工作先进单位”称号。

传经典中国

——热烈庆祝中国人民大学出版社60华诞

八方舞台，且歌且行。人大出版社在世界舞台上传播了中国声音，形成了广泛而深远的影响力。未来征途中，人大出版社将进一步“走出去”，在更广阔的天地里积极开展与世界一流出版集团的战略合作，继续高歌远行。

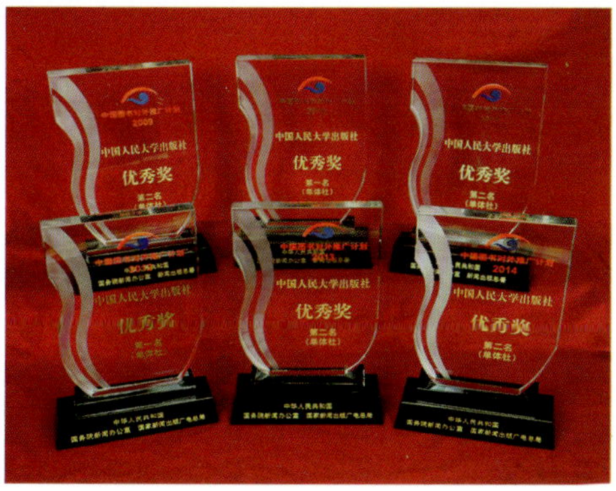

● 2008年至今，人大出版社连年取得国务院新闻办、国家新闻出版广电总局下辖“中国图书对外推广计划”单体出版社综合排名前两位的优异成绩。

● 人大出版社在2015年美国书展主宾国活动中成绩优异，获总局表彰。

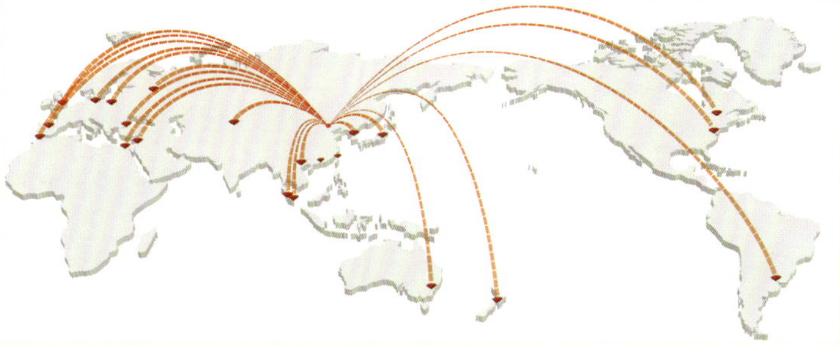

人大出版社版权输出与合作国家示意图

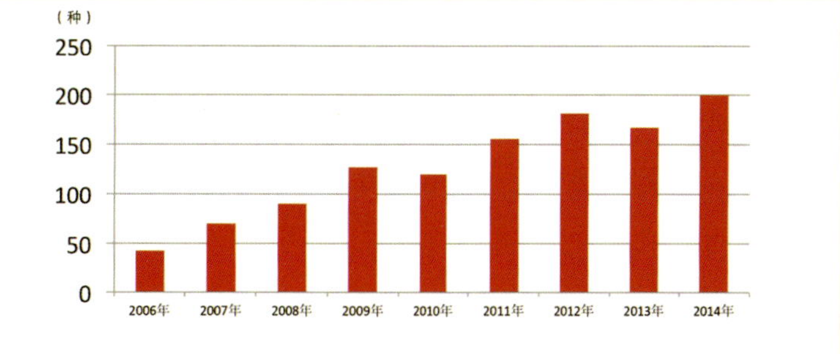

人大出版社“走出去”工作成绩显著，版权输出数量不断增长

中国人民大学出版社 CHINA RENMIN UNIVERSITY PRESS 1955-2015 60华诞 TH ANNIVERSARY

出学术精品

● “高端学术著作国际出版”是人大出版社“走出去”工作的品牌和特色。严肃和高质量的学术内容，一直是海外关注中国发展的广大读者所急需的。通过对海外市场的调研，人大出版社逐步锁定了高端学术国际出版的领域，通过整合国内一流学者的科研成果、 搭建合作平台和拓展国际营销推广渠道，成功向海外推介了一批中国经济、政治、教育、社会、文化等领域的优秀学术成果和思想成果，形成了“高端学术著作国际出版”的“走出去”品牌。

● 人大出版社出版了一批中央领导同志的重要著作，这些著作对国内外读者了解中国领导层思想及其对中国发展的重要作用具有指导意义。为此，人大出版社与培生教育集团等全球知名出版集团合作，把这些著作翻译成英文、俄文等语种出版，帮助海外学者和读者更加深入地认识和了解中国。

● 人大出版社注重中国高端学术内容在海外英语国家的传播，同时也不忽视日文、韩文等亚洲语种和俄文、西班牙文等全球主要语种的输出，力争通过更多语种与更多国家的读者见面。目前，人大出版社已经与众多不同语种国家的出版机构确立了合作关系，《人民币读本》《大国的责任》等重要学术著作，均实现了英文、日文、俄文、韩文、波兰文、希伯来文等多个语种的版权输出。

● 借助“中国图书对外推广计划”“经典中国国际出版工程”“国家社科基金中华学术外译项目”等“走出去”项目的推动，人大出版社一大批重要和有影响力的图书得以顺利在海外翻译出版，中国声音得到了有效传播。

传经典中国

——热烈庆祝中国人民大学出版社60华诞

● 为积极配合和实施国家的“一带一路”战略构想，加强与丝路国家在出版领域的交流与合作，人大出版社非常重视参与丝路国家相关的出版交流活动，努力把中国文化介绍给丝路国家的读者。图为2014年9月，人大出版社参加斯里兰卡科伦坡国际书展及中国主宾国活动，时任国家新闻出版广电总局党组书记、副局长蒋建国来到人大出版社展台探望参展人员。

● 人大出版社与美国麦格劳-希尔教育集团的合作是人大出版社“走出去”工作的一个代表和典型。两社共同策划出版了一批政治、经济、教育、文化等领域的中国内容图书，以深层次、多角度的方式向西方读者介绍真实的中国。图为2015年美国BEA书展中国主宾国活动期间，人大出版社与麦格劳-希尔教育集团联合举办“中国经验”丛书英文新书发布会暨学术研讨会。

● 杰出人物和领袖的传记是人大出版社近年来学术畅销书的一个亮点和重点。2012年，中韩建交二十周年之际，《金大中自传》中文版隆重推出。图为金大中夫人李姬镐女士以九十高龄，专程来到北京参加该书中文版首发式并访问中国人民大学。

● “胸怀天下、服务中华”是人大出版社版权与国际合作工作的宗旨之一。在致力于“走出去”工作的同时，人大出版社放眼全球，努力把对中国学界有参考和借鉴意义的高端优质学术著作介绍给国内读者。人大出版社出版介绍老布什总统税收政策的《君子一言：决不增税》一书后不久，老布什总统来华访问。图为人大出版社在昆仑饭店举办向老布什总统赠送该书中文版的赠书仪式。

● 近年来，人大出版社陆续出版了“诺贝尔经济学奖获得者丛书”近50种。连续十五年诺贝尔经济学奖得主的著作，人大出版社均翻译出版为中文版在国内发行。图为2012年10月，诺贝尔经济学奖得主阿马蒂亚·森访问中国人民大学，并与人大出版社领导进行深入交流。

● 人大出版社背靠中国人民大学，一直以配合和推动中国人民大学的国际化战略为己任，也因中国人民大学丰富和高品质的国际交流活动而促进了相关学者学术著作的版权输出。人大出版社与韩国东亚大学出版部，以所属大学间的校际交流为桥梁，建立了紧密的社际合作关系。图为2015年4月，中国人民大学及出版社代表团在韩国东亚大学进行学术访问，并与东亚大学出版部签署多部图书的版权合作协议。由于文化背景接近，韩国读者对“中国内容”出版物的接受程度非常高，韩国也逐渐成为人大出版社版权输出的重要国家之一。

● 人大出版社在“走出去”工作中，结交了美洲、欧洲、亚洲等地的一大批对中国热情友好的国际出版人和出版机构。经过多年的交往与合作，人大出版社与波兰马尔沙维克出版社建立了战略合作伙伴关系，每年都有稳定的版权合作。2015年北京国际书展期间，马尔沙维克出版社老社长马尔沙维克先生因其推动中国图书在波兰出版的杰出贡献，获得2015年度“中华图书特殊贡献奖”。

二十一世纪出版社集团荣膺“亚洲地区年度最佳童书出版社”桂冠

2015年3月30日，具有全球影响力童书展——博洛尼亚书展（第52届）在意大利博洛尼亚开幕。开幕当日引人注目的单元无疑是公布第三届“博洛尼亚书展年度最佳童书出版社奖”（BOP—Bologna Prize for the Best Chidren’s Publishers of the Year)获奖名单。二十一世纪出版社在亚洲地区众多实力雄厚的品牌出版社中脱颖而出，获得“亚洲地区年度最佳童书出版社”殊荣，站上了世界童书出版之巅，同时实现了中国大陆出版社在该奖项上零的突破，为中国出版赢得了荣誉。

“博洛尼亚书展年度最佳童书出版社奖”是由博洛尼亚书展主办方和意大利出版商协会于2013年创立的独立奖项，旨在向上一年度站在编辑的创新性实践前沿的出版社致敬，表彰世界范围内在编辑策划、专业技能和知识创新方面有突出表现的出版社。每年从来自欧洲、亚洲、非洲、北美洲、中南美洲和大洋洲6个区域的候选出版社中各评选出1家出版社给予奖励，以此增进来自不同国家、地区和文化背景的出版商之间的相互了解和沟通交流。

该获奖名单先由国际出版协会、与出版相关的文化机构和2015年博洛尼亚书展的参展商进行提名，每一机构可提名7家出版社作为候选出版社，其中2家来自自己所在的地理区域，其他的地理区域各1家（2013年和2014年的获奖出版社不能被提名）。博洛尼亚书展主办方和意大利出版商协会对收到的数据进行统计，在每个地理区域内排出获得提名数量较多的前5家出版社作为当年“最佳童书出版社奖”的候选出版社。候选出版社名单于2015年2月1日在博洛尼亚书展官网公布。而获奖名单则由参展商投票产生，并在博洛尼亚书展开幕当日现场公布。

二十一世纪出版社集团总经理（社长）张秋林先生上台领取“亚洲地区年度最佳童书出版社奖”

在本次评选过程中，中国大陆出版社中二十一世纪出版社入选候选名单，并获此殊荣。这一荣誉属于中国出版，特别是童书出版，寄托着对中国童书出版取得更大繁荣的期许及厚望的世界目光。二十一世纪出版社一直致力于建立一所没有围墙的学校，为0~18岁的儿童、青少年快乐阅读、健康成长提供精神食粮，大力推进国际出版合作与交流，已成为中国青少年出版的领导品牌。

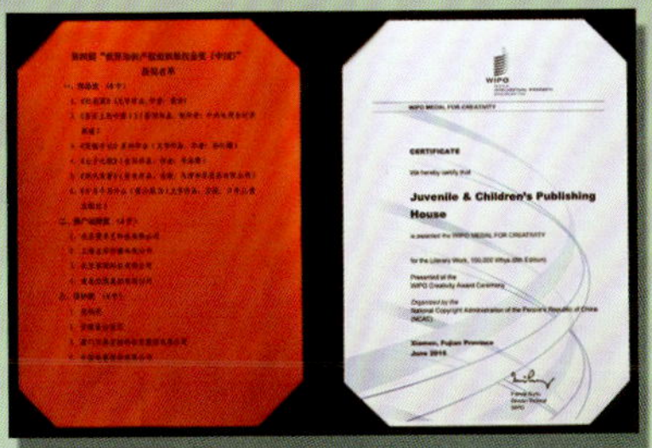

上海世纪出版股份有限公司少年儿童出版社

少年儿童出版社成立于1952年12月28日，是新中国成立后专门以少年儿童为读者对象的专业少儿出版社，她的成立标志着新中国少儿出版事业的扬帆启航。2003年，少年儿童出版社加入上海世纪出版集团，2005年，上海世纪出版股份有限公司作为全国出版领域的一家股份公司宣告成立，少年儿童出版社荣幸地成为其中一员。

60多年来，少年儿童出版社历经岁月的洗礼，获得了长足的发展，已成长为一家大型综合性专业童书出版机构。从建社之初46名员工发展到今天近200名员工；从建社之初单一的图书期刊出版到今天拥有10个图书编辑室、10种报刊、一个电子音像出版社、一个网站、一个市级科普教育基地、一栋12 750平方米的现代化智能办公大楼；从建社之初图书品种不足百种到年出版图书1 000多种，拥有《十万个为什么》《365夜故事》《上下五千年》《三毛流浪记》《男生贾里全传》《大头儿子和小头爸爸》等响当当的著名图书品牌，以及《小朋友》《少年文艺》《故事大王》等重要期刊品牌。

据初步统计，60多年来，少年儿童出版社共编辑出版儿童文学、人文科学、自然科学、低幼读物、动漫读物、教育读物、音像电子读物等20 000余种，总发行量近20亿册。60多年来，少儿人辛勤耕耘，锐意进取，始终牢记着自己的神圣使命，那就是用优秀的产品和精良的服务为少年儿童的健康成长提供智力和精神支持。正是秉持这样的信念，少年儿童出版社以及她所创造和壮大的一个个品牌，陪伴着一代又一代中国人度过了快乐的童年时光，向新中国几代少年儿童提供了完整、系统、全面的精神食粮，并正在新的历史发展阶段不断创新，践行着“让我们一起长大”的口号，与新一代少年儿童共成长，努力成为为全中国0~18岁少年儿童成长提供全面立体的素质教育解决方案的专业出版机构，成为优秀的童书出版机构。

中国石化出版社
CHINA PETROCHEMICAL PRESS

中国石化出版社成立于1984年，是世界500强企业中国石油化工集团公司直属的科技出版社。30多年来，石化出版社在中国石化历届党组的正确领导下，在各企事业单位和社会各界的大力支持下，高举中国特色社会主义伟大旗帜，以邓小平理论、“三个代表”重要思想和科学发展观为指导，严格遵守党和国家的出版政策及法律法规，始终坚持正确的出版方向，坚持把社会效益放在首位，坚持为人民服务、为社会主义服务，出版了一大批石油石化科技图书、大专院校教材、石油石化行业标准和企业文化建设等方面的图书，为中国石油化学工业的繁荣发展、为石油石化工业技术进步、为社会主义精神文明建设做出了应有的贡献。

地址：北京市东城区安定门外大街58号　邮编：100011　电话：010-84271850
网址：www.sinopec-press.com　邮箱：press@sinopec.com

人民邮电出版社成立于1953年10月，是工业和信息化主管部门主管的大型科技出版社。建社以来，始终坚持“立足信息产业、面向现代社会、传播科学知识、服务科教兴国，为走中国特色新型工业化道路服务”的出版宗旨，不断改革进取，目前图书出版领域涵盖信息技术、少儿、经管、摄影、集邮、旅游、心理学、军事、家庭教育等，2014年出版新书3 780种，再版图书3 066种，出版物总销售码洋达12.18亿元，信息技术类、摄影类、旅游类、科普类、军事类、少儿类、美术类、经管类图书的零售市场占有率居全国前列。人民邮电出版社还出版《无线电》《集邮》《通信学报》《大数据》《米老鼠》《意趣》等16种期刊，年出版音像电子出版物1000余种，网络出版物1000余种，拥有遍及全国四通八达的发行渠道和国内外众多的合作伙伴，已发展成为集图书、期刊和数字出版于一体的综合性科技出版大社，为广大读者提供了丰富优质的精神食粮，取得了良好的社会效益。

人民邮电出版社近年来荣获“全国优秀出版社”“全国百佳图书出版单位”“全国文明单位”“中央国家机关文明单位标兵”“首都文明单位标兵”“全国新闻出版行业文明单位”“全国图书对外版权贸易先进单位”“讲信誉、重服务”出版单位等荣誉称号，成为“数字出版转型示范单位”，并连续三届荣获“中国出版政府奖先进出版单位”荣誉称号。历年来，有数百种图书、期刊和音像电子出版物获得了“中国出版政府奖图书奖”“中华优秀出版物奖”“向全国青少年推荐百种优秀图书”“国家期刊”等荣誉。

人民邮电出版社始终坚持以改革促发展，勇于开拓创新。在媒体融合、发展升级的时代背景下，在中国工信出版传媒集团的新起点上，邮电出版人正以坚毅的步伐和积极进取的精神，不断深化改革、提升能力，为建设社会主义文化强国、实现文化大发展大繁荣做出新的更大贡献！

人民邮电出版社
POSTS & TELECOM PRESS

地址：北京市丰台区成寿寺路11号邮电出版大厦
邮政编码：100164
电话：（010）81055137（综合部）（010）81055315（总编室）（010）81055075（发行部）
传真：（010）81055044
网址：www.ptpress.com.cn 电子邮箱：315@ptpress.com.cn

清華大學出版社

清华大学出版社由国家教育主管部门主管、清华大学主办，是国家一级出版社，也是中国领先的综合性教育与专业出版机构。

清华大学出版社现年出版新书、电子出版物3 000余种，学术期刊近20种。图书的销售规模和综合实力以及在中国高等教育教材市场、科技图书市场、图书馆图书配置市场的占有率均名列前茅。

清华大学出版社重视国际化发展，积极拓展海外业务，开展版权贸易，与多家国际著名出版公司建立有战略合作关系，在引进国际出版公司图书版权的同时，面向全球开展组稿，自主或合作策划的英文版科技学术著作和期刊已销往全世界，进入了国际学术界和教育界的视野。

清华大学出版社正在全面实施“集团化、数字化、品牌化、国际化、人才化”战略，实现从教育出版到教学资源研发、服务的战略转型，目前建有多个数字资源服务平台。其中“智学苑”是基于MOOC+Classroom模式的数字教学平台，将教材及其他各类教学资源进行数字化，同时与课堂教学紧密结合，开发个性化的课程管理模块，实现教学资源共享的智能化。“书问”是书页级的图书搜索平台，主要功能包括图书内容搜索+导购、试读分发和自媒体。网站上线运营半年以来，平均每日页面流量已经达到3万，独立用户达2万。与“书问”合作的出版机构、行业媒体和电商已达100余家。数字出版门户网站(www.wqbook.com)在线提供清华社等约20家合作出版社的数字图书和期刊，是涵盖全国1 700余所高校、4万多名会员教师的宣传推广网络平台。

依托清华大学的综合优势，清华大学出版社致力于打造国际标准的文化品牌企业。

《服饰中华:中华服饰七千年》（套装共4册）

《服饰中华》根据以物证史的理念，按历史顺序，以简明易懂的文字与服饰实际文物的图片相对照，全面系统地介绍了中国自原始社会至今的服饰发展，着重介绍服装形式、服饰制度、服装面料、服饰纹样、首饰配饰的具体面貌。特别着重考古科学的成果与历史文献相印证，内容丰富，史料翔实，全书正文约30万字，附图精美，内有彩图2 809幅，黑白图574幅，各图均有详细图文说明。该套书受国家出版基金资助，是“十二五”规划重点图书。版权已输出至日本、俄罗斯。

《物权：规范与学说》

《物权：规范与学说》依据我国物权法及相关法律的规定，阐释了物权及物权法的概念，介绍了物权法及物权法学的体系，描述了物权法的发展和中国物权法的制定等内容。作者崔建远曾被评为第二届全国十大杰出中青年法学家，获教育部高等学校优秀青年教师奖，是“凯原学者”、“长江学者”特聘教授，兼任中国民法学研究会副会长。该书曾于2011年入选“三个一百”原创图书出版工程，并荣获2014年第三届“中国出版政府奖”。

“中国名家经典原创图画书”

中国有着悠久的历史、优秀的文化，也有着具有鲜明特点的杰出童书插画家。“中国名家经典原创图画书”系列从当代童书插画家中选取了具有代表性的几位，比如杨永青、马得、朱成梁、潘小庆、吴带生等，对经典的中国原创故事进行了描绘。该丛书图片色彩明丽，线条优美，构图精巧，充满浓郁的中国古典气息。同时，又汲取国外的优秀元素，博采众长，开创了属于自己的独特风格。

“美丽化学”

“美丽化学”是由清华大学出版社和中国科学技术大学先进技术研究院联合制作的一个原创数字科普项目。该项目荣获由美国国家科学基金会（NSF）和美国《大众科学》杂志（*Popular Science*）举办的2014—2015 Vizzies国际科学可视化竞赛视频类专家奖。

基于该项目的成果，清华大学出版社拟于2015年底出版《美丽的化学反应》和《美丽的化学结构》两书。书中作者使用全新的4K高清摄影机捕捉化学反应中的缤纷色彩和微妙细节。在分子尺度上，通过先进的三维电脑动画和互动技术，展示了近年来在《自然》和《科学》等国际知名期刊中报道的美丽化学结构。其主旨是将化学的美丽和神奇通过数字技术和媒体传递给大众。

“理解科学”系列

“理解科学”是清华大学出版社推出的一套品牌科普系列丛书，讲述和探讨了许多物理科学的经典话题，包括探寻现代物理学的美丽、探寻宇宙和引力的秘密、寻找太阳系的疆界、量子力学与相对论、黑洞与时间等专题。其中，《小楼与大师：科学殿堂的人和事》入选中宣部、中国图书评论学会和中央电视台联合推出的“2014中国好书”。作者卢昌海是一位著名科普作家，本科就读于复旦大学物理系，后获美国哥伦比亚大学物理学博士学位。该书以“近景式”的描写方式，来刻画科学史上的一些著名人物，还原一些重大事件，使读者看到了科学家在公式定理外的一些细节，他们或幽默，或毒舌，或有局限，但更多的是他们在逆境中的坚持，在遭受失败后的不断探索。

商務印書館 The Commercial Press

创于1897

2014年，商务印书馆引进版权240余项，引进图书品种涉及外语工具书、社科学术著作、经济管理类图书、大众文化类图书等，与英、美、德、日等20余个国家的一流出版机构，如英国牛津大学出版社、德国德古意特出版社、德国施普林格出版社、荷兰威科集团等国际知名的出版机构保持着密切的业务往来。与此同时，商务印书馆积极向德国、澳大利亚、韩国、日本、泰国等国家及地区输出语言、管理、文学、对外汉语教学等类别的图书版权，商务馆小学生系列辞书、世界少儿汉语系列图书、“中国道路”、“农民三部曲”等优秀图书顺利实现“走出去”。2014年，商务印书馆对外输出版权40余项，输出产品形式包括纸质图书、电子词典、数字出版物、数据库等。《微观西藏》、《中国语言生活状况》（第一卷）荣获中国出版协会、中国新闻出版研究所、出版参考杂志社评出的“第十三届输出版优秀图书奖”；《论美国的文化》荣获“第十三届引进版社科类优秀图书奖”。

参加第21届北京国际图书博览会

《利氏汉法辞典》首发式

与德国施普林格出版社签约

西班牙LID公司来访

2014年，商务印书馆参加了第21届北京国际图书博览会、第66届法兰克福国际书展，以及英国伦敦国际书展、美国纽约书展、法国巴黎图书沙龙等各种大型的版权贸易和文化交流活动，这些活动推动了商务印书馆的版权贸易工作，扩大了商务印书馆的品牌影响力。

2014年5月，经国家商务主管部门审定，商务印书馆被评为“2013—2014年度国家文化出口重点企业”。8月，商务印书馆获评“历年中国图书世界影响力出版TOP 20”和“2013中国图书世界影响力出版100强”。随后，商务印书馆被国家版权主管部门评为“全国版权示范单位”。11月，商务印书馆在第七届中国版权年会上被评为“2014年中国版权最具影响力企业”。

《牛津高阶英汉双解词典》（第8版）新书发布会

全国版权示范单位

地址：北京市东城区王府井大街36号　邮编：100710
业务电话：010-65278537　65126429　传真：010-65249763
读者服务部：010-65219278　邮购：010-65219282
网址：www.cp.com.cn　天猫旗舰店：http://swysg.tmall.com

明天出版社有限公司

明天出版社有限公司是一家以少年儿童为服务对象的专业出版社。多年来，明天出版社有限公司一直致力于为孩子们的精神成长和健康人格建构做贡献，为孩子们提供新知识、新思维、新审美，打造高品质、高品位、高格调的图书，拒绝庸俗与低俗。转企改制后，明天出版社有限公司确立了“以内容创意为核心，立足于传统图书出版，着眼于全媒体，面向整个文化产业”的战略发展规划，经营规模不断扩大，品牌效应、市场影响力不断提升。近几年，明天出版社有限公司一直处于全国同行业领先地位，综合经济实力位居全国少儿出版社第3名，全国少儿图书市场出版社市场占有率排名第3位。先后被国家新闻出版主管部门评为“全国一级出版社”“全国百佳图书出版单位”，多次被国家人力资源和社会保障主管部门、国家新闻出版主管部门评为“全国新闻出版系统先进集体”。

文学类

《云朵上的学校》 《叛逆的蛋壳组合》 《我很高兴认识你》 《请让我来帮助你》 《一只叫凤的鸽子》 《寻找鱼王》 《逃逃》 《吃狼奶的羊》 《如果远方有奇迹》

低幼类

《老游戏》 “漂流瓶绘本馆” “绘本大师再现经典系列”

知识类

《马小跳发现之旅》 《德国威森经典少儿百科》 《魔法科学苑》

联系地址：济南市胜利大街39号 联系电话：0531-82098622

学习出版社

学习出版社自1993年成立以来，以传承中华民族优秀传统文化、传扬党的革命传统和红色文化、传播社会主义先进文化为己任，共计出版1 600多种图书、期刊、音像电子出版物，形成了精品制作、特色鲜明、创新进取、专业专注的出版风格。中国特色社会主义理论学习读本系列、“理论热点面对面”系列、“学习”理论文库、国家哲学社会科学成果文库等一批精品出版物的推出，使学习出版社具有较强的社会影响力和品牌号召力。

学习出版社先后获得了“中国出版政府奖先进出版单位”“全国百佳图书出版单位”等荣誉。在全面深化改革、全面建成小康社会的历史进程中，学习出版社将继续坚持“导向正、高品质、有特色、优而强”的发展方针，“专注传播先进文化、致力弘扬主流价值”，为建设成为一流的现代出版企业和传播社会主义先进文化的坚强阵地而不懈努力。

版权

典型案件选编

DIAN XING AN JIAN XUAN BIAN

【编者按】 本栏目刊登四部分内容：1. 2015年4月22日，最高人民法院公布了2014年中国知识产权司法保护十大案件、50件典型案例和十大创新性案件，本栏目选取其中16起著作权司法保护案件；2. 2015年4月22日，国家版权局发布的“2014年度打击侵权盗版十大案件”；3. 2015年“4·26”知识产权宣传周期间，北京市、上海市、天津市、安徽省、湖南省、广东省、河北省、辽宁省、山东省、江苏省、广西壮族自治区、新疆维吾尔自治区人民法院、版权局等部门分别公布了2014年知识产权司法保护案件，本栏目选取其中的著作权典型案件；4. 部分省、自治区、直辖市报送的2014年著作权行政执法案件。

2014年中国著作权司法保护典型案件

一、华盖创意（北京）图像技术有限公司诉哈尔滨正林软件开发有限责任公司侵害著作权纠纷案

[哈尔滨市中级人民法院（2011）哈知初字第21号民事判决、黑龙江省高级人民法院（2012）黑知终字第2号民事判决、最高人民法院（2014）民提字第57号民事判决]

【案情摘要】 2008年6月9日，Getty Images，Inc.（简称Getty公司）的高级副总裁、总顾问John J. Lapham Ⅲ签署了确认授权书，确认Getty公司的图片展示于www.gettyimages.cn网站之上，华盖公司为Getty公司在中国的授权代表，有权在中国境内展示、销售和许可他人使用Getty公司的品牌图片，并有权以自己的名义对侵犯Getty公司知识产权的行为采取法律行动。授权书加盖了Getty公司的印章，所涉图片品牌包括Photodisc。其后，公证机关出具公证书证实，www.gettyimages.cn网站上有名为“Shipping”的图片，图片编号AA030502，摄影师Ryan McVay，品牌Photodisc，同时附有Getty公司的权利声明。域名gettyimages.cn的注册人为华盖公司。正林公司在其企业宣传品中使用了与AA030502内容一致的图片。华盖公司以正林公司侵害著作权为由，提起诉讼。

【判决结果】 哈尔滨市中级人民法院一审认为，Getty公司享有涉案图片的著作权，华盖公司根据其授权有权就相关侵权行为以自己的名义提起诉讼。正林公司的行为构成侵权，遂判决其停止侵权行为并赔偿华盖公司经济损失3 000元。正林公司不服，提起上诉，并提交了其他网站上销售的涉案图片且分别印有各自水印的证据。黑龙江省高级人民法院二审认为，在有多家公司以相同方式存在涉案图片署名的情形下，现有证据不足以证明Getty公司是被诉侵权图片的著作权人。遂判决撤销一审判决，驳回华盖公司的诉讼请求。华盖公司不服，向最高人民法院申请再审。最高人民法院裁定提审本案，认为：著作权具有作品创作完成即自动产生的特性，缺乏类似专利权、商标权授予的审查和公示程序，无法通过提交权利证书的方式来主张权利。著作权登记证书仅是权利人自愿取得的著作权权属的初步证明，是否登记并不影响著作权的获取。除非有相反证据，作品中的署名一般可以作为确定著作权权利归属的初步证据。对初步证据的举证要求，要结合作品及具体案情予以合理确定。Getty公司、华盖公司在其官方网站中登载并销售图片的行为，虽然不同于传统意义上的公开发表，但同样是“公之于众”的一种方式。网站上的“署名”，包括权利声明和图片中“gettyimages”水印，在没有相反证据的情况下，可以作为著作权权属的证明。如果对初步证据要求过高，如要求每一张图片都取得摄影师的授权证明，或者都进行著作权登记，将为权利人带来巨大的负担。且如相关费用属于合理开支，最终仍要由侵权人承担。华盖公司以确认授权书、网站权利声明以及图片上的水印共同主张权利，已经完成了著作权权属证明的初步举证责任。针对二审法院采信的正林公司的相反证据，华盖公司在申请再审阶段均进行了补充举证，证明其他网站上销售的涉案图片，均与Getty公司有特定的联系，不足以否认Getty公司对涉案图片的著作权，且摄影师Ryan McVay的声明更直接证明了Getty公司对涉案图片享有著作权，故华盖公司有权提起本案诉讼。最高人民法院判决撤销一审、二审判决，判令

正林公司停止侵权行为并赔偿华盖公司经济损失及合理费用共计 4 000 元。

【典型意义】 大型图片公司对每一张图片的权属如何证明，在很多案件中都是争议焦点。本案中最高人民法院的判决充分考虑了著作权“作品创作完成即自动产生”的特性，以及相应带来的缺乏像专利权、商标权那样的审查和公示程序的特点，而著作权登记证书是权利人自愿取得的证明权属的初步证据，是否进行登记并不影响著作权人取得著作权。上述特点决定了在对著作权权属进行审查时，对署名等为初步证据的举证要求要结合案件的具体情况、所涉及作品的情况等合理进行确定。结合案件中所涉及的大型图片公司拥有巨量图片的现实以及其在官方网站上公开出售图片的经营模式，认为网站上的“署名”，包括本案中的权利声明和水印，构成证明著作权权属的初步证据，对双方的举证责任进行了合理的分配。同时，本案对于损失赔偿额的计算也有一定的指导意义。

二、王巨贤诉绍兴市水利局、绍兴神采印刷有限公司侵害著作权纠纷案［绍兴市中级人民法院（2010）浙绍知初字第 39 号民事判决、浙江省高级人民法院（2011）浙知终字第 35 号民事判决、浙江省高级人民法院（2012）浙民再字第 21 号民事判决、最高人民法院（2013）民提字第 15 号民事判决］

【案情摘要】 王巨贤于 2005 年 5 月将其创作的《康乾驻跸图》等 11 幅绘画作品交付浙江东方现代文化艺术有限公司（简称东方公司），参与绍兴市龙横江整治鹿湖园（简称鹿湖园）雕塑工程竞标。中标后，东方公司经王巨贤授权并根据其画稿，组织钱士元等人创作完成《康乾驻跸碑》等 11 幅雕塑作品，并放置于鹿湖园景区内。经查，《康乾驻跸碑》当时的碑记记载：东方公司设计制作，潘鸿海主创，王巨贤绘画，钱士元雕刻。2008 年 6 月，王巨贤以东方公司侵害其署名权为由起诉至绍兴市中级人民法院，该院做出（2008）绍中民二初字第 105 号判决，认定王巨贤系涉案 11 幅雕塑作品的绘画作者，东方公司应对王巨贤提出署名主张的《勾践围鹿》《越人驯鹿》雕塑作品署名为绘画王巨贤，将《康乾驻跸碑》雕塑第二段说明文字改为“碑由东方公司设计制作，王巨贤绘画，钱士元雕刻”。该判决生效后，法院依法采取强制执行的方式，在上述雕塑作品上署名绘画王巨贤。2009 年 1 月，绍兴市水利局委托上海世纪出版股份有限公司（即学林出版社）出版《绍兴龙横江·鹿湖园》旅游图册，学林出版社委托神采公司印刷、新华书店上海发行所发行。图册中使用了《康乾驻跸碑》等 11 幅雕塑作品的摄影图片。王巨贤以绍兴市水利局在图册中未就雕塑作品为王巨贤署名为由，提起本案诉讼。

【判决结果】 绍兴市中级人民法院一审认为，绍兴市水利局在涉案图册中使用了由王巨贤美术作品演绎而来的雕塑作品，但雕塑作品系他人创作，所应标明的权利人并非王巨贤本人，王巨贤所诉侵害其署名权的主张没有事实与法律依据。遂判决驳回王巨贤的诉讼请求。王巨贤不服，提起上诉。浙江省高级人民法院二审认为，王巨贤作为原绘画作品的作者，署名权亦应延及演绎作品，绍兴市水利局应在图册中指明王巨贤的作者身份。二审法院遂判决撤销一审判决，判令绍兴市水利局在媒体上刊登声明指明王巨贤的作者身份。绍兴市水利局不服，向最高人民法院申请再审。最高人民法院指令浙江省高级人民法院再审本案。浙江省高级人民法院再审维持二审判决。绍兴市水利局仍不服，再次向最高人民法院申诉。最高人民法院裁定提审本案，认为：绍兴市水利局将 11 幅雕塑作品的摄影图片汇编于涉案图册中属于合理使用行为，但仍应当根据《著作权法》第二十二条第（十）项的规定指明作者姓名、作品名称。社会公众在对室外雕塑作品进行合理使用的过程中，应如何指明作者姓名取决于雕塑本身的署名情况。如果雕塑作品本身并未注明系依据他人绘画作品而创作，以临摹、摄影等方式使用的社会公众没有义务去追溯该雕塑作品是否为演绎作品、是否还存在原始绘画作者，并为该作者署名，否则将影响社会公众正常的合理使用行为。但结合本案事实，即《康乾驻跸碑》碑记中有王巨贤的署名，且考虑到绍兴市水利局的特殊地位，其应当知道王巨贤为涉案雕塑的原绘画作者，有义务为王巨贤署名。综上，最高人民法院判决维持浙江省高级人民法院的再审判决。

【典型意义】 本案涉及对设置在室外公共场所的雕塑作品进行合理使用时，署名义务的确定。当雕塑作品本身为演绎作品时，《著作权法》所规定的应“指明作者姓名”，是指雕塑作品的作者，还是亦包括原始作品的作者，最高人民法院提审判决中明确，对于社会公众而言，其署名义务取决于雕塑作品本身的署名情况。对法律的这种一般解释，既尊重了原始作品作者的署名权，又不给社会公众施加过重的义务，影响正常的合理使用行为。但本案中涉及对绍兴市水利局这一特殊主体的署名义务的判断，考虑到绍兴市水利局的特殊地位，以及其应当知道王巨贤为原始作者的事实，判令其履行为王巨贤署名的义务，符合法律规定。

三、麦家诉苹果公司侵害信息网络传播权纠纷案［北京市第二中级人民法院（2012）二中民初字第5279号民事判决、北京市高级人民法院（2013）高民终字第2619号民事判决］

【案情摘要】 麦家是《暗算》《风声》《解密》《风语》等作品的作者。麦家的代理人以公证的方式，在iPod Touch中的App Store中购买了“茅盾文学奖全集”“最经典谍战小说合集”“热播男人剧集”等应用程序。经勘验比对，各方当事人一致认可：《风声》在“热播男人剧集”应用中出现，经与原作比对相同的字数为20.1万字，《风语》在“热播男人剧集”“最经典谍战小说合集”两个应用中出现且在两个应用中的文字内容相同，经与原作比对相同的字数均为30.1万字，《解密》在“热播男人剧集”“最经典谍战小说合集”两个应用中出现且在两个应用中的文字内容相同，经与原作比对相同的字数均为17.4万字，《暗算》在“热播男人剧集”“最经典谍战小说合集”“茅盾文学奖全集”三个应用中出现且在三个应用中的文字内容相同，经与原作比对相同的字数均为16.1万字。苹果公司提交了应用程序商店的后台信息，其中记载：涉案应用程序“茅盾文学奖全集”的开发者为“app studio 2008”，涉案应用程序“最经典谍战小说合集”的开发者为“Sheep House”，涉案应用程序“热播男人剧集”的开发者为“app box”。麦家起诉苹果公司侵害其信息网络传播权。

【判决结果】 北京市第二中级人民法院及北京市高级人民法院均认为，苹果公司是应用程序商店App Store的经营者，对该平台具有很强的控制力和管理能力，其通过该平台对第三方开发商上传的应用程序加以商业上的筛选和分销，并通过收费下载业务获取了直接经济利益，故对于该平台提供下载的应用程序，应负有较高的注意义务。而苹果公司在可以明显感知涉案应用程序为应用程序开发商未经许可提供的情况下，仍未采取合理措施，故苹果公司并未尽到上述注意义务，因此苹果公司对于开发商上传涉案侵权应用程序构成应知，具有主观过错，侵害了麦家对涉案作品享有的信息网络传播权，应承担相应的法律责任。鉴于基于涉案应用程序已被删除，故麦家撤回停止侵害的诉讼请求，法院对此不予处理。关于赔偿经济损失的具体数额，根据本案的具体情况，综合考虑涉案作品的独创性程度、市场价值，苹果公司具体侵权行为的方式、侵权字数、侵权范围和主观过错程度等因素，酌情确定苹果公司赔偿麦家经济损失人民币20万元及因诉讼支出的合理费用人民币5 000元。

【典型意义】 本案涉及应用程序商店的经营者对于其平台上的侵权应用程序在何种情况下承担共同侵权责任的判断。一审、二审法院在一致认可苹果公司仅是App Store的经营者而非具体的提供侵权内容的应用程序的提供者的情况下，认定由于App Store相对封闭的性质，苹果公司对其有较高的控制能力和管理能力，而且由于其直接从应用程序的下载中获取经济利益，故应承担较高的注意义务，从而得出其应为涉案侵权的应用程序承担责任的结论。

四、张晓燕诉雷献和、赵琪、山东爱书人音像图书有限公司侵害著作权纠纷案［济南市中级人民法院（2010）济民三初字第84号民事判决、山东省高级人民法院（2011）鲁民三终字第194号民事判决、最高人民法院（2013）民申字104号民事判决］

【案情摘要】 张晓燕于1999年12月3日取得小说《雪域河源》电视剧制作及改编权，并于2000年1月创作完成20集电视连续剧《高原骑兵连》（简称张剧）剧本。2000年8月17日，张晓燕代表山东省国际友好联络会与雷献和代表的兰州军区政治部电视艺术中心签订合作拍摄电视剧协议。张剧的著作权及相关权益归张晓燕个人所有。2004年5月期间，张剧在中央电视台第八套节目播出。《解放军文艺》于1996年第12期发表了赵琪的小说《骑马挎枪走天涯》。2001年4月，解放军文艺出版社出版了师永刚的小说《天苍茫》。2003年4月24日，雷献和代表兰州军区政治部电视艺术中心与师永刚签订合同，取得了长篇小说《天苍茫》的电视剧改编权。2003年7月21日，雷献和代表兰州军区政治部电视艺术中心与赵琪签订关于修改电视剧《最后的骑兵》（简称雷剧）剧本的协议书，邀请赵琪修改由雷献和根据师永刚长篇小说《天苍茫》改编的雷剧剧本。2004年5月期间，雷剧在中央电视台第一套节目播出。张晓燕于2010年以雷剧侵害了张剧剧本及电视剧著作权为由，提起诉讼。

【判决结果】 济南市中级人民法院一审认为，张剧由张晓燕投资拍摄，其对该剧享有著作权，依法应予保护。经鉴定，雷剧与张剧主要人物设置及关系部分相似，主要线索脉络相似，情节部分相同或者近似，但除一处语言表达基本相同之外，情节的具体表达基本不同，不影响二者成为各自独立的作品。判决驳回张晓燕的诉讼请求。张晓燕不服，提起上诉。山东省高级人民法院判决驳回上诉，维持原判。张晓燕仍不服，向最高人民法院提出再审申请。最高人民法院认为，从题材主线来看，张剧、雷剧、《骑马挎枪走天涯》、《天苍茫》，均系以 20 世纪 80 年代中期骑兵部队撤（缩）编为历史背景而创作的军旅题材作品，该题材主线是全社会的共同财富，不能为个别人所垄断，四部作品的作者都有权以自己的方式对此类题材加以利用并创作作品。从人物设置与人物关系来看，张剧、雷剧、《天苍茫》三部作品中均包含的三角恋爱关系、官兵上下关系、军民关系等人物设置和人物关系，属于军旅题材作品不可避免的必要场景，因表达方式有限，不应受到著作权法的保护。从语言表达和故事情节来看，雷剧与张剧除故事情节完全不同的部分外，其相同、相似的部分多属于公有领域素材或缺乏独创性的素材，情节所展开的具体内容和表达的意义并不相同，不会导致读者和观众对两部作品产生相同、相似的欣赏体验，不能得出两部作品实质相似的结论。雷剧与张剧属于由不同作者就同一题材创作的作品，两剧都有独创性，各自享有独立的著作权。

【典型意义】 我国著作权法所保护的是作品中作者具有独创性的表达，即思想或情感的表现形式，不包括作品中所反映的思想或情感本身。这里指的思想，包括对物质存在、客观事实、人类情感、思维方法的认识，是被描述、被表现的对象，属于主观范畴。思想者借助物质媒介，将构思诉诸形式表现出来，将意象转化为形象、将抽象转化为具体、将主观转化为客观、将无形转化为有形并为他人感知的过程即为创作，创作形成的有独创性的表达才成为受著作权法保护的作品。著作权法保护的表达不仅指文字、色彩、线条等符号的最终形式，当作品的内容被用于体现作者的思想、情感时，内容也属于受著作权法保护的表达，但创意、素材或公有领域的信息、创作形式、必要场景或表达唯一或有限则被排除在著作权法的保护范围之外。必要场景，指处理某一类小说主题时，不可避免而必须采取某些事件、角色、布局、布景，这种处理特定主题不可或缺或标准的处理方式不受著作权法保护；表达唯一或有限，指一种思想只有唯一一种或有限的表达形式，这些表达视为思想，也不给予保护。在判断雷剧与张剧是否构成实质相似时，应比较两部作品中对于思想和情感的表达，即两部作品表达中作者的取舍、选择、安排、设计是否相同或相似，而不是离开表达看思想、情感、创意、对象等其他方面。

五、广州网易计算机系统有限公司诉北京世纪鹤图软件技术有限责任公司等侵害著作权、商标权及不正当竞争纠纷案［北京市海淀区人民法院（2013）海民初字第 27744 号民事判决］

【案情摘要】 广州网易计算机系统有限公司（简称网易公司）于 2004 年推出的大型网络游戏《梦幻西游》，是国内用户最多的自主知识产权在线游戏之一。2013 年 4 月，网易公司发现北京世纪鹤图软件技术有限责任公司（简称世纪公司）等推出了相同题材的网络游戏《口袋梦幻》。网易公司认为《口袋梦幻》抄袭、复制网易游戏中的人物形象、道具形象等美术作品；抄袭、复制网易游戏中人物、道具、技能、门派等的名称和文字介绍等文字作品；使用了网易公司享有注册商标权的网易游戏中的相应名称；在宣传文章中发布混淆网易公司游戏与《口袋梦幻》的言论，故意引起消费者的误认。网易公司提起该案诉讼，主张世纪公司等被告的行为侵犯其享有的著作权、商标权，并构成不正当竞争行为，请求法院判令世纪公司等被告立即停止侵权行为、赔偿经济损失及诉讼合理支出。

【判决结果】 法院经审理认为，网易公司研发的《梦幻西游》游戏软件，是一款西游题材的角色扮演类网络游戏，游戏中设置了一定的故事情节、虚拟场景，塑造了各类型的角色、道具等，玩家需要选择扮演一位角色参与到游戏中。此类游戏软件除了包含计算机程序及其有关文档外，还根据游戏设计了相应的美术作品、文字作品，其作者可以针对上述作品单独行使著作权。《梦幻西游》推出以来享有较高知名度，相关公众应知晓游戏的设计风格、角色设置、人物形象、内容介绍等内容，作为从事类似业务的世纪公司等被告，应了解该游戏的具体内容。经对比，两款游戏的相关美术形象基本相同或实质性相似；相关文字表述中存在相同或类似的内容，除日常用语、地名、《西游记》等其他作品中使用过的内容外，被告在涉案游戏中使用了网易公司游戏的情节设计、人物关系、背景等内容，尽管被告采用了文言文形式，并对部分内容进行了替换，但仍应属于相同表达，构成侵害网易公司美术作品、文字作品著作权。涉案商标“口袋梦幻”中包含了

"梦幻"一词，亦用于涉及西游题材网络在线游戏服务，足以造成相关公众误认为涉案游戏来自同一市场主体，或者两者的市场主体之间存在关联，故认定"口袋梦幻"商标与"梦幻西游"注册商标近似，构成侵害商标权。此外，被告在制作、运营涉案游戏过程中，通过广告等方式宣称涉案游戏与网易公司的《梦幻西游》存在传承关系，且比《梦幻西游》优秀，在宣传中使用了与《梦幻西游》基本相同或实质性相似的美术形象及相关角色、道具等的名称等，容易导致相关公众的误解，构成不正当竞争。综上，法院判决被告立即停止侵权行为、赔偿网易公司经济损失及合理费用100万元。宣判后，双方均未上诉。

【典型意义】 该案从著作权、商标权、不正当竞争三个方面保护了权利人的合法权益，是对网络游戏进行全方位保护的典型案例。网络游戏中角色扮演类游戏的特点决定了著作权保护的侧重不同。网络游戏向社会推出后，相关公众熟识了游戏的设计风格、角色设置、人物形象、内容介绍等内容，权利人对除名著的情节内容外自行创作的情节设计、人物关系、背景等，受著作权法保护。此外，白话文与文言文、同义词之间的转换，均不影响对相关内容构成相同表达的认定。新的经营模式也带来新的挑战，企业在经营中受到的监管、制约减少，侵害他人合法权益的经营风险增加。经营者应尊重市场竞争规则，在法律、商业道德的约束下开展经营活动，不能抄袭他人游戏的美术形象、角色名称等，更不能利用广告宣称涉案游戏之间存在传承关系，导致相关公众误解，从而获得不正当利益。该案有效打击了侵权及不正当竞争行为，对推动游戏产业健康有序发展有积极的作用。

六、天津酷溜正元信息技术有限公司诉上海森乐文化传播有限公司著作权许可使用合同纠纷案

[天津市第二中级人民法院（2013）二中民三知初字第32号民事判决、天津市高级人民法院（2014）津高民三终字第10号民事判决]

【案情摘要】 天津酷溜正元信息技术有限公司（简称酷溜公司）与上海森乐文化传播有限公司（简称森乐公司）签署的合作协议约定：酷溜公司负责提供用户、网络、设备资源，森乐公司负责提供音视频内容，酷溜公司应向森乐公司支付许可费300万元等，包含40集电视剧《美人心计》在内的23部作品，并对排他期限做了约定。合同签订后，酷溜公司支付了上述款项。《美人心计》首播之日为2010年3月15日。森乐公司工作人员于2011年2月10日向酷溜公司工作人员发出一封邮件，表示经协商一致，同意酷溜公司放弃《美人心计》连续剧的排他权，价格由原来的1.5万元/集，调整为5 000元/集，总计减少了40万元整。土豆网播放电视剧《美人心计》的时间是2011年4月9日。2012年9月17日，酷溜公司向森乐公司发送《催款函》。此外，森乐公司还于2011年3月31日与案外人上海立呈文化传播有限公司（土豆网的关联公司）签署了一份授权协议，约定森乐公司将《美人心计》等作品授权给该公司，授权为2011年4月4日至2013年4月3日。酷溜公司以双方已变更合同为由提起本案诉讼，要求森乐公司返还40万元许可费并赔偿4万元经济损失。

【判决结果】 一审法院认为，双方当事人签订的原合作协议合法有效，应当依约履行。森乐公司向酷溜公司提供了作品，酷溜公司依约履行了付款义务。根据《合同法》第七十七条的规定，当事人协商一致，可以变更合同。本案双方当事人约定《美人心计》作品的价款是基于酷溜公司在授权期内享有一年半的排他权，在双方约定的排他期内，森乐公司向酷溜公司发出电子邮件，表示同意酷溜公司放弃排他权，且在授权期限内土豆网经森乐公司授权对《美人心计》进行了播放。森乐公司提出土豆网在排他期内的播放系他人上传，但未提交证据证明。森乐公司对酷溜公司的《催款函》也予以签收。上述证据形成证据锁链，可以认定酷溜公司要求森乐公司返还40万元的主张成立，故对酷溜公司的诉讼请求予以支持。但是，酷溜公司要求森乐公司赔偿4万元经济损失的理由缺乏依据，不予支持。判决森乐公司返还酷溜公司40万元，驳回酷溜公司其他诉讼请求。森乐公司不服提出上诉，二审法院判决驳回上诉，维持原判。

【典型意义】 本案发生于拥有合法授权节目资源的音视频内容提供商与拥有网络运营资源的视频分享网站之间，双方虽就多部影视剧通过互联网播放签订了著作权许可使用合同，但在履行过程中，对使用某部作品的约定发生了变更。音视频内容提供商与视频网站间一般都存在长期稳定的合作关系和模式，就相关影视剧的网络播放，双方一般会以条款相对完备的协议进行约定，包括使用剧目、许可方式、期限价格等。通常热播剧的播放存在档期、反响、新剧上线等诸多不确定因素，合同在履行期间发生变更的情况时有发生。为及时应对市场变化，合同的变更往往通过电子邮件、即时通讯甚至电话

等方式进行，这些证据难以固定和保留，加之该类公司人员变动频繁，很多事实难以查明，当事人对于合同变更是否成立争议很大，也为法院的认定增加了难度。如何在现有证据基础上，综合考虑当事人的真实意思、行业特点、交易习惯等因素加以判断，是审理该类案件的关键。本案所涉森乐公司及酷溜公司均是业内较有影响的公司，就涉案著作权排他许可使用合同变更的争议亦是该领域较为常见的问题，生效文书对于作为合同变更主要依据的电子邮件进行了详细的分析，并结合行业特点、双方的交易习惯、后续履行等，认定双方就涉案合同已达成变更的合意。本案对于类似案件的审理，有一定的借鉴和参考作用。

七、白先勇诉上海电影（集团）有限公司、上海艺响文化传播有限公司、上海君正文化艺术发展有限公司、上海电影制片厂有限公司著作权权属、侵权纠纷案［上海市第二中级人民法院（2014）沪二中民五（知）初字第83号民事判决］

【案情摘要】 白先勇系小说《谪仙记》的作者。1989年，上海电影制片厂经白先勇许可将该小说改编为电影《最后的贵族》，并于同年上映。上海电影制片厂后来改制为上海电影制片厂有限公司，该公司的全部权利义务由上海电影（集团）有限公司（简称上影集团）行使。2013年，上海艺响文化传播有限公司（简称艺响公司）经上影集团授权，将电影《最后的贵族》改编为同名话剧，并于同年上演。上海君正文化艺术发展有限公司（简称君正公司）也参与了话剧《最后的贵族》的改编和排演。白先勇认为，上影集团、艺响公司、君正公司共同侵害了其对小说《谪仙记》享有的著作权（包括改编权、署名权和获得报酬权），请求判令上影集团、艺响公司、君正公司立即停止侵权，公开赔礼道歉、消除影响，赔偿经济损失及因诉讼所支付的合理开支共计554 934元。

【判决结果】 上海市第二中级人民法院认为，艺响公司、君正公司未经原作品作者白先勇的许可，将电影作品《最后的贵族》改编为同名话剧并进行演出，侵害了白先勇对其小说作品《谪仙记》享有的署名权、改编权及获得报酬的权利；上影集团许可艺响公司、君正公司改编电影作品《最后的贵族》的行为，系对电影作品的正常使用，不构成对白先勇著作权的侵害。故判决艺响公司、君正公司立即停止对白先勇小说《谪仙记》著作权的侵害，向白先勇赔礼道歉、消除影响，连带赔偿其经济损失人民币25万元，合理费用人民币5万元。各方当事人均未上诉。

【典型意义】 根据著作权法的相关规定，不同作品类型的著作权人享有的权利范围是不同的，在将电影作品改编成话剧并进行演出时，该演出单位或演出组织者除应取得电影作品著作权人许可外，还应依法取得原作品著作权人的许可，否则，应承担相应的侵权责任。

八、章曙祥诉江苏真慧影业有限公司导演聘用合同纠纷案［南京市中级人民法院（2013）宁知民初字第164号判决、江苏省高级人民法院（2014）苏知民终字第0185号判决］

【案情摘要】 2012年2月9日，江苏真慧影业有限公司（简称真慧公司）与章曙祥（又名章家瑞）签订了《真慧影业电影〈杀戒〉项目总导演聘请合约》（简称《合约》）。双方在《合约》中约定：章曙祥作为本片总导演，总导演该片的拍摄及指导张竹（真慧公司法定代表人、该片导演）的工作；确定电影整体拍摄方案，指导该影片导演的拍摄工作并负责重要场景的具体拍摄；指导监督后期制作（剪辑、音乐、声音及最终影片合成）工作。章曙祥同意向所有投资方负责。在影片拷贝上，如有主创人员的片头字幕时，真慧公司同意章曙祥的名字及职衔独立排名在该片片头字幕出现。章曙祥作为该片总导演，对该片的艺术创作具有最终的决定权。章曙祥同意以刘恒剧本为定稿蓝本，可在结尾、女主人公等方面再做修改，其他剧情结构不做大的改动。2012年5月29日该影片开机拍摄，7月9日全部拍摄完成关机。8月25日，章曙祥、张竹两位导演首度公开宣布《杀戒》已完成所有前期拍摄。2012年10月，双方因《杀戒》最终剪辑版本的确定问题发生争执。之后，真慧公司委托北京银河星光文化传播有限公司、北京和声创景影视技术有限公司、音乐制作人王超等对张竹决定的电影《杀戒》剪辑版本进行后期制作。在获准公映的《杀戒》影片中，章曙祥即章家瑞的署名情况为"前期总导演章家瑞"，并与该片艺术总监的名字出现在同一画面上。张竹即竹卿的署名情况为"竹卿导演作品"，并以比较醒目的方式独立出现在画面的中间。真慧公司在整个影片发行阶段的宣传中均未提到章曙祥，其对媒体的解释是章曙祥已经主动退出。章曙祥向法院起诉，请求判令真慧公司将章曙祥的名字（章家瑞）及职衔（总导演）独立排名在电影《杀戒》片头字幕上，给付总导演聘请酬金20万元，赔偿经济损失

50万元，支付精神抚慰金10万元及维权合理费用4万余元。真慧公司亦提出反诉，要求章曙祥停止对真慧公司及其法定代表人张竹名誉的损害以及对《杀戒》电影商誉的损害，赔礼道歉并赔偿损失90万元。

【判决结果】 南京市中级人民法院一审认为，章曙祥和真慧公司签订的《合约》系双方真实意思表示，内容不违反国家法律、行政法规的强制性规定，属于合法有效的合同，双方均应按约全面履行该合同。但该合同关于谁拥有涉案影片剪辑版本最终决定权的约定并不明确，双方当事人各自主张自己拥有涉案影片剪辑版本的最终决定权均缺乏明确的合同依据。章曙祥并未单方宣布其退出影片后期制作，双方在合同履行过程中也未就终止合同履行问题达成一致意见。一方面，真慧公司作为投资方在合同履行中处于优势地位，其在双方就合同约定不明的事项发生争议，且并未达成一致修改、补充意见的情况下，实际单方终止了涉案合同的履行。章曙祥实际未参与影片后期制作的责任不应由章曙祥承担。真慧公司给章曙祥署名为“前期总导演”，且拒不支付剩余酬金的行为违反了合同约定，理应承担相应的违约责任。另一方面，章曙祥并无违约行为。故判决：真慧公司将章曙祥的名字（章家瑞）、职衔（总导演）独立排名在电影《杀戒》片头字幕上，支付章曙祥合同约定报酬20万元，驳回章曙祥的其他诉讼请求和真慧公司全部诉讼请求。真慧公司不服一审判决，提起上诉。

江苏省高级人民法院二审认为，《合约》关于谁拥有涉案影片剪辑版本最终决定权的约定是明确的，章曙祥拥有涉案影片剪辑版本的最终决定权。章曙祥作为真慧公司聘请的电影《杀戒》总导演，已经适当履行了合同约定的拍摄义务，并提交反映其总导演意图的剪辑版本，其依法应当享有总导演的署名权和要求支付20万元剩余酬金的权利。真慧公司关于章曙祥剪辑的版本构成合同违约，且其已单方表示退出影片的后期制作，涉案合同已经事实上终止履行的上诉主张，缺乏事实依据和法律依据。故判决驳回上诉，维持原判。

【典型意义】 该案主要涉及电影最终剪辑权归属的认定以及投资方与导演权利义务边界的确定问题。二审法院在判决中就该问题明确了如下规则：影视剧创作最终决定权特别是最终剪辑权（终剪权）的归属，应当首先依合同约定加以确定，即合同明确约定导演享有终剪权或者投资方享有终剪权的，均应从其约定，只有在合同约定不明时，才考虑行业惯例。当发生剪辑版本争议时，双方当事人应进行协商寻求解决方案，或者就终止合同履行签订补充协议，并就署名及其余款支付达成合意；如果双方未能达成一致意见，亦未签订补充协议的，确认导演就其已完成的全部导演工作，享有完整的导演署名权及获得报酬权符合著作权法及合同法的相关规定。

九、中国音像著作权集体管理协会诉肇庆金鹏酒店有限公司侵害著作权纠纷案［肇庆市中级人民法院（2013）肇中法民一初字第168号判决、广东省高级人民法院（2014）粤高法民三终字第539号判决］

【案情摘要】 中国音乐著作权协会（简称音著协）和中国音像著作权集体管理协会（简称音集协）经过音乐作品著作权人授权，依法享有《西界》等音乐作品的集体管理权。音著协、音集协与肇庆金鹏酒店有限公司（简称金鹏酒店）于2011年签订《著作权许可使用及服务合同》，约定金鹏酒店支付版权许可费后，可以使用音乐作品用于卡拉OK，使用期限自2011年1月1日至2012年12月31日；同时约定合同期限届满之前一个月内任何一方未以书面形式做出相反意思表示的，合同自动续订一年。金鹏酒店依约支付了2011和2012年度的版权费。音集协称其于上述合同期满之前向金鹏酒店发出《广州天合文化[①]终止合同签收表》解除了上述合同，金鹏酒店无权继续使用其音乐作品。金鹏酒店否认接到过相关通知，并表示愿意续订合同，交纳2013年度版权费。2013年3月8日，音集协到金鹏酒店卡拉OK场所进行了公证取证。同年5月音集协向法院提起诉讼，请求判令金鹏酒店立即停止侵害《西界》等音乐作品的著作权并赔偿经济损失1万元。

【判决结果】 肇庆市中级人民法院一审认为，金鹏酒店未经音集协许可，在其经营的卡拉OK场所内营业性地放映《西界》等音乐作品，构成侵权。故判令其停止侵权并赔偿音集协经济损失1万元。金鹏酒店不服，提起上诉。二审法院认为，现有证据不能证明音集协向金鹏酒店发出了《广州天合文化终止合同签收表》，且该签收表违反了《著作权集体管理条例》中关于“使用者以合理的条件要求与

---

① 天合文化集团有限公司系受音集协委托，提供收取卡拉OK版权费的机构。

著作权集体管理组织订立许可使用合同，著作权集体管理组织不得拒绝”的强制性规定，应属无效，其不具有解除涉案合同的效力。金鹏酒店在合同自动续订期内使用涉案作品不构成侵权，但应当按照音集协的通知交纳合理的许可使用费。金鹏酒店在被诉侵权案件中提出使用涉案作品有合同依据的抗辩理由，是行使正当的民事权利，人民法院应当依法审查《著作权许可使用及服务合同》的授权是否是权利人的真实意思表示，从而确定合同抗辩是否成立。双方如果在履行合同过程中产生纠纷，应当循其他法律途径解决。鉴于金鹏酒店不构成侵权，对一审判决确定的赔偿数额是否合理的上诉理由不再审理。据此，撤销一审判决，驳回音集协的诉讼请求。

【典型意义】 我国《著作权法》第八条规定：“著作权人和与著作权有关的权利人可以授权著作权集体管理组织行使著作权或者与著作权有关的权利。著作权集体管理组织被授权后，可以以自己的名义为著作权人和与著作权有关的权利人主张权利，并可以作为当事人进行涉及著作权或者与著作权有关的权利的诉讼、仲裁活动。”著作权集体管理组织一般只是管理著作权人自己无法直接行使的权利，其在行使著作权人授予的权利，并与被许可人签订著作权许可使用合同时，双方地位平等。根据《著作权集体管理条例》第二十三条之规定，使用者以合理的条件要求与著作权集体管理组织订立许可使用合同的，著作权集体管理组织不得拒绝。本案二审法院对音集协单方提出终止合同的行为进行了审查，认为音集协拒绝与金鹏酒店续签合同的行为违反了相关法律法规的规定，并认定金鹏酒店不构成侵权，但应当向音集协支付合理的使用费。该判决结果对于规范著作权集体管理组织的著作权许可使用行为具有积极意义。

十、乐视网信息技术（北京）股份有限公司诉中国电信股份有限公司深圳分公司、上海百视通电视传媒有限公司侵害信息网络传播权纠纷案［深圳市福田区人民法院（2012）深福法知民初字第344号民事判决、深圳市中级人民法院（2014）深中法知民终字第328号民事判决］

【案情摘要】 乐视网信息技术（北京）股份有限公司（简称乐视公司）是电视剧《男人帮》的信息网络传播独占被许可人。在公证人员的监督下，中国电信股份有限公司深圳分公司（简称电信深圳公司）IPTV用户打开电视机及机顶盒，使用机顶盒的配套遥控器对电视进行操作，在电视屏幕IPTV主页下方的“书签搜索”搜索栏输入“男人帮”，搜索结果是依时间顺序排列的《男人帮》部分剧集列表，列表中的剧集前有“回看”字样；选择观看的剧集播放时出现“点播”提示。

IPTV平台架构主要分为“内容运营平台”和“媒体传输平台”。内容运营平台完成电子节目导视系统制作和管理、内容处理与发布等功能；媒体传输平台完成用户身份识别、流量结算、信号分发、网络运维支撑等功能。上海百视通电视传媒有限公司（简称上海百事通公司）经国家新闻出版广电总局批复具备集成播控平台资质，负责IPTV内容运营平台管理和经营业务。电信深圳公司作为IPTV业务的网络运营商负责IPTV媒体传输平台业务。IPTV用户收看视频节目的具体流程为，在设备处于开机状态下，用户操作遥控器，遥控器控制机顶盒，机顶盒通过电信宽带网络线路将指令发到IPTV媒体传输平台的页面服务器，页面服务器根据指令搜索节目，接收内容运营平台信号，并向机顶盒下发相关的页面代码，通过机顶盒解码后在电视机上播出视频节目。乐视公司以电信深圳公司与上海百事通公司侵犯著作权为由提出诉讼。

【判决结果】 深圳市中级人民法院二审认为：电信深圳公司的IPTV客户在机顶盒接入互联网后，通过遥控操作，可在线以点播的方式收看电视剧《男人帮》，该行为属于乐视公司对电视剧《男人帮》所享有的信息网络传播权控制的范围。上海百视通公司与电信深圳公司通过履行《关于IPTV业务的合作协议》和《IPTV业务合作补充协议》而合作共同经营IPTV业务，电信深圳公司提供的媒体传输平台与上海百视通公司提供的内容运营平台对接，该对接并非一般意义上的自动接入、自动传输服务。IPTV业务的具体运营，由电信深圳公司与用户签订IPTV使用合同，并向IPTV用户收取使用费。从IPTV业务经营模式来看，上海百视通公司与上诉人电信深圳公司通过分工合作，共同经营IPTV业务，共同获取并分配由此获得的经济利益。本案IPTV未经许可，向IPTV用户提供涉案电视剧《男人帮》在线点播观赏服务，侵害了乐视公司对电视剧《男人帮》所享有的信息网络传播权。上海百视通公司与电信深圳公司应共同承担侵权责任。

【典型意义】 IPTV是一种新型的运用网络技术与广播电视技术的传播作品方式。本案中，通过对公众接触作品方式的审查，确认作品是以点播的方式被用户观看，从而确认这种传播方式属于信息网络传播权的保护范围。同时，该案判决还明确IPTV运营中的媒体传输平台与内容运营平台分工合作、分享利益，与单纯提供接入传输服务不同，应与内容运营平台承担共同的侵权责任。本案判决对上述两个方面的认定，对在类似案件中判断IPTV传播性质和IPTV提供者的责任具有一定的典型意义。

十一、刘爱芳、刘保成等6人诉覃迅云、罗金裕、黑龙江省德坤瑶医药研究院等侵害著作权纠纷案［南宁市中级人民法院（2010）南市民三初字第223号民事判决、广西壮族自治区高级人民法院（2013）桂民三终字第65号民事判决］

【案情摘要】《瑶药传统应用》（合编稿）为刘杨建、罗金裕、覃显玉和刘保成的合作作品。2001年12月，覃迅云、高志刚与刘杨建、罗金裕、覃显玉签订图书出版合同，约定由刘杨建等四人以4.5万元稿费将《瑶药传统应用》（合编稿）许可给覃迅云、高志刚作为《中国瑶药学》一书的基础性资料使用，合同约定了双方共同享有《中国瑶药学》专有使用权。《中国瑶药学》出版后仅列刘杨建为主审，刘杨建认为其对《中国瑶药学》应享有的署名权等著作权受到侵害。刘杨建去世后，其妻子刘爱芳和子女共6人向南宁市中级人民法院提出诉讼，请求判定覃迅云等侵害了刘杨建的著作权并承担赔偿经济损失、精神损害赔偿及赔礼道歉等民事责任。

【判决结果】 南宁市中级人民法院一审判决认定覃迅云等没有侵害刘杨建的著作权。刘爱芳等不服提起上诉。广西壮族自治区高级人民法院二审认为：刘杨健、刘保成为《中国瑶药学》的作者，依法对《中国瑶药学》享有著作权。刘杨健、罗金裕、覃显玉将《瑶药传统应用》（合编稿）许可给覃迅云、高志刚使用的行为应当视为其已许可发表，覃迅云等在《中国瑶药学》的作者简介、“前言”、“后记”的表达方式侵害了刘杨健的署名权。覃迅云、高志刚通过签订图书出版合同的方式取得了《瑶药传统应用》（合编稿）的使用许可，覃迅云亦依据图书出版合同的约定支付《瑶药传统应用》（合编稿）的资料费45 000元给《瑶药传统应用》（合编稿）的作者刘杨健等四人，覃迅云已取得了对《瑶药传统应用》（合编稿）合法使用的权利；且图书出版合同约定《中国瑶药学》由甲方（覃迅云、高志刚）出资出版，因此覃迅云等出资出版《中国瑶药学》一书，没有侵害刘杨健、刘保成的复制权和发行权。覃迅云、高志刚两人有侵权的共同故意和共同侵权行为，应当对其侵权行为承担连带责任。改判覃迅云、高志刚构成侵权，并赔偿刘爱芳等6人经济损失及合理开支。

【典型意义】 本案涉及演绎作品与基础作品之间的关系和基础作品作者的权利保护，具有一定的典型意义。如果当事人之间对演绎作品的作者有约定的，应从其约定。涉案专著《中国瑶药学》体现了广西瑶药从民间散方到瑶药专著形成的一个动态历史传承过程，本案判决不仅仅侧重于对专著的保护，还注重保护专著形成的历史动态过程，注重对瑶药发展做出贡献的各方当事人之间利益的平衡。

十二、乔天富与重庆华龙网新闻传媒有限公司侵害著作权纠纷案［重庆市高级人民法院（2013）渝高法民初字第00261号民事判决］

【案情摘要】 乔天富是涉案96幅图片的拍摄者，华龙网未经许可使用了上述作品。乔天富起诉要求华龙网赔礼道歉、赔偿损失。双方当事人对其中58幅图片应受著作权法保护作品无争议，对其余38幅图片是否属于著作权法保护的作品存在争议。

【判决结果】 一审法院认为其余38幅图片中，其中1幅不具有独创性，另37幅为文字报道的配图，该文字报道构成时事新闻，上述图片与文字报道构成时事新闻的整体，因此亦不应受著作权法保护。乔天富不服该判决，向重庆市高级人民法院上诉。

重庆市高级人民法院认为：时事新闻仅指特地为媒体报道而采写的单纯事实消息，因为仅是对时间、地点、人物、起因、经过、结果等新闻要素的简单排列组合，不涉及思想的表达方式，具有表达上的唯一性，属于公有领域的客观事实，不具有独创性，因此被排除在著作权法保护范围之外。判断一则消息是否属于时事新闻，是否为著作权法所调整，应具体考察其是否具有独创性，是否体现了作者的创造性劳动。同时，由单纯事实构成的时事新闻虽然不排除图片新闻，但应该以文字新闻为主，因为除非新闻图片的画面为唯一性表达，否则任何图片都可以体现摄影者独立的构思，从确定拍摄主题、设计画面、调整角度到捕捉拍摄时机等，都包含了拍摄者一系列精神创作活动，是极有可能具有独创性的，因此，在审查图片新闻的独创性时应格外审慎。另外，法院还认为，判断图片新闻是否为单纯事实消息并不以其所配发的文字是否为单纯事实消息为标准，而应单独审查其独创性，因为一幅图片的独创性并不会因其所配文字的变化而发生任何实质性改变。具体到本案，争议的37幅图片均是文章配图，与一审判决中确认具有独创性的58幅图片在性质上、风格上基本相同，不能仅因其所配发的文字是单纯事实消息就否定其自身的独创性。因此，一审法院认定37幅图片是时事新闻的有机组成部分，属于以图片形成表现的时事新闻，不受著作权法保护有误，据此，对一审判决予以改判。

【典型意义】 著作权法规定时事新闻不受著作权法保护，而时事新闻在审判实务中如何界定是著作权案件审理的难点。时事新闻与时事新闻作品不同。本案中，二审法院从分析时事新闻何以不受著作权法保护着手，将是否具备独创性作为判断一则消息是否属于时事新闻的标准，同时明确，当图片作为文字报道的配图时，该图片本身是否属于时事新闻，不应受文字报道性质的影响，纠正了一审法院对此存在的认识误区。

十三、深圳市腾讯计算机系统有限公司诉广州网易计算机系统有限公司、中国联合网络通信有限公司湖北省分公司等侵害音乐作品信息网络传播权诉前禁令纠纷案［湖北省武汉市中级人民法院（2014）鄂武汉中知禁字第00005号、00005—1号、00005—2号民事裁定］

【案情摘要】 深圳市腾讯计算机系统有限公司（简称腾讯公司）因与广州网易计算机系统有限公司（简称广州网易）、网易（杭州）网络有限公司（简称杭州网易）、杭州网易雷火科技有限公司（简称网易雷火）、中国联合网络通信有限公司湖北省分公司（简称湖北联通）、广东欧珀移动通信有限公司（简称广东欧珀）（通称被申请人）发生著作权争议，于2014年11月10日向武汉市中级人民法院申请诉前禁令，腾讯公司请求：（1）责令广州网易、杭州网易、网易雷火停止通过“网易云音乐”平台（music.163.com及其PC端、移动客户端）向公众传播腾讯公司享有专有著作权的歌曲，这些歌曲包括《时间都去哪了》《爱的供养》《画心》等623首歌曲；（2）责令湖北联通停止提供网易云音乐畅听流量包服务；（3）责令广东欧珀停止在其OPPO品牌手机中内置网易云音乐行为。腾讯公司为前述诉前禁令申请，向湖北省武汉市中级人民法院提交了湖北省武汉市琴台公证处出具的公证书、音乐专辑、相关网页打印件及工信部IP/ICP备案信息查询结果等证据，以证明腾讯公司享有的涉案音乐作品（词曲作品、制品，通称音乐作品）著作权遭受侵害损害的事实。同时，担保人腾讯科技（深圳）有限公司广州分公司为腾讯公司此次诉前禁令申请提供了300万元的银行存款进行担保。

【裁决结果】 武汉市中级人民法院认为，腾讯公司对涉案623首音乐作品依法享有信息网络传播权。广州网易、杭州网易、网易雷火、湖北联通、广东欧珀以互联网络、移动手机网易云音乐畅听流量包、内置网易云音乐移动手机客户端等方式，向公众大量提供涉案音乐作品。该行为涉嫌侵犯腾讯公司对这些音乐作品依法享有的信息网络传播权，且向公众提供的音乐作品数量较大，造成了腾讯公司巨大的经济损失。在网络环境下，该行为如不及时予以禁止，将会使广州网易等不当利用他人权利获得的市场份额进一步快速地增长，损害腾讯公司的利益，且这种损害将难以弥补。故武汉市中级人民法院依法发布如下禁令措施：（1）广州网易、杭州网易、网易雷火于本裁定生效之日起立即停止通过网易云音乐平台向公众提供本裁定书附件所列623首音乐作品的行为；（2）湖北联通于本裁定生效之日起立即停止向其移动手机客户提供网易云音乐畅听流量包中的涉案623首音乐作品的移动网络服务行为；（3）广东欧珀于本裁定书生效次日起十日内停止通过其品牌为OPPO R830S型号（合约机）移动手机中内置的网易云音乐客户端向移动手机客户传播涉案623首音乐作品的行为；（4）冻结担保人腾讯科技（深圳）有限公司广州分公司账户内的银行存款人民币300万元；（5）驳回广州网易提出的其他禁令申请；（6）腾讯公司应当在本裁定书生效后三十日内起诉，逾期不起诉的，本院将解除本裁定指定的禁令措施。

广州网易、杭州网易、网易雷火提出复议申请，武汉市中级人民法院经复议认为，复议申请人提出的复议理由均不能成立。

【典型意义】 禁令属临时措施，是针对被诉涉嫌侵权行为为一定行为或不为一定行为进行限制的救济性临时措施。《著作权法》第四十八条第一项规定了行为人未经许可，通过信息网络传播等方式向公众提供作品的，属侵权行为。《著作权法》第五十条规定了对被诉申请人正在实施侵犯著作权的行为，申请人可以申请法院采取禁止被诉侵权行为的禁止令。新修订的《民事诉讼法》第一百条规定了当事人可以申请法院责令被申请人为一定行为或不为一定行为的保全措施。本案中，五被申请人通过网易云音乐平台，以不同传播媒介向公众提供涉案音乐作品，其行为应认定为信息网络传播行为。而在腾讯公司申请涉案禁令前，已就被申请人上述行为向相关版权执法行政监管部门投诉，但网络音乐盗版问题仍得不到解决。基于此，法院审查初步证据后认定被诉行为构成侵权的可能性较大，而且这种正在实施的被诉行为可能造成申请人巨大的利益损失。为此，法院依据上述法律规定发布了涉案禁令。

网络音乐是近年来网络产业与音乐产业结合而成的新生网络文化传播媒介，涉及版权投入和版权保护问题。如放任网络音乐的无序竞争，可能会损害网络生产力的扩张和网络监管的失控，而民事诉讼法中的禁令具有较强的执行力，对被诉行为人具有一定的威慑作用。本案中，申请人正是考虑行政投诉程序乏力，要制止被诉网络音乐盗版就需要一项反应快捷、更具强制力的临时措施才申请法院颁发诉前停止侵权行为的禁止令。本案禁止令的发布和执行为打击网络音乐盗版、规范网络音乐市场、整治网络环境提供了一种可行的版权保护模式，对快速制止和打击网络音乐盗版、保护音乐权利人的合法权利具有借鉴意义。

十四、杭州聚合网络科技有限公司诉中国移动通信集团浙江有限公司、浙江融创信息产业有限公司、浙江省卫生厅、浙江省卫生信息中心侵害计算机软件著作权纠纷案［杭州市中级人民法院（2011）浙杭知初字第1222号民事判决、浙江省高级人民法院（2013）浙知终字第289号民事判决］

【案情摘要】 2010年9月27日，浙江省卫生信息中心（简称信息中心）、浙江移动公司（简称浙移动）、浙江省电信有限公司（简称浙电信）等共同签署《关于全省医院预约诊疗服务合作协议》，约定就开展全省医院预约诊疗服务合作达成协议，主要内容包括：信息中心代表省卫生厅进行组织协调与监督工作；浙移动负责全省医院预约诊疗服务系统建设；浙移动开发的全省医院预约诊疗服务系统的软件知识产权归信息中心与浙移动双方共享等内容。浙移动将“浙江省医院预约诊疗服务系统”建设项目交给其全资子公司融创公司实施，融创公司委托聚合公司开发了该系统软件。

浙移动与聚合公司于2010年7月19日就浙江省医院预约诊疗服务系统，基于该平台开展各类医疗、健康增值业务合作相关事宜召开会议，并达成共识：(1) 由融创公司与聚合公司合作开展“浙江省医院预约诊疗服务系统”开发、集成、推广、服务支撑工作，融创公司负责硬件设备的采购、安装、维护和升级等，聚合公司负责平台相关软件的设计、开发、调试及安装上线等；(2) 由浙移动12580与聚合公司就基于上述系统的运营服务及医疗健康延伸增值服务开展多方面合作。2010年9月27日，由聚合公司提供软件，聚合公司与融创公司、浙移动共同参与安装，浙江省医院预约挂号系统上线试运行，由聚合公司进行维护和技术支持，省卫生厅、信息中心对上述项目进行了验收。

2011年4月28日，融创公司与聚合公司签署《浙江省医院预约挂号服务系统建设项目定向商务谈判会议纪要》，其主要内容包括：选用聚合公司，采用定向商务谈判方式采购，双方对聚合公司提供的商务报价进行了认证评议，经协商达成决议：合同最终报价为570 000元；2010年9月25日前按要求完成系统开发及试点实施工作，同年10月1日前正式进入运行，同年11月30日前完成系统验收并提交相关的验收资料和源代码；项目系统、设备维护及相关技术服务期限为二年等内容。

2011年9月底，因聚合公司与浙移动、融创公司就“浙江省医院预约诊疗服务系统”运行后的合作发生争议，聚合公司关闭了服务器，停止了对试点医院的维护和技术支持，改由融创公司进行维护和服务。浙移动、融创公司使用聚合公司开发的软件直至2011年10月9日，之后，浙移动、融创公司使用的是由融创公司重新开发的软件。

各方当事人均确认涉案软件委托开发事项的委托人为浙移动及融创公司，受托人则为聚合公司。各方当事人对于原由聚合公司开发的涉案软件的著作权归属聚合公司均无异议。浙移动、融创公司至今尚未向聚合公司支付涉案软件的开发费用。

【判决结果】 杭州市中级人民法院一审认为，浙移动、融创公司与聚合公司之间的委托开发合同成立，该合同系当事人真实意思表示，内容亦未违反国家法律、行政法规的强制性规定，应属有效。浙移动、融创公司作为委托人，对受托人聚合公司开发的“浙江省医院预约诊疗服务系统”软件在约定目的范围内享有免费使用权。因此，聚合公司指控浙移动、融创公司侵犯其计算机软件著作权的请求，该院不予支持。浙江省卫生厅、信息中心作为“浙江省医院预约诊疗服务系统”的牵头行政单位，并未直接使用聚合公司开发的诉争软件，且其构成侵权的前提与基础是浙移动、融创公司的被诉行为属于侵权，故聚合公司对省卫生厅、信息中心的侵权指控缺乏事实和法律依据，该院亦不予支持。据此，一审法院判决驳回聚合公司的诉讼请求。聚合公司不服，提起上诉。

浙江省高级人民法院二审认为，本案中，聚合公司与浙移动及融创公司曾通过电子邮件、召开会议等多种方式就涉案软件平台的开发、修改等事项进行了充分的沟通和协商，聚合公司按照浙江省卫生厅确定的软件平台应具备的相应功能及要求进行了开发，其软件开发成果已通过专家验收并已上线运行，软件开发的指向明晰，开发内容和要求清楚，并不存在争议。涉案软件委托开发合同成立。聚合公司的相关上诉理由不能成立。受委托创作的作品，著作权的归属由委托人和受托人通过合同约定。合同未作约定或者没有订立合同的，著作权属于受托人。本案中没有证据表明浙移动、融创公司对涉案软件的开发做出过实质性贡献，并且四被上诉人在二审中对涉案软件的著作权归属于聚合公司均无异议，故涉案软件著作权归属于聚合公司。由于软件作品有其特殊性，既包括经源代码编译而来的可执行程序所包含的使用功能，也包括源代码所蕴含的技术成果。根据软件行业的交易习惯及相关法律规定，通常在软件委托开发合同未作明确约定的情况下，受托人负责开发符合委托人要求的软件，并向委托人提供可正常使用的可执行程序，委托人有权通过软件客户端正常使用软件作品的各项功能，受托人享有软件作品的著作权，委托人仅可基于把该软件用于实际的计算机应用环境或者改进其功能、性能的目的，而进行必要的修改，且限于在软件作品委托创作的原有目的范围内继续使用，但并不包括对受托人享有著作权的软件作品作为技术成果加以利用。而对于委托人未经许可利用受托人享有著作权的软件作品进行超出上述范围的修改及重新开发的行为亦未被法律法规所许可。另外，因著作权人的权利应依法给予全面而妥善的保护，源代码作为计算机软件作品的核心组成，若在软件委托开发合同中，在软件著作权归属于受托人的情形下，允许委托人未经受托人许可即可对程序源代码随意修改使用或作重新开发利用，会使受托人享有的软件著作权形同虚设，此类行为显然侵入了著作权人专属权利范围，侵害了著作权人的利益，具有可责性。本案中，聚合公司作为开发涉案软件的受托人，应提交满足委托人功能需求的可执行程序，且依据《定向会议纪要》的记载，涉案软件系统最终可覆盖“全省二级以上公立医院”。委托人与受托人没有约定使用作品范围的，委托人可以在委托创作的特定目的范围内免费使用该作品。浙移动和融创公司作为预约挂号平台的建设单位和软件开发的委托人，因未与聚合公司就涉案软件源代码的使用权限等事项做出明确约定，故对涉案软件“在委托创作的特定目的范围内免费使用”的权利应限于将涉案软件提交给“全省二级以上公立医院”使用，向广大患者提供预约挂号服务，并不包括利用受托人的源代码进行后续开发。融创公司作为预约挂号平台建设者浙移动的全资子公司，受浙移动指派，擅自利用聚合公司所开发软件的部分源代码开发新软件，显然不属于“免费使用”的合法范畴，而是不当利用了聚合公司的涉案软件作品所包含的技术成果，侵害了聚合公司就涉案软件所享有的著作权，应承担相应的侵权责任；浙江移动公司作为涉案预约挂号软件项目的承建单位及指令融创公司实施具体软件开发项目的组织者，与融创公司的涉案被诉侵权行为具有密不可分的关联，应作为共同行为人与融创公司共同承担相应的侵权责任。一审法院认为委托人的免费使用包括全部使用和部分使用，只要是限于委托开发的目的范围之内，且未向第三人提供，则各种使用行为包括对源代码的使用均属于合理范畴，于法无据，应予纠正。浙江省卫生厅、信息中心并未实施任何侵害聚合公司软件著作权的行为，亦未从中直接获益，也与浙移动、融创公司的被诉侵权行为无涉，故聚合公司有关省卫生厅、信息中心应共同承担侵权责任的主张，缺乏事实和法律依据，不予支持。由于被诉侵权软件服务于民生，具有明确的公益属性，从保护社会公共利益角度考量，不宜判令停止使用涉案被诉侵权软件，对聚合公司关于停止侵害的诉求，不予支持。因聚合公司的实际损失或者浙移动、融创公司的违法所得均不能确定，故适用法定赔偿确定本案的赔偿数额，酌情确定赔偿额为 20 万元。因聚合公司未举证证明浙移动、融创公司的被诉侵权行为构成对其商誉的损害，或其社会评价因之遭受贬损，或给其带来其他不良之社会影响，故对聚合公司关于赔礼道歉、消除影响的诉求，不予支持。

【典型意义】 本案不仅涉及对受托人所享有的软件作品著作权权利内容做出合理解读以给予其合理保护的问题，也涉及如何准确界定委托人对委托创作的软件作品的使用权限以维护其正当权益的问题，还涉及因被诉侵权软件牵涉社会公共利益，若构成侵权是否应判令停止使用的问题。浙江省高级人民法院在二审判决中，通过界定著作权法司法解释有关“委托人可以在委托创作的特定目的范围内免费使用该作品”的规定在本案中的适用范畴和具体指向，合理确定了本案中委托人对委托开发软件的适用范围，并认定侵权成立，该界定对同类案件的审理具有典型意义。本案二审判决充分考虑了涉案软件具有较强公益属性的因素，在适当提高赔偿额的基础上，未判令被诉侵权软件停止使用，该裁判结果得到了各方当事人的充分认可，被诉侵权方也主动履行了判决内容。案件审理取得良好的社会效果，实现了法律效果与社会效果的统一。

十五、张俊雄侵犯著作权罪案［上海市普陀区人民法院（2013）普刑（知）初字第11号］

【案情摘要】 2009年底，张俊雄申请注册网站域名后设立www.1000ys.cc网站（网站名称为“1000影视”）。嗣后，张俊雄未经著作权人许可，通过网站管理后台，链接至哈酷资源网获取影视作品的种子文件索引地址，通过向用户提供并强制使用QVOD播放软件的方式，为网站用户提供浏览观看影视作品的网络服务。为提高网站的知名度和所链接影视作品的点击量，张俊雄以设置目录、索引、内容简介、排行榜等方式向用户推荐影视作品。同时，张俊雄加入“百度广告联盟”，从而获取广告收益。经鉴定，网站链接的影视作品中，有941部与中国、美国、韩国、日本等相关版权机构认证的具有著作权的影视作品内容相同。

【判决结果】 上海市普陀区人民法院经审理后认为，张俊雄以营利为目的，未经著作权人许可，发行（通过信息网络向公众传播）影视作品达941部，情节严重，其行为已构成侵犯著作权罪，依法判处被告人张俊雄犯侵犯著作权罪，判处有期徒刑1年3个月，缓刑1年3个月，并处罚金人民币3万元；违法所得依法予以追缴；扣押在案的作案工具，依法予以没收。判决后，被告人张俊雄未提起上诉，公诉机关未提起抗诉，判决已发生法律效力。

【典型意义】 本案系全国首例进入刑事诉讼程序的网络服务行为侵犯著作权罪案件。张俊雄并非直接提供影视作品，而是网络服务提供者。目前，司法实践及理论界争议较大的问题在于：侵害信息网络传播权中非作品提供的帮助型间接侵权行为能否或是否有必要上升为刑事犯罪行为由刑法调整，即民事司法解释中“通过信息网络向公众传播”是否仅指直接提供作品的行为；如网络服务提供行为在现行法律框架内有入罪空间，其入罪路径为何，采正犯还是共犯理论中的帮助犯路径；如网络服务提供行为采正犯路径入罪，应如何把握对“未经著作权人许可”犯罪构成要件的审查认定标准，如何考虑民刑衔接的问题。对于这类新型犯罪手法的行为性质分析、入罪路径选择、要件审查认定标准是本案法律适用的难点所在。本案的审理围绕网络服务提供行为入罪路径、犯罪构成要件审查、证据审查标准等难点热点问题进行了较为深入的研究和探索，具突破意义，较好体现了对知识产权的保护力度，审理结果得到社会各界广泛好评。

十六、周志全等七人侵犯著作权罪案［北京市海淀区人民法院（2014）海刑初字第00526号刑事裁定、北京市第一中级人民法院（2014）一中刑终字第2516号刑事裁定］

【案情摘要】 被告人周志全于2008年8月注册成立北京心田一品科技有限公司，经营思路网站。思路网站下设门户网（网址www.siluhd.com）、思路论坛（网址bbs.siluhd.com），并以HDstar论坛（网址www.hdstar.org）作为思路网站的内站。2009年1月至2013年4月间，被告人周志全雇用被告人苏立源、曹军、贾晶洋、李赋然等人，未经著作权人许可，以会员制方式，将他人享有著作权的大量影视、音乐等作品以种子形式上传至HDstar论坛，供2.6万余注册会员下载，在思路网站投放广告，并通过销售网站注册邀请码和VIP会员资格营利。2013年4月24日，被告人周志全、苏立源、李赋然被公安机关抓获。5月23日，被告人曹军被公安机关抓获。5月30日，被告人贾晶洋被公安机关抓获。现被告人周志全的大容量硬盘202个、普通移动硬盘2个、联想笔记本电脑1台、电影光盘87张、iPad平板电脑1台、手提式光碟箱4个、推拉式光碟箱6个、普通光盘2 773张、大容量硬盘4个、显示器1台、无牌电脑主机3台、联想黑色笔记本电脑1台、硬盘读取器1个，被告人苏立源的大容量硬盘14个，被告人李赋然的黑色自攒台式电脑主机1台，被告人贾晶洋的黑色杂牌电脑主机1台，已由公安机关依法扣押。被告人寇宇杰于2012年5月至2013年4月间，雇用被告人崔兵等人，未经著作权人许可，复制他人享有著作权的电影至4 000余份硬盘中，并通过淘宝网店予以销售。2013年4月24日，被告人寇宇杰被公安机关抓获。2013年5月27日，被告人崔兵被公安机关抓获。现绑定被告人寇宇杰淘宝网店的支付宝账户的关联银行卡已冻结在案，冻结款项人民币13 053.10元。现被告人寇宇杰的笔记本电脑1台、电脑主机5台、键盘1个、硬盘82个、显示器4个已由公安机关依法扣押并移送在案。

【判决结果】 海淀区人民法院一审认为，首先，信息网络传播行为既包括作品提供行为，又包括网络服务提供行为，涉案网络服务提供行为属刑法司法解释中“通过信息网络向公众传播”的行为。且从刑法规制必要性和当罚性的视角审视，在现行网络技术条件下，网络服务提供者的侵权行为往往更具集聚性、持续性、侵权成本低廉性，在盗版侵权方式上网络服务提供行为更具普遍、高发性，具刑事可罚性。其次，不能将前置法的概念直接嫁接到刑法中，民事上的帮助型间接侵权上升到犯罪情形并不一定等同于刑法共同犯罪中的帮助犯。因此，涉案网络服务提供行为可直接按照其行为本身定性入罪，即构成侵犯著作权罪的正犯。再次，保持民、刑在网络服务提供行为构成侵权或犯罪认定上的协调性和一致性，在查明犯罪事实方面，具体区分了网络服务提供行为的类型，进而在判定是否符合“未经著作权人许可”要件时，严谨、慎重地把握审查认定标准。本案中，结合 P2P 技术特点和影视作品的经营模式，被告人主动采集盗版影片资源，并以设置目录、索引等方式向用户推荐影视作品，涉案网站未获相关行政许可，系非法网站，正版授权的影视视频分享网站是业内公知信息，被告人链向的第三方网站不属此列等情形，认定被告人存在“未经著作权人许可”进行网络传播作品的主观故意。被告人周志全雇用被告人苏立源、曹军、李赋然、贾晶洋以营利为目的，未经著作权人许可，通过信息网络传播他人作品，情节特别严重；被告人寇宇杰雇用被告人崔兵以营利为目的，未经著作权人许可，复制发行他人作品，情节特别严重，上述被告人的行为均已构成侵犯著作权罪，应予惩处。北京市海淀区人民检察院指控被告人周志全、苏立源、寇宇杰、曹军、李赋然、贾晶洋、崔兵犯有侵犯著作权罪的事实清楚，证据确实充分，指控罪名成立。公诉机关指控的第一起犯罪事实，被告人周志全在共同犯罪中起主要作用，系主犯，被告人苏立源、曹军、贾晶洋、李赋然在共同犯罪中起次要作用，系从犯；公诉机关指控的第二起犯罪事实，被告人寇宇杰在共同犯罪中起主要作用，系主犯；被告人崔兵在共同犯罪中起次要作用，系从犯；且被告人苏立源、曹军、贾晶洋、李赋然、崔兵到案后及庭审中均能如实供述自己的罪行，法院对其五人均依法减轻处罚，并对被告人曹军、贾晶洋、李赋然、崔兵依法适用缓刑，以观后效。鉴于被告人寇宇杰到案后及庭审中能如实供述自己的罪行，认罪态度较好，法院对其亦依法从轻处罚。对辩护人的相关辩护意见，法院酌予采纳。综上，法院判决：被告人周志全犯侵犯著作权罪，判处有期徒刑 5 年，罚金人民币 100 万元；被告人寇宇杰犯侵犯著作权罪，判处有期徒刑 3 年，罚金人民币 25 万元；被告人苏立源犯侵犯著作权罪，判处有期徒刑 2 年 6 个月，罚金人民币 10 万元；被告人曹军犯侵犯著作权罪，判处有期徒刑 2 年，缓刑 3 年，罚金人民币 5 万元；被告人李赋然犯侵犯著作权罪，判处有期徒刑 2 年，缓刑 3 年，罚金人民币 5 万元；被告人贾晶洋犯侵犯著作权罪，判处有期徒刑 2 年，缓刑 3 年，罚金人民币 5 万元；被告人崔兵犯侵犯著作权罪，判处有期徒刑 1 年，缓刑 2 年，罚金人民币 2 万元。冻结在案的人民币 13 053.10 元，折抵被告人寇宇杰被判处的罚金；扣押在案的被告人苏立源的大容量硬盘 14 块，退回检察机关；在案扣押的其余物品，予以没收。宣判后，被告人苏立源、寇宇杰不服，提起上诉。

北京市第一中级人民法院二审认为，苏立源以营利为目的，未经著作权人许可，通过信息网络传播他人作品，情节特别严重；寇宇杰雇用崔兵以营利为目的，未经著作权人许可，复制发行他人作品，情节特别严重，上述被告人的行为均已构成侵犯著作权罪，应予惩处。苏立源在共同犯罪中起到的作用，更多表现为辅助，系从犯，且苏立源到案后能够如实供述其主要犯罪事实，具有酌予减轻处罚情节。寇宇杰在共同犯罪中起主要作用，系主犯，寇宇杰到案后及庭审中能如实供述自己的罪行，认罪态度较好，依法可予从轻处罚。一审法院根据上诉人苏立源、寇宇杰及原审被告人周志全、曹军、李赋然、贾晶洋、崔兵犯罪的事实、性质、情节和对于社会的危害程度所做出的判决，事实清楚，证据确实、充分，定罪及适用法律正确，量刑适当，审判程序合法，应予维持。对于苏立源及其辩护人所提原判量刑过重，请求二审法庭对苏立源减轻处罚并给予缓刑的上诉理由及辩护意见，无法律依据，不予支持。对寇宇杰所提原判量刑过重的辩解，缺乏法律依据，亦不予支持。裁定：驳回苏立源、寇宇杰的上诉，维持原判。

【典型意义】 本案是北京市文化执法总队接到群众举报后，联合公安机关，在 2013 年“4·26”世界知识产权日破获的侵犯知识产权大案，是 2013 年文化部公布的文化市场十大案件之一。本案被告作案手段较为隐蔽，给司法机关的查处带来了很大的困难。思路网号称“中国最大的数字高清门户网站”、国内最“顶尖”的蓝光高清网站。思路网表面上看是一个介绍蓝光技术的普通网站，内容包括高清资讯和电影新闻，但其链接到的 HDstar 论坛却存有大量蓝光高清格式的盗版电影和电视剧资源可供付费下载。隐蔽的作案手段给司法机关的查处带来了很大的困难。法院通过认真审查卷宗，做出了慎重的判断。认定思路网、思路论坛与HDstar论坛运营主体同一、运营方式关联，HDstar论坛的充值通道开设在思路论坛上，三个网站不能截然分开，需作为有机联系的一个整体考察。对以会员人数作为定罪量刑的标准做出合理界定，对立法对会员数量进行划分的主要目的做出合理解释，认定立法原意在于通过对会员数量、影响范围的划分来区分社会危害程度。本案对同类案件的审理具有借鉴意义。

（撰稿：秦元明、李嵘、马秀荣、董晓敏、丁文严、廖继博）

2014年度打击侵权盗版十大案件

一、上海“射手网”侵犯著作权案

2014年9月，根据美国电影协会投诉，上海市文化市场行政执法总队对“射手网”涉嫌侵犯著作权案进行调查。经查，“射手网”由上海射手信息科技有限公司经营，自2013年5月起，未经权利人许可，复制他人电影作品于硬盘存储产品，并通过其互联网销售、发行，供用户购买和使用；此外，该公司未经权利人许可，自2013年开始在“射手网”登载《驯龙高手》等影视作品的字幕。经认证，上述电影作品中79部、影视作品字幕文件中4部未经著作权人授权。

2014年12月15日，上海市文化市场行政执法总队对当事人做出行政处罚：罚款人民币10万元。

二、江苏“爱漫画网”侵犯著作权案

2014年11月，江苏省扬州市文化广电新闻出版局对“爱漫画网”侵犯著作权案进行调查。经查，当事人叶某某未经权利人许可，擅自通过网络传播大量侵权盗版动漫作品，并通过广告获取利益，且部分漫画作品中含有低俗、淫秽和恐怖暴力内容。

2014年12月4日，江苏省扬州市文化广电新闻出版局于对当事人做出行政处罚：删除未经授权的漫画作品；罚款人民币10万元。

三、合肥安海电子科技公司销售盗版软件案

2013年12月，安徽省蚌埠市固镇县文化市场综合执法队根据群众举报线索，对合肥安海电子科技有限公司在“固镇县教育局教学电脑采购项目”中涉嫌安装侵权软件案进行调查。经查，在该公司向固镇县76所中小学销售的672台清华同方超越E500型计算机中，所复制的计算机软件为侵犯他人著作权的计算机软件。

2014年3月28日，安徽省蚌埠市固镇县文广新局对该公司做出行政处罚：责令停止侵权行为，为本案中所销售计算机重新安装合法软件；罚款人民币10万元。

四、湖南广大消防安全培训职业学校发行盗版教材教辅案

2014年6月，湖南省娄底市文化市场综合执法局根据举报线索，对广大消防安全培训职业学校复制、发行侵权盗版培训资料案进行调查。经查，该校自2012年9月至2014年6月，先后从长沙等地购进用于培训卡拉OK、网吧、宾馆等场所的消防安全员的《消防安全培训教材》3 500册，其中2 000册为侵权盗版出版物，《中华人民共和国消防法释义》3 000册，全部为侵权盗版出版物。所有培训教材都已发行完毕，涉案学校发行侵权盗版出版物的非法经营额为17万余元。

2014年9月1日，湖南省娄底市文化市场综合执法局对当事人做出行政处罚：没收未经著作权人许可，复制、发行的非法出版物；罚款人民币18万元。

五、安徽“DY161电影网”侵犯著作权案

2013年，根据有关权利人投诉，安徽省公安部门会同版权部门成立专案组，对“DY161电影网”涉嫌侵犯著作权案立案调查。经查，陈某同时拥有包括DY161在内的3个视频网站，共发布涉嫌侵权影视作品上万部，通过网站牟取利益超过100万元。2014年5月26日，专案组将陈某抓获，在其住处查获大量盗版光盘以及作案用的电脑2台，并同时在江苏省镇江市查扣作案用服务器1台。

2014年11月10日，安徽省合肥市高新区法院以侵犯著作权罪判处陈某有期徒刑7个月，并处罚金人民币15万元。

六、江苏“放放电影网”侵犯著作权案

2014年3月，江苏省徐州市公安部门会同版权部门对“放放电影网”涉嫌侵犯著作权案立案调查。经查，谢某未经著作权人许可，在其经营的“放放电影网”上传播其从其他网站采集的影视作品1万余部，并发布广告牟利。截至2014年3月案发，获得广告收入共计581万余元。2014年3月6日，徐州市公安机关将谢某抓获归案。

2014年12月17日，江苏省徐州市中级人民法院以侵犯著作权罪判处谢某有期徒刑3年6个月，并处罚金人民币300万元。

七、湖北“10·12”侵犯网络游戏著作权案

2011年，湖北省荆门市公安部门会同版权部门对群众举报的“10·12”诚信网络侵犯著作权案进行调查。经查，2011年以来，罗某某等7人未经著作权人许可，开设“诚信网络一条龙”网站，售卖《传奇》游戏私服版本、架设私服、为客户代理发布该游戏私服广告，非法接收资金共计202.3万元；

李某某开办“至上科技”论坛，利用非法获得的《传奇》私服版本进行广告推广获利，非法接收资金175.4万元；何某某等3人利用QQ在网上联系发布《传奇》私服广告客户获利，非法接收资金共计1 749.5万元。

2014年12月24日，湖北省荆门市东宝区人民法院以侵犯著作权罪分别判处罗某某等11人有期徒刑4年6个月至1年不等有期徒刑，并处罚金合计人民币1 332万元。

八、黑龙江刘某等侵犯网络游戏著作权案

2014年1月，根据权利人投诉，黑龙江省哈尔滨市公安部门会同版权部门对刘某等涉嫌侵犯网络游戏《逐鹿中原》著作权案展开调查。经查，刘某、李某、桑某通过VPN代理服务等方式运营侵权网络游戏，先后在境内外多地租用服务器，通过不断变更第三方支付平台进行资金流转，玩家数量达数十万人，规模接近该正版游戏，涉案金额近300万元。2014年7月和8月，专案组先后抓获犯罪嫌疑人刘某（北京某网络科技公司技术总监）、李某和桑某（佳木斯某机房法人）。

2014年12月12日，黑龙江省哈尔滨市香坊区法院以侵犯著作权罪分别判处刘某等3人有期徒刑3年6个月、有期徒刑1年及有期徒刑缓刑，并处罚金人民币40万元、10万元和6万元。

九、青岛“6·25”销售盗版报刊案

2013年以来，山东省青岛市版权执法部门多次接到不同的权利人投诉，称在街边的书报摊发现有多种未经权利人授权的报纸或期刊在售。公安部门会同版权执法部门先后查处了三处批发销售侵权报纸、期刊的窝点，抓获两名犯罪嫌疑人，当场缴获报刊28种5 500份。经查，自2010年至2013年6月，丛某某等人未经著作权人许可，分别从山西等7个省市的多家报刊发行商购入非法报刊5 380万份，并向山东、辽宁、黑龙江、吉林四省发行，累计涉案金额5 700万元。

2014年11月12日，山东省青岛市市北区人民法院以侵犯著作权罪分别判处丛某某等2人有期徒刑5年2个月和有期徒刑缓刑，并处罚金人民币1万元和5 000元。

十、云南“3·28”销售盗版《新华字典》案

2013年，云南省临沧市公安部门会同版权部门根据群众举报线索，对临沧希望图书城销售盗版《新华字典》案进行调查。经查，周某某未经权利人许可，在自己的地下印刷厂非法印制《新华字典》后，以明显低于市场价的价格销售给王某某，王某某又将该批《新华字典》销售给临沧希望图书城，由该图书城配发至指定学校，涉案侵权盗版《新华字典》共计26 915本。

2014年7月7日，云南省临沧市临翔区人民法院以侵犯著作权罪判处周某某有期徒刑4年，并处罚金人民币5万元，原犯侵犯著作权罪，判处有期徒刑3年缓刑5年，并处罚金人民币5万元，撤销缓刑，合并决定执行有期徒刑5年，并处罚金人民币10万元；以销售侵权复制品罪判处王某某有期徒刑2年，并处罚金人民币5万元。

（以上案件由国家版权局于2015年4月23日发布）

部分省(区、市)公布的2014年度著作权典型案件

北京市法院公布的典型案件

一、嵌入式软件著作权侵权案

【简要案情】 原告微软公司发现被告北京合众思壮科技股份有限公司（简称合众思壮公司）销售的汽车导航仪上使用 Windows CE 6.0 计算机软件，认为上述行为侵犯了其对上述软件享有的著作权，遂将合众思壮公司诉至法院，要求被告承担相应的民事责任。微软公司提交了该公司《标准合同》，用以证明微软公司交付的嵌入式系统需要有正版标签，正版标签需要不可去除地粘贴在产品上。

合众思壮公司称其生产销售的汽车导航仪系委托他人生产的，而其所使用的 Windows CE 6.0 软件则是从微软公司的代理商处购买的。因此，合众思壮公司主张其不应承担任何民事责任。

法院认为被告生产、销售的汽车导航仪商品使用原告 Windows CE 6.0 软件的行为属于对该软件的复制、发行行为。原告作为该软件的著作权人，质疑被告未经其授权复制、发行了该软件，对此，被告应当举证证明其复制、发行该软件有合法授权。本案中，被告提供的证据不足以证明其复制、发行行为已获得合法授权，因此，应当承担相应的民事责任。据此法院判决：被告停止侵权并赔偿原告经济损失及合理支出 193 万余元。

【点　评】 嵌入式软件是一种嵌入在硬件中的操作系统和开发工具软件。随着社会信息化的日益加强以及计算机科技的快速发展，嵌入式系统已经开始渗透到日常生活的许多领域。但由于搭载嵌入式软件的硬件通常作为产品的零部件，而非单独作为软件商品进入流通领域，所以，权利人在维权中的取证过程相对于一般计算机软件案件更加困难。本案作为第一起涉及车载导航中嵌入式操作系统软件侵权的案件，确认了正版标签在嵌入式软件合法来源证明过程中的重要作用，对于研究有关嵌入式计算机软件的著作权侵权问题具有重要的借鉴意义。

二、“苹果 APP”著作权侵权案

【简要案情】 《李可乐抗拆记》由甘肃人民美术出版社出版，原告李承鹏是该书作者。登录网址为 http://www.apple.com.cn 的网站，该网站下方显示“copyright © 2012 Apple. Inc 保留所有权利”，在该网站上下载、安装 iTunes 软件并进入，在 iTunes 软件页面下方显示“版权所有© 2012 Apple. Inc 保留所有权利”。在 iTunes 软件上方的搜索栏中输入“李承鹏”，可以查找到名为“李可乐抗拆记（简繁）”的应用程序。使用 iPod Touch 点击 App Store（应用程序商店），在搜索栏中输入“李承鹏”并点击搜索，出现搜索结果页面，显示两条搜索结果，其中包括“李可乐抗拆记（简繁）”，支付“50.99”，可以购买安装“李可乐抗拆记”应用程序，内含部分涉案作品的内容。李承鹏指控苹果公司未经其许可，自行上传或与开发者通过分工合作等方式，将李承鹏享有著作权的涉案作品上传到苹果应用程序商店（App Store）中，并通过该商店向社会公众提供下载阅读，获取经济利益，苹果公司的上述行为侵害了涉案作品的信息网络传播权，给李承鹏造成了巨大的经济损失，请求法院依法判令苹果公司：(1) 赔偿经济损失人民币 305 000 元，(2) 赔偿维护自身合法权益的合理支出人民币 5 425 元。

法院认为苹果公司为应用程序商店 App Store 的经营者，为平台服务商。苹果公司所经营的应用程序商店，是为开发者上传涉案应用程序供公众下载提供服务，属于网络服务提供行为。应用程序商店是一个以收费下载为主的网络服务平台，因此苹果公司应对开发商的侵权行为负有较高的注意义务。涉案应用程序系第三方开发商上传，使用了涉案作品的主要内容。苹果公司在可以明显感知涉案应用程序为应用程序开发商未经许可提供的情况下，仍未采取合理措施，其并未尽到注意义务，具有主观过错。苹果公司经营的 App Store 提供涉案侵权应用程序，供网络用户付费后下载，构成了对李承鹏涉案作品信息网络传播权的侵害。依据《中华人民共和国著作权法》第十条第一款第（十二）项、第四十八条第（一）项、第四十九条，《信息网络传播权保护条例》第二条，《中华人民共和国民事诉讼法》第六十四条之规定，法院判决苹果公司赔偿李承鹏经济损失人民币 1 万元及因诉讼支出的合理费用人民币 1 000 元。

【点　评】 本案是“作家维权联盟”因苹果公司在其经营的 App Store 上提供涉嫌侵犯其著作权

的应用程序而向苹果公司提起的系列维权诉讼之一。因涉及全球市值第一的苹果公司，且案件的审理结果将直接影响App Store的经营模式而备受关注。特别是，由于系列案件的诉讼跨越《最高人民法院关于审理侵害信息网络传播权民事纠纷案件适用法律若干问题的规定》司法解释颁布施行前后，因此，如何认定苹果公司涉案行为的性质以及法律责任都给法院带来挑战。最终，法院认定苹果公司是App Store的经营者，应用程序商店是一个以收费下载为主的网络服务平台，并且在与开发商的协议中，约定了固定比例的直接收益，因此苹果公司应对开发商的侵权行为负有较高的注意义务。苹果公司在可以明显感知涉案应用程序为未经许可提供的情况下，仍未采取合理措施，未尽到注意义务，具有主观过错，其行为构成侵权。在当前互联网产业飞速发展、各种新的网络平台经营模式不断出现的情况下，本案的审理对如何界定平台服务商的行为性质、责任，具有一定借鉴和指导意义。

三、钱锺书书信著作权及隐私权侵权案

【简要案情】 2013年5月，中贸圣佳公司发布已故著名学者钱锺书书信手稿拍卖公告。钱锺书遗孀杨季康遂向法院提起侵害著作权及隐私权诉讼，认为李国强作为涉案书信的收信人将涉案书信手稿交给第三方的行为以及中贸圣佳公司在诉前禁令做出前为拍卖而举行的准备活动，已经构成对杨季康等著作权和隐私权的侵犯，故请求法院判令中贸圣佳公司和李国强：

（1）停止涉案侵犯杨季康等隐私权和著作权的行为；

（2）在新华网等媒体及中贸圣佳公司网站上向杨季康公开赔礼道歉；

（3）赔偿因侵害著作权造成的经济损失50万元，并支付精神损害抚慰金15万元以及杨季康为制止侵权所支出的合理费用5 000元。

根据《最高人民法院关于确定民事侵权精神损害赔偿责任若干问题的解释》《继承法》《著作权法》及《著作权法实施条例》的相关规定，杨季康作为钱锺书的遗孀、钱瑗的母亲，是其二人的近亲属，在钱锺书、钱瑗去世后，有权就涉案侵权行为请求侵权人承担侵权责任，并有权依法继承钱锺书、钱瑗著作权中的财产权，依法保护其二人著作权中的署名权、修改权、保护作品完整权，依法行使其二人著作权中的发表权。中贸圣佳公司作为拍卖人未能举证证明其履行了《拍卖法》规定的与委托人签订委托拍卖合同，审查委托人的身份证明，要求委托人提供与著作权、隐私权相关的其他资料等法定义务，主观上存在过错，对因拍卖涉案标的侵害他人著作权、隐私权的行为应承担相应的侵权责任。中贸圣佳公司召开研讨会、向鉴定专家提供涉案书信，且未与专家就不得对外提供涉案书信等事项进行约定，也未对专家做出此类明示，以及通过其网站转载媒体相关文章等行为，侵犯了杨季康等人对涉案书信享有的发表权、复制权、发行权、信息网络传播权、获酬权及杨季康等的隐私权。据此，法院判决：中贸圣佳公司和李国强停止侵权，赔偿杨季康经济损失及精神损害抚慰金10万元并赔礼道歉。

【点 评】 此案不仅因涉及著作权、隐私权以及物权等多项权利的认定，颇具代表性并广受关注，而且还对拍卖公司因从事拍卖活动侵犯他人著作权的责任进行了界定和规范，特别是拍卖公司在拍卖活动中，除应依据《拍卖法》就拍卖标的的所有权归属、委托人的身份情况进行审查，并签订委托拍卖合同外，对于负载著作权、隐私权、肖像权等其他民事权利的拍卖标的，还应对相关著作权权利归属、隐私权和肖像权的权利保护等情况进行审查，以履行《拍卖法》所赋予拍卖人的法定义务。此案的审结，明晰了拍卖者的法律义务，规范了拍卖市场秩序，对维护相关权利人的著作权、隐私权等民事权利具有积极的意义。

四、《推拿》著作权侵权及不正当竞争案

【简要案情】 毕飞宇系第八届茅盾文学奖获奖小说《推拿》（简称毕飞宇版《推拿》）的作者，人民文学出版社于2008年9月出版该小说。2009年7月，毕飞宇与案外人中融公司签订《合同书》，约定毕飞宇将电视剧改编权独家提供给中融公司，中融公司不享有独立出版电视剧《推拿》电视小说之权益。2010年12月2日，中融公司将其从《推拿》小说作者处取得的著作权及其他权利转让给禾谷川公司。毕飞宇为此出具证明书确认此次转让合法有效。2011年1月，禾谷川公司与陈枰签订合同，约定禾谷川公司委托陈枰为文学作品《推拿》的电视剧改编编剧。2013年4月，陈枰与西苑出版社就陈枰版《推拿》（上、下册）签订《图书出版合同》，同年6月，该书出版。毕飞宇、人民文学出版社以陈枰版《推拿》的出版发行行为侵害了毕飞宇对《推拿》小说所享有的改编权，同时，陈枰版《推拿》使用《推拿》作为图书名称，构成擅自使用知名商品的专有名称的不正当竞争行为为由，诉至法院。

法院认为，陈枰版《推拿》不是严格意义上的根据毕飞宇版《推拿》改编的电视剧剧本，而是在电视剧剧本基础上进行了一定程度的小说化处理的

作品。陈枰、西苑出版社仅享有根据毕飞宇版《推拿》改编电视剧剧本并进行拍摄的权利，不享有出版改编作品的权利，因此，陈枰版《推拿》侵犯了毕飞宇的相关著作权。毕飞宇版《推拿》获得第八届茅盾文学奖等众多奖项，属于反不正当竞争法所规定的“知名商品”。“推拿”是毕飞宇根据图书内容和主题句选取使用的图书名称，通过长期的出版发行，具有了区分商品来源的作用，毕飞宇版《推拿》属于知名商品的特有名称。虽然陈枰根据毕飞宇的同名小说改编创作《推拿》电视剧剧本获得了毕飞宇的授权，而且改编自小说《推拿》的电视剧剧本使用《推拿》作为名称也具有合理性甚至必然性，但是陈枰和西苑出版社并不具有出版电视剧剧本的授权，不具有将相关改编的电视剧剧本推向文化市场、作为图书商品流通的授权。陈枰版《推拿》与毕飞宇版《推拿》的名称完全相同，在陈枰版《推拿》未附加足够醒目的区别性特征的情况下，相关公众存在误认为陈枰版《推拿》就是毕飞宇版《推拿》，或者二者存在特定联系的可能性。综上，陈枰版《推拿》的出版构成擅自使用知名商品特有名称的不正当竞争行为。据此，法院判决：西苑出版社停止出版发行图书《推拿》；北京市新华书店王府井书店停止销售图书《推拿》；陈枰、西苑出版社连带赔偿毕飞宇经济损失 14 万元；陈枰、西苑出版社连带赔偿人民文学出版社经济损失 8 万元及因诉讼支出的合理费用 5 000 元，驳回毕飞宇的其他诉讼请求；驳回人民文学出版社的其他诉讼请求。

【点　评】 反不正当竞争法的立法目的在于规制市场经营者的经营行为、维护公平竞争的社会经济秩序，故反不正当竞争法主要是规制商品市场流通过程中的授权，而不是规制商品创作过程中的授权。本案中，陈枰和西苑出版社仅具有改编作品的授权，并不具有出版改编作品的授权，也就是说不具有将相关改编后的作品推向文化市场、作为图书商品流通的授权，因此，被告出版同名作品的行为构成不正当竞争。本案在一定程度上反映出当前图书出版市场存在的授权混乱、权利意识淡薄、诚信缺失等现象。通过本案的审理，有利于当事人规范其行为，也对整个图书出版行业的合法规范经营发展提出了指引。

上海市版权局公布的典型案件

一、王某侵犯 ISO、IEC 国际标准文件著作权刑事案

【简要案情】 2010 年 10 月起，被告人王某为牟取非法利益，先后开设 www. pdfez. com、www. normnow. com、www. pdfstd. com、www. buystd. com、www. enstd. com 五家网站，未经授权，将大量 ISO、IEC 等国际标准目录进行分类上传至网站，明码标价，对外销售上述国际标准文件。其中，www. enstd. com 网站上有 ISO 标准文件的目录 28 086 条，IEC 标准文件的目录 7 865 条；www. buystd. com 网站上有 ISO 标准文件的目录 20 084 条。购买者在网站进行购买操作后，向王某注册或控制的 Papal 账号进行交易支付，王某通过与其 Papal 账号绑定的、其控制的招商银行账户收取钱款。支付完成，王某通过邮件方式向购买者发送所购国际标准文件。2013 年 9 月 24 日，公安人员将王某抓获，并查扣涉案台式电脑、笔记本电脑及硬盘等物。经鉴定，在王某的电脑及硬盘中存有 ISO 标准文件 5 065 个，其中 4 407 个与 www. enstd. com 网站上用于销售的 ISO 标准目录一致，1 699 个与 www. buystd. com 网站上用于销售的标准目录一致；存有 IEC 标准文件 2 017 个，其中 1 370 个与 www. enstd. com 网站上用于销售的 IEC 标准目录一致。据此，公诉机关上海市宝山区人民检察院以被告人王某犯侵犯著作权罪，向上海市杨浦区人民法院提起公诉。

杨浦法院经审理认为，王某以营利为目的，未经著作权人许可，复制发行著作权人的作品，情节特别严重，其行为已构成侵犯著作权罪。王某到案后如实供述自己的罪行，并预缴了罚金，依法可以从轻处罚。故对王某判处有期徒刑 3 年，缓刑 4 年，罚金人民币 18 万元；扣押在案的犯罪工具电脑、硬盘等均予以没收。判决后，公诉机关未抗诉，被告人王某未上诉，一审判决发生法律效力。

【点　评】 本案为上海市首起涉及侵犯国际标准文件著作权的刑事案件，被国家版权局列为 2014“剑网行动”重点案件，并受到国际标准化组织高度关注。根据我国加入的相关国际公约，ISO、IEC 国际标准文件著作权受我国法律保护，不得因其为外国作品而可随意复制发行。本案判决充分保护了 ISO、IEC 国际标准文件著作权，体现了司法保护知识产权的主导作用，彰显了司法机关对版权的司法保护力度，同时有力维护了我国在知识产权保护领域的国际形象。

二、何某等人、上海同伟图文制作有限公司侵犯著作权刑事案

【简要案情】 被告人何某在未得到相关著作权人许可的情况下，从网络上下载《之江新语》《摆脱贫困》《科学与爱国》《干在实处走在前列》等电子

版书籍或购书拆装，利用购买的打印机、复印机及无线胶装机等设备予以打印、复印、裁剪、装订成册，并通过他人和其本人的身份证件在淘宝网上注册的“惠生图文”“上海复旦网上书店”淘宝网店，以低于市场售价的价格进行销售。自2013年1月至案发，“惠生图文”网店共销售上述书籍1 327本，“上海复旦网上书店”网店共销售上述书籍3 320本，销售金额共计87 000余元。其间，被告人何某将《摆脱贫困》《之江新语》等书的封面，以每张1.6元的价格委托被告人杨某、蔡某经营管理的被告单位上海同伟图文制作有限公司印制。至案发，上海同伟图文制作有限公司为被告人何某制作《摆脱贫困》《之江新语》等书封面1 400余个（印制的800余张中有部分一张包含两个封面）。2014年4月15日，被告人何某、杨某、蔡某被公安人员抓获归案，到案后均如实供述了犯罪事实。

杨浦法院经审理认为，被告人何某未经著作权人许可，非法复制发行他人文字作品，复制发行数量合计在2 500本以上，情节特别严重；被告单位上海同伟图文制作有限公司为被告人何某复制发行的部分书籍印制封面，提供帮助，情节严重，被告人杨某、蔡某系该公司经营管理人员，其行为均已构成侵犯著作权罪。该案系共同犯罪，被告人何某起主要作用，系主犯；被告单位上海同伟图文制作有限公司起次要作用，系从犯，对被告单位上海同伟图文制作有限公司及被告人杨某、蔡某依法应当从轻处罚。被告人何某到案后能如实供述自己的罪行，依法可以从轻处罚。被告单位上海同伟图文制作有限公司，被告人杨某、蔡某到案后能如实供述自己的罪行，并退出了违法所得，预缴了罚金，依法可以从轻处罚。故对被告人何某判处有期徒刑3年6个月，罚金人民币5万元；对被告单位上海同伟图文制作有限公司判处罚金人民币1 000元；对被告人杨某判处拘役6个月，罚金人民币200元；对被告人蔡某判处拘役6个月，罚金人民币100元；扣押在案的违法所得及查获的侵权书籍和犯罪工具复印机、胶装机、切纸机、电脑等均予以没收；责令被告人何某退出违法所得。判决后，公诉机关未抗诉，被告人何某，被告单位上海同伟图文制作有限公司，被告人杨某、蔡某均未上诉，一审判决发生法律效力。

【点　评】 本案被告人、被告单位未经权利人许可，非法复制发行的书籍数量较多，严重损害了著作权人的权利，且冒用知名高校名称作为网店店名销售盗版书籍，具有较大的迷惑性，严重扰乱正常的市场经济秩序。法院判决充分体现了司法保护知识产权的主导作用，彰显了司法机关对著作权的司法保护力度，保护了著作权人的合法权利，切实维护了社会主义市场经济秩序。

三、“1000影视”网站侵犯著作权案

【简要案情】 张某某非法设立“1000影视”（www.1000ys.cc）网站，未经著作权人许可，将网站管理后台链接至哈酷资源网获取影视作品的种子文件索引地址，通过向用户提供并强制使用QVOD播放软件的方式，为“1000影视”网站用户提供浏览观看影视作品的网络服务。同时，被告人张某某在该网站以设置目录、索引、内容简介、排行榜等方式向用户推荐影视作品，并通过加入广告联盟，由广告联盟在其网站上投放广告的形式获取广告收益。经鉴定，该网站链接的影视作品中有941部侵权作品。

上海市普陀区人民法院于2014年5月23日做出判决：被告人张某某犯侵犯著作权罪，判处有期徒刑1年3个月，缓刑1年3个月，并处罚金人民币3万元。

【点　评】 本案系全国首例进入刑事诉讼程序的网络服务行为侵犯著作权罪案件，犯罪行为类型新颖，涉及深度链接等专业性较强的网络技术，同时涉案侵权影视作品数量众多，相关著作权人来自多个国家，受到社会各界的高度关注，通过刑事制裁的方式规制涉案网络服务行为，体现了对权利人知识产权的司法保护力度。

四、水滴在线公司、李某等三人侵犯著作权案

【简要案情】 2012年12月，被告人李某注册成立水滴在线公司，担任法定代表人并负责公司的运营。公司类型为有限责任公司，经营范围包括技术开发、技术转让、技术咨询、计算机技术培训等。被告人王某担任技术总监，被告人徐某某担任高级工程师，对外开展技术开发等业务。公司在经营“某某宝宝”软件等业务的同时，被告人李某等人共同开发了“某某免费小说”软件。其中被告人李某负责水滴在线公司的日常经营以及该软件研发的资金支持，被告人王某负责该软件的设计及研发，被告人徐某某负责软件内置搜索引擎的研发及日常维护等。2013年12月，被告人李某设立网站，作为“某某免费小说”的官方网站，由被告人王某将该域名登记备案，由被告人徐某某出面以水滴在线公司的名义租赁服务器，并将“某某免费小说”软件投放至应用宝等多个移动电话应用市场。

自2014年起，被告人李某等人为提高该软件的

知名度和点击下载量，在未获玄霆公司等许可的情况下，擅自通过“某某免费小说”软件复制、转载玄霆公司等发行于“起点中文网”等网站上的《星辰变》等文字作品，将其存储在服务器内，供Android移动电话用户下载该软件后免费阅读，再通过在软件内植入广告，以被告人李某的银行账户收取广告收益分成。

2014年12月1日浦东新区人民法院判决：被告单位水滴在线（北京）网络技术有限公司犯侵犯著作权罪，判处罚金人民币6万元；被告人李某犯侵犯著作权罪，判处有期徒刑1年，缓刑1年，罚金人民币2万元；被告人王某犯侵犯著作权罪，判处有期徒刑10个月，缓刑1年，罚金人民币1万元；被告人徐某某犯侵犯著作权罪，判处有期徒刑10个月，缓刑1年，罚金人民币1万元。

【点　评】 本案是全国首例利用手机APP程序盗版的刑事案件。认定本案是否构成犯罪，关键在于：在智能手机的环境下，是否还存在侵犯著作权罪中的“复制、发行”行为。本案被告人通过“转码技术”，将文件缓存在服务器中。针对这一特点，司法部门对涉案的服务器进行数据采集，并经过鉴定，最终认定被告人构成侵犯著作权犯罪，为今后查处和判罚同类案件提供了有益借鉴。

五、上海麦克风文化传媒有限公司未经著作权利人许可擅自通过信息网络向公众提供他人的音乐录音制品及未经批准擅自从事信息网络传播视听节目服务案

【简要案情】 上海麦克风文化传媒有限公司未经著作权利人许可，擅自通过其互联网站“蜻蜓FM网”登载当事人开发的移动互联网软件“蜻蜓FM收音机”供用户浏览和下载。自2014年5月28日起至案发，当事人在“音乐”频道内通过信息网络向公众提供未经著作权利人许可的《看穿》等共计30部录音制品，供公众浏览、点播和收听，该30部录音制品的实际被点击数共计约1.2万次。2014年8月20日，上海市文化执法总队对当事人依法检查后，当事人立即提交整改报告，删除上述30部侵犯知识产权的移动互联网录音制品，停止了侵权行为。

同时，当事人擅自从事互联网视听节目服务。在上述互联网站上登载当事人开发的移动互联网软件“蜻蜓FM收音机”供用户浏览和下载后，通过信息网络向公众提供美国IPR音乐、日本FM. JAGA以及巴勒斯坦RadioMawwal-101.7FM等境外广播电台节目，供用户在线浏览、使用和收听。

当事人的行为已违反《信息网络传播权保护条例》第二条的规定，构成了未经权利人许可，擅自通过信息网络向公众提供他人录音制品的行为，同时损害了公共利益。依据《信息网络传播权保护条例》第十八条第（一）项和《中华人民共和国行政处罚法》第二十七条第一款第（一）项的规定，责令当事人停止未经权利人许可，擅自通过信息网络向公众提供他人录音制品的违法侵权行为，并依法做出以下行政处罚：罚款人民币2.8万元。

【点　评】 本案是一起典型的手机移动互联网电台侵权盗版案件。本案的审理较好地维护了手机移动互联网的网络版权秩序，显示对手机移动互联网侵犯版权违法行为打击的高压态势。

六、中影寰亚音像制品有限公司诉四川长虹电器股份有限公司等侵害作品信息网络传播权纠纷案

【简要案情】 原告中影寰亚音像制品有限公司（简称中影公司）为《韩城攻略》等六部影视作品的著作权人，依法享有这些影视作品在中国大陆地区的独占性信息网络传播权等著作权。被告四川长虹电器股份有限公司（简称长虹公司）生产的LED24860iX长虹电视机连接网络后，无须下载任何应用程序，即可在电视机的“乐影”平台中搜索到上述电影，且影片均能正常播放。该款电视机的产品说明书中亦明确表示将由长虹公司不定时地发布适用于该机的新版本软件以提升用户体验。该产品可在线升级，并不断更新，资讯、网络中的内容随长虹公司网站调整而更新。中影公司认为长虹公司未经许可非法传播上述电影作品，被告上海聚力传媒技术有限公司（简称聚力公司）未经许可向长虹公司提供涉案电影作品，诉请判令二被告赔偿原告经济损失24万元及合理费用6万元。长虹公司辩称，其片源来自互联网，不构成侵权。聚力公司则认为，涉案影片并非由其提供，系由长虹公司单独提供，其不应承担侵权责任。

浦东法院经审理认为，长虹公司生产的涉案电视机在连接网络后可以在“乐影”平台中观看影视剧，无须下载或者安装任何应用程序。进入“乐影”平台后，有“电影”“电视剧”等分类及视频数量，在各分类下还有“爱情”“喜剧”等分类，并有剧情介绍，说明“乐影”中的视频、文件被进行了编辑和整理。结合涉案电视机产品说明书中长虹公司明确表示该产品可在线升级并不断更新，资讯、网络中的内容随网站调整而更新等内容，足以证明长虹公司对“乐影”平台的内容具有控制力，并非仅提供自动接入、链接等网络服务，故长虹公司作为电视机的生产者和在线播放平台的运营、维护者，未经原告许可，向用户提供涉案电影播放的行为侵犯了原告的信息网络传播权，应当承担侵权责任。针对原告对聚力公司的指控，首先，长虹公司虽声称其“乐影”平台片源来自聚力公司，但是未能提交合作协议，聚力公司又否认双方存在合作关系，长虹公司应当承担举证不能的不利后果。此外，从浦东法院已生效的关联案件的审理情况看，针对某一指定电影，在涉案电视机上已经搜索不到时，聚力的网站上仍然能正常播放。因此长虹公司称与聚力公司网站自动链接的抗辩理由与上述事实不符，法院对中影公司主张聚力公司构成共同侵权不予支持。综上，法院判决长虹公司就上述六部涉案电影赔偿中影公司经济损失及合理费用。判决后，原、被告双方均未提起上诉，本案已经生效。

【点　评】 三网融合的不断发展给广大消费者带来了资源共享的方便，但同时也带来了复杂的网络著作权侵权问题。本案在查明具体行为的基础上，从技术的实现过程、被告的经营模式、行为的性质、行为人的主观过错等方面对被告是否侵权及责任承担进行综合判断，为该类案件的审理提供了有价值的借鉴。

七、九加公司诉世泰公司等侵害作品复制权纠纷案

【简要案情】 被告世泰公司为参加在浦东新区举办的第94届中国针棉织品交易会（简称中针会），委托被告诺金公司就展台设计方案进行公开招标。原告九加公司参与投标并承诺：若采用其设计方案，则世泰公司仅需支付搭建展台所产生的施工费；若未采用其设计方案，则无须支付设计费。投标后，九加公司又按照诺金公司的要求对设计方案进行了多次修改，将最终设计方案通过电子邮件发送至诺金公司并提出报价。诺金公司认为报价过高，决定不使用九加公司的设计方案。2012年3月，世泰公司使用被告凡高公司为其提供的设计方案搭建展台参加中针会。然而九加公司发现，该展台呈现的整体外观、内部布局等与其投标后拟定的最终设计方案极为相似。同时，世泰公司还在互联网上公开展示上述展台形象。九加公司认为，其展台设计方案包含12张图片，展台外形设计独特、细节现代时尚，具有独创性，属于图形作品中的产品示意图、产品设计图作品。其中3张图片还进行了著作权登记，兼具美术作品与图形作品的双重属性。三被告以招标为名取得其作品，并擅自在国际展览会及互联网上使用，共同侵害了其对涉案作品享有的发行权、复制权及美术作品的展览权，应承担共同侵权责任。因此，九加公司诉请法院判令三被告连带赔偿原告著作权侵权赔偿金人民币50万元及维权的合理费用20 500元。

浦东法院经审理认为，涉案展台设计方案由12幅图片组成，其中4幅分别为封面、封底、材质图和平面布局图。这些图片表述简单粗略，并无独创性，不属于著作权法意义上的作品。剩余8幅图片包括鸟瞰图2幅、透视图4幅及局部图2幅，因其不具有精确、具体的数据尺寸，无法作为直接搭建展台的依据，故不属于著作权法所规定的工程设计图等图形作品。但是，该8幅图片以绘画的方式具体描绘了展台的内外部造型，具有一定的视觉吸引力和艺术美感，具有表达上的独创性，属于著作权法所规定的美术作品。原告九加公司为承揽被告世泰公司的展台工程而创作上述设计方案，对展台设计美术作品享有著作权。三被告未经许可使用上述设计方案搭建展台，实为对九加公司享有著作权的美术作品进行从平面到立体的复制，侵犯了作品的复制权。综上，法院判决三被告共同赔偿九加公司经济损失人民币30 000元及合理费用16 500元，判决后，九加公司不服，提起上诉，上海市第一中级人民法院二审依法维持原判。

【点　评】 作为工业设计的类别之一，展台设计的司法保护是著作权法领域的疑难问题。本案从著作权法的层面厘定了展台设计图作为图形作品、建筑作品与美术作品的边界，也为建筑设计类企业的版权维权提供了明确的指引。

八、周大福珠宝金行有限公司诉上海张良珠宝首饰有限公司、上海张良珠宝首饰有限公司黄浦分公司侵害作品发行权纠纷案

【简要案情】 周大福珠宝金行有限公司系中国内地及港澳地区的知名珠宝商，生产的“平安宝宝”系列珠宝产品具有较大的市场价值及品牌效应。两被告未经许可，擅自在其经营的店铺中销售整体形象与相关细节均与涉案作品近似的黄金饰品，侵犯了原告对涉案作品享有的发行权。故请求法院判令：（1）被告张良珠宝黄浦分公司立即停止销售被控侵权产品，消除影响，向原告赔礼道歉；（2）两被告共同赔偿原告经济损失人民币50 000元及合理费用共计人民币25 000元。

经审理查明，原告为“平安宝宝”美术作品著作权人。作品内容为一个梳着传统的中式双髻，留刘海，头顶光环，身着下摆带褶长裙，并长有双翅的女孩的金色立体造型艺术作品。女孩头发上有纹

路，脸部为圆形，有一双弯成两条圆弧线的笑眼，并有3根明显的眼睫毛，面部省略鼻子及嘴；胸口有一突出的心型框，中间刻有“福”字，背面一侧翅膀上刻有“CTF”字母。2003年6月，原告申请上述造型的外观设计专利，并于2004年3月获得专利，其申请号为03349030.9，设计人为吴家强。

被告张良珠宝黄浦分公司系被告张良珠宝公司依法设立的分公司。2013年12月31日，原告委托代理人在被告开设的店铺中购得黄金饰品一件。该被控侵权产品与涉案作品相同之处在于：整体造型均为一个梳着传统的中式双髻，留刘海，头顶光环，身着下摆带有褶皱的长裙，并长有双翅的女孩；女孩脸部为圆形，面部省略鼻子；有一双眯成一条线的笑眼，笑眼弯成两条圆弧线，并有明显的眼睫毛；发型相同。与涉案作品的区别在于其中式双髻上没有纹路，眼睛的弧度与眼睫毛数量不同，面部有嘴，胸口有一突出的实心的心型，翅膀上有花纹但背面没有英文字母，长裙的褶皱有差异。原告与两被告均当庭确认光环、翅膀、长裙系西方天使形象中常见的设计元素。

依照《中华人民共和国著作权法》第十条第一款第（六）项、第四十八条第（一）项、第四十九条、第五十三条的规定，法院判决如下：

（1）被告上海张良珠宝首饰有限公司黄浦分公司立即停止对原告周大福珠宝金行有限公司享有的“平安宝宝”美术作品（国家版权局国作登字—2013—F—00097289号）著作权的侵害行为；

（2）被告上海张良珠宝首饰有限公司黄浦分公司于本判决生效之日起十日内赔偿原告周大福珠宝金行有限公司经济损失人民币26 000元；

（3）被告上海张良珠宝首饰有限公司黄浦分公司于本判决生效之日起十日内赔偿原告周大福珠宝金行有限公司为制止侵权所支出的合理费用人民币9 000元；

（4）上列第二、三项列明的赔偿金额中被告上海张良珠宝首饰有限公司黄浦分公司不能偿付的部分，由被告上海张良珠宝首饰有限公司承担补充赔偿责任。

【点　评】　本案依据著作权法原理，重点考虑独创性等因素，充分论证具有审美意义的立体造型在观念上可以独立于使用功能而存在，并最终认定涉案作品属于受《中华人民共和国著作权法》保护的美术作品，从著作权角度较好地保护了知名品牌。

（以上案件摘自《上海市公布2014年度上海十大版权典型案件》，原载东方网，2015年5月12日更新，http://shzw.eastday.com/shzw/G/20150512/u1ai149110.html）

天津市法院公布的典型案件

上海森乐文化传播有限公司与天津酷溜正元信息技术有限公司著作权许可使用合同纠纷上诉案

【简要案情】　天津酷溜正元信息技术有限公司（简称酷溜公司）与上海森乐文化传播有限公司（简称森乐公司）于2009年12月31日签订《互联网音视频内容使用合作协议书》，森乐公司授权酷溜公司使用《美人心计》等23部电视剧，许可费300万元，期限为两年，其中一年半为排他期限，排他期内，不得将23部电视剧授权给优酷网、土豆网及这两家网站客户端等相关产品使用，排他期限到期后，酷溜公司享有半年的非独家使用权。酷溜公司分别于2010年2月、4月分两笔向森乐公司各支付150万元，《美人心计》于2010年3月15日首播。2011年2月10日，酷溜公司收到森乐公司职员的电子邮件，内容为“我司与贵司于去年签订一份23部授权的合同，包括《美人心计》这部剧，当时价格是15 000元/集，40集。现经双方协商，贵司同意放弃排他权，即贵司仍保留非独家使用授权，价格由原来的1.5万元/集，调整为5 000元/集，总计减少40万元整。贵司的这个合同款已全部付清，考虑到双方签订的合同款中，仍有52.01万元的应付款仍未付，从中抵扣，这样贵司的应付款项调整为12.01万元。在此基础上，我司授权贵公司平台上使用《呼叫大明星》，授权时间不超过一年，具体见合同中约定。请予回复”。2011年3月31日，森乐公司将《美人心计》授权给土豆网的关联公司使用，酷溜公司遂提起诉讼。

法院认为，根据森乐公司职员向酷溜公司发送的邮件内容，可以认定，对于酷溜公司放弃《美人心计》的排他权以及版权费相应减少事宜，在邮件发送前，双方有过协商，就合同变更的主要条款双方意思表示已达成一致，并通过电子邮件的方式予以了确认，故双方就《美人心计》使用问题的合同变更已经成立并生效。邮件发送后，森乐公司授权土豆网关联公司使用《美人心计》，该行为亦表明涉案合同关于《美人心计》作品使用的相关约定已实际变更。至于该邮件其他内容并非对合同变更所附的条件，应为涉案合同已变更前提下，森乐公司就如何履行因合同变更所减少的40万元价款，向酷溜公司发出的新要约，该部分内容需经酷溜公司承诺方能成立，酷溜公司是否回复并不影响涉案合同的变更结果，故双方就涉案合同已达成一致变更，森乐公司应依约返还相应价款。据此，法院判决森乐公司返还酷溜公司40万元。

【点　评】　本案系发生在音视频内容提供商与视频分享网站之间的著作权许可使用合同纠纷。音视频内容提供商与视频网站间一般都存在较为长期稳定的合作关系和模式，就相关作品的网络使用，在合同签订时对双方的权利义务一般会以条款相对完备的协议加以约定。由于网络播放特别是热播剧的播放存在档期、反响、新剧上线等诸多不确定因素，合同在履行期间发生变更的情况时有发生。为及时迅速地对应市场变化，当事人往往通过电子邮件、即时通讯甚至电话等方式对合同进行变更，证据保留方面可能存在瑕疵，为法院的认定增加了难度。本案所涉森乐公司及酷溜公司均是业内较有影响的公司，就涉案著作权排他许可使用合同变更的争议亦是该领域较为常见的问题，法院判决对于作为合同变更主要依据的电子邮件进行了详细的分析，并结合行业特点、双方的交易习惯、后续履行等，认定双方就涉案合同已达成一致变更并应依约履行。本案的审判，对于类似案件的审理有一定的借鉴和参考作用。

（以上案件摘自《天津法院知识产权司法保护典型案例（2014）》，原载天津法院网，2015年6月2日更新，http://tjfy.chinacourt.org/public/detail.php?id=21565）

安徽省版权局公布的典型案件

一、“999宝藏网”侵犯著作权案

【简要案情】　此案系国家版权局、公安部挂牌案件。根据群众举报线索，滁州市及全椒县公安部门会同版权部门对该网站涉嫌未经许可提供盗版Windows操作系统软件下载案立案调查。经查，“999宝藏网”注册于2007年，以提供盗版微软软件供注册会员下载使用、发布广告、捆绑插件、收取会员费等方式获利。该网站注册会员总计3 634 222人，侵权人利用会员注册费用和网站广告收益、上传自行封装的盗版软件等方式牟取利益超过250余万元。2014年9月1日和10月9日，滁州市全椒县人民法院以侵犯著作权罪判处6名涉案人3年至1年不等的有期徒刑，并处罚金15万元至5万元不等。安徽省版权局根据《“剑网行动”侵权盗版案件举报奖励办法》，对举报人给予了人民币1万元的奖励。

【点　评】　此案系个体组织的网络侵犯软件著作权案，也是群众举报案件。涉案人员众多，侵权时间长、性质严重，涉及全国20余个省、直辖市。此案件是“剑网2014”专项行动期间国家版权局首批公布案件之一，其圆满查办得到了权利人微软公司的充分肯定和感谢。同时，也是对群众举报的积极回应，对于鼓励社会公众共同参与打击侵权盗版，具有良好的引导意义。

二、“DY161电影网”侵犯著作权案

【简要案情】　2014年3月，根据美国电影协会投诉，合肥市公安局网安支队会同版权部门组织联合专案组，对“DY161电影网”未经许可上传大量影视作品行为进行立案调查。经查，该网站的经营者同时拥有包括DY161在内的3个视频网站，犯罪嫌疑人陈某通过购买光碟、从外文网站下载、与网友之间的交换（包括免费和收费）以及网站后台程序自动抓取资源等方式获取影片资源。之后，将其获取的影片发送给网友翻译，自己制作字幕，然后提供给客户点击观看，并与互联网广告联盟合作，通过广告的弹窗量从广告联盟牟取利益超过100万元。2014年11月10日，合肥市高新区法院以侵犯著作权罪判处涉案人陈某有期徒刑7个月，并处罚金15万元。

【点　评】　此案系涉外网络电影作品侵权典型案件。此案迅速、成功查办的关键，在于版权和公安部门的紧密配合，在于检察机关的提前介入，在于充分的跨省协调协作，体现了在查处网络侵权案件中各部门协调一致发挥合力的重要作用，为各地成功办理此类案件积累了宝贵经验。

三、合肥孙某等盗印教辅材料案

【简要案情】　2014年，合肥市文化市场综合执法大队根据举报，与合肥市公安局治安支队组成专案组，一举查获孙某侵权盗印安徽某出版社《合肥名校冲刺高考最后一卷》案，端掉非法排版、制版窝点一处及非法印制窝点两处，查获大批非法盗印《最后一卷》试卷，抓获犯罪嫌疑人孙某等5人，捣毁非法生产、加工窝点3处，查获盗印试卷20余万份，涉案价值200余万元，案件涉及宿州、阜阳、安庆、芜湖、滁州、亳州、黄山等14个地市70余所中学。2014年10月27日，合肥高新区法院判决以侵犯著作权罪判处涉案人孙某等5人有期徒刑3年至1年9个月不等，并处罚金人民币8万元至1.5万元不等。

【点　评】　此案是在开展印刷复制业专项整治行动期间查处的一起严重的非法盗印教辅类图书的

典型案件。此案的成功查处，有效净化了行业版权环境，对于规范促进全省印刷复制业健康发展具有良好的推动作用。

四、宿州“8·31”销售侵权复制品案

【简要案情】 宿州市公安局于 2013 年 8 月 31 日在工作巡查中发现此案线索，立即与宿州扫黄办、宿州版权局组成专案组立案侦查。专案组人员历时 7 个月，分赴豫、鲁及淮北、宿州各县区、乡镇，在当地相关部门配合下，通过调查、取证、蹲守和抓捕，顺利获得了犯罪嫌疑人的涉案证据，查明犯罪事实和非法经营数额。2013 年 11 月 4 日，涉案人李某某被公安部门刑事拘留，查明其销售非法复制教材、教辅等侵权复制品 226 种、4 万余册，涉案值 41 万余元。2014 年 7 月 18 日，宿州市埇桥区人民法院以销售侵权复制品罪判处涉案人李某某有期徒刑 10 个月，并处罚金 4 万元整。

【点　评】 此案的成功破获，较好地树立了行政执法部门在群众中的形象，有力打击了犯罪分子非法制售侵权教材、教辅牟利的气焰，对保护知识产权和促进当地出版物市场健康有序的发展产生了积极影响。此案被全国“扫黄打非”办、公安部和国家版权局同时列为督办案件。

五、池州网络销售盗版图书案

【简要案情】 2011 年 10 月份始，被告人胡某某、吴某某、徐某某伙同他人为获取非法利益达成协议，形成一个统一供货、统一进价、统一销售价格、统一分红的销售非法复制美国一家公司拥有版权的 CFA 教材的协议联盟。该联盟印制非法复制的 CFA 教材，并通过淘宝网店销售盗版教材，由专人统一保管记账，每月统计后平均分配给每个协议成员，共同牟利。至案发前，各被告人销售非法复制的 CFA 教材违法所得共计人民币 130 万元。2014 年 5 月 7 日，池州市贵池区人民法院对这起利用网站销售盗版图书案件进行公开宣判，以销售侵权复制品罪判处三被告有期徒刑 1 年 2 个月，缓刑 2 年，各处罚金 5 万元整；没收作案工具，追缴全部违法所得。

【点　评】 此案系利用互联网销售盗版图书的典型案件。伴随着网络技术的迅猛发展和普及，此类侵权案件日益增多，是版权执法监管关注的重点类型。此案为查处类似案件提供了参考，也体现了政府部门严厉打击利用网络渠道非法销售侵权制品的立场和决心。

六、网络转载新闻作品著作权纠纷案

【简要案情】 原告中安在线网站认为两被告合肥肥肥网络科技有限公司和大尺度网络传媒有限公司未经许可和支付报酬长期转载其网站上的新闻作品，侵犯了其享有的作品信息网络传播权和获得报酬权，遂诉至法院，要求两被告停止侵权并赔偿损失。诉前原告就 6 000 余篇文章进行了公证证据保全，并选择了其中近 200 篇文章分成 15 起案件向两被告提起第一批诉讼。经合肥高新区法院调解，当事方就提起诉讼的 15 起案件和尚未提起诉讼的剩余 5 000 多篇文章的相关事宜协商处理，一揽子予以解决，并就后期的转载事项达成了合作方案。原告于 2014 年 3 月 27 日向合肥高新技术产业开发区人民法院提出撤诉申请，法院裁定准许撤诉。

【点　评】 此案是安徽省网络媒体间新闻作品转载版权诉争的第一案，案件的原、被告各方均为省内知名网站的运营单位。时事新闻原本不受著作权法保护，但是如果这种新闻加入作者独创性的创作元素，就不属于单纯的事实消息，其中具有独创性的表达成分应当受到著作权法的保护。此案的解决，为在网络环境下保护新闻作品的著作权界定了标准，为畅通网络媒体间的合作渠道提供了思路。

七、使用盗版计算机软件著作权纠纷案

【简要案情】 磊若软件公司系在美国设立的科技企业，是 Serv-U 系列软件的著作权人。其在例行软件检测过程中，通过远程登录运行“Telnet”命令，发现合肥城市通卡股份有限公司的官方网站使用了盗版的涉案系列软件，遂诉至合肥高新技术产业开发区人民法院，请求判令合肥城市通卡股份有限公司立即停止侵权，并赔偿原告经济损失及为制止侵权而支出的合理费用共计人民币 20 万元。合肥高新区法院对被告合肥城市通卡股份有限公司网站服务器曾使用涉案软件的事实予以认定，判决其赔偿磊若软件公司经济损失及合理费用 6 万元整。

【点　评】 此案是安徽省法院受理的首例通过远程命令方式获取侵权证据的案件。此案中原告列举了被告未经授权在其控制的服务器上装载了涉案软件的公证证据，被告未能提供相反证据予以推翻。据此，法院判决认定被告未经许可侵犯他人软件著作权，需承担侵权责任。此案的查处体现了法院平等保护中外知识产权权利人的合法权益，维护公平有序的市场经济秩序以及加大知识产权司法保护力度，合理分配知识产权侵权诉讼举证责任的决心和行动。

八、复制并使用他人计算机软件著作权纠纷案

【简要案情】 原告达索系统股份有限公司是全球领先的产品生命周期管理软件提供商，由其研发完成的CATIA系列计算机软件首先在美国发表，并在美国版权署进行了注册。被告瑞鹄汽车模具有限公司与北京迅利创成科技有限公司（达索系统股份有限公司代理商）签订软件采购合同，购买CATIA软件（单机版）一套。在生产经营活动中，被告未经原告许可，擅自复制CATIA软件安装到多台电脑终端。原告以被告侵害其CATIA系列计算机软件著作权为由，诉至芜湖经济技术开发区人民法院，请求判令被告立即停止侵权，并赔偿其经济损失人民币50万元。最终在法院主持下，原告与被告达成和解协议，原告撤回本案诉讼。

【点　评】 此案系涉外著作权纠纷案件，被告虽与北京迅利创成科技有限公司签订软件采购合同，但购买的CATIA软件为单机版，仅能在一台电脑终端进行使用，被告未经授权许可擅自复制CATIA软件在多台电脑终端进行使用，侵害了原告的计算机软件著作权，最终在法院主持下，以当事人和解方式予以解决，诉讼当事人双方就涉案软件达成了价值120万元的著作权使用许可协议，变争端为合作，既保障了权利人合法权益，又促进了著作权传播，实现了共赢。

九、蚌埠固镇“12·16”计算机软件侵权案

【简要案情】 2013年12月，蚌埠固镇县文化市场综合执法队根据电话举报，对合肥安海电子科技公司通过政府采购渠道提供涉嫌盗版软件案进行调查。该大队对该批电脑涉及的76所中小学的全部电脑进行了全面取证，并协商北京微软（中国）有限公司进行了鉴定，确认该批电脑的采购中标单位合肥安海电子科技公司侵犯著作权，违法提供和安装盗版软件产品。2014年3月28日，固镇县文广新局做出责令停止侵权行为，为本案中所销售计算机重新安装合法软件，罚款人民币10万元的行政处罚决定。

【点　评】 此案是安徽省县级版权执法部门处理的一起涉外软件案件，法律依据明确，取证准确细致，处罚严格适当，执行干净利落，为版权行政处罚案件的办理起到了很好的示范作用，为其他县级版权执法队伍开展版权案件查处工作做出了表率，也对今后在政府采购行为中应进一步加强监督，谨防侵权制品流入提出了警示。

十、马鞍山市欢乐星量贩式歌厅侵权放映电影案

【简要案情】 2014年8月26日，马鞍山市文化市场综合执法大队在日常检查中发现马鞍山市欢乐星量贩式歌厅海魅点歌系统中存有119部影片。该歌厅无法提供影片的授权证明。经后期详细的询问、调查和取证，最终认定当事人未经著作权人许可放映电影作品事实清楚、证据确凿。根据《中华人民共和国著作权法》第四十八条的规定，2014年12月10日，该市文化委员会给予当事人罚款人民币5 000元的行政处罚。

【点　评】 此案案值并不高，其典型意义在于准确适用《著作权法》第五十三条的规定，确定“未经著作权人许可”的条件，从而保证了此案的顺利查处，对于各地办理类似版权行政处罚案件有很好的借鉴作用。

（以上案例摘自《安徽2014年度十大版权典型案件公布》，原载阜阳新闻网，2014年4月20日更新，http://www.fynews.net/article-102247-1.html）

湖南省法院公布的典型案件

一、广东哲力知识产权事务所有限公司诉长沙智德知识产权代理有限公司著作权侵权及不正当竞争纠纷案

【简要案情】 广东哲力公司委托案外人建设了公司网站，获得了涉案作品“广东哲力知识产权事务所有限公司官方网站”和《知识产权业务指南》的著作权，并进行了著作权登记。广东哲力公司认为长沙智德公司网站的网页和内容大量抄袭其经版权登记的网页和内容，且抄袭部分已构成长沙智德公司网站内容的核心和实质，侵害了广东哲力公司作品的著作权，诉至法院请求判令停止侵权并赔偿损失。

【处理结果】 长沙市中级人民法院审理认为，涉案“网站”系设计者基于文字、图片、色彩等信息材料，根据自己的创作意图和构思进行选材和编排，形成了自己的独特风格，具有独创性，属于著作权法保护的作品。涉案《指南》系对知识产权领域的若干文字、图表材料按照一定的体例进行汇编，在分类、检索等多方面均包含了作者的创造性劳动，其对相关文字材料和图表的选择与编排均具有独创性，属于著作权法保护的作品。经比对，长沙智德公司的网页与涉案“网站”虽在公司图标、服务热线、查询板块等处不同，但具体的编排布局、版式设计及功能展示方面相同，上述不同不影响对长沙智德公司网页侵犯“网站”著作权的认定，二者构成实质相同。长沙智德公司的网页文字内容摘选自涉案《指南》，虽然不是《指南》的全部，但长沙智德公司舍弃其中部分内容的行为不影响对该侵权行为的认定。据此判决长沙智德公司停止侵权，删除侵犯广东哲力公司作品复制权和信息网络传播权的网页内容，并赔偿损失 8 000 元。

【点　评】　本案系一起涉及网站网页版式设计著作权的侵权纠纷。《中华人民共和国著作权法》第三十六条规定："出版者有权许可或者禁止他人使用其出版的图书、期刊的版式设计。"但对网站上网页版式设计的著作权是否受著作权法保护，现行法律没有做出明确规定。本案判决立足网页版式设计的独创性，赋予具有特定表现形式的网页版式设计著作权，保护网站开办者的设计心血和创造性，对于该类型作品的司法保护具有一定的借鉴作用。且当事人双方均为知识产权专业代理机构，因而更具有典型意义。

二、湖南省联众科技有限公司诉湖南省永逸科技有限公司、朱永红侵犯计算机软件著作权纠纷上诉案

【简要案情】　联众公司于 2005 年 8 月 10 日作为著作权人向国家版权局申请，获得了 MATS 磁性材料自动测试系统 V4.0 软件的计算机软件著作权登记证书。朱永红原系联众公司股东，从联众公司退股后，创办了永逸公司，并担任法定代表人。2012 年 5 月至 6 月，永逸公司以 54 000 元的价格向宁波和海磁电有限公司出售 MATS 磁性材料自动测试系统 V4.0 软件及配套测量装置一套，该软件上标注的著作权人为联众公司。联众公司认为永逸公司侵犯了其计算机软件复制、发行权，诉至法院请求判令停止侵权并承担赔偿责任。

【处理结果】　湖南省高级人民法院二审认为，法院审判人员对和海公司经理唐永亮所做的询问笔录证实，永逸公司向和海公司出售了一套 MATS 磁性材料自动测试系统，审判人员现场打开该设备，显示器显示该设备的软件为"MATS 磁性材料自动测试系统 V4.0"，"版权人联众公司"，并现场进行拍照。尽管唐永亮拒绝在询问笔录上签字，但该拒绝签字的事实经两位审判人员在询问笔录上做了说明并签字。询问笔录的制作和现场照片的提取符合法律规定，依法应作为定案证据。永逸公司未经联众公司许可，复制并向他人销售联众公司拥有著作权的 V4.0 软件，其行为侵犯了联众公司对作品的复制、发行权。据此判决驳回上诉，维持原判。

【点　评】　本案涉及权利人因客观原因无法举证如何处理的问题。民事诉讼法和司法解释强调谁主张谁举证，原则上由当事人自行举证，对人民法院依申请和依职权调查取证均做了严格的条件限制。如属权利人确实无法获取的证据，权利人说明确实无法获取的情况，且提供了证据线索的，可以申请人民法院调查取证。本案中，被诉侵权软件由永逸公司的客户控制，联众公司客观上无法获取销售凭据等证明侵权行为的证据。联众公司派人了解了涉案产品的销售情况，积极向法院说明客观上无法收集该证据的事实，并提交证据线索，申请法院调取了定案的关键证据，对准确认定案件事实起了至关重要的作用。本案的处理，对权利人如何收集证据、如何申请法院调查取证有较好的示范作用。

（以上案件摘自《湖南法院通报知识产权司法保护十大典型案件》，原载红网，2015 年 4 月 23 日更新，http://hn.rednet.cn/c/2015/04/23/3660234.htm）

广东省高院公布的典型案件

一、乐视网信息技术（北京）股份有限公司告中国电信股份有限公司深圳分公司侵犯著作权案

【简要案情】　乐视网信息技术（北京）股份有限公司告中国电信股份有限公司深圳分公司和第三人上海百视通电视传媒有限公司合作经营的 IPTV 业务，未经许可即上传某剧供用户观赏。法院认定"回看服务"受信息网络传播权调整，被告与第三人构成共同侵权，由于原告放弃追究第三人责任，法院依法判决被告停止侵权，并赔偿原告经济损失 1 万元。

【点　评】　IPTV 著作权案件属于我国"三网融合"新技术背景下的前沿性案件，现实中侵权案件屡屡发生。法院以判决的形式，清晰界定了 IPTV 新技术传播与著作权侵权的边界，从而为 IPTV 新商业模式的发展确立了著作权保护的规则，有效维护了行业的健康发展。

二、《一站到底》节目诉北京掌游公司侵犯著作权案

【简要案情】　段利军、北京掌游公司开发出《一站到底》游戏 App，提供的相关游戏模式、设计、流程均与"《一站到底》电视节目样本"描述的相对应的表达内容基本相同。珠海中院判决两被告立即停止发布侵权游戏软件，删除下载链接，并赔偿原告经济损失及相关合理费用支出 15 万元。

【点　评】　判决向社会传递出司法对版权的保护决心：无论是将文字改编为电影，抑或改编为游戏，改编都不是一顿免费午餐。

（以上案件摘自《广东高院公布2014年度知识产权审判十大案例》，原载人民网广东频道，2015年4月20日更新，http://gd.people.com.cn/n/2015/0420/c123932-24559742.html）

河北省高院公布的典型案件

一、零点乐队成员李瑛等诉周晓鸥侵害著作权、商标权、名称权纠纷案

【简要案情】 音乐作品《爱不爱我》《粉墨人生》《向快乐出发》《相信自己》系由零点乐队成员李瑛、李小俊、朝洛蒙、王笑冬（简称李瑛等四人）及周晓鸥共同创作，属合作作品。2009年2月28日，李小俊经核准，将“爱不爱我”“零点乐队”文字注册为商标。周晓鸥于1994年3月加入零点乐队，2008年2月25日发布声明退出零点乐队。2011年8月5日后，周晓鸥在某公司经营的KTV场所现场演唱了《爱不爱我》等歌曲。在此次商业演出之前，某公司通过网站、现场视频以及印制海报、门票等形式进行了广告宣传活动，用文字标明“零点”或“零点乐队”。李瑛等四人将周晓鸥和某公司告上法庭，要求周晓鸥等承担相应的侵权责任。

法院判决周晓鸥和某公司停止侵害商标权和著作权等权利的行为，删除网站有关使用“零点乐队”等字样的相关内容，并向李瑛等四人赔礼道歉，支付6万元赔偿金。

【点　评】 本案的典型意义在于，如何对知名团体内部成员之间的权利归属进行认定，同时保障其知名作品在相关群体不会误认的情况下能够继续进行推广演绎。本案涉及知名乐队成员之间对于乐队存续期间所产生的相关共有权利的处分问题，包括乐队全体成员对权利的共同享有问题，乐队成员从该乐队退出之后哪些权利应仍然存在，哪些权利随着其乐队成员身份的消失而消失等诸多问题。上述权利的认定及知识产权权利冲突的平衡保护，应当遵循诚实信用、维护公平以及保护在先权利等原则妥善处理。

二、范锦才诉唐山市老干部活动中心等《俏夕阳》著作权权属及侵权纠纷案

【简要案情】 范锦才早年开始致力于皮影舞蹈《俏夕阳》的创作，经多年创作完善，皮影舞蹈《俏夕阳》在2006年中央电视台春节联欢晚会的演出中获得成功，并获得当年春节联欢晚会节目歌舞类创作一等奖。2006年3月23日，河北省版权局为范锦才颁发了著作权登记证书，该证书中显示皮影舞蹈《俏夕阳》的作者和著作权人为“范锦才”，作品完成日期为“1997年”。皮影舞蹈《俏夕阳》在中央电视台2006年春节联欢晚会的演出中获得成功后，唐山市老干部活动中心等在未取得创作人范锦才同意的情况下，多次组织部分表演者到全国各地进行皮影舞蹈《俏夕阳》的商业性演出并获取利益。范锦才诉至法院，请求判令停止侵权，并赔偿损失。

法院认定范锦才是《俏夕阳》舞蹈作品的著作权人。唐山市老干部活动中心等停止侵权，并赔偿范锦才相关损失。

【点　评】 本案从大量的证据中滤清事实，定纷止争，确定了《俏夕阳》舞蹈的著作权归属，并认定了侵权事实，保护了著作权人的合法权益，为我国文化艺术事业的发展起到了保驾护航的作用。

（以上案件摘自《省高院公布十大知识产权典型案例》，原载2015年4月24日《河北法制报》）

新疆维吾尔自治区公布的典型案件

一、周某、热某侵害著作权纠纷案

【简要案情】 马某对《中国塔塔尔族教育史》一书、论文《塔塔尔人民的历史文物及书面文学遗产概述》及书稿《中华民俗大典·新疆卷·塔塔尔族篇》三部作品享有著作权。周某与热某在其创作的《中国塔塔尔族》一书中使用了与上述三作品中内容相同的文字。马某提起诉讼后，法院审理认为周某因翻译了论文《塔塔尔人民的历史文物及书面文学遗产概述》，并共同创作了《中华民俗大典·新疆卷·塔塔尔族篇》，故享有论文《塔塔尔人民的历史文物及书面文学遗产概述》汉语版的著作权以及书稿《中华民俗大典·新疆卷·塔塔尔族篇》的著作权。但周某在行使自己著作权时，在其作品中使用了他人作品的部分内容未标明来源及出处，侵犯了马某的署名权。热某因未参与实际创作，亦没有获取稿酬，不应作为该书的合作作者，故不承担赔偿责任。法院判令周某停止侵权、赔礼道歉并赔偿马某1万元。

二、空中花园娱乐城曲库侵权案件

【简要案情】 2014年11月，版权部门在对沙依巴克区钱塘江路空中花园娱乐城进行检查时，发现该场所存在未支付版权费用就擅自在其经营场所内使用、播放著作权人享有著作权的音乐作品的问题，工作人员在现场对曲库中近4万首歌曲进行了详细检查，确认有部分歌曲未缴纳版权费，针对该场所存在的侵权行为，要求其立即停止侵权，将侵

权歌曲从曲库中删除，并做出罚款 1 万元的行政处罚。

（以上案件摘自《2014 年度新疆维吾尔自治区保护知识产权典型案例》，由新疆维吾尔自治区知识产权局、高级法院、公安厅、新闻出版局、工商局及乌鲁木齐海关推荐，知识产权局法律事务处统一编辑，原载中国知识产权诉讼网，2015 年 4 月 27 日更新，http://www.cipl.com.cn/Sort/show/id/14823.shtml）

辽宁省法院公布的典型案件

某组装技术有限公司诉某自动化设备有限公司侵害作品复制权纠纷案

【简要案情】 某组装技术有限公司（简称技术公司）于 2009 年 7 月 6 日注册成立，该公司分别于 2009 年 7 月、2011 年 6 月印制两期该公司产品目录宣传册，上述两版产品目录宣传册主要内容均是由产品图形、示意图和文字叙述构成。在两版产品目录宣传册封底均标注该公司名称。某自动化设备有限公司（简称自动化公司）于 2008 年 5 月 26 日注册成立。两公司的业务范围有一定重叠。自动化公司 2011 年 8 月的产品目录宣传册中的主要内容由产品图形、示意图和文字叙述构成。经将自动化公司上述宣传册的内容分别与技术公司 2009 年 7 月第一期产品目录宣传册和 2011 年 6 月第二期产品目录宣传册的相应页面比对，发现自动化公司的产品目录宣传样册在示意图、产品图形、文字叙述上与技术公司产品目录宣传样册均存在不同程度的雷同和相似。技术公司认为其企业产品目录宣传册享有著作权，自动化公司使用了与其作品类似的宣传册，构成侵权。法院认为，技术公司的产品宣传册融入创造性劳动，具有独创性，符合著作权法意义上的作品的定义，将双方宣传册内容进行比对，发现存在多处雷同或相似，依法判令自动化公司赔偿技术公司损失。

【点　评】 我国著作权法保护的作品是指文学、艺术和科学领域内具有独创性并能以有形形式复制的智力创作成果。产品宣传册一般不构成作品，但涉案产品宣传册从页面设计和整体编排上来看，其内容在于展示相关产品并辅以文字说明，在内容的选取编排、文字说明与示意图的排列位置、图示大小比例、色彩标注等方面均充分体现出作者的独创性，呈现出一种独特的表达形式。从页面设计及产品宣传册的整体编排角度综合判断，具有一定程度的创造性，应受著作权法保护。本案对于产品宣传册是否构成作品在法律的认定上，具有一定的典型意义。

（以上案件摘自《2014 年度辽宁法院知识产权司法保护 8 个典型案例》，原载辽宁省高级人民法院网，2015 年 4 月 20 日更新，http://lnfy.chinacourt.org/public/detail.php?id=7701）

山东省法院公布的典型案件

一、“古籍点校作品”著作权侵权案

【简要案情】 2008 年 9 月，李子成与葛怀圣合作点校民国版《寿光县志》，二人合作点校至第四稿。葛怀圣在第四稿的基础上又点校了三稿。2011 年 4 月，葛怀圣将民国版《寿光县志》点校本正式出版，但未列明李子成为合作作者。李子成认为葛怀圣的行为侵害了其著作权，请求法院判令葛怀圣赔偿经济损失并赔礼道歉。

【处理结果】 法院经审理认为，虽然葛怀圣主张古籍点校作品不构成著作权法意义上的作品，但古籍点校是点校人在古籍版本的基础上，运用专业知识，依据文字规则、标点规范，对照其他版本或史料，将古籍中字体由繁改简、更正文字错误，并划分段落、加注标点的行为。虽然古籍点校以还原古籍原意为宗旨，但古籍点校通常会受点校人知识水平、文学功底、表达习惯等多方面因素影响。不同点校人会创作出不同的点校作品，古籍点校作品具有独创性，应受著作权法保护。葛怀圣的行为侵害了李子成对涉案作品享有的署名权及发行权，故判决葛怀圣赔偿经济损失并赔礼道歉。

【点　评】 本案系涉及“古籍点校作品”的新类型著作权侵权案件。通过对著作权法中作品独创性理论的准确分析，依法认定“古籍点校作品”构成著作权法意义上的作品，应受著作权法的保护。本案的裁判，对我国古籍点校行业的健康发展、古籍作品的传播及传统文化的传承具有积极意义。

二、AutoCAD 计算机软件著作权侵权案

【简要案情】 欧特克公司系 AutoCAD 系列计算机软件的著作权人。欧特克公司认为法因公司擅自在其办公系统中使用 AutoCAD 系列计算机软件的行为侵害了其计算机软件著作权，请求法院判令法因公司停止侵权行为并赔偿经济损失。法院应欧特克公司的申请对法因公司的被诉侵权软件进行了诉前证据保全。

【处理结果】 法院经审理认为，根据《保护文

学和艺术作品伯尔尼公约》，欧特克公司的AutoCAD系列计算机软件受中国法律保护。法因公司未经欧特克公司许可，商业使用欧特克公司的计算机软件，其行为侵害了欧特克公司的计算机软件著作权，故判决法因公司停止侵权行为并赔偿经济损失50万元。

【点　评】　本案是一起加大计算机软件著作权司法保护力度的典型案例。法院通过诉前证据保全及时固定证据，依法认定计算机软件用户商业使用了盗版软件，在权利人的实际损失和侵权人的违法所得不能确定的情况下，充分考虑了涉案计算机软件的专业性、市场价值和影响力，顶额适用法定赔偿确定赔偿数额50万元。本案的裁判，打击了商业使用盗版软件的侵权行为，体现了我国加大知识产权司法保护力度的决心，充分实现了知识产权的市场价值，平等保护了中外当事人的合法权益，树立了我国知识产权司法保护的良好国际形象。

（以上案件摘自《2014年度山东法院知识产权审判十大典型案件》，原载齐鲁法制网，2015年4月23日更新，http://www.qlfz365.cn/Article/flfw/201504/20150423140937.html）

江苏省知识产权局公布的典型案件

一、"高清影视下载网"侵犯著作权案

【简要案情】　2013年3月25日，扬州市文化、版权部门接美国电影协会投诉，反映"高清影视下载网"未经权利人授权，擅自提供美国电影协会拥有版权的电影作品下载和出售。

2013年3月26日，扬州市相关部门开始调查，发现该网站提供下载的电影都是胡某从www.chd-bits.org及www.hdwing.com两个网站上下载的。位于扬州市的网站服务器中存储有非法电影作品3 589部，从2013年1月至12月间，胡某销售拷贝影片3 182笔，获利30万元；通过淘宝网店销售注册邀请码7 425笔，获利58万元。另一名犯罪嫌疑人丁某用淘宝网店销售拷贝有侵权影片的电脑硬盘和高清播放机，以及各品牌空白硬盘、高清播放机、配件共10 021笔，销售额600万元。因两名涉案人员行为违反刑法有关规定，2014年1月15日公安局部门向检察院呈请对胡某、丁某实施逮捕。

2014年10月21日，扬州市广陵区人民法院判决：被告人胡某犯侵犯著作权罪，判处有期徒刑1年6个月，缓刑2年，罚金人民币16万元；被告人丁某犯侵犯著作权罪，判处有期徒刑6个月，缓刑1年，罚金人民币6万元；本案中被公安机关查扣的服务器硬盘、光盘等物品予以没收，被告胡某、丁某向公安机关退出的违法所得依法上缴国库。

【点　评】　著作权保护是文化产业发展的根本保障。本案犯罪人大量下载非法电影作品，同时通过销售拷贝影片、网店销售注册邀请码、销售拷贝有侵权影片的电脑硬盘和高清播放机，以及各品牌空白硬盘、高清播放机、周边配件等多种侵权方式获取非法利润，涉案金额较高，社会影响大，是一起侵犯网络影视作品著作权的典型案件。为此，扬州市委专门成立专案组并由市委分管领导亲自挂帅，严惩犯罪行为，充分显示了中国政府打击侵犯著作权的决心，对促进我国文化产业健康发展具有很强的借鉴意义。

二、"建工之家"网站侵犯著作权案

【简要案情】2014年8月28日，国家版权局案件线索移转函，举报"建工之家"网站www.jg-zj.net/bbs（IP：61.147.113.111）未经许可，擅自通过信息网络传播盗版学习资料、视频等侵权内容。2014年9月15日，扬州市版权局以"建工之家"网站涉嫌侵犯著作权立案。随后赴山东菏泽市，并与菏泽市文化市场综合执法局组成联合专案组，对案件进行侦查。经查，当事人田崇德、王爱荣开办"建工之家"网站，在未经权利人许可的情况下，提供论坛给高级会员实施破解版建工类软件的上传和下载，并通过发布广告收取广告赞助费和对会员收费提高权限的方式获得经济利益。

2014年10月20日，扬州市版权局根据《信息网络传播权保护条例》第十八条的规定，决定给予当事人立即停止侵权行为，删除侵权盗版软件及下载链接，罚款人民币10万元的行政处罚。

【点　评】　加强网络著作权保护是净化网络环境、开展互联网综合治理的必然要求，也是发展数字文化产业、实现"互联网＋"行动计划的重要保障。网络具有跨区域、全球化的特征，通过行政途径保护网络著作权需要打破地区壁垒，开展联合执法和配合行动。本案中，扬州、菏泽两地执法机构成立联合专案组，成功侦破借助网络跨地区开展的侵权案件，既保护了著作权人的合法利益，又维护了公共利益，彰显了知识产权行政保护的优势和力度。由于现代信息技术不断发展，新一轮技术革命酝酿兴起，移动互联网、物联网等新兴技术还会持续给网络著作权保护带来新的影响，著作权行政保护机关探索联动执法，不断创新协同合作执法方式，

是我国“两条途径、并行运作”知识产权保护模式的具体体现。

（以上案件摘自《2014 年江苏省知识产权局十大典型案件》，原载中国知识产权律师网，2015 年 4 月 13 日更新，http://www.ciplawyer.cn/article.asp?articleid=15756）

广西壮族自治区法院公布的典型案件

一、《中国瑶药学》著作权侵权纠纷案

【简要案情】 刘杨建等人将其合作作品《瑶药传统应用》许可给覃某、高某作为《中国瑶药学》一书的基础性资料使用，约定双方共同享有《中国瑶药学》专有使用权。《中国瑶药学》出版后仅列刘杨建为主审，刘杨建认为其对《中国瑶药学》应享有的署名权等著作权受到侵害。刘杨建去世后，其家人起诉至法院。一审法院判决认定覃某等没有侵害刘杨建的著作权。二审法院认为刘杨建为《中国瑶药学》的作者之一，对《中国瑶药学》享有著作权，覃某、高某侵害了刘杨建的署名权，改判覃某、高某构成侵权，并赔偿经济损失。

【点　评】 本案涉及演绎作品与基础作品之间的关系和基础作品作者的权利保护，具有一定的典型意义。生效判决体现了对专著形成的历史动态过程的尊重，注重对瑶药学发展做出贡献的各方当事人之间利益的平衡。

二、“愤怒的小鸟”著作权侵权纠纷案

【简要案情】 原告芬兰罗威欧娱乐有限公司以被告广西某酒店商务有限公司、广西某置业集团有限公司在其场地内运营“愤怒小鸟”冒险主题公园时未经权利人许可，在公园内多处使用原告商标及享有著作权的图案为由，诉至法院。经法院组织调解，双方达成调解协议，被告同意停止侵权并赔偿一定的经济损失。

【点　评】 这是一起涉外知识产权诉讼，涉及的“愤怒的小鸟”系列商标及美术作品在世界范围具有很高的知名度。本案的成功审理彰显了我国对知识产权的国际保护，也提示企业在经营中要提高知识产权意识，降低侵权法律风险。

三、微软公司软件著作权侵权纠纷案

【简要案情】 原告微软公司以被告广西某大型国企在其办公电脑上使用盗版软件，侵害其享有的 Microsoft Office（微软办公）等系列计算机软件著作权为由，诉至法院。经法院组织调解，双方当事人达成和解。被告同意删除盗版软件，停止侵权行为，并向原告购买正版软件，赔偿一定数额的赔偿金。

【点　评】 这是微软公司首次在广西提起侵犯计算机软件著作权的纠纷案件，本案的处理，向社会公众传递了尊重知识产权、自觉抵制盗版的观念，对维护知识产权人的合法权益起到良好的示范作用。

（以上案件摘自《广西发布 2014 年十大知识产权审判案件　一半为商标侵权案》，原载人民网广西频道，2015 年 4 月 23 日更新，http://gx.people.com.cn/n/2015/0424/c179430-24626768.html）

2014年地方著作权行政执法案件

天 津 市

饶云芳销售盗版音像制品案

2013年9月5日，天津市文化市场行政执法总队、河北区文化市场行政执法大队、公安河北分局经侦支队联合执法检查时，于饶云芳非法经营场所，当场查获音像制品光盘共计38 596张。经天津市版权局鉴定，其中20 672张光盘为非法出版物，785张光盘为侵权盗版出版物。

2014年6月26日，天津市河北区人民法院对本案依法做出判决，被告人饶云芳犯侵犯著作权罪，判处有期徒刑3年，缓刑3年，并处罚金人民币40 000元。扣押于天津市文化市场行政执法总队的非法出版物光盘20 672张、侵权盗版出版物光盘785张被予以没收。

（天津市版权局）

河 北 省

一、保定市百胜印刷有限公司非法复制作品案

2014年2月20日，保定市文化市场行政执法大队在日常例行检查中，发现保定市百胜印刷有限公司正在印刷河北教育出版社出版的《综合实践与创新活动》（三年级下册），涉嫌侵犯著作权，遂立案调查。经调查发现，涉案公司接受大庆书商委托印刷涉案图书，双方商定印刷费4 000元，涉案公司已收到订金2 000元。涉案公司未经著作权人许可，已印刷涉案图书内文10令纸，侵犯了著作权人的合法权利。3月4日，保定市文化市场行政执法大队依据《中华人民共和国著作权法》第十条第（五）项、第四十八条第（一）项和《中华人民共和国著作权法实施条例》第三十六条的规定，对涉案公司做出行政处罚：（1）罚款20 000元；（2）没收侵权复制品10令纸；（3）没收违法所得2 000元。

二、河北三达模具标准件有限公司网络侵权案

2014年3月26日，沧州市文化市场行政执法大队根据举报投诉，对泊头市河北三达模具标准件有限公司涉嫌未经著作权人许可通过信息网络传播其作品案立案调查。经查，涉案公司为宣传其产品，在未经权利人许可的情况下，擅自在其网站上使用来源于他人网站的涉案图片210张。4月16日，依据《中华人民共和国著作权法》第四十八条和《中华人民共和国著作权法实施条例》第三十六条的规定，沧州市文化市场行政执法大队对涉案公司做出罚款人民币15 000元的行政处罚。

三、石家庄市贾某涛侵犯著作权案

2014年5月15日，根据某出版社举报，石家庄市井陉县文化广电新闻出版局在石家庄市版权局指导下，对井陉县秀林镇中学贾某涛涉嫌侵权行为进行了立案和联合查办。经查，贾某涛未经权利人许可，销售《2014河北中考开卷速查》思想品德、历史等共计604册，非法经营额12 000元人民币。依据《中华人民共和国著作权法实施条例》第三十六条的规定，石家庄市井陉县文化广电新闻出版局于6月3日做出行政处罚：（1）没收侵权图书604册；（2）罚款10 000元。

四、赵县佰乐迪歌厅侵犯音乐作品案

2014年11月13日，石家庄市版权局、赵县文化广电新闻出版局在对赵县佰乐迪歌厅进行执法检查的过程中，发现该歌厅未经权利人许可，使用《小苹果》《我懂你》《乐观》《一回神》《抵抗力》等16首歌曲用于商业性经营。依据《中华人民共和国著作权法实施条例》第三十六条的规定，石家庄市赵县文化广电新闻出版局于11月28日对佰乐迪歌厅做出行政处罚：（1）责令停止侵权；（2）罚款10 000元。

五、衡水市超逸音像店销售盗版音像制品案

2014年5月4日，衡水市文化市场行政执法大队根据省“扫黄打非”领导小组办公室提供的案件线索，对超逸音像店进行突击检查，现场发现其销售疑似盗版CD、VCD、DVD等音像制品。执法人员依据程序对疑似盗版音像制品共计220盘进行证据登记保存，并于5月5日进行了立案调查。通过调查，超逸音像店销售的涉案音像制品无合法来源，其负责人承认是盗版制品。根据《中华人民共和国著作权法实施条例》第三十六条、《音像制品管理条例》第四十五条第（一）项、《衡水市文广新局行政处罚自由裁量权量化标准》第二条第（一）项的规定，衡水市文化市场行政执法大队对超逸音像店做出罚款5 000元的行政处罚。

六、承德市双桥区拓实音像店销售盗版音像制品案

2014年8月27日，承德市文化市场行政执法大

队执法人员在日常检查时，发现承德市双桥区拓实音像店经营的95张简装压缩音像制品涉嫌盗版。经调查，涉案光盘没有合法来源，也未经著作权人许可。依据《中华人民共和国著作权法》第四十八条第（四）项、《中华人民共和国著作权法实施条例》第三十六条的规定，承德市文化市场行政执法大队对拓实音像店做出行政处罚：（1）没收违法音像制品95张；（2）对该单位给予警告并处罚款2 000元。

七、邢台市桥西区新草书店出售盗版图书案

2014年5月29日，邢台市桥西区文化市场行政执法队执法人员在日常检查中，发现新草书店销售的《全程测试22套》图书疑似盗版图书，书店负责人提供不出相应的进货单据。执法人员按照程序暂扣了涉案图书，之后在对书店负责人进行询问的过程中，其承认涉案图书为盗版图书。综合现场检查情况和书店负责人的调查询问笔录，邢台市桥西区文化市场行政执法队依据《中华人民共和国著作权法》第四十八条和《邢台市行政处罚自由裁量权量化标准》，对新草书店做出没收全部盗版图书、罚款2 000元人民币的行政处罚。

八、辛集市企达公司诉傲蕾—兰公司侵犯软件著作权案

2014年6月4日，辛集市文化广电新闻出版局综合执法大队对辛集市企达公司投诉傲蕾—兰公司侵犯软件著作权案进行立案调查。经查：傲蕾—兰公司的员工赵某盛、赵某富二人利用在企达公司上班期间学来的制衣技术软件，继续为傲蕾—兰公司有偿复制安装，侵犯了企达公司的合法权益。经过执法人员的耐心调解，赵某盛、赵某富二人和企达公司最终达成和解协议，赵某盛、赵某富二人向企达公司公开道歉，消除影响，同时赔偿企达公司5 000元，企达公司撤回投诉材料。

（河北省版权局）

内蒙古自治区

一、赤峰市糖果歌厅等侵犯音乐作品案

2014年2月，内蒙古自治区赤峰市文化市场综合执法局接到中国音像著作权集体管理协会投诉函，称赤峰大量歌厅未经授权，擅自使用音乐作品，要求依法予以查处。接报后，赤峰市版权局于3月初立案调查，5月，赤峰市文化市场综合执法局执法人员先后对红山区糖果歌厅等十家娱乐经营场所涉嫌侵权盗版行为依法进行了查处。经查证属实，该十家卡拉OK娱乐场所未经著作权人同意，大量使用他人音乐作品进行经营活动，构成侵权盗版，根据《著作权法实施条例》第三十六条，对这十家娱乐场所依法分别处以5 000元到10 000元罚款的行政处罚。

二、“多伦百姓网”网络侵权案

2014年9月9日，内蒙古自治区锡盟文化市场综合执法局接到自治区文化执法局转办案件：“多伦百姓网”（www.di0479.com）存在未经许可擅自从事网络视听的行为。在取得远程证据后，9月10日，当地专案组对该案件进行立案查处，在异地公安部门的配合下，专案组掌握了该网站经营方北京联创智恒网络科技有限公司的部分资料；11日，该公司委托人来到专案组对擅自从事网络视听的违规行为接受处罚。依照《互联网视听节目服务管理规定》第二十四条，专案组要求该网站立即停止播放互联网视听节目，限期对违规页面进行整改，并向该公司下达了《行政处罚事先告知书》。9月22日，该公司将网站内“多伦影院”栏目关闭。由于该公司办公地址在北京市，执法人员向其邮寄了《行政处罚决定书》，并将处罚结果于9月30日在锡盟文化体育广播电影电视局网站内公示。

（内蒙古自治区版权局）

辽　宁　省

一、“8・18”销售盗版教材案

2013年8月18日，辽宁省“扫黄打非”工作领导小组办公室、省版权局收到举报，反映在辽宁、吉林等省部分地区存在大量销售非法盗版的辽宁师范大学出版社《幼儿园探究式活动游戏操作包》一书现象。接到举报后省“扫黄打非”办、省版权局立即组织协调有关部门立案侦办。鞍山市公安局食品药品犯罪侦查支队成立“8・18”案件侦办组赶赴河北省保定市文昌印刷有限公司，将在该公司生产车间内进行盗印交易的犯罪嫌疑人晏乐丰、王明辉等涉案人员抓获，现场扣押涉案盗版图书约6 000套，印刷胶版100余张。

经查，2012年6月以来，晏乐丰等涉案人员伙同他人，利用其在辽宁师范大学出版社指定印刷《幼儿园探究式活动游戏操作包》的印刷厂做临时工之机，盗取《游戏操作包》正版教材，并先后三次到河北保定等地非法扫描制版印刷13万套，将非法盗印的盗版教材分别发往辽宁、吉林两省20余市进行销售，非法经营额高达1 000余万元。此案案情复杂、涉案金额巨大、属于跨省犯罪的大案，被国家版权局挂牌督办。案件侦办期间，省“扫黄打非”办、省版权局单独或联合鞍山市版权、公安等部门三次派员赴鞍山市督办协调此案。

2014年10月31日，鞍山市铁西区人民法院依《刑法》第二百一十七条、第二十五条、第四十七条等规定，判决晏乐丰有期徒刑4年，并处罚金20万元；王明辉有期徒刑3年，缓刑4年，并处罚金20万元；王忠涛有期徒刑3年，缓刑3年，并处罚金人民币15万元。

二、《梦问道》网络游戏侵权案

2014年4月初，接到福建省版权局移转的《梦问道》网络游戏侵权案后，辽宁省版权局立即成立专案组展开侦办。经查，设立《梦问道》私服者自用服务器IP地址在境外，其利用大连市电信公司所管理的IP地址的服务器进行侵权牟利行为。具体情况为大连市电信委托大连铭格网讯科技有限公司运营其对外数据中心业务，铭格公司再将一服务器于2014年3月初部分租给大连个人关某，关某利用所租服务器开展云计算服务，而云计算须进行为期一个月的业务测试，测试期开放账号运营，《梦问道》私服者利用此机会在关某的平台上实施了侵权牟利行为。而关某未对其平台进行任何管理，造成了私服者侵权事实发生。2014年4月22日，辽宁省版权局依《信息网络传播权保护条例》第二十三条规定，对关某给予罚款2.5万元人民币的行政处罚。

（辽宁省版权局）

江　苏　省

一、徐州“若雨中文网”侵犯著作权案

2012年7月，丰县公安局网络安全保卫大队受徐州市公安局网络安全保卫支队指定对“若雨中文网”涉嫌侵犯著作权案立案侦查。经查，2003年至2012年9月，汪某未经著作权人许可将“起点中文网”2 555部小说上传至“若雨中文网”供用户浏览，收取多家广告公司在“若雨中文网”投放广告支付的费用，共计人民币80余万元。2014年9月1日，徐州市中级人民法院依法判处汪某侵犯著作权罪，有期徒刑3年，缓刑4年，并处罚金人民币50万元，违法所得40万元予以追缴。

二、徐州“放放电影网”侵犯著作权案

2014年3月，徐州市贾汪区公安局在工作中发现谢某为牟取非法利益，未经合一信息技术（北京）有限公司、深圳腾讯计算机系统有限公司、乐视网信息技术（北京）股份有限公司等著作权人许可，在其经营的网站“放放电影”上传播其从百度影音等网站采集的影视作品1万余部，并发布广告牟利。截至2014年3月案发，谢某获得广告收入共计581万余元。徐州市中级人民法院于2014年12月17日做出判决，以侵犯著作权罪判处谢某有期徒刑3年6个月，并处罚金人民币300万元，违法所得人民币250万元予以追缴。

三、常州张和明网络游戏侵犯著作权案

2014年7月2日常州市文化广电新闻出版局执法人员在进行网络巡查时，发现ff.173ff.pw经营一款名为《幻想神域》的游戏，网站及游戏内并未发现任何得到《幻想神域》所属公司——畅游时代数码技术有限公司的授权，涉嫌侵犯畅游时代数码技术有限公司的著作权，该游戏获益人为张和明。钟楼公安分局联合文化执法人员赶至云南普洱市镇远县，将犯罪嫌疑人张和明抓获。经调查确认，张和明非法架设《幻想神域》私服非法经营数额达68 470.9元。2015年1月19日，常州市钟楼区人民法院以侵犯著作权罪判处张和明有期徒刑6个月，缓刑1年；罚金人民币3万元。

四、江苏国泰新点软件被侵犯著作权案

2012年12月，张家港市文广新局接到江苏国泰新点软件有限公司举报，称其自主研发并获国家计算机软件著作权登记证书的一套建筑业热门软件“一点智慧”软件自2010年起被多地不法商家盗版并通过淘宝网大肆贩卖销售。2013年3月29日，江苏、安徽、湖南、浙江4省公安机关联合行动、统一收网，抓获主要犯罪嫌疑人12名，打掉犯罪团伙4个，摧毁13家销售侵权软件网店，捣毁假冒软件“加密狗”产、储、销犯罪窝点8处，缴获成品假冒软件“加密狗”1 100余只，作案用电脑20台，“加密狗”生产设备1套。6月5日，张家港市文广新局和公安局专案组又根据线索，在四川省成都市将销售侵权复制品的犯罪嫌疑人郑某抓获，现场查获大量空白“加密狗”、光盘和盗版软件。本案共计涉案金额6.5亿元。2014年3月17日，此案在浙江省东阳市人民法院首判，三名涉案被告分别被判处有期徒刑4年、有期徒刑1年6个月和有期徒刑9个月，缓刑1年。

五、张家港“3・4”侵犯著作权案

2013年3月4日，张家港市文化行政综合执法大队以日常巡查中发现的物流公司提货处11 845张光盘为线索，联合公安成立专案组进行调查。经查，该生产、销售盗版、淫秽光盘的犯罪网络涉及广东、江苏、浙江、甘肃四省，通过QQ聊天网上下单、付款不走第三方支付、不实名物流发货等方式逃避检查，累计销售盗版光盘710多万张。2014年4月，江苏张家港、常熟，甘肃兰州，浙江义乌涉案地人民法院相继对涉案被告做出刑事判决，五名被告分别被判处3年6个月至6个月不等的有期徒刑，并处罚金人民币51 000元至3 000元不等。

六、淮安市某医院使用侵权软件案

2014年11月2日，淮安市版权局收到微软（中国）有限公司投诉函，称淮安市某医院使用未经合法授权的微软软件，投诉涉及标的额达1 000余万元，要求对此事予以查处。淮安市版权局于11月、12月3次召集双方座谈，协调沟通，集中调处此事。通过与医院、微软双方反复沟通，最终双方于12月20日签署著作权调解协议，淮安市某医院通过购买微软35.88万元正版软件和微软授权的方式，实现软件正版化，达到了微软和医院双满意的效果。

七、无锡税协科技有限公司、孙亮侵权案

2010年10月，孙亮委托罗伟军使用反编译工具破解了擎天公司的软件，并对破解的软件部分代码进行修改并升级功能。2012年8月至案发前，被告单位无锡税协公司向住友电工（苏州）光电子器件有限公司、富士通将军空调（无锡）有限公司等企业销售上述退税辅助软件，并提供相应软件服务，非法经营数额达94 000元，对擎天公司造成损失150余万元。2014年12月20日，南京铁路运输法院依据《刑法》第二百一十七条等法律条款，对此案做出宣判：（1）被告单位无锡税协科技有限公司犯侵犯著作权罪，判处罚金人民币47 000元；（2）被告人孙亮犯侵犯著作权罪，判处有期徒刑1年，并处罚金人民币47 000元。

八、无锡邵怡龙侵犯著作权案

被告人邵怡龙自2011年起，从他人处购入盗版光盘，后放置于其经营的新区客来登礼品店内出售牟利。公安机关于2013年3月26日当场在该店内查获尚未出售的盗版光盘12 718张。经鉴定，上述光盘均为侵权盗版音像光盘。2014年7月25日法院判决被告人邵怡龙犯侵犯著作权罪，判处有期徒刑3年，缓刑4年，并处罚金人民币2万元。

九、淮安鲍平等人侵犯著作权案

2014年初，根据上级机关交办线索，淮安市版权局领导对此高度重视，立即协调市县两级文化、公安等部门成立专案组。2014年2月25日，在盱眙县经济开发区一出租房屋内将嫌疑人抓获，并在其租住地一间小卧室的多个角落里搜出各类淫秽、侵权盗版光碟16 900余张。9月6日盱眙县版权局对刘永花、方玉分别给予1万元和2 000元的行政处罚，并对所扣押的侵权盗版音像制品予以没收、销毁。2014年9月19日，盱眙县人民法院以侵犯著作权罪分别判处鲍平有期徒刑1年4个月，并处罚金人民币1.5万元；判处王学权犯侵犯著作权罪有期徒刑3年，缓刑4年，并处罚金人民币6万元；判处孙玉芳拘役4个月，缓刑6个月，并处罚金人民币4 000元；判处段德洋拘役3个月，缓刑5个月，并处罚金人民币4 000元。

十、南通陆炳新侵犯著作权案

2013年7月，南通崇川区文化市场稽查队执法人员会同南通崇川公安分局执法人员对市区一出租房突击检查，查处侵权盗版音像制品25 233盘。其中22 359盘音像制品经南通市版权局鉴定为侵权盗版物品，其他576张光盘中经公安崇川分局鉴定有546张系淫秽光盘。2014年5月20日，通州区人民法院判决被告人陆炳新犯侵犯著作权罪，判处有期徒刑3年，并处罚金人民币1.5万元；犯贩卖淫秽物品牟利罪，判处有期徒刑6个月，并处罚金5 000元。数罪并罚，决定执行有期徒刑3年，缓刑4年，并处罚金人民币2万元。

（江苏省版权局）

安　徽　省

一、“DY161电影网”侵犯著作权案

2014年3月，根据美国电影协会投诉，合肥市版权局和合肥市公安局网安支队组织联合专案组，对“DY161电影网”未经许可上传大量影视作品行为进行立案调查。经查，该网站的经营者同时拥有包括DY161在内的3个视频网站，犯罪嫌疑人陈某通过购买光碟、从外文网站下载、与网友之间的交换（包括免费和收费）以及网站后台程序自动抓取资源等方式获取影片资源。之后，将其获取的影片发送给网友翻译，自己制作字幕，然后提供给客户点击观看，并与互联网广告联盟合作，通过广告的弹窗量从广告联盟牟取利益超过100万元。

2014年11月10日，合肥市高新区法院做出宣判：涉案人陈某犯侵犯著作权罪，判处有期徒刑7个月，并处罚金人民币15万元。

二、“999宝藏网”侵犯著作权案

“999宝藏网”注册于2007年，以提供盗版微软软件供注册会员下载使用、发布广告、捆绑插件、收取会员费等方式获利。证据显示，犯罪嫌疑人通

过开办该网站，利用会员注册费用和网站广告收益、上传自行封装的盗版软件等方式牟取利益250余万元。该网站注册会员总计3 634 222人，仅会员注册费用一项，涉案人获益47万余元人民币。

2014年9月1日和10月9日，滁州市全椒县人民法院做出判决：判处6名涉案人1年至3年不等的有期徒刑，并处罚金5万元至15万元不等。安徽省版权局根据《“剑网行动”侵权盗版案件举报奖励办法》，对举报人给予了人民币1万元的奖励。

三、合肥孙某等盗印教辅材料案

2014年，合肥市文化市场综合执法大队根据举报，与合肥市公安局治安支队组成专案组，一举查获孙某侵权盗印安徽某出版社《合肥名校冲刺高考最后一卷》，端掉非法排版、制版窝点一处及非法印制窝点两处，查获大批非法盗印《最后一卷》试卷，抓获犯罪嫌疑人孙某等5人，捣毁非法生产、加工窝点3处，查获盗印试卷20余万份，涉案价值200余万元，案件涉及宿州、阜阳、安庆、芜湖、滁州、亳州、黄山等14个地市70余所中学。

2014年10月27日，合肥高新区法院以侵犯著作权罪判处涉案人孙某等5人有期徒刑3年至1年9个月不等，并处罚金人民币8万元至1.5万元不等。

四、蚌埠固镇“12·16”计算机软件侵权案

2013年12月，蚌埠固镇县文化市场综合执法队根据电话举报，对合肥安海电子科技公司通过政府采购渠道提供涉嫌盗版软件案进行调查。该大队对该批电脑涉及的76所中小学的全部电脑进行了全面取证，并协商北京微软（中国）有限公司进行了鉴定，确认该批电脑的采购中标单位合肥安海电子科技公司侵犯著作权，违法提供和安装盗版软件产品。

2014年3月28日，固镇县文广新局责令其停止侵权行为，为本案中所销售计算机重新安装合法软件并做出罚款人民币10万元的行政处罚。

（安徽省版权局）

江　西　省

一、张某某侵犯著作权案

某出版社举报称，淘宝网上某书店销售盗版该社出版的《江西省中小学教师招聘考试》辅导系列用书。接到举报后，南昌市文化市场综合执法支队立即组织立案调查，查明该书店于2013年1月起，在网络平台上销售侵权盗版出版物达1 415笔，约2 400册，金额39 474.8元。执法人员在查明该书店实体店地址后，对该书店进行执法检查，现场查缴涉案盗版图书1 757册。根据调查，涉案当事人张某某未经出版社许可，销售侵权盗版出版物，侵犯他人著作权。南昌市文化市场综合执法支队依据《中华人民共和国著作权法》第四十八条规定，对涉案当事人给予没收侵权盗版出版物共计1 757册，没收从事侵权活动的电脑2台、打印机1台、扫描仪1台、手机2台、胶装机1台和切纸机1台的行政处罚。同时，依据《最高人民法院、最高人民检察院关于办理侵犯知识产权刑事案件具体应用法律若干问题的解释（二）》有关规定，当事人已涉嫌构成犯罪，南昌市文化市场综合执法支队将此案依法移交南昌市公安局直属分局予以侦办。经南昌市公安局直属分局立案调查，南昌经济技术开发区人民检察院于2013年12月17日起诉张某某。2014年2月21日，南昌经济技术开发区人民法院判决被告人张某某侵犯著作权罪，判处有期徒刑3年，缓刑4年，并处罚金人民币39 000元。

二、萍乡市某二手书店侵权盗版案

2014年2月5日，萍乡市安源区文化市场综合执法大队在市场检查中，发现萍乡市某二手书店正在销售侵权盗版杂志《中国故事》。经立案调查，涉案当事人销售侵权盗版杂志数量达200册。依据《中华人民共和国著作权法》第四十八条规定，萍乡市安源区文化市场综合执法大队对涉案当事人处以5 000元罚款。

三、萍乡市某书店侵权盗版案

2014年3月15日，萍乡市安源区文化市场综合执法大队在市场检查中，发现某书店正在销售侵权盗版教辅书《非常听力》。经立案调查，涉案当事人销售侵权盗版教辅书数量达300册。依据《中华人民共和国著作权法》第四十八条规定，萍乡市安源区文化市场综合执法大队对涉案当事人处以10 000元罚款。

四、杨某某盗版印制包装装潢印刷品、无证经营案

2014年5月，根据举报，万载县文化市场稽查大队对隐藏于万载县工业园区某印刷厂内的一家无证印刷加工厂，进行了突击检查。现场发现杨某某非法开办的印刷加工厂正在盗版印制标明包装容器标记、商检批号和其他包装箱，执法人员当场制止了违法行为，并责令停业封存了印刷设备，进行了立案调查。经查，杨某某为无证经营，通过盗版印制他人包装装潢印刷品获取非法利益。依据《中华人民共和国著作权法》第四十八条规定，万载县文化市场稽查大队对杨某某处以罚款 30 000 元。

五、上饶“8·11”网络侵权案

2014 年 8 月，上饶市版权局接到举报，某公司利用网络在上饶市销售侵权盗版出版物，并向广东、福建、河北、浙江等地销售。上饶市版权局根据举报线索立案并调查取证。经查，涉案人陈某某（上饶市鄱阳县人）以某商务有限公司的名义，开办网站，并通过非法途径从某出版社获取书号后，先后在南昌某打印部和某印刷厂印刷，制作侵权盗版出版物，并利用网络进行销售，通过快寄运输的方式，将侵权盗版出版物销往外地。根据调查，已查明陈某某从 2013 年 8 月至 2014 年 4 月，共制作和销售侵权盗版及其他非法出版物 4 个品种共计 300 余册，非法经营额 8 000 余元。陈某某的上述行为违反了《中华人民共和国著作权法》《信息网络传播权保护条例》等有关规定，上饶市版权局依据《中华人民共和国著作权法》第四十八条、《中华人民共和国著作权法实施条例》第三十六条、《信息网络传播权保护条例》第十八条，对侵权人陈某某做出责令停止侵权，没收用于制作侵权复制品的电脑，罚款 20 000 元的行政处罚。

（江西省版权局）

山　东　省

一、“建工之家网”侵犯软件著作权案

菏泽市执法局与扬州市执法支队成立联合专案组，查处“建工之家网”侵犯软件著作权案。经查，“建工之家”网站在论坛板块里提供了大量的侵权盗版软件供 VIP 会员下载、使用，并通过收取会员费，在网站发布广告收取广告费获得经济利益。菏泽执法人员联合扬州市文化执法支队执法人员对涉案公司办公地点菏泽市龙燕阳光城 5 幢 102 室进行现场执法检查，暂扣涉案服务器 1 台，笔记本电脑 1 台，台式电脑主机 1 台。当日对涉案人王某和田某做调查询问笔录，当事人承认了网站经营中的违规行为。依法给予当事人立即停止侵权行为，删除侵权盗版软件及下载链接；给予罚款人民币 10 万元整的行政处罚。

二、青岛“6·25”侵犯著作权案

2013 年 3 月 10 日，青岛市文化市场行政执法局多次接到不同的权利人投诉，在街边的书报摊内发现有多种报纸或期刊未经权利人授权。经前期梳理线索、缜密排查后，会同青岛市公安局市北分局查实，自 2010 年至 2013 年 6 月，当事人丛建雷、王山等犯罪嫌疑人 8 人未经著作权人许可，分别从山西、江苏、江西、山东、河南、湖北、陕西等 7 个省市的多家报刊发行商购入非法报刊 5 380 万份，并向山东及东三省发行，累计涉案金额 5 700 万元。由于该案涉及的地域范围广、非法报刊数量和金额巨大，性质恶劣，情节严重，国家版权局予以挂牌督办。2014 年 11 月 12 日青岛市市北区人民法院依照《中华人民共和国刑法》第二百一十七条，第二十五条第一款，第二十六条第一款、第四款，第二十七条，第六十七条第三款，第七十二条，第七十三条第二款、第三款，第六十四条，《最高人民法院、最高人民检察院关于办理侵犯知识产权刑事案件具体应用法律若干问题的解释》第五条第一款之规定判决，做出了（2014）北刑初字第 93 号刑事判决书，分别判处丛某某等二人 2 年至 5 年有期徒刑，并处罚金共计 15 000 元。

三、潍坊矫会军涉嫌销售侵权复制品案

2013 年 1 月，潍城区文化市场综合执法局多次接群众举报，反映有侵权盗版出版物在市场销售，经过缜密的调查，初步锁定居住在潍城区的矫会军（内蒙古自治区通辽市人）有重大嫌疑。因案情重大，山东省版权局于 2013 年 5 月，将此案列为省级查处侵权盗版重大督办案件。2013 年 7 月 4 日，执法人员对矫会军位于潍坊市潍城区南关街办颜家村的 5 间仓库（租赁）进行了突击检查，当场查获各类出版物 1 万余册，经执法人员现场抽样检查，初步认定为非法出版物，总码洋 100 多万元，涉及人民音乐出版社、蓝天出版社、山东文艺出版社、上海音乐出版社等 10 余家出版社，依据《最高人民法院、最高人民检察院关于办理侵犯知识产权刑事案件具体应用法律若干问题的解释》《最高人民法院、最高人民检察院、公安部关于办理侵犯知识产权刑事案件适用法律若干问题的意见》的相关规定，专案组决定，由潍坊市潍城区公安局立案并对相关物证进行查封（扣押），涉案出版物经相关出版社鉴定均为侵权盗版出版物。2014 年 4 月 11 日，潍坊市潍城区人民法院依据《中华人民共和国刑法》第二百一十八条，第二十三条第一、二款，第六十七条第三款，第五十二条，第五十三条之规定，以销售侵权复制品罪，判处矫会军有期徒刑 10 个月并处罚金人民币 100 000 元整。

四、宋金珍非法印刷《现代汉语词典》案

2013 年 12 月 4 日，临沂市罗庄区文化市场管理执法局根据群众举报，对宋金珍非法印刷《现代汉语词典》的行为进行暗访核查，12 月 11 日立案进一步进行调查。经查：2012年4月至2013年12月，当事人宋金珍未经许可印刷《现代汉语词典》34 000余本，涉案价值340 000元。由于违法活动情节特别严重，依据《行政执法机关移送涉嫌犯罪案件的规定》，临沂市罗庄区文化市场管理执法局于2013年12月11日将此案移交给公安机关。临沂市公安局罗庄分局当日就立案侦查，并于2014年3月6日将《起诉意见书》上报检察机关。2014年7月15日，临沂市罗庄区人民法院依法对此案进行判决：被告人宋金珍犯侵犯著作权罪，判处有期徒刑3年，缓刑5年，并处罚金人民币17万元。

五、青岛朱某某侵犯著作权案

2013年7月4日，青岛市文化市场行政执法局联合胶州市文化市场行政执法局对胶州市人民广场检查时，发现被告人朱某某正在销售盗版光盘，当场扣押244张。2013年7月15日，会同胶州市公安局民警对被告人朱某某租用的仓库检查，当场发现光碟584张。经青岛市文化市场行政执法局鉴定，上述828张光盘均无SID码，为非法音像制品。2014年6月11日，胶州市人民法院依照《中华人民共和国刑法》第二百一十七条、第五十二条、第七十二条、第七十三条、第七十六条，《中华人民共和国刑事诉讼法》第二百五十八条，《最高人民法院、最高人民检察院关于办理侵犯知识产权刑事案件具体应用法律若干问题的解释》第一条规定判决，做出了（2014）胶刑初字第322号刑事判决书，判处朱某某6个月有期徒刑，并处罚金8 000元。

六、张店小荣图书店未经著作权人许可发行其作品案

2014年2月28日，淄博市文化市场执法局根据举报线索，对张店小荣图书店未经著作权人许可发行其作品案进行立案调查。经查：当事人荣军未经著作权人许可销售《小魔怪要上学》等九种盗版图书，执法人员当场查获《小魔怪要上学》等非法出版物539册。依据《中华人民共和国著作权法》第四十八条第（一）项、《中华人民共和国著作权法实施条例》第三十六条的规定，淄博市文化市场执法局给予当事人没收非法出版物《小魔怪要上学》等539册，警告并处罚款人民币5 000元的行政处罚。

七、济宁市任城区“5·3”网站侵犯著作权案

2014年5月3日，济宁市文化市场综合执法局接举报反映济宁市声远网未经授权提供影视作品在线观看服务。执法人员迅速展开调查，在网络截屏取证3 000余页后，找到了网站备案人。经查实，声远网为赚取广告费用，在未经授权的情况下，擅自提供576部影视作品供网站会员免费在线观看，依据《著作权法》第四十八条、《著作权法实施条例》第三十六条和《信息网络传播权保护条例》第十八条之规定，对声远网处罚款人民币10 000元。

八、曲阜“11·19”计算机软件犯著作权案

2014年11月19日接到奥多比（adobe）软件有限公司投诉反映山东圣阳电源有限公司未经软件著作权人同意使用该公司开发的三款软件。接报后济宁市文化市场综合执法局联合曲阜市文化市场综合执法局和当地派出所前往涉案公司进行调查，现场检查发现该公司多部电脑均装有这三款盗版软件。依据《中华人民共和国著作权法》第四十八条和《计算机软件保护条例》第二十四条之规定，对山东圣阳电源有限公司做出罚款人民币20 000元的行政处罚。

九、纽泰斯克电线（潍坊）有限公司未经软件著作权人许可复制著作权人软件案

2014年3月27日，潍坊市文化市场综合执法局对纽泰斯克电线（潍坊）有限公司依法进行检查。在该公司办公室内发现3台电脑复制安装了欧特克（Autodesk）公司的AutoCAD软件，目标文件夹中有相应的目标程序，公司工作人员正在使用AutoCAD软件进行设计制图工作，公司现场负责人不能提供权利人的授权使用许可、购货凭证等证据。同日，潍坊市文化市场综合执法局决定对此案予以立案调查并下达了调查询问通知书。2014年3月31日，纽泰斯克电线（潍坊）有限公司委托谭玉洁到潍坊市文化市场综合执法局接受了调查询问，承认了相关违法事实。2014年5月5日，潍坊市文化市场综合执法局（潍）文罚字［2014］第201号决定书，依据《中华人民共和国著作权法》第四十八条第（一）项，《计算机软件保护条例》第二十四条第一款第（一）项、第二款之规定，对当事人做出了责令停止侵权行为、罚款人民币1.9万元整的行政处罚。

十、山东科威亚输送设备有限公司侵犯著作权案

2013年11月25日，根据举报，日照市文化市场综合执法局发现山东科威亚输送设备有限公司7台用于设计的电脑内安装有软件AutoCAD，对上述软件序列号该单位不能提供合法来源证明。执法人员依法制作了现场检查笔录，截屏拍照取证，并让该单位管理人员签名确认。执法人员联系欧特克软件（中国）有限公司，确认山东科威亚输送设备有限公司上述涉案软件未经授权许可使用。依据《中华人民共和国著作权法》第四十八条第（一）项和《计算机软件保护条例》第二十四条第一款规定，2014 年 3 月 14 日，日照市文化市场综合执法局对山东科威业输送设备有限公司做出行政处罚：罚款人民币 7 万元整。

十一、泰安市泰山区城市印象广告策划有限公司侵犯著作权案

2014 年 10 月 20 日，接有关部门举报，泰安市文化市场综合执法人员到该公司进行检查，当场查缴涉嫌侵权出版物《城市印象》650 册、《城市生活》350 册，且当事人不能提供合法手续。执法支队于 2014 年 10 月 21 日立案，并依据法定程序对当事人做了询问调查，当事人承认，在其发行的 DM 广告宣传册中，没经著作权人同意，私自使用他人的图片和文字作品，其行为已经违反了《中华人民共和国著作权法》第四十八条第（一）项的规定，依据《中华人民共和国著作权法实施条例》第三十六条的规定，泰安市文化市场综合执法支队于 2014 年 10 月 31 日对其做出了罚款 10 万元的行政处罚。

十二、昆山润福商贸有限公司泰安分公司发行非法音像制品案

2014 年 10 月 30 日，泰安市文化市场综合执法支队接群众举报称，其在大润发超市购买的 CD 是盗版音像制品，执法人员立即到现场进行检查，当场查扣涉嫌盗版音像制品 159 盘。此案于 10 月 31 日立案，执法人员依据法定程序对供货商昆山润福商贸有限公司泰安分公司负责人做了询问调查，当事人不能提供合法的进货手续和委托书，经有关部门和有关音像出版公司鉴定，查扣的音像制品均为盗用正规音像出版社出版的盗版音像制品。其行为已经违反了《中华人民共和国著作权法》第四十八条第（八）项的规定，依据《中华人民共和国著作权法实施条例》第三十六条的规定，泰安市文化市场综合执法支队于 2014 年 11 月 20 日做出罚款 10 万元的行政处罚。

（山东省版权局）

湖　北　省

一、仙桃“3·5”制售盗版光盘案

2011 年以来，唐爱祥在经营佳丽音像店期间，擅自刻录复制戏曲光盘 5 980 张，并购进盗版光盘 3.6 万余张，欲销售牟利。2014 年 3 月 5 日，仙桃市文化市场执法人员在唐爱祥位于仙桃市宏达路的住处查获 4 台刻录设备及 4.2 万余张侵权复制光盘。2014 年 12 月 1 日，仙桃市人民法院以侵犯著作权罪判处被告人唐爱祥有期徒刑 3 年，缓刑 4 年，并处罚金 5 万元。

二、武汉“4·21”批销淫秽盗版光盘案

2008 年以来，张在平长期在武汉市从事音像制品批销业务，其销售的盗版音像制品涉及广东音像出版社、珠影白天鹅音像出版社、吉林音像出版社等全国多家出版单位。2014 年 4 月 21 日，武汉市硚口区公安和文化市场执法人员一举捣毁了张在平藏匿于汉正街利济南路的盗版光盘批销窝点，现场查获盗版音像制品 45 650 张。2014 年 12 月 23 日，武汉市江岸区人民法院以侵犯著作权罪（未遂）判处被告人张在平有期徒刑 1 年，并处罚金 4 万元。

三、武汉非法出版《公民读本》期刊案

2012 年 10 月，湖北省马前卒文化发展有限公司法定代表人陈凯在其公司未取得出版发行资质的情况下，与时任安徽省《传奇·传记文学选刊》杂志社下旬刊责任编辑葛子房私自签订《合作办刊协议书》，以《传奇·传记文学选刊》的刊号擅自出版发行非法出版物《公民读本》，自 2012 年 10 月至 2013 年 8 月共出版发行 12 期，14.9 万册。2015 年 2 月 9 日，武汉市武昌区人民法院一审以非法经营罪分别判处被告人陈凯有期徒刑 5 年 6 个月，处罚金 11 万元；判处被告人葛子房有期徒刑 6 年 6 个月，处罚金 11 万元。

四、武汉“2·13”批销盗版出版物案

2014 年 2 月 13 日，武汉市及洪山区文化市场执法部门联合公安部门，一举捣毁了位于洪山区某居民楼内的盗版图书批销窝点，当场抓获犯罪嫌疑人章太原，查获盗版高校教材及教辅类图书 4.6 万册及其经营账册。经查，自 2011 年 3 月始，章太原租用该居民楼从事非法出版物经营活动，共批销非法出版物 20 余万册，违法经营额 240 余万元，批销网络涉及河南、湖北、湖南、安徽、四川等地。2014 年 12 月 9 日，此案已由检察机关向审判机关提起公诉。

五、荆门“10·12”网络游戏私服侵权案

2011 年以来，罗银华、张雪松等 7 人未经著作权人许可，开设“诚信网络一条龙服务”网站，非法从事售卖《传奇》私服版本、架设《传奇》私服、为客户代理发布《传奇》游戏私服广告，非法接收资金共计 202.3 万元；李亚军开办“至上科技”论坛，利用非法获得的《传奇》私服版本进行广告推广获利，非法接收资金 175.4 万元；何小兵等 3 人利用 QQ 号在网上联系发布《传奇》私服广告获利，非法接收资金共计1 749.5万元。2014年12月24日，荆门市东宝区人民法院以侵犯著作权罪分别判处罗银华、李亚军、何小兵等11名被告人4年6个月至1年不等有期徒刑，并处罚金共计人民币1 332万元。

六、荆州"5·10"侵犯著作权案

1997年以来，卢言刁伙同张洪斐、吴金良、马卫杰等人采取直接扫描复制正版书籍和扫描后修改版面冒充正版书籍方式，先后盗印《蒙氏数学》《江苏高考模拟试卷汇编》《语文知识集锦》等50余种书籍，并通过物流发往上海、连云港、临淄、济南、武汉、南京等地，涉案金额达5 000万元。盗版书籍涉及湖北武汉亿童出版集团、江苏凤凰教育出版社、山东美术出版社等11家出版社。目前该案已经公安县公安局侦结并移送公安县检察院审查起诉。

七、武汉"5·6"非法出版发行案

2013年2月至4月期间，余利平经营的武汉市优翼文化有限公司冒用安徽美术出版社名称，非法出版"优翼字帖"等系列图书13 807册，未经批准非法出版"学练优"系列图书731册，并将上述14 538册非法出版物用于销售牟利。2014年4月24日，武汉市江岸区人民法院以非法经营罪判处被告单位武汉市优翼文化有限公司罚金5万元；以非法经营罪判处被告人余利平有期徒刑3年，缓刑3年，处罚金5万元。

八、仙桃"5·19"网络游戏私服侵权案

2014年5月19日，黄冈市公安局根据网络巡查线索，对仙桃一涉嫌侵犯网络游戏著作权的犯罪团伙进行立案侦查。经查，2011年11月以来，杨康、杨耀等人未经著作权人许可，利用互联网开设《热血传奇》私服，并通过玩家充值购买装备等方式非法获利2 900余万元。2014年12月12日，黄冈市黄州区人民法院以侵犯著作权罪分别判处杨康、杨耀等10名被告人3年至10个月不等有期徒刑，并处罚金共计601万元，收缴违法所得共计2 900余万元。

九、武汉"7·11"批销淫秽盗版光盘案

2014年7月11日，武汉市及江汉区文化市场执法部门根据举报，对江汉区新星电脑城三楼一涉嫌淫秽盗版光盘仓库采取联合执法行动，现场抓获嫌疑人毛新，查获涉嫌淫秽盗版光盘42 133张，经鉴定，其中2 956张为淫秽光盘，39 125张为盗版光盘。2014年12月30日，武汉市江岸区人民法院以贩卖淫秽物品牟利罪（未遂）判处被告人毛新有期徒刑3年，处罚金5 000元；以侵犯著作权罪（未遂）判处被告人毛新有期徒刑1年，处罚金3万元。数罪并罚，决定执行有期徒刑3年6个月，并处罚金3.5万元。

（湖北省版权局）

湖　南　省

一、娄底市广大消防安全培训职业学校侵犯教材教辅著作权案

2014年6月24日，娄底市文化市场综合执法局接到举报人举报，娄底市广大消防安全培训职业学校发行侵权盗版培训资料《消防安全培训教材》和《中华人民共和国消防法释义》。娄底市文化市场综合执法局立即组织人员对举报内容进行核实和侦查。2014年6月26日，执法人员对涉案学校进行布控，并由专案组负责人卢华文带队对涉案学校进行突击检查，由专案组7名人员根据事先制定的方案，分别对该学校办公室、财务室、仓库及其使用的电脑进行检查，将该学校使用的教材、财务报表、学员花名册、收款收据等相关证据材料进行证据异地保存，并协调公安局治安支队维护现场秩序，对学校法人代表进行调查询问，将涉案教材送交鉴定检测。经调查，该校从2012年9月至2014年6月间，从长沙等地购进的《消防安全培训教材》3 500册，其中2 000册为侵权盗版出版物，《中华人民共和国消防法释义》3 000册全为侵权盗版出版物，这些涉案盗版培训教材用于培训卡拉OK、网吧、宾馆等场所的消防安全员，均已销售完毕，违法经营额为17万余元。该校的行为违反了《著作权法》第四十八条第（一）项、第（八）项的规定，依据《著作权法实施条例》第三十六条的规定，结合本案实际情况对该校做出"没收未经著作权人许可，复制、发行的出版物，并处罚款人民币壹拾捌万元整"的行政处罚决定。

二、"沸腾文学网"侵犯网络文学著作权案

2013年4月22日，长沙县公安局网安大队接到报警："沸腾文学网"未经上海玄霆娱乐信息科技有限公司许可，非法复制9 000余部该公司旗下"起点中文网"所拥有著作版权的文学作品，并登载发表在"沸腾文学网"上进行牟利。接案后，网安大队迅速成立以大队长胡斌为组长，副大队长张利斌、民警吴彬等精干力量为组员的"4·22"专案组展开侦查。通过深入挖掘网络线索与现场摸排，犯罪嫌疑人刘志斌浮出水面。经过精心部署，专案组于5月2日，在长沙县星城国际小区将犯罪嫌疑人刘志斌抓获。2014 年 8 月，长沙县基层人民法院对该案进行了审理，犯罪嫌疑人刘志斌因犯侵犯著作权罪被判处有期徒刑 6 个月，缓刑 1 年，并处罚金人民币 6 万元。

三、株洲市驾培协会侵犯教材教辅著作权案

2014 年 7 月底，株洲市文化综合执法局接到多名群众举报，称在驾校报考时，在驾校购买的科目一教材《机动车驾驶人交通安全》为盗版。7 月 28 日，株洲市文化综合执法局对此立案，由第四执法大队接案，作为主要查处部门，其他三个执法大队配合协助，对全市四区的驾校进行调查。经查：2014 年 6 月起，为牟利，株洲市驾培协会根据各驾校申报的订购数量，从一湖北书商处订购了盗版 2014 年《机动车驾驶人交通安全》教材 5 000 册，进价 5 元/册，以 10 元/册的正版书价格批发给各驾校；驾校按照 15 元/册的码洋价格销售给学员。12 月 2 日株洲市文化综合执法局依据《中华人民共和国著作权法》第四十八条第（一）项和《中华人民共和国著作权法实施条例》第三十六条，对株洲市驾培协会做出罚款 9.2 万元的处罚决定。

四、怀化市新斯维电子科技有限公司侵犯软件著作权案

2014 年 12 月 10 日，怀化市文化综合执法局接举报后对怀化市新斯维电子科技有限公司涉嫌预装盗版计算机软件的侵权行为进行了初步调查。12 月 19 日经核实初步证据后予以立案，由局版权网络执法科负责案件查处。12 月 22 日至 24 日，怀化市文化综合执法局对当事人及中标单位麻阳县教育局的相关负责人员进行调查取证，证实了当事人的侵权事实。经查实：5 月 20 日至 11 月 10 日，当事人通过政府采购向麻阳县吕家坪中心小学等学校销售的 158 台联想品牌电脑均安装了 Windows XP 操作系统侵权软件。12 月 29 日，怀化市文化综合执法局依据《计算机软件保护条例》第八条第（四）项、第二十四条第（一）项以及《著作权法实施条例》第三十六条规定，责令当事人停止侵权行为，并做出罚款 2 万元整的行政处罚。

五、陈某等人侵犯网络游戏著作权案

2013 年 3 月 17 日，长沙县公安局治安大队和网安大队联合侦办了全国“扫黄打非”办与公安部督办的陈某、黄某、唐某等人侵犯著作权案。经查：2012 年 9 月以来，黄某等人通过建立网站供游戏玩家进行私服游戏非法获利 30 余万元，陈某、唐某等人通过经营传奇私服网站的流量和租站等途径非法获利 600 余万元。其行为涉嫌侵犯上海盛大网络公司“热血传奇”游戏著作权。2013 年 5 月 8 日主犯陈某、黄某、唐某被逮捕，涉案的 9 名犯罪嫌疑人已移送宁乡县人民检察院起诉，检察院对 3 名主犯以涉嫌非法经营罪提起公诉。宁乡县人民法院依法对该案进行了审理，2014 年 11 月 3 日审判法院公布判决结果，陈某犯侵权著作权罪，判处有期徒刑 1 年，并处罚金人民币 5 万元，结合非法经营罪，决定执行有期徒刑 3 年 6 个月，并处罚金人民币 305 万元。

六、七彩凤凰休闲会所侵犯计算机软件著作权案

2014 年初，湖南省凤凰县文化市场综合执法局对凤凰县七彩凤凰休闲会所涉嫌侵犯著作权案立案查处。经查：当事人七彩凤凰休闲会所使用的视点 KTV 点歌软件系该场所工作人员在互联网站自行下载的，在未取得点歌软件著作权人授权的前提下，将其复制安装在 VOD 点播终端的计算机里，并做营业性使用。依据《中华人民共和国著作权法实施条例》第三十六条的规定，凤凰县文化执法局于 2014 年 1 月 4 日对七彩凤凰休闲会所做出行政处罚：责令其立即停止侵权行为，并罚款人民币 5 万元。

七、曾某某等人侵犯图书著作权案

2014 年 6 月 6 日，长沙市文化市场综合执法局接到中国电力出版社的举报。经初步核查摸清地点后，6 月 10 日执法人员对岳麓区柏家塘小区 25 栋一楼两处门面进行检查，发现当事人曾维乾正在盗印中国电力出版社、中国建筑工业出版社、江苏科学技术出版社等多家出版社的出版物，并通过网络（在淘宝网开设了“京都执考书城”等网店）进行销售。现场清点发现：用于盗印的设备有复印机 12 台、彩印机 1 台、电脑 5 台、数控切纸机 2 台、胶装机 2 台、快递单打印机 1 台，正在印制的非法出版物有 123 种 295 册，2014 年 4 月至 6 月的中通、圆通等快递公司详情单 7 231 份，根据快递公司详情单统计当事人通过网络已售出的非法出版物共计 53 000 余本。经鉴定现场发现的 123 种出版物为假冒出版社名义，擅自复制发行的非法（盗版）出版物。当事人的行为违反了《出版管理条例》第二十九条、第四十条之规定。由于案情重大，6 月 11 日将此案移交公安部门。长沙市公安局直属分局于 6 月 11 日立案，6 月 12 日对当事人予以刑事拘留。

八、衡阳金天亿电脑经营部侵犯计算机软件著作权案

2014 年 8 月 9 日，衡阳市文化市场综合执法局执法人员对该市金天亿电脑经营部进行日常检查，发现该经营部存在非法复制 Windows 7、Office 2003

计算机软件的经营行为，遂进行立案调查。经调查，当事人从2013年1月至2014年8月间，未经著作权人许可，以每台计算机收取25～30元的计算机维护费名义，对衡阳市英超网络会所等网吧非法复制上述两种计算机软件各219套，获利5 100元，侵犯了著作权人的计算机软件著作权。当事人的行为违反了《计算机软件保护条例》第五条第一款的规定。衡阳市文化市场综合执法局对当事人做出立即停止侵权行为，没收非法所得5 100元，并处以罚款人民币10万元的行政处罚决定。

九、益阳建筑设计院等侵犯计算机软件著作权系列案

自2014年9月以来，益阳市文化市场综合执法局广泛收集案件线索，集中开展打击侵犯软件著作权专项治理行动，对益阳市建筑设计院、益阳市同盟科技网络经营部、益阳市九八科技有限公司、熊胜华、益阳市宏飞电脑科技有限责任公司等五起计算机软件经营者涉嫌非法复制安装盗版软件，侵犯他人著作权案进行了立案调查。根据调查情况，益阳市文化市场综合执法局依据《计算机软件保护条例》第二十四条第（一）项规定，对上述当事人分别做出行政处罚决定，责令停止侵权行为，并处以罚款5 000元到16 500元不等的行政处罚。

十、蓝山县联创电脑科技有限公司侵犯软件著作权案

2014年2月26日，蓝山县文化市场综合执法大队在对本县联创电脑科技有限公司中标的党政机关单位办公软件安装情况进行检查时，发现该办公软件授权文件和安装使用手续不齐全，已安装的部分软件与授权软件序列号不一致，涉嫌非法复制。该局于次日对当事人依法立案调查。根据调查及获取的相关证据确认当事人安装的部分办公软件为非法复制软件，当事人的行为违反了《计算机软件保护条例》第八条第一款第（四）项的规定，违法事实清楚，证据确凿。根据《计算机软件保护条例》第二十四条第一款第（一）项、第二款的规定，该局于4月21日决定给予当事人警告，并处罚款人民币3万元整的行政处罚。

（湖南省版权局）

四　川　省

一、成都四维纵横测绘技术有限公司侵犯著作权案

成都市公安局经侦支队于2013年6月17日，对成都四维纵横测绘技术有限责任公司（简称四维纵横公司）涉嫌侵犯著作权案立案侦查。经查，从2010年12月至2011年3月期间，胡银海、杜娟相继从普罗米新公司离职后，共同成立了四维纵横公司，该公司主要从事钢轨评估工作及协助铁二院开发轨检小车等相关铁路产品及配套软件。四维纵横公司的软件开发员杜娟未经著作权人普罗米新公司的许可，在明知轨道几何状态测量仪数据采集软件、轨道几何状态测量仪数据分析软件、轨道板精调测量系统软件经过普罗米新公司著作权登记的情况下，将上述软件的源代码从原公司复制带至四维纵横公司，并在编写四维纵横轨检车采集软件及后期分析处理软件、Ⅰ型板精调软件、Ⅲ型板精调软件时使用，违法所得80万元。2014年12月8日，成都市青羊区人民法院以侵犯著作权罪判处成都四维纵横测绘技术有限责任公司罚金40万元；分别判处杜娟、胡银海有期徒刑2年6个月，罚金15万元。

二、会东和文中学发行盗版教辅案

2014年1月14日，凉山州文化市场综合执法支队收到四川省版权局的案件《移转函》，投诉凉山州会东县和文中学统一采购并正在使用的《三维设计》2014高考总复习——物理（教科版）是盗版图书，要求核查相关情况。1月17日凉山州文化市场综合执法支队组织执法人员赶赴会东核实举报。2014年3月4日立案，通过先后三次到会东进行调查取证，已查明会东县和文中学发行盗版教辅的行为已构成对光明日报社著作权的侵害，应承担相应的侵权责任。

2014年3月31日，凉山州文广新局根据《著作权法》第四十八条第（一）项、《著作权法实施条例》第三十六条之规定，给予凉山州会东县和文中学以下行政处罚：（1）立即停止侵权行为；（2）没收侵权盗版图书650册；（3）罚款人民币3万元。

三、成都合力创业融资担保有限公司软件侵权案

2014年1月16日，成都市文化市场综合执法总队根据投诉材料所反映情况，选派执法骨干对成都合力创业融资担保有限公司进行了检查。执法人员对该公司正常使用的计算机进行了抽查，现场发现10台计算机中安装了Windows XP软件8件（套）、Office 2007软件7件（套）、Office 2010软件2件（套）、Office 2003软件2件（套）、Windows 7软件2件（套），共计21件（套）。经执法人员现场调查取证，并于当日立案。后经微软（中国）有限公司鉴定，上述21件（套）软件均未经授权安装和使用。成都合力创业融资担保有限公司安装使用的 10 件（套）操作系统和 11 件（套）办公软件的市场价格：Windows XP 为 1 600 元/件（套）、Office 2007 为 2 179 元/件（套）、Office 2010 为 3 978 元/件（套）、Office 2003 为 2 735 元/件（套）、Windows 7 为 1 452 元/件（套），货值总计 44 383 元。

2014 年 3 月 14 日，成都市文化市场综合执法总队依据《计算机软件保护条例》第二十四条第一款第（一）项、第二款的规定，对成都合力创业融资担保有限公司做出了责令停止侵权行为，删除侵权软件，并给予罚款 44 383 元的行政处罚。

四、四川依米康环境科技股份有限公司软件侵权案

2014 年 3 月 26 日，成都市文化市场综合执法总队根据投诉材料所反映情况，选派执法骨干对四川依米康环境科技股份有限公司进行了检查。执法人员对该公司正常使用计算机进行了抽查，现场发现 10 台计算机中安装了 Windows XP 软件 7 件（套）、Office 2007 软件 9 件（套）、Office 2003 版软件 1 件（套）、Windows 7 软件 3 件（套）共计 20 件（套）软件。执法人员现场调查取证，并于当日立案。后经微软（中国）有限公司鉴定，上述 20 件（套）软件均未经授权安装和使用。四川依米康环境科技股份有限公司安装 10 件（套）操作系统和 10 件（套）办公软件市场价格：Windows 7 的价格为 1 241 元/件（套），Windows XP 为 1 600 元/件（套），Office 2003 为2 735 元/件（套），Office 2007 为 2 179 元/件（套），总货值为 37 269 元。

2014 年 5 月 23 日，成都市文化市场综合执法总队依据《计算机软件保护条例》第二十四条第一款第（一）项、第二款的规定，对四川依米康环境科技股份有限公司做出了责令停止侵权行为，删除侵权软件，并给予罚款 37 269 元的行政处罚。

五、泸州光影魔术咖啡吧侵犯影视作品著作权案

2014 年 4 月 9 日，泸州市文化新闻出版局执法人员对泸州市江阳区光影魔术咖啡吧进行了检查，发现该场所涉嫌未经批准擅自播放影视作品，执法人员立即制止其行为，并于 4 月 11 日依法立案调查。经调查取证，确认案件当事人周茂辉（泸州市江阳区光影魔术咖啡吧案件的当时投资人）存在违法行为，侵权事实成立。

依据《中华人民共和国著作权法》第四十八条第（一）项和《中华人民共和国著作权法实施条例》第三十六条规定，并参照《四川省版权行政处罚自由裁量权》规定，泸州市文化新闻出版局 5 月 5 日下达了《行政处罚决定书》：责令当事人停止侵权行为，并给予没收违法所得人民币 850 元；没收存储影视作品的硬盘 11 个、播放机 1 个；罚款人民币 15 000 元。

六、大邑“6·12”“7·3”“7·14”销售盗版音像制品案

成都市大邑县文广新局执法人员联合公安部门集中对市场、摊点、车站等地进行了有效治理，有力打击了侵权盗版行为。2013 年 10 月 29 日，杨大清、黄云在大邑县上安镇兴盛街摆地摊销售盗版光碟 1 634 张，侵权事实成立；2013 年 12 月 19 日山永昌在大邑县悦来镇三仪街靠大双路口摆地摊销售盗版光碟 1 567 张，侵权事实成立；2013 年 11 月 5 日王道军、岳兵在大邑县青霞镇龙凤社区“十字路口”市场出售盗版光碟 1 546 张、1 652 张，侵权事实成立。

杨大清、黄云销售盗版光碟侵犯著作权，依照《中华人民共和国刑法》第二百一十七条、第二十五条、第五十二条、第五十三条、第七十二条、第七十三条、第六十四条之规定，于 2014 年 6 月 18 日对被告人杨大清、黄云均判处有期徒刑 10 个月，缓刑 1 年，并处罚金 3 000 元；对扣押在案的盗版光碟予以没收。于 2014 年 7 月 7 日对被告人山永昌判处有期徒刑 10 个月，缓刑 1 年，并处罚金 3 000 元；对扣押在案的盗版光碟予以没收。于 2014 年 7 月 7 日、7 月 18 日分别对被告人王道军、岳兵判处有期徒刑 10 个月，缓刑 1 年，并处罚金 3 000 元。

（四川省版权局）

云 南 省

临沧希望图书城销售盗版《新华字典》案

2013 年，云南省临沧市公安部门会同版权部门根据群众举报线索，对临沧希望图书城销售盗版《新华字典》案进行调查。经查，周某某未经权利人许可，在自己的地下印刷厂非法印制《新华字典》后，以明显低于市场价的价格销售给王某某，王某某又将该批《新华字典》销售给临沧希望图书城，由该图书城配发至指定学校，涉案侵权盗版《新华字典》共计 26 915 本。2014 年 7 月 7 日，云南省临沧市临翔区人民法院以侵犯著作权罪判处周某某有期徒刑 4 年，并处罚金人民币 5 万元，原犯侵犯著作权罪，判处有期徒刑 3 年缓刑 5 年，并处罚金人民币 5 万元，撤销缓刑，合并决定执行有期徒刑 5 年，并处罚金人民币 10 万元；以销售侵权复制品罪判处王某某有期徒刑2年，并处罚金人民币5万元。

（云南省版权局）

陕西省

一、朱永旺销售侵权复制《中华静电复印纸包装》美术作品案

朱永旺擅自销售未经权利人许可的《中华静电复印纸包装》美术作品复制品225件，扰乱了市场秩序，损害了社会公共利益。2014年2月28日，陕西省版权局依据《中华人民共和国著作权法》第四十八条，《中华人民共和国著作权法实施条例》第三十六条、第三十七条及《中华人民共和国行政处罚法》有关规定，对当事人做出了没收侵权复制品、罚款9 000元人民币的行政处罚。

二、李智APE无损音乐网信息网络传播权侵权作品案

李智擅自开办“APE无损音乐网”（域名www.apemusic.net），未经著作权人许可编辑整理他人享有著作权的111首音乐作品，在互联网上传，提供试听下载服务，并发展会员300余人，侵犯了相关权利人的信息网络传播权，扰乱了市场秩序，损害了公共利益。2014年3月14日，陕西省版权局依据《中华人民共和国著作权法》第三十六条、《信息网络传播权保护条例》第十八条的规定及《中华人民共和国行政处罚法》的有关规定，对当事人处以人民币2万元罚款并没收服务器。

三、安伟专有出版权侵权案

2014年3月20日，西安市文化市场行政执法总队一大队在市场检查时发现浩佳教育书店负责人安伟发行侵犯他人专有出版权的出版物12种、355册。依据《著作权法》第四十八条、《著作权法实施条例》第三十六条的规定，给予罚款2万元并没收涉案侵权出版物355册的处罚。

四、西安格蒂电力有限公司、中域电讯连锁集团股份有限公司软件侵权案

西安市文化市场行政执法总队一大队在市场检查时发现西安格蒂电力有限公司、中域电讯连锁集团股份有限公司未经著作权人许可，复制著作权人的软件，构成侵权。依据《计算机软件保护条例》第二十四条，各罚款人民币1万元。

五、郭玉文信息网络传播权侵权案

陕西省版权局根据国家新闻出版广电总局案件移转件，在省通信管理局、公安部门配合下，查明当事人郭玉文未经权利人授权许可擅自将国际唱片协会享有权利的音乐作品通过其开办的音乐外链网向公众传播。对此，陕西省版权局与铜川市文化执法支队联合行动，一举在郭玉文住处当场查获作案电脑，查实了案情，由铜川市文化执法支队对其做出了罚款人民币2 000元的处罚，经教育郭玉文主动关闭了侵权网站。

六、杨虎播放电影侵权案

2014年2月18日，西安市文化市场行政执法总队三大队在百隆广场检查时发现该场所个体工商户杨虎向公众放映《毒战》等电影，构成著作权侵权。依据《著作权法》第四十八条、《著作权法实施条例》第三十六条及《信息网络传播权保护条例》第十八条之规定，给予罚款人民币6 000元的处罚。

七、“西安信息资源网”侵权案

2014年9月17日，西安市文化市场行政执法总队三大队在检查时发现西安信息资源网未经著作权人许可，通过网络向公众提供《历史转折中的邓小平》等作品，构成对他人作品信息网络传播权侵权。依据《著作权法实施条例》第三十六条与《信息网络传播权保护条例》第十八条之规定，给予罚款人民币2 000元的处罚。

（陕西省版权局）

青海省

马菊花销售盗版音像制品案

2014年6月19日，西宁市城东区文化综合执法队在日常检查中，发现位于小商品批发市场东A-01152号的菊花音像店，涉嫌销售盗版音像制品，经进一步审查，现场查获涉嫌盗版音像制品1 410盘，并当日立案。6月24日至26日，经青海省版权局鉴定，涉案光盘均为盗版音像制品。当事人马菊花对销售侵权盗版音像制品的行为无异议。根据《中华人民共和国著作权法实施条例》第三十六条和《音像制品管理条例》第四十五条之规定，给予当事人罚款人民币10 000元、停业整顿7天的行政处罚。

（青海省版权局）

宁夏回族自治区

一、“5E影视”侵犯著作权案

宁夏新闻出版广电局监控中心检查发现，“5E影视”涉嫌播放、下载影视剧等，构成侵权行为。宁夏版权局、自治区通信管理局根据《著作权行政

处罚实施办法》《互联网著作权行政保护办法》和《信息网络传播权保护条例》的有关规定，对“5E影视”进行了关闭，并列入黑名单。

二、“宁视网”侵犯著作权案

宁夏互联网信息办公室在对“宁视网”检索时发现，该网站涉嫌违规登载新闻、文学作品，构成侵权行为。宁夏版权局自治区通信管理局根据《著作权行政处罚实施办法》《互联网著作权行政保护办法》和《信息网络传播权保护条例》的有关规定，对“宁视网”予以关闭，并列入黑名单。

（宁夏回族自治区版权局）

版权

法律法规及规章文件

FA LYU FA GUI JI GUI ZHANG WEN JIAN

法律法规

全国人民代表大会常务委员会关于在北京、上海、广州设立知识产权法院的决定

（2014年8月31日第十二届全国人民代表大会常务委员会第十次会议通过）

为推动实施国家创新驱动发展战略，进一步加强知识产权司法保护，切实依法保护权利人合法权益，维护社会公共利益，根据宪法和人民法院组织法，特作如下决定：

一、在北京、上海、广州设立知识产权法院。

知识产权法院审判庭的设置，由最高人民法院根据知识产权案件的类型和数量确定。

二、知识产权法院管辖有关专利、植物新品种、集成电路布图设计、技术秘密等专业技术性较强的第一审知识产权民事和行政案件。

不服国务院行政部门裁定或者决定而提起的第一审知识产权授权确权行政案件，由北京知识产权法院管辖。

知识产权法院对第一款规定的案件实行跨区域管辖。在知识产权法院设立的三年内，可以先在所在省（直辖市）实行跨区域管辖。

三、知识产权法院所在市的基层人民法院第一审著作权、商标等知识产权民事和行政判决、裁定的上诉案件，由知识产权法院审理。

四、知识产权法院第一审判决、裁定的上诉案件，由知识产权法院所在地的高级人民法院审理。

五、知识产权法院审判工作受最高人民法院和所在地的高级人民法院监督。知识产权法院依法接受人民检察院法律监督。

六、知识产权法院院长由所在地的市人民代表大会常务委员会主任会议提请本级人民代表大会常务委员会任免。

知识产权法院副院长、庭长、审判员和审判委员会委员，由知识产权法院院长提请所在地的市人民代表大会常务委员会任免。

知识产权法院对所在地的市人民代表大会常务委员会负责并报告工作。

七、本决定施行满三年，最高人民法院应当向全国人民代表大会常务委员会报告本决定的实施情况。

八、本决定自公布之日起施行。

最高人民法院关于北京、上海、广州知识产权法院案件管辖的规定

（2014年10月27日最高人民法院审判委员会第1628次会议通过）

为进一步明确北京、上海、广州知识产权法院的案件管辖，根据《中华人民共和国民事诉讼法》《中华人民共和国行政诉讼法》《全国人民代表大会常务委员会关于在北京、上海、广州设立知识产权法院的决定》等规定，制定本规定。

第一条 知识产权法院管辖所在市辖区内的下列第一审案件：

（一）专利、植物新品种、集成电路布图设计、技术秘密、计算机软件民事和行政案件；

（二）对国务院部门或者县级以上地方人民政府

所作的涉及著作权、商标、不正当竞争等行政行为提起诉讼的行政案件；

（三）涉及驰名商标认定的民事案件。

第二条 广州知识产权法院管辖广东省内本规定第一条第（一）项和第（三）项规定的案件。

第三条 北京市、上海市各中级人民法院和广州市中级人民法院不再受理知识产权民事和行政案件。广东省其他中级人民法院不再受理本规定第一条第（一）项和第（三）项规定的案件。北京市、上海市、广东省各基层人民法院不再受理本规定第一条第（一）项和第（三）项规定的案件。

第四条 案件标的既包含本规定第一条第（一）项和第（三）项规定的内容，又包含其他内容的，按本规定第一条和第二条的规定确定管辖。

第五条 下列第一审行政案件由北京知识产权法院管辖：

（一）不服国务院部门作出的有关专利、商标、植物新品种、集成电路布图设计等知识产权的授权确权裁定或者决定的；

（二）不服国务院部门作出的有关专利、植物新品种、集成电路布图设计的强制许可决定以及强制许可使用费或者报酬的裁决的；

（三）不服国务院部门作出的涉及知识产权授权确权的其他行政行为的。

第六条 当事人对知识产权法院所在市的基层人民法院作出的第一审著作权、商标、技术合同、不正当竞争等知识产权民事和行政判决、裁定提起的上诉案件，由知识产权法院审理。

第七条 当事人对知识产权法院作出的第一审判决、裁定提起的上诉案件和依法申请上一级法院复议的案件，由知识产权法院所在地的高级人民法院知识产权审判庭审理。

第八条 知识产权法院所在省（直辖市）的基层人民法院在知识产权法院成立前已经受理但尚未审结的本规定第一条第（一）项和第（三）项规定的案件，由该基层人民法院继续审理。

除广州市中级人民法院以外，广东省其他中级人民法院在广州知识产权法院成立前已经受理但尚未审结的本规定第一条第（一）项和第（三）项规定的案件，由该中级人民法院继续审理。

最高人民法院关于审理利用信息网络侵害人身权益民事纠纷案件适用法律若干问题的规定

（2014 年 6 月 23 日最高人民法院审判委员会第 1621 次会议通过）

为正确审理利用信息网络侵害人身权益民事纠纷案件，根据《中华人民共和国民法通则》《中华人民共和国侵权责任法》《全国人民代表大会常务委员会关于加强网络信息保护的决定》《中华人民共和国民事诉讼法》等法律的规定，结合审判实践，制定本规定。

第一条 本规定所称的利用信息网络侵害人身权益民事纠纷案件，是指利用信息网络侵害他人姓名权、名称权、名誉权、荣誉权、肖像权、隐私权等人身权益引起的纠纷案件。

第二条 利用信息网络侵害人身权益提起的诉讼，由侵权行为地或者被告住所地人民法院管辖。

侵权行为实施地包括实施被诉侵权行为的计算机等终端设备所在地，侵权结果发生地包括被侵权人住所地。

第三条 原告依据侵权责任法第三十六条第二款、第三款的规定起诉网络用户或者网络服务提供者的，人民法院应予受理。

原告仅起诉网络用户，网络用户请求追加涉嫌侵权的网络服务提供者为共同被告或者第三人的，人民法院应予准许。

原告仅起诉网络服务提供者，网络服务提供者请求追加可以确定的网络用户为共同被告或者第三人的，人民法院应予准许。

第四条 原告起诉网络服务提供者，网络服务提供者以涉嫌侵权的信息系网络用户发布为由抗辩的，人民法院可以根据原告的请求及案件的具体情况，责令网络服务提供者向人民法院提供能够确定涉嫌侵权的网络用户的姓名（名称）、联系方式、网络地址等信息。

网络服务提供者无正当理由拒不提供的，人民法院可以依据民事诉讼法第一百一十四条的规定对网络服务提供者采取处罚等措施。

原告根据网络服务提供者提供的信息请求追加网络用户为被告的，人民法院应予准许。

第五条 依据侵权责任法第三十六条第二款的规定，被侵权人以书面形式或者网络服务提供者公示的方式向网络服务提供者发出的通知，包含下列内容的，人民法院应当认定有效：

（一）通知人的姓名（名称）和联系方式；

（二）要求采取必要措施的网络地址或者足以准确定位侵权内容的相关信息；

（三）通知人要求删除相关信息的理由。

被侵权人发送的通知未满足上述条件，网络服务提供者主张免除责任的，人民法院应予支持。

第六条 人民法院适用侵权责任法第三十六条第二款的规定，认定网络服务提供者采取的删除、屏蔽、断开链接等必要措施是否及时，应当根据网络服务的性质、有效通知的形式和准确程度，网络信息侵害权益的类型和程度等因素综合判断。

第七条 其发布的信息被采取删除、屏蔽、断开链接等措施的网络用户，主张网络服务提供者承担违约责任或者侵权责任，网络服务提供者以收到通知为由抗辩的，人民法院应予支持。

被采取删除、屏蔽、断开链接等措施的网络用户，请求网络服务提供者提供通知内容的，人民法院应予支持。

第八条 因通知人的通知导致网络服务提供者错误采取删除、屏蔽、断开链接等措施，被采取措施的网络用户请求通知人承担侵权责任的，人民法院应予支持。

被错误采取措施的网络用户请求网络服务提供者采取相应恢复措施的，人民法院应予支持，但受技术条件限制无法恢复的除外。

第九条 人民法院依据侵权责任法第三十六条第三款认定网络服务提供者是否“知道”，应当综合考虑下列因素：

（一）网络服务提供者是否以人工或者自动方式对侵权网络信息以推荐、排名、选择、编辑、整理、修改等方式作出处理；

（二）网络服务提供者应当具备的管理信息的能力，以及所提供服务的性质、方式及其引发侵权的可能性大小；

（三）该网络信息侵害人身权益的类型及明显程度；

（四）该网络信息的社会影响程度或者一定时间内的浏览量；

（五）网络服务提供者采取预防侵权措施的技术可能性及其是否采取了相应的合理措施；

（六）网络服务提供者是否针对同一网络用户的重复侵权行为或者同一侵权信息采取了相应的合理措施；

（七）与本案相关的其他因素。

第十条 人民法院认定网络用户或者网络服务提供者转载网络信息行为的过错及其程度，应当综合以下因素：

（一）转载主体所承担的与其性质、影响范围相适应的注意义务；

（二）所转载信息侵害他人人身权益的明显程度；

（三）对所转载信息是否作出实质性修改，是否添加或者修改文章标题，导致其与内容严重不符以及误导公众的可能性。

第十一条 网络用户或者网络服务提供者采取诽谤、诋毁等手段，损害公众对经营主体的信赖，降低其产品或者服务的社会评价，经营主体请求网络用户或者网络服务提供者承担侵权责任的，人民法院应依法予以支持。

第十二条 网络用户或者网络服务提供者利用网络公开自然人基因信息、病历资料、健康检查资料、犯罪记录、家庭住址、私人活动等个人隐私和其他个人信息，造成他人损害，被侵权人请求其承担侵权责任的，人民法院应予支持。但下列情形除外：

（一）经自然人书面同意且在约定范围内公开；

（二）为促进社会公共利益且在必要范围内；

（三）学校、科研机构等基于公共利益为学术研究或者统计的目的，经自然人书面同意，且公开的方式不足以识别特定自然人；

（四）自然人自行在网络上公开的信息或者其他已合法公开的个人信息；

（五）以合法渠道获取的个人信息；

（六）法律或者行政法规另有规定。

网络用户或者网络服务提供者以违反社会公共利益、社会公德的方式公开前款第四项、第五项规定的个人信息，或者公开该信息侵害权利人值得保护的重大利益，权利人请求网络用户或者网络服务提供者承担侵权责任的，人民法院应予支持。

国家机关行使职权公开个人信息的，不适用本条规定。

第十三条 网络用户或者网络服务提供者，根据国家机关依职权制作的文书和公开实施的职权行为等信息来源所发布的信息，有下列情形之一，侵害他人人身权益，被侵权人请求侵权人承担侵权责任的，人民法院应予支持：

（一）网络用户或者网络服务提供者发布的信息与前述信息来源内容不符；

（二）网络用户或者网络服务提供者以添加侮辱性内容、诽谤性信息、不当标题或者通过增删信息、调整结构、改变顺序等方式致人误解；

（三）前述信息来源已被公开更正，但网络用户拒绝更正或者网络服务提供者不予更正；

（四）前述信息来源已被公开更正，网络用户或者网络服务提供者仍然发布更正之前的信息。

第十四条 被侵权人与构成侵权的网络用户或者网络服务提供者达成一方支付报酬，另一方提供删除、屏蔽、断开链接等服务的协议，人民法院应认定为无效。

擅自篡改、删除、屏蔽特定网络信息或者以断开链接的方式阻止他人获取网络信息，发布该信息的网络用户或者网络服务提供者请求侵权人承担侵权责任的，人民法院应予支持。接受他人委托实施该行为的，委托人与受托人承担连带责任。

第十五条 雇佣、组织、教唆或者帮助他人发布、转发网络信息侵害他人人身权益，被侵权人请求行为人承担连带责任的，人民法院应予支持。

第十六条 人民法院判决侵权人承担赔礼道歉、消除影响或者恢复名誉等责任形式的，应当与侵权的具体方式和所造成的影响范围相当。侵权人拒不履行的，人民法院可以采取在网络上发布公告或者公布裁判文书等合理的方式执行，由此产生的费用由侵权人承担。

第十七条 网络用户或者网络服务提供者侵害他人人身权益，造成财产损失或者严重精神损害，被侵权人依据侵权责任法第二十条和第二十二条的规定请求其承担赔偿责任的，人民法院应予支持。

第十八条 被侵权人为制止侵权行为所支付的合理开支，可以认定为侵权责任法第二十条规定的财产损失。合理开支包括被侵权人或者委托代理人对侵权行为进行调查、取证的合理费用。人民法院根据当事人的请求和具体案情，可以将符合国家有关部门规定的律师费用计算在赔偿范围内。

被侵权人因人身权益受侵害造成的财产损失或者侵权人因此获得的利益无法确定的，人民法院可以根据具体案情在 50 万元以下的范围内确定赔偿数额。

精神损害的赔偿数额，依据《最高人民法院关于确定民事侵权精神损害赔偿责任若干问题的解释》第十条的规定予以确定。

第十九条 本规定施行后人民法院正在审理的一审、二审案件适用本规定。

本规定施行前已经终审，本规定施行后当事人申请再审或者按照审判监督程序决定再审的案件，不适用本规定。

使用文字作品支付报酬办法

中华人民共和国国家版权局
中华人民共和国国家发展和改革委员会 令
第11号

《使用文字作品支付报酬办法》已经2014年8月21日国家版权局局务会议通过，并经国家发展和改革委员会同意，现予公布，自2014年11月1日起施行。

国家版权局局长　蔡赴朝

国家发展和改革委员会主任　徐绍史

2014年9月23日

使用文字作品支付报酬办法

第一条　为保护文字作品著作权人的著作权，规范使用文字作品的行为，促进文字作品的创作与传播，根据《中华人民共和国著作权法》及相关行政法规，制定本办法。

第二条　除法律、行政法规另有规定外，使用文字作品支付报酬由当事人约定；当事人没有约定或者约定不明的，适用本办法。

第三条　以纸介质出版方式使用文字作品支付报酬可以选择版税、基本稿酬加印数稿酬或者一次性付酬等方式。

版税，是指使用者以图书定价×实际销售数或者印数×版税率的方式向著作权人支付的报酬。

基本稿酬，是指使用者按作品的字数，以千字为单位向著作权人支付的报酬。

印数稿酬，是指使用者根据图书的印数，以千册为单位按基本稿酬的一定比例向著作权人支付的报酬。

一次性付酬，是指使用者根据作品的质量、篇幅、作者的知名度、影响力以及使用方式、使用范围和授权期限等因素，一次性向著作权人支付的报酬。

第四条　版税率标准和计算方法：

（一）原创作品：3%～10%

（二）演绎作品：1%～7%

采用版税方式支付报酬的，著作权人可以与使用者在合同中约定，在交付作品时或者签订合同时由使用者向著作权人预付首次实际印数或者最低保底发行数的版税。

首次出版发行数不足千册的，按千册支付版税，但在下次结算版税时对已经支付版税部分不再重复支付。

第五条　基本稿酬标准和计算方法：

（一）原创作品：每千字80～300元，注释部分参照该标准执行。

（二）演绎作品：

1. 改编：每千字20～100元

2. 汇编：每千字10～20元

3. 翻译：每千字50～200元

支付基本稿酬以千字为单位，不足千字部分按千字计算。

支付报酬的字数按实有正文计算，即以排印的版面每行字数乘以全部实有的行数计算。占行题目或者末尾排不足一行的，按一行计算。

诗词每十行按一千字计算，作品不足十行的按十行计算。

辞书类作品按双栏排版的版面折合的字数计算。

第六条　印数稿酬标准和计算方法：

每印一千册，按基本稿酬的1%支付。不足一千册的，按一千册计算。

作品重印时只支付印数稿酬，不再支付基本稿酬。

采用基本稿酬加印数稿酬的付酬方式的，著作权人可以与使用者在合同中约定，在交付作品时由使用者支付基本稿酬的30%～50%。除非合同另有约定，作品一经使用，使用者应当在6个月内付清全部报酬。作品重印的，应在重印后6个月内付清印数稿酬。

第七条 一次性付酬的，可以参照本办法第五条规定的基本稿酬标准及其计算方法。

第八条 使用演绎作品，除合同另有约定或者原作品已进入公有领域外，使用者还应当取得原作品著作权人的许可并支付报酬。

第九条 使用者未与著作权人签订书面合同，或者签订了书面合同但未约定付酬方式和标准，与著作权人发生争议的，应当按本办法第四条、第五条规定的付酬标准的上限分别计算报酬，以较高者向著作权人支付，并不得以出版物抵作报酬。

第十条 著作权人许可使用者通过转授权方式在境外出版作品，但对支付报酬没有约定或约定不明的，使用者应当将所得报酬扣除合理成本后的70%支付给著作权人。

第十一条 报刊刊载作品只适用一次性付酬方式。

第十二条 报刊刊载未发表的作品，除合同另有约定外，应当自刊载后1个月内按每千字不低于100元的标准向著作权人支付报酬。

报刊刊载未发表的作品，不足500字的按千字作半计算；超过500字不足千字的按千字计算。

第十三条 报刊依照《中华人民共和国著作权法》的相关规定转载、摘编其他报刊已发表的作品，应当自报刊出版之日起2个月内，按每千字100元的付酬标准向著作权人支付报酬，不足500字的按千字作半计算，超过500字不足千字的按千字计算。

报刊出版者未按前款规定向著作权人支付报酬的，应当将报酬连同邮资以及转载、摘编作品的有关情况送交中国文字著作权协会代为收转。中国文字著作权协会收到相关报酬后，应当按相关规定及时向著作权人转付，并编制报酬收转记录。

报刊出版者按前款规定将相关报酬转交给中国文字著作权协会后，对著作权人不再承担支付报酬的义务。

第十四条 以纸介质出版方式之外的其他方式使用文字作品，除合同另有约定外，使用者应当参照本办法规定的付酬标准和付酬方式付酬。

在数字或者网络环境下使用文字作品，除合同另有约定外，使用者可以参照本办法规定的付酬标准和付酬方式付酬。

第十五条 教科书法定许可使用文字作品适用《教科书法定许可使用作品支付报酬办法》。

第十六条 本办法由国家版权局会同国家发展和改革委员会负责解释。

第十七条 本办法自2014年11月1日起施行。国家版权局1999年4月5日发布的《出版文字作品报酬规定》同时废止。

工作文件

关于印发《2014年版权工作要点》的通知

国版发［2014］2号

各省、自治区、直辖市版权局，新疆生产建设兵团版权局，解放军总政治部宣传部版权局，北京、上海、天津、重庆文化市场行政执法总队，中国版权保护中心，中国版权协会，各著作权集体管理组织：

《2014年版权工作要点》已经国家版权局审议通过，现予印发。

国家版权局

2014年1月29日

2014年版权工作要点

2014年，版权工作要认真贯彻十八大和十八届二中、三中全会精神，紧密围绕实现中华民族伟大复兴中国梦的目标，把握规律、改进方法、突出重点，认真履行职能，积极发挥版权在文化强国建设中的基础性、资源性和战略性作用，为提高国家文化软实力做出积极贡献。

一、完善版权法律政策体系

1. 推动《著作权法》第三次修改。积极配合国务院法制办做好协调推动工作，力争2014年内将修改草案提交全国人大审议，为保护版权、激发创新活力提供基础制度保障。

2. 修订完善《出版文字作品报酬规定》。要适应形势发展，妥善处理争议，吸收合理意见，平衡权利人、使用者和社会公众各方利益，尽快加以修订完善，以维护健康有序的著作权市场秩序。

3. 积极推进《民间文学艺术作品著作权保护条例》的立法工作。要加强对民间文艺著作权立法问题的调查研究，积极创造条件，推动尽快将《民间文学艺术作品著作权保护条例》列入国务院立法计划。

4. 加强地方版权立法工作。各地要根据中央提出的实施知识产权战略、加强版权保护、增强全民族文化创造活力、扎实推进社会主义文化强国建设的要求，因地制宜，突出特色，制定适合本地区的版权地方性法规及政策措施，以使本地区版权工作进一步法制化、规范化。

二、加大版权执法监管力度

5. 根据全国“扫黄打非”工作小组、全国打击侵权假冒工作领导小组的统一部署，会同有关部门深入开展出版物市场专项整治、打击侵犯知识产权和制售假冒伪劣商品工作。

6. 会同公安部、工信部、国家互联网信息办公室于6月至10月开展第十次打击网络侵权盗版“剑网行动”，围绕网络文学、音乐、影视、游戏、动漫、软件等重点领域以及图书、音像制品、电子出版物、网络出版物等重点产品，严厉打击各种网络侵权盗版行为。

7. 严厉查处侵权盗版大案要案，与公安部签署进一步加强版权执法的合作协议，完善行政执法和刑事司法两法衔接，加强协调督办，强化行政执法和刑事司法打击力度，做好执法案件信息公开工作，维护良好的版权保护环境。

8. 进一步完善版权重点监管工作，加强网站分类管理，适时扩大监管范围，强化网站自律机制，引入公示、约谈制度，完善长效工作机制。特别是加强对大型网络内容提供平台的监管，规范互联网传播作品的版权秩序。

9. 大力推进国家版权监管平台（二期）建设，完成阶段性建设目标，运用技术手段，实现国家版权局与各省级版权局及版权执法机构互联互通，查处网络侵权行为，发布版权相关信息，提高版权执法监管与公共服务水平。

10. 开展2013年度查处侵权盗版案件有功单位和有功个人奖励工作，以查处版权案件的实绩为依据，将公安、工信、海关和检察院、法院等部门办理有关侵权盗版案件纳入奖励范围，突出版权行政执法效能，进一步调动版权执法部门和执法人员查处侵权盗版案件的积极性和主动性。

11. 不断加强版权执法基础建设，加紧出台

《版权行政执法监管指导意见》，逐步解决制约版权执法的突出问题，健全执法工作机制和制度体系，推动打击侵权盗版工作常态化和制度化。

二、深入开展软件正版化工作

12. 在全面完成市、县级政府机关软件正版化检查整改工作后，对政府机关软件正版化工作进行全面总结，对中央和省级政府机关软件正版化工作进行抽查，对市、县级政府机关软件正版化工作进行验收，巩固软件正版化工作成果。

13. 会同工信部等部门开展计算机预装正版操作系统软件专项检查，探索建立黑名单制度，曝光侵犯软件著作权企业，从源头上遏制软件侵权盗版行为。

14. 研究制定贯彻落实《政府机关使用正版软件管理办法》的实施意见，推动各地各部门将软件正版化工作纳入年度考核，制定切实可行的日常监管、考评和责任追究等制度。逐步建立全国政府机关信息化建设与软件正版化责任制度，重点抓好中央国家机关和省级政府信息化建设与软件正版化责任制度。

15. 推动软件正版化工作与信息化建设、信息安全工作相结合，会同有关部门做好与软件正版化有关的反不正当竞争、软件相关问题国际交涉、软件技术标准等工作，推动民族软件产业发展。

16. 会同国资委、银监会、保监会等部门推广企业软件资产管理成功经验，编写企业软件资产管理指南。以国有企业、金融机构、大型外资和民营企业及新闻出版行业企业为重点，通过实施软件资产管理，深入推进企业使用正版软件工作。

四、强化版权公共服务与管理

17. 加强和优化版权公共服务，贯彻落实《关于进一步规范作品登记程序等有关工作的通知》，完善作品登记数据统计、报送和公布制度，选择重点省区和城市，扩大作品登记的数量和覆盖面。充分利用技术手段，提高信息化和标准化水平，积极推动作品登记、计算机软件登记、合同登记、质权登记等各项版权登记工作的开展。

18. 根据《著作权集体管理条例》，加强对各集体管理组织的监督管理和业务指导，依法规范作品使用费收取与分配及其他业务行为，支持其依法、依规开展集体管理活动。

19. 加强对著作权认证机构、国际著作权组织在华代表处的监管与服务，充分发挥其在服务权利人和作品使用者、协助行政及司法机关打击侵权盗版、维护市场秩序等方面的作用。

20. 推动版权争议调解机制建设，建立有公信力的版权争议调解机构，加强引导，使版权调解与司法、行政等争议解决机制有机衔接，扩大著作权争议的解决途径。

21. 推动版权社会资源整合机制建设，帮助、推动行业协会建立版权自律组织和维权机构，协调、指导市场主体开展版权自律维权活动，充分发挥社会力量在版权工作中的重要作用。

五、促进版权产业健康发展

22. 办好2014年中国国际版权博览会、福州海峡版权（创意）产业精品博览交易会等大型版权贸易展会，形成常态化和定时定点相结合的版权交易市场机制，促进版权产业发展。

23. 贯彻落实《全国版权示范城市、示范单位和示范园区（基地）管理办法》，严格标准，继续推动。评选一批新的示范城市、示范单位、示范园区（基地）。充分发挥版权示范主体提升城市和单位创新能力、促进版权产业发展的引导和推动作用。

24. 建设区域性国家版权交易机构，进一步加强对国家版权贸易基地等相关机构的指导和管理，有效发挥其在版权资产评估、版权交易、版权融资等方面的市场服务和带动作用。

25. 加强版权产业理论与实务研究，开展2012年度版权在经济与社会发展中贡献率调研，实施出版业版权资产管理试点项目，启动软件正版化促进软件产业发展评估项目，推进版权资产管理研究。

六、完善版权宣传培训机制

26. 以"4·26"知识产权宣传周为重点，集中做好重点时段版权宣传工作，公布打击侵权盗版重点案件。同时加强版权重点工作宣传、日常宣传及对外宣传。建立版权热点问题应对机制，通过各类信息发布平台，及时回应社会关切，广泛进行宣传。

27. 会同商务部、工信部、财政部等推进使用正版软件部际联席会议成员单位联合发布《软件正版化在中国》白皮书。制作、播出《版权在中国》专题片，通过召开新闻发布会、编辑出版专刊等形式，广泛宣传版权执法和软件正版化工作的意义和成果，形成良好的版权保护宣传声势。

28. 针对版权执法人员、软件正版化工作相关人员、新闻媒体工作者等不同对象开展形式多样的系统培训，与国家行政学院联合举办版权执法高级研修班，不断提高地方版权执法人员的执法能力及版权从业人员的业务素质。

七、推动版权国际应对合作

29. 加强国际传播能力和对外话语体系建设，推进与世界知识产权组织的交流与合作，积极参加该组织框架下版权与相关权国际条约的磋商、制定，协助有关部门推进其在华设立办事处等事宜。与世界知识产权组织密切合作，联合主办2014年国际版权论坛。

30. 协调有关部门，推进《视听表演北京条约》、《关于为盲人、视力障碍者和其他印刷品阅读障碍者获得已出版作品提供便利的马拉喀什条约》尽快生效，提升我国版权国际影响力。

31. 坚决维护国家利益，深入研究、积极应对世界贸易组织、亚太经合组织对华版权事务。妥善处理中美、中欧、中日、中韩等重要版权双边关系，做好中美战略经济对话和第24届中美商贸联委会后续工作，落实中美版权战略合作谅解备忘录等双边协定，不断提高国际应对能力。

32. 积极参与中澳、中韩、中日韩区域全面经济合作框架协议等自贸区中所涉及版权事项的谈判工作，针对有关国家通过自贸区谈判提高知识产权强保护门槛的企图，认真研究，分析利弊，做好对案，切实维护我国家利益。

33. 引导、支持研究机构开展相关版权问题研究。充分发挥国际版权研究基地的作用，及时掌握国际版权发展动向，深入研究重大国际版权问题，为有效应对国际版权谈判提供智力支持。

国家版权局办公厅

2014年2月8日

关于印发《关于贯彻落实〈政府机关使用正版软件管理办法〉的实施意见》的通知

国版发［2014］6号

各省、自治区、直辖市人民政府，党中央各部门，国务院各部委、各直属机构，各人民团体，全国人大常委会办公厅，全国政协办公厅，高法院，高检院，各民主党派中央：

为落实国务院部署，深入推进软件正版化工作，指导各地区、各单位建立健全软件正版化长效机制，巩固政府机关软件正版化工作成果，国家版权局、工业和信息化部、财政部、商务部、审计署、国务院国有资产监督管理委员会、国家工商行政管理总局、国家知识产权局、国家机关事务管理局、国务院法制办公室、中国银行业监督管理委员会、中国证券监督管理委员会、中国保险监督管理委员会、中共中央直属机关事务管理局、中华全国工商业联合会等15家推进使用正版软件工作部际联席会议成员单位共同制定了《关于贯彻落实〈政府机关使用正版软件管理办法〉的实施意见》，现印发给你们，请认真贯彻执行。

推进使用正版软件工作部际联席会议

国家版权局　代章

2014年7月25日

关于贯彻落实《政府机关使用正版软件管理办法》的实施意见

党中央、国务院高度重视推进使用正版软件工作。为确保政府机关软件正版化工作制度化、规范化、常态化，建立长效工作机制，国务院办公厅于2013年8月印发《国务院办公厅关于印发政府机关使用正版软件管理办法的通知》（国办发［2013］88号）（以下简称《办法》）。为深入贯彻落实《办法》精神，确保各项要求落到实处，提出以下实施意见。

一、关于工作责任。各地区要建立推进使用正版软件工作机制，成立领导机构，明确工作机制相关成员单位职责，保障工作机制运行必要的工作经费和办公条件。各地区、各单位主要负责人要切实承担第一责任人责任，每年通过工作会议等形式对本地区、本单位年度软件正版化工作进行部署，督促具体责任人抓好落实，确保本地区、本单位软件正版化工作常态化。各单位要明确本单位软件正版化工作牵头部门和具体负责人，建立软件正版化工作责任制度。各单位每年年底将本单位软件正版化工作具体负责人名单报送本级著作权行政管理部门。

二、关于经费保障。各单位每年要开展软件使用情况自查，梳理汇总年度软件采购需求，根据《财政部关于印发〈政府机关办公通用软件资产配置标准（试行）〉的通知》（财行［2013］98号）、《财政部、中国人民银行、国家税务总局关于修订2012年政府收支分类科目的通知》（财预［2012］64号）

等文件要求，编制软件采购计划，并将软件采购经费编入政府采购预算。各地区财政部门要将各单位软件采购经费纳入本级财政预算。

三、关于软件采购。各地区、各单位要根据软件的特点，建立健全软件采购制度，规范软件采购合同文本，要对拟采购软件的版本、软件的兼容性和安全性等技术标准，软件的使用方式和使用年限等授权模式，软件的升级和技术支持等售后服务提出明确要求。各地区、各单位要完善采购计算机办公设备程序，采取切实有效的措施，确保采购的计算机产品预装了正版操作系统软件。各单位申报计算机办公设备采购计划时，必须有配套的使用正版软件解决方案。

四、关于软件使用。各单位要根据工作需要，编制本单位工作人员软件配置规范，建立软件安装、卸载审核机制；要加强软件使用日常监管，制订具体措施积极鼓励软件使用人定期自查上报情况，采用定期与不定期结合的方式，对本单位工作人员使用软件情况进行检查，禁止本单位工作人员私自安装或卸载软件。有条件的单位建议采用安全可靠技术手段对本单位工作人员使用软件情况进行监控。

五、关于资产管理。各地区、各单位要根据《财政部关于进一步规范和加强政府机关软件资产管理的意见》（财行［2011］7号）等文件要求，结合本地区、本单位实际情况，制定本地区、本单位软件资产管理具体办法。各地区、各单位资产主管部门要建立健全软件资产考核评议制度，加强非定制类商业软件配置计划管理。各单位要将软件纳入本单位资产管理体系，建立软件资产台账。

六、关于审计。各级审计机关每年要采取“单独立项与结合其他审计项目并行开展”等工作模式，对本级政府机关软件正版化情况进行重点检查，加强对各单位软件采购资金管理使用和软件资产管理情况的审计监督，审计发现的问题纳入审计报告并向社会公告，建立健全审计整改跟踪机制，督促存在问题的部门限期进行整改。

七、关于与信息化工作结合。各地区、各单位要将软件正版化工作与信息安全和信息化建设紧密结合，部署信息安全和信息化建设工作时要明确提出软件正版化要求，在信息安全检查和信息化建设项目验收等专项工作中要将软件正版化作为其中的一项重要内容。

八、关于年度报告。各地区、各单位要制定本地区、本单位年度软件正版化工作计划和实施方案，每年总结本地区、本单位软件正版化工作情况。各单位每年年底前要将本单位本年度软件正版化工作情况报送本级著作权行政管理部门。各省（区、市）每年年底前要将辖区内本年度软件正版化工作情况报送国家版权局。国家版权局每年年底汇总中央各单位及各省（区、市）软件正版化情况后报送国务院。

九、关于监督检查。各地区推进使用正版软件工作机制各成员单位要根据职责分工，通过工作会议、专题培训等形式指导本级各单位和下一级推进使用正版软件工作机制相关单位开展工作。各地区要加强督促检查，把软件正版化工作纳入政府工作督查的重要内容，建立政府机关软件正版化年度检查机制，形成以各级政府督查为主导、相关职能部门紧密配合的督查工作格局，及时通报检查结果。

十、关于考核和责任追究。各地区、各单位要把软件正版化工作纳入年度目标任务考核体系，制定本地区、本单位考核和责任追究具体办法，每年对本地区、本单位软件正版化工作进行考核评议，通报考核评议结果；要对工作成绩突出的单位和部门予以表彰，对有问题的单位和部门依照责任追究办法对相关责任人进行处理。

十一、关于适用范围。政府机关以外的其他国家机关、事业单位、人民团体和免予登记的社会团体使用正版软件工作，要参照《办法》和本实施意见执行。

各地区、各单位要进一步充分认识软件正版化工作对优化软件产业发展环境、加快创新型国家建设、维护国家信息安全和树立良好国际形象的重要意义，增强责任感，深入学习领会《办法》精神，广泛宣传软件正版化工作意义和本地区、本单位贯彻落实《办法》和本实施意见取得的成效，推动全社会形成尊重知识、保护知识产权的良好环境。

推进使用正版软件工作部际联席会议将根据《办法》要求，适时对各地区、各单位贯彻落实《办法》情况进行检查。

关于2013年全国著作权登记情况的通报

国版办函［2014］5号

各省、自治区、直辖市版权局，新疆生产建设兵团版权局，解放军总政治部宣传部版权局，中国版权保护中心：

2013年，各版权行政管理部门和著作权登记机构将著作权登记工作作为本地区、本部门版权工作的重要抓手，继续全面贯彻落实国家版权局2011年《关于进一步规范作品登记程序等有关工作的通知》，采取有效措施，积极宣传、重点拓展、改善服务，使登记数量不断攀升，全国著作权登记工作规范化、标准化、信息化水平取得阶段性进展。著作权登记工作的有效开展，对于明确著作权归属，减少权属纠纷，推动司法、行政机关对登记证书初步证明效力的认可，从而规范作品交易、传播及使用市场秩序，积累文化资源，促进以版权作为无形资产进行质押融资和推动版权产业发展等方面产生重要影响。

现将2013年全国著作权登记情况通报如下：

一、总体情况

2013年，我国著作权登记继续保持平稳增长态势，包括作品登记、计算机软件著作权登记、著作权质权登记在内的著作权登记总量达1 009 657件，首次突破百万件，比去年增加182 632件，增长22.08%。其中，作品登记845 064件，较2012年的687 651件增长了22.89%；计算机软件著作权登记164 349件，较2012年的139 228件增长了18.04%；著作权质权登记244件，涉及主债务金额31亿72万6 000元，较2012年的146件增长了67.12%。上述数据一定程度上反映出我国版权事业近年来取得的最新成果与创新能力。

二、作品登记有关数据及排名

2013年，全国共完成作品登记845 064件，较2012年的687 651件增长了22.89%。其中，登记排名前六位的分别是：第一名，北京市428 701件，占登记总量的50.73%；第二名，中国版权保护中心140 558件，占登记总量的16.63%；第三名，上海市82 563件，占登记总量的9.77%；第四名，重庆市33 180件，占登记总量的3.93%；第五名，江苏省32 488件，占登记总量的3.84%；第六名，江苏省30 292件，占登记总量的3.58%。以上前六位的登记数量均超过3万件，登记量总和为747 782件，占全国登记总量的88.49%。

从登记作品类型看，数量最多的是摄影作品434 143件，占作品总量的51.37%，其他依次是美术作品154 491件，占作品总量的18.28%；文字作品134 108件，占作品总量的15.87%；音乐作品76 741件，占作品总量的9.08%；影视作品14 153件，占作品总量的1.67%；图形作品12 934件，占作品总量的1.53%。

与2012年相比涨幅较快的五个省份有：黑龙江1 267件（2012年352件）增长259.94%，河南550件（2012年189件）增长191.01%，湖北1 122件（2012年432件）增长159.72%，陕西685件（2012年265件）增长158.49%，湖南1 228件（2012年639件）增长92.18%。

三、计算机软件著作权登记有关数据及排名

2013年是我国实施软件产业“十二五”规划的重要一年，在软件产业快速发展的背景下，软件著作权登记量延续了近年来高速增长的发展势头，全国共登记164 349件，登记量较上一年度增长18.04%。此外，软件著作权转让合同登记76件，同比增长153.33%；软件著作权专有许可合同登记37件，同比减少30.19%；软件登记事项变更或补充登记9 633件，同比增长1.07%；查询软件登记档案27 009件，同比增长9.57%；司法机关调档52件，同比增长100%；法院查封软件119件，同比增长230.56%。

从软件著作权登记量排名上看，2013年位列全国前五位的地区依次为：北京、广东、上海、江苏和浙江。五地共登记110 026件，约占我国登记总量的66.95%。其中，北京登记41 721件，同比增长6.64%；广东登记26 535件，同比增长19.91%；上海登记14 990件，同比增长16.98%；江苏登记14 917件，同比增长18.32%；浙江登记11 863件，同比增长18.57%。

按软件著作权登记增速排名，2013年位列全国

前三位的地区依次为：西藏、内蒙古和新疆。其中，西藏登记量同比增长 94.74%，内蒙古登记量同比增长 82.73%，新疆登记量同比增长 72.10%。

四、著作权质权登记有关数据

2013 年，全国共完成著作权质权登记 244 件（其中软件著作权质权登记 198 件、作品著作权质权登记 46 件），涉及作品 1 041 件（其中软件 686 件、其他作品 355 件），涉及主债务金额 31 亿 72 万6 000 元（其中软件 221 279.6 万元、作品 88 793 万元）。

近年来，我国著作权登记数量一直保持增长态势，这充分反映出：社会公众版权意识在不断加强；我国市场主体的版权创造、运用、保护和管理能力普遍提高；版权相关企业对加大版权保护，以版权作为核心资产进行融资等方面的需求日益强烈；版权对于提升国家核心竞争力和转变经济发展方式的作用正进一步显现。

党的十八届三中全会明确提出“加强版权保护”，为著作权登记工作的开展提供了难得的机遇，也提出了新的更高要求。希望各地、各单位在进一步贯彻落实国家版权局 2011 年《关于进一步规范作品登记程序等有关工作的通知》的基础上，继续总结经验、研究对策，同时，要结合本地区、本部门实际情况，不断扩大登记范围和数量，充分利用技术手段，创造条件固定登记受理和报送人员，完善、提高数据统计、报送的信息化和标准化水平，以规范作品交易和流转行为，促进版权价值的有效实现，全面推进著作权登记工作。

国家版权局办公厅

2014 年 1 月 29 日

关于规范著作权合同备案申请表及证书的通知

国版发［2014］7 号

各省、自治区、直辖市版权局，新疆生产建设兵团版权局，解放军总政治部宣传部版权局，中国版权保护中心：

根据《中华人民共和国著作权法实施条例》第二十五条的规定，为构建、规范版权交易服务体系，保障版权交易安全，现就规范著作权合同备案相关事宜通知如下：

一、著作权行政管理部门负责著作权合同备案事宜。

二、著作权合同备案包括著作权专有许可使用合同备案和著作权转让合同备案。

三、著作权行政管理部门办理著作权合同备案应使用国家版权局统一监制的申请表和证书。

四、国家版权局统一监制的申请表和证书包括著作权专有许可使用合同备案申请表及证书、著作权转让合同备案申请表及证书四种。备案机构从国家版权局网站（www. ncac. gov. cn）自行下载、印制，严格管理。备案机构应于 2014 年 10 月 1 日前正式启用统一的申请表和证书。

五、对于正式启用统一的申请表和证书前发放的《作品登记证书》，但其内容实际为合同备案的，备案机构应当根据相关方申请，自受理之日起 30 日内更换相应证书，并自更换之日起 10 日内将更换情况上报国家版权局，由国家版权局在网站（www. ncac. gov. cn）上公布。

六、统一的申请表和证书应载有合同备案号，格式为：地区编号—年份—作品分类号—序号（8 位起始）。地区编号列表、作品分类号见附件。

七、著作权合同备案程序由各备案机构根据实际情况予以规定。

各省、自治区、直辖市版权局，新疆生产建设兵团版权局，解放军总政治部宣传部版权局及中国版权保护中心要认真贯彻，推动合同备案工作的规范化、标准化。各备案机构在工作中的情况和问题及时报告我局版权管理司。

附件：

1. 著作权专有许可使用合同备案申请表和证书、著作权转让合同备案申请表和证书

2. 地区编号列表、作品分类号

国家版权局

2014 年 8 月 29 日

著作权专有许可使用合同备案申请表

类型				
合同类型	□专有许可合同	□非专有许可合同		
许可方信息				
姓名或名称	类别	自然人	国籍	
	证件类型		证件号码	
	地址			
被许可方信息				
姓名或名称	类别	自然人	国籍	
	证件类型		证件号码	
	地址			
合同主要内容				
权利范围	□复制权 □发行权 □出租权 □展览权 □表演权 □放映权 □广播权 □信息网络传播权 □摄制权 □改编权 □翻译权 □汇编权 □其他 说明：			
地域范围	国家		城市或地区	
合同期限	有效期自		有效期至	
涉及作品				
名称			作品数量	
类别	□文字 □口述 □音乐 □戏剧 □曲艺 □舞蹈 □杂技艺术 □美术 □建筑 □摄影 □电影和类似摄制电影方法创作的作品 □图形 □模型 □录音制品 □录像制品 □版式设计 □广播节目 □电视节目 □表演 □其他			
申请办理信息				
申请方式	□由许可方申请 □由被许可方申请 □由代理人申请			
提交者信息				
姓名或名称				
详细地址				
邮政编码				
联系人				
电话号码				
E-mail				
手机号码				
传真号码				

证书模板

著作权专有许可合同备案证书

备案号：

许可方：　　　　　　　　　　被许可方：

涉及作品：　　　　　　　　　合同权利范围：

合同地域范围：　　　　　　　合同期限：

以上事项，由　　　　　　申请，经　　　　　　审核，予以备案。

备案日期：　　　　　　　　　备案机构签章

注：本证书为样本，规格为 A4 大小（210×280mm）的 148g 米白黄色环保纸，"著作权专有许可合同备案证书"的字体字号为汉仪大宋简 45pt，证书底色 CMYK 色值为（C=0、M=0、Y=10、K=0），证书花边色值为（C=30、M=40、Y=70、K=0），请严格按照本证书样本的用纸和规格制证。

著作权转让合同备案申请表

类型				
合同类型	□ 转让合同			
转让方信息				
姓名或名称	类别	自然人	国籍	
	证件类型		证件号码	
	地址			
受让方信息				
姓名或名称	类别	自然人	国籍	
	证件类型		证件号码	
	地址			
合同主要内容				
权利范围	□复制权 □发行权 □出租权 □展览权 □表演权 □放映权 □广播权 □信息网络传播权 □摄制权 □改编权 □翻译权 □汇编权 □其他 说明：			
地域范围	国家		城市或地区	
合同期限	有效期自		有效期至	
涉及作品				
名称			作品数量	

类别	□文字 □口述 □音乐 □戏剧 □曲艺 □舞蹈 □杂技艺术 □美术 □建筑 □摄影 □电影和类似摄制电影方法创作的作品 □图形 □模型 □录音制品 □录像制品 □版式设计 □广播节目 □电视节目 □表演 □其他
申请办理信息	
申请方式	□由转让方申请 □由受让方申请 □由代理人申请
提交者信息	
姓名或名称	
详细地址	
邮政编码	
联系人	
电话号码	
E-mail	
手机号码	
传真号码	

证书模板

著作权转让合同备案证书

备案号：

许可方：　　　　　　　　受让方：

涉及作品：　　　　　　　合同权利范围：

合同地域范围：　　　　　合同期限：

以上事项，由　　　　　　申请，经　　　　　　审核，予以备案。

备案日期：　　　　　　　备案机构签章

注：本证书为样本，规格为A4大小（210×280mm）的148g米白黄色环保纸，“著作权转让合同备案证书”的字体字号为汉仪大宋简45pt，证书底色CMYK色值为（C=0、M=0、Y=10、K=0），证书花边色值为（C=30、M=40、Y=70、K=0），请严格按照本证书样本的用纸和规格制证。

地区编号列表

北京市：京著许可备字/京著转让备字
上海市：沪著许可备字/沪著转让备字
天津市：津著许可备字/津著转让备字
重庆市：渝著许可备字/渝著转让备字
河北省：冀著许可备字/冀著转让备字
山西省：晋著许可备字/晋著转让备字
辽宁省：辽著许可备字/辽著转让备字
吉林省：吉著许可备字/吉著转让备字
黑龙江省：黑著许可备字/黑著转让备字
江苏省：苏著许可备字/苏著转让备字
浙江省：浙著许可备字/浙著转让备字
安徽省：皖著许可备字/皖著转让备字
福建省：闽著许可备字/闽著转让备字

江西省：赣著许可备字/赣著转让备字
山东省：鲁著许可备字/鲁著转让备字
河南省：豫著许可备字/豫著转让备字
湖北省：鄂著许可备字/鄂著转让备字
湖南省：湘著许可备字/湘著转让备字
广东省：粤著许可备字/粤著转让备字
海南省：琼著许可备字/琼著转让备字
四川省：川著许可备字/川著转让备字
贵州省：黔著许可备字/黔著转让备字
云南省：滇著许可备字/滇著转让备字
陕西省：陕著许可备字/陕著转让备字
甘肃省：甘著许可备字/甘著转让备字
青海省：青著许可备字/青著转让备字
西藏自治区：藏著许可备字/藏著转让备字
广西壮族自治区：桂著许可备字/桂著转让备字
内蒙古自治区：蒙著许可备字/蒙著转让备字
宁夏回族自治区：宁著许可备字/宁著转让备字
新疆维吾尔自治区：新著许可备字/新著转让备字
国家版权局：国著许可备字/国著转让备字

作品分类号

作品/制品类型
文字
口述
音乐
戏剧
曲艺
舞蹈
杂技
美术
建筑
摄影
电影
类似摄制电影方法创作作品
工程设计图、产品设计图
地图、示意图
模型
其他作品
录音制品
录像制品

关于同意在广州市越秀区设立国家版权贸易基地的复函

国版函［2014］2号

广东省版权局：

你局《关于广州市申报国家版权贸易基地的请示》（粤权［2013］62号）收悉。

广州市委、市政府高度重视版权工作，在广州市创建“全国版权示范城市”的过程中，越秀区发挥版权资源集聚优势，积极参与创建，在全市起着示范作用。越秀区是广州市各类文化机构集中地，拥有优秀的文化资源和人才资源，初步搭建了版权贸易综合平台。

为贯彻实施十八届三中全会关于建立健全现代文化市场体系，推动社会主义文化大发展大繁荣的战略决策，落实《版权工作“十二五”规划》目标，进一步推动广东省版权保护工作和版权相关产业发展，经研究，同意在广州市越秀区建立“国家版权贸易基地”。

希望广州市越秀区“国家版权贸易基地”充分利用广州市的区位优势，依托丰富的版权资源，积极探索在社会主义市场经济条件下各类版权作品确权、评估、交易的新机制、新路径，为权利人和使用者搭建合法、高效、便捷的服务平台，为推进优秀文化产品的广泛传播，推动文化产业的发展做出贡献。

国家版权局

2014年2月17日

关于同意陕西省设立西部国家版权交易中心的复函

国版函［2014］10号

陕西省人民政府：

你省《关于申报建立西部国家版权交易中心的函》（陕政函［2013］48号）收悉。

近年来，陕西省委、省政府高度重视版权工作，实施“文化强省”战略，围绕版权保护，完善激励创新机制，版权产业呈现快速发展的良好态势。

为更好地贯彻实施十八大关于建设创新型国家和社会主义文化强国的战略决策，进一步推动陕西省版权保护工作和版权产业发展，盘活西部版权资源存量，加快推进西部整体版权产业及相关产业跨越式发展。依据版权管理工作现行政策，经研究，我局同意陕西省设立“西部国家版权交易中心”。

希望“西部国家版权交易中心”充分利用陕西省版权资源优势、区位优势和人才资源优势，充分发挥陕西省作为西部大开发桥头堡的战略地位和作用，依托丰富的文化智力资源，积极探索，努力实践，完善机制，规范运作，为推进优秀文化产品的广泛传播，推动文化创意产业的发展积累成功经验，为权利人和使用者提供合法、高效、便捷的服务，为推进西部文化产品的版权贸易和广泛传播做出积极贡献。

国家版权局

2014年7月18日

关于同意授予厦门市“全国版权示范城市”称号的复函

国版函［2014］11号

福建省版权局：

你局上报的《福建省版权局关于申请对厦门市创建全国版权示范城市工作进行考核验收的请示》（闽版权［2014］2号）收悉。

厦门市委、市政府高度重视版权工作，将版权工作纳入城市经济和社会发展规划，严格按照国家版权局《全国版权示范城市、示范单位和示范园区（基地）管理办法》的要求，积极有效推进创建工作，形成了政府引导、企业参与、群众支持的创建格局，充分发挥了版权工作在城市经济社会发展中的影响力，有力促进了智力成果的创造、运用、保护与管理，取得了良好成效。

我局经对厦门市全国版权示范城市创建工作考核验收，认为符合规定条件，同意授予厦门市“全国版权示范城市”称号。请你局要求厦门市认真贯彻落实《国家知识产权战略纲要》和《版权工作“十二五”规划》，深入开展版权知识的宣传普及工作，加大版权执法力度，保障著作权法律、法规的有效实施，加强版权保护队伍和版权服务体系建设，努力打造版权产业集群，推动智力成果的创新与运用，促进区域经济、文化、科技和社会全面发展。

国家版权局

2014年7月29日

关于同意授予北京出版集团有限责任公司等全国版权示范单位、示范园区（基地）称号的复函

国版函［2014］12号

北京、上海、山东、安徽、江苏、广东、陕西、江西等省、市版权局，中国出版集团公司：

为贯彻落实《国家知识产权战略纲要》和《版权工作“十二五”规划》，充分发挥版权先进典型的示范引导作用，不断提升版权创造、运用、保护和管理的整体水平，2013年，我局对《全国版权示范城市、示范单位和示范园区（基地）管理办法》（2009年12月颁布，以下简称《办法》）进行了修订，并于同年10月1日起正式实施。新《办法》施行以来，各地版权行政管理部门、各版权相关企业和单位积极响应，大力扶持、培育、打造并推荐上报了一批具有鲜明特色的版权示范单位、示范园区（基地）。

为树立版权示范典型，进一步提高公众的版权保护意识，推动版权保护工作更好地为经济建设服务，根据《办法》规定，我局经对各地版权局及中国出版集团公司上报的材料进行认真审核和筛选，并对推荐的部分单位、园区（基地）进行实地考核，认为符合《办法》规定的申报条件，在全国具有推广价值和典型意义，同意授予北京出版集团有限责任公司、央视国际网络有限公司、北京爱奇艺科技有限公司、北京金山办公软件有限公司、北京掌中浩阅科技有限公司、上海广播电视台/上海东方传媒集团有限公司、上海盛大网络发展有限公司、青岛出版集团有限公司、济南红霖联合实业有限公司、山东新华书店集团有限公司、海信集团有限公司、安徽矽索信息科技有限公司、苏州浩辰软件股份有限公司、江苏国泰新点软件有限公司、张家港市金陵纺织有限公司、西安电视剧版权交易中心有限公司、商务印书馆有限公司、二十一世纪出版社有限责任公司等18家单位“全国版权示范单位”称号；同意授予山东鸿儒文化集团有限公司、潍坊高新技术产业开发区、东莞松山湖高新技术产业开发区、苏州国际科技园等4家园区（基地）“全国版权示范园区（基地）”称号。

希望各地版权局及中国出版集团公司认真贯彻落实《国家知识产权战略纲要》和《版权工作“十二五”规划》，加强对所辖全国版权示范单位、示范园区（基地）的监督管理，充分发挥版权示范单位、示范园区（基地）的引导作用，推动智力成果的创新与运用，促进区域经济、文化、科技和社会事业的全面发展。

国家版权局

2014年8月18日

关于同意上海市设立国家版权贸易基地（上海）的复函

国版函［2014］15号

上海市人民政府：

你市《关于申请设立国家版权贸易基地（上海）的函》（沪府函［2014］66号）及上海市版权局《关于在中国（上海）自由贸易试验区内设立国家版权贸易基地（上海）的请示》（沪版权［2014］29号）收悉。经研究，同意依托国家对外文化贸易基

地（上海），在中国（上海）自由贸易试验区内设立国家版权贸易基地（上海）。

请认真指导和支持国家版权贸易基地（上海）的建设，落实建设规划，完善配套政策，优化发展环境，充分发挥基地的试验性和示范性作用，推动其健康发展，成为面向国际、服务全国的版权贸易服务基地。

国家版权局

2014 年 9 月 28 日

关于同意建立成都国际版权交易中心的复函

国版函［2014］16 号

四川省版权局：

你局《关于建议同意成都市版权局建立成都国际版权交易中心的请示》收悉。

近年来，作为首个“全国版权示范城市”，成都市委、市政府重视建立完善版权保护长效机制，发挥版权资源集聚优势，在全国起到了较好的示范作用。经研究，同意成立成都国际版权交易中心。

请你局认真指导和支持成都国际版权交易中心建设，落实建设规划，完善配套措施，优化发展环境，充分利用区位优势，依托丰富的版权资源，积极探索在社会主义市场经济条件下各类版权作品确权、评估、交易的新机制、新路径，为权利人和使用者搭建合法、高效、便捷的服务平台，为推进优秀作品的广泛传播，推动版权产业的发展做出贡献。

国家版权局

2014 年 10 月 29 日

版

表彰评奖

BIAO ZHANG PING JIANG

权

2014 年度查处侵权盗版案件有功单位及个人

［编者按］ 2015 年 5 月 20 日，国家版权局印发《关于奖励 2014 年度查处侵权盗版案件有功单位及有功个人的决定》，对在 2014 年度查处侵权盗版案件工作中做出突出贡献的北京市版权局版权管理处等 225 家有功单位及杨勇等 183 名有功个人给予奖励。

【有功单位一等奖】

1. 最高人民检察院侦查监督厅立案监督处
2. 公安部治安管理局一处
3. 中国版权保护中心法律部
4. 北京市版权局版权管理处
5. 北京市公安局网络安全保卫总队驻区四大队
6. “思路网”侵犯著作权案专案组（北京市文化市场行政执法总队执法四队、北京市公安局海淀分局香山派出所、北京市海淀人民检察院知识产权监察处）
7. 辽宁“8·18”销售盗版教材案专案组（辽宁省鞍山市公安局食品药品犯罪侦查支队、辽宁省“扫黄打非”办公室、辽宁省鞍山市文化广电新闻出版局）
8. 辽宁省沈阳市文化市场行政执法总队直属执法一大队
9. 黑龙江省版权局版权管理处
10. 黑龙江刘某等侵犯网络游戏著作权案专案组（黑龙江省哈尔滨市文化和新闻出版局版权处、黑龙江省哈尔滨市公安局网安支队一大队）
11. “第一教育网”侵犯著作权案专案组（黑龙江省哈尔滨市文化和新闻出版局图书报刊处、黑龙江省哈尔滨市公安局网安支队特侦大队、黑龙江省哈尔滨市南岗区人民法院刑事审判庭）
12. 上海市版权局版权管理执法处
13. “上海复旦网上书店”等网店销售盗版图书案专案组（上海市公安局经侦总队二支队，上海市杨浦区公安分局经侦、网安支队、平凉路派出所，上海市杨浦区人民检察院金融检察科）
14. 江苏省版权局版权管理处
15. 江苏赵某等侵犯网络游戏著作权案专案组（江苏省徐州市睢宁县文广新体局、江苏省徐州市睢宁县公安局网安支队）
16. 江苏省张家港市文化广电新闻出版局
17. 江苏省张家港市文化行政综合执法大队
18. 江苏省南通市崇川区文化市场稽查队
19. 江苏省扬州市文化广电新闻出版局
20. 江苏省公安厅网安总队
21. “放放电影网”侵犯著作权案专案组（江苏省徐州市版权局、江苏省徐州市公安局新城公安分局网安大队）
22. “建工之家网”侵犯著作权案专案组（江苏省扬州市文化行政综合执法支队、山东省菏泽市文化行政综合执法局）
23. 浙江省宁波市文化市场行政执法总队
24. 安徽省版权局版权管理处
25. 安徽省公安厅治安总队
26. “DY161 电影网”侵犯著作权案专案组（安徽省合肥市版权局、安徽省合肥市公安局网络安全保卫支队、安徽省合肥市公安局经济技术开发区分局）
27. “999 宝藏网”侵犯著作权案专案组（安徽省滁州市“扫黄打非”办公室、安徽省滁州市文化广电新闻出版局、安徽省滁州市全椒县文广新闻出版局、安徽省滁州市全椒县公安局）
28. 安徽孙某等盗印图书案专案组（安徽省合肥市文化市场综合执法大队、安徽省合肥市公安局治安支队）
29. 安徽省蚌埠市固镇县文化市场综合执法队
30. 福建省福州市人民检察院
31. 山东省新闻出版广电局版权管理处
32. 山东省青岛市文化市场行政执法局

33. 湖北省汉川市人民检察院公诉科
34. 湖北荆门“10·12”侵犯著作权案专案组（湖北省荆门市公安局、湖北省荆门市“扫黄打非”办公室、湖北省荆门市公安局经济犯罪侦查支队、湖北省荆门市文化市场综合执法支队、湖北省荆门市东宝区人民检察院、湖北省荆门市东宝区人民法院）
35. 湖北省武汉市江岸区人民法院知识产权审判庭
36. 湖北武汉“8·13”非法复制音像制品案件专案组（湖北省武汉市江岸区版权局、湖北省武汉市江岸区公安分局）
37. 湖南省娄底市文化市场综合执法局
38. 广东省广州市文化市场综合行政执法总队
39. 广西壮族自治区玉林市文化新闻出版广电局
40. 海南卢某某侵犯著作权案专案组（海南省海口市公安局琼山区分局经侦大队、海南省“扫黄打非”工作办公室）
41. 云南临沧“3·28”侵犯著作权案专案组（云南省临沧市临翔区公安分局治安管理大队、云南省临沧市临翔区人民检察院、云南省临沧市临翔区文化市场综合行政执法大队、云南省临沧市临翔区人民法院刑一庭）
42. 西藏“3·6”侵犯著作权案专案组（西藏自治区山南地区乃东县人民检察院、西藏自治区山南地区乃东县人民法院）

【有功单位二等奖】

1. 最高人民法院刑一庭第四合议庭
2. 最高人民检察院公诉厅起诉二处
3. 公安部经济犯罪侦查局知识产权处
4. 公安部网络安全保卫局网侦行动处
5. 工业与信息化部电信管理局市场管理处
6. 国家互联网信息办公室网络新闻协调局协调处
7. 中宣部出版局出版研究处
8. 中国版权协会
9. 中国新闻出版报社出版周刊中心
10. 中国知识产权报
11. 中央电视台社会新闻部
12. 北京网络版权监测中心
13. 京版十五社反盗版联盟“第一教育网”侵犯著作权案维权组（外语教学与研究出版社有限责任公司、人民教育出版社有限公司、北京师范大学出版社（集团）有限公司）
14. 北京市公安局网络安全保卫总队四大队
15. 北京市文化市场行政执法总队执法五队
16. 天津饶某某销售盗版音像制品案专案组（天津市“扫黄打非”办公室、天津市文化市场行政执法总队执法二队、天津市版权局版权处、天津市新闻出版局印刷发行处、天津市河北区文化市场行政执法大队、天津市公安局河北分局、天津市河北区人民检察院、天津市河北区人民法院）
17. 山西省忻州市文化市场行政综合执法大队
18. 内蒙古自治区赤峰市文化市场综合执法局
19. 辽宁省版权局版权管理处
20. 辽宁省沈阳市文化市场行政执法总队直属执法二大队
21. 辽宁省大连市文化市场综合执法总队网络大队
22. 吉林省版权局版权管理处
23. 吉林省敦化市文化市场综合执法大队
24. 吉林省通化市辉南县文化市场综合执法大队
25. 黑龙江省哈尔滨市香坊区人民法院刑事审判庭
26. 黑龙江省哈尔滨市文化市场行政执法局
27. 黑龙江省打击销售盗版音像制品系列案专案组（黑龙江省哈尔滨市公安局治安支队、黑龙江省哈尔滨市公安局治安支队城管大队）
28. 上海市通信管理局互联网管理处
29. 上海王某等利用互联网销售侵权盗版 ISO 标准案专案组（上海市公安局治安总队治安行动队、上海市宝山区人民检察院公诉科、上海市杨浦区人民法院知识产权审判庭）
30. “极品勇者之塔”侵犯著作权案专案组（上海市闵行区人民检察院金融检察科、上海市闵行区人民法院民三庭）
31. 上海市浦东新区人民检察院公诉二处
32. 上海市浦东新区人民法院知识产权庭
33. 江苏省委网络安全和信息化领导小组办公室网络新闻管理处
34. 无锡税协科技有限公司、孙某侵犯著作权案专案组（江苏省南京市公安局浦口分局、江苏省南京铁路运输检察院、江苏省南京铁路运输法院）
35. 江苏郭某某销售盗版教材案专案组（江苏省南京市文化广电新闻出版局、江苏省南京市栖霞区文化旅游局）
36. 江苏省无锡市人民检察院侦查监督处
37. “若雨中文网”侵犯著作权案专案组（江苏省

徐州市文化广电新闻出版局、江苏省丰县文广新体局、江苏省丰县公安局网络安全保卫大队、江苏省徐州市人民检察院公诉处）
38. “说说520网”侵犯著作权案专案组（江苏省徐州市“扫黄打非”办公室、江苏省徐州市铜山区公安局网安大队）
39. “百万读小说网”侵犯著作权案专案组（江苏省徐州市版权局版权管理处、江苏省徐州市公安局网安支队案件大队）
40. 江苏“2·25”侵犯著作权案专案组（江苏省淮安市版权局、江苏省淮安市公安局治安支队、江苏省淮安市文化行政综合执法支队、江苏省淮安市盱眙县公安局、江苏省淮安市盱眙县版权局）
41. 江苏省扬州市公安局治安支队
42. 浙江省版权局版权处
43. 浙江省宁波市江北区文化广电新闻出版局
44. 浙江省杭州市余杭区文化市场行政执法大队
45. 安徽省“扫黄打非”办公室
46. 安徽宿州“8·31”销售盗版教材教辅案专案组（安徽省宿州市“扫黄打非”办公室、安徽省宿州市文化广电新闻出版局、安徽省宿州市公安局）
47. 安徽省蚌埠市文化市场管理局
48. 福建省泉州晋江市人民法院刑事第二审判庭
49. 福建省厦门市公安局同安分局治安大队
50. 福建省厦门市思明区人民检察院侦查监督科
51. 福建省泉州市文化市场综合执法支队
52. 江西“5·14”网络销售侵权盗版图书专案组（江西省南昌市文化市场综合执法支队、江西省南昌市公安局直属分局三大队）
53. 山东省潍坊市文化市场综合执法局
54. 山东省青岛平度市文化市场行政执法局
55. 山东潍坊矫某某销售侵权复制品案专案组（山东省潍坊市潍城区文化市场综合执法局、山东省潍坊市潍城区检察院、山东省潍坊市潍城区法院、山东省潍坊市公安局潍城分局）
56. 山东省曲阜市文化市场综合执法局
57. 山东省临沂市罗庄区文化市场管理执法局
58. 河南省洛阳市文化市场综合执法支队
59. 河南省郑州市中级人民法院知识产权综合审判庭
60. 湖北省版权局版权管理处
61. 湖北省黄冈市黄梅县人民检察院公诉科
62. 湖北黄冈“5·19”侵犯著作权案专案组（湖北省黄冈市公安局网安支队、湖北省黄冈市公安局经侦支队）
63. 湖北省汉川市公安局网安大队
64. 湖北省仙桃市文化广播电视新闻出版局
65. 湖北武汉“4·21”张某某侵犯著作权案专案组（湖北省武汉市硚口区文体局、湖北省武汉市硚口区公安分局经侦大队）
66. 湖北毛某批销侵权盗版光盘案专案组（湖北省武汉市江汉区文化市场综合执法大队、湖北省武汉市江岸区人民检察院公诉科）
67. 湖南省新闻出版广电（版权）局版权管理处
68. 湖南省株洲市文化市场综合执法局
69. 湖南省长沙市宁乡县公安局治安管理大队
70. 湖南省湘西土家族苗族自治州凤凰县文化市场综合执法局
71. 湖南省湘西土家族苗族自治州凤凰县文化市场综合执法局执法三股
72. 湖南省临武县人民法院刑事庭
73. 广东省版权局版权管理处
74. 广东省广州市版权局版权处
75. 广西壮族自治区版权局版权管理处
76. 海南省文化市场行政执法总队一大队
77. 重庆市荣昌县文化委员会
78. 重庆市奉节县文化市场行政执法大队
79. 四川省成都市公安局经济犯罪侦查支队
80. 陕西省版权局版权管理处
81. 陕西省通信管理局通信保障处

【有功单位三等奖】

1. 公安部光盘生产源鉴定中心
2. 国家互联网信息办公室网络新闻协调局新闻处
3. 海关总署政策法规司知识产权处
4. 国家工商行政管理总局反垄断与反不正当竞争执法局反垄断法律指导处
5. 新华社国内部政文采访室
6. 打击侵权假冒工作网
7. 新浪微博
8. 人民出版社
9. 河北省版权局版权管理处
10. 河北省通信管理局通信保障处
11. 河北王某某、鲁某某侵犯著作权案专案组（河北省石家庄市文化市场行政执法大队、河北省石家庄市鹿泉区文化市场行政执法队、河北省石家庄市鹿泉区公安局上庄派出所、河北省石家庄市鹿泉区人民检察院）

12. 河北贾某某销售盗版教辅案专案组（河北省石家庄市版权局、河北省石家庄市井陉县文化市场行政执法队）
13. 河北省石家庄市赵县文化市场行政执法队
14. 河北省沧州市文化市场行政执法大队
15. 山西省版权局版权管理处
16. 山西省晋中市版权局
17. 山西朔州“10·23”销售侵权盗版音像制品案专案组（山西省朔州市文化市场行政综合执法大队、山西省朔州市公安局朔城分局治安大队）
18. 辽宁省通信管理局电信管理处
19. 辽宁省大连市金州新区文化市场执法大队
20. 辽宁省抚顺市版权局版权处
21. 沈阳汇智图书发行有限公司销售盗版出版物案专案组（辽宁省营口市版权局、辽宁省营口市文化市场综合执法大队）
22. 辽宁省阜新市文化市场综合执法大队
23. 吉林省长春市文化市场综合执法支队
24. 吉林省长春市二道区文化体育局
25. 吉林省榆树市文化市场综合执法大队
26. 吉林省白城市镇赉县文化市场综合执法大队
27. 吉林省白山市江源区文化市场综合执法大队
28. 吉林省白山市靖宇县文化市场综合执法大队
29. 吉林省公主岭市文广新局
30. 黑龙江省通信管理局通信保障处
31. 黑龙江省双鸭山市饶河县文化市场综合执法大队
32. 黑龙江省齐齐哈尔市文化市场综合执法支队
33. 黑龙江省牡丹江市文化市场综合执法支队
34. 上海海关法规处
35. 上海市互联网信息办公室网络管理处
36. “1000ys 网”侵犯著作权案专案组（上海市公安局网安总队三队、上海市静安区人民检察院金融和知识产权科、上海市普陀区人民法院知识产权审判庭）
37. 上海市文化市场行政执法总队稽查三处
38. 江苏省盐城东台市公安局网安大队
39. 江苏省镇江市版权局“巾帼调解站”
40. 江苏省泰州兴化市文化行政综合执法大队
41. 浙江省嘉兴市文化市场行政执法支队
42. 浙江省海宁市文化市场行政执法大队
43. 浙江省桐乡市文化市场行政执法大队
44. 浙江省温州市鹿城区文化市场行政执法大队
45. 浙江省温州市公安局瓯海分局新桥派出所
46. 浙江省诸暨市文化市场行政执法大队
47. 浙江省杭州市公安局西湖区分局
48. 浙江杭州“2·20”侵犯著作权案专案组（浙江省公安厅网警总队、浙江省杭州市公安局网警分局）
49. 安徽省黄山市版权局
50. 安徽省马鞍山市文化市场综合执法大队
51. 福建省版权局版权管理处
52. 福建省福州市鼓楼区人民法院知识产权庭
53. 福建省厦门市文化市场综合执法支队
54. 江西省版权局版权管理处
55. 江西省上饶市版权局
56. 江西省萍乡市安源区文化市场综合执法大队
57. 江西省九江市文化市场综合执法支队
58. 江西省抚州市文化综合执法支队
59. 山东省济南市文化市场综合行政执法局
60. 山东省淄博市文化市场执法支队
61. 山东省济宁市文化市场综合执法局
62. 山东省聊城市文化市场综合执法局
63. 山东省淄博市淄川区文化旅游和新闻出版局
64. 山东省青岛即墨市文化市场行政执法局
65. 山东省青岛市黄岛区综合行政执法局
66. 山东省青岛市崂山区文化市场行政执法局
67. 山东省德州市文化市场综合执法局“扫黄打非”工作科
68. 河南省版权局版权管理处
69. 河南省商丘市睢县文化市场综合执法大队
70. 河南省登封市文化广电新闻出版局
71. 河南省驻马店市正阳县文化市场综合执法大队
72. 河南省安阳市文化市场综合执法支队执法三大队
73. 湖北省通信管理局互联网管理处
74. 湖北省宜昌海关监管科
75. 湖北省黄冈市文化市场综合执法支队
76. 湖北省荆州市文化市场综合执法支队
77. 湖北省潜江市文化市场综合执法支队
78. 湖北省武汉市人民检察院侦查监督处
79. 湖南省长沙市长沙县公安局网络安全保卫大队
80. 湖南省株洲市文化市场综合执法局第三执法大队
81. 湖南省怀化市文化市场综合执法局版权网络执法科
82. 广东省东莞市文化市场综合执法大队

83. 广东省广州市海珠区文化市场综合行政执法队
84. 广东省珠海市文化市场综合执法支队
85. 广西贺州“7·10”侵犯著作权案专案组（广西壮族自治区贺州市“扫黄打非”办公室、广西壮族自治区贺州市文化市场综合执法支队、广西壮族自治区贺州市公安局治安支队、广西壮族自治区贺州市昭平县“扫黄打非”办公室、广西壮族自治区贺州市昭平县公安局黄姚派出所）
86. 海南省版权局版权处
87. 重庆市文化委员会（市版权局）版权管理处
88. 重庆市九龙坡区王某等侵犯网络游戏著作权案专案组（重庆市九龙坡区文化委员会、重庆市九龙坡区公安分局科监支队）
89. 四川省版权局版权管理处
90. 四川省凉山州文化市场综合执法支队
91. 四川省泸州市文化体育新闻出版广电局
92. 杨某某等销售盗版音像制品案专案组（四川省成都市版权局、四川省成都市文化市场综合执法总队、四川省大邑县文化体育新闻出版局、四川省大邑县人民法院刑庭）
93. 四川省成都市金牛区广播电视新闻出版（版权）局
94. 四川省通信管理局电信管理处
95. 云南省版权局版权管理处
96. 陕西省西安市文化市场行政执法总队
97. 青海省版权局版权管理处
98. 宁夏回族自治区版权局版权管理处
99. 宁夏回族自治区通信管理局信息安全处
100. 新疆维吾尔自治区新闻出版广电局（版权局）版权处
101. 新疆维吾尔自治区乌鲁木齐市文化市场稽查支队
102. 新疆维吾尔自治区阿勒泰市北屯镇文化市场稽查大队

【有功个人一等奖】

1. 李薇薇（最高人民检察院侦查监督厅）
2. 侯若英（最高人民检察院公诉厅）
3. 孙晓慧（公安部治安管理局一处）
4. 张鹏（公安部经济犯罪侦查局知识产权处）
5. 赵阳（工业和信息化部电信管理局）
6. 谭剑（商务部全国打击侵犯知识产权和制售假冒伪劣商品办公室督察联络组）
7. 刘芊（中国版权保护中心法律部）
8. “思路网”侵犯著作权案专案组个人（沈睿、秦永明、徐剑，北京市文化市场行政执法总队执法四队；耿燕兵、陈永征，北京市公安局网络安全保卫总队驻区四大队；丛海涛，北京市公安局海淀区分局出入境管理大队；邱志英、吕晓华，北京市海淀区人民检察院知识产权监察处；严肃，北京市海淀区人民法院）
9. 黑龙江刘某等侵犯网络游戏著作权案专案组个人（孟祥国、史磊、陆新凯，黑龙江省哈尔滨市公安局网安支队一大队；于洋、柳占林，黑龙江省哈尔滨市文化和新闻出版局版权处）
10. 王骞（上海市版权局版权管理执法处）
11. 杨勇（上海市文化市场行政执法总队稽查五处）
12. “射手网”侵犯著作权案专案组个人（毛新炜、丁卓，上海市文化市场行政执法总队稽查五处）
13. “上海复旦网上书店”等网店销售盗版图书案专案组个人（陈胤玖，上海市公安局技术侦察总队一支队；王小立，上海市公安局经侦总队二支队；陈蔓莉，上海市杨浦区人民法院民事审判第三庭）
14. 宋晓春（江苏省版权局版权管理处）
15. “放放电影网”侵犯著作权案专案组个人（艾新建、解硕群，江苏省徐州市版权局；郭伟，江苏省徐州市公安局网安支队；张德峰，江苏省徐州市检察院公诉处）
16. 江苏张家港“3·4”侵犯著作权案专案组个人（葛显平，江苏省张家港市文化行政综合执法大队；刘斌，江苏省张家港市公安局；顾振华、李健，江苏省张家港市公安局经侦大队；李睿智，江苏省张家港市公安局网络警察大队；鞠江平，江苏省张家港市公安局治安警察大队）
17. 江苏国泰新点软件被侵犯著作权案专案组个人（陈世海、陈彩芬，江苏省张家港市文化广电新闻出版局；李明、蔡平，江苏省张家港市文化行政综合执法大队；汤建平，江苏省张家港市公安局；李凤才，江苏省张家港市公安局经侦大队；陈颂明，江苏省张家港市公安局网络警察大队；王克，江苏省张家港市公安局治安警察大队）
18. “建工之家网”侵犯著作权案专案组个人（蔡鹏，江苏省扬州文化行政综合执法支队执法监督室；陈啸，江苏省扬州文化行政综合执法支队；宋海冬，江苏省扬州文化行政综合执法支队一大队；李子杰、李健、安云亮、袁伟、侯松华，山东省菏泽市文化市场综合执法局）

19. 琚迎迎（安徽省版权局版权管理处）
20. 赵栋梁（安徽省公安厅治安行动队）
21. “DY161 电影网”侵犯著作权案专案组个人（陈江丽、潘山泉、夏现初，安徽省合肥市版权局；王文豪，安徽省合肥市公安局网安支队；刘晓磊，安徽省合肥市公安局经济技术开发区分局经侦大队）
22. “999 宝藏网”侵犯著作权案专案组个人（贾松，安徽省滁州市文化广电新闻出版局；陈歆，安徽省滁州市公安局治安管理支队；胡玉屏，安徽省滁州市全椒县“扫黄打非”办公室；张吉传，安徽省滁州市全椒县文化广电新闻出版局；杨邦伦，安徽省滁州市全椒县公安局网安大队；何锐，安徽省滁州市全椒县公安局治安大队）
23. 安徽孙某等盗印图书案专案组个人（秦家香，安徽省合肥市文化市场综合执法大队；张杨、荀雅静，安徽省合肥市公安局治安支队）
24. 高睿（山东省新闻出版广电局版权管理处）
25. 山东青岛“6·25”侵犯著作权专案组个人（杜荣华、谢志宏、孙晨光、孙章，山东省青岛市文化市场行政执法局）
26. 张安军（山东省泰安市文化广电新闻出版局）
27. 赵永磊（山东省泰安市文化市场综合执法支队）
28. 杜珂（河南省人民检察院公诉一处）
29. 湖南衡阳金天亿电脑经营部侵犯计算机软件著作权案专案组个人（刘小平、唐能平、刘意福、尹忠国、沈蓓、邓洺，湖南省衡阳市文化市场综合执法局）
30. 广东广州“3·24”网络批销盗版图书案专案组个人（江南、李渭灵、黄俊禧，广东省广州市文化市场综合行政执法总队）
31. 唐宗萌（广西壮族自治区玉林市文化新闻出版广电局）

【有功个人二等奖】

1. 谢颖（最高人民法院刑一庭）
2. 公安部打击制售伪劣商品与盗版犯罪专项工作组个人（许成磊，公安部治安管理局打击制售伪劣商品与盗版犯罪工作处；陆剑君，公安部治安管理局九处）
3. 工业和信息化部“剑网 2014”专项工作组个人（朱乾龙、徐昊、孙悦，工业和信息化部电信管理局；尚铁力，工业和信息化部通信保障局；柳青，中国信息通信研究院；柳毅、万欣欣，国家计算机网络应急技术处理协调中心）
4. 国家互联网信息办公室“剑网 2014”专项工作组个人（秦琳，国家互联网信息办公室网络新闻协调局；柯飞宁，国家互联网信息办公室移动网络管理局；张子浩，国家互联网信息办公室网络新闻信息传播局）
5. 蒋建民（中宣部出版局出版研究处）
6. 张贺（人民日报社政文部）
7. 方圆（中国新闻出版报社版权周刊）
8. 王运平（中国出版杂志社）
9. 胡建辉（法制日报社经济新闻部）
10. 北京张某某等侵犯广联达软件著作权案专案组个人（赵海楠、韩翰，北京市公安局网络安全保卫总队四大队；董立波，北京市公安局网络安全保卫总队驻区四大队；刘昭京，北京市公安局海淀分局法制处）
11. 北京“快眼看书网”侵犯著作权案专案组个人（张强、董金锁，北京市公安局网络安全保卫总队四大队；陈维，北京市公安局网络安全保卫总队驻区四大队；哈威，北京市公安局海淀分局刑侦支队）
12. 北京查处侵犯软件著作权案专案组个人（赵国明、熊伟，北京市文化市场行政执法总队执法五队；郝然，北京市文化市场行政执法总队举报中心；路雨，北京市公安局西城分局治安支队）
13. 郭锦云（内蒙古自治区新闻出版广电（版权）局版权管理处）
14. 宋歌（内蒙古自治区赤峰市文化市场综合执法局执法二科）
15. 田大鹏（辽宁省版权局版权处）
16. 黑龙江范某某等侵犯网络游戏著作权案专案组个人（黄晓强，黑龙江省哈尔滨市文化和新闻出版局版权处；周阜康、王伟、王锋，黑龙江省哈尔滨市公安局网安支队；张云龙，黑龙江省哈尔滨市香坊区人民法院刑事审判庭）
17. 苏升（黑龙江省哈尔滨市香坊区人民法院刑事审判庭）

18. 黑龙江打击销售盗版音像制品系列案专案组个人（刘明锁，黑龙江省哈尔滨市公安局治安支队城管大队；李春宇，黑龙江省哈尔滨市公安局治安支队城管大队；赵旭阳，黑龙江省哈尔滨市公安局治安支队城管大队）
19. 刘秀辉（黑龙江省哈尔滨市公安局网安支队特侦大队）
20. 张胤（上海市通信管理局互联网管理处）
21. 林明富（上海市文化市场行政执法总队稽查三处）
22. 上海查处侵犯信息网络传播权系列案专案组个人（陈启光、万赟，上海市文化市场行政执法总队稽查五处）
23. 上海王某等利用互联网销售侵权盗版ISO标准案专案组个人（杨诚，上海市公安局技术侦察总队二支队；胡煜，上海市治安总队行动队；杨慧，上海市人民检察院金融检察处）
24. 李峰（江苏省公安厅网络安全保卫总队案件查处科）
25. “高清影视下载网”侵犯著作权案专案组个人（刘光明、唐海宁，江苏省扬州市文化行政综合执法支队）
26. 张斌（江苏省无锡市开发区人民检察院）
27. 江苏赵某等侵犯网络游戏著作权案专案组个人（韩赛，江苏省徐州市公安局网安支队案查大队；高成富，江苏省徐州市文化广电新闻出版（版权）局）
28. 江苏张家港九洲老年专科医院有限公司侵犯著作权案专案组个人（王黎明、朱群军、魏冉、彭孟德，江苏省张家港市文化行政综合执法大队）
29. 浙江宁波“4·7”侵犯软件著作权案专案组个人（江武吉、王家麟、范盈春、丁洪新、竺兆忠，浙江省宁波市文化市场行政执法总队）
30. 浙江徐某某销售盗版音像制品案专案组个人（曹剑、杨丹、张辉、钱士骢，浙江省宁波市文化市场行政执法总队；崔凯，浙江省宁波市高新区社管局；赵云，浙江省宁波市公安局高新分局梅墟派出所）
31. 徐旭策（浙江省温州市公安局龙湾区分局永中派出所）
32. “音扑网”侵犯著作权案专案组个人（吴震宇、韦俊，安徽省黄山市版权局；王佳，安徽省黄山市公安局屯溪分局；程小玲，安徽省黄山市屯溪区法院）
33. 吴琴（福建省人民检察院侦查监督处）
34. 陈能贤（福建省泉州市文化市场综合执法支队直属二大队）
35. 山东梁山“7·2”侵犯著作权案专案组个人（郭亚莲、刘奉军、龙鸿、宋明国、颜廷爱、柳成林，山东省济宁市文化市场综合执法局）
36. 山东致远文体店盗印图书案专案组个人（张兆鸿、孟杰、张浩、田阳，山东省济宁市任城区文化市场综合执法局）
37. 山东李某销售侵权复制品案专案组个人（唐加福、李敏绪、张晓东、王峰，山东省淄川区文化旅游和新闻出版局）
38. 徐勇（山东省潍坊市文化市场综合执法局）
39. 杨红雨（山东省泰安市文化市场综合执法支队）
40. 吴连炜（山东省青岛市文化市场行政执法局）
41. 马长兴（山东省即墨市文化市场行政执法局）
42. 河南驻马店“5·7”销售侵权盗版出版物案专案组个人（肖宏伟，河南省驻马店市文化市场执法支队四大队；刘保民、冯磊，河南省驻马店市西平县文化市场综合执法大队；王辉，河南省驻马店市驿城区人民法院刑一庭；周天林，河南省“扫黄打非”办公室）
43. 华兵（河南省商丘市梁园区人民法院）
44. 河南李某某等侵犯著作权案专案组个人（谢娜、王莹，河南省新乡市封丘县人民检察院侦查监督科）
45. 湖北武汉打击侵权盗版刑事审判专案组个人（夏露、吴丰敏、许颖越、郑广芳，湖北省武汉市江岸区人民法院知识产权庭）
46. 湖北武汉“8·13”刘某某非法复制音像制品案专案组个人（徐燕青、潘剑，湖北省武汉市江岸区文化体育和旅游局（新闻出版（版权）局）；吴丹莉，湖北省武汉市江岸区人民检察院）
47. 谭励军（湖南省株洲市文化市场综合执法局）
48. 张忠富（湖南省常德市石门县文化市场综合执法局）
49. 湖南凤凰KTV曲库侵犯音乐作品著作权系列案专案组个人（白奎、刘继平、张希、龙伟、麻吉庆，湖南省湘西土家族苗族自治州凤凰县文化市场综合执法局）
50. 湖南刘某等销售盗版软件案专案组个人（陈军、周锋华、文劲峰、宁海斌，湖南省郴州

市临武县公安局经侦大队）

51. 杨训国（广西壮族自治区版权局版权管理处）
52. 海南卢某某侵犯著作权案专案组个人（龙官云，海南省海口市公安局琼山分局经侦大队；张德光，海南省“扫黄打非”办公室；陈立夫，海南省海口市中级人民法院刑一庭；周江山，海南省公安厅经侦总队）
53. 田源（重庆市文化市场行政执法总队执法二处）
54. 云南临沧“3·28”侵犯著作权案专案组个人（胡延军，云南省“扫黄打非”办公室；詹云生，云南省新闻出版广电局版权处；李树才、施朝琴，云南省临翔区人民检察院；郭旗，云南省临沧市中级人民法院刑二庭）

【有功个人三等奖】

1. 张钊（公安部网络安全保卫局）
2. 罗林（中宣部新闻局文化新闻处）
3. 海关总署打击侵权假冒专项工作组个人（黄建华、李丹、王丽婷、张芬涛、解新红、任继东，海关总署政法司知识产权处）
4. 齐砚秋（国家工商行政管理总局反垄断与反不正当竞争执法局经济检查处）
5. 中国互联网协会“剑网行动”专项工作组个人（杨一心、曹华平、刘昕、王佳、崔映雪、张玉芳、郭莹，中国互联网协会备案部）
6. 金晶（经济日报社）
7. 郑晓红（中国版权杂志社）
8. 外研社打击侵权盗版维权专项工作组个人（李晶、胡琴、田然、黄姗姗、冯海姣，外语教学与研究出版社有限责任公司法律事务部）
9. 上海度深电子商务咨询服务有限公司侵犯著作权案专案组个人（杜小弘、牛拓，北京市公安局网络安全保卫总队四大队；朱波、赵鹏宇，北京市公安局网络安全保卫总队驻区四大队）
10. 天津饶云芳侵犯著作权案专案组个人（李洪军，天津市文化市场行政执法总队二队；李文卫，天津市版权局版权处；赵晓冬，天津市新闻出版局印刷发行处；崔锦鹏，天津市河北区文化市场行政执法大队；魏立新，天津市公安局河北分局；郭芮，天津市河北区人民检察院；李金柱，天津市河北区人民法院）
11. 李振忠（河北省版权局版权管理处）
12. 康立广（河北省高级人民法院刑事审判第二庭）
13. 彭士涛（河北省通信管理局通信保障处）
14. 河北超逸音像店销售盗版音像制品案专案组个人（姚盛昌、张燚、沈阳，河北省衡水市文化市场行政执法大队）
15. 衡国柱（河北省保定市文化市场行政执法大队）
16. 王彦迈（河北省辛集市文广新局综合执法大队）
17. 侯广林（山西省版权局版权管理处调研员）
18. “梦问道”网络侵权案专案组个人（李安庆，辽宁省版权局版权处；王奇、张文利，辽宁省通信管理局电信管理处；贾芳姝，辽宁安全分中心信息安全处）
19. 辽宁牵牛星 KTV 侵犯音乐作品著作权案专案组个人（张靖弢、张彦钧、陈曦、李军、孙洪权，辽宁省沈阳市文化执法总队直属执法三大队）
20. 辽宁大连一海通科技有限公司侵犯著作权案专案组个人（吴浩、孔令德、陈羽、阎寒，辽宁省大连市文化市场综合执法总队网络大队；王军，辽宁省大连市文化市场综合执法总队监察大队）
21. 闵正夫（辽宁省丹东市文化市场综合执法支队）
22. 文春怀（吉林省长春市二道区文化体育局）
23. 贾金龙（吉林省九台市文化市场综合执法大队）
24. 孟立夫（吉林省四平市文化市场综合执法支队）
25. 赵新宇（吉林省公主岭市文化市场综合执法大队）
26. 关长安（吉林省梅河口市文广新局）
27. 王志平（黑龙江省哈尔滨市文化市场行政执法局）
28. 黑龙江齐齐哈尔“4·11”侵犯著作权案专案组个人（张巍、张振旭、王宇，黑龙江省齐齐哈尔市文化市场综合执法支队；吴迪，黑龙江省齐齐哈尔市公安局国保支队）
29. 应健（上海市互联网信息办公室网络管理处）
30. 史庭栋（上海市文化市场行政执法总队稽查三处）
31. 上海海关查办侵犯 2014 年巴西世界杯相关著作权系列专案组个人（叶建邦，上海海关法规处；黄帅、马滢滢，上海浦江海关；张宇财，上海外港海关；杨雪芬，上海洋山海关）

32. 朱旭东（上海市公安局闵行分局网安支队）
33. 顾弘（江苏省通信管理局互联网管理处）
34. 江苏郭某某销售盗版教材案专案组个人（宁坤、许德富、杨宏发，江苏省南京市栖霞区文化旅游局；竺晓骏、贾嘉，江苏省南京市公安局栖霞分局刑警大队；张红伟，江苏省南京市版权局版权和出版管理处）
35. 江苏无锡市职业培训指导中心发行盗版教材案专案组个人（戴俊超、刘岩、刘延胜、林磊、魏睿，江苏省无锡市文化行政综合执法支队）
36. “说说520网”侵犯著作权案专案组个人（王善翌，江苏省徐州市公安局网安支队案件侦查队；王良群，江苏省徐州市铜山区公安局网安大队；饶本东，江苏省徐州市检察院公诉处；崔悦，江苏省徐州市中级人民法院民事审判第三庭；谢礼营，江苏省徐州市铜山区文广新体局）
37. “百万读小说网”侵犯著作权案专案组个人（张国强，江苏省徐州市公安局网安支队；王保振，江苏省徐州市铜山区公安局网安大队；周曙，江苏省徐州市中级人民法院民事审判第三庭；孟繁卿，江苏省徐州市铜山区文广新体局）
38. “若雨中文网”侵犯著作权案专案组个人（谢毅、章欢，江苏省徐州市文化广电新闻出版（版权）局；拾柳，江苏省徐州市公安局网安支队；刘宇，江苏省徐州市检察院公诉处；颜茂苏，江苏省徐州市中级人民法院民事审判第三庭；单晓、焦国庆、常善路，江苏省徐州市丰县公安局网安大队；李守专，江苏省徐州市丰县“扫黄打非”办公室）
39. 殷丽海（江苏省东台市公安局网安大队）
40. 浙江宁波“5·29”制售侵权音像制品案专案组个人（应希慧、徐江枫、陈淑华，浙江省宁波市文化市场行政执法总队，丁国伟、毛晓峰，浙江省宁波市江北区文化市场行政执法大队）
41. “520音乐网”侵犯音乐作品著作权案专案组个人（张坤心、董明珠、陈雄，浙江省宁波市文化市场行政执法总队）
42. 浙江海宁市家纺产业花样版权系列侵权案专案组个人（高力、金珂星、李琴、夏蓓蕾，浙江省海宁市文化市场行政执法大队）
43. 浙江杭州“2·20”侵犯著作权案专案组个人（蔡林，浙江省公安厅网警总队；毛善椿，浙江省公安厅网警总队案件侦查支队）
44. 章超巍（浙江省台州市公安局黄岩区分局治安大队）
45. 许明峰（安徽省通信管理局通信保障处）
46. 安徽宿州“8·31”销售侵权复制品案专案组个人（戴安君，安徽省宿州市“扫黄打非”办公室；沈飞，安徽省宿州市文广新局；张召、张励君、李小美，安徽省宿州市公安局治安支队）
47. 安徽安德电脑市场系列侵犯著作权案专案组个人（张林、朱冬、沈勇、张志永、李淮兵、许洪岩，安徽省蚌埠市文化市场管理局；葛怀祥，安徽省蚌埠市公安局治安支队）
48. 安徽胡某等通过网络销售侵权复制品案专案组个人（杜根源、程春林，安徽省池州市版权局；宋莉斌、张曙升、章礼宝，安徽省池州市公安局经侦支队）
49. 倪俊（安徽省马鞍山市文化市场综合执法大队）
50. 张宏涛（江西省版权局版权管理处）
51. 龙昀晖（江西省吉安市版权局）
52. 艾华林（江西省萍乡市文化广电新闻出版（版权）局）
53. 陈军（江西省九江市文化新闻出版局新闻出版（版权）科）
54. 董显祥（江西省赣州市版权局）
55. 山东潍坊打击侵权盗版专案组个人（王铁、王静，山东省潍坊市文化市场综合执法局；刘成涛，山东省潍坊市坊子区文化市场综合执法局；袁金辉，山东省寿光市文化市场综合执法局）
56. 周德贵（山东省潍坊市文化市场综合执法局）
57. 山东潍坊查处娱乐场所侵犯著作权专案组个人（沈键、张靖、刘保华，山东省潍坊市文化市场综合执法局；王洪阳，山东省诸城市文化市场综合执法局；云增健，山东省安丘市文化市场综合执法局）
58. 山东科威亚输送设备有限公司侵犯著作权案专案组个人（秦钊、宋刚、于立海，山东省日照市文化市场综合执法局）
59. 许崇亮（山东省日照市文化市场综合执法局）
60. 山东莒县友爱医院侵犯著作权案专案组个人（董守国、荆玉涛，山东省日照市莒县文化市场综合执法局）

61. 吴明哲（山东省临沂市文化市场管理执法局）
62. 张忠（山东省济南市文化市场综合行政执法支队）
63. 韩兵（山东省威海市文化市场综合执法局）
64. 荣刚（山东省聊城市文化市场行政执法局）
65. 刘光柱（山东省德州市文化市场综合执法局）
66. 魏亿勇（山东省德州市文化市场综合执法局）
67. 李昌（山东省即墨市文化市场行政执法局）
68. 李建（山东省青岛市李沧区文化市场行政执法局）
69. 肖炳海（山东省青岛市崂山区文化市场行政执法局）
70. 高英栋（山东省平度市文化市场行政执法局）
71. 韩卫东（山东省胶州市文化市场行政执法局）
72. 李峰（河南省版权局版权管理处）
73. 河南正阳“8·26”发行侵权盗版出版物案专案组个人（于涛、马新国，河南省驻马店市正阳县文化市场综合执法大队）
74. 程振海（河南省安阳市文化市场综合执法支队）
75. 张威（湖北省版权局版权管理处）
76. 叶飞（湖北省通信管理局互联网管理处）
77. 尹飞（湖北省互联网信息办公室网络管理处）
78. 周婧（湖北省武汉市江岸区人民检察院公诉科）
79. 湖北武汉“4·21”张某某侵犯著作权案专案组个人（王干武、李晓晖，湖北省武汉市硚口区文化体育局；张俊勇、张蜂，湖北省武汉市硚口区公安分局经侦大队；张婷，湖北省武汉市人民检察院刑事审判监督处）
80. 杨波（湖北省恩施市文化市场综合执法大队）
81. 湖南益阳打击侵犯软件著作权专案组个人（李铁阶、张靖宇、吴益、李松铭、魏振隆，湖南省益阳市文化市场综合执法局）
82. 湖南联创电脑科技有限公司侵犯软件著作权案专案组个人（唐顺琴、伍细才、王先翔、廖振华、甘卫华，湖南省永州市蓝山县文化市场综合执法局）
83. 廖建新（湖南省衡阳市衡山县文化市场综合执法局）
84. 钟科念（广西壮族自治区南宁市文化市场综合执法支队）
85. 曾伯林（海南省版权局版权处）
86. 左图强（重庆市文化委员会（版权局）版权管理处）
87. 余刚（重庆市奉节县文化市场行政执法大队）
88. 陈国虹（四川省版权局版权管理处）
89. 钱海燕（四川省通信管理局电信管理处）
90. 黄大千（云南省孟连海关）
91. 孙涛（陕西省版权局版权管理处）
92. 杨兴武（陕西省通信管理局通信保障处）
93. 陕西浩佳教育书店发行盗版出版物案专案组个人（程原力，陕西省西安市文化市场行政执法总队一大队；樊军艳，陕西省西安市文化市场行政执法总队三大队）
94. 青海马某某销售盗版音像制品案专案组个人（王生琦，青海省西宁市城东区科技文体旅游局文化旅游市场综合执法大队；何军，青海省西宁市公安局城东分局）
95. 宁夏打击网络侵权盗版专项工作组个人（王高阳，宁夏回族自治区“扫黄打非”办公室；张世明，宁夏回族自治区版权局版权处）
96. 施晓娟（新疆维吾尔自治区版权局版权处）
97. 新疆乌鲁木齐娱乐会所侵犯音乐作品著作权案专案组个人（张永健、肖朝辉、姜佳元、王宏伟，新疆维吾尔自治区乌鲁木齐市文化市场稽查支队二大队）
98. 孙彦丽（新疆维吾尔自治区阿勒泰市文化市场稽查大队）

2014 CPCC 十大中国著作权人

［编者按］ 2015 年 3 月 2 日，由中国版权保护中心（CPCC）主办的 2015 CPCC 中国版权服务年会开幕，“2014 CPCC 十大中国著作权人”年度评选结果当天揭晓，黄书东、王太利、北京交通大学、北京奇虎科技有限公司、厦门美图之家科技有限公司、中食安食品科技服务有限公司、深圳华强文化科技集团股份有限公司、上海凤凰音乐剧演艺有限公司、北京品物堂产品设计有限公司、兵圣全智（北京）国际文化传媒有限公司当选为 2014 CPCC 十大中国著作权人。

1. 黄书东

黄书乐，著名画家，曾任北京工业大学教授，中华文化交流与合作促进理事会理事等。他的大漠之鲨创意在 2011 年获得文化部设计金奖，他还被评为 2012 中国创意产业杰出贡献人物。

黄书东基于对新疆历史文化的热爱和长期扎根新疆的生活体验，以其艺术家的独特思维和艺术表现，将一组围绕“六部十八动”（即六部经济引擎带动十八大产业）这一核心创意，促进新疆经济文化发展的策划案，融入了多种艺术元素，全景式地展现了新疆未来发展美景和历史文化风貌，整部策划案创意新颖、高端靓丽，是一部具有强烈视觉冲击力的艺术作品，彰显出黄书东非凡的策划设计和艺术表现力，堪称策划艺术的范本，为美丽新疆的建设奉献了艺术智慧。

黄书东的策划案融历史、科学、艺术于一体，是复合型的策划艺术。策划案艺术化，可以凸显项目规划的重要性和关注度，提升项目实施带来的发展价值、文化价值，成为招商引资的重要推手。

2014 年，黄书东将“六部十八动”系列作品《六部十八动新丝绸之路经济带阿基米德支点——视觉篇 1 乌鲁木齐轨道交通文化策划》《六部十八动新丝绸之路经济带阿基米德支点——视觉篇 2 丝绸之路经济带总部基地》等 4 件作品在中国版权保护中心进行了著作权登记，并积极报名参加 CPCC 十大中国著作权人评选活动，表明了他重视版权保护，热心支持版权公益宣传的积极态度。

2. 王太利

王太利，筷子兄弟组合成员之一，曾出演过多部网络短片和电影。2014 年凭借电影《老男孩之猛龙过江》和歌曲《小苹果》红遍内地。

王太利在中国版权保护中心登记的音乐作品《小苹果》是 2014 年最流行的“神曲”。音乐 MV 上线第一天点击量超过 500 万次，创下国内歌曲 MV 上线最高点击纪录，歌曲在百度热歌榜和 QQ 音乐连续数月排名第一，陆续登陆国内收视最高的《快乐大本营》、央视一套中秋节晚会等节目。同名“小苹果”舞蹈视频在国内最火的微视频点播量超过了 2 000 万次，由此产生 27 万多个小苹果舞蹈版本视频，舞蹈被越来越多的人模仿。2014 年 11 月，筷子兄弟凭借《小苹果》登上了全美音乐奖（AMA）奖台，获得年度国际最佳流行音乐奖。

随着《小苹果》的火热，王太利主动将音乐作品《小苹果》在中国版权保护中心进行著作权登记，希望借力版权保护，创作更多更好的作品。

3. 北京交通大学

北京交通大学（简称北交大）是教育部、中国铁路总公司、北京市人民政府共建的全国重点大学，是国家“211 工程”“985 工程优势学科创新平台”项目建设高校。

大学是文化生产和传播中心，肩负着传承文明和创新文化的重任，北交大牢记使命，在推动优势学科创新发展的同时，不忘文化传播和文化成果的保护，积极营造海纳百川、相互融合的文化环境，鼓励师生不断创新，创作出更多更好的作品。

信息管理和轨道交通是北交大的优势和特色学科，针对高速铁路列车安全的“CTCS-3 级列车运行控制系统”车载设备互联互通测试需求，学校研发出了《基于数据驱动的互联互通测试方法和计算机软件》，并建立了独立第三方的互联互通测试平台，实现了现场真实运用设备的测试，提高了互联互通测试对不同型号设备及现场情况的适应性，有效消除了影响安全及互联互通的隐患。该系统需求规范和测试案例已作为行业标准，成为指导高速铁路列控系统设备研发、工程设计和运营维护的重要依据，在京沪、京广、广深等高速铁路的建设中发挥了重要作用。

为了更好地传播文化精品，集聚版权资源，挖掘版权价值，北交大创造了一个“交大大讲堂”的文化品牌，让文化精髓和智慧成果在这里竞相绽放，传播创新思想、前沿知识、学术成果、人文精神；使其成为一个促进高校交流，展示文化科研成果，推动高等教育创新性、多元性和普及性的跨界传播品牌。学校将每年度进入讲堂嘉宾的演讲内容集结成册，出版发行了以“交大大讲堂”命名的系列丛书，成为大众翘首期盼的热门读物。

北交大十分重视知识产权保护与管理工作，专门由一名副校长主管此项工作，建立了包括计算机软件著作权等一系列知识产权管理规章制度，保护创造性智力成果，激励创新；并建立了知识产权管理信息系统，实现了知识产权档案的电子化管理。最近5年连续申请登记了计算机软件著作权970项；2014年又在中国版权保护中心登记了《交大大讲堂》《CTCS-3级列控制系统互联互通测试平台说明书》《大型跨海隧道修建的核心技术体系》等文字作品，体现出较强的版权保护意识。

4. 北京奇虎科技有限公司

北京奇虎科技有限公司又称360公司，是中国第二大互联网公司、最大互联网安全公司，也是中国领先的互联网和手机安全产品及服务供应商。

作为互联网“免费安全”的首创者，360公司成立以来，秉承“用户利益至上”的原则，以颠覆式创新的模式，通过软件研发、用户体验和创新商业模式，以免费安全和七大创新软件（360安全卫士、360杀毒、360手机卫士、360手机助手、360安全浏览器、360个人起始页导航、360搜索）为基础，构建出全球互联网前所未有的“360模式”，让网上用户产生更大的价值，从而聚合用户，在海量用户基础上，以提供开放平台方式与第三方共享收益，开发出适应中国国情的应用服务。

在360“免费安全”理念带动下，中国成为全世界第一个全民享有免费安全和免费杀毒服务的互联网大国。每年为互联网用户节省400亿至800亿人民币的安全软件开支。截至2014年，用户数已达4.96亿人，市场渗透率达93.9%。

360公司非常重视版权保护，积极主动进行著作权登记，已在中国版权保护中心登记计算机软件著作权114件，覆盖公司全线产品。通过著作权登记，不仅对公司的知识产权及整体利益增加了 个重要的保护手段，同时也为打假、侵权索赔提供权属证明，更提升了360品牌知名度，增强了品牌凝聚力。未来360公司还将加大对版权保护的投入，不断挖掘版权的潜在价值。

5. 厦门美图之家科技有限公司

厦门美图之家科技有限公司（简称美图之家）成立于2013年10月，是一家致力于智能手机操作系统和以影像处理技术为核心的软件APP研发与推广企业。公司共有员工194人，其中研发人员和技术人员170人，团队专业涉及影像算法、视频特效、UI设计和软件工程等。2014年1月至10月累计实现产值6 444万元，总资产一年达到1.7亿元。

公司先后成功研发出MEIOS智能手机操作系统、美拍和海报工厂等项目软件，取得14项软件著作权，在市场推广和用户体验中产生了巨大效益。2014年5月MEIOS智能手机操作系统入市后，即获30万用户喜爱，美拍用户数量在6个月就突破7 000万，并于年底推出针对国外用户所设计的海外版本；另一款新品——“海报工厂”则代表了中国App登录纽约时代广场，获得了海外众多媒体的关注和追捧。公司研发出“10秒也能拍大片”的软件，获得10亿用户（移动端用户已超过7.5亿）。

在2014年7月国际权威移动应用数据公司App Annie发布的最新数据报告显示：在“全球前十大移动应用开发商排名”中，美图之家排名第6位。在中国，美图之家排名第3位，仅次于腾讯和百度。

作为一家以创新为主的互联网科技企业，美图之家自成立开始就重视知识产权保护及管理。公司所有软件产品均在中国版权保护中心申请了软件著作权登记，如MEIOS手机操作系统V1.0等覆盖了公司一线产品；公司设有专门人员管理及维护公司相关知识产权，建立了完善的版权申请、项目保密和奖惩的工作制度，定期对员工进行著作权登记的讲解，并积极主动进行著作权登记。

6. 中食安食品科技服务有限公司

中食安食品科技服务有限公司（简称中食安）成立于2013年9月。公司在建立之初就致力于同国内外食品安全机构共同研发针对中国食品安全管控的整体解决方案，现已研发出全球领先的食品安全追溯系统、多维彩码系统及其过程管理技术等系统软件，能够对食品从生产到消费的全产业链进行有效管控服务。

公司以多维彩码追溯系统为基础，通过建立全国统一的、公开的食品安全公共信息服务平台，有效管控从食品原料、生产、加工到消费的全产业链的安全，实现了“从田间到舌尖”全过程的追溯。以追溯责任主体为核心，通过建设基于多维彩码技术和追溯技术的食品交易与结算服务平台，整合食品生产、电商、销售、物流、金融服务，推动食品产业结构调整和行业升级。

2013年10月29日食品安全多维彩码追溯系统顺利通过了来自美国、欧盟、日本、澳大利亚、新西兰等专家的评估，一致认为该系统具有国际领先水平，中央电视台、《人民日报》等媒体对此进行了报道。

中食安将公司拥有自主知识产权的多维彩码技术为核心的多维彩码系统等8项软件，在研发完成的第一时间都在中国版权保护中心进行了软件著作权登记，及时有效地保护了公司的著作权。

中食安依据自身发展的总体战略目标，积极开展版权保护和版权资产管理工作，积极发挥软件著作权所具有的导向性作用，并与生产经营战略紧密联系起来，切切实实地将软件著作权运用到生产实践中，踏踏实实地促成成果的转化，从而产生实实在在的经济效益与社会效益，真正挖掘出版权价值的作用。

7. 深圳华强文化科技集团股份有限公司

深圳华强文化科技集团股份有限公司（简称深圳华强）是国内知名的大型文化科技集团，坚持实施文化与科技融合战略，构建起“创、研、产、销”一体的文化产业链，形成了自主品牌的文化科技主题公园、特种电影、数字动漫等颇具国际竞争力的拳头产品，并先后在中国版权保护中心申请登记了200多件作品，其中计算机软件著作权登记79件，音乐、文字、美术、影视等作品167件，其中不少作品成为塑造企业品牌、创造版权价值的核心竞争力。

深圳华强借助信息技术等现代科技支撑创作了众多有影响力的优秀原创作品，大型全景式4D球幕系统《大闹天宫》，大型多自由度复合银幕影视项目《大闹水晶宫》，幻影成像剧场项目《聊斋》和全景实拍环幕4D电影《秦皇求仙》等成功应用到华强方特品牌系列主题公园中，弘扬了中国优秀历史文化，实现了版权价值的快速提升。有70多套“环幕4D电影”系统出口到40多个国家和地区，成为中国文化“走出去”的名片。原创动漫“方特卡通”实现了无纸化、规模化生产，动漫产量位居全国前三甲，《熊出没》等30多部电影动画片先后在央视少儿频道等200多家国内电视台播出，电视收视率和新媒体点播率都刷新历史纪录，并出口到美国、意大利、俄罗斯、新加坡等100多个国家和地区，并登陆尼克、迪士尼儿童频道等国际主流媒体，荣获几十项国际国内大奖。

深圳华强通过整合众多作品所拥有的故事、形象等知识产权，广泛开展文化衍生品的创意、设计与规模化生产，已推出熊出没系列、海螺湾系列等产品，主要涉及动漫影视衍生品、出版发行等板块，共2 000余种产品。通过产品设计与形象授权获取收益，并开拓了文化衍生品授权市场，已经授权了包括玩具、图书、电子产品、文具、家居用品等几十项商品品类，一方面增加了动漫的收入，另一方面通过授权商品在消费品市场上的销售，进一步扩大了动漫品牌影响力，真正实现了作品著作权财产权的最大化。

深圳华强重视著作权的保护与管理，积极主动将其创作完成的各类作品进行登记，不断创新传播方式，挖掘其版权价值，使公司拥有的作品版权成为助力发展的引擎和经济增长点。

8. 上海凤凰音乐剧演艺有限公司

上海凤凰音乐剧演艺有限公司（简称上海凤凰）是由江苏凤凰出版传媒集团注资成立的新型文化团体。公司着力于推进原创音乐剧的发展，努力实现让中国音乐剧扎根本土面向世界。

上海凤凰着力打造的音乐剧《锦绣过云楼》通过讲述一个“过云楼”的文化故事，探寻中华文化千年不衰的奥秘，增强文化自信、文化自觉，弘扬民族传统文化。该剧是南方音乐剧的代表，融合了昆曲、评弹、越剧、江南小调、流行音乐等音乐风格，以时尚的手法演绎过云楼的百年风雨。首演即获成功，受到观众赞扬，尤其得到80后、90后观众的喜欢，主流媒体做了大量报道。2014年8月在英国爱丁堡国际艺术节连演3场，被国外观众誉为中国版的《战争与和平》。

音乐剧《锦绣过云楼》一经发表就在中国版权保护中心进行了著作权登记，并积极参加十大著作权人评选活动，体现了上海凤凰重视版权保护和版权资源的挖掘，为实施品牌和版权的开发利用，奠定了基础。

9. 北京品物堂产品设计有限公司

北京品物堂产品设计有限公司（简称品物堂）创立于2006年，是一家集产品外观结构设计、设计研究、品牌建设、模具加工及制造为一体的综合设计与顾问机构。公司坚持“一切设计为制造、为销售、为品牌”的服务理念，以优质创新设计服务于世界五百强中的许多客户，知名的安讯、ABB、三星、松下、南车、墨迹都与品物堂建立了长期合作关系，使其成为一家名副其实的全球化的设计服务专业公司。品物堂先后夺得设计领域多项大奖。

2014 年，品物堂在中国版权保护中心登记了 6 部作品，分别是：《空气果室内外检测器》《water-pad 超薄净水器》《solowheel 电动独轮车》《VR 虚拟现实智能眼镜》《PM2.5 净化设备外观设计》《新系列电动汽车直流充电桩》。

空气质量指数 PM2.5 的污染预警指数，成了百姓每天最关心的生活问题。“空气果”是品物堂与墨迹联合开发的具有高效环保功能的“空气果室内外检测器”产品的外观设计。将测试功能巧妙地隐形于形似苹果的产品中，小巧时尚的外观彰显绿色环保的特征，十分惹人亲近，用户可以通过 Wi-Fi 与手机 APP 相连，远程了解和检测数据，分享天气情况。产品开放的第一天，预约量过 5 万，一周过了 100 万。预期两年内覆盖人群 2 亿多。

品物堂设计的 solowheel 电动独轮车是世界上最小、最环保、最便捷的自平衡电动独轮思维车，驾驶者通过身体的前倾后仰来改变重心控制车子的运动方向，使它能够前进、倒退、转弯。solowheel 电动独轮车成为人类最新的代步工具，其易用性和时尚出众的外观设计受到社会广泛好评。该产品在 798 艺术区举办的新品发布会上受到了国内外各大媒体的高度关注，成为大众绿色出行中一个健康方便的交通工具。

伴随新能源汽车的发展，品物堂携手许继集团共同设计开发了“一体化智能充电站”项目，他们不但在整体设计中为客户提供智能化充电方案，解决了传统充电速度慢等问题，而且使整个智能充电站的外观造型与周边环境和谐共处，使人尽情享受人性化的绿色环保设计在带来便利的同时的愉悦，为建设环保、智能城市做出了贡献。

品物堂公司重视版权保护，积极主动登记，确定专人负责公司版权资源的管理和知识产权保护工作，完善了工作职责，明确了版权保护与利用的规定办法。公司认为参与中国十大著作权人评选活动，促进和提高了公司对知识产权的认识和保护水平，设计行业离不开版权保护的支持，公司将更加积极热心支持版权公益宣传和服务工作，未来会将更多的设计作品在中国版权保护中心进行著作权登记，不断积聚版权资源，提高竞争力。

10. 兵圣全智（北京）国际文化传媒有限公司

兵圣全智（北京）国际文化传媒有限公司（简称兵圣传媒）是一个以 90 后戏曲创作者为主体，致力于创新中国传统戏曲当代传播形式，集戏曲原创研发、品牌运营、培训教育为一体的文化传播公司。

为将中国传统戏曲艺术发扬光大，实现中国戏曲传播海外的梦想，兵圣传媒集结了一批 90 后的戏曲追梦者，针对年轻观众和他们的生活，以其喜闻乐见的当代传播形式，大胆创新，推出“新国戏”，寓教于乐，积极引导年轻观众在文化体验中勇于面对，完善自我，坚强自信。公司先后在中国版权保护中心登记了文字作品《圈》《惊梦》《双生锁》《京剧魅影》《烈马西风》等共计 10 件。

“新国戏”系列剧目的创作根源基于中国戏曲骨子老戏，是最原汁原味、最独特的民族艺术表现，在这样的基础上创作的剧目，将骨子老戏中蕴含的价值趋向和美学品味融于当代化的艺术表现，与当代人的生活形成互动，创新了传统戏曲的传播方式，有利于弘扬传统中国文化。

通过系列剧目的剧场演出、同名微电影网络传播、衍生品开发以及全球巡演，向世界传播“新国戏”品牌及作品，使其产生新的价值，实现良性循环。“新国戏”具有年均创作 20 部剧的雄厚实力，公司除选择其中的精品进行排演外，还积极开发衍生产品、开展授权许可，目前，“新国戏”品牌的运营已产生了过百万的经济收益。

2014年中国版权年会年度评选获奖名单

［编者按］ 2014年11月15日，第七届中国版权年会在京举行。会上公布了“2014年中国版权年会年度评选获奖名单”，包括中国版权事业终生成就者2人，中国版权事业卓越成就者11人，中国版权最具影响力企业42家。

一、中国版权事业终生成就者（2人）

1. 王立平 中国音乐著作权协会终身名誉主席

【人物简介】 男，1941年生，满族，国家一级作曲家，享受政府特殊津贴。主要作品有：纪录片《潜海姑娘》音乐等、故事片《戴手铐的旅客》音乐等、电视连续剧《红楼梦》音乐等、歌曲《驼铃》《大海啊！故乡》等。1984年任中国音乐家协会书记处书记时开始从事音乐著作权保护工作，曾任中国电影乐团团长、中国民主促进会中央专职副主席、中国音乐家协会副主席等。1988年任第七届中国人民政治协商会议全国委员会委员；1993年当选为第八届全国人民代表大会代表；1994年当选为全国人大民族委员会委员；1998年当选为第九届中国人民政治协商会议全国委员会常务委员会委员；2003年当选为第十届全国人民代表大会常务委员会委员、全国人大民族委员会副主任委员、全国人大常委会资格审查委员会副主任委员；2008年当选为第十一届中国人民政治协商会议全国委员会常务委员会委员；1992年任中国音乐著作权协会主席；同年当选为中国电影音乐学会会长、中国音乐文学学会副主席。现任中央文史研究馆馆员、中国音乐著作权协会终身名誉主席、中国电影音乐学会名誉会长、中国学院奖组织委员会主席、中华文化促进会副主席、中国延安精神研究会副会长等职。

【获奖理由】 王立平是深受广大人民群众喜爱的著名词曲作者，我国著作权集体管理制度的倡导者、先行者。投身著作权保护事业三十年，积极参与并推动了著作权法律法规的制定、修订及完善，领导创建了中国最早的著作权集体管理组织——中国音乐著作权协会，并长期担任中国音乐著作权协会主席。他坚持原则，无私奉献，倾其心血致力于中国音乐的著作权保护事业，开创了我国著作权集体管理的新局面。他在创作了众多人民群众喜闻乐见的音乐作品的同时，也为中国著作权制度的建设做出了重大贡献。

2. 沈仁干 国家版权局原副局长

【人物简介】 男，1943年生。1965年毕业于北京师范大学外语系，1978年起从事版权理论研究与行政管理工作，曾任国家版权局处长、司长和副局长，中国版权协会理事长，世界知识产权组织版权及相关权常设委员会副主席，第十届全国政协委员。现任中华商标协会副会长、中国出版工作者协会副主席、中国人民大学法学院兼职教授、中国社会科学院知识产权中心兼职研究员和中国知识产权培训中心名誉教授等职。参加过《中华人民共和国著作权法》《计算机软件保护条例》等版权法律、法规的起草与修订工作，个人著作或与他人合作的著作有《中华人民共和国著作权法讲话》《著作权法概论》《版权法浅谈》《版权纵横谈》《版权絮语》等。

【获奖理由】 沈仁干是国家版权局原副局长，新时期中国著作权法律制度的参与者和领导者。参与《中华人民共和国著作权法》《计算机软件保护条例》等版权法律法规的起草与修订工作，著有《著作权法概论》《版权法浅谈》《版权纵横谈》《版权絮语》等。在担任中国版权协会理事长期间，以极大的热情与精力参与、指导多项版权工作，为中国版权事业建设做出重大贡献。

二、中国版权事业卓越成就者（11人，以姓氏笔画为序）

1. 王自强 国家新闻出版广电总局（国家版权局）政策法制司司长

【人物简介】 男，1956年生。国家新闻出版广电总局（国家版权局）政策法制司司长。自1986年进入中国国家新闻出版总署（国家版权局）工作开始，从事版权工作至今 28 年，其间 2002 年至 2011 年担任国家版权局新闻发言人。历任版权管理司处长、副司长，办公厅副主任，版权管理司司长，法规司司长以及新闻出版广电总局政策法制司司长。

【获奖理由】 王自强长期从事著作权立法和行政管理工作，曾参与组织了《著作权法》及其全部配套行政法规、规章和《国家知识产权战略纲要》《国家版权“十二五”规划》等政策的制定和修改工作。在集中治理网络侵权盗版专项行动，推进软件正版化行动，设计并实施著作权集体管理制度，推进版权公共服务体系建设，加强国际交流合作提升影响力，提升公众版权意识等方面做了许多开创性的工作，为我国的版权事业做出了卓越的贡献。

2. 王明舟　北京大学出版社有限公司社长

【人物简介】 男，1962 年生。北京大学出版社社长，历任理科编辑室编辑、副主任、总编辑助理、副总编辑、代总编辑、党委书记、社长，中国出版协会副理事长，中国大学出版社协会理事长，荣获全国出版业有突出贡献的中青年专家、全国宣传文化系统“四个一批”人才、全国新闻出版行业经营管理领军人才、第三届中国出版政府奖优秀出版人物等称号。

【获奖理由】 王明舟从事出版和版权工作 30 年，带领北京大学出版社在版权工作领域始终位居全行业前列，多次荣获国家文化出口重点企业等荣誉。2004 年至今北大社共向外输出版权 600 余项，涉及英语、德语、法语、俄语、韩语、日语、印尼语、越南语、阿拉伯语、繁体中文等十几个文种，王明舟还主持策划与编辑了《北京大学数学丛书》《数学辞海》等有影响的图书，为我国的出版版权事业做出了重要贡献。

3. 古永锵　优酷土豆集团董事长兼首席执行官

【人物简介】 男，1966 年生。优酷土豆集团董事长兼首席执行官，历任富国集团副总裁，搜狐首席财务官兼高级副总裁、首席运营官、总裁兼首席运营官，优酷网 CEO 兼首席运营官，优酷土豆集团董事长兼首席执行官等职务。荣获 2010 年《中国企业家》“未来之星”、2012 年度华人经济领袖奖、2012 中国最具影响力企业领袖商业新锐奖、《综艺》年度人物、2013 网络视听年度人物、2014 年中国商业创新 50 人企业创新者及网络视听产业突出贡献人物等称号。2014 年被中国传媒大学互联网信息研究院中国网络视频研究中心聘请为副主任。

【获奖理由】 在古永锵的带领下，优酷土豆集团在正版化工作上取得了骄人业绩，创建了正版版权库并进行版权内容创新，创作出众多自制优秀版权节目；带领团队积极支持版权管理与版权宣传工作；带领优酷土豆集团联合众多企业发起反盗版联合行动，对净化互联网环境起到了积极的推动作用，对我国互联网视频行业版权的健康发展做出了重要贡献。

4. 李明德　中国社会科学院知识产权中心主任

【人物简介】 男，1956 年生。中国社会科学院法学研究所研究员，中国社会科学院知识产权中心主任，中国知识产权法学研究会常务副会长，中国知识产权研究会副理事长，国家版权局《著作权法》第三次修订专家委员会委员。发表有关版权保护的论文 50 余篇，出版有关版权保护或者涉及版权保护的著作 10 部。

【获奖理由】 李明德从事版权工作 18 年，参与了一系列有关版权的立法和司法活动。发表有关版权保护的论文 50 余篇，出版有关版权保护或者涉及版权保护的著作 10 部。2011 年以来，参与了《著作权法》的第三次修订工作，并带领中国社会科学院知识产权中心的团队起草了《著作权法修订专家建议稿》，对我国的版权制度及理论研究做出了重要贡献。

5. 杨红樱　著名儿童文学作家、四川作协副主席、成都文联副主席

【人物简介】 女，1962 年生。四川作协副主席，成都文联副主席，曾任小学教师、童书编辑、童书作家，被中宣部评为全国宣传文化系统“四个一批”人才，被中央精神文明建设指导委员会评为“第一届全国未成年思想道德建设先进工作者”，享受国务院政府特殊津贴的“有突出贡献的专家”。于 2014 年荣获国际安徒生奖提名奖。

【获奖理由】 杨红樱 19 岁开始发表儿童文学作品，现已出版童话、小说、散文 60 余种，已成为畅销品牌图书有“杨红樱童话系列”“杨红樱校园小说系列”“杨红樱画本系列”“淘气包马小跳系列”“笑猫日记系列”等，总销量超过 7 000 万册。原创儿童形象马小跳、童话形象笑猫已成为住进中国孩子心中的经典文学形象。她致力于版权保护，为我国童书出版及版权事业做出了积极贡献。

6. 宋鱼水　北京市第三中级人民法院副院长

【人物简介】 女，1966 年生。原北京市海淀区人民法院法官、庭长、副院长，主管知识产权、行政审判及研究室工作。现北京市第三中级人民法院副院长。曾获全国“三八”红旗手、全国劳动模范等荣誉称号。2013 年 10 月 30 日，宋鱼水当选为全国妇联副主席。

【获奖理由】 宋鱼水公正高效地审理了各类民商事案件1 500余件，其中500余件为疑难、复杂、新类型案件，取得了良好的社会效果，被当事人誉为“辨法析理，胜败皆服”的好法官。她在知识产权审判领域积极探索知识产权案件的审判程序和疑难案件的法律适用，探索知识产权民事、刑事、行政三合一审判，并举办中关村法治论坛，为我国版权保护事业做出了重要贡献。

7. 张延扬 中国人民解放军总后勤部金盾出版社社长

【人物简介】 男，1956年生。解放军总后勤部金盾出版社社长，历任排长、宣传干事、政治指导员、编辑、编辑室主任、社长助理、社长。获“韬奋出版奖”，被评为全国宣传文化系统“四个一批”人才、“全国百佳出版工作者”、“全国新闻出版行业领军人才”、“新中国60年百名优秀出版人物”、“中国百名优秀出版企业家”、“首届解放军出版奖优秀出版人物奖”，享受国务院政府特殊津贴。

【获奖理由】 张延扬参军入伍近40年来一直从事新闻出版工作，任金盾出版社社长以来，他领导出版了大批权威、实用的图书，创办了《百姓生活》和《科学种养》杂志，又创办了“金盾网络电视台”，使金盾出版社真正走上集图书、杂志、数字影像、互联网新闻信息服务四位一体的发展之路，为金盾出版社的发展和我国的版权运用、推广事业做出了重要贡献。

8. 张鸿成 精彩集团董事长

【人物简介】 精彩集团创始人，中欧商学院首届总裁MBA，研究生。从事正版音像行业20余年，是中国民营文化产业领航者，先后被评为“中国经济建设特殊贡献人物”“最受关注企业家”。被业界称为“数字娱乐文化产业的先锋”“夕阳产业里的朝阳企业家”“5C娱乐连锁模式创始人”。现任精彩集团董事长，中国版权协会副理事长，全国抵制盗版联合体主席，国际数字文化产业投融资论坛执行主席。

【获奖理由】 张鸿成从事正版影音行业20余年，以“坚持正版，抵制盗版”为口号，致力于正版影音行业发展模式的探索和实践，不断引领企业开展自主创新。在他的带领下，精彩集团由传统的音像企业发展成为国际性综合性的数字文化产业集团，并创下了多项行业之最，成为传统影音行业成功转型的典范，为中国正版影音行业的发展积累了丰富和宝贵的经验。

9. 金建杭 阿里巴巴（中国）集团总裁

【人物简介】 男，1969年生。阿里巴巴网站的创业员工之一，现负责阿里巴巴集团公关、政府事务、市场活动，任集团资深总裁。金建杭在加盟阿里巴巴之前，长期在对外经济贸易领域工作，曾在外经贸部机关报《国际商报》工作5年，1998年他在外经贸部中国国际电子商务中心工作，是外经贸部官方站点的首任主编。

【获奖理由】 在金建杭的带领下，阿里巴巴（中国）集团一直高度重视版权保护工作，建立了版权系统化投诉平台，并于2013年重点打造了阿里知识产权保护平台。2014年旗下网站淘宝网与国际反假联盟、韩国知识产权保护协会、美国电影协会等签订了谅解备忘录。他为我国电子商务领域的版权保护做出了重要贡献。

10. 贾平凹 陕西省作家协会主席、著名作家

【人物简介】 男，1952年生。现为陕西省作家协会主席，中国作协主席团委员，《延河》杂志、《美文》杂志主编。主要著作有长篇小说《废都》《古炉》《带灯》《秦腔》《老生》等。曾获美国飞马文学奖、法国费米那文学奖、香港红楼梦文学奖、茅盾文学奖、鲁迅文学奖等。

【获奖理由】 贾平凹是我国当代文坛屈指可数的文学奇才，被誉为“鬼才”。他每一部作品的问世都会引起极大的关注，《废都》《古炉》《带灯》与他的名字一起被永久写入了中国文学史，他也成为当代中国能够进入世界文学史册的为数不多的著名文学家之一。

11. 殷忠民 人民教育出版社有限公司社长

【人物简介】 男，1961年生。研究生学历，编审。现任人民教育出版社社长，兼任中国教育出版传媒集团有限公司党组成员、中国教育学会常务副会长。曾荣获第五届中国数字出版博览会数字出版年度影响力人物、第十二届韬奋出版奖等奖项。

【获奖理由】 殷忠民带领人民教育出版社在多个领域取得出色成绩，并成立了专门的版权合作项目委员会，促使人教社重视创新，尊重版权，为中小学师生提供了优质的人教版教学资源，同时在对外版权输出及引进优质版权方面做出了重要贡献，推动了出版行业的版权保护与发展。

三、中国版权最具影响力企业（42家）

1. 北京京东世纪贸易有限公司（京东商城）

【企业简介】 北京京东世纪贸易有限公司（简称京东）（JD. com）是中国最大的自营式电商企业，

2014 年第二季度在中国自营式电商市场的占有率为 54.3%。京东为消费者提供愉悦的在线购物体验。通过内容丰富、人性化的网站和移动客户端，京东以富有竞争力的价格，提供具有丰富品类及卓越品质的商品和服务，以快速可靠的方式送达消费者，并且提供灵活多样的支付方式。京东拥有中国电商行业最大的仓储设施。截至 2014 年 6 月 30 日，京东建立了 7 大物流中心，在全国 39 座城市建立了 97 个仓库，总面积约为 180 万平方米。同时，还在全国 1 780 个行政区县拥有 1 808 个配送站和 715 个自提点、自提柜。京东专业的配送队伍能够为消费者提供一系列专业服务，如 211 限时达、次日达、夜间配和三小时极速达、GIS 包裹实时追踪、售后 100 分、快速退换货以及家电上门安装等，保障用户享受到卓越、全面的物流配送和完整的“端对端”购物体验。在版权方面，京东共登记软件著作权 150 件、作品著作权 29 件，软件著作权登记中仓储物流配送领域软件著作权 60 件、云计算相关领域著作权软件 25 件。同时京东积极处理商城上的版权投诉，与行业协会合作排查侵权盗版，与代理机构合作在商城内组织相关的版权培训。

2. 海尔集团公司

【企业简介】 海尔集团创立于 1984 年，从开始单一生产冰箱起步，拓展到家电、通讯、IT 数码产品、家居、物流、金融、房地产、生物制药等多个领域，成为全球领先的美好生活解决方案提供商。2013 年，海尔全球营业额 1 803 亿元，利润总额 108 亿元，继续保持利润增长 2 倍于收入增长。2013 年海尔品牌全球零售量份额为 9.7%，连续五年蝉联全球白色家电第一品牌。海尔致力于成为全球消费者喜爱的本土品牌，多年来一直践行本土化研发、制造和营销的海外市场战略并取得了很好的成绩。目前，海尔在全球有 24 个工业园，5 大研发中心、66 个贸易公司，全球有用户遍布 100 多个国家和地区。海尔集团制作有 212 集科教动画片《海尔兄弟》，是 2008 年北京奥运会全球唯一白电赞助商。海尔是国家版权局授予的全国首家“国家版权保护示范企业”，每年创作和登记的版权作品超过 300 件。

3. 生活·读书·新知三联书店有限公司

【企业简介】 生活·读书·新知三联书店（简称三联书店）是一家有悠久历史的著名出版社。它的前身是邹韬奋、徐伯昕等于 20 世纪 30 年代在上海创立的生活书店、新知书店和读书出版社。1948 年三店在香港合并，正式成立生活·读书·新知三联书店，1951 年与人民出版社合并，1986 年恢复独立建制。在各种不同的时期，三联书店都发挥着积极的作用，这家历史悠久的出版社，以它优良的历史传统和强烈的人文精神，走过了几十年的风雨历程。三联书店的出版物涉及国内外多种领域，积攒了大量关于出版物版权处理的经验。在版权协商方面，三联书店有效地创建、保护和使用版权，为中国版权事业以及图书出版行业的发展奉献力量。同时三联书店既积极引进海外版权，又大力推动国内版权的输出，为中外文化交流做出了重要贡献。

4. 北京畅元国讯科技有限公司

【企业简介】 北京畅元国讯科技有限公司于 2004 年在北京注册成立，注册资金为 1 000 万元人民币。畅元国讯的骨干力量有着长期、丰富的互联网、电信运营和数字版权管理经验，公司拥有深厚的研发背景，致力于无线互联网技术开发与数字版权技术开发、版权集成、版权分发、版权审核技术服务。畅元国讯与无线运营商紧密合作，与国内国际知名企业紧密合作，建立全国数字视频版权公共管理服务平台。作为一家致力于推动版权产业发展的高科技企业，北京畅元国讯科技有限公司与中国版权保护中心共同打造了依托版权公共服务平台，适用于互联网海量数据的版权支撑服务平台，为互联网行业海量数据的版权产业的迅速发展，奠定了坚实的基础。北京畅元国讯科技有限公司联合中国版权保护中心、天翼阅读基地，共同建造了 CACC 数字阅读版权分发与费用结算服务平台，针对互联网阅读市场长期存在的版权乱象，提出了体系化解决方案。作为国家标准化委员会成员，北京畅元国讯科技有限公司还承担了原新闻出版总署“国家手机在线出版发行标准”的研究和制定工作，是手机出版标准的最核心制定单位之一。该公司在我国出版界，尤其是移动终端的数字出版领域占据着十分重要的地位。

5. 中国电影股份有限公司

【企业简介】 中国电影股份有限公司目前是行业中综合实力较强、产业链较完整、品牌影响力较广的企业，涵盖影视制片制作、电影发行、电影放映及影视服务四大业务板块，涉及影视制片、制作、发行、营销、院线、影院、器材生产与销售、放映系统租赁、演艺经纪、电影衍生产品等众多业务领域，与世界 200 多个国家或地区的数百家著名电影企业有着紧密合作的关系。拥有亚洲地区规模较大、技术较先进、设施较完善的影视制作基地，包括规模为5 000平方米摄影棚在内的16座摄影棚、可以制作Dolby Atmos等各种格式立体声的全数字化的电影后期中心、先进的数字图像平面转立体制作中心。拥有全中国最大的数字电影发行管理平台，在数字影片发行领域占据市场主导地位，下辖4条控股院线、4条参股院线及近百家控股影院，其票房收入超过全国票房总额的1/4；自主研发的“中国巨幕”系统使中国数字电影放映进入了世界先进高格式、全景声效的技术行列。中国电影股份有限公司长期致力于影视作品的版权保护，在新的侵权情形下不断探索、努力创新，在应对版权侵权的疑难复杂案例中走在了同行的前列。

6. 华谊兄弟传媒股份有限公司

【企业简介】 华谊兄弟传媒是中国最知名的综合性娱乐军团之一，由王中军、王中磊兄弟（满族）创立于1994年，1998年投资著名导演冯小刚的影片《没完没了》、姜文导演的影片《鬼子来了》正式进入电影行业，随后华谊兄弟全面投入传媒领域，投资及运营领域涉及电影、电视剧、艺人经纪、唱片、娱乐营销、时尚产业，在这些领域都取得了骄人成绩。华谊兄弟传媒集团旗下有华谊兄弟时代文化经纪有限公司、华谊兄弟影业投资有限公司、华谊兄弟电视节目事业有限公司、华谊兄弟音乐有限公司、环球热力兄弟影音文化传播有限公司、华谊兄弟广告有限公司、华谊兄弟国际发行有限公司等。2009年9月27日晚，证监会宣布华谊兄弟传媒股份有限公司通过第七批创业板拟上市企业审核，拟发行4 200万股A股，发行后总股本约为16 800万股，发行前每股净资产为2.22元。经过20年沉淀，华谊兄弟已建成一整套国内数量最多、类型最丰富的娱乐知识产权库，并将自身打造为中国知名度最高、最受欢迎的娱乐品牌，始终如一地为观众提供高质量、深入人心的娱乐产品。

7. 上海电影（集团）有限公司

【企业简介】 上海电影（集团）有限公司（简称上影集团）由上海电影制片厂、上海美术电影制片厂、上海电影译制厂、上海科学教育电影制片厂、上海电影技术厂、上海联和电影院线、上海东方影视发行公司、上海东方电影频道、上海影视乐园、上海美术设计公司、银星皇冠假日酒店等单位组成，是目前中国最具规模和实力的现代电影集团之一。自2003年全面推进转企改革以来，上影集团坚持“开放促改革、合作促发展”战略，倡导多片种繁荣，以影视产品创作、生产、宣传、销售、发行、放映等为主营业务，兼营影视相关产业，初步形成了电影电视剧制片、发行放映、技术服务、媒体传播、拍摄基地和电影教学等相互支撑的完整产业链，正以领先的创作生产能量、市场占有率及国际影响力为中国电影产业的发展做出积极的贡献。近年来上影集团在电影及电视剧的版权维护、版权发行、版权效益等方面也取得了突出成绩，分别在2012年土豆网维权117部，2013年PPS维权23部、迅雷网维权29部、新浪网维权29部、56网维权128部等。上影集团在版权创造和版权发行方面业绩也很突出。

8. 雅昌文化集团

【企业简介】 雅昌文化集团（简称雅昌）创建于1993年，拥有北京、上海、深圳三大运营基地。秉承“传承、提升、传播艺术价值”的企业使命，雅昌应用领先的数字技术，通过商业模式创新，打造跨艺术产业链的产品和服务，致力于成为卓越的综合性艺术服务机构。二十多年来，雅昌以“传统印刷＋现代IT技术＋文化艺术”的创新商业模式为指导，业务涉及高端艺术印刷、互联网艺术信息服务、艺术普及教育和艺术衍生品开发等相关产品与服务。在未来的发展中，雅昌将以印刷为基础、数字资产管理为核心，充分将深圳、北京、上海三地资源有效整合，形成集艺术品展览、艺术品复制、中国艺术品图像数据库、中国艺术品门户网站、艺术家数据资源管理系统、艺术品精品印制、艺术出版策划、艺术品衍生产品的开发与经营及艺术家代理经纪服务为一体的文化公司。雅昌推出了“中国艺术品鉴证备案服务”，推动艺术行业的版权保护，建立了全球最大的中国艺术品数据库，为中国艺术品版权资源集中管理打下了基础，并且积极参与知识产权法规政策的制定、修订，为我国版权事业的发展做出了贡献。

9. 小米科技有限责任公司

【企业简介】 小米公司正式成立于2010年4月，是一家专注于高端智能手机、互联网电视自主研发的创新型科技企业。主要由原谷歌、微软、摩托罗拉、金山等知名公司的顶尖人才组建。小米手机、MIUI、米聊、小米网、小米盒子、小米电视和小米路由器是小米公司旗下七大核心业务。“为发烧而生”是小米的产品理念。小米公司首创了用互联网模式开发手机操作系统的模式，将小米手机打造成全球首个互联网手机品牌，并通过互联网开发、营销和销售小米的产品。小米公司在机顶盒、互联网电视和路由器等领域也颠覆了传统市场。同时，小米公司也在积极打造小米生态链体系，力争全行业、全产业链都能达到共赢。多看阅读创建的电子书分发模式，推动电子市场的版权繁荣；保护原创作品版权，推动原创作品版权的分发和收入变现；小米应用商店技术筛选和人工审核相结合，营造透明的收录、分发和营收体系；小米电视和小米盒子通过严格的内容管理，保护版权人利益并让用户更方便观看到更好的版权作品。小米公司十分重视版权在公司发展中的作用，积极制定和部署知识产权战略，并注重版权方面的整体规划和布局。

10. 人民网股份有限公司

【企业简介】 人民网于 1997 年 1 月 1 日正式上线，是世界十大报纸之一《人民日报》建设的以新闻为主的大型网上信息交互平台，是人民日报社控股的传媒文化上市公司，也是国际互联网上最大的综合性网络媒体之一。人民网除中文版本外，还拥有 7 种少数民族语言及 8 种外文版本，用文字、图片、视频、微博、客户端等多种手段，每天 24 小时在第一时间向全球发布丰富多彩的信息，内容涉及政治、经济、社会、文化等各个领域，且 10 次荣获中国新闻奖一等奖。作为国家重点新闻网站的排头兵与第一家采编与经营“整体上市”的媒体，人民网形成了新闻采写、网络评论、在线访谈、微博发布互相配合的快速、权威、深度新闻报道模式，网民覆盖 200 多个国家和地区。人民网作为国内最具权威的媒体之一，也一直致力于媒体内容的版权保护和规范管理。早在 2005 年起，人民网就开始了规范稿件来源、维护媒体和作者版权的步伐，先后和各大商业网站签订了授权协议，并且和各大央级媒体、省级媒体及其他主要媒体达成了互相许可转载稿件的协议。

11. 国家广播电影电视总局电影卫星频道节目制作中心

【企业简介】 1996 年 1 月 1 日，电影频道（CCTV-6）正式开播。2004 年，付费电视“家庭影院频道”（CHC）以及面向北美地区观众的“中国电影频道”(CMC）正式开播。2005 年，“中国电影频道”（CMC）在香港落地。2006 年，“CHC 高清电影频道”和“CHC 动作电影频道”开播。除此之外，电影频道节目中心还提供视频点播业务（VOD）。电影频道节目中心已成为多频道、高水准、集群化的节目平台。作为唯一的国家级专业电影频道，到 2006 年底，电影频道（CCTV-6）覆盖人口已达 8.52 亿，年平均收视率和市场占有率在全国卫视频道中名列前茅。电影频道（CCTV-6）每天播出 10 部中外影片和各类动画片、纪录片、专题片等，并先后开办了《中国电影报道》《流金岁月》《电影人物》《音乐之声》《佳片有约》《世界电影之旅》《光影周刊》《爱电影》等十余个深受观众喜爱的栏目。电影频道节目中心是唯一一个国家级的专业电影频道，不仅坚持电影版权正版化，同时也积极开展打击侵权盗版行为，采取一系列措施进行法律维权。电影频道在广电业内、视频网业内赢得了守法经营、尊重版权的良好形象，逐步树立起电影频道在电影作品版权市场中的权威性，打造了电影频道节目中心版权正版化的品牌影响力。

12. 北京天盈九州网络技术有限公司（凤凰网）

【企业简介】 凤凰网（凤凰新媒体，纽交所代码：FENG）是全球领先的跨平台网络新媒体公司，通过整合旗下综合门户凤凰网、手机凤凰网和凤凰视频三大平台，秉承“中华情怀，全球视野，兼容开放，进步力量”的媒体理念，为主流华人提供互联网、无线通信、电视网的三网融合无缝衔接的新媒体优质内容与服务。凤凰网日均覆盖用户数（UV）超过 3 500 万，月度覆盖用户数超越 2.6 亿，稳居中国第四大门户网站。手机凤凰网日均浏览量（PV）超过 2 亿。根据艾瑞 2012 年报告显示，凤凰网用户的月均收入、家庭经济状况、受教育程度、管理层和专业人员的比例、单个访问者浏览的页面 PV/UV 比、日均有效浏览时间等指标在中国互联网门户网站中均处于领先水平。

13. 盛霆信息技术（上海）有限公司（盛大文学）

【企业简介】 盛大文学作为中国最大的社区驱动型网络文学平台，是盛大集团旗下文学业务板块的运营和管理实体，2008 年 7 月宣布成立。盛大文学占整个原创文学市场 72%的市场份额。运营的原创文学网站包括起点中文网、红袖添香网、小说阅读网、榕树下、言情小说吧、潇湘书院六大原创文学网站以及天方听书网、悦读网、晋江文学城。同时还拥有“华文天下”“中智博文”和“聚石文华”三家图书策划出版公司，是国内最大的民营图书出版公司，签约韩寒、于丹、安意如、蔡康永等多位当代一线作家。盛大文学以继承了中国传统文化基因的中国网络文学为主，开始与世界性写作同步，并正在构建一个恢宏的想象力世界，创新打造网络文学全产业链。文学作品版权是盛大文学的核心竞争力，2014 年盛大文学更是开创性地举办了国内首届网络文学游戏版权拍卖会，通过拍卖会的形式，盛大文学帮助原创内容的价值得到了提升，为单一版权价值的最大化做出了积极贡献。

14. 北京中视瑞德文化传媒有限公司

【企业简介】 北京中视瑞德文化传媒有限公司，创立于2006年，是中国首家集系统开发、视音频资料转储、编目和版权管理服务于一身的传媒科技公司。主要从事传媒机构版权管理咨询，版权管理服务，影视版权清理、清算，视音频资料转储、上载、编目以及媒体资产管理系统、版权管理系统、版权资产交易管理系统等相关系统开发业务。现已通过ISO 9001质量体系认证，并获得双软认证资质。经过多年发展，已成为向传媒机构提供媒体资产管理及版权管理整体解决方案与全方位服务的传媒科技企业。公司现有员工350多人，10余个专业业务团队，在业界拥有良好信誉和口碑，与国内主要传媒机构均有稳定合作关系。瑞德传媒定位于传媒管理综合服务商，先后助力于中央电视台版权管理信息服务项目、中央人民广播电视台版权信息管理及音频编目项目等数十个版权项目，以提升中国传媒机构的版权保护意识，开拓版权产业市场开发为己任，迅速成为国内影视版权服务产业的领跑者。

15. 清华大学出版社有限公司

【企业简介】 清华大学出版社成立于1980年6月，是由教育部主管、清华大学主办的综合出版单位。植根于“清华”这座久负盛名的高等学府，秉承清华人“自强不息，厚德载物”的人文精神，清华大学出版社在短短二十多年的时间里，迅速成长起来。作为来自一流大学的出版单位，清华大学出版社始终坚持弘扬科技文化产业、服务科教兴国战略的出版方向，把出版高等学校教学用书和科技图书作为主要任务，并为促进学术交流、繁荣出版事业设立了多项出版基金，逐渐形成了以出版高水平的教材和学术专著为主的鲜明特色，在教育出版领域树立了强势品牌。目前，清华版教材已在全国100多所院校得到广泛使用。清华大学出版社年出书8 000余种（含重印书），年发货码洋11亿余元，为国家一级出版社、“中国出版政府奖先进出版单位”、“全国百佳图书出版单位”、“十一五”国家重点出版规划出版工作先进单位。在版权的创造、使用、保护、管理以及宣传方面采用了一系列创新性措施，在社会上产生了广泛影响。

16. 高等教育出版社有限公司

【企业简介】 高等教育出版社成立于1954年5月，是新中国最早设立的专业教育出版机构之一。在教育部的直接领导下，经过60多年的奋斗，高等教育出版社已经发展成为以出版高等教育、职业教育、成人及社会教育等教育类及专业类、科技类出版物为主的综合性大型出版社，在出版规模、市场占有率、产品数字化、国际化以及综合实力等方面都处于中国出版行业领先地位。2010年出版各类出版物近万种，销售码洋近27亿元，图书销售册数逾1亿册，为中国版权输出领先的企业之一，连续多年在中国单体出版社竞争力排名中位列第一，并成为唯一入围全球50强的中国出版机构。高等教育出版社面对市场化、数字化、国际化、多元化的考验，不断建立健全版权管理制度，不断完善版权开拓、创新、发展、运营体系，在行业内具有一定的影响。

17. 教育科学出版社

【企业简介】 教育科学出版社是一家在国内外具有重要影响的教育科学专业出版社，由教育部主管、中国教育科学研究院主办，是财政部出资的具有独立法人资格的国有企业。自1980年成立以来，始终秉承“弘扬教育学术，繁荣教育研究；传播国内外先进教育理念，促进中国教育改革与发展”的出版理念，在社会效益和经济效益方面都取得丰硕成果，成为展示我国优秀教育科研成果、传播国内外先进教育理念的高端平台，被读者誉为“教育理论图书出版的旗帜”，被新闻出版总署评为“全国百佳图书出版单位”。教育科学出版社出版物品种主要包括教育理论图书、教师教育用书、职业教育与成人教育用书、中小学教材、幼儿教育用书和旨在全面提高中小学学生素质的助学读物以及相关的电子音像产品等，年出版图书两千余种，重印率达70%以上，数百种图书荣获国家图书奖、中华优秀出版物奖等国家级奖项。随着中国教育国际化的深化和自身综合实力的增强，教育科学出版社的现代版权模式日趋成熟，在国际教育出版领域声名鹊起，吸引了多国教育出版机构争相邀约合作。

18. 中国建筑工业出版社

【企业简介】 中国建筑工业出版社（简称建工社），创建于1954年，是建设部直属的中央一级专业科技出版社，作为建设领域的专业科技出版社，一直肩负着弘扬建筑文化、传播建设科技的社会责任和历史使命，为社会和行业奉献了数以万计优秀图书。目前已发展成为年出版新书约1 200种，重印图书2 300余种，出版码洋超8亿元，集图书、期刊、音像、电子、网络出版五位一体的国内知名专业科技出版单位。1993年、1998年建工社两次被中宣部、新闻出版署表彰为“优秀图书出版单位”“全国优秀出版社”，2008年荣获首届“中国出版政府奖”先进出版单位奖，2009年被新闻出版总署评为一级图书出版单位，授予“全国百佳图书出版单位”荣誉称号。建工社一贯鼓励原创出版和自主知识产权出版物的出版，在版权创造、保护、使用和管理方面成效显著，为我国出版业与版权事业的进步和发展做出了突出贡献。

19. 机械工业出版社

【企业简介】 机械工业出版社（简称机工社）是国内知名信息出版内容提供商，经过60多年的发展，特别是改革开放30多年来的锐意进取，开拓创新，机工社已逐步形成了完整的信息采集、加工、传播和服务体系，产品涵盖图书、期刊、数据产品、音像制品、电子出版物，是集纸介媒体、视听媒体、网络媒体为一体，研究、出版、培训、印刷、发行、分销纵向一体化的行业领先的多领域、多学科、多媒体的大型综合性专业出版集团。近年来，机工社规模一直保持着年出书8 000余种的势态，其中新书3 900余种，重印书4 200余种；60多年来，机工社累计出版、销售图书6.1亿册。自开展版权贸易以来，累计引进版权近5 000种，输出版权400余种，版权贸易额3 000多万美元。机工社加强版权的使用、管理、保护以及国内外版权资源的开发与利用，对内宣传、普及《著作权法》，制定相应版权管理和保护规范，对外则严格按照国际惯例与外方权利人进行版权交往，由此树立起良好的知识产权保护形象。

20. 上海世纪出版股份有限公司少年儿童出版社

【企业简介】 少年儿童出版社成立于1952年12月，是新中国第一家以儿童少年为读者对象的大型综合性专业少儿读物出版社，由宋庆龄题写社名。少年儿童出版社出版范围广泛，以1～15岁的儿童少年为对象。出书品种有中国文学、外国文学、社会科学知识和自然科学知识读物，还有美术读物、低幼读物、声像读物，以及各种学习文化科学辅导读物、家长用书等。60多年来，少年儿童出版社共出版各类儿童文学读物、人文科学读物、自然科学读物、低幼读物、音像制品和电子读物以及中、小学生使用的学习辅导用书和各类学生辞典、工具书15 000余种，总发行量15亿多册。此外，少年儿童出版社还按照儿童年龄层次出版八个刊物和两张报纸：《故事大王》《娃娃画报》《小朋友》《作文世界》《卡通先锋》《少年文艺》《少年科学》《活力派》和《小青蛙报》《青少年科技报》。少年儿童出版社连续多年被新闻出版总署、国家版权局及上海市新闻出版局评为输出版权最多的出版社。

21. 今晚报社（今晚传媒集团）

【企业简介】 天津《今晚报》于1984年7月1日创刊，邓小平题写报头，彭真、邓颖超题词。《今晚报》每日发行对开12～16版，日发行量70多万份，发行范围遍及中国30个省、市、自治区，并行销海外，成为天津市目前发行量最大、覆盖面最广、最有影响的一张综合类日报。作为国内著名报纸品牌，《今晚报》如今是名副其实的“世界级报纸”，连续八年进入世界报业协会评出的“世界报业百强”，2010年排第49位；天津唯一连续七年入选世界品牌大会公布的“中国500最具价值品牌”媒体，品牌价值高达36.86亿元；连续多年居全国平面媒体广告收入10强。《今晚报》已拥有20块海外版，遍布全球五大洲16个国家19座城市，每周发行量达到50万份。今晚报社十分注重保护版权，具有浓厚的企业版权意识，并重视“版权经济”和“版权产业”，在所处的媒体行业领域中富有开拓精神和创新能力，以企业行为积极推动行业发展，取得了很大成绩。

22. 重庆日报报业集团

【企业简介】 重庆日报报业集团是以《重庆日报》为龙头组建的党报集团。《重庆日报》创刊于1952年8月5日，由时任西南局书记的邓小平同志亲题报头并题词祝贺。2001年10月18日，经中宣部批准，重庆日报报业集团正式挂牌成立。《重庆日报》年销售收入近4亿元，资产规模超过8亿元，经济、技术设备和发行实力名列西南第一，广告、印刷、发行和物业等主要经营部门实现了公司化改造，并连续两次被国家新闻出版总署评为全国100家地方报社管理先进单位，列为中宣部精神文明示范单位。1998年以来，重庆日报社又先后划转接收了5张报纸，形成了以《重庆日报》为龙头，《重庆晚报》《重庆晨报》《重庆经济报》《消费导报》《健康人报》《体育报》《新女报》和华龙网站“八报一网站”的强大媒体格局。重庆日报报业集团在内部版权管理制度方面，颁布了《版权管理试行办法》，高度重视版权维护工作，并且在全国省级报业集团首开先河，在多家媒体上发布版权维权公告，引起全国传媒界强烈反响。

23. 江苏国泰新点软件有限公司

【企业简介】 江苏国泰新点软件有限公司是江苏国泰国际集团的下属子公司，自1998年成立以来，长期致力于计算机软件的研发，专业提供电子商务、公共资源交易（电子招投标）、建设行业、智慧城市等领域的相关软件产品及软件硬件一体化解决方案，全力打造信息时代政府管理与服务新模式，专门为各级政府部门及相关行业信息化提供服务。多年来累计承接了2 400多个软件项目，有6 250多家政府部门正在使用该公司产品，单机版软件销售套数超过189 000套。电子政务、公共资源交易（电子招投标）和建筑行业信息化整体解决方案在国内处于领先地位。江苏国泰新点软件有限公司具备建筑智能化工程设计与施工一级资质、计算机信息系统集成二级资质，先后通过ISO 9001、ISO 27001、CMMI L3认证，是江苏省创新型企业、苏州市服务业发展重点企业、江苏省中小企业信息化服务示范单位，也是江苏省版权最具影响力企业、江苏省版权示范单位、全国版权示范单位。

24. 苏州浩辰软件股份有限公司

【企业简介】 苏州浩辰软件股份有限公司成立于1992年，致力于为客户提供最完善的CAD（计算机辅助设计）软件、服务与解决方案。2001年引进拥有50亿资产的苏州工业园区的风险投资，通过股份制改革实现了管理与资金实力的质的飞跃。浩辰被评为“中国最具影响力创新成果百强企业”“中国信息产业CAD采购首选品牌”，浩辰CAD产品获得“国家重点新产品”等荣誉称号。浩辰软件多年来一直专注于CAD软件的研发与创新，所积累的行业资源、精深技术与团队管理经验在业界堪称第一。公司制定了健全的资产管理和版权保护制度、配备了专职部门负责版权相关工作，设立了完善的版权保护长效机制，版权资产权属清晰、管理规范；公司在北京等三地建立研发中心，数十年来始终坚持在CDA领域自主创新，自2010年底获得世界知识产权组织颁发的版权金奖以来，浩辰CAD软件在海内外的推广受到了极大的推动；公司在正版化工作中，由己及人，坚决抵制盗版，企业内软件正版化率达100%；公司注重员工版权化意识的培养，定期开展宣传培训活动，强化基层员工的版权保护意识。公司于2013年5月获得“江苏省版权示范单位”称号。

25. 浙江大学出版社有限责任公司

【企业简介】 浙江大学出版社创立于1984年，是集理工农医和人文社科多学科出版为一身的部属综合性出版单位。至2010年底，累计出版各类高层次高质量的学术专著、高校教材、工具书和高品位文化普及类读物10 000多种，电子音像出版物1 000余种；有100多种浙大版教材、学术专著和电子音像出版物荣获国家图书奖、国家音像奖、中国图书奖、全国科技图书奖、教育部优秀教材奖等各类国家和部省级奖励。浙江大学出版社一贯重视版权建设、版权经营和管理。在版权创造、保护、使用和管理上，既注重著作权人的权益维护，又考虑出版社的品牌影响和效益实现。作为“中国图书对外推广计划工作小组”唯一的京外大学出版社，持续承担经典中国国际出版社工程、文化翻译出版工程等多项国家级出版和“走出去”项目，战绩显著。

26. 福建泉州顺美集团有限责任公司

【企业简介】 顺美集团创立于1998年，是“中国出口名牌企业”“国家文化出口重点企业”。2013年公司工业产值3.7亿元，出口创汇1 853万美元，连续四年出口创汇总量居全市第一名。顺美集团建设的“顺美陶瓷文化生活馆”是全世界陶瓷界最大的展示中心，是一个多元化的国际陶瓷文化创意公共服务平台区，为中央美院、福州大学、华侨大学等院校创造实践基地。生活馆包括国内外陶瓷工艺大师现场创作的陶瓷文化作品创作基地，西洋陶瓷产品集中展示区（再现各国民族风情与文化元素的陶瓷文化创意礼品），中国陶瓷文化礼品展示区和提供陶瓷制作原料、设施及体验的陶瓷文化创意体验区。顺美集团是福建省工业旅游示点企业，正在积极备战AAAA级国家旅游景区。顺美集团重视各项专利和版权的保护，拥有专业的创作团队，不断开发新产品投放市场并认真做好知识产权保护工作，为中国版权事业做出了一定贡献。

27. 景德镇法蓝瓷实业有限公司

【企业简介】 景德镇法蓝瓷实业有限公司成立于2001年，生产基地位于千年瓷都景德镇。法蓝瓷融合东西方美学哲思，创作出“中西合璧”设计美学，并以独家专利的“倒角脱模工法”精致地表现出融合浮雕与雕塑的立体造型和浪漫梦幻的丰富色彩，创造独特风格。公司不仅带给消费者风格独具的作品，更是创造了一种美好的生活态度及生活方式，使全球各地消费者都可从其作品中感受到温馨的亲切感。作品一经推出，就在2002年纽约礼品展上，从上万件参展作品脱颖而出，荣获“纽约礼品展首奖”。此后更是获奖无数。2006年法蓝瓷的“蝶舞系列”以及“写意人生系列”更是荣获联合国教科文组织颁发的“世界杰出手工艺品徽章”。法蓝瓷目前在全球拥有5 800多个销售点。景德镇法蓝瓷实业有限公司重视版权的保护与策略布局，不仅在著作权方面提出申请，而且积极就侵害著作权的仿冒品进行打假、争议裁定等各项维权措施，成效卓著。

28. 青岛出版集团有限公司

【企业简介】 青岛出版集团前身青岛出版社成立于1987年1月12日，由中共青岛市委主管、青岛市人民政府主办，是市政府直属的事业单位。二十多年来，在新闻出版总署、山东省新闻出版局的指导下，在市委、市政府的领导下，依靠几代出版人的共同努力、不懈奋斗，从无到有，从小到大，已发展成为拥有2 000多名员工，集编、印、发、供、贸于一体，书、报、刊、电子、音像、网络媒体齐全的出版集团，在我国出版界享有较高的美誉度，为新闻出版事业发展做出了积极贡献。青岛出版集团由教育出版分社、科技出版中心、少儿出版中心、少儿期刊中心、两个图书编辑部、青岛财经日报社、商周刊社、电子音像出版社、出版发行公司、出版置业有限公司、出版投资有限公司等经营实体组成，另有所属青岛市新华书店（集团）有限责任公司、青岛人民印刷有限公司、外国教材研究所、出版艺术馆、新华出版照排公司、出版物资公司等单位。青岛出版集团着力于促进集团版权产业链的完善与发展，在实现版权作品市场价值方面做出持续努力，为文化产业发展做出了积极贡献。

29. 中广天择传媒股份有限公司

【企业简介】 中广天择传媒的前身长广天择传媒成立于2007年，是长沙广播电视集团国有控股的全媒体视频内容制作与营销公司，主营除新闻外的电视、互联网和手机电视等视频内容的制作、发行和营销；以自主生产的视频内容为核心的衍生价值的开发；大型商业活动、娱乐活动、文化活动的策划、实施和衍生价值的开发。2013年10月，“湖南长广天择传媒有限公司”完成股份制改造变更为“中广天择传媒股份有限公司”。中广天择传媒整合长沙广电旗下各频道的优质制作人才，集结湖南乃至全国近500名优秀的电视人才，致力于成为中国领先的电视节目内容提供商和中国电视与新媒体优质服务提供商、国内视频内容研发和制作的龙头企业。中广天择传媒目前每天生产长达6个小时以上的节目。节目内容主要涵盖情感、故事、纪实、生活、娱乐、时尚等多个领域。中广天择传媒专注于视频内容生产，以传播社会正能量、弘扬社会正气为使命，制作了一大批弘扬社会主流价值观的优秀作品，引领社会价值观，在自主生产的自有版权类视频内容的版权保护和管理方面成效卓著。

30. 广州中望龙腾软件股份有限公司

【企业简介】 广州中望龙腾软件股份有限公司（简称中望软件）是国际领先的CAD/CAM解决方案供应商，国内唯一同时拥有完全自主知识产权二维中望CAD、高端三维CAD/CAM软件中望3D的国际化软件企业，致力于为全球用户提供世界级技术水平的高性价比CAD/CAM产品与服务，帮助用户以合理成本解决软件正版化的同时，最大化发挥正版CAD/CAM软件的应用效益。中望系列软件产品已经畅销全球80多个国家和地区，并赢得了宝钢股份、海马汽车、保利地产、中国移动等中国乃至世界知名企业的认可，全球正版授权用户数突破32万。中望软件积极参与、配合各级版权系统举办的正版化知识普及及应用推广活动，同时致力于建立可持续发展、多赢的产业生态系统，联合其他软件厂商共同为企业用户提供高性价比的CAD整体方案，解决正版化难题。中望软件的发展，不仅打破了国外软件的垄断局面，更是为全球用户在正版二维CAD、三维CAD/CAM软件方面带来更多选择的自由，具有极高的经济价值；中望软件代表中国CAD走出国门并立足世界，代表着中国CAD产业在世界的地位，具有一定的社会价值。

31. 广西一铭软件股份有限公司

【企业简介】 广西一铭软件股份有限公司成立于2004年，总部设在广西，旗下拥有全资子公司北京一铭软件有限公司。一铭软件是一家拥有自主知识产权，集产品研发、生产和销售于一体的软件企业。目前拥有基于云计算系统平台的龙鑫系列产品：办公信息管理系统、云平台系统、操作系统、龙鑫10+1翻译软件（东盟10国语言与汉语之间的翻译系统）、软件资产管理系统等。公司凭借长期在政府、企业应用软件开发上积累的经验，成功完成的项目包括基于云计算平台的汉语与东南亚语言双向翻译服务平台、GIS信息系统及海事局渡口渡船安全监管系统等。目前，公司获得双软认定，ISO质量管理体系认证，CMMI 3级认证，获批国家高新技术企业，并相继荣获广西优秀软件企业、广西信息化应用企业称号，东盟博览会先进技术展优秀参展项目奖，中国软件和信息服务业创新影响力奖等。广西一铭软件股份有限公司一直高度重视版权保护，公司成立之初就以支持国家正版化工作为起点，以打击盗版、推广正版为己任，助力推进国家软件正版化工作，在知识产权的创造、运用和保护上成效卓著。

32. 云南思普投资（集团）有限公司

【企业简介】 云南思普投资（集团）有限公司是国家级高新技术企业，成立于1994年，主要从事国产基础软件研发及培训、计算机软硬件销售及售后服务、系统集成、信息服务、电子政务网络建设等。企业在张龙董事长的带领下，经过多年坚持不懈的努力，在国内国产操作系统研发企业中成长为规模较大的企业之一，也是国内为数不多一直坚持国产操作系统研发的企业之一。目前公司已经成功地独立自主研发出 SPGnux 桌面操作系统、SPGnux 办公桌面操作系统、SPGnux 网络服务器操作系统、SPGmail 邮件系统、SPG 防火墙系统、网站建设系统、SPG 思普软件管家等软件产品，产品均为中、英、阿拉伯语三种语言，公司现拥有 16 项软件著作权。公司已经将科技成果转为市场化，开发了政府机关、行政事业单位、大中小型企业、院校科研机构及个人等使用计算机的新的用户群体，公司历经多年研发而推出的 SPGnux 思普操作系统系列产品打破了微软一统天下的格局，为计算机用户提供了新的选择。

33. 北京方正阿帕比技术有限公司

【企业简介】 北京方正阿帕比技术有限公司是北大方正信息产业集团有限公司旗下专业的数字出版技术及产品提供商。方正阿帕比公司自 2001 年起进入数字出版领域，在继承并发展方正传统出版印刷技术优势的基础上，自主研发了数字出版技术及整体解决方案，已发展成为全球领先的数字出版技术提供商。方正阿帕比公司为出版社、报社、期刊社等新闻出版单位提供全面的数字出版和发行综合服务解决方案。目前，方正数字出版系统提供包括电子书、数字报、数字博物馆、各类专业数据库及移动阅读的技术解决方案，并提供丰富多样的数字资源产品的运营服务。中国 90%以上的出版社正在应用方正阿帕比（Apabi）技术及平台出版发行电子书，每年新出版电子书超过 12 万种，累计正版电子书近 70 万册，并与阿帕比共同打造推出了各类专业数据库产品；中国 90%的报业集团、800 多种报刊正在采用方正数字报刊系统同步出版数字报纸。此外，全球 8 000 多家学校、公共图书馆、教育城域网、政府、企事业单位等机构用户应用方正阿帕比数字资源及数字图书馆软件为读者提供网络阅读及专业知识检索服务。北京方正阿帕比技术有限公司的创新性技术的研发成果及其对版权保护的重视态度对中国版权的创造、保护、使用管理起到了引领作用。

34. 北京语言大学出版社有限公司

【企业简介】 北京语言大学出版社（简称北语社）成立于 1985 年，具有图书、期刊、音像、电子出版物出版权和网络出版权，是中国唯一一家对外汉语教学与研究专业出版社。北语社以出版对外汉语教材、中国少数民族汉语教材、外语图书等语言类图书产品为主要特色，每年出版图书 800 多种，电子音像产品 200 余种。北语社坚定走特色化、专业化发展之路，坚持以图书产品精品化、立体化为发展方向，不断强化纸质图书出版、电子音像出版、网络出版三大出版核心和国内营销、海外营销、网络营销三大营销渠道，全力打造一个集语言类图书、音像、电子、网络等多种媒体出版于一身的一流的国际型、专业化出版社。作为具有世界汉语出版品牌的专业化出版企业，作为代表国家参与世界出版竞争的民族文化企业，北语社多年来一直致力于大力拓展我国版权贸易的国际市场，在中国版权走向世界方面取得了可喜的成就，为中国文化“走出去”做出了应有的贡献。

35. 商务印书馆有限公司

【企业简介】 商务印书馆 1897 年创立于上海，1954 年迁入北京。2002 年中国出版集团公司成立，商务印书馆是其成员单位之一。2011 年商务印书馆改制为商务印书馆有限公司。商务印书馆是中国国家级出版机构，是中国第一家现代出版机构，也是目前中国最具实力和影响力的文化出版机构。一个多世纪以来，商务印书馆以“昌明教育，开启民智”为己任，竭力继承中华文化，积极传播海外新知，历经劫难，又不断重生，创造了中国文化出版事业的辉煌。100 余年以来，商务出版图书 5 万余种，代表性出版物有《辞源》《新华字典》《现代汉语词典》《牛津高阶英汉双解词典》《汉译世界学术名著丛书》《中华现代学术名著丛书》《世界名人传记丛书》，以及《英语世界》《汉语世界》等杂志。出版物曾经获得“国际白金星质量大奖”和“国家图书奖”。《文津阁四库全书》《新华字典》等被党和国家领导人作为国礼赠送外国宾朋。商务印书馆是“全国百佳图书出版单位”和“中国出版政府奖”荣誉称号获得者，在读者中有良好影响和声誉，是“一个很重要的文化教育事业单位”。商务印书馆与北京大学一起，被誉为中国近现代文化史上的双子星座。商务印书馆的版权创造和保护事业得到了国际国内的广泛认可，对中国的版权事业功不可没。

36. 中国青年出版社

【企业简介】 中国青年出版社成立于 1950 年 1 月，直属共青团中央领导，为全民所有制事业单位，于 2003 年 12 月与中国青年杂志社合并组成中国青年出版总社。中国青年出版社连续举办的全国青少年读书教育活动，有 3 亿多人次的青年参加活动，在全国广大青少年中产生了广泛、深远的影响，取得了良好的社会效益和经济效益。在文化体制改革进程中，中青社堪称率先践行出版“走出去”的出版机构。自上世纪 90 年代始，中青社就与国际上诸多著名的出版、分销机构建立起了战略合作伙伴关系。作为分社的中青国际出版传媒有限公司被英国出版界称为“中国出版人创造的奇迹”。

37. 外语教学与研究出版社有限责任公司

【企业简介】 外语教学与研究出版社（简称外研社）成立于 1979 年，是北京外国语大学创办和领导的大学出版社。外研社每年出版 5 000 多种出版物，其中新书1 200 多种，共有 200 多种出版物获国际和国内的优秀图书奖；外研社还出版《外语教学与研究》《当代语言学》《英语学习》等十几种外语期刊。目前是拥有 11 个出版分社、12 个独立法人单位、16 个地方信息中心、2 000 多名员工的大型出版企业。如今，外研社成为中国出版业的一面旗帜，被称为“英语图书市场上真正意义的产业领导者”。外研社占领了大学英语教材市场近 50%的份额，中小学英语教材的市场占有率也在 30%以上，全国有超过 2 300 万中小学生正在使用其教材；在一般外语类图书市场上，外研社的市场占有率达到 26%，排名全国第一，超过第二名至第六名占有率的总和；日语、德语、法语、俄语等小语种图书市场占有率也稳居第一。外研社已经成为全国规模最大的大学出版社，我国最大的外语出版机构。面对新的发展形势，外研社制定了新的战略发展规划。外研社将以出版为中心，以教育培训和信息服务为两翼，进行数字化出版，产学研结合，建设成为一个综合性的教育服务提供商。在外研社的领导下，京版十五社反盗版联盟在打击盗版维护版权的事业中更具影响力和行动力，使京版十五社反盗版联盟的知识产权维权工作迈向了新的台阶。

38. 百视通新媒体股份有限公司

【企业简介】 百视通公司（BesTV）是国内领先的 IPTV 新媒体视听业务运营商、服务商，由上海文广新闻传媒集团（SMG）和清华同方股份公司合资组建。BesTV 依托 SMG，拥有强大的视听内容创意与生产、交互产品研发与应用、新媒体管理与运营的综合优势；同时，BesTV 在网络电视（IPTV）技术方面与微软、Cisco 等国际公司合作，拥有业界领先的运营管理平台。BesTV 在中国 IPTV 产业中处于领先地位，国际媒体评价 BesTV 为全球最著名的 IPTV 产业品牌之一。2012 年 3 月，百视通公司表示，将斥资 3 000 万美元现金收购风行网络有限公司和北京风行在线技术有限公司各 35%股权。2014 年 3 月 4 日迅雷联合百视通公司发布了全新的盒子产品。百事通已经立项、申请、获批的专利技术、软件著作权、关键技术软件超过 200 项，并且已经与超过 300 家海内外的版权方和代理公司建立版权交易、版权合作关系。百事通公司在版权管理、行业影响、技术创新、企业规模及竞争力等方面均处于行业领先地位，对我国版权事业的发展具有较强的推动作用。

39. 广东省广告股份有限公司

【企业简介】 广东省广告股份有限公司成立于 1979 年，是我国最早一批成立的广告公司，也是目前我国最大的综合性广告公司之一，被业内誉为中国广告业的扛旗者。作为中国 4A 协会副理事长单位、中国广告协会理事单位、国家一级广告企业，广东省广告股份有限公司在连续十年获得“守合同重信用企业”称号。2008 年 2 月，被评定为“广东省文化产业示范基地”。2008 年 9 月，被文化部命名为“国家文化产业示范基地”，并于 2010 年 5 月 6 日在深交所挂牌上市，成为“中国广告第一股”。广东省广告股份有限公司在为客户实现价值的同时，也衍生出无穷的新产品、新市场和新机会。

40. 上海冠勇信息科技有限公司

【企业简介】 上海冠勇信息科技有限公司（简称冠勇科技）坐落于上海紫竹国家级科学园区，是一家由上海交大博士团队、上海交大技术转移中心和上海市 EFG 共同组建创立的高新技术企业。公司核心团队历时六年研发，在图像搜索、语音识别等人工智能领域拥有众多的自主知识产权，技术水平处于国内领先水平。冠勇科技专注于图像搜索、语音识别、文本采集等核心技术的研发，从事海量图像搜索、智能语音搜索、文本采集等方面的应用软件产品的开发、销售、技术服务以及系统集成等。冠勇科技致力于为广电机构、大型企业、电子商务平台提供先进的多媒体技术支持和专业的新媒体解决方案，已成功推出了国内技术领先的冠勇 FBI-MAM 私有云媒体资产管理系统、冠勇 FBI-AMS 智能广告监测系统、电视内容加工 API 接口服务等产品，以及海量视频图像搜索引擎、海量语音关键词搜索引擎、电子商务平台的以图搜图等服务。冠勇科技目前已成为国内技术领先、服务优质、市场占有率最高的版权监测服务商，为我国的网络保护事业做出了重要的贡献。

41. 青岛工艺美术集团有限公司

【企业简介】 青岛工艺美术集团有限公司主要

从事工业生产、国际贸易、商业经营和现代服务业，业务涵盖抽纱刺绣产品的出口生产、家纺产品的进出口贸易、工艺美术品的专业商业经营以及现代服务业的会展经济等领域。“天鹅牌”抽纱刺绣产品主要出口到欧美、日本等国家和地区，窗帘产品出口进入全国同行业20强；工艺美术品商场（原工艺美术服务部）是旅游定点商业单位，被誉为“黄金珠宝的海洋，工艺美术的百花园”。集团曾连续五年荣获全国畅销产品“金桥奖”，并荣获中国工艺美术行业优秀设计创新一等奖、优秀新产品一等奖和工艺美术行业最高国家荣誉——工艺美术百花奖（金杯奖）。青岛工艺美术集团不断完善内部知识产权研发和管理机构，建立健全各项规章制度，自觉尊重他人知识产权，保护自身知识产权，同时通过举办全国性的工艺美术博览会，首次将版权理念引入工艺美术专业会展，引导广大工艺美术从业人员以版权登记为切入点，树立版权意识，加强版权保护，达成版权交易，实现跨界融合，为促进工艺美术企业转型升级做出了重要贡献。

42. 江西含珠实业有限公司

【企业简介】 江西含珠实业有限公司，位于铅山县城西工业园区，占地20 000平方米，注册资金1 000万元，现有员工217人，是一家以文化产品推广和传统产品、地方特产加工、生产与销售等为主营业务的公司，现拥有资产8 000余万元。公司现主营连四纸产业、竹艺产业、河红茶产业、土特产产业、园林绿化产业。各主要项目均属低碳经济，是低能耗、无污染的绿色产业。尤其在地方传统产业复苏和打造上取得了较大的成效。近年来，公司先后荣获铅山县委、县政府授予的“2008年度传统产品复苏工程先进单位”“市级农业龙头企业”“省级文化产业示范基地”“省级林业龙头企业”等荣誉称号。2011年，公司荣获“全国生态文化示范企业”称号，同年获国家级非物质文化遗产生产性保护示范基地殊荣。公司坚持“始终在发展”中不断进取之精神，诚信经营、规范运作，已进入持续、快速、健康发展期。

2014 年（第七届）全国大学生版权征文获奖名单

［编者按］ 2015 年 4 月 17 日，由国家版权局主办、中国版权杂志社承办的第七届全国大学生版权征文颁奖仪式在北京举行。本次评选分为本科生组和研究生组，其中本科生组评选产生一等奖 8 名，二等奖 24 名，三等奖 43 名，鼓励奖 80 名；研究生组评选产生一等奖 10 名，二等奖 18 名，三等奖 30 名，鼓励奖 60 名；另评选产生组织奖 20 名。

一、本科生组获奖名单（排名不分先后）

一等奖（8 名）

朱致玮　重庆理工大学
邵树杰　华东政法大学
李南青　西南政法大学
陈　航　华中师范大学
柯友乐　安徽师范大学
苏　烨　北京理工大学
余　歌　安徽师范大学
张　丹　华中师范大学

二等奖（24 名）

李西泠　中南民族大学
蔡梦悦　河南科技大学
韦雅琴　华东政法大学
唐海佳　重庆理工大学
蒋启蒙　重庆理工大学
国　阳　南开大学
方　芳　南开大学
王欣怡　西南政法大学
汪昌明　安徽师范大学
杨　倩　西南科技大学
殷者正　杭州师范大学
金朝榜　湖北文理学院
王丽尧　北京印刷学院
张娇茹　安徽大学
徐道星　安徽大学
詹馥静　华南理工大学
彭　珮　湘潭大学
田雅倩　武汉大学
南　堰　中南财经政法大学
许安碧　中南财经政法大学
黄　怡　中南财经政法大学
陈瑞天　中南民族大学
蓝　莎　中南民族大学
陈娅青　河南科技大学

三等奖（43 名）

蔡欣达　扬州大学
杨　宇　重庆工商大学
顾晨昊　湘潭大学
颜安庆　杭州师范大学
刘政辰　河南科技大学
杨　霞　河南科技大学
舒　艳　河南科技大学
蔡嘉艺　华东政法大学
高秦雯　华东政法大学
周文薏　华东政法大学
吕红岑　华东政法大学
马　潇　华东政法大学
黄　炜　南开大学
孙奇敏　南开大学
陈舒献　西南政法大学
常小宝　西南政法大学
郭燕清　集美大学
费寅博　杭州电子科技大学
宋　阳　华中师范大学
张　瑶　武汉理工大学
陈　欢　中国传媒大学
盛　盛　中国政法大学
张　超　西北政法大学
王力君　中南财经政法大学
郑舒倩　中南财经政法大学
李庞江　中南大学

谷　郡　北京理工大学
刘　迈　北京理工大学
孟雪彦　北京印刷学院
戴　鲲　安徽师范大学
左　霞　安徽师范大学
李学文　安徽大学
唐　越　安徽大学
徐雅琴　安徽大学
卢　颖　重庆理工大学
李丛生　重庆理工大学
林思颖　重庆理工大学
李　鋆　中南民族大学
黄远珍　中南民族大学
袁　乐　南京理工大学
刘艳娇　南京理工大学
王晓炜　南京理工大学
刘　畅　南京理工大学

鼓励奖（80名）

李龙龙　安徽师范大学
李　倩　安徽师范大学
刘　娜　安徽师范大学
邰　帅　安徽师范大学
季夏安　安徽师范大学
蒋鑫晨　安徽师范大学
金玉娟　安徽师范大学
兰梦夏　安徽师范大学
胡华东　安徽大学
丰　月　安徽大学
全　铭　安徽大学
陈天术　安徽大学
马政宇　安徽大学
梁　冰　安徽大学
邓小雨　重庆理工大学
童　娅　重庆理工大学
王倩倩　重庆理工大学
刘梦雪　重庆理工大学
陈　染　中南民族大学
闭其良　中南民族大学
李程荟　中南民族大学
文　扬　中南民族大学
许　政　中南民族大学
黄　丹　中南民族大学
彭　忱　南京理工大学
吴慧慧　南京理工大学
吴　越　南京理工大学
张芳芳　南京理工大学
罗凯中　中南大学
黄　敏　重庆工商大学
黄淑涵　武汉理工大学
朱思睿　西北政法大学
魏远山　湘潭大学
郑　墩　中南财经政法大学
黄　容　中南财经政法大学
陈晓晴　中南财经政法大学
岑小川　中南财经政法大学
王立鹏　北京理工大学
朱　晔　北京理工大学
李　硕　北京师范大学
龚　林　北京师范大学
曾　田　中国传媒大学
陈艺芳　中南大学
赵世杰　北京印刷学院
罗明惠　湖北文理学院
陆莹莹　湖南师范大学
王文佳　华南理工大学
陈雅婷　华中师范大学
何　熊　华中师范大学
蒋政宇　浙江大学宁波理工学院
邢　曦　浙江工业大学
陈　丹　西北大学
刘梦燕　浙江工商大学
刘　泓　西南科技大学
任杨梓　杭州师范大学
韩亚玲　河南科技大学
吉晓杰　河南科技大学
陶应东　河南科技大学
王倩倩　河南科技大学
李枫红　华东政法大学
张文静　华东政法大学
楼　婕　华东政法大学
王志南　华东政法大学
肖丽平　南方医科大学
张珮钰　南方医科大学
黄维伦　南开大学
黄晓娜　南开大学
刘馨语　南开大学
赵希伟　南开大学
马晓驰　南开大学
陈　逸　汕头大学
邱培政　汕头大学

刘琳娜　西南政法大学
王晓巍　西南政法大学
陈海峰　扬州大学
陈　若　扬州大学
季玲玲　扬州大学
谢晓湘　扬州大学
杨　蕾　扬州大学
张　妍　扬州大学

二、研究生组获奖名单（排名不分先后）

一等奖（10名）

姜　川　中国政法大学
刘晓丹　华东政法大学
詹海芳　华南理工大学
肖　冰　厦门大学
刘　迪　同济大学
戴　哲　华东政法大学
孙　松　中南财经政法大学
云　姣　中南大学
马　荣　西北政法大学
陆　阳　同济大学

二等奖（18名）

赵　伟　南京大学
尚广振　华东政法大学
齐赛赛　华东政法大学
李春锦　中国政法大学
蒋　燕　中国政法大学
卢纯昕　中南财经政法大学
黄　亮　上海交通大学
王秀霞　重庆理工大学
袁健洋　广东财经大学
沙晓晨　南京师范大学
王　果　南开大学
张　秀　北京外国语大学
吴梦晨　北京外国语大学
李琳虹　同济大学
郑柯楠　西北政法大学
易　颜　湘潭大学
冯慧敏　扬州大学
张梅娟　扬州大学

三等奖（30名）

张雪梅　同济大学
李　娅　同济大学
刘　慧　西安交通大学
王广玲　西北政法大学
姜　姗　西北政法大学
张丽君　西南政法大学
刘　烨　扬州大学
张庆玲　中国传媒大学
武　昕　中国政法大学
李潇璇　中南财经政法大学
秦国艳　中南财经政法大学
刘晓怡　中南财经政法大学
宋　卉　中南大学
罗晓涵　重庆理工大学
全　骞　重庆理工大学
金　莹　华东政法大学
卢孔艳　华东政法大学
蔡远涛　厦门大学
周　杰　厦门大学
孙　蕾　南京大学
孔凡红　北京印刷学院
刘敬雅　北京印刷学院
胡　瑞　北京外国语大学
张　云　北方工业大学
巩昱坤　对外经济贸易大学
陈巧巧　华中师范大学
姚美月　华中师范大学
董　凡　华南理工大学
蒋忠凡　华南理工大学
张　楠　华南理工大学

鼓励奖（60名）

张宝健　同济大学
裴运嘉　武汉大学
张　磊　西安交通大学
邹　淼　西北政法大学
林　慧　西南科技大学
何　莹　西南政法大学
宋　颂　西南政法大学
袁　焜　湘潭大学
宋汝秀　烟台大学
陈心蕙　扬州大学
任子毫　扬州大学
王　硕　扬州大学
贺　言　云南大学
冯　姣　浙江大学
储晓丹　浙江工商大学
王　月　中国传媒大学
吕凌锐　中国人民大学
黄天闻　中国社会科学院研究生院

秦　荧　　中国政法大学
华忆昕　　中国政法大学
张艳艳　　中南财经政法大学
杨青青　　中南财经政法大学
李维扬　　中南财经政法大学
吴晨霖　　中南财经政法大学
张梓湘　　中山大学
吴晓秋　　中南大学
郭天雪　　中南民族大学
钮效崇　　中央民族大学
杨霄飞　　重庆理工大学
郝雅琼　　重庆理工大学
刘建臣　　华东政法大学
俞吟艳　　华东政法大学
桂　爽　　华东政法大学
丁杰华　　华东政法大学
张敏华　　华东政法大学
范秀荣　　华南理工大学
陈志敏　　华南理工大学
马玉洁　　北京印刷学院
王　芳　　北京印刷学院
刘　凡　　北京外国语大学
银　攀　　北京外国语大学
杨颖南　　北京外国语大学
徐　娟　　北京化工大学
曾婷婷　　北京师范大学
戴　蕾　　福州大学
苗雨荔　　广东财经大学
董文博　　哈尔滨商业大学
张雨龙　　杭州师范大学
李樱桃　　河北经贸大学
贾丽娜　　兰州大学
张　敬　　南京理工大学
万　君　　南开大学
刘　岩　　宁波大学
李濡晶　　清华大学
王泽众　　山东师范大学
赵　倩　　上海大学
蒋洁如　　上海大学
徐函修　　苏州大学
高庆艳　　天津商业大学
袁　承　　华中师范大学

三、组织奖获奖名单（排名不分先后）

扬州大学
河南科技大学
安徽师范大学
安徽大学
北京印刷学院
华中师范大学
重庆理工大学
华东政法大学
中南财经政法大学
湖北文理学院
中南民族大学
北京理工大学
南京理工大学
天津商业大学
南开大学
中南大学
华南理工大学
西北政法大学
中国政法大学
西南政法大学

版权理论研究

LI LUN YAN JIU

2014年著作权法研究综述
——呼唤多元平衡的学术格局

余 俊

2014年，是全面深化改革的元年，也是进入全面推进依法治国的一年。十八届四中全会审议通过的《中共中央关于全面推进依法治国若干重大问题的决定》，绘就了建设法治中国的路线图，提出了升级依法治国的大方案。与依法治国以及国家治理现代化相关的一系列问题成为学术探讨与研究的重点和热点。知识产权法治是法治中国建设的有机组成部分，知识产权学术则是知识产权法治不断发展的理论向导。无论是全面深化改革，还是推进依法治国，需要也离不开知识产权学术的指引和支持。据不完全统计，2014年全年在“中文社会科学引文索引”（CSSCI）法学来源期刊[①]上共发表著作权法相关的学术论文约150篇，可谓在数量上继续“高歌猛进”，在质量上不断地朝着“提质增效”的方向前行。其中既有探讨权利哲学、方法论、理论体系等基础理论的研究成果，也有专注研究具体权利、特定作品、责任认定等细微问题的学术文章。有制度，也有理论；有诠释，也有建构；有问题，也有方法。

一、总体研究特点

（一）立法论明显胜于解释论

法律学表现为两种性质不同的讨论方式，一种是立法论，另一种是解释论。立法论“就是从立法者的立场出发，面向未来研究和思考最理想的法律，即思考和研究最理想的法条是什么，并进行具体的条文设计”。解释论“就是站在法官的立场，在现行法的框架内通过对现行法律进行逻辑推论，针对现实生活中发生的法律问题、法律纠纷等推导出最为妥善、最有说服力的结论”[②]。如果说解释论关注的是法律规范（法条）的“实然”结构，立法论则关注的是法律规范（法条）的“应然”状态。所以，与解释论相比，立法论由于关注“应然”而较少受到约束，其立论的依据，既可以从英美法系“拿来”，也可以从大陆法系“借用”，立论者只要能自圆其说、自成一体，就可以天马行空、任意发挥。

因此，学术研究者为了图省事、出成果，往往更偏爱“立法论”的讨论方式。著作权法领域自不例外。特别是近几年正赶上了《著作权法》第三次修订这一大工程，“立法论”对“解释论”可谓取得了压倒性的优势。例如，在本年度的不少研究成果中，无论是对域外立法动态的跟踪，还是对国外典型判例的介绍，抑或对我国司法实践的分析，最后的落脚点往往会对我国《著作权法》条文的不足提出“拷问”，并进而提出相应的修改建议，而往往不注重或有意忽略运用法律解释的方法，通过对法律文本的理解来准确把握法律规范的内在本义。[③] 如果说在国内一些部门法领域已经在为“法教义学”和“社科法学”的孰优孰劣展开激烈的学术对话[④]，那么著作权法的研究则还似乎陷在“立法论”与“解释论”纠缠不清、动弹不得的泥沼之地。

（二）现实感更加敏于历史感

只有具有历史感的人，才会真正理解当下的中国现实。学术创新必须首先对已有学术成果与学术传统进行系统梳理，要了解本学科或具体研究主题的学术渊源和历史背景。“历史研究之一页，当抵逻辑分析之一卷”，其主旨意在强调，对于理解与解释当前规范、制度、理论的现状，历史的考察与研究较之于纯粹的逻辑分析与演绎推理将更具说服力。历史研究的价值在于表明知识产权的现有规则、理论并非当然如此，而是有其特定的发生原因和发展过程，并且在此过程中存在各种复杂性与可能性，

① 一共31种来源期刊（其中10种为扩展版）。

② 铃木贤：《中国的立法论与日本的解释论》，见载渠涛主编：《中日民商法研究》，第2卷，538页，北京，法律出版社，2004。

③ 法官群体中的学者相对而言较为注重“解释论”的展开，例如：张玲玲：《网页快照提供行为的著作权侵权判定》，载《知识产权》，2014（4）；芮松艳：《网页快照服务提供行为的侵权认定》，载《中国版权》，2014（3）等。

④ 例如，2014年5月31日至6月1日，中南财经政法大学举办了“社科法学与法教义学的对话”。

从而增强今人理性认识与批判的能力。

遗憾的是，在本年度的著作权法研究成果中，绝大多数学者都更热衷于从当代的视野对著作权的理论问题进行研究，对著作权制度的历史脉络进行研究的成果比较少。[①] 而实际上，在著作权法领域中，很多历史问题依然是“悬案”，例如，近代著作权法的结构及其背后的日本因素、著作权法专业术语的由来、“著作权”与“版权”的百年之争、中国传统社会的“著作权”传统等等。对这些问题的探索、思考、讨论看似无意义，实则关乎当代中国著作权制度的走向与未来，因为“我们所描绘的历史画面成为我们意志的一个因素。我们思考历史的方式决定我们潜力发挥的限度”[②]。

(三) 演绎法习惯先于归纳法

法律不是孤立的存在，而是处于社会关系体之中。法律的制定、实行是一种社会现实和表达，它会涉及社会整体的经济、政治、文化等系统性社会因素。因此，要对这种社会现象进行研究，就需要引入社会科学的研究方法。真正意义上的社会科学研究，必须具备“概念化”的能力，即必须善于从纷繁复杂的素材中提炼出假设性的命题。这种假设性的命题不仅应来自已经发生过的经验事实，而且还要对问题的存在和发生的原因具有理论上的解释力、建构力。[③] 而要实现“概念化”，就必须拥有“归纳能力”。所谓归纳，即从个别上升为一般。与之对应的思维方式是演绎，演绎是将一般适用于个别。归纳和演绎，体现了学术研究的两种思维路向。

当下中国知识产权研究的思维路向依然呈现出比较明显的演绎推理的逻辑，其集中表现是简单地以西方（尤以欧美为甚）知识产权理论或制度套用中国制度和中国问题，例如在本年度不少以“立法论”为讨论方式的文章中，学者依然习惯于以西方在相关问题上的表达与实践为起点，并以之关照中国著作权法的现行规定，进而提出对中国法中相关规范的修改建议，这是一种比较典型的“演绎为先”的思路。如果一开始就使用演绎方法，便只能将中国问题个案化，也就难以从中国问题和中国经验出发提出一般化的假设和命题，也就不可能建构立足于中国实践和经验、内生于中国文化传统和基本国情、回应中国社会现实需求的理论体系。

值得关注的是，已经有学者开始探讨知识产权理论的体系化与中国化问题，并开始建构中国特色的知识产权理论体系。[④] 我们应当提倡这种“归纳先于演绎”的学术态度和学术思维。

二、问题点的分布

(一) 著作权之一般理论

(1) 法律史。有学者认为，西方著作权法律制度的发生发展过程就是作者群体的著作权意识从萌芽到全面觉醒的过程。[⑤] 有学者认为，1903 年《著作权互保条款》和 1910 年出台的《大清著作权律》从实质上讲是著作权保护与工具主义博弈的产物。[⑥]

(2) 理论体系。有学者研究了知识产权理论的体系化与中国化问题，认为中国特色知识产权理论体系，是在知识产权问题上对“中国道路”的理论概括，它是法学理论体系中的“知识版”、知识产权“知识体系”的“综合版”、发展中国家知识产权主张的“示范版”、国际知识产权话语体系中的“中国版”。中国特色知识产权理论体系的主要内容，包括本体论、价值论、制度论、政策论、运行论、文化论等。以社会主义法治观、发展观为理论基石，针对知识产权的“中国问题”，总结知识产权事业建设的“中国经验”，推出一大批思想自立和理论自信的成果，包括知识产权的基础理论、制度创新理论、法律本土化理论、保护模式理论、司法改革理论、强国建设理论、产业发展理论、国际战略理论、利益平衡理论、文化建设理论等，以实现知识产权理论的体系化和中国化。[⑦] 理想的知识产权制度应是持续激励创新的制度，也是自身不断创新的制度。现代知识产权法存在可能发生的“制度风险”，影响或制约着创新发展目标的实现。国家与社会事务的管理者具有“政治企业家”的角色担当，作为创新制度的最大供给者，应在知识产权法的主体意识层

---

① 本年度只有 2 篇法律史方面的论文：李宗辉：《西方文学艺术史上作者的著作权意识自觉》，载《现代法学》，2014 (3)；陈凯：《晚清著作权立法：权利保护与工具主义的博弈》，载《知识产权》，2014 (5)。

② [德] 卡尔·雅斯贝斯：《历史的起源与目标》，265 页，北京，华夏出版社，1989。

③ 参见陈瑞华：《论法学研究方法》，129 页，北京，北京大学出版社，2009。

④ 例如，吴汉东：《知识产权理论的体系化与中国化问题研究》，载《法制与社会发展》，2014 (6)；吴汉东：《知识产权法的制度创新本质与知识创新目标》，载《法学研究》，2014 (3)。

⑤ 参见李宗辉：《西方文学艺术史上作者的著作权意识自觉》，载《现代法学》，2014 (3)。

⑥ 参见陈凯：《晚清著作权立法：权利保护与工具主义的博弈》，载《知识产权》，2014 (5)。

⑦ 参见吴汉东：《知识产权理论的体系化与中国化问题研究》，载《法制与社会发展》，2014 (6)。

面、制度设计层面以及社会运行层面做出理性反思和积极应对。①

（3）权利哲学。有学者主张，知识产权法的基本功能是分配基于符号表达产生的市场利益。② 有学者提出，虽然后现代主义在诠释全球知识产权困境方面颇有裨益，但如若引入被西方权力话语排除的中国历史文化经验，则后现代主义的思路的视角恐怕就需要调整了。中国的历史经验表明，知识产权的产生不必然是权力话语的结果。因此，批判地对待知识产权的全球不合理扩张，便应当和否定知识产权本身相区别。③ 有学者认为，知识产权全球化也是知识产权美国化的过程，美国知识产权全球布局的战略利益日益彰显。从国家制造业社会向全球信息化秩序的范式转型，要求中国必须调整法律发展思维，在法律部门重构、群体利益平衡、全球规则主导三个层面加强战略意识，学习全球治理经验，反制美国法律霸权，积极参与并引领世界新法律秩序的构建。④ 有学者认为不能基于文化传统否定版权保护的正当性，但应走版权保护本土化道路，确定符合中国文化传统和社会现实的版权保护水平。⑤ 有学者认为知识产权面临人权危机⑥，有学者则分析了知识产权法律制度的正义考量。⑦

（4）权利性质与对象。有学者认为，知识产权有物权化的趋势。⑧ 有学者提出，基于智力成果的“物”性认知，智力成果从“质”与“构”两个纬度看具有“物”的本质。由有体物、无体物、无形物及拟制物的质构分析看，知识产权的客体——智力成果——作为无体物具有特殊物性。根据这一特殊物性，智力成果在所有性、担保性、用益性、占有性四个方面具有物权性特征。⑨ 有学者主张知识产权的对象是“新知识”。⑩

（5）确权规则。有学者指出，专利法和版权法在“事先审查”“侵权对比”和“独立创作例外”等确权规则设计方面存在明显差异，传统“技术与艺术二分”理论针对这些差异形成解释并衍生出对应限度。传统理论无法解释典型技术与非典型技术、典型作品与非典型作品这两组成果之间的差异。除了“功能性”因素，智力成果本身的区别特征数量也是影响知识产权确权方式的重要因素。区别特征越少，确权模式就更可能接近专利模式；区别特征越多，就更可能接近版权模式。在“区别特征”理论的指引下，计算机程序、集成电路、外观设计等特殊客体的保护立法及其缺陷得以逐一分析，为将来的制度改革指明方向。⑪

（6）方法论。有学者从经济学的视角提出，惩罚性赔偿制度不仅有助于遏制故意侵害知识产权的行为，从而促进知识产权的市场交易，而且有助于促进资源的优化配置，从而增进社会整体效率。因此，知识产权惩罚性赔偿制度具有经济学上的正当性基础，值得在我国知识产权立法中全面推广。⑫ 有学者从新制度经济学的角度分析 TRIPS-plus 扩张的深层原因在于发达国家对剩余控制权的不断掠夺和发展中国家的短见选择。TRIPS-plus 扩张的直接后果是知识产权保护中成本收益的严重失衡和路径依赖的明显加剧。⑬ 有学者认为，著作权制度的构建和司法政策的调整应该遵循认知心理的基本规律。⑭

（二）著作权之具体的研究

（1）作品的界定与表现。有学者认为应当将 Literary Works 译为“文学作品”。⑮ 有学者建议我国在界定作品概念时删除“以某种形式固定”，以维护诸如“口述作品”等作品类型的受保护地位。⑯ 有学者提出，作品是一种发挥精神功能的符号组合，

---

① 参见吴汉东：《知识产权法的制度创新本质与知识创新目标》，载《法学研究》，2014（3）。
② 参见李琛：《知识产权法基本功能之重解》，载《知识产权》，2014（7）。
③ 参见邵科：《知识产权公众阵营之后现代主义倾向》，载《政法论丛》，2014（6）。
④ 参见余盛峰：《知识产权全球化：现代转向与法理反思》，载《政法论丛》，2014（6）。
⑤ 参见赵克祥：《文化冲突与中国版权制度移植》，载《知识产权》，2014（2）。
⑥ 参见高兰英：《知识产权的人权危机：冲突与协调》，载《知识产权》，2014（11）。
⑦ 参见向波：《知识产权法律制度之正义考量》，载《知识产权》，2014（10）。
⑧ 参见尚清锋：《知识产权的物权化探析》，载《知识产权》，2014（9）。
⑨ 参见何敏：《知识产权客体新论》，载《中国法学》，2014（6）。
⑩ 参见易清：《知识产权权利对象论》，载《知识产权》，2014（10）。
⑪ 参见崔国斌：《知识产权确权模式选择理论》，载《中外法学》，2014（2）。
⑫ 参见朱丹：《知识产权惩罚性赔偿制度的经济分析》，载《东方法学》，2014（6）。
⑬ 参见朱京安、王鸣华：《TRIPS-plus 扩张的新制度经济学解析》，载《知识产权》，2014（11）。
⑭ 参见刘铁光：《盗版及其治理的困境之因：基于法律心理效力观的解释》，载《知识产权》，2014（7）。
⑮ 参见孙新强、李伟民：《Literary Works 译意探源》，载《知识产权》，2014（1）。
⑯ 参见郑媛媛：《作品概念不清造成的理论和实践问题》，载《知识产权》，2014（2）。

由各种存量要素和增量要素构成。[①] 有学者指出，著作权法上所谓不受保护的“时事新闻”应指受合并原则限制的对特定客观事实的表达或不具有原创性的表达。[②] 有学者提出，建筑设计图、建筑模型和建筑物体现的是同一建筑的外观造型，三者是建筑作品的不同形式，它们之间的转换应是复制而非演绎。体现建筑外观的设计图具有建筑作品和设计图作品（或者美术作品）的双重属性，建筑模型只能作为建筑作品的一种形式受保护。[③] 有学者认为，《著作权法》关于摄影作品的定义未将摄影作品与摄影技术相联系，能够适应摄影技术的发展，但仍有重要缺陷。它将摄影作品定义为“记录客观物体形象”的艺术作品，并没有准确地界定摄影作品所保护的对象，应将“客观”二字予以删除。[④] 有学者则从德国经验出发，审视了我国著作权法修订延长摄影作品保护期限的问题。[⑤] 还有学者分析了戏剧作品的著作权问题。[⑥] 有学者提出，在作者身份确认制度中，有必要确认电影作品的合作作品性质；在权利归属的制度安排中，可以确认电影作品的演绎作品性质。[⑦] 有学者提出，扎根于思想表达二分法的可分离性成为实用艺术作品版权保护的一个基本原则[⑧]，在未来著作权法修法中，实用艺术作品应该单独成一类，并且将可分离性标准作为其可版权性的特殊要件加以规定。[⑨] 有学者认为，可适用版权法中的改编权条款对创意进行保护，但创意的版权保护应受实用—非实用二分原则的制约。[⑩] 有学者建议为民间文学艺术作品或者传统文化表达建立特殊权利保护或者特别法模式[⑪]；有学者则认为现行知识产权法律仍然是当前传统知识保护最有效的手段[⑫]，但要突破采用著作权保护的单边保护主义，通过商标法、专利法等领域来加强民间文艺的保护。[⑬]

还有学者具体分析了美术作品[⑭]（书法作品[⑮]）、视觉艺术品[⑯]、古籍点校成果[⑰]、美术馆藏品[⑱]、嵌入式软件[⑲]、自由软件[⑳]、无人继承作品[㉑]、手机游戏[㉒]、文物建筑[㉓]、涂鸦作品[㉔]、短语、口号[㉕]、药品说明书[㉖]的法律问题。

（2）著作权归属。有学者认为，《著作权法》第十八条设定的是“抗辩权”，而并不是“发表权”的归属。[㉗] 有学者指出，约定优先作为知识产权共有的基本原则，不仅能弥补法定原则之不足，提高知识产品创造、管理与利用的效率，而且也是对民法基本

① 参见王坤：《论作品的独创性》，载《知识产权》，2014（4）。

② 参见卢海君：《著作权法中不受保护的“时事新闻”》，载《政法论丛》，2014（6）。

③ 参见王迁：《论建筑作品的表现形式》，载《法商研究》，2014（6）。

④ 参见梁志文：《摄影作品的独创性及其版权保护》，载《法学》，2014（6）。

⑤ 参见喻玲：《德国摄影作品著作权保护的历史发展及其启示》，载《知识产权》，2014（12）。

⑥ 参见佟姝：《戏剧作品著作权法律保护问题研究》，载《知识产权》，2014（12）。

⑦ 参见陈明涛：《电影作品的作者身份确认及权利归属研究》，载《知识产权》，2014（6）。

⑧ 参见吕炳斌：《实用艺术作品可版权性的理论逻辑》，载《比较法研究》，2014（3）。

⑨ 参见卢海君：《美国实用艺术作品版权保护制度及其借鉴》，载《知识产权》，2014（3）。

⑩ 参见张志伟：《创意的版权保护》，载《法律科学》，2014（4）。

⑪ 参见黄小洵：《传统文化表达法律保护思考》，载《河北法学》，2014（9）；毛克盾：《民间文学艺术作品的特别法保护模式研究》，载《知识产权》，2014（9）。

⑫ 参见干青、周东龑：《知识产权视角下纳西族传统知识经济价值实现途径探析》，载《知识产权》，2014（5）。

⑬ 参见曲金东：《关于我国民间文学艺术作品保护的几点思考》，载《中国版权》，2014（5）。

⑭ 参见曹丽萍：《美术作品版权保护的特殊性》，载《中国版权》，2014（6）；李自柱：《美术作品侵权判定需考虑被控侵权作品的形成方式》，载《中国版权》，2014（5）。

⑮ 参见郑培、王坤：《从一则于右任小故事谈谈书法作品的著作权问题》，载《中国版权》，2014（5）。

⑯ 参见苏志甫：《视觉艺术品著作权司法保护中的几个典型问题》，载《中国版权》，2014（3）。

⑰ 参见徐卓斌：《古籍点校成果的保护路径》，载《中国版权》，2014（5）。

⑱ 参见来小鹏：《完善我国美术馆藏品版权保护的法律思考》，载《中国版权》，2014（1）。

⑲ 参见张智伟：《嵌入式软件的版权保护》，载《中国版权》，2014（6）。

⑳ 参见尹赤民：《自由、规则与版权》，载《中国版权》，2014（6）。

㉑ 参见李华伟：《我国无人继承作品版权解决方案探析》，载《中国版权》，2014（3）。

㉒ 参见冯晓青、孟雅丹：《手机游戏著作权保护研究》，载《中国版权》，2014（6）。

㉓ 参见李青、车玉龙：《文物建筑的版权保护困境》，载《中国版权》，2014（6）。

㉔ 参见谢兰芳、郭旭：《涂鸦作品的版权保护理论初探》，载《中国版权》，2014（3）。

㉕ 参见杨巧：《短语、口号能否构成作品》，载《中国版权》，2014（6）。

㉖ 参见于晓白、李嵘：《药品说明书作品属性问题探究》，载《中国版权》，2014（6）。

㉗ 参见李翔、曹雅晶：《失落的展览权》，载《中国版权》，2014（4）。

原则的贯彻。① 有学者提出，法人作品必须以雇佣关系为要件，非基于雇佣关系产生的非个人作品是委托作品。②

（3）著作权权能。有学者认为署名权不得为法律意义上的转让③；有学者质疑修改权废除的理由。④ 有学者认为，行使保护作品完整权时，有必要考虑文学艺术鉴赏与创作理论的内容。⑤ 有学者则认为在后现代主义语境下应取消著作人格权⑥，有学者提出，基于解释论的立场，可以得出异体复制属于"复制"的结论。⑦ 有学者分析了发行权用尽原则（首次销售原则）在数字作品转售过程中的适用。⑧ 有学者探讨了深度链接的法律界定。⑨ 有学者建议以"现场性"统辖表演权和放映权，并以此区别于广播权和信息网络传播权，形成界限分明、简洁易懂和逻辑合理的传播权体系。⑩ 有学者认为，《著作权法》中的"广播权"既包括有线转播，也包括无线转播，其中的"有线"应与"信息网络传播权"定义中的"有线"具有相同含义，能涵盖互联网转播，但在给予广播组织更强保护的新条约尚未缔结前，不宜将广播组织权条文中"转播"解释为包括互联网转播⑪，在新《著作权法》实施前，宜将初始转播为"无线方式"的网络实时转播行为纳入到广播权控制的范围之内，而将初始转播为"有线方式"的网络实时转播纳入到兜底条款进行调整⑫，应当明确广播权于网络电视媒体转播行为的适用。⑬ 有学者提出，网络链接中的加框链接导致版权作品在设链者控制的网页或客户端被展示或播放，架空了著作权人在网络空间对作品传播主体的控制。著作权法应当追究加框链接的设链者直接侵权责任。采用"实质呈现"标准改造信息网路传播权，使之涵盖加框链接的所引发的作品传播行为，是合理的制度选择。⑭ 也有学者分析了链接版权法律责任在欧盟和英国的新发展。⑮ 还有学者认为，交互式与非交互式网络传播仅是技术手段的差别，不应成为权利区分的标准，在设定信息网络传播权时应该着眼于传播行为本身的特征而不是所借助的传播媒介。⑯ 有学者认为网页快照行为不构成侵害信息网络传播权。⑰ 有学者认为，许可行为统领网络作品提供行为，取得许可是网络服务提供者作品提供行为的法律起点和本质法律特征，是责任体系的分界点。其法律标准是"取得授权的合法性"。以授权为核心，正确适用法律既需要把握许可行为与提供行为、提供行为中的技术服务的关系，还需要以网络技术特征界定各种单纯网络技术服务。⑱ 有学者建议，在三网融合背景下，应当在现有广播权和信息网络传播权基础上加以充实和明确，将有线直播和网络非交互性传播行为分别纳入广播权和信息网络传播权的调整范围之中。⑲ 有不少学者分析了追续权制度。⑳ 还有学者则以法律现代化为视角，以版权体系的变革为参照，探讨了作者权体系的崩

---

① 参见王瑞龙：《知识产权共有的约定优先原则》，载《政法论丛》，2014（5）。

② 参见蒋舸：《雇佣关系与法人作品构成要件》，载《法律科学》，2014（5）。

③ 参见王玉凯：《论署名权转让及其法律效力》，载《知识产权》，2014（5）。

④ 参见刘彬海：《论著作权法中的修改权》，载《中国版权》，2014（4）。

⑤ 参见刘金萍：《论鉴赏、借用作品中的保护作品完整权》，载《政法论丛》，2014（4）。

⑥ 参见任俊琳、王晓玲：《后现代主义对著作权法的冲击及理论新读》，载《知识产权》，2014（1）。

⑦ 参见焦和平：《"异体复制"的定性与复制权规定的完善》，载《法律科学》，2014（4）。

⑧ 参见何炼红、邓欣欣：《数字作品转售行为的著作权法规制》，载《法商研究》，2014（5）；魏玮：《论首次销售原则在数字版权作品转售中的适用》，载《知识产权》，2014（6）。

⑨ 参见徐松林：《视频搜索网站深度链接行为的刑法规制》，载《知识产权》，2014（11）；王宇斐：《深度链接的民刑界定》，载《中国版权》，2014（4）。

⑩ 参见焦和平：《"机械表演权"的法源澄清与立法完善》，载《知识产权》，2014（4）。

⑪ 参见王迁：《论我国〈著作权法〉中的"转播"》，载《法学家》，2014（5）。

⑫ 参见袁锋、施云雯：《从"央视国际诉百度和搜狐"案谈网络实时转播的著作权保护新思路》，载《中国版权》，2014（1）。

⑬ 参见张莎莎：《公开表演权于网络转播行为的适用》，载《中国版权》，2014（4）。

⑭ 参见崔国斌：《加框链接的著作权法规制》，载《政治与法律》，2014（5）。

⑮ 参见龙井瑢：《探析链接版权法律责任在欧盟和英国的新发展》，载《法学杂志》，2014（12）。

⑯ 参见李瑞钦：《信息网络传播权制度适用的实践困境及其完善构建》，载《法律适用》，2014（12）。

⑰ 参见张玲玲：《网页快照提供行为的著作权侵权判定》，载《知识产权》，2014（4）；芮松艳：《网页快照服务提供行为的侵权认定》，载《中国版权》，2014（3）。

⑱ 参见詹启智：《论网络作品提供行为》，载《法学杂志》，2014（4）。

⑲ 参见王鑫、罗泽胜：《三网融合下的著作权保护探讨》，载《河北法学》，2014（1）。

⑳ 参见何怀文：《实证经济分析视角下的艺术品追续权保护制度》，载《中国版权》，2014（3）；韩赤风：《德国追续权制度及其借鉴》，载《知识产权》，2014（9）。

溃与重建。[1]

（4）著作权的利用。有学者提出，音乐著作权许可模式转型的正确路径，应以实现音乐产业内部各主体共赢为目标，在满足音乐著作权人与网络服务提供者核心商业利益的前提下，排除既得利益者对许可模式改革的阻碍，并有效回应许可效率与传播效率这两个差异化的立法追求。[2] 有学者提出，我国应仿效《德国民法典》规定质权人依约可以收取知识产权强制许可使用费，且重复出质时，顺位在先的质权人享有优先收取权；废除知识产权质权人对出质人转让、许可他人使用知识产权的同意权，完善合同备案制度，规定知识产权质权人撤销权；明确出质人维持知识产权不被撤销和宣告无效的费用不属于实现担保物权的费用。[3] 有学者则指出，现有担保法律制度按照“物”的理念和认识来设计知识产权担保制度存在根本的理论缺陷，为发挥知识产权应有价值，应将知识产权担保制度从现行担保物权法律制度中独立出来，回归由知识产权法律制度安排。[4] 有学者分析了知识产权融资制度。[5] 有学者提出知识产权价值评估应坚持市场化取向。[6] 有学者分析了作为知识产权默示许可制度理论基础的机会主义行为理论及其司法运用。[7] 有学者认为，新技术背景下不能过于依赖既有的网络著作权保护方式，必须转向以授权为核心的开放型著作权实现模式。在新技术背景下必须走向一种整体性的著作权实现模式。[8] 有学者系统分析了数字和网络技术给版权制度带来的挑战。[9] 有学者提出，在大规模数字化进程中适用集体管理制度，需要根据著作权人、集体管理组织和使用者三者之间法律关系的差异分别设计许可机制。[10] 还有学者分析了延伸性集体管理[11]、孤儿作品利用的付酬机制[12]、违反开源软件许可证的许可条款的性质认定[13]。

（5）著作权的救济。有学者认为，知识产权侵权损害赔偿归责原则，一般采取过错责任原则，适用举证责任正置的一般规则。但是，举证责任倒置作为特殊规则，则在个别侵权损害赔偿案件中有着适用价值。[14] 有学者分析了我国计算机软件著作权侵权的判定规则。[15] 有学者提出，终端用户下载并上传淫秽物品的交互性行为，宜定性为传播行为，构成传播淫秽物品罪；种子上传者的行为，则要突破单纯解释传统刑法的入罪模式，纳入到信息网络传播权的立法保护视野中。[16] 有学者认为，目前我国知识产权的刑法保护存在着法益保护范围过窄和犯罪行为定性混乱或缺失的问题[17]，应当适度拓宽著作权刑事保护范围[18]。有学者则质疑著作权侵权入罪的合理性。[19] 有学者认为，我国学术界提出的著作权间接侵权表现类型为教唆型、帮助型和扩展型，稍显注重法条规定中出现词语的机械套用，具有缺乏从间接侵权的实质意义上梳理其类型的倾向。[20] 有学者建议通过借助诉讼法中的推定规则证成网络服务提供者主观知道，从而实现从起点客观事实不明到终点网络服务提供者承担侵权责任间逻辑脉络

---

① 参见孙新强：《论作者权体系的崩溃与重建》，载《清华法学》，2014（2）。

② 参见熊琦：《音乐著作权许可模式的转型路径选择》，载《法学家》，2014（1）。

③ 参见李莉：《论知识产权质权人权利保护规则的局限与突破》，载《东方法学》，2014（2）。

④ 参见丘志乔：《对知识产权质押的澄清》，载《河北法学》，2014（5）。

⑤ 参见杨千雨：《论我国知识产权融资许可制度之构建》，载《法律科学》，2014（3）；安雪梅、李秋燕：《美国电影制品动产质押模式的制度改进及其实践》，载《中国版权》，2014（3）。

⑥ 参见徐兟：《价值流转中的知识产权评估研究》，载《知识产权》，2014（6）。

⑦ 参见刘强、金陈力：《机会主义行为与知识产权默示许可研究》，载《知识产权》，2014（7）。

⑧ 参见梅夏英、姜福晓：《数字网络环境中著作权实现的困境与出路》，载《北方法学》，2014（2）。

⑨ 参见王自强：《数字和网络技术发展与运用中版权制度所面临的真挑战》，载《中国版权》，2014（6）。

⑩ 参见熊琦：《大规模数字化与著作权集体管理制度创新》，载《法商研究》，2014（2）。

⑪ 参见丁丽瑛、韩伟：《延伸性著作权集体管理的理论基础探析》，载《中国版权》，2014（1）；刘静：《彼岸花的命运或是乌托邦的臆想》，载《中国版权》，2014（5）。

⑫ 参见白超霞：《“表见性”孤儿作品利用的付酬机制探析》，载《中国版权》，2014（4）。

⑬ 参见徐瑄、张汉华：《计算机开源软件许可证的许可条款性质认定》，载《知识产权》，2014（6）。

⑭ 参见吴汉东：《知识产权侵权诉讼中的过错责任推定与赔偿数额认定》，载《法学评论》，2014（5）。

⑮ 参见邓恒：《我国计算机软件著作权侵权判定之“实质性近似”再审视》，载《法学杂志》，2014（9）；邓恒：《计算机软件著作权案件审判实务问题研究》，载《中国版权》，2014（3）。

⑯ 参见陈志刚、李山河：《P2P 下载的刑法考量与应对》，载《中国刑事法杂志》，2014（4）。

⑰ 参见于志强：《我国网络知识产权犯罪制裁体系检视与未来建构》，载《中国法学》，2014（3）。

⑱ 参见罗曦：《论著作权刑事保护范围》，载《知识产权》，2014（10）。

⑲ 参见张玉敏、曹博：《质疑著作权侵权入罪的合理性》，载《法学杂志》，2014（2）。

⑳ 参见刘斌斌：《日本著作权间接侵害之考》，载《法学杂志》，2014（9）。

的贯通[①]，也有学者专门分析了视频分享服务提供者主观过错的判定标准[②]。有学者认为，信息时代的网络传播侵权作品行为不能照搬适用传统标准，而应当从传播侵权作品的阶段差异化角度进行不同定量标准的适用分析[③]，避风港准入门槛在我国不能适用[④]；还有不少学者分析了我国的“避风港规则”[⑤]。有学者提出，惩罚性赔偿的引入是必需的也是可行的。在引入惩罚性赔偿后，立法应对现行知识产权法中填平性赔偿具有惩罚性色彩的计算方式予以删除或者修订。[⑥] 有学者则提出，知识产权损害赔偿数额的确定存在两个层次属性，即损害赔偿的计算标准和损害赔偿数额的证明。[⑦] 有学者建议在立法上明确损害赔偿责任（包括精神损害赔偿）的适用条件，谨慎对待惩罚性赔偿，丰富损害赔偿额的确定方法，严格把握损害赔偿额确定的酌定因素。[⑧] 有学者建议把利润剥夺并入法定赔偿，作为确定赔偿额的影响因素存在，从而发挥预防功能而又不带有惩罚性。[⑨] 有学者建议厘清法院委托调解的性质，努力实现民间调解和行政调解的规范化和法制化，增强其调解协议的法律效力，同时培育多元调解主体。[⑩] 有学者则建议要加强知识产权行政保护与司法保护之间的衔接与协作[⑪]；还有学者建议在我国知识产权立法中建立或者完善知识产权请求权制度。[⑫] 有学者分析了知识产权行为保全制度[⑬]、“三振出局”版权保护机制[⑭]；还有学者分析了知识产权确认不侵权诉讼的地位[⑮]。有学者提出要打造我国知识产权司法保护的“升级版”。[⑯]

（6）著作权的限制。有学者分析了公共领域理论[⑰]；有学者认为，“合理使用”作为著作权的例外的制度设计能够保障社会公众对他人作品的合理使用利益，不需要依据泛权利化的逻辑将其规定为“合理使用权”[⑱]。有学者提出，是否允许合理使用人再行使用所得的成果，取决于两个要素：第一，合理使用所得成果的性质，该性质由被合理使用的艺术作品的表现形式和合理使用的方式决定；第二，作品后续使用行为是否符合“三步检测法”[⑲]，在我国《著作权法》第二十二条规定的具体情形外认定合理使用，应当从严掌握认定标准。除非使用人充分地、明确地证明其使用行为构成合理使用，否则应当认定其构成侵权。判断是否构成合理使用，应当综合考虑美国的“四个要件”和国际条约的“三步检验法”[⑳]；主观状态不应当纳入合理使用的考虑范围[㉑]，我国《著作权法》应增加合理使用的兜底性规定[㉒]。有学者主张，为了促进文化的繁荣，我们应当采取适当的措施促进合法的重混创作的发展。[㉓] 有学者认为，临摹并不等同于法律禁止的“复制侵权”，也并不一概属于为法律特赦的“合理使用”。[㉔] 有学者建议在合理使用制度中增加私人复

① 参见徐伟：《网络服务提供者“知道”认定新诠》，载《法律科学》，2014（2）。

② 参见张玲玲：《视频分享服务提供者侵犯著作权责任认定》，载《中国版权》，2014（3）。

③ 参见于志强：《信息时代侵权作品传播行为的定罪处罚标准》，载《政法论坛》，2014（1）。

④ 参见陈绍玲：《避风港准入门槛在我国的不适应性分析》，载《知识产权》，2014（12）。

⑤ 牛萌：《“正反通知＋删除”制度的建构》，载《中国版权》，2014（4）；阳贤文、张汉国：《从百度MP3搜索引擎案析我国网络服务提供者侵权责任之变迁》，载《中国版权》，2014（1）。

⑥ 参见罗莉：《论惩罚性赔偿在知识产权法中的引进及实施》，载《法学》，2014（4）。

⑦ 参见唐力、谷佳杰：《论知识产权诉讼中损害赔偿数额的确定》，载《法学评论》，2014（2）。

⑧ 参见罗施福：《侵害著作权之损害赔偿责任比较研究》，载《北方法学》，2014（5）。

⑨ 参见胡晶晶：《知识产权“利润剥夺”损害赔偿请求权基础研究》，载《法律科学》，2014（6）。

⑩ 参见陈立风：《论我国版权争议调解机制的基本模式及其治理路径》，载《现代法学》，2014（1）。

⑪ 参见姜芳蕊：《知识产权行政保护与司法保护的冲突与协调》，载《知识产权》，2014（2）。

⑫ 参见孙山：《知识产权侵权行为归责原则的还原与发展》，载《知识产权》，2014（3）；杨涛：《知识产权法中停止侵害救济方式的反思与完善》，载《知识产权》，2014（3）。

⑬ 参见宋鱼水、杜长辉、冯刚、蒋利玮：《知识产权行为保全制度研究》，载《知识产权》，2014（11）。

⑭ 参见陈绍玲：《“三振出局”版权保护机制设计研究》，载《中国版权》，2014（4）。

⑮ 参见曹伟：《知识产权确认不侵权诉讼的几个基本问题》，载《知识产权》，2014（4）。

⑯ 参见孔祥俊：《积极打造我国知识产权司法保护的“升级版”》，载《知识产权》，2014（2）。

⑰ 参见黄汇：《著作权法上公共领域理论的误读及其批判》，载《知识产权》，2014（8）。

⑱ 李军政：《“合理使用”的性质：著作权的例外还是合理使用权》，载《河北法学》，2014（11）。

⑲ 李萍：《作品后续使用研究》，载《河北法学》，2014（2）。

⑳ 石必胜：《合理使用认定的有罪推定》，载《中国版权》，2014（3）。

㉑ 参见张龙：《善意使用在合理使用判断中的适用》，载《中国版权》，2014（3）。

㉒ 参见阮开欣：《美国版权法新发展：谷歌数字图书馆构成合理使用》，载《中国版权》，2014（1）。

㉓ 参见胡开忠：《论重混创作行为的法律规制》，载《法学》，2014（12）。

㉔ 参见黄炜杰：《“临摹”的文化语境与制度建构》，载《知识产权》，2014（5）。

制例外、将滑稽模仿界定为合理使用行为、扩大图书馆等机构合理使用作品的范围等①，或者规定满足一定条件的临时复制行为构成合理使用②。有学者建议整合消费者权益保护法、合同法等相关制度的内容，就作品消费者权益的保护做出系统的规定③；有学者则建议对技术措施进行合理规制④；还有学者建议数字权利管理的规范体系建构应该放弃单纯以侵权制度为中心的传统做法⑤。有学者比较了中国与韩国的教科书法定许可制度⑥，或者分析了网络转载的法定许可⑦。有学者提出应谨防知识产权权利限制的法律规范的泛滥。⑧ 有学者从权利限制的视角分析了网络反版权社会规范的规制。⑨ 有学者建议把“注明出处”从“版权限制构成要件”中剥离出来。⑩ 还有学者分析了视力障碍者作品获取权。⑪

（7）著作权产业的变革。有学者认为，我国在需要同时完成音乐著作权体系构建和应对网络制度转型两个任务之时，一方面可以充分借鉴美国多年制度转型中积累的经验，为解决现阶段立法难题提供制度参照；另一方面能够在没有既得利益者过分介入的情况下，放弃已被证明为不适合产业发展需求的制度设计，结合我国产业运作实际构建符合我国产业现状的制度框架。⑫ 我国推行音乐版权证券化的主客观条件已经具备，只要对相关法律稍作修改，就可以消除我国音乐版权资产证券化过程中的法律障碍，缓解我国音乐产业的融资困境，促进音乐产业的繁荣与发展。⑬ 有学者分析了影视产业的价值开发模式。⑭ 有学者提出，网络视频版权生态需要多元治理的立体维权策略。⑮ 还有学者介绍了美国计算机和通信行业协会在《依赖合理使用的行业的经济贡献》报告中提出的“合理使用产业（经济）”。⑯

（8）新技术新问题。有学者分析了“3D 打印”⑰、云计算⑱、大数据软件服务⑲、“今日头条”⑳、微博转发㉑、电影介绍节目㉒、电视节目回看㉓等相关著作权法律问题。

三、结语

黄仁宇在《万历十五年》的开篇写道：“公元 1587 年，在中国为明万历十五年……（当年发生的若干事件）表面看来虽似末端小节，但实质上却是以前发生大事的症结，也是将在以后掀起波澜的机缘。”㉔ 此即黄氏所倡导的“大”历史观，亦即要从“技术的角度看历史”（technical interpretation of history）。400 多年后的公元 2014 年，于中国却非平平淡淡的一年：全面深化改革的列车轰隆启动，全面依法治国的步履铿锵有力，创新驱动发展战略稳步推进……“改革”、“法治”、“创新”已经成为当代中国最火热的关键词。知识产权也已前所未有地与

① 参见胡开忠、赵加兵：《英国版权例外制度的最新修订及启示》，载《知识产权》，2014（8）。
② 参见张体锐：《云计算时代临时复制的著作权属性》，载《中国版权》，2014（2）。
③ 参见谢惠加：《版权作品消费者的权益保护》，载《知识产权》，2014（10）。
④ 参见郑重：《版权保护技术措施的危害及其规制》，载《知识产权》，2014（11）。
⑤ 参见陈庆、周安平：《论数字权利管理的本质及其两面性》，载《知识产权》，2014（6）。
⑥ 参见黄善焕：《韩国教科书法定许可制度考察》，载《知识产权》，2014（6）。
⑦ 参见倪朱亮：《网络转载法定许可的挑战、回应与重构》，载《中国版权》，2014（5）。
⑧ 参见张富强、许健聪：《知识产权法公法化宜慎行》，载《知识产权》，2014（2）。
⑨ 参见孙昊亮：《网络反版权社会规范之反思》，载《知识产权》，2014（11）。
⑩ 参见牛强：《论著作权法中的“注明出处”》，载《知识产权》，2014（5）。
⑪ 参见徐小奔：《论视力障碍者的作品获取权》，载《知识产权》，2014（3）；黄亮：《〈马拉喀什条约〉述评及对我国版权限制条款的影响》，载《中国版权》，2014（3）。
⑫ 参见熊琦：《美国音乐版权制度转型经验的梳解与借鉴》，载《环球法律评论》，2014（3）。
⑬ 参见阳东辉：《我国音乐版权证券化的法律困境及其破解之道》，载《法商研究》，2014（1）。
⑭ 参见张宇：《我国影视作品价值开发模式的构建》，载《中国版权》，2014（4）。
⑮ 参见田小军、刘政操：《网络视频版权生态维系与多元治理的立体维权》，载《中国版权》，2014（6）。
⑯ 参见裘安曼：《观察、评估、设计版权制度的新视角》，载《中国版权》，2014（2）。
⑰ 罗娇：《“3D 打印”的著作权法律问题研究》，载《知识产权》，2014（8）。
⑱ 参见陈星：《云计算时代制约窃取个人信息软件著作权的法律机制》，载《知识产权》，2014（5）。
⑲ 参见丛立先：《大数据软件服务的版权侵权责任析论》，载《中国版权》，2014（6）。
⑳ 王迁：《“今日头条”著作权侵权问题研究》，载《中国版权》，2014（4）。
㉑ 参见孙栋：《微博转发行为的著作权法律性质分析》，载《中国版权》，2014（6）。
㉒ 参见王迁：《电影介绍节目著作权侵权问题研究》，载《中国版权》，2014（2）。
㉓ 参见阮开欣：《电视节目回看的版权侵权问题》，载《中国版权》，2014（4）。
㉔ 黄仁宇：《万历十五年》，1 页，北京，生活·读书·新知三联书店，2006。

我国国家发展、社会转型紧密相连，成为经贸、政治、外交、文化、教育、科技等绕不开的一个重要节点。但是，站在“大”历史观的视角，我们应该如何看待“今日之变”，并迎接“未来之路”呢？

第一，我们倡导全球化的学术视野。在当今全球化的大局下，中国既不再是“天下”，也不再是“孤岛”，而是“万国结构中的中国”，中国知识产权学术已经融合为“世界学术的有机组成”。中国的对外开放不仅意味着我们加入了世界市场体系、世界竞争体系，也意味着我们进入了世界话语体系、世界学术体系。意即中国不再只是单纯地遵循这套世界结构的普世规则或制度安排，而且也拥有了对这套普世规则的正当性进行发言的资格。这种资格的获得不仅给中国发展创造了历史契机，也给包括知识产权研究在内的中国学术提供了国际化、全球化的战略机遇。因此，在全球化时代，西方理论对中国的支配关系已经发生了变化，中国学术不再是纯粹以中国问题为中心、自产自销的活动，而是在一个更宏大的框架下成为世界学术的有机组成部分。中国知识产权研究应当抓住这一百年机遇，以“大”历史观的视角、世界性的眼光，发展知识产权“思想市场”，表达知识产权“中国观”，建构中国特色知识产权理论体系，使中国从西方知识产权理论的“消费者”转型成为世界知识产权理论的“生产者”。

第二，我们期待多元平衡的学术格局。中国是知识产权法制建设的“迟到者”和“继受者”，在历史上既无知识产权制度传统，也无知识产权学术根基。这一“后发劣势”注定了在制度建设的初期，中国只能是知识产权制度规则的被动接受者，中国知识产权学术只能是西方知识产权理论体系的演绎者。导致我们迄今仍缺乏理论上的“问题意识”，也往往忽略问题上的“中国意识”，更不太重视战略上的“中国问题意识”。中国知识产权学术要不断进步，就需要突破注释法学的藩篱，要从知性走向理性，处理好搜索与思索、眼见与心得的关系，摆脱亦步亦趋、鹦鹉学舌的窘境。中国知识产权研究依然需要从厘清历史起步，从基本概念做起，从中国经验出发，在讨论方式上，既要运用立法论，更要重视解释论；在研究维度上，既要拥有现实关怀，更要具备历史眼光；在思维路向上，既要擅长演绎推理，更要尝试归纳提炼，从而构筑多元平衡的学术格局。

（作者单位：北京化工大学文法学院）

知识产权法基本功能之重解

李 琛

知识产权法的基本功能是鼓励创造。毫无疑问，鼓励创造是知识产权法具有的客观效果之一，知识产权法确立之后，创造成果可以成为权利的对象，为创造增设了一重动力。但是，把知识产权法的基本功能表述为“鼓励创造”，尚欠缺足够的解释力。对知识产权制度的批评，主要也是针对鼓励创造说，知识产权理论通说并没有很好地正面回应这些批评。另一个相关的结果是，知识产权法虽为显学，“知识产权的正当性”依旧是知识产权理论的话题之一，而物权理论早已不讨论物权的正当性问题，这说明关于知识产权的正当性还没有形成共识。虽然知识产权的正当性是价值判断，知识产权法的基本功能是事实判断，欠缺有说服力的基本功能描述，毫无疑问地影响了知识产权的正当性论证。知识产权正当性学说中的工具主义理论，其实就是鼓励创造说的翻版。没有事实判断的支撑，价值判断永远只能是见仁见智。相反，如果知识产权法的基本功能被认为是必要的，且制度设计本身是合理的，一个必要且合理的制度是正当的，事实判断就可能转化为价值判断。可见，作为事实判断的知识产权法的基本功能，是澄清诸多理论分歧的前提。从实践角度而言，只有认清了知识产权法的基本功能，才能知晓该制度的主要作用指向，知其可为与不可为之处。因此，认清知识产权法的基本功能，既关乎知识产权理论的解释力与预测力，又关乎知识产权制度的实际运用。

一、对“鼓励创造说”的质疑

（一）创造是否需要额外的制度刺激

心理学和哲学理论认为，创造是人的基本天性之一，有学者称之为“精神本能”，“因为人类天性极其爱好创造，或者说，对于人类，创造最具魅力”①。人类和动物进化的一个重大不同，在于动物不断地增强适应力以被动地迎合自然，而人类主动地创造出一个新的非自然环境以迎合自己的需求。“动物的理性是为达到某种稳定和确定的目的而寻找最好的手段，人类的理性则是用来达到确定的目的，同时也是用来达到新的、不确定或非特定的目的。”② 鸟儿筑造的巢穴无论多么高明，都只是为了满足栖息的本能需求，一旦找到了满足本能的形式，鸟巢的形式就不再翻新，也绝不会存在中式或欧式的区别。而人类的建筑却不断地翻新，甚至模仿鸟巢创造出建筑作品。卡西尔指出：“人的突出特征，人与众不同的标志，既不是他的形而上学本性也不是他的物理本性，而是人的劳作（work）。正是这种劳作，正是这种人类活动的体系，规定和划定了‘人性’的圆周。语言、神话、宗教、艺术、科学、历史，都是这个圆的组成部分和各个扇面。”③ 卡西尔所称的“人的劳作”，其实就是创造性活动。人的两大需求是创造的强劲动力。一是物质需求，它刺激着人类无止境地改造自然、创造新的产品和环境，以不断地提高生活的舒适程度。物质需求是技术创新的主要动力。二是精神需求。人们需要表达情感、实现自我价值、博得他人的肯定。精神需求是文学艺术创造和技术创造的共同动力。

制度是有成本的。从逻辑上讲，尽管创造行为是社会所需要的，鉴于天性是强大的制度外动力，法律无须再提供额外的制度刺激。当然，逻辑上有一种可能：天性推动的创造不能满足社会的需求，所以需要制度刺激予以补充。但这一解释是很难证明的。我们难以证明社会到底需要多少创造，以及天性推动的创造是否足够。所以，当有人提出“创造并不依赖知识产权”时，赞同者和反对者各执一端，无从评判。“事实上，我们没有充分的信息来判断谁对谁错。”④

① 赵汀阳：《论可能生活》，159页，北京，中国人民大学出版社，2004。

② ［西］费尔南多·萨瓦特：《哲学的邀请》，65页，北京，北京大学出版社，2007。

③ ［德］恩斯特·卡西尔：《人论》，87页，上海，上海译文出版社，1985。

④ ［美］威廉·费歇尔：《知识产权的理论》，见刘春田主编《中国知识产权评论》，第1卷，18页，北京，商务印书馆，2002。

（二）知识产权法也有阻碍创造的效果

知识产权法对创新的负效应，历来是知识产权批判者的主要理由。创造是延续性的，在后创造总是依赖在先创造。知识产权法在创造成果之上设置权利，事实上增加了在后创造的成本。这种负效应和刺激创造的正效应之间何者为大，很难量化以比较。贝尔纳把专利称为“严重干扰科学成果的应用过程的因素”，“在实践中，除了常见的弊端之外，专利经常不能奖赏原来的发明家而且妨碍而不是促进发明的进展”①。波斯纳法官认为，“作者本身作为一个团体可能更喜欢较少的版权保护……”②

尽管主张“知识产权对创新的负效应超过正效应”的观点也很难证明，以上争议至少表明，用“鼓励创造”来描述知识产权法据以产生和存续的基本功能，欠缺足够的说服力。有学者指出，知识产权法通过限制当下对智力成果的获取、以增加未来的智力创造和对智力成果的获取，是一个悖论。如果知识产权的正当性在于刺激智力创造以满足社会需要，就应该采用一种既能刺激创造又不限制公众使用的机制，而不是现在的独占权模式。③ 换言之，即使知识产权对创新的正效应与负效应无法权衡，假如知识产权法主要是为了刺激创造，最好的选择是采取一种对创造毫无负效应的制度模式，那就不应该采取独占的知识产权模式。

（三）“鼓励创造说”无法解释知识产权法的具体规则

知识产权法的基本功能，属于知识产权总论的范畴。在形式逻辑上，总论应该能够下辖分论，不能与分论的内容有冲突。但是，“鼓励创造说”与知识产权法的具体规则之间有明显的矛盾，主要体现在以下两方面：

1.“鼓励创造说”无法统辖知识产权的类型

在知识产权体系中，与“创造”相关的权利仅为智力成果权的一部分。知识产权划分为智力成果权和商业标记权，商业标记并不是智力创造成果，无法用鼓励创造来解释商业标记法的功能。

在智力成果权领域，保护对象也包含一部分非创造性的智力成果。例如，邻接权的保护依据就不是对象的创造性，这是邻接权独立于狭义著作权的原因。④ 从制度现实来看，通过设置特别权利和反不正当竞争法的规制，知识产权法中非创造性的对象有不断增加的趋势。知识产权法的价值原则日益趋向于“禁止掠人之美”，而无论他人的利益是否基于创造性成果。日本学者田村善之把知识产权法的机制划分为“支援型激励机制”和“创设型激励机制”，只有后者才是针对创造成果的。“支援型激励机制”是为了修复市场竞争中的先机机制被破坏的情况，与鼓励创造无关。在一般情况下，市场占先者具有时间优势，即使其他人模仿，时间差也会保证占先者获得足够的利益，即占据先机。但有的掠夺他人市场利益的行为会从根本上消除先机，需要法律予以“支援”。例如，日本反不正当竞争法禁止在一定时间内“高仿”（dead copy）他人商品形态，此时不考虑被模仿的对象是否具有创造性。⑤

2.“鼓励创造说”无法解释知识产权的权属

在知识产权的权属制度中，创造仅仅是取得权利的依据之一。知识产权的分配制度不仅考虑创造，也考虑投资和效用因素，以确定由谁取得知识产权最有利于创造成果的市场化。除创造者之外，雇主、电影制片人、委托创造人都可能成为原始权利人，这些非创造者的共同身份是出资人。因此，在客观效果上，知识产权法也鼓励投资，选择性地把客观效果之一——“鼓励创造”表述为知识产权法的基本功能，不够全面。如果任意一个客观效果可以等同于基本功能，在逻辑上，知识产权法的基本功能也可以表述为鼓励投资。

综上，鼓励创造说只能解释知识产权法的部分规则，作为制度功能的总体表述，欠缺充分的解释力。

二、知识产权法基本功能之重解

人类历史就是一部创造史，而知识产权史不足400年。知识产权制度确立之时，与创造相关的社会关系发生了什么变化？为什么这种变化无法靠人的天性来调节？这应该是探求知识产权法基本功能的主要线索。

知识产权法起源于近代。随着经济与技术的发展，创造在近代发生的最深刻的变革，是从个体闲暇之余转变为产业的要素。知识产权或类似的安排并不是立法者有意鼓励创造的制度发明，而是产业发展自然演化的结果。据西方学者考证，专利的制

---

① ［英］J. D. 贝尔纳：《科学的社会功能》，219页，北京，商务印书馆，1995。

② ［美］波斯纳：《法律与文学》，528页，北京，中国政法大学出版社，2002。

③ Edwin C. Hettinger, "Justifying Intellectual Property," *Philosophy & Public Affairs*, 1989, 18 (1), pp. 31-52.

④ 也有观点认为邻接权的对象实际上有创造性。至少在实定法中，邻接权的取得不需要证明对象的创造性。

⑤ 参见［日］田村善之：《日本知识产权法》（第4版），12～14、24页，北京，知识产权出版社，2011。

度雏形与采矿业相关。早期的习惯法规定，最先发现矿藏之人拥有开采权。当地表的矿藏逐渐采完、开采深入地下时，矿井的排水问题成为困扰。为排水通道融资的人可以得到一份事先商定好的矿藏股份，设计排水设备的人也有同样的特权。法律规定，适用于“第一个发现矿井的人”的规则，也适用于“第一个发明排水设备的人”。① 这表明，当排水设备成为采矿业的产业要素，创造成果（排水设备）之上形成的新的利益关系就需要法律的分配。众所周知，第一部著作权法《安妮法》的诞生是出版商推动的结果。当作品成为出版业的要素之后，同样产生了利益分配问题。“版税”之类的事物并不是法律的发明，而首先是市场的智慧。在著作权法产生之前，有的出版商已经开始承诺未经作者同意绝不印刷第二版，如果加印，需另付稿酬。② 可以想见，这是作品较为畅销、谈判能力较强的作者通过合同创设的规则。知识产权不是创造之因，而是创造与资本结合之果。

作为产业要素的创造成果，必然与资本相结合，资本的本性就是逐利的。创造可以靠天性推动，投资则无法靠天性的愉悦来推动，它需要制度的保障。现在我们可以回到前面的问题：如何证明天性推动的创造不能满足社会的需求？答案是：天性不能推动创造成果之上的投资。越是仰仗投资的创造，越需要额外的制度动力。《西方世界的兴起》的作者已经意识到这一点：“创新可能并确曾在历史上在没有所有权保护创新者的社会里发生过。不过，发生的只是成本（或损失的风险）小得使个人收益率超过了它的那种创新。”③ 这里所用的“成本”“收益”等概念表明所探讨的“创造”本身就是一种逐利行为，而非怡情悦性之举。这就回答了前面提出的另一个问题：为什么不放弃知识产权模式，采取一个对创新毫无负效应的刺激机制（例如奖励制度）？替代制度或许可以解决创新刺激，但无法带来投资动力。这不仅因为创新本身可能需要大量投资，更重要的是创新投入市场的过程需要投资，如果没有一个明晰的财产权保障，无法提供产业化的动力。经济学家意识到，“如果没有专利保护的话，很难想象瓦特以及那些为他出资的人愿意开始我们今天称为研发的过程。这样说来，当英国国会公开同意将瓦特的专利权延至 1800 年时，专利制度的日标在 18 世纪便已经不只包含了激励发明，并且包含了激励投资”④。

综上，如果仅针对智力成果权而言，知识产权法的基本功能应该表述为“分配基于智力创造成果形成的市场利益”。这种表述首先解释了知识产权的历史性，何以知识产权是近代产物？因为只有当智力创造成果产生的市场利益重要到一定程度时，才需要法律的调整，这种重要性是由近代的技术与市场结构带来的，前提是创造成果的产业化。其次，它解释了为什么知识产权法不能由天性等制度外因素替代。天性可以带来创造，却无法刺激投资，也无法分配投资者、创造者以及其他相关主体的利益关系。所以，知识产权法的功能指向不是一般的创造，而是被产业化的创造。

在知识产权类型中，智力成果权的产生先于商标权，所以早期的知识产权理论把知识产权等同于智力成果权。商标权出现之后，由于商标与智力成果在形态上都属于符号表达，人们将这一类财产归入同一个法律体系，独立于传统的财产权类型（物权），统称为知识产权。⑤ 当商业标记权进入知识产权体系之后，鼓励创造说在解释知识产权法的整体功能时，缺陷更加明显。为了更符合制度现实，知识产权法基本功能的表述可以修正为：分配基于符号表达所形成的市场利益。在传统民事权利中，与知识产权关联最密切的是其对象可以符号形式外在化的人格权，例如肖像权、姓名权，有学者称之为“标表型人格权”。⑥ 有知识产权理论提出所谓的“形象公开权”（right of publicity），即对姓名、肖像、声音等符号型人格要素进行商业性利用的权利。逻辑上的解释是，这些利益的对象在形式上也是符号，所以人们感知到这些利益与知识产权的共性。⑦ 当今知识产权的统合基础，不在创造，而在对象形态。

---

① 参见［奥］伊利奇·考夫：《专利制度经济学》，2～4 页，北京，北京大学出版社，2005。

② 参见［法］费夫贺、马尔坦：《印刷书的诞生》，157 页，南宁，广西师范大学出版社，2006。

③ ［美］道格拉斯·诺思、罗伯特·托马斯：《西方世界的兴起》，169 页，北京，华夏出版社，1989。

④ 同上书，26 页。

⑤ 对知识产权对象统一性的深入探讨，参见李琛：《论知识产权法的体系化》，北京，北京大学出版社，2005。

⑥ 参见张俊浩：《民法学原理》，3 版，146 页，北京，中国政法大学出版社，2000。

⑦ 所谓“形象公开权”究竟是人格权还是知识产权，仍值探讨。如果对象是人格要素，只能是人格权。人格权的行使在事实上带来财产利益，不改变人格权的本质。如果对象原本是人格要素，但转化为可外在于主体的独立符号存在，则是知识产权。例如将肖像用作商标、将姓名用作商号产生的权利。

三、重解知识产权法基本功能的理论意义

（一）维持知识产权理论的解释功能与预测功能

如前所述，鼓励创造说无法下辖知识产权法的具体规则，导致知识产权总论与分论形成明显的矛盾，破坏了理论的解释力。如果把知识产权法的基本功能表述为“分配基于符号表达所形成的市场利益”，则可以说明全部的知识产权类型，既包括创造性符号表达（创造性智力成果），也包括非创造性符号表达（非创造性智力成果与商业标记）。同时还可以说明知识产权的权属为何不是单一地归属创造者，因为市场利益的分配不能只考虑创造。重解后的表述并不否定知识产权法具有鼓励创造的效果，因为对于创造性符号表达而言，创造行为是取得权利的依据之一。

在预测功能方面，重解之后的理论可以对知识产权法的未来趋向做出两点预测：

（1）知识产权会继续以对象形态为统合基础，只要是符号表达上产生的市场利益①，都会纳入知识产权法调整，无论该符号表达是否属于创造性成果。

知识产权和物权属于同一个逻辑层次，知识产权与物权的区别，是以对象形态为依据的，财产的来源区分（创造或非创造）没有法律意义，正如物权不考虑“物”系劳动所得或非劳动所得。而且，已经存在的智力成果随着市场的发展，一旦有新的利益产生，也可能产生分配的需求。最典型的例子是传统族群对流传已久的族群文学艺术作品和传统知识的利益诉求，这些诉求用鼓励创造说根本无法解释，因为这些知识已经被创造出来了。可以预言，新的知识产权一定会基于符号表达的新的市场利益而产生，这种符号表达本身可能是新的，也可能是已存的。

（2）知识产权法的价值原则会继续奉行“不掠人之美”。只要不是自由竞争所必需，原则上不得分享其他市场主体独立发掘的市场利益，除非该主体在事实上有足够的市场先机（其美不可掠）。

迄今为止，知识产权法一直在沿着这个方向发展。反不正当竞争法对“搭便车”的禁止，就是典型的体现。这一制度隐含的价值取向是：市场主体独立发掘的利益归其所有，他人原则上不得分享。发掘的手段可能是创造，也可能仅仅是劳动和投资。制止不正当竞争在知识产权法中的作用，就是为了弥补通常以创造性为保护要件的设权规则的不足。知识产权法所保护的利益，并不必然建立在创造的基础之上。

应该承认，知识产权法的这一趋向与早期立法与理论有很大的区别。知识产权最初被称为“合法的垄断”，是作为非法垄断的例外而存在的。如果知识产权是例外，则价值原则应当倒过来：除非能够证明对相关主体造成损失（或者说，除非能够证明影响了创造的动力），对符号表达原则上可以共享。知识产权法价值原则的转变，反映出知识产权已经完全地适用私权的原理（私权被剥夺乃是例外），表明知识产权的法律地位不断上升。

（二）为知识产权的正当性论证提供新思路

知识产权法的基本功能是事实判断，知识产权的正当性是价值判断，但二者并不是截然分离的。制度正当性的论证不能背离制度的现实功能，如果一个制度必要且合理，则同时也是正当的。

经典的知识产权正当性理论有两大路向：一是自然权利论；一是工具论。② 工具论基本上是鼓励创造说的翻版，认为知识产权提供了刺激创造的动力，是增加社会福祉的手段，前面对鼓励创造说的质疑同样适用于工具论。

自然权利论借用洛克的劳动财产权理论或黑格尔的人格理论，试图从“智力成果是创造者的劳动产物”或“智力成果反映创造者的人格”的角度论证知识产权的正当性。这一路向的最大缺陷在于，智力成果是创造者的行为（劳动或创造）产物或是人格反映③，只是主体与外物的关系，而不是人与人的关系。正如拉德布鲁赫的批判所言：劳动理论只能回答“谁是所有者?”但没有回答“应该是私有财产吗?”④ 主体与外物有特别的联系，只能够论证权属。如果我们同意在某外物之上设权，基于主体与外物的特别强烈的联系，使该主体成为权利人具有正当性，但是没有论证“为何要在此外物之上设权”。经济学家斯密德也批判了洛克的观点：“有关产权基础的一个流行观点是约翰·洛克的解释，他把财产看成是一种自然和技术的产物……作为一种被赋予了某种权利的劳动，总是一种社会的选择。反之，就不可能区别清楚鲁塞尔‘拖曳行进’油画中印第安人从牛仔的牛群中掳杀一头牛的劳动。如

---

① 因为知识产权法是财产法，所以其对象不包括作为人格要素的符号表达。

② 详细论述，参见李琛：《著作权基本理论批判》，4～17页，北京，知识产权出版社，2013。

③ 本文此处不涉及劳动与创造的区别问题。如果把“劳动成果”修正为“创造成果”，本文的批判依旧成立，创造成果与创造者的关系，依旧是人与外物的关系。

④ ［德］G.拉德布鲁赫：《法哲学》，138页，北京，法律出版社，2005。

果这也是劳动，那么行窃或战争也是一种劳动，由此，在森林中采集坚果的劳动与随后把坚果偷走的行窃劳动就不能区分开来。”①

如前所述，知识产权法的基本功能是分配符号型财产的利益。当技术与经济的发展使得符号表达之上的市场利益变得极其重要时，需要制度进行分配，否则会引起社会秩序的混乱。知识产权法确定创造者或投资者作为利益的原始取得人，此分配方案没有造成重大不公平，整体上为社会所认可。因此，知识产权法必要且合理，具有正当性。这是从社会认可的角度，即人与人的关系角度论证知识产权的正当性。

物权的正当性之所以较少地受到质疑，一个重要原因是基于物权与经验事实——物的占有是一致的，而知识产权似乎是反经验的，知识产权的对象在事实上不可占有。但这只是一种表象上的区别。前文已述，在专利法和著作权法产生之前，产业界已经出现了就智力成果的收益进行分配的规则，占有或非占有，只是利益享有的具体方式的差别，是由对象（物或符号表达）的差异形成的利用方式的差别，但都是一种经验事实，都构成法律设计的原始素材。“财产最初是习俗的产物，司法与立法不过是在数千年里对它做了发展而已……”② 这句话同样适用于知识产权。物权与知识产权都是财产权，物既是生产资料，也是生活资料，而知识产权的对象主要是生产资料（技术等事实上可作为生活资料，但没必要禁止他人使用，决定着知识产权成为必要的乃是生产资料属性）。所以知识产权是市场经济发展到一定程度的产物，其历史远远短于物权，重要性也是逐步地为人所识。知识产权的正当性和物权一样，主要是基于秩序、安定等价值追求，而非“创造”。

四、重解知识产权法基本功能的实践意义

（一）正确地认识知识产权法的历史必然性

鼓励创造说过分地强调了制度设计的主观意图，容易使人误解为这是一种有意而为的制度安排，所以知识产权法常常被赋予过于浓厚的政策色彩。基于同样的思路，反对的观点会基于知识产权法对创新的不利后果，而主张废除知识产权制度。③ 也就是说，当知识产权法被仅仅视为鼓励创造的政策杠杆时，至少在逻辑上，可以根据该制度对创新的影响而决定存废。

重解之后，我们意识到知识产权法是产业结构近代化的必然。只要以资本为主导的市场经济模式依然存续，只要符号表达依然被资本吸收之后成为产业要素，知识产权就会存续。如同贫富悬殊带来的不合理并未从根本上颠覆所有权，只是催生出新的二次分配制度增加社会公平，可以预言，知识产权制度在相当长的时间内也是如此。“资本的扩张性逻辑渗透进了大范围的人类劳动和行为，包括知识和艺术创造。所以，当它进入了信息和文化的领域，资本的逻辑推动了对所有知识和艺术创造的具体形式加以无休止的利用，只要创造行为可以在一个具体的形式中得以表现，就称之为知识产权，推向市场。”④ 知识产权的具体规则会不断调整以最大程度地促进社会公平，但知识产权作为一种私权形态不能被任意废除。鼓励创造说最大的缺陷，就是容易使人们忽视知识产权所调整的社会关系的客观性，从而忽视知识产权的历史范畴。

从小农经济到市场经济，生产资料的价值日益重要，知识产权在社会财富中的比重不断增长，当年被作为“垄断例外”的知识产权，不仅逐渐取得了和物权一样的私权地位，而且法律对其重视程度、在保护方面的制度成本投入，甚至超过了物权。至少在国际保护层面，知识产权的重要性超过了物权，根本原因就在于知识产权是国际贸易的市场要素。

（二）知识产权战略的主体是企业，而非政府

虽然知识产权战略是一项国家战略，但必须意识到知识产权是创造的市场化之果，市场的主体——企业才是知识产权战略的主体。知识产权法的基本功能是合理分配企业创造的财富，政府不能过于强调知识产权的政策杠杆功能而忽视知识产权与市场的联系。

我国的知识产权国家战略实施以来，地方政府纷纷制定不同的地方战略，这一方面反映了政府对知识产权的重视，但另一方面又要防止知识产权战略过分地蜕变成“政府战略”，成为一种上行下效的跟风流弊。毫无疑问，知识产权能够增加创新动力，但知识产权本身不能提供创新能力，知识产权的主要作用是在法律上固定企业的技术与市场优势，而

---

① ［美］A·爱伦·斯密德：《财产、权力和公共选择——对法和经济学的进一步思考》，36页，上海，上海三联书店、上海人民出版社，1999。

② ［英］F. A. 哈耶克：《致命的自负》，36页，上海，中国社会科学出版社，2000。

③ 在不少国家兴起的盗版党，其主张之一是废除专利权。

④ ［美］罗纳德·V·贝蒂格：《版权文化——知识产权的政治经济学》，34页，北京，清华大学出版社，2009。

技术与市场优势本身不是知识产权带来的。缺乏技术与市场优势支撑的知识产权，没有真正的商业价值，政府不能滥用政策杠杆，误导企业追逐知识产权的申请量与注册量。采用知识产权或是其他市场手段（例如占据先机）进行竞争，是企业自身的选择。要提升创新能力，政府不仅要关注知识产权，更要重视教育、文化等创新的源泉。

创新的主体必然是具有独立精神的主体，在知识产权战略的推行过程中，政府必须节制公权力的使用，不可压抑企业的独立市场人格。中国的新《商标法》禁止企业用“驰名商标”字样做广告，这一规定堪称中国特色，因为以“驰名商标”做广告乃中国特色之举，其深层原因在于中国企业欠缺独立市场人格，把公权力的评价看得重于市场评价，《商标法》以规制企业行为作为解决之道，而问题的症结实在于企业与公权力的扭曲关系。

知识产权不是公权力为刺激创造而给予的赏赐，乃是一种新的财富形态出现之后，法律遵照市场规则设计的分配机制。

（作者单位：中国人民大学法学院）

知识产权行为保全制度研究

北京市第三中级人民法院课题组

行为保全，又称为临时禁令，是指在终审判决做出前，法院责令当事人做出一定行为或者禁止其做出一定行为。为了履行“入世”承诺，我国2000年修改的《专利法》和2001年修改的《商标法》与《著作权法》规定了诉前停止侵犯知识产权制度。随后，最高人民法院出台了相关的司法解释。2012年修改的《民事诉讼法》则统一规定了行为保全制度，将适用范围扩展到整个民事诉讼领域，并且增加了责令被申请人做出一定行为的规定。在具体运行过程中，知识产权行为保全制度主要解决三个问题：什么情况下适用，具体如何操作，以及做错了如何救济，即行为保全的适用条件、相关程序以及申请行为保全错误损害赔偿。以下分别展开讨论。

一、行为保全的适用条件

根据现行司法解释[①]的规定，法院做出诉前停止侵犯知识产权裁定时，应当审查：（1）是否构成侵权；（2）不采取保全措施，是否会对申请人造成难以弥补的损害；（3）担保；（4）采取措施不损害社会公共利益。[②] 以下对行为保全适用条件具体展开讨论：

（一）胜诉可能性

司法解释规定中使用的是“是否构成侵权”的表述，但更合理的表述应当是侵权可能性，因为没有经过完整的诉讼程序，不应当直接确定是否构成侵权。鉴于2012年《民事诉讼法》将行为保全的适用范围扩展到整个民事诉讼领域，不再局限于知识产权侵权案件，因此，此处使用胜诉可能性的表述。

考虑胜诉可能性的目的在于避免做出错误的行为保全，避免当事人滥用申请权。在我国司法实践中，做出行为保全应当要求申请人具有多大的胜诉可能性历来是争议较大的问题。有观点认为行为保全是一种特别的救济手段，条件过于宽松容易造成权利滥用，因此应当采取较高的胜诉可能性标准，只有在申请人的胜诉可能性达到“确定无疑”或者“基本无误”的情况下才能考虑做出行为保全。但是，法院做出行为保全裁定并不经历举证、质证、辩论等诉讼程序，相当一部分案件甚至没有听取被申请人的意见，要求法官对胜诉可能性做出“基本无误”的判断不仅在客观上存在困难，而且没有经过完整的诉讼程序就认定申请人基本可以胜诉不免有未审先判的嫌疑。对胜诉可能性的要求高，固然会减少错误的行为保全，但是过高的胜诉可能性要求将明显限制行为保全制度的适用范围，无法充分发挥制度功能，不利于及时有效保护权利人。同时，审查胜诉可能性并非避免错误的唯一途径，要求当事人提供担保可以发挥同样的功能。

因此，对于胜诉可能性的要求应当采取一个相对灵活的标准，在避免错误与保护申请人权利之间寻求平衡：应当首先排除明显没有胜诉可能性或者胜诉可能性较低的情形；其次，对于胜诉可能性的要求应当采取一个相对灵活的态度，而不应当机械设定一个等同划一的标准，应当与难以弥补的损害、双方利益平衡、担保等其他因素综合考虑，整体判断。

（二）难以弥补的损害

存在难以弥补的损害是设立行为保全制度的正

① 《最高人民法院关于对诉前停止侵犯专利权行为适用法律问题的若干规定》（简称《诉前停止侵犯专利权规定》）第十一条、《最高人民法院关于诉前停止侵犯注册商标专用权行为和保全证据适用法律问题的解释》（简称《诉前停止侵犯商标权解释》）第十一条。

② 司法解释并未直接规定诉前停止侵犯知识产权申请应当如何审查，而是规定了申请状的形式条件和应当提交的证据，并且规定了复议申请的审查标准。显然，复议申请的审查标准同样适用于对诉前停止侵犯知识产权申请的审查。

当性依据。正是因为存在事后赔偿难以弥补的损害，才有必要在损害赔偿制度之外，设立行为保全制度，允许当事人在法院做出终局判决之前，申请法院责令对方当事人做出或者禁止其做出一定行为。难以弥补的损害是行为保全制度中最为核心的概念。不能准确理解难以弥补的损害，就无法理解行为保全制度。

按照布莱克法律词典的解释，"难以弥补损害规则"（irreparable-injury rule），是指只有存在难以弥补的损害时才能采取禁令等衡平法救济方式。① "难以弥补的损害"（irreparable injury），则是指难以计算或者通过金钱赔偿难以救济的损害，因此通常被认为可以通过禁令制度予以救济。②

从上述定义来看，"难以弥补的损害"首先应当从行为保全制度与损害赔偿制度之间的关系来理解，即"难以弥补的损害"对应的是损害赔偿制度的缺陷，是指申请人通过诉讼得到胜诉判决的情形下，存在执行判决仍不能弥补的损害或者因被申请人无赔偿能力致使判决难以执行，所以有必要通过行为保全制度予以救济。我国《民事诉讼法》第一百零一条规定的"难以弥补的损害"与第一百条规定的"判决难以执行或造成当事人其他损害"应当作一致解释。即"难以弥补的损害"包括本案判决不能执行造成的损害不能弥补，和本案诉讼之外的损害造成损害在本案中不能弥补。

其次，"难以弥补的损害"在性质上表现为难以计算、难以恢复原状或者金钱赔偿难以救济的损害。

第三，难以弥补的损害与胜诉可能性是两个完全不同的判断过程，前者应当从损害的性质、后果进行判断，后者应当根据实体法规定从请求权的成立要件进行判断，不能根据申请人具有胜诉可能性推定其存在难以弥补的损害。

美国法院曾经在专利案件中认为专利权的本质是排他权，专利的期限是固定的，因此对专利权的侵害是难以弥补的，只要申请人能够证明其具较高胜诉可能性即推定难以弥补的损害成立。③ 但在2006年，美国联邦最高法院在 Ebay v. MercExchange 案中修改了前述规则，认为权利的创立不等于权利的救济，据此拒绝在专利侵权成立的情况下颁发永久禁令。④ 随后，Ebay 案确定的规则被推广适用到版权、专利领域内的临时禁令案件中。⑤ 可见，美国已经逐渐抛弃了根据胜诉可能性推定难以弥补损害的做法。

从我国现有司法实践来看，难以弥补的损害包括以下情形：

（1）损害在性质上不可用金钱来等价计算，例如申请人的人身权利、商誉等遭受损害。

在申请人杨季康（笔名杨绛）与被申请人中贸圣佳国际拍卖有限公司、李国强诉前行为保全案⑥中，被申请人未经许可将钱锺书、杨季康及钱瑗三人的私人信件公开拍卖，申请人作为著作权人或者著作权人的继承人对上述信件享有包括发表权在内的著作权。被申请人的公开拍卖行为有可能损害申请人的发表权。发表权作为人身权利，在性质上不可用金钱来等价计算，一旦遭受损害也不可恢复。因此，公开拍卖行为对申请人造成的损害属于难以弥补的损害。

（2）申请人的竞争优势、市场份额等遭受难以恢复的损害。

在申请人美国礼来公司、礼来（中国）研发有限公司与被申请人黄孟炜行为保全申请案⑦中，被申请人曾签署同意函，承认下载了33个属于申请人的保密文件，并承诺允许申请人指定的人员检查和删除上述文件。经申请人数次联系，被申请人拒绝履行同意函。由于被申请人拒绝履行承诺，申请人的商业秘密存在被披露、使用或者外泄的危险。一旦泄露，申请人依据商业秘密而享有的竞争优势荡然无存。因此被申请人可能给申请人造成的损害属于难以弥补的损害。

（3）申请人在本案诉讼之外需提起其他诉讼才能充分保护权利。

在申请人雅培贸易（上海）有限公司与被申请人台州市黄岩亿隆塑业有限公司、北京溢炀杰商贸

① Bryan A. Garner, *Black's Law Dictionary*, ninth edition, Thomson Reuters, 2009, p. 906.

② 参见上书，856～857页。

③ Smith int'l, Inc. v. Hughes Tool Co., 718 F. 25 1573, 1581 (Fed. Cir.), cert. denied, 464 U. S. 996, 1983.

④ Ebay v. MercExchange, 126 S. Ct. 1837, 2006.

⑤ Ebay案规则适用在专利领域的临时禁令的案例见 Robert Bosch LLC v. Pylon Mfg. Corp., 659 F. 3d 1142, 1149 (Fed. Cir.), 2011；Ebay案规则适用在版权领域的临时禁令的案例见 Salinger v. Colting, 607 F. 3d 68, 77～78 (2d Cir.), 2010。但是Ebay案规则是否适用于商标领域，在美国仍然存在争议。

⑥ 参见北京市第二中级人民法院（2013）二中民保字第09727号民事裁定书。

⑦ 参见 http://www.chinacourt.org/article/detail/2013/10/id/1110775.shtml，于2014年9月19日访问。

有限公司诉前行为保全案[①]中，申请人系涉案外观设计专利权的被许可人并得到专利权人的明确授权提起行为保全申请。被诉侵犯涉案专利权的产品是奶粉罐，可以预计的是被申请人主要向奶粉生产企业批发销售被诉侵权产品，被诉侵权产品将与奶粉一并销售给最终用户，每一个销售环节都很有可能构成对涉案专利权的侵权。而每增加一个销售环节，都会造成损失扩大，侵权行为人增多，申请维权成本增加，维权难度加大。如果不责令被申请人立即停止被诉侵权行为，即便通过诉讼最终法院支持申请人的请求，也很难制止奶粉生产企业、奶粉销售商对于被诉侵权产品的销售，由此造成的损失难以计算。由于被申请人的行为将会导致后续的侵权行为，申请人只有通过在本案之外另行提起诉讼才能充分保护权利，因此被申请人对申请人造成的损害属于难以弥补的损害。

除了上述三种情形以外，被申请人没有赔偿能力也将会造成申请人的损害无法得到弥补。同时，在某些特定情形下，可以认定不存在难以弥补的损害。按照美国法院的经验，主要有以下三种情形：(1) 被申请人已经停止或者即将停止被诉侵权行为；(2) 申请人与被申请人就双方存在的纠纷正在进行协商； (3) 申请人没有正当理由迟延提起诉讼。[②]

（三）不损害社会公共利益和双方利益平衡

现行司法解释仅规定了不损害社会公共利益，但是在英美法系，除了考虑不损害社会公共利益之外，还需要对双方的利益进行平衡，即考虑采取行为保全措施对被申请人造成的损害是否会明显超过不采取行为保全措施给申请人带来的损害。[③] 按照英国法官的解释，考虑利益平衡的理由在于，双方都可能最后有胜诉机会，不能过于损害任何一方的权益。[④] 不损害社会公共利益和双方利益平衡还被认为是比例原则在民事保全领域中的具体适用，即在实现目标与所采取的手段之间寻求必要的平衡。

胜诉可能性、难以弥补的损害、利益平衡、不损害社会公共利益等四个因素之间可以是相互补充的关系，一个因素的弱势可以被另一个因素的强势所抵消，法院应当对四个考虑因素进行综合考虑，整体判断。关于四个因素之间的关系，美国的波斯纳法官曾经提出 $P\times H_p>(1-P)\times H_d$ 的公式，P 是胜诉可能性，H_p 和 H_d 分别是申请人和被申请人的损失，对于社会公共利益的损失，可以根据第三人受损害的具体情况，分别纳入到 H_p 和 H_d 中。波斯纳法官认为该公式是四因素检验法的简略版。[⑤]

（四）担保

担保的目的在于确保行为保全错误的情形下被申请人能够得到足额的赔偿。因此，行为保全担保的金额与申请人的诉讼请求无关，应当相当于采取措施给被申请人造成的损失。如果双方对担保数额达成一致意见，担保数额可以作为确定申请行为保全错误赔偿金额的依据。在礼泉西秦化工有限公司、咸阳西秦生物科技有限公司诉罗门哈斯国际贸易（上海）有限公司因申请诉前停止侵害专利权损害责任纠纷案中，担保金额为500万，法院根据案件具体情况、采取禁令的持续时间、禁止销售产品的特性、礼泉西秦和咸阳西秦具有得以满足市场需求之销售能力、不确定的市场风险、罗门哈斯申请禁令时的主客观原因等因素及申请禁令提供担保的目的，酌情确定了损失赔偿数额为450万。[⑥]

对于担保数额的确定，可以采取适当灵活的态度。如果申请人虽有一定的胜诉可能性，但是相对于被申请人优势不明显的，可以适当提高申请人的担保数额，以减少错误行为保全发生的几率。在德国、日本和我国台湾地区，法律规定假处分的实质条件包括对保全的请求权进行释明和对假处分必要性进行释明，同时申请人可以通过提供担保以弥补上述两项内容释明的欠缺。[⑦] 反过来，为了减轻申请人的维权成本，避免因无力担保而导致权利得不到救济，如果申请人确实无力提供与采取措施给被申请人造成损失相当的担保，但是做出行为保全应当考虑的四个因素均明显有利于申请人的，可以适当降低申请人的担保数额。北京市高级人民法院关

① 参见北京市第三中级人民法院（2013）三中民保字第01933号民事裁定书。

② 参见和育东：《美国专利侵权救济》，106页，北京，法律出版社，2009。

③ Kirstin Stoll~Debell，Nancy L. Demposey & Bradford E. Dempsey，*Injuction Relief：Temporary Restraining Orders and Preliminary Injuctions*，ABA Publishing，2009，p. 20. 英国案例见 American Cyanamid Co. v. Ethicon Ltd AC 396，1975。

④ Francome v. Mirror Group Newspaper 1 WLR 891，1984。

⑤ American Hospital Supply Corp. v. Hospital Products Ltd.，780 F. 2d 589，593 (7th cir.)，1986.

⑥ 参见姚建军：《担保金可以作为禁令错误请求赔偿的参考依据》，见 http://rmfyb.chinacourt.org/paper/html/2013-07/04/content_66236.htm? div=-1。

⑦ 参见李仕春：《民事保全程序研究》，北京，中国政法大学博士学位论文，2002。

于财产保全若干问题也做了类似的规定。①

二、行为保全程序问题

行为保全制度中涉及的程序问题主要有：

（一）申请人主体资格

根据《民事诉讼法》第一百零一条第一款规定，“利害关系人”可以提起诉前行为保全申请。《民事诉讼法》第一百一十九条第（一）项规定，原告是与本案有直接利害关系的公民、法人和其他组织。按照法律解释的一般规则，同一法律术语应当作相同的解释。因此，诉前行为保全申请人的主体资格应当与民事诉讼原告主体资格保持一致。《诉前停止侵犯专利权规定》第一条、《诉前停止侵犯商标权解释》第一条规定，申请诉前停止侵犯知识产权行为的申请人应当是知识产权权利人、独占许可的被许可人，以及权利人不申请时的排他许可被许可人。按照上述规定，普通许可的被许可人是否能够提出申请并不明确。但是，根据《最高人民法院关于审理商标民事纠纷案件适用法律若干问题的解释》第四条第二款规定，普通使用许可合同的被许可人经商标注册人明确授权，可以提起诉讼。② 从保持诉讼主体资格与行为保全申请主体资格一致的角度，普通使用许可合同的被许可人经权利人明确授权的，也可以提起行为保全申请。在雅培奶粉罐外观设计诉前行为保全案中，法院已经允许普通许可合同被许可人在得到权利人明确授权的情况下提出行为保全申请。

有的观点认为，诉中行为保全申请人的主体资格并不限于原告，被告也可以提出申请。我国台湾地区也有反向假处分的案例，即被诉侵犯知识产权者请求法院允许其继续生产、销售被诉侵权产品。但是，《民事诉讼法》第一百条仅规定了根据对方当事人的申请，责令一方当事人做出一定行为或者禁止其做出一定行为，并没有根据当事人的申请准许其做出行为的规定。因此，应当认为诉中行为保全申请主体仅限于原告，并不包括被告，至于被告向原告提起反诉，则其还是以反诉原告的名义申请行为保全。

（二）反担保

行为保全是否允许被申请人以提供担保的方式而解除，司法解释和《民事诉讼法》的规定并不一致。《诉前停止侵犯专利权规定》第八条规定，停止侵犯专利权行为裁定所采取的措施，不因被申请人提出反担保而解除。《诉前停止侵犯商标权解释》第八条则在此基础上增加了“申请人同意的除外”的规定。但是，《民事诉讼法》第一百零四条规定，财产纠纷案件，被申请人提供担保的，人民法院应当裁定解除保全。

是否允许以反担保的方式解除行为保全，主要应当在反担保与解除保全措施导致申请人遭受的损害之间进行权衡。如果申请人遭受的损害可以用金钱弥补，则应当允许反担保；反之，则应当不允许。

有意见认为，如果被申请人可能因保全措施遭受到难以弥补的重大损害，此时应当允许以反担保的方式解除保全。但是，如果被申请人遭受难以弥补的损害原因在于申请人可能没有足够的赔偿能力，则应当责令申请人追加担保。申请人不追加担保的，应当解除保全。申请人追加担保的，不影响保全裁定的效力。如果被申请人遭受难以弥补的损害原因在于该损害在性质上不能用金钱等价计算，例如被申请人人身权利受到损害，则应当考虑解除保全。既然在做出行为保全时已经对双方损害进行过权衡，如果做出保全后发现事前权衡不准确，应当首先考虑的是直接解除保全，而不应当由被申请人提供反担保解除保全。

反担保的目的在于确保解除行为保全的情形下，申请人的权利能够得到充分保障。因此，反担保的数额应当与不采取措施给申请人造成的损失相当。鉴于做出行为保全的条件之一在于采取措施给被申请人造成的损失并非明显大于不采取措施给申请人造成的损失，因此被申请人提交的反担保数额可以高于申请人提交的担保数额。

三、申请行为保全错误的损害赔偿

（一）归责原则

司法实践中对于申请行为保全错误损害赔偿责任属于过错责任还是严格责任存在争议。根据《民事诉讼法》第一百零五条规定，申请有错误的，申请人应当赔偿被申请人因保全所遭受的损失。其中并没有规定损害赔偿责任以申请人存在过错为前提。行为保全作为一种特殊的救济手段，且对被申请人的权利义务影响巨大，如果申请错误对被申请人造成的损失由被申请人自行承担对被申请人不公平。因此，申请行为保全有错误的，不论申请人有无过错，均应当赔偿被申请人因保全所遭受的损失。在江苏拜特进出口贸易有限公司诉许赞有因申请诉前

---

① 《北京市高级人民法院关于财产保全若干问题的规定（试行）》（京高法发［2009］163号）第七条：申请人提供担保的数额原则上应相当于请求保全的数额。对于申请人无力提供相等金额担保，但案件权利义务关系明确、如不及时保全可能造成无法弥补的损失的，可以要求申请人提供不低于请求保全数额20%的现金作担保。

② 有学者对此提出反对意见，认为普通使用许可中的被许可人经权利人授权即可单独提起侵权诉讼，无异于允许权利人转让诉权，我国民事诉讼法理论和实践均不承认诉权转让的合法性。

停止侵害专利权损害责任纠纷案①中，许赞有依据其享有的外观设计专利权提出行为保全申请，后该专利被宣告无效。许赞有主张其申请行为保全没有恶意，法院判决认为：如果申请人的诉讼请求没有得到人民法院生效判决的支持，就意味着申请人申请财产保全和先行责令被告立即停止侵犯专利权存在错误。

（二）申请行为保全错误造成被申请人以外第三人损害的，申请人是否应当承担赔偿责任？

《最高人民法院关于当事人申请财产保全错误造成案外人损失应否承担赔偿责任问题的解释》规定，当事人申请财产保全错误造成案外人损失的，应当依法承担赔偿责任。比照该规定，申请行为保全造成案外人损失的，也应当承担赔偿责任。但是，上述规定没有涉及归责原则。行为保全的内容是责令被申请人做出或不做出一定行为，其造成对第三人的损害，往往是与第三人对被申请人的债权（第三人请求被申请人做出或不做出一定行为的权利）相互冲突。例如行为保全禁止某歌手在某个演唱会唱某首歌曲，演唱会主办方依据合同对歌手享有的债权遭受到侵权。对于债权的侵权，通说认为应当以行为人存在主观故意为前提。② 因此，申请人因申请行为保全错误造成第三人损害所应承担的民事赔偿责任，应以申请人存在主观故意为前提条件。

四、结语

行为保全制度本身充满了难以弥补的损害、胜诉可能性、利益平衡、情况紧急等诸多不确定概念，由此带来了法律适用中的困惑和疑问。本文尽可能地梳理和运用现有的理论研究成果，以回应司法实务中存在的疑问，但更多的难题仍然有待于法官在个案中进行分析和判断。行为保全制度的发展和完善，固然有赖于理论研究的积累和创新，但是更多地将依赖于司法实践的不断探索和对司法经验的不断总结。

（课题组主持人：宋鱼水；课题组成员：杜长辉、冯刚、蒋利玮；执笔人：蒋利玮）

积极打造我国知识产权司法保护的“升级版”

——经济全球化、新科技革命和创新驱动发展战略之下的新思考

孔祥俊

知识产权司法保护与国际国内形势密切相关，必须审时度势地反映和适应国际国内形势的新需求。十八届三中全会制定了全面深化改革的总体方案，开启了全面深化改革的新征程。我们正在打造中国经济的“升级版”，与当前经济全球化及科技和产业革命的新趋向、国内改革开放和转型升级的新形势相适应，我国正在进行新一轮的知识产权法律修订，尤其是十八届三中全会提出了“加强知识产权运用和保护”“探索建立知识产权法院”的明确要求，这些都标志着我国知识产权保护面临着全面“升级”，亟须全面打造“升级版”。为适应新形势新任务的新要求，知识产权司法保护必须有新的理念、思路和举措，不断以理念和理论创新推动实践创新，使司法保护更具时代性、方向性和生机活力。本文对此略加探讨。

一、当前知识产权保护的阶段性特征与总体要求

知识产权司法保护的决策和“升级”首先要有大局意识。“不谋全局者，不足谋一域。”要高度重视对国内外宏观形势和任务要求的准确判断，坚持从国际国内大局出发考虑问题，要有战略思维和长远眼光，增强保护工作的系统性、协调性和前瞻性，注重以宏观方向指引和调适微观的法律适用。其次，要有强烈的问题意识，以重大问题为导向，抓住关键问题深入研究思考，着力解决当前面临的一系列突出矛盾和现实问题。再次，要有强烈的机遇意识。当前国内外环境和创新驱动发展为知识产权保护带来前所未有的机遇和挑战，十八届三中全会明确将“加强知识产权运用和保护”和“探索建立知识产权法院”作为深化科技体制改革、加快完善现代市场体系的重要举措，要抓住机遇乘势而上，要有更大的勇气和智慧、更有力的措施和办法加以推进。最后，要有强烈的创新意识。知识产权以推动和保护创新为己任，要强化创新意识，以创新的思维和方式保护创新，当前尤其要坚持解放思想和更新观念，勇于冲破一些不合时宜的思想观念的束缚，跳出一些旧的习惯性的条条框框限制，找准突破的方向和着力点，拿出创造性的举措来。

当前我国改革开放和发展具有鲜明的阶段性特征，既有较多机遇又面临重大挑战，处于错综复杂的特殊矛盾期。我国已经和平崛起，已走到国际舞

① 参见江苏省高级人民法院（2008）苏民三终字第0071号民事判决书。

② 参见马强：《侵害债权制度及其在审判实践中的适用》，载《法律适用》，2005（4）。

台中心[①]，正在跻身世界一流和塑造大国形象，但又不能急躁冒进，需要在韬光养晦中潜心发展，充分抓住战略机遇期，有目标、有方向和矢志不移地加快发展自己；我国已经成为世界制造大国、国际贸易大国和经济大国，成为世界第二大经济体，但还不是经济强国；我国的国家形象仍存在自我认知与他者认知的较大偏差，西方发达国家对我国的看法仍有落伍的观念、固执的偏见和恐惧心理，我国对自己的看法也经常摇摆于自信与不安、谨慎与自大之间[②]。我国国内发展不平衡、不协调和不可持续问题仍然突出，既有跻身世界尖端前沿和比较发达先进的科技经济领域和地区，又有经济、科技和文化相对落后的大量领域和区域，科技创新能力不强；我国已坚定不移地走社会主义市场经济道路和确立改革开放目标，已进入调结构、转方式和全面深化改革的深水区，需要增强改革的系统性、整体性和协调性，但仍要摸着石头过河，在试错中前行。这些矛盾性特征在知识产权保护中都有相应的体现和反映。与此相适应，我国知识产权及其保护既取得巨大成绩，也面临较多问题和挑战。我国已成为知识产权大国，专利、商标等知识产权数量已跃居全球第一，但知识产权质量严重参差不齐；我国已拥有越来越多的关键核心技术和专利，但专利转化率较低和效益较差，“垃圾专利”较多，为科技经济发展埋下了隐患；我国已拥有较多自主品牌，但全球知名品牌仍然严重匮乏[③]，假冒侵权现象较为严重，品牌创立的法律环境仍需改善；盗版侵权现象严重，妨碍了文化的发展繁荣和文化产业发展。《国家知识产权战略纲要》对于执法体制等进行了超脱性和富有前瞻性的战略设计，但有待于实践检验、充实和深入落实，实施中也可能受到部门利益等因素的干扰。改革开放以来我国陆续制定了主要的知识产权法律，于“入世”前后进行了大幅修订，目前又进入新一轮法律修订阶段，涉及如何把握修订方向和保护力度、知识产权制度向何处走的顶层设计问题，尤其是如何处理全球化与国内需求的关系问题。在我国经济社会生活中，对于知识产权保护的态度也有不同认识，在究竟是加强还是弱化保护、国际接轨多一些还是国情特色多一些等问题上仍有较大争论。这种背景和种种问题表明，无论是制度设计还是制度实施，我国知识产权保护均处于重要的转折关头。这些重大的、方向性的问题需要我们及时给予正确的回答。

当前国内外形势及知识产权本身的复杂情况，决定了现阶段知识产权保护在理念、制度和具体实施上的复杂性和多面性。从政策和方法的角度看，我国知识产权保护既要注重刚性，坚持强化保护不动摇，又要注重弹性和政策，实现保护与创新发展的良性互动；既要注重局部和重点，有针对性和动态性地解决保护中的突出问题，又要注重全局和全面，增强战略思维和宏观设计；既要注重目标和方向，又要注重实现过程和途径；既要注重紧迫性和搞好重点突破，又要把握好时机和注重渐进性；既要注重国际共通性，又要注重国情和特色。从总体目标和方向上看，我国需要打造的知识产权保护“升级版”，就是在现有知识产权体系的基础上对于我国知识产权保护制度进行再设计，形成与新一轮经济全球化以及国内转型升级和创新发展相适应的、先进的和符合国际主流的知识产权规则体系、执行体系、理论体系及社会环境，尤其要把理念和制度落实为现实秩序。知识产权司法保护必须与此相适应，使保护体制机制更加完善、司法理念更加先进、司法政策更加系统全面科学、司法态度更加开放融合以及法律执行更加准确有效，成为我国知识产权保护“升级版”的重要参与者、推动者和贡献者，发挥特殊的职能作用，做出独特的贡献。

二、司法保护应具有更加开放的姿态

18世纪中叶以来，我国先后与工业革命、世界现代化浪潮、科技和产业变革的发展机遇失之交臂。直至1978年以来，才以改革开放的姿态逐渐追随经济全球化和新科技革命的步伐，开始了大踏步的追赶。邓小平同志曾反复强调，“现在的世界是开放的世界”[④]；要“使更多的人知道世界是什么面貌”；“关起门来，固步自封，夜郎自大，是发达不起来

① “中国来到世界舞台中心，是世界大变化，中国大发展带来的结果。过去几年世界的变化，特别是金融危机，大大加快我们来到世界舞台中心的进程。”吴建民：《大外交需摆脱弱国心态》，载《环球时报》，2013-11-20。

② 参见杜雁芸：《美国政府对中国国家形象的认知》，3页，北京，时事出版社，2013。

③ 与国际一流跨国公司相比，中央企业还缺乏全球叫得响的知名品牌。2013年央企有45家进入世界500强，但在国际权威品牌评估机构“英特品牌”公布的榜单中，还无一家中央企业入围“全球最佳品牌100强”。“缺少全球叫得响的知名品牌，是中央企业最突出、最严重的短板。没有一流品牌，就不可能真正成为世界一流企业。”“目前，全球80%的市场已被20%的著名品牌垄断，没有品牌的企业，只能成为卖苦力的工厂。”参见《国资委副主任黄淑和：缺少知名品牌是央企“短板”》，载《经济日报》，2013-10-16。

④ 《邓小平文选》，1版，第3卷，64页，北京，人民出版社，1993。

的"[①]；"重要的是，切不要把中国搞成一个关闭性的国家"；"坚持改革开放是决定中国命运的一招"[②]。而今我们又迎来新一轮经济全球化以及新的科技和产业革命的浪潮，进一步扩大开放更是当今改革发展和参与全球化的显著特征。习近平同志最近指出："中国越发展，就越开放，中国开放的大门不可能关闭。"[③] "改革开放只有进行时、没有完成时。"[④] 十八届三中全会指出，改革开放"是当代中国最鲜明的特色"，"是决定当代中国命运的关键选择，是党和人民事业大踏步赶上时代的重要法宝"。在全面深化改革开放的时代背景下，我们必须以更具改革开放的姿态开展"升级版"的知识产权司法保护，尤其要在解放思想和更新观念上下功夫，不断以观念创新和理论创新推动实践创新，积极推动我国知识产权保护的更加现代化。

（一）新形势新任务要求司法保护更具开放性

21世纪以来，更加自主和自觉地设计和实施知识产权制度，已是我国知识产权保护的明显特色。例如，2008年国家制定《国家知识产权战略纲要》，对于知识产权制度进行了自主、全面和系统的战略规划。近期以来新一轮知识产权法律修订，更加体现和强调自主修改，更多强调不是因为外部压力，而是为了适应国内创新和发展的需求、解决知识产权保护中的突出问题。但是，在强调自主性和适应国内需求的同时，仍不能忽视向国际标准靠拢，尤其是仍应高度重视研究和借鉴发达国家的知识产权保护经验。这更是国际形势和国内发展的必然要求。

首先，经济全球化的继续深化要求更高标准的知识产权保护。"当今世界，经济全球化深入发展的总趋势没有改变。"[⑤] 从国际情况看，当前全球化进一步加深，货物和市场要素的流通更加自由化，资源在全球范围内的配置更加重要，各国经济深度融合，WTO体系已不完全符合新一轮经济全球化的要求，区域经济一体化正在成为与全球化并行的世界经济发展趋势，欧美都在组建自己的区域集团，建立自贸区也已成为我国国家战略。[⑥] 新一轮经济全球化必然要求包括知识产权在内的国际贸易规则的相应调整，尤其是，美国正在推进TPP、TTIP谈判，试图构建新的全球贸易布局[⑦]，包括主导制定更高标准的知识产权规则，构建新的世界专利商标等知识产权体系，甚至有人认为试图以此牵制尚未加入TPP谈判的中国。美国在很大程度上仍具有制定国际贸易规则的主导权。如李光耀所说："今后二三十年，美国仍将是唯一的超级大国。""今天及今后几十年，国际社会的游戏规则仍将由美国制定。"[⑧] 美国推动的新一轮经贸谈判将谋求更全面和更高水准的知识产权保护。对此我们需要密切关注和未雨绸缪，必要时要积极参与。

其次，积极参与全球经济治理要求高水准的国内知识产权保护。我国是对外开放和加入世贸组织的最大受益国。我国已成为重要的全球制造业中心和制造大国，有极具国际吸引力的巨大国内市场。我国已于2009年成为世界第一大出口国和第二大进口国、世界第二大投资流入国[⑨]；2012年外贸总额首次超过美国，成为世界贸易规模最大的国家。我国GDP已居全球第二，成为经济大国。我国外贸结

① 《邓小平文选》，2版，第2卷，132页，北京，人民出版社，1994。

② 《邓小平文选》，1版，第3卷，306、368页，北京，人民出版社，1993。

③ 《习近平：三中全会将提综合性改革方案》，载《北京青年报》，2013-11-03。

④ 习近平：《关于〈中共中央关于全面深化改革若干重大问题的决定〉的说明》，见新华网，2013-11-15。

⑤ 汪洋：《构建开放型经济新体制》，见《〈中共中央关于全面深化改革若干重大问题的决定〉辅导读本》，39页，北京，人民出版社，2013。

⑥ 目前世界上几乎所有经济体都加入了不止一个自由贸易协定（FTA）。据WTO统计，截至2013年1月15日，向WTO通报的各类区域贸易协定共546个，其中241个正在实施。参见张小瑜：《全球自贸区快速发展》，载《环球时报》，2013-11-01。有人认为，在美国试图以TPP（跨太平洋伙伴关系协定）和TTIP（跨大西洋贸易与投资伙伴关系协定）推进区域经济一体化，架空全球贸易体系，以及世界贸易组织多哈回合谈判失败等情况下，中国需要以更大努力和耐心维护和推进全球贸易体系。当前确立世界贸易组织新规则的谈判举步维艰，而区域经济一体化方兴未艾，且更多由双边向多成员发展，协定内容日趋丰富和标准越来越高，这在很大程度上说明当今全球贸易体系已不能完全适合经济全球化的需要，世贸规则需要"升级"，区域经济一体化恰恰首开世贸规则"升级"之先河，在有关方面各个击破，在此基础上不排除再造新的全球贸易体系的可能性。这可能是开始了"否定"与"否定之否定"的过程。

⑦ "区域经济合作蓬勃发展，各类自由贸易协定大量涌现，成为经济全球化的重要动力。"TPP和TTIP等"超大自由贸易区正在孕育，将对经济全球化的走向产生深远影响"。汪洋：《构建开放型经济新体制》，见《〈中共中央关于全面深化改革若干重大问题的决定〉辅导读本》，39页，北京，人民出版社，2013。

⑧ 李光耀：《李光耀论中国与世界》，24页，北京，中信出版社，2013。

⑨ "目前，我国经济总量居世界第二位，成为第一大出口国、第二大进口国、第二大吸收外资国、第三大对外投资国、第一大外汇储备国。"汪洋：《构建开放型经济新体制》，见《〈中共中央关于全面深化改革若干重大问题的决定〉辅导读本》，40页，北京，人民出版社，2013。

构正在发生重大变化[①]，正在由“在中国制造”转向“由中国制造”、由“中国制造”转向“中国创造”，正在由经济大国向经济强国发展，我国在心态和行动上正在由非主流大国心态向主流大国心态、由地区大国向全球大国转变[②]，正在成为一个“行为文明、积极参与国际事务、更具世界特色、更加国际化和外向型”的现代化国家[③]。习近平同志指出：“随着中国的发展，中国将承担更多的国际责任，更积极参与国际事务及国际体系改革。”[④] 伴随国力的持续增强和国际地位的迅速提高，我国正在积极提升价值链、参与全球治理、主导话语权和扩大全球经济影响力[⑤]，“要以更加积极、自信、负责的姿态，参与国际体系变革和国际规则制定，参与全球性问题治理，增强我国在国际经贸规则和标准制定中的话语权”；“规则和标准的竞争是最高层次的竞争。我国加入了世界贸易组织，进入了重大经贸问题谈判的核心圈，在全球经济治理中发挥着越来越重要的作用”[⑥]。只有主动接受和推行主流的知识产权规则，才能在参与全球化中居于高端和前沿，为参与全球治理提供强有力的国内经验支撑和微观基础，树立良好的国际经贸形象，在参与全球化中挺直腰杆和具有底气。[⑦] 我们不但要吸收主流规则，还要在吸收的基础上创造现代知识产权经验，为国际社会提供知识产权公共产品，增强我国制度软实力。要充分认识到，包括知识产权规则在内的贸易规则，不同于民族性、政治性色彩浓厚的其他法律规则，是现代市场规则，并具有天然的跨国界性，这是借鉴吸收的重要基础。

再次，实施创新驱动发展战略要求全方位、高标准的知识产权保护。我国正在进行转方式促发展，进入攻坚克难的改革深水区，创新驱动已成为重要国家战略。习近平总书记指出，实施创新驱动发展战略决定着中华民族的前途命运，要把创新驱动发展作为面向未来的一项重大战略实施好。过去200年间西方发达国家经历了工业化、城镇化、农业现代化、信息化的“串联式”顺序发展，我国不可能按部就班和循序渐进地重复这样的发展过程，而必须从“串联式”到“并联式”发展，由大国走向强国，后发追赶，发挥后发优势并“弯道超车”，常规性与跨越式发展同时展开。新一轮科技革命和产业变革正在孕育兴起，我国也站在这一变革的起点上，机不可失失不再来，决不能再丧失历史机遇。知识产权保护在创新驱动发展中的作用更加重要。“知识产权是市场经济下创新体系的核心。”[⑧] 例如，国外有人在美国能否保持对华创新优势的评论中认为，“美国仍然从保护和支持技术创新的法律体系中获得巨大优势”；中国近期在创新能力上不太可能超越美国的一个重要原因是，“中国还没有建立坚实可靠的知识产权法律体系”，“在权利不确定不稳定的情况

---

① 例如，2013年前三个季度我国外贸实现整体好转。外贸继续增长；外贸依存度持续回落；随着我国加工贸易转型升级，开始从以往的加工装备为主的低附加值环节向研发设计、创立品牌等产业链的高端环节延伸，逐步实现从委托来料加工为主向自营进料加工为主运作方式的转变，出口的产品结构优化升级；国内地区间的外贸布局正在优化；随着加快推进自贸区建设和大力开拓新兴市场，贸易伙伴更加多元化。上海自贸区的建设也将对我国外贸有重大拉动作用。参见《前三季度外贸实现整体好转》，载《经济日报》，2013-10-13。

② 如李光耀所说：“今天，中国是世界上发展速度最快的发展中国家，其速度在50年前是无法想象的，这是一个无人预料到的巨大转变……中国人的预期和抱负已经提升。每一位中国人都渴望一个强大、富裕的中国，一个与美国、欧洲国家和日本同样繁荣昌盛并同样具有科技竞争力的中国。这种重新唤醒的使命感是一股极其强大的力量。”李光耀：《李光耀论中国与世界》，4页，北京，中信出版社，2013。

③ 如李光耀所说：“中国有可能变成一个盲目排外、奉行沙文主义的力量，会因西方试图放缓或阻止其发展而仇恨、敌视西方，也有可能变成一个行为文明、积极参与国际事务、更具世界特色、更加国际化和外向型的国家，亚太地区的和平与安全将取决于中国朝哪个方向演变。”李光耀：《李光耀论中国与世界》，56页，北京，中信出版社，2013。

④ 《习近平：三中全会将提综合性改革方案》，载《北京青年报》，2013-11-03。

⑤ “随着综合国力提升，我国在国际经济治理体系中的话语权和影响力不断增强，各方在重大国际和地区问题上更加关注中国的立场，更加注重对我国的借重与合作。同时，我国被加速推向国际事务前台，一些发达国家在全球经济再平衡、应对气候变化、人民币汇率、知识产权保护、市场开放等方面对我国的要求越来越高，一些发展中国家对我国的期待也越来越多。”汪洋：《构建开放型经济新体制》，见《〈中共中央关于全面深化改革若干重大问题的决定〉辅导读本》，41页，北京，人民出版社，2013。

⑥ 汪洋：《构建开放型经济新体制》，见《〈中共中央关于全面深化改革若干重大问题的决定〉辅导读本》，49页，北京，人民出版社，2013。

⑦ 我国需要和正在积极参与全球经济治理，正在由国际规则的被动接受者转向全球经济治理的积极参与者，但全球经贸规则仍然由西方主导。国内变革的滞后会制约我国参与全球经济治理的能力，我国为全球提供公共产品的能力和水平有限。我们需要通过国际化和法治化，为参与全球经济治理提供国内基础。

⑧ ［美］约瑟夫·斯蒂格利茨：《新发展模式》，见王梦奎主编：《迈向新增长方式的中国》，26页，北京，社会科学文献出版社，2007。

下，就连国内制造商可能也缺乏劲头”①。我国国内已孕育和萌生了越来越多的创新需求。例如，靠模仿难有持续的竞争力、通过技术创新提升竞争力和增强议价能力以及转型升级的前提是掌握核心技术，“从模仿到引领”提升利润空间，已成为我国外贸企业的共识；从贴牌到自主、强化品牌和叫响“中国品牌”，已成为外贸企业实力增强后的必然选择，也是外贸环境变化的倒逼使然。② 可见，实施创新驱动战略需要高水准的知识产权保护，这是一项重要的制度环境。

总之，当前我国国力大增，又处于改革开放的新起点，在符合我国发展需求和承受能力的前提下，我国应以更大的勇气和更高的要求吸收借鉴知识产权通行规则，并积极创造世界性经验。我国新一轮的知识产权制度设计必须与促进转型升级和创新驱动发展相适应，必须与积极参与经济全球化、引进外国投资和深化经济技术交流相适应，使我国的知识产权规则更加符合国际通行标准。与此相适应，我国知识产权司法保护必须解放思想、转变观念和开拓创新，具有更加开放的姿态。

（二）司法保护要强化四种意识

根据当前国际国内形势，当前“升级版”的知识产权司法保护尤其要强调以下四种意识：

第一，强化大国意识。

今天的中国已经走向亚太和全球的经济舞台。我国知识产权司法保护要与我国的经济贸易大国地位相适应，与具有全球影响力的巨大国内市场和日益增强的国际影响力相适应，与我国谋求深度参与全球治理和提升国际地位的要求相适应，切实增强大国意识和树立大国风范。我国的保护实践已经丰富多彩并在诸多领域已处于前沿高端，一举一动都可能受国际关注和产生国际影响，要自觉树立负责任大国形象；我国有大国的国家利益，需要发出大国的声音和谋求话语权，以大国的姿态交流和对话③；重大的国际场合已不允许中国缺席，中国缺席对于别人是遗憾，对于自己是丧失机会。我们要切实增强全球视野和国际眼光，既高度重视国际主流和通行做法，保持司法的前沿性和前瞻性，又敢于创造和贡献中国的经验，敢为天下先，逐步发挥引领作用。我国已有比较先进的法律体系，这是司法保护能够具有先进性的法律保障。我国有前沿尖端技术，有高端产业，有鲜活的知识产权保护实践和丰富多彩的实践素材，事实上我们在一些知识产权保护领域能够处于国际前沿尖端，具有产生世界性影响的潜力。尤其应当充分认识到，一流的技术和一流的产业必须有与其相适应的一流司法；一流的大国和一流的市场，也必然要求一流的司法。例如，我国北京、上海、浙江、广东等地法院裁判了一些在国际上都属于前沿尖端问题的知识产权案件，受到了国际关注。广东法院裁判的涉及行业标准的基础专利使用许可垄断纠纷案④，为国际上尚且为数不多的同类案件树立一个新典型，很有创新意义，引起了欧美发达国家较为广泛的讨论和关注，甚至影响了有关国家的相关司法，为世界范围内类似案件的裁判贡献了中国经验。

第二，强化接轨意识。

当今世界已是全球化的时代。“当代全球化的影响如此广泛深入，动力如此强大无比，以至于任何国家都已经无法趋利避害、有所选择。全球化是我们一生中所经历的最大经济变化，不管你喜欢不喜欢。”⑤ 改革开放以来，我国始终是经济全球化的重要推动者和积极参与者。邓小平同志指出：“我们最大的经验就是不要脱离世界”⑥。亦如郑必坚先生所说：“中国的发展离不开世界，现在如此，今后仍然离不开。从邓小平到现在的新一代领导人，一直是这样观察把握的。中国不会关上开放的大门。中国越发展，也将越开放，与世界各国的共同利益也越大。最近设立的上海自贸区就是中国进一步对外开放的重要标志。”⑦ 无论是国际还是国内，知识产权保护的一个普遍的显著特征是始终与国际贸易和经济全球化相伴随。19世纪末叶开始，随着主要发达

① 《美对华创新优势将持续下去》，原载日本《外交学者》杂志网站（2013年10月30日文章），载《参考消息》，2013-11-01。

② 参见《中国外贸谋升级》，载《人民日报》（美洲刊），2013-11-01。

③ “这些年来，在中国的学界和媒体上，经常谈到软实力和话语权的问题。软实力也好，话语权也好，绝不是卡拉OK自娱自乐，也绝不是自己说有就有的。你讲的话，你提出的主张，世界上多数人觉得有道理，有吸引力，受到欢迎，这样才有软实力，才有话语权。如果你的言行，你的主张，人家讨厌、反感、厌恶，那就谈不上什么软实力了，也没有什么话语权了。干得越多，讲得越多越糟糕。”吴建民：《大外交需摆脱弱国心态》，载《环球时报》，2013-11-20。

④ 华为公司与美国IDC公司滥用市场地位垄断纠纷案，参见林劲标：《跨越太平洋的较量——广东高院审结华为公司与美国IDC公司滥用市场地位纠纷》，载《人民法院报》，2013-10-29。

⑤ ［美］罗伯特·夏皮罗：《下一轮全球趋势》，97页，北京，中信出版社，2009。

⑥ 《邓小平文选》，1版，第3卷，290页，北京，人民出版社，1993。

⑦ 郑必坚、［美］基辛格等：《世界热议中国——寻找共同繁荣之路》，北京，中信出版社，2013。

国家完成工业化，开始向强调输出技术、文化产品和品牌的发展战略转移，1883 年《保护工业产权巴黎公约》和 1886 年《保护文学和艺术作品伯尔尼公约》等具有国际奠基性的知识产权公约应运而生，此后随着经济全球化的不断深化而不断修订。这些条约塑造了各国知识产权的国内基本立法。世界贸易组织的建立标志着经济全球化进入一个全面系统的新高度和新阶段，而《与贸易有关的知识产权协议》（TRIPS）直接被纳入其中。随着以全球贸易体系与区域经济一体化并存、自由贸易区勃兴为重要标志的新一轮经济全球化的展开，知识产权保护标准继续被推高。我国知识产权保护自始都是在参与经济全球化中与国际接轨，且至今“我国作为现行国际经贸规则适应者、遵循者的角色没有根本改变”[①]，因而在经济全球化更加深化的背景下，无疑要继续强化接轨意识，加强与国际接轨，“积极对接国际先进理念和通行规则”[②]。

当然，接轨问题比较复杂，不能简单看待和处理。首先，所谓的主流规则乃是国际上比较公认的先进规则。美国在国际规则的制定上有很大的主导性和话语权，且通常将其国内实践推向国际，但主流规则并不必然是美国规则和做法。美国有最为发达的知识产权保护体系和比较成熟的知识产权制度，美国在国际上推动的知识产权规则经常以其国内规则为蓝本，可资借鉴的美国知识产权规则确实很多，我们也应该花大力气着重研究美国知识产权制度，但一定注意甄别，不能囫囵吞枣式地接受，盲目地认定美国的规则都是好的和先进的。“在《与贸易有关的知识产权协议》（TRIPS）影响下，很多国家正在采用美国式的知识产权保护制度，但这种制度不仅难以适应美国的情况，对发展中国家来说更不适用，特别是美国自己都还在适应阶段。”[③] 美国在国际上推行的一些制度，在其国内也未必做到。美国在主导国际规则制定的同时，也在不断调适自己的制度，有时也吸收其他国家的通行做法，如在专利法修改时将“先发明”制度改为国际通行的“先申请”制度。[④] 除美国外，对于其他发达经济体的知识产权保护也应给予应有关注。其次，除条约的刚性约束外，可以借鉴其他先进的主流规则，但在操作细节和具体实现上也要注意差异，不必亦步亦趋，要根据我国国情和实际进行保护，不作绝对的或者简单化的中外对比和衡量。例如，我国侵害知识产权的赔偿数额日益提高，但提高必然有一个渐进过程，不宜简单与美国相应的赔偿数额对比，应既考虑国际趋势和国外情况的复杂性，又考虑我国的情况。

第三，强化国家利益意识。

新一轮的知识产权接轨是在我国实力和国力大增的基础上的接轨，不同于改革开放初期的被动性“倒逼”接轨，而更具自主性、自觉性和选择性，是接轨与适应国内需求的深度融合，归根结底要使知识产权保护更符合我国创新发展需求和国家利益。

在知识产权保护中，国家利益是最高的衡量标准。我国知识产权制度一定要符合我国国情实际和具有促进国家发展的导向，时刻注意维护国家利益。“每个国家必须有一个能够适应自身实际的知识产权制度。这个制度必须调整成本和效益之间的平衡，而具体的方法则在发达国家和发展中国家之间存在着巨大的差异。”“发展中国家所面临的一个主要问题是缩短与发达国家之间存在的知识差距。而如果知识产权制度设计不当，就会使得缩短差距的目标更难以实现。”[⑤] 这些说法很有道理。尽管知识产权国际化程度高，但国内制度的空间仍然很大，司法要注重国家利益取向，切实运用好有利的制度空间，最大限度地为促进我国创新和发展提供条件和创造机遇。例如，我国奉行的“分门别类、宽严适度”的知识产权司法政策，就是积极运用制度空间促进我国创新发展的重要体现。

当然，在当今全球化和全球治理中，绝对国家利益观念已不符合全球治理的现实，国家利益已经相对化，合作共赢已是重要的全球治理理念和全球

---

① 汪洋：《构建开放型经济新体制》，见《〈中共中央关于全面深化改革若干重大问题的决定〉辅导读本》，49 页，北京，人民出版社，2013。

② 同上书，48 页。

③ ［美］约瑟夫·斯蒂格利茨：《新发展模式》，见王梦奎主编：《迈向新增长方式的中国》，27 页，北京，社会科学文献出版社，2007。

④ 当然，有的学者也指出：“美国在《美国发明法案》之前已经大规模地采用了某种形式上的先申请制度，所以关于《美国发明法案》是否真如许多美国专利学者和律师所说对美国的优先权制度作了重大改变，还有待进一步讨论。”但是，不论如何，该法案确实首次正式确立了这样一项制度。参见竹中俊子主编：《专利法律与理论——当代研究指南》，“中文版前言和致谢”，5 页，北京，知识产权出版社，2013。

⑤ ［美］约瑟夫·斯蒂格利茨：《新发展模式》，见王梦奎主编：《迈向新增长方式的中国》，27 页，北京，社会科学文献出版社，2007。

化时代特点。①我们强调的国家利益是合作共赢基础上的相对和比较的国家利益，不能把国家利益绝对化和狭隘化，不能将其作为盲目自大和排外的借口。在知识产权保护中，要妥善处理眼前利益与长远利益、具体利益与根本利益、让渡利益与换取利益的关系，认清国内需求与对外交往的有机联系，注重实现“两害相权取其轻”“两利相权取其重”的相对和比较国家利益。

第四，强化适度保护意识。

适度保护的内涵是丰富的，具有多面性、多色调而非单一性、单色调。它首先要求加强保护，这是知识产权保护的基本导向和定位。它同时要求保护强度与创新和发展的阶段性需求相适应，不能人为地“拔高”或者“滞后”，注意维护权利与公共利益的平衡。

就创新发展的阶段性特征而言，知识产权保护政策要有足够的弹性，要适应前述我国经济发展和知识产权特殊矛盾期的复杂性，统筹兼顾各种创新和发展的需求，既加强保护前沿尖端，又兼顾创新发展的渐进性和层次性，在总体方向上有利于促进科技赶超、创建自主品牌、促进文化艺术繁荣以及竞争的公平性，在具体的保护上能够分门别类和宽严适度，照顾多层次需求和满足多样化的需要。例如，我们既加大专利权保护，又加强对于权利状况的审查和适当限制等同侵权适用；既加大品牌保护力度和营造宽松的品牌发展空间，又允许特殊情况下的善意共存和包容性增长；既加强著作权保护，又兼顾产业发展空间及科技和商业模式创新；既适当发挥反不正当竞争的附加保护功能，又适当限制其发挥作用的空间和范围。这些司法政策都充分考虑了我国发展的阶段性需求。

就特色而言，对于一些民族性和国情色彩浓厚的领域，或者一些特殊的中国式问题，需要坚持独具一格的中国式处理，不盲目与其他国家保持一致或者寻求国际标准。我国有特殊的历史、文化和国情，也有特色产业和特殊利益需求，必然产生特殊的知识产权保护问题，对于这些问题必须从我国国情和实际出发，按照我国的方式解决。这些问题并不涉及履行条约义务及其他国际保护问题，而仅仅是如何适用我国法律以及用我国法律解决我国自己的一些特殊问题。由于这些问题的特殊性，国外的类似做法要慎重借鉴，一定要看到貌似背后的实质性差异，不宜以简单类比现象和结论的方式囫囵吞枣式借鉴国外做法，或者否定我们的做法；确因本质上的差异不能借鉴的，理直气壮和敢为天下先地做出我们自己的决策或裁决。比较法固然有益和重要，但一定首先要与我们的实际相结合，不能脱离实际地进行比较和借鉴。

例如，前一时期涉及中文字库的著作权保护问题引起了热烈的讨论。就字库中的单个汉字能否具有可版权性，争论尤为激烈。不少人举出国外不保护此类字体的例子，主张我国也不应该给予保护，且主张给予保护还会影响文化传播等等。但是，我国汉字具有独特性，承载着厚重的文化和艺术，并依托着相应的产业，与西方文字差别很大，对于中文字库中的单个字体能否保护，一定要从我国实际出发，同时考虑产业政策等因素。这种以中国式思维处理中国特殊问题的方式，是必要的。存在决定意识，也决定着我们的保护态度。保护方向和政策确定了，具体法律标准问题就迎刃而解。

可见，我们需要借鉴国外有益经验，但其他国家的做法不符合我国实际时，我们无须也不应人云亦云。该创新的时候就要创新，走自己的路。别人没有走过的路我们照样可以走，不能因为别人没有走过就不敢理直气壮和没有底气，要有发展自信和法理自信。当然，创新性保护一定要符合我国实际，有利于我国技术创新、商业模式创新以及促进经济、社会和文化的繁荣。这才是衡量我国能否创新性适用法律的根本标准。

三、司法保护要更加注重促进知识产权质量与价值的提高

十八届三中全会通过的《中共中央关于全面深化改革若干重大问题的决定》指出，“使市场在资源配置中起决定性作用”。这是一项重大的理论创新和理论论断。知识产权保护与知识产权的实际质量和市场价值相协调和相适应，是发挥市场配置资源决定性作用的重要体现。知识产权是重要的创新资源和市场资源，如果它们之间的关系相互背离和相互扭曲，必然导致与知识产权和创新相关的市场资源配置的严重扭曲，阻碍有关创新的市场关系的健康发展。当前我国专利等知识产权数量“虚高”、质量较低和市场价值不高的现象较为突出，影响了知识产权的实际效用，进而影响了人们对于知识产权重

① 有的学者甚至说：“经济全球化往往造成经济的‘去国家化’，传统意义上的经济主权已经变得没有意义。”“经济全球化意味着共享一些正式和非正式的制度、规则和标准。没有它，国际经济与金融活动的协调就会非常困难，自私的民族国家可能会给其他国家带来经济灾难。”郑永年：《通往大国之路》，110～111页，北京，东方出版社，2012。

要性的认识和预期，也降低了知识产权在经济生活中的实际重要性。质量与市场价值本来是应该匹配的，质量不高的知识产权不应该也不可能有较高的市场价值，否则会使知识产权制度扭曲。但是，较高质量的知识产权不能获得应有的市场价值，同样会使知识产权的重要性不能彰显。因此，知识产权保护既要积极促进知识产权质量的提高，又要使具有较高质量的知识产权获得积极的市场评价。这一目标的实现涉及多个环节，而司法要竭尽其能，确保这些目标的实现。提升知识产权的质量和提高其市场价值，应当是"升级版"司法保护的一项重要目标。

（一）加强授权确权司法审查的导向性

有效行使专利商标等授权确权行为的司法审查权，净化权利环境和提高权利质量，是司法积极影响知识产权授权质量的重要切入点。司法通过充分行使审查权，确保授予的权利真正符合授权条件，不符合条件的权利不予授权或被宣告无效。首先，由于授权确权行政行为决定的是是否授予或者宣告民事权利无效，法院在事实认定和法律适用上应有充分和全面的审查权，应当切实增强司法审查的深广度。其次，要重点加强司法对于行政授权确权标准的完善和引导。司法要更加注重对于审查标准的总结和把握，有效行使对于审查标准的最终决定权，并通过司法解释和司法政策等方式推动审查标准的完善，促进授权确权水平和质量的提高。司法对于授权确权标准的实际影响力和最终决定权，行使对"标准"的主导权，是发挥司法主导作用的重要内容。例如，美国联邦法院尤其是联邦巡回法院审理的专利案件绝对数量并不大，通常每年不到 3 000 件，而美国专利商标局授权专利数量非常庞大，但在确定专利法律标准和完善专利法律制度上，联邦法院却具有举足轻重的地位和作用。如美国学者所说，美国专利商标局从技术和细节方面推动专利法的有效运转，而联邦巡回法院则是"专利法原则政策的掌舵者"（patent law's principle policy driver）。[①]"美国进入审查指南的连续申请制度，以及其他大部分重要的专利审查制度，都是在司法诉讼中，律师、工程师、法官们长期互动的结果，是司法理性的结晶。《专利审查指南》不过是把这些散落在海量判例中的司法理性总结成了审查规则。"[②] 这种状态也是我们迟早要达到的。我国全面开展知识产权授权确权的司法审查还只有十余年的短暂历史，司法与行政的互动关系还是初步的，司法审查的深广度还不够，今后应增强影响和引导制度建构的自觉性和主动性，通过司法与行政的良性互动实现更理性和更科学的制度运行。

（二）不保护无法保护的知识产权

知识产权民事保护要注意与授权状况相协调，要注意"倒逼"授权确权质量的提高。对于因授权缺陷导致的不具有可保护性的权利，不应当给予民事保护。例如，因授权缺陷导致的权利范围不明、无法通过解释澄清的专利，或者明显不符合授权条件的专利，因无法保护而不给予民事保护；虽经注册但不具有可商标性的商标，或者以违法手段获取注册的商标，应不给予民事保护。不保护不适格的民事权利，乃是因为这些权利无从和无法保护。审查知识产权是否适格，但不直接宣告权利无效，乃是民事司法的应有之义，不存在逾越权力的问题。

（三）实现司法"定价"与市场定价的良性循环

能够在诉讼中进行检验的专利等知识产权，往往都具有较高的质量和市场价值。如果对于这些权利保护不充分，尤其是赔偿不到位和禁令不力，就会使权利的市场价值不能彰显，或者纵容行为人通过侵权而不是获得许可的方式进行使用。因此，加大保护力度对于知识产权获得应有价值至关重要。

就损害赔偿而言，确定赔偿数额本质上是由司法对于知识产权进行"定价"，这种定价经常参照现实的市场价值（如市场利益或者许可费的损失），而定价的高低反过来又会影响权利的市场价值（包括影响将来的许可费等市场定价），对于权利的市场价值具有逆向导向作用。司法定价与市场价值良性的关系应当是，司法确定赔偿时应当认真研究市场价值，尽可能准确反映市场价值，而司法定价反过来又能够正确引导市场定价，使市场定价与权利本来的市场价值相符合。只有形成如此良性循环的定价关系，才会使司法与市场良性互动。例如，美国专利等知识产权诉讼很活跃，由此提高了权利的市场价值，市场价值引导司法赔偿，而司法赔偿反过来又推动市场定价。一些企业甚至通过诉讼方式确定赔偿额，为将来许可他人使用确定可资参照的费率标准。[③] 诉讼与市场的良性互动关系使美国成为

① Craig Allen Nard, *The Law of Patents*, second edition, preface to the second edition, Wolters Kluwer, 2011.

② 《为什么美国专利最值钱》，见中国知识产权研究会：《知识产权竞争动态》，2012（12）。

③ 美国联邦巡回法院首席法官瑞德（Rader）曾于 2013 年 10 月中旬在中国人民大学知识产权学院召开的一次座谈会上介绍这些情况。

“全球最活跃最有价值的专利市场”①。

而且，考虑到知识产权的无体财产属性及其价值的不确定性，考虑到知识产权损害赔偿的举证困难，赔偿数额的司法定价往往具有双重性，即确定性与导向性。前者体现的是事实和证据因素，如根据实际损失、利润损失或者许可费等确定损失数额，需要相应的证据证明；后者体现的是导向或者调适因素，是对于赔偿与知识产权价值关系的总体把握和导向，引导赔偿与市场价值相适应和相促进，它是在事实和证据的基础上的价值平衡和市场提升，源于事实因素而高于事实因素。事实因素在所有民事侵权损害赔偿中都有体现，而导向和调适因素则体现了知识产权的特色，体现了它与有体财产损害赔偿不同的理念和方法。提升知识产权的市场价值，必须重视导向和调适因素，通过调适和导向，使知识产权价值和损害赔偿能够达到足以激励创新的程度和预期。倡导和实现导向因素，需要转变观念和凝聚共识，确立与知识产权制度相适应的价值观和损害赔偿观，构建具有无体财产特色的损害赔偿体系。同时，为防止知识产权价值与其质量相脱节，防止助推价值虚高而导致保护“异化”，要注重构建加强保护的良好前提和基础，特别要重视对于权利状况的审查，并且使保护强度与权利的可保护价值相适应，不保护无法保护的知识产权，也不给予超出其创造性程度的额外保护。

我国损害赔偿总体偏低，不利于彰显权利的价值，不能很好地形成司法与市场的良性互动。笔者曾在中国知识产权法研究会2013年年会的主旨发言中提出要将司法定价与市场定价密切挂钩，“如果被侵害的知识产权不能得到充分赔偿，知识产权就将成为廉价品。我们要通过提高司法赔偿额，来引导知识产权市场价值的提高。而知识产权市场价值的提高，反过来又将推动司法定价的进一步提升”②。当前我国立法和司法实践均已注意到这一问题，如在法定定额赔偿之外的实际损失赔偿中强调裁量性的酌情赔偿，既基于实际损失的证据，又考量无法证明的损失的可能性，据此酌定一个数额，尽可能克服事实和证据因素的局限性，引入导向因素，达到适当提高赔偿数额的目的。这一问题仍需在理论上提升认识，在司法中具体落实和解决。司法实践已提出加大赔偿力度的目标方向，采取了一些具体措施，但仍有较多的问题需要解决。尤其是，要深入研究和把握知识产权的市场价值，确定恰当的司法定价基础，并注重导向因素，在司法定价上凝聚更多共识，在此基础上形成符合市场规律和满足权利保护要求的定价机制，再通过司法定价影响市场定价。

四、司法保护要更加注意彰显法治形象

“升级版”的中国经济必须是法治经济，知识产权保护是法治经济的重要环节。依法保护是知识产权保护的立足点，知识产权保护必须强化法治思维和法治方式，强化法治治理和弱化政策治理。“法律的权威和地位是衡量一个国家、一个社会文明进步的重要标准。”③ 这句话同样适用于知识产权保护。只有高度法治化的知识产权保护，才能够更好地与国际对话和为国际社会所接受，才能实现可持续发展。尤其是，法治形象是重要的现代国家形象，国家形象则是重要的国家软实力。“国家形象对一国发展和安全的影响比以往任何时候都更大、更快、更直接。国家形象不仅关涉国际关系行为体的可持续发展，也决定其在国际体系中的话语权。”“一国对另一国的形象认知，影响本国对他国的政策取向。”如提出《北京共识》的美国学者雷默所说：“中国目前最大的‘战略威胁’之一，在于其‘国家形象’。中国目前最重大的战略挑战，都与其‘国家形象’相关。”④ 加强知识产权法治对于树立和维护良好的国家形象意义重大。

（一）通过司法保护增强国际认同

在西方国家，法院是法律帝国的首都，法官是法律帝国的王侯。司法是法治的重要体现和象征。在这种思维定式之下，司法在知识产权保护中的地位和作用，也被西方国家作为衡量知识产权法治程度和保护程度的重要标尺。据说我国一位知识产权行政部门的主管领导在美国演讲，在回答听众关于

---

① 有论者指出：“中国的科技人才资源总量目前居世界第一，国际科技论文数量居世界第二，发明专利申请量也居世界第三，但就是这样一个具有世界影响力的科技大国，却无力在国际专利市场掀起一点点风浪。很显然，中国智慧没有得到应该有的价值。”“中国的专利申请量虽然位居世界第三，但绝大多数为国内专利。特别在美国这个全球最活跃最有价值的专利市场上，中国每年却只有不到2%的申请量，即便是这仅有的2%，绝大多数也只是一些通过普通中介申请的没有太多价值的专利。”陈杰：《中国智慧也应明码标价》，载《科技日报》，2013-10-23。

② 《专家建议法院判赔与市场价值挂钩》，载《法制日报》，2013-11-08。

③ 何毅亭：《学习习近平总书记重要讲话》，51页，北京，人民出版社，2013。

④ 转引自杜雁芸：《美国政府对中国国家形象的认知》，2～3页，北京，时事出版社，2013。

中国行政机关如何对待司法判决确定的法律标准时指出，中国非判例法国家，司法标准对其不具有拘束力，行政授权仍遵循自己的标准，不必顾及判决的不同态度。这种回答当时即引起一阵骚动，导致国外听众的不解和困惑。我想这是因为，行政遵从司法确立的授权确权标准是法治的要求，反映和维护的是一种法律秩序，也是法治国家的通例，而与是否采取判例制度基本无涉。行政无须遵从司法标准的回答，势必会引起国外同行对于我国知识产权法治的误解，不利于彰显我国知识产权法治形象和维护良好的国家形象。《国家知识产权战略纲要》提出发挥司法保护知识产权的主导作用，显然是在考虑知识产权保护的本质要求和各国行之有效的普遍做法的基础上做出的战略选择，其重要目的也是彰显法治，将知识产权保护纳入法治轨道。因此，司法发挥保护知识产权的主导作用，有利于彰显我国知识产权法治形象，有利于我国知识产权保护为国际主流社会理解、认同，有利于我国知识产权保护跻身国际主流，增强国内外对于我国保护知识产权的信心。

而且，在一些国际共通性较强的经贸领域，过于强调本国的特色，常常不利于为国际社会所认同。例如，在我国申请复关和加入关贸总协定过程中，从 1986 年到 1992 年对于我国经济体制进行了 6 年的审查（通常时间为 1～2 个月），障碍是我国当时尚未接受“市场经济”的提法，当时中国谈判代表团想尽办法描述我国经贸体制，介绍什么是计划调节与市场调节相结合的商品经济体制，最后还是不得不补充说明是以市场调节为主、以计划调节为辅等。在外国人眼里则要么是市场经济，要么是相反，对于我国的那些解释是无法理解接受的。直至 1992 年邓小平南方谈话提出社会主义可以搞市场经济，1992 年 9 月十四大提出建立社会主义市场经济的改革目标，同年 10 月中国在日内瓦关贸总协定大会上宣布中国搞市场经济，才使入世谈判中对于中国经济贸易体制的审查问题迎刃而解。[①] 同样，在知识产权保护成为国际贸易和国家关系重要话题的情况下，以尽可能与国际接轨的法治制度保护知识产权，有利于国际认同和增强国际话语权。

（二）处理好法律治理与政策治理的关系

打造知识产权保护“升级版”，需要更加强化法治治理，弱化或者改善运动式专项整治等政策性治理。例如，由于我国知识产权制度建立时间短，知识产权侵权现象在有些领域和地区较为严重，加之我国有特殊的执法体制和习惯做法，时常开展阶段性的专项整治等执法活动，在一段时期内和特殊历史条件下，这种措施对于持续不断地宣示保护决心、提升保护水平、强化保护意识和应对一时的国外压力，具有一定的必要性。但是，这类活动毕竟具有浓厚的政策治理色彩，会淡化和削弱常规机制的作用，减少人们对于常规机制的信赖，也可能助长侵权行为人的侵权投机心理，国外权利人对此也常常是“喜忧”参半和疑虑重重，长此以往不利于彰显法治和维护法治形象。因此，这种政策性治理应当弱化和逐步消除。我国已建立较为完善的司法和行政执法体系，要充分发挥其常规职能作用，尽力维护其高效权威，多做些“培根”“固本”的工作；要时刻注意法律执行的长效性和稳定性，尽可能不去搞“头痛医头脚痛医脚”的运动式治理，避免使法律的执行受到随意化和情绪化的干扰，避免为一时一事改变甚至损害法律的长效执行；国家的责任是为救济和保护提供畅通和良好的制度渠道，即使执行体制有问题，也应该尽可能通过加以完善来解决。

（三）高度重视司法的法治导向作用

司法是法治的重要化身和代表，《国家知识产权战略纲要》要求切实加强司法体系建设，发挥司法保护主导作用，这是重视法治的重要体现。正如有的企业界人士所提出的：“政府不要所有的事情都去兜底，因为就算你找美国政府让它行政保护，也是不行的，它就是司法保护和有限的行政保护，法院的司法程序，国际贸易委员会的程序，就这两个程序，权利人去主张权利就好了，你找政府没有用，最后也解决不了。专项行动这种形式，是一种短期的行为，并不是可持续的长期的行为，作为一个国家的法律或者可持续的司法制度，它应该是一个稳定的环境，所以我们觉得，更重要的是在于加强真正的执法，在立法层面构筑知识产权竞争力，而不是头痛医头脚痛医脚，这样永远会被人家牵着鼻子走。美国也会有假货，美国不会说搞个政府专项行动去打假货，权利人有权利就去国际贸易委员会主

① 正如龙永图所说：“中国入世谈判的最大决策应该是邓小平同志做出的，是小平同志的功劳。中国能够入世是因为有了邓小平同志在理论上的重大突破，才使得我们应用到谈判中，否则中国不能成为关贸总协定的成员。”参见赵亿宁：《中国入世大角力——新型超级大国的拐点》，14～15 页，杭州，浙江人民出版社，2013。

张，去法院主张就可以了。”[①] 这些见解是很深刻的。我国目前已形成重大和疑难知识产权争议更倾向于寻求司法裁决的趋向，似乎初步形成了司法保护与行政保护的这种自然分工，而且随着科技创新和市场竞争日趋活跃，新情况新问题层出不穷，试探法律边界或者希望法院明晰法律标准的知识产权案件越来越多，司法裁判明辨是非以及确立和统一标准的作用更加凸显，也成为发挥主导作用的重要方面。这就要求司法更加注重积极发挥这些作用，尤其要妥善处理好调判关系，更加重视当判则判。

（四）增强法律执行的可预见性、稳定性和连续性

法治的内涵是丰富的。如：“遵从法律的可预见性、连续性和统一性”；“所有司法裁判均须通过公开的程序作出，而且要言之有理，忠诚于法律”[②]。可预见性、连续性和统一性是法治的基本要求。“任何法律制度都高度珍视法律的稳定性和连续性。”[③] 我国虽非判例法国家，但强调裁判的连续一致性和同案同判，强调判例的指导和示范作用，强调行政授权确权标准遵从司法裁判，就是出于维护法律的可预见性、连续性和统一性的要求。在知识产权保护中，执法的可预见性、连续性和统一性以及公开、透明、说理等，对于营造创新和发展的良好环境至关重要。无论是司法还是行政执法，对此均应高度重视。司法在维护这些价值上具有天然的优势和更高的期待，尤其要率先垂范。司法在保护知识产权中的主导地位，实际上就是为了彰显法治的主导地位。司法更要重视维护法律的安定性和确定性，强调程序保障和过程透明，重视遵循法律适用的先例，为利益攸关方提供稳定和可期待的预期，尽量避免受反复无常的困扰。这是良好的法律环境、投资环境、创新环境和市场环境的重要标志与象征。

（五）加强平等保护

“升级版”的知识产权法治要更加重视对于各类权利人的一视同仁和平等保护，营造良好的贸易投资环境，决不搞厚此薄彼和差别待遇，不搞贸易保护主义和地方保护。

（作者单位：最高人民法院第一巡回法庭）

合理使用认定的有罪推定

——评国内首例谷歌数字图书著作权纠纷案

石必胜

在网络环境下如何认定合理使用，是网络环境下的著作权纠纷案件的常见争议焦点之一。围绕谷歌数字图书计划，知识产权界对合理使用的认定进行了较为深入的探讨。虽然2013年11月美国的判决认定谷歌数字图书构成合理使用[④]，但围绕谷歌数字图书的争议还在进行。2014年1月，笔者作为二审承办法官审结了王莘诉北京谷翔信息技术有限公司（以下简称谷翔公司）、谷歌公司侵害著作权纠纷案[⑤]，该案为国内首例作家诉谷歌数字图书的著作权纠纷案。本文对一二审判决的相关论述进行了整理，并以此为基础对合理使用的具体认定规则进行简要分析。

一、涉案信息网络传播行为的合理使用评价

（一）基本案情

笔名为棉棉的王莘是《盐酸情人》一书（以下简称涉案作品）的作者。2009年10月，王莘的委托代理人登录谷翔公司经营的域名为 http://www.google.cn 的“Google谷歌”网站（以下简称谷歌中国网站），进行了以下操作：（1）进入其中图书搜索栏目页面，在搜索框中键入“棉棉”关键词进行搜索。在搜索结果中位于第一位的即为涉案作品。（2）点击该搜索结果，进入下一页面。该页面中显示有涉案作品的图书概述、作品的片段、常用术语和短语、作品的版权信息等内容，上述页面均在谷歌中国网站页面下，未显示其他网站网址。（3）在该页面下，选择前一页面中常用术语和短语中所列明的相应关键词进行搜索，可以看到相关的作品片段，但整个过程仍均在谷歌中国网站页面下，未显示其他网站网址。

王莘以谷歌公司电子化扫描涉案作品、谷翔公司在谷歌中国网站上显示涉案作品片段的信息网络传播行为构成侵权为由，向北京市第一中级人民法院提起诉讼，要求停止侵权、赔偿损失1 000万元。

---

① 宋柳平（华为技术有限公司副总裁）在上海知识产权局第七次专家咨询会上的发言，见上海市知识产权发展研究中心主办：《知识产权专家评论》，2011（12）。

② 《美国联邦司法发展战略》，载《人民法院报》，2012-09-14。

③ ［美］理查德·波斯纳：《法官如何思考》，189页，北京，北京大学出版社，2009。

④ Author's Guild，Inc. v. Google Inc. 2013 WL 6017130（S. D. N. Y. ）.

⑤ 参见北京市第一中级人民法院（2011）一中民初字第1321号民事判决书；北京市高级人民法院（2013）高民终字第1221号民事判决书。

一审法院认为，谷翔公司的涉案信息网络传播行为构成合理使用。谷歌公司的电子化扫描行为不构成合理使用。一审法院判决：谷歌公司立即停止侵权行为，赔偿王莘经济损失人民币 5 000 元，诉讼合理支出人民币 1 000 元。谷歌公司不服一审判决向北京市高级人民法院提起上诉，二审法院判决驳回上诉，维持原判。本案的主要争议焦点为，谷翔公司的涉案信息网络传播行为和谷歌公司的涉案复制行为是否构成合理使用。

（二）一审法院对信息网络传播行为的合理使用评价

一审法院认为谷翔公司的信息网络传播行为构成合理使用，主要理由为：

第一，涉案信息网络传播行为并不属于对涉案作品的实质性利用行为，尚不足以对涉案作品的市场价值造成实质性影响，亦难以影响涉案作品的市场销路。涉案作品为文字作品，王莘创作涉案作品的根本目的在于通过文字表述向读者传递其思想感情，因此，对于无法使读者相对完整地获知作者思想感情的使用行为，较难认定其属于对涉案作品的实质性使用行为。谷翔公司对涉案作品的使用系片段化的使用，其所提供给网络用户的既不是“连续”的作品章节，亦不是作品的“整个”段落，而仅是作品中的片段，每一片段一般为两三行或三四行，且各个片段之间并不连贯。这一使用方式使得网络用户在看到上述作品片段后，较难相对完整地知晓作者所欲表达的思想感情。这一行为尚未构成对涉案作品的实质性利用行为。同时，谷歌中国网站的这一片段化提供行为客观上亦较难满足网络用户对此类作品的基本需求。用户如欲阅读该作品，通常会依据网页中所提供的涉案网页中已载明的涉案作品名称、作者名称以及相关出版信息等信息采用购买的方式获得这一作品。谷翔公司实施的涉案行为客观上尚未对涉案作品的市场销售起到替代作用，不足以对涉案作品的市场价值造成实质性影响，亦难以影响涉案作品的市场销路。

第二，涉案信息网络传播行为所采取的片段式的提供方式，及其具有的为网络用户提供方便快捷的图书信息检索服务的功能及目的，使得该行为构成对涉案作品的转换性使用行为，不会不合理地损害王莘的合法利益。由谷歌中国网站所采取的片段式的提供方式可以看出，其对于涉案作品的传播行为并非为了单纯地再现原作本身的文学艺术价值或者实现其内在的表意功能，而在于为网络用户提供更多种类、更为全面的图书检索信息，从而在更大范围内满足网络用户对更多图书相关信息的需求。鉴于保护著作权人利益以及促进作品的传播一直以来均是著作权法两个并行不悖的基本原则，著作权法为著作权人所提供的保护其范围及程度不应影响公众对作品以及作品信息的合理需求，故在涉案片段式使用行为并未实质性地再现涉案作品表意功能，且又在较大程度上实现了相应图书信息检索功能的情况下，这一行为已构成对涉案作品的转换性使用，不会对王莘对其作品的正常使用造成影响，亦不会不合理地损害王莘的合法利益。

（三）二审法院对信息网络传播行为的认定

《著作权法》第二十二条规定了构成合理使用的几种情形。除上述法律规定的具体情形外，在司法实践中，某些特定行为也可能被认定构成合理使用。需要注意的是，在法律规定的具体情形之外认定合理使用，应当从严掌握认定标准，将合理使用情形控制在少数特殊情况下。[①] 笔者认为，判断是否构成合理使用，结合美国《著作权法》第 107 条规定的四个要素和 TRIPS 协议第 13 条及我国《著作权法实施条例》第二十一条规定的“三步检验法”，考虑我国实际情况，一般应当考虑以下因素：(1) 使用作品的目的和性质，是否为商业目的或非营利教育目的；(2) 受著作权保护的作品的性质；(3) 所使用部分的质量及其在整个作品中的比例；(4) 使用行为对作品现实和潜在市场及价值的影响。

网络著作权保护涉及著作权人、网络服务提供者及社会公众三者之间的利益平衡。利益平衡的基本态度是著作权人与网络服务提供者之间的利益的统筹兼顾、相互协调和相互平衡。[②] 在利益平衡的判断过程中，判断者需要的信息应当足够完整。作品使用者有义务承担举证责任，提交充分证据帮助判断者在完整的信息基础上认定合理使用是否成立。否则，使用者应当承担不利后果。除非使用人充分地、明确地证明其使用行为构成合理使用，否则应当认定其构成侵权。上述基本原则可称为合理使用认定的有罪推定原则。

谷翔公司主张涉案信息网络传播行为构成合理使用，应当对该主张承担证明责任，应当提交充分

① 参见陈锦川：《著作权法审判：原理解读与实务指导》，327 页，北京，法律出版社，2014。

② 参见孔祥俊：《知识产权法律适用的基本问题》，550 页，北京，中国法制出版社，2013。

证据证明构成合理使用的相关事实问题。与在美国的作家协会诉谷歌案中谷歌公司提交大量证明构成合理使用的证据不同，在本案中，谷歌公司和谷翔公司只提交了用以证明中国法院对本案无管辖权的证据，并没有提交涉案使用作品的行为是否构成合理使用的相关证据。二审法院认为，谷翔公司虽然主张涉案侵权行为构成合理使用，但并未针对相关事实提交证据，故其主张涉案信息网络行为构成合理使用，证据不足。

一审法院认为，涉案信息网络传播行为不足以对涉案作品的市场价值造成实质性影响。对此笔者认为，对涉案作品的使用行为是多种多样的，对作品的有些使用行为，例如文字特定信息的查询，已经被涉案的信息网络传播行为所实现。对于网络用户而言，如果涉案信息网络传播行为能够实现其特定的、有限的使用目的，其不需要再购买涉案作品的全部内容。总之，涉案信息网络传播行为有可能满足网络用户对作品的特定使用目的，从而对涉案作品的市场销售产生替代作用。当然，由于涉案信息网络传播行为有利于网络用户检索涉案作品的相关信息，因此此行为有可能会促进网络用户对涉案作品全部内容的进一步了解，从而促进涉案作品的销售。综合来看，涉案信息网络传播行为对于涉案作品的市场销售既可能有消极的影响，也可能有积极影响。涉案信息网络传播行为对涉案作品是否构成实质性利用、是否足以对其市场价值造成实质性影响，怎样才能维持著作权人与网络服务提供者的利益平衡，都需要以事实为基础才能进行判断。在本案中，谷翔公司均没有就相关事实提交证据，在信息不完整的情况下，一审法院的上述认定值得商榷。

一审法院认为，片段式的提供方式不会不合理地损害王莘的合法利益。对此笔者认为，首先需要明确的是，虽然涉案信息网络传播行为方便了网络用户对涉案作品的检索，表面上有利于直接实现公共利益，但该行为并非毫无商业目的的单纯公益行为，该行为有利于行为人吸引网络用户、增加访问流量，还有可能使行为人通过在相关网页上做广告获得直接经济收益，因此，该行为可能属于营利性经营活动的一个部分。在网络服务提供者从作品的该项传播行为中获得商业利益的情况下，原则上应当要求网络服务提供者事前得到著作权人的同意并支付相应的对价。网络服务提供者不经许可、不支付对价即以该方式使用作品，有可能破坏著作权人与网络服务提供者的利益平衡。在本案中，由于谷翔公司并未提交证据证明与涉案复制行为的目的和性质、使用行为对作品现实和潜在市场及价值的影响等因素相关的事实，就此认定构成合理使用，信息并不完整。一审法院认定该行为不会不合理地损害王莘合法权益，证据并不充分。

二、涉案复制行为的合理使用评价

（一）一审法院对复制行为的合理使用评价

谷歌公司明确认可其实施了全文电子化扫描行为，该行为属于复制行为，且未取得著作权人许可，故该复制行为是否侵犯王莘复制权的关键在于该行为是否构成合理使用。一审法院，该复制行为并不构成合理使用，主要理由为：

就行为方式而言，谷歌公司的“全文复制”行为已与王莘对作品的正常利用方式相冲突。著作权人对于作品的正常利用方式以《著作权法》第二十二条中规定的具体利用方式为限，其中最为基本亦最为重要的一种方式即为复制行为。依据《著作权法》的规定，如果他人希望复制著作权人的作品，则其有义务向著作权人支付“许可费”，该许可费即为复制权为著作权人所带来的经济利益，而发放许可亦即属于对作品的正常利用方式。当然，并非“任何程度”的复制行为均会与著作权人对作品的正常利用方式相冲突，否则将不会存在针对复制行为的合理使用情形。但无论如何，复制程度最高的“全文复制”行为，显然应属于此种情形。如果全文复制行为亦不被认定与著作权人对作品的正常利用方式相冲突，则必将使得著作权人对于复制行为的控制缺乏实质意义，亦使得著作权法中对于复制行为的规定形同虚设。鉴于此，在谷歌公司所实施的是全文复制行为，已与王莘对作品的正常利用相冲突。

就行为后果而言，这一全文复制行为已对涉案作品的市场利益造成潜在危险，将不合理地损害王莘的合法利益。王莘虽无证据证明谷歌公司除全文复制行为外，亦同时实施了其他后续传播行为，但这一全文复制行为却会在以下两方面对王莘的市场利益造成潜在危险：其一，这一全文复制行为会为谷歌公司未经许可对涉案作品进行后续利用提供很大程度的便利。在全文复制的情况下，谷歌公司对涉案作品的后续使用行为显然更加容易，谷歌公司这一全文复制行为会为王莘的利益带来很大潜在风险。其二，这一全文复制行为亦会为“他人”未经许可使用涉案作品带来较大便利。他人通过破坏技术措施等方法获得谷歌公司存储在其服务器中的涉案作品，并非不具有可操作性，因此，谷歌公司这一全文复制行为不仅有利于其本身对涉案作品的后续利用，亦会对他人未经许可利用涉案作品带来便利。

基于上述原因，一审法院认为该复制行为并未构成合理使用行为。此外，就涉案复制行为是否构成合理使用，一审判决还着重强调了以下两点：第一，谷翔公司的信息网络传播行为是否构成合理使用，与谷歌公司的全文复制行为是否构成合理使用，并无必然联系。第二，是否存在对复制件的后续使用或传播行为，原则上不影响对与复制行为本身是否构成合理使用的认定。即便不存在后续的使用及传播行为，单独的复制行为本身亦属于对作品的正常使用方式。

（二）二审法院对复制行为的合理使用评价

谷歌公司上诉主张涉案复制行为构成合理使用，但涉案复制行为的目的和性质、使用行为对作品现实和潜在市场及价值的影响等因素的认定，需要以相关事实的认定为基础。在本案中，谷歌公司虽然主张涉案侵权行为构成合理使用，但并未针对相关事实提交证据。因此，谷歌公司主张涉案复制行为构成合理使用，证据不足，二审法院不予支持。

《著作权法》并未规定复制行为要对作品的市场利益造成现实的或者潜在的损害才构成侵权。因此，只要不属于法律另有规定的情形，一旦未经著作权人许可复制其作品，就应当认定其构成侵权，并不考虑该复制行为是否造成了经济利益的损害，也不考虑复制的内容是全部还是部分。《著作权法》之所以规定未经许可的复制构成侵权，并非缘于单纯的复制行为会损害著作权人的经济利益，而是因为使用作品在多数情况下需以复制为前提，禁止他人未经许可复制作品，能够有效地禁止他人未经许可实际使用作品。一审判决认为，《著作权法》之所以规定复制行为原则上构成侵权，根本原因在于单独的复制行为会对著作权人的经济利益造成损害，值得商榷。

虽然未经许可的复制原则上构成侵权，但在法律规定的合理使用的情形中，有些合理使用行为的实施需要以复制为前提。在这种情况下，专门为了合理使用行为而进行的复制，应当与后续使用行为结合起来作为一个整体看待，不应当与后续的合理使用行为割裂开来看。换言之，如果是专门为了后续的合理使用行为而未经许可复制他人作品，应当认定为合理使用行为的一个部分，同样构成合理使用。在本案中，为了实现对作品全文中任意内容的检索，需要对作品全文进行复制，如果涉案的信息网络传播行为构成合理使用，专为实现该行为而进行的复制也可能构成合理使用。一审判决认为，谷翔公司的信息网络传播行为是否构成合理作用，与涉案复制行为无关，即使后续的信息网络传播行为构成合理使用，前面专门为其复制涉案作品的行为也不构成合理使用，值得商榷。

三、小结

结合上述分析，笔者认为可以得出以下结论：第一，只要实施了《著作权法》规定的应当由著作权人实施的行为，原则应当进行有罪推定，认定其构成侵权，除非使用者提交相反证据证明该行为构成合理使用。第二，如果使用行为构成合理使用，以使用为前提的复制行为应当与该使用行为作为一个整体来看待，该复制行为不能与其后的合理使用行为割裂来看。第三，即使从公共利益的角度来看，谷歌数字图书也是有利有弊，是利大于弊还是相反，信息越充分，结论越合理。作品使用者有义务提交充分证据证明相关事实，在结论不确定的情况下，应当承担不利后果。第四，本案的一、二审判决对如何认定合理使用进行了比较深入的分析，一、二审判决对合理使用的具体认定规则的研究提供了有价值的素材。

（作者单位：北京市高级人民法院知识产权庭）

“机械表演权”的法源澄清与立法完善

——论我国《著作权法》第三次修改

焦和平

在我国著作权法中，表演权是作者享有的16项专有权利之一，包括舞台表演权①和机械表演权，前者控制的是自然人以其动作、声音、表情再现作品的“活表演”行为，后者控制的是那些利用技术设备将录制的作品的表演向公众播放的行为。对于舞台表演权的理解与适用，我国学说与实务都不存在争议，但是对于机械表演权，在法源依据、规范对象、权利边界等方面，我国学界和司法实践中一直都存在很大的认识分歧，本文拟从机械表演权的

① 在我国很多学者的著述中，“舞台表演”经常被称为“现场表演”，笔者认为后者的称谓并不准确：“现场”一词的表述意在强调表演行为和欣赏该表演的观众（听众）处于同一场所，其与非现场性的“远程传播”对应，依此而言，商场经营者在其商场向顾客播放录音磁带的行为也属于“现场表演”，但后者恰恰是很多教材中“机械表演”的典型例子，因此使用“现场表演”一词容易引发歧义；而“舞台表演”意在强调自然人通过表情、语言、动作进行的“活表演”，其与无须借助舞台和自然人，而仅需播放设备就可表演的“机械表演”对应，因此表述更加准确。

法源依据争论开始，研究分析我国表演权立法存在的问题，并在此基础上结合《著作权法（修改草案）》提出完善我国机械表演权立法的建议。

一、“机械表演权”法源依据的争论与澄清

（一）国内法源依据的争论与澄清

在我国著作权法学界，关于机械表演权国内法源依据的争论，可以追溯到我国第一部《著作权法》（1990年《著作权法》）颁布时，当时的争论焦点主要集中在“1990年《著作权法》是否规定了机械表演权”这一问题上。一种观点认为，我国1990年《著作权法》规定的表演权不但包括舞台表演权，而且也包括机械表演权；相反的观点则提出，1990年《著作权法》规定的表演权仅包括舞台表演权，而不包括机械表演权，我国立法关于机械表演权的规定首次出现在2001年修改的《著作权法》中。产生此种争论的缘由在于，不同论者对1991年《著作权法实施条例》第五条第二款规定的“表演”含义存在不同理解，因此欲澄清这一问题，还需回到1990年《著作权法》及其《实施条例》的文本规定。

根据我国1990年《著作权法》第十条的规定，著作权人享有以“表演”方式使用作品，以及许可他人以“表演”方式使用作品，并由此获得报酬的权利，这一表述一般被认为是当时《著作权法》关于表演权规定的法律依据。对于其中“表演”的具体含义，1991年出台的《著作权法实施条例》专门进行了解释，该《条例》第五条第二款规定：“表演，是指演奏乐曲、上演剧本、朗诵诗词等直接或者借助技术设备以声音、表情、动作公开再现作品”的行为。对于该规定中“演奏乐曲、上演剧本、朗诵诗词等直接以声音、表情、动作公开再现作品”的含义，学界基本没有争议，普遍认为这就是关于“舞台表演”的规定。但是对于其中“借助技术设备以声音、表情、动作公开再现作品”的含义，在著作权法学界则产生了两种截然对立的看法，并由此形成了1990年《著作权法》关于表演权的规定中究竟是否包含机械表演权的争论。一种观点对此持否定态度，认为彼时的表演权仅能控制舞台表演行为，而不能控制机械表演行为。例如，有论者认为，“（1990年）著作权法的表演权仅指自然人的舞台表演，而不延及通过机器设备、技术手段再现公开表演的机械表演”[①]。还有国外论者提出，“中国1991年《著作权法实施条例》第五条第二款解释的表演权的问题更多些，因为看来只限定在舞台表演，不管是直接的还是‘借助技术设备’”[②]。另一种观点则对此持肯定态度，认为彼时的表演权不仅包括舞台表演权，还包括机械表演权。例如有论者提出，“根据我国1991年著作权法实施条例的解释，表演包括借助技术设备以声音、表情、动作公开再现作品，并未限制‘技术设备’的类型，网络传输也能以数字化的形式在用户计算机上再现作品，因此不能断然排除在表演之外”[③]。

本文认为，虽然1991年《著作权法实施条例》将“表演”解释为包括“借助技术设备以声音、表情、动作公开再现作品”，而且从“技术设备”本身的字面文义上理解，似乎可以将所有借助技术设备传播作品的行为都包括在内，但尚难据此认定这里的“借助技术设备以声音、表情、动作公开再现作品”指的就是机械表演，从而不能得出1991年《著作权法》规定的表演权包括机械表演权的结论。详而言之：第一，从逻辑角度而言，如果将这里“技术设备”解释为系机械表演所借助的录音机、CD播放机等播放设备，则1991年《著作权法实施条例》中的“借助技术设备以声音、表情、动作公开再现作品”是令人无法理解的，也是不可能存在的。因为学界的共识是，机械表演是对作品的表演录制下来后再使用技术设备进行的公开播放，此种播放是对原已经表演过的作品“原模原样”的再现，即再现的是原来的声音、原来的表情和原来的动作，而不是新的声音、表情和动作，因此此种再现仅需技术播放设备就可以实现，而不需要在用技术设备播放的同时再辅之以新的“声音、表情、动作”公开再现作品。由此而言，虽然1991年《著作权法实施条例》在解释“表演”时使用了“技术设备”的表述，但并不能将该“技术设备”与机械表演对号入座。

第二，从体系解释角度而言，《实施国际著作权条约的规定》对外国人机械表演权的规定也反映了1990年《著作权法》未规定机械表演权的事实。我国在1990年颁布著作权法时并未加入《保护文学和艺术作品伯尔尼公约》（简称《伯尔尼公约》）和

---

① 沈仁干：《关于修改现行著作权法的思考》，见唐广良主编：《知识产权研究》，第八卷，41页，北京，中国方正出版社，1999。

② Adolf Dietz, Draft Report on the Amendment of Chinese Copyright Law—Elaborated at the Request of National Copyright Administration of China，见郑成思主编：《知识产权研究》，第十卷，208页，北京，中国方正出版社，2000。

③ 薛虹：《因特网上的版权及有关权的保护》，见郑成思主编：《知识产权文丛》，第一卷，111页，北京，中国政法大学出版社，1999。

《世界版权公约》，在 1992 年准备批准加入这两个国际公约时面临着如何协调当时的《著作权法》与国际公约保护内容不一致的问题，为此国务院于 1992 年 9 月 25 日颁布了《实施国际著作权条约的规定》，以弥补我国《著作权法》对外国人著作权保护的不足。《实施国际著作权条约的规定》第十一条规定："外国作品著作权人，可以授权他人以任何方式、手段公开表演其作品或者公开传播对其作品的表演。"经过比较可以发现，该规定与 1991 年《著作权法实施条例》中对于"表演"的解释差别很大，特别是前者的"以任何方式、手段公开传播对其作品的表演"的外延显然要大于后者的"借助技术设备以声音、表情、动作公开再现作品"，而"以任何方式、手段公开传播对其作品的表演"显然可以将机械表演涵盖于内，据此学界公认，1992 年《实施国际著作权条约的规定》赋予了外国人机械表演权。《实施国际著作权条约的规定》之所以要专门对表演权做出涵盖范围更广的规定，就是因为当时的 1990 年《著作权法》并未赋予作者机械表演权，否则无须再重复做出规定，但由此也造成了在表演权涵盖范围上，我国的立法出现了"内外有别"的"反向歧视"问题，即对外国人著作权的保护，比对中国作者著作权保护的水平要高，这一问题一直为学界所诟病。[①]

基于以上分析可以得出，我国 1990 年《著作权法》规定的表演权仅指控制舞台表演行为的舞台表演权，而不包括控制通过技术手段公开再现作品（或作品的表演）行为的机械表演权，因此机械表演权的国内法依据不是 1990 年《著作权法》，只能从后来的著作权法修订案中寻找。2001 年，我国对《著作权法》进行了第一次修订，本次修订将表演权的定义规定为："表演权，即公开表演作品，以及用各种手段公开播送作品的表演的权利"。与此同时，2002 年的《著作权法实施条例》删除了对"表演"的解释。对于此次修订中的表演权定义，有论者认为，要得出"表演权既包括现场表演权，也包括机械表演权"这一结论似乎还为时尚早，理由是该定义中"用各种手段公开播送作品的表演的权利"来源于《伯尔尼公约》第 11 条第 1 款第（2）项的规定，而《伯尔尼公约》该规定针对的是"向公众传播权"，而非"机械表演权"。[②] 本文认为，我国 2001 年《著作权法》表演权中定义后半句"用各种手段公开播送作品的表演的权利"的规定，就是机械表演权的国内法依据，理由有二：其一，如果该后半句规定的不是机械表演权，那么前半句"公开表演作品"规定的更不可能是机械表演权了，由此就会得出我国法律至今没有规定机械表演权的奇怪结论。其二，根据当年参与 2001 年《著作权法》修订的国家版权局负责人解释，正是由于 1990 年《著作权法》的表演权不延及机械表演，因此才建议在 2001 年《著作权法》修改时增加机械表演权的规定。[③] 而主持 2001 年《著作权法》修订的全国人大常委会有关负责人也认为，表演权定义中使用"用各种手段公开播送作品的表演"的表述就是为了"增加机械表演权"的内容，以履行《伯尔尼公约》的义务。[④] 至于《伯尔尼公约》第 11 条第 1 款第（2）项针对的是"向公众传播权"，还是"机械表演权"，这属于机械表演权的国际法源依据问题，本文在接下来的部分将继续讨论。

（二）国际法源依据的争论与澄清

我国著作权法学界不仅对机械表演权的国内法源依据存在上述争论，而且就现行《著作权法》中机械表演权规定的国际法源依据也存在认识上的分歧，这一分歧源于对《伯尔尼公约》第 11 条第 1 款内容的不同理解。学界公认，我国现行《著作权法》中表演权的规定来源于《伯尔尼公约》第 11 条第 1 款。我国 2001 年《著作权法》以此为依据也对表演权做出了规定，即"表演权，即公开表演作品，以及用各种手段公开播送作品的表演的权利"。但值得注意的是，《伯尔尼公约》第 11 条第 1 款下的两项规定中都提到了以"各种手段"进行表演，即第（1）项中的"用各种手段或方法公开表演和演奏"和第（2）项中的"用各种手段公开播送其作品的表演和演奏"，由此产生的疑问是，究竟是哪一项中的"各种手段"针对的是机械表演权，而我国 2001 年《著作权法》中"用各种手段公开播送作品的表演的权利"（即机械表演权）又来源于上述两项中的哪一

① Adolf Dietz，Draft Report on the Amendment of Chinese Copyright Law—Elaborated at the Request of National Copyright Administration of China，见郑成思主编：《知识产权研究》，第十卷，208 页，北京，中国方正出版社，2000；沈仁干：《关于修改现行著作权法的思考》，见唐广良主编：《知识产权研究》，第八卷，41 页，北京，中国方正出版社，1999。

② 参见万勇：《论中国著作权法的表演权》，载《电子知识产权》，2007（6）。

③ 参见沈仁干：《关于修改现行著作权法的思考》，见唐广良主编：《知识产权研究》，第八卷，41 页，北京，中国方正出版社，1999。

④ 参见胡康生：《中华人民共和国著作权法释义》，51 页，北京，法律出版社，2002；姚红：《中华人民共和国著作权法释解》，92 页，北京，群众出版社，2001。

项？这一问题在我国学界至今仍存有争论。

一种观点认为，《伯尔尼公约》第11条第1款第（2）项的“授权用各种手段公开播送其作品的表演和演奏”是关于机械表演权的规定，因此该项内容就是我国著作权法机械表演权的国际法源依据。例如，有论者认为，“《伯尔尼公约》规定的表演权有两项内容，一是授权公开表演和演奏其作品，这是舞台表演权；二是授权用各种手段公开播送其作品的表演和演奏，这是机械表演权”①。另一种相反的观点则提出，在《伯尔尼公约》中，规定机械表演权的是第11条第1款第（1）项规定的“授权公开表演和演奏其作品，包括用各种手段或方法公开表演和演奏”，这才是我国机械表演权的国际法依据。例如，有论者认为，“根据《伯尔尼公约》的规定，表演有两层含义，一是授权他人现场公开表演其作品，‘包括以任何手段和方法进行的公开表演’，这句话包括通过录制品（唱片、盒式带、磁带、录像制品等）进行的表演，这就是所谓的机械表演。二是向公众传送表演……”②。

经过比较不难发现，上述两种观点的争议之处在于：在第一种观点中，《伯尔尼公约》第11条第1款第（1）项中的“手段和方法”是指舞台表演时所借助的麦克风、扩音器等增强表演效果的设备，而不是录音机、播放机等机械表演所借助的技术设备，而第（2）项中的“各种手段”才是机械表演所借助的手段，因而机械表演权的法源依据就是《伯尔尼公约》第11条第1款的第（2）项而并非第（1）项；在第二种观点中，第（1）项“用各种手段或方法公开表演和演奏”就是指机械表演所借助的技术设备，而不是麦克风等舞台表演时所借助的技术设备，因此机械表演权的法源依据就是《伯尔尼公约》第11条第1款的第（1）项而并非第（2）项。至于第（2）项“用各种手段公开播送其作品的表演和演奏”的含义，在第二种观点看来则是所谓的“向公众传播”行为。该种观点认为控制“向公众传播”行为的“向公众传播权”与“表演权”并非指同一项权利，而是两种不同性质的权利。

由于第二种观点未详细阐述“向公众传播权”的具体内涵与外延，因此无法就该项权利的内容展开评论，但就该观点将《伯尔尼公约》第11条第1款第（2）项的规定，归结为其系与表演权不同的另一项权利——向公众传播权，则值得商榷。理由如下：首先，从体系解释角度而言，这一内容规定在《伯尔尼公约》第11条第1款第（2）项中，而《伯尔尼公约》第11条就是专为“表演权”而设的，这一点在国内外的著作权法学界都没有争议，因此不可能在“表演权”项下再规定一个与“表演权”相互独立的另一项权利，否则就是一个很大的立法技术问题。其次，“表演权”作为一项为法律所明确规定的权利，无论从名称称谓上还是权利内容上都已为各国立法所确认，并且内容明确具体，是一项法定权利。

需要说明的是，在国际立法层面上，世界知识产权组织1996年通过的《世界知识产权组织版权条约》（WCT）第8条规定了一项“向公众传播的权利”，该项权利被我国学者称为“向公众传播权”，欧盟也将此项权利纳入其《著作权及相关权指令》第3条中，但若因此将《伯尔尼公约》第11条第1款第（2）项中“用各种手段公开播送其作品的表演和演奏”解释为WCT和欧盟《著作权及相关权指令》中的“向公众传播权”则仍显勉强：第一，就立法背景而言，无论是世界知识产权组织，还是欧盟，都认为“向公众传播权”是为解决网络环境下的作品保护问题而设定的一项权利，因此才被称为“互联网条约”③，而直至《伯尔尼公约》最后一次修订时的上世纪70年代，互联网尚未出现，因此彼时不可能制定出与“互联网条约”内容相同的“向公众传播权”。第二，就规范的内容而言，WCT和欧盟的《著作权及相关权指令》中的“向公众传播权”针对的是“以无线或有线方式提供作品，包括使公众可以在其个人选定的时间获得作品”的行为，即该项权利还包括广播和网络传播行为，但在《伯尔尼公约》中有专门为规范广播行为而设置的广播权。第三，如果直接从文义上看，《伯尔尼公约》规定的“用各种手段公开播送其作品的表演和演奏”似乎包括了“向公众传播权”内容，因为“以有线或无线方式”可以被“各种手段”所囊括，但这就不是“用各种手段公开播送其作品的表演和演奏”属于“向公众传播权”的一种类型了，而是“向公众传播权”是“用各种手段公开播送其作品的表演和演奏”的一种类型了，这样的结果与上述第二种

① 李明德、许超：《著作权法》，2版，103页，北京，法律出版社，2009。

② 汤宗舜：《著作权法原理》，84页，北京，知识产权出版社，2005。

③ ［匈］米哈依·菲彻尔：《版权法与因特网》（上），256页，北京，中国大百科全书出版社，2009；［德］约格莱·因伯特、西尔克·冯·莱温斯基：《WIPO因特网条约评注》，189页，北京，中国人民大学出版社，2008。

观点的结论也是矛盾的。因此，即使那些认为“向公众播送表演”不同于机械表演权的学者，也认为此种“向公众传播”属于表演权所控制的行为。[①]

二、现行立法中“机械表演权”规定存在的问题

我国现行《著作权法》第十条第一款第（九）项关于机械表演权的表述是“用各种手段公开播送作品的表演的权利”，由于该规定对“各种手段”未作任何技术或方式上的限定，从而使其在文义上可以将广播、放映、网络等技术手段，甚至未来可能出现的新型传播技术手段都包括在内，因此，即使是《著作权法》的立法参与者也认为：“机械表演权的适用范围是相当宽泛的。”[②] 这一宽泛定义的法律后果，便是在法律适用和解释上造成表演权与其他权利在控制范围上的交叉重合。

第一，“各种手段”的规定造成机械表演权与放映权涵盖范围的交叉与重合。根据现行《著作权法》的规定，放映权是指“通过放映机、幻灯机等技术设备公开再现美术、摄影、电影和以类似摄制电影的方法创作的作品等的权利”。从文义上解释，“通过放映机、幻灯机等技术设备”显然可以被包括在“用各种手段”之中，从而造成表演权与放映权的交叉重合，这一问题在理论和司法实践中已经有所反映。例如，有论者认为，“严格说来，放映权属于机械表演权，即通过放映机、幻灯机等设备来表演美术、摄影和电影作品”，“规定放映权，显然是为了强调机械表演权的这一个侧面”[③]。还有论者提出，《伯尔尼公约》赋予作者的公开表演权是包含任何手段和过程的表演权，不仅涉及现场表演，而且涉及诸如录音制品放音和电影放映等机械表演。[④] 正是由于“各种手段”可以将放映权涵盖，在 2001 年《著作权法》修订时，国家版权局曾提出将放映涵盖在表演范围内，并建议将表演权的定义修改为“通过表演者的声音、表演、动作在现场公开再现作品，以及通过放映机、录音机、录像机等技术手段与机械设备间接公开再现作品或作品的表演的权利”[⑤]。但此建议最终未被当时的立法采纳，由此便造成了放映权与机械表演权的交叉重合问题。这一问题在司法实践中也曾引发争论，例如对于娱乐场所播放音乐作品行为的性质，有观点认为应将此行为界定为（机械）表演行为，但另有观点认为该行为属于放映权的控制范围。由此可见，无论在理论上还是司法实践中，机械表演权与放映权都存在着相互交叉重合的问题。

第二，“各种手段”的规定造成机械表演权与广播权涵盖范围的交叉重合。根据现行《著作权法》的规定，广播权是指“以无线方式公开广播或者传播作品，以有线传播或者转播的方式向公众传播广播的作品，以及通过扩音器或者其他传送符号、声音、图像的类似工具向公众传播广播的作品的权利”。可见，广播权主要控制三种行为：以“无线”方式传播作品；以“有线”方式转播作品；以“扩音器或者其他类似工具”传播作品。从文义上解释，这三种传播方式完全可以被包括在机械表演权的“各种手段”之中，从而造成机械表演权与广播权的交叉重合。有论者就认为，机械表演权中“任何手段公开播送”的措辞，容易使人理解为包括广播权在内（特别是因为有一个“播”字在内），这就与广播权交叉在一起了。[⑥] 还有论者提出，“在公众可以进入的地方接收广播或有线传播的作品及其录制品的行为也属于机械表演”[⑦]。更有论者直接指出，广播权也属于表演权的范畴，无论是电台、电视台、卫星广播组织的无线广播，还是旅馆、饭店和游乐场所的有线广播网，用扩音器的广播，都是对于作品的表演，而且在三类广播方式中，绝大多数情况下都是以机械表演的方式表演作品，只有在很少的情况下才发生直接在演播室里舞台表演作品的情形。甚至有立法者参与者也认为，“使用有线广播传送作品属于机械表演”[⑧]。

第三，“各种手段”的规定造成机械表演权与信息网络传播权的交叉重合。根据现行《著作权法》的规定，信息网络传播权是指“以有线或无线方式向公众提供作品，使公众可以在其个人选定的时间和地点获得作品的权利”。从文义上解释，这种传播

① 参见汤宗舜：《著作权法原理》，77 页，北京，知识产权出版社，2005。

② 胡康生：《中华人民共和国著作权法释义》，52 页，北京，法律出版社，2002。

③ 李明德、许超：《著作权法》，2 版，83 页，北京，法律出版社，2009。

④ 参见刘波林：《关于按 TRIPS 协定的要求改进我国著作权制度的建议》，见 http://d.wanfangdata.com.cn/Periodical_zscq200103004.aspx，2013-07-01。

⑤ 沈仁干：《关于修改现行著作权法的思考》，见唐广良主编：《知识产权研究》，第八卷，41 页，北京，中国方正出版社，1999。

⑥ 参见汤宗舜：《著作权法原理》，84 页，北京，知识产权出版社，2005。

⑦ 吴汉东：《知识产权基本问题研究》，265 页，北京，中国人民大学出版社，2005。

⑧ 姚红：《中华人民共和国著作权法释解》，92 页，北京，群众出版社，2001。

方式也可以被涵盖于机械表演权的"各种手段"之中，从而造成机械表演权与信息网络传播权涵盖范围的交叉重合。在我国学界，对于机械表演权中"各种手段"是否包括互联网环境下的"信息网络传播"，很多学者给出了肯定的答案，例如有论者认为，作品在互联网上的动态传输"大体相当于一种对作品的机械表演"，"在网络上传输作品，涉及了表演权中的机械表演权"①。还有论者提出，"网上浏览还可能产生表演权的问题（机械表演，即利用播放设备再现作品的表演行为）"②。还有论者认为，表演权从字面上理解，应当涵盖信息网络的表演权利，美国版权法关于表演权的规定中的"所有（技术手段）"与我国机械表演中的"各种（手段）"在词义上是相同的。③ 本文认为，就文义解释而言，将机械表演权定义中的"各种手段"理解为包括网络传播在内并非"牵强附会"，因为"各种手段"的表述说明作者的此项权利并不受技术方式的限制，那么经由网络以交互式或非交互式方式向公众传送作品（或其表演）的行为完全可以为表演权中的"各种手段"所涵盖。

三、完善"机械表演权"立法的建议

（一）《著作权法（修改草案）》评析

我国正在进行《著作权法》第三次修改，修改草案已经三易其稿。在2012年3月31日国家版权局公布的《著作权法（修改草案）》第一稿中，表演权被规定为："以各种方式公开表演作品，以及用各种手段公开播送作品的表演的权利。"与现行《著作权法》相比，第一稿关于表演权的规定多了五个字，即在前半句"公开表演作品"前加上了"以各种方式"五个字。但这五个字的增加不仅没有解决已经存在的老问题，而且徒增了新的问题，详言如下：其一，新增加的"以各种方式"这五个字具体所指为何，在第一稿的草案说明中未有解释。笔者认为，其无非有两种理解：第一种是与1991年《著作权法实施条例》中"技术设备"④ 的含义相同，即指的是"麦克风、音箱、扩音器等专门用来增强舞台表演效果的辅助设备"，依此理解，则说明该规定前半句针对的仍然是舞台表演权，但问题是即使不加上这五个字，对于现行立法中"公开表演作品"的含义系针对舞台表演，在理论界和司法实践中并无争议，因此实属没有必要。其二，如果新增加的"以各种方式"这五个字的含义与1991年《著作权法实施条例》中的"技术设备"并不相同，即其并非指麦克风、音箱、扩音器等专门用来增强舞台表演效果的辅助设备，而是指录音机、CD播放机、MP3等机械、电子或数字播放设备，则表明草案该规定前半句针对的是机械表演权而不是舞台表演权。但由此产生的问题是，紧接着后半句的"用各种手段公开播送作品的表演"又所指为何？前文已述，此规定已被学界公认为是机械表演权的国内法依据，如此一来，就出现了该规定的前后两个半句都指向机械表演权的逻辑混乱问题，那么，舞台表演权的规定在哪里？究竟何者才是机械表演权的法律依据，是前半句的"各种方式"，还是后半句的"各种手段"？其矛盾显而易见。其三，如果真如有论者所言，该规定的前半句"以各种方式"规定的是机械表演权，而后半句"以各种手段"规定的是所谓的"向公众传播权"，那么仍然存在两个无法解释的问题，一是"向公众传播权"为何规定在表演权里面？二是无论是前半句的"各种方式"还是后半句的"各种手段"都与草案第一稿中第（六）项规定的放映权、第（七）项规定的播放权、第（八）项规定的信息网络传播权存在交叉重合，因为后三者的定义中均有"技术手段"或"技术设备"的表述，都可以被包括在"各种方式"或"各种手段"中，对此前文已有详细分析，此处不再赘述。

在2012年7月30日国家版权局公布的《著作权法（修改草案）》第二稿中，关于表演权的规定有了较大的改变，根据该稿第十一条第二款第（五）项的规定："表演权，即以各种方式公开表演作品，以及通过技术设备向公众传播作品的表演的权利。"与第一稿相比，该规定的不同之处在于，将后半句中的"用各种手段公开播送作品的表演"改为"通过技术设备向公众传播作品的表演"，其他内容均未变化。其进步之处表现为两个方面，一是避免了第一稿中所存在的后半句"各种手段"与前半句"各种方式"含义重复、界限不清的问题；二是同时删除了放映权的规定，避免了"技术设备"可以将放映机、幻灯机包括在内而引发的机械表演权与放映权的交叉重合问题。但该规定的不足之处在于，"通

① 李明德、许超：《著作权法》，2版，87页，北京，法律出版社，2009。

② 梁志文：《数字著作权论》，32页，北京，知识产权出版社，2003。

③ 参见乔生：《国际信息网络传播权对我国立法影响评析》，载《河北法学》，2005（5）。

④ 1991年《著作权法实施条例》第五条第二款规定："表演，是指演奏乐曲、上演剧本、朗诵诗词等直接或者借助技术设备以声音、表情、动作公开再现作品"的行为。

过技术设备"的规定仍然可以将播放权和信息网络传播权包括在内，因为该稿第（六）项规定的播放权控制的范围包括"通过技术设备向公众传播作品的播放"的行为，第（七）项规定的信息网络传播权的控制范围包括"通过技术设备向公众传播以前述方式提供的作品"的行为，可以看出，第二稿在机械表演权、播放权、信息网络传播权的定义中都使用了"通过技术设备"这一表述，由此使得三者的交叉重合问题更加突出。

在2012年12月18日国家版权局向国务院报请审议的《著作权法（修订草案送审稿）》也就是第三稿中，表演权的规定又有了新的变化，该送审稿第十三条第二款第（五）项规定："表演权，即以演唱、演奏、舞蹈、朗诵等方式公开表演作品，以及通过技术设备向公众传播作品或者作品的表演的权利。"与第二稿相比，第三稿的不同之处在于：第一，将第二稿中前半句的"以各种方式公开表演作品"改为"以演唱、演奏、舞蹈、朗诵等方式公开表演作品"。这一改变的进步之处在于，通过在"等方式"前列举"演唱、演奏、舞蹈、朗诵"这些行为，使得对于"等方式"的理解只能局限于与"演唱、演奏、舞蹈、朗诵"类似的自然人的"活表演"行为，从而将前半句控制的对象明确限定为舞台表演，避免了此前"各种方式"表述引发的混乱。第二，将第二稿后半句中"向公众传播作品的表演"改为"向公众传播作品或者作品的表演"，从而避免了将传播的对象是"作品"还是"作品的表演"作为区分表演权与放映权的争论。① 但是第三稿规定存在的问题是，其将机械表演权的定义规定为"通过技术设备……"，仍然存在与第（六）项播放权和第（七）项信息网络传播权的交叉重合，因为后两者的定义中也使用了"通过技术设备……"这样的表述，由此使得机械表演权与播放权、信息网络传播权的交叉重合问题仍然存在。

（二）完善"机械表演权"立法的建议

本文认为，表演权的修订应该既能解决现有的权利交叉重合的问题，使其内容确定，权利边界清楚，又能简化著作权的权利体系，使其结构合理、简洁明晰，还能适应未来技术发展，具有前瞻性和包容性。为了实现这些目的，建议将表演权与放映权合并为一项权利，名称为"现场传播权"，并将其内容修改为："现场传播权，即以任何方式向现场公众传播作品或者作品的表演的权利。"就此修改建议作以下说明。

其一，将该权利称为"现场传播权"，并在其内容中强调"向现场公众"传播作品，意在突出此种权利所控制的传播行为所具有的"现场性"特点，由此不仅可以将舞台表演、机械表演和放映行为涵盖于内，还可与广播权（修改草案称为"播放权"）和信息网络传播权廓清权利边界，从而彻底解决现行立法和修订草案中存在的权利交叉重合问题。所谓传播行为的"现场性"，是指传播行为的发生地（传播源）与传播内容的接收获取地（传播结果）在同一场所。现行立法中的表演和放映都具有"现场性"特点：就表演的两种表现形式而言，舞台表演本身就是通过自然人的表情、语言、动作向现场公众传播作品的形式，因此也被称为"现场表演"；机械表演通常是指那些在商场、酒店、车站等场所借助录音机、录像机等向现场公众播放音乐磁带或CD的行为，其"现场性"也十分明显。就放映而言，无论是利用放映机播放电影，还是利用幻灯机再现作品，也都是在电影院或特定场所向现场公众传播作品。但广播权与信息传播权则不然，因为"广播"和"网络传播"涉及的都是以技术手段将作品传播给距传播现场"千里之外"的观众或听众的行为：就"广播"而言，无论电台还是电视台，传播行为发生在广播电视台的演播中心，而收看或收听节目则在接收者的家里或者能够接收到信号的世界任何地方；"网络传播"也是如此，传播者将作品上传至特定场所的网络服务器可以使远在千里之外的网络用户随意点击获取，其"非现场性"的传播特点也非常明显。因此，通过强调传播的"现场性"，不仅可以将表演权和放映权统辖在一起，还可与广播权和信息网络传播权相区别，这样就避免了现行著作权法和著作权法修改草案中的权利交叉重合问题。

其二，将"现场传播权"的定义规定为"以任何方式向现场公众传播作品或者作品的表演的权利"，体现了在立法技术上对专有权的定义方式从"技术范式"向"行为范式"的回归，并且为未来的技术发展留下了适用空间，具有前瞻性、开放性和很大的包容性。所谓权利定义的技术范式，是指法律在规定某一项法定专有权的定义时，不以该项权利所规范的行为特征作为标准，而是以该行为所借

① 有观点认为，机械表演权的传播对象是"作品的表演"，而放映权传播的对象是"作品"，因此"将放映权放在表演权中逻辑上讲不通"，详见姚红：《中华人民共和国著作权法释解》，95页，北京，群众出版社，2001。

助的传播技术作为标准，甚至走得更远，直接将传播技术本身作为权利的规范对象，从而偏离了“法律的调整对象是人的行为”这一基本的法律定义原则。在我国现行《著作权法》及修改草案的3个稿本中，“权利定义的技术范式”表现得非常明显，例如机械表演权中的“各种方式”“各种手段”；放映权中的“放映机”“幻灯机”“等技术设备”；广播权中的“无线”“有线”“其他技术设备”，信息网络传播权中的“无线”“有线”“个人选定的时间和地点”“其他技术设备”等，从这些表述可以看出，放映权、广播权和信息网络传播权的定义均依赖于技术表述，而且同一技术用语在不同的权利定义中重复出现，这样就必然会造成本文第二部分所揭示的权利交叉重合问题。另一方面，技术的发展是永无止境的，从印刷机、录音录像机、广播电视、数字网络乃至三网融合的技术发展史反复证明了这一点，因此将某项专有权的定义依赖于特定时代的传播技术必然会因新技术的出现而造成法律滞后和交叉重合的尴尬困境，故在著作财产专有权的定义方式上应摒弃现有的“技术范式”，回归到基本的“行为范式”。之所以说本文对于“现场传播权”的定义是“技术范式立法”向“行为范式立法”的回归，是因为在该定义（“以任何方式向现场公众传播作品或者作品的表演的权利”）中，没有使用任何技术用语，也没有将该权利建立在某种特定的传播媒介上，而是采取了非常开放的用语——“任何方式”，由此可以将未来可能出现的任何新型传播技术涵盖，使其更具前瞻性和包容性，也就是说，该权利只关心那些将作品传播给现场公众的“行为”，而不在乎使用了何种“技术”，因此是技术主义立法路径向行为主义立法模式的回归。

其三，以“现场性”统辖表演权与放映权，并使其与广播权和信息网络传播权相区分具有充分的比较法依据，而且使著作权财产权的权利体系更加简洁、合理。在我国著作权法的国际法渊源——《伯尔尼公约》中，并无放映权的规定，放映权本身就是融合在表演权中的，因此将放映权与表演权合并是对《伯尔尼公约》的回归。其实早在2001年《著作权法》修改时，著作权行政主管部门就曾向全国人大提出过将表演权与放映权合并的立法建议。[①]在比较法上，美国、英国、法国、意大利等国的立法也将放映权放在表演权中，因此本次《著作权法》修改草案第三稿将二者合并的做法值得肯定。就权利体系的简化和合理而言，我国现行《著作权法》共规定了16项专有权利，这16项权利数量之多、体系之庞杂、关系之复杂在世界立法中也不多见，因此有人说，“传统的著作权法制度如果说不是最复杂的法律制度也至少是最复杂的制度之一了”[②]。甚至还有观点质疑：“为什么知识产权法要不遗余力地列举如此众多的权利类型而不设计出一个能够整合和统一所有权项的‘一体’权利?”[③] 本文也认为，在对现有制度冲击不大的情况下，应当尽可能将具有共性的权利进行融合兼并，以求立法的简洁、清晰和易懂，而现行著作权法中的四项传播性权利表演权、放映权、广播权和信息网络传播权就属于此种情况。前文已述，这四项权利因将其定义建立在特定的传播媒介上而存在交叉重合，因此可以考虑摒弃现有的技术性划分标准，而采取更具包容性的标准，这就是“现场性”标准。前文已述，表演权和放映权控制的都是现场性传播行为，广播权和信息网络传播权控制的都是远程性传播行为，因此可以考虑以“现场性”和“远程性”将该四项权利合并为两项，前两者合并为“现场传播权”，后两者合并为“远程传播权”。笔者曾撰文提出，在三网络融合背景下有必要将广播权和信息网络传播权合并为一项“远程传播权”的设想及五点理由，得到了一些学者的赞同和共鸣。该“远程传播权”与本文提出的“现场传播权”遥相呼应，共同构成了界限分明、简洁易懂和逻辑自洽的传播权体系。

（作者单位：西北政法大学知识产权学院；
本文系西北政法大学“文化产业法”青年学术创新团队的阶段性成果）

论我国《著作权法》中的“转播”

——兼评近期案例和《著作权法（修改草案）》

王 迁

在我国《著作权法》中，有两个条文使用了

① 参见石宗源：《关于〈中华人民共和国著作权法修正案（草案）〉的补充说明》，见 http://www.legalinfo.gov.cn/zt/2005-01/19/content_180243.htm，2013-02-14。

② Justine Pila，Andrew Christie，“The Literary Work within Copyright Law：An Analysis of the Present and Future Status，” *Intellectual Property Journal*，1999，(13)，p.173.

③ Daniel Gervais，The TRIPS Agreement：Drafting History and Analysis，1999，见 http://portal.unesco.org/culture/en/ev.php-URL_ID=14521&URL_DO=DO_TOPIC&URL_SECTION=201.html，2013-05-12。

"转播"这一术语。第十条第一款第（十一）项和第四十五条第一款。然而，无论是《著作权法》《著作权法实施条例》还是相关司法解释，都没有对其中"转播"的含义做出界定。同时，信息技术的发展催生了各种新型传播途径，其中有哪些能够被归于《著作权法》中的"转播"，成为必须予以回答的现实问题。鉴于此，本文试通过探究《著作权法》中两处"转播"用语的渊源及演变，对其含义做一研究。

一、"广播权"定义中的"转播"

《著作权法》第十条第一款第（十一）项直接来源于《伯尔尼公约》第 11 条之二第（1）款。① 因此，对《伯尔尼公约》中"转播"（rebroadcasting）一词的解释，有助于界定我国《著作权法》中相同用语的含义。

（一）《伯尔尼公约》中的"转播"仅指无线转播

在《伯尔尼公约》的英文文本中，"转播"（rebroadcasting）与"广播"（broadcasting）有相同的词根，因此搞清楚"广播"的含义对于正确界定"转播"非常重要。联合国专门机构国际电信联盟在其《无线电规则》条款中将"广播业务"界定为"为供一般公众直接接收而发送的无线电通信业务"②，从中可以明显看出："广播"仅指以无线方式实现对信号的传送。

《伯尔尼公约》第 11 条之二第（1）款的逻辑结构也印证了这一点。根据该条的规定，作者的"广播及相关权利"控制的第一类行为，是"广播（broadcasting）其作品，或以其他任何传送符号、声音或图像的无线传送手段传播作品"。该句中"或"之前与之后的行为具有同质性，也即"广播"是"无线传送手段"的一种。

既然《伯尔尼公约》中的"广播"仅指无线传播，基于英文构词法，具有相同词根的"转播"当然也只可能是无线转播。对此，世界知识产权组织编写的《世界知识产权组织管理的版权和相关权条约指南》明确指出："对于转播（rebroadcasting），其唯一特征就是它的从属性质，其基础明显是与之具有概念同质性的广播（broadcasting）"③。这里的"概念同质性"显然是指"广播"与"转播"都是以无线方式进行的。

这一结论，同样可以从《伯尔尼公约》第 11 条之二第（1）款的逻辑结构中推出。在该条款中，作者的"广播及相关权利"控制的第二类行为，是"由原广播组织之外的其他组织以有线传播（by wire）或转播（or by rebroadcasting）的方式向公众传播广播的作品"。该句中，"或"之前与之后的行为方式显然是并列关系，而与"wire"（有线）并列的"rebroadcasting"当然是"无线"。因此《伯尔尼公约》中的"转播"仅指以无线方式进行的转播。

《伯尔尼公约》中"广播"和"转播"的含义，还可以由《保护表演者、音像制品制作者和广播组织罗马公约》（简称《罗马公约》）和《世界知识产权组织表演和录音制品条约》（WPPT）的规定加以印证。《罗马公约》第 3 条第（f）款和 WPPT 第 3 条第（f）款均规定："'广播'是指以无线方式的播送……"。《罗马公约》第 3 条第（g）款还规定："'转播'是指一个广播组织的广播被另一个广播组织同步广播（simultaneous broadcasting）"。由于《罗马公约》已经将"广播"定义为"无线方式的播送"，因此《罗马公约》中的"转播"特指以无线方式进行同步播送。由此印证了《伯尔尼公约》中的"广播"和"转播"仅能通过无线方式进行。

由此可见，《伯尔尼公约》中"广播及相关权利"控制的第二类行为，是接收到载有作品的无线信号之后，以无线或有线方式加以转播。

（二）《著作权法》"广播权"定义中的"有线传播或者转播"包括无线转播

如上文所述，《伯尔尼公约》中的"rebroadcasting"含义为"以无线方式转播"，但由于"rebroadcasting"的中文直译是"转播"，其中并未体现出"无线方式"这一特定的技术手段。同时，《伯尔尼公约》表述"广播及相关权利"控制的第二类行为按照汉语习惯应当译为"任何通过有线或无线转播的方式向公众传播……"。但是，在中国政府批准加入《伯尔尼公约》时所签署的中文文本中，该句被译为"通过有线传播或者转播的方式向公众传播……"④。受此影响，我国《著作权法》在规定"广播权"时，其用语也是如此。

---

① 参见胡康生主编：《中华人民共和国著作权法释义》，63 页，北京，法律出版社，2011。

② 国际电信联盟《无线电规则》（2012 年版），10 页，RR1-4，第 1.38 段。虽然本文引用的是 2012 年版的《无线电规则》，但对"广播业务"的定义与先前版本是相同的。

③ World Intellectual Property Organization，*Guide to the Copyright and Related Rights Treaties Administered by WIPO* ：*And Glossary of Copyright and Related Rights and Terms*，Geneva：WIPO Publication No. 891（E），2003，p. 77，para. BC-11bis. 12.

④ 该中文文本可从世界知识产权组织网站获得，见 http://www.wipo.int/export/sites/www/treaties/zh/docs/berne.pdf。

根据中文的句式结构，这一表述很容易被理解为“以有线方式”进行的“传播或转播”，也即“有线”成了“传播或转播”的定语。目前，这种理解基本已成为我国学界和司法界的通说。这种解释显然与《伯尔尼公约》中“广播及相关权利”的含义不符，因为它将以无线方式转播的行为排除出了“广播权”的控制范围。当然，作为国际条约，《伯尔尼公约》并不要求缔约方照搬其条文，缔约方可以通过各自的方式达到《伯尔尼公约》规定的保护水平。然而，在《著作权法》第十条第一款第（一）项至第（十六）项所列举的各项权利中，再无一项权利能用于控制“以无线方式转播”载有作品的广播信号。为了满足《伯尔尼公约》对保护水平的要求，唯一在技术上可行的方法，就是将《著作权法》第十条第一款第（十七）项规定的“兜底权利”解释为包括了对载有作品的广播信号进行“无线转播”的权利。

笔者不赞成上述解释方法。著作权作为绝对权，权利边界应当清楚、明确。这样他人才可能主动避免实施侵害著作权的行为。“兜底权利”缺乏这一特征，因此只有在无法通过法律解释方法，使《著作权法》明确规定的权利实现国际条约要求的保护水平时，才能考虑适用。[①]

由于《著作权法》中的“广播权”直接来源于《伯尔尼公约》中的“广播及相关权利”，且其用语几乎照搬了《伯尔尼公约》的中文文本，而该中文文本中的“转播”就译自英文文本中的“rebroadcasting”，通过赋予该术语在《伯尔尼公约》中本来的含义，完全可以使“广播权”控制以无线方式转播广播信号的行为。

上述结论，还可以从“广播权”与“广播组织权”之间的逻辑关系得到印证。《著作权法》第四十五条（广播组织权）针对的“转播”包括以无线方式进行的转播。在著作权人和邻接权人都享有“转播权”的情况下，著作权人“转播权”控制的行为范围不可能小于邻接权人的“转播权”。

（三）《著作权法》“广播权”定义中的“有线传播或者转播”包括互联网转播

在目前的司法实践中，一个颇具争议的问题是：“广播权”能否控制通过互联网对载有作品的广播信号进行转播的行为？在实务中，出现了对此问题的否定回答。在央视国际诉百度案中，央视国际并不认为百度未经许可通过互联网转播的行为侵犯其“广播权”，因此只起诉百度侵犯《著作权法》第十条第一款第（十七）项规定的“兜底权利”。[②]

这实际上是认为“有线传播或者转播”并不包括通过互联网进行的转播。学界也有相同观点，认为网络转播不构成“有线传播广播的作品”，并不侵犯“广播权”。[③]

笔者认为：这一观点是不能成立的。从《伯尔尼公约》之后缔结的国际条约的规定和《著作权法》的逻辑结构可以推出：《著作权法》有关“广播权”规定中的“有线”应被理解为包括互联网在内的任何线路。

随着传播技术的发展，《伯尔尼公约》对传播权的规定已不能适应保护著作权人的需要了。他人直接通过有线方式传播作品的行为并不在《伯尔尼公约》第11条之二的控制范围之内。[④] 同时，随着互联网的出现而产生的交互式传播，也没有被明确纳入《伯尔尼公约》规定的传播权之中。为使《伯尔尼公约》适应新技术，特别是网络技术的发展，《世界知识产权组织版权条约》（WCT）赋予了所有类型作品的著作权人一项广义的“向公众传播权”。由于WCT第8条的主要立法目的之一就在于使著作权人能够控制通过网络进行的交互式传播[⑤]，该条中的“有线或无线方式”无疑是包括互联网的。

特别需要指出的是：《伯尔尼公约》第20条允许缔约方相互之间缔结特别协定，以赋予作者比《伯尔尼公约》更多的权利。WCT第1条就明确说明，WCT正是属于《伯尔尼公约》第20条所规定的专门协定。这就意味着WCT是《伯尔尼公约》在新技术条件下的延伸，如果一个缔约方既加入了《伯尔尼公约》也加入了WCT，对于《伯尔尼公约》

---

① 《著作权法》2001年修改并规定“兜底权利”以来，我国法院只对通过网络实施非交互式传播作品的行为适用过“兜底权利”，见北京市第二中级人民法院民事判决书（2008）二中民初字第10396号，以及北京市高级人民法院民事判决书（2009）高民终字第3034号。对这种例外情形的分析，请参见拙作：《网络环境中的著作权保护研究》，127～129页，北京，法律出版社，2011。

② 参见北京市海淀区人民法院民事判决书（2012）海民初字第20573号。

③ 参见张伟君：《网络实时转播广播的作品侵犯了著作权人的广播权吗?》，见 http://blog.sina.com.cn/s/blog_4da63f410101f8yd.html。

④ 除此之外，《伯尔尼公约》只为戏剧作品、音乐作品等部分作品类型的著作权人规定了广义的传播权。见《伯尔尼公约》第11条第1款、第11条之二、第11条之三第1款和第14条。

⑤ WIPO, Doc. CRNR/DC/4, *Basic Proposal for the Substantive Provisions of the Treaty on Certain Questions Concerning the Protection of Literary and Artistic Works to be Considered by the Diplomatic Conference (1996)*, Para. 10.11.

没有规定的传播权，缔约方应当根据 WCT 第 8 条的规定提供保护。

我国已于 2006 年批准加入 WCT，有义务对传播权提供 WCT 第 8 条要求的保护水平。这就意味着通过互联网转播载有作品的广播信号，应当受到我国《著作权法》的规制。而在《著作权法》第十条明文列举的各项权利之中，只有“广播权”有可能适用于这一行为。上述结论，还可以从《著作权法》的逻辑结构中得到印证。《著作权法》第十条第一款第（十二）项（信息网络传播权）直接来源于 WCT 第 8 条的后半句。① 因此该条中的“有线或者无线”与 WCT 第 8 条的相同用语一样，能够包容任何向公众进行交互式传播的技术手段。“广播权”和“信息网络传播权”都出现在《著作权法》第十条，因此两条规定中的“有线”应当具有相同的含义，这是保持《著作权法》逻辑统一的基本要求。既然后者的“有线”包括互联网，前者的“有线”就不可能不包括互联网。

在上述央视国际诉百度案中，法院也对“广播权”中的“有线”进行了广义解释，即认为通过互联网进行的转播也属于“有线”转播。国家版权局向国务院法制办公室报送的《中华人民共和国著作权法（修订草案送审稿）》（简称《著作权法（修订草案送审稿）》）第十三条第三款第（六）项将“广播权”改为“播放权”。虽然其中“播放”的用语是否准确值得讨论②，但该规定中的“以无线或者有线方式”不仅能够控制直接通过有线方式传播作品的行为，也明确了以无线或者有线方式的转播（包括通过互联网进行的转播）都在受控范围之内，不会引起误解，是值得赞许的修法方向。

二、广播组织权条文中的“转播”

《著作权法》第四十五条（广播组织权）中“转播”的含义引起了更大的争议。这是因为随着网络带宽的增加，越来越多的用户选择通过网络观看电视节目，而互联网网站往往是在收到电视台的信号之后，再通过互联网进行同步转播。这种转播行为如果是未经许可实施的，对那些为合法进行现场直播而支付不菲费用的电视台影响很大，而电视台能否阻止这种未经许可的互联网转播，关键就在于如何界定《著作权法》第四十五条中的“转播”。

在目前的司法实务中，不同法院对此问题的认识截然相反。在央视国际诉网易案中，法院认为《著作权法》第四十五条中的“转播”涵盖了通过互联网进行的转播。然而，在案情类似的嘉兴华数诉嘉兴电信案中，法院却做出了相反的认定。

笔者认为，要解决这一争议，需要考察《著作权法》规定“广播组织权”时所参考的国际条约和立法目的。

（一）现行国际邻接权条约中的“转播”仅指无线转播

如上文所述，《罗马公约》中的“转播权”只能控制无线转播。③ 我国加入的唯一一个涉及广播组织权保护的国际条约是 TRIPS 协议，其第 14 条第 3 款赋予广播组织的“转播权”只是重复了《罗马公约》的规定。④

我国《著作权法》于 2001 年修法时，为广播组织规定了“转播权”。而当时修法要实现的主要目标，就是使我国《著作权法》达到 TRIPS 协议要求的保护水平，以为我国加入世界贸易组织（即通常所说的“入世”）扫清法律上的障碍。⑤ 基于该立法背景，《著作权法》为广播组织规定“转播权”的本意，是与 TRIPS 协议保持一致，而不是超越其保护水平。

① 参与立法者也明确地指出：“信息网络传播权的定义，直接来自《世界知识产权组织版权条约》第八条的表述”。参见胡康生主编：《中华人民共和国著作权法释义》，56 页，北京，法律出版社，2011。负责《信息网络传播权保护条例》制定的国务院法制办公室负责人也指出：《信息网络传播权保护条例》第二十六条中“信息网络传播权”这一术语源自 1996 年 12 月 20 日缔结的 WCT。参见张建华主编：《信息网络传播权保护条例释义》，92 页，北京，中国法制出版社，2006。

② 在《伯尔尼公约》和 WCT 中，“向公众传播”（communication to the public）有其特定含义，其仅指将作品传送至远端的行为。如果传播行为发生地与受众所在地是相同的，则属于“公开表演”而不属于“向公众传播”。WCT 的《基础提案》对此明确指出：“传播”一词暗示的是向不在传播发生地的公众进行的传送，See Supra note23，Para. 10. 14. 而“播放”在汉语中有“现场播放”的含义，如在电影院中播放电影，似没有将《伯尔尼公约》和 WCT 中“传播”一词的含义准确地反映出来。

③ 参见世界知识产权组织编：《罗马公约和录音制品公约指南》（附英文文本），44 页，第 13.8 段，北京，中国人民大学出版社，2002。

④ Carlos M. Correa，Abdulqawi A. Yusuf (ed.)，*Intellectual Property and International Trade*：*The TRIPS Agreement* (*Second Edition*)，London：Kluwer Law International，2008，p. 140.

⑤ 参与立法者对此指出：“我国加入世界贸易组织谈判已进入最后阶段。现行著作权法的一些规定与世界贸易组织规则主要是《与贸易有关的知识产权协议》还存在一些差距。我国已对外承诺在正式加入世界贸易组织时将全面实施《与贸易有关的知识产权协议》，为了……适应我国加入世界贸易组织的进程，对现行著作权法加以修改、完善，是迫切需要的”。姚红主编：《中华人民共和国著作权法释解》，43 页，北京，群众出版社，2001。

（二）《著作权法》“广播组织”条文中的“转播”不包括互联网转播

《著作权法》为广播组织规定的“转播权”在内容上已经超越了TRIPS协议的要求，当然也就超越了起草者的原意——仅与TRIPS协议保持一致。但是，基于2001年为“入世”而修法的时代背景，对超越TRIPS协议的范围，应根据立法过程进行严格解释。“转播权”针对的转播，并非以任何技术手段进行的转播，而是特指传统的无线转播和有线电视转播。同时，上文所述将“广播权”中的“有线转播”解释为包括互联网转播的法律解释方法，也不能适用于广播组织的“转播权”。

广播组织权中“转播权”的情况与著作权人“广播权”的情况完全不同：在《罗马公约》和TRIPS协议之后，国际上并没有缔结给予广播组织更强保护的新条约。相反，国际上对于广播组织的“转播权”能否控制互联网转播存在很大争议。《世界知识产权组织保护广播组织条约》至今也尚未缔结。由此可见，“广播组织权”条文中“转播”的含义，无法以条约为依据得到拓展。同时，在《著作权法》其他有关邻接权人专有权利的条文中，也没有出现含义更广的“转播”一词。因此，“广播组织权”条文中的“转播”就很难被解释为包括超出立法原意的互联网转播。

邻接权同样是绝对权，必须由法律加以清楚、明确地界定。而对于邻接权，《著作权法》并未规定“兜底权利”。显然，立法者无意为包括广播组织权在内的邻接权留下拓展保护范围的空间。在无法通过各种法律解释方法合理且无疑义地将“广播组织权”条款中的“转播”解释为包括互联网转播的情况下，对“转播权”的扩张应通过修改《著作权法》实现。

《著作权法（修订草案送审稿）》第四十二条对现行《著作权法》第四十五条做出了修改。笔者认为，立法者此处使用的“无线或者有线”能否包括互联网并不明确。如果《著作权法（修订草案送审稿）》第四十二条有关广播组织权的规定最终获得通过，立法者还应表明其立法意图，明确广播组织的“转播权”能否控制通过互联网进行的转播。

综上所述，基于《伯尔尼公约》和WCT的规定，并借助体系解释的方法，应认定著作权人的“广播权”可以控制对载有作品的无线信号进行包括互联网转播在内的无线和有线转播。相反，基于对《著作权法》立法历史的考察，并考虑国际条约的规定和目前的发展状况，广播组织权中的“转播权”尚无法被解释为包括互联网转播。在一个传播权在著作权法中占主导地位的时代①，《著作权法》在为著作权人和广播组织规定“转播权”时，应符合技术中立的要求，使其能够控制以任何技术手段实施的转播，这正是本次《著作权法》修改应当实现的目标。

（作者单位：华东政法大学）

数字作品转售行为的著作权法规制

——兼论数字发行权有限用尽原则的确立

何炼红　邓欣欣

一、问题的提出

关于数字作品转售行为的合法性，各国在立法上态度模糊，在司法实践中做法不一。欧洲联盟法院和美国法院针对数字作品转售行为做出的两份截然不同的判决，备受公众关注。2012年7月，欧洲联盟法院在UsedSoft GmbH v. Oracle International Corp案中认可了数字作品转售行为的合法性，法院认为，根据欧盟信息社会版权指令和计算机程序保护指令②，软件开发商对其软件的销售控制权——无论是储存于实体内的软件还是数字版的软件——都在开发商收到该笔买卖的交易资金之时终止。该判例从实质上承认了“永久”许可基本上等同于传统的商品售出，在整个欧盟范围内，转售以数字方式销售的软件是合法的。无独有偶，同一年发生在美国的Capitol Records LLC v. ReDigi Inc案，法院的判决结果却恰恰相反。法官理查德·沙利文做出一项判决，认为公司在苹果等数字商店中转售数字音乐的行为属于违法行为，并且认为ReDigi公司正在制造无版权的音乐拷贝，该行为将对数字音乐的私有市场造成损害。

要解决数字作品转售行为的合法性问题，首先要界定数字作品转售行为的性质即该行为是否属于著作权法上的发行行为问题，其次要厘清对数字作品的转售行为是否适用权利用尽原则以及如何适用的问题。笔者在下文中试对上述问题逐一进行探讨。

① 参见高富平：《数字时代的作品使用秩序——著作权法中“复制”的含义和作用》，载《华东政法大学学报》，2013（4）。

② 即2001年5月22日欧洲议会和欧盟理事会关于协调信息社会中版权和相关权若干方面的第2001/29/EC号指令和2009年4月23日发布的第2009/24/EC号指令。

二、数字作品转售行为性质的界定

（一）界定数字作品转售行为性质的前提

1. 正确理解发行权的含义

《中华人民共和国著作权法》（简称《著作权法》）第十条第一款第（六）项将发行权定义为“以出售或者赠与方式向公众提供作品的原件或者复制件的权利”。此定义在传统发行领域没有产生太大的分歧，但是在数字环境下却引发了较大的争议。学者们普遍认为，发行权概念只适用于作品有形复制件载体的转移，数字环境下作品的流转过程属于网络传输，应适用“信息网络传播权”的有关规定。然而深究立法条文，我们发现并不能做出如此肯定的回答。《著作权法》并没有将发行权的客体明确限定为“有形复制件”，因此可以理解为：数字发行与传统发行除载体形式不同外并没有本质的区别，只要是以转移所有权的方式向公众提供作品，就应该认定其为发行行为。

2. 合理界定发行权与信息网络传播权之间的关系

《世界知识产权组织版权条约》和《世界知识产权组织表演和录音制品条约》在赋予作者、表演者、唱片制作者“向公众传播权”的同时又采取了一种折中的办法，即该项权利的内容和立法模式留给各国的立法或者判例来决定。在此方案之下，美国和欧盟采取了不同的立法模式。美国是世界上唯一将网络传播行为作为发行行为加以调整的国家，认为通过网络传输作品也是一种“发行行为”，因此不存在因网络传播行为与发行行为交叉而带来的难题。但是，对于网络环境下的发行权穷竭问题，美国在立法上的态度不够明朗。1995 年《知识产权和国家基础信息建设报告》和 2001 年《就美国〈千禧之年数字版权法〉第 104 条的报告》均表达了应当限制传统发行权“权利穷竭原则”在网络环境中加以适用的观点。欧盟对待网络传播行为则采取了不同的立法态度，其在 2001 年的《欧盟信息社会版权指令》中明确规定“发行权”只是控制发行“承载作品的有形载体”的行为，并以不同的条文分别规定了“发行权”和“向公众提供权”（即网络传播权）。① 我国的立法模式与欧盟的立法模式类似，《著作权法》通过增设“信息网络传播权”来规制网络传播行为，但是发行权的定义没有明确其是否包括“数字发行”的发行方式，由此导致“数字作品转售行为”与“发行行为”“信息网络传播行为”之间的关系模糊不清。

（二）数字作品转售行为属于著作权法上的发行行为

数字作品转售与传统作品转售的最大区别在于：传统作品的转售是原作品有形载体本身的转移，这一过程并不涉及著作权人的专有复制权；而数字作品的转售实质上是“原作品的复制和复制件的转移”两个过程的叠加，由于数字作品具有载体的无形性和传输的快捷性，因此这一复合过程往往被视为通过一个行为来完成。实际上，数字商店将著作权人的数字作品置于服务器中供用户有偿下载，购买者选中作品，然后支付对价，数字作品从数字商店的存储器转移到购买者的个人硬盘或存储设备中，这一过程的完成意味着一次买卖交易的结束，与现实生活中实体作品的发行行为并无本质区别，只是该过程更加简便、快捷，因为省去了机器印刷、人员配发、运输送达等环节，直接在网上自动完成。在购买者支付高昂费用并成功下载数字作品后，购买者根据购买协议获得的不仅是该数字作品复制件的使用权，而且包括可以行使自由处分复制件的所有权。如果有一天购买者发现自己不再需要该作品时，将其放在网上二手市场进行转售交易，那么基于发行行为的定义“以出售或者赠与方式向公众提供作品的原件或者复制件”，我们完全可以确定该行为仍然属于著作权法意义上的发行行为。

三、数字作品转售行为应当附条件适用发行权用尽原则

（一）关于数字作品转售行为能否适用传统发行权一次用尽原则的争鸣

在美国，近年来支持数字作品转售行为适用发行权一次用尽原则的呼声越来越高，支持者多为国内的图书馆集团、一些大型电子商务交易平台和学者。他们认为，既然美国法律没有区分“发行行为”和“网络传输行为”，两者都属于发行权调整的对象，那么传统发行权一次用尽原则在网络环境下就有适用的可能性。他们提出，对首次销售原则不能采取严格的形式主义解释，并且强调消费者处分作品的传统权利不能被剥夺。② 与此同时，美国国内反对者的力量

① See Directive No. 2001/29/EC of the European Parliament and of the Council of 22 May 2001 on the harmonisation of certain aspects of copyright and related rights in the information society，Article (23)，Chapter II Article 3，4.

② Reply Comments of the Library Associations Before the Library of Congress，The United States Copyright Office and the Department of Commerce，National Telecommunications and Information Administration，Washington，D. C.，http://www.mlanet.org/government/dmca/dmca_reply02.html，2014-03-22.

也比较强大，他们主张作品的复制与发行是密不可分的，数字作品的转售必然伴随着作品的复制行为，而著作权人的复制权不论是在传统上还是在网络空间中都不会穷竭，允许发行权一次用尽会侵害著作权人的复制权，这是美国版权法所不能容忍的。此外，确认是否删除或者销毁原有的复制件也存在困难，法律上或者实务中缺乏相应的监督办法。

相较于美国在发行权一次用尽原则能否适用于数字作品转售这一问题上持观望及摇摆的态度，欧盟的态度要鲜明得多。欧盟法院在上述UsedSoft案的裁决中指出："将首次销售规则适用的客体从软件有形复制件拓展到无形复制件，从而使得网络环境中适用软件首次销售规则成为现实"①。欧盟同时认为版权人的发行权应当有限行使，因为权利人在作品第一次销售时已经取得足够的回报，如果再允许其控制作品二手市场的销售，从中获取经济利益，那么就明显超过了知识产权保护下权利人所应受保护的范围。②

我国虽然采取了与欧盟相似的立法模式，但是基于文化背景和现实状况的差异，我国多数学者反对将传统发行权一次用尽原则适用于数字作品转售行为，认为网络空间下"发行权一次用尽原则"缺乏适用的基础，其理由是传统发行权一次用尽原则产生的原因是为了澄清"发行权"与"所有权"之间的界限，而数字作品转售只是一个信息的流动过程，并不涉及有形物的转移，与所有权中的处分权能毫无关系，发行权一次用尽原则当然也就失去了存在的基础。③

（二）对数字作品转售行为应当适用数字发行权有限用尽原则

"技术的变化发展使得使用作品的成本降低，在缺乏著作权保护时，竞争者的自由搭便车行为会将用户的成本降到接近零的边际成本，这一情况的存在会使作者和出版者面临难以收回成本的境地。"④就传统市场上的发行而言，作者在作品第一次投放到市场后，基于作品的版税和一定销量而取得的收入，便可收回为创作所付出的成本，因而无须通过控制和收取再次转让的费用来获得高额利润，况且这也与著作权法的立法宗旨相违背。这种情况在数字环境下发生了改变，对于数字作品的创作而言，作者在此过程中付出的智力劳动并不少于传统出版形式的作者，但是，数字作品的版税明显低于传统作品的版税，并且由于网络盗版的盛行，作品的销量也受到影响，通过一次发行根本无法获得与智力投入相匹配的市场回报。因而在数字环境下，如果允许发行权一次就用尽，那么显然会造成对作者不公平的后果，进而打消作者创作的积极性，阻碍社会的创新和进步。

笔者认为，数字环境下的发行权最终应当用尽，因为不能允许权利人从无限制的发行行为中攫取暴利，但是同时也应考虑数字环境与传统实体环境的区别，对新技术条件下著作权人的利益予以适当的关注。对数字作品转售行为的规制应该吸收传统发行权一次用尽原则秉持的精神实质，但是也应该附加相应的限制性条件。因此，数字作品转售行为应当附条件适用发行权用尽原则，通过确立"数字发行权有限用尽原则"来进行有效规制。

四、确立数字发行权有限用尽原则的具体构想

（一）数字发行权有限用尽原则的含义

数字发行权有限用尽原则，与传统的发行权一次用尽原则不同。数字发行权有限用尽原则，强调根据数字出版物的不同特性，在一定次数上或一定的范围内允许权利不用尽，以适应数字作品二手市场的转售要求。超过该限制，则仍然适用发行权用尽原则，以实现数字出版私利与公益之间的平衡。具体而言，数字发行权有限用尽原则，是指附有有效且合法的转发并删除技术措施的数字作品复制件经著作权人许可首次向公众销售或赠与后，在一定限度内著作权人可以控制该特定复制件的再次或多次传输，达到规定限度之后，数字作品复制件的合法拥有者可以自由处分该数字作品。

著作权法上的利益平衡不是一成不变的绝对平衡，而是一个动态的平衡过程，有时必须对权利人或社会公众一方做出适当倾斜，以便从整体上保证利益天平两端的稳定。也就是说，在不同的情境下，著作权法应当有所侧重地照顾一方的利益，只有这样才能真正体现利益平衡的本质。数字发行权有限用尽原则在坚持发行权最终用尽的前提下，适当限制著作权人发行权行使的次数，既保护了权利人的合法权益，又不至于挤压公众的利用空间。这一原

① 瞿昊晖：《论软件首次销售规则的适用——以欧美案例为启示》，载《法学杂志》，2013（11）。

② Jack Anderson（ed.），*Leading Cases in Sports Law*，ASSER International Sports Law Series，T. M. C. Asser Press，The Hague，2013，pp. 271-286.

③ 参见王迁：《论网络环境中的"首次销售原则"》，载《法学杂志》，2006（3）。

④ 冯晓青：《著作权法之激励理论研究——以经济学、社会福利理论与后现代主义为视角》，载《法律科学》，2006（6）。

则强调公众有权使用作品，“支持从公共利益的角度把握集体正义，使知识的共享过程得以合法化”①，也使得数字作品转售行为更具有正当性，符合我国培育数字作品二手交易市场的现实需求。

（二）数字发行权“有限用尽”的具体表现

1. 著作权人的数字发行权在有限次数内不用尽

著作权人的数字发行权在有限次数内不用尽，是指法律赋予著作权人在一定的次数内控制其数字作品转售的权限。著作权人可以在规定的次数和范围内要求使用者转让数字作品时取得其许可并返还自身一定比例的转让费，如果超过次数上限，那么著作权人就失去对该数字作品转售的“许可权”和“收费权”，该数字作品在此后的转售过程中将永久地失去与著作权人的利益关联。就立法层面而言，可以考虑由《著作权法》对这一内容做出原则性规定。在《著作权法实施条例》中进一步明确，由著作权行政主管部门针对不同类型的数字作品综合考量各方面因素来确定最高转售次数的具体标准。考量最高转售次数的因素包括著作权保护期限、作品的投入成本、作品的影响与市场需求等，并且该次数的限定应该随着技术的发展而有所变化。在最高转售次数范围内，著作权人可以在出版时声明或者与第一转售者在合同中自由约定以后的具体转售次数，直至将有限的转售次数使用完毕，著作权人的发行权用尽。

2. 著作权人只能对数字作品转售行使有限的控制权

著作权人对数字作品转售的有限控制体现在著作权人只能对规定次数内的数字作品转售行为行使许可和收费这两项权利。著作权人要么许可，要么在具备充分且正当理由的前提下不许可，其无权指定被转售的用户，也不得以其他无根据的附加条件限制使用者合法转售，更不能以使用者转售给第三人时的差价过高为由要求收取不合理的费用。对于再次转售时间和转售价格的限制，著作权行政主管部门不作强制性规定，而是交由市场主体根据行业规则和自身议价能力自主协商。这一内容也可以由著作权人或数字出版商与用户之间订立协议加以约定，但前提是不能滥用权利。“尽管知识产权是一种合法的垄断，但权利人行使权利却可能产生一些市场垄断的行为，即构成知识产权滥用。”② 一旦出现滥用权利垄断市场限制正常交易的情形，就将受到反垄断法和反不正当竞争法的规制。

3. 排除适用的情形

有原则即有例外，数字发行权有限用尽原则在特定条件下不能适用。对于科普类、教育类等具有公益性质的数字作品，以及使用者以低价向公共图书馆、慈善福利机构等特定机构转让的数字作品，著作权人无权干预其转售行为，也不能因此要求回报。此种限制是为了鼓励数字作品使用者为了社会公共利益积极扩散自己拥有的优质资源，让真正需要数字作品的人享受到智力成果，实现知识的共享与文化的传播。

（三）关于我国著作权法确立数字发行权有限用尽原则的建议

1. 明确发行权的对象包括作品的“无形复制件”

“作为立法活动的微调机制，法律修改旨在不伤动法律体系整体结构、不根本改变法律基本框架和原则的前提下，赋予法律时代的精神和现实的活力。”③ 基于此种理念的考量，建议在第三次修改《著作权法》时明确发行权的对象包括作品的“无形复制件”，而不需要重新设立一种类似“数字发行权”的权利类型。既然在现有著作权法体系内对发行权的含义作扩大解释就可以实现立法调整的目标，那么就无须创设一种新型的权利形式从而增加修法过程的复杂性。

2. 修改《著作权法》中关于发行权的封闭式定义方法

《著作权法》对发行权采取了封闭式的定义方法，仅仅规定以“出售或者赠与方式”向公众提供作品为发行，可是《世界知识产权组织版权公约》和《世界知识产权组织表演和录音制品条约》等国际条约，都把发行提供作品的方式表述为“销售或其他所有权转让形式”，为以后可能出现的新情况留下了空间。建议我国也采用国际条约中的表述形式，将我国发行权的定义修改为“著作权人以出售或者其他所有权转让形式向公众提供有形或无形的作品原件或者复印件的权利”。这样既明确了发行权的本质，也与信息网络传播权划清了界限，即“发行权”是“转移作品载体所有权的权利”，而“信息网络传播权”是“在选定的时间和地点获得作品内容的权利”。

3. 在《著作权法》中明确规定传统作品转售适用发行权一次用尽原则

对于发行权一次用尽原则，《著作权法》并未做

① 何炼红：《Copyleft 模式下对作者的重新审视》，载《中国版权》，2005（4）。

② 吴汉东：《试论知识产权限制的法理基础》，载《法学杂志》，2012（6）。

③ 吴汉东：《从应变到求变——〈中华人民共和国著作权法〉第三次修改评析》，载《法商研究》，2012（4）。

出明确的规定，只是在理论上和司法实践中坚持了这一原则。在传统实体环境下，作品与其有形载体的不可分性决定了发行权一次用尽原则当然地适用，但是在数字环境下，尤其是在数字作品的复制行为与发行行为难以区分的情况下，传统发行权一次用尽原则能否继续适用还缺乏法律上的依据。因此，有必要在《著作权法》第四节“权利的限制”中确立针对传统作品转让行为的发行权一次用尽原则，并明确规定该原则不适用于数字作品的转售行为。

4. 在《著作权法》中增加数字作品转售适用数字发行权有限用尽原则

在明确规定发行权一次用尽原则只适用于传统作品的前提下，对数字作品转售行为，《著作权法》还应另外做出特别规定，以便进一步平衡数字作品的作者、传播者与社会公众之间的利益关系。建议在《著作权法》第四节“权利的限制”中规定传统作品转售适用发行权一次用尽原则之后增加一条，专门规定针对数字作品转售行为的数字发行权有限用尽原则。由此，从立法层面实现对数字作品转售行为的规制，为实践中正在发展的数字作品二手交易市场奠定合法基础。

（作者单位：中南大学）

“3D打印”的著作权法律问题研究

罗　娇

一、“3D打印”及其打印流程

（一）概述

“3D打印”即“增材制造技术”[①]。“增材”指通过将原材料沉积或黏合为材料层以构成三维实体；“制造”指通过某些可测量、可重复、系统性的构成制造材料层。[②]“3D打印”机分为“选择性沉积打印机”和“选择性黏合打印机”，前者以注射器或打印头注射、喷洒或挤压液体、胶装物或粉末的原材料形成所需的三维物体，具体有FDM（熔融成形）、Ployjet（喷墨成形）、LENS（激光工程化净成形）和LOM（分层实体制造）；后者利用激光或在原材料中加入某种黏合剂形成所需的三维物体，具体有SL（立体光刻）、LS（激光烧结）和3DP（三维打印）。不同类型打印机的技术原理、使用材料、打印对象和打印效果均有区别。

（二）打印流程

1. 设计文件的“3D打印”

“3D打印”开始于设计文件。打印前需把不同格式的原始设计文件转化为能被“3D打印机”识别的STL（标准镶嵌语言）格式，打印机固件才可读取STL文件，将数字网格“切”为与打印物物理薄层对应的虚拟薄层进行打印。打印完成后，新打印的物体表面不光滑或还没有完全成形（如需要与支撑结构分离）的，需人工打磨、清洗、抛光、焊接等“后处理”过程（见图1）。

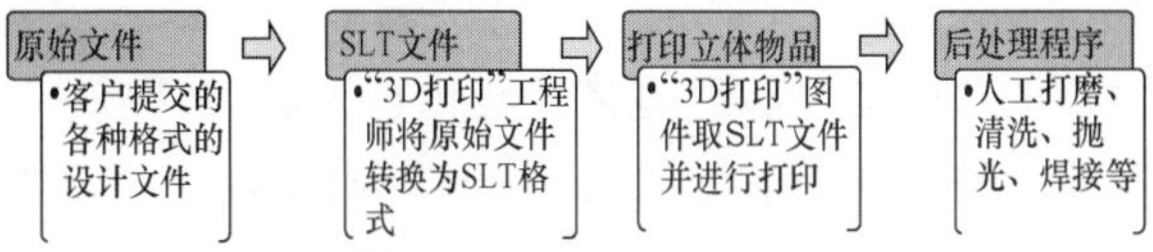

图1　原始设计文档打印流程

将其他格式的设计文件转换为STL文件是一个复杂的过程，其转换质量直接决定了“3D打印”成功与否，未来的趋势是设计软件与“3D打印”结合，直接创建“3D打印设计文档”（简称“3D设计文档”）并进行“3D打印”（见图2）。

图2　“3D设计文档”文件打印流程

2. 扫描数据的“3D打印”

对于没有设计文件或设计文件不可用的打印对象，如动植物、解剖模型、文物的破碎部件等，可通过扫描来捕捉合成待打印对象的三维形状，再通过设计文件捕捉这些扫描数据（即点云数据）形成相应的表面网格进行“3D打印”（见图3）。当然，由于光学扫描数据不能捕捉物体的内部结构，例如打印古董花瓶，目前通过改进的医疗成像技术，如CT（电子计算机X射线断层扫描技术）扫描仪、核磁共振成像和超声波检查，来扫描打印对象的内部结构。[③]

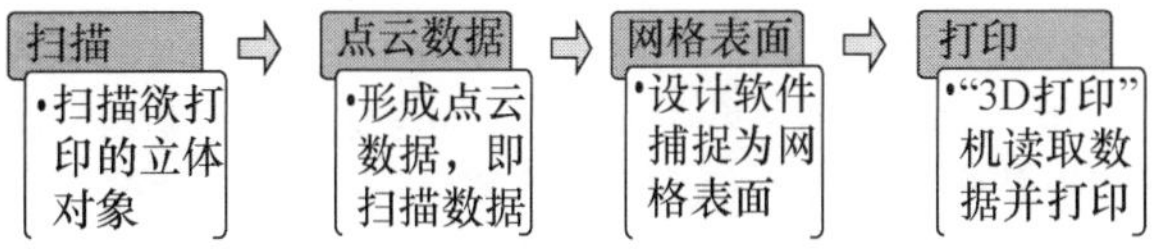

图3　点云数据打印流程

---

① 林峰：《生物3D打印技术的四个层次》，载《信息技术时代》，2013（6）。

② Hod Lipson & Melba Kurman, *Fabricated: The New Word of 3D Printing*, John Wiley & Sons, Inc., 2013, p. 73.

③ 参见上书，73页。

二、"3D 打印"的著作权保护问题

"3D 打印"的著作权保护涉及打印文档和所打印的新物品，需结合打印流程分析。

（一）"3D 打印文档"的著作权保护

1. "3D 打印文档"享有著作权的前提

"3D 打印文档"享有著作权的前提是文档本身为具有独创性的作品。前述三种"3D 打印"流程对应三种打印文档：格式转化得到的 SLT 文档、用"3D 打印"设计软件设计的打印文档、扫描立体物形成的打印文档。其中，扫描立体物是对既存立体物数字形式的"复制"，不存在"独创性"的空间，该类打印文档不是作品。而用"3D 打印"设计软件设计的打印文档和通过格式转化得到的 SLT 文档，在符合独创性要求的前提下可构成作品而享有著作权保护。

2. 美术作品、工程设计图、产品设计图打印文档的著作权保护

"3D 打印"的打印文档可是美术作品、工程设计图或产品设计图。对于纯粹传达艺术美感的"3D 打印文档"，由于其并没有蕴含任何可转换为技术功能的设计，可作为美术作品而享有著作权。对于蕴含技术功能的"3D 打印文档"，是否构成工程设计图或产品设计图，取决于这一打印文档所体现的审美功能与实用性功能是否可分离。根据"思想与表达二分"原则[①]，著作权只保护工程设计图和产品设计图本身所表达的"美感"，不保护其实用性功能，因为实用性功能属于思想，"对思想的保护是专利法的事"[②]。英国枢密院也指出产品设计图受版权保护在于它们是图形，而不在于其中体现的技术特征。[③] 当思想与表达难以区分时，由于思想不受著作权保护，因而整个作品都不受到著作权法保护。[④] 同理，"3D 打印文档"作为工程设计图、产品设计图受到著作权保护的是其所表达的"美感"，而非其实用性功能。仅具有实用性功能，或审美功能与实用功能难以区分的"3D 打印文档"不受著作权的保护。

3. 经格式转换的 SLT 打印文档著作权保护

将原始设计文件或扫描数据经格式转换为 SLT 格式的"3D 打印文档"，是对原设计文件或扫描数据的演绎。美国法院在达勒姆公司诉和日本托弥公司案中阐述了认定演绎作品的两个要素：（1）演绎作品与原作品相比要具有一定的创造性；（2）演绎作品同时又保留了原作品的基本表达。[⑤] 将原始设计文件或扫描数据转换为 SLT 格式的"3D 打印文档"是一个复杂过程，需要专家进行调整优化[⑥]，但优化目的是使转化后得到的 SLT 文档与原始设计文件更契合、更相似，类似于"精确复制"而不是加入新创造元素的创造行为。对于这种"精确复制"，"虽然毫无疑问需要娴熟的技术和努力，但仍然不具有独创性"[⑦]。因此，格式转化过程不是"演绎"，转化得到的 SLT 打印文档也不是原始设计文件或扫描数据的演绎作品。相反，格式转化属于"精确复制"，未经许可将他人作品转化为 SLT 打印文档的，属侵犯他人作品的著作权。不过，把原始设计文件转换为 SLT 格式确实需要专家进行调整优化，这种优化本身体现了一定的智力创造性，若未来的技术仍无法简化 SLT 格式转化，则立法或许可考虑将 SLT 格式转化纳入对对独创性要求不高的邻接权的保护范围内。

（二）"3D 打印物"的著作权保护

1. "3D 打印物"享有著作权的前提

"3D 打印物"是否享有著作权取决于打印物是否具有独创性，而打印物是否具有独创性取决于打印文档是否具有独创性。从前述"3D 打印"流程来看，首先扫描数据属于机械复制，不具有独创性，因此打印扫描数据形成立体物是扫描数据的物质化过程，也不具有独创性，此时打印物只是被扫描物体的复制品。其次，用"3D 打印"设计文件或扫描数据之外的 SLT 文件打印形成的新物，若设计本身具有独创性，则打印物构成作品；反之不构成作品。其中，独创性判断多依赖法官的主观判断，没有统一的客观标准。例如，在 Meshworks 公司诉丰田汽车案中，美国联邦巡回法院就认为未经装饰的汽车外形的 3D 线框模型缺乏创造性而不受版权保护。[⑧]

---

① 我国著作权法未明确规定"思想与表达二分"原则，但北京市第二中级人民法院民事判决书（2005）二中民终字第 00047 号判决中，法院认为"著作权不保护创意或构思，著作权人不能阻止他人使用其作品中所反映出的思想或信息"。

② Publications Int'l，Ltd. v. Meredith Corp.，88 F. 3d 473 at 481（7th Cir.），1996.

③ Interlego A. G. v. Tyco Industries Inc.，R. P. C. 343，at 365，1988.

④ Baker v. Selden，101 U. S. 99 at 102，1879.

⑤ Durham Indus.，Inc. v. Tomy Corp.，630 F. 2d 905 at 909（2d Cir.），1980.

⑥ Hod Lipson & Melba Kurman，*Fabricated：The New Word of 3D Printing*，John Wiley & Sons，Inc.，2013，p. 86.

⑦ Bridgeman Art Library，Ltd. v. Corel Corp.，36 F. Supp. 2d 191 at 196（S. D. N. Y.），1999. 该案中，法院明确提出，"精确复制"（slavish copying）虽然毫无疑问需要娴熟的技术和努力，但仍然不具有独创性。

⑧ Meshwerks，Inc. v. Toyota Motor Sales U. S. A.，Inc.，528 F. 3d 1258（10th Cir.），2008.

2. “3D打印物”属于哪一类作品

符合独创性要求的“3D打印物”属于美术作品（例如雕塑作品）还是模型作品？在Lucasfilm v. Ainsworth案中，英国法院把“3D打印物”认定为雕塑作品。① 其实，我国《著作权法实施条例》第四条第十三项规定的模型作品应当是《伯尔尼公约》第2条第7款②所称的“立体设计”的同义词，指为了最终完成立体作品而做的造型设计。因此，如果“3D打印物”属于为了最终完成立体作品而做的造型设计，则可被认定为是模型作品。不过区分“3D打印物”是雕塑作品或模型作品的意义不大，因为它们在著作权法上可获得同样保护。同时，随着“3D打印”技术的不断发展，“3D打印物”的作品类别也会不断扩展。③ 当然，如果“3D打印物”具有实用功能，根据“非歧视原则”（nondiscrimination），在打印物审美功能和实用功能可区分时，该打印物也受著作权的保护。④

三、“3D打印”的著作权侵权问题

“3D打印”可能带来打印文档和打印物的著作权侵权问题。对于前者，如前所述，将原始设计文档或扫描数据转换为SLT打印文件属于“复制”行为，因此未经许可的转化可能侵犯原始设计文档或被扫描的立体物的复制权。对于后者需要具体分析。

（一）异体复制的争议

异体复制，指不同维度之间的复制，如二维到三维（平面到立体），反之亦然。《伯尔尼公约》第9条并未对复制形式做出限制，多个国家的著作权法也认可异体复制，如《英国版权法》第17条规定：对艺术作品而言，复制包括对平面作品所进行的立体复制。⑤ 我国《著作权法》对异体复制没有明确规定，有学者认为“复制”仅指从平面到平面的复制，不包括从平面到立体的复制。⑥ 也有学者持相反态度，认为“如果按照平面美术作品和建筑作品的平面设计图和建造与之相对应的三维艺术品和建筑作品的行为不是复制，那么我国对美术作品的保护力度将大大削弱，对建筑作品的保护则几乎完全成了一句空话”⑦。目前，多数学者认可复制应当包括异体复制，但对于按照设计图建造、制造实物是否属于异体复制，有学者持否定态度，认为“正像戏剧作品的最终创作目的并不是让人阅读（虽然它可以阅读），而是为搬上舞台演出一样，设计图的最终创作目的也不是让人们观赏这些图本身（虽然它们可供人观赏），而是按照它们制作具体的物品”⑧；有学者持肯定态度，“认为如果工程设计、产品设计的保护仅限于图纸而未延及工程和产品本身，实际上没有起到保护工业设计的作用”⑨。

（二）“3D打印”与异体复制

“3D打印”是否属于异体复制需结合不同打印客体分析。

1. 打印纯粹传达艺术美感的设计属于异体复制

（1）美术设计。

对于纯粹传达艺术美感的作品，按照平面作品制造对应的立体艺术品属于异体复制，否则“我国对美术作品的保护力度将大大削弱”⑩。此观点得到了国内外司法实践的支持，例如海宝案中，我国法院将二维海宝形象生产为三维挂件认定为复制⑪；腾讯QQ案中，我国法院将腾讯QQ企鹅形象生产为立体加湿器认定为复制⑫；大力水手案中，英国法院将二维的卡通形象“大力水手波派”制作成三维的小塑像认定为复制⑬；娱乐研究集团公司诉创意工厂集团公司案中，美国联邦巡回法院将二维的卡通人物形象做成三维的充气服装认定为复制⑭。因此，“3D打印机”打印纯粹传达艺术美感的设计属于异体

① Lucasfilm v. Ainsworth [2011] UKSC 39；[2011] 3 W. L. R. 487.

② 《伯尔尼公约》第2条第7款规定：“……本同盟各成员国得通过国内立法规定其法律在何种程度上适用于实用艺术品以及工业品平面和立体设计……”

③ 美国航天局（NASA）出资与美国南加州大学合作最新研发出“轮廓工艺”3D打印技术，24小时可打印约232平方米的楼房，参见http://kb.dsqq.cn/html/2014-01/24/content_320266.htm，2014年5月3日最后一次访问。

④ Mazer v. Stein，347 U.S. 201，74S. Ct. 460，1954. 该案中联邦最高法院重申“非歧视原则”。

⑤ Copyright，Design and Patent Act 1988，Sec17（3）.

⑥ 参见胡康生主编：《中华人民共和国著作权法释义》，46页，北京，法律出版社，2002。

⑦ 王迁：《知识产权法教程》，121页，北京，中国人民大学出版社，2011。

⑧ 郑成思：《版权法》（上），129页，北京，中国人民大学出版社，2009。

⑨ 刘春田主编：《知识产权法》，63页，北京，中国人民大学出版社，2009。

⑩ 王迁：《知识产权法教程》，121页，北京，中国人民大学出版社，2011。

⑪ 上海市黄浦区人民法院刑事判决书（2011）黄刑初字第86号。

⑫ 北京市朝阳区人民法院民事判决书（2007）朝民初字第17052号。

⑬ King Features Syndicate Inc and Anor v. O & M Kleeman Ltd，AC 417，1941.

⑭ Entertainment Research Group，Inc. v. Genesis Creative Group，Inc.，122 F. 3d 1211（9th Cir.），1997.

复制，在不符合合理使用、法定许可等著作权限制与例外的情形下，构成侵权。当然，具体侵权的判定应采用“接触＋实质性相同”规则，当打印物品与美术作品“实质性相同”时才构成侵权。①

（2）建筑设计。

“3D 打印”建筑设计图是否构成从平面到立体的复制？美国立法与司法实践认为，建筑作品受到保护的是“具有审美愉悦性的总体外形”②。根据我国著作权法的体系与定义，著作权法保护的也是建筑作品外形的艺术美感。换言之，和美术作品一样，受著作权保护的建筑设计图是传达艺术美感的设计。因此，根据建筑设计图进行“3D 打印”属于异体复制。③ 但对于建筑物内部结构设计图，由于其并不表现建筑物外形的艺术美感，而是体现建筑物内部构造的技术方案，属于下述的工程设计图，其打印行为不属于异体复制。

（3）实用艺术品设计。

实用物品不享有著作权，但加入艺术设计的实用物品另当别论。从著作权理论看，可以区分审美意义与实用功能的实用艺术设计是受著作权保护。其中，著作权保护的是实用艺术品中具有审美意义的部分。例如，在椅子后背的雕刻或银餐具上的花卉浮雕受著作权保护，但椅子或餐具本身不受著作权保护。④ “3D 打印”实用艺术品是对其审美意义部分的复制。⑤

2. 打印产品设计图、工程设计图不属于异体复制

“3D 打印”产品设计图、工程设计图不属于复制行为，不构成侵权。产品设计图、工程设计图用于制造与之对应的产品（或建造工程），以实现某种科学或技术功能，而不是为了给人艺术审美的享受。根据产品设计图、工程设计图制造产品的过程不属于“复制”行为⑥，因此“3D 打印”产品设计图、工程设计图不构成侵权。但这样会不会使产品设计图、工程设计图“没有起到保护工业设计的作用”⑦？本文认为可对产品设计图、工程设计图的技术方案申请专利，在一定程度上控制产品设计图、工程设计图的“3D 打印”。⑧

（作者单位：中国科学院文献情报中心、
国家科技信息政策研究咨询中心）

网页快照提供行为著作权侵权判定

——兼评《最高人民法院关于审理侵害信息网络传播权民事纠纷案件适用法律若干问题的规定》

张玲玲

随着北京三面向版权代理有限公司先后将人民搜索网络股份有限公司⑨、盘古文化传播有限公司⑩诉至法院以来，网页快照提供行为是否侵犯著作权问题再度进入司法审判视野。在之前的网络著作权司法实践中，针对网页快照提供行为有过不同的判决结果。⑪ 在网络技术不断发展和相关法律司法解

① Designers Guild Limited v. Russell Williams (Textiles) Limited (t/a Washington DC)，[2001] 1 All ER 700，[2011] FSR 11.

② H. R. Rep. No. 101－735，101st Cong.，2d Sess.，20，1990；Intervest Const. Inc. v. Canterbury Estate Homes，Inc.，554 F. 3d 914 (11the Cir.)，2008.

③ 《著作权法》修改草案第三稿中，将建筑物设计图包含在建筑作品之内，说明根据建筑设计图建造建筑物外形构成对建筑作品的“复制”。

④ Matt Simon，*When Copyright Can Kill*：*How 3D Printers are Breaking the Barriers Between “Intellectual” Property and the Physical World*，Pace I. P.，Sports & Entertainment Law Forum，2013，Vol. 3. No. 1.

⑤ 《著作权法》修改草案第三稿将实用艺术作品列为作品，我国法院也认定艺术造型的玩具积木（北京市高级人民法院民事判决书［2002］高民终字第 279 号）、浴盆（北京市第二中级人民法院民事判决书［2008］二民初字第 12293 号）、香水瓶（北京市第二中级人民法院民事判决书［2006］二中民初字第 7070 号）是作品。

⑥ 例证：摩托罗拉案中，法院认定摩托罗拉公司按照印刷线路板设计图生产线路板不属于复制（参见刘华主编、上海市高级人民法院知识产权审判庭编：《知识产权案例精选（2006）》，20 页，北京，知识产权出版社，2008）；香洲船舶修造厂案中，法院认定根据设计图纸建造渔船不是复制（参见《最高人民法院关于叶庆球与珠海市香洲船舶修造厂等著作权侵权纠纷案的函》，最高人民法院［1997］知监字第 48 号函）；我国版权局认为按照布图设计生产线路板是工业产权性质的实施（参见《国家版权局对〈关于印刷线路板布图设计是否受著作权法保护的函〉的答复》权办［1996］71 号）；M. 雷炳德认为按照图纸建造一个三维的物体不侵犯著作权（参见［德］M. 雷炳德：《著作权法》，145～146 页，北京，法律出版社，2004）。

⑦ 刘春田主编：《知识产权法》，63 页，北京，中国人民大学出版社，2009。

⑧ 我国《专利法》第十一条规定专利侵权行为必须以“生产经营”为目的，因此难以控制不具备营利性、完全为个人使用的“3D 打印”。

⑨ （2013）朝民初字第 21408 号民事判决书，（2013）朝民初字第 19042 号民事判决书。

⑩ （2013）大民初字第 5749 号民事判决书。

⑪ 例如，在王路诉雅虎案（2008 年）中，法院判决雅虎不构成侵权；在泛亚诉百度案（2008 年）及中国音乐著作权协会诉百度案（2010 年）中，法院判决百度构成侵权。

释不断完备的今天，特别是当《最高人民法院关于审理侵害信息网络传播权民事纠纷案件适用法律若干问题的规定》（以下简称《信息网络传播权解释》）实施以来，网页快照提供行为如何定性以及如何适用上述规定才能在兼顾权利人、网络服务提供者和社会公众的利益下更好地实现促进技术发展与文化繁荣之间的平衡再一次拷问司法审判的尺度。

一、网页快照提供行为的基本属性及价值

（一）网页快照的技术解说

网页快照，英文为 web cache[①]，是搜索引擎的一项特色功能。从具体的技术细节来讲，快照是指向保存在存储设备中的数据的引用标记或指针。[②]当用户输入关键词搜索时，不仅能够得到包含关键词页面的网址还能够直接得到“快照”，当点击“快照”选项时，该内容就直接从搜索引擎服务器中被调取出来，此时用户看到的页面，就是网络快照，是搜索引擎提前抓取存储在服务器中的页面而并非搜索当时的页面现状。

（二）网页快照提供行为的法律解读

从行为上来看，网页快照包括提前主动抓取来源网站的网页信息这一抓取行为，存储在搜索引擎服务器中这一存储行为以及应用户点击而呈现快照页面的提供行为这三个具体行为。网页快照的抓取、存储行为均应属于著作权法意义上的复制行为。但是，当其依附于搜索链接后，通过有线或无线的方式向公众提供了快照，使得公众可以在其个人选定的时间和地点获得该快照的提供行为又构成信息网络传播行为。本文探讨的正是网页快照的这种提供行为的法律责任问题。

从法律规定来看，《信息网络传播权解释》第五条明确规定网络服务提供者以提供网页快照等方式实质替代其他网络服务提供者向公众提供相关作品的，人民法院应当认定其构成提供行为。如何理解该条规定的“提供行为”将直接影响到对快照行为的定性。本文认为，上述规定出的三个“提供”其内涵是有差别的。前两个“提供”就是指其字面含义，是指提供的动作。而最后的“构成提供行为”的“提供”则有着法律意义，此处应以系统解释方法来正确理解“提供行为”。《信息网络传播权解释》第三条使用了“提供”一词，并规定网络服务提供者未经许可，通过信息网络提供权利人享有信息网络传播权的作品、表演、录音录像制品，除法律、行政法规另有规定外，应当认定其构成侵害信息网络传播权行为。在第五条第二款规定“网络服务提供者主张其未侵害信息网络传播权的，人民法院应予支持”，通过上下条文结合理解，此处的“提供行为”应当理解为信息网络传播行为。

（三）网页快照提供行为的存在价值

从网页快照的技术特点来看，网页快照对于社会公众的存在价值在于在网站服务器暂时中断、堵塞、网速过慢、链接更改、内容删除等情况下，可以选取网页快照来达到自己查阅搜索内容的目的，同时，在访问原网站出现障碍时，能够了解到原网页曾经存在的内容，抑或通过网页快照来快速定位查找信息。网页快照作为搜索引擎的附带功能，本身并未给网络服务提供者带来更多的技术负担，且其依附于搜索引擎，丰富了搜索的功能。

二、网页快照提供行为责任认定的中外既往判例之探究

（一）雅虎案及百度案

在我国网络著作权司法实践中涉及网页快照较早的案件是王路诉雅虎公司侵犯著作权案[③]。法院依据被告没有主观过错，尽到了告知义务且原告没有证据证明被告提供网页快照已经超过了合理期限为由驳回了原告的诉讼请求。该案是将网页快照提供者作为一种 ISP 来看待，认为网页快照提供行为是一种链接行为，在是否承担共同侵权责任时被告的主观状态还是考虑的主要因素。

而在泛亚诉百度案中，法院认为百度将歌词放置在其服务器上，由用户通过点击百度网站 MP3 搜索框的“歌词”按钮的方式向用户提供歌词，其提供的歌词“快照”服务并非仅仅是搜索引擎服务，已经构成在网络上传播作品的行为。此时，法院对网页快照行为的认识已经由搜索链接转到信息网络传播行为上，从定位于 ISP 投向了 ICP，从而判定快照服务提供商承担侵犯信息网络传播权的侵权责任。

（二）Google 快照系列案件

网页快照服务提供行为的法律责任在不同国家存在不同的司法态度和标准，同一国家对此问题也存在不同的认识和判断。在美国涉及网页快照著作

① 此处的网页快照不包含缩略图快照，缩略图快照是指 thumbnail，其对原图进行了尺寸上的调整，改变了原作品。而网页快照是对原网页的镜面反映，除因技术原因不能快照音频和视频外，对原网页不做人为调整。

② 参见《快照技术原理》，见 http://www.sansky.net/article/2007-05-13-snapshot-theory.html，2013 年 2 月 6 日访问。

③ （2005）一中民初字第 5761 号，（2007）高民终字第 1729 号。

权问题的典型案例是 Field v. Google 案①，在 Perfect10 v. Amazon 案②中，美国第九巡回法院认为谷歌的使用构成合理使用，因此，不应当承担侵权责任。在美国，在其他类似案例中，法院认为如果谷歌的行为构成直接侵权，谷歌也能够从默示许可、禁止反言、合理使用和避风港这四个方面成功地进行抗辩。③

在欧洲，提及网页快照必然提起比利时著名的 Copiepresse v. Google 案④。在该案中，一审法院认为谷歌快照存储文章和文件并使其可被公众所获知是一种侵权行为，谷歌不能基于法律获得任何免责。谷歌不服一审判决上诉至布鲁塞尔上诉法院，布鲁塞尔上诉法院认为谷歌提供快照的行为不是为了传播仅仅提供管道，也并非必要的技术程序，因此谷歌快照不能进入避风港。⑤

同样，在西班牙的巴塞罗那上诉法院审理的 Megakini v. Google 案⑥中，法院也认为快照不能进入避风港且快照行为不是实现搜索功能所必需的技术，但是，巴塞罗那上诉法院从合理使用的角度来解释了知识产权的范围，认为快照行为并没有损害著作权人的利益，其从平衡社会公众利益与著作权人利益角度出发最终认为谷歌快照没有侵犯著作权。

从上述案例来看，由于考量的利益权重有别，对于网页快照提供行为的责任认定确实存在过不同的司法判决。但是随着网络技术的不断发展以及对网页快照技术的深入了解，在技术中立和利益平衡原则的指引下，对网页快照提供行为给予了更多的宽容和支持。

三、网页快照提供行为著作权侵权判定的再思考

目前，判断网页快照提供行为是否侵犯著作权的主要法律依据是于 2013 年 1 月 1 日起实施的《信息网络传播权解释》第五条第一款“网络服务提供者以提供网页快照、缩略图等方式实质替代其他网络服务提供者向公众提供相关作品的，人民法院应当认定其构成提供行为。前款规定的提供行为不影响相关作品的正常使用，且未不合理损害权利人对该作品的合法权益，网络服务提供者主张其未侵害信息网络传播权的，人民法院应予支持”。本文认为对于该条的理解和适用的关键点是如何把握“实质性替代”从而判断快照行为构成提供行为，如何理解本条两款之间的逻辑关系从而判断快照行为应否承担侵害信息网络传播权的责任。

（一）对“实质性替代”的理解

为了更好地理解及掌握“实质性替代”的标准，本文尝试从“实质性”的词源入手分析。梳理“实质性”用语在著作权法语义中的脉络可知，“实质性”一词曾在判断作品是否侵权时，即“接触加实质性相似”的判断规则中提及。此处的“实质性相似”一词本身来自美国的版权法中的 material similarity，其含义是两部作品内容高度相似或者核心部分基本相似。本文认为，网页快照中实质性替代的是“其他网络服务提供者向公众提供相关作品”。这就意味着在判断是否构成“实质性替代”时要考虑的因素不单单是网页内容的替代，还应考虑替代的对象是其他网络服务提供者提供的服务。

另外，“实质性”一词还在 1984 年美国联邦最高法院在索尼案中确立的技术中立原则中得以体现，该案确立了“实质性非侵权用途原则”。本文认为，从使得法律有意义的角度进行解释法律这个原则出发，《信息网络传播权解释》第五条第一款中的“实质性”替代规定可以从技术中立原则的角度进行解释。虽然技术中立原则的提出及适用是从间接侵权的角度，但该原则的精神实质却是出于对技术客观中立的态度给予技术生存发展的空间。在这个问题上，北京高院在《关于审理涉及网络环境下著作权纠纷案件若干问题的指导意见（一）（试行）》⑦（以下简称北京高院《指导意见》）第十三条中从合理使用角度对“未实质性替代用户对他人网站的访问”给予快照免责。此处的“非实质性”应该是暗合了《信息网络传播权解释》中规定的“实质性”的排除范畴。

在司法实践中如何判断网页快照是否构成实质性替代其他网络服务提供者向公众提供相关作品成

---

① Field v. Google Inc.，412 F. Supp. 2d 1106（D. Nev.），2006.

② Perfect 10，Inc. v. Amazon. Com，Inc.，508 F. 3d 1146（9th. Cir.），2007.

③ Miquel Peguera，*Copyright Issues Regarding Google Images and Google Cache*，A. Loper Tarruella，ed.，T. M. C. Asser Press，2012，p. 177.

④ “Copiepresse v. Google”（Tribunal de Premiere Instance de Bruxelles，13 Feb，2007，No. 06/10. 928/C）. Partially affirmed on appeal（Cour Appel de Bruxelles 9 chambre，5 May，2011，http://www. copiepresse. be/pdf/Copiepress5mail2011. pdf）.

⑤ The Cour D'Appel de Bruxelles 9 Chambre，5 May，2011，http://www. copiepresse. be/pdf/Copiepresse5mai2011. pdf.

⑥ Commercial Court No. 5 of Barcelona，30 March，2007，Audiencia Provincial（Court of Appeals）of Barcelona，17 September，2008.

⑦ 京高法发［2010］166 号 2010 年 5 月 19 日。

为判断快照服务提供者是否构成侵犯信息网络传播权的关键。本文认为，对于“实质性替代”的把握从内容上来看，快照应该能够反映原作品的核心内容，也就是说，快照服务实际上已经能够替代原来网络服务提供者提供涉案作品。从替代对象上来看，应该把握“实质性替代”的是其他网络服务提供者。由此可见，“实质性替代”应该是一个客观的事实判断，而非基于对用户如何选择的主观的判断。因为用户选择具有主观随意性和选择偏好，并且用户上网习惯的培养和改变是一个群体长期渐进的动态过程。实际上，当用户输入关键词，搜索引擎列出搜索结果条目的同时提供了“转向原始网页的链接”和“对原始网页的快照”等标识，不管用户点击哪种方式，用户都是可以得到其所需要的内容。这两种方式均提供了用户获得原网站内容的可能性。当用户选择点击“对原始网页的快照”时，该快照可以构成实质性替代原网页，也就是说快照提供行为存在着实质性替代原网页的可能性。在原始网页已经更改或者删除了相应内容后，用户只能选择网页快照时，该网页快照即具有了实质上替代原网页的必然性。在三面向公司诉人民网二审案件①中，北京市三中院从来源网页和网页快照均可正常访问及来源网页已经不可访问两种情况均认定涉案网页快照提供行为构成了实质性替代②。但在北京市二中院的判决中却从是否影响作品的正常使用角度认为不构成实质性替代。③ 在丛文辉诉搜狗二审案件④中，北京市一中院从是否不合理地损害权利人的利益角度认为网页快照不构成实质性替代。北京市三个中级法院对于网页快照是否构成“实质性替代”存在不同认识的原因是：“实质性替代”是构成网页快照提供行为的要件还是构成责任免除的要件。本文认为，从《信息网络传播权解释》第五条规定的内容及两款的逻辑关系来看，“实质性替代”应当是网页快照提供行为的构成要件，只有在构成提供行为的前提下，才有必要继续审查是否构成“不影响相关作品的正常使用，且未不合理损害权利人对该作品的合法权益”的免除责任要件。

（二）快照服务提供者侵权责任的免除

《信息网络传播权解释》第五条第二款的规定实际上给快照提供行为打开了豁免之门。从立法本意上讲，该条款从著作权人与网络服务提供者、社会公众之间的利益平衡角度，对网络快照行为留下了一定的发展空间。

但是对于如何理解和适用“不影响相关作品的正常使用，且未不合理损害权利人对该作品的合法权益”，司法解释并没有给出具体的操作标准。从根源上讲，该款内容脱胎于《伯尔尼公约》第9条第（2）款⑤规定的“三步检验法”。后来，该“三步检验法”的适用范围逐渐扩展，不仅扩大到了版权领域的其他经济权利⑥，而且还扩大到了相关权的领域⑦。从内容上讲，该款规定的是对信息网络传播权的限制与例外，其以开放、灵活的方式给封闭列举式的“合理使用”注入了新的内涵。⑧ 对于该款的适用应当把握的两个关键点是“作品的正常使用”与“不合理地损害”。

对于何谓“作品的正常使用”可以借鉴在《伯尔尼公约》起草时的立法本意，“正常使用”这个术语并非单纯指权利人如何利用其作品的一些经验性结论，它其实是一个规范性的条件：如果某一例外涵盖了任何具有或者可能具有重大的重要性的作品利用方式，以至与作者对作品所行使的权利展开经济竞争，则此种例外就已经与作品的正常使用相抵

① （2013）三中民终字第01229号民事判决书。

② 法院在判决书中论述如下：在junshishu.com（来源网页）和“即刻快照”均可正常访问的情况下，网络用户无须进入来源网页也可获得涉案作品；在junshishu.com已将涉案作品删除的情况下，网络用户仍能通过“即刻快照”获得涉案作品。因此，人民搜索公司提供的“即刻快照”达到了网络用户对来源网站访问的实质性替代作用，属于“未经许可，通过信息网络提供权利人享有信息网络传播权作品”的提供行为。详见（2013）三中民终字第01229号民事判决书第19页。

③ （2013）二中民终字第15446号民事判决书。

④ （2013）一中民终字第12533号民事判决书。

⑤ 《伯尔尼公约》第9条第（2）款：本联盟成员国法律有权允许在某些特殊情况下复制上述作品，只要这种复制不致损害作品的正常使用也不致无故危害作者的合作利益。

⑥ TRIPS协议第13条：全体成员均应将专有权的限制或例外局限于一定特例中，该特例应不与作品的正常利用冲突，也不应不合理地损害权利持有人的合法利益。

⑦ WPPT第16条：缔约各方应将本条约所规定权利的任何限制或例外限于某些不与录音制品的正常利用相抵触、也不无理地损害表演者或录音制品制作者合法利益的特殊情况。

⑧ 北京市第一中级人民法院在（2013）一中民终字第12533号民事判决中亦通过对快照是否影响“作品的正常使用”及“不合理地损害权利人对该作品的合法权益”角度分析是否能够构成合理使用的实质性要件，从而将《信息网络传播权解释》第五条第二款的规定纳入到合理使用的考量范畴。

触了。[①] 这里的关键是要看作品的利用方式是否能够对原作者行使权利产生经济竞争。从司法实践来看，北京市一中院从网页快照"不会起到实质性替代作用"的角度论证"通常情况下不会与正常使用方式相冲突"[②]。北京市二中院从网络服务提供者角度和用户角度分析，网页快照行为均未对权利人行使权利产生经济竞争，因此，网页快照行为没有影响作品的正常使用。[③] 北京市三中院则在判决中将"是否影响作品的正常使用与不合理地损害权利人对该作品的合法权益"一并进行了论述。本文认为，判断是否影响"正常使用"要看网页快照这种作品的利用方式与作者对作品所行使的权利是否能展开经济竞争。从目前的网络现状来看，网页快照还不是网络服务提供者的一种盈利模式，亦不构成与权利人对作品的行使权利的经济竞争，因此，现阶段网页快照并不影响作品的正常使用。但是，随着网络技术的不断发展，盈利模式的不断创新，并不排除网页快照影响作品的正常使用的可能，因此，在判断此要件时应保持与时俱进的审判思维，为著作权人实现其利益保有适宜的空间。

对于"不合理损害"的理解和把握是考验司法尺度拿捏的关键，也是利益平衡的着力点。在《伯尔尼公约》中对于"不得不合理"的理解也是损害必须适当，基于适当的公共政策的考虑。[④] 但对于如何具体把握这一用语，公约约文和斯德哥尔摩修订会议的记录都没有提供任何专门的指导意见。在司法实践中，北京市三个中级法院均认为网页快照提供作品在一定层面上会影响到权利人的部分权益，但网页快照服务本身是为方便网络用户搜索互联网信息提供便利而设，从社会公众利益与权利人利益衡量的角度，适当让渡权利人的部分利益从而增进整体社会的福祉是符合时代的发展和法的根本宗旨的。同时，对于是否是"不合理地损害"的判断，三个法院在终审判决中[⑤]均认为权利人是否采取通知网页快照服务提供者删除相关网页快照的方式来最大程度地降低或消除网页快照给其造成的影响是重要的参考因素。这样就意味着一旦权利人发出删除通知，就代表着其已不堪该网页快照损害利益之重，以积极的行动来避免损害的进一步扩大，从而要求快照服务提供者删除该快照。

实际上，在判断是否"不合理地损害"权利人利益时引入"通知删除"规则，这种做法本身是对"避风港"规则中的"通知删除"的一种合理借鉴，是对什么程度才构成"不合理地损害"提供了可以操作的参考因素。其依据主要是《著作权法》的立法本意是保护著作权人的利益，在损害是否"合理"没有具体判断客观标准的情况下，适度考虑著作权人的主观意图是十分必要的。并且从《著作权法》第二十二条合理使用条款中规定了著作权人可以明确排除他人的合理使用行为来看，法律是赋予著作权人表达自由意志的权利的。本文认为，对于"删除通知"应该从当事人举证的角度来理解，一般来讲，判断"是否不合理地损害权利人的利益"应该基于公共政策的考量，从公众利益、权利人利益与网络服务提供者利益平衡的角度来讲，网页快照行为没有不合理地损害权利人的利益。但具体到个案，权利人如果认为该网页快照行为已经不合理地损害了其利益时，其应该承担举证责任。那么，是否发过"删除通知"则是重要的证据。

综上可知，网页快照提供行为这一由技术变革引发的技术行为，在普惠大众之时，亦存在侵犯权利人利益之虞。当技术与利益发生碰撞时，法律作

---

① 参见［匈］米哈依·菲彻尔：《版权法与因特网》（上），414 页，北京，中国大百科全书出版社，2009。

② 北京市第一中级人民法院在（2013）一中民终字第 12533 号民事判决书，第 18～22 页。

③ 参见（2013）二中民终字第 15446 号民事判决书：法院从搜索服务提供者的角度分析认为，"搜索引擎与被搜索的原始网站之间是相互依存的关系，搜索引擎为原始网站提供路径指引和用户流量，原始网站为搜索引擎提供网页和信息资源，搜索服务提供者提供网页'快照'服务仅为辅助用户实现检索需求，提高用户体验，无意通过网页'快照'服务代替用户对于原网站的访问"。同时，还从网络用户的角度分析认为，"按照普通用户的使用习惯，在搜索关键词获得搜索结果时，通常会首选访问原网页内容而非网页'快照'中的内容，在一般情况下，网页'快照'亦不会取代用户对于原网页的访问。故尽管涉案网页'快照'中的文字包含了被上诉人三面向公司享有信息网络传播权的《仙凡劫》的部分文字，但该提供行为并不会影响相关作品的正常使用"。

④ 参见［匈］米哈依·菲彻尔：《版权法与因特网》（上），416 页，北京，中国大百科全书出版社，2009。

⑤ 例如，在（2013）一中民终字第 12533 号民事判决书中表述为：如果著作权人已明确向快照提供者发送通知，要求其删除网页快照，则提供者有义务将其删除，否则将可以合理认定该行为已对著作权人的利益造成"不合理"的损害。（2013）二中民终字第 15446 号民事判决书中写道"被上诉人三面向公司在发现人民搜索公司提供的网页'快照'中包含涉案作品的部分内容时，并未采取及时有效的方式通知人民搜索公司，且人民搜索公司明确表示如果收到通知将删除涉案网页'快照'中的文字内容，并且实际已经于三面向公司提起本案诉讼前删除了涉案网页'快照'，故人民搜索公司提供涉案网页'快照'的行为本身，并未不合理损害权利人对该作品的合法权益"。在（2013）三中民终字第 01229 号民事判决书中，法院明确写出"判断网页快照提供行为是否'不合理'损害了权利人对该作品的合法权益，著作权人的维权意图及行为亦是客观判断标准之一。如果著作权人明确向快照提供者发送通知，要求其删除网页快照，应当推定为著作权人认为这一提供行为已经对所享有的合法权益造成了'不合理'的损害"。

为利益平衡的调节器就发挥了至关重要的作用。在网络时代，保持网络技术持续发展是当前最大的社会利益，合理地限制著作权人的利益成为暂时的权宜之计，亦为将来技术不断创新，更好地平衡各种利益留下了宝贵的空间与时间。

（作者单位：北京市第三中级人民法院知识产权庭）

具有独创性的字库单字应受著作权法保护

——从某字库单字著作权侵权纠纷一案说起

冯　刚

一、案情概述

原告北京北大方正电子有限公司（以下简称方正电子）于2000年7月创作完成“方正平和体”字库，并于2000年8月公开发表了包含“自”“然”“之”“子”的“方正平和体”，2006年6月，该公司将“方正平和体”在国家版权局进行了著作权登记。被告上海跃兴旺贸易有限公司（以下简称跃兴旺公司）在其生产的涉案产品包装装潢上使用了与“方正平和体”中的“自”“然”“之”“子”四个单字相似的字体，并在被告北京家乐福商业有限公司（以下简称家乐福公司）销售。

二、案件评析

本案的争议焦点，主要集中在方正电子的“方正平和体”字库中的单字“自”“然”“之”“子”是否构成著作权法意义上的作品。本文拟从法律规定、产业政策两方面对该问题进行分析考量。

（一）从法律规定看，字库中有独创性的单字应受著作权法保护

1. 字库中的单字属于“可版权作品”

“版权只保护思想的表现形式不保护思想本身”①，这一原则被称为“思想—表达二分”（idea-expression dichotomy）原则，是版权理论界遵循的基本公理之一。根据这一原则，一切属于智力活动和没有外在形式的智力活动结果都排除在版权保护范围之外，而任何发展到具有外在形式的智力活动结果的外在形式都有可能成为版权客体（object）。如果一个智力活动结果符合“思想—表达二分”条件的，则此智力活动结果即被定义为“可版权作品”（copyrightable work），具有“可版权性”（copyrightabilty）。②

根据我国著作权法律法规的相关规定，字库中的单字并不在我国著作权法规定的可版权作品的排除范围内，而无论从字库单字的创作过程还是创作结果来看，字库单字是设计师创作的具有外在表现形式的智力活动成果，是其思想的表达，因此，字库单字属于著作权法规定的一般意义上的可版权客体无可厚非，其并不存在法律上的任何障碍。

值得讨论的是，尽管从字库字体产品最终目的的角度可以认为其是一种规范化和实用性的工业产品，但并不能因此认为字库单字只是工业产品而非可版权作品，不能为字库单字的可版权性设置其他附加条件。

著作权法的立法宗旨之一就是通过保护文学、艺术等领域的创新而鼓励创作出更多的作品。虽然从字库企业开发字库产品的创作过程来说，字库字体在整体上具有规范性，需要符合国家标准GB2312—1980《信息交换用汉字编码字符集（基本集）》和统一的整体设计风格，字体开发的最终目的也是为了社会公众印刷、打字的实用需求，但字库字体产品具有的这一规范性和实用性并不能排除和否定字库字体单字在造型的艺术性。事实上，随着字库企业开发出越来越多的具有独特艺术造型风格的字库字体，越来越多的设计公司和商业企业等放弃选择那些公有领域内的字体，转而选择使用字库企业开发的那些具有独特艺术造型风格的字库字体产品，这一事实也恰恰体现了字库字体产品的造型价值所在，从这一角度来说，字库单字以其艺术上的造型理应属于著作权法规定的艺术领域范畴的作品而获得保护，而不能仅因其具有的规范性和实用性，或在其产生过程中可能采用了计算机辅助设计工具就将其作为工业产品排除在著作权法保护范畴之外，这与著作权法的立法宗旨是相违背的。

因此，不能因为字库单字具有工业用途而否认其可以受到著作权法保护的可能性。中文字库字体单字具有一般意义上的可版权性，但对于特定单字是否具有著作权，则应当按照著作权法关于作品构成要件的相关规定进一步进行分析和判断。

2. 字库中具有独创性的单字属于我国著作权法意义上的作品

各国在版权立法过程中，考虑到本国政治、经济、文化和科学技术发展、宗教信仰、历史发展背

① W. R. Cornish, *Intellectual Property: Patent, Copyright, Trademarks and Allied Right*, London: Sweet&Maxwel, 1981, p. 319.

② 参见金渝林：《论版权理论中的作品的概念》，见刘春田：《中国知识产权评论》，第一卷，216页，北京，商务印书馆，2002。

景，以及长期以来已经形成的道德准则等诸多因素，在“可版权作品”的基础上附加一定的约束性条件，“可版权作品”如果同时满足了一国版权法设定的约束性条件，便被称作“版权作品”（copyrighted works），即本国版权法意义上的“作品”。[①] 因此，对于字库单字是否具有著作权，则需要按照著作权法关于作品构成要件的相关规定进一步进行分析和判断，尤其是独创性要求。

书法作品作为具有审美意义的平面造型艺术，作为美术作品受到著作权法的保护。与传统书法作品类似，字库单字也是在汉字的基础上发展起来的。目前字库字体的创作一般由字库企业完成，其创作过程基本为：字库企业对市场进行调查，根据市场调查情况确定拟开发的字体风格；一款新的字体，一般由字库企业的主创设计师负责设计或由书法家书写原稿，然后由多位字体设计人员组成设计小组，完成所有汉字的精细设计。原稿的创作方式分为两种：一种是由主创设计师或书法家创作或书写出具有该风格样式的全部或部分字形的纸质原稿，并将其扫描进入计算机形成电子原稿；另一种设计方式是由熟悉电脑操作的字体设计师通过计算机辅助设计工具在计算机上直接进行原稿的创作，形成电子原稿。在原稿设计完成之后，由字体设计师在把握整体设计风格的基础上通过计算机辅助设计工具对每一单字字形进行精细设计、调整、修改，最终形成整体设计风格统一的一整套字库字体（在中国大陆实用的字库产品，最少要涵盖国家标准 GB2312—1980 包含的 6 763 个常用汉字）。字体设计人员以自己的美学审美为基础，对于原稿中已有的字，需要进一步做精细设计和修改；对于原稿中没有的字，需要在主创设计师或书法家的指导下，根据原稿风格设计出来，在遵循整体设计风格的情况下，在不改变单字固有书写结构的基础上，对每一单字的笔画间架结构进行布置以及对笔画粗细、曲直、长短等进行形态变化，从而设计出与现有字体完全不同、呈现一定特色的独特艺术风格的字库字体。最后，打印出纸样（字库企业称之为“大样”），由主创设计师或书法家对每个单字的字形结构、笔形、粗细提出修改意见，包括检查字形结构是否合理、粗细是否均匀、灰度是否和谐、整体是否美观，甚至轮廓是否光滑等，反复修改，每次修改完成，都要再次打印出“大样”，进行下一次的调整完善，直到满意为止。一般来说，每一个单字都要至少通过三次这样的“大样”修改，才能达到这一款字库字体的审美意义上的艺术水准。

因此，无论从创作过程还是创作结果来看，字库单字从设计字形原稿到最终形成字体单字，都离不开字库企业的投入和字体设计者们对字体美感的把握、设计形态的取舍等，无论从设计风格的创意、字库字体的设计完成还是最终计算机呈现出的单字来看，每一款字库单字的创作都已经不是一种简单的劳动投入，而是融入了设计者们的聪明才智、经验技巧等，体现了设计者们主观的个性化的创意活动，属于设计者们的智力活动的创作成果。因此，字库中的单字可以满足著作权法规定的作品独创性要求。

当然，不可否认，一些笔画单一的汉字，如一、二、三等字，由于受自身固有字形的限制，字体的创作设计空间有限，与现有公知的其他汉字相比，难以体现出在笔法、结构上的变化差异，不具备独创性的余地，因此，对于这类单字，就可以因其有限的表达形式，无法满足独创性要求而不给予著作权保护。

在本案中，“方正平和体”包括“自”“然”“之”“子”是方正电子在传统隶法的基础上，经书写者和字体设计师们对字体每一单字进行字形原稿设计、数字化技术修改和调整等而独立创作完成的一款字库字体，其中的每一单字都呈现出一种既不同于传统隶法也不同于现有其他字体的独特艺术设计风格，即笔法及线条藏头护尾、中锋扎实，结构严谨，风格古拙，骨力雄健，字体凝正，端正炼雅，每一单字的字形设计都融入了字体设计师们的一定美学思想，体现了其一定的美学价值取向和选择，属于其智力活动的创作成果。因此，“方正平和体”单字包括“自”“然”“之”“子”符合著作权法规定的作品独创性要件。

（二）从产业政策看，对字库单字予以著作权法保护不会侵害公众利益

汉字具有传播信息的功能，具有实用性，但这种实用性是依靠汉字的固有书写结构发挥的，汉字作为表意文字，在固有书写结构的基础上，其文字外形依然具有较大的设计空间。而中文字库字体与传统书法作品类似，其体现的是汉字的不同书写风格和艺术表现，在汉字的固有书写结构的前提下，字体每一单字的笔画间架结构的搭配，笔画的粗细、弯度等外观形态依然具有无限的想象和创作的空间，

① 参见金渝林：《论版权理论中的作品的概念》，见刘春田：《中国知识产权评论》，第一卷，217 页，北京，商务印书馆，2002。

可以有丰富多样的表达形式。因此，如果给予字库单字著作权保护，其受保护的也仅是字体单字外形形态，不会阻碍汉字的表情达意。对某一设计风格的字库单字给予著作权保护，不会使得字库字体设计受到限制，字体设计者依然可以进行多形式的字体设计。同时，由于历史上传承下来、已经过了版权保护期的书法碑帖众多，另外目前经常使用的楷体、宋体、黑体等字库字体及单字大部分也属于公有领域，使用者完全可以自由选择，既可以选择使用公有领域不需付费的字库字体，也可以选择使用需付费的字库字体。另外，部分字库企业已经针对市场使用的情况提供了多种许可模式，如免费的公益目的使用、使用费较低的个人目的使用等。因此，从这一角度来说，给予字库字体单字著作权保护，不会造成对汉字的垄断，更不会妨碍人们对汉字的自由使用。

从另一个角度来说，一般情况下在社会生活中被广泛使用的字体往往集中于宋体、楷体和仿宋体等传统字体。但随着现代社会的发展，人们对于文化艺术的追求日益个性化、多元化，计算机、互联网技术在社会生活中的全方位普及和深入利用，使上述追求的实现具备了广阔而坚实的技术基础。而这一趋势在市场经济条件下，与商业利益相结合，更加凸显了各具特色的字体在商业利用中体现出来的不同文化追求和艺术品位。在现代社会物质丰富的情况下，不仅能够在传统意义上实现商品的使用价值，而且能够赋予商品文化内涵，进而能够更好地满足人们对于商品带给消费者或使用者差异化特征的需求。应当指出，这种需求在传统计划经济时代可能被认为完全没有必要，甚至是浪费行为，而在市场经济条件下，如果这部分消费者或使用者是用自身合法收入换取上述需求，则是完全正当的，而且是推动经济、文化和社会发展的因素之一，乃至成为促进市场经济形成和发展的动力之一。正当的市场需求必然产生与之相应的市场供给。因此，社会上出现的不同于传统字体的创意字体正是对应于上述市场需求而产生的市场供给。在市场经济条件下，市场供给的提供者当然应当实现回收成本以及赚取利润的经济目的，法律对此不仅不应阻止，而且应当提供保障。否则，这一市场供给将难以为继，进而逐步衰败乃至完全消失。

因此，对具有独创性的字库中的单字提供著作权保护，不仅符合著作权法的立法目的，不会侵害社会公共利益，而且具有促进社会主义市场经济发展、促进文化繁荣的作用。

三、结语

字库字体以汉字为基础，可以看成是书法艺术在数字技术环境下的一种新发展和新变化，从法律层面来看，字库单字的可版权性并不存在法律障碍，而在结合我国目前国情的情况下，给予字库单字著作权保护在当前阶段具有必要性和可能性，其并不会损害社会公众的利益，也符合我国目前产业政策的发展需求。

需要特别强调的是，本文的结论仅是字库字体单字具有可版权性，也就是说，不应在抽象的层面否认字库字体单字具有版权的可能性。但必须指出，在个案意义上，仍应对特定的字库字体单字是否具有版权的现实性进行判断。而判断的方法其实并不复杂，主要是依靠证据规则。一般来说，应当由被告举证证明原告在个案中主张著作权的特定的字库字体单字在原告创造完成之前就已经存在相同或者实质相似的单字，从而否定原告对于该单字享有著作权；否则，则应当认定原告对于该单字享有著作权。在现实中，对于那些具有前所未有表现形式的字库字体单字，其独特的风格往往具有特定的文化内涵或价值导向，从而符合某些特定商品或服务的特质，进而在吸引相关消费群体中发挥一定的积极作用，在利益的实现中产生了价值，相应也就应当得到回报。试想，如果上述具有特定文化内涵或价值导向的商品或服务只是采用常见的通用字体，则其吸引力必然降低，其利益实现的程度也就会相应地减少。这个道理类似于商场等商业场所中未经权利人许可播放音乐一样，当著作权人或录音制作者提起侵权诉讼时，商场往往主张其播放行为没有对其商品价格做出贡献，从而认为其上述行为不构成侵权或者不应当向权利人做出赔偿。这种主张显然是没有道理的。同时必须指出的是，在确定赔偿数额的标准时，必须充分考虑到：（1）作品许可给其他第三方商业使用的许可使用费费率，并综合考虑被告侵权的方式、范围和主观过错程度以及其提供的销售涉案侵权产品的销售情况等因素；（2）实现引导行业健康发展的目标，经济损失金额的确定既要达到促进字体使用者与字库开发者实现交易的目标，又要避免给字体使用者造成不合理的负担。这样才能有效地达到权利平衡的目标，实现相关利益方合作共赢。

因此，就本案而言，经法院审理查明后，认定：（1）“方正平和体”中的单字“自”“然”“之”“子”构成著作权法意义上的作品；（2）方正电子对“方正平和体”中的单字“自”“然”“之”“子”享有著作权；(3) 跃兴旺公司使用的“自”“然”“子”与“方正平和体”中的单字“自”“然”“子”构成实质性相似；(4) 跃兴旺公司侵犯了方正电子就“方正平和体”享有的修改权、复制权、发行权，家乐福公司侵犯了方正电子就“方正平和体”享有的发行权、展览权等著作权。据此，法院最终判决跃兴旺公司立即停止在其产品包装装潢中使用方正电子享有著作权的“方正平和体”“自”“然”“子”三字，赔偿方正电子经济损失和合理费用，并向方正电子书面致歉；家乐福公司立即停止销售包装装潢中含有方正平和体“自”“然”“子”三字的产品。

（作者单位：北京知识产权法院）

2014年著作权相关图书简介

《中国—东盟自由贸易区版权法比较研究》，冯寿波著，北京：气象出版社，2014年12月。

本书基于国际版权条约的视角，对中国—东盟自贸区诸国的版权法进行了较为详细的比较研究。主要内容涉及东盟成员国间知识产权法制统一化的努力及成果，以及中国—东盟自贸区法制建设的进展。主要研究内容还包括：作品的类型、著作权的内容及限制和保护期限、邻接权及其保护期限；侵犯著作权和邻接权的行为及救济措施；侵权责任。本书旨在通过对中国—东盟各国知识产权法的比较研究，揭示诸国版权立法的特点、差异和不足，有助于探讨中国—东盟版权法协调路径，并为中国《著作权法》的修订提供国外立法例的借鉴。

《知识产权商务调查手段合法性研究》，黄武双著，北京：法律出版社，2014年12月。

知识产权商务调查活动在诉前证据收集和执行程序中发挥着重要作用，是维护权利人合法权益的一种必要方式。本书从内涵界定、适用条件、遇到的问题以及相应策略等方面，对于各种常用的知识产权商务调查手段进行梳理，以期对于知识产权商务调查活动能够提供一些规范建议，更好地维护权利人的合法权益。

《威科法律译丛1：荷兰、英国、德国民事诉讼中的知识产权执法》，［法］乔治·卡明、［荷］米亚·弗罗伊登塔尔、［德］路德·贾纳尔著，张伟君译，北京：商务印书馆，2014年12月。

知识产权的有效保护是欧共体内部市场成功的重要因素。为了使成员国的知识产权执法制度更加一致，以便在共同体内部确立适当、均匀且高水平的知识产权保护，欧洲议会和欧洲理事会于2004年4月29日颁发了《欧共体知识产权执法指令》，即Directive 2004/48/EC。

本书不仅详细解读了成员国在执行该指令中所必须履行的各项义务，对该指令各条款的解释提供了有价值的指引，也逐条分析了该指令在荷兰、英国和德国三个欧盟成员国的执行状况，对欧盟成员国反应共同体法的复杂方式做出了大量有价值的洞察。荷兰、英国和德国这三个国家并非任意选取的，它们不仅代表了欧洲的两大法系，还分别代表了执行第48号指令的三个阶段。这就使得三个国家执行该指令的协调性实践无论在成功的经验上还是面临的问题上都具有典型意义，增加了本书受众的范围及内容的可研读性。

《知识产权犯罪立案定罪量刑问题研究》，储国樑、叶青主编，上海：上海社会科学院出版社，2014年12月。

本书分两部分，总论部分对知识产权刑事保护政策、行政执法与刑事司法衔接、犯罪竞合、犯罪数额、民刑交叉等展开专题研究；分论部分着重对知识产权犯罪各具体罪名进行剖析，针对理论和司法实践中的难点和争议进行论证，并提出完善建议。内容紧密结合知识产权司法实践，具有一定的学术水准及指导作用。主要内容包括：上海市侵犯知识产权犯罪统计分析、知识产权刑事保护政策、知识产权犯罪中行政执法与刑事司法衔接问题、知识产权犯罪的竞合问题、知识产权犯罪的数额问题等。

《知识产权制度一体化问题研究》，林应钦著，北京：知识产权出版社，2014年12月。

知识产权制度一体化，是指各国知识产权制度的差异性逐步缩小、同一性不断增强的过程。知识产权制度一体化是世界各国进行知识产权制度建设必须考虑的客观背景，也是各国制定和实施国家知识产权战略的现实基础，认识和把握知识产权制度一体化的规律和方向成为各国推动知识经济发展、迎接全球化挑战的战略任务。本书从知识产权制度一体化的基础、一体化的方式、一体化的内容、一体化的影响、一体化的限度等不同角度梳理出一个较为完整的知识产权制度一体化的理论框架，为我国知识产权战略的实施提供建议和参考。

《〈国家知识产权战略纲要〉实施五年评估报告》，《国家知识产权战略纲要》实施五年评估组编，北京：知识产权出版社，2014年12月。

本报告通过两条途径开展评估工作。一是自评估。对国家知识产权战略实施工作部际联席会议 28 个成员单位进行评估，并选择评估试点单位，总结经验和查找问题。二是开展社会评估。通过召开座谈会，走访地方和企业，向企业、科研院所、高等院校和社会公众进行问卷调查，以及统计数据分析等多种形式，对五年来纲要实施情况进行系统评估。

本报告从《国家知识产权战略纲要》的组织实施、目标实现、战略影响等方面对纲要实施的总体效果进行评价，从知识产权的拥有量、质量、运用方式，知识产权运用对经济社会发展的贡献，促进知识产权创造与运用的政策措施等方面评价了知识产权的创造与运用效果，从知识产权法律法规建设、侵权执法、管理、公共服务等方面评价了知识产权的保护与管理效果，从知识产权的宣传普及与公众素养、教育和人才队伍建设、知识产权服务业的培育和发展、国际交流与合作等方面评价了知识产权的社会环境，分析知识产权战略实施面临的机遇与挑战，并对进一步实施知识产权战略提出了建议。

《中华人民共和国国家知识产权局公报》（2013 年英文版），国家知识产权局办公室编，北京：知识产权出版社，2014 年 12 月。

《中华人民共和国国家知识产权局公报》是由国家知识产权局办公室编辑出版的面向国内外公开发行的政府出版物。主要刊载内容为：全国人民代表大会及其常务委员会通过的涉及知识产权的法律；国务院发布的涉及知识产权的法规和法规性文件；国家知识产权局发布的规章、公告、重要文件、统计数据以及其他需要公告的事项。其上刊登的国家知识产权局规章、规范性文件为标准文本。本册为 2013 年公报合订英文版。

《知识产权案件裁判理念与疑难案例解析》，北京市第二中级人民法院知识产权审判庭著，北京：法律出版社，2014 年 12 月。

法律适用是法官裁判案件的核心。各类案件在审判实践中不断涌现出的疑难、新型问题，是法律应用类图书市场一个不变的需求点。在各类诉讼案件中存在当事人、律师、法官，法官享有案件最终的裁判权，所以以法官为核心。本书围绕知识产权各类案件审判实践中的重点、疑难、新型问题，总结提炼出解决这些问题涉及的法理上和适用法律相关的事实上的关键词，以此为切入点，结合典型案例，阐明法学理论、争议观点、法律适用，从而解决法学理论与实践的结合问题，解决审判实践中疑难、新型问题的法律适用问题，解决法学理论、法律实践与涉及的相关行业专业知识的挂接问题，从而为初级法官、律师办理案件提供有效的指引。

《知识产权论丛》（第 1 卷），苏平著，北京：法律出版社，2014 年 12 月。

本书分为基础理论专题、知识产权管理专题、知识产权纠纷解决专题、专利专题、商标专题、著作权专题、案例分析专题七个部分。本书既有理论探讨，视野新颖、见解独到，也有实务分析，反映了最新的知识产权问题。

《中国道地药材的知识产权保护》，宋晓亭著，北京：知识产权出版社，2014 年 12 月。

本书以我国知识产权战略实施为背景，选取近年来发生的道地药材实证案例，从知识产权基本理念的角度分析了我国道地药材的形成和影响因素，剖析了道地药材的基本特征和知识产权因素，系统阐述了在道地药材领域中存在的主要知识产权问题，以及如何利用知识产权法律制度来促进我国道地药材市场的健康发展。本书对现行的地理标志等法律制度在道地药材保护中的利弊进行了损益分析，认为在充分运用地理标志制度、商标制度、技术秘密保护制度等保护道地药材的基础上，应当建立有利于道地药材名称权、种质权和专有技术、药用知识产权的专门法律保护机制，来适应国际化市场的需要。

《中国知识产权年鉴 2014》，国家知识产权局主办，北京：知识产权出版社，2014 年 11 月。

本书是反映我国知识产权领域工作基本状况的大型资料性工具书，2001 年 11 月创刊，每年出版一卷，2014 卷反映的是 2013 年度我国知识产权工作情况，2014 年 11 月出版。本卷内容由“领导讲话”“特约文章”“概况”“大事记”“新闻百条”“统计资料”“评选和认定”“法律、法规、规章及司法解释”“典型案例”“学术成果”“知识产权出版物” 11 部分组成。

《国际知识产权政治问题研究》，刘银良著，北京：知识产权出版社，2014 年 11 月。

本书运用历史分析和比较研究等方法，首先系统梳理国际知识产权保护的历史演化和发展趋势，系统探讨国际知识产权保护各阶段的特征，分析在 WTO、WIPO 等国际知识产权论坛广泛存在的国际知识产权政治现象及内涵，提供关于当今国际知识产权政治的全方位场景。在此基础上，本书系统梳理中国知识产权制度的发展过程以及中美知识产权博弈中关于知识产权交往的冲突，从知识产权政治角度阐述两国的知识产权交往，厘清中国在知识产权制度建设和对外交往过程中遇到的最主要对手的相关法律制度和策略。最后为中国如何适应和应对国际知识产权政治环境提供对策。

《国家知识产权战略实施的制约因素及对策研究》，董新凯著，北京：知识产权出版社，2014年11月。

作为创新驱动和发展知识经济的重要手段，国家知识产权战略的实施已经深入人心，取得了巨大的成绩，并给我国的经济生活和社会生活带来了深刻的变化。但在战略实施行动向纵深发展之际，很多瓶颈也日渐暴露出来，制约着战略的顺利推进。理清战略实施的制约因素，破解战略实施的障碍，也就成了知识产权战略研究人员的重要使命。本书梳理和分析了国家知识产权战略实施五年来存在的一些主要问题，并从法律制度、行政管理体制、物质条件、社会化服务、知识产权人才和社会基础等方面探究其成因，提出解决现实问题的基本思路和主要对策。

《版权客体论》（第二版），卢海君著，北京：知识产权出版社，2014年11月。

整个著作权制度发展进化的历史，可以说是复制和传播技术不断进步、著作权客体范围不断扩大的历史。不管经济和社会的大环境如何发展变化，对著作权立法而言，著作权客体范围的适当界定可以说是永恒的主题。著作权的立法目的在于促进科学和实用艺术的进步，而著作权客体范围的恰当界定关乎这一目的能否顺利实现。著作权客体范围界定得过宽，可能会阻碍社会公共利益的实现，不利于著作权制度的目标的实现；著作权客体范围界定得过窄，则不能对作品的创作提供足够的激励，同样有悖于著作权制度的功能的实现。本书以版权客体范围的勾勒为中心，围绕思想表达两分法和原创性原则，结合非独立创作因素、功能性因素、非文字性因素、事实性因素、表达量的因素和传统文化因素对版权法保护的对象进行逐渐深入的解读。

《法律注解与配套丛书：中华人民共和国著作权法注解与配套》（第三版），国务院法制办公室编，北京：中国法制出版社，2014年11月。

本书围绕主体法律文件对相关领域做提纲挈领的说明，重点提示立法动态及适用重点、难点。由法律专家对重点法条及专业术语进行注解，帮助读者把握立法精神，理解条文含义。根据司法实践提炼疑难问题，运用法律规定及原理进行权威解答。

《我国出版企业版权资源增值利用对策研究》，夏颖著，广东：世界图书出版广东有限公司，2014年9月。

版权是包括主权利及其多种附属权利在内的复合权利。本书中“版权资源增值利用”指在首次使用过版权的第一种权利之后，一般称为纸质版的复制、发行权，再度开发利用其一种或多种权利，一般称为附属版权，如翻译权、电子版权、网络传播权、作品改编权、影视摄制权、书中形象使用权等，来增加其经济与社会效益的行为。“版权资源增值利用”中“增值利用”的含义，是指除初次使用之外的再次使用，但一般不是指同一种具体权利的反复使用。本文中“版权资源增值利用”的客体，主要限于书刊。

本书有以下特点：（1）提出了“版权资源增值利用”的概念与理论框架；（2）综合运用了营销学理论、规模经济理论、长尾理论、制度变迁理论对“版权资源增值利用”这一问题进行了全面深入的分析，充实了本文的理论方法体系；（3）对版权资源增值利用模式进行逻辑归纳及成本效益分析；（4）提出了在版权资源增值利用政策供给中，合理平衡出版企业、作者、公众三者之间利益的政策建议。

《中国著作权法研究与立法实践》（附百年著作权法律规范），杨利华、冯晓青著，北京：中国政法大学出版社，2014年9月。

著作权法是调整著作权关系，保护作者和其他著作权人、相关权人的利益，促进作品传播和利用的知识产权法。自我国第一部著作权法《大清著作权律》的制定到现行的《中华人民共和国著作权法》的实施，已逾百年，系统总结和分析我国著作权法律制度，无疑具有独特的学术和资料价值。本书作者在开展其所承担的2010年度国家社会科学基金重大项目“国家知识产权文献及信息资料库建设研究”的研究过程中，全面系统地整理了我国著作权法的历史资料，在此进行编辑整理和分析研究。本书还收录了部分对我国《著作权法》第三次修改的最新研究成果。本书分理论探索、中国著作权法律及相关规范、中国著作权法大事记三部分。

《著作权法：原理与案例》，崔国斌著，北京：北京大学出版社，2014 年 9 月。

本书是一部以深入理解和灵活掌握著作权法学说和原理为核心目标的著作。按照著作权法的自然逻辑结构，本书分成 14 章，每章开始部分对相关法律原理做简要概述，然后围绕该章节的核心问题，向读者展示相关的国内外的经典案例和前沿学术观点。大多数案例后面都附有针对性的提问，这些提问大多指向案例中最模糊也最富有争议的地带。

《俄罗斯著作权法》，孟祥娟著，北京：法律出版社，2014 年 8 月。

自苏联解体后，俄罗斯的立法变化很大：加强了知识产权的立法，重新建立法律体系，著作权的立法从单行法到纳入民法典，立法模式发生了很大变化。本书以《俄罗斯联邦民法典》中涉及著作权的内容为蓝本，同时，也涉及俄罗斯著作权的历史及相关国际公约。本书尊重立法原意，对其独特部分重点阐述，采用比较分析的方法，对中、俄著作权法的相关部分予以比较。全部内容有十三章，主要为著作权法概述、著作权客体、作品的作者、著作人身非财产权、著作专有权、著作权的限制、著作权标志、专有权期限及效力范围、著作权的利用、几种特殊作品的保护、著作邻接权、著作权和邻接权的集体管理、著作权和邻接权的保护等。

《著作权法：原理、规范和实例》，梅术文著，北京：知识产权出版社，2014 年 8 月。

本书全面介绍著作权制度和规则，并辅以代表性实例；在关注传统著作权基本原理和规范的同时，照应网络环境下著作权法的挑战和应对，系统探索著作权法中的各种争论、热点和难点。内容包括著作权概述、著作权客体、著作权主体、著作权内容、邻接权、著作权的限制、著作权的利用、著作权的集体管理、著作权的法律保护、技术措施和权利管理信息的保护、网络服务提供者侵犯著作权的责任和著作权的国际保护等 12 个问题。

《版权法视野下的技术措施制度研究》，董慧娟著，北京：知识产权出版社，2014 年 8 月。

本书试图先从科技哲学和技术伦理学的全新角度对技术和技术措施进行解读，在简单回顾技术措施制度的发展历程后，重点探讨该制度在理论层面的主要分歧，并密切结合司法实践全面揭示该制度对若干公共利益的不利影响，最后提出完善该制度的建议。

《著作权论》，詹启智著，北京：中国政法大学出版社，2014 年 8 月。

本书主要内容包括：思想与表达的"交锋"、私人利益与公共利益的著作权平衡制度设计、全面准确地理解和把握发表权、发表权的行使、发表权的实现、发表权三环节论的法律依据、侵犯发表权的基本形式、防止侵犯发表权的主要措施、未经著作权人许可不得发表其作品的禁止性规定不容置疑等。

《信息网络传播权论》，詹启智著，北京：中国政法大学出版社，2014 年 8 月。

本书依照我国《著作权法》对信息网络传播权的规定，结合我国理论界的最新理论成果与司法界的审判实践，对涉及信息网络传播权的若干重大理论与实践问题，如网络作品提供、网络链接、系统缓存、信息存储空间以及司法保护等进行研究与探索，提出了独立的理论成果。本书共七章，第一章为中国信息网络传播权保护论纲——混沌与明晰：司法解释 2000—2012 之路，第二章为网络作品提供行为论，第三章为网络链接论，第四章为系统缓存论，第五章为信息空间存储服务论，第六章为信息网络传播权实践论，第七章为信息网络传播权保护论。

《数字版权法视野下的个人使用问题研究》，郑重著，北京：中国法制出版社，2014 年 7 月。

个人使用是版权领域最受争议的问题之一。国际互联网中还存在个人使用性质的合理使用吗？个人以私人使用目的破解或规避保护版权的技术措施可以免受法律制裁吗？这些问题正是合理使用制度中最困惑不解的议题，也是法国《信息社会中的著作权与邻接权法》、ACTA 和 TPP 中的重要争议问题。网络环境中的个人使用制度一直是"泥脚上的巨人"，虽涉及面极广，却缺乏成熟的理论构建和令公众信服的明确法律规定。现代版权立法中那些含混不清的条文或判例，似乎都被解读为不支持网络环境中的个人使用。本书以翔实的资料，多角度地分析和探讨了数字环境下的个人使用、版权保护、技术措施等理论问题，对重构数字环境下个人使用对版权的限制制度提出了有价值的建议。

《著作权司法实践中的文学观念批判——以文学剽窃的认定为中心的考察》，刘汉波著，北京：中国社会科学出版社，2014年6月。

本书在文学与法律的交叉视域中，以大量的案例分析为基础，从文学剽窃的认定角度切入文学与法律关系的研究，试图对著作权司法实践中的文学观念做出研究，探索调整完善这种文学观念的可能路径。内容旨在从文学抄袭纠纷的司法审判中反思其局限性，并将这种局限性置于文学观念的高度来审视其必然性，一方面说明文学观念对著作权司法实践的制约作用，另一方面也暗示著作权法对文学发展的可能影响。本书展示了文学与法学跨学科研究的一种进路，试图为文学法律学和法律文艺学的建构提供理论铺垫。

《在私有与共享之间：对版权与表达权之争的哲学反思》，尤杰著，上海：上海交通大学出版社，2014年6月。

本书首先对探讨版权与表达权之争的功利主义与自然权利进路进行了细致的批判性综述，并在对这两条进路进行扬弃的基础上，将版权与表达权纳入一个以理性个人所拥有的平等的尊严与内在价值为道德根基的权利体系之内，强调作为一项私有产权的版权与个人的表达权之间所具有的道德平等性。通过将这一平等主义进路和版权作品所具有的“公共产品”与“公共论坛”特性相结合，书中论证了版权所有者对其公开出版之作品的获取及复制控制与版权作品合法获取者对版权作品进行转换性使用这两种行为各自所具有的正当性以及为彼此所设定的应然界限。

《中华人民共和国国家标准：信息技术·数字版权管理·术语》(GB/T 30247—2013)，中华人民共和国国家质量监督检验检疫总局、中国国家标准化管理委员会发布，北京：中国标准出版社，2014年6月。

本书按照GB/T1.1—2009给出的规则起草。本标准由中华人民共和国工业和信息化部提出。本标准由全国音频、视频及多媒体系统与设备标准化技术委员会和全国信息技术标准化技术委员会（SAC/TC242和SAC/TC28）归口。

《地质资料版权法律问题研究》，蒋瑞雪著，北京：光明日报出版社，2014年6月。

地质勘查人员将在地质工作中探测研究得出的地理信息以文字、图表、声像等形式表达在一定物质载体上即形成地质资料。为提高地质资料生产利用率，国土资源部于2010年下发《推进地质资料信息服务集群化产业化工作方案》，要求“十二五”期间建立起完善的地质资料法律保护机制，实现地质资料产权化。课题以地质资料信息服务产业化为研究背景，针对地质资料在地勘行业实际运作中的具体情形，分析探讨地质资料版权法律制度的特殊问题与实践方案，旨在建立以版权为平台的地勘行业利益调控机制。

《侵犯著作权犯罪典型案例评析》，张远煌主编，北京：北京大学出版社，2014年6月。

本书是在国家版权局委托项目“侵犯著作权犯罪对策研究”的基础上修改而成。为了全面准确把握我国现阶段侵犯著作权犯罪的基本状况和著作权刑事保护的现状，在国家版权局、软件保护联盟的帮助以及课题组动用各种资源的努力下，课题组在全国范围内对侵犯著作权犯罪案例进行了广泛收集。历时一年半的时间内，课题组共收集了自刑法设立相关罪名以来的500多个案例，从中精选了近100个案例，借助于北京师范大学刑事学科的优势，集中多学科的专家和学者，以新的视角采取个案单独评析或案件归类评析的方式加以剖析，方形成本案例评析集。

作为国内第一本专门的侵犯著作权犯罪案例评析集，本书的实务和理论价值的新颖和独特性在于：(1) 案件来源具有稀缺性和代表性。在所收集的案例中，既涵盖了我国2012年前所有引起媒体高度关注的重大案例，也包括了司法实践中的典型疑难案例或反映立法问题的代表性案例。(2) 案例评析针对性强，突出了立法缺陷与执法不足，对司法实务、理论研究具有更强的反思性和导向性，而且对于读者学习和掌握这方面的知识也具有启发性。(3) 在案例评析方法上，具有多学科、多视角的特点。

《版权默示许可制度研究》，郭威著，北京：中国法制出版社，2014年5月。

本书在理论基础方面，探讨版权默示许可的基础理论——民法上的默示行为理论与合同法上的默示条款理论，分析版权默示许可概念中基本要素的法律意义，并归纳总结出版权默示许可的内涵、性质及法律要件，以此作为研究的基点。在实践发展方面，着重梳理大陆法系及英美法系主要国家，以及我国著作权立法上和实践中版权默示许可制度的现状与发展历程，分析不同类型下版权默示许可制度的差异点与契合点，为构建新型版权默示许可制度形态厘清思路。在论证建构方面，从不同的视角分析版权默示许可制度的正当性，并以此为基础提出版权默示许可可能的制度框架。

《中国出版物版权输出竞争策略研究》，裴永刚著，北京：法律出版社，2014 年 5 月。

本书在出版产业发展的大背景下，主要研究出版物版权输出的问题。主要通过两种手段来促进中国出版物版权输出：对内通过大力发展出版产业，奠定中国出版物版权输出的基础；对外通过加快版权产品贸易、通过加强出版企业对外直接投资、通过提高出版产业国际竞争力来实现中国出版物版权输出的目标。

《著作权法热点难点问题研究：兼论著作权法的修订》，赵海燕、田玉忠著，北京：法律出版社，2014 年 4 月。

本书在研究内容上涵盖了著作权理论和实践的基本问题以及网络化数字时代面临的新挑战和新问题。作者试图以专业知识、创新意识和国际视野使著作权这一正统问题的研究获得新的认识。作者认为，著作权问题的核心是著作权的界定、归属和保护，目的是其在法律上权有所归，在经济上利有所属。通过对著作权的确认和保护，呼唤著作权中孕育的创新基因的释放和激发，使创新成为一个民族灵魂的精神得以彰显。

《我国著作权集体管理制度研究》，刘洁著，北京：中国政法大学出版社，2014 年 4 月。

数字化时代，数字技术的发展让传统著作权集体管理机制遭遇困境。但与此同时，这种发展也为著作权集体管理制度在数字环境下的转变与成长增添了新的手段。数字环境下，对于著作权人而言，其数字化作品在网络环境下的传播极易被复制，著作权受到侵害的现象更为严重，而且侵权人更为分散也更为隐蔽，著作权人凭借个人的力量去追究非法利用著作权作品的行为，在经济上和技术上都存在很大的难度。著作权人权益保护的需求与数字产业发展中缓解著作权授权压力的需求相契合，著作权集体管理组织的作用不仅没有被否定，反而为著作权集体管理制度的变革带来了新的契机。因而改革传统著作权集体管理制度，加强集体管理组织的著作权管理技术与管理能力，为作品使用者提供获取授权的畅通渠道，保障作品使用费的顺畅流转，实现著作权人的权益，对在数字环境下著作权的保护和数字产业的发展都尤为重要。

本书第一部分从著作权保护与产业发展相博弈的视角，分析数字化时代著作权保护的新形势，强调数字化时代著作权制度的平衡机制应是坚持著作权人权益维护与产业发展并重的理念。第二部分为数字化时代著作权保护模式之选择，对数字环境下的现有著作权保护模式进行阐述评析。第三部分从著作权集体管理产生的逻辑基础，剖析著作权集体管理组织与著作权人维权之间的密切关联，并结合各主要国家著作权集体管理的立法模式和运作概况，重点阐释数字环境下著作权集体管理的正当性依据，即制度设计需要体现权利人私人自治。第四部分主要分析了我国现行著作权集体管理制度未能充分发挥制度功能的原因。第五部分为我国著作权集体管理制度创新之设想。建议数字化时代我国著作权集体管理制度改革应坚持结合数字技术，提高著作权集体管理效率，维持合理垄断，引入有限竞争，以更好地维护权利人利益，促进数字产业的发展。

《著作权法科学化研究》，王坤著，北京：中国政法大学出版社，2014 年 4 月。

本书的理论支点是：依据符号学、信息学和系统论，建构一个仅仅适合于知识产权法的知识概念。所谓知识产权法上的知识，就是具备各种功能的符号组合，也是一个有机的系统，具有符号形式和符号信息两个层次上的各种要素以及不同的系统功能。其中，商标就是具有实用销售功能的知识，发明则是一种具有实用技术功能的知识，作品就是一种具有精神功能的知识。这样，我们可以通过整合作品与商标、发明等知识产权对象之间的关系，厘清著作权与商标权、专利权之间的本质联系和区别，在著作权法的外部实现科学化。本书采用科学哲学的理论视角，综合运用符号学、信息学、系统论相关理论，以此来建构科学的著作权法学体系。在此基础上，形成了一系列新观点。比如，认为作品是一种具有精神功能的知识，包含着存量要素、增量要素。在此基础上，对作品概念、独创性、作品保护范围等进行深入分析，初步形成一个自洽的体系。

《数字时代著作权裁判逻辑》，祝建军著，北京：法律出版社，2014 年 3 月。

随着计算机技术及互联网技术的迅速发展与普及，网络已极大拉近了人与人之间的距离，并深刻改变了人们的娱乐方式、生活方式和交易方式。网络在给人们带来极大生活便利的同时，也给人们相对稳定的生活带来了猛烈冲击，伴随而来的网络著作权侵权案件也越来越多，侵权手段日益隐蔽多样，而人民法院在审理中也面临很多难点。本书即由长期从事在一线的资深法官，就相关典型案例进行分析，展现了法官在审判中的逻辑与思维。

《大数据时代下著作权的利益平衡探究》（英文版），谢琳著，北京：法律出版社，2014年3月。

本书为英文著作，针对网络著作权保护的相关问题，系统地进行了比较法的研究，对需了解普通法系的学生、学者、律师，大有裨益，对进行国内外研究具有较强的借鉴意义。本书在构建了较为完善的理论框架的基础上对国内外近十年经典案例进行系统分析，在该功利主义理论框架下，做出相关的价值判断和完善建议。本书综合研究了中国的实际情况，指出中国立法审判中法律借鉴的误区。

《著作权审判：原理解读与实务指导》（附光盘），陈锦川著，北京：法律出版社，2014年1月。

在互联网时代背景下，随着新型案件的不断发生，著作权的保护范围、权利内容、侵权行为认定、举证责任、法律责任等大量规范等待准确界定和在审判实践中的全新诠释。本书作者系北京市高级人民法院知识产权庭庭长，系我国最早的一批知识产权审判法官，曾参与审理了郭颂著作权案等数十起在版权领域有重大影响的案件，在司法实践中确立了大量裁判规则。作者运用20年来积累的知识产权审判工作的经验，在本书中将著作权案件审判中适用的重要理论和实践范畴归纳为26个专题，对著作权保护的基本原理和相关纠纷的审判思路进行详细梳理，并结合相关典型案例，在基本法律制度和司法解释规则体系有待进一步完善的条件下，为读者详细整理出著作权司法保护的理论基础和实务操作要领，对各级法院办理著作权案件的裁判思路和方法提供了重要参考，对律师等其他参与著作权诉讼的读者准确形成案件审理预期提供了参照，也为著作权法的修改完善提出有益的借鉴。本书随书附赠超值光盘，内容涵盖本书中收录的重要著作权法典型案例裁判文书，使读者全面了解人民法院在这些典型著作权案件中的裁判思路，并从中进一步挖掘其裁判规则。

《中国著作权理论与实践研究》，周安平著，北京：人民出版社，2014年1月。

本书立足于我国著作权法律制度，根据《中华人民共和国著作权法》和《中华人民共和国著作权法实施条例》等，对我国著作权法律制度的基本概念、原理、知识和相关理论做了全面、系统的介绍、分析和研究。阅读本书，能够掌握我国著作权法的基本内容和精神。而且，本书兼顾了从历史发展脉络研究当代著作权法问题，便于读者对很多概念和原理融会贯通。本书的创新之处在于，区分版权侵权理论（第八章）与版权侵权制度（第九章）。这一区分的根据又是法理学上的“应然法与实然法”二元法律观。即是说，区分“法律应当是什么”问题与“法律实际上是什么”问题。在讨论著作权集体管理制度时，本书也遵循了上述二元论立场。这是一种既立足“实证法”又超越“实证法”的理论探究态度。此外，本书在民间文学艺术的版权保护问题上有非常独到的见解，对非物质文化遗产的知识产权保护问题也做了比较深入的论述。

《版权贸易理论与实务教程》，陆臻著，上海：上海辞书出版社，2014年1月。

实践证明，国际版权贸易发展的健康、有序与否，直接关系到国与国之间的文化交流、文化传播和对他国文化科学知识的吸收与人类文明的发展等问题。然而，国际版权贸易不单单是一种经济行为，也不仅仅是一种文化行为，还是一种法律行为，并且是这多种行为的有机综合体。为此，有必要深入、全面地研究世界各国影响国际版权贸易的基础理论。本书分为“版权贸易理论”及“版权贸易实务”上下两编，理论部分主要介绍了版权贸易的基础理论、发展现状及与之相关的法律问题；实务部分介绍了版权贸易的具体过程、版权合同的相关知识、版权代理和经纪，并附有具体的实例分析。

《著作权纠纷诉讼指引与实务解答》，宋鱼水主编，北京：法律出版社，2014年1月。

为了帮助法官有效地提升办理案件的审判质量、效率和效果，让当事人了解法院诉讼的流程、步骤和常见法律问题，法律出版社联合海淀法院编辑出版了海淀法院文丛。丛书均采用“问题—评析—案例—关键法条链接”的模式，从问题出发，采取以案说法的方式，结合最新颁布实施的相关法律法规、司法解释，较为系统地介绍了各类案件诉讼过程中常见的程序和实体问题，重点突出地分析和阐释了当事人进行诉讼的常见实务问题、诉讼技巧和相关疑难复杂问题。本书是丛书中的一本，以北京市高级人民法院裁判文书查询系统中的生效裁判文书为主要研究材料，辅之以北京市以外的其他地方法院的生效裁判文书。

《反剽窃法律制度研究》，王坤著，北京：社会科学文献出版社，2014 年 1 月。

本书分为上、中、下三篇共八章，主要内容包括：反剽窃理论依据；剽窃概论；剽窃对象；剽窃例外情形；影响剽窃行为侵权责任的各种因素等。一方面从反剽窃的理论依据入手，提出文化发展利益说，创造了“反向剽窃”等概念，致力于建构科学的反剽窃法律制度，将形形色色的剽窃现象纳入法律调整的范围内；另一方面设置了案例解读和延伸阅读两种模式，提供了众多的案例以及阅读材料，用以说明、解释反剽窃法律制度，力图使读者对反剽窃的理论、制度和案例有比较全面的了解和把握。

《著作权法个人使用问题研究：以数字环境为中心》，李杨著，北京：社会科学文献出版社，2014 年 1 月。

伴随着数字技术特别是互联网技术的迅猛发展，个人使用对著作权人的作品市场利益带来的消极影响备受世人关注，“个人使用是否依然合理”“著作权法是否需要个人使用”以及“如何解决著作财产权与个人使用之间的冲突”等成为著作权法最具争议的问题。与此同时，著作财产权的不断延伸乃至扩张却使著作权法传统意义上给予使用者自由接触、分享信息的有限空间受到多重排挤，个人使用的必要空间和合法性皆呈消减之势。这一结果与其说是单纯由技术发展催生，毋宁说是技术背后人为因素推动的体系闭合使然，对此我们可以从国际政治经济学的视角加以认识。回归至现实中的个人使用困境，我们既要梳理出数字环境下个人使用的现实出路，更应解决好数字技术时代亟须构建何种著作财产权保护愿景的理论问题。本书共分五章，第一章是个人使用界述；第二章主要论述数字技术发展中的个人使用困境以及技术发展与个人使用困境之间的关系；第三章主要运用国际政治经济学的方法尝试构建一种阐释框架，解读造成个人使用困境的体系闭合动因；第四章通过对著作财产权的反思与体系重构，来间接阐释个人使用的著作权法定位问题，纾解数字环境下的个人使用困境；第五章是对个人使用的著作权法未来进行重构。

皇皇巨著·卷帙浩繁
中国人文地理视觉人类学的开山之作

中国江河流域自然与人文遗产影像档案（第一部）

三江源

如果有一天，三江源冰川完全融化，长江、黄河、澜沧江干涸，我们的子孙后代将会对他们的先人怀有什么样的情感？

面对干涸的江河，他们是净化海水还是去外星找水？

他们的书本里关于长江黄河的古诗文将变成什么样的幻想？……

《三江源》图集在内容上全景式展示了三江源的历史由来、地形地貌、山光水色、自然风物、民族习俗、信仰崇拜、人文艺术的方方面面，称得上一部沉甸甸的视觉档案。在摄影手法上，既是由衷的赞美与讴歌，也是忠实的记录；在编排结构上，采用对比的方式，以呈现三江源近二十年负面变化的真实，具有批判与警醒的意义。

这样一部巨型的摄影集，应是郑云峰辛苦一生的一次总结，同时表达了他心中强烈的愿望，即呼唤所有中华儿女深爱母亲河和保护母亲河——为了她的过去，也为了民族的未来。

我有幸作为这部摄影图集的第一位读者，情不自禁地想对郑云峰这位当代中国罕见的自然人文的苦行僧深深道一句：谢谢！

第一卷·山宗水源
——中国三江源地区自然地质风貌

第二卷·锦绣极地
——中国三江源地区自然生态环境

第三卷·历史跫音
——中国三江源地区历史遗迹

第四卷·诗意栖居
——中国三江源地区民族栖居方式及建筑艺术

第五卷·乘愿而来
——中国三江源地区佛教信仰

第六卷·雪域艺葩
——中国三江源地区佛教艺术

第七卷·人神共欢
——中国三江源地区民俗文化

第八卷·高原彩虹
——中国三江源地区服饰艺术

第九卷·天地人生
——中国三江源地区民族生存方式及婚葬仪式

第十卷·顶礼大地
——中国三江源地区宗教活动和仪式

参编专家

郑云峰　葛剑雄　石硕　王鲁湘　于青　霍巍　乔晓光　林少华

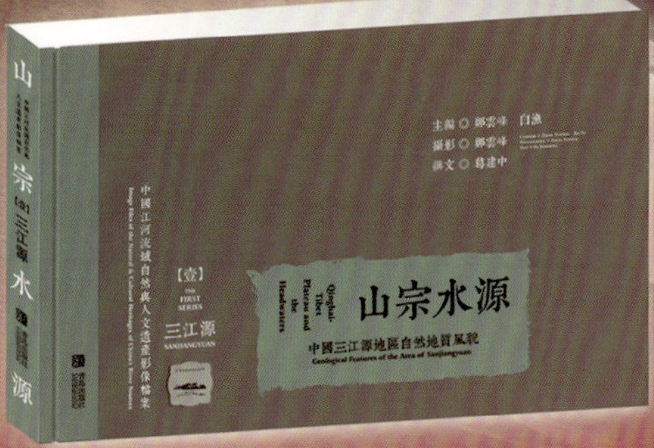

集团官方微信 Group Official WeChat

青岛微书城 QingDao We-Chat Book Town

书号：ISBN 978-7-5436-9176-6

青岛出版社 QINGDAO PUBLISHING HOUSE 荣誉出品

地址 ■ 青岛市海尔路182号　邮编 ■ 266061　电话 ■ 0532-68068608　传真 ■ 0532-68068607　网址 ■ www.qdpub.com　QINGDAO PUBLISHING GROUP　www.qdpub.com

掌阅iReader

手机看书用掌阅

掌阅计划用十年时间，完成这些公版书的数字化整理和校验。
通过掌阅的平台让更多青年人接触和了解传统文化。

——成湘均

扫描下载到手机

深圳广播电影电视集团
SHENZHEN MEDIA GROUP

深圳广播电影电视集团（SZMG）于2004年6月28日正式挂牌成立，是由原深圳电视台、深圳广播电台、深圳电影制片厂、深圳市广播电视传输中心等单位整合而成。截至2014年底，集团总资产突破80亿元，总收入超过46亿元，综合竞争实力位居全国广电行业前列。

集团现有10个电视频道、5套广播频率和20余家产业经营企业，业务范围涵盖广告、网络传输与服务、影视内容、新媒体、电视购物、文化服务等。其中，深圳卫视自2004年5月28日上星以来，呈现快速发展势头，目前已稳居全国省级卫视收视前十方阵。天威视讯（股票代码002238）于2008年成功上市，目前共拥有有线电视用户终端217.46万个(2014年年报数据)。城市联合网络电视台（CUTV）由集团联合全国70多家城市媒体共同成立，目前已成功汇聚全国158个电视频道和70个广播频率。

集团高度重视新形势下的节目版权管理，积极推进版权的确权与维权、开发与运营、版权信息管理系统的建设与维护等各方面工作，并进一步完善版权管理体制，强化集团版权核心竞争力。同时，集团在版权方面的工作也获得了社会的肯定和鼓励。2015年1月，集团荣获深圳市版权协会颁发的第三届深圳版权金奖“版权产业最具影响力企业”奖项，集团员工李燮、徐奔奔、张丹荣获“优秀版权经理人”奖项。

图片注释

1. 深广电成立十周年集团总裁致辞
2.《极速前进》节目
3.《直播港澳台》节目

青海广播电视台

Qinghai Radio and Television Station

2014年，青海广播电视台5个广播频率改版栏目11个，4个电视频道扩容改版栏目13个，青海卫视《青海新闻联播》全年发稿6 054条，较上年增加1 200多条。新闻、社教、文艺等优秀作品不断涌现，系列报道《长江源头有人家》《玛多百名干部冰凌黄河勇救牛群》《行走湟水》等30多篇广播电视新闻、专题、专栏等荣获新闻奖各类奖项。先后摄制完成电影《桑吉卓玛》、微电影《丹噶尔传奇》，合作拍摄电视连续剧《歌海情天》，策划拍摄纪录片《章嘉国师》《姚家阿爹》《柴达木·诗意的土地》《东方彩虹》等8部。其中《章嘉国师》《姚家阿爹》获得2014世界山地纪录片节人文类短篇奖、中国电视艺术家协会“人文中国第三季——传承中国”全国电视专题片、纪录片一等奖。电影《次洛的青海湖》、电视舞台情景剧《向祖国汇报》、广播剧《玉树有多远》、纪录片《脑山》四部作品荣获青海省第十届“五个一工程”优秀作品奖，数量创历届之最。纪录片《脑山》《柴达木·诗意的土地》、广播剧《玉树有多远》获得青海省第七届文学艺术奖。2014年仅获得国家、省部一等奖的宣传类、技术类，汉语、藏语广播电视作品及科研成果奖项就达93件，创历史新高。

青海广播电视台将坚守主流媒体责任，顺应融合媒体发展趋势，从自身实际出发，打基础、谋长远、促创新，紧紧围绕中央和省委、省政府的决策部署，抢抓机遇、主动作为，实现舆论引导力、新闻传播力、社会影响力、技术平台支撑力、产业经营贡献力等整体实力的有效提升，开创青海广播电视台发展的新篇章。

图片注释

1. 国家互联网信息办公室专职副主任彭波，中央电视台台长胡占凡，青海省委常委、宣传部长吉狄马加，中国藏学研究中心副总干事洛桑灵智多杰，国家民族事务委员会文化宣传司副司长李志伟参加青海网络广播电视台上线仪式；2. 青海广播电视台党委书记、台长周贤安在青海省黄南藏族自治州基层采访调研；3. 青海广播电视台党委副书记、副台长、总编辑韩青峰在玉树称多县《桑吉卓玛》拍摄现场；4. 青海藏语网络广播电视台上线仪式在北京举行。

iMind Soft
广西一铭软件股份有限公司

广西一铭软件股份有限公司（以下简称“一铭软件”）是一家拥有自主知识产权，集产品研发、生产和销售于一体的高新技术企业。公司成立于2004年，并于2012年在北京中关村软件园设立北京一铭全资子公司。2014年11月6日，一铭软件在全国中小企业股份转让系统正式挂牌，一铭软件成为国产操作系统软件厂商在“新三板”挂牌上市的软件企业。证券代码：831266。

一铭软件产品包括操作系统、办公软件、云平台系统、东盟翻译云软件、正版软件管理系统及软件技术服务等。公司成立之初就以支持国家正版化工作为起点，以打击盗版、推广正版为己任，助力推进国家软件正版化工作。一铭软件同时也是中国版权协会、中国软件行业协会、中国软件联盟、广西软件行业协会等组织机构会员单位。在国家相关部门的指导与支持下，公司紧跟软件尖端技术，不断开拓创新，近年来得到较快的成长与发展，公司的多种产品已经在政府、海事、教育、房产、旅游贸易等行业得到深入应用，应用领域涉及我国信息化和民生各个方面，应用地域覆盖北京、广西、贵州、湖北、吉林、河北等全国多个省、区、市。

截至2015年，公司共拥有知识产权软件著作权31项，软件产品登记26项，工业新产品23项。迄今为止，公司已获得双软认定、ISO质量管理体系认证，获批国家高新技术企业、CMMI3级认证，并相继荣获广西优秀软件企业、广西信息化应用企业、东盟博览会先进技术展优秀参展项目奖、中国软件和信息服务业创新影响力奖等殊荣。

◆ISO质量管理体系认证

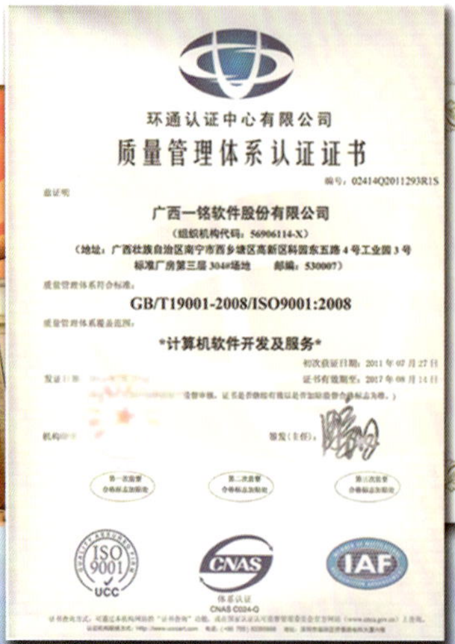
环通认证中心有限公司
质量管理体系认证证书
编号：02414Q2011293R1S
广西一铭软件股份有限公司
（组织机构代码：56906114-X）
（地址：广西壮族自治区南宁市西乡塘区高新区科园东五路4号工业园3号标准厂房第三层304#场地 邮编：530007）
GB/T19001-2008/ISO9001:2008
计算机软件开发及服务
初次获证日期：2011年07月27日
证书有效期至：2017年08月14日

◆一铭软件“新三板”上市

高新技术企业
证书
企业名称：广西一铭软件股份有限公司
证书编号：GR201345000019
发证时间：2013年8月15日
有效期：三年
批准机关：

◆国家高新技术企业证书

◆创新影响力奖

作为国内大型通用软件提供商之一，一铭软件秉持“科学发展，人才为先”的理念，为打造企业核心竞争力、把企业做大做强，公司聚集和打造了一支勇于钻研、善于创新、敢于挑战的专业研发队伍。一铭软件旗下的全资子公司——北京一铭铭鑫软件有限公司借助北京地理位置优势和科技优势，同国内的科研机构、高等学府和高端人才进行合作，开发软件产品。一铭软件多年来始终致力于开发国产软件，并且走在国产软件界的前沿，取得了可喜的成绩，特别是在国产操作系统领域，一铭软件在2014年度获得了“2014年中国版权最具影响力企业奖”和“操作系统领域突出贡献企业奖”。这是政府和市场对公司在软件正版化事业和国产操作系统领域工作的肯定。

拥有过硬的产品，更要拥有贴心完善的服务。一铭软件提供完善的售后服务体系，为客户提供专业的技术支持以及海量学习资料，真正做到资源共享，为客户解决后顾之忧。公司承诺在今后的发展中，继续加大科技投入、引进人才、改进管理，并不断提升产品性能、降低成本，通过不断技术创新，继续保持在本行业的技术领先优势。一铭软件在广大用户的支持、建议和监督下，一定能不负众望，为国家的国产软件事业交上一份满意的答卷！

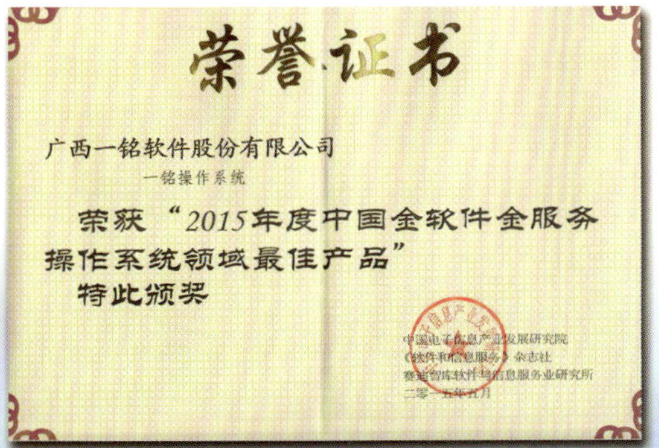

◆“2015年度中国金软件金服务操作系统领域最佳产品”荣誉证书

◆操作系统领域突出贡献企业奖

2014年公司重大活动纪事

2014年8月15日，国产操作系统软件供应商——一铭软件在北京举办了“一铭操作系统V2.0新品发布会”。出席本次发布会的嘉宾有：国家版权主管部门王志成，国务院机关事务管理部门赵绪选，北京市版权主管部门王野菲、满向伟，中国软件联盟邹忭等，以及40多家媒体记者。

所有在场人员共同见证了国产操作系统新星的冉冉升起。此次发布会是基于此前龙鑫操作系统的一次升级，在优化操作界面、操作方式等方面之外，更注重于丰富用户的体验，贴合用户的习惯，增强用户的网络安全，让广大用户能够更容易适应新的操作系统。

会后，公司董事长余时均分别接受了《电脑报》及《中国知识产权报》等媒体的采访。余时均表示，从2006年开始，中国政府开始了软件正版化工作，同时在台式机的采购领域要求所有品牌计算机必须预装正版操作系统。虽然，在操作系统领域，正版化事业获得明显收益的还是微软，但是在盗版横行的时代，政府软件正版化给了企业一个进行竞争的机会，这对于一铭国产操作系统来说无疑是一个好消息。

◆一铭操作系统V2.0新品发布会

◆余时均董事长接受《中国知识产权报》记者采访

2014年11月15日，由中国版权协会主办的“第七届中国版权年会”在北京召开。年会包括以“跨界、融合、创新、共赢——大数据时代的文化与版权”为主题的年会论坛和2014年中国版权协会会员大会暨年度评选颁奖大会。

◆2014年中国版权最具影响力企业奖

在这次年会上，有着中国“版权界奥斯卡”之称的“中国版权最具影响力企业奖”隆重揭晓，广西一铭软件股份有限公司喜获中国版权协会颁发的“2014年中国版权最具影响力企业奖”。这是版权行业对一铭软件近年来在版权领域所做努力的一个肯定。年会主办方表示，中国版权协会推出这个奖项，是为在版权事业发展过程中取得突出成绩、做出突出贡献的的相关版权产业企业而设立的，旨在弘扬版权企业的开拓创新精神、艰苦奋斗历程和成功经验，推动我国版权事业的进步和发展。

2014年11月26日上午，广西一铭软件股份有限公司在北京举办全国股份转让系统挂牌仪式。 铭软件成为国产操作系统软件厂商在“新三板”挂牌上市的软件企业，同时也是广西南宁市在“新三板”挂牌上市的软件公司。

一铭软件董事长余时均表示：今后，谁将主导操作系统的舞台，谁将承载操作系统的信息安全，做出能与Windows一争高下的国产操作系统，依靠的是有活力、有技术实力的企业。一铭操作系统于2013和2014年度成功入围中央机关政府协议供应产品，并相继进入部分省市的政府采购目录，完全适用于正版化软件升级的企事业单位和个人。

◆余时均董事长致辞

◆一铭软件挂牌“新三板”

今日头条

你关心的 才是头条

今日头条是一款基于数据挖掘的推荐引擎产品，它为用户推荐有价值的、个性化的信息，提供连接人与信息的新型服务。截至2015年5月，今日头条累计激活用户数达2.5亿。

2015年4月16日，国家版权主管部门正式入驻今日头条，开通“头条号”。国家版权主管部门将通过“头条号”平台及时推送并重点发布版权执法监管、打击侵权盗版重大案件等方面的信息，充分利用新媒体平台提升版权的社会影响力。

2015年4月22日，今日头条参加国家版权主管部门在京召开的规范网络转载版权秩序座谈会，并签署联合声明《抵制侵权盗版，护航互联网+》版权自律公约。会上，国家版权主管部门发布《关于规范网络转载版权秩序的通知》，今日头条副总裁夏勇表示，今日头条将按照《通知》要求，在尊重和维护版权的同时，积极探索与传统媒体建立互惠共赢的生态圈。

今日头条认为，版权保护一方面依靠自律，同时可以通过技术手段高效实现。例如，今日头条的“文本消重机制”就是通过技术手段，从源头上抑制侵权行为的发生。

图片注释

1. 今日头条参加国家版权主管部门在京召开的规范网络转载版权秩序座谈会
2. 今日头条创始人兼CEO张一鸣与国家版权主管部门负责人于慈珂共同参与对话栏目

鳳凰視頻
v.ifeng.com

凤凰视频依托于凤凰卫视及凤凰新媒体丰富的内容资源，致力于成为具有媒体价值的视频平台，月度覆盖人数近2亿。凤凰视频坚持走以“资讯”和“纪录片”为主要特色内容的媒体化道路，满足了广大网民对高品质内容的需求，并且以其充沛的内容资源和精细化、差异化运营，获得了来自用户市场和客户市场的双重认可。

在以资讯为题材的差异化运营方面，凤凰视频凭借其优良的媒体基因，打造了多部时政类节目。比如时政脱口秀节目《又来了》，它是一档围绕时事热点的互联网脱口秀，现已拥有一批固定的粉丝群。时政辩论节目《全民相对论》，它用辩论体的方式呈现国内外重大事件，探讨现象本质，在思辨中寻求答案。在纪录片方面，凤凰视频原创节目《甲乙丙丁》，把视角投向普通百姓，在关注他们的生活和命运的同时，也用镜头展现社会的热点，记录时代的印记，彰显人性的温度。

除此之外，凤凰视频在全媒体道路上也涉足较深。凤凰视频原创的多档优质节目如《斗味》《寻味》《说给系列》等先后输出给凤凰卫视、台湾中天亚洲电视台等优质电视媒体，其与江苏卫视合作播出的大型历史文化纪实节目《你所不知道的中国》，也是其全媒体化运营的典范之作。

近几年，凤凰视频在版权保护工作方面也积极突破，先后成为首都互联网协会、视频版权正版化联盟的成员，并在2014年获得中国版权协会“最具影响力企业奖”。凤凰视频还将以实际行动，尊重知识产权，保护鼓励原创，继续致力于推动整个互联网行业和视频产业的健康发展。

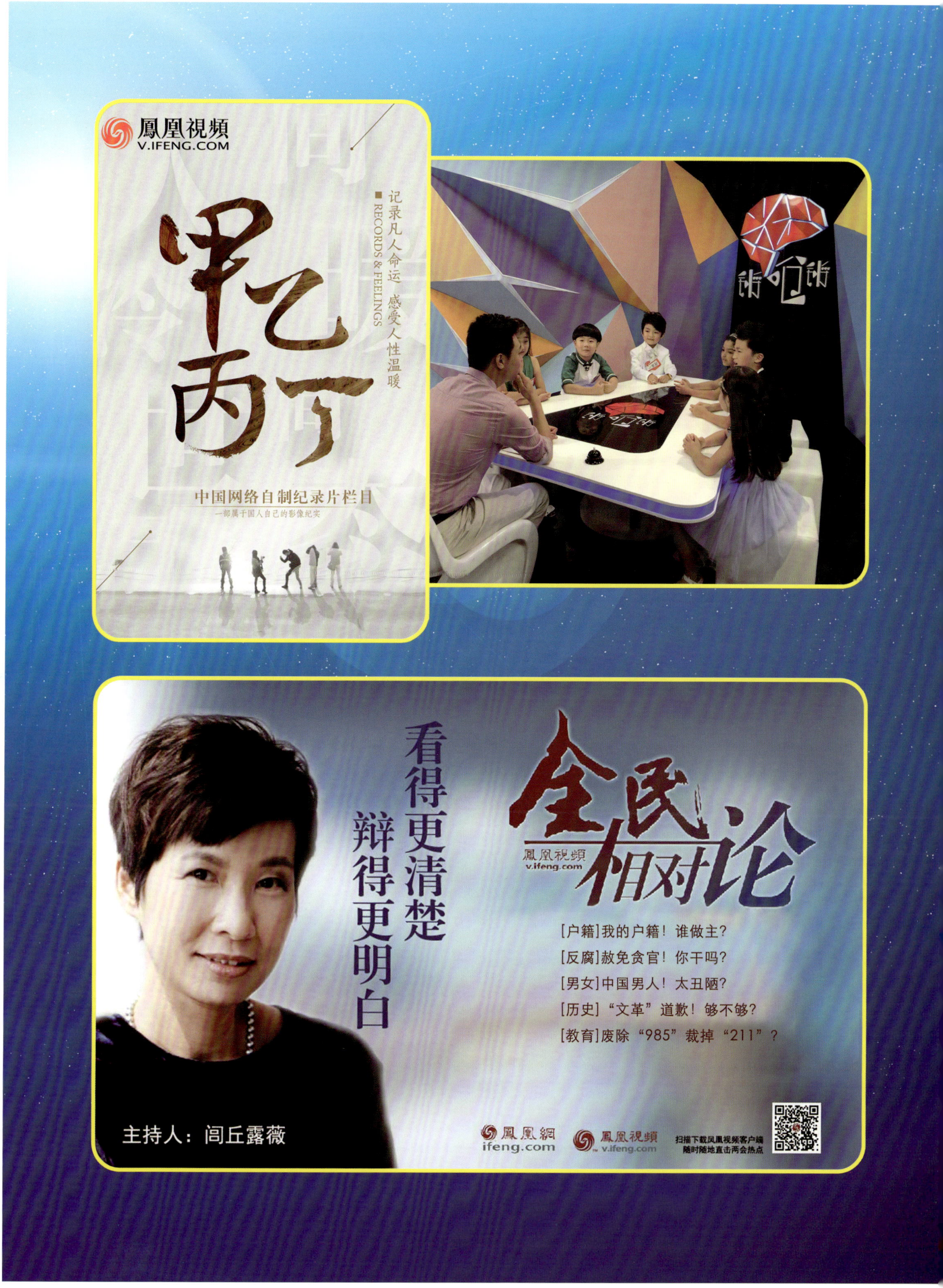
鳳凰視頻
V.IFENG.COM
记录凡人命运 感受人性温暖
RECORDS & FEELINGS
甲乙丙丁
中国网络自制纪录片栏目
一部属于国人自己的影像纪实
看得更清楚
辩得更明白
全民相对论
鳳凰視頻 v.ifeng.com
[户籍]我的户籍！谁做主？
[反腐]赦免贪官！你干吗？
[男女]中国男人！太丑陋？
[历史]“文革”道歉！够不够？
[教育]废除“985”裁掉“211”？
主持人：闾丘露薇
鳳凰網 ifeng.com
鳳凰視頻 v.ifeng.com
扫描下载凤凰视频客户端
随时随地直击两会热点

百度文库

百度文库历经五年发展，现汇集1.3亿份高价值的文档资料，已成为卓越的教育开放平台。百度文库专注教育PPT、专业文献、应用文书等领域，涵盖基础教育、资格考试、人文社科、经营管理、工程技术、IT计算机、自然科学、医药卫生、农林渔牧等53个行业，在这里平均每天有5 000万精准学习用户能力得到高效提升。

3 400家专业机构入驻文库

百度文库作为卓越的教育开放平台，已吸引国内约3 400家专业机构入驻，提供专业文档资料约2 200万篇，平均每天有5 000万精准学习用户能力得到高效提升。

上海交通大學出版社 SHANGHAI JIAO TONG UNIVERSITY PRESS

中国民主法制出版社

中国社会科学出版社 CHINA SOCIAL SCIENCES PRESS

华东师范大学出版社

加入百度文库，提升行业影响力

版权保护
为知识版权保驾护航
保护您的文档版权

搜索优先
搜索优先展示让机构
得到更大程度的曝光

权威标识
量身打造专属机构专区
为您权威标识

权威团队
百度文库为您及您的团队
打造全方位品牌推介

Baidu文库 | 合作联系方式

联系人：裴武斌　手机：13611133224　邮箱：peiwubin@baidu.com
联系地址：北京市海淀区东北旺西路8号中关村软件园2期文思海辉

特级会员
咪咕特级会员
自己人 有特权
有舍我其谁的自信心
才担得起音乐王国的music king
咪咕音乐
加入咪咕特级会员，享超多特权！
畅听特权
免费开通彩铃功能及咪咕音乐客户端在线听包月服务，试听全免费，更有情景彩铃免费享！
下载特权
200万首正版曲库全开放，标清歌曲、来电铃声免费下载无限量，更享彩铃订购7折惠！
玩乐特权
用咪咕音乐客户端，赠炫彩铃音盒和咪咕音乐杂志，更有机会参与会员专属明星歌会，与偶像零距离！
观影特权
在migu.cn咪咕特级会员专区购买电子影票，均可享受折上95折优惠、在线选座服务及成功订票后的抽奖活动！
•咪咕特级会员加入方式：
电脑登录www.migu.cn，手机登录m.10086.cn;
使用咪咕音乐客户端（扫描右下角二维码）；
编辑短信“TJ”到10658830；
手机拨打12530999按8号键；
致电10086客服或亲临当地营业厅。
•咪咕特级会员资费：6元/月
★注：业务订购及使用过程中产生的短信、流量、人工/语音服务通信费按当地资费标准收取。
咪咕音乐 搜索
and和
咪咕音乐
中国移动安全认证
中国移动 China Mobile
www.10086.cn
热线 短信 10086

中国电影股份有限公司

中国电影股份有限公司由中国电影集团主体业务改制而成，涵盖影视制片制作、发行、放映及影视服务四大业务板块，涉及影视制片、制作、发行、营销、院线、影院、器材生产与销售、放映系统租赁、演艺经纪、电影衍生产品开发等众多业务领域。

中影股份近年来创作生产了各类影片百余部，《狼图腾》《中国合伙人》《建国大业》《建党伟业》等电影取得了广泛的社会影响，《恋恋不忘》《大路上》《大平原》等电视剧被国家新闻出版广电总局列入以“中国梦”为主题的电视剧推荐展播序列。

中影股份旗下的国家中影数字制作基地技术先进、设施完善，拥有5 000平方米摄影棚在内的摄影棚16座，全数字化的电影后期中心可以制作Dolby Atmos及13.1声道等各种立体声格式的影片，还有先进的数字图像平面转立体制作中心、装备虚拟摄影棚的视觉特效中心与动漫制作中心，以及全国较大的电影数字母版制作中心。

中影股份拥有全国较大的数字电影发行管理平台，近年来发行了900余部国内外影片。

中影股份联合科研单位力量自主研发的“中国巨幕”系统使中国数字电影放映进入了世界先进的高格式、全景声效的技术行列。

中国汽车社会舆论领袖

中国汽车报

CHINA AUTOMOTIVE NEWS

《中国汽车报》是以汽车全产业链高层管理者为主要读者的汽车产经类报纸，创办于1984年，由人民日报社主管、主办，是我国汽车业内历史长、影响力大的专业产经类报纸。2012年6月，《中国汽车报》被世界品牌实验室评为“中国500最具价值品牌”，品牌价值高达29.12亿元。2013年，《中国汽车报》入选国家新闻出版广电主管部门“百强报刊”。2014年，报社再度入围“中国500最具价值品牌”排行榜，品牌价值上升至45.48亿元。

中国汽车报社不断追求创新，目前拥有一报、五刊及多种新媒体，分别是《中国汽车报》《汽车族》《汽车与运动》《家用汽车》《商用汽车新闻》《新能源汽车新闻》，还积极运营了多种新媒体平台，包括中国汽车报网、中国汽车报APP客户端、官方微信、微博等。

中国汽车报社率先在行业媒体中推行“柔性多媒介生成体系”，通过使用先进的编采平台以及对员工进行培训，整合传统媒体和新媒体业务，中国汽车报社员工正在成为既熟悉汽车行业又具备多媒体运作能力的“特种兵”。

《中国汽车报》的定位

中国汽车社会的舆论领袖　　决策参考价值的创造者

商业运作价值的创造者　　消费指导价值的创造者

《中国汽车报》的大家庭

《中国汽车报》《汽车族》《汽车与运动》《家用汽车》《商用汽车新闻》《新能源汽车新闻》《城市轨道交通》中国汽车报网

电动北京网　北京东方艾狄尔会展有限公司　北京车之族广告有限公司　北京易卡先锋信息技术有限责任公司

易卡绿色（北京）汽车租赁有限公司　北京雁翎传讯无线网络技术有限公司　东方文创（北京）展示设计有限公司

大唐风韵（北京）影视有限责任公司　汽车产业经济研究院　《中国汽车手机报》《中国汽车报》官方微博　《中国汽车报》微信订阅号

《中国汽车报》近年获得的荣誉

- 2014年再度入围“中国500最具价值品牌”排行榜，品牌价值上升为45.48亿元。
- 2013年成功入选国家新闻出版广电总局“百强报刊”。
- 世界品牌实验室发布了2013年《中国500最具价值品牌》排行榜，《中国汽车报》的品牌价值由2012年的29.12亿增长到39.85亿，排名由2012年的388名上升至375名，荣获“2013年中国500最具价值品牌”殊荣。
- 2013年10月，荣获中国信息化推进联盟媒体工作委员会颁发的“2013中国广告金鼎奖行业媒体十强”，李庆文社长荣获“2013中国广告金鼎奖功勋人物”称号。
- 2013年9月，荣获第六届中国品牌媒体高峰论坛“2012—2013中国品牌媒体百强——专业报10强”。
- 2012年6月，被世界品牌实验室评为“中国500最具价值品牌”。
- 2011年全球广告主周组织委员会“中国最具广告影响力专业媒体”。

2011年12月27日中国能源汽车传播集团举办成立庆典

2013年7月6日中国汽车报专家顾问委员会成立

中国汽车报社2015年在上海车展展位

《中国版权》杂志

《中国版权》杂志创刊三十多年来，围绕版权进行广泛报道和深入探讨，现已成为国家版权主管部门和各级版权管理机构及相关产业单位开展交流协作的重要平台，具有极强的权威性、指导性和可读性。

国际标准刊号：ISSN1671-4717　国内统一刊号：CN11-4780/G2

主办：中国版权保护中心　咨询电话：010-58604520

e-mail:chinacopyright@126.com

Kingbond
金版国际文化传播（北京）有限公司
立足版权 携手产业
网络新媒体 版权代理 书画艺术……
《中国版权》杂志 | 《中国版权年鉴》 | 中国版权年会 | 中国版权产业网 | 书画艺术版权网
联系电话：010-58604520

版权

统计资料

TONG JI ZI LIAO

2014年中国版权统计资料

2014 年全国作品自愿登记情况统计

单位：件

	合计	文字	口述	音乐	曲艺	舞蹈	杂技	美术	摄影	建筑	影视	设计图	地图	模型	其他
合　计	**997 350**	**349 885**		**6 094**	**73**	**19**	**26**	**187 408**	**424 449**	**116**	**11 222**	**4 116**	**101**	**59**	**13 782**
中国版权保护中心	**84 950**	11 802		1 477	1	7	1	58 032	1 464	9	4 916	1 130		2	6 109
北　京	**510 843**	185 321		2 660		3		3 276	318 191		489	155	32	12	704
天　津	**87**	25		5	2			49			2	2			2
河　北	**237**	96		5				133	1				1		1
山　西	**541**	24		22		1		28	457		3	2			4
内蒙古	**111**	23		5	3	1		65			10	1			3
辽　宁	**10 348**	4 677		304	53			1 182	255		1 074	12			2 791
吉　林	**716**	66		90				404						4	152
黑龙江	**3 080**	2 935		71		1	22	30	1		10	3		1	6
上　海	**187 835**	120 614		84				19 351	43 171		3 796	161	19	11	628
江　苏	**53 010**	8 670		181	1	1		30 319	12 085		5	1 137	18	6	587
浙　江	**15 287**	243		22				14 761	39		73	10	5		134
安　徽	**1 292**	169		7				280			26	808			2
福　建	**24 917**	213		214				24 230	105	97	10	18			30
江　西	**1 680**	68		150		1		1 364	57		2		8	7	23
山　东	**40 402**	10 012		7	2			14 248	16 042	1	26	21		1	42
河　南	**792**	239		8	1			424	1		18	36			65
湖　北	**2 015**	524		32	1			964	353		8	125	2	1	5
湖　南	**1 842**	228		19	2			1 039	2	7	488	3			54
广　东	**15 782**	386		133		1		9 320	4 161	2	186	421	9	14	1 149
广　西	**173**	80		26	1		3	55				2			6
海　南	**87**	20		3				30			26				8
重　庆	**36 288**	1 719		390				5 481	27 442						1 256
四　川	**2 023**	738		35		1		769	433		36	11			
贵　州	**122**	13		1	1			105							2
云　南	**238**	83		50				101	4						
西　藏															
陕　西	**1 002**	669		29	5			173	105		15	1	2		3
甘　肃	**161**	25		6				124				2			4
青　海	**31**	13						17	1						
宁　夏	**136**	93		3				36			3		1		
新　疆	**1 322**	97		55		2		1 018	79			55	4		12

2014 年全国版权合同登记情况统计

单位：份

	合计	图书	期刊	音像制品	电子出版物	软件	电影	电视节目	其他
合　计	**17 376**	**16 214**	**148**	**130**	**194**	**276**		**10**	**404**
北　京	**8 792**	8 555	145		61	31			
天　津	**564**	531			1	32			
河　北	**117**	116				1			
山　西	**47**	47							
内蒙古									
辽　宁	**238**	233				5			
吉　林	**152**	152							
黑龙江	**90**	90							
上　海	**1 333**	1 074		127	127	5			
江　苏	**1 615**	1 224				6			385
浙　江	**526**	344				182			
安　徽	**361**	360			1				
福　建	**51**	50		1					
江　西	**361**	361							
山　东	**396**	396							
河　南	**344**	344							
湖　北	**390**	390							
湖　南	**284**	269	3	2	4	1		4	1
广　东	**213**	186				3		6	18
广　西	**318**	318							
海　南	**186**	186							
重　庆	**281**	281							
四　川	**217**	217							
贵　州	**4**	4							
云　南	**120**	120							
西　藏									
陕　西	**349**	339				10			
甘　肃	**1**	1							
青　海									
宁　夏	**1**	1							
新　疆	**25**	25							

2014 年全国版权执法情况统计

案件查处情况		收缴盗版品情况	
项目	本年度数量	项目	本年度数量（册、盒、张、件）
行政处罚数量（件）	4 728	书 刊	6 117 975
案件移送数量（件）	366	软件	673 163
检查经营单位数量（个）	1 063 061	音像制品	9 224 736
取缔违法经营单位数量（个）	8 686	电子出版物	333 876
查获地下窝点数量（个）	482	其他	316 140
罚款金额（人民币元）	13 499 937	合计	16 665 890

2014 年版权输出地汇总表

计量单位：册、盒、张、件、部、集

版权输出项目 / 版权输出的国家或地区	合计	图书	录音制品	录像制品	电子出版物	软件	电影	电视节目	其他
总计（项）	10 293	8 088	139	73	433	5		1 555	
美国	1 216	734	53	66	139	5		219	
英国	507	410			38			59	
德国	408	304			46			58	
法国	371	313						58	
俄罗斯	226	177	9		40			0	
加拿大	129	67	1					61	
新加坡	416	248	12		36			120	
日本	388	346			27			15	
韩国	642	623	6		11			2	
香港地区	437	277	34		1			125	
澳门地区	107	13						94	
台湾地区	2 412	2 284	9		54			65	
其他	3 034	2 292	15	7	41			679	

2014 年版权引进地汇总表

计量单位：册、盒、张、件、部、集

版权引进项目 / 原版权所在国家或地区	合计	图书	录音制品	录像制品	电子出版物	软件	电影	电视节目	其他
总计（项）	16 695	15 542	208	451	120	46	8	316	4
美国	5 451	4 840	41	404	25	19	6	116	
英国	2 842	2 655	2	37	27	5		115	1
德国	841	807	18		7	6		2	1
法国	779	754			6	6	1	10	2
俄罗斯	98	97			1				
加拿大	165	160			1	1		3	
新加坡	213	211			1			1	
日本	1 783	1 736	11	7	20	2		7	
韩国	1 216	1 160	12	3	11	1		29	
香港地区	229	181	37		2		1	8	
澳门地区	8	8							
台湾地区	1 270	1 171	81		6	1		11	
其他	1 800	1 762	6		13	5		14	

2014 年全国版权输出情况统计

单位：种

	合计	图书	录音制品	录像制品	电子出版物	软件	电影	电视节目	其他
合　计	**10 293**	**8 088**	**139**	**73**	**433**	**5**		**1 555**	
北　京	4 331	3 782	52	7	387	5		98	
天　津	38	38							
河　北	68	68							
山　西	40	31	9						
内蒙古	54		54						
辽　宁	211	211							
吉　林	96	96							
黑龙江	35	35							
上　海	1 658	174			27			1 457	
江　苏	382	382							
浙　江	324	324							
安　徽	912	912							
福　建	377	364			13				
江　西	420	414			6				
山　东	189	189							
河　南	25	25							
湖　北	306	306							
湖　南	110	110							
广　东	271	181	24	66					
广　西	164	164							
海　南									
重　庆	74	74							
四　川	52	52							
贵　州									
云　南	9	9							
西　藏									
陕　西	32	32							
甘　肃	68	68							
青　海									
宁　夏									
新　疆	47	47							

2014 年全国版权引进情况统计

单位：种

	合计	图书	录音制品	录像制品	电子出版物	软件	电影	电视节目	其他
合　计	**16 695**	**15 542**	**208**	**451**	**120**	**46**	**8**	**316**	**4**
北　京	8 647	8 555			61	31			
天　津	361	346			15				
河　北	117	116				1			
山　西	36	36							
内蒙古	2	1						1	
辽　宁	238	233				5			
吉　林	144	144							
黑龙江	146	146							
上　海	2 047	1 459	140	95	32	2	8	311	
江　苏	441	435				6			
浙　江	334	334							
安　徽	361	361							
福　建	51	50	1						
江　西	318	315	3						
山　东	396	396							
河　南	283	283							
湖　北	486	486							
湖　南	284	269		2	4	1		4	4
广　东	492	74	64	354					
广　西	318	318							
海　南	171	163			8				
重　庆	343	343							
四　川	165	165							
贵　州	46	46							
云　南	110	110							
西　藏									
陕　西	325	325							
甘　肃	7	7							
青　海									
宁　夏	1	1							
新　疆	25	25							

2014年中国新闻出版产业统计资料

2014年全国各地区图书出版总量

	图书总计											
	种数（种）		租型种数（种）	总印数（万册、张）			总印张（千印张）			定价总金额（万元）		
	合计	新出		合计	新出	租型	合计	新出	租型	合计	新出	租型
全国总计	**448 431**	**255 890**	**10 307**	**818 465**	**259 206**	**146 499**	**70 424 999**	**26 151 290**	**10 462 502**	**13 634 684**	**6 724 141**	**1 100 971**
中　　央	**183 457**	**107 131**	**61**	**218 886**	**88 192**	**435**	**24 324 889**	**10 854 864**	**32 305**	**5 434 561**	**3 118 453**	**3 109**
地　　方	**264 974**	**148 759**	**10 246**	**599 579**	**171 014**	**146 064**	**46 100 110**	**15 296 426**	**10 430 197**	**8 200 123**	**3 605 688**	**1 097 862**
北　　京	10 802	6 474		16 746	9 562		1 540 555	866 159		359 375	229 721	
天　　津	5 745	3 755	125	4 560	1 711	679	428 521	180 846	48 909	11 1780	64 986	5 148
河　　北	7 022	3 071	300	22 234	5 594	7 622	1 642 130	402 945	563 439	257 402	76 133	54 549
山　　西	3 458	1 866	273	12 866	4 081	4 318	1 231 323	587 117	325 011	191 404	87 443	34 962
内 蒙 古	3 157	1 937	407	6 752	985	3 750	496 507	82 837	286 309	64 227	20 920	29 218
辽　　宁	11 942	7 405	1	12 713	5 925	7	1 039 923	511 294	606	216 031	118 411	58
吉　　林	21 565	11 425	747	25 500	9 591	5 009	2 274 036	934 380	350 274	452 345	216 230	39 231
黑 龙 江	5 043	3 626	535	7 426	1 465	3 546	625 129	161 381	264 816	92 626	32 948	30 187
上　　海	24 420	13 055	1	32 188	10 666	3	3 023 956	1 165 446	30	728 990	354 955	11
江　　苏	23 936	14 383	312	55 963	19 393	8 350	3 978 377	1 655 837	567 191	690 043	352 818	58 066
浙　　江	12 687	6 867	381	36 971	11 410	7 920	2 435 140	792 246	550 656	458 308	208 164	57 108
安　　徽	9 934	5 227	780	25 579	4 626	10 727	1 923 955	395 647	786 142	314 414	104 530	88 665
福　　建	3 456	2 442	197	8 619	3 227	3 099	660 192	270 300	226 916	108 127	59 309	21 170
江　　西	5 890	3 535	243	19 663	4 479	6 048	1 355 145	362 375	474 121	222 641	87 218	45 168
山　　东	14 282	8 153	719	46 448	12 656	12 526	3 092 497	1 007 132	710 676	494 783	194 726	88 083
河　　南	7 705	4 244	155	19 714	3 914	4 480	1 512 488	325 605	334 240	226 128	81 746	31 255
湖　　北	15 910	9 571	599	27 193	9 284	7 571	2 288 059	856 381	560 931	456 866	228 419	64 082
湖　　南	11340	5 634	409	42 194	12 406	9 441	2 988 796	1 100 501	594 343	562 824	255 867	68 159
广　　东	9 495	6 005	155	29 872	6 771	7 792	2 327 130	583 709	624 913	326 307	128 207	55 358
广　　西	7 871	3 752	351	39 777	8 575	7 409	2 854 544	763 071	574 028	429 950	160 039	57 379
海　　南	3 747	1 698	209	6 143	1 985	1 044	471 481	159 437	70 990	87 013	32 054	7 943
重　　庆	6 062	3 190	253	15 009	4 258	2 786	995 975	379 753	178 398	184 979	80 211	22 965
四　　川	9 095	5 252	361	19 623	3 047	6 520	1 568 482	321 200	496 591	250 161	90 834	50 773
贵　　州	845	721	555	10 099	1 894	7 550	648 818	86 890	525 754	86 709	25 367	56 089
云　　南	6 958	3 781	288	15 307	3 294	5 710	1 267 068	308 015	443 160	201 844	71 579	41 725
西　　藏	547	237	294	1 303	119	716	93 871	14 291	52 811	14 077	47 75	5 761
陕　　西	9 334	4 667	470	18 925	3 422	4 771	1 655 042	392 330	349 466	313 743	99 957	35 874
甘　　肃	2 410	1 319	248	5 312	799	3 311	455 834	93 444	255 802	67 757	20 678	25 859
青　　海	597	269	219	1 069	68	708	84 158	9 452	48 127	10 645	3 570	5 152
宁　　夏	1 987	1 253	196	3 682	1 392	906	344 284	153 624	65 621	61 125	29 132	7 678
新　　疆	7 732	3 945	463	10 129	4 415	1 745	796 694	372 781	99 926	157 499	84 741	10 186

2014 年全国各级报纸出版数量

	合计					中央及省、自治区、直辖市级					地、市级					县级				
	种数（种）	平均期印数（万份）	总印数（万份）	总印张（千印张）	总金额（万元）	种数（种）	平均期印数（万份）	总印数（万份）	总印张（千印张）	总金额（万元）	种数（种）	平均期印数（万份）	总印数（万份）	总印张（千印张）	总金额（万元）	种数（种）	平均期印数（万份）	总印数（万份）	总印张（千印张）	总金额（万元）
全国总计	**1 912**	**22 265.00**	**4 638 987**	**192 229 822**	**4 436 610**	**1 013**	**16 588.81**	**3 128 159**	**126 473 004**	**3 102 634**	**880**	**5 645.52**	**1 502 566**	**65 597 629**	**1 327 464**	**19**	**30.67**	**8 262**	**159 189**	**6 512**
中央	**221**	**3 206.58**	**804 300**	**23 524 465**	**905 336**	**221**	**3 206.58**	**804 300**	**23 524 465**	**905 336**										
地方	**1 691**	**19 058.42**	**3 834 687**	**168 705 357**	**3 531 274**	**792**	**13 382.23**	**2 323 859**	**102 948 539**	**2 197 298**	**880**	**5 645.52**	**1 502 566**	**65 597 629**	**1 327 464**	**19**	**30.67**	**8 262**	**159 189**	**6 512**
北京	35	343.75	94 640	5 404 739	85 048	35	343.75	94 640	5 404 739	85 048										
天津	24	260.20	75 996	3 619 848	75 824	24	260.20	75 996	3 619 848	75 824										
河北	65	785.61	157 641	4 158 395	118 237	29	582.10	105 430	2 420 647	73 861	35	202.51	51 977	1 735 398	44 099	1	1.00	235	2 350	277
山西	60	2 479.81	216 020	2 531 441	198 998	36	2 332.69	186 492	1 880 083	171 919	23	145.78	29 274	650 085	26 951	1	1.37	254	1 272	127
内蒙古	58	145.78	33 599	855 142	31 559	23	88.17	17 824	537 710	18 264	32	56.00	15 498	314 759	13 209	3	1.60	277	2 673	85
辽宁	70	713.90	150 582	7 670 953	114 104	19	464.34	83 421	4 430 905	56 251	48	247.86	66 874	3 238 612	57 572	3	1.70	287	1 436	281
吉林	52	987.89	92 605	3 130 344	102 025	24	896.13	70 087	2 410 416	81 140	28	91.75	22 519	719 928	20 885					
黑龙江	68	399.52	69 039	2 321 295	66 609	27	178.58	35 261	1 104 192	25 418	41	220.94	33 777	1 217 103	41 191					
上海	72	513.56	114 002	4 892 067	106 199	72	513.56	114 002	4 892 067	106 199										
江苏	81	1 224.60	282 063	12 853 459	265 823	30	722.20	157 962	7 887 659	147 410	51	502.40	124 100	4 965 801	118 413					
浙江	69	1 113.56	337 367	14 795 017	277 756	22	434.93	118 217	4 558 840	106 602	45	664.22	214 054	10 107 419	167 023	2	14.40	5 095	128 757	4 131
安徽	51	499.55	121 176	4 646 228	90 436	19	264.98	58 057	1 574 685	48 771	32	234.57	63 120	3 071 544	41 665					
福建	42	487.78	111 945	5 040 723	104 731	19	331.02	59 693	2 974 445	58 947	23	156.76	52 252	2 066 278	45 784					
江西	41	1 029.80	113 322	3 075 003	92 897	19	931.95	80 924	1 996 991	64 245	20	94.50	31 861	1 072 640	28 292	2	3.35	537	5 372	360
山东	87	1 045.98	306 553	15 059 857	231 320	29	575.07	175 762	9 794 577	126 272	58	470.90	130 791	5 265 280	105 048					

续前表

	合计					中央及省、自治区、直辖市级					地、市级					县级				
	种数(种)	平均期印数(万份)	总印数(万份)	总印张(千印张)	总金额(万元)	种数(种)	平均期印数(万份)	总印数(万份)	总印张(千印张)	总金额(万元)	种数(和)	平均期印数(万份)	总印数(万份)	总印张(千印张)	总金额(万元)	种数(种)	平均期印数(万份)	总印数(万份)	总印张(千印张)	总金额(万元)
河　南	78	1 528.77	209 722	6 857 270	208 351	33	1 252.45	141 548	4 533 086	140 708	45	276.32	68 174	2 324 184	67 643					
湖　北	74	777.12	190 374	8 261 072	191 328	27	329.37	86 822	4 241 769	97 236	44	443.28	102 445	4 008 239	93 279	3	4.47	1 106	11 064	814
湖　南	48	675.93	136 738	5 144 636	124 753	22	494.68	89 983	3 733 686	97 869	26	181.24	46 755	1 410 950	26 884					
广　东	101	1 513.22	389 869	31 458 182	468 787	34	741.28	189 122	16 431 539	245 594	67	771.94	200 747	15 026 642	223 193					
广　西	54	259.94	72 972	2 326 772	60 004	21	131.66	34 481	1 229 310	28 679	33	128.28	38 491	1 097 462	31 325					
海　南	14	87.59	24 603	799 469	26 452	10	68.66	19 804	645 783	21 516	4	18.93	4 799	153 687	4 936					
重　庆	27	281.43	61 855	3 863 235	64 435	24	275.60	60 308	3 812 164	63 341	3	5.83	1 547	51 071	1 094					
四　川	88	653.23	167 700	7 523 198	171 751	38	386.95	89 014	4 192 778	101 179	50	266.28	78 686	3 330 420	70 572					
贵　州	30	141.14	36 348	1 462 207	34 828	13	70.95	16 418	662 088	15 529	17	70.19	19 929	800 119	19 299					
云　南	42	211.57	61 279	2 720 834	45 167	18	157.00	44 143	2 359 030	34 480	24	54.57	17 136	361 804	10 687					
西　藏	25	37.43	7 651	198 322	5585	11	24.03	5 206	111 028	3 306	14	13.40	2 445	87 294	2 279					
陕　西	43	297.86	68 245	4 355 040	64 500	27	193.24	43 445	3 526 870	40 777	15	103.50	24 530	825 468	23 453	1	1.13	270	2 702	270
甘　肃	50	206.71	50 982	1 060 569	40 015	23	122.76	25 599	554 791	24 156	27	83.95	25 384	505 778	15 859					
青　海	26	52.94	13 730	483 494	9 010	15	31.88	7 107	222 917	5 591	9	19.64	6 445	257 127	3 266	2	1.42	178	3 450	153
宁　夏	14	45.57	10 987	317 747	11 617	9	33.97	7 323	201 417	7 899	5	11.60	3 664	116 330	3 718					
新　疆	102	256.68	55 082	1 818 799	43 125	40	148.08	29 768	1 002 479	2 3267	61	108.38	25 292	816 207	19 845	1	0.23	23	113	14

2014 年全国各地区各类期刊出版的种数、印数、总印张、总金额（1）

	合计					综合					哲学、社会科学				
	种数（种）	平均期印数（万册）	总印数（万册）	总印张（千印张）	总金额（万元）	种数（种）	平均期印数（万册）	总印数（万册）	总印张（千印张）	总金额（万元）	种数（种）	平均期印数（万册）	总印数（万册）	总印张（千印张）	总金额（万元）
全国总计	**9 966**	**15 661.24**	**309 452**	**18 357 932**	**2 493 834**	**365**	**1 102.92**	**22 893**	**1 205 355**	**133 983**	**2 618**	**7 263.56**	**137 315**	**7 270 172**	**1 073 718**
中　　央	**2 951**	**5 672.68**	**95 746**	**7 115 160**	**988 788**	**66**	**122.48**	**3 029**	**208 440**	**30 924**	**890**	**3 631.15**	**61 738**	**3 343 389**	**525 558**
地　　方	**7 015**	**9 988.55**	**213 706**	**11 242 773**	**1 505 046**	**299**	**980.44**	**19 864**	**996 915**	**103 058**	**1 728**	**3 632.41**	**75 577**	**3 926 783**	**548 161**
北　　京	172	194.18	3 792	288 921	43 072	2	0.35	1	169	77	49	74.23	1 619	114 062	15 454
天　　津	254	239.91	3 833	192 011	31 884	3	1.80	21	1 181	206	49	65.61	1 025	48 719	7 126
河　　北	229	222.46	4 833	226 516	32 453	9	2.62	32	1 790	422	59	94.37	1 862	90 747	12 167
山　　西	201	152.24	2 930	193 191	30 942	3	0.90	26	1 996	390	52	57.38	978	52 706	9 093
内 蒙 古	147	119.63	2 423	120 549	14 140	3	0.75	8	517	69	51	70.35	971	39 777	5 255
辽　　宁	323	514.97	8 965	383 770	54 632	6	8.15	122	11 506	1 251	71	283.62	5 893	233 972	31 451
吉　　林	239	321.14	9 490	431 489	59 914	3	2.80	65	4 335	826	61	75.13	2 063	97 108	18 223
黑 龙 江	315	241.92	5 279	280 704	38 156	8	3.10	29	1 967	407	78	121.79	2 317	122 881	15 975
上　　海	636	803.72	14 471	810 248	110 113	15	25.07	762	41 215	5 257	142	241.95	5 001	276 566	39 356
江　　苏	468	406.41	11 817	507 880	90 733	19	5.65	102	6 492	1 736	103	135.80	4 009	177 323	30 648
浙　　江	225	507.23	7 765	376 511	55 981	21	3.46	23	1 600	297	47	114.03	2 038	109 329	17 049
安　　徽	186	354.99	5 627	244 736	47 845	23	2.42	12	1 209	207	35	72.77	1 238	62 275	11 085
福　　建	176	207.80	4 397	214 501	26 235	8	4.06	45	1 935	453	55	138.64	3 095	144 154	16 146
江　　西	164	272.06	7 616	238 456	31 924	6	3.82	128	6 927	1 010	44	72.17	1 496	53 708	7 774
山　　东	269	490.60	11 939	619 574	85 177	19	11.44	359	17 006	3 408	73	273.93	5 377	360 061	51 914

续前表

	合计					综合					哲学、社会科学				
	种数（种）	平均期印数（万册）	总印数（万册）	总印张（千印张）	总金额（万元）	种数（种）	平均期印数（万册）	总印数（万册）	总印张（千印张）	总金额（万元）	种数（种）	平均期印数（万册）	总印数（万册）	总印张（千印张）	总金额（万元）
河　南	248	354.64	8 674	401 568	53 890	22	3.00	18	1 840	256	68	169.67	4 124	206 204	26 584
湖　北	424	1 111.31	28 089	1 662 399	160 637	19	455.50	7 759	363 107	33 833	102	256.31	7 396	343 214	40 403
湖　南	253	574.11	13 442	627 524	85 427	14	1.87	10	1 173	277	54	140.37	3 115	138 476	18 852
广　东	388	760.29	15 520	917 005	123 088	28	31.01	503	36 001	5 963	102	341.71	7 405	411 470	51 174
广　西	185	196.36	4 808	196 245	32 828	13	8.78	256	12 210	1 820	48	75.14	1 452	70 730	10 502
海　南	44	47.32	797	57 413	9 830	2	3.22	36	4 800	718	12	17.37	257	15 376	3 752
重　庆	138	251.59	5 498	352 263	55 502	4	2.70	62	5 045	1 290	32	151.12	2 369	145 356	25 168
四　川	353	376.27	6 382	440 331	57 012	14	24.20	751	24 246	4 993	77	143.66	2 249	120 538	19 756
贵　州	90	83.78	1 523	78 903	14 032	5	2.66	40	2 371	706	30	54.77	929	53 277	9 452
云　南	127	216.03	4 000	219 440	28 568	6	1.04	22	1 730	307	37	96.36	1 283	89 573	11 255
西　藏	35	16.88	230	13 990	2 130	1	0.30	1	60	3	12	8.39	95	4 484	620
陕　西	286	264.84	5 305	378 577	52 642	6	1.88	19	1 866	409	56	108.34	2 105	124 528	15 677
甘　肃	136	487.28	10 871	542 126	48 219	7	360.28	8 561	436 925	35 934	35	66.74	1 312	52 556	5 516
青　海	53	29.61	378	22 163	3 317	0	0.00	0	0	0	18	9.01	150	6 418	1 055
宁　夏	37	47.73	1 286	120 929	12 683	1	0.50	6	521	240	14	36.29	1 123	107 074	10 951
新　疆	214	121.27	1 725	82 840	12 041	9	7.12	86	5 173	293	62	65.39	1 229	54 123	8 728

2014 年全国各地区各类期刊出版的种数、印数、总印张、总金额（2）

	自然科学、技术					文化、教育					文学、艺术				
	种数（种）	平均期印数（万册）	总印数（万册）	总印张（千印张）	总金额（万元）	种数（种）	平均期印数（万册）	总印数（万册）	总印张（千印张）	总金额（万元）	种数（种）	平均期印数（万册）	总印数（万册）	总印张（千印张）	总金额（万元）
全国总计	**4 974**	**2 851.84**	**42 587**	**3 441 932**	**491 913**	**1 363**	**3 119.61**	**71 349**	**4 316 538**	**541 136**	**646**	**1 323.30**	**35 309**	**2 123 936**	**253 084**
中　央	**1 518**	**1 110.28**	**15 212**	**1 764 873**	**23 0167**	**342**	**635.76**	**11 941**	**1 542 019**	**155 178**	**135**	**173.01**	**3 826**	**256 439**	**46 961**
地　方	**3 456**	**1 741.56**	**27 375**	**1 677 060**	**261 746**	**1 021**	**2 483.86**	**59 408**	**2 774 519**	**385 958**	**511**	**1 150.30**	**31 483**	**1 867 496**	**206 124**
北　京	77	40.52	566	44 807	8 268	31	68.91	1 412	115 110	17 417	13	10.17	194	14 771	1 856
天　津	147	76.23	1 055	53 744	12 485	37	45.50	1 033	41 901	6 515	18	50.77	699	46 467	5 552
河　北	112	55.47	819	55 022	10 136	35	56.59	1 860	60 745	7 413	14	13.41	259	18 211	2 314
山　西	92	43.30	689	58 332	7 413	33	26.63	844	57 308	7 880	21	24.03	393	22 850	6 166
内蒙古	50	12.68	215	14 965	1 716	20	11.39	297	15 243	1 546	23	24.46	933	50 047	5 553
辽　宁	184	109.38	1 342	76 276	13 194	45	102.40	1 373	47 725	6 910	17	11.41	235	14 290	1 825
吉　林	105	32.46	559	52 011	7 950	42	50.82	1 408	52 501	8 722	28	159.93	5 395	225 534	24 193
黑龙江	159	42.49	728	41 693	5 954	51	57.63	1 760	88 399	12 680	19	16.91	445	25 763	3 140
上　海	366	210.14	2 519	201 378	28 289	75	108.51	1 575	97 634	16 972	38	218.05	4 614	193 454	20 238
江　苏	263	127.43	2 646	108 639	21 148	57	110.05	4 297	178 852	29 946	26	27.48	763	36 574	7 256
浙　江	109	49.92	493	28 035	4 957	32	311.85	4 561	181 977	27 758	16	27.97	650	55 571	5 920
安　徽	89	55.56	663	41 094	5 529	26	198.43	3 329	100 611	14 893	13	25.81	385	39 546	16 131
福　建	73	25.75	226	19 321	3 210	29	24.45	738	34 112	4 435	11	14.91	292	14 980	1 991
江　西	71	24.34	366	18 099	2 857	34	161.31	5 354	148 876	18 966	9	10.42	272	10 845	1 318
山　东	131	63.16	1 456	76 213	9 774	32	116.59	3 890	140 699	16 259	14	25.48	857	25 594	3 821

续前表

	自然科学、技术					文化、教育					文学、艺术				
	种数（种）	平均期印数（万册）	总印数（万册）	总印张（千印张）	总金额（万元）	种数（种）	平均期印数（万册）	总印数（万册）	总印张（千印张）	总金额（万元）	种数（种）	平均期印数（万册）	总印数（万册）	总印张（千印张）	总金额（万元）
河　南	114	54.43	1 206	62 265	8 869	24	92.37	2 272	81 837	10 123	20	35.17	1 054	49 421	8 058
湖　北	211	84.48	1 044	75 476	12 932	62	81.54	2 064	103 333	13 862	30	233.48	9 826	777 269	59 608
湖　南	130	111.37	1 645	79 625	12 921	40	292.19	7 961	372 633	48 939	15	28.32	710	35 617	4 437
广　东	181	218.79	4 636	235 551	33 530	46	138.85	2 550	199 327	27 694	31	29.92	426	34 657	4 728
广　西	79	41.01	642	30 102	5 248	30	66.46	2 417	80 733	14 804	15	4.98	41	2 470	454
海　南	15	8.36	139	8 440	1 091	12	15.52	336	25 650	3 787	3	2.85	30	3 147	482
重　庆	80	36.67	862	71 040	10 515	19	60.59	2 202	130 509	18 491	3	0.51	3	313	38
四　川	202	89.08	1 062	116 253	15 826	41	108.58	2 028	149 733	12 635	19	10.75	293	29 561	3 802
贵　州	33	7.10	67	5 066	808	15	13.73	389	10 299	1 796	7	5.51	98	7 890	1 269
云　南	51	23.61	368	19 713	3 029	20	22.69	605	29 995	4 917	13	72.33	1 723	78 429	9 061
西　藏	4	0.34	1	66	8	13	7.04	129	9 126	1 468	5	0.81	4	255	32
陕　西	172	58.26	1 005	59 544	9 950	38	82.50	1 903	175 328	24 040	14	13.85	272	17 312	2 566
甘　肃	67	14.25	139	11 259	1 858	20	24.93	530	25 769	3 229	7	21.09	330	15 617	1 682
青　海	18	2.01	10	600	92	9	3.18	28	1 582	214	8	15.42	190	13 563	1 956
宁　夏	11	3.43	34	2 519	515	7	6.61	114	9 951	897	4	0.90	9	864	80
新　疆	60	19.53	173	9 911	1 673	46	16.03	150	7 021	750	37	13.22	88	6 613	596

2014 年全国电子出版物出版品种、数量汇总表

单位：种、万张

	电子出版物					只读光盘（CD-ROM）				高密度只读光盘（DVD-ROM）				交互式光盘（CD-I）及其他			
	合计		其中：新版		发行数量	合计		其中：新版		合计		其中：新版		合计		其中：新版	
	种数	数量	种数	数量		种数	数量	种数	数量	种数	数量	种数	数量	种数	数量	种数	数量
全国总计	**11 823**	**35 048.82**	**7 158**	**12 687.25**	**31 422.94**	**6 766**	**30 187.53**	**3 656**	**9 810.93**	**3 587**	**2 637.68**	**2 621**	**1 771.54**	**1 470**	**2 223.61**	**881**	**1 104.78**
中　央	**7 632**	**26 588.72**	**4 207**	**10 100.71**	**21 845.45**	**4 176**	**23 109.85**	**2 065**	**8 375.57**	**2 536**	**2 013.92**	**1 797**	**1 377.53**	**920**	**1 464.95**	**345**	**347.61**
地　方	**4 191**	**8 460.10**	**2 951**	**2 586.54**	**9 577.49**	**2 590**	**7 077.68**	**1 591**	**1 435.36**	**1 051**	**623.76**	**824**	**394.01**	**550**	**758.66**	**536**	**757.17**
北　京	92	27.92	92	27.92	37.87	27	13.09	27	13.09	46	13.23	46	13.23	19	1.60	19	1.60
天　津	82	25.50	82	25.50	24.20	21	7.50	21	7.50	54	15.90	54	15.90	7	2.10	7	2.10
河　北	79	164.48	79	164.48	304.54	50	142.04	50	142.04	6	1.10	6	1.10	23	21.34	23	21.34
山　西	266	32.33	266	32.33	2.60	49	15.03	49	15.03	217	17.30	217	17.30	0	0.00	0	0.00
内蒙古	10	0.95	10	0.95	1.00	9	0.90	9	0.90	1	0.05	1	0.05	0	0.00	0	0.00
辽　宁	287	365.33	185	126.18	383.76	261	356.75	168	120.41	25	8.48	16	5.67	1	0.10	1	0.10
吉　林	60	8.40	60	8.40	64.50	9	3.30	9	3.30	45	4.50	45	4.50	6	0.60	6	0.60
黑龙江	0	0.00	0	0.00	0.00	0	0.00	0	0.00	0	0.00	0	0.00	0	0.00	0	0.00
上　海	797	1 656.62	358	249.15	1 595.67	529	1 462.80	191	174.83	160	172.49	72	54.18	108	21.33	95	20.14
江　苏	458	2 812.59	109	199.79	1 698.45	361	2 734.69	90	194.58	95	77.60	17	4.90	2	0.30	2	0.30
浙　江	366	839.52	366	839.51	248.90	76	138.20	76	138.20	8	1.01	8	1.01	282	700.31	282	700.31
安　徽	23	74.30	23	74.30	17.23	13	2.32	13	2.32	10	71.98	10	71.98	0	0.00	0	0.00
福　建	32	8.05	23	5.32	12.90	32	8.05	23	5.32	0	0.00	0	0.00	0	0.00	0	0.00
江　西	32	19.14	32	19.14	32.88	15	13.78	15	13.78	17	5.36	17	5.36	0	0.00	0	0.00
山　东	489	254.62	428	98.82	1 411.48	246	194.15	186	48.14	152	51.07	151	41.28	91	9.40	91	9.40
河　南	91	29.63	91	29.63	68.80	29	9.27	29	9.27	62	20.36	62	20.36	0	0.00	0	0.00
湖　北	216	489.75	158	303.41	429.77	186	381.91	133	196.93	30	107.84	25	106.48	0	0.00	0	0.00

续前表

	电子出版物					只读光盘（CD-ROM）				高密度只读光盘（DVD-ROM）				交互式光盘（CD-I）及其他			
	合计		其中：新版		发行数量	合计		其中：新版		合计		其中：新版		合计		其中：新版	
	种数	数量	种数	数量		种数	数量	种数	数量	种数	数量	种数	数量	种数	数量	种数	数量
湖　南	51	198.70	22	15.51	902.13	47	192.50	19	14.51	4	6.20	3	1.00	0	0.00	0	0.00
广　东	209	1 217.60	110	219.34	1 494.30	190	1 208.92	99	216.33	18	8.58	10	2.91	1	0.10	1	0.10
广　西	12	1.21	5	0.53	5.01	5	0.53	5	0.53	7	0.68	0	0.00	0	0.00	0	0.00
海　南	1	0.20	0	0.00	0.20	0	0.00	0	0.00	1	0.20	0	0.00	0	0.00	0	0.00
重　庆	121	116.15	58	85.71	545.18	69	88.15	34	70.19	52	28.00	24	15.52	0	0.00	0	0.00
四　川	334	96.41	312	40.07	91.83	309	88.48	289	32.99	23	7.62	22	7.07	2	0.31	1	0.01
贵　州	0	0.00	0	0.00	0.00	0	0.00	0	0.00	0	0.00	0	0.00	0	0.00	0	0.00
云　南	28	4.54	28	4.54	57.43	10	1.97	10	1.97	10	1.40	10	1.40	8	1.17	8	1.17
西　藏	0	0.00	0	0.00	0.00	0	0.00	0	0.00	0	0.00	0	0.00	0	0.00	0	0.00
陕　西	44	14.71	43	14.56	146.28	40	12.90	39	12.75	4	1.81	4	1.81	0	0.00	0	0.00
甘　肃	3	0.10	3	0.10	0.00	3	0.10	3	0.10	0	0.00	0	0.00	0	0.00	0	0.00
青　海	4	1.00	4	1.00	0.58	0	0.00	0	0.00	4	1.00	4	1.00	0	0.00	0	0.00
宁　夏	4	0.35	4	0.35	0.00	4	0.35	4	0.35	0	0.00	0	0.00	0	0.00	0	0.00
新　疆	0	0.00	0	0.00	0.00	0	0.00	0	0.00	0	0.00	0	0.00	0	0.00	0	0.00

2014 年全国各地区录音制品出版品种、数量及发行总量（按载体形式分类）

单位：种、万盒、万张

	录音制品合计					录音带（AT）				激光唱盘（CD）				高密度激光唱盘（DVD-A）及其他			
	合计		其中：新版		发行数量	合计		其中：新版		合计		其中：新版		合计		其中：新版	
	种数	数量	种数	数量		种数	数量	种数	数量	种数	数量	种数	数量	种数	数量	种数	数量
全国总计	**9 505**	**22 385.11**	**4 543**	**7 671.78**	**28 230.40**	**2 108**	**15 957.17**	**827**	**4 578.66**	**5 693**	**4 823.24**	**2 816**	**2 571.71**	**1 704**	**1 604.69**	**900**	**521.41**
中　央	**3 517**	**15 602.23**	**1 732**	**5 573.70**	**17 502.74**	**1 017**	**12 360.40**	**295**	**3 895.68**	**1 462**	**2 500.54**	**935**	**1 415.74**	**1 038**	**741.29**	**502**	**262.28**
地　方	**5 988**	**6 782.88**	**2 811**	**2 098.08**	**10 727.66**	**1 091**	**3 596.77**	**532**	**682.98**	**4 231**	**2 322.70**	**1 881**	**1 155.97**	**666**	**863.40**	**398**	**259.13**
北　京	301	252.55	292	237.69	26.54	78	6.19	78	6.19	192	157.30	190	154.50	31	89.06	24	77.00
天　津	37	9.17	36	9.07	6.72	4	0.40	4	0.40	22	6.15	22	6.15	11	2.62	10	2.52
河　北	69	363.74	69	363.74	508.55	60	349.42	60	349.42	9	14.32	9	14.32	0	0.00	0	0.00
山　西	83	20.55	83	20.55	285.01	2	0.60	2	0.60	81	19.95	81	19.95	0	0.00	0	0.00
内蒙古	27	10.85	27	10.85	10.00	1	0.30	1	0.30	25	10.45	25	10.45	1	0.10	1	0.10
辽　宁	92	127.88	64	91.51	342.16	12	7.90	12	7.90	23	75.90	23	75.90	57	44.08	29	7.71
吉　林	100	18.50	94	17.20	84.20	20	10.17	20	10.17	57	7.91	51	6.61	23	0.42	23	0.42
黑龙江	0	0.00	0	0.00	0.00	0	0.00	0	0.00	0	0.00	0	0.00	0	0.00	0	0.00
上　海	3 042	3 174.83	657	444.30	2 866.04	352	1 872.77	27	36.99	2 301	814.69	446	281.14	389	487.36	184	126.17
江　苏	274	967.63	96	71.01	581.00	83	838.75	26	41.90	175	124.03	54	24.26	16	4.85	16	4.85
浙　江	71	297.90	28	17.51	351.20	25	151.43	11	6.95	46	146.47	17	10.56	0	0.00	0	0.00
安　徽	56	18.26	48	16.17	56.45	33	13.64	28	12.07	10	3.68	8	3.31	13	0.94	12	0.79
福　建	54	18.81	54	18.81	59.60	6	6.71	6	6.71	48	12.10	48	12.10	0	0.00	0	0.00
江　西	240	123.02	73	31.60	1 468.05	44	25.40	44	25.40	182	96.22	15	4.80	14	1.40	14	1.40
山　东	112	29.66	107	23.55	919.56	38	8.52	33	6.37	74	21.14	74	17.18	0	0.00	0	0.00
河　南	23	3.95	23	3.95	27.40	8	0.80	8	0.80	15	3.15	15	3.15	0	0.00	0	0.00
湖　北	45	28.64	44	25.14	247.65	19	10.52	19	10.52	26	18.12	25	14.62	0	0.00	0	0.00

续前表

	录音制品合计					录音带（AT）				激光唱盘（CD）				高密度激光唱盘（DVD-A）及其他			
	合计		其中：新版		发行数量	合计		其中：新版		合计		其中：新版		合计		其中：新版	
	种数	数量	种数	数量		种数	数量	种数	数量	种数	数量	种数	数量	种数	数量	种数	数量
湖　南	230	578.90	139	278.15	1 573.83	64	70.32	18	29.43	147	319.88	108	243.56	19	188.70	13	5.16
广　东	656	440.88	539	191.00	1 049.93	106	107.66	53	43.87	543	320.03	480	134.24	7	13.19	6	12.89
广　西	117	46.69	106	34.66	36.12	39	7.83	39	7.83	78	38.86	67	26.83	0	0.00	0	0.00
海　南	14	10.10	14	10.10	2.60	0	0.00	0	0.00	12	5.90	12	5.90	2	4.20	2	4.20
重　庆	78	32.00	26	10.87	61.48	20	5.73	5	3.00	35	15.06	9	3.67	23	11.21	12	4.20
四　川	38	17.34	34	16.44	19.54	3	6.00	3	6.00	20	11.19	17	10.34	15	0.15	14	0.10
贵　州	1	0.40	1	0.40	0.20	0	0.00	0	0.00	1	0.40	1	0.40	0	0.00	0	0.00
云　南	69	17.00	34	15.41	70.35	32	1.49	9	0.47	34	10.29	22	9.72	3	5.22	3	5.22
西　藏	52	14.30	52	14.30	0.30	10	2.66	10	2.66	41	11.44	41	11.44	1	0.20	1	0.20
陕　西	91	157.23	55	122.00	68.89	32	91.56	16	67.03	24	56.07	11	48.87	35	9.60	28	6.10
甘　肃	7	0.40	7	0.40	0.10	0	0.00	0	0.00	1	0.30	1	0.30	6	0.10	6	0.10
青　海	3	0.40	3	0.40	1.50	0	0.00	0	0.00	3	0.40	3	0.40	0	0.00	0	0.00
宁　夏	0	0.00	0	0.00	0.00	0	0.00	0	0.00	0	0.00	0	0.00	0	0.00	0	0.00
新　疆	6	1.30	6	1.30	2.69	0	0.00	0	0.00	6	1.30	6	1.30	0	0.00	0	0.00

2014 年全国各地区录像制品出版品种、数量及发行总量（按载体形式分类）

单位：种、万盒、万张

	录像制品合计					激光数码视盘（VCD）				高密度激光视盘（DVD-V）				录像带（VT）及其他			
	合计		其中：新版		发行数量	合计		其中：新版		合计		其中：新版		合计		其中：新版	
	种数	数量	种数	数量		种数	数量	种数	数量	种数	数量	种数	数量	种数	数量	种数	数量
全国总计	**5 850**	**10 453.84**	**3 976**	**8 047.28**	**7 937.47**	**1 066**	**1 838.96**	**433**	**895.19**	**4 654**	**8 548.90**	**3 417**	**7 087.41**	**130**	**65.98**	**126**	**64.68**
中　央	**2 361**	**3 857.96**	**1 408**	**1 827.58**	**4 206.07**	**523**	**1 456.70**	**134**	**650.18**	**1 745**	**2 382.79**	**1 183**	**1 159.13**	**93**	**18.47**	**91**	**18.27**
地　方	**3 489**	**6 595.88**	**2 568**	**6 219.70**	**3 731.40**	**543**	**382.26**	**299**	**245.01**	**2 909**	**6 166.11**	**2 234**	**5 928.28**	**37**	**47.51**	**35**	**46.41**
北　京	54	286.96	50	279.00	29.90	0	0.00	0	0.00	54	286.96	50	279.00	0	0.00	0	0.00
天　津	2	0.40	2	0.40	0.60	0	0.00	0	0.00	2	0.40	2	0.40	0	0.00	0	0.00
河　北	61	34.98	61	34.98	7.62	10	6.40	10	6.40	51	28.58	51	28.58	0	0.00	0	0.00
山　西	44	7.88	26	4.20	51.09	3	0.29	0	0.00	41	7.59	26	4.20	0	0.00	0	0.00
内蒙古	54	14.97	54	14.97	8.00	0	0.00	0	0.00	54	14.97	54	14.97	0	0.00	0	0.00
辽　宁	158	4 293.55	158	4 293.55	1 680.53	36	19.79	36	19.79	116	4 238.54	116	4 238.54	6	35.22	6	35.22
吉　林	93	54.10	90	52.80	39.00	73	27.80	72	27.60	20	26.30	18	25.20	0	0.00	0	0.00
黑龙江	7	1.45	7	1.45	1.45	0	0.00	0	0.00	0	0.00	0	0.00	7	1.45	7	1.45
上　海	729	327.01	268	167.29	316.47	163	110.40	7	7.08	559	216.21	254	159.81	7	0.40	7	0.40
江　苏	167	96.95	113	70.08	66.90	32	15.97	6	9.32	135	80.98	107	60.76	0	0.00	0	0.00
浙　江	162	123.40	103	98.30	35.50	48	25.82	11	3.40	114	97.58	92	94.90	0	0.00	0	0.00
安　徽	55	12.92	55	12.92	17.25	7	0.70	7	0.70	47	12.12	47	12.12	1	0.10	1	0.10
福　建	35	29.65	23	12.65	212.14	0	0.00	0	0.00	35	29.65	23	12.65	0	0.00	0	0.00
江　西	77	52.26	68	45.50	211.00	23	32.40	23	32.40	53	19.76	44	13.00	1	0.10	1	0.10
山　东	259	175.37	259	175.37	63.54	30	33.85	30	33.85	229	141.52	229	141.52	0	0.00	0	0.00
河　南	107	110.90	91	66.20	183.10	5	0.60	0	0.00	102	110.30	91	66.20	0	0.00	0	0.00
湖　北	93	52.98	93	52.98	121.90	42	24.81	42	24.81	51	28.17	51	28.17	0	0.00	0	0.00

续前表

	录像制品合计					激光数码视盘（VCD）				高密度激光视盘（DVD-V）				录像带（VT）及其他			
	合计		其中：新版		发行数量	合计		其中：新版		合计		其中：新版		合计		其中：新版	
	种数	数量	种数	数量		种数	数量	种数	数量	种数	数量	种数	数量	种数	数量	种数	数量
湖　南	265	126.57	248	111.89	82.06	1	0.50	1	0.50	264	126.07	247	111.39	0	0.00	0	0.00
广　东	637	563.59	400	508.64	246.49	12	42.90	12	42.90	623	515.51	386	460.56	2	5.18	2	5.18
广　西	58	52.32	55	45.79	57.14	14	22.86	14	22.86	43	29.36	40	22.83	1	0.10	1	0.10
海　南	4	4.40	4	4.40	4.70	0	0.00	0	0.00	4	4.40	4	4.40	0	0.00	0	0.00
重　庆	16	2.50	2	0.57	43.16	10	0.72	0	0.00	3	0.12	1	0.01	3	1.66	1	0.56
四　川	54	47.85	47	47.25	76.72	5	0.70	4	0.55	47	46.95	41	46.50	2	0.20	2	0.20
贵　州	0	0.00	0	0.00	0.20	0	0.00	0	0.00	0	0.00	0	0.00	0	0.00	0	0.00
云　南	131	57.80	129	57.35	89.42	24	12.90	22	12.45	107	44.90	107	44.90	0	0.00	0	0.00
西　藏	63	23.66	63	23.66	4.16	0	0.00	0	0.00	63	23.66	63	23.66	0	0.00	0	0.00
陕　西	54	24.23	50	21.48	35.31	5	2.85	2	0.40	49	21.38	48	21.08	0	0.00	0	0.00
甘　肃	12	2.35	12	2.35	2.80	0	0.00	0	0.00	11	2.25	11	2.25	1	0.10	1	0.10
青　海	12	6.70	11	5.50	16.11	0	0.00	0	0.00	12	6.70	11	5.50	0	0.00	0	0.00
宁　夏	0	0.00	0	0.00	0.00	0	0.00	0	0.00	0	0.00	0	0.00	0	0.00	0	0.00
新　疆	26	8.18	26	8.18	27.14	0	0.00	0	0.00	20	5.18	20	5.18	6	3.00	6	3.00

2014 年全国新华书店系统、出版社自办发行单位出版物发行进、销、存情况

单位：万册（张、份、盒）、万元

	购进		销售		库存	
	数量	金额	数量	金额	数量	金额
全国总计	**1 998 604**	**24 478 617**	**1 990 456**	**24 155 210**	**663 851**	**10 101 107**
中　　央	**243 088**	**5 206 239**	**233 630**	**5 070 072**	**145 292**	**4 017 186**
地　　方	**1 755 516**	**19 272 378**	**1 756 826**	**19 085 138**	**518 560**	**6 083 921**
北　　京	14 811	406 204	14 398	374 645	8 568	256 860
天　　津	11 136	147 089	11 136	155 669	4 601	92 768
河　　北	110 572	1 006 431	104 184	1 007 583	54 845	164 471
山　　西	48 788	641 449	48 470	607 284	12 587	154 644
内 蒙 古	14 601	174 366	14 047	178 765	5 712	30 153
辽　　宁	26 777	332 142	26 874	320 064	11 862	259 822
吉　　林	21 141	285 411	22 426	299 121	6 586	107 396
黑 龙 江	20 106	223 812	20 730	223 104	6 938	83 465
上　　海	45 112	790 641	43 619	772 411	24 844	540 158
江　　苏	174 089	1 790 383	179 705	1 773 118	59 123	731 246
浙　　江	112 414	1 507 988	114 377	1 463 449	56 832	874 188
安　　徽	103 463	1 031 192	108 726	1062 675	30 401	217 303
福　　建	33 499	362 119	33 357	357 440	8 391	88 054
江　　西	79 242	841 182	77 269	840 529	10 210	124 914
山　　东	156 984	1 528 683	147 732	1 413 841	63 401	522 146
河　　南	138 140	1 130 477	140 209	1 139 992	11 960	160 862
湖　　北	74 228	835 245	72 496	825 652	15 154	207 019
湖　　南	127 629	1 588 673	129 650	1 569 355	31 817	361 226
广　　东	63 832	796 499	62 536	786 615	25 846	225 331
广　　西	66 341	515 192	65 482	511 706	4 562	53 741
海　　南	11 886	146 074	12 731	150 707	0 796	17 379
重　　庆	30 007	391 232	28 767	413 462	11 415	149 298
四　　川	68 667	703 987	68 667	703 987	15 338	227 689
贵　　州	37 661	280 953	38 568	283 685	1 779	15 590
云　　南	37 606	442 286	42 186	476 019	6 155	98 755
西　　藏	3 262	25 166	2 511	23 179	3 680	12 979
陕　　西	60 096	572 211	60 373	559 866	14 848	173 792
甘　　肃	31 459	309 879	32 872	323 247	2 686	38 727
青　　海	3 758	31 053	3 638	31 603	975	7 350
宁　　夏	4 553	71 570	4 746	74 034	612	12 368
新　　疆	23 655	362 788	24 343	362 333	6 037	74 227

注：本表中购进、销售为总购进、总销售（按国家商品流通企业统计口径，包括新华书店系统内购销）。

2014 年全国图书、期刊、报纸进出口情况

载体	类别	出口		进口	
		数量（万册、份）	金额（万美元）	数量（万册、份）	金额（万美元）
总计		**1 689.42**	**5 649.66**	**2 538.85**	**28 381.57**
图书	合计	1 465.75	5 060.59	977.81	12 588.38
	哲学、社会科学	111.65	1 677.83	69.09	1 937.54
	文化、教育	216.22	940.68	202.70	2 211.28
	文学、艺术	143.87	918.84	127.67	1 431.67
	自然、科学技术	41.53	302.77	47.12	2 716.90
	少儿读物	807.08	547.68	172.45	689.53
	综合性图书	145.40	672.78	358.78	3 601.45
期刊		188.07	544.35	396.68	14 232.07
报纸		35.60	44.73	1164.36	1 561.13

注：以上数据为全国有出版物进口经营许可证的出版物进出口经营单位数据。

2014 年全国音像、电子出版物、数字出版物进出口情况

载体	类别	出口		进口	
		数量（盒、张）	金额（万美元）	数量（盒、张）	金额（万美元）
总计		**20 692**	**156.46**	**134 380**	**21 000.13**
录音	合计	937	0.09	130 769	99.32
	录音带（AT）				
	激光唱片（CD）	937	0.09	130 769	99.32
	数码激光唱盘（DVD-A）				
录像	合计	19 755	27.62	3 611	5.22
	录像带（VT）				
	数码激光视盘（DVD-V）	19 755	27.62	3 611	5.22
	数码激光视盘（VCD）				
电子出版物					
数字出版物			128.75		20 895.59

注：以上数据为全国有出版物进口经营许可证的出版物进出口经营单位数据。

2014 年全国广播电视发展主要指标一览表（1）

	节目制播情况								覆盖情况				有线广播电视发展情况							
	广播节目播出时间（万小时）	增长率（%）	电视节目播出时间（万小时）	增长率（%）	广播节目制作时间（万小时）	增长率（%）	电视节目制作时间（万小时）	增长率（%）	广播综合人口覆盖率（%）	电视综合人口覆盖率（%）	无线广播综合人口覆盖率（%）	无线电视综合人口覆盖率（%）	有线广播电视用户（万户）	增长率（%）	数字电视用户（万户）	增长率（%）	付费数字电视用户（万户）	增长率（%）	有线电视用户占本地区总户数比重（%）	有线广播电视网络传输干线总长（万公里）
全国合计	1 405.83	1.91	1 747.61	2.46	764.73	3.46	327.74	−3.54	97.99	98.60	96.59	96.08	23 458.23	2.47	19 143.21	11.56	4 505.41	28.78	54.82	415.34
总局直属	34.24	−20.75	29.15	7.90	35.18	21.75	16.25	−48.83	—	—	—	—	—	—	—	—	—	—	—	—
北　京	17.25	−0.21	12.56	−1.11	13.93	19.89	10.05	−24.95	100.00	100.00	100.00	99.75	551.57	−13.40	469.15	−8.66	216.49	1 795.17	106.85	22.62
天　津	15.01	0.23	16.61	−1.59	8.21	1.16	2.91	4.87	100.00	100.00	100.00	100.00	312.68	6.98	283.86	11.01	19.99	6.68	88.95	0.65
河　北	67.41	4.27	81.35	4.06	36.24	9.00	17.60	10.19	99.34	99.27	98.45	97.61	914.40	5.61	750.29	9.17	78.44	27.29	39.31	17.36
山　西	40.47	1.57	48.47	1.44	18.03	2.38	8.76	−1.26	98.04	98.95	98.02	98.94	515.25	3.28	367.97	6.77	9.64	3.72	39.23	10.21
内蒙古	67.47	0.77	65.14	1.95	26.89	0.56	7.16	2.17	98.42	98.57	98.24	93.55	342.04	7.58	271.67	12.74	16.55	11.52	40.59	3.65
辽　宁	67.24	−0.13	73.75	0.45	39.00	−0.97	17.86	−3.35	98.81	98.96	98.68	97.48	935.33	−6.05	716.22	6.45	19.37	39.32	62.13	12.98
吉　林	48.67	7.09	52.47	3.91	25.09	−1.17	9.83	6.66	98.62	98.75	98.33	93.50	574.78	3.29	512.89	7.56	163.46	35.41	57.60	9.33
黑龙江	48.92	3.99	62.80	0.39	29.22	−0.30	10.96	2.24	98.62	98.82	98.62	98.70	764.60	8.63	701.40	12.99	92.20	3.94	59.86	17.56
上　海	13.77	−0.07	17.91	−0.58	8.47	4.91	6.07	14.20	100.00	100.00	100.00	100.00	687.79	0.88	554.65	6.96	152.22	−2.37	130.38	4.41
江　苏	82.44	2.93	81.95	−0.24	60.36	0.47	19.31	−11.27	99.99	99.88	99.99	99.87	2 291.47	1.87	1 787.11	7.53	358.59	13.36	94.55	34.94
浙　江	74.97	1.18	75.56	2.38	50.03	1.40	15.63	5.15	99.57	99.65	99.01	99.17	1 499.71	3.50	1 442.62	8.12	352.57	11.46	92.43	27.53
安　徽	52.19	2.62	61.03	1.27	17.96	3.99	7.63	−0.79	98.55	98.72	98.52	98.55	769.48	8.64	386.34	11.02	43.28	17.97	35.89	5.10
福　建	51.65	−0.53	34.92	2.52	25.63	1.59	6.78	2.45	98.31	98.70	97.04	95.64	724.03	4.70	594.66	21.58	123.85	−28.44	69.26	10.29
江　西	39.99	8.17	65.74	2.91	19.68	7.73	10.33	6.36	97.51	98.55	96.78	97.59	609.44	2.39	498.80	18.68	102.71	23.65	48.64	12.26

续前表

	节目制播情况								覆盖情况				有线广播电视发展情况							
	广播节目播出时间（万小时）	增长率（%）	电视节目播出时间（万小时）	增长率（%）	广播节目制作时间（万小时）	增长率（%）	电视节目制作时间（万小时）	增长率（%）	广播综合人口覆盖率（%）	电视综合人口覆盖率（%）	无线广播综合人口覆盖率（%）	无线电视综合人口覆盖率（%）	有线广播电视用户（万户）	增长率（%）	数字电视用户（万户）	增长率（%）	付费数字电视用户（万户）	增长率（%）	有线电视用户占本地区总户数比重（%）	有线广播电视网络传输干线总长（万公里）
山　东	90.37	2.33	107.56	2.95	50.55	1.03	21.93	3.06	98.72	98.49	98.25	97.82	1 889.75	1.05	1 730.75	26.38	430.68	36.74	61.90	32.48
河　南	66.27	2.94	90.87	2.98	31.28	3.69	14.24	0.64	98.21	98.26	98.17	98.11	1 030.47	−0.38	452.85	22.69	45.79	75.98	32.97	17.76
湖　北	47.34	0.56	68.40	0.01	24.29	0.00	10.92	2.55	98.90	98.89	98.53	98.12	1 056.67	1.09	895.95	2.73	258.98	13.79	51.32	24.47
湖　南	39.59	2.60	75.52	1.38	17.96	3.94	14.19	3.19	93.48	97.51	91.59	95.65	878.03	4.40	768.26	13.06	156.70	0.91	43.81	12.46
广　东	76.61	−0.18	75.13	6.81	60.77	−0.77	19.28	9.65	99.90	99.90	99.64	99.31	2 161.86	10.30	1 971.21	25.47	423.97	142.18	91.45	22.53
广　西	35.85	10.38	54.87	1.04	22.19	17.67	10.42	−2.04	96.60	98.20	93.88	95.10	639.12	2.52	429.03	15.73	170.75	35.64	40.86	10.98
海　南	11.76	0.05	8.34	−5.53	5.95	1.16	1.20	−33.44	96.49	95.47	96.31	95.15	117.80	7.08	91.43	−0.94	40.79	140.02	44.85	0.58
重　庆	16.78	6.12	29.54	−1.45	7.46	3.72	7.20	20.94	98.44	98.95	89.78	89.99	504.07	−2.98	390.11	8.31	153.13	36.21	40.76	14.77
四　川	60.69	2.26	111.27	0.71	23.76	11.61	14.44	14.29	97.04	98.07	94.40	94.54	1 471.09	1.39	1 132.46	19.42	408.24	23.69	46.89	46.61
贵　州	22.74	0.86	24.07	2.43	12.50	3.69	4.27	2.75	91.52	95.39	79.31	68.05	386.18	−2.06	386.18	−2.06	83.40	−21.17	30.79	16.43
云　南	30.19	2.80	79.24	3.86	15.79	0.94	9.67	−0.22	96.48	97.48	93.12	90.12	489.77	−5.88	473.09	−1.13	235.31	4.36	34.40	10.75
西　藏	4.86	14.42	5.86	0.25	3.24	11.52	1.16	10.38	94.78	95.91	93.55	94.15	22.18	3.06	14.86	13.73	1.01	−45.29	30.50	0.39
陕　西	48.47	5.76	61.11	−0.08	24.18	−5.04	11.03	−6.62	97.77	98.49	96.68	96.35	654.72	2.39	501.31	−4.74	197.69	−3.67	51.82	3.84
甘　肃	32.35	4.51	45.29	2.48	12.45	4.06	6.29	−5.59	97.89	98.35	94.33	94.28	206.41	−0.45	197.03	0.48	66.13	102.63	25.19	4.82
青　海	7.39	−1.35	9.17	2.72	3.99	6.15	2.04	−0.24	97.03	97.51	97.02	97.32	70.00	13.10	64.48	12.04	26.85	45.89	40.69	0.59
宁　夏	10.71	6.66	15.89	3.19	5.21	16.68	3.00	22.54	96.15	99.11	95.60	98.11	96.37	7.32	96.37	7.32	—	—	46.66	1.31
新　疆	82.17	2.55	106.06	10.74	29.25	4.16	9.32	0.10	96.48	96.94	95.94	96.25	219.92	10.23	210.21	12.80	56.66	1 277.83	34.97	3.90
新疆生产建设兵团	—	—	—	—	—	—	—	—	98.00	99.40	—	—	71.29	15.19	—	—	—	—	72.01	1.76

2014 年全国广播电视发展主要指标一览表（2）

	总收入	增长率	实际创收收入	增长率	广告收入	增长率	广播广告收入	增长率	电视广告收入	增长率	网络收入	增长率	收视费收入	增长率	付费数字电视收入	增长率	资产总额	增长率
	(亿元)	(%)	(亿元)	(%)	(亿元)	(%)	(亿元)	(%)	(亿元)	(%)	(亿元)	(%)	(亿元)	(%)	(亿元)	(%)	(亿元)	(%)
全国合计	4 226.27	13.16	3 635.51	12.11	1 464.49	5.59	159.94	14.30	1 116.19	-0.27	827.21	9.58	457.39	4.46	66.51	13.50	10 079.49	13.00
总局直属	679.51	6.92	588.77	5.66	319.04	-5.18	8.80	0.34	303.97	-5.64	27.16	6.43	11.60	5.75	3.24	-6.02	1 595.17	11.20
北　京	492.27	17.57	404.22	11.99	175.39	3.27	10.38	9.94	78.17	-2.87	38.33	-13.31	10.86	1.79	2.05	229.20	1 088.68	20.06
天　津	46.51	-0.37	40.03	2.07	17.83	5.91	5.32	11.11	11.95	9.58	10.32	4.43	5.10	-5.19	0.35	71.72	130.85	27.75
河　北	66.45	15.72	55.29	11.27	24.95	11.31	6.20	28.76	17.44	9.10	23.77	20.56	17.30	3.95	0.84	81.09	139.97	15.54
山　西	34.96	-1.08	24.42	1.80	10.53	-1.98	2.46	7.82	7.75	-3.87	11.44	2.52	9.47	-0.59	0.05	-11.17	86.68	10.40
内蒙古	46.59	24.62	21.19	5.43	5.75	16.01	1.33	1.42	4.38	21.90	14.78	1.81	10.36	3.56	1.39	6.80	85.53	26.61
辽　宁	87.31	6.92	70.88	1.42	29.76	0.21	7.63	1.55	21.81	0.27	29.60	13.91	22.99	14.20	1.13	208.05	241.72	0.25
吉　林	49.38	12.36	38.48	12.72	14.02	4.09	3.05	8.53	10.91	2.80	21.66	12.37	12.18	16.71	3.07	6.28	241.30	24.65
黑龙江	59.64	8.71	52.52	9.74	22.26	-0.30	5.39	7.31	16.01	-4.56	23.80	32.91	17.38	14.70	1.02	21.56	119.75	7.18
上　海	377.95	17.04	359.81	15.80	88.55	22.95	6.52	19.02	58.85	4.63	33.03	7.38	14.93	9.76	3.64	23.54	743.15	-6.59
江　苏	280.21	7.88	267.69	9.33	103.16	3.34	13.85	7.79	82.18	-1.89	77.43	6.79	39.64	0.02	4.14	-12.02	889.98	4.08
浙　江	402.92	32.31	380.20	30.84	113.43	38.68	14.64	16.58	73.53	13.15	62.90	4.74	30.67	-0.90	4.66	20.70	900.37	35.06
安　徽	81.74	-1.78	70.98	-2.91	36.69	-15.54	3.44	13.23	31.95	-18.65	14.74	8.03	4.30	-1.19	6.74	14.71	158.15	5.46
福　建	91.36	2.46	63.75	4.89	22.25	3.99	3.61	12.25	16.33	3.60	23.36	11.88	9.53	-7.32	2.18	1.48	179.23	1.35
江　西	66.16	25.01	57.65	25.08	22.03	21.50	2.02	52.02	19.51	19.76	16.86	-4.80	12.13	-7.64	1.38	-11.94	99.31	-5.20
山　东	158.68	9.16	150.41	10.88	61.21	-0.16	11.50	1.22	43.18	-9.70	59.48	15.93	36.46	8.03	3.69	30.47	442.13	21.54
河　南	67.62	6.20	55.41	17.94	31.03	29.54	5.19	40.89	24.93	29.82	17.23	28.37	12.43	25.16	0.49	106.03	176.46	8.52
湖　北	103.59	26.30	89.02	21.74	35.85	34.70	4.99	12.61	29.31	39.77	33.37	13.05	22.65	2.15	2.07	5.19	258.47	8.60
湖　南	211.86	11.76	198.46	10.62	99.46	8.42	5.88	53.69	90.37	4.96	37.20	28.82	18.89	-1.36	2.34	-15.21	547.27	23.35

续前表

	总收入	增长率	实际创收收入	增长率	广告收入	增长率	广播广告收入	增长率	电视广告收入	增长率	网络收入	增长率	收视费收入	增长率	付费数字电视收入	增长率	资产总额	增长率
	(亿元)	(%)	(亿元)	(%)	(亿元)	(%)	(亿元)	(%)	(亿元)	(%)	(亿元)	(%)	(亿元)	(%)	(亿元)	(%)	(亿元)	(%)
广　东	249.11	5.35	235.32	6.09	93.33	0.21	12.30	0.58	71.00	−9.37	79.35	4.46	47.43	6.12	3.67	6.03	622.75	1.41
广　西	51.97	8.52	39.19	6.32	12.33	−5.74	1.70	3.62	9.94	−3.04	20.05	10.57	9.17	2.55	1.40	30.82	107.66	15.11
海　南	16.02	14.79	11.43	13.95	7.16	20.08	0.56	25.28	5.17	−1.41	3.70	−2.58	2.69	3.25	0.11	32.27	33.81	22.45
重　庆	45.81	17.72	40.80	15.75	13.67	9.73	2.01	13.45	10.09	3.30	20.89	17.81	10.66	7.39	1.99	44.04	124.46	19.08
四　川	138.79	19.88	94.57	6.21	30.04	−3.40	4.44	4.45	23.49	−9.53	49.74	11.20	23.12	−0.70	4.79	−3.60	326.58	20.74
贵　州	70.98	30.03	63.86	34.66	19.20	49.05	4.22	155.89	11.95	11.37	15.32	2.50	9.07	15.73	2.92	2.13	109.64	24.09
云　南	56.51	10.30	39.86	13.04	15.49	2.47	2.44	6.64	12.83	2.67	17.89	11.70	10.38	8.76	2.62	12.39	216.43	24.11
西　藏	9.16	−6.21	2.81	18.23	2.08	26.08	0.02	164.24	2.05	25.63	0.53	13.48	0.47	16.72	0.01	−0.01	20.90	30.80
陕　西	83.84	18.84	72.72	26.26	21.53	3.87	6.68	67.02	14.49	7.01	20.38	25.17	10.43	−4.58	2.04	−27.17	202.34	43.16
甘　肃	28.26	6.36	15.46	14.83	5.40	39.39	0.94	30.69	4.33	38.42	8.17	21.04	5.52	5.45	0.95	187.19	76.95	18.62
青　海	16.34	28.88	4.13	10.57	0.70	17.88	0.16	8.76	0.52	17.03	2.53	4.56	1.63	−6.87	0.27	35.15	18.36	14.48
宁　夏	13.90	7.61	9.24	−3.32	3.56	39.21	0.30	21.14	3.01	38.73	3.28	13.13	2.74	10.49	—	—	24.79	−2.06
新　疆	38.90	6.29	15.14	7.44	5.69	2.03	1.97	−1.99	3.66	3.93	8.43	12.95	4.75	20.06	1.28	5 547.41	70.66	2.59
新疆生产建设兵团	1.96	−15.90	1.79	−6.31	1.13	−14.01	—	—	1.13	−14.01	0.47	9.24	0.47	9.24	—	—	—	—

2014年中国软件产业统计资料

2014年全国软件业统计数据

单位：万元

	企业个数（个）	软件业务收入（年度累计）	软件产品收入（年度累计）	信息技术服务收入（年度累计）	嵌入式系统软件收入（年度累计）
合　计	37 102	370 264 197	121 984 962	187 110 900	61 168 335
北　京	2 723	47 965 752	18 419 803	29 427 239	118 710
天　津	609	9 068 842	2 461 160	5 467 309	1 140 373
河　北	286	1 499 060	370 616	1 112 220	16 224
山　西	123	227 374	152 742	70 757	3 875
内蒙古	82	294 602	144 081	150 029	492
辽　宁	4 282	30 613 714	10 747 253	16 736 210	3 130 251
吉　林	956	3 812 816	1 025 110	2 203 139	584 567
黑龙江	488	1 333 085	576 393	681 694	74 997
上　海	2 799	28 993 538	9 954 801	17 202 127	1 836 610
江　苏	5 314	61 725 909	16 518 427	22 813 075	22 394 408
浙　江	1 699	24 376 170	8 015 827	14 467 882	1 892 461
安　徽	430	1 453 247	827 590	522 516	103 141
福　建	1 942	15 154 824	5 515 805	7 787 021	1 851 997
江　西	141	761 233	221 151	533 531	6 550
山　东	3 093	30 886 774	12 666 816	12 200 561	6 019 396
河　南	291	2 339 218	796 163	1 453 448	89 607
湖　北	2 501	8 511 963	4 348 201	3 575 705	588 057
湖　南	610	3 017 375	1 866 787	881 285	269 303
广　东	4 486	60 186 904	15 305 893	25 941 481	18 939 531
广　西	241	756 626	234 583	518 524	3 519
海　南	62	170 294	92 643	75 654	1 997
重　庆	832	7 062 363	1 182 699	5 100 159	779 506
四　川	1 461	18 955 652	7 166 321	11 682 365	106 966
贵　州	222	885 739	351 207	519 464	15 068
云　南	109	469 826	112 616	354 289	2 922
陕　西	1 020	8 864 383	2 709 425	4 974 035	1 180 923
甘　肃	94	272 311	76 418	193 516	2 378
青　海	20	12 387	1 491	9 597	1 298
宁　夏	66	94 388	33 571	48 835	11 982
新　疆	120	497 827	89 368	407 234	1 226

版权名录

MING LU

版权行政管理部门

国家版权局

局　长：蔡赴朝
副局长：阎晓宏
地　址：北京市西城区宣武门外大街40号
邮　编：100052
电　话：010-83138740
传　真：010-83138740
邮　箱：copyright@ncac.gov.cn
网　址：www.ncac.gov.cn

北京市版权局

局　长：李春良
副局长：王野霏
处　长：卢志鹏
地　址：北京市东城区朝内大街55号
邮　编：100010
电　话：010-64081100
邮　箱：webmaster@bjcab.gov.cn

天津市版权局

局　长：刘玉红
副局长：梁淳久
地　址：天津市河西区尖山路82号
邮　编：300211
电　话：022-28335745
传　真：022-28331888

河北省版权局

局　长：李晓明
处　长：尹志军
地　址：石家庄市建华南大街100号
邮　编：050031
电　话：0311-87116309
传　真：0311-85081417
邮　箱：hebeibanquan@163.com
网　址：www.hbcbgd.gov.cn

山西省版权局

局　长：齐　峰
副局长：田奇越
处　长：杨志云
地　址：太原市迎泽大街318号
邮　编：030001
电　话：0351-8301523
传　真：0351-8301523
邮　箱：sxsbqj@163.com
网　址：www.sxrt.gov.cn

内蒙古自治区版权局

局　长：姜伯彦
副局长：牧　仁
处　长：沙　力
地　址：呼和浩特市回民区成吉思汗西街1号
邮　编：010050
电　话：0471-4590193
传　真：0471-3288042
邮　箱：nmgbqjbqc@163.com

辽宁省版权局

局　长：刘向阳
副局长：崔铁民
处　长：李安庆
地　址：沈阳市和平区北一马路108号
邮　编：110001
电　话：024-23261003
传　真：024-23255549
邮　箱：lnbqfgc@163.com

吉林省版权局

局　长：许云鹏
副局长：董维仁
处　长：王培舒
地　址：长春市人民大街4646号
邮　编：130021
电　话：0431-85642537
传　真：0431-85644760
邮　箱：jlbqj@sina.com

黑龙江省版权局

局　长：赵洪生
处　长：周美胜
地　址：哈尔滨市道里区森林街 68 号
邮　编：150010
电　话：0451-84616590
传　真：0451-84614852
邮　箱：hljbanquanju@163. com

上海市版权局

局　长：徐　炯
副局长：蔡纪万
版权管理执法处处长：薛　彬
版权产业促进处处长：陈琳琳
地　址：上海市绍兴路 5 号
邮　编：200020
电　话：021-64370176
传　真：021-64332452
邮　箱：bqc@sppa. gov. cn

江苏省版权局

局　长：周　琪
副局长：曹玉梅
处　长：张明明
联系人：万进萍
地　址：南京市鼓楼区高云岭 56 号
邮　编：210009
电　话：025-83221565
传　真：025-83359836
电子邮箱：jsbq2013@126. com

浙江省版权局

局　长：寿剑刚
副局长：单　烈
地　址：杭州市体育场路 178 号
邮　编：310039
电　话：0571-87163108
传　真：0571-87163107

安徽省版权局

局　长：车敦安
分管副局长：董　荣
处　长：杨　剑
地　址：合肥市桐城南路 355 号
邮　编：230022
电　话：0551-62846150
传　真：0551-62822677
邮　箱：anhuibanquan@126. com
网　址：www. ahgd. gov. cn

福建省版权局

局　长：陈碧涛
副局长：蒋达德
处　长：邱建宏
地　址：福州市东水路 76 号
邮　编：350001
电　话：0591-87532711
传　真：0591-87532711
邮　箱：fjbq001@163. com

江西省版权局

局　长：杨六华
副巡视员：兰丽华
处　长：王晓燕
地　址：南昌市红谷滩区翠林路 339 号
邮　编：330038
电　话：0791-86895365
传　真：0791-86894610
邮　箱：zhongna6203@126. com

山东省版权局

局　长：司安民
副局长：钟　华
处　长：张晓生
地　址：济南市经十路 18567 号旧楼 1414
邮　编：250062
电　话：0531-85038149
传　真：0531-85038149
邮　箱：sdbq8606@126. com

河南省版权局

局　长：朱夏炎
副局长：赵　艳
处　长：王晓军
地　址：郑州市农业路 3 号
邮　编：450002
电　话：0371-69129706
传　真：0371-69129689
邮　箱：hnsbqj@163. com

湖北省版权局

局　长：张良成
副局长：陈　锋
处　长：卢文俊
地　址：武汉市武昌区黄鹂路39号
邮　编：430077
电　话：027-68892414
传　真：027-68892414

湖南省版权局

局　长：朱建纲
副局长：尹飞舟
处　长：谭　昕
地　址：长沙市金鹰影视文化城
邮　编：410003
电　话：0731-84801000
传　真：0731-84801888
邮　箱：hncopyright@126. com
网　址：www. hnxwcb. gov. cn

广东省版权局

局　长：黄小玲
副局长：陈春怀
处　长：张同英
地　址：广州市环市东路331号广电中心二期
邮　编：510066
电　话：020-37605967
传　真：020-37604405

广西壮族自治区版权局

局　长：彭　钢
副局长：李承武
处　长：马永志
地　址：南宁市金湖路53号
邮　编：530028
电　话：0771-5516174
传　真：0771-5516087

海南省版权局

局　长：朱寒松
处　长：陈　莹
地　址：海口市海府路59号
邮　编：570203
电　话：0898-65399213
传　真：0898-65399213
邮　箱：707227327@qq. com

重庆市版权局

书　记：郭　翔
副局长：雷　平
处　长：左图强
地　址：重庆市江北区鸿恩路25号重庆市文化委员会408
邮　编：400020
电　话：023-67502723
传　真：023-67701271
邮　箱：cbjxw@163. com

四川省版权局

局　长：赵　勇
副局长：于　丽
处　长：张万富
地　址：成都市梓花巷21号
邮　编：610015
电　话：028-86697076
传　真：028-86696803
邮　箱：sccopyright@163. com
网　址：www. scppa. gov. cn

贵州省版权局

局　长：朱新武
副局长：胡德怀
处　长：付　琳
地　址：贵阳市延安中路5～9号
邮　编：550001
电　话：0851-5813428
传　真：0851-5813428
邮　箱：2534243157@qq. com

云南省版权局

局　长：梁增华
副局长：洪耀星
处　长：马云虹
地　址：昆明市环城西路609号
邮　编：650034
电　话：0871-64110371
传　真：0871-64110371
邮　箱：bqj@ynppb. gov. cn

西藏自治区版权局
局　长：韩　辉
副局长：许文彤
处　长：张百忍
地　址：拉萨市江冲路 7 号
邮　编：850000
电　话：0891-6356150
传　真：0891-6356150

陕西省版权局
局　长：钱远超
副局长：沙庆超
地　址：西安市长安南路 336 号
邮　编：710061
电　话：029-85496158
传　真：029-85496158
邮　箱：sxbqc@162. com

甘肃省版权局
局　长：管钰年
副局长：乌恩奇
处　长：夏　玲
地　址：兰州市东港西路 226 号
邮　编：730000
电　话：0931-8539060
传　真：0931-8539408
邮　箱：gsbqj@163. com

青海省版权局
局　长：申红兴
副局长：康海民
地　址：西宁市同仁路 10 号
邮　编：810001
电　话：0971-6143650
传　真：0971-6143050
邮　箱：qhsbqc@163. com

宁夏回族自治区版权局
局　长：杨洪峰
副局长：李宝宁
处　长：张世明
地　址：银川市金凤区北京中路 66 号
邮　编：750001
电　话：0951-5014264
传　真：0951-5035310

新疆维吾尔自治区版权局
局　长：古力先·吐拉洪
处　长：施晓娟
地　址：乌鲁木齐市北京南路 591 号
邮　编：830011
电　话：0991-3637542
传　真：0991-3637555
邮　箱：xjbqj@sina. cn

版权公共服务机构

中国版权保护中心
主　任：段桂鉴
副主任：邹建华　索来军　魏　红　范继红
地　址：北京市西城区天桥南大街 1 号天桥艺术大厦 A 座
电　话：010-68003887
邮　编：100050
网　址：www. ccopyright. com

北京版权保护中心
主　任：薛　峰
地　址：北京市东城区朝阳门内大街 55 号新闻出版大厦
邮　编：100010
电　话：010-64081206
传　真：010-64081900
邮　箱：bcpc@bjcab，gov. cn
网　址：www. bjcopyright. org. cn

北京计算机软件登记中心
主　任：崔玉军
地　址：北京市东城区朝阳门内大街 55 号新闻出版大厦
邮　编：100010

电　话：010-64081391
传　真：010-64081204
邮　箱：bcpc@bjcab，gov. cn

河北省版权保护中心
主　任：刘　浏
地　址：石家庄市和平西路新文里8号
电　话：0311-67561197
传　真：0311-67561176
邮　编：050071

浙江省版权服务中心
主　任：张蓓君
地　址：杭州市庆春路219号601～603室
邮　编：310006
电　话：0571-88137853
传　真：0571-85062879

江西省版权保护中心
调研员：赖政兵
地　址：南昌市红谷滩区翠林路339号
邮　编：330038
电　话：0791-86894615
传　真：0791-86894610

湖北省版权保护中心
主　任：郑凌辉
地　址：武汉市武昌区公正路9号
邮　编：430071
电　话：027-87329148
传　真：027-87329148

重庆市版权保护中心
主　任：许家伟
地　址：重庆市江北区洋河一村78号国际商会大厦10楼
邮　编：400020
电　话：023-67708231
传　真：023-67856872
邮　箱：cpc1604@yahoo. com. cn

版权协会

中国版权协会
理事长：阎晓宏
常务副理事长：王国庆
秘书长：孙　悦
地　址：北京市海淀区知春路23号量子银座1403室
邮　编：100191
电　话：010-68003910
传　真：010-68005267-0

北京市版权保护协会
负责人：刘志伟
地　址：北京市朝阳区呼家楼北里2号楼4门303
邮　编：100026
电　话：010-64460903
邮　箱：bjbqbhxh@163. com

天津市版权协会
会　长：李树仁
秘书长：陈燕丽
地　址：天津市河西区卫津路241号金桥国际宾馆
邮　编：300074
电　话：022-23377538
传　真：022-23377538
邮　箱：tca2011@126. com

河北省版权协会
会　长：尹志军
地　址：石家庄市建华南大街100号
邮　编：050031
电　话：0311-87117929
传　真：0311-67561176
邮　箱：hebeibanquan@126. com

山西省版权协会
会　长：张金柱
副会长：杨志云

秘书长：王　琦
地　址：太原市建设南路 21 号
邮　编：030012
电　话：0351-4956162
传　真：0351-4956162
邮　箱：3523482@163. com

内蒙古自治区版权保护协会
会　长：高金祥
秘书长：志　民
地　址：呼和浩特市新城区老缸房街 10 号印刷物资楼 202
邮　编：010010
电　话：0471-4967453
传　真：0471-4967453
邮　箱：519369499@qq. com

辽宁省版权保护协会
负责人：李安庆
地　址：沈阳市和平区北一马路 108 号
邮　编：110001
电　话：024-23261003
传　真：024-23261003

吉林省版权保护协会
会　长：董维仁
秘书长：王培舒
地　址：长春市人民大街 4646 号
邮　编：130021
电　话：0431-85644760，86037735
传　真：0431-85644760
邮　箱：brli@163. com

黑龙江省版权保护协会
法定代表人：马学良
秘书长：周美胜
地　址：哈尔滨市道里区森林街 68 号
邮　编：150010
电　话：0451-84616590
传　真：0451-84614852
邮　箱：hljbanquanju@163. com

黑龙江省反盗版联合会
法定代表人：陈景文
秘书长：周美胜
地　址：哈尔滨市道里区森林街 68 号
邮　编：150010
电　话：0451-84654520
传　真：0451-84614852
邮　箱：hljbanquanju@163. com

上海版权保护协会
会　长：胡大卫
地　址：上海市张江路 69 号 6 楼
邮　编：200020
电　话：021-50278103
传　真：021-50278103

江苏省版权协会
会　长：傅杰三
常务副会长：华颂瑞
地　址：南京市鼓楼区高云岭 56 号
邮　编：210009
电　话：025-83207838
传　真：025-83207838
邮　箱：buyzx01@fhzscq. com

浙江省版权协会
会　长：单　烈
秘书长：吾晓红
地　址：杭州市庆春路 219 号 6 楼
邮　编：310006
电　话：0571-88137853
传　真：0571-88137853

安徽省版权保护协会
理事长：徐发成
秘书长：李国平
地　址：合肥市桐城南路 355 号
邮　编：230022
电　话：0551-62846150，62850753
传　真：0551-62822677
邮　箱：anhuibanquan@126. com

福建省版权协会
会　长：白京兆
秘书长：谢振芳
地　址：福州市东水路 76 号
邮　编：350001
电　话：0591-87535956

传　真：0591-87535956

山东省版权协会

地　址：济南市经十路 18567 号旧楼 1414
邮　编：250062
电　话：0531-85038149
传　真：0531-85038149

河南省版权协会

会　长：赵　艳
秘书长：王晓军
地　址：郑州市农业路 3 号
邮　编：450002
电　话：0371-69129706
传　真：0371-69129689
邮　箱：hnsbqj@163. com

湖北省版权保护协会

会　长：陈　锋
地　址：武汉市武昌区黄鹂路 39 号
邮　编：430077
电　话：027-68892562
传　真：027-68892562

湖南省版权保护协会（湖南省反盗版联盟）

会　长：张树青
秘书长：张树青
地　址：长沙市营盘东路 3 号
邮　编：410005
电　话：0731-84302572

广东省版权保护联合会（广东省版权事务所）

会　长：刘扳盛
秘书长：梁守坚
地　址：广州市环市东水荫路 11 号
邮　编：510075
电　话：020-37667333，37638239
传　真：020-37638192
邮　箱：gdcopyright@gdpg. com. cn

广西壮族自治区版权保护协会

会　长：于开金
秘书长：石　卫
地　址：南宁市金湖路 53 号
邮　编：530028
电　话：0771-5516087
传　真：0771-5516087
邮　箱：gxbqbhxh@163. com

海南省版权协会

会　长：王　琦
秘书长：唐　俐
地　址：海南大学社科群楼
邮　编：570228
电　话：0898-66259079
传　真：0898-66259079

四川省版权保护协会

负责人：李正培
地　址：成都市大石西路 36 号东楼 3 单元 405
邮　编：610075
电　话：028-86697083
传　真：028-86696803

云南省著作权保护协会

会　长：艾罕炳
秘书长：马云虹
地　址：昆明市环城西路 609 号
邮　编：650034
电　话：0871-4110371
传　真：0871-4110371

陕西省版权保护协会

地址：西安市曲江行政商务区陕西文化大厦 B 座 6 楼
电话：029-89131685

新疆维吾尔自治区版权协会

会　长：古力先·吐拉洪
秘书长：施晓娟
地　址：乌鲁木齐市北京南路 591 号
邮　编：830011
电　话：0991-3637542
传　真：0991-3637555
邮　箱：xj30993@163. com

深圳市版权协会

会　长：詹培明
秘书长：陈　彦

地　址：深圳市福田区梅林路 19 号斯达大厦 6 楼
邮　编：518106
电　话：0755 86185519
传　真：0755-86185516
邮　箱：scsorgcn@qq. com
网　址：www. scs. org. cn

大连市版权保护协会
会　长：李东平
秘书长：李毅男
地　址：大连市沙河口区西安路 107 号
邮　编：116621
电　话：0411-84522067
传　真：0411-84522067
网　址：www. dlcopyright. org. cn

宁波市版权协会
会　长：陆开江
地　址：宁波市兴宁路 53 号
邮　编：315000
电　话：0574-87864970
传　真：0574-83860570
邮　箱：nbbq2011@126. com

苏州市版权协会
会　长：张　梅
秘书长：冯　坚
地　址：苏州市三香路 998 号 5 号楼 3 楼
邮　编：215004
电　话：0512-65156801
传　真：0512-68615314

青岛市版权保护协会
会　长：张　焱
秘书长：封红雨
地　址：青岛市市北区郑州路 43 号 A 栋 125
邮　编：266071
电　话：0532-67773267
邮　箱：gy1@rubbervalley. com

南京市版权保护协会
会　长：江　飞
秘书长：冯　晶
地　址：南京市秦淮区瑞金北村 57 幢 5 楼
邮　编：210016
电　话：025-84592703
传　真：025-84592703
邮　箱：js _ av2004@163. com

郑州市版权协会
会　长：董现仓
地　址：郑州市二七区新华书店
邮　编：450000
电　话：0371-69095848
传　真：0371-69095835

厦门市版权协会
秘书长：詹朝晖
地　址：厦门市软件园二期望海路 6 号 303
邮　编：361008
电　话：0592-5914419
传　真：0592-2070020-807
邮　箱：412324212@qq. com

著作权集体管理组织

中国音乐著作权协会
主　席：赵季平
总干事：屈景明
地　址：北京东单三条 33 号京纺大厦 5 层
邮　编：100005
电　话：010-65232656
传　真：010-65232657

中国音像著作权集体管理协会
理事长：张振华
总干事：王化鹏
地　址：北京朝阳区呼家楼京广中心商务楼 401
邮　编：100020
电　话：010-66086649
传　真：010-66086475

邮　箱：cavca@cavca. org

中国文字著作权协会
会　长：陈建功
总干事：张洪波
地　址：北京市西城区阜外大街甲 35 号
邮　编：100037
电　话：010-65978905
传　真：010-65978926
邮　箱：wenzhuxie@126. com

中国电影著作权协会
理事长：任仲伦
秘书长：毛小茂
地　址：北京市西城区北展北街 5 号楼 5 层
邮　编：100044
电　话：010-62364640
传　真：010-62369799
邮　箱：cfcac2009@163. com

中国摄影著作权协会
主　席：李前光
总干事：林　涛
地　址：北京市东城区东四 12 条 48 号
邮　编：100007
电　话：010-65978100
传　真：010-65595720
邮　箱：hyb@icschina. net

版权相关行业协会

中国互联网协会网络版权工作委员会
主　任：高卢麟
秘书长：石现升
地　址：北京海淀区板井路曙光花园智业园 B 座 6E 室
邮　编：100097
电　话：010-88466861-815
传　真：010-88546086

中国音像与数字出版协会
理事长：孙寿山
常务副理事长兼秘书长：王　炬
地　址：北京市西城区莲花池东路 102 号天莲大厦 17 层
邮　编：100055
电　话：010-65123917
传　真：010-65127030
邮　箱：cava2008@163. com

版权代理公司

中华版权代理总公司
总经理：贺传军
地　址：北京市西城区天桥南大街 1 号天桥艺术大厦 A 座 3 层
邮　编：100050
电　话：010-68003908
传　真：010-68003541

中国图书进出口（集团）总公司版权部
主　任：李迎庆
地　址：北京市朝阳区工体东路 16 号
邮　编：100020
电　话：010-65086949，65866992
邮　箱：copyright@cnpiec. com. cn

中国出版对外贸易总公司版权事务部
地　址：北京市安定门外安华里 504 号
邮　编：100011
电　话：010-64210403
传　真：010-64214540

中国国际电视总公司
地　址：北京市海淀区羊坊店路 9 号京门大厦
邮　编：100038

电　话：010-63950016
传　真：010-63955916
邮　箱：office@citvc. com

九洲音像出版公司版权贸易部
负责人：吕艺鸥
地　址：北京市朝阳区外馆斜街甲 1 号泰利明苑 A 座 510
邮　编：100011
电　话：010-85285399

北京版权代理公司
负责人：刘志伟
地　址：北京市海淀区知春路 23 号量子银座 1403
邮　编：100191
电　话：010-82357056/57/58/59

山西省版权事务所
所　长：杨志云
地　址：太原市建设南路 21 号 C 区 1804
邮　编：030012
电　话：0351-4922148

上海版权代理公司
负责人：王　艳
地　址：上海市张江路 69 号 6 楼
邮　编：201203
电　话：021-50278100
传　真：021-50278101
邮　箱：myyang@shbanquan. org

湖南省版权代理公司
负责人：张树清
地　址：长沙市营盘东路 3 号
邮　编：410005
电　话：0731-82231655

广西万达版权代理中心
负责人：邓　锟
地　址：南宁市七星路 123 号
邮　编：530022
电　话：0771-5516044

重庆市版权代理有限公司
负责人：王　京
地　址：重庆市江北区洋河一村 78 号国际商会大厦 10 楼
邮　编：400020
电　话：023-67708231
传　真：023-67856872
邮　箱：934986845@qq. com

国家级版权交易机构

中国人民大学国家版权贸易基地
执行主任：彭　翊
地　址：北京市海淀区中关村大街甲 59 号文化大厦 2104
邮　编：100872
电　话：010-62514334
传　真：010-62519147
邮　箱：banmao@cspruc. com
网　址：www. copyrightmall. com

北京国际版权交易中心
董事长：李　蘅
地　址：北京市朝阳区京广中心商务楼 501
邮　编：100020
电　话：010-65974890（总机）
传　真：010-65978017
网　址：www. e-bq. com

国际版权交易中心
总经理：殷秩松
地　址：北京市东城区安定门东大街 28 号雍和大厦 E 座 208
邮　编：100007
电　话：010-64097700

传　真：010-84195406
邮　箱：public@cbice. com
网　址：www. cbice. com

华中国家版权交易中心
主　任：卢文俊
地　址：武汉市武昌区公正路 9 号
邮　编：430077
电　话：027-68892430
传　真：027-68892414

成都国际版权交易中心
执行主任：杨　蛟
地　址：成都高新区世纪城南路 599 号 2 栋 1 层 103、104
邮　编：610213
电　话：18982238506
网　址：www. cdice. com. cn

国家版权贸易基地（上海）
负责人：冯岚
地　址：中国（上海）自由贸易试验区马吉路 2 号 33 层
邮　编：200131
电　话：021-58697777
传　真：021-58698366
邮　箱：fenglan@soict. com. cn
网　址：www. soict. com. cn

国家版权贸易基地（越秀）
董事长：黎伟成
地　址：广州市越秀区文德路 66 号
邮　编：510030
电　话：020-87621142
传　真：020-87305009
邮　箱：77670242@qq. com
网　址：www. cnscee. com

台儿庄国家版权贸易基地
负责人：段　玉
地　址：枣庄市台儿庄区文化路 258 号
邮　编：277400
电　话：0632-6611762
传　真：0632-6611762

知识产权教学与研究机构

中国人民大学知识产权学院
地　址：北京市海淀区中关村大街 59 号中国人民大学明德法学楼
邮　编：100872
电　话：010-62511340，62511156
邮　箱：ipr@ruc. edu. cn
网　址：http://ipr. ruc. edu. cn

北京大学知识产权学院
地　址：北京大学凯原楼 309
邮　编：100871
电　话：010-62751268
邮　箱：zscq@pku. edu. cn
网　址：www. iplaw. pku. edu. cn

中国社会科学院知识产权中心
地　址：北京市东城区沙滩北街 15 号
电　话：010-64035493
传　真：010-64014045
网　址：www. iolaw. org. cn

中国政法大学民商经济法学院知识产权法研究所
地　址：北京市海淀区西土城路 25 号
邮　编　100088
电　话：010-58909114
网　址：www. cupl. edu. cn

中南财经政法大学知识产权学院
地　址：武汉市东湖高新技术开发区南湖大道 182 号
邮　编：430073
电　话：027-88386157
网　址：www. iprcn. com

上海大学知识产权学院

地　址：上海市上大路 99 号法学院办公室
邮　编：200444
电　话：021-66132597
传　真：021-66133938
网　址：www. ips. shu. edu. cn

华中科技大学知识产权学院

地　址：武汉市武昌珞瑜路 1037 号东 4 楼
邮　编：430074
电　话：027-87542228，875454380
邮　箱：stud201@hust. edu. cn
网　址：www. hust. edu. cn

复旦大学知识产权研究中心

地　址：上海市淞沪路 2005 号法学楼 410
邮　编：200438
电　话：021-51630042
传　真：021-51630112
邮　箱：zhangng@fudan. edu. cn
网　址：www. ipcenter. fudan. edu. cn

华东政法大学知识产权学院

地　址：上海市松江区龙源路 555 号
邮　编：201620
电　话：021-67790083
邮　箱：zsb@ecupl. edu. cn
网　址：www. ipschool. net

暨南大学知识产权学院

地　址：广州市黄埔大道西 601 号
邮　编：510632
电　话：020-85220130，85228929
邮　箱：ozsb@jnu. edu. cn
网　址：www. jnu. edu. cn

同济大学知识产权学院

地　址：上海市四平路 1239 号
邮　编：200092
电　话：021-65988813
邮　箱：rsc@mail. tongji. edu. cn
网　址：http://law. tongji. edu. cn

武汉大学知识产权高级研究中心

地　址：武汉市武昌区珞珈山街 16 号
邮　编：430072
电　话：027-68752135
邮　箱：wdzsb@whu. edu. cn
网　址：www. whu. edu. cn

西安交通大学知识产权学院

地　址：西安市咸宁西路 28 号
邮　编：710049
电　话：029-82665824
邮　箱：xjtuzs@mail. xjtu. edu. cn
网　址：http://fxy. xjtu. edu. cn

中国科学技术大学知识产权研究中心

地　址：合肥市金寨路 96 号
邮　编：230026
电　话：0551-63602924
邮　箱：yangling@ustc. edu. cn
网　址：http://pas. ustc. edu. cn

西北大学知识产权学院

地　址：西安市长安学府大道 1 号
邮　编：710127
电　话：029-88308080
传　真：029-88308079
邮　箱：lawdep@nwu. edu. cn
网　址：http://fxy. nwu. edu. cn

华南理工大学知识产权学院

地　址：广州市广州大学城华南理工大学 B9
邮　编：510006
电　话：020-39380308
传　真：020-39380308
邮　箱：scutg06@scut. edu. cn
网　址：www. scut. edu. cn/iplaw

南京理工大学知识产权学院

地　址：南京市孝陵卫 200 号
邮　编：210094
电　话：025-84303386
传　真：025-84432546
网　址：http://ip. njust. edu. cn

中山大学知识产权学院

地　址：广州市新港西路 135 号
邮　编：510275

电　话：020-84112828
邮　箱：adado@mail. sysu. edu. cn
网　址：www. sysu. edu. cn

重庆知识产权学院（重庆理工大学知识产权学院）

地　址：重庆市巴南区李家沱红光大道 69 号重庆理工大学花溪校区
邮　编：400054
电　话：023-68822995
传　真：023-68654964
邮　箱：cgzs@cqut. edu. cn
网　址：http://ipschool. cqut. edu. cn

湘潭大学知识产权学院

地　址：湖南省湘潭市雨湖区湘潭大学 811 信箱
邮　编：411105
电　话：0731-58292501
邮　箱：zhaosheng@xtu. edu. cn
网　址：http://ipf. xtu. edu. cn

厦门大学知识产权研究院

地　址：厦门市思明南路 422 号
邮　编：361005
电　话：0592-21861100
网　址：www. iprixmu. com

西南政法大学知识产权学院（民商法学院）

地　址：重庆市渝北区宝圣大道 301 号西南政法大学集美楼 3 楼
邮　编：401120
电　话：023-67258430
邮　箱：xsczsb@supsl. cn
网　址：www. swupl. edu. cn/msfxy

深圳大学知识产权学院

地　址：深圳市南山区南海大道 3688 号
邮　编：518060
电　话：0755-26534171
传　真：0755-26534482
邮　箱：zsb@szu. edu. cn
网　址：www. szu. edu. cn

中南大学知识产权研究院

地　址：长沙市麓山南路 932 号
编　码：410012
电　话：0731-8830555，8830995，8830804
邮　箱：admis@mail. csu. edu. cn
网　址：http://law. csu. edu. cn/zscq/

附录：国际版权动态

FU LU：GUO JI BAN QUAN DONG TAI

综述

著作权领域的国际法和国内法

——2014年国际著作权法制发展述评

郭 禾

2014年是我国著作权法制建设引人注目的一年。无论是围绕《著作权法》的最新修改所继续进行的深入讨论，还是国家立法机构对《视听表演北京条约》的批准，以及一系列著作权领域热点案件的发生和审理，无不引起广泛关注。

与我国著作权法制领域一样，世界范围内的著作权法制进程也呈现出著作权制度与新技术发展交互影响，进而相辅相成、共同发展的状况。同时，随着不同群体和产业利益格局的形成乃至固化，国际组织与各相关国家在著作权法制发展问题上反映出一定的黏滞性，制度发展主要表现为对现有规则的精细化解释与补充。但在此大格局下，依然有一些立法和判例值得关注和总结。

下面将分别从国际组织和相关国家两个方面，围绕立法、司法和有关方面回顾过去一年中世界范围内著作权领域的发展状况，并在此基础上就其做出简单的评价。

一、国际条约层面

世界范围内最具影响的知识产权立法组织主要有两个，即世界知识产权组织（WIPO）和世界贸易组织（WTO）。前者是联合国专门负责知识产权领域问题的政府间组织，具有专门性；后者是将知识产权与贸易相捆绑，并依托关贸总协定原有机制以独立关税区为成员的多边组织。然而，2014年前后的著作权领域国际协调，除了这两个路径之外，还以美国为中心展开了数个涉及知识产权的多边协定的谈判。尽管美国方面为了遏制中国的影响一直排斥中国参加谈判，但从发展的角度看我们依旧不能不对此给予足够的重视。

（一）《反假冒贸易协定》

由于WTO的《与贸易有关的知识产权协议》（TRIPS）中并没有特别涉及数字环境下的著作权保护问题，世界知识产权组织在1996年通过了《世界知识产权组织版权条约》（WCT）和《世界知识产权组织表演和录音制品条约》（WPPT）。其中就有关网络的著作权问题做出了规定，该二条约因此被称为“因特网条约”。尽管如此，该二条约中所提出的对信息网络传播权、技术措施和权利管理信息等原则性保护规定，仍未能彻底解决数字环境下的著作权保护难题。另一方面，既有的知识产权执法措施与国际协调并不充分，尤其在著作权产业发达国家看来更是如此。①

对此，近年来国际领域的几项知识产权缔约动议值得关注，其中第一个便是《反假冒贸易协定》（Anti-Counterfeiting Trade Agreement，ACTA）。ACTA是旨在反对假冒和盗版产品的国际贸易协定，主要内容在于强化知识产权执法，是“TRIPS＋”（TRIPS-plus）时代发达国家试图提升包括著作权在内的知识产权保护水平的突出尝试。尽管这一原本取得多数发达国家认同和签署的协定于2012年7月遭到欧洲议会的否决，从而进程受阻，但主要推动国家美国、日本等并未放弃这一协定的生效和推广。经过多方协商，ACTA条文本身趋于温和，也使其最终获得主要发达国家的认同有了可能。② ACTA本身只需要六个缔约国批准即获生效，除了已经批准的日本，美国也仍未放弃促成其生效的努力。美国贸易代表办公室仍将ACTA的通过作为2014年贸易报告的内容。③ 当然，有观点认为ACTA的政

① C. L. Lim，*International Economic Law after the Global Crisis*，Cambridge University Press，2015，p. 420.

② 参见詹映：《〈反假冒贸易协定〉（ACTA）的最新进展与未来走向》，载《国际经贸探索》，2014（4）。

③ Office of the US Trade Representative，2014 Special 301 Report（USTR，2014），p. 11，https：//ustr. gov/issue-areas/intellectual-property/special-301/2014-special-301-report.

治前景基本已无望[①]。也有折中观点认为，即便不考虑其在获得批准过程中遇到的困难，ACTA 本身已经做出的妥协使其无法实现促进知识产权保护标准得到有效实施的目标，其非但没有实现法律统一，反而带来了更多的碎片化。[②] 但纵观 ACTA 谈判过程，其最后文本的形成至少已经树立了一个标杆，它的存在无疑可以为今后的知识产权国际条约的形成提供参考。

（二）《跨太平洋伙伴关系协定》

由于 ACTA 前景黯淡，美国等发达国家又分别根据地域划分另起炉灶启动了另外同样具有 TRIPS-plus 色彩的几个国际协定的谈判，即《跨太平洋伙伴关系协定》（Trans-Pacific Partnership，TPP）、《跨大西洋贸易与投资伙伴关系协定》（Transatlantic Trade and Investment Partnership，TTIP）。一些在 ACTA 的修改中被逐渐删除的内容，最为典型的如"通知—删除"条款，就被 TPP 纳入其中。TPP、TTIP 和《服务贸易协定》（Trade in Services Agreement，TISA）被视为美国在后危机时代大力推动建立的全球经贸治理新格局的三大支柱之一，其带有囊括所有商品和服务贸易的综合性，系 WTO 多哈回合谈判以来自由贸易领域最具影响的谈判。TPP 在很大程度上直接照搬以美国为代表的部分国家在国内著作权法处理数字网络领域相关问题的制度，将其上升到国际层面，如"通知—删除"规则、网络服务提供者的信息披露义务、对技术保护措施和权利管理信息的完善等。[③] 而且，美国的版权保护期限为作者死后 70 年，其努力将这一期限提升为 TPP 的保护标准，这无疑提升了著作权保护水平。[④] 截至 2014 年，参加 TPP 发起国谈判的已有美国、日本等 12 个国家。我国目前还未加入这一谈判，而且从目前披露的信息来看，美国等国家至少在谈判阶段并不希望我国参与。[⑤] 甚至有人认为，TPP 的制定本身就有牵制中国发展的意图。与 ACTA 进程受阻不同，后续发展表明，TPP 的谈判前景相对乐观。如果获得通过，将致使著作权保护条款直接与贸易挂钩。

（三）《视听表演北京条约》

2012 年 6 月 26 日，世界知识产权组织在北京召开了第三次保护音像表演外交会议，并成功缔结了《视听表演北京条约》（简称《北京条约》）。该条约主要针对录制在"视听录制品"中的表演，为表演者规定了广泛的权利，填补了视听表演领域全面版权保护国际条约的空白。[⑥] 2014 年 4 月 24 日，我国第十二届全国人民代表大会常务委员会第八次会议表决通过批准该条约，截至 2014 年底，批准该条约的尚只有我国和博茨瓦纳、叙利亚，条约目前尚未生效。[⑦]

（四）《关于为盲人、视力障碍者或其他印刷品阅读障碍者获得已出版作品提供便利的马拉喀什条约》

《关于为盲人、视力障碍者或其他印刷品阅读障碍者获得已出版作品提供便利的马拉喀什条约》（简称《马拉喀什条约》）于 2013 年 6 月 27 日在马拉喀什通过。该条约具有鲜明的人道主义和社会发展色彩，该条约的主要内容是创设一组有益于盲人、视力障碍者和其他印刷品阅读障碍者使用他人作品的强制性限制与例外。[⑧] 目前批准该条约的 WIPO 成员国已超过 75 个，该条约将在 WIPO 收到 20 份批准书或加入书后生效。2014 年 6 月，印度正式通知 WIPO 批准该条约，成为第一个递交批准书的国家。截至 2014 年底，递交批准书的共有 5 个国家。[⑨]

（五）分析与总结

总的来说，进入新世纪以来，随着世界范围内政治经济的深度分化，前述 WIPO 和 WTO 两个协调进路均不同程度地呈现出一定的黏滞性。在此基础上，分析 2014 年前后国际著作权领域的几项缔约动议，可概括出如下几个趋势：

（1）由于世界范围内有显著影响的国际条约较

---

① Sujitha Subramanian，"The Changing Dynamics of the Global Intellectual Property Legal Order：Emergence of a 'Network Agenda'?，" *International and Comparative Law Quarterly*，2015，64（1），p. 104.

② C. L. Lim，*International Economic Law after the Global Crisis*，Cambridge University Press，2015，p. 407.

③ 参见尚妍：《数字知识产权保护的新发展——从〈反假冒贸易协定〉到〈跨太平洋伙伴关系协定〉》，载《暨南学报》，2015（6）。

④ Steven Seidenberg，"US Perspective：The Shaky Rationale for TPP's Copyright Term，" *Intellectual Property Watch*，http://www.ip-watch.org/2015/04/06/the-shaky-rationale-for-tpps-copyright-term/.

⑤ Michael Blakeney，"Scope of the Intellectual Property Chapter of the Trans-Pacific Partnership Agreement（TPPA），" p. 20.

⑥ 相关背景参见郭禾：《音像表演者的福音——孕育中的音像表演条约》，载《中国版权》，2012（2）。

⑦ 参见 WIPO 网站统计数据，http://www.wipo.int/treaties/zh/ShowResults.jsp? lang=zh&treaty_id=841。

⑧ 详细介绍参见 WIPO 网站内容，http://www.wipo.int/treaties/zh/ip/marrakesh/summary_marrakesh.html。

⑨ 参见 WIPO 网站统计数据，http://www.wipo.int/treaties/zh/ShowResults.jsp? lang=zh&treaty_id=841。在本文完成（2015 年 6 月底）之前，又有两个国家递交批准书。

难达成一致意见，尤其在统一执法措施方面更是如此，或多边知识产权协定成为国际知识产权领域一个值得关注的现象。ACTA和TPP的议定内容和方式显著反映了这种特点。值得注意的是，ACTA与TPP的议定过程都带有相当的保密性，不仅在国际层面存在质疑，即便如缔约国本国国内也存在对立法民主性的怀疑。但是，面临日益复杂的利益格局，以及由此带来的现有国际法框架下立法的难度，先斩后奏的秘密立法和由点及面的多边协定，已经成为美国、日本等发达国家在缔结知识产权国际条约时乐于选择的谈判模式。

(2) 完善现有著作权法律体系的不足，依然是国际著作权立法的重要内容。《北京条约》和《马拉喀什条约》则反映了此大趋势下的两个方向：一方面，保护创作者权利依然是重要内容；另一方面，发展中国家和一部分特殊群体代表则将注意力更多地放在对合理使用或侵权例外的拓展上。这种追求著作权制度与本国国情、公共利益的协调，并以此缓和著作权制度与数字技术的冲突反映了人们主观意识层面上的一种自然倾向。2014年9月，弗朗西斯·高锐（Francis Gurry）在他连任WIPO总干事第二个六年任期之后的第一次WIPO成员国大会上的致辞中，将推动《北京条约》和《马拉喀什条约》在各国的批准作为重要工作。[①] 而在这两个条约的基础上，WIPO在著作权领域的立法重心继续集中在讨论已久的广播组织条约、适用于图书馆和档案馆的例外和限制规定以及适用于教育和研究的例外和限制规定方面。这依然是前述两个趋势的延续。[②]

二、国家和地区层面

ACTA与TPP草案在公布之后，不仅在国际社会引起广泛讨论，在其发起国或倡议国国内也有各种的争议。事实上，知识产权领域的国际协调与国内法治具有一定的关联性。如前述国际层面的缔约动议，与各国国内著作权领域的法制动向就存在很大关联。与国际层面的讨论不同，我们很难全面地从立法、司法、执法等方面全面展示各国的法治进程，而只能就其要点做撷英式的枚举。

总体上看，进入新世纪以来，各国著作权法律制度完善与变革的主要方向就是协调著作权法与新技术特别是数字技术的关系。其具体的协调方向则反映在两个方面：一方面，在新技术背景下保障著作权，实现著作权人的利益；另一方面，协调著作权人与使用者和公共利益之间的关系。与国际层面的著作权协调进程较为缓慢不同，各国的国内法律修改则呈现出较为活跃的状态，而且，与国际层面特别是WIPO方面的“小修小补”不同，面对数字技术带来的冲击，一些国家至少在立法动议上有对著作权法律体系进行全面审查的趋势。我国《著作权法》的修改便是如此。帕米拉·萨缪尔森（Pamela Samuelson）主持的美国版权法项目组发布的全面修改美国版权法的报告《版权原则项目：改革方向》（The Copyright Principles Project: Directions for Reform）[③]，以及下述英国和澳大利亚版权法的修改动议对此亦有体现。

（一）完善著作权保护的方向没有改变

完善著作权保护方面，有两个值得关注的内容：其一，数字技术给既有著作权制度造成了显著冲击，通过集体管理制度、技术保护措施等保护著作权，思考应对大规模侵权的解决之策，依然是各国决策者和学术界思考的重点。其二，与发达国家较高的保护水平和执法力度不同，发展中国家多少存在执法不力的现象。但基于各国经济社会转型，著作权制度本身的价值而非统一国际秩序的压力使得发展中国家也逐渐认识到保护著作权的重要性，从而在一定程度上提升了著作权的保护水平。

如前述及，TPP如最终生效，将较大幅度地提高其成员的著作权保护水平。事实上，受此影响，日本已经决定将其著作权保护期限从原来的作者死后50年提高到70年。此外，2015年1月1日，旨在保护版权所有者权利的《加拿大联邦版权现代化法案》正式生效，该法案旨在保护图像、录音制品、书面材料以及其他受法律保护的创意作品的版权所有者不再被在线用户侵权，其中规定了针对互联网服务提供商（internet service provider，ISP）的“双重通知制度”（notice-and-notice），即当版权人发现侵权行为时，其向ISP发出主张网络用户侵权的通知，ISP在收到涉嫌侵权行为发生的通知后，必须向相关网络用户发出通知。这一规定是加拿大完善网络环境下版权保护制度的一项重要变革。又如，西班牙议会经多次讨论最终于2014年10月通过了

① 参见WIPO网站，http://www.wipo.int/pressroom/zh/articles/2014/article_0013.html。

② WIPO版权及相关权常设委员会（Standing Committee on Copyright and Related Rights，SCCR）在2014年召开了三次会议，主要议题即集中在这三个方面，相关议程参见WIPO网站，http://www.wipo.int/meetings/en/topic.jsp?group_id=62。

③ Pamela Samuelson, The Copyright Principles Project: Directions for Reform, 25 Berkeley Tech. L. J. 1175 (2010). 中文介绍参见万勇：《美国版权法改革方案述评》，载《知识产权》，2015 (1)。

新版《知识产权法》，该法亦于 2015 年 1 月正式施行，其主要目的是保护新闻从业者的知识产权权益以及打击盗版。①

（二）著作权限制与例外制度继续发展

数字技术的进步使作品得以高效传播，这与以禁止权能为基本内容的著作权存在冲突。随着技术的发展和普及，著作权制度给信息传播以至社会发展带来的桎梏日益明显。通过著作权限制与例外制度，或美国法上的合理使用制度，以尽可能减少对基于特定公共利益目标的阻碍，成为制度变革的方向。2014 年，世界范围的著作权法制发展的一个鲜明特征即是围绕著作权限制与例外制度展开的。

1. 英国版权法版权例外制度的修改

2001 年的《欧盟信息社会版权指令》并未解决欧盟内部有关著作权限制和例外制度的统一问题。为适应信息时代著作权与公共利益相协调的问题，欧盟本身和各成员国开始进行有关著作权限制和例外制度的探索。在此方面，英国版权法于 2014 年做出的修改具有代表性。

2010 年，伊恩·哈格里夫斯（Ian Hargreaves）教授受英国首相卡梅伦委托，主持一项针对英国知识产权法的调研，主要内容是考察英国的知识产权法如何支持经济增长与创新。该调研成果于 2011 年 5 月发布，名为“数字时代的机遇——知识产权与发展评论”(Digital Opportunity—A Review of Intellectual Property and Growth)，且其内容主要集中在英国版权法的完善建议上，其中包括对尽快完善英国版权法有关版权例外制度的建议。2014 年初，英国版权局向国会提交了版权法修改议案，主要内容即是对版权例外制度的修改。议案经英国议会批准，于 2014 年 6 月起（部分内容经英国版权局修改后由议会批准于 10 月起）实施。此次新增的版权例外内容众多，涵盖针对研究、教育、图书馆、博物馆、档案馆的例外，残疾人的例外，公共管理，引用和滑稽模仿，私人复制等方面。②

2. 澳大利亚法律改革委员会有关在版权法上引入合理使用制度的建议

2014 年 2 月，澳大利亚法律改革委员会（Australian Law Reform Commission，ALRC）发布《著作权与数字经济报告》(Copyright and the Digital Economy)，为澳大利亚版权改革提出了一些积极的建议，其中包括建议采纳美国式的合理使用原则（a fair use exception)。③ 当然，从后来澳大利亚政府的反映来看，其并未将合理使用原则纳入优先的立法考量，反而将立法重点放在权利人保护和版权法实施方面，但 ALRC 的这一公开提议，对于在穷尽式列举的著作权例外制度之外更多地引入类似美国法上更为弹性和灵活的合理使用制度，具有参考意义。

3. 美国法院对合理使用原则的解释

2014 年被很多评论者描述为合理使用制度在美国取得显著进步的一年④，这与一系列相关案件中法院在合理使用原则上所持较为开放的态度相关，典型如 Authors'Guild v. HathiTrust，Fox News Network，LLC v. TVEyes，Inc. 等案。

Authors'Guild v. HathiTrust 案中，原告是美国作家协会，被告 HathiTrust 是加利福尼亚大学等多所大学联合设立的数字图书馆，该数字图书馆扫描这些大学的藏书用于全文检索。本案争议焦点之一即被告 HathiTrust 为了实现搜索目的而扫描整本图书进行大规模数字化的行为是否属于合理使用。美国第二巡回法院认为，此种使用方式是一种典型的转换使用（a quintessentially transformative use)，这成为最终认定属于合理使用的重要原因。⑤

Fox News Network，LLC v. TVEyes，Inc. 案基本沿袭了 Authors'Guild v. HathiTrust 的判决理由，该案中，被告 TVEyes 是一家媒体监测公司，用户通过该公司提供的涵盖 1 000 多家电视与广播节目的数据库能够实现节目检索，检测特定语汇的在特定时段的使用频率，并对节目内容发表评论。收入数据库的节目不超过十分钟，且多数在两分钟左右。被告的用户也并非私人或一般公众，而是像白宫、美国军方这样的付费用户。但原告福克斯新

① 当然，围绕该法争议很多，再一次体现了欧洲媒体产业与以谷歌为代表的互联网产业的博弈，参见李立娟：《西班牙新〈知识产权法〉明年施行》，载《法制日报》，2014-11-11。西班牙的这一做法引起了搜索巨头谷歌的强烈反应，其甚至声称将关闭在西班牙的新闻服务，见 http://www. businessinsider. com/afp-google-news-to-close-in-spain-due-to-intellectual-property-law-2014-12。

② 参见胡开忠、赵加兵：《英国版权例外制度的最新修订及启示》，载《知识产权》，2014 (8)。

③ 参见 http://www. alrc. gov. au/inquiries/copyright-and-digital-economy。

④ Eric Goldman，“Top 10 Fair Use Cases of 2014，” http：//blog. ericgoldman. org/archives/2015/01/top-10-fair-use-cases-of-2014-guest-blog-post. htm; CorynneMcsherry，“‘Fair Use Is Working!’：2014 in Review，” https：//www. eff. org/deeplinks/2014/12/some-fair-use-highlights-2014.

⑤ 参见刘文琦：《著作权法框架下大规模数字化复制的合理使用认定——由美国 HathiTrust 案引发的思考》，载《电子知识产权》，2014 (12)。

闻网认为被告提供的数据库有可能使用户在未经授权的情况下观看其节目。纽约地方法院认为，TVEyes提供的服务构成转换使用，从而属于合理使用范畴。[①] 此外，在其他一系列相关案例中，法院都做出了对合理使用原则较为开放态度的判决。

当然，在此乐观趋势基础之上，我们也应当注意到可能存在的变数。如 Cambridge v. Patton 一案中，被告所在的佐治亚州立大学（Georgia State University）允许其教员从原告出版的教材中截取相关片段，放置于其在线图书馆系统或特定课程网站上。初审法院基于统计认为，该网站上的多数使用都是合理的，但美国第八巡回法院则认为此种使用并不构成转换使用，认为初审法院应将注意力集中在被告的行为对原告的市场份额构成的可能影响上，将案件发回地区法院重新审理。[②] 与此同时，前述 Fox News Network，LLC v. TVEyes，Inc. 一案事实上也并未结束，后续发展表明，福克斯新闻网得到了美国多家主流新闻媒体的支持，二审法院如何判决，尚存变数。[③] 而且，比这些案件影响更大的，与前述 Authors'Guild v. HathiTrust 案存在关联的 Authors Guild v. Google 案还悬而未决。[④] 合理使用原则暂时性的乐观趋势是否能够延续，有待观察。

此外，依据《数字千年版权法案》（Digital Millennium Copyright Act，DMCA）的安排，美国国会图书馆和国家版权局已于2014年下半年启动了第六次针对“接触控制措施”的例外调查，并公布了详细的征求意见和本次调查进程。[⑤]

三、结语

值得注意的是，2014年世界知识产权日的主题被确定为“电影——全球挚爱”（Movies—A Global Passion），与此相似，2015年的主题被确定为“因乐而动，为乐维权”（Get Up，Stand Up. For Music）。连续两年将主题定位在著作权领域，而且是受到数字时代影响较大的两类作品上，在一定程度上折射出国际社会对数字时代著作权保护的关注。这不仅因为著作权制度与新技术的联动较之专利、商标制度更紧密，更是因为相较后者，著作权制度更加深入地渗透到社会生活的方方面面，与公共利益和文化进步更加息息相关。

尽管我们试图从纷繁复杂的法制进程中有所概括和总结，但必须客观承认，制度变化背后是并无特定规律可循，如果有，也是客观而分散化的不同主体的利益诉求。如何在著作权人与公共利益之间，在传统产业与新兴部门之间，在本国国情与国际秩序之间，进行权衡取舍，制定符合国情的著作权调整规则，同时尽可能地在国际著作权法律体系的完善过程中发挥一个发展中的大国应有的作用，殊值深思。特别地，从 ACTA 到 TPP，一种超越 WIPO 和 WTO 现有框架的国际知识产权规则生长路径正在悄然形成，不论特定缔约国有何政治动因，这都势必会对国际知识产权法律秩序本身及其构建模式产生重要影响。值此之际，我们决不能置之不理，也不能因为对其立场的反对意见而回避对其整体进程与具体规则的关注。通过文献检索可见，国内在这方面的研究还比较匮乏。比较法上的规则、案例与说理，应当成为我们的重要参考，新的国际著作权法律秩序的构建中，应当有有理有据的中国声音。

（作者单位：中国人民大学知识产权学院）

① 本案判决书复印本已在互联网公布，见 http://www.seattlecopyrightwatch.com/Fox%20News%20v.%20Tveyes%2C%20SDNY.pdf。

② Cambridge University Press v. Patton，769 F. 3d 1232（11th Cir. Ga.），2014.

③ 参见 http://www.adweek.com/tvnewser/fox-news-gets-support-from-cnn-nbc-and-cbs-in-lawsuit-against-tveyes/263408。

④ 谷歌数字图书馆将 HathiTrust 上的扫描文件作为其数字项目的组成部分。

⑤ 参见 http://copyright.gov/1201/。

2014年国际版权动态

◆ 立法与行政

【安哥拉通过新作者权法，曲艺协会强化作者权保护】

2014年1月23日，安哥拉三任国民议会二届立法会议第七次普通全会上，代表们通过了政府提交的《作者权及其相关事项法草案》(Bill on Copyrights and Related Matters)。

该项新作者权法是基于安哥拉1990年《作者权法》修改而来。

新法案对1990年《作者权法》的内容进行了传承和更新，基本意义在于：

(1) 根据1990年《作者权法》第11条，新法重申了对创造者的定义，创造者为一项艺术、文学或科学作品的作者，其名字或化名必须是向公众发布的。

(2) 基于原法，新法再一次明确了协作、集体、匿名作品和民俗作品的作者权的保护，例如作者不明的民间文学艺术作品的作者权应属于国家。

(3) 新法第10条重点强调保护以下类型文学、艺术和科学作品，其作者是安哥拉人或作者常住地在安哥拉，以及他们的作品第一次发表在安哥拉的。

新作者权法出台后，安哥拉曲艺协会（UNAC）通过国家通讯社（ANGOP）第一时间在首都卢安达召开了新闻发布会，表示会适当地提出一个战略性计划来将法案的条款具体落实，从而使作者权及相关权利真正得到保护。例如，新法案关注点主要落在文学、艺术、科学作品的创作以及传统知识文化的版权保护上，因此，UNAC也将重点加强该领域的保护力度。

UNAC发言人补充说，UNAC未来实行的措施目的在于促进版权的使用者和所有者之间的相互理解，避免不便和降低运作成本，并约束相关作品的收集和分配制度，从而促进创作和版权业的发展。

(信息搜集、编译：方潇怡。

资料来源：http://allafrica.com/stories/201405291271.html; http://allafrica.com/stories/201405260635.html; http://allafrica.com/stories/201309140212.html)

【欧盟把版税延伸至云服务】

2014年2月，欧洲议会通过了颇具争议的对移动设备继续征收版税并很可能将版税延伸至云服务的规定。

欧洲议会以252张赞成票、122张反对票以及19张弃权票通过了由来自法国的欧洲议会议员（MEP）佛朗索瓦丝·卡斯泰（Françoise Castex）提出的上述新规。

现有的《欧盟信息社会版权指令》允许对打印机或智能手机等用于复制版权内容的产品征税，这些税之后会转交给版权所有者。但是，新提案设想了一套更新的应纳税的设备和服务，可能将云服务包括在内。数字维权人士认为，情况最糟时，消费者要为在自己的账号间转移合法购买的内容支付双倍的价钱。

代表数字技术产业利益的欧洲协会"数字欧洲"（Digital Europe）在声明中说，版税体系已经过时，而且存在根本性的缺陷。

与所有逻辑违背的是，欧洲议会议员投票支持当购买智能手机、MP3播放器、平板电脑、U盘和其他电子设备时，消费者应继续支付隐藏的版税，纵然这些消费者从未进行过私人复制。更糟糕的是，欧洲议会议员支持那些要求将版税延伸至合法的流媒体平台等云服务的条款，这令人难以理解。数字欧洲表示，欧洲议会议员采取的是一种倒退的措施，这意味着他们对损害欧盟消费者的体系表示支持。

但是，虽然欧洲议会通过了上述新法，该法可能会招致成员国的反对，尤其是英国和爱尔兰。这两国不征收版权税。

(信息搜集、编译：中国保护知识产权网。

资料来源：pcworld.com)

【百慕大群岛新版权规定生效】

2014年2月1日，旨在促使百慕大群岛知识产权制度现代化的新著作权法正式生效。这些版权规定旨在促使百慕大群岛知识产权制度的现代化，其影响涉及与版权密切关联的若干关键领域，其中包括海关、教育机构、表演者权和广播者权、审裁机关等。

百慕大《版权与外观设计法案》(2004年版权

法）于2004年由百慕大参议院和众议院制定通过，由英国女王颁布，并于2008年生效。为执行2004年版权法，百慕大能源、电信和电子商务部在2009年制定了《版权与表演者权规定（适用于其他国家）》。

2014年制定生效的上述一系列版权规定均根据2004年版权法而制定，共包括9个规定或命令，其中由百慕大政府民政部制定颁布7个，由财政部颁布1个，由民政部和财政部联合颁布1个。

2004年版权法案及相关版权规定或命令均可在网站 http://www.bermudalaws.bm 进行下载。

（信息搜集、编译：王瑜。

资料来源：http://www.royalgazette.com/article/20140120/NEWS/140129966；http://www.ipr.gov.cn/guojiiprarticle/guojiipr/guobiehj/gbhjnews/201401/1796791_1.html；http://www.bermudalaws.bm）

【百慕大群岛建立版权审裁处解决版税过高问题】

2014年2月1日，百慕大群岛建立的版权审裁处开始运行，该审裁处最初的功能被定位于“在双方不能就版权许可的事项和条件达成一致意见时做出裁决”。该审裁处建立的背景在于，百慕大群岛决定，在向本地企业收取音乐使用费问题上与英国版权权威的分歧，应当通过建立自己的版权审裁处来解决。

百慕大音乐使用者协会（the Bermuda Music Users Group，BMUG）的发言人 Ben Fairn 表示，百慕大音乐使用者协会非常欢迎审裁处的建立，期待审裁处能解决与表演权协会（Performance Rights Society，PRS）之间关于高昂的税费支付方案的争议。Fairn 表示，最初向百慕大征收的税费实在是高得离谱，因此需要提请与预期类似规模的有司法管辖权的机构来划定一条较为合理的线。

同时，百慕大群岛一些机构担心，总部位于英国的表演权协会会把英国的税费支付方案带到百慕大群岛上来。

（信息搜集、编译：王瑜。

资料来源：http://www.royalgazette.com/article/20140113/NEWS/140119929；http://caribdaily.com/a/2529660/island-gets-protective-with-copyright-tribunal/）

【欧洲议会通过网络音乐版权立法】

2014年2月4日，欧洲议会通过一项网络音乐版权立法建议。根据新规则，欧盟网络音乐服务商可从集体版权机构获得覆盖多个成员国的版权许可，面向广大欧盟消费者提供网络音乐服务；集体版权机构有义务保证艺术家们及时获得适当报酬，最迟应于收取版权收入财年后9个月内支付，此外还应履行透明度和报告义务；音乐权利人对于集体版权机构的管理具有发言权，并可自由选择加入集体版权机构。该立法建议尚需欧盟理事会批准，批准后以欧盟指令形式发布，欧盟成员国需在指令生效后24个月内转化为国内法。

（信息搜集、编译：谢伟。

资料来源：驻欧盟使团经商参赞处网站）

【英国称欧洲不应允许大量提供指向侵权内容的链接】

2014年2月28日，英国政府表示，版权法不应允许大量提供指向侵权内容的链接。

英国政府在回应欧洲委员会有关改革欧盟版权框架的意见征询时表示，英国支持欧洲法院2月做出的一项判决，该判决认定，提供指向在其他地方可免费获取的内容的链接并不属于侵犯版权行为。

不过，英国政府也称，法律不应允许网站运营商及他人大量提供指向侵权内容的链接。

英国知识产权局表示，由于超级链接几乎就是标记了可在何处找到内容的指示牌，就像一篇索引中对所引用文章的标注一样，因此对英国来说，只是提供这样一个超级链接并不构成向公众传播作品的行为。从这一点来说，提供超级链接并不应必须得到权利人的许可。规定提供指向版权内容的链接必须获得权利人许可将给互联网用户包括欧洲企业带来过重的负担。

但是，法律必须支持打击网络版权侵权的措施，英国也仍在为之努力。对于保护权利人的利益来说，法律继续禁止大量提供指向侵权内容的链接是十分重要的。在英国，这部分是通过版权法以外的措施来实现的，例如通过反欺诈法。

英国知识产权局还对欧洲法院并未宣判的另外一起案件发表了意见，对有关某一版权例外的观点进行了声援——该例外允许在浏览网页的过程中未经权利人许可生成受版权保护内容的临时副本。该观点也得到了英国最高法院的支持。

英国知识产权局表示，对英国来说比较明确的是，在浏览过程中生成临时副本（或在屏幕上，或在缓存中）都属于（临时复制）例外的管辖范围。如果权利人希望控制对这些内容的获取，知识产权局可以将内容划入付费范畴，或者采取其他技术性限制手段。

该机构还称，其反对设立一个强制注册受版权保护作品的机制。尽管设立注册机制能在作品的识别和许可过程中发挥有效作用，但不应强迫权利人使用这一机制。英国知识产权局表示，英国为了更好促进作品许可而设立的“数字版权中心”就是面向用户自愿使用的。

该机构还认为，由业界（而不是立法）制定的标准将有助于确保受版权保护内容被识别，并且可根据许可条款进行访问和获取。

欧盟应鼓励为标识符和其他元数据制定强有力且开放的标准。这些标准应在最大程度上反映许可人及被许可人，包括通过“知识共享”组织的许可或英国政府自身的“开放政府许可”完成作品许可的人们的信息要求。

英国希望看到作品许可通过相互连接的权利信息平台——例如由英国业界主导的“版权中心”——来完成，但是认为这些平台最有可能由业界协议来打造，或许无须欧盟或成员国的干预。实际上，英国认为，在该领域推出任何立法都可能对建立切实可行的商业平台及标准起到阻碍而非鼓励作用。

英国知识产权局还反对在欧盟全境统一有关版权例外的规定。应允许“某种程度的灵活度”，使成员国有选择引入欧盟法律有关例外规定的全部或部分内容的自由。该局表示，其反对任何旨在实现“完全开放的‘合理使用’”的举措。

欧盟版权改革还应使成员国能自由选择是否引入为私人复制受版权保护内容征收版税的机制。

英国认为，总体说来，私人复制版税效率低，给管理者造成负担，对消费者也并不公平。英国没有也并不打算引入私人复制版税，而且也不相信在欧盟全境统一版税体系是大家所期望看到的。不过英国也承认，在的确施行了版税的成员国之间统一相关法律及程序——例如统一对跨境销售被征税产品的举措——或许能带来一些益处。

（信息搜集、编译：中国保护知识产权网。资料来源：out-law. com）

【美国版权局就修订版权法向公众征集意见】

2014 年 3 月 17 日，作为美国国会正在进行的对美国版权法审查工作的一部分，美国版权局发出向公众征集意见的通知，希望借此对其数字音乐许可方式的有效性及可能的修订方案进行评估。

征集意见期截止到 2014 年 5 月 16 日，公众可以在美国版权局网站的评论页上以电子方式提交意见。征集意见的通知发布在 3 月 17 日的《联邦公报》上。

上一轮的审查和修订发生在 20 世纪 70 年代早期，并以 1976 年《美国版权法案》的诞生而告终。1998 年，国会为了应对当时刚刚出现的数字时代新问题，通过了《数字千年版权法案》（DMCA），对《美国版权法案》做出重大修改。上述征求意见通知中写道：虽然《美国版权法案》包含了许多健全且持久的原则，并且为互联网的繁荣奠定了基础，但是国会在当时无法预见未来所拥有的一切技术以及消费者和其他人在数字环境使用创意作品的多种方式。这份由版权局总顾问兼副局长杰奎琳·C·查尔斯沃斯（Jacqueline C. Charlesworth）签署的通知写道，也许哪个领域都没有音乐领域发生的变化大。

征求意见通知对若干问题给出了背景信息，并指出版权局希望征求对有关版权审查（如有需要，还包括版权修订）的一系列问题的意见。这些问题包括：

数字互动流媒体的许可和同步是否需要强制法定许可？

是否需要修订监管美国作曲家、作者与出版商协会（ASCAP）和百代公司（BMI）行为的双方认可判决，以便允许出版商从一揽子许可中撤回自己的数字权利？

对母版的联邦版权保护是否应延伸至覆盖 1972 年 2 月 15 日前制作的录音制品？这种录音制品与晚于该日期制作的音乐不同，并不享受联邦版权，而是受州法约束。

录音制品是否应该在数字音频传输以外的其他领域（例如地面无线电）也享有表演权？Sirius、Music Choice 和 Muzak 这些在 1999 年 7 月 13 日以前就已存在的服务，在采用其他非互动型服务的音乐许可方式进行音乐许可时，是否应受“买卖自愿”条件的约束？

是否应允许以统一的方式公开播放母带？

征集意见通知还提出了政府是否应鼓励其他许可模式（例如微许可平台）的发展，以及市场能否从调整现有法定许可的范围中获益的问题。

最后，对版权法的审查还会研究音乐市场的发展对作词家、作曲家及唱片录制者的收入带来怎样的影响，从音乐中赚取的收入是否在创作者和音乐唱片经销商之间得到了合理分配；政府可否鼓励为音乐作品及录音制品的标识采用统一标准以推动音乐许可进程。

（信息搜集、编译：中国保护知识产权网。

资料来源：billboard. com）

【意大利制定新的数字版权执行规则】

2014年3月31日，意大利通信管理局（AGCOM）于2013年12月12日正式批准的一项新的有关互联网和视听媒体服务的版权执法规则生效，并要求适用新的政策与程序。该规则的用意在于推动数字作品的发展，同时引导公众进行正确的利用。该规则设立保护数字作品程序规范委员会，旨在阻止电子通信网络版权及相关权利侵权。

法规对“数字作品”的概念进行了界定：拥有声音、视听、图像、视频游戏、编辑和文学性质的一部作品或作品的某部分，包括受版权法保护和由电子通信网络传播的应用程序与计算机操作系统。如果遇到数字作品网络版权和相关权侵权案件，法案授权意大利通信管理局责令访问或要求相关服务提供商删除侵权内容，甚至关闭大规模侵权的网站。

网站上的数字作品侵犯了版权或者其他相关权利，如果在意大利领域范围内，意大利通信管理局有权要求选择性删除侵权作品或者在大规模侵权的情况下要求服务提供商采取措施禁止访问它们。如果在意大利领域范围外，意大利通信管理局只能要求服务商采取引导措施，使公众无法访问该网站。

（信息搜集、编译：王依。

资料来源：http://www. globallegalpost. com/blogs/global-view/italy-regulates-digital-copyright-enforcement-1260408/；http://www. ipr. gov. cn/index. shtml）

【韩国文化部举办“韩国好版权”活动】

2014年4月17日，韩国文化、体育和旅游部与韩国版权委员会以及12个其他机构合作，共同推出“韩国好版权”活动。当日，在首尔市中心，该活动在一个严肃的宣誓仪式后正式拉开帷幕。

在此活动之前，韩国开展了“文明下载者活动”。文明下载者活动由电影业举办，旨在促进消除版权侵权，并将其范围延伸至整个内容行业，不仅传播了版权的重要性，还加强了创作和分享的健康环境。

包括歌手兼音乐制作人的Yu Yeol、漫画家Yoon Tae-Ho以及歌手YooHee-Yeol在内的许多明星主动参加活动并为活动贡献自己的一份力量。宣誓仪式后，向观众播放了一部强调版权作用的视频短片。

该次活动侧重于通过包括互联网、电视节目、电影以及政府媒体等各种媒体形式向人们传递信息。

此外，该活动还为海外市场制作了宣传片，作为在海外宣扬韩流及其内容保护的一部分内容。

（信息搜集、编译：中国保护知识产权网。

资料来源：koreabizwire. com）

【牙买加警方采取“旋风行动”严厉打击盗版侵权犯罪】

2014年4月25日，名为“旋风行动”的警方打击假冒最新举措新闻发布会在牙买加首都金斯敦的有组织犯罪调查局办公大楼里举行。牙买加有组织犯罪调查局（OCID）知识产权大队副队长卡尔·贝利（Carl Berry）表示，犯罪团伙正在使用其贩卖假冒产品的收益资助其犯罪活动。

假冒产品给消费者的健康带来风险并使牙买加企业和品牌蒙受经济损失。牙买加警方在2013年4月以来共在其国内查获价值超过160万美元的假冒产品。警方越发担忧，假冒或知识产权犯罪会很快发展成国家面临的一项重要问题。

“旋风行动”新闻发布仪式在金斯顿市中心结束后，牙买加警方销毁了数百件盗版CD和DVD以及许多假冒产品，例如超标的朗姆酒、香烟和拖鞋等，调查人员表示这三样是该类非法活动中最常见的产品。

贝利还透露，自从2013年4月以来，其所在大队在金斯顿中央巡逻队、圣安德鲁中央巡逻队以及机动巡逻队的帮助下，共查获了1 310多万张盗版CD/DVD，逮捕了侵犯知识产权人员80余人。

牙买加有组织犯罪调查局局长表示，牙买加警察队伍已将知识产权犯罪作为一项头等重要的工作来抓，并警告称，通过“旋风行动”，警方将着力追踪牙买加各地多个制假团伙背后的主谋。

（信息搜集、编译：王瑜。

资料来源：http://article. wn. com/view/2014/04/26/Counterfeit_crackdown_Cops_vow_to_clamp_down_on_masterminds_/；http://www. theglobalipcenter. com/counterfeit-crackdown-cops-vow-to-clamp-down-on-masterminds-behind-intellectual-property-crimes/；http://jamaica-gleaner. com/gleaner/20140426/lead/lead1. html；http://www. ipr. gov. cn/guojiiprarticle/guojiipr/guobiehj/gbhjnews/201402/1800950_1. html；http://www. ipr. gov. cn/guojiiprarticle/guojiipr/guobiehj/gbhjnews/201405/1811644_1. html）

【日本《著作权法修正案》加强数字版权保护】

2014年4月25日，日本参议院全体会议表决通过了《著作权法修正案》，该法案于2015年1月正式生效。按照新法案规定，出版社对所发行作品出版权的维权范围由纸质书籍扩大到数字出版物。也就是说，此后，日本出版社可以代替作者，出面要求相关网络盗版侵权方停止侵权行为。此举不仅有利于减少网络盗版，还有利于促进数字出版物在日本的普及。

新的著作权法规定，出版社可以与作家等著作权人签订数字出版权合同。合同生效后，出版社可以要求相关侵权人停止网络侵权行为，但出版社同时必须承担在一定时间内出版数字图书的义务。

日本的出版权此前一直只适用于纸质出版物，因此一旦发生网络盗版侵权，只有著作权人本人有权要求停止侵权行为。根据日本出版行业团体——日本书籍出版协会的推测，2011年网络盗版侵权行为所涉金额至少为270亿日元。

此前，日本出版业已经在普及正版数字图书方面做了诸多尝试。出版业大亨角川公司已于2014年3月起开设网站，为智能手机和电脑用户免费提供200多部该社连载的漫画作品，并将其中40余部作品翻译成中、英文。如该网站获得成功，该公司还考虑出版收费数字图书。此外，社交游戏公司DENA也于2013年12月推出了专供智能手机用户免费阅读的漫画杂志，其中连载的40余部作品可以供中、英文读者阅读。2014年5月还发行日语版单行本纸质图书及数字图书，该公司正在进一步探讨发行其他语种翻译作品的可能。

此外，出版社与作家之间还存在签订合同本身就不彻底的问题。为改善这一状况，2013年起日本的出版社和作家团体就开始行动起来，制作出版权合同模板等。此外，解决合同纠纷的相关对策也在研究之中。

数字出版物在美国占到整个出版市场的三成份额。相比之下，2013年，日本国内的数字图书和杂志销售额为1 010亿日元，仅占整个出版市场的6%。《著作权法修正案》的出台，有望在打击盗版和增加数字出版物市场活力方面发挥积极作用。

（作者：杨建兴、贺怡兰。
资料来源：《中国文化报》）

【芬兰议会着手处理版权倡议书】

2014年5月，芬兰民众提交了修改版权法的倡议书，该倡议书取得了近52 000份签名的支持，这促使芬兰教育和文化议会委员会组织了一次有关版权问题的公共意见征集。

教育和文化议会委员会与专家讨论了民众提交的倡议书，目的是考虑修改现行的有关互联网监管和对版权侵权补偿的较为严格的立法。

倡议书并没有要求将下载受版权保护材料的行为规定为合法行为，但却要求芬兰制定一部公平公正的版权法。根据现有版权法，个人进行的互联网盗版行为被视为严重犯罪，这使警察可以进行搜查和扣押财产。一旦罪名落实还可能导致巨额罚款。

倡议书还旨在提高艺术家和其他内容提供者的地位，以及支持网络服务的发展。倡议书提出了使版权侵权惩罚不再那么苛刻的一些修改建议。例如，针对教育机构加强实施“合理使用”这一防御措施，并且人们可以保留对其拥有的数字内容进行私人复制的权利。

然而，在教育和文化议会委员会的一次听证会上，议员们称该倡议书包含了互相矛盾的内容。听证会上还讨论了版权法的修改意见是否会使芬兰的互联网盗版变得更容易甚至变得合法的猜想。

据倡议书的发起者表示，该倡议书是使芬兰版权法远离美国要求巨额赔偿路线的真正开放的集体努力。他们认为，被追责的应该是云服务而不是普通人。

（信息搜集、编译：中国保护知识产权网。
资料来源：yle. fi）

【加拿大计划为政治性宣传广告制定版权例外规定】

2014年5月，加拿大五大传媒集团（包括CBC/Radio-Canada、Shaw Media、Bell Media以及Rogers Media）的新闻高层领导向加拿大各大政党发出了一份签名函，宣称他们拒绝播放未经许可使用他们新闻内容的政治性宣传广告。该举措引发了关于政治性宣传广告使用新闻内容合理性的争论。

加拿大保守党、加拿大新民主党、加拿大自由党、魁北克集团、加拿大绿党均对传媒集团的此种做法表示抗议。为了应对这一问题，以加拿大保守党为首的政府正在计划为政治性宣传广告制定专门的版权例外法规，这一规定试图一劳永逸地解决加拿大宪法赋予的权利涉及的内容。如果该法案获得通过，会成为世界上第一个针对政治性宣传广告使用新闻内容的版权例外法规。

多伦多大学法学院副教授Ariel Katz认为此举并无必要，其表示，根据加拿大法律中的合理使用条款，私人学习、研究、批评、评论是可以不受版权约束使用作品的几种情况，与“批评”有关的例外规定已经涉及了政治性宣传广告中关于新闻内容的使用。针对批判和评论这两种行为，使用者在必要的情况下须提及作品的来源、作者、表演者或广播者的姓名。Ariel Katz 提到世界上还没有任何一个国家或者地区对于政治性宣传广告使用新闻内容制定例外的规定。如果在加拿大政治性宣传广告因版权保护而被叫停，那么加拿大政治活动很有可能将会面临无法自由表达、言论自由受限的问题。

加拿大渥太华大学法学教授、版权法专家 Michael Geist 在评论文章中提到，可能很多人存在这样的思维定式，很多时候大家都这么做，因此也就没有人会去想这件事的正确与否，也没有人去想为此特别地制定一个例外规定。但 Geist 并不支持传媒以及保守党这两方的做法，他认为加拿大高等法院在实践中也不会利用版权法的相关规定来阻止合法的政治演讲，因为从根本上说这是违宪的，他相信这也是世界各地大多数法院的看法。

（信息搜集、编译：张传磊、韩鹏。

资料来源：http://www.huffingtonpost.ca/michael-geist/copyright-exception-political-ads_b_5959518.html；http://www.michaelgeist.ca/2014/10/broadcaster-copyright-misuse-collusion-criticism-governments-political-ad-copyright-exception-may-pointed-wrong-direction/；http://www.michaelgeist.ca/2014/10/governments-political-advertising-copyright-exception-fine-print-shows-proposal-privileges-politicians-speech-rights-public/；http://www.ip-watch.org/2014/10/24/new-to-copyright-canadas-idea-for-political-advertising-exception/；http://www.cbc.ca/news/politics/copyright-exception-for-political-ads-mulled-by-conservatives-1.2793758）

【美国版权局自 5 月 1 日起实行新的收费标准】

2014 年 5 月 1 日起，美国版权局针对版权登记、文档备案、特殊服务、许可部门提供的服务以及根据《信息自由法案》（FOIA）提出的请求等适用新的收费标准。

美国版权局的运作资金主要来自收取的服务费以及联邦政府的拨款。根据《美国法典》第 17 编第 708 节（17 U.S.C. § 708）规定的程序，版权局定期重新考量其收费标准。在设置收费标准时，版权局会像其他联邦政府机构那样充分考虑其职责，制定健全的财政政策以及主要由收取的服务费构成的费用预算。版权局在制定收费标准时还会充分考虑其对作者以及其他版权所有者的责任，将费用标准定在一个能鼓励作者以及其他版权所有者不仅仅是为了自身的利益而参与到版权登记和文档备案的程序中来，还会考虑被授权人和其他使用作品的用户以及公众的利益而参与其中。以此为目标，版权局制定的费用标准使其能够支撑版权局向版权所有者和公众提供服务所需的大部分成本。

新的收费标准所依据的研究始于 2012 年。版权局对其 2011 年的成本进行了初步评估，随后在《联邦公报》上发布了一系列问题以及拟议的收费计划。版权局就上述问题收到了 140 多份回馈，并且仔细考量了这些公众意见。

2013 年 11 月 14 日，根据《美国法典》第 17 编第 708 节（b）的规定，版权局发布了供国会审查的《拟议版权费收费标准及版权费分析》。该文件包含了版权局确定的最重要的费用目录，特别是涉及登记和备案的费用目录。根据《版权法》，国会需在 120 天内提出否决版权局提案的立法。然而国会没有这样做。

除了提交给国会进行审议的新费用标准外，版权局还审查并调整了其他不需要提交国会进行审议的费用标准，根据《美国法典》第 17 编第 708 节（a）的规定，这部分费用调整可以由版权局根据其成本来自行规定。

因此，版权局颁布了新收费标准的最终版本，于 2014 年 5 月 1 日生效。

此外，2013 年 11 月 29 日，版权局根据《版权法》第 112、119 以及 122 条的规定颁布了申请有线电视和卫星电视对账单的最终收费标准。版权局根据美国 2010 年的《卫星电视扩展和地方主义法》的规定制定了上述收费标准，并已于 2014 年 1 月 1 日生效。

（信息搜集、编译：中国保护知识产权网。

资料来源：copyright.gov）

【韩国启动“著作权支援团”项目】

2014 年 5 月 29—30 日，2014 年第十八届中国国际软件博览会在北京展览馆举办。在软博会期间，韩国文化体育观光部在其网站发布了启动“著作权支援团上门服务”项目、设立“地方著作权服务中心”和建立“著作权文化学校”的信息，计划通过多样化的著作权服务，为中小微型文化企业做大做强提供帮扶，改善著作权服务水平不均衡的现状。

“著作权支援团上门服务”是由韩国文化体育观

光部和韩国著作权委员会联合推出的重点项目之一，支援团由 50 余名律师、教授、文化产业专家等构成。韩国文化体育观光部表示，中小微型文化企业（包括规模只有 1 人的文化企业）在著作权保护方面处于弱势地位，为了帮助它们避免不必要的著作权纠纷，更好地利用著作权创造附加价值，政府会派出这支专业团队去往相关企业，结合企业自身的著作权问题提供法律商谈、专业咨询、教育培训等多样化的服务。

为了协调各方力量，韩国文化体育观光部、著作权委员会、中小企业厅、创意振兴院、地方文化产业振兴院和韩国文化产业振兴院等部门联合，计划建构著作权服务连接网。各部门通过领导人会议、峰会等形式，共享信息，并共同开发相关项目。

韩国文化体育观光部计划为指定的地方著作权服务中心提供包括问询服务人员薪资、项目运营费、宣传费等支援，韩国著作权委员会的著作权注册、软件委托、著作权纠纷调解等职能也将下放到地方著作权服务中心，着力将地方著作权服务中心打造成政府提升著作权服务的“据点”和“抓手”。

（信息搜集、编译：祝文君。

资料来源：http://www. ipr. gov. cn/guojiiprarticle/guojiipr/guobiehj/gbhjnews/201404/1807235_1. html;http://it. people. com. cn/n/2014/0530/c1009-25087812. html）

【新加坡通过《版权法修正案》打击网络盗版】

2014 年 6 月 7 日，新加坡律政部高级政务部长英兰妮（Indranee Rajah）将新的版权法修正案提交给国会审议。该法案的主要措施是允许版权所有者获取打击侵权网站的屏蔽令。按照新的规定，版权所有者可以直接向法院申请屏蔽令，无须首先确定网络服务提供商侵犯版权的责任。版权所有者可以要求当地网络服务提供商（ISP），如新加坡电信或星和公司，屏蔽掉劣迹斑斑的侵权网站。当然，由于新加坡的计算机普及率极高，公众教育水平也较高，网络用户往往会找到另外一种方式规避系统的屏蔽，通过虚拟专用网访问这些网站，或者通过镜像网站、点对点的分享方式进行内容共享。尽管如此，该法案的实施亦是对打击网络盗版的一次全新的尝试。此外，该法案赋予版权所有者在申请屏蔽令时享有陈情权，而接收方也有上诉权。

新加坡国会于 2014 年 7 月 8 日通过了该项法案。推崇该法案的英兰妮强调这会提高版权所有者在网络空间保护其权利的能力，是新加坡版权保护的一大进步。瑞德律师事务所（Rodyk& Davidson LLP）的吉尔伯特·梁（Gilbert Leong）表示，网站屏蔽虽然不是一种完美的解决方案，但相比打击消费或使用盗版材料的人，屏蔽问题网站可能会提供一种遏制网络盗版的新途径。

（信息搜集、编译：李智、韩鹏。

资料来源：http://www. asiaiplaw. com/article/25/1919/；http://www. trademarksandbrandsonline. com/news/singapore-passes-copyright-amendment-4011；https://torrentfreak. com/singapore-passes-pirate-bay-blocking-anti-piracy-law-140708/；http://www. cnet. com/news/singapore-passes-law-to-block-illegal-sites/）

【澳大利亚公布版权法修正案讨论稿强化对网络盗版行为的规制】

2014 年 7 月，澳大利亚政府公布了版权法修正案讨论稿，试图遏制该国网络盗版行为。讨论稿主要借鉴了美国、英国、新西兰等国的立法经验，试图构建一个更加合理的法律框架。在这个法律框架内，版权人、互联网服务供应商（ISP）、消费者代表可以共同寻找灵活、公平、有效的途径以减少在线版权侵权行为。

修正案讨论稿中最具争议的是其明确了网络服务提供商“授权责任”的运用，加大了互联网服务提供商的责任。

根据澳大利亚现《行版权法》第 36 节与 101 节的规定，认定一个人是否应当对侵犯版权的授权行为承担责任，必须考虑三个因素：

（1）此人拥有的防止相关行为的权限程度（如果有的话）；

（2）此人与实施相关行为的人之间关系的性质；

（3）此人是否采取了合理措施去阻止或者避免侵权行为的发生，包括此人是否遵守了相关行业守则。

而根据讨论稿提出的新的判断标准，认定一个人是否应当对侵犯版权的授权行为承担责任，只需要考虑两个因素：

（1）此人与实施相关行为的人之间关系的性质；

（2）此人是否采取了合理措施去阻止或者避免侵权行为的发生。

对于第二项中“合理措施”的认定，应考虑如下要素：

（1）此人拥有的防止相关行为的权限程度（如果有的话）；

（2）此人或者实体是否遵守了由相关各方制定的行业计划或者商业安排；

（3）此人或者实体是否遵守了《1969 年澳大利亚版权实施条例》规定的措施；

（4）其他相关因素。

通过对比可以看出，“是否拥有防止相关行为的权限”不再是认定其是否承担责任的构成要件，而转化为认定其是否采取了“合理措施”的若干要素之一，也就意味着，互联网服务提供商即使无权防止相关侵权行为，仍然有可能承担侵权责任。讨论案给出的解释为，即便网络服务供应商不具有阻止他人实施侵权行为的直接权利，其依然可以采取其他合理措施去控制和减少在线侵犯版权行为。

澳大利亚互联网服务提供商通信联盟基于诚信与权利人合作以解决网络盗版问题，但是该联盟拒绝了根据版权法扩大授权责任的拟议修正案，其首席执行官约翰·斯坦顿（John Stanton）表示，如果政府最终决定修订版权法，那么前提是就行业计划达成协议。约翰·斯坦顿建议慎重考虑扩大版权法规定的授权责任，因为此类更改可能会阻碍包括学校、网吧、零售商、图书馆以及云服务等其他实体的合法活动且不利于消费者。

讨论稿意见的征集已经于 2014 年 9 月 1 日截止。政府称会认真考虑所有提交的意见。

（信息搜集、编译：温崇学。

资料来源：http://www.ipr.gov.cn/guojiiprarticle/guojiipr/guobiehj/gbhjnews/201408/1834911_1.html；http://media.crikey.com.au/wp-content/uploads/2014/07/copyright.pdf；http://www.computerworld.com.au/article/550928/government_pushes_website_blocks_fight_piracy/；http://www.computerworld.com.au/article/551319/cheers_jeers_over_anti-piracy_laws/）

【欧盟计划于 2015 年启动统一版权改革】

2014 年 9 月 10 日，下一届欧委会主席让-克洛德·容克（Jean-Claude Juncker）正式宣布新欧委会委员分工。由欧委会现任能源委员奥廷格（Günther Oettinger，德国）出任新一届欧委会数字经济和社会委员。奥廷格上任不久就表示：欧委会在 2015 年会致力于改革欧洲版权法计划。

奥廷格希望统一欧洲的著作权法，欧洲各国著作权法的碎片化，使得欧洲在各国之间网络用户管理方面存在很多问题。这就需要对“什么是知识产权”进行重新定义，并且进一步明确艺术家、科学家和作者的含义。

奥廷格表示，通过搜索引擎展出受版权保护的作品可以作为一项新的征税方案的对象。德国版权法已经出台相关规定，要求搜索引擎提供方向版权人支付一定版税，以在特定情形下合法使用其内容。根据德国《著作权法》以及德国《著作权法补充条例》，搜索引擎平台应当向各大媒体支付从搜索结果中摘录新闻的许可使用费。

奥廷格认为，有必要对整个欧盟版权制定一个统一的规则。奥廷格表示：必须在用户利益、网络知识产权保护和网络文学艺术作品发展之间找到一个平衡点，这是一项艰巨的任务，准备工作至少需要持续到 2015 年。

2013 年底，欧盟委员会发起了欧洲版权法的修改活动，该活动讨论了关于权利人的多项权利，包括数字内容的可访问性、权利的限制和例外以及获得报酬的权利问题。同时，该修改会议也讨论了是否在整个欧盟设置统一的版权规则。目前大多数欧盟国家都拥有相应的版权管理规则，但是各个国家的规定却大相径庭。

（信息搜集、编译：王依。

资料来源：http://www.out-law.com/；http://www.ipr.gov.cn/guojiiprarticle/guojiipr/guobiehj/gbhjnews/201408/1834900_1.html；http://www.chinamission.be/chn/zogx/kjhz/t1191675.htm；http://www.cctime.com/html/2014-09-17/2014917951530096.htm；http://www.spiegel.de/netzwelt/netzpolitik/guenther-oettinger-will-europaeische-urheberrechtsabgabe-einfuehren-a-999629.html；http://www.manager-magazin.de/unternehmen/it/guenther-oettinger-und-seine-plaene-fuer-den-breitbandausbau-a-1003717.html）

【美国启动 DMCA 第 1201 条的修订活动】

2014 年 9 月 17 日起，美国版权局开始启动第六次针对其《数字千年版权法案》第 1201 条的三年一届的规则修订活动，该条规定授权国会图书馆馆长在版权登记处的建议下，对规避某些类型作品上的有效控制他人访问作品的技术保护措施的行为进行豁免。这条规定可有助于使图书馆在馆内电子阅览室内为读者提供广泛的网上浏览服务；对于某些设置了控制读者访问的加密技术的作品，图书馆可以对其进行解密，并供馆内读者上网访问。而该次三年一届的规则修订活动的最终目标在于，确定是否存在特定类型的作品，对于其使用者会或很可能会，由于不得规避技术保护措施而在对作品进行非侵权性利用时受到不利影响。一旦确定了这些作品的类型，国会图书馆馆长将公布一项规则，对于接下来三年内做出的规避特定类型作品上的技术保护措施的行为进行豁免。

调查通告要求各利益相关方提交对于豁免行为的书面建议。不同于之前数次的活动，版权局不再要求各利益方在程序的最初阶段就提交与其建议书相关的所有法律证据和事实证据。相反地，在活动之初，提出豁免行为建议的各方可以仅提交一份说明其所建议的豁免行为的特定要素的建议书。该建议书在篇幅上应限于五页以内，且为了具体说明格式要求，版权局提供了一定的模板以供参考。此外，各利益相关方对于其提出的每一个关于豁免行为的提议应分别提交单独的建议书，当然，同一主体可以提交多份分别提交的建议书。

在收到各利益相关方关于豁免行为的提议后，版权局会对其进行审议，整合内容相关或者重合的提议，并发布一份关于规则制定提议的通知，公布其进一步考虑的被提议的豁免行为。该通知会征求各方提交充分的法律证据以及事实证据，并提供关于所需证据类型的进一步指导。该次建议书提交的截止日期是 2014 年 11 月 3 日，根据已提交的关于豁免行为的提议来看，其涉及的对象有通过电子技术手段传播的文字作品、视听作品、计算机程序、无线手机和其他移动通信设备、电影摘录片段、DVD、来源于网络的电影及其他作品等，而关于上述对象所提议的豁免行为主要是个人使用、技术兼容性需要、评论及教育目的的使用等。

关于第 1201 条规则修订活动的变化旨在提升公众对于该活动（包括其相关法律和事实要求）的理解，并促进公众在此规则制定活动中的更为有效的参与。

（信息搜集、编译：史由由。

资料来源：http://www.dmca.com/；http://copyright.gov/1201/；http://copyright.gov/1201/2014/petitions/）

【西班牙议会通过新版《知识产权法》】

2014 年 10 月，西班牙议会经多次讨论最终通过了新版《知识产权法》，该法于 2015 年 1 月正式施行。

新《知识产权法》在通过之前，历经一年的激烈讨论，终因获得了西班牙执政党（人民党）的支持而被通过。该法被认为给对提供未经授权内容的网站进行罚款提供了一定的法律依据。然而，这项法案颁布后，在西班牙国内引发质疑声不断。

新《知识产权法》的主要目的是保护新闻从业者的知识产权权益以及打击盗版。具体内容包括如下方面：一是谷歌在其搜索结果中显示的新闻内容相关链接所属的媒体机构，有权向谷歌收取名为“新闻内容制造权”的费用。也就是说，该法为对提供未经授权内容的网站进行罚款提供了一定的法律依据。二是目前西班牙国内盗版情况异常猖獗，且其国内 84% 的数字内容都来源于不正当途径。因此，出于对西班牙媒体和出版商的保护，该法规定，如果相关网站为盗版内容提供链接，即使没有从这些链接中牟取利益，这些网站也将面临罚款处罚。

这项新《知识产权法》虽然也被称为“谷歌税”，但是对雅虎等其他提供网络新闻链接的互联网公司具有同样的效力，并非仅仅针对谷歌一家公司。

谷歌迅速对新《知识产权法》做出了回应，对于该项新法，谷歌感到非常失望，像 Google News 等这样的服务是在帮助各大出版商获得网站流量。就未来而言，谷歌将在新法的框架内继续帮助西班牙的各大出版商提高收入。

不过，该法暂且只获得了该国执政党的支持，至于其他党派，他们更愿意将新《知识产权法》称为是“灾难”或“错失的良机”。批评者们称，新《知识产权法》会破坏他们对盗版实行者的教育工作，并且它也不会对内容原始持有人带来经济上的补偿。另外，他们还指出，法案中对包括个人盗版在内的盗版内容的定义模棱两可。

（信息搜集、编译：刘青。

资料来源：http://legal.people.com.cn/n/2014/1111/c188502-26004565.html；http://digi.163.com/14/1031/13/A9SURDDI00162OUT.html）

【英国政府新拨 300 万英镑打击数字盗版和假冒商品】

2014 年 10 月 23 日，伦敦市警察局打击知识产权犯罪机构（PIPCU）又从政府处获得了 300 万英镑的资金，用于进一步打击数字盗版与假冒商品。PIPCU 是成立于 2013 年 9 月 13 日，意在打击网络盗版的一个政府机构，由伦敦市警察局负责运作。成立之初，该机构即获得了 256 万英镑的政府拨款。截至 2014 年 10 月，该机构已经有效运行了一年。该次获得的新资金可以维系该机构运作直至 2017 年。

伦敦市警察局表示，英国每月约有 700 万人访问提供非法内容的网站，给英国的经济造成了巨大的损失，若对新技术的应用不加以监管，则可能毁掉英国一些最具创新性和生产力的产业。自PIPCU成立，警方第一次在伯明翰逮捕了两名涉嫌销售假冒DVD的男子以来，该机构很快成为英国打击知识产权犯罪的核心力量，在反数字盗版和假冒商品领域取得了斐然的成绩：

（1）关闭了2 359个互联网域名，涉案金额逾2 900万英镑；

（2）截获了价值超过129万英镑的假冒商品；

（3）将访问量达500多万次的侵权网站列入PIPCU的中止域名之列；

（4）成立了运作创新小组，该小组旨在破坏和阻止非法网站给侵权材料提供未经授权的访问通道，并设立了侵权网站名录。

（信息搜集、编译：于露。

资料来源：http://www.ipr.gov.cn/index.shtml;http://www.gov.uk/）

【英国开放9 100多万“孤儿作品”的许可计划】

2014年10月29日，英国推出一项许可计划，旨在开放9 100多万“孤儿作品”。所谓孤儿作品就是其作者身份不清或者下落不明。

英国知识产权局（商业、创新和技能部）指出，该项许可计划至少开放了9 100多万份包括日记、照片、口述历史记录和纪录片在内的“孤儿作品”。这些作品是受到版权保护的，只是它们的作者身份不清或者下落不明。根据该新计划，这些作品在被知识产权局授予许可之后，便可以在网站上、书籍中和电视上被复制引用，而且不构成侵权。当这些作品的作者出现的时候，会给他们合理的报酬。这个计划要求申请人在获得知识产局的许可之前，要做到“勤勉地搜索”（diligent search），针对不同类型的作品，英国知识产权局制定有不同的搜索指导。权利人也可以通过搜索被授予许可的登记表，这样促进作品和它的作者“相认”。前述计划是开创性的，该计划还率先使用电子申请系统和授予许可证的登记搜索，在英国和国际上均是最佳的实践模式。

而早在2012年9月，欧洲议会就通过了《关于孤儿作品的某些许可使用的指令》。不同于英国的许可计划的是，欧盟对于孤儿作品的使用主要是限制在公共领域，如图书馆、档案馆等。对于孤儿作品的合理使用只有一个条件，那就是孤儿作品在使用前，必须由使用人经过对于版权人“勤勉地搜索”，而“勤勉地搜索”的标准可由成员国实施该指南的相关机构指定。

英国许可计划与欧盟指令既是互补的又有区别的：欧盟的指令对某些许可使用孤儿作品，只让文化机构对电影、音像作品和录音进行数字化，在其网站上显示它们只能用于非商业用途；英国孤儿作品的许可计划是当版权人下落不明时许可可以在英国被授予，许可计划适用于所有类型的孤儿作品的，可以在更广泛的商业和非商业用途中使用。任何人都能使用，而不是仅仅限于文化机构和遗产机构。

总之，上述英国许可计划以及根据欧盟指令实施的数字化，有助于在英国国内和欧洲各地更多地展示英国文化著作。

（信息搜集、编译：郎振羽。

资料来源：http://www.ip-watch.org/2014/10/29/uk-opens-access-to-91-million-orphan-works-ukipo-says/;http://www.ip-watch.org/2012/09/13/european-parliament-passes-orphan-works-directive/;http://www.chinacourt.org/article/detail/2013/05/id/960632.shtml）

【肯尼亚版权委员会起草新法以保护本国民俗文化】

2014年12月11日，肯尼亚版权委员会（KCB）宣布计划出台相关法律以保护肯尼亚的传统文化表达和传统知识，相关法律计划于2015年底前出台。KCB行政主管Marisella Ouma表示法律的两份草案已经拟定完毕，会尽快提交有关部门审议。

Marisella Ouma表示，该法的目的是确保肯尼亚丰富的文化遗产不被外国第三方无偿开发利用，包括音乐、艺术、舞蹈、表演在内的领域未来都将被保护起来。目前，肯尼亚的文化产业损失相当严重，有外国人将肯尼亚的文化产品以自己的名义申请版权或者专利保护，而且这种例子还不在少数。

由于肯尼亚缺乏相关立法经验，Ouma表示会借鉴秘鲁、印度等其他国家保护本国传统文化的经验，从而制定出能够切实防止本国文化被破坏的法律。

为了防止文化产业利益流失，肯尼亚在着手立法的同时，也在计划建立数字图书馆，其主要作用在于保存、记录本国传统文化。

Ouma说KCB每年需要大约270万美元来进行知识产权的保护，其目的是希望能够帮助肯尼亚建立完善的文化产业系统，从而创造出最大的利益。

2014 年，肯尼亚的文化产业占 GDP 的比重不到 1%，因此肯尼亚政府对该计划抱有很大期望，政府希望在未来五年内，文化产业能够迅速发展，最终实现占比达到 5%。

Ouma 表示肯尼亚拥有丰富的文化遗产，国内也有着活跃的文化氛围，但是因为版权保护的缺乏，文化不能很好地转化为经济利益，希望在未来，版权能够为该国的文化产品增加附加值，考虑到肯尼亚丰富的文化市场，这一利益会是非常可观的。但是，该期望要想实现非常困难，Ouma 同时也承认，现在只有很少的肯尼亚人意识到自己民族丰富的文化遗产所蕴含的价值，要想实现文化经济的发展，思想意识的转变将至关重要。

（信息搜集、编译：李翔。

资料来源：http://www. coastweek. com/3748-Kenya-Copyright-Board-draft-new-laws-to-protect-local-folklore. htm）

【英国政府放松数字版权要求，音乐行业请求启动司法审查】

2014 年底，经过为期两年多的立法，英国政府终于决定放松对数字版权的要求。英国知识产权局已经出版了最终版权法的例外条案，其中规定：个人复制自己已经购买的媒体作品（如 CD、电子书等）供私人使用（如改变格式或者备份）不会侵犯版权。例如，倘若你是为了个人使用，这个例外规定允许你把自己购买的 CD 的内容复制到 MP3 上。然而，未经著作权人许可，拷贝给朋友或家人，或者复制你所不拥有的东西或非法获得的东西，仍然是非法的。因此，你不能复制从朋友那借来的 CD，或者拷贝从文件共享网站非法下载的视频。你被允许为你所拥有的任何设备或私人在线储存媒介（如私有云）做个人复制，但是，让其他人获取你所复制的文件，例如，允许朋友访问你的私有云存储，仍然是不合法的。

新的举措允许人们为了个人用途而复制音乐，也可以为了老师的教学目的而模仿。但是它遭到了词曲作者的抨击，因为这样做，消费者就可以不经过艺术家的许可而随意复制唱片了。英国音乐行业正在寻求对该项新的立法进行司法审查，他们坚称必须对音乐家进行补偿以弥补销售损失。音乐家协会，作词家、作曲家、作者的英国学院和行业机构正在对政府 2014 年 10 月 1 日生效的新的版权立法采取法律行动。

音乐家协会秘书长约翰·史密斯表示，缺乏公平的补偿会非常不利于创造者和表演者，这关系到绝大多数的欧盟同行。

英国学院公司首席执行官维克贝恩表示，消费者有权利为了个人使用去复制其合法购买的音乐产品，但是必须对音乐原创者给予公平的补偿。

在提交给伦敦高等法院的法律诉讼中，音乐行业机构坚称英国的立法落后于欧盟关于对权利人“公平”补偿的法律。

在此之前，词曲作者可以从消费者或者像苹果这类设备制造商处要求赔偿。他们呼吁政府引入一项所谓的“iPod 税”，专门对音乐播放设备制造商征税，但政府已经拒绝。

英国音乐公司首席执行官 Dipple 表示，在数字时代，对于英国音乐行业的成功来说，许可是一种商业模式，然而，当被许可的权利被剥夺，权利人应当受到补偿。版权使人们能够通过他们的创造力谋生以及维持就业。政府对于私人复制问题犯了一个严重的错误，立法构架必须保证音乐家获得公平的补偿。

当然，未经版权方同意和授权的公开传播依旧会被认为是盗版。尽管该例外条案极大地方便用户，但它也同时为盗版提供了方便之门。

（信息搜集、编译：孙文凯。

资料来源：http://www. ifanr. com/news/410709http://www. theguardian. com/media/2014/nov/26/uk-music-industry-copyright; http://musicianguide. cn/piracy-legalized-the-british-allows-individuals-to-copy-a-cd? utm_source=yeeyan&utm_medium=mgarticle&utm_campaign= socialmedia; https://www. gov. uk/exceptions-to-copyright）

◆ 司法判例

【加拿大联邦法院判版权侵权赔偿 1 050 万美元】

2014 年 1 月，加拿大联邦法院德高望重的大法官坎贝尔（Campbell）宣判赫尔南德斯（Hernandez）在互联网复制和发布《辛普森一家》和《恶搞之家》剧集侵权，21 世纪福克斯（Fox）集团获赔 1 050 万美元。大法官坎贝尔还颁布了禁止侵犯 21 世纪福克斯拥有版权的相关节目和作品版权的广泛禁令，包括在宣判之日后产生的作品。

该判决肯定了可在联邦法院通过有效程序起诉那些在加拿大公然侵犯版权的人。该判决还明确了版权侵权者不能因为没有提出抗辩程序来逃避法律制裁。

在福克斯诉赫尔南德斯案中，坎贝尔法官判定1 000万美元的法定损害赔偿金。福克斯在提交的起诉状中声称赫尔南德斯已经复制并在他运营的“Watch the Simpsons Online”和“Watch the Family Guy Online”网站上发布了至少700集节目，并进一步称被告人从这些节目附带的广告和促销商品销售中获利。根据每个剧集的数量，尽管一部作品2万美元的损害赔偿金在加拿大已是上限，1 000万美元的赔偿额还是获得了支持。

在之前一起有关计算机软件非法销售的Adobe诉汤普森（Thompson）案件中，汤普森未经授权销售Adobe、Microsoft和Rosetta Stone的软件复制品侵犯了版权，法庭判定了最高法定赔偿额。在那个案件中，最高法定赔偿额根据已被销售的软件程序和个人在网站上复制的封面数量来确定。法院还判定了10万美元的惩罚性赔偿金。该判决通过简易判决做出，个人侵权者没有提出抗辩。

在福克斯诉赫尔南德斯案中，坎贝尔大法官明确表示他觉得该案中法定赔偿金尚不足以实现惩罚的目标和威慑侵犯版权的犯罪，因此他还判处了赫尔南德斯支付50万美元的惩罚性赔偿金。

通过判决可以知道，加拿大的法院，特别是联邦法院，在有关通过在线销售和传播等方式公然侵犯版权作品的非抗辩程序中乐意判处巨额赔偿金。显然加拿大一些版权侵权者认为他们能够通过不对版权所有者提起的诉讼进行抗辩来避免不良后果的想法完全不可行了。当法庭要求提供证据证明版权和侵权活动时，当每个案子还原它的事实时，法庭愿意在非抗辩程序中判处巨额的法定和惩罚性赔偿金，使版权所有者通过指望法院判处威慑性的判决而迅速行使他们的权利。

此外，联邦法院在那些案件中还意识到版权在互联网传播的各个方面都有可能被侵权。在Adobe诉汤普森案中，上传封面就足以被处以最高法定赔偿金的结论十分重要。在福克斯诉赫尔南德斯案中，坎贝尔法官发现各个阶段均有侵权，包括对节目最初的复制，将节目拷入电脑系统，将非法版本上传至服务器，创建链接至服务器，通过通信设备向公众传播节目，并通过让公众利用“互联网相关设备下载、实时播放和/或复制……未授权版本……”使公众侵权。

（信息搜集、编译：中国保护知识产权网。
资料来源：lexology. com）

【欧盟法院称反版权侵权措施并不妨碍某些规避设备的销售】

2014年1月24日，欧盟法院就意大利法院呈递的任天堂起诉PC Box公司一案做出裁决，欧盟法院表示，使用技术保护措施（TPM）以防止版权侵权的软件公司只有在这些技术保护措施没有超出防止版权侵权的必要范围时，才能从禁止销售“规避”设备的法律保护中受益。

在该案件中，任天堂起诉PC Box公司。PC Box公司销售能够规避任天堂公司安装在其游戏机和电脑游戏上的技术保护措施的修改芯片和游戏复制设备，利用这些产品可以在任天堂游戏机上使用非任天堂公司制造或授权的游戏。

欧盟法院表示，被部署在设备和软件上的技术保护措施是为了防止版权侵权。它们的使用不应该禁止具有显著商业目的或非规避技术保护措施而使用的设备或活动。试图安装技术保护措施以防止版权侵权的企业应该评估下是否有其他的方式实现“类似的保护”，并较少干预到不需要版权权利人授权或权利人对其活动限制较少的第三方。在这一评估中应该考虑的因素包括：成本、技术、操作中的实际问题并对替代措施的有效性进行比较，替代措施作为更合适的选择与破坏性的技术保护措施相比，不需要100%的有效。合适的替代措施还应该考虑到什么设备、产品或零件是能够规避有效的技术保护措施的。

至于这些设备、产品或零件将如何使用将关系确立技术保护措施作为一种法律保护手段的效力问题，欧盟法院表示，只有以防止或排除未经版权持有人授权的行为为目标的技术保护措施，才能获取法律保护。

在呈递给欧盟法院前，意大利法院一直在评估PC Box公司的产品在何种程度下才具有合法性。

任天堂公司宣称，其公司实施的技术措施恰好获益于对技术保护措施的法律保护，它主张PC Box公司的设备主要用于规避这些技术措施。

但是，PC Box已经表示，它销售的软件是由独立制造商制作，这些制造商生产任天堂公司的游戏机和其销售的设备。PC Box宣称任天堂公司的技术保护措施不应该阻碍其产品的销售，因为任天堂公司安装技术保护措施真正目的是要阻止使用那些不构成非法复制视频游戏的独立软件，而该软件是要使MP3文件、电影和视频能在游戏机中被读取，以便充分利用这些游戏设备。

《欧盟信息社会版权指令》中的版权法规为权利

持有人安装技术保护措施以限制与其版权作品相关的未授权行为提供了法律保护。欧盟成员国有义务保证采取适当的法律保护手段打击规避任何有效技术措施的行为，而这些行为是由知道或有理由知道其目的是规避技术措施的人们开展的。

欧盟成员国要适当地防止制造、出口、销售、出租，或商业占有设备、产品、零件、服务——这包括以规避任何技术保护措施为目的进行推广、宣传、市场化，或仅具备有限的商业显著目的或用途而非规避技术保护措施，或以促进或便于规避有效的技术保护措施为目的进行的设计、制造、修改或执行。

但是，该指令还解释说，对技术保护措施给予的法律保护不应该妨碍电子设备的正常操作或技术开发，给予的法律保护应该恰当，而不能禁止具有显著商业目的或用途而非规避技术保护措施而使用的设备或活动。

另外，根据《欧盟计算机程序指令》的进一步规定，计算机程序所有者有权追究那些明知销售的计算机程序是侵权的人，或唯一目的是为了便于擅自移除或规避保护计算机程序的技术设备而利用任何手段的人。

欧盟法院表示：最终判定 PC Box 公司产品是否合法以及任天堂公司的技术保护措施是否应该获得法律保护，意大利法院要基于其判决标准做出裁定。国家法院要确定其他措施或未安装在游戏机上的措施是否会较少地干预第三方的活动或者限制其活动，同时又能够为权利持有人提供相应的保护。因此，要考虑到不同类型技术措施的相关成本、其实施的技术和实际方面、对比不同类型技术措施在保护权利持有人权利方面的有效性（尽管不需要是绝对的）。法院还必须审查设备、产品或零件规避技术措施的目的。

就该案而言，鉴于争辩的背景环境，第三方实际使用情况的证据与案件特别相关。国家法院尤其应该审查设备、产品、部件实际使用中无视版权的频率，以及不以侵犯版权为目的而使用的频率。

法院还裁定，对技术保护措施的法律保护不局限于仅禁止复制载有版权作品的介质的限制措施，而且还要防止从多个位置或设备中进行的获取。

欧盟法院在判决中表示：一个“有效技术措施”概念是能够涵盖不仅装有能容纳受保护作品的设备（如视频游戏，带有对未经版权持有人授权的行为进行防范的识别设备），而且还包括能确保获取这些游戏和使用的便携设备或游戏机。

（信息搜集、编译：中国保护知识产权网。

资料来源：out-law. com）

【南非对网络版权侵权者判处有期徒刑】

2014 年 2 月，开普敦一名男性被诉侵犯电影版权案在商业犯罪法庭开庭审理，侵权人最终被判处有期徒刑 3 年，缓刑 5 年。2013 年 12 月 13 日，南非版权保护联合会（SAFACT）宣布一名开普敦男性因在网上传播电影被捕，由此引发了对盗版处以刑事处罚的讨论。该男性上传了一部备受瞩目的南非电影到种子网站“海盗湾”。

南非于 1978 年实施的《版权法案》中规定，如果只是未经法律授权在网络上下载了受版权保护的内容，不构成犯罪。版权人可以起诉非法下载人支付赔偿金，赔偿金额通常等于被下载作品的购买价格。但是，销售非法获取的受版权保护的材料，或者传播以上材料的（包括上传或使用点对点方式传播该材料的全部或部分内容），构成犯罪。

根据该法案，若为初犯，对于每一部被非法传播的受版权保护作品，单处最高 5 000 兰特的罚金，或者单处 3 年监禁，或者并处以上两种刑罚。其他情况下，对于每一部被非法传播的受版权保护作品，单处最高 10 000 兰特的罚金，或者单处最高 5 年的监禁，或者并处以上两种刑罚。

值得注意的是，通过 BT 下载内容通常会造成文件的一部分同时被上传，这是由 BT 协议本身的性质决定的。这意味着南非人如果在未经授权情况下使用 BT 下载受版权保护的作品，将很有可能被指控刑事罪名而不只是面临民事处罚。但应该强调的是，BT 作为一种技术并不是错的，使用 BT 本身也不违法，使用 BT 下载或传播文件是否违法是由被下载或传播的内容所决定的。

（信息搜集、编译：温崇学。

资料来源：http://www. ipr. gov. cn/guojiiprarticle/guojiipr/guobiehj/gbhjnews/201401/1795569_1. html；http://mybroadband. co. za/news/internet/93817-internet-piracy-criminal-civil-penalties-in-south-africa. html；http://mybroadband. co. za/news/internet/93539-first-for-sa-internet-pirate-arrested-in-cape-town. html；http://mybroadband. co. za/news/internet/93703-sa-internet-pirate-court-appearance. html；http://mybroadband. co. za/news/internet/14000-online-piracy-what-happens-when-you-get-caught. html）

【加拿大法院要求网络服务提供商提供非法下载用户的地址】

2014年2月20日，加拿大联邦法院支持了Voltage Pictures LLC的诉讼请求，要求TekSavvy Solutions Inc. 交出涉嫌非法下载电影《拆弹部队》的用户名单及其网络地址（IP地址）。

Voltage公司的代理律师James Zibarras认为，该次判决改变了法院之前的观点，早在2006年，BMG Canada Inc. 就试图找出涉嫌非法下载音乐的用户，但当时法院并没有支持BMG Canada Inc. 的要求。

联邦法院的首席书记官Kevin Aalto表示，Voltage Pictures LLC与TekSavvy用户的一切书信需要经过法院的批准，在律师函中必须用大写黑体字写明“法院尚未就用户侵权及损失赔偿问题做出最终决定”。据此，TekSavvy的首席运营官Marc Gaudrault认为法院对于用户的信息安全进行了保护，这是非常正确的，TekSavvy公司不会向Voltage Pictures LLC提供丝毫用户信息，直到满足法院所有的要求。

渥太华大学法学教授David Fewer认为，虽然法院要求TekSavvy公司将名单提供给Voltage公司，但是要求Voltage公司不得滥用版权者的地位，防止出现“版权巨魔”。David Fewer认为，随意向用户发警告信，要求用户支付高额赔偿的“商业模式”已经在美国建立，而成为“版权巨魔”的路子在加拿大已经被关闭。

（信息搜集、编译：张传磊。

资料来源：http://www.theglobeandmail.com/technology/tech-news/court-tells-teksavvy-to-reveal-customers-who-illegally-download-movies/article17025513/；http://www.reddit.com/r/technology/comments/1ymll7/court_orders_canadian_isp_to_reveal_customers_who；http://www.torontosun.com/2014/02/21/internet-provider-ordered-to-name-2000-customers-accused-of-pirating-movies）

【辛迪·加西亚诉谷歌版权侵权并申请初步禁令案】

2014年2月26日，美国第九巡回法院就辛迪·加西亚（Cindy Lee Garcia）诉谷歌版权侵权上诉案做出了判决。该案背景为，辛迪·加西亚应制片人马克·巴塞利·尤瑟夫（Mark Basseley Youssef）要求出任女配角，尤瑟夫声称该电影是一部名为《沙漠勇士》的冒险电影，但加西亚后来发现其表演被用在一部反伊斯兰教的电影《穆斯林的无知》中，且被以反伊斯兰教的话语配音。加西亚因之收到了来自愤怒的穆斯林人士的生命威胁，而向谷歌要求删除其在YouTube上的视频，谷歌对其8次通知皆予以拒绝。加西亚在加利福尼亚州中心地区法院对谷歌、YouTube及尤瑟夫等人起诉，主张播放上述视频侵犯了其表演的版权，要求法院发出临时限制令以删除YouTube上该反伊斯兰教电影的复制件，谷歌（YouTube归其所有）应诉。一审法院将其视为对初步禁令的申请，并做出判决，否决了加西亚的请求。加西亚向美国第九巡回法院对谷歌及YouTube提出上诉。

2014年2月26日，第九巡回法院做出判决。判决的起草法官Alex Kozinski认为，在给予初步禁令时，法院应衡量以下因素。

（一）原告主张成立的可能性

第一个因素是该案的争议焦点，Kozinski法官在判决书中从以下方面进行了阐述。

1. 独立的版权利益

电影通常被认为是多个作者共同创作的合作作品，依先例，加西亚无合作意图，即不构成合作作者。那么，此处关键问题就在于加西亚的表演是否具有充分的创造性以至可独立地受到版权保护。演员的表演若被固定下来，且通过其身体语言、面部表情以及与其他演员的互动和场景因素等展现了“最低程度的创造性”，其表演便可享有版权。很明显，加西亚的表演满足了最低要求，其对自身表演享有独立的版权利益。对此，谷歌主张加西亚的表演是职务作品，或者她给予了电影制片人尤瑟夫默示许可，允许在《穆斯林的无知》中使用其表演。

2. 职务作品

根据职务作品的规定，若加西亚是尤瑟夫的雇员且在职务范围内行为，或者她是独立的合同一方而通过合同转让其权益，加西亚的表演的权利便归属尤瑟夫所有。该案中尤瑟夫是为特定任务而雇用加西亚，后者仅仅工作了三天且未享受任何雇佣福利，且两者并未签订《版权法》101条款所要求的书面协议。因而，加西亚不是其雇员，也未通过合同转让其表演的权利。谷歌关于职务作品的主张不成立。

3. 默示许可

非排他的默示许可可以来自他人行为，在原告依被告请求创作作品，并怀着使被告复制和发放作品的意图转交作品时，默示许可成立。该案中，若无播放表演的默示许可，加西亚的表演将毫无用处，因此，谷歌关于默示许可的主张成立。但是，此默示许可的范围没有广到可以将加西亚的表演用于任何节目，《穆斯林的无知》与加西亚最初同意出演的电影《沙漠勇士》有着根本性的不同，在前者中使用其表演超出了加西亚默示许可的范围，因而是未获许可的、侵权性质的使用。

综上，加西亚已证明其版权被侵权的主张很可能成立。

（二）不发出禁令时造成不可弥补的损害的可能性

加西亚主张，由于持续的版权受侵和该侵权使其面临了生命威胁而遭受了不可弥补的损害。其所遭受的伤害是真实且急迫的，以致其不得不在旅行时采取安保措施且迁居并更换工作，若不发出禁令，其将继续遭受重大损害。此外，因尤瑟夫未经授权在《穆斯林的无知》中使用加西亚的表演造成其受损，加西亚也证明了被告侵犯版权行为和其受损害之间的因果关系。

（三）衡平法上的权衡以及公共利益

尤瑟夫欺瞒了加西亚，以令其反感的方式使用其表演，并因之使其遭受生命威胁。谷歌拒绝接受关闭视频的请求也毫无衡平法依据，其认为禁令将会限制宪法所保护的言论自由，但是宪法第一修正案并不保护侵犯版权的行为。因而，衡平法上的权衡明显倾向加西亚，而且，因该电影反伊斯兰教的性质，在公共利益所涉及的范围内，它也偏向原告一方。

因此，一审判决被撤销，案件被发回重审。同时上诉法院发出临时限制令，要求谷歌删除YouTube上及其他被告控制范围内的平台上所有该反伊斯兰教电影的复制件，且采取所有合理措施阻止以后的上传，该临时限制令持续到地区法院根据此次判决做出初步禁令之时。

第九巡回法院史无前例的观点对面对删除网络服务内容请求的互联网服务提供者（ISPs）和网络服务提供者（OSPs）造成了重大影响，同时对网络言论自由的发展也有意义深远的影响。当然，其最为评论关注的还是该案中加西亚的表演的可受版权保护性，其可谓是“作品中的作品”，它引发我们重构版权归属的概念：之前依 Aalmuhammed v. Lee 案的先例判决，电影作品中依剧本、场景而作的表演一般被视为是职务作品的构成部分，演员不可主张版权，但是该判决认可了加西亚对其表演享有独立的版权利益，在一定程度上对版权归属的传统规则提出了挑战。

（信息搜集、编译：史由由。

资料来源：http://origin-www.lexisnexis.com/ap/auth/；http://www.iposgoode.ca/2014/03/garcia-v-google-inc-copyright-ownership-isp-liability-and-the-future-of-freedom-of-expression/；http://www.huffingtonpost.com/schuyler-m-moore/garcia-v-google-hard-case_b_4900376.html）

【荷兰：下载盗版电影和音乐将不再合法】

2014年4月10日，欧洲法院判决称，荷兰公民将不能在不付费且不违法的情况下下载受版权保护的电影及音乐。法院认定现有的“盗版税”体系并不合法。

下载盗版电影和音乐在世界范围内都十分普遍，在荷兰，约有1/3的人口也在这样做。

与大多数其他国家不同，在荷兰，下载盗版电影和音乐并不属于刑事犯罪。这是因为荷兰人引入了一个体系，当消费者购买硬盘和智能手机等带有存储功能的可读媒介时，可以支付“盗版税”对权利人进行补偿。

在4月10日法院做出上述判决以前，任何人购买智能手机、平板电脑、台式机或笔记本电脑都只需交纳5欧元来便可在家进行复制。

但是在欧洲法院对由若干电子商店及制造商提出的该诉讼做出的里程碑式判决中，法院表示这一机制并不合法。电子企业提出的盗版税让其产品变得更加昂贵的主张成功地得到了法院的支持。

判决书写道，盗版税使版权所有人获得了不公平优势并对荷兰国内市场带来威胁。对文化传播给予合理支持这一目标，不能通过牺牲对版权的严格保护或容忍非法传播假冒或盗版作品的方式来实现。

法院认为荷兰的盗版税体系鼓励了假冒和盗版作品的传播，并称文件共享合法化损害了那些从授权零售商购买电影和音乐的人的利益，因为这些人为设备和设备上所要刻录的媒体文件支付了双重费用。

荷兰政府已经肯定了法院的判决，并已在政府网站上发出公告，禁止下载受版权保护的作品供个人使用，且该决定立即生效。

然而，版权所有人也许因此将面临更恶劣的情况，因为判决将导致他们失去盗版税所带来的数百万欧元的收入，尽管这笔收入很难与合法的电影和音乐销售相比。不过在世界上许多地方，合法渠道的电影及音乐销售额正逐步减少。

从判决生效开始，在荷兰，只有将作品复制到合法购买的硬盘上才不违法。

这一判决还可能影响到瑞士等同样允许下载受版权保护作品的其他欧洲国家。

（信息搜集、编译：中国保护知识产权网。

资料来源：rt.com）

【美国作家公会就谷歌图书版权侵权一案提起上诉】

2014 年 4 月 12 日，美国作家公会就与谷歌图书版权纠纷一案，向美国第二巡回法院提起上诉，作家公会认为原判决中法官丹尼·秦（Denny Chin）适用的规则扩大了版权法中合理使用规则的范围。

该案由作家公会与美国出版商协会于 2005 年提起诉讼，它们认为谷歌在发展其图书搜索数据库的过程中侵犯了其版权，因为谷歌的这个项目包含了受版权保护作品的部分内容。争议中的谷歌图书项目是一个针对书籍的扫描项目，扫描范围既包括处于公有领域中的老书，也包括版权书籍。通过该项目谷歌能够在搜索结果中提供部分或全部的图书内容，其中对于处于公有领域的书籍是全文展现，而版权书籍则只提供能够通过其他途径搜索得到的总括内容。原告方认为，即便如此，谷歌也没有权利复制并保有其版权图书的全部内容。谷歌则反驳说该项目是合理使用的一种表现，是数字时代与图书馆中卡片目录等同的出版物索引。案件提出后不久，出版商协会就与谷歌达成了调解协议，而作家公会则坚持与谷歌进行诉讼。

2013 年 11 月 14 日，作家公会与谷歌图书之间长达八年的诉讼以作家公会败诉告终。法官丹尼·秦认同了谷歌提出的合理使用抗辩理由，他认为谷歌图书维护了十分重要的公众利益，推动了艺术及科学的进步，同时也尊重了作者的权利，没有影响版权所有人的合法利益。通过分析合理使用的四个传统因素，法官认为，在其中最重要的经济损害一项，谷歌非但没有造成损害，反而增加了图书的销量，这是对版权所有人有利的一点。

作家公会在上诉中则认为，法官丹尼·秦的判决是错误的，原因如下：

（1）在适用合理使用原则的时候错误地对其进行扩大解释；

（2）基本忽略了谷歌该项项目的内在商业性质，同时错误地将整个项目评价为“变化的使用”；

（3）没有单独评价谷歌的每一项使用，包括其复制、存档和完整地发布书籍是否通过了变化性使用测试；

（4）忽略了谷歌为了实现其搜索功能，并不需要向它的图书馆合作伙伴散播电子书、向其普通用户显示“部分”图书内容或是储存大量电子书的复制件在其网络服务器上；

（5）漠视该项目对文学市场造成的实际和潜在的危害；

（6）未注意到最高法院在 Campbell v. Acuff-Rose Music，Inc. 一案中适用的关键要求，即谷歌的行为会为其他复制、展示、传播版权作品的数字版本打开方便之门。

（信息搜集、编译：潘莹。

资料来源：http://www.topix.com/us/federal-court-2nd/2014/04/authors-guild-files-appeal-in-google-copyright-claim；http://www.the-digital-reader.com/2014/04/11/the-authors-guild-files-appeal-in-google-books-lawsuit/#.U1CZpD-SwUK；http://en.wikipedia.org/wiki/Authors_Guild_v._Google）

【默示许可还是侵权：不因收购获得版权许可】

2014 年 4 月 15 日，伦敦上诉法院裁定：劳埃德保险集团（简称劳合社）没有获得软件使用的默示许可，该软件的授权使用者是哈利法克斯保险公司，因此劳合社侵犯了所有者的版权。

劳合社在 2009 年收购了哈利法克斯保险公司。在企业兼并之前，商人詹姆斯·山勒向哈利法克斯公司提供试用软件。该软件辅助保险公司根据建筑投保人的指示进行物业修缮。山勒认为哈利法克斯公司使用他提供的软件，但超过了双方书面签署的协议使用范围，因此侵犯了他的版权。

然而，山勒随后承认伪造了哈利法克斯公司代表的签名，高等法院的法官认定哈利法克斯公司拥有对山勒提供的软件使用权的合法许可。

但是，高等法院法官判决，劳合社不能主张由于兼并哈利法克斯公司而得以通过默示许可规则使用该软件。因此，劳合社由于没有获得山勒的许可而使用该软件构成侵权。

上诉审理中，劳合社认为高等法院错误地做出了判决。尤其是在劳合社完全没有必要证明其与哈利法克斯拥有相同的软件许可方面。相反，劳合社认为应当由山勒来证明该公司没有获得许可。法院没有采纳这一观点。

上诉法院法官基陈表示，法官在此之前没有收到任何可以解释劳合社是如何取得该软件的证据，但是很明显，该软件不是由山勒本人提供的。在此情境下，对于劳合社和哈利法克斯公司来说，它们需要将案件向积极方面推动并由法官进行解释，举证责任将由劳合社和哈利法克斯公司承担。

劳合社认为，高等法院在做出判决的时候没有适当地考虑山勒的“持续的谎言”。劳合社称山勒伪造协议签名以及后续的谎言表明山勒需要“隐瞒真相”才能胜诉。然而，上诉法院驳回了劳合社认为高等法院判决方式有误的主张。

基陈法官认为，该案非同寻常，尽管存在着明显的不断的不诚实的行为，山勒在使用其软件的要求中占有优势。但是，正像高等法院法官观察到的那样，当事人说谎并不必然导致在整个案件中陈述的都是虚假的事实。山勒的谎言在与哈利法克斯公司相关的活动上是致命的，但是这不代表在与劳合社有关的活动上也同样致命。

（信息搜集、编译：王依。

资料来源：http://www.out-law.com/en/articles/2014/april/-no-implied-copyright-licence-following-takeover-rules-court-of-appeal/）

【美国最高法院听审广播公司诉 Aereo 版权侵权案】

2014 年 4 月 22 日，美国最高法院听取了一起充满争议的版权案件的口头辩论。该案双方当事人分别为美国多家广播公司和网络电视新创公司 Aereo。该案结果可能影响广播电视、有线电视以及 DropBox、Box 和苹果 iCloud 等云存储服务的持续经营。

该诉讼的原告为美国主要电视广播公司，起诉的目的是保护自己的业务模式不受高科技对手提供的新兴且具有破坏力的技术所冲击。作为被告的 Aereo 公司将电视天线与移动数字视频录像机结合在一起，使消费者可以录制广播电视节目并在自己方便的时候观看。而在将 Aereo 与 Netflix 或 Amazon Prime 等在线服务结合以后，消费者就可以观看数目极为可观的节目而无须支付订购有线或卫星电视服务所需的高额费用。

然而，上述电视广播公司声称，Aereo 对其用户索要的费用极低是因为 Aereo 从事的是大规模版权侵权行为。Aereo 所做的就是获取受版权保护的广播节目并在未经允许的情况公然向用户传播。广播公司认为，这就是侵权。

Aereo 却有不同看法。Aereo 坚称自己并非在公开传播受版权保护的任何作品，而是仅仅提供了允许用户私下接收、记录并回放广播节目的技术。

美国最高法院曾在 1984 年索尼公司诉环球影城一案中判定，消费者录制广播节目并于稍后观看并不构成版权侵权。因此生产用户用来实现时间平移效果的 Betamax 录像机的索尼公司并不侵权。

2008 年，美国第二巡回法院适用了索尼案的判决依据保护了一种新型的录制技术，即 Cablevision 的远程录像服务。根据这一服务，消费者可以自己挑选节目进行录制，选好的节目会被刻录到 Cablevision 所有但却放置在消费者身边的硬盘上，接下来消费者只要在自己方便的时候回放就可以。在这种情况下，消费者实际上是从 Cablevision 租赁一台录像机放在自己的处所，而不是购买一台录像机在家使用。第二巡回法院在 Cartoon Network 诉 CSC Holdings 一案中判决称，这种远程录像服务并不属于公开表演，因为消费者都是各自录制自己选择的节目，而且根据索尼案，这种私人的时间平移行为是合法的。

Cablevision 的确向广播公司支付了巨额资金来获取使用自身有线电视服务转播广播节目的权利。不过，多亏了第二巡回法院，Cablevision 不必再为向用户提供远程录像服务支付额外费用。

但 Aereo 与此并不相同。Aereo 并不是有线电视服务，所以它没向广播电视公司支付一毛钱。这家公司只是向每个用户提供了一个连接到 Aereo 远程录像服务的小小的天线。于是用户能够通过自己的天线收看电视广播节目，将之录制到自己的远程硬盘上，并在家里回放欣赏。

在电视广播公司看来，这种做法聪明过头了，他们认为 Aereo 正试图利用自己的小天线网络掩盖其正在向许多观众公开传播广播节目的事实。这一主张似乎引起了最高法院首席大法官约翰·罗伯茨（John Roberts）的共鸣。在口头辩论中他指出，Aereo 使用了多个天线并为同一个广播节目制作了多个副本只是为了回避版权法的约束。

虽然其他法官也均未表达对 Aereo 太多的同情，但是其中两位却对法院如果判决广播公司胜诉会带来何种结果表示了担忧。史蒂芬·布雷耶（Steven Breyer）和索尼娅·索托马约（Sonia Sotomayor）法官称，判决 Aereo 败诉也许会伤害允许用户在云服务上存储并取回音乐、电影等内容的其他服务。

另一方面，广播公司却声称，法院做出有利于 Aereo 的判决会迫使广播公司停止在广播频道播放许多受欢迎的节目而选择只在有线台播放。不过这个趋势已经出现了，而且与 Aereo 没有任何关系。比如，广播公司已经纷纷将许多棒球、足球和篮球比赛转移到付费频道或有线频道。比如在 Aereo 并没有开展业务的洛杉矶，道奇队和湖人队的比赛就已不再出现在免费频道，只有在时代华纳有限公司所有的区域体育网络才能看到。还比如，从2016年开始，全美大学生体育协会（NCAA）的男子棒球锦标赛也将只在有线频道播放。

如果法院判决Aereo胜诉，广播公司也许不是利益受损的唯一一方。有线及卫星电视公司或许也可能面临失去用户的危险，因为用户会放弃使用他们提供的昂贵电视服务，而选择一种廉价得多的组合：Aereo加上Netflix或Hulu等基于互联网的在线视频服务。

如果是这样，有线电视公司或许可以通过建立自己的Aereo服务、使用大量小天线来接收广播节目而不再向广播公司支付转播费的方式来回击。不过这对于转播费在收入中占比相当大的广播公司来说，将是个极为不利的消息。

（信息搜集、编译：中国保护知识产权网。

资料来源：知识产权观察网）

【美法院裁定甲骨文Java受版权保护　谷歌败诉】

2014年5月9日，在涉及谷歌Android移动操作系统的Java软件使用问题的案件中，甲骨文赢得胜利。美国联邦巡回法院授予甲骨文通过版权保护其Java软件的权利。

由三名法官组成的陪审团裁定，甲骨文可以就谷歌在开发Android时所使用的Java代码对该公司发起版权维权。甲骨文称，谷歌未经许可使用了Java代码。

该案件被称为“知识产权案件的世界大赛”，受到软件行业的密切关注。该案涉及软件开发者使用的可让不同软件程序相互通信的应用程序接口能否受到版权保护这一问题。美国旧金山地区法院法官威廉·阿尔萨普（William Alsup）2012年裁定它们不受版权保护。

美国联邦巡回法院还将一个问题发回给该地区法院重审，即谷歌对Java代码的使用是否符合正当使用原则。旧金山地区法院此前未能就这一问题做出定论。

甲骨文此前称，谷歌在开发Android的时候，复制了其大量的材料——超过37个Java API和11行的Java源代码——并称这些材料跟其他知识产权一样受到版权保护。甲骨文还声称谷歌侵犯了它所持有的Java技术专利，但最终败诉。

甲骨文是在2010年收购Sun Microsystems时获得Java这一软件语言的所有权的。

来自纽约律师事务所Orrick，Herrington & Sutcliffe的一名代表律师约书亚·罗森克兰茨（E. Joshua Rosenkranz）表示，Java软件代码的开发花了多年时间和数百万美元，联邦巡回法院需明白到，要是任何人都能够直接窃取劳动成果，并利用它来与最初的开发者竞争，没有人会愿意付出这种投入的。

（信息搜集、编译：乐邦。

资料来源：网易科技、美国科技博客Re/code）

【彼得雷拉诉米高梅公司案】

2014年5月19日，美国联邦最高法院做出了彼得雷拉诉米高梅公司案的最终决议。该裁决可能会导致针对音乐、电影和电视公司的大批量的新的版权侵权诉讼。

1976年，杰克·拉莫塔（Jake LaMotta）和弗兰克·彼得雷拉（Frank Petrella）分配了他们合作作品的版权，将包括续展权利等的权利分给联美公司，后来联美公司成为米高梅公司的一个子公司。在1980年，米高梅公司发布并注册了名为《愤怒的公牛》的电影的版权，这部电影获得了巨大的成功。

彼得雷拉于1981年去世，1991年他的女儿保拉试图续展该版权，她及时向版权办公室申请了1963年剧本的版权续展申请。1998年，保拉的律师通知米高梅公司，包括电影在内的任何衍生产品的开发都侵犯了该作品的版权。

多年的协商无果，保拉以版权侵权为案由在美国加州中部地区的地方法院起诉米高梅公司，寻求金钱上的和禁令性的救济。米高梅试图让保拉的案件立即被驳回，认为公平的懈怠原则应当阻碍她提起诉讼，因为她在提起诉讼上拖得太久。地区法院支持了米高梅公司，并驳回了保拉的案件，裁决她无故拖延提起诉讼造成了米高梅的损害。随后，美国第九巡回法院肯定了该判决。

地区法院和第九巡回法院的判决被联邦最高法院推翻。最高法院以6比3票裁决保拉是1963年《愤怒的公牛》剧本的版权继承人，她可以继续对米高梅公司提起侵权诉讼，尽管已经耽误了18年。

金斯伯格大法官宣布不能使用懈怠原则以妨碍在版权法规定的三年的诉讼时效期限内通过提起版权侵权诉讼来寻求救济，三年诉讼时效期限明确允许版权所有人对在提起诉讼前三年内发生的侵权行为寻求赔偿与救济。由于保拉只是针对发生在国会法案规定的三年诉讼时效期限内发生的行为寻求救济，最高法院认为下级法院不能使用懈怠原则阻碍其起诉。此外，法院还警告不要调用懈怠禁止法律救济。

该案件的判决实际上意味着艺术家和继承人需要警惕他们的版权是如何被利用的，同时电影制片厂和其他衍生品的开发人员在检查受版权保护的材料时需要更加勤奋。权利人现在可以采用“等待并观望”的方式来确定一个侵权者是否从其违法行为获得利润而让诉讼有所值。它还开启了只要潜在的被告仍然在侵权，长期受制于懈怠原则的权利人就可以提起版权侵权诉讼的大门。判决结果的广度及其分析或许可以延伸至商标侵权和其他商业案件，懈怠原则仍然可作为公平的抗辩。

（信息搜集、编译：卜凡。

资料来源：http://www. ip-watch. org/2014/05/20/us-high-court-opens-door-to-more-and-older-copyright-suits/；http://en. wikipedia. org/wiki/Petrella_v. _Metro-Goldwyn-Mayer，_Inc. # Background；http://www. faegrebd. com/21572）

【美法院对 Aereo 的裁决给互联网企业带来新风险】

2014 年 6 月 25 日，互联网创业公司 Aereo 受到重创，因为美国最高法院裁决其侵犯版权。但 Aereo 或许不是唯一的输家。许多专家警告说，这一裁决可能会危及其他各类互联网企业。

美国广播公司诉 Aereo 公司的案件的关键点是当 Aereo 公司重新将受版权保护的广播节目发送给其用户时，Aereo 公司是否已经公开播放这些广播节目。Aereo 公司声称没有公开播放，因为它的服务只是使用户能够单独接收和观看电视节目，因为每个消费者都有权这么做。Aereo 公司只是为这种电视接收提供了一个新的、高科技的转化器。

当一个用户想观看电视节目时，他可以连入 Aereo 的网络并指定希望观看的节目。然后 Aereo 会分配给用户一个单独的硬币大小的天线用来接收节目。接收到的节目会记录在 Aereo 的服务器上，存储在一个专供该用户使用的硬盘上。一旦该节目的片段被记录数秒后，用户就可以让 Aereo 通过互联网为其实时播放节目记录，允许用户在平板电脑、智能手机或其他能连接互联网的设备上观看节目。因此，用户可以以仅有数秒延迟的速度观看电视节目——这比有线电视订阅系统所花费的成本要少得多。

Aereo 与有线公司有其他的不同。Aereo 精心设置了其设备以便其用户间不会共享内容，而有线公司只是使用一根天线来接收广播信号，然后将广播内容的同一版本重新发送给其所有用户。通过有线，原始的节目与传输的节目之间没有明显的时间延迟。

但最高法院认为有线公司与 Aereo 之间的这些差异并不重要。法院认为 Aereo 的行为与有线公司是“实质相似”的。那是决定性的，因为 1976 年国会修改了《版权法案》，将有线公司的重新发送定义为公开播放。因此，法院裁决 Aereo 的重新发送也是公开播放——它们没有获得广播节目版权所有人的授权。

附带损害

最高法院试图限制其裁决的后果。法院称该裁决仅适用于实质上与有线电视公司类似的企业，同时，最高法院还宣布该裁决不会给云计算或远程数字硬盘录像系统（DVRs）等其他技术赋予版权义务。

然而，圣克拉拉大学法学院教授埃里克·戈德曼（Eric Goldman）认为，判决的语言是如此有弹性，它可以涵盖很多东西。密歇根大学法学院教授杰西卡·利特曼（Jessica Litman）认为，这让人怀疑所有判决视频搜索引擎不侵犯版权的案件，最高法院没有说他们对 Aereo 的裁决不适用于那些搜索引擎。

该裁决还在包括云计算、远程 DVR 和含有来自 YouTube 等网站的嵌入视频的网页等许多其他在线活动的合法性方面引发混淆。即使法院公开支持这些活动的合法性，6 月 25 日的裁决仍会使互联网企业增加大量新成本。

（信息搜集、编译：中国保护知识产权网。

资料来源：知识产权观察网）

【荷兰出版商未能达成立即关闭 Tom Kabinet 的愿望】

荷兰出版商协会（DPA）在 2014 年 7 月初提起了一项诉讼，试图立即关闭版权侵权网站 Tom Kabinet。7 月 21 日，阿姆斯特丹地方法院对该案件做出了裁定，判该电子书籍转销商可以继续营业。

Tom Kabinet 提供一个使用户可以合法出售使用过的电子书籍的平台。卖方必须声明他们是通过合法途径取得所售电子书籍的，并同意电子书籍一经售出便删除他们自己的备份。虽然该服务没有办法证实一份电子书籍复制版本是否是通过合法渠道获得的，也无法证实是否电子书籍售出后，卖家会删除自己的原始备份，但是该服务在电子书籍售出前添加了水印以追踪可能的非法分销。

Tom Kabinet称根据2012年欧洲法院一项允许交易使用过的软件许可的裁定，认为其平台的行为是合法的。

阿姆斯特丹地方法院认为虽然根据欧洲法院的上述判例法无法判断该网站是否侵犯版权，然而立即关闭该网站的做法有些过头。

法院称，纸质书籍可以在任何情况下被转售，暂且不能否认适用于纸质书籍的此类规定也适用于电子书籍。

此外，法院认为Tom Kabinet的运营不能被等同于"盗版网站"，并且拒绝了关闭该网站的请求，因为出版商不愿与Tom Kabinet进行任何谈判，而Tom Kabinet却想与出版商合作以缓和非法下载电子书籍的问题。

代表出版商利益的版权律师Christiaan Alberdingk Thijm表示对该裁决非常失望。

Alberdingk Thijm认为，法官建议出版商启动法律程序，将该案的问题交由欧洲法院进行裁决，并补充说该类程序可能会花费数年时间。由于该裁决，出版商的损失会继续上升。

（信息搜集、编译：中国保护知识产权网。
资料来源：pcworld.com）

【美国法官对夏洛克·福尔摩斯版权案做出裁决】

2014年8月，美国法院裁决，著名侦探夏洛克·福尔摩斯（Sherlock Holmes）及其密友约翰·H·华生医生（Dr. John H. Watson）的原始人物形象已经不再受版权保护。美国第七巡回法院理查德·A·波斯纳（Richard A. Posner）法官认为不能仅仅通过在之后的故事情节中改变这两个百年文学人物形象而使其版权保护期延长。原来的故事版权到期后，故事中的人物形象对于之后的作者而言便可以"公平使用"了。

在19世纪末，亚瑟·柯南·道尔爵士（Sir Arthur Conan Doyle）创作了夏洛克·福尔摩斯以及华生医生这两个虚构的人物。从1887年到1927年，道尔创作了60多个侦探故事和小说来塑造这两个人物形象。根据美国版权法，在1923年1月1日之前出版的作品不再受版权保护。因此，道尔有关福尔摩斯的大部分版权作品已经到期。对于在1923年之后出版的10个福尔摩斯故事，其版权将在这些故事最初出版后的95年到期。这些故事的版权已经被转交给了道尔的遗产管理机构——柯南·道尔遗产公司。

2013年，作者莱斯利·克林格（Leslie Klinger）将原有的以及新的福尔摩斯故事编制成了一本小说选集，书名为《夏洛克·福尔摩斯伴我行》（*In the Company of Sherlock Holmes*）。然而，道尔遗产公司向克林格的出版商Pegasus Books索要版权许可。遗产公司还指出如果克林格的小说选集未经授权便被出版，那么该机构将阻止亚马逊等零售商出售该书。结果是Pegasus Books拒绝出版克林格的小说选集。

克林格随后将道尔遗产公司告上法庭，要求法院宣布其未侵犯道尔的版权。地区法院做出了克林格未侵权的裁决。然而道尔遗产公司基于两点原因对该裁决进行上诉。首先，道尔遗产公司认为地区法院缺乏诉讼标的的管辖权，因为在当事人双方之间没有实际的案件或纠纷。第二，福尔摩斯和华生医生以及其他角色仍受版权保护，因为他们是综合的人物形象，是通过一系列福尔摩斯的故事（其中包括那些仍受美国版权保护的故事）而逐渐发展而来的。

第七巡回法院驳回了上述两个观点。该法院认为阻止零售商进行书籍分销的威胁以及提起侵权诉讼的隐形威胁构成了实际的纠纷。该法院还维持了地区法院做出的克林格未侵权的裁决，因为当一个故事进入公共领域后，故事的元素，包括受过期版权保护的人物形象对于后续作者而言都是可以进行公平使用的。

在后续作品中使用相同的人物形象的做法很常见，并且从1887年开始创建的福尔摩斯和华生医生的人物形象的原始作品版权已经到期。仍受版权保护的剩下的10个福尔摩斯故事也仅仅涉及道尔在这10个故事中对原始的福尔摩斯和华生医生的形象的补充。换句话说，对人物原始形象之后的补充不能够使人物原始形象的过期的版权得到延展。

最终，法院认为道尔遗产公司不是试图保护最后10部仍受版权保护的福尔摩斯故事中对人物形象新加入的特征，而是想要保护未支付许可费便出版的任何有关福尔摩斯和华生医生的作品。在这种情况下确定侵权会将道尔原始故事中福尔摩斯和华生医生的人物形象的版权保护期限不恰当地延长为135年。

如果试图对基于过期版权的后续衍生作品实施版权保护，那么在仍受版权保护的衍生作品中加入与已过期元素截然不同的新元素非常重要。

（信息搜集、编译：中国保护知识产权网。
资料来源：mondaq.com）

【澳大利亚内容商要求政府建立专门的版权法院】

2014 年 8 月 21 日，由于偷录电影《速度与激情 6》并将录制的影片上传到互联网而被起诉的计算机程序员菲利普·丹克斯（Philip Danks），在伍尔弗汉普顿皇冠法庭被 Keith Raynor 法官判处 33 个月监禁。菲利普·丹克斯通过个人售卖以及脸书渠道取得非法收入近 1 000 英镑。该盗版电影一共被下载了 77.9 万次，给环球影视公司造成了约 230 万英镑的经济损失。该案件判决后，澳大利亚内容商开始呼吁建立专门的版权法院。

澳大利亚独立反盗版调查员、前任警察、前反盗版联盟（AFACT）的掌舵人 Michael Speck 认为该案件的裁决非常公正，并补充说该案显示澳大利亚需要建立一个专门法院来处理非法下载和传播电影、电视剧以及其他内容，以使起诉下载和传播侵权材料的费用变得更低。

Speck 认为，是时候建立一个专门处理小型诉讼的法庭以处理澳大利亚较低级别的刑事以及民事版权侵权案了。澳大利亚众多版权侵权的受害者负担不起法院费用。起诉一起案件的费用相当昂贵，这会非常容易扼杀一个民事或刑事诉讼。

支持 Speck 上述言论的一个背景是 2014 年 8 月初澳大利亚通信部长 Malcolm Turnbull 呼吁版权所有者应该打击个人侵权行为，称电影制片厂和其他内容创造者应起诉下载盗版内容的用户。Malcolm Turnbull 认为，至少起诉一些用户能够为其他人树立一个榜样，从而有助于约束非法下载。

虽然 Michael Speck 似乎不正式代表任何人的言论，然而人们很合理地认为他是熟知其客户的想法。澳大利亚音乐游说团体也加大了呼吁政府针对非法复制采取干预措施的力度，要求澳大利亚政府建立一个审理版权案件的专门法院。

但有反对者认为专门法院运营成本太高。例如：联邦巡回法院 2013 年度至 2014 年度的财政预算是 1.9 亿美元。该数据虽然不是一个版权法院本身所需要的预计成本，但可以说明在联邦系统中运作一个专门法院所需的成本（因为如果澳大利亚想要成立一个专门法院，那么该专门法院必须得是联邦级别的）。

（信息搜集、编译：闫美霓。

资料来源：http://www.ipr.gov.cn/guojiiprarticle/guojiipr/guobiehj/gbhjnews/201408/1837201_1.html；http://www.sipo.gov.cn/wqyz/gwdt/201409/t20140905_1006057.html；http://www.theregister.co.uk/2014/08/24/piracy_investigator_calls_on_oz_gummint_to_provide_specialist_courts/；http://www.smh.com.au/digital-life/digital-life-news/antipiracy-investigator-calls-for-dedicated-australian-court-to-prosecute-web-pirates-20140823-107mvj.html）

【谷歌在德国赢得官司：暂不用向当地出版商支付费用】

2014 年 8 月 22 日，德国反垄断机构联邦卡特尔局（Federal Cartel Office）做出一项裁决，裁定搜索巨头谷歌并未触犯当地出版商的利益，因而不用向它们支付版权费用。

此前，包括 Axel Springer SE 和 Burda 等公司在内的数家德国出版商，联合成立了一家名为“VG Media”的组织，并以“谷歌在其搜索引擎内、公开让用户访问它们的新闻文章”为由，向德国联邦卡特尔局提起诉讼，要求谷歌在网上为公众提供它们的版权文章支付相关费用。

德国联邦卡特尔局总裁安德里亚斯·蒙特（Andreas Mundt）在声明中表示：原告方的充分怀疑必须建立在被告方滥用基础之上。但 VG Media 的抱怨却没能体现这一点。

根据 2013 年刚刚生效的一项德国立法，出版商可以禁止搜索引擎及类似的服务提供商使用它们的新闻内容，除非是极短的内容摘要。

德国联邦卡特尔局表示，该立法的适用范围尚不完全明晰。但该机构表示，如果有必要，其仍将监控谷歌对出版商要求所做出的反应，并启动反垄断诉讼。

（信息搜集、编译：若水。

资料来源：凤凰科技、路透社）

【微软与知名图片网站 Getty Images 版权纠纷再发酵】

当地时间 2014 年 9 月 19 日，美国纽约一家法院的法官宣布延期对微软和 Getty 之间就后者起诉前者侵犯其图片版权的问题做出调解决定。此前全球最大数码图库 Getty 宣称微软所推出的一款在线工具允许用户将通过必应搜索找到的图片嵌入至商业网站中，Getty 表示微软此举侵犯了其对于被引用图片的所有权。为此 Getty 在 9 月向纽约南区地方法院提起诉讼，控告微软侵犯其合法版权。

微软随后表示之前所推出的在线图片嵌入工具本身就处于测试使用阶段，Getty 指控侵权事件发生之后就对该款工具做暂时下架处理。微软表示可以同Getty进行充分的协商和沟通，此外还指出微软对于Getty所担忧的问题表示充分的理解。

在呈送给法院的文件中，微软指出鉴于其已经自行将在线图片嵌入工具做下架处理，因此Getty对于微软所发出的使用禁止令完全没有必要。微软在获悉Getty控告其侵犯合法版权之后第二天便迅速调整策略，仅允许所推出的在线图片嵌入工具使用获得合法授权的图片直至微软同Getty之间的法律纠纷得出结果。微软计划未来重新推出经过调整之后的在线图片嵌入工具，这样一来Getty便无法再向法院申请对微软执行使用禁止令。

Getty在向法院提交的材料中反驳微软，称微软的在线图片嵌入工具仍然可以在全球范围内自由使用，而其中所使用部分图片的版权归于Getty所有。微软对此表示其所推出的在线图片嵌入工具并未直接复制或者展示Getty持有版权的图片，只是通过地址嵌入的方式向第三方用户提供图片的HTML地址。

当地时间9月19日，纽约南区地方法院法官丹尼斯·科特（Denise Cote）宣布对于微软在线图片嵌入工具的临时使用禁止令延期至10月3日，而法院会就该案对原被告两方进行调解。

（信息搜集、编译：文良。

资料来源：赛迪网）

【印度德里高院颁布禁止令屏蔽盗播电影网站】

2014年9月30日，印度德里高等法院指示印度互联网和电信服务提供商屏蔽72家非法网站，这些网站未经授权播出了由印度天王级明星HrithikRoshan所出演的电影《危情谍战》（Bang Bang）。

法官Manmohan Singh强调，依法惩治盗版及相关的侵权行为是法院一贯坚持的态度，包括电影在内的受到版权法保护的各类作品的合法利益不容侵犯。盗版，从某种程度上来说，其行为之恶劣相当于伪造货币，侵权网站的所有者躲在幕后攫取非法利益，其盗播电影的行为是对创作者的极大伤害，理应被予以严惩。

印度在21世纪经济快速发展，涌现了大量寄生在影音产业链上的中小影视网站。这些中小网站的所有者主要依靠播放盗版影视作品获得巨额的非法利润。网站的模式主要包括两种：一种是只提供搜索和链接的影视资源站点，没有自己的服务器和视频内容。另一种是既有相关内容又有搜索门户，并且从IDC直接租用服务器存储大量的盗版视频内容。这些视频内容下载自各大正规的视频网站或者直接购买光盘后拷贝上传。印度的盗版电影每年都消耗了印度电影产业近10亿美元的产值，并且威胁到超过50万人的工作。

德里高等法院批准电影《危情谍战》的制片方申请的屏蔽令一定程度上缓解了盗播所造成的票房损失，但福克斯明星工作室并不满足于此，他们希望能够全面永久性地禁止这些网站的运营并且要求起诉相关的网络服务提供商。影片的制片人称这些网站为“流氓网站”，这些网站通过提供视频点播的方式窃取了本应属于影片创作团队的合法利益，这是对电影创作源动力的扼杀。

（信息搜集、编译：韩鹏。

资料来源：http://indianexpress.com/article/entertainment/bollywood/delhi-high-court-blocks-72-websites-from-streaming-bang-bang/；http://zeenews.india.com/entertainment/movies/delhi-hc-blocks-72-websites-from-streaming-bang-bang_1478193.html；http://indiatoday.intoday.in/story/bang-bang-delhi-hc-blocks-72-websites-from-streaming-hrithik-roshan-katrina-kaif/1/393530.html；http://www.asiaiplaw.com/article/17/1862/）

【澳大利亚互联网服务提供商拒绝提交下载盗版电影之用户的信息】

2014年11月，好莱坞电影《达拉斯买家俱乐部》（Dallas Buyers Club）的制片方发起了一项法律诉讼，要求澳大利亚网络提供商交出那些非法下载电影的客户资料。但澳大利亚最大的ADSL连接提供者之一的iiNet公司的发言人安东尼·菲斯克表示，虽然他们不支持也不纵容侵权行为，但他们决定不提供他们客户的详细资料。

《达拉斯买家俱乐部》的制片方也已经向联邦法院提交了一份追查令，试图从澳大利亚的5大通信商家——iiNet、Internode、Dodo、Amnet和Adam Internet那获得下载者的名字和联系方式。当被指控犯法的个人或公司的身份未知之时，控方就可以使用追查令。

iiNet已经对这一申请表示了反对，声称该电影制作方会威胁它的顾客。

向用户发恐吓信件，威胁用户必须交钱，否则就可能面临法律惩处，这是其他国家的版权拥有者在追查用户时的常用手段，比如在清除文件共享网络BitTorrent方面的行动中，就发生过此事。

如果好莱坞电影制片商在澳大利亚联邦法院提

起的诉讼得到通过，澳大利亚的互联网用户将可能因从非法下载网站上下载电影《达拉斯买家俱乐部》而面临数千澳元的罚款。

类似的案件曾在 2012 年发生。2012 年，iiNet 在 Roadshow 诉 iiNet 案中赢得了一场具有里程碑意义的官司：一群好莱坞电影制片厂认为 iiNet 须为其用户的下载习惯负责，但高等法院驳回了这一指控。在一份毫无异议的决定中，法院认为 iiNet 无法负起这样的责任，因为它无法控制用户登录哪些网站。

（信息搜集、编译：闫美霓。

资料来源：http://www.itnews.com.au/News/397688，iinet-seeks-details-of-dallas-buyers-clubs-piracy-hunt.aspx；http://www.cncri.com/Show.aspx? id=49460&typeId=17&typeBigId=1；http://www.gbs.cn/info/detail/77-44192.html；http://world.chinadaily.com.cn/2014-10/27/content_18809972.htm）

◆ 业界动态

【泽西岛加入《伯尔尼公约》】

2014 年 1 月，英国知识产权局（UKIPO）批准泽西岛成为《伯尔尼公约》成员的决定生效，泽西岛同意认可艺术作品的国际版权。该公约是获得最广泛认可的版权公约，于 1886 年在英国首次被批准。

泽西岛修改其版权法后成为第一个签署该公约的海峡群岛。

推动泽西岛技术行业发展的数字泽西（Digital Jersey）对加入《伯尔尼公约》表示欢迎，认为对投资者很有利。投资者在寻找创意作品投资地时，有充分的理由选择泽西岛。

数字泽西项目的主席保罗·马斯特顿（Paul Masterton）认为能够鼓励当地的作品创作。加入公约能为泽西岛未注册的权利提供保护，并且实际上意味着泽西岛的版权法律是最新的并且标准是最高的。

成为《伯尔尼公约》的成员意味着泽西岛承认其他成员国家作品的版权，同时那些国家也必须承认在泽西岛创作的作品。

（信息搜集、编译：中国保护知识产权网。

资料来源：bbc.co.uk）

【美国商会全球知识产权中心公布国际知识产权指数报告】

2014 年 1 月，美国商会全球知识产权中心发布了名为《描绘路线》的第二版国际知识产权指数报告。报告运用专利、相关权利及限制，版权、相关权利及限制，商标、相关权利及限制，商业秘密和市场准入，执法，以及国际条约的参加和批准情况这六大项下的 30 个指标，对 25 个国家在营造健全知识产权保护环境中所取得的进步和存在的不足进行了分析。

报告显示，在这 25 个国家中，除加拿大、新西兰、智利和阿联酋以外的高收入国家大都有着较为健全的知识产权环境，而对于许多中高和中低收入国家来说，尽管它们在许多关键的知识产权领域都实施了重要改革，但从总体看来仍有很长一段路要走。另外，国内总体知识产权环境最为薄弱的是中低收入国家，例如越南、印尼、泰国和印度。这一结论可从各个国家的得分中得到体现：以美国（28.52 分，总分为 30 分）、英国（27.59 分）、法国（27.15 分）为首的高收入国家得分一般较高，其次才是中高和中低收入国家。中国得分为 11.62 分，在 25 个国家中排名第 17 位。印度排名最后，为 6.95 分。

与第一版报告一样，该次报告中国的各项得分依旧十分不均衡。在某些类别，例如第一项“专利、相关权利及限制”，中国排名第 9，领先其他金砖国家。但在某些类别，例如第四项“商业秘密和市场准入”和第五项“执法”中，中国的得分却为所有国家中最后一名。这显示中国发展水平存在极大差异，仍然面临着巨大挑战。

具体说来，中国在第一项“专利”得分为 4.1（总分 7 分），第二项“版权”得分为 2.28 分（总分 6 分），第三项“商标”得分为 3 分（总分 5 分），第四项“商业秘密和市场准入”得分为 0 分（总分 2 分），第五项“执法”得分为 0.74 分（总分 6 分），第六项“国际条约的参加和批准情况”得分为 1.5 分（总分 4 分）。全部得分 11.62 分（总分 30 分）。

中国取得的主要成绩为：（1）继续推行要求政府部门使用正版软件的政策；（2）引入新商标法改善驰名商标的认定；（3）显示了在某些领域发起全国性打击假冒和盗版执法行动的能力；（4）修改商标法，提议在版权法修正案中提高惩罚和知识产权执法力度；（5）政府有意提高知识产权争端处理的效率。

中国存在的主要弱点为：（1）对可专利性规定的阐释过于宽泛导致授予的专利缺乏创新性；（2）是世界上主要的假冒产品生产国和出口国（包括通过网络销售）；（3）对商业秘密的保护极为有限；（4）与制药相关的专利执法和解决机制并不充分；

(5) 实体和数字盗版率持续居高不下；(6) 无力有效制止发生在零售和批发市场的持续侵权；(7) 对许多工业领域造假者的刑事诉讼缺乏一致性；(8) 不是主要国际条约的缔约方。

（信息搜集、编译：中国保护知识产权网。

资料来源：GIPC International IP Index Second Edition）

【尼日利亚版权委员会查获价值 47 亿奈拉的盗版书籍】

2014 年 1 月 31 日，尼日利亚版权委员会拉各斯办公室区域经理 Chris Nkwocha 宣布，该委员会查获了装在集装箱中的价值 47 亿奈拉的盗版书籍。

Nkwocha 是在对尼日利亚通讯社进行友好访问时透露上述信息的。拉各斯办公室还呼吁在打击尼日利亚假冒活动的过程中得到该通讯社的支持。

Nkwocha 表示，这些书籍是在 2013 年查获的，并补充称，委员会和尼日利亚海关一直保持着顺畅的合作，制定这种执法战略的目的就是帮助委员会与兄弟单位密切合作，共同打击盗版。解决盗版问题需要媒体和公众的支持。

在代表拉各斯办公室负责人 Dele Bodunde 发言时，副主编 Tony Nezianya 承诺该机构会尽最大努力支持打击盗版行动，并且对委员会打击社会上盗版的努力表示赞赏，称盗版的非法贸易对尼日利亚的经济增长和发展都造成了危害。

（信息搜集、编译：中国保护知识产权网。

资料来源：v3. co. uk）

【自摆乌龙——南非版权保护联合会侵犯他人版权】

2014 年 2 月，南非版权保护联合会（SAFACT）因在其官网中随意盗用路透社的视频截图和图片，被指责侵犯版权。2013 年 12 月，南非版权保护联合会宣布一名开普敦男性因在网上传播电影被捕，并在 2014 年 2 月的庭审中被判处有期徒刑三年，缓刑五年的刑罚。对于该案，SAFACT 在其官网上也做出了相应报道。然而正是关于该案的报道，却被指出侵犯他人版权。

SAFACT 的文章中，当事人被捕时的照片来源于路透社的报道视频的截图，SAFACT 将截取的图片用图像软件消除了警察身上的 logo 后使用。而路透社关于其视频和图片的使用条款中规定：禁止对其图片进行复制、修改、传播等行为。不仅如此，SAFACT 还未经授权获取了受版权保护的内容，并在其网站上加以使用。

媒体请 SAFACT 对盗版问题做出评论，但并未得到及时回应。不过与此同时，SAFACT 的网站更换了相关图片，并删除了相关侵权内容。

这已经不是版权运动组织第一次侵犯他人版权了。2010 年，美国版权集团复制竞争对手网站的内容；2011 年，反盗版组织 BREIN 在一个反盗版活动中未经许可使用了一个音乐家的音乐。

业界表示，虽然版权是一个复杂的事情，容易出错，但是，如果一个组织是为了保护他人的知识产权并且使用法律的强制力来制裁侵权行为，那么它首先应该严于律己，带头遵守法律，尊重这些权利。

（信息搜集、编译：温崇学。

资料来源：http://mybroadband. co. za/news/internet/98998-sa-copyright-protector-safact-caught-pirating-content. html；http://www. htxt. co. za/2014/03/18/south-african-federation-against-copyright-theft-website-caught-infringing-copyright/；http://www. htxt. co. za/2014/04/17/sas-first-digital-pirate-receives-five-year-suspended-sentence/）

【美国出版商协会表示加拿大版权保护不充分】

2014 年 2 月，美国出版商协会（AAP）表示，加拿大政府对包括作者和出版商在内的美国内容创造者的知识产权保护不充分。在国际知识产权联盟于 2 月提交给美国贸易代表的特别 301 报告中，AAP 宣称加拿大合理使用的定义“是过于宽泛的解释”，因此，加拿大应被纳入美国贸易代表办公室的观察名单中。AAP 称，《2012 年加拿大版权现代化法案》将合理使用例外规定扩展至“不明确”的教育用途，这缺乏任何“具体的参数，因此与已有的关于例外规定的国际规范相冲突”。AAP 坚持认为以教育使用为目的未经许可或无偿地分发版权材料这种“当下普及的错误观念”已导致出版商在加拿大教育材料的直接销售额缩水。

AAP 的主席兼首席执行官汤姆·艾伦（Tom Allen）表示，全球对美国作者和出版商作品的需要为美国经济和就业市场做出了重大贡献，商务部与国家艺术基金发布的报告就证明了这点。受加拿大法律变革的影响，书籍和期刊出版额受损——新法允许以任何教育目的未经许可使用受版权保护的作品。

（信息搜集、编译：中国保护知识产权网。

资料来源：publishersweekly. com）

【研究表明“三振”计划未能根除盗版】

2014 年 2 月初，特拉华州大学和雷恩第一大学的学者发布了一篇报告，该报告的主要宗旨是，那些希望尽快发布的“六振”计划能终止网络盗版的娱乐业的官员们最终会如梦初醒。

研究者研究了法国 2009 年的“三振”法，该法旨在打击 P2P 网络上的在线盗版。其内容是给那些涉嫌共享文件的人发送两封警告信后再采取某种制裁；起初，法国当局计划切断文件共享者的网络连接，但有媒体表示该想法 2013 年就遭拒了。

上述基于对 2 000 个网络用户调查的新报告指出，法国的体系已没有“实质性的威慑效果”。而且，由于用户越来越精于盗版之术，他们“离开受监测的 P2P 网站，转而通过不受监测的渠道非法获取内容”。

该报告的作者写道：“我们的计量结果表明法律对参与数字盗版的个人没有威慑力，也不能削减那些从事盗版的人的非法活动的强度。”

在美国，一批网络服务提供商最近发起了一项“六振”行动，希望制止 P2P 网络的在线盗版。显而易见，该计划未能解决网络存储上的盗版问题。

“版权警告系统”号召网络服务提供商利用一系列逐级上升的制裁处罚涉嫌侵权者。起初，参与的网络服务提供商——美国电话电报公司（AT&T）、有线电视（Cablevision）、康卡斯特（Comcast）、时代华纳（Time Warner）和威瑞森（Verizon）——将签发警告信。如果用户忽视这些信件，他们就会被要求访问教育培训网站。最后网络服务提供商就会“扼杀”一些用户——虽然一些宽带提供商已表示他们不打算这么做。

美国唱片业协会（RIAA）早在 2008 年就宣布了采取某种逐级制裁体系的计划，当时该协议承诺要结束一场长达五年对成千上万个人提起诉讼的运动。许多被诉的人支付了四位数的和解费——虽然这对个体消费者而言很重，但并不能弥补 RIAA 的诉讼成本。

（信息搜集、编译：中国保护知识产权网。

资料来源：mediapost. com）

【韩国应韩澳自由贸易协定要求延长版权保护期限】

2014 年 2 月 17 日，澳大利亚政府公布了《韩国—澳大利亚自由贸易协定》（KAFTA）的最终商定条款。该协定旨在使澳大利亚企业拥有更多进入韩国市场的机会，同样韩国企业也能获得更多机会进军澳大利亚市场。

根据协定条款，韩国应把该国版权保护期限延长 20 年，从而与澳大利亚版权法保持一致，这样两国都能拥有“不少于作者有生之年及作者去世后 70 年”或作品首次表演、录制或发表后 70 年的版权保护期。协议规定韩国有两年的过渡期来落实这一版权保护期变更。

一旦这一变革生效，澳大利亚电信公司就能够取得一家以设备为主的韩国电信服务提供商的所有投票权股份，同时澳大利亚对韩国投资的监管门槛也会从 2.48 亿澳元提高到 10.78 亿澳元，前提是该投资并非指向经济敏感领域。

根据协定的政府采购章节，双方位于同等联邦及国家级别的政府部门给予对方企业的待遇必须与其给予本国供应商的待遇相同。该章节详细制定了一个采购流程，澳大利亚政府称该流程与其正在使用的流程是一致的。

协定的下一阶段是把文本翻译成韩语并交由澳方核实准确性，以便双方最终签署。一旦签署，两国就会正式批准协定，并对立法做出必要修改以便在各自司法辖区对 KAFTA 进行落实。澳大利亚贸易部表示，条约的国内流程在 2014 年底完成，在此之后，双方则交换外交照会，以表明双方均已为协定生效做好准备。

KAFTA 会在交换外交照会 30 日后生效。

澳大利亚正与美国、加拿大、日本、墨西哥、秘鲁、越南、马来西亚、文莱、智利、新西兰和新加坡就充满争议的《跨太平洋伙伴关系协定》（TPP）进行谈判。该协定旨在简化这 12 国之间的贸易流程。

2013 年 12 月的一份泄密文件显示，澳大利亚对由除美国以外其他所有国家支持的一份提案持反对意见，当网民使用网络服务供应商的网络侵犯版权时，该提案将限制互联网服务提供商所承担的责任。2014 年 2 月 14 日，澳大利亚总检察长乔治·布兰迪斯（George Brandis）表示，澳大利亚政府正在研究类似于韩国已经制定的三振提案，以便迫使互联网服务提供商对使用 BT 下载电视节目和电影的用户实施打击。

（信息搜集、编译：中国保护知识产权网。

资料来源：zdnet. com）

【IGC 推进传统知识和传统文化表现形式的保护】

2014 年 3 月 24 日至 4 月 4 日，知识产权与遗传资源、传统知识和民间文学艺术政府间委员会（IGC）第二十七届会议在瑞士日内瓦召开。经过两周研讨旨在保护传统知识（traditional knowledge，TK）和传统文化表现形式（traditional culture expressions，TCEs）免受侵犯的国际文书草案，世界知识产权组织代表一致同意促进修改后的文本在9月召开的联合国大会上通过。与会代表同意会议决策后，会议最后一天提前闭会，对传统知识及传统文化表现形式的保护草案已经相对成熟。

传统知识与传统文化表现形式值得保护

传统知识与传统文化表现形式可谓活水之源，因传统之烙印而具有某些共性。与著作权关系较为密切并且现在已被许多国家纳入著作权保护体系的主要是传统文化表现形式，亦称民间文学艺术。该次大会对两者的保护讨论如火如荼，最终形成的文书如下：

《保护传统知识条款草案》（第二次修订稿）的体例安排是保护传统知识的政策目标、总指导原则、权利的客体（即对传统知识进行定义）、保护的受益人、保护范围与制裁、救济和行使权利/适用、公开的要求、权利的管理、集体权利的适用、例外与限制、关于技术措施的义务、手续、过渡措施与法律总框架的一致性、国民待遇和其他承认外国人权利与利益的措施、跨境合作等。本次修订的主要内容是政策目标、指导原则和第一条（权利的客体）、第二条（保护的受益人）、第三条（保护范围）和第六条（例外和限制）。修订稿中对传统知识的定义："传统知识"一词［是指］/［包括］/［系指］［土著］［人民］和［当地社区］/［或一个或多个国家］充满活力、不断发展、世代相传的/一代代相传的，可能存在于经过整理的、口头的或其他形式的诀窍、技能、创新、做法、教导和学问。

《保护传统文化表现形式条款草案》的体例安排是目标、保护的客体、保护的受益人、保护范围、权利/利益的管理、例外与限制、保护期、手续、制裁、救济和行使权利/利益、过渡措施、与法律总框架的一致性、国民待遇和跨境合作。

目标：(1) 为土著［人民］和［当地社区］［和民族］/［受益人］提供［法律和实际/适当］的手段，［包括有效和易于获取的执法措施/制裁、补救和权利行使］，以：a.［预防］其传统文化表现形式［及其改编形式］［被盗用和滥用/冒犯性和诋毁性使用］；并且b. 在必要时控制以超出习惯和传统背景的方式使用其传统文化表现形式［及其改编形式］，［并促进公平分享因使用这些表现形式而产生的利益］。(2)［预防/排除］［授予］、行使和［实施］他人未经授权对传统文化表现形式［及其改编形式］获得的知识产权。(3) 按照双方议定的公平平等且遵从土著［人民］、［当地社区］和［民族/受益人］自由、事先和知情同意的条款，促进思想和艺术自由、研究［或其他公平的］实践和文化交流。(4) 保护/维护［并奖励］基于土著［人民］和［当地社区］和民族/受益人传统文化表现形式的［基于传统的］创造［与创新］。(5)［确保/承认］［第三方已经获得的］权利并［确保/规定］法律确定性［以及丰富且易于获得的公有领域］。

保护与限制

传统文化并非孤岛文化，源自历史与人民的传统文化，共性与个性兼备，固然商业模式利用所得的利益分配惠及孕育和发展传统的社群意义重大，而对其的尊重更接近其群体本身的权利需求。基于此种理念，《保护传统文化表现形式条款草案》对保护的客体、受益人、范围、例外与限制做了如下设计：

保护的客体（第一条）：在上述义书中，"传统文化表现形式"包括任何［创造性和其他精神］表达形式，不论是物质形式还是非物质形式，或者物质形式与非物质形式的组合，例如语音和文字、音乐和声音、动作、物质和实体［及其改编作品］，无论其以何种形式表达、说明或体现，并且是世代相传并且/或者代代相传的；是受益人的传统文化、知识或遗产所特有的或者与之有关联；并且是作为其集体文化或社会认同的一部分维持、使用或发展的。

保护的受益人（第二条）：［作为其集体文化或社会认同的一部分持有、维持、使用［和/或］发展其传统文化表现形式］的土著［人民］或［当地社区］［或民族］是保护第一条中所定义的传统文化表现形式的受益人［或国家法律确定为受益人的一个机构］。传统文化表现形式不能具体归属于或者不限于［持有、维持、使用［和/或］发展该传统文化表现形式］的［一族］土著［人民］或［当地社区］，［以及/或者］无法［确认］持有、维持、使用或发展传统文化表现形式的土著［人民］或［当地社区］的，［成员国］/［缔约各方］可以通过国家立法确定［一个］/［任何］国家机构为受益人。

保护的范围（第三条）：按第一条和第二条的定义，受益人对传统文化表现形式的经济权利和精神权利，应/应当以合理、兼顾各方利益的方式，酌情并按照国家法律予以保障。

例外与限制（第五条）：传统文化表现形式的保

护措施不得/不应限制受益人在传统和习惯范围内，在社区内和社区之间对传统文化表现形式［酌情］进行［符合缔约方/成员国/各成员国家法律的］创造、习惯使用、传播、交流和发展。草案特别指出：为非商业性文化遗产目的，包括为保存、展览、研究、展示和教育目的在档案馆、图书馆、博物馆或文化机构使用传统文化表现形式和创作受传统文化表现形式启发或借鉴传统文化表现形式的原创作品应当［仅在受益人自由事先知情同意的情况下］允许。

此外，大会秘书处编拟了《知识产权与遗传资源、传统知识和传统文化表现形式重要词语汇编》，其中对有关传统知识和传统文化表现形式重要词语的定义具有示范性意义。

（信息搜集、编译：韩啸。

资料来源：http://www.wipo.int/meetings/en/；http://www.wipo.int/meetings/en/details.jsp?meeting_id=32089；http://www.ip-watch.org/category/copyright-policy/；http://www.ip-watch.org/2014/04/07/protection-of-folklore-joins-tk-gr-on-way-to-wipo-general-assembly/）

【索尼等四巨头要求潘多拉付音乐版税】

2014年4月，流媒体音乐服务提供商潘多拉媒体（Pandora Media）的流媒体音乐服务再次遭遇障碍，索尼等四家巨头要求潘多拉媒体为1972年以前创作的音乐支付版税。

索尼、环球、华纳音乐和ABKCO控制了1972之前录制的大多数歌曲的版权。该问题的复杂性在于这些较为老的音乐在不受联邦版权法的保护的情况下，如何受到州法的保护。这与1972年以后创作的音乐形成鲜明的对比，后者受到联邦版权法的保护。联邦版权法要求在线和卫星广播服务部门在使用这些音乐时须获得许可证。由于陆地广播电台无须支付唱片使用费，因此这一法律只对在线服务和卫星广播服务能发生作用。尽管无须支付唱片使用费，但陆地广播电台仍被要求向音乐出版商支付版税。

至于根据州法律，潘多拉以及其他服务在使用1972年前创作的唱片时是否需要许可证，尚不清楚。由于音乐从物理化向数字化转变，加之消费者非法获得音乐，音乐行业的营收逐年下降，因此音乐行业对该事宜一向很敏感。

潘多拉提供的免费的流媒体服务可以被传输至手机、汽车或电脑。当然，该公司也提供付费订阅服务Pandora One，包月费为3.99美元。

（信息搜集及编译：鹮英。

资料来源：赛迪网）

【尼日利亚版权委员会世界读书日宣布抓获“书籍盗贼”】

2014年4月23日是第19个世界读书日（全称为世界图书与版权日，World Book and Copyright Day）。1995年，联合国教科文组织宣布4月23日为“世界读书日”，以鼓励人们阅读，增强人们对版权的保护意识并对那些为促进人类社会和文化进步做出不可替代贡献的人表示敬意。自此，每年都有一座城市被联合国教科文组织授予世界图书首都（World Book Capital City）的称号。

2012年7月11日，经过激烈的角逐，联合国教科文组织宣布2014年度的世界图书首都定为尼日利亚的哈科特港市。而哈科特港市之所以被选中，是因为其在鼓励青年人文学创作和版权保护方面做得非常好，值得其他城市借鉴。

2014年世界读书日当天，尼日利亚版权委员会宣布已抓获了371个正版书籍盗印嫌疑犯。版权委员会委员长Barrister Afam Ezekude选择在读书日公布这一消息也正符合读书日的主题之一：保护作者版权，将版权法用于实处。而同时该事件也可以引起全国人民乃至世界各国对版权保护重要性的认识。

委员会法律顾问Jacob Fagbemi表示，从2012年以来，尼日利亚版权委员会已加强其反盗版行动的节奏，没收了各类盗版作品共计580万件，累计总价值超过70亿奈拉。委员会在各口岸也检获了18箱盗版作品，其中大部分包含本地及海外出版的书籍。

（信息搜集、编译：方潇怡。

资料来源：http://allafrica.com/stories/201404240490.html；http://www.un.org/apps/news/story.asp?NewsID=42448&Cr1=；http://www.chinadaily.com.cn/culture/2014-04/23/content_17455320.htm；http://portharcourtworldbookcapital.org/）

【WIPO举办知识产权日电影节】

2014年4月26日，为庆祝一年一度的“世界知识产权日”，世界知识产权组织（WIPO）在日内瓦的Grütli影院举办知识产权日电影节，该次世界知识产权日的主题是“电影：全球挚爱”。

WIPO总干事弗朗西斯·高锐在致辞中表示，电影是知识产权的直接产物。从电影的制作过程看——首先从剧本开始，这是作者或编剧的知识财产。接着是演员，他们的表演即是他们的知识财产。然后是音乐，它们的知识产权在它们的作曲者和表演者那里。多方参与促成了电影的创作，使我们能看到一场天衣无缝的演出，其中交织着多种知识产权。知识产权是整个电影工业背后的基石。

所有促成电影制作和发行的参与方都受到国际法律框架的保护。该框架始自19世纪的《伯尔尼公约》。世界知识产权组织与其成员国一道，努力确保该法律框架与不断变化的世界同步，继续实现其基本宗旨，使知识产权推动创新和创造力。2012年，WIPO增添了一项新条约——《视听表演北京条约》，保护演员的表演。

该次电影节为期5天，2014年4月24—28日免票入场，分别播放的是《塔克》(*Tucker*)、《九个皇后》(*Nueve Reinas*)、《三傻大闹宝莱坞》(*Three Idiots*)、《莫扎特传》(*Amadeus*) 和《半轮黄日》(*Half of a Yellow Sun*)。

（信息搜集、编译：韩啸。

资料来源：http://www.wipo.int/ip-outreach/en/ipday/; http://www.wipo.int/ip-outreach/en/ipday/2014/dg_message.html)

【2014年世界知识产权日——新加坡鼓励创造与革新的本土化】

2014年4月26日，新加坡与3 000多名公众、艺人，以及属于国家创造与革新部门的组织一起庆祝2014年世界知识产权日的到来。

在布吉居民承办的艺术文化展区，布吉居民将影片、音乐及图案装饰于流动车上，进行了一整天的展示活动，希望以此提升公众的知识产权意识。同时还邀请参加活动的市民在手工制作的明信片上写下对知识产权保护的承诺。这3 000多份承诺在当地进行为期三周的展示。此外，新加坡本地的创意工作室例如3D动画公司Tiny Island Productions以及专门制作塑像玩具的Play Imaginative公司也将它们的最新产品对公众予以展示。

为了激发“尊重与关注知识产权”价值观的产生，新加坡知识产权局通过与该国关爱视觉缺陷协会（SAVH）的合作，对以SAVH的触控艺术品为基础做出的工艺产品以及可移动的按摩服务机器进行了展示。公众在SAVH的技术指导下，可以自行设计和购买它的“原创”T恤。

晚上举行的演唱会上所表演的作品，均出自新加坡国内新老两辈的创新人才之手。他们包括Taufik Batisah，Jack & Rai，The Sam Willows，MICapella，以及来自SAVH的Adelyn Koh。YouTube红人、原创歌手Jason Chen作为该次演唱会的压轴人物，演唱了新加坡民间第一例原创歌曲“I Got You”。这首歌将来自民间团体的800多种原本各自独立的声音作品结合起来，作为对“尊重知识产权创造者”的支持。

该活动还请到新加坡新任知识产权大使——新加坡本地风尚设计师Jo Soh及兼艺人与导演于一身的Michelle Chong的出席。他们都认为自身的成功与新加坡知识产权局对公众知识产权意识的培养与促进具有密切联系。

（信息搜集、编译：李智。

资料来源：http://www.ipos.gov.sg/MediaEvents/Readnews/tabid/873/articleid/276/category/Press%20Releases/parentId/80/year/2014/Default.aspx)

【SCCR第27届大会：版权例外需要国际化的解决视角】

2014年4月28日至5月2日，世界知识产权组织（WIPO）版权及相关权常设委员会（SCCR）第27届会议在瑞士日内瓦召开。会议主要围绕保护广播组织、关于图书馆和档案馆的限制与例外、关于教育和研究机构及其他残疾人的限制与例外议题展开讨论。该次大会各成员虽基于不同立场和国家利益来进行相关议题的讨论，但在版权例外尤其是就图书馆和档案馆部分的例外达成了以国际化的解决方案来解决全球性的问题的共识。

《保护广播组织条约工作文件》

会议用两天半的会期审议通过了《保护广播组织条约工作文件》，条约第一条开宗明义，规定了该条约与其他公约和条约的关系，即“本条约的任何内容均不减损缔约方相互之间依照任何涉及版权或相关权问题的国际、区域或双边条约已承担的现有义务。依本条约授予的保护不得触动也不得以任何方式影响对广播信号所载有的节目材料的版权或相关权利的保护。因此，本条约的任何规定均不得被解释为损害此种保护。本条约不得与任何其他条约有任何关联，亦不得损害任何其他条约规定的任何权利和义务”。工作文件对信号、广播、广播组织、转播、录制品、广播前信号、向公众传播、播送、节目等基本概念进行了界定。在此基础上，规定广播组织应享有以下的授权专有权：以任何方式向公众转播其广播信号；为取得商业优势或利用超大屏幕在公共场所表演其广播信号；以及使用为其提供的广播前信号。同时，《保护广播组织条约工作文件》规定了对广播组织权利的限制与例外即（1）每一缔约方均可在本国的法律和条例中纳入对本条约所规定的保护做出的以下例外：（i）私人使用；（ii）时事新闻报道中使用短片段；（iii）仅为教学或科研目的使用；（iv）广播组织利用自己的设施为自己的广播节目进行的暂时录制。（2）尽管有本条第（1）款的规定，在受版权保护的作品方面，任何缔约国均可以在其国内法律法规中规定相同的或其他的限制或例外，只要此种例外与限制仅限于不与广播信号的正常利用相抵触，也不无理地损害广播组织合法利益的特殊情况。

图书馆和档案馆的限制与例外

然而委员会并未对其结论或未来工作达成一致，主要阻碍在于图书馆和档案馆的限制与例外部分。会期中的2天，各成员专注于讨论图书馆和档案馆版权的限制与例外。众多代表慎重思虑了以条约的形式授予人们版权例外的重要性。SCCR主席Martin Moscoso同意部分图书馆和档案馆协会就每一探讨问题发表意见。关于图书馆和档案馆限制与例外的工作文件中的建议和评论来自成员国，共有11个话题。除已在2013年12月份召开的第26届会议中解决的4个议题，会议议题主要涉及平行进口、跨境使用、作者不明的作品、图书馆和档案馆责任限制、技术保护措施等。

关于平行进口，国际图书馆协会和机构联合会（IFLA）指出，平行进口是TRIPS第六条（穷竭）和WIPO版权公约第六条（发行权）所认可的，各国图书馆和档案馆基于各种缘由希望能从其他国家进口其未在外国市场上出售的书籍，平行进口有益于图书馆完成其为阅览者提供他们所需要信息的使命。德国图书馆协会（GLA）赞同该观点，其认为平行进口是发行权的“国际穷竭”。

关于跨境使用，澳大利亚图书馆和信息协会（ALIA）谈及大部分图书馆均希望能够允许馆际互相下载和提供文件。对于澳大利亚自身而言，原因在于其许多文化遗产均在海外。国际档案理事会（ICA）则提出，跨境使用不会催生想象中的使用者违法使用和出口他人作品，相反有助于鼓励创作新作。美国档案管理员协会（SAA）认为，“档案馆是连接过去与未来之桥”，几乎所有档案馆为了获取他馆独特文件均涉及跨境使用问题。电子图书馆信息联合会（EIFL）指出，一国图书馆和档案馆的收集常常包含其他国家具有独特文化和历史意义的资料，而这可能源于国界变化、大规模迁徙、共同语言和研究兴趣等等。但是在许多国家著作权的例外往往止于国界，因而需要促进全球化的跨境使用来解决这一国际性问题。

关于作者不明的作品、收回作品和撤回作品以及商业流通以外的作品，欧洲图书馆研究协会（LIBER）指出，图书馆从20世纪90年代着手对其馆藏的属于公共领域的作品进行数字化，但是发现对1874年后出版的仍受版权保护的作品进行数字化的法律机制非常具有挑战性。欧盟委员会一直对此颇为担忧，害怕非以数字化形式创造的受版权保护的作品由于显著的版权壁垒存在而永远不能数字化，这一问题被称为“20世纪的黑洞”。图书馆和档案馆责任限制旨在保护图书馆和档案馆，若其所涉行为系出于诚信，则无须承担侵犯版权之责。苏格兰档案馆协会（SCA）指出，档案馆管理者认真对待版权法，然而他们却发现版权制度是复杂、令人困惑和令人望而却步的，尤其在国际大背景下。图书馆和档案馆想要明确自己事实上是在法律范围内行为。代表进一步谈及版权例外受“正当性”“合理性”等诸如此类概念的影响。图书馆和档案馆诚信善意行为，从事非商业性活动，它们应该受益于“免于承担疏忽或无意导致的侵犯版权”的法律条款。IFLA以瑞士国家图书馆为例，瑞士国家图书馆与研究者合作，从事第一次世界大战一系列明信片的数字化工作。但其因担忧某些明信片受版权保护，而不得不避免在网上发布收集的整张明信片。

议题9是技术保护措施以及图书馆和档案馆在某些情形下规避技术措施。议题10是关于图书馆与档案馆限制与例外的合同条款的效力问题。议题11是关于图书馆和档案馆的翻译作品权。而国际出版商协会（IPA）则警醒式地提出我们应该反思权利限制，以平行进口为例，若允许会使作品售价“因地制宜”，但它不会使发展中国家的作品价格更便宜而是更贵，因为本地的便宜版会消失而被保留给相对更发达国家的富裕学生。

（信息搜集、编译：韩啸。

资料来源：http://www.ip-watch.org/2014/05/02/wipo-members-favour-library-exceptions-but-by-different-means/；http://www.ip-watch.org/2014/05/06/librarians-archivists-why-an-international-solution-is；http://www.wipo.int/meetings/en/details.jsp?meeting_id=32086）

【尼日利亚版权协会与广播电台签署版税协议】

2014年5月21日，尼日利亚版权协会（CO-

SON）与尼日利亚广播电台在拉各斯签署了一项音乐版权使用费协议。该协议宣告结束了三十多年来尼日利亚音乐界与广播界长期存在的分歧，这一分歧在2013年最后一个季度的一次重大危机中达到顶峰。广播电台BON已经持续对几个尼日利亚著名歌手的音乐实施禁播，歌手们坚持通过COSON要求对播放他们的音乐收取版税。

该协议在音乐界可能是具有划时代意义的，国家广播委员会（NBC）主席爱姆卡·姆巴（Emeka Mba）、尼日利亚版权委员会（NCC）主席阿范·埃哲库迪（Afam Ezekude）、尼日利亚之声主席、BON主席阿布巴卡尔·吉吉瓦（Abubakar Jijiwa）以及其他若干政府高官见证了协议的签署。

随着2013年COSON连续对一些尼日利亚著名的广播电台提起版权侵权诉讼，这些广播电台通过BON和尼日利亚独立广播协会（IBAN）宣布在尼日利亚的广播和电视台暂停播放COSON几乎所有最知名的成员的音乐。

NBC和NCC介入解决该事件，从而导致成立了COSON/BON/BAN/NBC/NCC联合委员会。在该委员会的主持下，COSON和尼日利亚的广播电台从2014年初开始了全面磋商。

（信息搜集、编译：闫美霓。

资料来源：http://www.ipr.gov.cn/guojiiprarticle/guojiipr/guobiehj/gbhjnews/201405/1816412_1.html；http://allafrica.com/stories/201406051136.html；http://allafrica.com/stories/201405270403.html）

【海盗湾联合创始人被捕　因侵犯版权潜逃两年】

2014年5月31日，瑞典警方对外公布，文件共享网站海盗湾（Pirate Bay）的一位联合创始人彼得·桑迪（Peter Sunde）已经在瑞典南部被捕，并会为侵犯版权事由而服刑。此前，海盗湾的这位联合创始人已经潜逃在外近两年。早在2012年9月，应瑞典方面的请求，柬埔寨当局抓获并驱逐了另一名海盗湾联合创始人。

事实上，自2012年以来，桑迪就一直被国际刑警组织通缉。2012年，桑迪因违反版权法而被判在瑞典服刑。在2014年5月，瑞典高等法院曾拒绝了桑迪的上诉请求。

瑞典国家警察委员会发言人卡洛尼娜·埃库丝（Carolina Ekeus）表示，自2012年以来，瑞典警方就一直在追寻桑迪，当时桑迪被判处在狱中服刑8个月。

与海盗湾存在关联的四名人士最初被判处1年有期徒刑和3 200万克朗（约合480万美元）的罚金。此后，一家上诉法院根据情况对四人进行了不同程度的减刑，不过却将罚款金额提升到4 600万克朗（约合690万美元）。

海盗湾网站成立于2003年，主要提供存储在其他用户电脑上的音乐和电影文件的链接。瑞典的一些大音乐和电影公司将海盗湾告上法庭，指控海盗湾存在侵权行为，并导致了这些公司的营收下滑。

（信息搜集、编译：悦潼。

资料来源：腾讯科技）

【微软相助　力推肯尼亚版权保护】

2014年6月26日，作为全球知识产权保护的拥护者和倡导者，微软公司在肯尼亚首都内罗毕设立了一个名为Microsoft 4Afrika IP Hub的知识产权门户网站，旨在帮助创造者们认识到更多的保护智力成果的方法，特别是软件著作权方面的保护，同时维护其相应的财产权利。

知识产权保护在非洲许多国家尚处起步阶段，甚至是犹未起步，保护力度十分不够。许多小型企业在开发计算机软件后都不会选择正常的版权保护途径来寻求相关救济，因为非洲的知识产权保护体系非常不完善。尽管大部分非洲国家具备保护知识产权的法规，但通常没机会派上用场。与此同时，非洲专精知识产权的法官和律师很少。微软4Afrika计划负责人Louis Otieno表示，根据其个人在非洲的经验，在科技开发论坛上的从业者多数不愿公开谈论点子，担心遭剽窃。

该网站率先在肯尼亚试行两年，之后会交给肯尼亚政府经营，微软再视情况将其推广到其他非洲国家。

从网站的数据来看，肯尼亚在线注册的独立软件应用开发人和小型软件开发公司的数量在逐渐增多。除了帮助创作者们培养维权意识、提供基础政策知识以外，网站下一步的重点在给予软件开发者及其他产权人一定的资金支持，来帮助他们将智力成果商业化并投放市场，从而获得经济收益。

（信息搜集、编译：方潇怡。

资料来源：http://www.ip-watch.org/2014/07/22/microsoft-online-portal-aims-at-increased-innovation-ipr-use-in-africa/；http://www.ideasmatter.com/blog/item/60/microsofts-4afrika-ip-hub-enabling-innovation#.VG4FSlaNSoQ；http://news.microsoft.com/

2014/06/26/microsoft-launches-intellectual-property-portal-the-microsoft-4afrika-ip-hub-to-promote-protect-and-monetize-innovation-in-africa/；http://www.king-craft.com.tw/cn/ip_news_patent_01_01.asp?nid=985&spage=1）

【宫崎骏创建工作室停止动画制作　未来专攻版权管理】

2014年7月21日，日本著名动画工作室吉卜力的发言人铃木敏夫对外确认，7月19日在日本上映的《记忆中的玛妮》成为最后一部吉卜力动画作品，从此吉卜力全面中断动画制作，未来只进行版权管理工作。

究其原因，是因为工作室的运营负担日益加重。动画电影制作耗资巨大，在从不进行外包作业、全部工作都由工作室职员完成的情况下，人工费用每年达20亿日元（约1.2亿元人民币），每年需要有100亿日元（6亿元人民币）的收益才能维持正常运营。

2013年由宫崎骏执导的《起风了》收益虽达116亿日元（约7亿元人民币），但由于高畑勋作品《辉夜姬物语》仅获得了51亿日元（约3亿元人民币）收益，令公司运营负担加重。

吉卜力工作室于1985年由导演宫崎骏和同事高畑勋、铃木敏夫等一起创建，工作室创建以来诞生了无数动画名作。《天空之城》（1986年）、《龙猫》（1988年）、《红猪》（1992年）、《幽灵公主》（1997年）和日本最卖座电影《千与千寻》等宫崎骏动画经典均出自吉卜力工作室。

（作者：时光。

资料来源：《长江日报》）

【日本打击海外动漫盗版：海外清网与官网建设疏堵并举】

2014年8月开始，日本动漫制作公司联合出版社针对全球网络上的动漫盗版作品展开大规模的清网行动。除此之外，在日本政府支持下的一个动漫正版网站“Manga-Anime here.com”也正式开启。

2013年7月组建的“漫画·动画盗版对策协议会”与一般社团法人内容海外流通促进机构（CODA）从2013年7月30日开始启动旨在全球范围内保护日本漫画、动画的计划，名为“MAG（Manga-Anime Guardians）Project”。协议会还邀请了东映动画、吉卜力工作室、角川书店、讲谈社、小学馆、集英社等15家公司加入，担任事务局的工作。

该次联合15家出版社是由于动漫在海外人气虽然逐渐升高，但收获的利润却没有返还制作方。2012年，日本动漫制作公司的海外销售额为144亿日元，比2005年高峰值313亿日元减少了一半。由日本动漫制作公司联合15家出版社组成的新协会计划从2014年8月1日开始，在5个月里剿灭500部漫画、80部动画的盗版，力度主要集中在网络侵害，搜索引擎、BT种子站等都被列为目标。而协会通过日本政府，于2014年8月初开始对提供盗版动漫的中国、美国、欧洲等国家约580个网站集中提出删除要求，此项工作持续大约五个月。

该计划在剔除盗版的行动上不遗余力，同时也提供正版收看途径，通过引导的方式将全球动漫爱好者“升级为付费用户”，进一步普及日本文化。自2014年7月30日开始，汇集了正版链接的动漫网站“Manga-Anime here.com”上线。

该网站是各家出版社与动漫制作公司引导正版动漫付费观看的导航网站，包含了集英社、讲谈社、芳文社、小学馆等主要日本国内漫画出版商的作品，从作品数量和时间来看提供了很多热门漫画与经典漫画的单行本。但是网站语言只有英文和日文两种选择，并未提供中文版，也不可能买到中文翻译版的动漫书，亟待改进。

（信息搜集、编译：朱承辉。

资料来源：http://www.ipr.gov.cn/guojiiprarticle/guojiipr/guobiehj/gbhjnews/201408/1835513_1.html；http://news.mtime.com/2014/08/01/1529799.html；http://www.jpbeta.net/2014/07/mag-2014-0729/；http://www.macaodaily.com/html/2014-08/06/content_924708.htm；http://world.huanqiu.com/exclusive/2014-07/5086181.html）

【美国当局裁定：猴子自拍，不存在版权问题】

2014年8月，非营利组织维基媒体（Wikimedia）公布了一张著名的“猴子自拍照”，供用户免费浏览。该照片来源于英国野生动物摄影师David J. Slater于2011年在印度尼西亚的一次拍摄。当时他在拍摄黑冠猕猴照片时，一只雌猴趁机夺走他的一台照相机并拍摄了数百张自拍。这些照片大多数很模糊，但其中有几张非常清晰且效果不错，包括一张微笑的雌猴的自拍照。这张照片很快登上了世界各大媒体头条，并使Slater迅速走红。

Slater知悉维基媒体登了猴子的自拍照后，要求维基媒体移除该照片或者支付其合理使用费。但维基媒体拒绝了其要求，称由于是猴子按下的快门，所以版权应归猴子所有。后来，维基媒体在一份声明中又称，没有人拥有这些照片的版权，因为依据美国法律，“版权不能授予非人类作者”。

根据英国《1988年版权、外观设计和专利法案》，摄影作品的著作权应归属于创作作品的“人”（person），而英国法律中的“人”（person）指自然人或者公司团体，不包括动物。美国的版权法案也有类似规定，“一件作品要获得著作权，必须来源于一个自然人的创作”，并且单纯由自然、植物或动物产生的物质不包括在内。包括印度尼西亚在内，几乎没有任何一个国家的著作权法承认并保护“动物作者”的权利。

同时，著作权法保护的是艺术作品的创作者，而非创作设备的所有者。Slater声称虽然猴子按下了快门，但照相机是由他假设在三脚架上并设置好自拍模式，猴子所起的作用相当于一个人类助手。然而，他的这一说法难以令人信服。根据欧洲的版权法，想要拥有版权，作者应该有自己的一些创造，应该在作品中表现自己的个性。猴子自拍照显然不具备作者自身的创造。

最终，美国版权当局裁定，任何人均不拥有该批照片的版权。美国版权当局表示，维基媒体与Slater均不拥有该批自拍照的版权，因为照片出自动物之手，并不属于任何人。当局还指出，所有非由人类创作的物品，均不受版权法保护。

（信息搜集、编译：张文兰、施旖婕。

资料来源：http://www.ip-watch.org/2014/08/20/analysis-monkey-in-the-middle-of-selfie-copyright-dispute/；http://genevalunch.com/2014/08/20/monkey-man-copyright-debate-geneva/；http://spicyip.com/2014/08/spicyip-tidbit-monkeying-around-with-the-public-domain-copyright.html）

【谷歌每周收到的移除URL请求多达780万个】

2014年8月，谷歌在其《透明度报告》中表示，在一周内，谷歌共被要求从搜索结果中移除多达780万个URL，创历史新高。该公司7月收到的移除请求达到3 010万个。

谷歌称，其经常收到来自版权所有人以及代表权利人的举报组织发送的请求，要求移除指向涉嫌侵犯版权内容的搜索结果。

这些根据美国《数字千年版权法案》提出的移除请求2008年来数量出现激增。TorrentFreak网站的一份报告显示，在2008年，谷歌每6天才会收到一个请求。而从2012年开始，谷歌每周都要处理数百万个链接。

TorrentFreak将移除请求的增加归因于版权所有人越来越多地为打击盗版而举报涉嫌侵权的搜索结果。

（信息搜集、编译：中国保护知识产权网。

资料来源：searchenginewatch.com）

【雅虎投诉德国版权法违宪】

2014年8月1日，德国雅虎总法律顾问Helge Huffman在发布的一份声明中表示，雅虎认为德国新的版权法给互联网用户的信息自由施加了违宪的限制规定，因为想要不借助搜索引擎从互联网获取具体的信息是不可行的。雅虎认为德国赋予出版商以商业为目的使用其在线内容的专有权的版权法是违宪的。

2013年8月生效的德国版权法案使出版商对其在线内容（除单个词或小的文本片段外）拥有独家商业权。法案中加入了小文本片段的例外规定是为了使搜索引擎和信息聚合网站继续显示新闻文章的部分内容而不侵犯版权。然而，出版商对这部法案有不同的理解，并且要求搜索引擎对其进行补偿。

该版权法从一开始就饱受争议。一群新闻出版商在6月开展了针对谷歌的法律行动，要求谷歌向其支付因发布新闻文章摘要而取得的收入的一部分。出版商在7月1日也针对雅虎提起了一个相似的投诉。

一位雅虎发言人表示，雅虎认为《附属版权法》（Ancillary Copyright Law）从根本上违背了雅虎作为在德国运行的一个搜索引擎而该享有的宪法权，雅虎希望法院会做出有利于雅虎的判决，并确保德国用户可以像世界其他国家的用户那样从在线信息的广阔空间中获益。此外，雅虎还认为这部法案过于模糊，认为其模糊性导致了法律的不确定性。

（信息搜集、编译：中国保护知识产权网。

资料来源：pcworld.com）

【恢复版权豁免　美国最新法案规定手机越狱合法】

2014年8月2日起，美国人民可以自行解锁被无线通信运营商加锁的手机。

参议院帕特里克·莱西（Patrick Leahy）2014年早些时候曾帮助推动《解锁消费者选择和无线竞争法案》（Unlocking Consumer Choice and Wireless Competition Act）的通过。美国总统奥巴马已经签署该法案。该法案恢复了一个版权豁免，允许消费者（或授权第三方）修改手机固件，解除大部分运营商加在手机上的限制。

该法案由参议院和众议院共同制定。2013 年为了回应白宫的要求，国会提出了数个手机解锁合法化方面的议案，而白宫也收到了一份由 10 万个支持解锁合法化的民众参与的签名。这一系列政治多米诺骨牌让莱西和白宫顾问杰夫·赞茨（Jeff Zients）推动这项法案通过。手机解锁已经获得了广泛的支持。在立法过程之外，联邦通信委员会（FCC）也与几家大型电信运营商达成协议，把用户合约到期之后如何进行手机解锁标准化。

尽管如此，总统的签字并不代表争议的结束。2013 年调整之后的《数字千年版权法案》规定手机解锁是非法行为。该法案的通过虽然意味着重新开放手机解锁，但是这是暂时的，因为国会图书馆每三年就会重新审查该法案是否继续适用，并决定法案是否延长期限或扩大到其他设备。不过至少从 2014 年 8 月 2 日开始，美国消费者终于能够自由解锁手机（或让其他人解锁）而不必担心会被罚款或遭到起诉。

（信息搜集、编译：Dream。
资料来源：搜狐 IT）

【马娱乐版权费征收引争议】

2014 年 9 月，《南洋商报》《星洲日报》等马来西亚媒体热议马来西亚娱乐版权费征收事宜。马来西亚音乐演艺者权益有限公司（PRISM）宣布，该公司获贸消部颁发执照，计划向在营业场所安装电视机或收音机的餐饮业者征收版权费，引起餐饮业者不满。

马来西亚已有 4 家政府承认的版权管理机构，除 PRISM 外，还有音乐人版权保护协会（MACP）、唱片业播放版权有限公司（PPM）及唱片艺人协会（RPM），这 4 家版权管理机构均有权向所有在营业时播放音乐的行业征收娱乐版权费用。各餐饮业行业组织表示，PRISM 公司针对所有安装娱乐设备的业者征收版权费是“无孔不入”，各版权管理机构收费标准和收费模式各不相同，会遭受重复收费。各方呼吁政府合并版权管理机构，规范娱乐版权费征收标准。

（作者：中国驻马来西亚经商参赞处。
来源：中国驻马来西亚经商参赞处网站）

【尼日利亚利益相关者成立无音乐日】

2014 年 9 月 1 日，为抗议猖獗的盗版行为，尼日利亚音乐产业联盟将这天定为“无音乐日”活动的又一个活动日。

在活动日的指定时间段，所有的音乐电台都不会播放任何尼日利亚的音乐。

2014 年是“无音乐日”活动进行的第六年，该次活动重点关注对尼日利亚音乐行业中的作曲家、表演者、音乐出版商和其他利益相关者权利的普遍侵权。

作为“无音乐日 2014”活动的一部分内容，联盟要求所有的广播电台和尼日利亚的主要音乐用户不要在 2014 年 9 月 1 日上午 9 点至 10 点播放音乐，以此作为与遭受普遍侵权伤害的尼日利亚创意产业团结一致的标志。所有同情音乐产业困境的广播电台都被要求将这一时间段奉献给关注创意者权利以及尼日利亚知识产权现状的访谈、纪录片、争论和讨论。报纸和杂志也被鼓励采取特殊的行动来响应这一活动日。

为了纪念这一天，尼日利亚版权协会（COSON）降半旗，并且在该协会的总部还举行销毁盗版材料的活动，以此打击困扰尼日利亚创意产业的盗版行为。

（信息搜集、编译：中国保护知识产权网。
资料来源：punchng. com）

【科威特加入《巴黎公约》和《伯尼尔公约》】

2014 年 9 月 2 日，科威特政府交存了批准加入《保护工业产权巴黎公约》的法律文书。该公约于 1883 年 3 月 20 日通过，1967 年 7 月 14 日在斯德哥尔摩修订并于 1979 年 9 月 28 日再次进行修订。

《巴黎公约》于 2014 年 12 月 2 日在科威特正式生效。同时，科威特成为由《巴黎公约》成立的保护工业产权国际联盟的成员之一。

此外，科威特政府在 2014 年 9 月 2 日还交存了加入《保护文学和艺术作品伯尔尼公约》的法律文书。该公约于 1886 年 9 月 9 日通过，1971 年 7 月 24 日在巴黎进行修订，后又在 1979 年 9 月 28 日再次进行修改。

《伯尼尔公约》于 2014 年 9 月 2 日在科威特正式生效。同时，科威特成为由《伯尼尔公约》成立的保护文学和艺术作品国际联盟的成员之一。

（信息搜集、编译：中国保护知识产权网。
资料来源：ag-ip-news. com）

【新加坡在知识产权保护方面位居亚洲之首】

2014 年 9 月 3 日，世界经济论坛（WEF）发布

2014—2015年全球竞争报告。报告指出，新加坡在知识产权保护方面位居亚洲之首，世界第二。新加坡已连续四年在知识产权保护方面保持领先地位。

21世纪以来，新加坡的知识产权保护工作稳步前进。在2006—2007年的报告中，新加坡排名第9位，在2010—2011年的报告中上升至第3名。这有助于实现将新加坡发展成亚洲知识产权中心的目标。

企业推动与经济发展

新加坡利于营商的知识产权制度有助于提高全球主要企业的信心，如宝洁、德国大陆集团、美赞臣等。这些企业都选择将新加坡作为其企业与研发投资的选择地，新加坡强劲的知识产权保护是影响这些企业决策的因素之一。

新加坡强劲的知识产权制度是商业与外商投资流入该国的重要因素。在特许权和许可领域，新加坡估计拥有600多个特许经营体制，2012年有4万多个特许经营人，占国内零售总销售额的18%。

强劲的知识产权制度还是推动当地企业发展的主要驱动力。当地越来越多的企业将知识产权作为其商业竞争力。新加坡的知识产权中心活动包括促进企业评估和使授权专利货币化的知识产权融资计划，并建立了促进和发展知识产权管理与战略、知识产权商业化和货币化以及知识产权评估的知识产权价值实验室。

关于WEF报告

WEF全球竞争报告是对国家竞争力最全面的评估。在2014—2015年版本中，WEF审查了144个经济体的竞争力前景，确定了其生产力与繁荣的驱动力，在此过程中采访了1.4万个企业领导者。

（信息搜集、编译：中国保护知识产权网。

资料来源：ipos. gov. sg）

【乌干达电影人维权难　权利集体管理在萌芽】

2014年9月8日，乌干达坎帕拉高等法院的气氛是凝重而不愉快的。乌干达娱乐产业的两个对立方，即电影与音乐制作人和电影与音乐制品经营者，正等待着法庭一个至关重要的决定。该次纠纷的重点在于制作人强烈请求法院根据著作权法禁止电影与音乐制品经营者在不支付版权特许费的情况下复制、买卖电影和音乐作品（包括国外作品）的行为。但这些厂商认为当地艺术家不能阻止他们买卖这些作品。

一位名为Sulaiman Kimbugwe的资深电影制作人声称他非常担心乌干达本地电影的命运以及制作人的经济收入。乌干达国内电影经常刚制作完就立刻被电影和音乐制品经营者们盗版并批量生产。

可惜的是，法庭在这个问题上也并没有给出一个明确的答复。

在坎帕拉甚至乌干达全境内盗版风气严重，随处可见的音像制品店内出售的都是廉价的外国影音作品或本地影音作品的盗版，且质量较差，但仍有络绎不绝的顾客前来询问和寻找最新的盗版光碟。甚至，有些音乐人、电影制片人或演员为了自己的名气，默认并参与到这些盗版活动中，使得乌干达的版权业受到了猛烈的冲击。

电影和音乐制品经营者们之所以可以如此嚣张地进行盗版活动，主要是因为乌干达不健全的版权保护司法体制。比如，在2006年《版权与邻接权法案》和2010年《版权与邻接权细则》中，对盗版行为的惩罚力度是非常低的，面对巨额的盗版收益，盗版商们往往不吝啬那么点低廉的罚金。

所幸的是，乌干达两大权利集体管理组织——乌干达表演权协会（UPRS）和乌干达电影行业联合会（UFMI）已经成立并注册，并推出了全国性的宣传与教育节目，旨在将通过集体管理组织维权的意识深入人心。UPRS秘书长詹姆斯·瓦苏拉（James Wasula）表示，由于历史原因，乌干达沿袭了《英国版权法案》及其整个版权体系，UPRS与英国音乐行业组织BMI一直有联系，版权管理的概念在乌干达都是非常新颖的。权利集体管理的法律框架已经到位，诸如乌干达注册服务局、警察局和司法部门等相关机构也已到位以方便执法。而另一方面，UFMI的项目经理邦尼·M·卡素加（Bonny M. Kasujja）也表示，经过六个多月的努力，UFMI在2014年底开始代表注册成员收取版税。卡素加补充道，UFMI有15名观察员和8名版权协调员分布在全国，以帮助签发许可并打击版权侵权。

UPRS与UFMI还和全球其他集体管理组织签署了多重直接互惠协议以独家控制和管理它们在乌干达的版权。

相信经过集体管理组织的努力，乌干达的版权业一定会有新的改观，且公众的版权保护意识也会越来越强。

（信息搜集、编译：方潇怡。

资料来源：http://www.independent.co.ug/news/news-analysis/9344-when-court-wont-stop-criminals；http://www.wakili.co.ug/practice-areas/copyright-protection/22-collecting-societies-in-uganda；http://www.ip-watch.org/2014/07/24/collective-rights-management-takes-root-in-uganda/；http://www.ipr.gov.

cn/article/gjxw/gbhj/df/wgd/201408/1833487_1.html)

【WIPO 召开主题为“知识产权作为商业创新融资的促进者”的研讨会】

2014 年 9 月 22—30 日，世界知识产权组织年度大会在瑞士日内瓦召开。9 月 24 日进行的会外活动，主题为“知识产权作为促进商业创新融资的促进者”的研讨会。在该次研讨会中，英国知识产权局首席经济学家托尼·克雷顿（Tony Clayton）进行了发言。

克雷顿指出，尽管知识产权对于企业而言如此重要，然而融资公司却很难理解这一点并且很难正确地评估知识产权的价值，英国知识产权局为此付出了两年多的努力。企业在一系列领域进行知识投资以期望能够在未来取得收益，这些领域包括：软件、创意作品、研发、外观设计、商业流程、工作技能以及口碑/品牌。在英国，对无形资产的投资从 1990 年的 35%上升到 2011 年的近 70%，其中，版权产业的增长尤其明显。但是对版权等无形资产的大部分投资都从融资市场中分离出来了，因为无形资产可能不出现在公司的账目中，并且很难在寻找融资时作为资产来使用。但是也有例外，如版权类目或者许可收入。

一直以来，要进行借款的企业并没有以版权作为吸引融资的主要卖点。鉴于所涉及的风险，银行都不希望拥有版权资产，并且银行也没有被要求成为风险投资家。但是，一些银行和保险公司也逐渐开始对版权资产越来越感兴趣。

版权密集型企业在市场中取得的借贷类型，包括无抵押型、抵押型以及资产支撑型。对于资产支撑型融资，融资提供方会收购版权并将之重新（通常独家）授权给原创企业使用。克雷顿认为，这或许是实践中发展起来的最佳方案。而对于抵押型融资，版权资产会被投保，保额会被用作贷款的抵押物。在美国，保险费会被计入到佣金中去，并且投保方负责管控风险，这种模式使借贷方承担的商业风险与投保方承担的版权风险分离开来。对于无抵押型融资，借贷方承担风险，但却可以在商业中使用版权的知识来对条款和风险做出选择和防控。

克雷顿建议通过行业协会与行业伙伴以及版权专业人士就版权作为促进商业创新融资成立一个工作组，并指出新工具正在开发过程中，降低风险的保险审查已经完成，与信息基础设施有关的活动正在展开。

（信息搜集、编译：蒙守杰。

资料来源：http://www.ip-watch.org/2014/10/08/ip-increasingly-seen-as-enabler-for-innovation-finance-ip-offices-say/；http://www.ip-watch.org/category/venues/wipo/page/2/）

【加纳：媒体与视听作品所有人被要求向公众宣传版权知识】

2014 年 10 月 12 日，加纳首都阿克拉举办研讨会，加纳视听权利社团（ARSOG）的临时主席 Richard Prempeh 要求视听作品所有人、长途汽车司机、交通工具所有人以及媒体组织帮助展开版权以及授权付费问题的教育与宣传工作。该研讨会由加纳版权办公室与 ARSOG 共同举办，主要面向运输公司、司机以及相关合作组织的管理者们，主题是“对使用者的教育与宣传”。

Prempeh 指出，加纳的普通民众并不了解管理知识产权的法律，甚至权利人自己也不甚了解自己的权利，所以需要展开教育宣传。Prempeh 催促媒体与视听作品所有人帮助向一般公众以及其他权利人开展视听作品的宣传工作。同时指出 ARSOG 是一个集体管理组织（CMO），旨在帮助视听作品权利人收取他们作品用于公开表演的版税。

在研讨会议上，版权部门的代理官员 Yaa Attafuah 首先介绍了 ARSOG 的组成以及法律基础，其后谈到，版权是一种排他权，作者可以基于版权允许或者禁止别人使用自己的作品，同时，版权还能给作者带来公众认可以及财富。Attafuah 又说明了在长途汽车播放电影方面，为此付费是如此重要的原因。有人会提出自己已经购买了光盘，也就有权利在任何场所使用它，但是 Attafuah 指出，法律将这种行为定义为作品的公开表演，在这种情况下需要向作者支付一定的费用，因为如果乘客在长途汽车上观看了两部电影，他却并没有为此付费，那么这种费用是为了弥补公开表演对作者可能造成的损失，也进一步说明了光盘只能在亲密家庭成员之间播放。因此，在公交车、酒吧、餐馆、酒店或其他公共场所公开表演作品都需要向集体管理组织支付费用。

Attafuah 指出，电影、音像制品、舞蹈以及儿童书等都受版权保护，作品的作者有权决定如何使用自己的作品。版权法保护作品从而保护作者的利益，因此，加纳版权局和 ARSOG 需要各位与会人士在行政管理方面的投入，最终保护各位作者的利益。

（信息搜集、编译：李翔。

资料来源：http://www.ghana.gov.gh/index.php/2012-02-08-08-32-47/general-news/6715-media-and-audio-visual-works-owners-urged-to-educate-public-on-copyright；http://www.ghheadlines.com/agency/all-africanews--ghana/20141113/676373/media-and-audio-visual-works-owners-urged-to-educate-public-on-copyright；http://www.fosterradio.com/feeds/items/media-and-audio-visual-works-owners-urged-to-educate-public-on-copyright/）

【阿联酋加入《视听表演北京条约》以及《马拉喀什条约》】

2014 年 10 月 15 日，阿拉伯联合酋长国政府交存了加入 2012 年 6 月 24 日通过的《视听表演北京条约》的文书。

世界知识产权组织（WIPO）表示，《视听表演北京条约》能够提高电影演员和其他表演者的经济权利，并提供额外的工作收入。这可能让表演者与制片人分享视听制品在国际上创造的收入，还能赋予表演者道德权利，以便阻止署名权缺失或表演扭曲。

重要的是，新条约能够巩固表演者在视听产业中的不稳定地位，为其被保护提供了一个更清晰的国际法律框架。条约为表演者提供数字环境中的保护实属首次。条约还有利于保护表演者的权利，以免未经授权在视听媒体（如电视、电影和视频）中使用其表演。

该条约的生效日期在达到所需的批准或加入数量后会根据条约第二十六条予以公布。

另外，阿拉伯联合酋长国政府在 2014 年 10 月 15 日还交存了加入 2013 年 6 月 27 日通过的《关于为盲人、视力障碍者或其他印刷品阅读障碍者获得已出版作品提供便利的马拉喀什条约》的文书。

《马拉喀什条约》的生效日期在达到所需的批准或加入数量后将根据该条约第十八条予以公布。

（信息搜集、编译：中国保护知识产权网。

资料来源：ag-ip-news.com）

【德国举办知识产权与民间文化艺术节】

2014 年 10 月 16—26 日，国际民间艺术节组织理事会（International Council of Organizations of Folklore Festivals and Folk Arts，CIOFF）于德国包岑举办了第 44 届年度世界大会。大会期间，世界知识产权组织（WIPO）出版了名为“知识产权与民间文化艺术节”（Intellectual Property and Folk, Arts and Cultural Festivals）的实用指南，以指导文化艺术节的组织者们更好地运用知识产权制度来应对艺术节举办期间可能出现的侵权行为。

文化艺术节的举办为保护非物质文化遗产提供了良好契机，活动包含舞蹈、音乐、手工制作与剧场表演等，再现了多种传统与当代的艺术表现形式。艺术节的举办对传播传统文化、促进社会交流、刺激当地经济等方面均有着重要意义，却也引发了大量侵犯知识产权行为的产生。其中，最为严重的当属公众与媒体在未经表演者与活动组织者授权的情况下录制并传播活动现场的照片、视频剪辑以及电影。指南中还列举了其他侵犯知识产权的行为诸如出售假冒的节日商品、销售印有神圣舞蹈照片的明信片以及未经允许而在旅游宣传活动中使用那些记录了传统表演的视频等。

正是文化艺术节中独特的文化展示与精美的传统手工制作吸引了大批游客前来参观，同时为活动品牌的树立提供了良好的基础。通过销售文化艺术节相关商品与音像制品，活动的组织者们能够尽可能地增加盈利。然而如上侵权行为不仅会损害文化艺术节的品牌形象，还会严重影响组织者的营利情况。因此，制定一套全面有效的知识产权管理制度则显得非常有必要。

实用指南针对艺术节的组织者们如何利用知识产权来应对如上侵权行为提供了有效建议，保障其营利的同时能够更好地促进大众对传统文化的尊重与保护。对于那些非法使用文化节期间所展示的传统知识（TK）与传统文化表现形式（TCEs）的行为，组织者们可以综合利用知识产权工具如版权与邻接权、商标权等相关制度来保护活动期间的音乐、舞蹈、艺术节名称与 logo 等，同时结合合同、协议、告示等多种手段建立起全面有效的知识产权保护框架。

（信息搜集、编译：罗文君。

资料来源：http://www.ip-watch.org/2014/10/24/wipo-launches-guide-on-use-of-ip-for-arts-and-cultural-festivals/；http://www.wipo.int/tk/en/resources/festivals.html；http://www.cioff.org/about-news.cfm）

【WIPO 发布《知识产权与民间文化艺术节》使用指南】

2014 年 10 月 24 日，世界知识产权组织（WIPO）在 CIOFF 于德国包岑召开的第 44 届世界大会期间，发布并出版就文化艺术节语境中如何最好地利用知识产权的实用指南，该版本的题目为“知识产权与民间文化艺术节”。该指南提供了关于如何利用节日的知识产权资产，如何最好地促进对节日世界文化特性的尊重方面的建议。根据指南，节日中涉及的知识产权问题范围很广，包括出售伪造的节日商品、盗版节日的正式广播信号、冒犯性地复制神圣的符号或节日仪式的参与者（诸如出售复制有神圣舞蹈照片的明信片或者未经许可剪辑使用旅游促销活动中传统表演的视频等）。

指南指出，版权（歌曲、舞蹈或服装）、商标（名称和图片）、地理标志、工业设计（节日标志、T恤）均是族群文化艺术节可能涉及的知识产权问题。其中涉及的版权问题主要有以下几个方面：

问题一：版权在节日语境中发挥作用。

在节日语境中，版权可以保护节日中正在表演的歌曲和舞蹈。在某些情况下，服装、舞美和其他展示中的艺术材料（像横幅、海报、艺术品和工艺品），许多节日的小册子和传单也是以受版权保护的作品为素材的。

问题二：访客是否可以上传自己的节日照片到互联网上。

未经许可，网上上传、在线发布和文件共享受版权保护的内容，比如展示受保护的表演或艺术作品的照片或视频可能构成对艺术家和表演者向公众传播权的擅用，除非存在某些侵权例外。

问题三：版权和相关权利的集体管理。

集体管理是代表版权和相关权权利人利益的组织对其权利的保护实践，这些组织监测受保护作品的使用情况并负责许可和报酬的协商。

问题四：歌曲中版权保护的主体。

词曲作者、表演者、录音制作者和广播组织者等。

问题五：版权保护是否国际化。

大多数国家是已经生效的国际条约的成员国且版权为自动产生，根据《伯尔尼公约》，作品在其他公约国受到与其自己国家同等的保护。然而，版权保护仍受领土地域限制，不同国家对版权的保护是独立的，只有当作者的作品满足某国版权法的要求他们才能享有版权保护。

问题六：版权是否保护节日的名称。

在许多国家，名称、标题、口号和其他短句被排除在版权保护之外，节日的名称和其口号通常不受版权法保护，但可受商标法或反不正当竞争法的保护。然而，节日的标志，如果满足版权和商标法的要求可能受其保护。

问题七：游客是否可以对文化节的表演进行拍照、录音或录制视频。

原则上，游客不能对文化节的表演进行拍照、录音或录制视频。然而大多情况下，游客专为个人私人非商业性使用而这样做。但无论如何，个人无权将其上传到网上或未经许可公开展示，因为这已经超出私人使用的范围。尤其在技术改进私人复制的质量的大背景下，许多国家已经缩小私人使用例外的范围。

问题八：在节日中拍摄的照片权利归属于谁？

原创照片通常受版权保护，照片的权利主体可能是：拍摄者、照片呈现作品（如绘画、建筑、雕塑）的创作者。此外，若某人出现在照片中，例如服装模特、公众人物，其可能享有肖像权或隐私权。许多国家中，在公众场合像节日现场拍摄的照片中出现个人，若其是当前事件的一部分且不被侵犯尊严或隐私是被允许的。但若照片旨在商业用途，需要得到许可。

问题九：节日主办方是否可以广播和电影方式拍摄整个节日事件。

节日主办方需要在拍摄或现场表演前寻求作品权利人以及表演者（歌手、音乐家、演员等）的许可才可广播或以电影方式拍摄整个节日事件。

问题十：孤儿作品的内涵。

孤儿作品是受版权保护，但其作者或权利人无法被确定或发现的作品。其可能是由于作者已经去世，且无法定位其继承人；或者因为作者的作品是绝版，所有与作者有关的痕迹都消失了。

该指南旨在解决在族群文学艺术和文化节日语境中的知识产权问题，而非解决所有文化组织者可能面临的知识产权问题，其指出族群文学艺术和文化节日对于世界丰富多样的文化意义非常，其以舞蹈、歌曲、戏剧、典礼、习俗、宗教仪式、电影、摄影、视觉艺术、工艺品等形式将历史悠久的传统和现代创意结合，兼具振兴和保存文化遗产的文化意义，跨文化对话与更深理解的社会意义与持续产生商业利益的经济意义。因而指南强调对族群文化节日中的版权保护和其特定神圣意义的尊重。

（信息搜集、编译：韩啸。

资料来源：http://www.ip-watch.org/2014/10/24/wipo-launches-guide-on-use-of-ip-for-arts-and-cultural-festivals/；http://www.wipo.int/edocs/pubdocs/en/wipo_pub_1043.pdf；http://www.wipo.int/about-ip/en/collective_mngt.html）

【尼日利亚音像权利协会正式获得收取版权费之授权】

2014年11月，尼日利亚音像权利协会（AVRS）正式获得尼日利亚版权委员会的授权，音像权利协会被授予代表版权委员会的客户收取版权费。尼日利亚电影行业的从业人员和其他利益相关者不需要再担心那些未经授权滥用其作品的用户。

音像权利协会是一个新的集体管理组织，著作权人界定音像权利协会管理的权利范围，由其监管音像行业中对从业者和利益相关者的版权费用的支付。至于如何追踪那些未经授权使用他人作品的行为，是音像权利协会面临的一个难题，该协会表示正在采取措施以建立一个比较完善的追踪体系。

随着时间的推移，一个电影制作人可能无暇顾及市场中其作品的使用情况。因此，如果电影制作人想从使用其作品的客户那里得到作品的版权费和其他权益，该电影制作人不得不向类似AVRS这样的组织寻求帮助，委托其代为收取费用，同时保护自己的作品不被篡改。

AVRS提供免费的会员注册，但是只承认两种类型的版权所有者。第一类为作品的出资人，这里专指为制作作品提供资助的人，而不一定是对创作内容享有权利的电影制片人。第二类为作品的合作者，包括主演、配角、导演、编剧和技术工作人员。对于收取的版权费用，音像权利协会因其管理工作而收取30%作为报酬，其他70%归著作权人所有。

该协会主席穆罕默德·阿里巴洛根（Mohamed Aribalogan）先生强调，该协会不会妨碍版权人与数字卫星网络所有人间关于著作权已经达成的协议，除非协议中的条款已经过期。阿里巴洛根还提及该协会计划在未来与一些网络分销平台进行合作，以便更好地维护客户权利。

阿里巴洛根同时警告音像作品的非法使用者：侵犯音像作品版权的行为不仅违反著作权法，也严重阻碍了一个充满活力的本土产业的发展。随着音像权利协会的诞生，侵犯版权的时代会就此终结。任何组织或广播媒体为了提高其盈利能力而使用他人音像作品，必须给予权利人补偿。协会呼吁每一位利益相关者，特别是音像作品的使用者，使用他人作品必须获得许可。

（信息搜集、编译：温崇学。

资料来源：http://www.thisdaylive.com/articles/audio-visual-rights-society-debuts/191658/；http://www.dailytrust.com.ng/daily/law/40274-audio-visual-rights-assoc-gets-ncc-licence；http://www.punchng.com/feature/midweek-revue/like-music-nollywood-gets-copyright-managers/；http://www.punchng.com/feature/midweek-revue/no-longer-business-as-usual-for-copyright-offenders/）

【埃菲尔铁塔的打灯景观受著作权法保护】

2014年11月4日，《欧盟观察家》（*EU Observer*）刊载了一篇关于公共建筑的著作权的文章。文章指出，在法国、比利时和意大利，未经著作权人许可而对法国的夜间的埃菲尔铁塔、比利时的原子球塔以及欧洲议会位于布鲁塞尔和斯特拉斯堡的建筑等进行拍照可能被认定为侵权行为。

2014年初，欧洲议会秘书处书面许可维基百科使用位于斯特拉斯堡的议会建筑的照片，但实际上，欧洲议会并不是该建筑的著作权人。该建筑的著作权由一个法国建筑局享有，该建筑局提出相关照片只能用于新闻报道。

在大多数欧洲国家，对建筑作品照片的使用无须取得建筑作品权利人的许可。但法国、比利时和意大利并没有这样规定。

在德国海盗党的Julia Reda看来，问题源于欧盟的各成员国可以选择性地执行《欧盟信息社会版权指令》中的相关规定。

2001年颁布的《欧盟信息社会版权指令》的第五条第三款第（H）规定，在"使用长期设置于公共场所的作品，如建筑或雕塑作品"情况下，成员国可以对第二条和第三条规定的权利进行例外或限制的规定。换言之，公共建筑照片的拍摄者可自由使用其拍摄的照片。有学者称之为"公共空间全景照自由"（freedom of panorama），即在拍摄公共空间的全景照时，若拍摄到有版权的艺术作品，对该照片的使用不受该艺术作品的相关著作权的限制。Julia Reda指出，很多成员国或根本就没有实施该规定或严格限制该规定的适用。

在比利时，原子球塔受著作权法保护。原子球塔的官网上载明，"对原子球塔的照片的使用需先行取得本机构的许可"。维基媒体基金会欧洲分会的政策专家Dimitar Dimitrov指出，如果拍了一张原子球塔的照片并将该照片上传到Facebook上，那就构成了侵权。不过，维基百科网页上刊载的照片中的原子球塔并非比利时原子球塔本身而是建于奥地利的一个模型而已。

在法国，公共建筑物的版权问题较为复杂。人们可以拍摄白天的埃菲尔铁塔；但如果拍的是晚上的埃尔菲铁塔，就要向铁塔开发公司付钱，因为夜晚铁塔上的灯光要另算版权——开发公司每年在照明上的支出是 19.5 万欧元。

埃菲尔铁塔于 1889 年由法国天才建筑师居斯塔夫·埃菲尔设计建造完成，并由此得名。从 1980 年开始归巴黎市政府所有。后来，巴黎市政府以公共服务委托的方式，将铁塔的维护和开发权委托给了埃菲尔铁塔营运管理公司（SETE）。

埃菲尔铁塔营运管理公司在其官网上宣称，埃菲尔铁塔的晚间照明受著作权法保护，将埃菲尔铁塔的夜间照片用于职业或商业用途需取得权利人的许可。事实上，埃菲尔铁塔已经进入了公共领域，不过法国的法院于 1990 年 6 月时裁定：1989 年为庆祝埃菲尔铁塔 100 周年的特殊灯光照明属于"原创的视觉艺术创造"，受到著作权法的保护。法国的最高法院（Cour de cassation）于 1992 年 3 月维持该项裁定。

然而，依照法国的学说和判例传统，若一个享有著作权的作品只是偶尔在图片中出现，或是主要呈现物体的一部分，是可以接受的。依照法律中类似的微量允许原则，SETE 不会对包括埃菲尔铁塔及其灯光的巴黎公共空间全景照片主张版权。

对公共建筑的著作权，各欧洲国家的规定有所不同。例如，在保加利亚、罗马尼亚和斯洛文尼亚等国家，人们可以对公共建筑进行拍照但不能售卖该照片。在英国、荷兰和德国等国家，任何人都可对公共建筑进行拍照。

《欧盟信息社会版权指令》亟须改革，但有关的辩论和就未来的公共协商表明欧盟委员会无法在短期内提出任何提案。

（信息搜集、编译：毛玫洁。

资料来源：http://euobserver.com/justice/126375；http://torrentfreak.com/night-time-eiffel-tower-photos-are-a-copyright-violation-141108/；http://www.toureiffel.paris/the-eiffel-tower-image-and-brand/image-rights-the-eiffel-tower-brand.html；http://zh.wikipedia.org/wiki/埃菲尔铁塔；http://www.atomium.be/；http://zh.wikipedia.org/wiki/原子球塔；http://news.163.com/14/1117/06/AB7UQ9QF00014AED.html；http://szb.dlxww.com/xsb/html/2010-01/24/content_315795.htm；http://world.cankaoxiaoxi.com/2014/1117/567126.shtml）

【版权之争败诉　美国网络电视公司 Aereo 宣布破产】

2014 年 11 月 22 日，美国网络电视公司 Aereo 在其官方博客发表了一篇标题为"新篇章"的声明，宣布在难以克服困难的情况下，公司已经正式提交了破产保护申请。

Aereo CEO 及创始人切特·卡诺加在公司博客中表示，尽管 Aereo 曾在纽约和波士顿的联邦地区法院，以及第二巡回法院赢得过重大胜利，但美国最高法院推翻了第二巡回法院的判决，给其带来了难以克服的困难。美国最高法院的判决实际上改变了用于监管 Aereo 技术的法律，带来了监管和法律方面的不确定性。尽管其团队专注于探索所有可能的发展道路，但在缺乏明晰规定的情况下，挑战难以克服。

Aereo 推出于 2012 年，其目标是改变用户观看电视的方式。这家位于纽约的公司帮助用户以付费订购的方式租赁微型天线。这样的天线只有一根手指大小，被远程安装在 Aereo 的某一天线阵中。这样的天线靠近多家广播公司的发射塔，从而可以获取发射的信号。

Aereo 发表的博客声明内容如下：

3 年前，Aereo 团队成立，目的是为消费者打造一种更好的电视体验。

我们之所以开始这段旅程是因为我们认为原来的电视系统已经不能再为消费者服务了。消费者看电视的时候，几乎没有太多的选择，可看的电视节目沉闷无味，不能满足人们日益增长的移动生活需求，成本也高得离谱并且还在持续上升。

鉴于上述考虑，我们委派我们最强的技术人才去开发一种简单、有用并且有吸引力的网络技术，为消费者提供一种真正的电视体验。这就是 Aereo 诞生的缘由。

我们的技术团队建立了第一个基于云的独立天线和能够让你在任意设备上通过互联网录制和观看实时电视节目的 DVR。用了不到两年的时间，我们就把图纸上的设计变成了现实中的技术，并且推广到全美 20 多座城市。

我们受到了热烈的欢迎。消费者的热情激发了我们的信心。我们知道，我们触动了消费者的神经，我们打造出了一种特别的产品，它对消费者来说是很有意义的。

但是我们遇到了来自媒体公司的挑战。

尽管我们曾在纽约和波士顿的联邦地区法院，以及第二巡回法院赢得过重大胜利，但美国最高法院推翻了第二巡回法院的判决，这给我们带来了难以克服的困难。美国最高法院的判决实际上改变了用于监管 Aereo 技术的法律，带来了监管和法律方面的不确定性。尽管我们的团队专注于探索所有可能的发展道路，但在缺乏明晰规定的情况下，挑战难以克服。

鉴于这个原因，我们今日提出了破产保护申请。我们还任命 Argus 的劳顿·布鲁姆（Lawton Bloom）在此期间担任 Aereo 的首席重组官。

美国破产保护法允许 Aereo 将公司业务和资产的价值最大化，公司不会再因为被卷入法律诉讼而发生更多的开支，也不会被卷入更多诉讼。

我们已经坚持了很久，我们坚守着自己的信念，我们相信我们为推动电视行业的对话，帮助这个行业做出有利于消费者的积极变革做出了重要贡献。

我们为 Aereo 有机会做出既有意义又特别的产品而感到非常幸运。电视技术发生了如此巨大的转变和进步，现在是人们勇敢地承担风险、改变现状和打造特别产品的最好时机。

感谢你们长期以来对我们的支持。你们发来的电子邮件、推特、Facebook 帖子和消息都对我们很重要。感谢你们一路与我们同行。

（信息搜集、编译：然雨。

资料来源：TechWeb）

【“谷歌新闻”退出西班牙】

2014年12月，由于西班牙新法规使“谷歌新闻”在西班牙难以为继，谷歌公司从12月16日开始在西班牙关闭该新闻聚合服务。谷歌公司表示，因为在2015年生效的西班牙新知识产权法规定，“谷歌新闻”不能再免费发布西班牙媒体生产的新闻内容。

2014年10月，西班牙通过了一项新的关于知识产权的法律，其中规定，新闻聚合网站哪怕只是显示西班牙媒体的新闻摘要，也必须向这些媒体支付费用。该法律从2015年1月生效，违者将面临最高60万欧元罚款。这项法律虽然适用于所有的新闻聚合网站，但由于“谷歌新闻”网站的典型意义，因此法规涉及的费用也被称为“谷歌税”。

谷歌公司认为，西班牙这项法律并不合理，因为“谷歌新闻”本身没有赚钱，未在网站上做广告。

“谷歌新闻”通过后台聚合算法，汇集全球各地新闻来源的新闻资源，将类似报道组合在一起，根据读者个人喜好进行显示。谷歌表示，目前“谷歌新闻”有70个国际版本，覆盖35种语言，每月给6万家媒体网站带来100亿次点击量。

然而，西班牙传统媒体却指责“谷歌新闻”之类的新闻聚合网站免费窃取了其劳动成果。西班牙成为谷歌因法律原因撤出新闻聚合服务的第一个国家。

（作者：张伟。

资料来源：新华网）

【WIPO对适用于图书馆的著作权例外制度应率先进行研究】

2014年12月，世界知识产权组织（WIPO）一项委托研究的作者说，世界知识产权组织应当在研究适用于图书馆著作权限制和例外问题上取得主导地位，不能把这个问题的争辩和解决留待他方。

在世界知识产权组织版权及相关权常设委员会（SCCR）第29届会议进行到第三天的时候，哥伦比亚大学著作权咨询办公室原主任肯尼斯·克鲁斯（Kenneth Crews）教授展示了其基于2008年首次出版的关于适用于图书馆和档案馆著作权限制和例外研究的2014年版的新研究成果。

对于著作权的限制和例外，在世界知识产权组织内部一直是一个存在争议的问题。发展中国家一直在寻求针对图书馆和档案馆提供著作权限制和例外达成一项国际间的法律文件。然而，大多数发达国家认为当今的国际著作权框架已经为这些例外制度在国家层面上提供了充足的灵活性可以操作，因而无须立法。

在12月10日展示的新研究成果是建立在克鲁斯2008年进行的研究的基础上。克鲁斯解释道，该项新研究着眼于一般意义上适用于图书馆的法定例外情形。克鲁斯还提出，2008年完成的研究因为当时法律的匮乏而遗漏了一些国家，因此应当把前后的这两项研究结合起来看。在2014年版研究成果中找不到自己国家相关信息的成员国应该去2008年的版本中寻找。这同时也意味着在这些国家自2008年以来著作权法律就未变动。

2008年世界知识产权组织有184个成员国，克鲁斯能够找到其中的149个国家的相关著作权法律条款。到了2014年，虽然世界知识产权组织成员国增至187个，但是该新版的研究成果已经能够涵盖186个国家了。

克鲁斯进一步指出，2008年的时候21个国家没有图书馆著作权例外制度、27个国家只有原则性的例外制度而未针对图书馆作专门规定，2014年这些国家数目分别是33个和34个。

法律的多样性

法律上的例外制度旨在平衡创作者的权利和公

众的利益。大量的国际条约对成员国的著作权法产生了影响，特别是《保护文学和艺术作品伯尔尼公约》(Berne Convention for the Protection of Literary and Artistic Works)、《世界知识产权组织版权条约》(WIPO Copyright Treaty) 和《与贸易有关的知识产权协议》(TRIPS)。克鲁斯也强调了区域性协定对成员国国内著作权法律制定的重要影响。

克鲁斯表示，上述三个国际条约规定了所谓的“三步检验法”。该方法是一系列对于条约规定的例外制度的三个限制性条件，它首先被《伯尔尼公约》所采用。具体来说，这三个条件是：适用于某些特殊案件中；不与对作品的正常利用相冲突；不得不合理地损害作者的合法权益。《与贸易有关的知识产权协议》中有类似的表述。

由于三步检验法的语言表述易于理解，从而导致在不同国家规定著作权例外制度的多样性。这些例外包含图书馆在某些情形下进行的复制行为，比如为了科研目的或者对作品进行保存或者更换活动等情形。一些例外制度只有当著作权人的经济权利已经穷竭时才能被适用，也有一些能够适用于博物馆或者仅仅适用于已发表作品。

在某些情形下，新颁布的法律中规定的著作权例外制度被限制在图文的再现，这会给图书馆带来别的问题，比如使得图书馆越来越依赖数字化。

模型的重要性

尽管存在着广泛的多样性，但是在不同的国家法律中规定的模式有一些还是相同的。如果综合来看，那些没有规定例外制度的33个国家和规定了一般例外制度的34个国家主要位于拉丁美洲和非洲，也有一些位于中东地区。

克鲁斯强调在立法中模型的重要性。在非洲，许多国家（17个）是《班吉协定》(Bangui Agreement) 的缔约国。《班吉协定》包含一些已经被纳入缔约国国内法的规定，其中一条就涉及为了图书馆的利益而规定的一些著作权例外制度。

英国的1956年版权（著作权）法案就提供了一个模型，特别是为像美国这样的属于英国以前的殖民地的国家。

拿塞拉利昂来说，该国于1961年独立之后仅过了4年就有了版权立法，该立法主要源于英国模式。然而，2011年塞拉利昂修改了其版权法，将其从英国模式转变成《班吉协定》模式，尽管塞拉利昂并不是《班吉协定》的缔约国。

克鲁斯强调国家立法倾向于寻找模型，这也是法律制定过程的本质所在。

其他的许多国家已经逐渐开始修改了其立法，比如马里、摩尔多瓦、阿曼、卢旺达、突尼斯和斯里兰卡。尽管这些国家中的大多数都不是《班吉协定》的缔约国，但是对于对作品的保存和为科研目的的复制都采用了类似于《班吉协定》那样的相对简单的语言表述。

克鲁斯也指出世界知识产权组织和联合国教科文组织（UNESCO）的《突尼斯示范法》(Tunis Model Law) 中对于著作权的规定对于发展中国家而言是一个模型。

有少数几个国家起草了“创新性”的法律，比如俄罗斯、加拿大和欧盟的一些国家。欧盟的2001年指令旨在信息社会条件下对著作权及其相关权利的某些方面的协调并已经获得了欧盟28国中的大多数的同意。那些不是欧盟成员的国家则在立法上对此进行模仿。

观察这些不同的立法，得出的结论之一就是图书馆和档案馆的利益保护明显是全球不同国家的立法者优先考虑的事项，因为在大多数国家确实都规定有针对它们的著作权例外制度。

然而，需要强调的是在不同的立法中存在着对于数字化技术参差不齐的运用。

世界知识产权组织的角色

世界知识产权组织的角色应该定位在“形成对于立法倾向的对话”，因为对于图书馆例外制度的未来立法挑战不仅仅在于整合数字技术，还在于评估图书馆、档案馆、博物馆和教育机构正在不断扩大的活动范围。

馆际互借、作品保存大规模数字化、孤儿作品(orphan works)、作品的跨境转移等都是有待解决的领域，例如作品的跨境交流不仅涉及不同国家的著作权法，还和两个国家的进出口法律相关。克鲁斯也强调著作权教育的重要性，因为这是著作权法成功实施的重要因素。

克鲁斯告诉那些世界知识产权组织的成员国代表，关于世界知识产权组织在这些研究中应当扮演什么角色，无法给出具体解答。但是，由于那些想要在这方面立法的国家将寻找一个立法模型，这对于世界知识产权组织来说是一个机会。世界知识产权组织应当站出来说这里即使没有一个模型，至少也有一些来帮助那些想在这方面立法的国家的指导性意见。

克鲁斯表示，因为这些模型被证明影响巨大，还有那些国家实际上会为其未来的创新性立法寻找立法模型，所以如果世界知识产权组织不行动起来，另外一些国际组织或者国家就会采取行动。

（信息搜集、编译：汪声剑。

资料来源：http://www. ip-watch. org/2014/12/12/copyright-exceptions-for-libraries-wipo-should-step-up-before-someone-else-does-researcher-says/#comments; http://www. wipo. int/meetings/en/details. jsp? meeting_id=32094; http://www. wipo. int/edocs/mdocs/copyright/en/sccr_29/sccr_29_3. pdf; http://www. wipo. int/edocs/mdocs /copyright/en/sccr_17/sccr_17_2. pdf; http://www. wipo. int/wipolex/en/index. jsp? tab=3; http://www. wipo. int/treaties/en/text. jsp? file_id=283698; http://www. wipo. int/treaties/en/text. jsp? file_id=295166; http://www. wipo. int/wipolex/en/other_treaties/details. jsp? group_id=21&treaty_id=227; http://eur-lex. europa. eu/LexUriServ/LexUriServ. do? uri=CELEX: 32001L0029: EN: HTML; http://www. gatesfoundation. org/）

【苹果：当年iTunes采用DRM版权保护实属不得已】

2014年12月4日，2004年针对苹果iTunes音乐保护机制（Fairplay）而发起的一场集体诉讼，终于在美国加州奥克兰市联邦法院正式开庭。苹果高级副总裁艾迪·库伊（Eddy Cue）作为iTunes的产品负责人，以被告方证人的身份出席了庭审。其在辩词中指出，苹果当年之所以要创建自己的数字版权管理软件（DRM），以禁止用户随意将音乐传至其他设备上播放，完全是在唱片公司强大压力下的无奈之举。

根据库伊的证词，苹果必须只有在保证了数字音乐文件的安全性后，才有可能从主要唱片公司手中获得音乐版权授权。因此公司不得不去改进保护机制。

库伊强调，苹果也憎恨DRM，但面对控制着音乐市场80%版权内容的唱片公司，则不得不做出妥协。再仔细分析过当时的DRM解决方案后，苹果决定开发自主的保护系统Fairplay，并计划将该系统授权给其他第三方公司使用。然而，因为某些技术性因素，Fairplay最终未能被授权给任何一家公司。其中存在着一定的技术性挑战，包括呈指数增长的MP3播放器的互动操作性问题等。新设备层出不穷，但并不都能与保护系统兼容。

然而，Fairplay最终还是诞生并投入使用，并且一直被用于苹果的iTunes音乐中——只不过，加密保护工作只在iTunes服务器端进行，而当用户购买和下载音乐时，加密保护则自动取消。此外，Fairplay也被用于iOS应用和电子书当中。

DRM案原告表示，苹果的音乐版权保护机制将其锁定在了苹果的产品上，他们无法随意使用第三方应用打开从苹果购买的数字产品。而像RealNetworks以及Navio Systems等公司，则一直致力于提供不需要iTunes来管理和使用iPod，以及绕过DRM保护在第三方MP3播放器上播放iTunes音乐的解决方案。苹果曾对这些公司发出警告。而原告认为通过该行为苹果是在巩固垄断，并限制用户自由。

苹果在辩词中使用了大量语句来强调，软件升级只是为了丰富iTunes的功能和修复问题。同时公司执行的DRM保护也只是为了保证恶意软件无法破坏iPod和iTunes之间的同步而已。并且这一切都与唱片公司所谓的法律责任相关。

库伊表示，如果有黑客侵入的事件发生，苹果就不得不在一定时间内找到漏洞所在。苹果如不能尽快修复问题，黑客就可能把商店上所有的音乐下载了……苹果不得不在黑客入侵事件发生后，放下手中的一切来修复问题。

苹果互联网安全和DRM项目高级总监奥古斯丁·法鲁希亚（Augustin Farrugia）也提供了证词来强调iTunes需要防止第三方软件恶意修改的设计出发点。

随后，苹果针对漏洞做出了最简单的修复——公司将任何尝试“注入代码”的操作，无论是由黑客发起的，或是由第三方软件公司，都视为恶意攻击。

苹果的“修复”让原告方律师提出了疑问——原告方律师相信，苹果理应提供更好的解决手段。

不过库伊对此表示，让任何第三方商店或设备进入到这个保护机制中，都会是对当前体系的破坏，且必然会造成让苹果和消费者都感到头疼的问题。

苹果该次集体诉讼案庭审历时6天。原告向被告提出的赔偿金额为3.5亿美元。

（信息搜集、编译：卢鑫。

资料来源：网易科技报道）

【全球最大BT下载网站海盗湾再遭关闭】

2014年12月9日，世界最大的BT网站海盗湾已经下线，该网站的服务器和计算机当天遭到了瑞典警方的搜查。

该网站不允许访问，任何试图登录的用户只能面临服务器加载超时。

瑞典警方的全国协调人 Paul Pintér 发表声明称，由于该网站违反了版权法，警方已经取缔了其设在大斯德哥尔摩地区的一个服务器房。

此前海盗湾被关闭了无数次，迫使其更换了多次域名。

2014 年 10 月，海盗湾创始人之一 Svartholm Warg 被判定有罪，并处以 3 年半监禁。Warg 和网站的其他创始人曾在 2009 年因涉嫌版权违规而入狱 1 年。

（信息搜集、编译：余禾。

资料来源：搜狐 IT、Mashable）

【WIPO 版权委员会会议闭幕但文本草案无进展】

2014 年 12 月 12 日，世界知识产权组织（WIPO）2014 年最后一次委员会会议友好闭幕。该次版权委员会并未在文本草案上取得任何进展，但会议主席以及许多代表团表示，各与会代表在为期一周的会议上广泛讨论了实质性问题，是长久以来最好的一次会议。该次 WIPO 版权及相关权常设委员会（SCCR）会议于 12 月 8—12 日举行。

前半周是讨论可能成行的保护广播机构知识产权的条约。后半周讨论的是关于图书馆和档案馆、教育、研究以及视障人士以外的残疾人士的例外与限制。

关于广播，代表们主要就有关概念、保护目标以及授予给广播公司的权利的三个非正式技术文件进行了非正式讨论。

SCCR 主席马丁·莫斯科索（Martin Moscoso）12 月 11 日表示因为大家观点不一致，概念方面还需要做更多工作。非正式讨论指出需要一些技术专业知识。委员会主席也在 12 月 12 日会议结束时表示，委员会同意在下一届 SCCR 会议上，邀请技术专家，尤其是发展中和最不发达国家的专家，参加半天的信息会议。

莫斯科索 12 月 11 日还表示在非正式讨论期间强调了将灵活性纳入条约的重要性，如此一来，各国可根据相关权或其他类型的立法框架来实施灵活性。

莫斯科索 12 月 11 日表示，在非正式协商会上有人请求更新两份之前的研究。

其中一份研究是秘书处 2002 年准备的名为“保护广播组织”的技术背景文件。另一份研究是 2010 年制定的“未经授权使用信号的社会经济视角：广播领域的现有市场和技术趋势”。主席的总结表明其目的是在下一次 SCCR 会议上呈递研究结果并提供进行技术讨论的机会。

但是，莫斯科索表示大家要求这些研究“应以有利于进程的方式进行而不应给进程造成额外的阻碍”。

在众多代表团要求修改总结后，主席的总结得到了 SCCR 的注意，莫斯科索拒绝了绝大部分的修订，因为莫斯科索认为这是其个人总结，包含的仅是真实的中立的信息，只会呈递给委员会。

在会议期间，一些代表团表示文本草案缺乏真正进展是政治问题，主要围绕的是限制与例外问题，绝大多数发达国家反对对此制定具有约束力的国际文书。

针对图书馆和档案馆的例外与限制

在议事日程有关限制与例外的部分，版权律师肯尼斯·克鲁斯（Kenneth Crews）教授首先讲解了有关图书馆和档案馆版权例外与限制的最新研究。代表们一致称赞该研究的质量并就版权法持续讨论了一整天。该研究是克鲁斯对 2008 年研究的更新，讨论的是同一问题。

根据主席的总结，秘书处会准备一份结合了上述两份研究的文件，并反映代表团提供的有关国家图书馆和档案馆现有限制与例外的其他信息。秘书处会提供会议报告，包括克鲁斯所做的演讲的记录以及成员国和观察国之间的讨论。

12 月 11 日，美国进一步提交了其提案——《图书馆与档案馆例外与限制的目标和原则》。

和许多发达国家一样，美国并不支持制定具有法律约束力的关于图书馆和档案馆例外与限制的文书。相反，美国支持分享最佳实践经验，帮助各国将限制与例外纳入其国内立法体系。美国在会议期间还表示，在例外与限制问题上每个国家应灵活处理自己需求，而不应受国际义务的制约。

巴西制定了一份新文件，该文件综合了关于图书馆和档案馆限制与例外的已有工作文档中的建议。综合文档是由非洲集团、巴西、厄瓜多尔、印度和乌拉圭准备的，其意图是把非洲集团、巴西、乌拉圭和印度建议的文本合并在一起。

巴西代表表示，工作文档的结构、话题的数量及其标题都包含在合并文档中。代表非洲集团的肯尼亚补充说数字时代对图书馆活动带来的改变及其挑战将一直存在，因此需要被解决。

在前一届 SCCR 会议上，上述国家建议秘书处着手处理文档合编问题，但遭到一些发达国家的反对。莫斯科索12月12日提议采纳一项方法，该方法的基础是其发布的一份有关图书馆与档案馆例外与限制的非正式文件，这份文件严格禁止向公众公布。

这份非正式文件中有一张表格，列出了主题以及SCCR在过去会议中就这些主题得出的结论。这些主题包括：保存、图书外借、平行进口、跨境使用、孤儿作品以及图书馆和档案馆责任的限制。这些围绕非正式文件的讨论的目的是让大家达成共识。

绝大多数代表团要求有更多时间考虑非正式文件，将在下一届委员会会议上再提出意见。

关于教育、研究、视障人士以外的残疾人的例外与限制，美国又提出了一份提案——《关于教育、教学和研究机构的例外与限制的目标和原则》。

在图书馆和档案馆例外与限制方面，发达国家一般认为许多国家的现有版权体系规定了充足的例外与限制。没有必要再制定一项国际文书。它们还强调了WIPO成员国灵活制定自己版权法的重要性。

欧盟表示其不会考虑让SCCR在限制与例外领域出台一份具有法律约束力的文书。非洲集团对“委员会无法推进有关教育、研究机构和残疾人士例外与限制的讨论深感担忧。”

代表非洲集团的肯尼亚强调了时间的分配。认为时间对例外与限制话题不利。代表亚太组织的印度强调了资源的缺乏无法满足个人需求，数字鸿沟不断扩大以及亚太地区的残疾人士数量居世界之首等问题。

印度代表表示，国家需要多层面的帮助才能建立自己的立法。

WIPO负责文化与创意产业部的副总干事安妮·里尔（Ann Leer）在会议结束时表示，大家必须跳脱主席的总结，采取行动。安妮坚持认为主席的总结还不充分。大家需要一些真正的实际决定。否则，技术世界不断快速向前发展，而过时的无法适应新世界的多边法律框架使每个国家都被甩在后面。

（信息搜集、编译：中国保护知识产权网。
资料来源：ip-watch.org）

索　引

A

B

C

D

F

G

H

I

J

T

W

X

Y

Z